가족상담 및 심리치료 사례개념화

– 이론 및 임상사례 기반의 실제적 접근 – 원서 2판

Diane Gehart 저
이동훈 · 김지윤 · 강민수 · 양모현 · 이화정 · 김예진 · 신지영
서현정 · 양하나 · 정보영 · 조은정 · 최수정 · 양순정 공역

Mastering Competencies in Family Therapy 2nd ed.

CENGAGE 학지사

Andover • Melbourne • Mexico City • Stamford, CT • Toronto • Hong Kong • New Delhi • Seoul • Singapore • Tokyo

***Mastering Competencies in Family Therapy: A Practical Approach to Theory and Clinical Case Documentation,* 2nd Edition**

Diane Gehart

Original edition © 2014 Wadsworth, a part of Cengage Learning.
Mastering Competencies in Family Therapy: A Practical Approach to Theory and Clinical Case Documentation, 2nd Edition by Diane Gehart
ISBN: 9781285075426

This edition is translated by license from Wadsworth, a part of Cengage Learning, for sale in Korea only.

ISBN-13: 978-89-997-2470-1

Cengage Learning Korea Ltd.
14F YTN Newsquare 76 Sangamsan-ro
Mapo-gu Seoul 03926 Korea
Tel: (82) 2 330 7000
Fax: (82) 2 330 7001

Printed in Korea
Print Number: 01 Print Year: 2021

역자 서문

가족상담사와 심리치료자에게 요구되는 핵심 역량은 무엇일까? 가족상담사와 심리치료자가 훈련 과정에서 반드시 훈련받아야 할 역량은 무엇이고 어디에 지향점을 두고 훈련의 방향을 세워야 하는 걸까? 이러한 질문에 대답할 때, 나는 상담사의 사례개념화 역량이야말로 훈련받아야 할 매우 중요한 역량이라고 주장한다.

지난 2019년『상담 및 심리치료 사례개념화: 이론 기반의 사례개념화 훈련』(Cengage)에 이어 2021년에는『가족상담 및 심리치료 사례개념화』를 번역하여 발간하게 되었다. 지난번 발간한 책의 내용이 개인상담 이론에 기반한 사례개념화라면, 이 책은 가족상담 이론에 기반한 사례개념화에 관한 책이다. 개인상담 이론기반의 사례개념화 책에는 사례개념화를 하는 방법과 절차, 평가, 치료 계획과 회기 보고서 작성 방법이 제시되었다. 더불어 Freud의 전통적 이론과 Cohut, Sullivan 등으로 대표되는 대상관계 이론, 관계적/상호주관성 이론으로 대표되는 정신역동 이론, Adler 학파의 개인심리학, 인간중심상담과 게슈탈트 이론, 인지행동치료 이론, 가족체계 이론, 해결중심 이론, 포스트모더니즘 기반의 여성주의 이론과 이야기치료 이론이 사례개념화에 기반하여 제시되었다. 더불어 상담사의 사례개념화 훈련을 위한 슈퍼비전의 방향이 제시되었다.

이 책에서는 상담사의 역량 함양을 위해, 제1장에서는 가족상담사에게 요구되는 상담사 역량을, 제2장에서는 최근 가족치료 이론의 연구동향을 제시하였고, 제3장에서는 가족치료 이론의 철학적 토대를 제시하였다. 제4장부터 제10장까지는 밀라노와 MRI(Mental Reseach Institute)로 대표되는 구조적 가족치료 이론, Haley 등으로 대표되는 체계적/전략적 가족치료 이론, Minuchin 등의 구조적 가족치료 이론, Satir 등의 경험적 가족치료 이론, Bowen 등의 세대 간 가족치료 이론, Whitaker와 Ackerman, Bozormenyi-Nagy의 정신분석적 가족치료 이론, 행동주의와 인지행동주의, 마음챙김 기반의 가족치료 이론, 해결중심 가족치료 이론, 협동적 이야기치료기반의 가족치료 이론을 사례개념화에 기반으로 제시하였다. 제11장부터 마지막 제17장까지는 부부 및 가족 치료에서의 증거기반 개인 및 집단 치료, 가족상담에서의 사례개념화, 임상 평가와 치료 계획, 치료 경과 평가, 사례개념화 보고서 작성 방법 등을 제시하였다.

이미 2016년부터 성균관대학교의 상담교육전공 학생들과 함께 이 책의 원서를 가지고 공부를 해 왔다. 또한 일반대학원 교육과정에 〈사례개념화〉라는 강좌를 개설하여 대학원 수업에서 수업을 진행하고 있다. 함께 공부한 대학원생들과 이 역서를 출간하는 과정에서 많은 도움과 지원을 해 준 대학원생들에게 감사를 전한다. 박사과정을 마치고 한국으로 돌아와 여러 상담사 훈련 장면에서 사례개념화의 중요성을 이야기한 지 벌써 15년이 지났다. 이 과정에서 좋은 책을 소개받아 역서를 발간하게 되어 개인적으로 무척 기쁘다.

상담사 훈련 과정에서 많은 상담사가 사례개념화를 일컬어 매우 어렵고 손에 잘 잡히지 않는 개념이라고 이야기한다. 이 책을 통해 가족상담 이론들을 기반으로 하여 사례개념화에 적용해 볼 수 있으리라 생각한다. 이 책은 다양한 가족상담 이론의 관점으로 사례개념화를 훈련하기 위한 지침서가 될 것이다.

이 책이 출간될 수 있도록 전폭적인 도움과 지지를 주신 (주)학지사의 김진환 사장님 그리고 교정을 보며 꼼꼼하게 피드백을 주신 이영민 대리님께 깊은 감사를 전한다.

2021년 8월

성균관대학교 이동훈

감사의 글

지난 몇 년간, 가족치료계는 우리의 대들보가 되는 공헌을 한 많은 이를 잃었다. 다음 세대에게 길을 열어 준 이들에게 이 책을 바친다. 우리는 영원히 그들에게 감사할 것이다.

Gianfranco Cecchin
그의 웃음, 겸손, 수용은 나를 변화시켰다.

Tom Andersen
그의 존재는 천사와도 같았다. 내가 만나 본 가장 '온화한' 사람.

Paul Watzlawick
그의 격려와 친절한 말을 나는 결코 잊을 수 없을 것이다.

Steve de Shazer
그의 총명함은 나의 감탄을 자아냈다.

Insoo Kim Berg
그의 에너지와 열정은 내게 최고의 영감을 주었다.

Michael White
그의 견해는 내게 새로운 세계를 열어 주었다.

Jay Haley
그는 내게 역설의 논리를 가르쳐 주었다.

Ivan Boszormenyi-Nagy
그는 내가 현실의 문제에 집중하도록 상기시켜 주었다.

머리말

이 책의 목적

『**가족상담 및 심리치료 사례개념화**(Mastering Competencies in Family Therapy)』는 21세기의 가족치료자 또는 상담사로서 성공하기 위해 필요한 가장 핵심적인 역량들을 습득하도록 초심자들을 가르치는 매우 효율적이고 효과적인 수단으로 고안되었다. 나는 학생의 학습을 평가하도록 요구되는 공인된 프로그램과 대학의 교수자로서 학생의 학습을 효과적으로 평가할 수 있게 해 주는 뭔가가 필요했다. 이에 학생의 역량 습득을 측정하기 위한 종합 평가 체계를 만들긴 했지만(Gehart, 2007, 2009), 그러기 위해서는 학생들에게 실제 기술을 개발하는 데 필요한 세부 지식을 의미 있게 제공하는 자료가 필요하다는 것을 깨달았다. 간단히 말해서, 내게는 학교의 견고하지만 오래된 '서적 지식'만을 단순하게 제공할 뿐인 교과서 이상의 무언가가 필요했다. 나는 학생들의 일상적인 훈련 경험과 욕구에 설득력 있게 반응할 수 있는 자료가 필요했고, 이 책은 학생들이 필요로 했던 이론과 실제 사이의 연결고리가 될 수 있도록 기술되었다.

본문 개요

최신 교육학 방법론을 사용한 이 책은 상담, 가족치료, 심리학, 사회복지를 포함한 정신건강 전문분야에서 학생들의 학습을 평가하기 위한 국가표준에 관련된 교과서의 새로운 세대 중에 일부이다. 이 책은 전통적인 서술 방식으로 내용을 전달하기보다는 학습중심 성과기반 교육법을 사용하여 학생이 적극적으로 학습 과정에 참여하도록 돕는다. 구체적으로 살펴보면 이 책은, ① 이론에 입각한 사례개념화, ② 임상 평가, ③ 치료 계획, ④ 경과 기록들을 사용하여 가족치료 이론을 소개한다. 이 과제물들은 학생들이 가능한 한 쉽게 수련 초기에 이론적 개념을 적용하고 실전 기술을 개발할 역량을 길러 줌으로써 결과적으로 이 내용을 더 잘 습득하게 한다. 게다가 이 책은 다양성 주제와 연구들이 현대의 가족치료 활동에 어떠한 영향을 미치는지에 대한 광범위한 논의를 포함하고 있다.

또한 나는 현대 학생들이 이해할 수 있는 명확하고 실용적인 언어로 개념을 설명하는 현실적인 방식을 사용한다. 교수자들은 책과 과제가 함께 원활하게 진행되도록 함으로써 수업준비 및 채점에 소요되는 시간을 줄일 수 있을 것이다. 광범위한 강사자료에는 강의계획서, 상세한 파워포인트, 전자시험, 온라인 강의 그리고 인증 평가를 위해 만들어진 채점기준 등이 있으며, 이는 교수자들의 업무량을 더욱 줄여 준다. 요약하면, 이 책은 가족치료 이론에 적용할 수 있는 가장 효율적이고 효과적인 교육학 방법론을 사용함으로써 교수자와 학생 모두에게 이익이 된다.

개정판에서 새로워진 점

이 책의 초판에 익숙한 학생과 교수자들은 이 책이 이전과 유사한 방식과 구성을 가지고 있음에 주목하고 여러 가지 개선점을 알아볼 것이다.

- **대폭 확대되고 더욱 실용적인 다양성 부분**: 각 이론 장에서 특정 인구에 대한 이론의 구체적이고 실제적인 적용을 포함하기 위해 다양성 부분이 대폭 확대되었다. 각 장에는 민족적/인종적 다양성 그리고 성 정체성 다양성에 대한 논의가 포함되어 있다. 특정 인구에 관해 확대된 부분들은 학생들에게 아프리카계 미국인, 히스패닉/라틴계, 아시아계 미국인, 북미/캐나다/오스트레일리아 원주민, 다민족/혼혈 개인, 동성애자 그리고 트랜스젠더인 청소년을 포함한 특정 인구에게 주어진 이론을 활용하는 것에 대한 상세한 제안과 응용, 주의사항을 제공한다.
- **증거기반치료에 관한 새로운 장**: 개정판에는 부부 및 가족에 대한 증거기반치료에 관한 새로운 장이 포함되어 정서중심 부부치료와 기능적 가족치료를 다룬다. 또한 집단 접근에 대한 장은 이제 부부와 가족을 위한 증거기반 집단치료에 초점을 맞춘다.
- **내면가족체계**: 경험적 가족치료 장은 이제 가족치료의 내면가족체계 모델에 대한 부분을 포함한다.
- **치료 계획 견본**: 각 이론은 이제 우울이나 불안으로 고통받는 개인에게 사용하기 위한 치료 계획 견본과 관계 갈등을 보고하는 부부 및 가족과의 작업을 위한 치료 계획 견본을 포함한다. 치료자는 이 견본을 가지고 내담자에 대해 신중하게 이론에 기반을 둔 치료 계획을 세울 수 있다.
- **이론별 사례개념화 견본**: 각 이론 장은 이제 학생과 치료자들이 단일 이론을 사용하여 사례개념화를 할 때 사용할 수 있는 이론별 사례개념화 개요를 포함한다.
- **수정된 사례개념화 양식**: 교차 이론적 사례개념화 양식은 개인, 부부, 가족에게 활용하기에 더욱 쉽고 간결하게 수정되었다. 또한 학생들이 과제를 보다 쉽게 완수할 수 있도록 더욱 많은 프롬

프트와 함께 애착 패턴을 포함하였다.

- **수정된 치료 계획 양식**: 다양성의 고려사항을 보다 직접적으로 반영하도록 치료 계획 견본을 수정하였다.
- **확장된 연구 논의**: 각 이론과 제2장에서는 이 분야의 최신 연구에 대한 논의를 확장하였다.
- **법률 및 윤리에 대한 논의 확대**: 가족치료의 법적 및 윤리적 주제에 대한 논의를 크게 확대하였으며, 이는 이 분야의 현대 문제들에 대한 논의뿐만 아니라 부부 및 가족 작업에 대한 독특한 인종적 주제에 대한 논의를 포함한다.
- **재편성**: 교수자들의 피드백에 따라 사례 자료가 제시되기 전에 이론을 논의하는 것으로 본문의 구성을 수정하였다.

적합한 과목

이 책은 교육과정 전반에 걸쳐 참고서 역할을 하는 다용도 책으로, 특히 다음과 같은 과목에서 주 교재나 부교재로 사용하도록 고안되었다.

- 입문 또는 고급 가족치료 이론 과목
- 실습 전(pre-practicum) 기술 수업
- 실습 또는 현장 수업

학생의 학습 및 역량 평가

본문의 학습과제들은 지역 및 국가 인증을 위한 학생 학습 평가 과정을 간소화하기 위해 고안되었다. 이 책의 사례개념화와 치료 계획에는 채점기준이 함께 있는데, 이는 www.cengage.com의 학생 및 교수자 웹사이트에서 이용할 수 있다. 채점기준은 다음의 역량을 사용하여 모든 주요 정신건강 분야에 적용할 수 있다.

- **상담**: 2009 상담 및 교육 관련 프로그램 인준위원회(CACREP) 규준
- **결혼생활과 가족치료**: 부부 및 가족 치료 핵심 역량
- **심리학**: 심리학 2011 역량 표준
- **사회복지**: 사회복지 교육협의회 인증기준

채점기준은 각 전문분야의 역량과 4개 학습과제(사례개념화, 임상 평가, 치료 계획, 경과 기록)에서 제시하는 기술들을 연결하여 제공된다.

구성

이 책은 세 부분으로 구성되어 있다.

제1부: 부부 및 가족 치료 역량는 이 분야의 역량, 연구, 윤리, 철학적 토대에 대한 소개를 제공한다.

제2부: 가족치료 이론은 가족치료의 주요 학파들을 다룬다.

- 체계적 치료: MRI, 밀라노, 전략적 치료
- 구조적 가족치료
- 경험적 가족치료: Satir의 인간성장 모델, 상징적 경험주의 가족치료, 내면가족체계
- 세대 간 치료와 정신분석적 가족치료
- 인지행동 가족치료와 마음챙김기반 가족치료
- 해결중심치료
- 포스트모던 치료: 협동치료와 이야기치료
- 증거기반 부부 및 가족 치료: 정서중심치료와 기능적 가족치료
- 부부 및 가족을 위한 증거기반 집단치료

제3부: 임상적 사례 문서화는 이 장의 도입부에서 설명한 유능한 치료의 다섯 단계에 대해 자세히 설명한다.

- 사례개념화
- 임상 평가
- 치료 계획
- 치료 경과 평가
- 경과 기록

제2부의 이론 장들은 학생들이 내담자에 대한 사례개념화, 치료 계획 작성, 개입 고안을 할 때 이 책을 최대한 활용하도록 돕기 위해 사용자 친화적인 방식으로 구성되었다. 이 책의 모든 이론 장은 일관되게 다음의 개요를 따른다.

- **요약하기:** 당신이 알아야 할 최소한의 것
- **핵심 내용:** 중요한 기여점
- **들리는 소문에 의하면:** 관련된 사람들의 이야기
- **큰 그림 그리기:** 상담 및 심리치료의 방향
- **관계 형성하기:** 치료적 관계
- **조망하기:** 사례개념화 및 평가
- **변화를 겨냥하기:** 목표 설정
- **행동하기:** 개입
- **종합:** 사례개념화와 치료 계획 양식
  - 이론 특정 사례개념화 양식
  - 우울/불안 증상을 겪는 개인을 위한 치료 계획 양식
  - 갈등을 겪는 부부/가족을 위한 치료 계획 양식
- **다문화적 접근:** 다양성에 대한 고려
  - 민족적 · 인종적 · 성적 · 문화적 다양성
  - 성 정체성 다양성
- **연구와 증거기반**
- **온라인 자료**
- **참고문헌**
- **사례 예시:** 사례개념화, 임상 평가, 치료 계획, 경과 기록을 포함하여 제3부에서 설명한 임상문서 작업의 완성본이 담긴 짧은 글

학생을 위한 보충자료

학생들은 센게이지(www.cengage.com) 및 저자의 웹사이트(www.dianegehart.com; www.masteringcompetencies.com)에서 교재에 관한 여러 유용한 자료를 찾을 수 있을 것이다. 자료에는 다음과 같은 내용들이 포함되어 있다.

- 온라인 강의: 선택한 장의 내용에 대해 실제로 논의하는 MP4 녹음파일
- 사례개념화, 임상 평가, 치료 계획, 경과 기록에 대한 전자 양식
- 각 과제의 채점기준
- 관련 웹사이트와 읽을거리 링크
- 주요 용어 해설

교수자를 위한 보충자료

교수자들은 센게이지(www.cengage.com) 또는 저자의 웹사이트(www.masteringcompetencies.com, www.dianegehart.com)에서 책에 대한 다양한 자료를 찾을 수 있다.

- 저자의 온라인 강의
- 이론 수업, 실습 전 기술 수업, 실습 수업에서 이 책을 사용하는 방법에 대한 강의계획서 견본
- 모든 장에 대한 파워포인트 자료
- 사례개념화, 임상 평가, 치료 계획, 경과 기록에 대한 전자 양식
- 전자시험(센게이지 담당직원을 통해서만 이용 가능)
- 웹 퀴즈
- 국가인증기관 관련 채점기준
  - **상담:** 2009 상담 및 교육 관련 프로그램 인준위원회(CACREP) 규준
  - **결혼생활과 가족치료:** 부부 및 가족 치료 핵심 역량
  - **심리학:** 심리학 2011 역량 표준
  - **사회복지:** 사회복지 교육협의회 인증기준

교수자들은 간단한 온라인 등록 양식을 작성하면 만들 수 있는 센게이지 러닝(login.cengage.com)의 '교수자 서재'를 통하여 이 자료들에 접근할 수 있다.

참고문헌

Gehart, D. (2007). *The complete marriage and family therapy core competency assessment system: Eight outcome-based instruments for measuring student learning*. Thousand Oaks, CA: Author. Available: www.mftcompetenciees.com

Gehart, D. (2009). *The complete counseling assessment system: Eight outcome-based instruments for measuring student learning. Marriage, Couple, and Family Counseling Edition*. Thousand Oaks, CA: Author. Available: www.counselingcompetencies.com

Ronald J. Chenail 박사의 서문

역량을 갖추고 유능해지는 것 또는 배움에 대해 배워 온 것

나는 1978년부터 학생의 학습 성과, 채점기준, 역량과 같은 교육 개념에 대해 어떤 식으로든 가르쳐 오긴 했지만, 공식적으로 교육을 받아 본 적은 없다. 나의 동료들과 마찬가지로 나는 이미 검증된 교수 방법을 따른다. 내가 가장 존경했던 선생님이 가르쳐 주셨던 방식으로 가르치고, 반대로 내가 가장 두려워했던 선생님들이 가르쳤던 방식으로는 가르치지 않는 것이다(이러한 불변의 교육철학을 그대로 유지하면서 나는 초 · 중 · 고등학교 그리고 지역 전문대학 및 4년제 대학교의 동료교사들과 함께 일부 학생들이 대수학을 터득하는 것, 샤를마뉴(Charlemagne)가 누구였는지 아는 것, 1차 변화와 2차 변화를 구별하는 것의 중요성에 대한 우리의 열정적인 수업을 받아들이는 것과 같은 수준의 무관심함을 지닌 성실한 관리자와 교육 전문가들이 선의로 만든 가장 새로운 교육 이론, 모델 또는 일시적인 유행을 가까이 하였다). 우습게도 교사와 학생 모두 동일한 애통함을 공유하는 것처럼 보였다. 이렇게 배운 모든 것이 현실에서 성공하는 것과 무슨 관련이 있는 것일까? 30년이 지난 지금 되돌아보면서, 나는 성공하는 것은 배움에 달려 있다는 점과 배움은 가르치는 것과는 다르다는 점을 깨달았다.

배움에 대한 배움

나는 학교에 늘 열중하였던 것은 아니지만, 배우는 것은 항상 좋아했다. 나는 '절대로 학교 교육이 내 교육을 방해하도록 내버려 두지 않겠다.'라는 격언에 따라 생활한 학생 중 한 명이었다. 오늘날 나는 '직업이 내 경력을 방해하도록 내버려 두지 않겠다.'라는 또 다른 격언에 따라 살고 있는데, 이는 또 다른 책의 머리말이다.

배우는 것을 좋아했지만 학교는 좋아하지 않는 이 명백한 모순은 나로 하여금 무엇이 내 마음과 삶에서 그 두 과정을 이토록 다르게 만드는가에 대해 생각하도록 이끌었다. 내 경우에 배움과 학교 교육을 구별 짓는 주된 차이는 무엇을 배워야 할지를 누가 결정했고 학습 과정을 누가 지배했는지를 근거로 하는 것 같다. 나는 내가 관심 있는 것을 탐구하고, 습득해야겠다고 느낀 정보를 얻고, 학습을 촉진할 수 있는 멘토를 만났을 때, 항상 나의 목표와 목적을 더 성공적으로 달성했다.

내 머릿속을 꽉 채운 이 새로운 사실을 가지고, 나는 이 학습 방법을 나의 학생들과 어떻게 공유할 수 있을지를 생각하기 시작했다. 이 통찰의 첫걸음은 학생들이 나와 다르지 않음을 알아차리는 것이었다. 그들은 알고 싶은 것을 배우기를 매우 좋아해서, 나는 이 통찰을 학습 중심 접근의 핵심으로 두었다. 두 번째 단계는 배움에 대해 모든 지식을 가진, 지혜로우며 전지전능한 교수로서의 나와 다루기 어렵고 텅 빈, 지시하고 가르쳐야 할 상대로서의 학생들 사이의 방대한 투쟁으로 보는 것이 아니라, 서로 밀접하게 관련된 세 가지 부분, 즉 학생, 일련의 지식이나 기술 그리고 나로 이루어진 삼자관계로 보는 것이었다. 이러한 구성에서 나는 더 이상 그들에게 내가 특권적 지식이라고 여기는 것을 배우라고 강요하면서 갈등을 겪지 않는다. 대신 학생들이 되고자 열망하는 것을 알아내고, 그들이 이 열망을 목적과 목표 그리고 역량으로 정의할 수 있도록 도움으로써 그들의 배움의 여정을 지지하고 촉진하기 위해 함께 작업하고자 한다.

이런 접근법을 취하는 것은 나를 해방시키고 많은 학생을 놀라게 했다. 정규 학교 교육과정에서 많은 학생은 주도적으로 학습하라는 요청을 받아 본 적이 없었다. 하지만 나와 마찬가지로, 그들 모두 자신의 학습을 스스로 책임질 수 있을 때 가장 잘 배울 수 있다는 사실을 발견했다. 학생들이 정말로 나와 같고 그들 스스로 잘 배울 수 있다는 자신감을 갖도록 하는 것이 바로 내가 부부 및 가족치료 대학원생들과의 작업에서 실현하고 싶었던 통찰이었다.

역량을 갖추고 유능해지기

상담, 임상심리학, 사회복지 또는 가족치료와 같은 치료 프로그램에 입학하기로 선택한 대부분의 학생은 정말로 치료자 또는 상담사가 되기를 원한다. 문제는 학생들이 대개 알고 싶어질 모든 것을 알기 전까지는 모른다는 것이다. 우리는 항상 '지금 알고 있는 것을 그때 알았다면 좋았을 걸' 하고 느낀다. 유능한 부부 및 가족 치료자가 되기를 원하는 학생들도 마찬가지이다.

우리는 이제 부부 및 가족 치료자를 위한 역량의 세계에 있는 것 같다. 미국 부부 및 가족 치료학회(AAMFT)는 부부 및 가족 치료자들이 효과적인 치료 전문가가 되는 것에 대해 알고 있던 것들을 되돌아보고 이 통찰들을 서로 공유하는 대화를 시작했다. 현재 진행되고 있는 협력 과정을 통해 AAMFT의 핵심 역량이 탄생했고(Nelson, Chenail, Alexander, Crane, Johnson, & Schwallie, 2007), 그 덕분에 치료자들은 이제 유능한 부부 및 가족 치료자들이 내담자와의 작업에서 무엇을 성취할 수 있어야 하는지를 명확히 정의할 수 있다.

이 역량기준을 만들기 위한 노력은 몇 가지 중요한 맥락에서 시작되었다. 워싱턴의 의료정책 입안자들은 의료제공자들이 환자와 내담자들에게 전문가로서 한 일과 하지 않은 일에 관해 더 명확해

지기를 원했다. 소비자들 또한 자격증을 소지한 전문가에게 무엇을 기대할 수 있을지를 명확하게 알고 싶어 했다. 고등교육 인증전문가와 정책입안자들은 교육자들이 학습에 대해 성과기반 접근을 취하고 학생과 고용주에 대해 더 책임을 짐으로써 모든 이해 당사자가 특정 학위 및 훈련 프로그램 졸업생들에게 기대할 수 있는 것들을 알기를 원했다.

좋은 소식은 여기에 그 역량들이 있다는 것이었다. 우리는 부부 및 가족 치료 교육자로서 학습목표와 성과에 대해 이야기하기에 충분히 구체적인 체계에서 작업할 수 있을 것이고, 그로써 학생들을 포함하여 유능한 가족치료자가 된다는 것이 무엇을 수반하는지에 대해 합리적인 기대를 가질 수 있으며, 동시에 치료자가 되는 여정을 시작하는 학생들을 창의적으로 격려하고 지원하는 데 충분히 포괄적이 될 수 있다.

아이러니하게도, 나쁜 소식 역시 여기에 역량들이 있다는 것이었다. 우리 중 대부분은 치료자가 되기 위해 훈련을 받을 때 이러한 학습 방식으로 교육받지 못했다. 또한 이런 방식으로 학생들을 교육시키는 교수진과 슈퍼바이저로서 훈련받지도 못했다. 우리 앞에 놓인 도전은 역량을 갖추고 유능해지는 방법이었다. 그리고 바로 이런 상황에서 Diane Gehart의 매력적인 책이 새롭게 나온 것이다.

많은 사람이 그러하듯 Diane은 이러한 도전을 극복하기 위해 역량을 갖추고 유능해지는 방법을 배워야만 했다. 그녀는 학습중심 접근을 최대한 활용했으며, 3인 학습 모델을 형성하고자 학생, 교수진과 함께 세 번째 파트너가 될 수 있는 분명하고 간결한 학습 성과를 만들기 위해 부부 및 가족 치료 세계의 학문과 최신의 임상적 기틀을 엮었다.

이 책의 제1부에서 Diane은 교사와 학생들이 명료하고 서로에게 이로운 목표를 추구하면서 새로운 지식과 기술을 배우기 위해 협력하는 훌륭한 학습의 세계를 독자들에게 소개한다. 그다음 그녀는 핵심 역량들을 사례개념화, 임상 평가, 치료 계획, 경과 평가, 문서화의 기본 원리로 쪼개어 초심 부부 및 가족 치료자들이 더 쉽게 알아보게끔 한다. 마지막으로 그녀는 우리가 선택한 임상적 접근에 관계없이 능숙하게 우리의 업무를 개념화하고, 임상 평가하며, 치료하고, 경과 평가 및 문서화할 수 있도록 이 학습 성과와 역량의 세계에 현대 및 포스트모더니즘 접근을 도입하여 부부 및 가족 치료 학습을 재구성한다.

나는 당신이 Diane이 부부 및 가족 치료를 배우는 방법을 어떻게 배웠는지를 익혀서 부부 및 가족 치료 역량에 능숙해지기를 권한다. 그렇게 한다면 나는 당신이 이 책에서 벗어나 학습에 대한 새로운 인식과 애정을 갖게 될 것이라고 생각한다.

Ronald J. Chenail, Ph.D.
Ft. Lauderdale, Florida

참고문헌

Nelson, T. S., Chenail, R. J., Alexander, J. F., Crane, D. R., Johnson, S. M., & Schwallie, L. (2007). The development of core competencies for the practice of marriage and family therapy. *Journal of Marital and Family Therapy, 33*(4), 417-438. doi:10.1111/j.1752-0606.2007.00042.x

저자 서문

"네"라고 말하기와 사랑에 빠지기에 관하여

나는 이런 책을 쓸 것이라고는 한 번도 상상해 보지 못했다. 지금까지 나는 내담자에 대해 새롭게 이해하고(제10장; Anderson & Gehart, 2007), 내담자의 목소리를 전문적 문헌에 소개하는 포스트모던 질적 연구를 수행하며(Gehart & Lyle, 1999), 나의 작업에 불교 심리학, 마음챙김, 영적 원리 및 활동을 통합시키기(Gehart & McCollum, 2007) 위해 내담자와 나란히 작업하는 협동치료자 훈련을 받기로 선택하면서 치료의 과학보다는 마음과 영혼에 더 집중해 왔다. 치료 계획에 관한 초창기 저서를 제외하고는 가족치료의 역량 또는 과학기반 관점에 대해 내가 저술한 책은 아무것도 없다. 그럼 내가 어떻게 여기까지 오게 된 걸까? 아이러니하게도, 나를 여기로 이끈 것은 되려 나를 방해할 거라고 여겨질 법한 것들, 즉 포스트모던과 불교 활동이었다. 더욱 구체적으로 말하면 그중에서 "네"라고 말하는 연습이다.

협동치료의 대표적 원칙이자 대부분의 가족치료에도 해당되는 원칙 중 하나는 "네, 나는 당신의 이야기에 귀 기울이며, 당신의 고민을 마음에 담고 있어요."라고 말하면서 모든 참여자의 관점을 존중하는 것이다. 불교 관습인 "네"라고 말하기는 설령 '무엇인가'가 불편하거나, 바라던 것이 아니거나, 고통스럽다 하더라도 마음을 가라앉히고 그것을 향해 다가가는 연습이다. 전문가로서 "네"라고 말하는 것은 우리의 동료, 우리의 내담자, 제3의 이해관계자, 주 및 연방 입법부, 자격위원회, 전문가 조직 및 일반 대중의 관점을 진지하게 받아들이는 것이다. 그들은 우리를 어떻게 보는가? 우리가 하는 일에 대해 그들이 가진 의문과 관심사는 무엇인가?

수년간 우리 직업 외부의 목소리들은 점점 더 우리가 하는 일에 대한 명확성과 증거를 요구해 왔다. 이러한 요구에 응답하는 동시에 내 훈련의 본래 모습을 유지하는 것은 종종 어려운 일인데, 왜냐하면 인간관계에서 증거라고 '인정'되는 것에 관한 작업 가정은 생각만큼 단순하거나 간단하지 않기 때문이다. 보험회사가 성공적인 치료의 증거로 간주하는 것(예: 평가 양식의 특정 점수)은 치료자가 강조하는 것(예: 내담자가 삶 속의 끊임없는 스트레스 요인에 대해 더욱 기품 있게 행동하는 것을 관찰하기)과는 상당히 다르다.

한층 많은 책임 요구에 대한 우리 직업 종사자들의 대응의 일환으로, 가족치료자들은 가족치료 활동을 정의하는 지식과 기술에 대해 자세하게 설명한 핵심 역량 목록을 만들었다(부록A 참조). 나와 같은 교수진의 경우, 이것은 본질적으로 우리가 학생들에게 가르쳐야 하는 것에 관한 '할 일'의 목록이다. 이 공동체의 일원으로서, 나는 외적으로 우선시되는 것들과 작업하고 이것들과 내 자신의 균형을 이루는 긍정적이고 정중한 방법을 찾아야 한다고 생각했다. 이 책은 이 관심사들에 대한 나의 대답, 즉 나의 "네"이다.

나의 다른 목적: 사랑에 빠지는 것

나는 이 책을 쓴 다른 의도가 있음을 고백해야만 한다. 그 의도는 당신이 사랑에 빠지도록 돕는 것이다. 그리고 가급적 몇 번이고 거듭해서 카사노바조차도 부러워하게 만드는 것이다. 나는 당신이 이 책에 있는 가족치료 이론 중 하나뿐만 아니라 모두와 사랑에 빠져서, 우리가 내담자들을 서로 사랑하도록 돕는 것과 매우 흡사하게 각 이론에 열중하는 동시에 그 이론의 아름다움과 한계를 모두 보기를 원한다. 나는 부부 및 가족 관계의 가장 복잡하고 친밀한 문제를 지닌 내담자를 돕기 위해, 또는 더 본질적으로 사랑하는 방법을 가르쳐 주기 위해 우리에게 길을 열어 주는 그 훌륭한 정신에 당신이 깊은 존경심을 갖기를 바란다. 나는 당신이 사람들이 원하는 관계를 형성하도록 돕는 것에 대해서뿐만 아니라 인간관계를 이해함에 있어 각 접근이 제공하는 통찰에 대해 열정을 갖기를 바란다. 가족치료자로서 우리는 처음에는 당연히 이해하기 어려운 심오하고 놀라운 지식들을 물려받는다. 나는 개인적으로 가족치료의 철학적 토대에 서구 세계에서 가장 위대한 지혜가 담겨 있다고 믿는다. 이 생각들은 때로는 놀랍거나 심지어 무례해 보이기도 하지만, 당신이 진정으로 실전에서 이것들을 담아내고자 한다면 각각의 생각이 유용한 진실과 현실을 다루고 있다는 점을 발견할 수 있을 것이다. 당신이 진지하게 공부하는 마음을 정해야 가족치료 분야는 인간 경험에 대한 끝없이 넓은 탐험을 제공하며, 이는 개인적으로 그리고 전문적으로 당신을 반드시 변화시킬 것이다. 나는 이 책이 평생에 걸친 당신의 열정적인 발견의 여정에 영감을 주기를 바란다.

당신이 발견할 것

이 책은 세 부분으로 나뉜다. 첫 번째 부분은 역량, 증거기반, 전문가 윤리, 철학적 토대를 포함하여, 이 분야의 중요한 개념들을 소개한다. 두 번째 부분에서는 주요 가족치료 이론에 관해 전통적 이론과 새로운 증거기반치료를 모두 배우게 될 것이다. 각 장에서는 회기에서 개념들을 활용하기 위한 구체적인 지침을 제공하는 매우 실용적인 접근을 사용하여 이론을 설명한다. 게다가 각 장에는 사례개념화, 임상 평가, 치료 계획, 경과 기록과 같은 임상적 문서 기록의 완성본이 담긴 사례연구가 포함되어 있다. 마지막 부분은 임상 경과를 측정하기 위한 선택사항과 이 양식을 작성하기 위한 세부 지침을 제공한다.

초대장

나는 당신이 열정적으로 다음의 각 관점, 개념, 이론을 받아들일 것을 권한다. 임상 평가의 복잡한 문제를 검토할 시간을 가지면서, 동시에 사례개념화의 큰 그림을 음미해 보라. 각 이론의 고유한 지혜를 이해하면서, 동시에 그 이론들이 공유하는 공통 요인(제2장)을 알아차려 보라. 철학적 토대(제3장)를 존중하면서, 동시에 우리 작업에 대한 연구와 증거기반에 흥미를 가져 보라(제2장). 각 이론들이 다양한 내담자와 작업할 때 그 나름의 역할이 있음을 알고, 변화를 도모하기 위해 과정과 관계에 의지하는 이론들뿐만 아니라 기법과 내용에 의지하는 이론들에도 마음을 열어 보라. 당신의 길에 오는 모든 이론에게 "네"라고 말하고, 가족치료자가 되는 엄청난 여정을 즐겨 보라.

모험을 즐겨라.

Diane R. Gehart, Ph.D.
Westlake Village, California
2012년 7월

참고문헌

Anderson, H., & Gehart, D. (2007). *Collaborative therapy: Relationships and conversations that make a difference*. New York: Brunner/Routledge.

Gehart, D. R., & Lyle, R. R. (1999). Client and therapist perspectives of change in collaborative language systems: An interpretive ethnography. *Journal of Systemic Therapy, 18*(4), 78–97.

Gehart, D., & McCollum, E. (2007). Engaging suffering: Towards a mindful re-visioning of marriage and family therapy practice. *Journal of Marital and Family Therapy, 33*, 214–226.

Gehart, D. R., & Tuttle, A. R. (2003). *Theory-based treatment planning for marriage and family therapists: Integrating theory and practice*. Pacific Grove, CA: Brooks/Cole.

차례

Part 1 부부 및 가족 치료 역량

Part 2
가족치료 이론

Part 3
임상적 사례 문서화

Part

1

부부 및 가족 치료 역량

제1장
가족상담 및 심리치료에서 요구되는 역량과 이론

유능한 치료를 위한 비결

유능한 가족치료를 제공하기 위한 비결이 있다. 공교롭게도 이는 모두가 아는 사실로, 이 장의 목표는 '어디서' 보다 더 중요한 찾는 '방법'을 알려 주는 지도를 그리는 것이다. 아마도 당신은 기본적인 풍경에는 익숙할 것이다. 당신은 치료에서 더 발전적인 길과 몇 가지 막다른 길을 알아차릴 수도 있다. 하지만 여정에 들어선 사람이라면 누구나 그렇듯, 당신에게 무슨 일이 닥칠지 미리 안다면 확실한 길과 돌아가는 길 중에서 선택하기가 더 쉬워질 것이다.

당신을 너무 오래 기다리게 하면 당신의 마음이 급해질 테니, 지금 바로 테이블 위에 지도를 펼쳐 먼저 이 비법에 대해 이해해 보도록 하자. 성공적인 치료 여정의 지도를 그리는 것은 다음과 같이 다섯 단계로 이뤄진다.

유능한 치료를 위한 다섯 가지 단계

1단계 … 영역 그리기: 이론에 의지하여 상황을 개념화한다(제13장).
2단계 … 오아시스와 장애물 확인하기: 내담자의 정신 상태를 평가하고 사례 관리를 제공한다(제14장).
3단계 … 행로 선택하기: 기능적인 치료적 관계를 구축하는 방법을 포함한 치료적 과업과 측정 가능한 내담자 목표에 관한 치료 계획을 수립한다(제15장).
4단계 … 진행 상황 추적하기: 치료에 대한 내담자의 반응을 평가한다(제16장).
5단계 … 흔적 남기기: 일어난 일을 기록한다(제17장).

성공적인 치료 여정의 지도 그리기

이러한 다섯 가지 단계는 미지의 영역에서 모든 선구자가 사용하던 전형적인 방법을 따른다. 또한 각각의 새로운 치료적 관계는 미지의 영역, 알려지지 않은 지역, 미개척된 세계이다. 내담자들로 예를 들면, 우울한 내담자, 고통받는 커플, ADHD를 가진 아동과 같은 집단으로 쉽게 묶을 수 있는 것처럼 보이지만 경험이 많은 치료자라면 각 내담자 고유의 여정이 있음을 알 수 있다. 유능한 치료의 비결이자 이 치료의 흥미로운 점은 각 내담자 각자의 삶 속에 그들만의 독특한 지도를 그리고 이를 통해 내담자의 삶 특유의 여정을 계획하는 것이다.

첫 번째 단계는 **거시적인 이해를 위해** 가급적 넓은 영역을 자세히 그리는 것이다. 관계의 윤곽은 어떠한가? 안전지대는 어디인가? '미확인 영역'으로 표시된 면은 어디인가와 같이 모든 지도가 다 그러하듯 지도가 더 크고 구체적일수록 그 지역을 지나기가 더 쉬워진다. 가족치료에서 우리의 지도는 가족치료 이론을 활용해 내담자를 평가한 사례개념화이다. 일단 큰 그림의 지도가 만들어지면, 주요 지형물과 오아시스, 장애물을 확인한다. 당신은 어디에서 쉬어 갈지를 파악하고 어떤 위험이 도사리고 있는지 확인한다. 치료에서 내담자를 북돋워 주고 지지할 수 있는 내담자 자원이라면 뭐든지 오아시스라고 볼 수 있다. 장애물은 내담자 삶의 변화에 대한 잠재적 혹은 기존의 방해물로 나타난다. 거기는 정말 위험한 곳인가, 아니면 그저 낯선 곳일 뿐인가?

지도 제작자가 지형을 살펴보듯이, 치료자들은 의료진에 자문하여 의학적 문제의 가능성을 배제하고, **정신 상태 검사**를 실시하여 정신과적 문제를 확인해야 한다. 또한 경제적 · 사회적 자원과 같은 기본적 삶의 욕구도 함께 고려하면서 잠재적인 방해물을 조심스럽게 평가해야 한다. 이는 **사례관리**를 통해 이루어진다. 치료 과정 초기에 실재하거나 있음직한 장애물들이 **임상적 평가**를 통해 다뤄질 때, 치료 여정은 더욱 쉽고 순조롭게 진행될 것이다.

일단 오아시스와 장애물이 명확히 확인된 지도를 갖게 되면, 당신은 내담자가 선택한 종착지 또는 목표를 향한 현실적인 길을 자신 있게 선택할 수 있다. 만일 당신이 좋은 지도를 완성했다면, 당신과 내담자는 여러 다른 길 중에서 여정에 가장 적합한 길을 선택할 수 있을 것이다. 이는 치료에 관여하는 사람들에게 잘 맞는 치료 이론과 방식을 선택할 수 있다는 뜻이다. 노련한 임상가들은 숲, 바다, 사막, 평지, 파라다이스, 불모지와 같은 많은 지형을 확인하고 성공적으로 항해하는 능력이 있다는 점에서 초보 치료자와 구별된다. 치료자가 지닌 기술이 많으면 많을수록 각 지형을 잘 지나갈 수 있다. 일단 선호하는 길이 선택되면, 치료자들은 내담자 문제를 어떻게 다룰지에 대한 전반적인 지침인 치료 계획을 세운다. 여느 여행 계획과 마찬가지로, 치료 계획은 날씨, 자연 재해, 인간의 실수 그리고 '현실'이라 불리는 예상치 못한 사건들로 인해 바뀔 수 있다. 치료자들은 예상치 못하게 돌아서 가거나, 지연되거나, 지름길로 가는 것(그렇다. 예상치 못한 좋은 일도 일어날 수 있다.)이 치료 여정의 일부라고 확신해도 좋다.

일단 당신이 행동 방향을 선택하면, ① 계획이 적절한지와 ② 당신이 계획을 잘 따르고 있는지를

자주 점검할 필요가 있다. 이는 치료에서 **내담자의 경과를 평가한다**는 뜻이다. 만약 내담자가 진전을 보이지 않고 있다면 치료자는 다시 되돌아가서, ① 지도의 정확성과 ② 계획의 타당성을 재평가할 필요가 있다. 대개 두 영역 모두 올바른 경로로 되돌아가도록 개선하기는 쉽다. 중요한 것은 당신이 경로에서 벗어났을 때 가능한 한 빨리 알아차릴 수 있도록 자주 내담자의 경과를 평가하는 것이다.

마지막으로, 당신이 어디에 있었는지를 파악하기 위해 흔적을 남길 필요가 있다. 흔적을 남기는 것은 길을 잃었을 때 당신이 가던 길을 다시 찾도록 항상 도와주며, 당신뿐만 아니라 다른 사람들 또한 당신이 왜, 어떻게 그 길을 따랐는지 이유와 방법에 대해 알 수 있다. 치료자는 **임상 기록**을 상세하게 작성함으로써 경로의 흔적을 남기는데, 이는 치료의 두 가지 매우 중요한 측면에 도움이 된다. 제3의 지급자(보험회사 등)로부터 봉급을 받는 것, 소송문제(주에서 당신의 업무를 허가하는 등)를 피하는 것이 있다. 당신이 어디로 가고 있는지를 명확히 함으로써, 그와 관련된 모든 사람이 당신의 구체적인 치료 경로에 대해 더 잘 이해하도록 도울 수 있다. 그래서 유능한 치료는 간단하다. 바로 이 책에서 보여 주는 기본적인 5단계이다.

◎ 수련생에서 노련한 치료자로

수련생과 노련한 치료자와의 차이는 지도의 질, 치료 과정의 효과성, 단계를 진행하는 속도에서 나타날 수 있다. 수련생은 정보를 수집하고 다양한 선택을 시도하는 데 더 많은 시간이 걸리는 반면에, 노련한 치료자는 한 회기의 초반 몇 분 안에 치료의 다섯 단계를 유능하게 진행할 수도 있다. 시간이 얼마나 걸리는지는 여정의 질보다 덜 중요하다. 이 책은 당신이 초심자인지 몇 년의 치료 경력이 있는지에 상관없이 이 단계들을 더 효과적으로 진행해 나가도록 돕기 위해 만들어졌다.

역량과 이론: 왜 이론이 중요한가

비록 정신건강 분야에서 우리에게 지침이 되는 좋은 연구들, 뇌에 대한 새로운 지식, 정신건강 장애에 대한 자세한 정보, 정신 약물 치료의 사용 증가와 같이 지난 10년간 많은 것이 변했지만, 치료자가 사람들을 돕기 위해 사용하는 주요한 도구인 이론은 변하지 않았다. 치료에 관한 이론들은 치료자가 내담자와 관련된 엄청난 양의 정보를 재빨리 찾아보고, 변화시키려는 구체적인 사고와 행동 및 정서적 과정을 목표로 삼으며, 궁극적으로는 내담자가 그들이 가진 문제를 해결하기 위해 이를 효과적으로 변화시키도록 돕는 방법을 알려 준다. 심지어 값비싼 fMRIs(기능성 자기공명촬영장치), 뉴로피드백 기계, 수백 가지의 유용한 약물, 그 어떤 기술도 이론을 대신할 수는 없다. 하지만, 정신건강관리의 전반적인 변화의 움직임은 치료 이론들이 이해되고 활용되는 방식을 변화시켜 왔다. 특히 최근 몇 년 동안 이론과 이론이 이해되고 활용되는 방식은 두 가지의 중요한 움직임에 따라 재해석되었다. ① 다문화적 역량을 비롯한 역량에서의 움직임, ② 다음 장에서 구체적으로 논의할 연구 혹은 증거기반의 움직임이 그것이다. 이러한 움직임은 단순히 이론의 필요성에만 그치는 것이 아닌, 우리가 이론을 개념화하고, 적응하며, 활용하는 방식을 변화시켜 왔다.

◎ 왜 모두가 역량에 대해 이야기하는가

최근 몇 년간 정신건강을 포함한 모든 건강 전문가는 **역량**, 즉 전문가들이 효과적으로 직무를 수행하기 위해 필요한 지식과 기술의 세부 목록에 대한 이야기로 떠들썩했다. 이러한 움직임은 이 분야 밖의 이해당사자들에게서 시작되었는데, 이들은 전문가들이 일관된 일련의 기법을 배워야 할 뿐 아니라, 실제의 과업 수행으로 그들이 잘 학습했는지를 평가해야 한다고 말한다(세부적인 논의는 Gehart, 2011 참조). 따라서 이러한 움직임은 교육자들이 내용을 그저 전달하는 것에서 그치는 것이 아닌 어떻게 학생들에게 그들의 직업과 관련된 지식과 기술을 의미 있게 적용할지를 가르치는 것으로 초점을 바꾸도록 하고 있다.

상담, 부부 및 가족 치료, 심리학, 정신의학, 정신과적 간호 그리고 약물 의존 상담을 비롯한 각 주요 정신건강 전문직들은 고유한 역량을 발달시켜 왔다. 고맙게도 이들 간에는 너무도 많은 유사한 점이 있다. 부록 A와 B는 가족치료에서 보다 빈번히 사용되는 두 가지 역량을 포함하고 있는데, 이는 미국 부부 및 가족 치료 협회(American Association for Marriage and Family Therapy)로부터 위탁받은 프로젝트 팀에 의해 개발된 부부 및 가족 치료 핵심 역량(Marriage and Family Therapy Core Compatencies; 부록 A: Nelson, Chenail, Alexander, Crane, Johnson, & Schwallie, 2007)과 상담 및 관련 교육 프로그램 인증 위원회(the Commission for the Accreditation of Counseling and Related Educational Programs)에 의해 개발된 결혼, 부부, 가족 및 아동 상담 규준(the Marriage, Couple, Family, and Child Counseling standards; 부록B)이다. 당신이 어떤 자격증을 지니고 있건 상관없이, 잠이 잘 오지 않을 때 가족치료자 혹은 상담사로서 갖춰야 할 점에 대해 읽어 보면 매우 유용하고 흥미로울 것이다.

이 역량들은 가족치료자들이 유능해지기 위해 배우고 실천해야 하는 것을 보다 명확히 정의하기 위함이다. 만약 당신이 초심자라면, 이는 당신이 가족치료자가 되기 위해 학습하는 과업을 훨씬 수월하게 해 줄 것이다. 이 책은 당신이 가능한 한 빠르고 직접적으로 이 역량들을 개발하도록 도울 수 있다.

◎ 당신과 역량은 별개이다

냉정하게 들릴 수 있지만, 나의 10대 내담자들이 흔히 쓰는 속어적 표현인 "당신과는 상관없다."라는 표현은 역량의 기본을 가장 잘 드러낸다. 역량은 **당신의** 이론적 선호, **당신이** 개인치료를 할 때 잘 맞던 것, **당신이** 잘하는 것, **당신이** 흥미를 느끼는 것, 심지어 **당신이** 가장 도움이 될 거라 생각하는 것과도 관련이 없다. 유능한 치료를 하기 위해서는 당신에게 편한 방법에 머무르지 않고, 더 나아가

내담자들에게 잘 맞는 소통을 하는 방법을 배워야 한다. 간단히 말하자면, 당신이 마주하는 내담자 모두에게 도움을 줄 수 있도록 다양한 분야의 이론과 기법에 역량을 갖춰야 한다. 당신이 나를 계속 따라온다면, 이것이 어떤 의미인지를 이해할 수 있을 뿐 아니라 당신에게 유익하다는 것도 알게 될 것이다.

예를 들어 설명하는 것이 가장 좋을 듯하다. 당신은 치료 이론을 활용하여 거시적 관점으로 사례 개념화를 하는 경향이 있거나 세부사항에 집중하는 정신건강 평가와 진단을 선호하는 성향이 있을 수 있다. 인간은 큰 그림에 능숙하거나 세부사항에 능숙하기도 하다. 하지만 어느 하나가 쉽거나 좋고 철학적으로 알맞다 하더라도, 유능해지기 위해서 치료자는 두 가지 모두에 능숙해야 한다. 이와 유사하게 당신은 통찰력과 개인적 성찰을 돕는 이론들을 선호할 수도 있는데, 결국 그것은 **당신**의 삶에서 **당신**에게 잘 맞는 것이다. 하지만 그것이 당신의 내담자에게는 잘 맞지 않을 수 있으며, 그러한 접근이 내담자의 상황이나 문화적 배경을 고려할 때 가장 효과적인 접근이 아니라는 연구 결과도 있을 것이다. 따라서 당신은 별로 흥미가 없거나 치료에 관한 당신의 이론과 맞지 않는 치료 이론들까지도 능숙하게 익힐 필요가 있다. 처음에는 이러한 생각이 내키지 않을 수도 있겠지만, 당신이 이 책을 다 읽어 갈 즈음에는 그것에 동의하고 좋아할 수도 있을 거라 생각한다.

나는 부모가 어린 자녀들의 행동을 다루는 데 어려움을 겪는 가족들과 작업할 때 이 역량에 대해 처음 배웠다. 나는 결코 행동주의를 좋아하지 않았지만, 두 살배기가 히스테릭하게 비명을 지르고 할퀴고 깨무는 상황에서 나는 곧 강화 계획과 일관성이 중요하다는 것을 지지할 수밖에 없었다. 그 당시 나의 포스트모던 접근법에 대한 나의 정말로 강렬하고 열성적인 애정을 고려하면, 나는 (이상적으로는) 원칙 또는 (보다 현실적으로는) 절박함에 의해 당신이 편안한 영역에서 벗어나 다재다능하며 유능한 치료자가 될 것이라고 전적으로 믿는다.

◎ 역량의 공통 맥락

당신이 상담사나 가족치료자나 심리학자 혹은 사회복지사가 되기 위해 훈련 중인지를 막론하고, 여러 역량을 넘나드는 공통 주제들이 있다는 것을 알게 될 것이다.

특히 다음의 주제들에 주목하라.

- **다양성과 다문화적 역량**: 치료적 이론의 활용은 항상 다양성의 주제에 따라 맥락이 달라지는데, 이는 이론의 적용 및 적용 가능성이 나이, 인종, 성적 지향, 능력, 사회경제적 지위, 이민 상태 등과 같은 다양성의 주제에 따라 때로는 극적으로 달라짐을 의미한다.
- **연구와 증거기반**: 역량을 갖춘 치료자가 되기 위해서는 치료자의 이론, 내담자, 당면한 문제와 관련된 연구 및 증거기반에 대해 알고 있어야 한다.
- **윤리**: 여러 역량을 넘나드는 가장 분명한 공통점은 법과 윤리일 것이다. 전문적인 정신건강 실무와 관련된 법과 윤리적 기준을 확실히 이해하고 있지 않으면 이 일을 계속하지 못할 것이다.

비밀 보장과 같은 윤리 원칙에 대해 확실히 이해하는 것은 이론을 올바르게 적용하기 위한 전제조건이다.

- **치료자로서 개인:** 마지막으로, 다른 전문직들과는 달리 정신건강 전문가들의 경우 특정한 개인적 자질이 역량으로 생각되는데, 이는 아래에서 더 자세히 다룰 것이다.

◎ 다양성과 역량

지난 몇십 년 동안, 치료자들은 치료 과정에서 나이, 성별, 민족성, 인종, 사회경제적 지위, 이민, 성적 지향, 능력, 언어 및 종교와 같은 요인을 포함한 다양성의 역할을 중요시하기 시작했다. 이러한 요인들은 이론의 선택, 치료 관계의 발전, 평가와 진단 과정 그리고 개입 방법의 선택에 영향을 미친다(Monk, Winslade, & Sinclair, 2008). 요약하면, 당신이 전문가로서 생각하고, 행동하고, 말하는 모든 것이 맥락에 따라 달라지며 다양성의 주제를 전달해야 한다. 만일 당신이 다양성에 효과적으로 반응하기가 쉽다고 여기거나, 배우기 쉽다고 생각하거나, 당신의 지도자나 슈퍼바이저, 또는 몇몇 유명한 저자가 이것을 수월하게 해 주는 마법의 정답을 알고 있다고 생각한다면 달갑지 않은 놀라운 일이 있을 것이다. 다양성의 주제를 다루는 일은 흑백으로 된 정물화라기보다는 핑거페인팅과 같다. 따라 그릴 선이 거의 없고, 모든 사람에게 그려지기엔 복잡한 일이며, 이를 즐기기 위해서는 열정과 열린 마음이 필요하다.

나는 초심자와 경험 있는 치료자들이 자신들은 다양하거나 소외된 집단에 속해 있기 때문에 다양성 주제에 대한 걱정을 할 필요가 없다고 주장하는 것을 종종 들었다. 반대로 나는 주류 집단에 속한 치료자들이 "나는 어떤 문화도 가지지 않았다."라고 말하는 것을 들었다. 이와 같이 구성원들은 모두 다양성의 자세(diversity front)에 대해 많이 배워야 한다. 우선, 우리 모두는 성별, 인종, 사회경제적 계층, 종교, 연령에서 비롯된 공동의 강력한 문화적 규범을 행사하는 수많은 사회적 집단의 일부분이다. 대부분은 아닐지라도 많은 사람이 우세한 문화에 동조하는 일부 집단이나 소외된 일부 집단에 속한다. 하지만 특정 집단이 다른 집단에 비해 훨씬 고통스러운 소외를 경험한다는 점을 인지하는 것이 중요하다. 조금 더 복잡하게 말하자면, 사람마다 이러한 압력에 반응하는 모습도 모두 다르다.

예를 들면, 어떤 사람들은 동성애자라고 커밍아웃하는 과정을 매우 외상적인 사건으로 경험했으며, 이 문제를 치료자들이 조심스럽게 다루기를 원한다. 또 다른 사람들은 매우 지지적인 지역사회에 살고 있어서 치료자가 그들이 성적 지향 때문에 중압감을 느낄 거라고 생각하면 모욕감을 느낀다. 또한 많은 미국인은 그들이 속해 있는 매우 강력하고 뚜렷한 '미국 문화'가 있음을 인식하지 못하는 것 같다. 사실, 미국의 다양한 지역에는 치료자들이 알아야 할 매우 독특한 특성들을 지니고 있다. 또 다른 예로, 중서부 남성은 일반적으로 캘리포니아에 있는 남성들과는 매우 다르게 감정을 표현한다. 두 유형의 남성들이 비슷한 방식으로 감정을 다룰 것이라고 예상하는 치료자들은 둘 중 한 쪽이 지나치게 이상하다고 생각할 것이다.

말해두자면, 다양성 주제를 유능하게 다루려면 각 사람들의 독특한 욕구에 많은 관심을 기울여야 하며, 이는 치료자로서의 개인에게 큰 깊이와 인간성을 더하는 직업적인 오랜 고투이자 여정이다. 이 책에서 당신은 각 이론과 관련된 다양성 주제를 검토함으로써 이 여정에 오를 것이며, 이 주제들을 사례개념화, 평가, 치료 계획에 통합하기 시작할 것이다. 다양성은 이론을 활용하는 데 매우 중요하기 때문에, 각 장의 마지막에는 특정 이론의 실행과 관련된 여러 인종, 성별, 성 정체성의 다양성을 다룬 집중 섹션뿐만 아니라 각 장 내내 다양성에 관한 논의가 제시되어 있다.

◎ 연구와 역량

정신건강 역량에서 또 다른 공통적인 맥락은 치료법을 알아내고, 치료법의 효과성과 내담자 경과를 측정하기 위한 연구를 이해하고, 더 중요하게는 활용하는 것이다. 최근 몇 년간, 정신건강 현장에서는 더욱이 증거기반이 되고자 하는 강력한 움직임이 있어 왔다. 이는 두 가지 핵심 업무를 수반한다. ① 임상적 의사결정과 치료 계획을 알아내기 위해 현존하는 연구를 활용하는 것과 ② 각기 다른 집단과 주제를 다루기 위한 구체적이고 구조화된 접근법인 증거기반치료를 활용하는 것을 배우는 것(Sprenkle, 2002)이다. 이러한 움직임은 제2장에서 구체적으로, 아마도 일부는 굉장히 세부적으로 논의될 것이다. 치료적 이론의 증거기반과 관련된 주제들은 각 장의 이론 끝에 논의되며, 관련 증거기반치료법이 강조될 것이다. 또한 제11장과 제12장은 부부 및 가족 치료 분야에서 선두적인 증거기반치료법을 다룬다. 혹시 당신이 이론 교재에서 연구에 대한 설명을 피하고 싶었다면 처음에는 실망하겠지만, 끝에 가서는 통합된 지식이 당신에게 활기를 북돋워 주기를 기대한다.

◎ 법, 윤리 그리고 역량

나는 현장에 입문하는 학생들에게 만약 상담자가 법적 혹은 윤리적 문제와 관련하여 지름길로 갈 수 있다고 생각한다면 차라리 전공을 비즈니스로 바꾸어서 돈을 버는 게 낫다고 이야기한다. 법적 · 윤리적 세부사항을 챙기지 않는다면 4년 이상 무급 인턴으로 일한 뒤에 중범죄로 징역살이를 할 것이라고 우스갯소리를 한다. 그것은 조금은 과장일 수도 있지만 큰 과장은 아니다. 법적 · 윤리적 주제에 관한 역량을 개발하지 못한 치료자들은 오래 가지 못할 것이다. 비록 이 책에서는 이 주제들을 직접적으로 다루지는 않지만, 이론과 치료 계획에 대해 공부를 시작하기 전에도 이 주제는 이 직업 분야에서 매우 중요하기 때문에 간단히 소개를 하고자 한다. 이렇게 함으로써 여러분은 여러분의 내담자, 친구, 가족, 이웃, 애완동물 그리고 자기 자신이 가진 문제의 숨겨진 원인을 파악하기 위해 성급하게 이 책의 개념을 적용하지 않을 것이다. 모든 정신건강 전문가 조직, 즉 미국 부부 및 가족 치료 학회(American Association for Marriage and Family Therapy), 미국상담학회(American Counseling Association), 미국심리학회(American Psychological Association), 미국사회복지사협회

(National Association of Social Workers)는 구성원들이 따라야 할 윤리 지침이 있다. 감사하게도, 다양한 조직 간에 윤리 지침이 상당히 일치하여 대부분의 핵심 주제에 대한 전반적인 합의가 이뤄져 있으며, 연방법과 주법도 주요 원칙에 대체로 합의를 이룬다. 이 주제들은 제2장에서 깊이 다룬다.

◎ 치료자로서의 개인과 역량

마지막으로 유능한 치료자가 되려면 종종 정의하기 어려운 특정한 개인적 특성을 갖춰야 한다. 기본적으로 진실성, 정직, 근면과 같은 몇 가지 자질은 전문가의 필수 요건으로 생각되며, 첫 시간에 요구되는 지시사항 지키기, 문제에 말려들기 전에 관심을 높이기, 자신이 한 말 지키기 등의 형태로 나타난다. 이러한 기본적인 삶의 기술 없이는 어느 것에서도 역량을 갖추기 어렵다.

치료자로서의 개인에 관한 더 미묘한 문제들은 내담자와 관계를 형성할 때 나타난다. 일단 연구에 의하면 내담자가 치료자로부터 잘 들어 주고 이해받고 받아들여진다고 느끼도록 해야 함은 분명하며, 이는 흔히 공감해 주되 충고는 피하는 방식으로 이뤄진다(Miller, Duncan, & Hubble, 1997). 더욱이 치료자들이 편견을 갖거나 부적절하게 내담자를 병리화하는 것을 피하기 위해 치료자들은 자신의 개인적인 문제들을 파악하고 다뤄야 한다. 정신역동치료자들은 이를 역전이로 설명한다(제6장 참고). 수치화하기는 더 어렵지만, 이러한 문제들은 종종 내담자, 슈퍼바이저, 지도자 그리고 동료들과의 관계에서 강렬한 감정이나 특이한 상호작용이 있을 때 금세 드러난다. 이러한 것들을 잘 다루는 것이 유능한 치료자의 특성 중 하나이다.

마지막으로, 정의하기 더 어려운 측면은 **치료적 품성**으로 공감, 동정심, 카리스마, 영성, 초인간적 의사소통, 내담자 민감성, 낙관주의, 확신 등의 요소를 포함한 개인 내적, 대인 간, 초인간적 요소를 가진 것으로 간주되는 개인의 자질을 말하며, 이는 파악하기 어렵고 조작하기도 어렵다(McDonough-Means, Kreitzer, & Bell, 2004). 내담자는 오히려 전문가보다 이 미묘한 자질을 가장 잘 판단한다. 왜냐하면 결국엔 이러한 자질이 내담자가 치료실에서 치료자를 어떠한 사람으로 느끼는가에 영향을 미치기 때문이다. 따라서 이러한 역량들은 측정하기가 어려울지라도 무엇보다 중요하게 갖춰야 하는 것이다.

이 책은 어떻게 다르며, 이는 당신에게 어떤 의미인가

『가족상담 및 심리치료 사례개념화(Mastering Competencies in Family Therapy)』는 색다른 종류의 교재이다. 이 책은 단순히 내용을 전달하여 당신이 암기하기를 기대하기보다는 새로운 교육학 모델인 학습 중심 교수법(Killen, 2004; Weimer, 2002)에 기반하여 당신이 내용을 적극적으로 학습하고 실질적인 역량을 개발하도록 돕기 위해 고안되었다. 따라서 학습 활동은 이 책의 핵심적인 부분이며, 이를 통해 당신은 학습을 촉진하는 방식으로 정보를 적용하고 활용할 기회를 얻는다. 이 책의 구체적

인 학습 활동은, ① 사례개념화, ② 임상적 평가, ③ 치료 계획, ④ 경과 기록이다. 이를 통해, 각 장에서 배우는 이론을 실제 내담자 상황으로 옮겨 주며 당신이 내담자를 더 잘 돕기 위해 당장 사용할 수 있는 실제적인 기법을 배울 수 있다.

이 책은 또 다른 면에서 다르다. 이 책은 장황한 설명이 붙는 일반적인 제목이 아니라 주요 개념으로 구조화되어 있다. 이메일이 없던 시절(그렇다고 공룡이 세상을 배회하던 옛날은 아니다.) 박사 학위와 자격증 시험을 위한 나의 개인적인 필기 노트에서 발전된 이 구성의 시각적 배치는 어휘와 용어를 잘 기억하도록 돕는다. 매년 나는 새로 자격을 취득한 열정적인 치료자들로부터 자격시험을 통과하도록 도와준 것에 대한 감사를 표하는 이메일을 많이 받는다. 그들은 모두 이 책의 구성이 큰 도움을 줬다고 말한다. 따라서 이 책을 읽으며 시간을 보내는 것은 당신이 미래에 있을 큰 시험들을 준비하는 데 도움이 될 것이다(그리고 당신이 이미 시험에 통과했다면, 어렵게 해낸 스스로에게 더욱 감동하게 될 것이다).

◎ 책의 구성

이 책은 세 부분으로 구성되어 있다.

제1부: 가족치료 이론의 소개

여기서는 가족치료의 역량, 연구, 윤리 및 철학적 기반에 대해 소개한다.

제2부: 가족치료 이론

여기서는 가족치료의 주요 학파를 다룬다.

- 체계 이론: MRI, 밀라노, 전략적 체계 이론
- 구조적 가족치료
- 경험적 가족치료: Satir의 인간 성장 모델, 상징적 · 경험적 가족치료, 그리고 내면가족체계치료
- 세대 간의 이론과 정신역동 이론
- 인지행동 가족치료와 마음챙김기반 가족치료
- 해결중심치료
- 포스트모던 치료: 협동 및 이야기
- 증거기반 부부 및 가족 치료: 정서중심치료와 기능적 가족치료
- 증거기반 부부 및 가족 집단치료

제3부: 사례 기록

여기서는 이 장 초반에 설명한 유능한 치료를 위한 다섯 가지 단계를 상세히 살펴본다.

- 사례개념화
- 임상 평가
- 치료 계획
- 경과 평가
- 경과 기록

◎ 이론의 구성

제2부의 이론에 대한 장들은 당신이 사례개념화를 하고, 치료 계획과 경과 기록을 작성하며, 내담자에 대한 개입을 고안할 때 이 책을 활용하여 도움을 얻는 능력을 극대화하기 쉽도록 구성되어 있다. 이론에 대한 장들은 다음의 개요를 따른다.

이론의 구성

요약하기: 당신이 알아야 할 최소한의 것
핵심 내용: 중요한 기여점
들리는 소문에 의하면: 관련된 사람들의 이야기
큰 그림 그리기: 상담 및 심리치료의 방향
관계 형성하기: 치료적 관계
조망하기: 사례개념화와 평가
변화를 겨냥하기: 목표 설정
행동하기: 개입
구체적인 문제에 대한 개입
조합하기: 사례개념화와 치료 계획 양식

- 이론 특정 사례개념화 양식
- 우울/불안 증상을 겪는 개인을 위한 치료 계획 양식
- 갈등을 겪는 부부/가족을 위한 치료 계획 양식

다문화 접근: 다양한 인종과 작업하기

- 민족적 · 인종적 · 성적 · 문화적 다양성

연구와 증거기반
온라인 자료
참고문헌
사례 예시: 제3부에서 묘사된 사례개념화, 임상 평가, 치료 계획, 그리고 경과 기록이 포함된 임상 관련 서류 완본에 대한 짧은 글

■ 요약하기: 당신이 알아야 할 최소한의 것

각 장은 이론의 주요(핵심적인) 특징에 대한 간단한(간략한) 요약으로 시작된다. 이는 이론 수업에서 A를 받거나 내담자를 돕기 위해서 알아야 할 완전한 최소한의 것은 아닐 수도 있지만, 당신이 이론을 분명히 이해하기 위해 기억하여 언제든 필요할 때 말로 꺼낼 수 있는 기본적인 정보이다.

■ 핵심 내용: 중요한 기여점

이 절에서는 각 이론이 가족치료 분야에 기여한 가장 중요한 공헌을 기억하도록 돕기 위해 으뜸의 원칙(가장 먼저 소개되는 정보)을 활용한다.

대부분의 경우, 치료에 보통 다른 접근을 활용하는 잘 훈련된 임상가들은 관행적으로 이 특정 개념의 활용에 능숙할 것이다. 이 절은 각 이론의 중요한 개념이나 실제적인 내용을 기억하라는 적신호이다. 학생들로부터 받는 피드백에 따르면, 이는 종종 그들이 가장 좋아하는 절 중 하나라고 한다(나는 그들이 각 장의 나머지 부분은 훑어 읽기 때문에 그렇게 말한 것은 아니기를 바랄 뿐이다. 물론 당신은 그럴 생각이 전혀 없겠지만 말이다).

■ 들리는 소문에 의하면: 관련된 사람들의 이야기

이 절에서 당신은 이론의 개발자들에 대해 그리고 그들의 개인사가 어떻게 그 생각을 발전시켰는지에 대해 알 수 있다. 또한 소문 중 몇 가지는 다른 것들보다 더욱 흥미롭다. 이 책은 치료 이론들이 현시점의 치료 장면에서 실제로 어떻게 활용되는지에 초점을 두기 때문에 이론의 역사와 발전에 대해서는 강조하지 않았지만, 여기에서 그런 역사들에 대한 간단한 요약을 볼 수 있을 것이다.

■ 큰 그림 그리기: 상담 및 심리치료의 방향

큰 그림은 치료 과정의 흐름에 대한 개요를 제공한다. 초기, 중기, 마지막에 각각 어떤 일이 일어나는지, 이러한 단계를 거치며 어떻게 변화가 촉진되는지.

■ 관계 형성하기: 치료적 관계

모든 접근은 내담자와 치료적 관계를 형성함으로써 시작되지만, 그 방식은 접근마다 차이가 있다. 이 절에서는 다양한 학파의 치료자들이 변화의 기반을 제공하기 위해서는 관계를 맺는 독특한 방식에 대해 살펴볼 것이다.

■ 조망하기: 사례개념화와 평가

사례개념화에서는 각 학파의 치료자들이 내담자와 그들의 문제를 확인하고 평가하기 위해 사용하는 특징적인 이론 개념들을 살펴볼 것이다. 이것이 이론의 실질적인 핵심이며 진정한 차이점이 드러나는 부분이다. 나는 당신이 이 부분들에 특히 관심을 기울이기를 권한다. 제13장에서 사례개념화에 대해서 더 살펴볼 수 있다.

■ 변화를 겨냥하기: 목표 설정

사례개념화와 전체적인 치료 과정에서 평가된 영역들에 근거하여, 각 접근법은 치료 계획의 기반이 되는 내담자의 목표를 확인하기 위한 독특한 전략을 가지고 있다.

■ 행동하기: 개입

아마도 대부분의 초심자에게 가장 흥미로운 부분일 텐데, 행위에서는 각 이론의 일반적인 기법과 개입을 개괄한다. 경우에 따라서, 특별한 대상에게 활용되는 기법들이 표준 관행과 확연히 다를 때에는 이에 관한 절이 포함되어 있다.

■ 조합하기: 사례개념화와 치료 계획 양식

졸업 후 당신은 아마도 이 절에 대해 나에게 가장 고마움을 느낄 것이다. 이 절은 우울, 불안, 혹은 트라우마를 지닌 개인 내담자 및 갈등이 있는 부부 및 가족 사이를 다루는 데에 활용될 수 있는 각 이론에 맞는 사례개념화와 치료 계획의 양식을 제공한다. 이러한 계획들은 각 장의 모든 내용을 하나로 묶는다(맨 꼭대기에 작은 나비매듭을 만든다고 상상해 보라).

■ 다문화적 접근: 다양성에 대한 고려

이 절은 각 장에서 다룬 이론들을 활용하여 다양한 집단과 작업할 때의 특수한 접근법들을 검토한다. 각 장은 인종 및 성 정체감의 다양성 문제에 관한 절을 포함하고 있다.

■ 연구와 증거기반

마지막으로, 각 장은 이론의 경험적 토대에 관한 전반적인 이해를 돕기 위해 각 이론의 연구와 증거기반을 간단하게 검토하면서 마무리된다. 경우에 따라서, 영향력 있는 증거기반치료(정의는 제2장을 참고하라.)가 강조된다.

■ 온라인 자료

전문적인 훈련을 원하거나 이론에 대한 연구를 더 수행하고자 하는 사람들을 위해 웹페이지 및 웹자료 목록이 포함되어 있다.

■ 사례 예시

각 장은 임상활동에서 각 이론이 어떻게 보이며, 어떻게 글을 적어야 하는지를 이해하도록 하기 위해 사례 요약, 사례개념화, 임상적 평가, 치료 계획 그리고 경과 기록으로 마무리된다. 이러한 서식을 완성하는 방법에 대한 자세한 설명은 제13장부터 제17장에 제시된다.

■ 참고문헌

마지막으로, 많은 학생은 참고문헌을 간과하고 그냥 잊어버린다. 하지만 당신이 이 이론들 중에 어떤 이론에 대한 학술 논문이나 문헌 조사를 작성해야 한다면, 이곳이 처음으로 멈춰야 할 지점이다. 이 경우에 있어, 나는 이 책의 여러 판을 쓰는 동안 12'×12' 사무실에서 수백 권의 책과 논문을 살펴보았다. 따라서 당신은 도서관에 가기 전에 이러한 작업을 함으로써 주요 자료들을 찾기 위한 시간을 분명히 절약할 수 있을 것이다(내가 깜박했는데, 아무도 이 장소들에 직접 가지는 않는다. 다시 말해 토끼 실내화를 신은 채로 도서관 웹페이지를 '검색'한다는 뜻이다).

◎ 목소리와 어조

마지막으로, 나는 이 책의 목소리와 어조가 보통의 대학 서적과는 약간 다르다는 점을 언급하고 싶다. 지금쯤 내가 당신에게 직접 말하고 있다는 것을 알아차렸기 바란다. 나는 유머를 좀 넣어서 재미있게 글을 쓰기를 좋아한다. 왜냐하면 우선 이런 식으로 쓰는 것이 더 재미있기 때문이다. 하지만 더 중요한 것은 나는 당신을 이 아이디어들을 적용하는 방법에 대해 생전 처음 배우는 나의 학생 혹은 수련생 중 한 명인 것처럼 참여시키고 싶다. 가족치료는 관계기반 작업이며, 당사자들이 지식을 함께 구성하는 것이다. 따라서 얼굴 없는 저자로 분리된 채로 이러한 생각을 적는 것이 나에겐 다소 힘든 일이지만, 이는 지식 형성의 객관성에 대한 잘못된 통념을 유지할 수 있다(제3장에 있는 가족치료의 철학적 기반을 읽고 나면 왜 내가 이것에 대해서 걱정하는지 더 잘 이해할 수 있을 것이다). 따라서 글을 쓰면서 나는 당신이 다른 사람을 돕기 위해 이 개념들을 활용하는 방법을 배우기를 간절히 원하는 사람이라고 상상하고 있다. 나는 당신에게 손을 뻗어, 당신이 가졌을 거라 상상되는 질문에 답하고, 당신이 깨어 있는지를 확인하기 위해 주기적으로 어깨를 두드리려고 애쓸 것이다.

이 책의 쓰임새에 대한 제안

◎ 가족치료 이론들에 대한 고찰을 위한 제안

이 책의 각 장들을 읽으면서 당신은 가장 마음에 드는 부분이 무엇인지 알아내고 덜 끌리는 부분은 그냥 넘어가고 싶을 것이다. 처음에는 이것이 좋은 생각 같아 보이겠지만 몇 가지 고려해야 할 점들이 있다.

■ 좋아하는 것 vs 유용한 것

일반적인 치료자들이 개인적으로 유용하다고 여기는 이론들은 아마 초심자들의 일반적인 내담자가 유용하다고 여길 이론과 일치하지 않을 것이다. 많은 치료자는 심리학적으로 탐구한다. 이는 그들이 내면세계와 그것이 어떻게 작동하는지에 대해 생각하기를 즐긴다는 것을 의미한다. 하지만 대부분의 초심자는 비용이 저렴한 상담소에서 일을 시작하고, 이곳은 다양하고 복합적인 문제를 가진 내담자와 가족을 도우며, 그들 중 전부는 아니지만 많은 사람은 종종 생계 문제로 씨름하고 있거나 내면세계에 대한 분석과 이해에 가치를 덜 두는 문화적 배경을 지니고 있기 때문에 심리학적으로 생각하지 않는다. 따라서 당신이 개인적으로 가장 유용하다고 여기는 이론이 당신의 첫 내담자에게는 알맞지 않을 수 있다.

■ 호평받는 것

이 책에 있는 이론들은 우연히 선정된 것이 아니다. 치료자들이 그 이론들을 유용하다고 여겨 왔기 때문에 이론들 중에서 인정받는 축의 일부가 되었다. 각 이론은 공부할 만한 가치가 있다. 수년간 내가 배운 한 가지 교훈은 치료자가 이해하는 이론이 많을수록 내담자를 더 잘 도울 수 있다는 것이다. 왜냐하면 인간의 조건과 그에 수반하는 문제에 대한 이해의 폭이 더 넓어지기 때문이다. 따라서 나는 각 이론의 가장 광범위하고 유용한 부분을 찾아보려는 자세로 이론에 접근하기를 권한다. 특정 이론으로부터 나온 보편적으로 유용한 개념 한 가지를 알 수 있게 해 주는 각 장의 '본질' 부분에서 이를 수월하게 해 준다.

■ 공통 맥락

가족치료 이론들은 역설적이다. 어떤 의미에서 이론들은 서로 매우 다르며, 구별되고 상호 배타적인 행동과 태도를 보여 준다. 그렇지만 하나를 잘 이해할수록, 모든 이론을 더 잘 이해할 수 있을 것이다. 사실, 공통 요인을 지지하는 몇몇 치료자는 이론들이 단순히 동일한 요인을 전달하는 방식이 서로 다를 뿐이므로 대체로 똑같이 효과적이라고 주장한다(Miller, Duncan, & Hubble, 1997; 제2장에서 더 살펴볼 것이다). 따라서 이론들 간의 공통점이 차이점보다 더 중요하다는 말도 제법 타당할 수 있다.

◎ 이론 학습을 위한 이 책의 활용에 대한 제안

첫째로, 이론에 대해 전체적으로 이해하기 위해 한두 시간을 정해서 한 가지 이론을 처음부터 끝까지('요약'부터 '종합'까지) 읽어 보기를 권한다. 일부 장은 한 장에서 두 개의 이론들을 설명하는데, 이럴 때는 이론별로 나눠 읽는 것도 괜찮다. 또한 일부 학습자는 실용적인 개요를 알기 위해서, 치료 계획(각 장 마지막에 있는 양식 혹은 예시)이나 몇 가지 다른 절을 먼저 훑어보는 것이 도움이 된다고 여길 수도 있다. 그것도 맞다. 그렇지만 나는 대부분의 사람이 선호하는 방식으로 개념을 구조화하기 위해 노력해 왔다. 학습자마다 스스로에게 제일 효과적인 여러 다른 전략을 가지고 있듯이, 당신에게 가장 효과적인 것이 무엇인지 발견하기를 바란다. 한 장을 끝낼 무렵에 이것을 실제에 어떻게 작용하는지 이해하기 위해 당신 스스로(당신이 거의 완벽하다면 문제를 꾸며 내야 할 수도 있다), 다

른 사람에 관한 사례개념화와 치료 계획 작성을 시도해 보는 것도 좋다.

마지막으로, 각 장을 다 읽었거나 수업이 끝난 후에 정겨운 구식 메모를 적기를 강력히 추천한다. 정말이다. 나는 당신이 자신만의 언어로 핵심 개념들의 완전한 개요를 타이핑하기(혹은 원한다면, 손 글씨로 적기를)를 권한다. 내가 왜 이렇게 고통스러운 것을 하라고 할까? 우리가 이 책처럼 길고 복잡한 책을 읽을 때, 우리는 모두 읽고 있는 내용에의 집중력이 또렷해지다 흐려지기를 반복하고, 종종 더 재미있는 상상이나 덜 흥미로운 해야 할 일에 빠져들다가, 심지어 책의 많은 부분을 가끔 건성으로 읽는다(아니, 나는 놀라거나 기분 상한 건 아니다). 당신이 읽은 개념을 정말로 이해하는지 확인하기 위한 유일한 방법은 그것들을 당신만의 언어로 바꾸고 당신이 이해하는 방식으로 정리하는 것이다. 당신이 기말 시험을 봐야 하거나, 자격증을 따기 위해 계획을 세워야 한다면, 벼락치기를 하는 것보다 최종 시험을 위해 많은 작업이 필요한 책의 개념을 장기 기억에 저장하는 일을 해야 할 것이다. 당신이 대학원이나 전문학교에 들어온 지 얼마 되지 않았다면, 이런 슬픈 소식을 전하게 되어 유감이다. 그곳에서의 공부는 시험이 끝난 다음 주에 배운 걸 다 잊어 버려도 문제가 되지 않았던 학부 과정의 공부와는 차원이 다르다. 정신건강 전문가가 되려면 배운 내용을 완전히 익히고 축적해 가야 한다. 당신이 전문직으로 일을 하는 모든 상황에서 당신은 이 책의 내용을 다 아는 사람으로 여겨질 것이다. 진심이다. 그리고 이것이 나쁜 소식이라고 생각한다면 진단 수업을 들을 때까지 기다려 봐라(심지어 더 두꺼운 책들을 암기해야 할 것이다). 따라서 만약 당신의 예전 공부 습관이 밤샘 벼락치기, 엄청난 양의 에스프레소(또는 카페인을 섭취하는 다른 방법들), 시험이 끝나면 거의 다 잊어버리는 식이었다면, 앞으로는 나의 노트 필기 비법이나 몇몇 다른 전략을 시도해 보는 것이 좋을 것이다.

◎ 치료 계획 작성을 위한 이 책의 활용에 대한 제안

나는 이 책에서의 치료 계획 양식, 예시는 말 그대로 그저 양식, 예시일 뿐이라는 것을 강조하고 싶다. 그것들만이 유일하게 올바른 접근법인 것은 아니다. 이들은 단순히 일반적인 기준과 가정을 바탕으로 만든 견실한 접근법이다. 당신은 다른 양식을 사용하는 상담 단체나 기관에서 일을 하겠지만, 적용되는 일반적인 규칙은 아마도 동일할 것이다(제15장 참고). 이것은 단순히 암기하는 것보다 좋은 목표와 개입을 작성하는 방법에 대한 원칙을 이해하는 것이 왜 중요한지를 보여 준다.

더구나 양식과 예시를 너무 융통성 없이 활용해서는 안 된다. 내담자만의 요구에 따라 목표 진술문과 기법들을 얼마든지 수정할 수 있다. 내가 꽤 구체적인 목표를 그럴듯한 예로 들어 왔는데, 이를 당신이 만날 내담자 각자의 요구에 맞게 수정하여 활용하길 바란다. 당신은 사례연구에서 치료 계획이 양식을 엄격하게 따르지 않는다는 것을 알아차릴 것이다. 당신도 그렇게 하길 바란다.

◎ 인턴십과 임상실습에서의 활용을 위한 제안

인턴 또는 자격증이 있는 정신건강 전문가로 일할 때, 이 책은 임상 기록을 작성하는 방법을 제시해 주고 당신 스스로 이론과 기법을 익히는 데 도움이 될 수 있다. 당신이 새로운 대상이나 문제를 마주할 때, 다른 치료 모델들은 이러한 상황에 어떻게 접근하는지 생각해 보고 싶을 것이다. 다른 가능한 방법들을 찾고자 할 때, 이 책은 재빨리 훑어보기에 아주 좋은 자료이다. 또는 동료나 슈퍼바이저가 당신에게 익숙하지 않은 이론을 적용할 때, 이 책으로 몰랐던 이론을 재빨리 살필 수 있다. 그리고 이 책은 여러 이론에 공통적으로 바탕이 되는 내용을 이해하고 찾아내도록 하며, 이는 특히 당신이 '혼합된 이론' 맥락에서 작업할 때 이점이 될 수 있다. 하지만, 이 이론 중에 어떤 것이든 실행하는 것을 실제로 배우기 위해서는 그 이론의 전문가로부터 전문적인 훈련을 받을 것을 강력히 권한다.

◎ 자격증 시험공부를 위한 제안

자격증 시험은 불필요한 수준으로 어렵거나 복잡하지 않다. 단지 당신이 슈퍼비전 없이 치료할 때 필요한 지식을 알고 있는지, 내담자에게 해가 되지는 않는지를 확인하고자 할 뿐이다. 그리고 어휘 시험이기도 하다. 당신이 성실히 수업에 참여하고, 숙제를 하며, 시험과 과제를 벼락치기하지 않고, 유익한 슈퍼비전을 받는 것을 우선시하였다면, 당신은 자격증 시험을 치를 단단한 기본기를 갖춘 것이다. 시험을 치르기 위해 공부해야 하는 모든 내용을 다루는 (이 책과 같은) 도서를 당신은 이미 소장하고 있어야 한다. 만약 석사 후 긴 인턴십을 마칠 때쯤 시험을 봐야 한다면, 2~4년 동안 시험에 나오는 이론과 주제에 대한 가능한 한 많은 책을 읽어야 할 것이다(몇 년 동안 소설은 못 읽을 수도 있다).

나는 모든 학생한테 길고 비싼 '리뷰 강의'를 들으라고 권하지 않는다. 왜냐하면 시험을 신청하기 훨씬 이전부터 시험 내용을 적극적으로 익히는 학생들에겐 이러한 강의는 필요 없기 때문이다.

당신이 시험을 볼 자격을 얻은 후에나 공부하기 시작한 경우라면, 2년에서 4년 정도 늦은 것이다. 그러면 맞다. 집중강좌를 들어야 할 것이다. 정신건강 자격증 시험공부를 위한 나의 핵심적인 제안은 이러하다. 학위 후 인턴십 기간에 각각의 주요 이론에 대한 원서 읽기, DSM 활용하기 그리고 법과 윤리를 잘 알아 두고 나서 (학습 가이드가 없는) 모의고사를 구매하고 합격점수보다 5% 높은 점수(예: 70%가 합격점수라면 75%)가 계속하여 나올 때까지 풀어라. 이론이나 DSM과 같은 특정 영역에 약하다면, 자격증 시험을 위해 만들어진 이 책과 같은 교재를 활용하라. 계속하여 75%를 넘는 점수가 나온다면, 당신은 최소한의 비용으로 최대한으로 배우고 시험을 볼 준비가 된 것이다.

◎ 역량 및 학생의 학습을 평가하려는 교수를 위한 제안

이 책은 교수와 슈퍼바이저가 여러 자격승인 기관의 요구에 따라 학생의 역량을 평가하는 부담스러운 일을 단순화하고 간소화하기 위해 고안되었다. 상담, 심리학, 사회복지, 가족치료 역량으로 학생의 학습 정도를 평가할 때의 형식과 채점기준은 교재의 강사용 웹페이지에서 이용할 수 있다 (login.cengage.com 참고). 이 웹 사이트에서 강사들은 온라인 강의, 파워포인트 슬라이드, 강의 계획서 샘플 그리고 기출 문제를 무료로 볼 수 있다. 이 교과서는 아마 가족치료 이론 수업에서 주교재나 부교재로 사용되거나 사전실습 또는 실습/현장 수업에서 주교재로 사용될 것이다. 이 책은 탄탄한 이론과 실용적인 기술로 구성되어 있기 때문에, 하나의 수업에서 익히기 어려운 기술인 이론을 개념화하고 임상 문서를 작성하는 능력을 학생들이 갖추도록, 여러 수업에서 쉽게 활용될 수 있다.

이러한 치료 계획과 사례개념화를 활용하여 학생의 역량과 학습 정도를 평가하는 수업을 구상할 때, 처음에 학생들과 함께 채점기준을 살펴보기를 권한다. 이는 해야 하는 내용과 최종 결과물에서 기대하는 바를 어떻게 채점기준이 또렷하게 설명하는지를 학생들이 이해하도록 하기 위해서이다. 나는 한 학기 동안 사례개념화와 치료 계획을 연습해 볼 두세 번의 기회를 제공함으로써, 학생들에게 피드백을 주고 학생들이 이러한 기술들을 체계적으로 향상하고 발전시킬 수 있도록 하는 것이 가장 도움이 된다는 것을 알게 되었다. 구체적으로 말하자면, 나는 학생들이 이론 각각에 대한 사례개념화와 치료 계획을 수업시간에 시청한 영상을 바탕으로 작은 그룹을 이뤄 발표하도록 한다. 이런 방식으로 할 때 학생은 내담자의 역동과 치료를 실제로 개념화하기 위한 충분한 지식을 얻는다. 그러면 수업의 모든 학생은 예시를 보고 계획을 세우는 사고 과정에 대해 이야기를 나눌 수 있다. 기말 과제로는 학생이 개별적으로 하나의 사례에 치료 계획을 세우는 것이 될 수 있고, 이 사례는 강사가 지정해 주거나, 유명한 영화나 개인적 이야기, 또는 실제 내담자에 관한 사례로 한다. 학기를 마칠 때쯤이면, 이러한 활동들을 통해 학생들은 역량뿐만 아니라 사례개념화를 하고 치료 계획을 세우는 능력에서의 자신감 또한 갖추게 될 것이다.

학생을 위한 온라인 자료

학생들은 센게이지 웹사이트(www.cengagebrain.com)와 저자의 웹사이트(www.dianegehart.com: www.masteringcompetencies.com)에서 교재와 관련된 여러 유용한 자료를 볼 수 있다. 이는 다음과 같다.

- 온라인 강의: 선택한 장에 관해 실제 논의한 내용이 담긴 당신의 녹음 MP4
- 모든 과제의 전자 양식: 사례개념화, 임상적 평가, 치료 계획, 경과 기록
- 각 과제의 채점기준
- 관련 웹사이트와 자료의 링크

- 핵심용어 해설

강사를 위한 온라인 자료

강사들은 센게이지 웹사이트(login.cengagebrain.com)와 저자의 웹사이트(www.dianegehart.com: www.masteringcompetencies.com)에서 이 책과 관련된 여러 자료를 볼 수 있을 것이다. 이는 다음과 같다.

- 저자의 온라인 강의
- 이론 수업, 사전실습 기법, 실습 수업에서 이 책을 활용하는 방법에 관한 강의 계획서 양식
- 모든 장의 파워포인트 슬라이드
- 모든 과제의 전자 양식: 사례개념화, 임상적 평가, 치료 계획, 경과 기록
- 각 전문직의 역량과 관련된 과제 각각의 채점기준: 상담, 가족치료, 심리학, 사회복지
- 기출 문제
- 웹 퀴즈

제2장 가족상담 및 심리치료 이론의 연구 및 윤리적 토대

들어가며

이 장에서는 유능한 가족치료 실제의 두 가지 핵심 기본 요소인 증거기반과 윤리에 대해 다룬다. 증거기반의 주요 내용은 다음과 같다.

1. 증거기반 실제
2. 공통 요인 연구
3. 증거기반치료
4. 부부 및 가족 치료(MFT) 증거기반의 검토

윤리 부분은 부부 및 가족과 작업할 때, 특히 중요한 법적 및 윤리적 주제들에 관해 다룬다. 나는 동료인 Ben Caldwell에게 이 절을 써 달라고 청했다. 그는 법적 및 윤리적 규정에 대해 그의 경험으로 구체적인 숫자를 제시하며, 다른 사람보다 훨씬 더 자세하게 인용한다. 또한 우리가 원하는 주관이 뚜렷한 대답을 거의 하지 않는다는 것을 미리 알려 주려고 한다. 그렇지만 숙련된 치료자라도 이 절에서 몇 가지 내용을 배우리라 확신한다.

연구 및 증거기반

21세기에는 우리가 담당 의사에게 특정한 질병에 대해 자세하게 연구된 절차와 검증된 약만을 사용하길 기대하는 것과 마찬가지로, 모든 치료자가 증거기반으로 사용하는 치료법과 치료하는 문제에 대해 능통할 것이라 예상된다. 당신에게는 놀라운 일일 수도 그렇지 않을 수도 있지만 여러 측면에서, 특히 다른 의학계와 비교해 볼 때 정신건강 치료자들은 자신의 분야에 대한 증거기반에 능숙하지 않다(참고로, 우리는 대부분의 경우 의료 전문인으로 간주된다). 오랜 세월 동안 연구자와 임상가는 당사자들 간에 거의 소통 없이 서로 다른 두 개의 언어를 사용하는 것처럼 보였다. 경우에 따라서는 연구가 너무 구체적이거나 너무 모호해서 일반적인 치료자에게는 유용하지 않았다. 다른 경우에는 치료자가 연구를 중요시하기보다는 철학적 입장에서 특정 내담자의 개인적 요구에 초점을 맞추는 작업을 하기도 한다. 좋은 소식은 지난 20년간 변화하려는 노력 덕에 증거기반의 치료자가 되는 일이 생각보다 수월해졌다는 것이다. 이 장에서는 현대 치료에서 가족치료의 일상적 업무에 영향을 주는 세 가지 연구 영역인 증거기반 실제, 공통 요인, 증거기반치료를 다루며, 부부 및 가족 치료(Marriage and Family Therapy: MFT) 증거기반을 빠르고 쉽게 검토할 수 있는 훌륭한 자료들을 소개할 것이다.

최소한의 실무기준: 증거기반 실제

의학 분야에서 보다 일반적으로 사용되는 증거기반 실제는 개인 내담자 관리에 관한 임상적 의사결정을 특징짓기 위해 연구 결과를 활용한다. 간단히 말하면, 증거기반 실제는 특정 내담자의 문제 및 맥락 관련 주제들에 대한 증거기반을 파악하고, 치료 결정을 내릴 때 이 정보를 사용하는 것을 의미한다. 예를 들어, 연구 문헌에서는 체계적·구조적 가족치료 접근들이 품행 및 약물 남용 장애가 있는 청소년들을 위한 치료로 널리 쓰인다는 점을 강조한다. 설령 당신이 이러한 접근 방법 중 어떤 것에서 공식적으로 훈련을 받지 않았더라도(훈련을 시작하기 위해서는 제4, 5, 11장을 보라), 증거기반은 윤리적으로 매우 강력하기 때문에 치료 결정을 내릴 때 이러한 지식들을 사용해야 한다. 한번 이렇게 생각해 보자. 만약 당신이 아이의 부모라면 이론과 경험을 바탕으로 자기 방식대로 결정을 내리는 치료자에게 자녀를 데려가겠는가, 아니면 아이를 도울 수 있는 최선의 방법을 결정하기 위해 최선의 치료에 관한 연구를 활용하는 사람에게 데려가겠는가? 첫 번째 옵션을 선택하려면 정말 확실한 추천이 필요할 것이다.

모든 치료자는 증거기반 실무자가 되기 위해 노력해야 한다. 많은 사람이 이를 윤리적 의무라 생각하는데, 증거기반은 기준이 되는 실제를 신속하게 재정의하기 때문이다(윤리에 대한 내용 참조). Patterson과 Miller, Carnes, Wilson(2004)은 가족치료자를 위한 증거기반 실제의 다섯 단계를 설명한다.

- **1단계:** 정보 검색에 초점을 맞춘 답할 수 있는 질문 개발하기. 정서적 고통을 덜기 위해 자해를 하는 10대 청소년에게 가장 효과적인 치료는 무엇인가?
- **2단계:** 질문에 답하기 위해 최선의 경험적 근거에 관한 문헌 찾기. PsychInfo 및 scholar.google.com과 같은 전자 데이터베이스에서 청소년, 자해, 치료라는 키워드로 검색하기.
- **3단계:** 이 사례에서의 유용성을 결정하기 위해 연구의 타당성, 영향, 적용 가능성을 평가하기. 그 연구는 무선화되었는가? 비교 집단이 있었는가? 치료 효과 크기는 얼마나 되는가? 결과가 임상적으로 적절한가?
- **4단계:** 연구 결과가 현재 내담자의 상황에 적용 가능한지 여부를 결정하기. 연구 결과를 이 내담자에게 적용할 경우 얻을 수 있는 잠재적 이점과 위험은 무엇인가? 나이, 인종, 계층, 또는 가족체계와 같은 다양성 요인을 꼭 고려해야 하는가?
- **5단계:** 증거기반 실제(EBP)를 시행한 후, 이 내담자의 개별 사례에서의 효과성을 평가하기. 내담자가 어떻게 반응하였는가? 개선의 징후나 악화의 징후가 있었는가? 혹은 변화가 없는가?

증거기반 전문가가 되려면 끊임없이 배우고 그 분야의 최신 연구 결과를 통합하고자 자신의 실무를 조정하려는 자발적 의지가 필요하다. 또한 치료자는 내담자들의 개인적인 요구에 민감해야 한다. 설령 특정한 질병을 가진 내담자 대부분에게 특정한 접근법이 효과적이라고 할지라도, 당신은 그것이 당신의 내담자에게도 효과적일지를 평가해야 한다. 효과적이지 않다면 당신은 내담자에 대한 접근 방식을 조정해야 한다. 본질적으로 보다 정보에 입각한 결정을 내리는 것이 관건이며 그렇게 해야 최적의 효율성을 얻을 수 있다. 연구가 점차 임상가에게 친숙해지고 밀접한 관련을 지니게 됨에 따라, 치료자들이 증거기반과 훨씬 더 밀접한 관계를 가지게 될 것으로 기대한다.

문제의 핵심: 공통 요인 연구

지난 10년 동안 전문적인 문헌에서는 '공통 요인 논쟁'으로 떠들썩했다(Blow, Sprenkle, & Davis, 2007; Sprenkle & Blow, 2004; Sprenkle, Davis, & Lebow, 2009). 공통 요인을 지지하는 사람들은 치료의 효과가 특정 이론의 고유한 요인보다 모든 이론에서 발견되는 핵심 요소들과 더 관련이 있다고 주장한다. 논쟁을 더욱 단순화하면, 차이점보다 유사점이 더 중요하다는 것이다. 이러한 입장은 해당 분야의 성과 연구에 대한 메타 분석(여러 개의 연구에 관한 연구)에 의해 뒷받침된다. 연구에서 혼입 변인(예: 치료자의 충실도, 비교 집단, 결과 측정)을 통제할 때, 심리치료(Lambert, 1992; Wampold, 2001)와, 특히 가족치료(Shadish & Baldwin, 2002)에서 한 이론이 다른 이론보다 우월하다는 증거는 거의 없다.

공통 요인 지지자들 중에서 일부(Miller, Duncan, & Hubble, 1997)는 이론의 역할을 최소화하면서 공통 요인을 강조하는 반면, 다른 쪽에서는 보다 온건한 접근을 취한다(Sprenkle & Blow, 2004). 이들은 이론들이 치료자가 공통 요인을 전달하는 **수단**이 되기 때문에, 그리고 특정 모델은 특정 맥락에서 추가적인 이점을 가질 수 있기 때문에 이론들이 여전히 중요하다고 주장한다. Sprenkle과 Blow(2004)는 공통 요인 접근법이 치료자가 치료적 모델들을 포기하는 것이 아니라 모델들의 목표를 각기 다르게 이해하기를 요구한다고 말한다. 공통 요인 지지자들은 내담자의 문제에 '답변'을 제시하는 대신 치료 과정에서 구조화된 치료를 활용하면 내담자의 신뢰를 얻게 되고, 치료자들이 일관된 공통 요인을 실현하게 된다고 제안한다. 이러한 관점에서 치료 모델은 내담자의 문제를 해결하는 '단 하나의 올바른 길'이기보다는 치료자의 효과성을 증가시키는 도구로서 쉽게 이해된다.

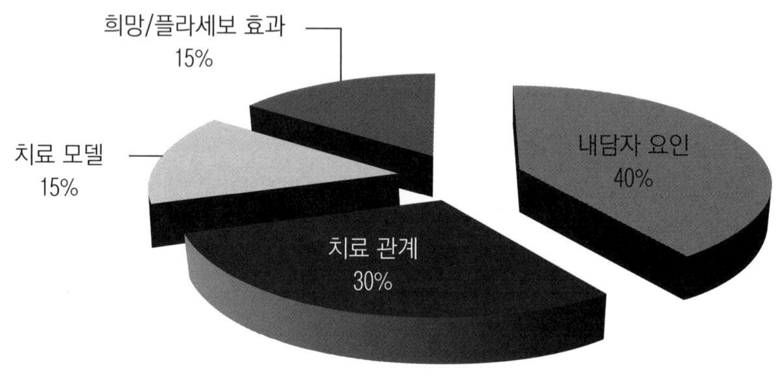

Lambert의 공통 요인 모델

◎ Lambert의 공통 요인 모델

가장 자주 인용되는 공통 요인 모델은 Michael Lambert(1992)의 연구에 기반을 두고 있다. Lambert는 심리치료의 성과 연구들을 검토한 뒤, 성과 변량(특정 변인에 의한 변화의 정도)이 다음의 네 가지 요인에 기인할 수 있다고 추정했다.

Lambert의 공통 요인 모델

- **내담자 요인**: 40%로 추정. 내담자의 동기 및 자원 포함
- **치료 관계**: 30%로 추정. 내담자가 평가한 치료 관계의 질
- **치료 모델**: 15%로 추정. 치료자의 구체적인 치료 모델 및 사용된 기술
- **희망과 플라세보 효과**: 15%로 추정. 치료가 도움이 될 것이라는 내담자의 희망과 믿음 수준

종종 이 비율은 사실인 것처럼 인용되지만, 기존 연구들의 자세한 분석에 기초한 잘 알려진 추정치라 할지라도, 이는 실제 조사 연구를 통한 수치라고 보기 어렵다. 비율의 정확성보다 내담자를 돕는 방법에 대해 비판적으로 재고하여 상담사들에게 영향을 미치는 연구의 추세가 보편적으로 고려되어야 한다.

◎ Wampold의 공통 요인 모델

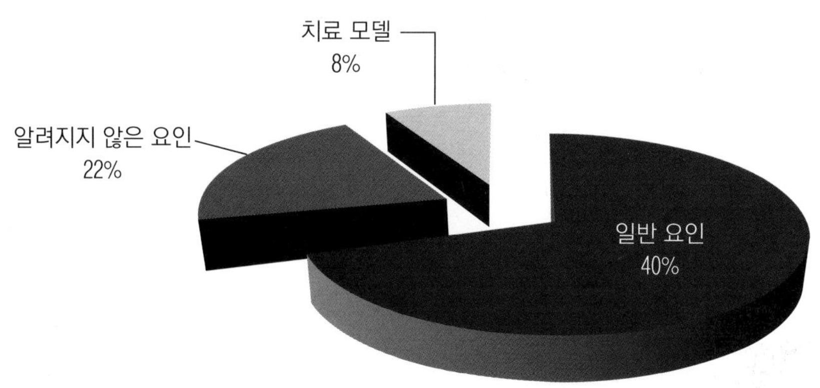

Wampold의 공통 요인 모델

Wampold(2001)는 Lambert와 비슷한 메타 분석을 실시하였지만(한 가지 모델을 포괄적인 '일반적인 치료' 또는 비치료 대조군과 비교한 연구들이 아닌) 2개 이상의 실제 치료 모델을 포함한 연구들만 비교했다. 그는 다음과 같은 근거를 제시한다.

Wampold의 공통 요인 모델

- **치료 모델:** 8%. 특정 이론 고유의 기여(Lambert 모델의 15%와 비교)
- **일반 요인:** 70%. 치료 동맹, 기대, 희망
- **알려지지 않은 요인:** 22%. 알려진 변인들과 관련이 없는 변량

Wampold의 연구는 이론들 간의 공통 요소가 특정 이론의 고유한 요소보다 긍정적인 치료 결과에 더 많은 기여를 한다는 것을 더욱 강조한다. 따라서 여러 이론에 걸친 연구는 일관되게 일반 또는 공통 요인이 결과에 가장 큰 영향을 미친다고 말한다. 이러한 결과는 연구의 한계(Sprenkle & Blow, 2004) 및 기타 다른 요인 때문일 수도 있지만, 이 주제와 관련해서 현재까지는 이 정보가 최선이다.

◎ 내담자 요인

임상가들이 Miller, Duncan과 Hubble(1997)의 저술 속에서 가장 쉽게 접해 온 Lambert(1992)의 연구는 내담자가 지지망을 만들고 활용하도록 격려하고, 치료 과정에서 내담자의 동기와 참여를 높이는 등 내담자의 자원을 활성화하는 것이 중요하다고 강조한다. Tallman과 Bohart(1999)는 치료자가 제공할 수 있는 기술과 통찰력이 어떻든 간에 이에 맞추어 활용하는 내담자의 능력 때문에 대부분의 이론이 똑같이 효과적이라고 제안한다. 치료적 과정은 사실상 내담자가 변화를 이루고자 사용하는 로르샤흐 검사(잉크 반점 검사)인 셈이다.

Miller, Duncan과 Hubble(1997)은 내담자 요인의 두 가지 일반적인 범주를 설명한다.

① **내담자 특성**은 내담자의 변화에 대한 동기, 치료 및 변화에 대한 태도 및 의지, 개인적 강점 및 자원(인지적, 정서적, 사회적, 재정적, 영적), 호소의 지속 기간을 포함한다.
② **치료 외적인 요인**은 사회적 지지, 지역사회 참여 그리고 운 좋은 생활 사건을 포함한다.

◎ 치료 관계

Lambert와 Wampold 연구 모두, 성과를 예측함에 있어 치료 관계의 질이 특정 모델보다 더 중요한 것처럼 보인다. 이는 현장에서의 관례적인 지혜와 상당 부분 일치한다. 효과적인 관계상태에서 치료자는 내담자의 동기 수준에 적응하고, 내담자의 목표를 향해 노력하며, 진실하고 무비판적인 태도를 보인다. 특히 흥미롭고도 소소한 발견은 관계에 대한 내담자의 평가가 치료자의 평가보다 긍정적인 성과와 더욱 밀접하게 관련되어 있다는 것이다(Miller, Duncan, & Hubble, 1997).

치료 관계의 중요성에 대한 명확하고 일관된 증거에도 불구하고 대부분의 성과 연구, 특히 증거기반치료에 대한 연구들은 치료자가 치료에 미치는 영향을 통제하고 제외하려고 하며, 그로 인해 효과적 치료에서 치료자의 역할을 보이지 않게 만든다(Blow, Sprenkle, & Davis, 2007). 아마도 이렇게 하는 것은 치료 관계를 완벽하게 조작하고 측정하기가 어렵거나, 연구자들이 보다 과학적으로 들리는 설명(치료는 설명되지만 관계는 그렇지 못하다.)을 원하기 때문일 것이다. 그 이유가 무엇이든 간에 증거기반치료의 문헌들은 치료 관계의 중요성을 과소평가하거나 경시하는 것처럼 보인다. 그러나 공통 요인 연구는 치료자로 하여금 이 중요한 구성 요소에 다시 주의를 기울이게 한다. 관계 변인을 면밀히 살펴보고자 하는 치료자는 주 단위로 관계를 모니터링하기 위해 회기 평가 척도(제16장 참조)와 같은 척도를 사용할 수 있다.

◎ 치료 모델: 이론 특정 요인

이론 특정 요인은 치료자가 자신의 치료 모델을 따르면서 변화를 촉진하기 위해 말하고 행동하는 것에 해당한다. 이러한 요인은 치료자와 제3의 이해관계자가 중요하다고 생각하는 요소이다. 그러나 Lambert의 연구와 추정치가 가리키듯, 기법은 일반적인 생각만큼 중요하지는 않을 수 있으며, 실제로 치료 관계의 절반만큼만 중요하다. 하지만 이것은 여전히 치료자가 상당 부분 통제할 수 있는 영향력 있는 요인이다.

◎ 희망과 플라세보 효과: 기대

희망과 기대, 혹은 플라세보 효과는 치료가 자신의 문제를 해결하는 데 도움이 될 것이라는 내담

자의 믿음을 의미한다. 적어도 연구 문헌 속에서 Lambert(1992)는 이 요인에 대해 강조하면서 치료 과정에서 종종 무시되는 측면에 대한 치료자의 인식을 고취한다(Blow, Sprenkle, & Davis, 2007). 이를 인식한 채 치료자는 희망을 불어넣고자 보다 의도적으로 작업할 수 있으며, 특히 이는 초기 회기들에서 중요하다.

◎ 다양성과 공통 요인

공통 요인은 다양한 문화적 · 성적 · 언어적 능력을 가진 내담자와 함께 작업할 때 유용할 수 있다. 특히 다양성은 치료 관계, 접근 방법의 선택, 희망을 불어넣기 위한 전략에 있어서 내담자 고유의 자원과 어려움을 항상 넌지시 비치기 때문이다. 예를 들어, 동성애자, 양성애자, 트랜스젠더 내담자들은 일반 지역사회에서 종종 배척되지만, 이들 중 많은 사람은 광범위한 비공식적 또는 공식적인 사회적 지지망을 가지고 있다. 여러 인종 집단 및 장애가 있거나 만성적인 질환이 있는 사람들의 경우도 마찬가지이다. 따라서 사회적 어려움은 내담자 고유의 자원으로 부분적으로 상쇄된다. 치료자들은 내담자들이 다수의 사람과 다르다는 버거운 문제를 잘 다루기 위해 이러한 자원을 다양하게 활용하도록 도울 수 있다.

이와 유사하게, 다양한 내담자와 함께할 때는 치료자가 이 집단의 모든 역동과 관습을 알지 못할 수 있기 때문에, 내담자가 판단되기보다 수용된다고 느끼는 치료 관계를 형성하는 작업에 더 많은 주의와 신중함이 요구된다. 지역의 다양한 공동체에 관한 교육은 당연히 필수적이지만, 당신은 답을 알지 못한다는 것을 인정하는 겸손한 태도를 지니는 것이 더 중요하다. 왜냐하면 이것이 존중성과 개방성을 키우기 때문이다(Anderson, 1997). 치료자가 호기심을 가지고 배우려는 자세로 치료에 임할 때 그들은 종종 내담자의 문화와 주요 공동체 내에서 희망을 불어넣을 수 있는 독특하고 효과적인 방법을 발견하며, 이는 치료 관계를 보다 견고하게 만든다.

◎ 우리는 여전히 이론이 필요한가

공통 요인 논쟁에서 나오는 자연스러운 질문은 다음과 같다. 우리는 여전히 이론이 필요한가? Sprenkle과 Blow(2004)가 언급했듯이, 일부 치료자들은 '도도새 판결'에 근거하여 이론이 중요하지 않다고 제안한다. Sprenkle과 Blow(2004)의 좀 더 온건한 입장은 "모델들은 공통 요인이 제 역할을 하게 해 주는 수단이 되기 때문에 중요하다."라고 강조한다(p. 126).

이러한 온건한 입장에 이어서, 이론은 여전히 초심자나 숙련된 임상가에게 중요한 역할을 하지만, 이는 치료자들이 처음에 이론에 기대했을 그런 역할은 아니다. 이론은 내담자가 증상을 완화하고 문제를 해결하도록 하는 체계를 제공하기보다는 치료자가 내담자를 도울 수 있도록 해 주는 **도구**이다. **따라서 이론은 내담자가 아닌 치료자와 가장 관련 있다.**

이론은 치료자가 유용할 만한 일들을 말하고 실행할 수 있도록 내담자로부터 얻은 정보를 해석할 체계를 치료자에게 제공한다. 또한 이는 치료자가 내담자에 공감하고 반응하는 가장 좋은 방법을 알도록 돕는다. 이론이 없다면 정보, 감정, 다루기 어려운 행동의 바다에서 길을 잃기 쉽다. 이론은 내담자가 가져오는 광범위한 어려움들을 다루는 체계적인 방법을 치료자에게 제공한다. 따라서 이론을 선택하는 것은 심리치료라는 '거친 여정'을 항해하면서, 치료자가 납득이 되고 치료자에게 유용한 이론을 알아내는 것을 수반한다. 그렇긴 하지만 향후 연구에서는 특정 모델이 특정 내담자에게 더 효과가 있는 특정한 상황을 알아낼 수도 있다(Sprenkle & Blow, 2004).

증거를 제시하기: 증거기반치료

당신은 논쟁이 끝났다고 생각할 수도 있겠지만, 이론 논쟁의 또 다른 가닥이 있는데 이는 치료자들을 공통 요인 연구와는 정반대 방향으로 끌어당기고 있다. 바로 '증거기반치료(Evidence-Based Therapies: EBT)'라 불리는 경험적으로 지지된 치료법이다. 연구와 무선화된 시도를 통해 개발된 이 치료 모델들(Sprenkle, 2002)은, 증거기반치료가 때로는 증거기반 실제라고 불려서 우리를 완전히 혼란스럽게 만들기는 하지만(이는 복수형이 단수형과 상당히 다른 의미를 가리키는 한 예이다), 증거기반 실제(Evidence-Based Practice: EBP, 상단 참조)와 혼동해서는 안 된다.

치료자, 자격 위원회 또는 투자 기관이 치료 모델들을 '증거기반'이라고 부르는 경우, 이는 일반적으로 1993년 미국심리학회(APA)의 특별 전문 위원회가 초기에 **경험적으로 타당화된 치료법(EVT)**으로 칭했다가 나중에는 **경험적으로 지지된 치료법(EST)**으로 불린 것을 위해 마련한 일련의 표준을 의미하며, 이 변화는 치료법이란 항상 더 깊이 연구되고 개선되는 과정 중에 있다는 것을 강조한다(American Psychological Association, 1993; Chambless et al., 1996). APA는 경험적으로 지지된 치료법을 설명하기 위한 몇 가지 범주를 설정했으며, 다른 기관들도 비슷한 범주를 개발했다.

◎ 경험적으로 지지된 치료법과 유사 치료법

■ 경험적으로 지지된 치료기준

경험적으로 지지된 치료법(Empirically Supported Treatments: EST)은 다음의 기준을 충족시킨다(Chambless & Hollon, 1998; Sprenkle, 2002).

- 피험자는 치료 집단들에 무선 배정된다.
- 연구 중인 치료를 받는 대상 집단 외에도 다음 중 하나의 집단이 더 있어야 한다.
  - 비치료 통제군(보통 참가자는 대기 명단에 있음)
  - 대안적 치료군(비교용. 불특정한 접근법일 수 있음. '일반 치료군')
  - 플라세보 치료군

- 치료군은 비치료 통제군보다 치료 효과가 높으며, 이미 입증된 대안적 치료군과 적어도 동등하게 효과적이다.
- 치료군은 내담자를 포함하거나 제외하는 것에 관한 구체적인 기준이 담긴 문서화된 치료 매뉴얼을 기반으로 한다.
- 특정 문제가 있는 특정 집단을 확인한다.
- 연구자들은 적절한 통계 방법과 함께 신뢰할 만하고 타당한 상담 성과 척도를 사용한다.

■ 증거기반치료의 추가적인 형태의 기준

경험적으로 지지된 치료법의 기준 외에도 다른 증거기반치료법에 대한 기준이 있다.

- **효과적인 치료법**: 이 치료법들은 더 엄격한 기준을 충족시키는데, EBT의 요구 사항을 충족시키면서 두 가지 독립적인 조사를 받아야 한다(연구는 치료 개발에 밀접하게 관련되지 않은 사람 또는 그 성과에 투자하지 않은 사람이 수행해야 한다; Chambless & Hollon, 1998; Sprenkle, 2002).
- **효과적이고 특수한 치료법**: 가장 높은 기준을 충족시키는 이 치료법은 효과적인 치료법의 기준을 충족해야 하며, 적어도 두 개의 독립적인 연구에서 대안적 치료법보다 우수해야 한다(Chambless & Hollon, 1998; Sprenkle, 2002).

■ EST의 장 · 단점

EST의 장점은 다음과 같다.

① 과학적으로 더 큰 지지를 받는다.
② 치료법을 안내하는 문서화된 매뉴얼을 가지고 있고 이는 매우 구조화되어 있다.
③ 특정 문제가 있는 특정 사람들을 대상으로 한다.

EST의 단점은 다음과 같다.

① 특정한, 그래서 제한적인 사람들을 대상으로 하기 때문에 적용 가능성에 한계가 있다.
② 비싸다. 치료자는 모델에 대한 고도의 특수 훈련이 필요하며, 대부분의 업무 환경에서 효과적으로 기능하기 위해 여러 모델을 훈련받아야 한다.

■ 메타 분석으로 지지된 치료(MAST)

메타 분석은 일반적으로 효과 크기나 치료법에 기인한 결과 변량을 검증함으로써 여러 연구의 결과들을 결합하는 양적 연구 방법이다. Shadish와 Baldwin(2002)은 메타 분석 연구를 사용하여, 엄격한 과학적 기준을 유지하면서도 효과성 입증에 사용할 수 있는 연구 유형을 확대하기 위해 다음의

MAST 기준을 개발했다.

- 치료에 대한 한 개 이상의 연구에서 얻은 효과 크기를 메타 분석적으로 결합해야 한다.
- 모든 연구에서 치료 집단과 비치료 통제집단이 무작위로 비교되어야 한다.
- 메타 분석은 통계적으로 유의한 효과 크기와 유의한 검정 결과를 나타내야 한다.
- 메타 분석은 좋은 방법론(예: 효과 크기의 합)을 사용해야 한다.

◎ EST와 MAST의 실제 적용

2002년에 Shadish와 Baldwin은 MAST의 기준에 맞는 24개의 가족치료 이론을 밝혀냈지만 EST의 기준에 맞는 이론은 5개에 불과했다. 이 차이는 주로 EST가, ① 서면 치료 매뉴얼과 ② 특정 문제를 지녔다고 제한된 정의된 집단을 필요로 하는 반면, MAST는 효과를 입증함에 있어 다른 형태의 훈련과 보다 일반적인 집단도 감안하기 때문이다. EST에 관한 2005년 APA의 추후 보고서 결과는 MAST와 같은 증거기반치료에 관해 더 광범위하게 정의된 기준이 필요하다고 강조한다(Woody, Weisz, & McLean, 2005). 이 설문 조사에 따르면, 교실에서 EST를 가르치는 비율이 높았음에도 불구하고 EST의 임상 훈련은 1993년에서 2003년 사이에 크게 감소했다. 슈퍼바이저들은 'EST의 훈련을 개념화하는 방식의 불확실성, 시간 부족, 훈련된 전문가의 부족, 특정 집단에 입증된 EST의 부적합성 및 철학적 대립'을 그 이유로 들었다(p. 9). 아마 이러한 장애물 중 마지막 부분을 제외하고는 서면 치료 매뉴얼과 제한적인 정의된 연구 대상과 같은 것들이 EST를 특별하게 만드는 것들과 분명 연관된다. 따라서 EST가 유망하지만 현재 일반 전문가들에게는 실질적인 제한점이 있다.

◎ 균형 잡힌 관점으로 보는 연구

치료자는 증거기반치료의 흐름을 균형 잡힌 관점에서 조망해야 한다. 거의 모든 연구는 어떤 치료라도 전혀 치료하지 않는 것보다는 낫다고 말한다. 이것은 공통 요인 흐름을 지지하는 주된 생각 중 하나이다(Miller, Duncan, & Hubble, 1997; Sprenkle & Blow, 2004). 증거기반치료는 우리가 알고 있는 것을 다듬어 주고, 더 좋고 더 구체적인 치료법을 개발하는 것을 목표로 한다. 그러나 이는 이 분야에 대해 과거에 연구나 조사가 이뤄진 적이 전혀 없다는 것을 의미하지는 않는다. 가족치료와 정신건강치료들이 의미 있는 연구의 역사를 가지고 있으며, 연구를 더 정확하게 수행할 수 있는 능력이 끊임없이 증가하고 있다는 것이 더 공정하고 현실적인 평가이다. 연구 과목은 처음부터 가족치료 교육과정의 일부였으며 점점 더 중시되고 확대되었다. 연구동향이 새로운 것은 아니다. 그러나 보다 세밀하고 유용한 연구를 수행하는 우리의 능력은 향상되고 있다.

아마도 더욱 폭넓은 그림을 잘 생각해 보는 것이 유용할 것이다. 다른 많은 정신건강 분야에 비해 가족치료 이론들은 관찰 연구를 통해 개발되었다(Moon, Dillon, & Sprenkle, 1990). 치료자 팀들은 일

방경을 통해 치료를 관찰하고, 무엇이 효과적일지에 대한 가설을 세우고, 이 가설을 검증하고, 진행하는 중에 가설을 다듬었다. 이 치료 연구진은 연구 결과물로 이론을 입증하려 하기보다는 부부 및 가족과의 상담이라는 정신건강의 새로운 영역을 개발하는 데 활용하고 있었다. 이러한 유형의 연구는 ESTs와는 다른 측면에서 엄격하다. 즉, 표준 훈련을 받은 사람은 이를 일상 업무 환경에서 유용하게 적용할 수 있다. Shadish와 Baldwin(2002)에 따르면, MAST의 기준에 적합한 대부분의 가족치료 접근법은 전통에서 유래되었다. 이 치료법들은 수십 년 동안 효과적이었으며 증거기반치료에서 특정 집단을 대상으로 고안되고 다듬어져 설계되었는데, 그중 많은 부분이 이 책에서 강조되고 있다.

부부 및 가족 치료 증거기반의 검토

마지막으로, 나는 대학원생과 교수진이 찾아내면 너무도 좋아할 학문적 보고(寶庫)에 대해 알려 주고자 한다. 바로 『Journal of Marital and Family Therapy』(JMFT로 알려져 있음; Sprenkle, 2012)의 2012년 1월호 제38권이다. 당신은 이때껏 교육과정에서 학술지 논문들과 최상의 관계를 맺지 못했을 수 있는데, 이는 흔한 일이다. 그러나 나는 이 학술지가 이를 모두 바꿀 것이라고 생각한다. 요컨대, JMFT의 이 권호에는 해당 분야의 전문가가 당신을 위해 증거기반 전체를 요약한 12개의 논문이 포함되어 있다. 학문적 꿈이 실현된 것이다. 이것은 부부 및 가족 치료 증거기반에 관한 리뷰로는 세 번째이고, 내가 아는 바로는 관련된 연구에 대한 간결하고 쉽게 이용 가능한 검토를 제공하는 유일한 정신건강 교본이다(나를 믿어라, 내가 봤다). 이 단일 자료는 부부, 가족, 아동과의 증거기반 실제를 식은 죽 먹기로 만들어 줄 수 있다.

검토된 연구 분야는 다음과 같다.

- 청소년의 품행장애와 비행(Baldwin, Christian, Berkeljon, & Shadish, 2012; Henggeler & Sheidow, 2012)
- 아동 및 청소년기 장애(Kaslow, Broth, Smith, & Collins, 2012)
- 정동장애(예: 기분장애; Beach & Whisman, 2012)
- 부부 디스트레스의 치료(Lebow, Chambers, Christensen, & Johnson, 2012)
- 관계적 폭력을 겪는 부부치료(Stith, McCollum, Amanor-Boadu, & Smith, 2012)
- 디스트레스가 없는 부부를 위한 관계 교육(Markman & Rhoades, 2012)
- 심각한 정신 질환에 대한 가족 심리교육(Lucksted, McFarlane, Downing, & Dixon, 2012)
- 약물 남용에 관한 가족치료(Rowe, 2012)
- 건강 문제에 대한 부부 및 가족 개입(Shields, Finley, Chawla, & Meadors, 2012)
- 부부 및 가족 치료에 대한 내담자 인식(Chenail, St. George, Wulff, Duffy, Scott, & Tomm, 2012)

부부 및 가족 치료의 법적 · 윤리적 주제

Benjamin E. Caldwell, Psy.D.

나는 로스앤젤레스에 있는 알리안츠 국제 대학교(Alliant International University)의 부부 및 가족 치료 프로그램에서 법과 윤리를 가르친다. 나는 여러분 중 다수가 "나는 법과 윤리를 가르칩니다." 라는 말을 들었을 때, 경찰의 방문을 받지 않으려면 하지 말아야 할 일들에 대한 교훈을 각오한다는 것을 알고 있다.

이 부분은 그러한 것이 아니다. 나는 심리치료자를 위한 전문적 실무 규준에 대한 간단한 개요부터 살펴보고자 한다(당신에게 이미 익숙할 수도 있다. 만약 그렇지 않다면, 그 규준들에 충실한 우수한 교재가 몇 권 있다). 그다음에는 부부 및 가족과 작업하는 치료자에게 특정적인 몇 가지 영역을 살펴볼 것이다. 마지막으로, 오늘날 가족치료의 전문가적 표준을 재형성하고 있는 두 가지 논쟁인 기술과 특정 내담자에 대한 치료자의 거부를 논의할 것이다.

◎ 들어가며: 규칙 그 이상의 것

여기는 공포감을 조성하는 하나의 (유일하다고 장담하는) 단락이다. 사람들은 언제든, 어떤 이유로든, 당신을 고소하거나 자격 위원회에 당신에 대해 항의할 수 있다. 그들은 당신이 자신을 이상하게 쳐다본다고 고소할 수 있다. 또는 당신이 너무 크게 (혹은 너무 조용히) 숨을 쉰다고 항의할 수 있다. 그들에게 먼저 간청하지 않았다고 당신을 고소할 수 있다. 당신의 실무 전체가 결코 고소당하지 않거나 결코 항의를 받지 않고자 노력한다면, 당신은 통제 불가능한 것을 통제하려고 애쓰고 있는 것이다. 여기서 그 소송에서 누가 이길지 혹은 위원회가 그 항의에 어떤 조치를 취할지는 또 다른 이야기이다. 당신은 살고 있는 주의 법률을 알고, 전문가 책임보험을 유지하며, 필요할 때면 언제든 동료나 슈퍼바이저, 변호사에게 자문 구하는 것을 비롯하여 스스로를 보호하기 위한 합리적인 절차들을 취할 수 있어야만 한다. 그러나 이러한 모든 일을 한다고 해서 당신이 윤리적인 사람이 되는 것은 아니다. 이러한 조치들은 풋볼 선수의 어깨 패드와 같은 것이다. 부상 예방에는 효과적이지만, 이것들이 당신을 훌륭한 풋볼 선수로 만들어 주는 것은 아니다.

사실, 윤리적인 전문가가 되는 것은 단순히 규칙을 알고 따르는 것 이상의 무언가를 의미한다. 규칙에 기반을 두어 (흔히 공포심에 기반을 두어) 법과 윤리를 가르치는 것이 적어도 규칙이 바뀌기 전까지는 규칙이 무엇인지를 알도록 돕는 것이 사실이다. 하지만 윤리적인 전문가가 되는 것은, 우리 분야의 법적 및 윤리적 규칙이 해야 할 것을 구체적으로 알려 주지 않을 때조차도 당신이 해야 할 일을 스스로 아는 것을 의미한다. 규칙들이 명확하지 않거나 서로 모순되는 것처럼 보일 때가 있다. 이러한 상황에서 단순히 규칙들만 아는 것은 치료자로 하여금 잘못을 저지르지 않기만 바라며 혼란스럽고 불안하게 만들 뿐이다. 이럴 때 전문가로서의 특징이 가장 잘 드러나는 것이다. 윤리적 전문

가가 된다는 것은 그 분야의 허용된 규준 내에서 내담자에게 최선의 결과를 가져오는 사려 깊고 신중한 의사결정을 하는 것을 의미한다.

이러한 규준은 정신건강 전문가들 사이에서 대체로 일관된다. 이 부분은 법률 및 윤리 과정 또는 교과서 전체를 대체한다거나, 심리치료의 법적 및 윤리적 주제의 전 범위를 다루려는 것이 아니다(부부 및 가족 작업의 법적 및 윤리적 문제에 중점을 둔 완전한 교과서로는 Wilcoxon, Remley, Gladding의 『**부부 및 가족 치료의 실제에서 윤리적 · 법적 · 전문적 쟁점**』을 추천한다). 대신 이 부분은 부부 및 가족 치료에 있어서, 가장 관련되거나 색다른 주제에 관한 특정한 지침을 제공하고자 한다. 한 명 이상의 사람과 작업하면 독특한 문제들이 발생하는데, 이것이 바로 내가 강조할 고려사항들이다. 이에 대한 준비를 위해서는 간략하고 폭넓은 개요가 필요하지만, 심리치료의 일반적인 전문가 윤리에 이미 익숙하다면 이 부분을 건너뛰고 '부부 및 가족 작업에서 구체적인 법적 및 윤리적 고려사항'으로 넘어가도 무방하다.

◎ 큰 그림: 전문적 실무의 기준

전문적인 방식으로 어떤 형태의 치료를 행한다는 것은 전문적인 행동을 관할하는 세 가지 수준의 규칙을 이해하는 것을 의미한다.

- 법률
- 윤리
- 치료 표준

■ 법률

첫 번째로 법률이 있다. 법률은 지방 정부, 주 정부, 또는 연방 정부에 의해 제정되고, 입법의 형식으로, 혹은 때로는 판사의 판결에 따라 전문가의 구체적인 책임이 설정된다. 내담자가 신원 확인이 가능한 희생자에게 직접적으로 해를 끼치겠다고 할 때 치료자가 개입해야 할 책임을 설정한 **타라소프 대 캘리포니아 대학교 교육위원회 사건**은 심리치료자에게 영향을 미치는 판례의 한 예이다. 법률은 주로 당신이 **해야 할** 일(예: 개업하기 위한 자격증 시험에 합격하기)과 **하지 말아야 할** 일(예: 보험 사기나 내담자와의 동침)에 관한 것이다. 이러한 것들은 법률에 명시된 것을 제외하고는 예외가 없다. 예를 들어, 내담자가 자기 자신이나 다른 사람에게 위협이 되는 경우와 주 및 연방법에 정의된 다른 경우를 **제외**하고는 비밀 유지의 원칙을 지켜야 한다. **규정**은 법의 하위 항목이다. 규정은 주 의회가 정하기보다는 주 행정 절차를 통해 자격위원회에서 정하는 경우가 많다. 규정은 법적인 효력을 분명히 갖는다.

기억해야 할 요점은 **법률은 다른 모든 것보다 우세하다**는 것이다. 만약 법이 윤리적 규범의 요소와 상충된다면 치료자는 법을 준수해야 하지만, 윤리적 규범에 가장 충실한 방식으로 법을 준수해야 한다.

■ 윤리

전문적인 행동을 통제하는 두 번째 수준의 규준은 **윤리**이다. 정신건강의 주요한 전문가 협회들은 책임 있는 전문적 행동을 안내하는 윤리 강령을 발행한다. 상담사, 사회복지사 및 심리학자는 각자 미국상담학회(www.counseling.org), 미국 사회복지사 협회(www.nasw.org) 및 미국심리학회(www.apa.org)에서 발행한 윤리 강령이 있다. 가족치료에 있어서 미국 부부 및 가족 치료 협회(www.aamft.org)와 캘리포니아 부부 및 가족 치료자 협회(www.camft.org)에서는 각각 자체적으로 윤리 강령을 발행한다. 이 규범은 법의 규칙을 뛰어넘어 가족치료자에게 요구되는 것을 보다 자세하게 정의한다. 그러나 어떤 윤리 강령이라도 치료자가 마주하는 모든 가능한 시나리오에 대한 구체적인 지침을 제공할 것이라고 기대할 수는 없다. 윤리적인 실무자가 된다는 것은 규범을 아는 것 그 이상이다. 이는 **윤리적 추론**에 대해 이해하여 당신이 법적 및 윤리적 규칙이 분명하지 않을 때도 최선의 선택을 할 수 있게 하는 것이다.

정신건강 분야에서 의사결정의 윤리성을 검토할 때 사용할 수 있는 몇 가지 **생의학적 · 윤리적 원칙**(Beauchamp & Childress, 2009)이 있다.

- **신의**는 약속을 지키고 충성을 다하는 것을 말한다. 이것은 부부 및 가족 작업에서 어려울 수 있는데, 가족 구성원들이 내부 갈등에서 치료자가 한쪽 편을 들도록 만들려고 할 수 있기 때문이다.
- **정의**는 사람들을 공정하게 대하는 것을 말하며, 공정함이 평등함과 늘 같은 의미는 아니라는 것을 기억해야 한다.
- **자율성**은 내담자가 스스로 결정을 내리고 독립적으로 행동할 수 있는 권리를 의미한다. 가족치료에서 내담자가 동거, 별거, 이혼 또는 결혼의 선택 같은 애정 관계에 관한 결정이나, 양육권 및 방문권을 비롯한 자녀 양육에 관한 결정을 스스로 내릴 권리를 치료자가 존중하는 것이 특히 중요하다.
- **선행**은 치료자가 내담자에게 유익하도록 적극적으로 작업할 의무를 말한다. 진행 중인 치료가 부부나 가족에게 유익하지 않아 보일 때는 내담자를 다른 치료자에게 의뢰해야 한다.
- **해악 금지의 원칙**은 내담자나 타인에게 해를 끼치지 않는 것을 말한다.

특정 상황에 대처할 때 윤리적 지침이 명확하지 않거나 모순된 것처럼 보이면, 일반적으로 정신건강 전문가들은 선택지의 위험성 및 이점 평가를 위해 이러한 보편적인 원칙을 다시 찾도록 권장된다.

■ 치료 표준

마지막으로 전문적인 행동을 결정하는 세 번째 수준의 규준은 **치료 표준**이라 불린다. 아동 학대의 '합리적 의심'에 대한 캘리포니아의 정의는, 치료자가 보고할 책임을 다하도록 하며 치료 표준을 법으로 정의하려는 하나의 사례이다.

> 이 논문의 목적상 '합리적 의심'이란 사실에 근거하는 의심은 객관적으로 합리적이라는 것을 의미하며, 이를 테면 여기서의 사실은 올바른 위치에 있는 합리적인 사람이, 자신의 훈련 내용이나 경험이 적절하다면 이를 활용하여, 아동 학대나 방임을 의심하도록 만들 수 있는 사실을 말한다. '합리적 의심'은 아동 학대 또는 방임이 일어났다는 확신이나 아동 학대 또는 방임의 구체적인 의학적 증상을 필요로 하지 않는다. 어떤 '합리적 의심'이라도 충분하다(캘리포니아 형법 11166(a)(1)).

근본적으로 표준은 다음과 같다. "다른 치료자가 당신이 가진 것과 동일한 정보와 훈련 내용에 비추어 아동 학대를 의심한다면, 당신도 그것을 의심해야 한다." 치료 표준이란 전문적으로 동일선상에 있는 대부분의 사람이 하고 있는 것이다. 사례 기록(제13~17장에서 설명)이 비슷한 원리로 작업된다. 경과 기록에 무엇이 들어가야 할지에 대해 법적 및 윤리적 규준에서 명시하지 않지만, 치료자는 표준 양식을 따르고 비슷한 내용을 포함하곤 한다. 왜냐하면 동료들이 그렇게 하기 때문이다. 법적 또는 윤리적 규준이 없는 치료 요소라 할지라도, 치료 표준을 따르지 않으면 전문적 행동이 부족한 것으로 보인다.

서면으로 된 치료 표준을 찾을 수 있는 곳은 어디에도 없다. 그러나 특정 주제에 대한 치료 표준이 분명하지 않은 경우, 가장 신뢰할 만한 동료 및 슈퍼바이저에게 자문을 구하는 것이 현명하다. 그들은 이 직업의 다른 사람들이 어떻게 하는지를 가장 잘 알려 줄 수 있다.

◎ 부부 및 가족 치료에서의 구체적인 법적 및 윤리적 고려사항

부부 및 가족 치료에는 개인치료와는 규칙이 다른 몇 가지 영역이 있다. 여기에는 환자 파악하기, 문서 기록, 비밀 유지, 다른 체계와 소통하기, 미성년자와 작업하기, 아동 학대 보고하기 및 친밀한 관계에서의 폭력이 포함된다.

■ 당신의 환자는 누구인가

부부 및 가족 치료에서 가장 어려운 과제는 당신이 치료하는 사람이 정확히 누구인지 파악하는 것이다. 개인치료에서는 당신의 환자를 파악하기가 쉽다. 당신 앞에 앉아 있는 사람을 보면 된다. 하지만 부부 및 가족은 복잡한 불편사항을 갖고 치료를 받는다. 어떤 경우에 그들은 가족 구성원 중 한 명이 문제가 되어 당신에게 데려왔다고 한다. 다른 경우에는 가족 전체적인 관계나 가족 전체가 어려움을 겪고 있다고 말한다. 그렇다면 치료자가 치료할 사람은 누구인가?

이 질문은 학문적이기만 한 것이 아니다. 질문에 대한 당신의 답은 치료 계획을 구성하는 방식, 사례를 기록하는 방식, 가족 구성원 간의 갈등을 다루는 방식, 심지어 지급받는 방식에도 영향을 미칠 것이다. 실제로 이 질문에 대한 답은 부부 및 가족 치료에 당신의 숨겨진 철학을 반영할 것이다.

부부 및 가족 치료에 전문적인 치료자는 종종 전체 체계를 하나의 단위로서 치료한다. 이 치료자들은 대개 자신들의 치료가 '관계적' 또는 '체계적'이라고 말한다. 따라서 특정 회기에 각기 다른 조합의 가족 구성원이 참여한다 하더라도, 가족 전체에 대해 하나의 파일만 정리할 것이다. 치료는 관계나 가족 기능을 비롯한 체계적인 목표에 초점을 맞춰 계획될 것이고, 여기서 목표는 보통 치료에 참여하는 부부나 가족의 모든 구성원이 동의한 내용이다. 관계적인 치료자는 개인의 기능을 무시하는 것이 아니라 이를 대인 관계적 맥락에서 고려하는 것이다.

■ 문서 기록

치료자가 가족을 하나의 단위로서 치료한다면, 가족 전체에 대한 하나의 파일을 정리할 것이다. 이는 가족 전체에 대한 하나의 치료 계획이 있고, 몇 명의 가족 구성원이 회기에 참여하건 간에 회기당 경과 기록이 한 개임을 의미한다. 또한 대부분의 주 법률에 따라 기록을 공개할 것을 요청하는 가족 구성원에게 이를 공개하기 위해 치료를 받는 모든 가족 구성원의 동의가 필요함을 의미한다.

만약 당신이 개인 내담자를 치료하고 있고 다른 가족 구성원들이 이 환자의 치료 과정을 돕기 위해 가끔 치료에 참여한다면, 다른 사람의 참여를 언급하면서 개인 내담자의 기존 파일의 일부로서 회기를 기록하는 것이 가장 좋다. 이 경우 기록 공개와 관련해서 치료를 받고 있는 개인의 동의만 있으면 된다.

일부 치료 장면에서는 치료자가 치료를 받는 부부나 가족 구성원 각각에 대해 개별적으로 구분된 파일을 정리해야 한다. 여러 구성원이 참여하는 회기에 대해 하나의 경과 기록만 적는 경우에 놓칠 수 있는 각 개인의 행동을 상세하게 기록할 수 있는 반면, 치료자가 각 회기를 기록할 때 상당히 더 많은 시간이 들고, 가족의 상호작용을 내담자 개별 파일에서 어떻게 기록할지에 대해 심사숙고해야 함을 의미한다. 이 경우 각 개인은 자신의 기록을 공개하는 데 동의할 수 있지만, 다른 가족 구성원의 파일 공개를 요구할 수는 없다(이에 대한 주 법률은 서로 다를 수 있으므로 당신의 주 법률에 대해 잘 알고 있어야 한다).

■ 비밀 유지

비밀 유지는 심리치료자에 대한 합법적이고 윤리적인 요구 사항이며, 대부분의 경우 꽤 직설적이다. 치료자는 내담자가 말하는 내용을 공유할 수 없다(오랫동안 내 치료 계약서에는 "치료실은 마치 라스베이거스와 같습니다. 당신이 여기서 말하는 내용은 이곳에만 머무릅니다."라는 문장이 포함되어 있었다). 이에 대한 법적인 예외가 있다. 아동 학대를 신고하거나 내담자 스스로나 타인에게 즉각적인 위험을 가할 내담자를 제지해야 할 때 치료자는 비밀 유지의 원칙을 깨트려야 한다. 주 및 연방법에서는 비밀 유지에 대한 다른 많은 예외사항이 명시되어 있으며, 당신의 내담자는 비밀 유지의 일반적인 규칙과 구체적인 예외사항에 대해 모두 알고 있어야 한다.

부부 및 가족을 치료할 때 비밀 유지는 더욱 복잡해진다. 배우자 중 한 명이 불륜을 저지르고 있는 어떤 부부를 생각해 보자. 내담자가 당신과의 통화에서 불륜에 대해 말하며 "저는 정말로 제 결혼생활을 지키고 싶어요. 하지만 아직 불륜을 끝낼 준비가 안 됐어요. 제 배우자에게는 말하지 말아 주세요."라고 할 때, 당신은 어떻게 해야 할까? 비밀을 누설하면 부부가 치료, 그리고 어쩌면 결혼생

활에 대해서도 기대를 저버리게 될 수 있다. 하지만 비밀을 지킨다는 것은 불륜을 저지르는 배우자와 한편이 되는 것을 의미할 수도 있고, 당신이 불륜에 대해 알고도 자신에게 말하지 않았다는 사실을 상대 배우자가 후에 알게 된다면 당신에게 큰 배신감을 느낄 것이다.

만약 당신이 부부나 가족을 치료한다면, 비밀 유지에 대한 방침을 갖는 것이 중요하다. 가족치료자를 위한 윤리 강령은 비밀에 대해 치료자의 방침이 어떠해야 하는지 말해 주지는 않지만, 치료자가 비밀에 대한 방침을 갖고 있고, 그 방침이 무엇인지에 대해 서면으로 내담자에게 알리며, 방침을 준수하기를 요구한다. 이상적인 비밀 유지의 방침이 무엇인지에 대해 두 가지 학설이 알려져 있다.

① **'비밀 없음' 방침**. 이 방침은 치료자가 가족 구성원 중 한 명에게 들은 내용이 무엇이건 언제든지 다른 가족 구성원에게 말하는 것을 허용한다. 간단히 말해서, 치료자가 한 가족 구성원의 비밀을 지켜 주지 않을 거라는 말이다. 이 방침은 다음과 같은 분명한 이점이 있다. 비밀 유지는 치료실에서 힘의 불균형을 일으키며, 불륜이나 약물 사용과 같은 중요한 주제에 대해 치료자가 '모르는 척'을 해야 한다. 비밀 유지하기를 거부한다는 것은 치료자가 알고 있다면 어떠한 정보라도 치료실에서 언급될 수 있음을 의미한다.

② **제한된 비밀 방침**. 가족치료자들은 보통 모든 비밀을 지키는 것을 지지하지는 않지만, 개인의 비밀을 어느 정도는 지키는 것이 이롭다고 생각하는 사람들이 많다. 그렇게 하면 보다 철저하고 신뢰성 있는 평가를 할 수 있다. 예를 들어, 부부치료자는 부부와 함께 작업하는 계획 이전에 치료의 평가 단계에서 각각의 배우자를 개별적으로 만날 것이다. 개별적인 평가를 실시하고 평가에서의 비밀을 지켜 줌으로써, 치료자는 내담자가 배우자 앞에서 이야기하기 편치 않을 수 있는 관계적 주제에 대해 보다 솔직해지도록 격려할 수 있다. 배우자가 앞에 있을 때보다 내담자가 혼자 있을 때 더 솔직하게 말할 수 있는 주제들로는 불륜, 약물 사용, 가정 폭력이 있다.

어떤 방침을 선택하든, 이를 부부 및 가족을 치료할 때 치료 계약의 일부로 넣는 것이 좋다. 방침에 대해 내담자들과 이야기를 나눔으로써 그들이 방침을 이해하고 있는지 확인하는 것도 좋다. 그리고 가장 중요한 것은 방침을 세우고 나면 반드시 이를 따라야 한다는 것이다.

■ 다른 체계와 소통하기

가족치료자는 종종 이혼, 양육권, 양육 및 가족 기능과 관련된 문제를 다루기 때문에 학교 및 사법 체계와 같은 다른 체계들과 관련을 맺게 된다. 경우에 따라서는 치료자를 고용하고 지급하는 곳이 외부 체계일 수 있으며, 이때 '내담자'가 정확히 누구인가에 대한 질문이 다시 떠오르게 된다. 예를 들면, 치료자는 내담자의 영향력이 거의 없는 치료 목표에 대한 경과 보고서를 정기적으로 법원에 제출해야 할 수도 있다.

모든 가족 구성원은 치료자와 치료에 관여하는 제3자의 관계에 대해 가능한 한 초기에 알고 있어야 한다. 모든 가족 구성원에게 어떤 정보가, 누구와, 어떤 이유로 공유될 것인지에 대해 알려야 한다.

■ 미성년자와 작업하기

개인치료를 하고자 하는 경우에 미성년자와 작업하게 된다면 당신은 가족치료자가 될 것이다. 일반적으로 미성년자가 치료를 받기 위해서는 가족 구성원의 동의를 얻어야 하고, 가족들은 종종 치료 과정에 참여하기를 원하며 대개 치료 기록을 알 권리가 있다(이는 주마다 약간의 차이가 있으므로 당신이 해당하는 주의 법률을 잘 알고 있어야 한다).

미성년자가 언제부터 자신의 치료에 대해 스스로 동의할 수 있는지에 대해서는 주마다 법의 차이가 있다. 일반적으로 18세 미만은 부모의 동의 없이 치료를 받을 수 없다. 그러나 일부 주에서는 예외가 있다. 예를 들어, 캘리포니아주의 경우는 12세 이상이고 치료에 분별 있게 참여할 수 있을 정도로 충분히 성숙하다고 치료자가 판단한 미성년자는 독립적으로 치료에 동의할 수 있다.

개인치료이든 가족치료이든 간에, 미성년자와 함께하는 모든 작업에는 분명한 경계가 필요하다. 여기서 가족 구성원들의 동기가 상충될 수 있음을 명심해야 한다. 아이의 건강 상태에 대해 불안해하는 부모들은 당신이 아이와의 개인 면담에서 일어나는 모든 일을 말해 주기를 원할 수 있다. 그러나 아이들은 부모가 지켜보는 느낌이 들지 않는 장소에서 자유롭게 자신의 어려운 정서적 문제를 살펴보기를 선호할 것이다. 많은 치료자는 어떠한 내용이 치료자와 미성년자 사이에서만 공유되고, 어떠한 내용이 가족과 공유될 것인지에 대해 정의한 서면 동의를 통해 이러한 갈등을 해결한다(짐작하다시피, 이는 '제한된 비밀' 방침을 사용하는 치료자들 사이에서 흔한 일이다). 예를 들어, 미성년자가 학교에서 친구 관계로 어려움을 겪고 있다면, 그 아이는 치료자가 부모와 정보를 공유하는 것을 원하지 않을 수 있으며, 치료자가 그 정보를 간직하는 것이 더 이롭다고 볼 수도 있다. 아이에게는 자신의 어려움에 대해 솔직하게 털어놓을 곳이 생기고, 부모에게는 그 내용을 알지 못하는 것이 해가 되지 않는다. 반면, 미성년자가 알코올이나 약물 사용을 하거나, 자신의 신체 건강을 위협하고 있다면, 이러한 정보는 부모들과 공유되어야 한다. 다시 말해, 치료자가 비밀 유지와 관련하여 어떤 방침을 채택하든지 간에 그 방침은 분명해야 하고, 주 법률과 일관되어야 하며, 준수되어야 한다.

■ 아동 학대 보고하기

아동 및 가족과 작업하면서 치료자는 아동 학대가 일어났다는 의심을 종종 하게 될 것이다. 때때로 내담자가 치료자에게 직접 말하는 내용은 의심을 불러일으킬 것이다. 다른 경우에는 학대의 신체적·행동적 증거를 토대로 치료자가 판단을 내린다. 주마다 법률에 차이는 있을지라도, 심리치료자는 대개 피해자와 다른 잠재적 희생자를 보호할 수 있도록 신체적·성적 학대 및 방임을 지역 당국에 보고해야 한다. 치료자가 학대가 일어난 것을 알게 되었을 때 무엇을, 누구에게, 얼마나 빨리 보고해야 하는지에 대한 해당 주의 규칙을 숙지하고 있는 것이 중요하다.

청소년 및 그 가족과 작업하는 치료자는 미성년자의 합의된 성행위의 보고에 관한 주 법률을 특히 잘 알고 있어야 한다. 각 주에서는 범죄에 해당하는 합의된 성행위와 학대에 해당하는 행위를 구별할 것이다. 예를 들어, 일부 주에서는 원조교제의 경우 부분적으로 학대가 아닌 범죄로 간주된다. 학대는 **반드시** 보고되어야 하지만 학대가 아닌 범죄 행위는 일반적으로 보고**될 수 없으므로** 모든 치료자는 자신에 해당하는 현행 주법을 면밀히 알고 있어야 한다. 관계가 학대로 간주될지에 대한 질문과 관련 있을 수 있는 내용으로는 내담자의 나이, 파트너의 나이, 관계의 속성(예를 들어, 나이가 많은 파트너가 어린 상대를 이용하는 것처럼 보이는지), 내담자와 파트너 모두가 했던 구체적인 활동들이 있다.

■ 친밀한 관계에서의 폭력(Intimate Partner Violence: IPV)

여러 연구자는 부부치료자가 치료에 참여하는 모든 부부에게 현재와 과거의 친밀한 관계에서의 폭력(IPV)을 더욱 철저하게 평가해야 한다고 제안한다. 이러한 폭력은 철저한 평가 없이는 잘 보고되지 않는다. 외래 진료 상담을 찾은 부부 가운데, 지난 12개월 동안 36%에서 58%의 여성이 남성에 의해 폭력을 경험했으며, 37%에서 57%의 남성이 여성에 의해 폭력을 경험했다(Jose & O'Leary, 2009). 최근의 또는 진행 중인 폭력은 성공적인 부부치료의 중요한 장해물이 될 수 있고 부부치료에서 가장 인정받는 접근 중 하나인 정서중심적 치료를 위한 금기사항으로 간주된다(Johnson, 2004).

일반적으로는 치료자가 비밀 유지의 원칙을 깨고 IPV를 보고할 수 없다. 그러나 자녀가 부모 사이의 폭력을 목격한 경우라면, 치료자가 아이를 보호할 책임에 따라 상황이 다소 복잡해진다. 캘리포니아에서는 아동이 가정 폭력을 목격한 경우 치료자가 이를 법률집행 기관에 정서적 학대로 보고할 수 있다(하지만 필수적인 것은 아니다). 아동의 가정 폭력 목격에 관해 보고하기 전에 아동 학대의 보고에 관한 주의 법률을 잘 알고 있어야 한다.

초범 또는 재범으로 유죄 판결을 받은 사람에 대한 IPV 치료는 특정한 윤리적 의문을 제기하는데, 이는 특히 부부가 함께 치료받는 것의 잠재적 이점과 잠재적 위험을 저울질하는 것에 관련된 질문이다. 현재로서 치료는 대부분 법원의 명령에 따라 동성 집단치료를 통해 이루어진다(Babcock, Green, & Robie, 2004). 이러한 치료법은 재범률에 작지만 의미 있는 영향을 미치는 것으로 보인다(Stith, McCollum, Amanor-Boadu, & Smith, 2012). 그러나 이들은 높은 중도 탈락률을 보이고, 체포 보고서의 재범 데이터를 종종 빼내기도 한다. 이로 인해 재범률이 실제보다 적게 보고되도록 한다.

부부를 치료하는 치료자가 IPV의 전력이 있는 내담자들을 만나는 일은 불가피하다. 다른 부부들은 폭력이 난무하는 와중에 치료를 시작하기도 한다. 수년간 학계에서는 이러한 부부들을 어떻게 치료해야 하는지에 대한 논쟁이 있었다. 특히 부부들에게 손해의 위험성과 이익의 가능성의 균형을 맞추는 문제를 비롯하여, 앞에서 언급된 많은 문제를 말한다. 어떤 연구자들은 부부치료 장면에서 IPV에 대해 치료를 받으면 폭력을 가하는 파트너가 더 난폭해질 수 있기 때문에, 마지막으로 일어난 폭력 이후 최소 몇 달 동안은 부부 및 가족 기반의 어떤 치료라도 매우 위험할 수 있다고 말한다. 다른 연구자들은 상충되는 결과를 말한다. 이 입장은 폭력의 전력이 낮은 수준에 머무르고 상호적일 경우 부부가 함께 참여하는 치료를 지지한다(예: Bograd & Mederos, 1999). 당신이 어디에서 일하는지에 따라, 특히 한 파트너가 IPV로 유죄 선고를 받은 경우에 가정 폭력의 치료법에 대한 주, 군, 기관의 규칙이 있을 것이다.

◎ 부부 및 가족 치료에서 현재의 법적 및 윤리적 주제

전문가적 표준은 시간의 흐름에 따라 변화한다. 전문가로서, 당신이 이러한 움직임에 적극적으로 참여하는 것은 꽤 이상적이다. AAMFT **윤리 강령**(AAMFT, 2012)은 가족치료자가 가족치료의 법률 및 규정과 같은 규칙들이 공익을 추구하도록 개발하거나 변화시키는 데 적극적으로 나서기를 촉구한다(원칙 6. 7). 종종 전문가적 표준은 우리가 돕는 것보다 큰 집단의 변화나 새로운 치료법의 영향으로 인해 변화한다. 현재 부부 및 가족 치료의 전문가적 표준을 개정하고 있는 두 가지의 구체적인 주제가 있는데, 바로 기술 및 치료자의 가치관이다.

◎ 기술

화상회의 및 관련 기술이 더욱 정교해지면서, 치료자는 치료실에 올 수 없는 내담자에게 서비스를 제공하기 위해 기술을 활용하기 시작했다. 특히 내담자가 건강관리 서비스가 부족한 시골에 사는 경우나 내담자가 사용하는 언어를 구사할 수 있는 치료자가 가까이에 없는 경우, 전화 또는 화상회의를 통한 치료가 도움이 된다.

전화나 인터넷을 통한 치료는 개인 내담자와의 치료에서 도전적인 과제이다. 부부 및 가족과의 치료에서는 더욱 어려워진다. 치료자가 부부 및 가족과 작업하면서 얻는 많은 정보는 치료실에서의 내담자들 간의 상호작용과 관련이 있다. 부부나 가족을 컴퓨터 화면을 통해서만 볼 수 있거나 전화로 치료가 진행되어 치료자가 부부나 가족을 전혀 볼 수 없는 경우에는, 그 공간에서 일어나는 역동을 평가하는 일이 훨씬 더 어려워진다. 이러한 이유로 전화나 화상회의를 통한 치료에 대한 지금까지의 연구가 대부분 개인치료에만 집중되어 있는지도 모른다(Barak, Hen, Boniel-Nissim, & Shapira, 2008).

전화나 인터넷을 통해 부부나 가족치료를 시도하려는 치료자의 경우, 몇 가지 사항을 알고 있어야 한다. 첫째, 치료자의 자격증은 자신이 자격을 얻은 주에서의 작업만을 인정한다. 예를 들어, 텍사스에서 자격을 취득한 치료자가 뉴욕에 사는 부부와 전화치료를 할 수 없다. 그 치료자는 뉴욕에서 무면허로 일하는 것으로 여겨질 것이다.[1] 둘째, 전화 또는 인터넷으로 치료를 제공하는 치료자

---

1) 이 규칙이 시행된 최소 한 개의 사례가 있긴 하지만, 이 주제에 대한 시험소송은 아직 많지 않다. 콜로라도의 정신과 의사인 Christian Hageseth, III는 인터넷 약국을 통해 캘리포니아에 있는 10대 환자에게 항우울제를 처방했다(정신과 의사와 환자는 만난 적이 없다). 이 항우울제는 환자의 자살 사고를 촉발하여 환자는 결국 자살했다. 캘리포니아주에서는 캘리포니아에서 무면허로 활동한 혐의로 그 의사를 기소했고, Hageseth는 징역형을 선고받았다(Sorrel, 2009).

는 추가적인 윤리적 요구사항을 준수해야 하는데, 이는 다음과 같다. ① 내담자의 요구와 능력을 고려하여 전자치료가 적절한지를 확인한다. ② 전자치료의 잠재적 위험 및 이점을 내담자에게 알려준다. ③ 사생활 보호와 비밀 보장을 위해 연결에의 보안을 확인한다. ④ 치료자가 기술의 활용에 대해 적절한 훈련과 경험을 갖추었는지를 확인한다. 이러한 요구사항은 AAMFT 윤리 강령 및 ACA 윤리 강령 모두에 나와 있다. ACA 강령은 더 나아가, 연결이 끊어지거나 위기가 발생한다면 어떻게 해야 할지에 대해 치료자가 내담자와 함께 상의할 것을 요구한다. 마지막으로, 기술기반의 부부 및 가족 치료에 대해 확립된 프로토콜은 없다.

기술은 또한 부부와 가족이 서로 관계 맺는 방식을 변화시킴으로써 부부 및 가족 작업에 매우 다른 방식으로 영향을 미치고 있다. 전자 통신은 먼 거리에 있는 가족들이 보다 쉽게 연락을 유지하도록 하지만, 이것이 종종 불륜과 위험한 성행위를 조장하기도 한다. 온라인 활동의 부정적인 영향력 때문에 부부들이 나에게 치료를 받고자 하는 경우가 점점 늘고 있다. 그러나 연구에서 부부 및 가족의 온라인 관계의 부정적인 영향을 이해하기 시작한 지는 얼마 되지 않았다(Hertlein & Webster, 2008).

◎ 치료자의 가치관

동성애자 내담자 치료를 꺼리는 심리치료자들에 대해 지난 몇 년 동안 최소한 세 건의 판례가 있었다. 이로 인해 치료자가 내담자를 도와야 하는 의무는 어디까지이며, 치료자의 가치관에 근거하여 치료하는 권리가 어디부터 시작하는지에 관하여 폭넓은 논의가 이뤄졌다.

일반적으로 가족치료는 가치중립적일 수가 없다. 어떤 치료자든 치료실에 자신의 가치관을 끌어들인다. 실제로 건강한 관계를 통해 더 큰 공동체를 도우려는 가치는 종종 누군가가 가족치료자가 되려는 이유 중 하나이다. 자율성의 측면에서 치료자는 대개 내담자의 가치관을 통해 내담자를 이해하는 방법을 배운다. CAMFT **윤리 강령**은 치료자가 자신의 개인적인 가치관을 인식하고 내담자에게 그 가치관을 강요하지 말 것을 요구한다. 비슷한 조항을 APA, ACA 및 NASW의 윤리 강령에서도 찾아볼 수 있다.

그러나 판례에서는, 치료자들이 성과 관련된 자신의 가치관 때문에 동성애자 내담자를 치료할 수 없다고 주장한다. 이스턴 미시건 대학교에서 상담을 전공하는 Julea Ward는 동성애자 내담자의 치료를 거부했고, 슈퍼바이저와 의논하여 같은 기관에 성과 관련된 갈등이 없는 다른 치료자가 내담자를 치료하도록 했다. 학교는 그녀가 내담자의 치료를 거부하는 것이 차별적이라 생각했고, Ward에게 치료 계획을 완수해야 한다고 말했다. 하지만 그녀는 이를 거부했고 이로 인해 학교에서 쫓겨났다. 그리고 그녀는 학교를 고소했다. 오거스타 대학교의 학생인 Jennifer Keeton은 본인의 성 관련 가치관에 따라 내담자에게 강요하지 않는 치료 계획을 완료해야 한다는 말을 들은 이후, 비슷한 소송을 제기했다. 그녀는 특정 내담자의 치료를 거부하지는 않았지만, 수업에서 동성애자 내담자를 치료하지 않겠다는 생각이 분명히 드러나는 말을 많이 했다. 마지막으로, 질병 통제 센터(CDC)에서 계약직으로 일하던 Marcia Walden은 센터 직원의 동성 관계에 대한 치료를 거부한 이후 정직되었다가 바로 해고되었다. Walden은 동성 관계에 대한 반대 의견이 없는 다른 동료에게 이 내담자를 의뢰했었다.

이와 같은 사례 각각은 윤리 규범이 서로 모순되는 것처럼 보이는 상황을 드러낸다. 한편에서는 정신건강 분야의 모든 전문가적 윤리 규범에 있는 차별금지 조항은 단지 성적 지향의 이유만으로 내담자를 거절할 수 없다고 말한다. 다른 한편으로는, 마찬가지로 정신건강 분야의 모든 전문가적 윤리 규범에 적힌 역량에 관한 조항들은 치료자가 치료할 수 없는 내담자는 치료하지 않도록 요구한다. 치료자가 동성애자 내담자를 치료하기에 스스로가 적합하지 않다고 느끼는 경우, 어느 조항이 더 우선일까?

판례는 아직 치료전문가가 따라야 할 명확한 판례법을 제공하지 못하고 있다. Keeton의 사례는 2012년 6월 연방 지방 법원에 의해 기각되었고, 그때 다른 사건은 항소 중이었다.

◎ 결론

최선의 준비와 지식을 갖췄다 하더라도, 부부 및 가족과 작업하는 치료자는 어떻게 해야 할지 확실치 않은 상황을 직면할 것이다. 법은 일반적으로 이미 일어난 사건에 대한 대응으로 만들어지기 때문에 새롭게 발생할지 모를 모든 상황을 다루지는 않는다. 윤리적 규범도 마찬가지로 불완전하며, 모든 상황에 맞는 치료 표준이 있는 것도 아니다. 그러나 감사하게도 전문 치료자로서, 당신이 어려운 의사결정을 할 때 도움을 얻을 수 있는 자원은 풍부하다.

부부나 가족과 작업할 때 법적 또는 윤리적인 문제를 마주할 경우, 항상 행동에 옮기기 전에 질문을 하는 편이 낫다. 슈퍼바이저 및 동료에게 자문을 구하면 유사한 상황에서 다른 전문가들은 어떻게 하는지에 대한 좋은 아이디어를 얻을 수 있다. 변호사에게 자문을 구하면 당신의 법적 책임을 판단하는 데 도움이 될 것이다. 당신의 전문가 책임 보험사가 법률 자문을 무료로 제공해 줄 수도 있고, 당신이 속한 전문가 협회도 같은 도움을 줄 것이다. 대부분의 전문가 협회는 회원에게 윤리적 책임과 관련한 질문에 대해 조언해 줄 윤리 위원회 또는 윤리 컨설턴트를 두고 있다.

연구 관련 온라인 자료

미국 심리학회의 EST 관련 문헌

www.apa.org/divisions/div12/journals.html

공통 요인 연구: Miller와 CunCan의 사이트들

http://scottdmiller.com/

http://heartandsoulofchange.com/

SAMHSA의 증거기반 연습 기록

http://www.nrepp.samhsa.gov

법 및 윤리 관련 온라인 자료

American Association for Marriage and Family Therapy Code of Ethics

http://www.aamft.org/imis15/content/legal_ethics/code_of_ethics.aspx

American Association for Marriage and Family Terapy Legal and Ethical Resources(membership required):

http://www.aamft.org/iMIS15/Professional/MFT_Resources/Legal_and_Ethics/Content/Legal_Ethics/Legal_Ethics.aspx

American Counseling Association Code of Ethics:

http://www.counseling.org/resources/codeofethics/TP/home/ct2.aspx

American Psychological Association Code Ethics:

http://www.apa.org/ethics/code/index.aspx

Ben Caldwell's blog on research and policy issues in family therapy:

http://www.mftprogress.com

California Association of Marriage and Family Therapists Code of Ethics:

http://www.camft.org/AM/Template.cfm?Section=Code_of_Ethics&Template−/CM/HTMLDisplay.cfm&ContentID=11235

CPH and Associates (a professional liability insurance carrier) "Avoiding Liability Bulletin":

http://cphins.com/legaresources/bulletin

National Association of Social Workers Code of Ethics:

http://www.socialworkers.org/pubs/code/code.asp

Student Press Law Center information on the Jennifer Keeton case, including a link to the ruling:

http://www.splc.org/news/newsflash.asp?id=2403

참고문헌

American Association for Marriage and Family Therapy. (2012). *AAMFT code of ethics*. Alexandria, VA: AAMFT.

American Psychological Association. (1993, October). *Task force on promotion and dissemination of psychological procedures: A report adopted by the Division 12 Board*. Retrieved August 24, 2008, from www.apa.org/divisions/div12/journals.html

Anderson, H. (1997). *Conversations, language, and possibilities: A postmodern approach to therapy*. New York: Basic Books.

Babcock, J. C., Green, C. E., & Robie, C. (2004). Does batterers' treatment work? A metaanalytic review of domestic violence treatment. *Clinical Psychology Review, 23*(8), 1023-1053.

Baldwin, S., Christian, S., Berkeljon, A., & Shadish, W. (2012). The effects of family therapies for adolescent delinquency and substance abuse: A meta-analysis. *Journal of Marital and Family Terapy, 38*, 281-304.

Barak, A., Hen, L., Boniel-Nissim, M., & Shapira, N. (2008). A comprehensive review and a meta-analysis of the effectiveness of internet-based psychotherapeutic interventions. *Journal of Technology in Human Services, 26*(2/4), 109-160.

Beach, S., & Whisman, M. (2012). Affective disorders. *Journal of Marital and Family Therapy, 38*, 201-219.

Beauchamp, T. L., & Childress, J. F. (2009). *Principles of biomedical ethics*(6th ed.). New York: Oxford University Press.

Blow, A. J., Sprenkle, D. H., & Davis, S. D. (2007). Is who delivers the treatment more important than the treatment itself? *Journal of Marital and Family Therapy, 33*, 298-317.

Bograd, M., & Mederos, F. (1999). Battering and couples therapy: Universal screening and selection of treatment modality. *Journal of Marital and Family Therapy, 25*(3), 291-312.

Chambless, D. L., & Hollon, S. D. (1998). Defining empirically supported therapies. *Journal of Counsulting and Clinical Psychology, 66*, 7-18.

Chambless, D. L., Sanderson, W. C., Shoham, V., Johnson, S. B., Pope, K. S., Crits-Christoph, P., Baker, M., Johnson, B., Woody, S. R., Sue, S., Beutler, L., Williams, D. A., & McCurry, S. (1996). An update on empirically validated treatments. *Clinical Psychologist, 49*(2), 5-18. Available from www.apa.org/divisions/div12/journals.html

Chenail, R., George, S., Wulff, D., Duffy, M., Scott, K., & Tomm, K. (2012). Clients' relational conceptions of conjoint couple and family therapy quality: a grounded formal theory. *Journal of Marital and Family Therapy, 38*, 241-264.

Henggeler, S., & Shedow, A. (2012). Empirically supported family-based treatments for conduct disorder and delinquency in adolescents. *Journal of Marital and Family Therapy, 38*, 30-58.

Hertlein, K. M., & Webster, M. (2008). Technology, relationships, and problems: A research synthesis. *Journal of Marital and Family Therapy, 34*, 445-460.

Johnson, S. M. (2004). *The practice of emotionally focused couple therapy: Creating connection* (2nd ed.). New York: Guilford Press.

Jose, A., & O'Leary, K. D. (2009). Prevalence of partner aggression in representative and clinic samples. In K. D. O'Leary & E. M. Woodin (Eds.), *Psychological and physical aggression in couples: Causes and interventions* (pp.15-35). Washington, DC: American Psychological Association.

Kaslow, N., Broth, M., Smith, C., & Collins, M. (2012). Family-based interventions for child and adolescent disorders. *Journal of Marital and Family Therapy, 38*, 82-100.

Lambert, M. (1992). Psychotherapy outcome research: Implications for integrative and eclectic therapists. In J. C. Norcross & M. R. Goldfried (Eds.), *Handbook of psychotherapy integration* (pp. 94-129). New York: Wiley.

Lebow, J., Chambers, A., Christensen, A., & Johnson, S. (2012). Research on the treatment of couple distress. *Journal of Marital and Family Therapy, 38*, 145-168.

Lucksted, A., McFarlane, W., Downing, D., & Dixon, L. (2012). Recent developments in family psychoeducation as an evidence-based practice. *Journal of Marital and Family therapy, 38*, 101-121.

Markman, H., & Rhoades, G. (2012). Relationship education research: Current status and future directions. *Journal of Marital and Family Therapy, 38*, 169-200.

Miller, S. D., Duncan, B. L., & Hubble, M. (1997). *Escape from Babel: Toward a unifying language for psychotherapy practice*. New York: Norton.

Moon, S. M., Dillon, D. R., & Sprenkle, D. H. (1990). Family therapy and qualitative research. *Journal of Marital and Family therapy, 16*, 357-373.

Patterson, J. E., Miller, R. B., Carnes, S., & Wilson, S. (2004). Evidence-based practice for marriage and family therapies. *Journal of Marital and Family therapy, 30*, 183-195.

Rowe, C. (2012). Family therapy for drug abuse: review and updates 2003-2010. *Journal of Marital Family therapy, 38*, 59-81.

Shields, C., Finley, M., Chawla, N., & Meadors, P. (2012). Couple and family interventions in health problems. *Journal of Marital and Family Therapy, 38*, 265-280.

Shadish, W. R., & Baldwin, S. A. (2002). Meta-analysis of MFT interventions. In D. H. Sprenkle (Ed.), *Effectiveness research in marriage and family therapy* (pp. 339-370). Alexandria, VA: American Association for Marriage and Family Therapy.

Sorrel, A. L. (2009, June 8). *Doctor gets jail time for online, out-of-state prescribing. American Medical News*. Retrieved from www.ama-assn.org/amednews/2009/06/01/prsd0601.htm

Sprenkle, D. H. (Ed.). (2002). Editor's introduction. In D. H. Sprenkle (Ed.), *Effectiveness research in marriage and family therapy* (pp. 9-25). Alexandria, VA: American Association for Marriage and Family Terapy.

Sprenkle, D. H., & Blow, A. J. (2004). Common factors and our sacred models. *Journal of Marital and Family Therapy, 30*, 113-129.

Sprenkle, D. H., Davis, S. D., & Lebow, J. (2009). *Beyond our sacred models: Common factors in couple, family, and relational psychotherapy*. New York: Guilford.

Sprenkle, D. (Ed.). (2012). Intervention research in couple and family therapy [Special edition]. *Journal of Marital and Family Therapy, 38*(1).

Stith, S., McCollum, E., Amanor-Boadu, Y., & Smith, D. (2012). Systemic perspectives on intimate partner violence treatment. *Journal of Marital and Family Therapy, 38*, 220-240.

Tallman, K., & Bohart, A. C. (1999). The client as a common factor: Clients as self-healers. In M. A. Hubble, B. L. Duncan, & S. D. Miller (Eds.), *The heart and soul of change: What works in therapy* (pp. 91-131). Washington, DC: American Psychological Association.

Wampold, B. E. (2001). *The great psychotherapy debate: Models, methods, and findings*. Mahwah, NJ:Erlbaum.

Woody, S. R., Weisz, J., & McLean, C. (2005). Empirically supported treatment: 10 years later. *Clinical Psychologist, 58*, 5-11.

제3장 가족치료 이론의 철학적 토대

들어가며

가족치료의 다양한 모델을 탐색하기 전에, 나는 이들의 철학적 토대에 대해 간략히 소개하고자 한다. 가족치료 접근법에 영향을 주는 두 가지 밀접하게 연관된 철학적 전통은 **체계 이론**과 **사회구성주의**이며, 이들은 포스트모더니즘의 한 갈래이다. 가족치료의 모든 학파가 어느 정도 이 두 이론의 영향을 받아 왔으며, 전통적인 치료들은 체계 이론으로부터 더 많이 나왔고, 보다 최근의 치료법들은 사회구성주의 이론으로부터 더 많이 나왔다. 이 장의 마지막 부분에서는 이론의 세계에서 누구와 결혼하고 누구와 연애할지의 질문을 다뤄 볼 것이다.

- 체계 이론의 영향을 받은 가족치료 및 이론
  - 체계적 및 전략적 이론: 정신건강 연구소(MRI), 밀라노, 전략적 치료와 기능적 가족치료(제4장과 제11장)
  - 구조적 가족치료(제5장)
  - 경험적 가족치료 이론: Satir의 인간 성장 모델, 상징적 경험 치료, 내면가족체계, 정서중심적 부부치료(제6장과 제11장)
  - 세대 간 이론: Bowen의 세대 간 치료 및 정신분석치료(제7장)
  - 인지행동 가족치료(제8장)
  - 초기 해결중심치료(제9장)
- 사회구성주의 가족치료
  - 후기 해결중심치료(제9장)

- 이야기치료(제10장)
- 협동치료(제10장)

체계적 토대

◎ 들리는 소문에 의하면: 관련된 사람들의 이야기

■ 마시 회의

불과 얼마 전(1940년), 그리 멀지 않은 곳(뉴욕)에서 (유명한 마시 백화점의) Josiah Macy는 체계를 형성하고, 어떠한 작용이 일어나는지를 논의하기 위해 예상치 못한 학자들과 연구원들의 구성을 소집했다(Segal, 1991). 1940년대 초반, 일련의 마시 회의에서는 생물학적 · 사회적 · 기계적 체계가 어떻게 작동하는지를 설명하는 **일반 체계 이론**과 **사이버네틱 체계 이론**을 탄생시켰다. 이 아이디어는 한 사람에 의해 개발된 것이 아니라 상호 대화 및 각 분야의 선두에 있는 수많은 전문가와 학자의 공동 연구로부터 나왔다. 그들의 이론은 심리치료의 새로운 접근법인 가족치료로 이어졌는데, 이것은 단순히 하나의 양식(예: 가족 작업 vs 개인 작업)이 아니라 인간의 행동을 바라보는 독특한 철학적 관점이다.

■ 체계적 이론가들

의사소통 또는 상호작용(체계) 이론을 구성하는 개념은 어느 한 개인으로부터 나온 것이 아니라 팔로 알토 그룹(Bateson 팀)으로 알려진 구성원들의 상호작용의 산물이다. – Weakland, 1988, p. 58

Gregory Bateson

그 당시 아내였던 Margaret Mead와 함께 마시 회의에 참가한 Gregory Bateson은 뉴기니와 발리에서 부족 간 상호작용을 연구하면서 사이버네틱 이론을 탐구했던 영국인 인류학자였다(Bateson, 1972, 1979, 1991; Mental Research Institute, 2002). 사이버네틱 이론에 대한 Bateson의 우아하고 사려 깊은 전달은 의사소통, 인류학 그리고 가족치료를 포함한 수많은 분야에 영향을 미쳤다. 인간의 의사소통에 관한 그의 연구의 일환으로, 그는 이후 **Bateson 그룹**으로 알려진 Don Jackson, Jay Haley, William Fry 및 John Weakland를 불러 모았다. 10년 동안 그는 조현병 진단을 받은 가족 구성원이 있는 가족들의 의사소통을 연구했고, 사이버네틱 이론에 대한 자문을 제공했으며, Milton Erickson의 최면 연구에 팀원들을 소개했다. 그 결과는 **조현병의 이중구속 이론**(Bateson, 1972)으로, 이 이론은 정신증적 행동에 대해 이중구속 상호작용의 특징을 보이는 가족체계 내에서 의미 있게 반응하려는 시도라고 재개념화했다. Bateson의 이전 인류학 연구는 인간의 문제적 행동을 순수한 인간 내적인 행동이라기보다는 더 큰 사회적 체계의 기능이라고 생각하는 데 도움을 주었다.

Heinz von Poerster

Macy 회의의 또 다른 참가자인 Heinz von Foerster는 오스트리아에서 태어났으며, 본래 물리학을 공부하다가 사이버네틱 체계, 2차 사이버네틱스, 그리고 개인이 자신의 실재를 어떻게 구성하는지 설명하는 포스트모던 이론인 급진적 구성주의에 관한 그의 이론들을 발전시켰다(Mental Research Institute, 2002). 또한 그의 연구는 체계적 치료의 철학적 토대에 기여하였다.

Milton Erickson

의학에서 정신과 의사로 훈련받은 Erickson은 단기간의 신속하며 창의적인 개입으로 잘 알려진 뛰어난 치료자이며, 현대 최면의 아버지로 불린다(Erickson & Keeney, 2006; Mental Research Institute, 2002). 초기 MRI 팀은 가족치료의 단기 접근법을 개발하기 위해 Erickson에게 자문을 구했다. 그의 임상적 혁신, 단기 접근법, 가능성에 대한 강조가 이 치료법들에 반영되었다. 또한 Erickson의 연구는 해결중심치료의 개발에 큰 영향을 미쳤다(제9장).

Bradford Keeney

가족치료자 Keeney는 Bateson과 함께 관찰자(예: 치료자)의 역할을 인정하는 제2계 사이버네틱스(혹은 사이버네틱스의 사이버네틱스라고 불린다)의 함의를 탐구하였다(Keeney, 1983, 1985). 더욱 최근에 인류학적 연구에서, 그는 샤머니즘과 산족(Kalahari Bushmen)으로 대표되는 토착문화에 관한 사이버네틱 세계관을 연구하였다(Keeney, 1994, 1997, 1998, 2000a, 2000b, 2001a, 2001b, 2002a, 2002b, 2003). 또한 그는 **즉흥치료**를 개발하기 위해 즉흥 연극의 개념을 활용하였고, 또한 그의 동료 Wendell Ray와 함께 강점에 초점을 둔 체계적 접근인 **자원중심치료**를 개발했다(Ray & Keeney, 1994).

◎ 체계 이론에서의 전제

■ 일반 체계 및 사이버네틱 체계 이론

체계 이론은 마시 회의에서 시작된 다학제적 연구에서 탄생하였으며 이 회의에는 자기 유도 미사일을 제작하는 로켓 과학자들, 발리에서 부족 간 상호작용을 연구하는 인류학자들, 종(種) 간의 상호작용을 연구하는 생태학자들이 참석하였다. 이 연구자들은 기계 부품을 연구하건, 사회적 집단을 연구하건, 동물을 연구하건 간에 체계들이 동일한 기본 원리를 통해 작동된다는 것을 알아차리고 있음을 발견했고, 이를 von Bertalanffy(1968)가 **일반 체계 이론**으로 발전시켰다. 이 같이 밀접하게 관련이 있지만 사회적 체계에 좀 더 초점을 맞춘 것은 Gregory Bateson(1972)이 설명한 **사이버네틱 체계 이론**으로, 이는 가족치료 분야에 가장 큰 영향을 미쳤다.

■ 항상성과 자기 조정

사이버네틱이라는 용어는 그리스어로 '조종사'를 의미하는데, 이는 사이버네틱 체계의 기능적 원리를 암시한다. 즉, 이들은 **자기 조정적**이다. 예를 들자면, 외부 본체를 통해 조종해야 하는 컴퓨터와는 달리 자신의 경로를 스스로 '조종'할 수 있다(Bateson, 1972). 사이버네틱 체계는 무엇을 향해 조종할까? 바로 **항상성**이다. 항상성은 가족의 경우, 가족이나 다른 사회 집단에서 안정성을 만들어 내는 고유한 행동, 정서, 상호작용 규준들을 말한다. 이름이 암시하는 것과는 달리, 항상성은 정적이지 않고 **동적**이다. 평균대에서 균형을 유지하기 위해 끊임없이 움직이는 체조 선수처럼, 체계는 안정성을 유지하기 위해 끊임없이 변화해야 한다. 기분이건, 습관이건, 체중이건, 전반적인 건강이건 간에 모든 살아 있는 체계에서는 안정성을 유지하기 위한 노력이 필요하다. 안정성 유지의 핵심은 피드백이 필요한 자기 조정 능력이다.

■ 부적 및 정적 피드백

당신은 **부적** 및 **정적 피드백**에 관한 개념이 가족치료에 관한 어떤 선다형 시험에서든 포함될 거라고 거의 확신해도 좋다. 왜냐고? 이 용어의 학문적 사용이 일상적인 사용과 정반대이기 때문이다. 따라서 명심하라. 만약 당신이 공부하지 않았다면, 부적 및 정적 피드백에 관한 질문은 항상 **함정이 있는 질문들**이다. 여기 그들의 정의를 기억하는 방법이 있다.

부적 대 정적 피드백

- 부적 피드백: 조종사에게 새로운 정보가 없다. = 물이 그대로이다. = 항상성
- 정적 피드백: 그렇다, 새로운 정보가 조종사에게 들어오고 있다. = 물은 파도가 일렁이고, 더 빨리 움직이며, 더 차가워진다. = 무엇인가 변화하고 있다.

부적 피드백은 '별 다를 것 없는' 피드백으로, 새로운 소식이나 변화가 없음을 의미한다(Bateson, 1972; Watzlawick, Bavelas, & Jackson, 1976). 대조적으로, 의학에서의 '양성(positive) 검사 결과'처럼, 정적 피드백은 상황이 예측 범위를 넘어섰다는 소식이며, 이는 경우에 따라 문제나 위기가 될 수 있다. 문제 또는 변화는 나쁜 소식으로 생각되는 것(사랑하는 사람의 사망, 배우자와의 다툼, 업무상 문제) 또는 좋은 소식으로 생각되는 것(대학을 졸업하여 직장을 구해야 하는 것, 결혼하여 새로운 가정을 시작하는 것, 직장 때문에 새로운 도시로 이주하는 것)에 기인한 것일 수 있다. 좋은 소식과 나쁜 소식 모두 정적 피드백 고리를 만들 수 있는데, 이는 두 개의 선택지 중 한 가지 결과를 가져온다. ① 이전 항상성 상태로 돌아가거나, ② 새로운 항상성을 만들거나.

대부분의 경우, 체계는 처음엔 정적 피드백에 대해 가능한 한 빨리 자신의 예전 항상성으로 되돌아가려는 반응을 보인다. 다투고 나면 대부분의 부부들은 빨리 화해하고 '다시 보통의 상태로' 돌아오고 싶어 한다. 누군가 사망했을 때 대부분의 사람은 고인이 얼마나 중요한 사람이었는지에 따라 일상으로 돌아오는 데 얼마나 시간이 걸릴지에 대해 이야기한다. 그러나 때로는 '기존의 정상'으로 돌아오는 것이 불가능하여 새로운 보통의 상태를 만들어야 한다. 이러한 새로운 규범 또는 항상성을 '2차 변화'라고도 한다.

■ 1차 및 2차 변화

2차 변화는 체계가 정적 피드백에 반응하여 항상성을 재구성하고, 시스템을 지배하는 규칙이 근본적으로 변화하는 것을 나타낸다(Watzlawick, Weakland, & Fisch, 1974). **1차 변화**는 정적 피드백을 받은 후 체계가 이전의 항상성으로 되돌아가는 경우를 말한다. 1차 변화에서 역할은 뒤바뀔 수 있지만(예를 들어, 예전의 철수자가 이제는 추격자가 될 수 있다), 근본적인 가족 구조 및 관계를 맺는 규칙은 본질적으로 동일하다. 누군가가 누군가를 쫓는다. 이러한 유형의 1차 변화는 배우자가 추격자와 철수자 사이를 왔다갔다 하는 부부치료 초기 단계에서 빈번하게 일어난다. 예를 들어, 치료 초기에 아내는 남편에게 더 많은 친밀감을 요구하고, 남편은 더 많은 자유로운 거리를 요구한다. 치료가 진행되면서 역할이 바뀔 수 있다. 비록 문제가 해결되는 것처럼 보일지라도, 기능적으로 관계 내에서 친밀감을 조절하는 규칙은 변화하지 않는다. 배우자들은 그저 역할이 바뀌었으니 다르게 보이거나 느껴진다. 이 부부의 2차 변화는 추격자/철수자의 전반적인 패턴이 줄어들고 친근감과 거리감을 더 많이 견딜 수 있는 각 개인의 능력이 증가하는 것을 포함할 것이다.

치료에서 2차 변화가 항상 필요하지는 않다는 것을 기억하는 것도 중요하다. 이는 내담자의 상황에 따라 다르다. 치료에서 1차 해결책은 논리적으로 이해가 되고, 2차 해결책은 체계에 새로운 규칙을 도입하기 때문에 이상하고 비논리적인 것처럼 보인다. 임상적인 고백을 하자면, 실제 현장에서 1차 변화와 2차 변화의 차이는 보통 구별하기 어렵다. 나는 때때로 “그건 1.5차 변화였어.”라고 말하고 싶다. 아마도 우리의 대부분은 조금씩 변화하기 때문이다. 그러나 1차 및 2차 변화의 개념은 그저 역할이 변화했는지, 또는 더 큰 독립성을 견디고 더 강렬한 친밀감을 다루는 능력에 본질적인 변화가 있었는지를 치료자가 질문할 수 있게 해 준다.

■ “우리는 의사소통을 하지 않을 수 없다”

Bateson 팀의 초기 작업은 Watzlawick 등(1967)의 고전적인 교재인 『**인간 의사소통의 화용론**』과 같은 성과를 거두었는데, 그 속에서 저자들은 다음과 같은 격언을 제안했다. “사람은 의사소통을 하지 않을 수 없다.” 이중 부정에 대한 고등학교 영어 교사의 규칙들을 노골적으로 무시하는 것 외에도 이 격언은 부부 및 가족들에게서 나타나는 가장 일반적인 문제와 모순되는 것처럼 보인다. “우리는 의사소통을 할 수 없어요.”(또는 “하지 않아요.”) 그렇다면 이 주장은 어디에서 나온 것일까? Bateson 연구팀은 조현병 환자의 가족 구성원들과의 연구에서 의사소통을 하지 않으려는 정신증적 시도(예: 허튼소리, 경직된 상태 등)를 할 때조차도 종종 의사소통하고 싶지 않다는 소망을 전하면서 메시지를 보낸다는 점을 발견하였다. 모든 행동은 의사소통의 한 형태이기 때문에, 또한 (적어도 우리가 살아 있는 동안에는) 어떤 형태의 행동도 하지 않고 있는 것이 불가능하기 때문에, 결국 우리는 항상 의사소통을 한다. 모두가 알다시피, 침묵은 허튼소리, 심리적 침잠, 또는 경직된 자세가 그러하듯 많은 것을 말해 준다. 그러므로 의사소통을 하지 않으려는 가장 창의적인 시도조차도 메시지를 보낸다. 더 일반적으로 “우리는 의사소통을 할 수 없어요.”라는 주장은 한 사람이 다른 사람이 할 말을 좋아하지 않는다는 뜻이고 두 사람이 합의에 이를 수 없다는 것을 의미하며, 이 점에서는 의사소통되고 있는 메시지의 구조, 즉 의사소통의 보고와 명령의 측면을 검토하는 것이 도움이 된다.

■ 의사소통: 보고와 명령 (메타커뮤니케이션)

각각의 의사소통은 **보고**(내용)와 **명령**(관계)의 두 가지 구성 요소를 갖고 있으며, 이것은 치료자들이 의사소통, 특히 잘못된 소통을 개념화할 수 있게 해 준다. 보고는 말 그대로 내용이다. 명령은 **메타커뮤니케이션** 혹은 의사소통을 해석하는 방법에 대한 의사소통이다(Watzlawick et al., 1967). 명령은 항상 두 사람 간의 **관계를 정의**한다. 예를 들면, "너는 아마 오늘 자외선 차단제를 바르는 것이 좋을 거야."처럼 똑같은 조언(내용)에도 동등한 관계나 상하관계를 정의하는 명령이 동반될 수 있다. 여기가 바로 잘못된 소통, 이중구속 의사소통 그리고 논쟁이 관여되는 지점이다.

전달되는 메시지의 요소

전달되는 메시지= **보고**: 데이터, 정보(주로 언어적) + **명령**: 관계를 정의함(주로 비언어적)

보고와 명령의 개념은 부부, 가족, 친구, 동료를 비롯해 기본적으로 어떤 두 사람들이 쓰레기 버리기, 변기 뚜껑, 고양이 배설용 상자, 치약 그리고 지난밤 파티에서 일어난 사건에 관해 회상된 순서에 관해서 하는 논쟁이 왜 정교해지고 길어질 수 있는지를 설명하게 해 준다. 비록 '사소한 일'처럼 보일지라도 이러한 논쟁들은 사실 그 사소한 일과 관련하여 **관계가 어떻게 정의되는지**에 관한 것이다. 따라서 그것들은 말하자면 관계에서 각자의 역할이 어떻게 정의되는지가 달린 '큰 일'이다.

쓰레기와 고양이 배설물에 대해 논쟁할 때, 부부는 보통 내용이 아니라 명령(관계) 수준에서 상대방의 메시지에 동의하지 않는다. 이는 집안일의 경우라면 힘의 역동이나 지각된 보살핌을 포함한 의사소통의 명령 측면에 대해 의사소통하게 되면서 논의를 메타커뮤니케이션 수준으로 곧장 옮기도록 해 준다. 직접적으로 메타커뮤니케이션 측면(예를 들어, 아내가 남편에게 쓰레기를 버리라고 말했을 때, 그는 그녀가 자신을 아이처럼 대한다고 느낀다)을 논의함으로써, 부부는 이러한 관계적 사안을 명확히 할 수 있고, 어느 순간 그 내용 사안은 대개 신속히 해결된다. 언어적이든 비언어적이든 모든 의사소통은 보고와 명령의 기능을 모두 갖고 있어서 '메타를 하게 되는' 과정은 무한하다. 왜냐하면 그래야 파트너들이 첫 메타커뮤니케이션의 메타커뮤니케이션(명령) 측면에 대해 이야기를 나눌 수 있기 때문이다.

심리교육 노트: 비록 심리교육이 전통적인 체계적 기법은 아닐지라도 만약 당신의 이론적 지향과 잘 맞는다면, 이 주제에 대해 몇 분쯤 내담자를 교육하는 것은 일부 내담자들로 하여금 그들의 논쟁에서 무슨 일이 일어나고 있는지를 더 잘 이해하도록 도울 수 있다.

■ 이중구속

이중구속 이론은 조현병 진단을 받은 구성원의 가족에 관한 (Jackson, Haley, Fry와 Weakland로 구성된) Bateson 집단의 가장 초기 연구로 거슬러 올라간다(Bateson, 1972). Watzlawick 등(1967)은 이중구속 의사소통에 관한 다음의 구성 요소들을 확인한다.

① 두 사람은 가족 관계, 우정, 종교적 관계, 의사와 환자와의 관계, 치료자와 내담자 관계, 또는 한 개인과 자신의 사회적 집단 간의 관계와 같은 높은 생존적 가치가 있는 **강렬한 관계** 내에 있다.

② 이러한 관계 내에서, 주요한 명령(예: 요청이나 요구)과 첫 번째 명령과는 모순되는, 주로 메타커뮤니케이션 수준에서의 동시적 2차 명령으로 구성되어 있는 메시지가 주어진다.

③ 모순되는 명령들을 받는 수신인은 그 관계를 위협하지 않고는 메타커뮤니케이션(예: 모순에 대해 언급하기)을 하거나 철수를 함으로써 모순들의 인지적 틀에서 도망가거나 **벗어나지 못할 것**이라고 여긴다. 수신인은 불일치가 존재한다고 말하는 것조차도 '나쁘거나' '터무니없다'고 느끼게 된다.

흔한 예시는 "나를 사랑해 줘." 또는 "진실되어야 해."와 같은 명령들로, 이는 한 사람이 다른 사람에게 자발적이면서 진실된 감정을 가지라고 요구하는 것이다. MRI 팀은 연구를 통해 이러한 의사소통 유형이 조현병을 진단받은 구성원이 속한 가족들의 특징임을 알아차렸다. 이러한 가족 안에서의 흔한 대화 중 한 가지는 아이에게 쌀쌀맞게 대하는 엄마가 아이를 다정하지 않게 포옹하고는(명령 측면은 거리감을 전달함), "너는 왜 엄마를 보면서 행복해하지 않니?"라고 말한다(보고 측면은 친밀감을 제시함). 아이가 어떻게 반응을 하더라도, 엄마는 아이의 잘못을 입증할 수 있다. 따라서 말 비빔(실제적 의미가 없는 말을 하는 것), 연상의 이완(말이나 주제가 옆길로 새는 것), 긴장증적 행동(상호작용의 의미가 없는 경직되고 반복적인 행동)과 같은 정신증적 행동을 특징으로 하는 **무반응이나 무의미한 반응**이 '논리적인' 반응이 된다.

비록 조현병이 어떻게 발달하는지 또는 누가 발달시키는지에 대해 이중구속 이론이 완전하게 설명할 수는 없지만, 조현병 진단을 받은 구성원의 유무와 관계없이 고착되어 버린 가족과 함께 작업하는 임상가에게는 여전히 유용하다. 치료에서 나타나는 가족 내 이중구속의 일반적인 예는 다음과 같다.

- 누군가 배우자나 아이에게 특정한 방식(꽃을 가져다주기, 집안일을 도와주기)으로 자발적인 '사랑을 보여 달라고' 요구한다. 하지만 그 사람이 요청된 방법으로 사랑을 보여 주면 배우자 또는 부모는 "내가 너에게 해 달라고 요구했기 때문에 이건 무효야."라고 말한다. 이는 그 사람이 진실한 감정을 보여 줄 방법이 없는 이중구속 상황이 된다.
- 너무 엄격한 부모는 아이의 모든 의사결정을 좌우하면서도 "나는 네가 좋은 결정을 내릴 것을 믿는다."라고 말한다. 아이가 비일관성에 대해 이야기를 하려 하면, 부모는 "하지만 나는 **정말** 너를 믿어."로 다시 되돌아간다.

이중구속을 확인하는 것은 이러한 파괴적인 패턴에 대한 개입에 있어 치료자의 첫 출발점이다.

■ 대칭적 및 상호보완적 관계

Banteson(1972)의 인류학적인 연구에서 시작된 대칭적 관계와 상호보완적 관계의 구별은 가족 상호작용을 이해하는 데 자주 사용된다. **대칭적** 관계에서, 각 당사자들은 체계 내에서 '대칭적인' 혹은 고르게 나뉜 능력과 역할들을 갖는 일종의 동등한 관계이다(Watzlawick et al., 1967). **대칭적** 체계에서의 충돌은 두 동등한 사람이 승자가 생길 때까지 싸우는 형태로 이루어진다. 각자는 상대적으로 동등한 존재로 간주되고 경험되며 그 결과는 예측할 수 없다. 가족 관계에서 대칭적 역동은 종종 부부나 나이가 비슷한 형제자매에게서 볼 수 있다.

반면, **상호보완적** 관계에서는 각 당사자가 상대방에게 균형을 맞추거나 보완하는 고유한 역할을 가지며 종종 위계적 형태를 야기한다. 명확하게 규정되고 분리된 역할이 있기 때문에 이러한 관계의 충돌은 덜 빈번하다. 상호보완적인 역동은 종종 각자의 역할이 과장되거나 융통성이 없어진 부부에게 문제가 된다. 일반적인 상호보완적 역동의 예로는 추격자/철수자, 정서적/논리적, 몽상가/계획주의자, 느긋한/조직적인 등을 포함한다. 이러한 역동성은 특히 관계 초기에는 즐겁고 도움이 되는 균형점을 제공할 수 있다. 하지만 종종 이러한 역할들은 과장되고 융통성이 없어져서 '갇혀 있는 느낌'을 만들어 낸다. 내담자가 치료를 받으러 올 무렵에는, 종종 각자가 개인적인 정신과적 증상이나 깊이 뿌리박힌 성격 특성을 갖는 것처럼 보인다. 이 시점에서는 누구라도 각자가 체계적 역동의 일부로서 맡고 있는 역할을 이해하기가 상당히 어렵다. 가족치료자의 임무는 이러한 고정적인 보완적 역할을 고정된 성격 구조가 아니라 더 큰 체계의 일부로 보는 것이다. 그러면 변화에 대한 희망을 가지는 것과 창의적으로 변화를 만들어 내는 것이 훨씬 쉬워진다.

■ 가족이라는 체계

체계적 접근의 본질적 특징은 가족을 부분의 합보다 더 큰 전체를 지닌 그 자체로 독립체가 되는 하나의 체계로 보는 것이다(Watzlawick et al., 1967). 이것이 실제로 의미하는 바는 무엇일까? 체계적 치료자들은 가족의 상호작용 패턴을 어떤 한 명의 구성원이나 치료자 같은 외부 실체에 의해 통제되지 않는 일종의 '사고방식'이나 유기체로 이해한다. 이러한 관점은 몇 가지 놀라운 명제를 낳는다.

- **한 사람이 상호작용 패턴을 조율하지 않는다.** 가족 상호작용을 통제하는 규칙은 미국 헌법처럼 계획적으로 구성되어 있지 않다. 그보다는 항상성의 표준이 형성될 때까지 상호작용, 피드백(반응) 및 교정의 조화로운 과정을 통해 생겨난다. 사실, 관계에서 초기의 논쟁들 중 상당수는 생기고 있는 관계의 항상성 규범을 형성하는 피드백으로 작용한다. 대부분의 경우, 이 모든 과정은 관계 규칙이 어떻게 형성되고 있는가에 대한 최소한의 메타커뮤니케이션과 함께 발생한다.
- **모든 행동은 맥락 내에서 이해된다.** 모든 행동은 의사소통의 한 형태이기 때문에 특정 체계의 규

칙들 내에서 그것이 표현되는 맥락 안에서 이해가 된다. 따라서 겉보기에 말이 안 되는 조현병 환자들의 의사소통조차도 더 큰 가족체계 내에서는 이해가 된다.

- **가족의 정신적 고통에 대해 한 사람만을 탓할 수는 없다.** 어느 누구도 의식적으로 규칙을 만들지 않고 오히려 패턴은 진행 중인 상호작용을 통해 상호 협의되므로 어느 누구도 가족 문제에 대해 전적으로 비난받을 수 없다. 학대 사례의 경우 개인이 도덕적 및 윤리적 책임을 지니고 있지만, 상호작용은 더 광범위한 관계적 맥락과 규칙 내에서 '이해될 수 있다'.
- **개인적 특성은 체계에 달려 있다.** 한 구성원이 특정한 특성이나 경향성을 보인다 해도, 이는 체계와 독립적으로 존재하는 타고난 성격 특성이 아니다. 오히려 그것은 체계의 상호작용 패턴으로부터 나온다. 따라서 한 가족이 "Suzie는 늘 이래요."(가령, 화를 내거나, 도움이 되거나, 건망증이 있거나)라고 보고할 때, 치료자는 이를 Suzie에 대한 진실이 아니라 체계의 (경직되었을 가능성이 있는) 규칙에 대한 진술로 받아들인다.

■ 인식론

"나는 너를 본다." 또는 "너는 나를 본다."라는 명제는 내가 '인식론'이라고 부르는 것을 내포하고 있는 명제이다. 그것은 우리가 정보를 얻는 방법, 정보의 종류 등등에 관한 가정들과…… 우리가 사는 우주의 본질과 지식의 본질 그리고 그것에 대해 우리가 어떻게 알 수 있는지에 대한 특정 명제를 내포한다.

– Bateson, 1972, p. 478

인식론에 대한 Bateson의 생각은 모든 체계적 가족치료의 기초가 된다. 엄격한 철학적 의미에서, **인식론**은 지식에 대한 고찰이자 앎의 과정이다. 그의 사이버네틱스 연구에서, Bateson은 인간이 진실이라고 가정하는 명제의 대부분은 잘못된 것이라고 결론 내렸다. 그것들은 일련의 상호작용 중 한 측면만 포착했기 때문에 진실인 것처럼 보이지만, 관찰자와 관찰된 대상이 어떻게 서로를 강화하고 서로에게 영향을 미치는지에 관한 더 넓은 인식을 거의 포함하지 않는다. 따라서 남편이 냉담하고 무관심하다는 아내의 불평은 그들이 겪고 있는 일련의 상호작용이 그들 각각의 행동과 해석의 틀에 어떻게 영향을 주었는지를 고려하지 않는다. 가족치료자는 가족의 행동과 생각 밑에 숨어 있는 가족 인식론에 관심을 갖는다(Keeny, 1983).

■ 2차 사이버네틱스

체계적 연구문헌에서 후기의 특징인 2차 사이버네틱스는 치료체계(가족체계를 관찰하는 치료자)와 같이 관찰하는 체계에 체계적 원리를 적용하는 것을 의미한다. 다른 체계를 관찰하는 과정에서, 새로운 관찰자와 관찰되는 체계인 2차(또는 2수준) 체계가 생성된다. 치료자는 이제 중립적이고 편중되지 않은 관찰자라고 가정할 수는 없고, 오히려 관찰되는 것을 생성함에 있어 적극적인 참여자가 된다.

그러한 공동 창조 과정은 몇 가지 다른 방식으로 일어난다. 첫째, 치료자의 설명은 가족에 관한 것보다 **치료자에 관한 것을 더 많이** 드러내는데, 어떤 내용이든 치료자가 가장 중요하고 유용하다고 여기는 정보를 반영한다. 둘째, 치료자가 가족을 대하고 상호작용하는 방식은 치료자가 참석해 있는 동안 가족의 행동과 태도에 상당한 영향을 미친다. 공정하고 전문적인 태도로 가족과 관계를 맺는 치료자들은 쾌활하고, 차분한 스타일의 치료자와는 다른 행동을 이끌어 낼 것이다. 어느 쪽이 더 '진짜'일까? 둘 다 아니거나 더 정확하게는 둘 모두이다. 각각의 반응은 특정 전문가의 **맥락 내에서** 가족체계에 대한 '자연스럽고 정직한' 반응이다. 2차 사이버네틱 원칙들에 대해 계속 인식하고 있는 치료자는 자신의 행동이 내담자의 행동을 어떻게 형성하는지, 그리고 내담자에 대한 자신의 설명이 자신의 가치를 어떻게 반영하는지를 끊임없이 주시한다. 이러한 치료자-내담자 현실의 공동-창조에 대한 관심은 사회구성주의 치료자의 초점이 되었다.

■ 체계적 치료자의 정신

체계적 치료자들은 언제나 큰 그림을 볼 수 있는 능력으로 유명하다. 심지어 내담자가 우울이나 불안과 같은 개인적인 주제를 가져올 때조차도 체계적 치료자는 항상 증상을 이해할 수 있는 더 큰 관계적 맥락에서 증상을 바라본다. 게다가, 그들은 문제에 대한 **무례한** 태도(세부사항은 제4장 참조)로 유명하다. 증상이 갈등, 우울감, 음주, 정신증, 섭식장애 중 무엇이건 간에 체계적 치료자는 절대 당황하지 않으며, 결코 한 명에 대해 다른 사람보다 더 '심각'하다고 본다거나, '가족' 문제가 아니라 더 '개인적인' 문제라고 보지 않는다. 대신 모든 행동은 단순히 특정 관계적 체계 내에서 이해가 되는 의사소통의 한 수단일 뿐이며 각 사람은 체계 내에서 최선을 다한다. 따라서 그들은 항상 문제에 대해 가족 중 한 사람을 탓하지 않으려 한다. 이것은 아마도 초심자의 관점에서는 가장 어려운 변화일 것이다.

체계적 치료자들은 개인의 병리에 대한 낙인찍기나 일방향적 사고 속에서 길을 잃기보다는 의미와 의사소통의 상호 연결, 즉 사람들 간의 역동에 집중할 수 있다. 그들은 행동이 항상 가족, 공동체, 더 큰 사회 내의 복잡한 관계망에 의해 어떻게 형성되는지 신중하게 주의를 기울인다. 그들은 보통 사람들이 '개인적인 문제'라고 여길 수 있는 것의 대부분을 훨씬 더 큰 상호작용의 일부로 보며, 이때 그 문제는 단지 작은 일부일 뿐이다. 병리화하지 않고 비난하지 않으려는 그들의 관점은 내담자들에게 새로운 활력을 주고, 그들 자신의 상황에 대해 생각하는 새로운 방식을 적용할 수 있게 해 준다. 무엇보다도, 그들은 실용주의적이며, 개입이 유용한지 여부를 항상 고려하고, 그렇지 않은 경우 무엇이 가능할지를 파악한다.

사회구성주의 토대

사회구성주의 철학은 포스트모던 철학의 한 갈래이며, 예술, 연극, 음악, 건축, 문헌 연구, 문화 연구, 철학을 포함한 광범위한 지식 분야에 영향을 미쳤다. 가족치료자들의 체계적 토대가 이미 관계적인 관점에서 현실을 개념화했기 때문에, 이들은 포스트모던 철학을 수용한 최초의 정신건강 전문가였다. 구성주의, 사회구성주의, 구조주의, 후기 구조주의 등 다양한 포스트모던 학파 가운데 사회구성주의는 해결중심, 협동 및 이야기치료와 같은 새로운 심리치료 모델의 개발에 가장 큰 영향을 미쳤다(제9장과 제10장 참조).

◎ 체계 이론과 사회구성주의: 유사점과 차이점

체계적 관점(특히 2차 사이버네틱스 관점)으로부터 사회구성주의 관점으로의 이동은 체계적 개념의 자연적인 진화이자 연장선으로 볼 수 있으며, 이는 사회적 상호작용이 사람의 현실 경험을 어떻게 형성하는지를 설명한다. 어휘와 상징은 변한다 해도, **관계에 대한 강조와 현실의 관계적 구성은 변하지 않는다.** 가족치료에서 가장 초기의 저술들은 사람들이 어떻게 대인관계를 통해 그들이 살고 있는 현실을 구성하는지를 탐구하였고(Bateson, 1972; Fisch, Weakland, & Segal, 1982; Jackson, 1952, 1955; Watzlawick, 1977, 1978, 1984; Weakland, 1951), 포스트모던 접근의 토대를 마련했다. 사실, 밀라노의 치료와 MRI 접근(제4장 참고)과 같이, 체계적으로 시작된 본래의 접근 중 다수가 시간이 지남에 따라 더욱 구성주의적 형태로 발전했다. 따라서 체계적 및 포스트모던 치료법은 특히 관련이 없는 심리치료와 비교할 때 차이점보다는 공유되는 관점이 더 많다.

체계적 및 사회구성주의 이론은 다음과 같은 가정을 공유한다.

- 사람이 살고 있는 현실은 관계적으로 구성되어 있다.
- 개인의 정체성과 개인의 증상들은 그들이 속한 사회적 체계와 관련되어 있다.
- 문제에 대한 사람의 언어적 표현과 설명을 변화시키면 그것이 경험되는 방식이 달라진다.
- 진실은 관계적 맥락에서만 결정될 수 있다. 객관적인 외부인의 관점에서는 불가능하다.

이러한 유사점이나 다른 유사점에도 불구하고, 상징에 있어 변화를 찾아낼 수 있는 주목할 만한 차이가 있다. 체계 이론은 **체계** 상징을 사용한다. 가족은 하나의 체계로, 세상에 대한 이해와 의미를 조성하는 개인들로 구성된 집단이다. 사회구성주의 치료는 **글자 그대로의** 상징을 사용한다. 사람들은 자신이 이용가능한 사회적 담론을 사용하여 의미를 만들어 내기 위해 자신의 삶을 이야기한다. 더욱이, 사회구성주의 치료는 2차 사이버네틱스 역동에 체계적 치료자가 주목하는 것과 유사하게 내담자의 현실에 대한 공동-구성에서의 치료자 역할에 대해 강조한다. 결과적으로 내담자와 그들의 문제에 관련하여 다양한 접근을 한다. 게다가 구성주의 치료자들은 개입을 위해 내담자의 언어와 이야기를 체계적 치료와는 다르게 사용한다.

◎ 사회구성주의자와 관련 이론가들

Kenneth Gergen

사회심리학자인 Ken Gergen은 1985년『American Psychologist』에 실린 논문에서 사회구성주의와 관련한 견해를 정신건강 전문가들에게 처음으로 소개하였다. 그의 연구는 사회구성주의 치료 접근, 특히 협동치료(Anderson, 1997; Anderson & Gehart, 2007; Anderson & Goolishian, 1992)와 적게나마 이야기치료(Freedman & Combs, 1996; White & Epston, 1990) 발달의 토대가 되었다. 그의 연구는 심리학 및 사회적 주제들(Gergen, 1999, 2001), 그리고 포스트모던 윤리학(McNamee & Gergen, 1999)에 대한 사회구성주의의 자세한 함의를 포함했다. 그의 가장 최근 연구는 긍정적 노화(Gergen & Gergen, 2007)에 관한 것이다.

Sheila McNamee

Gergen의 동료인 Sheli McNamee는 의사소통 이론가로서, 윤리적 문제들에 대한 깊은 탐색을 포함하여(McNamee & Gergen, 1999), 사회구성주의 지식을 치료로 옮기는 데 있어 선도자였다(McNamee & Gergen, 1992). 그녀는 또한 사회구성주의 교육학의 개발에 앞장서 왔다(McNamee, 2007).

John Shotter

John Shotter의 사회구성주의 연구는 어떻게 사람들이 공유된 의미와 이해를 통해 **공동행위**를 조직화하는지에 초점을 맞추었다(Shotter, 1993). 그의 연구는 사회적 관계들 속에서 상호 책임의 윤리에 대해 강조하였다(Shotter, 1984).

Michel Foucault

포스트모더니스트, 구조주의자 혹은 **후기 구조주의자**와 같은 철학적 꼬리표를 거부한 Michel Foucault(1972, 1979, 1980)는 주어진 사회 안에서 힘과 지식이 어떻게 개인의 현실을 형성하는지 설명한 다작의 사회평론가이자 철학자였다. Michael White의 이야기치료(제10장 참조)에 중요한 영향을 미친 Foucault의 연구는 치료에 있어 언어와 힘에 관한 정치적 그리고 사회적 정의의 파장을 소개하였다.

Ludvig Wittgenstein

오스트리아 철학자인 Wittgenstein의 언어에 관한 철학(1973)은 포스트모던 치료에 큰 영향을 미쳤는데, 특히 해결중심 단기치료와 협동치료(제9장과 제10장)에 영향을 주었다. 철학적 및 이론적 논의에서 보통 그러하듯 그는 언어란 삶의 구조와 불가분의 관계로 엮여 있다고 설명하며 언어가 매일의 일상적 사용에서 의미 있게 제거될 수는 없다고 주장한다.

Mikhail Bakhtin

러시아의 비평가이자 철학자인 Bakhtin은 정체성에 대한 대화와 개념에 대해 연구하였으며 자아는 결코 완전히 알 수 없다(unfinalizable)고 하며 자아와 다른 것들은 불가분하게 얽혀 있다는 점을 강조하였다(Baxter & Montgomery, 1996).

◎ 포스트모던 가정

■ 객관적 현실에 대한 회의: "존재하는 모든 것은 말이 없다"

포스트모더니스트들은 x가 건강한 행동이면 y는 건강한 행동이 아니다(Gergen, 1985)와 같은 **객관적 현실**을 확인할 가능성에 대해 회의적이다. 그들은 현실을 '음소거'로 묘사하는데(Gergen, 1998), 결혼은 좋고, 뚱뚱한 것은 나쁜 것이며, 자동차는 나쁘다와 같이 삶에서의 사건이나 상황들이 미리 포장된 의미를 지니지 않는다는 것을 의미한다. 대신, 의미는 사람들의 공동체에 의해 구성된다.

■ 현실은 구성된다

포스트모더니스트들은 모든 '진실'과 '현실'이 구성된다고 보았다(당신은 개념이 진리가 아니라 구성이라는 것을 강조하기 위해 인용 부호가 자주 사용되는 것을 눈치채고 아마도 거슬릴 수도 있다). 언어와 의식은 의미를 발달시키고 대상과 사물의 가치를 결정하기 위해 필요하다(Gergen, 1985; Watzlawic, 1984). 다양한 포스트모던 학파는 다양한 수준의 현실 구성을 강조하고 분석한다. 하지만 그들은 주로 현실의 구성이 이러한 모든 수준을 포함하는 복잡한 과정임을 인정한다.

- **언어적 수준 · 후기 구조주의와 언어 철학**: 모든 형태의 포스트모던적 사고가 공유하는 전제로, 단어가 우리의 현실을 어떻게 반영하는지가 아니라 우리의 현실을 어떻게 구성하는지에 중점을 둠.
- **개인적 수준 · 구성주의**: 현실이 개인 유기체 내에서 어떻게 구성되는지에 중점을 둠. 최근 MRI 및 밀라노 치료의 발달과 가장 밀접하게 연관됨(Watzlawick, 1984).
- **관계적 수준 · 사회구성주의**: 가까운 관계에서 현실이 어떻게 생성되는지에 중점을 둠(Gergen, 1985, 1999, 2001). 협동치료와 가장 밀접하게 연관됨.
- **사회적 수준 · 비판 이론**: 좀 더 큰 사회적 수준에서 현실이 어떻게 구성되는지에 중점을 둠. Michel Foucault(1972, 1979, 1980)의 연구에서 주로 도출된 이야기치료와 가장 밀접하게 연관됨.

■ 현실은 언어를 통해 구성된다

포스트모더니스트들은 일반적으로 현실이 주로 언어를 통해 구성된다는 데 동의한다. 언어는 중립적이지 않으며, 단어는 우리의 삶에 실질적인 영향을 미친다(Gergen, 1985). 치료적 목적에서 가장 중요한 것으로 단어는, ① 우리의 정체성을 만들고, ② 무엇이 문제이고 무엇이 문제가 아닌지 확인하는 주요 수단이다(Anderson, 1997; Gergen, 2001). 예를 들어, 사람들은 같은 경험(예: 누가 이성을 잃었을 때)을 해도 누군가는 '운이 안 좋은 날'로 해석할 수도 있고, 또 누군가는 '나쁜 사람'이라고 해석할 수도 있다. 즉, 각각은 정체성과 문제의 정의에 있어서 극적으로 다른 함의를 갖는다. 모든 포스트모던 치료에서 사용되는 이러한 수준의 현실 구성은 후기 구조주의자들과 구성주의자들에 의해 강조된다.

■ 현실은 관계를 통해 협의된다

우리가 삶의 경험에 부여하는 의미는 스스로 발생하는 것이 아니라 가까운 친구와 가족 그리고 더 광범위하게는 우리가 속한 사회 및 하위 문화와의 관계 속에서 발생한다(Gergen, 1985). 특정 행동, 이발, 직업, 가족 관계, 성행위 혹은 종교관에 대해 사람들이 부여하는 의미는 항상 특정 주제에 관한 더 넓은 사회적 대화뿐 아니라 '좁은'(가까운) 관계망 속에 녹아들어 있다. 따라서 사람들이 혼전 성행위, 거짓말 혹은 아이들의 훈육에 대해 바라보는 방식은 다층의 외부 대화를 통해 발생한다. 포스트모던 치료자들은 내담자가 문제를 둘러싼 대화들을 풀도록 도우며, 그러면 내담자는 자신이 관련 짓기로 선택한 대화들을 결정할 수 있다. 이러한 수준의 현실 구성은 사회구성주의와 비판 이론을 강조하는 이론들에서 강조된다.

■ 공유된 의미들이 사회적 행동을 조정한다

공유된 의미와 가치는 사회적 행동을 조직하기 위해, 더 단순하게는 타인과 어울리기 위해 필요하다(Gergen, 2001; Shotter, 1993). 무엇이 정중한 것이고, 무엇이 무례하고 혹은 무엇이 좋고 나쁜 것인지에 관한 의미들이 합의되지 않는다면, 사람들이 함께 살 수가 없을 것이고 극심한 혼란이 빚어질 것이다. 그 대신, 사람들은 의미와 가치를 조정한다. 우리는 이것을 **문화**라고 부른다.

■ 전통, 문화 그리고 억압

우리는 전통과 문화를 벗어나서는 우리의 삶을 이해할 수 없으며, 이것은 단지 인종과 국적을 의미하는 것이 아니라 작건 크건 일련의 규범을 갖고 있는 집단이라면 어디든 해당된다. 문화적 전통은, ① 우리 개인적인 삶의 의미를 만들고, ② 성공적으로 우리의 행동을 타인들과 조정하는 틀을 만들어 준다. 문화는 구성원들이 자신의 삶을 해석하는 데 사용할 수 있는 일련의 가치관을 제공하여 그들이 '좋은' 삶을 살고 있는지를 알게 한다. 또한 문화는 결혼, 가족 생활, 상거래, 오락, 종교에 필요한 공유된 의미를 고려하여 타인과 안전하고 효과적으로 상호작용하기 위한 틀을 제공한다. 하지만, 다른 것들 가운데 특정 재화나 가치를 채택하면 필연적으로 특정 행동과 특성에 대해서는 나쁘고 바람직하지 않다고 꼬리표를 붙이게 된다. 만일 한 문화가 생산성을 가치 있게 여기면, 그 문화는 휴식시간을 부정적으로 바라보게 된다. 만약 한 문화가 가족을 가치 있게 여기면, 개인적 특성을 경시하게 된다. 따라서 **모든 문화는 본질적으로 억압적이다**(Gergen, 1998). 이러한 정의에 따르면 그들은 특정한 행동은 수용이 가능하고 다른 것들은 수용할 수 없다고 말해야 하기 때문이다. 문화가 억압적인 정도는 성찰하는 능력과 직접적으로 연관이 있다.

■ 반사적 그리고 인간성

어느 문화든 반사적이고, 문화가 다른 사람들에게 미치는 영향을 검토하며, 문화의 가치와 의미를 의심 및 의문을 제기할 수 있는 만큼의 인간미는 남아 있다(Gergen, 1998). 어느 집단 내에서건, 우세한 문화 규범에 맞는 사람이 있는 반면에 그렇지 않은 사람들도 있다. 한 문화 내에서 소수의 목소리를 경청하고 그에 응답하는 정도는 곧 그 문화가 인간미를 유지하는 정도이며, 사람이 더불어 살아간다면 억압적인 힘을 줄이기 위해 성장하고 확장되는 것이 불가피하다.

◎ 사회적 구성주의, 포스트모더니즘, 다양성

단 하나의 '진리'에 대해 의문을 품는 포스트모던 철학은 다양성 주제에 대한 인식을 높였기 때문에 대부분의 최신 치료에 깊은 영향을 미쳤다. 포스트모더니스트들은 규범들이 사회 내 한 집단에 의해 만들어지고, 사회 내 다른 사람들의 삶의 경험이나 하물며 다른 집단 및 문화의 현실은 더더욱 공정하게 포착하지 못하므로 규범이란 공정하게 정립될 수 없다는 개념에 도전한다. 그것은 성별, 사회경제적 지위, 나이, 문화, 종교 그리고 다른 요소에서 쉽게 볼 수 있다. 포스트모더니즘은 개신교를 믿는 미국 동북부 출신의 백인 중년 남성의 행동, 사고, 감정이 캘리포니아 센트럴 벨리로 이주한 동남아시아 이민자 가정의 청소년기 아들과 같다고 가정할 수 없다고 한다. 그들 모두 자신의 현실과 진실 그리고 그들 각자의 규범과 좋은 삶에 관한 정의를 가지고 있다. 치료자들은 이 사실 하나하나를 명심해야 한다.

◎ 포스트모던 정신

포스트모더니스트들의 정신이나 전반적인 감각을 이해하는 것은 어렵더라도 시도해 보아야 한다. 당신이 상상하다시피, 그들은 그런 시도는 시작해 보기도 전에 실패할 거라고 말할 텐데, 왜냐하면 단어는 항상 사용자들의 현실에 따라 맥락지어지므로, 설명하려는 것의 본질이 아니라 현실만을 전달할 수 있기 때문이다. 같은 방식으로, 포스트모던 인식론으로의 변화는 현실의 각 순간이 어떻게 구성되며, 개개인은 삶의 경험에 대해 어떻게 독특한 의미를 부여하는지에 대한 지속적인 자각과 관련된다. 이러한 깨달음이 당신의 세계관에 스며들 때(이것이 극적으로 들릴 수도 있겠지만, 나는 이렇게 말하는 것이 타당하다고 생각한다), 당신의 삶과 관계들은 두 번 다시 예전과 같지 않을 것이다.

전경에서 의미와 현실의 유동적인 특성을 유지하는 것만으로도 다른 사람 및 삶의 경험을 바라보고 관계 맺는 방식이 달라진다. 당신의 파트너가 당신에게는 악의 없어 보이는 것에 대해 화가 나면, 당신은 누그러지면서 당신의 파트너가 그 사건을 어떻게 해석하고 있는지에 대해 호기심을 느끼게 된다. 내담자가 이상하거나 놀라워 보이는 두려움 및 관점을 공유할 때, 당신은 그녀가 어떻게 삶에 대한 그런 이해를 갖게 되었는지에 강한 흥미를 느끼게 되고, 그녀의 이야기에 귀 기울이게 되며, 의미가 어떻게 발전되었는지에 대해 매료된다. 만약 부부나 가족이 동일한 상황에 대해 완전히 다른 시각을 가지고 치료실을 찾게 된다면, 이것은 당신에게는 그저 자연스러운 일일 뿐이며, 당신은 이러한 독특한 관점을 서로 엮을 수 있도록 돕는다. 게다가 당신은 기존에 가졌던 신념과 의견을 더는 유지할 수 없게 된다. 대신 당신의 견해를 참고 말을 아낌으로써 관점에 더 많은 발전이 있을 것이다.

내가 아는 한 초심자가 저지르는 가장 큰 실수 중 하나는 포스트모더니즘의 진정한 정신을 완전히 받아들이지 못한 채로 포스트모던 기법을 사용하려고 하는 것이다. 당신이 예상했다시피, 그런 것은 별로 효과적이지 않다. 포스트모던 치료자들은 다른 사람이 보지 못하는 가능성, 희망 및 강점을 보는 것에 있어 전문가이기 때문이다. 그들의 가정은 그들을 **탁월한 낙관주의자**로 만든다.

철학적 마무리

가족치료에 대한 철학적 토대는 이 책의 구체적인 접근들을 이해하고 효과적으로 실시함에 있어 핵심이다. 각각의 접근법은 치료 회기에서 이러한 철학적 개념을 활용하는 독특한 방법을 발견했다. 따라서 동일한 개념들이 다양한 이론에서 서로 다른 실질적 표현을 지닌다. 그럼에도 불구하고, 동일한 개념들은 한 이론에서 다음 이론으로 잇는 실마리를 제공하고, 결국에는 비슷한 모습을 갖는다. 게다가 이러한 이론적 원리는 어떤 이론을 사용하고, 어떻게 사용할지를 결정하는 측면에서도 당신에게 중요하다.

이론 선택을 위한 다른 전략

어떤 이론을 사용해야 할까? 무엇이 최선일까? 무엇이 내게 최선일까? 한 가지 이론을 선택해야 할까? 내가 이론들을 모두를 사용하고 싶다면? 절충하여 사용하면 안 될까? 이러한 것들은 학생들이 가족치료 이론을 공부하기 시작할 때 묻는 첫 번째 질문이다. 대답은 생각보다 더 복잡한데, 솔직한 지도자와 슈퍼바이저들은 "둘 다" 또는 "네. 그런데 아니요."와 같은 환장하게 만드는 대답 말고는 선택의 여지가 없다(나를 믿어라, 이것은 재미로 학생들을 고문하는 것이 아니라 정말로 진솔한 대답이다). 하지만 힌트를 주자면, 철학적 토대가 답이 될 수 있다.

◎ 선택의 방법: 연애 대 결혼

많은 부모가 10대 자녀에게 처음 몇 년간 충고하는 것처럼, 나는 당신이 이론을 완전히 결정하기 전에 이론을 가볍게 '만나 볼' 것을 권한다. 나는 '완벽'하거나 '옳은' 이론을 당장 찾아야 한다는 엄청난 부담감을 느끼는 초심자들을 보면 항상 놀란다. 이것은 마치 10대들이 자신의 첫사랑이 평생의 배우자가 될 것이라고 확신하는 것과 같다. 물론 그런 일이 있을 수도 있지만, 흔한 시나리오는 아니다. 당신은 어떤 이론들이 있고 어떤 것이 당신에게 가장 잘 맞는지를 알게 될 때까지 '여러 이론과 만나 보는' 것이 좋다.

다행히도, 일반적으로 이론과의 연애는 로맨틱한 연애보다 더 나은 결론을 맺는다. 이론과의 연애 후에 당신은 대개 새로운 기술과 지식들로 풍요로워지는데, 이는 현실의 연애에서는 드문 일이다. 게다가 이별 부분에서도 훨씬 더 평온하다. 따라서 당신은 실무에서 매년 혹은 훈련 중 매 학기 새로운 이론을 시도하기로 결심할 수 있다. 두세 번 정도의 연애 후에는 당신의 기술과 지식기반이 상당히 성장할 것이다. 또한 당신은 당신이 누구인지 그리고 치료자로서 당신의 스타일에 대해 더 많이 배울 것이다. 그 시점에서 당신은 다른 여러 개보다 하나에 정착해야 할 때가 되었다는 것을 알게 될 것이다. 이러할 경우, 당신은 당신만의 철학을 정의할 준비가 된 것이다.

◎ 당신만의 철학을 정의하기

몇 년쯤 연애하는 시간을 보내다 보면 당신은 한 이론에 정착할 준비가 되었다는 것을 알 것이다. 실제 사랑에서와 마찬가지로 당신의 서약을 분명히 정의하고 새로운 파트너와 그 원가족에 대해 더욱 친밀하게 알아가는 약혼 기간이 있어야 한다. 이론과의 연애의 경우, 이것은 평소 당신의 이론에 전문적인 슈퍼바이저와 작업하거나 혹은 심화 세미나에 참석함으로써 당신이 선택한 이론의 고급 훈련을 계속하는 것을 포함한다. 실제 결혼에서 한 사람과의 서약은 곧 전체 가족과의 약속을 수반하는 것처럼, 당신이 한 이론에 전념하기로 결정한다면 당신은 또한 그 이론의 토대가 되는 광범위한 철학에도 전념하는 것이다. 나는 인간의 존재가 무엇인지(존재론) 그리고 어떻게 사람들이 배우고 변화하는지(인식론)에 대하여 그들의 철학이 명확한 치료자들이야말로 숙련된 치료자들이라면 작업해야 할 다양한 문제를 다루기 위한 최상의 조건을 갖췄다고 믿는다. 만일 당신이 실행하는 체계인 기술만 습득했다면 당신은 매우 유능한 치료자들이 다양한 사안을 다루는 데 숙달된 것에 비해 준비가 덜 된 것이다.

물론 가족치료의 철학적 토대를 정의하는 방법은 여러 가지이지만, 나는 네 가지 주요 범주(모더니즘, 인본주의, 체계주의, 포스트모던)를 고려하며 시작하는 것이 가장 간단한 방법이라고 본다. 각각은 진실과 실재, 치료적 관계, 변화 과정에서의 치료자의 역할을 정의하는 나름의 접근법을 가진다. 다음의 표에서 그 차이점에 대해 요약하고 있다.

>>> 철학적 학파의 개요

	모더니즘	인본주의	체계주의	포스트모던
진실	객관적 진실	주관적 진실	맥락적 진실	다양하게 공존하는 진실
실재	객관적: 관찰 가능함	주관적: 개별적으로 접근 가능함	맥락적: 체계적 상호작용을 통해 발생함. 그 누구도 일방적인 통제력을 갖지 않음	언어와 사회적 상호작용을 통해 공동구성됨. 개인적, 관계적 그리고 사회적 수준에 따라 발생함
치료적 관계	전문가로서의 치료자. 위계적	공감적인 타인으로서의 치료자	치료적 체계 내의 참여자로서의 치료자	비전문가로서의 치료자. 의미의 공동구성자
변화과정에서의 치료자 역할	내담자에게 존재하고 상호작용을 하는 더 좋은 방법을 가르쳐 주고 안내함	자연스러운 자아실현 과정을 돕는 맥락을 형성함	체계가 스스로를 재조정할 수 있도록 '교란시키는' 체계. 시스템을 직접 통제하지 않음	내담자가 새로운 의미와 해석을 촉진하는 대화를 구성함

◎ 모더니즘

모더니즘은 외부의, 알 수 있는 '진실'에 대한 논리실증주의 가정에 토대를 두고 있다. 모더니즘의 접근에서 치료자들은 전문가로서의 분명한 역할을 가정하는데, 이것은 개인이나 가족의 인지행동 및 정신역동 치료에서 더욱 일반적이다(제7장과 제8장 참조; Dattilio & Padesky, 1990; Ellis, 1994; Scharff & Scharff, 1987).

■ 모더니즘의 가정

- 치료자는 정신병리, 문제 그리고 목표를 식별하는 주요한 책임을 맡은 전문가로서 종종 선생님이나 멘토의 역할을 맡는다.
- 문제를 파악하고 진단하기 위한 정보의 주된 원천은 이론과 연구이다.
- 치료자들은 치료적 접근을 선택하기 위해 이론과 연구를 사용한다. 내담자들은 선택된 치료법에 적응할 것이라고 가정한다.

두 가지 가족치료 학파인 정신역동치료와 인지행동치료가 이 범주에 해당된다. 비록 지식에 관한 모더니즘 가정에 광범위하게 근거를 두고 있지만, 각 이론은 진실의 주요 원천, 이를 가장 잘 확인할 수 있는 방법 그리고 치료적 관계를 가장 잘 정의내리는 방법에 대한 각각의 입장이 있다.

■ 모더니즘 치료

	정신역동치료	인지행동치료
객관적 진실의 주요 원천	내담자 역동에 대한 치료자의 이론을 기반으로 한 분석	측정 가능함, 외적 변인
진실을 확인하는 방법	'현실 검증'. 외부 지각, 사건 등과 내담자의 경험 비교하기	과학적 실험. '현실'이나 사회적 규범에 대한 치료자의 정의(연구를 통해 확인됨)
치료적 관계	위계적. 치료자들은 목표를 향해 내담자를 간접적으로 유도함	교육적임. 치료자들은 목표를 향해 내담자를 직접적으로 안내함

◎ 인본주의

인본주의치료(제6장)는 개인의 주관적 진리를 최우선으로 하는 현상학적 철학에 기반을 두고 있다. 이는 Carl Rogers(1951)의 내담자 중심 치료, Fritz Perls의 게슈탈트치료(Passons, 1975), Virginia Satir(1972)의 의사소통 접근법, Carl Whitaker의 상징적 · 경험적 치료(Whitaker & Keith, 1981), 그리고 Sue Johnson의 정서중심치료(Johnson, 2004)를 포함한다.

◎ 인본주의적 가정

- 사람은 본질적으로 선하다.
- 모든 사람은 선천적으로 성장하려는 경향이 있고 진정한 인간이 되는 과정인 자아실현을 위해 노력한다.
- 치료의 주된 초점은 내담자의 주관적인 내적 세계이다.
- 치료적 개입은 정서를 목표로 하고, 억압된 정서의 해방인 카타르시스의 촉진을 목표로 한다.
- 지지적이고 양육적인 환경은 치료적 변화를 촉진한다.

Virginia Satir와 Carl Whitaker의 연구는 이러한 철학적 입장을 가장 분명하게 보여 주는데, 가족치료의 경우에 항상 가족 역동은 개인의 정서적인 내적 세계에 미치는 영향을 설명하는 체계적 관점과 결합해 있다. 비록 Satir와 Whitaker의 접근이 같은 철학적 전통에 근거해 있다 하더라도, 자아실현, 변화, 직면 그리고 치료자들의 자기 활용(치료자들이 회기 내에서 그들의 개인적인 특질을 활용하는 방식을 의미함)을 다루는 최선의 방법을 비롯하여 스타일이나 가정에서 서로 분명한 차이를 보인다.

■ 인본주의치료

	Satir의 의사소통 접근	Whitaker의 상징적 및 경험적 접근
자아실현을 촉진하는 수단	정서적으로 안전하고 보살핌을 주는 환경	정서적 직면. '교란시키는' 체계
변화	구조화된 경험적 연습. 역할 모델링	체계 내에서 이루어지는 치료자와의 상호작용
직면하는 방식	부드럽고 교육적임	직접적 · 정서적
'진정한' 자기의 활용	내담자를 위한 진실한 보살핌	감정과 사고를 검열 없이 솔직하게 나눔

◎체계적 치료

체계적 치료법은 정식 철학적 학파보다 살아 있는 체계가 다른 체계들과 연결되고 다른 체계 속에 포함되기도 하는 개방적 체계라고 강조하는 **일반 체계 이론**(von Bertalanffy, 1968)과 체계가 항상성을 유지하기 위해 자기 조정하는 능력을 강조하는 **사이버네틱 체계 이론**(Bateson, 1972)을 기반으로 한다. 후자는 MRI(Mental Research Institute)의 단기문제중심 접근(Watzlawick, Weakland, & Fisch, 1974), 전략적 치료(Haley, 1976; Madanes, 1981), 그리고 밀라노 팀의 체계적 접근법(Boscolo, Cecchin, Hoffman, & Penn, 1987)과 같은 특정 치료모델의 발달에 더 큰 영향을 미친다. 체계 이론은 **맥락적** 진실을 강조하는데, 이 진실은 행동의 '규범'과 규칙을 정하는 반복되는 대인관계 상호작용을 통해 생성된다.

■ 체계적 가정

- 사람은 의사소통을 하지 않을 수 **없다**. 모든 행동은 의사소통의 한 형태이다.
- 한 개인의 행동과 증상은 언제나 그 사람의 더 넓은 관계적 맥락 안에서 이해할 수 있다.
- 원하지 않는 증상을 포함한 모든 행동은 체계 내에서 목적이 있으며, 그 체계는 '정상'이라는 느낌 또는 항상성을 유지하거나 되찾을 수 있게 해 준다.
- 한 개인은 누구도 일방적으로 체계 안에 있는 행동을 통제할 수 없다. 따라서 부부나 가족 관계의 문제들에 대해 한 명만을 비난할 수 없다. 그보다는 문제적 행동은 체계의 구성원 간의 상호작용으로부터 발생하는 것으로 간주된다.
- 치료적 변화는 체계 내에서 상호작용 패턴을 교체하는 것을 포함한다.

체계적 가족치료 현장에서, Bateson(1972)의 1차와 2차 사이버네틱스의 구분은 치료자들이 가족과 작업하는 방식에 중요한 영향을 미쳤다. 1차 사이버네틱스에서 치료자들은 외부인으로서 가족에 대해 묘사하는 객관적이고 중립적인 관찰자이다. 이러한 치료는 가족체계에 대한 치료자의 지각과 평가 도구에 의존한다. 2차 사이버네틱스 이론은 1차 사이버네틱스의 규칙을 그 자체로 적용하면서 치료자가 객관적인 외부 관찰자가 될 수 없으며, 그보다는 가족과 함께 새로운 체계(관찰자와

관찰대상 혹은 치료자와 가족체계)를 생성한다고 가정한다. 이러한 2차 시스템은 항상성을 유지하려는 동력과 상호 관계 규칙 향상을 포함하여 1차 체계와 동일한 역동의 지배를 받는다. 2차 사이버네틱 이론은 치료자가 가족 내에서 관찰하는 것이 무엇이든 치료자가 무엇에 주의를 기울이고 무엇을 무시하거나 놓치는지를 나타내 주기 때문에 가족에 관한 것보다는 치료자의 가치와 우선순위에 대해 더 많이 드러내고 있다고 주장한다. 2차 사이버네틱스는 포스트모던 치료로의 전환, 특히 MRI와 밀라노 학파에서의 구성주의의 기초를 마련했다(Watzlawick, 1984).

일반적으로, 모든 체계적 치료자는 1차와 2차 사이버네틱 이론 모두의 영향을 받는다. 현장에서 치료자들은 일반적으로 체계분석의 한 수준 혹은 다른 수준을 강조한다. 대체로 전략적 치료와 구조적 치료는 1차 이론에 기반을 두고 있고, MRI와 밀라노 접근은 2차 이론과 후기 구성주의 접근에 더 가깝다.

- 1차 사이버네틱 접근은 보다 객관적인 진실의 형태를 찾으려는 모더니즘 성향에 가깝다. 1차 이론 지향의 체계적 치료를 하는 치료자들은 치료를 이끌어 가기 위해 가족기능에 관한 평가도구를 더 많이 사용하며 체계에 대한 치료자의 지각에 매우 의존한다.
- 2차 사이버네틱 접근은 진실에 대한 포스트모던 접근에 더 가깝다(제4장 참고). 그들은 진실을 확립하기 위한 독특한 규칙을 지닌 2차 체계를 치료자와 내담자가 함께 공동 구성하는 방식에 초점을 둔다.

■ 체계적 이론

	1차 사이버네틱스	2차 사이버네틱스
분석 수준(단위)	가족체계	가족체계(1수준)와 치료자와 가족체계(2수준)
개입의 목표	연쇄적 상호작용을 교정하기	연쇄적 상호작용을 '교란시키기' 혹은 방해하기
치료자의 역할	박학다식한 전문가로 보이는 경향이 있음	치료적 체계의 공동 제작자
평가의 초점	연쇄적 행동들	의미 도출 체계(인식론)

◎ 포스트모던 치료

포스트모던 치료는 진실이란 항상 주관적이고 상호 주관적인 여과장치를 거치기 때문에 객관적인 진실은 결코 완전히 알려질 수 없다는 전제를 기반으로 한다.

■ 포스트모던 가정

- 인간의 마음은 인간의 해석과 별도로 외부 현실에 접근할 수 없다. 즉, 객관성은 인간적으로 불가능하다.

• 모든 지식과 진실은 문화적 · 역사적 · 관계적으로 연관되어 있으며, 따라서 상호 주관적이며 사람들 사이에서 구성된다.
• 한 사람이 '실제'로 경험하는 것과 '진실'이라 믿는 것은 주로 언어와 관계를 통해 형성된다.
• 누군가의 경험을 묘사하는 데 사용되는 언어와 단어들은 그 사람의 정체성이 어떻게 형성되고 경험되는지에 상당한 영향을 미친다.
• '문제'의 식별은 가까운 지역적 수준과 더 넓은 사회적 수준 모두에서, 언어를 통해 일어나는 사회적 과정이다.
• 치료는 내담자의 개인적인 정체성 및 문제와의 관계에 관련된 새로운 현실을 공동 구성하는 과정이다.

가족치료에서는 포스트모더니즘의 세 가지 학파가 특히 큰 영향을 미쳤다(Anderson, 1997; Hoffman, 2002; Watzlawick, 1984).

• **구성주의**: 구성주의자들은 개인의 유기체 내에서 정보가 어떻게 수용되고 해석되는지에 관한 의미 구성에 중점을 둔다.
• **사회구성주의**: 사회구성주의자들은 사람들이 관계 속에서 의미를 함께 만들어 나가는 방식에 중점을 둔다. 그들은 지역적(가까운) 관계 수준에서 진실이 어떻게 생성되는지를 강조한다.
• **구조주의와 후기 구조주의**: 구조주의자들과 후기 구조주의자들은 문화 내에서 다양한 활동과 담화를 통해 의미들이 생산되고 재생산되는 방식에 대한 분석에 중점을 둔다.

◎ 포스트모던 철학의 토대

	구성주의	사회구성주의	구조주의와 후기 구조주의
현실 구성 수준	개인적 유기체	지역적 관계	사회적 · 정치적
관련된 이론	후기 MRI와 밀라노 이론	협동치료, 팀을 반영함	이야기치료, 페미니스트와 문화적으로 영향 받은 치료들
개입의 초점	새로운 언어로 해석 재구성하기	다양한 의미와 해석을 강조하는 대화	지배적 담론(잘 알려진 지식)에 대한 의문과 해체
치료자의 역할	대안적인 해석 촉진	비개입적, 대화의 과정을 촉진	외부적 및 역사적 영향을 파악하도록 도움

◎ 다른 이론들과 어울리기

당신이 한 이론과 철학적 입장에 대해 전념하게 되면, 역설적으로 다른 이론들과 어울리는 것이 더욱 쉬워진다. 하나의 이론적 접근법에 숙달되고 그 기초가 되는 철학적 가정에 대한 이해가 깊어

지면, 당신은 다른 이론들을 보다 깊이 이해할 수 있게 된다. 이것은 아마 그 속에 공통 요인이 있어서 그럴 것이다. 모든 이론에서 작용하는 것으로 보이는 유사한 원리가 있고, 한 이론에 대해 더 친숙해질수록 당신은 다른 이론에서도 이 요인들을 더 잘 찾아낼 수 있다. 이는 또한 이론들 간에 서로 다른 철학적 가정, 단어 선택, 개입으로부터 나온 결과물의 미묘한 차이들을 더 분명히 알아볼 수 있는 경우이기도 하다.

어느 학파든 그렇겠지만, 치료자들이 그들의 이론에 기초가 되는 철학적 가정들에 대해 더 잘 알게 됨에 따라, 자신의 접근과 철학적으로 일관된 방식으로 다른 접근의 아이디어들을 능숙하게 적용하고 통합할 줄 알게 된다. 한 치료자가 단일한 철학적 가정에 기초를 두지 않은 방식으로 '절충'하거나 '통합'하려고 하면, 그 치료자는 내담자를 혼란스럽게 만들 것이다. 한 주에는 치료자가 모더니즘 접근을 사용하여 문제에 접근하는 최선의 방법을 알고 있으며 정답을 알고 있는 전문가일 수 있다. 다음 주에는 그 치료자가 내담자에게 전문가가 되어 더 동등하게 참여하기를 기대하는 포스트모던 접근을 사용할 수 있다. 그 다음 주에 치료자는 문제를 정의함에 있어 맥락의 중요성을 강조하는 체계적 개념으로 옮겨 갈 수도 있다. 예상했겠지만, 이러한 치료자와 함께 작업하는 내담자는 **매주 다른 방식으로 치료자와 관계 맺고 매주 다른 수준으로 참여하기를 요구받기 때문에** 매우 혼란을 겪을 것이다. 또한 치료자는 '진실', 과정 그리고 방향에 대한 측정기준이 무엇인지 대해 모순되는 메시지를 전달하고 있다. 하지만 만일 치료자가 치료에 있어 "진실에 대한 측정기준은 무엇인가? 우리의 역할이 무엇인가?"에 대한 일관된 철학적 가정을 유지할 수 있다면, 치료자들은 내담자에게 모순된 메시지를 전달하지 않고도 다른 접근의 개념과 기법을 적용할 수 있으며, 일관성 있는 치료적 접근 내에서 다양한 범위의 활동을 효과적으로 통합하게 될 것이다.

온라인 자료

Ken Gergen의 웹페이지

www.swarthmore.edu/SocSci/kgergen1/web/page.phtml?st=home&id=home

정신건강 연구소

www.mri.org

John Shotter의 웹페이지

pubpages.unh.edu/~jds/

타오스 연구소: 다양한 분야에서의 사회구성주의 실천을 탐색한다.

www.taosinstitute.org

참고문헌

Anderson, H.(1997). *Conversations, language, and possibilities: A postmodern approach to therapy.* New York: Basic Books.

Anderson, H., & Gehart, D. (Eds.). (2007). *Collaborative therapy: Relationships and conversations that make a difference.* New York: Brunner/Routledge.

Anderson, H., & Goolishian, H. (1992). The client is the expert: A not-knowing approach to therapy. In S. McNamee & K. J. Gergen (Eds.), *Therapy as social construction* (pp. 25-39). Newbury Park, CA: Sage.

Bateson, G.(1972). *Steps to an ecology of mind.* San Francisco: Chandler.

Bateson, G.(1979). *Mind and nature: A necessary unity.* New York: Dutton.

Bateson, G.(1991). *A sacred unity: Futher steps to an ecology of mind.* New York: Harper/Collins.

Baxter, L. A., & Montgomery, B. M. (1996). *Relating: Dialogues and dialectics.* New York: Guilford.

Boscolo, L., Cecchin, G., Hoffman, L., & Penn, P.(1987). *Milan systemic family therapy.* New York: Basic Books.

Dattilio, F. M., & Padesky, C. A. (1990). *Cognitive therapy with couples.* Sarasota, FL: Professional Resources Exchange.

Ellis, A.(1994). *Reason and emotion in therapy*(rev.) New York, NY: Kensington.

Erickson, B. A., & Keeney, B. (Eds.). (2006). *Milton Erickson, M.D.: An American healer.* Sedona, AZ: Leete Island Books.

Fisch, R., Weakland, J., & Segal, L.(1982). *The tactic of change: Doing therapy briefly.* New York: Jossy-Bass.

Foucault, M. (1972). *The archeology of knowledge* (A. Sheridan-Smith, trans.). New York: Harper & Row.

Foucault, M. (1979). *Discipline and punish: The birth of the prison.* Middlesex: Peregrine Books.

Foucault, M. (1980). *Power/knowledge: Selected interviews and other writing.* New York: Pantheon Books.

Freedman, J., & Combs, G. (1996). *Narrative therapy: The social construction of preferred realities.* New York: Norton.

Gergen, K. J. (1985). The social constructionism movement in modern psychology. *American Psychologist, 40*, 266-275.

Gergen, K. J.(1998, January). *Introduction to social constructionism.* Workshop presented at the Texas Association for Marriage and Family Therapy Annual Conference, Dallas, TX.

Gergen, K. (1999). *An invitation to social construction.* Newbury Park, CA: Sage.

Gergen, K. (2001). *Social construction in context.* Newbury Park, CA:Sage.

Gergen, M., & Gergen, K. (2007). Collaboration without end: The case of the Positive Psychology Newsletter. In H. Anderson & D. Gehart (Eds.), *Collaborative therapy: Relationships and conversations that make a difference* (pp. 39402). Brunner/Routledge.

Haley, J. (1976). *Problem-solving therapy: New strategies for effective family therapy.* San Francisco, CA: Jossey-Bass.

Hoffman, L. (2002). *Family therapy: An intimate history.* New York: Norton.

Jackson, D. (1952, June). The relationship of the referring physician to the psychiatrist. *California Medicine, 76*(6), 391-394.

Jackson, D. (1955). Therapist personality in the therapy of ambulatory schizophrenics. *Archives of Neurology and Psychiatry, 74*, 292-299.

Jackson, S. M. (2004). *The practice of emotionally focused marital therapy: Creating connection*(2nd ed.). New York: Brunner-Routledge.

Keeney, B. (1983). *Aesthetics of change*. New York: Guilford.

Keeney, B. (1985). *Mind in therapy: Constructing systematic family therapies*. Basic Books.

Keeney, B. (1990). *Improvisational therapy: A Practical guide for creative clinical strategies*. New York: Guilford.

Keeney, B. (1994). *Shaking out the spirits: A psychotherapist's entry into the healing mysteries of global shamanism*. Barrytown, NY: Station Hill.

Keeney, B. (1997). *Everyday soul: Awaking the spirit in daily life*. New York: Riverhead Books.

Keeney, B. (1998). *The energy break: Recharge your life with autokinetics*. New York: Golden Books.

Keeney, B. (2000a). *Gary Holy Bull: Lakota Yuwipi man*. Stony Creek, CT: Leete's Island Books.

Keeney, B. (2000b). *Kalahari Bushmen*. Stony Creek, CT: Leete's Island Books.

Keeney, B. (2001a). *Vusamazulu Credo Mutwa: Zulu High Sanusi*. Stony Creek, CT: Leete's Island Books.

Keeney, B. (2001b). *Walking Thunder: Dine' medicine woman*. Stony Creek, CT: Leete's Island Books.

Keeney, B. (2002a). *Ikuko Osumi: Japanese master of Seiki Jutsu*. Stony Creek, CT: Leete's Island Books.

Keeney, B. (2002b). *Shakers of St. Vincent*. Stony Creek, CT: Leete's Island Books.

Keeney, B. (2003). *Ropes to God*. Stony Creek, CT: Leete's Island Books.

Madanes, S. (2007a). *Strategic family therapy*. San Francisco, CA: Jossey-Bass.

McNamee, S. (2007b). Relational practices in education: Teaching as conversation. In H. Anderson & D. Gehart (Eds.), *Collaborative therapy: Relationships and conversations that make a difference* (pp. 313-336). New York: Brunner/Routledge.

McNamee, S., & Gergen, K. J. (Eds.). (1992). *Therapy as social construction*. Newbury Park, CA: Sage.

McNamee, S., & Gergen, K. J. (1999). *Relational responsibility: Resources for sustainable dialogue*. Newbury Park. CA: Sage.

Mental Research Institute. (2002). *On the shoulder of giants*. Palo Alto, CA: Author.

Passons, W. R. (1975). *Gestalt therapies in counseling*. New York, NY: Holt, Rinehart, & Winston.

Ray, W. A., & Keeney, B. (1994). *Resource focused therapy*. London: Karnac Books.

Rogers, C. (1951). *Client-centered therapy*. Boston: Houghton Mifflin.

Satir, V. (1972). *Peoplemaking*. Palo Alto, CA: Science and Behavior Books.

Scharff, D., & Scharff, J. S. (1987). *Object relations family therapy*. New York: Jason Aronson.

Segal, L. (1991). Brief therapy: The MRI approach. In A. S. Gurman & D. P. Knishern (Eds.), *Handbook of family therapy* (pp. 171-199). New York: Brunner/Mazel.

Shotter, J. (1984). *Social accountability and selfhood*. Oxford, UK: Blackwell.

Shotter, J. (1993). *Conversational realities: Constructing life through language*. Thousand Oaks, CA: Sage.

von Bertalanffy, L. (1968). *General system theory: Foundations, development, applications*. New York:

George Braziller.

Watzlawick, P. (1977). *How real is real?: Confusion, disinformation, communication*. New York: Random House.

Watzlawick, P. (1978/1993). *The language of change: Elements of therapeutic conversation*. New York: Norton.

Watzlawick, P. (Ed.). (1984). *The invented reality: How do we know what we believe we know?* New York: Norton.

Watzlawick, P., Baveals, J. B., & Jackson, D. D. (1967). *Pragmatics of human communication: A study of interactional patterns, pathologies, and paradoxes*. New York: Norton.

Watzlawick, P., Weakland, J., & Fisch, R. (1974). *Change: Principles of problem formation and problem resolution*. New York: Norton.

Weakland, J. (1951). Method in culture anthropology. *Philosophy of Science, 18*, 55.

Weakland, J. (1988, June 10). Personal interview with Wendel A. Ray. Mental Research Institute, Palo Alto, CA.

White, M., & Epston, D. (1990). *Narrative means to therapeutic ends*. New York: Nortons.

Whitaker, C. A., & Keith, D. V, (1981). Symbolic-experiential family therapy. In A. S. Gurman, & D. P. Kniskern (Eds.), *Handbook of family therapy* (pp. 187-224). New York: Brunner/Mazel.

Wittgenstein, L. (1973). *Philosophical investigations* (3rd ed.; G. E. M. Anscombe, trans.). New York: Prentice Hall.

Part

2

가족치료 이론

제4장
체계적 치료와 전략적 치료

시간이 흐르면서, 당신은 한 체계를 바라보고 그 체계를 알아보는 방법을 배우게 된다. 체계가 변할 것이라는 기대는 하지 마라. 치료자와 훈련생이 그 체계를 변화시키려는 바람 없이 그 체계를 그대로 바라보고, 체계에 대해 흥미를 갖고, 이러한 종류의 체계에 대해 제대로 이해하는 훈련을 하는 것이 중요하다.

– Boscolo, Cecchin, Hoffman, & Penn, 1987, p. 152

들어가며

세 팀의 치료자들이 일반적으로 체계적 및 전략적 이론으로 간주되는 이론들을 개발했다.

- **정신건강 연구소**(Mental Research Institute: MRI, 팔로 알토 그룹으로도 알려짐): Bateson 팀이 조현병 환자의 가족 역동에 대한 획기적인 연구를 끝마친 이후, Richard Fisch와 Don Jackson은 가족치료에서 가장 영향력 있는 훈련 센터의 역할을 해 왔다. Jay Haley의 전략적 연구, 밀라노 팀의 체계적 접근법, Virginia Satir의 인간 성장 모델(제6장 참조), 그리고 해결중심 단기치료(제9장 참조)에 영감을 준 MRI를 설립하기 위해 그들은 함께 작업하였다. MRI에서의 단기치료 프로젝트는 주로 행동기반 개입에 의거하여 내담자의 주호소에 대해 가능한 한 가장 빠른 해결책을 찾고자 고안되었다(Watzlawick & Weakland, 1977; Watzlawick, Weakland, & Fisch, 1974; Weakland & Ray, 1995).
- **전략적 치료**: MRI의 원년 공동 설립자 중 한 명인 Jay Haley는 당시 그의 아내였던 Cloé

Madanes와 함께 체계적 치료의 독자적인 형태를 개발했다. 그들의 접근은 권력의 활용에 초점을 맞췄고, 후속 연구들에서는 가족체계 내에서의 애정에 초점을 맞췄다(Haley, 1976).

- **밀라노 체계적 치료**: 식욕 부진증 혹은 조현병 자녀를 둔 가족들에 대한 Selvini Palazzoli의 추가적인 연구에 함께 참여한 이후로, Mara Selvini Palazzoli, Gianfranco Cecchin, Giuliana Prata, 그리고 Luigi Boscolo는 밀라노 팀을 구성했다. 그들은 MRI에서 초기 연구를 하다가 Gregory Bateson의 사이버네틱 체계 이론을 구현하는 치료적 모델을 설계하기 위해 이탈리아로 돌아왔다(1972, 1979; 제3장 참조). 이 모델은 밀라노 체계적 치료 또는 장기적 단기치료라고 불린다. 밀라노 치료자들은 내담자의 언어가 가족 역동에 어떤 영향을 미치는지에 대해 다루었다(Selvini Palazzoli, Cecchin, Prata, & Boscolo, 1978).

MRI 체계적 이론

◎ 요약하기: 당신이 알아야 할 최소한의 것

MRI 체계적 치료는 최초의 단기치료를 목적으로 개발되었다. MRI 체계적 치료자들은 가족의 모든 구성원에 대해 병리화하지 않고 무비판적인 입장을 유지한다. 더불어 그들 개인의 증상을 더 큰 가족과 사회 체계의 연결망 내에서 개념화한다. MRI 접근은 특정 범위의 행동과 규범을 유지하려는 경향인 **항상성** 및 체계가 항상적인 규범으로부터 너무 멀어져 버렸을 때를 확인하고 균형을 유지하기 위해 **일반 체계**와 **사이버네틱 체계** 이론에 근거를 둔다(제3장 참조). 이 이론들은 스스로 조정하는 능력인 **자기 조정**을 포함한 특정한 원칙을 특징으로 하는 살아 있는 체계가 가족이라고 제안한다. MRI 치료자들은 더 나은 의사소통 방법에 관해 가족에게 '교육하는' 선형적이고 논리적인 해결책(이는 거의 성공적이지 못함, 거의 시도하지 않음) 대신 변화를 가져오기 위해 체계 역동을 이용한다. 그들은 가족의 상호작용에 대해 작지만 해를 가하지 않고, 매우 의미 있는 변화를 가져오며, 가족이 이러한 새 변화에 반응하여 자연스럽게 재조직되도록 한다.

◎ 핵심 내용: 중요한 기여점

당신이 이 장에서 기억할 것이 있다면, 그것은 다음과 같다.

■ 체계적 재구조화

재구조화는 구조적 치료(제5장 참조)와 경험적 가족치료(제6장 참조)와 같은 대부분의 체계적 가족치료에서 발견되는 핵심 기법이다. MRI 팀은 다음의 명제로 요약되는 구성주의 입장에서 재구조화를 설명했다(Watzlawick et al., 1974).

① 우리는 대상, 사람 그리고 사건에 대한 우리 자신의 범주화를 통해 세상을 경험한다(예: "만약 나의 남편이 꽃을 가져오지 않거나 다른 로맨틱한 표현을 하지 않는다면, 그는 나를 진정으로 사랑하는 것이 아니다.").

② 일단 대상, 사람, 혹은 사건이 범주화되면, 이를 다른 범주의 일부로 바라보기란 매우 어렵다(예: "만약 그가 로맨틱한 행동을 하지 않으면, 우리의 관계는 틀림없이 문제가 있는 것이다.").

③ 재구조화는 다른 범주화를 지지하기 위해, 한 가지 범주화를 지지하는 동일한 '사실'을 활용한다. 어떤 사람이 다음의 관점으로 상황을 바라보기 시작한다면, 원래 상황을 같은 방식으로 바라보기가 어려워진다(예: "내 남편이 덜 낭만적인 것은 단순한 연애놀이보다는 관계에서 더 편하고 진솔해졌음을 의미할 수도 있어, 이는 깊은 헌신에 대한 표시일 수 있어.").

재구조화의 기본 요소는 동일한 일련의 사실에 대해 대안적이지만 같은 수준으로 그럴 듯한 설명(범주화)을 발견하는 것이다. 물론, 이때 중요한 것은 내담자의 현재 세계관을 확인하는 것과 **내담자의 관점**에서 같은 수준으로 문제 행동에 대해 실용적인 틀을 발견하는 것이다. 체계적 가족치료에서 재구조화는 종종 관계 안에서 증상이 균형(항상성)을 유지하는 데 어떻게 도움을 주는지를 강조함과 동시에 전형적으로 더 넓은 관계적 체계에서 증상의 역할을 고려한다. 인지행동치료와는 달리, 내담자들이 제안된 재구조화를 있는 그대로 믿거나 채택하기를 기대하지 않는다. 대신에 재구조화는 내담자로 하여금 유용한 해석들을 하게 해 주는 '차이를 만드는 새로운 소식'이 될 것으로 기대된다. 예를 들어, 특정 부부의 경우 그들의 언쟁에 대하여 '관계 내에서 열정을 키우고 유대감을 유지하기 위한 방법의 하나'라고 재구조화하는 것은 일리가 있다. 체계는 그 자체의 의미를 만드는 독특한 독립체로 간주되기 때문에, 이러한 재구조화는 구체적인 영향이 있을 거라는 기대 없이 부부에게 제공된다. 만약 그 부부가 반응을 하지 않거나 동의를 하지 않으면서, 재구조화가 도움이 된다고 여기지 않으면, 치료자는 내담자들의 세계관을 더 잘 이해하고 문제의 재구조화를 위한 다른 가능성을 확인하는 데 이 정보를 활용할 수 있다.

◎ 들리는 소문에 의하면: 관련된 사람들의 이야기

Don Jackson

훌륭한 임상가이자 1958년에 MRI를 창시한 Jackson은, 특히 가족 항상성, 가족 규칙, 관계적 보상(quid pro quo), 합동치료, 상호작용 이론 그리고 MRI에서 다른 사람들과 함께한 이중구속 이론(MRI, 2002; Watzlawick, Bavelas, & Jackson, 1967)과 같은 개념의 발전에 있어 가족치료에 기여한 중요한 인물이다. 그는 또한 정상성의 통념에 최초로 의문을 던진 사람 중 한 명이다(Jackson, 1967).

John Weakland

본래 화학 공학 기술자로 훈련받은 Weakland는 Bateson 그룹에 합류하여 의사소통 이론의 적용을 조리 있게 설명하도록 도왔다. 또한 그는 관찰 불가능한 추론이나 구성 개념보다는 보다 구체적이고 관찰 가능한 행동에 기반을 둔 이론의 중요성을 강조하였다(MRI, 2002). 이후 Weakland는 Haley와 함께 단기치료 프로젝트와 MRI에서의 Milton Erickson의 연구(제3장 참조)를 통합했다.

Richard Fisch

MRI 설립을 처음 제안한 이후로, Richard Fisch는 Jackson에 의해 Erickson의 단기 최면 연구에서 영감을 얻은 새로운 단기치료 프로젝트(Brief Therapy Project)의 감독자로 지명되었다. 목표는 매우 가르치기 쉬운 형태의 단기심리치료를 개발하는 것이었다(Watzlawick et al., 1974). 그리하여 Fisch는 말 속의 단어를 통해 타인에게 영향을 주는 방법 및 그로 인한 간접 영향을 연구하면서 MRI에서 가장 유명한 치료 모델의 발전에 앞장섰다(Fisch & Schlanger, 1999; Fisch, Weakland, & Segal, 1982; MRI, 2002).

Paul Watzlawick

오스트리아에서 태어난 Paul Watzlawick은 초단기치료 접근을 개발하려는 목표를 가지고 Weakland와 Fisch와 함께 MRI에 단기치료 센터를 공동 설립한 의사소통 이론가였다(Watzlawick, 1977, 1978/1993, 1984, 1990). 이후 Watzlawick은 저술활동을 통해 『How Real Is Real?』(1977), 『The Invented Reality』(1984), 『Ultra Solutions: How to Fail Most Successfully』(1988), 그리고 『The Situation Is Hopeless but Not Serious: The Pursuit of Unhappiness』(1993)와 같은 기발한 제목의 저서에서 치료 및 인간의 의사소통에 대한 급진적 구성주의의 함의를 탐색했다.

Art Bodin

MRI의 단기치료 프로젝트의 창립 구성원 중 한 명인 Art Bodin은 미국심리학회의 가족 심리 분야를 설립하는 데 도움을 주었을 뿐만 아니라 Relationship Conflict Inventory(RCI) 및 Teasing and Bullying Survey(TBS)를 개발하면서 가족에 관한 연구를 지속해 왔다.

William Fry

역설적 의사소통을 연구하는 Gregory Bateson 최초 팀의 구성원인 Bill Fry는 유머와 비언어적 의사소통의 상호작용적 요소에 관한 연구를 계속했다(MRI, 2002).

Jules Riskin

MRI의 초기 임상 직원 중 유일하게 살아남은 구성원인 Jules Riskin은 이 분야의 사람들이 이러한 프로젝트의 중요성을 인식하기 10년도 전에 가족 상호작용을 연구하기 위한 최초의 방법론 중 하나를 개발했으며, 정상적 가족 과정에 대한 최초의 연구를 수행했다.

Wendel Ray

MRI의 전 책임자였고 선임연구원인 Wendel Ray는 Bradford Keeney(제3장 참조)와 함께 강점 기반 체계 치료인 **자원중심치료(resource-focused therapy)**의 개발을 위해 연구하고(Ray & Keeney, 1994), 밀라노 팀 동료들과 불손함(irreverence), 편견에 대한 사이버네틱(cybernetic of prejudice) 그리고 기이한 행동(eccentricity)과 같은 체계적 개념을 한층 더 발전시켰으며(Cecchin, Lane, & Ray, 1992), MRI에서 동료들과 이론 및 문서 작업을 하면서(Weakland & Ray, 1995) 21세기에 체계적 치료를 도입하는 데 공헌했다. 또한 그는 해먼드(Hammond) 재단이 부여한 교육학 교수이자 루이지애나 먼로 대학교의 가족체계 이론 교수이다.

Barbara Anger-Diaz와 Karin Schlanger

Barbara Anger-Diaz and Karin Schlanger는 라틴계 가족을 대상으로 하는 단기치료의 치료자들을 훈련시키고 있다. 훈련과 치료는 라티노 단기치료(Latino Brief Therapy)와 MRI에 있는 훈련 센터에서 스페인어로 진행된다.

Giorgio Nardone

노후에 Watzlawick과 긴밀하게 작업한(Nardone & Watzlawick, 1993) Giorgio Nardone는 이탈리아 아레초(Arezzo)에서 전략적 치료 센터(Centro di Terapia Strategica)를, 그리고 단기 전략적 및 체계적 세계 연결망(the Brief Strategic and Systemic World Network)을 설립했다. 2003년에 설립된 후자는 전 세계의 전략적 및 체계적 치료 실무자들을 불러 모았다.

◎ 큰 그림 그리기: 상담 및 심리치료의 방향

■ 문제가 되는 상호작용 연쇄 과정을 가로막기(고치려고 들면 안 됨)

MRI 치료자들은 오직 현존하는 문제를 해결하는 데에만 초점을 맞추며, 다른 목표나 안건을 강요하지 않는다. 치료자들은 현존하는 문제를 개인적인 문제로 보는 것이 아닌 관계적 문제, 즉 상호작용적 문제로 본다(Ray & Nardone, 2009; Watzlawick & Weakland, 1977). 개인과 관계 중 어느 쪽도 '역기능적'이라고 여기지 않는 대신에, 문제를 반복된 주고받음을 통해 나타난 일련의 상호작용적 행동의 일부로 간주한다. 따라서 어느 한 사람을 비난하지 않는다.

첫 번째 회기는 문제를 둘러싼 상호작용 연쇄 과정에 대한 명확하고 행동적인 묘사를 포함하는데, 이는 증상의 악화에 앞서 초기의 주고받음에서 시작하여 체계를 항상성으로 되돌리는 상호작용 연쇄 과정으로 마무리된다. MRI 치료자들이 특히 관심 있는 것은 **시도된 해결책**으로, 이는 내담자가 문제를 해결하기 위해 실행해 왔지만 효과가 없는 것들을 말한다(Watzlawick et al., 1974). 이것은 개입을 진행하는 데 활용될 수 있다.

MRI 치료자들이 상호작용적 행동 패턴과 문제에 시도된 해결책들을 확인하고 나면, 그들은 이 연쇄를 바로잡는 것이 아닌 **중단**하기 위한 개입을 활용한다. 물고기 떼를 이끌어 갈 수는 없고 그저 가로막아서 다시 모이게 하듯이, 체계적 및 전략적 치료자들은 선호되는 행동을 내담자들에게 가르치려고 애쓰지 않는다. 이는 거의 모든 경우 효과가 없기 때문이다(Haley, 1987). 대신 그들은 문제가 되는 행동 연쇄 과정을 가로막는다. 이는 가족이 체계에 도입된 새로운 정보에 맞춰 스스로를 변경하도록 해 준다. 예를 들어, 만약 부모와 자녀가 빈번한 다툼을 호소한다면, 치료자는 그들에게 더 좋은 의사소통을 교육시키려 하지 않는다. 대신, 치료자는 자녀의 반항에 대해 자녀가 대학 진학을 두려워하여 부모 곁에 있으려 하는 숨겨진 시도로 재구조화함으로써 연쇄를 가로막는다. 혹은, 치료자는 부모와 자녀에게 그들의 위치를 상징화하는 모자나 다른 대상으로 그 과정을 의식화하도록 요청할 수도 있다. 예를 들어, 이 장의 마지막에 있는 사례연구에서, 부모가 이혼한 이후로 음주와 마리화나 피기를 시작한 16세 Alba와 작업하는 치료자는 Alba의 행동화에 대해 부모가 공통의 목적 때문에 모이도록 하기 위한, 그리고 가족들이 아버지의 불륜에 대한 고통으로부터 주의를 돌리도록 하기 위한 시도로 재구조화한다. 치료자는 Alba가 이것을 의식적으로 혹은 고의적으로 하는 것이 아니라 오히려 가족 항상성을 회복하기 위한 체계의 '끌어당기는 힘'에 따르고 있다고 믿는다.

보통 치료자들은 회기가 끝나기 전에 가족 구성원에게 과제나 재구조화를 제시하며, 과제를 완수하거나 치료자가 제시한 새로운 해석에 대해 고찰해 볼 것을 제안한다. 그 다음 주에 치료자는 지난주에 대해 점검하고, 지난주의 개입에 대한 반응에 기초하여 다른 과제나 재구조화를 고안한다. 이러한 과정은 현존하는 문제를 해결하기 위해 필요한 만큼만 지속되며, 그 후에 치료는 종결된다. 요약하자면, 체계적 혹은 전략적 치료의 전반적인 흐름은 다음과 같다.

체계적 치료의 과정

- **상호작용 연쇄 과정과 연관된 의미 평가하기:** 치료자는 문제를 구성하는 상호작용 연쇄 과정 행동을 파악하며, 이러한 행동들은 체계 내에 있는 모든 사람의 행동과 반응을 포함한다. 또한 치료자는 이와 관련된 의미를 파악한다.
- **상호작용 연쇄 과정을 가로막음으로써 개입하기:** 치료자는 재구조화 기법이나 과제를 활용하여 연쇄 과정을 가로막으며(연쇄를 바로잡거나 교정하려 하지 않으며), 가족이 그 동요에 반응하여 스스로를 재조직할 수 있게 한다. 주의: MRI, 전략적, 그리고 밀라노 치료 간에는 상호작용 연쇄 과정을 가로막는 방법의 선호에서 주된 차이를 보인다.
- **결과와 내담자 반응 평가하기:** 개입 이후에 치료자는 가족의 반응을 평가하고, 이 정보를 다음 개입을 고안하는 데 활용한다.
- **새로운 패턴을 가로막기:** 그리고 치료자는 다른 개입을 통해 새로운 패턴을 가로막는다. 행동 연쇄 과정을 가로막고, 가족이 재조직하고 반응할 수 있도록 하며, 다시 개입하는 이러한 과정은 문제가 해결될 때까지 지속된다.

◎ 관계 형성하기: 치료적 관계

■ 체계를 존중하고 신뢰하기

MRI 체계적 치료자들은 가족을 하나의 체계로서, 독특한 인식론, 즉 세계를 알고 이해하는 방법을 보유한 독립체로서 존중한다(Watzlawick et al., 1974). 그들은 치료자가 변화를 강요하지 않아도 체계는 스스로를 재조직할 수 있다는 깊고도 변함없는 믿음이 있다. 대신, 치료자는 가족에게 스스로를 재조직할 수 있는 기회를 제공한다. 증상은 결코 개인적 병리의 지표로 여겨지는 것이 아니며 도움이 된 가족 상호작용 연쇄 과정의 결론으로 간주된다.

■ 내담자 언어와 관점에 적응하기

첫 번째 만남에서 치료자는 내담자와 긍정적이고 신뢰할 수 있는 관계를 형성하기 위해 노력한다(Nardone & Watzlawick, 1993; Watzlawick et al., 1974). 한 가지 접근은 이성적인 내용에 초점을 맞추는 내담자에게는 논리적으로 이야기하고, 감성적인 내담자에게는 보다 강렬하게 이야기하면서 내담자의 언어, 의사소통 방식 그리고 세계관에 적응하는 것이다. 무엇보다도 신념, 가치 그리고 언어를 포함한 내담자의 표상적 틀 혹은 인식론을 치료자는 존중하는 마음으로 이해하고 다루고자 노력한다. 이는 환자가 치료자의 언어와 관점에 적응해야만 하는 전통적 정신분석과는 다소 상반된다.

■ 기동성(Maneuverability)

기동성은 치료자가 치료적 관계를 정의함에 있어 개인적 판단을 자유롭게 활용할 수 있음을 의미한다(Nardone & Watzlawick, 1993; Segal, 1991; Watzlawick et al., 1974). 치료자들은 가족들에게 무엇이 가장 도움이 될지에 따라 전문가 위치 혹은 한 단계 낮은 위치(다음 절 참조)를 선택할 것이다. 이와 유사하게 치료자는 상황에 따라 더 거리를 두거나 더 정서적으로 관여할 수 있다. 치료자는 가족에게 가장 이로울 역할이라면 그에 최대한 맞추면서 가족체계 내에서 원하는 변화를 이루기 위해 내담자에게 반감을 사거나 '나쁜 사람'이 되기로 선택할 수도 있다.

◎ 조망하기: 사례개념화와 평가

■ 상호작용 패턴

체계적 치료자들이 가족을 바라볼 때, 이들은 사람들 **사이의** 상호작용 패턴에 집중한다(Boscolo, Cecchin, Hoffman, & Penn, 1987; Watzlawick et al., 1974). 이 초점을 초심자들에게 설명하기 위하여, 나는 '네 명의 가족'이 원 모양으로 밝은 노란색 밧줄을 움켜잡도록 한다. 그 후 나는 그들이 '춤을 추게' 하고 다양한 패턴으로 움직이게 한다. 처음에 청중의 눈은 자연스럽게 댄서의 움직임에 초점을 맞추는데, 이는 우리가 상호작용을 바라보는 기본적이고 사회화된 관습이다. 나는 그 후 다시 가족을 춤추게 하면서 청중들에게 오로지 노란색 밧줄과 그것이 어떻게 움직이는지에만 초점을 맞추라고 요청한다. 왜냐하면 그것이 거리감과 친밀감의 상호작용 패턴을 말해 주기 때문이다. 이것은 체계적 치료자가 가족을 보는 방식에 대한 매우 조악하고도 불완전한 비유이지만, 나는 이것이 전반적인 요점을 전달해 준다고 생각한다. 초점은 항상 노란색 밧줄, 즉 상호작용이자 밀라노 치료자들이 '게임'이라고 부르는 것이다(Boscolo et al., 1987).

가족 상호작용은 특히 훈련 초기에는 파악하기 어려울 수 있다. 비결은 항상성의 춤을 추적하는 것이다(A가 B에게 어떻게 반응하고, 이에 B는 A에게 어떻게 반응하는지). 가족 상호작용을 관찰하는 동안, 치료자는 대화의 내용에 덜 집중하고 메타커뮤니케이션(제3장 참조)과 상호작용(밧줄의 움직임)에 더 집중함으로써 춤의 패턴을 평가할 수 있다. 예를 들어, 한 부부가 반항적인 자녀를 훈육하는 방법에 대해 언쟁을 하고 있다면, 치료자는 자녀와 관련된 문제를 해결하는 것보다는 부모가 어떻게 의사소통하는지에 초점을 맞출 것이다. '부모 각자가 의견, 생각, 감정을 공유하는가? 각자는 상대방의 다른 의견에 대해 어떻게 반응하는가? 각자는 상대방을 설득하기 위해 어떤 전략을 활용하는가? 한 사람이 최종 결정을 하는가?'와 같이 이러한 문제를 협상할 때의 상호작용 패턴에 집중함으로써 치료자는 그들이 어디에서 막히는지를 파악할 수 있다.

상호작용 패턴을 평가하는 것은 증상이 내포된 항상성 춤에서의 행동 연쇄 과정을 추적하는 것을 포함한다. 상호작용 연쇄 과정은 네 가지 일반적인 단계에 따라 추적된다. ① 정상적인(항상성) 단계, ② 긴장 증가(초기 정적 피드백) 단계, ③ 증상을 보이는 감정과 행동(정적 피드백) 단계, ④ 궁극적으로 정상으로 돌아가는 자기 조정(항상성) 단계가 있다. 상황에 따라 이 연쇄는 몇 분에서 몇 개월이 소요될 수 있다. 내담자들은 일반적으로 증상만 묘사하지만, 항상성에서부터 항상성에 이르기까지의 증상을 추적함으로써, 체계적 치료자들은 훨씬 좋은 개입 방법을 터득하게 된다.

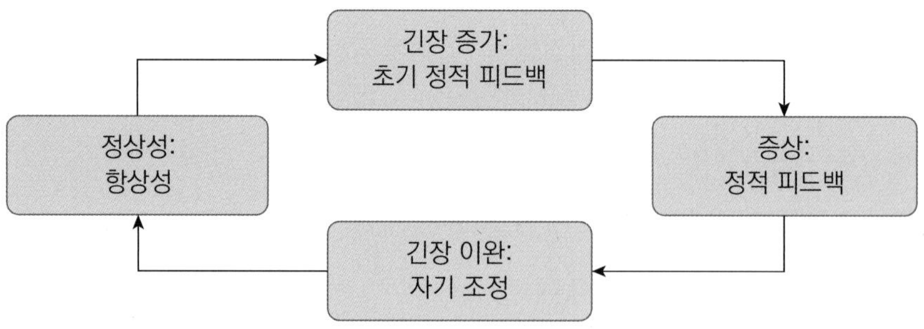

예를 들어, 한 내담자가 공적인 상황에서 불안해한다고 호소한다면, 체계적 치료자는, ① 내담자가 '괜찮다' 혹은 정상적이라고 느낄 때의 행동과 상호작용을 탐색하고, ② 불안이 증가하기 시작할 때의 행동, 맥락 그리고 관계적 상호작용을 확인하며, ③ 불안이 가장 높을 때 내담자는 어떻게 하는지 그리고 다른 사람들은 어떻게 반응하는지를 구체화하고, ④ 내담자가 다시 '괜찮다' 혹은 정상으로 돌아왔다고 느낄 때까지의 행동과 상호작용을 추적할 것이다. 이와 유사하게 다투는 부부와 작업할 때, 치료자는 우선 그들 둘 사이가 좋을 때 그들은 무엇을 하는지, 긴장이 증가할 때 그들 각

자는 무엇을 하기 시작하는지, 언쟁을 하면서 각자는 상대방에게 어떤 말과 행동으로 반응하는지 그리고 그들은 어떻게 정상적인 느낌으로 다시 돌아오는지에 대해 질문한다.

실제 상호작용을 관찰하는 것에 더하여, 체계적 치료자들은 상호작용 연쇄 과정을 평가하기 위해 일련의 **질문을 한다**. 예를 들어, 반항하는 자녀와 문제를 겪고 있는 부부에게 치료자는 관찰뿐만 아니라 질문을 할 것이다. 문제가 발생하기 직전에 어떤 일이 일어나는가? 각자는 어떤 말과 행동을 하는가? 자녀는 어떻게 반응하는가? 각 부모와 연관된 다른 사람들은 반항에 어떻게 반응하는가? 자녀는 이것에 대해 어떻게 반응하는가?

상호작용 연쇄 과정 파악하기

① **항상성(정상성)**: 상황이 '정상적'이고 '괜찮다'고 느껴질 때, 그 상황이 어떤지 묘사할 수 있나요? 긴장이 시작되기 전에는 상황이 어떤 것 같나요?
② **긴장의 시작**: 상황이 보통 어떻게 시작되는지 말해 줄 수 있나요? 누가 무엇을 하며, 다른 사람들은 어떻게 반응하나요? 처음 시작한 사람은 어떻게 반응하나요?
③ **점진적 악화 그리고 증상**: '내담자의 구체적인 증상을 구체화하기'를 하게 만드는 점진적 악화를 설명해 주시겠어요? 누가 무엇을 하고, 가정 내의 각 사람들은 어떻게 반응하나요?
④ **항상성으로 돌아가기**: 상황이 어떻게 정상으로 돌아가는지 묘사하기.

■ 문제에 대한 상호작용적/체계적 관점

MRI 치료자들은 모든 문제를 개인적 병리의 한 형태가 아니라 근본적으로 상호작용적(혹은 체계적)이라고 본다(Watzlawick et al., 1974). 달리 말하면, 모든 '심리적' 문제는 관계적 요소를 가지고 있는데, 이는 상호작용적 부분이 쉽게 드러나지 않는 경우에도 그렇다. 그리고 만약 당신이 이를 몰랐다면 이는 진보적인 관점이다. 그러나 그들이 개인적 수준의 생물학적 또는 신경학적 문제가 전혀 없다거나, 자신의 행동에 대한 책임이 없다고 말하는 것은 **아니다**. 대신, 그들은 '개인적 병리'로 보이는 것도 항상 그것이 드러나는 사회적 체계를 따르고, 사회적 체계에 의해 형성되며, 심지어 그 사회적 체계를 형성한다는 사실로 우리의 주의를 돌린다. 예를 들어, 환각과 같은 '생물학에 기반한 것'으로 보이는 증상들은 환각의 내용뿐만 아니라 유형까지도 상당 부분이 문화적 맥락에 의해 형성된다(Bauer et al, 2011). 전문 치료자들은 증상들이 확인된 내담자(identified patient)가 속한 대가족 및 사회체계와 상호작용을 하거나 그 안에서 역할을 수행하기 때문이라고 지적한다.

가족 상호작용 평가를 위한 질문

상호작용 패턴에 대한 구체적인 기술을 위해, Nardone과 Watzlawick(1993, p. 30)은 치료자들이 다음의 질문에 답할 것을 제안한다.

- 환자의 평상시 관찰 가능한 행동 패턴은 무엇인가?

- 환자는 문제를 어떻게 정의하는가?
- 문제는 어떤 패턴으로 드러나는가?
- 누구와 함께할 때 그 문제가 나타나고, 악화되며, 위장하거나, 혹은 나타나지 않는가?
- 이것은 주로 어디에서 나타나는가?
- 어떤 상황에서인가?
- 얼마나 자주 그 문제가 발생하며, 얼마나 심각한가?
- 문제를 해결하기 위해서 (환자 혼자서 혹은 타인에 의해) 무엇을 실행해 보았고, 현재 무엇을 실행하고 있는가?
- 그 문제는 누구 혹은 무엇에 이익이 되는가?
- 그 문제가 사라지게 되면 누가 상처 입을 수 있는가?

■ '기존과 비슷한' 해결책

상호작용 패턴을 추적할 때, MRI 치료자들은 문제를 영속시키는 해결책인 **'별 다를 것 없는' 해결책**을 확인하는 것에도 중점을 둔다(Watzlawick et al., 1974). 예를 들어, 부모가 자녀의 반항에 항상 잔소리와 언어적 처벌 같은 형태로 반응한다면, 이는 그 가족에게 효과가 없는 '별 다를 것 없는' 해결책이 될 것이다. 이 '시도된 해결책'(예: 언어적 처벌)은 그 문제를 유지하는 상호작용 연쇄 과정 행동으로 파악될 것이다. 별 다를 것 없는 행동과 논리 체계(예: 나쁜 행동은 처벌을 통해 고쳐진다.)를 확인하고 나서, 치료자는 논리적으로 180도 변화를 나타내는 행동(예: 강한 정서적 유대에 의해 동기 부여되는 협력적 행동)을 파악한다.

별 다를 것 없는 해결책은 다음의 세 가지 방법 중 한 가지로 문제를 잘못 다루는 것이라 말할 수 있다(Watzlawick et al., 1974).

- **극심한 간소화(행동이 필요하지만 아무것도 하지 않음)**: 내담자 혹은 가족은 문제를 **부인**함으로써 문제를 해결하려 한다. 이 해결책은 중독, 부부 문제 그리고 문제적 가족 역동에서 흔히 나타난다.
- **몽상가 증후군(필요하지 않은 때에 행동이 일어남)**: 내담자나 가족은 변화시킬 수 없거나 존재하지 않는 무언가를 변화시키기 위해 노력한다. 이 해결책은 우울, 불안, 미루는 버릇, 완벽주의 그리고 관계 혹은 자녀에 대한 비현실적인 요구에서 흔히 나타난다.
- **역설(행동이 잘못된 수준에서 일어남)**: 2차적 해결책을 필요로 하는 문제에 대해 1차적 해결책을 시도하거나(예: 부모들이 자녀의 성숙도에 따라 양육 기술을 조정할 수 없음) 혹은 1차적 문제에 대해 2차적 해결책을 시도하는 것(예: 사람들이 태도 혹은 성격 변화를 요구하면서 행동 변화에 만족하지 않을 때)이다. 이 해결책은 조현병, 관계적 교착 상태, 가정 폭력 그리고 학대에서 흔히 나타난다. 이 상호작용 연쇄 과정은 이중구속의 특징을 보인다(제3장 참조).

■ 메타커뮤니케이션

제3장을 떠올려 보면 알겠지만, MRI 팀은 의사소통을 보고(문자 그대로의 메시지)와 명령(관계를 정의하는 비언어적 요소) 기능을 가진 것으로 설명했다. 명령 요소는 **메타커뮤니케이션**이라고도 불리는데, 이는 의사소통에 대한 의사소통이다(Watzlawick et al., 1967). 가족들과 이야기할 때, 체계적 치료자들은 대화의 내용뿐만 아니라 명령 측면, 즉 언어적 메시지를 해석하는 방법에 대한 보편적인 비언어적 단서에 세심한 주의를 기울인다. 메타커뮤니케이션은 종종 목소리 톤, 제스처, 눈짓, 혹은 기분 나쁜 웃음의 형태를 띠고, 언어적 메시지를 강조하거나(일관되거나), 이를 빈정대거나(대놓고 반박하거나), 혹은 이중구속(직접적으로 언급할 수 없는 모순이 있는 맥락을 형성함으로써)을 형성할 수도 있다.

■ 상호보완적 및 대칭적 패턴

상호작용 패턴을 평가할 때, 체계적 치료자들은 또한 상호보완적 및 대칭적 패턴을 찾는다(Watzlawick et al., 1967). 상호보완적 패턴은 융통성 없고 과장될 때 문제가 된다. 예를 들어, 가족 내에서 종종 발달하는 좋은 부모/나쁜 부모 역할과 같은 것이다. 유사하게 부부 관계에서 한 배우자는 논리적인 사람이 되고 상대방은 정서적인 사람이 된다. 다른 관계들의 경우, 경쟁의 형태를 띤 대칭적 패턴이 발달한다. 몇 가지 일반적인 상호보완적 패턴은 다음을 포함한다.

- 추격자/철수자
- 논리적인 사람/정서적인 사람
- 무력한 사람/구원자
- 기능 이상으로 기능하는 사람/기능 이하로 기능하는 사람
- 좋은 부모(친구)/나쁜 부모(규율주의자)
- 사회적인 자/은둔자
- 성욕이 지나친/성욕이 약한

이러한 패턴은 일반적으로 상호작용 연쇄 과정을 정의하거나 상호작용 연쇄 과정의 핵심 주제가 된다. 예를 들어, 한 부부는 아내가 남편에게 관심을 가져 줄 것을 어떤 형태로든 요구하고, 남편은 어떤 형태로든 철수하는 반응을 보이면서 주로 싸우게 된다고 보고할 수 있다. 기본적인 상호보완적(혹은 대칭적) 패턴에 대해 인식하는 것은 부부가 제기하는 다양한 문제에 걸친 패턴을 치료자가 추적할 수 있도록 도와준다.

■ 1차적 및 2차적 변화

내담자를 평가할 때, MRI 치료자들은 항상 1차적 및 2차적 변화의 렌즈를 통해 상황을 바라본다(기본 정의는 제3장 참조). 기억하다시피 1차적 변화는 일반적으로 체계 내 역할의 변화(예: 추격자가

철수자가 된다.)를 수반하지만, 기본적인 상호작용 패턴은 그대로 남아 있다(예: 한 명의 추격자와 한 명의 철수자가 있고, 동일한 수준의 친밀감이 유지된다). 2차적 변화는 체계에서 관계 맺기에 관한 규칙의 근본적 변화를 수반한다. 대부분의 경우, 이것이 문제의 해결에 필요한 변화 유형이다. 따라서 치료자들은 단지 어떤 변화를 찾기 위해서가 아니라, 그 변화가 1차적 변화인지 2차적 변화인지를 평가하기 위해서 매주 지속적으로 변화를 추적해야 한다.

■ 관찰 팀

MRI 체계적 관점 기법의 대표적인 특징은 항상 **관찰 팀**이었다(Watzlawick et al., 1967; Watzlawick et al., 1974). 이러한 아이디어들의 발달 초기에 팀들은 가족과 함께 작업하는 치료자를 관찰하기 위해 일방경 뒤에 앉아 있곤 했다. 치료실 안의 사람들은 가족체계에 매우 빠르게 빠져들어서 전체 움직임을 보는 데에 더 어려움을 겪기 때문에, 팀은 체계적 움직임을 더 신속하고 완전하게 볼 수 있었을 것이다. 거울의 뒤와 앞에서 시간을 보내 본 사람이라면 누구나 항상 이 거울 뒤에서 더 똑똑해진다는 점을 알게 된다. 가족의 상호작용 움직임의 일부가 아니기 때문에 형성되는 거리감은 개인의 움직임을 더 정확하고 빠르게 파악하는 능력을 키운다. 아마도 가족치료자가 여전히 거울을 활용해 훈련을 하는 중요한 이유는 체계의 역동을 파악하는 능력을 개발하기 위해서일 것이다. 이것은 치료실 안의 치료자가 체계적 역동을 볼 수 없다는 말이 아니며, 단지 더 어렵고 더 많은 훈련이 필요하다는 뜻이다.

◎ 변화를 겨냥하기: 목표 설정

■ 증상이 없는 의사소통 패턴

MRI 체계적 치료자들은 가족이 새로운 일련의 상호작용 패턴(예: 항상성), 즉 증상들(또는 추후의 증상들)이 없는 새로운 게임이나 움직임을 만들도록 돕는다. 재차 강조하자면 목표는 문제가 없거나 최소한 동일한 문제를 반복해서 맞닥뜨리지는 않는 가족 항상성을 형성하는 것이다(Watzlawick et al., 1974).

■ 건강에 관한 이론이 없음

정신역동이나 인본주의와 같은 많은 초기 치료 학파와는 달리, 체계적 치료에는 치료자들이 치료적 목표를 정의하기 위해 활용하는 '건강한 가족 기능'에 대한 고정된 정의가 없다. 이미 언급된 것처럼, 치료자들은 가족들이 치료를 종결할 무렵에 어때야 하는지를 정의하는 치료 이후 건강에 관한 이론을 가지고 있지 않다. 대신 (개인 구성원이 아닌) 가족체계는 치료자가 가져온 **동요**나 혼란에 대한 반응으로, '기능적이고' 증상이 없는 상호작용 패턴을 찾기 위해 내적으로 스스로를 재조직할 것으로 믿어진다.

■ 문제는 시도된 해결책이다

MRI 단기치료 접근에서의 목표는 다음의 네 단계 과정을 통해 만들어진다(Watzlawick et al., 1974).

① **문제 정의하기:** 관련된 모든 행동과 반응을 묘사하기 위해 구체적이고 행동적인 용어를 사용한다. 예를 들어, "나의 아들은 항상 반항해요."는 잘 정의된 문제가 아니다. 더 나은 문제 설명은 "내가 나의 아들에게 무엇인가를 하도록 요구할 때, 그는 '싫다'고 말하고, 내가 더 강압적으로 할 때, 그는 소리를 지르며 욕을 하기 시작합니다. 이때 저는 항복합니다."이다.

② **시도된 해결책을 확인하기:** 치료자는 "당신은 이 문제를 다루기 위해 어떤 시도를 해 봤나요?"라고 물을 수 있고, 시도된 다양한 해결책의 패턴에 귀 기울인다(예: 이행되지 않은 협박들, 자녀와 협상하기).

③ **바람직한 행동 변화 설명하기:** MRI 치료자들은 내담자와 치료자를 도움이 되는 방향으로 주의 집중시키는 구체적이고 행동적인 목표를 설정하고자 주의를 기울인다. 목표는 현실적이고, 구체적이며, 시간 제한적이어야 한다.

④ **현실적:** 치료자는 "내가 아들에게 무엇인가를 하도록 요구할 때마다, 그는 복종할 것이다."와 같은 공상적인 목표를 피하도록 주의를 기울여야 한다. 대신 치료자는 "나의 아들이 나의 첫 번째 요청을 정중히 따르는 빈도를 늘린다."라는 더 현실적인 목표를 설정하도록 내담자를 돕는다.

- **구체적:** 목표는 "의사소통을 더 잘한다."처럼 모호한 것이 아니라 명확한 행동과 상호작용(예: 부부는 포옹과 키스를 하며 서로 인사를 나누고, 처음 60초 동안 문제가 없는 대화를 나눈다.)을 묘사한다. Watzlawick가 말한 것처럼, "그들의 목표 도달을 불가능하게 만드는 것은 바로 목표의 모호성이다"(Watzlawick et al., 1974, p. 112).
- **시간 제한적:** MRI 단기치료자들은 구체적인 목표에 '4주 이내'와 같이 명확한 시간제한을 설정하기를 선호한다.

⑤ **계획 세우기:** MRI 치료자들은 두 가지 기본적인 체계적 원칙을 활용한다.

- 변화의 목표는 **시도된 해결책**이다.
- 변화의 전략은 내담자의 현실관을 직접적으로 다루기 위해 **내담자만의 언어**를 활용하는 것이다.

따라서 계획은 결코 '의사소통을 더 잘하는' 방법에 대한 직접적이고 지시적인 심리교육이 아니다. 그러한 계획과 개입은 체계적 치료가 아니라 인지행동치료에서 활용된다(제8장 참조). 대조적으로 MRI 체계적 접근은 현존하는 문제가 아니라 시도된 해결책을 목표로 삼는다. 또한 이것은 바람직한 해결책을 목표로 하는 해결중심치료와 다르다(제9장 참조). 따라서 체계적 치료자들은 정적 및 부적 강화를 활용하는 방법을 부모에게 가르침으로써 자녀의 짜증을 목표로 삼기보다는, 부모가 활용한 해결책들을 확인하고, 이를 180도 변화시킨 개입을 고안한다. 만약 부모들이 당황하거나 항복하는 반응을 보이면, 치료자는 부모들이 정서적으로 영향을 받지 않고 일관성을 유지하는 개입을 설계한다. 반면, 만약 부모가 일반적으로 엄격하고 가혹한 처벌로 반응을 한다면, 치료자는 정서적이고 온화한 접근을 제안한다.

◎ 행동하기: 개입

■ 재구조화

앞의 '핵심 내용' 부분에서 자세히 설명된 재구조화는 MRI 접근에서 2차적 변화를 촉진하기 위한 핵심 기법이다.

■ 똑같지 않은 행동 처방

MRI 치료자들이 실패한 시도된 해결책을 확인하고 나면, 그들은 어떤 행동이 똑같지 않은 행동인지, 혹은 180도 변화한 행동인지를 파악한다. 이러한 대안적 행동은 상호작용 패턴을 의미 있게 변화시킬 것이다(Watzlawick et al., 1974). 다음으로 치료자들은 이 행동을 '처방한다'. 이는 MRI 접근에서 가장 흔한 기법인데, 내담자는 대부분의 회기에서 어떤 행동 처방을 가지고 돌아간다. 예를 들어, 만약 부모가 자녀의 성질부리는 행동에 대해 점점 더 빈번하고 더 엄격한 처벌로 대응한다면, 180도 변화는 자녀와 더 강한 정서적 유대감을 형성하는 행동이 될 것이다. 유사하게, 만약 부부가 추격/철수 패턴을 가지고 있다면, 180도 변화는 추격자가 첫 번째 거절 표현을 받으면 추격을 줄이거나, 혹은 특정한 주제에 대해 추격을 모두 피하지는 않을 것이다. 똑같지 않은 행동 처방은 문제에 대한 진짜 해결책이 **아니라**(이는 인지행동치료에서 서로 비슷해 보이는 개입들의 경우와 유사하다), 문제가 되는 상호작용 연쇄 과정을 중단하기 위한 것이라는 점을 주의해야 한다.

■ 치료적 이중구속: 별다를 것 없는 행동 처방

MRI 치료적 이중구속은 가족 혹은 관계에서의 이중구속 메시지를 무효화하기 위해 활용된다(Watzlawick, Bavelas, & Jackson, 1967). 문제를 유발하는 이중구속과 치료적 이중구속의 차이점은 간단하다. 문제를 유발하는 이중구속에서는 당신이 무엇을 하든지 당신은 틀렸고 피할 길이 없다. 치료적 이중구속에서는 당신이 무엇을 하든지 당신은 무엇인가 다른 것을 하고 이 무엇인가는 당신을 새로운 방향으로 움직이게 한다.

흔한 이중구속은 한 구성원이 다른 구성원에게 사랑과 애정의 자발적인 표현을 보여 주기를 요구할 때이다. 예를 들어, 한 아내는 그녀의 남편이 자발적으로 그의 사랑을 더 로맨틱한 방법으로 표현하기를 요구할 수 있다. 이 방법으로는 꽃, 촛불이 켜진 저녁 식사 그리고 선물 등이 있다. 만약 그가 그녀가 요구한 대로 한다면, 그녀는 단지 자신이 요구했기 때문에 그가 이것을 했고, 이는 자발적이지 않았다고 말할 것이다. 만약 그가 로맨틱한 행동을 하나도 하지 않는다면, 그녀는 그가 자신의 뜻대로 안 했다며 분명 그에게 무심하다고 말할 것이다. 어느 쪽이든 그는 진다. 치료적 이중구속은 그에게 아내가 요구한 방식이 아닌 다른 어떤 방식(아내가 요구한 방식으로 하지는 않지만 새로운 맥락에서는 별다를 것 없는 행동)으로든 로맨틱한 면을 보여 주라고 하는 것이다. 만약 그가 이 지시를 그대로 따른다면, 그는 체계 내에서 새로운 로맨틱한 행동을 시작하는 것이다. 만약 그가 지시를 따르지 않고 대신에 그의 아내의 제안 중 하나를 활용하기로 선택한다면, 그는 그렇게 하라는 **명령 없이 그저** 하고 있는 것이다. 만약 당신이 이러한 개입을 설계하는 것은 어렵다고 생각한다면? 그렇다. 이는 초기의 가족치료자들이 팀으로 작업하기를 선호했던 이유이다. 그래서 그들은 가족의 이중구속을 평가하고 도움이 되는 치료적 역설을 파악하는 일을 보다 빠르게 할 수 있었다.

■ 개선의 위험

MRI와 전략적 치료자들이 활용하는 기법인 **개선의 위험**은 내담자들에게 문제가 해결될 경우 발생할 수도 있는 잠재적인 문제들을 파악하도록 요청하는 것을 포함한다(Segal, 1991). 예를 들어, "만약 자녀가 숙제와 일상적인 일을 보다 독립적으로 해낼 경우, 부모는 그들이 아들을 양육하고 있다고 느끼기 위해서 무엇을 할 것인가? 부부가 갑자기 다툼을 멈춘다면, 그들은 관계에서 열정의 불꽃을 어떻게 유지할 것인가? 만약 한 사람이 우울해지기를 멈추고 사교활동을 다시 시작한다면, 그는 어떻게 자신의 고독과 조용한 시간을 보호할 것인가?"와 같은 질문들은 현재의 문제를 만들어 냈을 뿐만 아니라, 다가올 새로운 문제의 근원이 될 가능성도 있는 비현실적이고 이상주의적인 세계관을 약화시킨다.

■ 제지하기, 천천히 하기

제지하기, 혹은 천천히 하도록 지시하기는 역설적인 특징을 보이는 또 하나의 흔한 체계적 및 전략적 개입이다(Segal, 1991). 치료자들이 '제지하거나' 내담자에게 '천천히 하라고' 지시하는 것은 내담자에게 조급하게 변화하는 것을 피할 수 있도록 경고하고 천천히 변화해도 괜찮다며 격려하는 것이다. 이것은 치료적 이중구속과 유사한 역설적 효과가 있는데, 만약 내담자가 따른다면 변화가 일어날 것이고 대부분의 변화하려는 시도에 특징적으로 나타나는 퇴행에 더 잘 대비할 수 있다는 것이다. 반면에, 만약 내담자가 저항적인 반응을 보인다면, 그것은 내담자가 원하는 변화를 향한 노력이 더디기 때문에 저항하려고 할 것이다. 둘 중 어느 경우에나 변화 과정은 지지되며 퇴행에 대해 '면역력을 가지게 된다'.

◎ 조합하기: 사례개념화와 치료 계획 양식

■ 이론 특정적 사례개념화 영역

- **상호작용 연쇄 과정:** 각 사람들의 역할(별로 중요해 보이지 않는 구성원들도 포함), 상호작용 연쇄 과정에 대해 다음을 강조하면서 설명한다.
- 항상성
- 긴장의 증가

- 증상/갈등
- 항상성으로 돌아가기
- **별다를 것 없는 해결책**: 그들이 시도하고 있지만 효과가 없는 해결책에는 어떤 것이 있는가? 180도 변화를 나타내는 것은 무엇일까?
- **메타커뮤니케이션**: 문제가 되는 상호작용에서의 메타커뮤니케이션은 어떠한가?
- **상호보완적 역할**: 추격자/철수자, 기능이 떨어지는 사람/기능을 잘하는 사람, 정서적/논리적, 좋은/나쁜 부모 등
- **현재 문제의 항상성 기능에 관한 가설**: 관계를 유지하거나, 독립성/거리감을 형성하거나, 영향력을 확고히 하거나, 관계를 재수립하거나, 아니면 가족 내에서 균형감을 형성하도록 하기 위해 증상은 어떤 역할을 할까?
- **원하는 행동 변화 설명하기**: 이를 행동적 · 현실적 · 구체적 · 시간 제한적인 용어로 표현한다.

우울/불안을 겪는 개인을 위한 치료 계획 양식

▣ MRI 개인치료의 초기 단계

❖ 초기 단계의 치료적 과업

1. 기능적인 치료적 관계 발전시키기. 다양성 주의: 문화, 성별 등에 따라 구별되는 관계 구축 및 정서 표현 방식들을 존중하는 데 익숙해질 것.

   관계 구축 접근/개입

   a. 내담자의 언어를 각색하고 치료적 기동성을 유지하는 동안 체계를 존중하고 믿을 것.

2. 개인적, 체계적 및 광범위한 문화적 역동 평가하기. 다양성 주의: 문화적 · 사회경제적 · 성적 지향, 성별, 그리고 기타 관련 규범에 근거해 평가를 조정할 것.

   평가 전략

   a. 긴장 증가, 증상, 항상성으로 돌아가기, 메타커뮤니케이션, 상호보완적 패턴을 비롯하여 문제와 관련된 상호작용 연쇄 과정을 평가하기.

   b. 극심한 간소화, 몽상가 증후군, 역설을 비롯하여 별다를 것 없는 해결책 확인하기.

3. 치료 목표를 정의하고 치료 목표에 대한 내담자 동의 얻기. 다양성 주의: 내담자의 문화, 종교, 그리고 다른 가치 체계로부터의 가치들과 부합되도록 목표를 수정할 것.

   a. 내담자와 함께, 원하는 행동 변화를 내담자의 언어를 활용해서 현실적이고, 구체적이고, 시간 제한적으로 설명하기.

   b. 부부 혹은 가족 회기의 잠재적인 가치에 대해 논의하기.

4. 의뢰 필요성, 위기 문제, 부수적 연락처 그리고 다른 내담자 욕구를 확인하기.

   a. 의뢰/자원/연락: 위기 문제를 다루는 것뿐 아니라 회기에 참여할 수 없는 다른 중요한 가족 구성원과 접촉하기.

❖ 초기 단계의 내담자 목표

1. 우울한 기분이나 불안을 줄일 수 있게 문제를 바라보는 가능성을 높이기.
   a. 증상의 의미를 변화시키기 위해 관계적 맥락에서 문제를 재구성하기.
   b. 시도된 해결책을 180도 변화시킬 행동적 처방.

▣ MRI 개인치료의 작업 단계

❖ 작업 단계의 치료적 과업

1. 작업 동맹의 질을 점검하기. 다양성 주의: 치료자가 은연중에 내담자의 문화적 배경과 일치하지 않는 표현이 섞인 개입을 할 때 이를 알 수 있는 내담자 반응에 어떻게 주의를 기울일지 설명할 것.
   a. 개입 평가: 치료자가 내담자의 의미 체계를 끌어들일 수 있었는지를 판단하기 위해, 치료자의 재구조화 및 기타 개입에 대한 내담자의 반응 점검하기.
2. 내담자의 경과 점검하기. 다양성 주의: 경과를 평가할 때 문화, 성별, 사회적 계층 및 기타 다양성 요소들을 다룰 것.
   a. 개입 평가: 각 회기 동안, 행동적 처방과 재구조화에 대한 내담자의 반응을 평가하고, 만약 내담자가 처방을 따르지 않는다면 개입을 조정하기.

❖ 작업 단계의 내담자 목표

1. 우울 증상을 감소시키기 위해 새로운 상호작용 연쇄 과정 패턴을 증가시키기(명시할 것).
   개입:
   a. 문제가 되는 행동 연쇄 과정을 중단시키기 위해, 내담자가 특정 시간에 특정 우울 증상을 보이도록 요청하는 역설적인 행동 처방
   b. 증상이 일어나는 장소, 시간, 방법 그리고 주체를 변경함으로써 우울한 증상을 중단시키는 행동 처방
2. 불안 증상을 감소시키기 위해 새로운 상호작용 연쇄 과정 패턴을 증가시키기(명시할 것).
   a. 매일 정해진 시간 동안 내담자가 '걱정하도록' 요청하는 역설적 행동 처방
   b. 증상이 일어나는 장소, 시간, 방법 그리고 주체를 변경함으로써 불안한 증상을 중단시키는 행동 처방

▣ MRI 개인치료의 종결 단계

❖ 종결 단계의 치료적 과업

1. 추후관리 계획을 세우고, 개선된 점 유지하기. 다양성 주의: 치료 종결 이후 그들을 지지해 줄, 그들이 속한 공동체 자원을 활용하기.
   a. 내담자가 역행을 다루는 것을 준비할 수 있도록 하는 개선의 위험과 제지하기.

❖ 종결 단계의 내담자 목표

1. 특정 관계적 맥락에서의 우울과 불안을 감소시키기 위해 배우자 또는 가족과의 관계적 상호작용 연쇄작용의 효과를 증가시키기.

a. 개선된 점이 중요한 타인에게 어떠한 영향을 미칠 것인지에 주의하면서 개선의 위험성 개입
b. 내담자가 타인과의 문제적 상호작용에서 절반의 몫을 조금이지만 의미 있게 변화시키도록 하는 행동 처방.

부부/가족 갈등을 위한 치료 계획 양식

▣ MRI 부부/가족치료의 초기 단계

❖ 초기 단계의 치료적 과업

1. 기능적인 치료적 관계를 발전시키기. 다양성 주의: 문화, 성별 등에 따라 구별되는 관계 구축 및 정서 표현 방식들을 존중하는 데 익숙해질 것.
   관계 구축 접근/개입
   a. 부부/가족의 언어를 재구성하고 치료적 기동성을 유지하는 동안 그들의 체계를 존중하고 믿을 것.

2. 개인적, 체계적 그리고 광범위한 문화적 역동을 평가하기. 다양성 주의: 문화적 · 사회경제적 · 성적 지향, 성별, 그리고 기타 관련 규범에 근거해 평가를 조정할 것.
   평가 전략
   a. 긴장 증가, 증상, 항상성으로 돌아가기, 메타커뮤니케이션, 상호보완적 패턴을 비롯한 문제가 되는 상호작용 연쇄 과정을 평가하기, 가정 내의 모든 구성원의 역할을 평가할 것.
   b. 극심한 간소화, 몽상가 증후군, 역설을 비롯한 별다를 것 없는 해결책 파악하기.

3. 치료 목표를 규정하고 치료 목표에 대한 내담자 동의 얻기. 다양성 주의: 내담자의 문화, 종교, 그리고 다른 가치 체계로부터의 가치들과 부합되도록 목표를 수정할 것.
   a. 부부/가족과 함께, 원하는 행동 변화를 내담자의 언어를 활용하여 현실적 · 구체적 · 시간 제한적으로 설명하기.

4. 의뢰 필요성, 위기 문제, 부수적 연락처 그리고 내담자의 다른 욕구를 파악하기.
   a. 의뢰/자원/연락처: 위기 문제를 알리고 다른 전문가와 적절히 연락할 것.

❖ 초기 단계의 내담자 목표

1. 부부/가족이 갈등을 줄일 수 있도록 문제를 바라보는 가능성을 높이기.
   a. 체계 내에서 의미를 변화시키기 위해, 각 사람의 반응이 어떻게 더 큰 체계적 상호작용 패턴의 일부가 되는지를 보여 주도록 문제를 재구조화하기.
   b. 시도된 해결책을 180도 변화시킨 행동 처방(예: 격일로 추격자가 철수하고/혹은 철수자가 추격하도록 하거나, 가혹한 처벌을 사용하는 것이 실패했을 경우 부모와 자녀 사이의 정서적 유대를 키우기)

▣ MRI 부부/가족치료의 작업 단계

❖ 작업 단계의 치료적 과업

1. 작업 협력자의 질을 점검하기. 다양성 주의: 치료가 은연중에 내담자의 문화적 배경과 일치하지 않는 표현이 쓰인 개입을 할 때 이를 알 수 있는 내담자 반응에 어떻게 주의를 기울일지 설명할 것.
   a. 평가 개입: 치료자가 가족의 의미 체계를 끌어들일 수 있었는지를 판단하기 위해, 치료자의 재구조화 및 기타 개입에 대한 각 내담자의 반응 점검하기.

2. 내담자의 경과 점검하기. 다양성 주의: 경과를 평가할 때 문화, 성별, 사회적 계층 및 기타 다양성 요소들을 다룰 것.
   a. 개입 평가: 각 회기 동안, 행동 처방과 재구조화에 대한 내담자의 반응을 평가하고, 만약 그들이 처방을 따르지 않는다면 개입을 조정하기.

❖ 작업 단계의 내담자 목표

1. 갈등을 줄이기 위해 갈등의 특정 영역과 관련된 새로운 상호작용 연쇄 과정 패턴을 증가시키기.
   개입:
   a. 내담자들이 새로운 상황에서 갈등을 보이도록 요청하는 역설적 행동 처방.
   b. 갈등에 대한 장소, 시간, 방법 그리고 주체를 변경함으로써 문제가 되는 행동 연쇄 과정을 중단시키는 행동 처방.

2. 갈등을 줄이거나 정서적 유대감을 키우기 위해 갈등의 특정 영역과 관련된 새로운 상호작용 연쇄과정 패턴을 증가시키기.
   a. 상호작용 연쇄 과정에서 각 사람의 반응을 변화시키는 갈등의 관계적 재구조화.
   b. 갈등의 장소, 시간, 방법 그리고 주체를 변경함으로써 갈등을 중단시키는 행동 처방.

▣ MRI 부부/가족치료의 종결 단계

❖ 종결 단계의 치료적 과업

1. 추후관리 계획을 세우고, 개선된 점 유지하기. 다양성 주의: 치료 종결 이후 그들을 지지해 줄, 그들이 속한 공동체 자원을 활용하기.
   a. 증상의 역행에 대해 배우자를 비난하는 경향을 줄이는 변화를 포함하여 부부/가족이 역행에 대비하도록 돕는 개선의 위험과 제지하기.

❖ 종결 단계의 내담자 목표

1. 연결감과 관계적 만족감을 높이기 위해 남아 있는 염려되는 영역들에서 연쇄적 관계 상호작용의 효과성을 증가시키기.
   a. 개선된 점이 부부/가족의 관계나 다른 관계의 또 다른 측면에 어떤 영향을 미칠지에 주목하는 개선의 위험 개입.
   b. 내담자들이 그들의 염려되는 행동을 조금이지만 의미 있게 변화시키도록 하기 위한 행동 처방.

전략적 치료

◎ 요약하기: 당신이 알아야 할 최소한의 것

MRI 팀의 원 멤버인 Jay Haley는 그의 아내 Cloe Madanes와 함께 독자적인 접근을 개발하는 쪽으로 옮겨 갔다. 전략적 치료는 MRI 접근과 많은 유사점을 공유하고 있다. 둘 다 일반 체계와 사이버네틱 이론에 근거하고 있고, 단기치료 접근이며, 변화를 위해 고유한 행동 처방을 활용한다. 주요 차이점은 사례개념화와 행동 처방에 대한 Haley의 특별한 접근인 **지시**에 있다. 최면치료자인 Milton Erickson에 의해 깊이 영향을 받은(제3장 참조) Haley의 접근은 MRI 접근에 비해 권력의 은유를 포함한 더 많은 은유를 사용하였는데, 이에 대해서 Haley와 Bateson 사이의 상당한 이견이 있었다(이 분야에서 가장 흥미로운 논쟁 중 하나를 살펴보려면 다음을 읽어볼 것, Bateson, 1972; Dell, 1989; Haley, 1987). 또한 Bateson과 Minuchin(제5장)의 친한 관계는 그의 사례개념화 접근에 영향을 주었는데, 이는 가족의 생활주기와 위계(권력의 또 다른 이름)를 포함한다. 전략적 회기는 불가사의하고, 창조적이고, 때로는 극적인 지시를 사용한다는 특징이 있는데, 이는 문제가 되는 상호작용 연쇄 과정을 중단하기 위한 행동 처방이다.

◎ 핵심 내용: 중요한 기여점

당신이 이 장에서 기억할 것이 있다면, 그것은 다음과 같다.

■ 지시

지시는 전략적 기법의 가장 기본이다(Haley, 1987; Madanes, 1991). 하지만 이는 초심자들이 가장 빈번하게 오해하는 것이기도 하다. 본질적으로 지시는 보통 회기 사이에 때로는 회기 내에서 가족이 특정한 과제를 수행하도록 하는 지시사항이다. 과제들은 대부분 '논리적'이지 않고 직접적인 해결책이 아니다. 대신 새로운 상호작용을 만들기 위해 어떻게든 시스템의 상호작용 패턴을 '교란'시킨다(Haley, 1987). 따라서 만약 부부가 말다툼을 한다면, 치료자는 타이머를 설정해서 각자 5분 동안 얘기하고, 그 후에 상대방이 5분 동안 요약하거나 대답하라고 요청하지 **않는다**. 이는 인지행동 가족치료(제8장)에서 볼 수 있는 것과 같은 논리적이거나 직접적인 지시이기 때문이다. 치료자는 부부에게 단순히 멈추라고 하지도, 의사소통 기술을 배우라고 하지도 않을 것이다. 그 이유는 만약 그들이 그렇게 할 수 있었다면 이미 했을 거라고 가정하기 때문이다. 대신에 치료자는 그들에게 다퉈도 괜찮으니 장소, 시간, 말을 주고받는 방식과 같은 핵심 요소 중 한두 가지를 바꿔 보라고 요청한다. 지시로는 욕조에서 완전히 옷을 입은 채로, 혹은 법정에서처럼 가구를 재배치한 후 '평범하게' 말다툼을 하게 하는 것이 될 수 있다.

지시는 **만들 수 있는 가장 작은 변화로** 사람들을 틀에 박힌 생활로부터 벗어나게 한다. 이것이 바로 핵심인데, 왜냐하면 우리 대부분은 변화를 원할 때조차도 그에 저항하기 때문이다(이 역설은 전략적 치료자들이 역설을 좋아하는 이유 중 하나이다). 이러한 지시들이 효과를 보일 때 내담자는 일반적으로 감정, 통찰, 행동의 동시적인 변화를 경험한다. 나는 이를 초콜릿과 바닐라의 혼합 아이스크림과 비교하기를 좋아한다. 변화들이 완벽히 동시에 이뤄지면서, 완전히 통합되는 것이다. 내담자들의 관점에서 지시는 보통의 생활 패턴에서 그들을 흔들어 깨운다. 일반적으로, 내담자들은 필요한 변화를 위해서 스스로를 어떻게 변화시켜야 할지를 정확히 안다. 전통적인 정신역동치료에서의 통찰과는 달리 지시는 본능적으로 '아하' 하는 순간을 만드는데, 왜냐하면 내담자들은 변화가 필요한 행동의 중심에 서 있기 때문이다. 이것은 선종의 전통에서의 돈오(갑자기 깨달음)와 약간 비슷하다. 이런 이유로 나는 전략적 치료자들을 이 분야의 선종 지도자로 생각하고 싶다.

◎ 들리는 소문에 의하면: 관련된 사람들의 이야기

■ 전략적 치료자들

Jay Haley와 Cloe Madanes

Bateson 팀의 원년 멤버이고, Milton Erickson의 제자이자, MRI에서 단기치료 프로젝트의 공동 창립자인 Jay Haley는 독자적인 체계적 접근인 전략적 치료를 개발하였다(Haley, 1963, 1973, 1976, 1980, 1981, 1984, 1987, 1996; Haley & Richeport-Haley, 2007; MRI, 2002). 그와 그의 아내인 Cloe Madanes(1981, 1990, 1991, 1993)는 워싱턴 D. C.에 가족치료기관을 설립했다. 그들의 접근은 위계, 권력, 사랑의 개념에 기반을 두며 개입을 위해 **지시**를 사용한다.

Eileen Bobrow

Eileen Bobrow는 MRI에 전략적 가족치료 및 훈련 센터(Strategic Family Therapy and Training Center)를 설립했고 총괄하는데, 이 센터는 그녀가 등장하기 전에는 MRI에서 개발된 단기치료 모델에 주로 초점을 맞췄다.

Jim Keim

MRI 연구원인 Jim Keim(1998)은 반항성 및 품행장애를 가진 자녀를 둔 가족들과 작업하기 위해 전략적 치료를 사용한다.

◎큰 그림 그리기: 상담 및 심리치료의 방향

■ 초기 면담

전략적 치료의 초기 면담은 매우 구조화되어 있으며, ① 사회적 단계, ② 문제 단계, ③ 상호작용 단계, ④ 목표 설정 단계, ⑤ 과제 설정 단계(Haley, 1987)의 다섯 단계로 구성되어 있다. 이에 더하여, Haley는 초기에 전화로 연락을 하는 것도 치료 과정을 준비하는 데 핵심 요소라고 설명한다.

■ 전화 연락

전략적 치료에서 초기 면담은 통상적으로 전화를 통한 맨 처음의 연락에서 시작된다고 간주한다. Haley(1987)는 다음의 정보를 수집할 것을 권장한다.

- 관련된 사람들의 이름, 주소, 전화번호
- 같이 살고 있는 사람들의 목록과 그들의 나이
- 고용 상태
- 이전의 치료 경험
- 관계자 조사
- 현재 문제에 관한 한두 문장의 서술

Haley는 사실에 근거한 정보를 수집할 것과 첫 면담에 가족 구성원 모두가 참여하도록 요청할 것을 권장한다.

■ 사회적 단계

전략적 치료자는 초기 면담을 사회적 단계로 시작한다. 문제를 논의하기 전에 모든 사람은 개인적으로 인사하고 편안함을 느껴야 한다. 단 몇 분간 지속되는 이 단계에서, 치료자는 많은 가족이 스스로 자신의 문제를 해결하지 못한 것에 대해 창피함을 느끼면서 치료에 참여한다는 것을 명심하며, 가족이 편안하게 느낄 수 있도록 돕는다. 이 단계에서 치료자는 다음의 사항을 주의 깊게 관찰한다.

- 누가 누구의 근처에 앉는가? 이것은 동맹관계를 나타낼 수도 있다.
- 가족의 분위기는 어떠한가? 그들은 쾌활한가, 불행한가, 화가 났는가, 내켜 하지 않는가, 간절한가?
- 부모와 자녀 관계는 어떠한가? 아이가 부모 중 한 명과 나머지 한 명보다 더 가까워 보이는가?
- 성인들 간 관계는 어떠한가? 그들이 문제 아동을 바라보는 방식에 차이가 있어 보이는가?
- 치료자에 대한 가족의 반응은 어떠한가? 그들은 조심스러운가, 호기심이 있는가, 아니면 호감

을 사고 싶어 하는가?

첫 번째 사회적 단계에서 치료자는 상호작용과 분위기를 평가한다(Haley & Richeport-Haley, 2007). 이러한 관찰은 틀리기 쉬우므로, 치료자는 이러한 관찰을 공유하지 않고 **잠정적으로만** 갖고 있다. Haley는 치료 상황이 특별하다는 것과 가족들이 치료 상황에서는 집이나 다른 사회적 상황에서 하는 것과 똑같이 행동하지 않는다는 것을 잘 알고 있다. 그래서 어떤 추론이든 잠정적이어야 한다.

■ 문제 단계

각자가 치료자와 정중한 사회적 교류를 통해 관계를 맺은 후, 치료자는 더 사무적인 태도로 무엇 때문에 치료에 오게 되었는지를 묻는다. 그는 치료자들이 들었던 것들을 공개적으로 공유하고 그 상황에 대해 모두의 의견을 얻기 위해 모든 사람이 오기를 원한다고 설명하면서 시작하기를 권한다. 흔히 치료자의 입장을 명확하게 하면 가족들은 더 자유롭게 이야기하고자 한다. Haley는 가족의 교육 수준에 따라 도입 부분을 조정하도록 권한다. 문제에 관한 질문의 몇 가지 선택지는 다음과 같다(Haley, 1987).

- **당신의 문제는 무엇인가요?**: 이 질문은 치료를 문제가 다루어지는 장소로 정의한다.
- **당신이 내게 원하는 것은 무엇인가요?**: 이 질문은 가족이 내용을 보고하는 가능성을 줄이고 치료 상황을 더 개인적으로 만든다.
- **당신은 어떤 변화를 원하나요?**: 이 질문은 치료를 변화의 장소로 틀을 잡는다.
- **당신은 이곳에 왜 왔나요?**: 이 질문은 가족이 문제나 변화를 논의할 수 있게 해준다.
- 질문이 더 일반적이고 모호할수록 가족들이 그들의 관점을 드러낼 기회가 더 많아진다.

질문이 더 구체적일수록 치료자는 더 논의의 초점을 맞출 수 있다. 치료자들은 특정 가족과 상황에 가장 잘 맞는 질문 유형을 선택한다.

■ 누구에게 가장 먼저 질문할 것인가

매우 전략적인 Haley는 누구에게 질문할지를 결정하기 전에 가족의 위계질서, 변화에의 기여, 치료로의 복귀에 미치는 영향을 비롯한 여러 문제를 고려하며, 이 문제들은 Haley가 면담을 시작하기 위해 전략적으로 선택한 것이다. 일반적으로 그는(위계를 존중하기 위해서) 문제에 **덜 관련된** 성인을 가장 먼저 끌어들이기를 권한다. 그는 가족을 치료로 다시 데려오는 데 가장 큰 영향력을 가진 사람을 가장 존중하기를 권한다. 전형적으로 아버지가 덜 관련된 성인이며, 어머니가 가족을 다시 데려오는 데 가장 큰 영향을 미친다. Haley는 치료자가 무심코 자신과 성별이 같은 부모에게 더 동의하거나 이해함으로써 맺게 되는 성별에 기반한 연합을 하지 않는 것에 특히 주의해야 한다고 경고한다. 또한 그는 자녀부터 시작하지 말 것을 경고한다. 자녀가 곤혹스러워하거나 비난받는 것처럼 느낄 수 있기 때문이다.

■ 어떻게 경청할 것인가

치료자는 도움을 주는 사람으로서 경청해야 하며, 조언을 하거나 그 상황에 대해 어떻게 느끼는지에 대해 묻는 것을 피해야 한다. 감정보다는 사실, 행동, 견해에 중점을 둔다. 치료자는 또한 해석이나 통찰을 하려는 시도를 조심해야 한다. 만약 누군가가 다른 사람의 말을 가로막는다면, 치료자는 상호작용을 관찰하기 위해 잠시 방해하는 것을 허용하지만, 그 이후에는 처음 말을 하던 사람이 마무리할 수 있도록 개입한다. 첫 번째 사람이 말을 하고 나면 가족 구성원 모두가 문제에 대한 자신의 생각을 나눌 때까지 치료자가 이어간다.

■ 상호작용 단계

가족 구성원 각자가 치료자의 질문에 대답할 수 있는 기회를 가지고 나면, 치료자는 가족의 상호작용을 지켜보기 위해 논의에서 충분히 물러나 가족들끼리 논의하도록 한다. 이상적으로는 치료자는 가족이 치료실에서 문제에 **관여하도록** 이끌 수도 있다. 이 단계의 목표는 상호작용을 통해 가족의 구조와 상호작용 패턴을 **보는** 것이다. 누가 누구의 편인가? 누가 가장 큰 영향력을 지니는가? 누가 가장 작은 영향력을 지니는가? 누가 연결되어 있고, 누가 연결되어 있지 않은가?

■ 목표 설정 단계

다음으로 치료자는 종종 문제 아동인 확인된 환자(identified patient)를 포함하여 모든 가족 구성원이 동의하는 변화를 명확히 함으로써 대화에 다시 관여한다. 이것은 치료 계약이 된다. 의미 있는 변화의 목표를 확인하기 위해서, 치료자는 해결 가능한 방식으로 문제를 정의할 수 있도록 가족과 함께 작업해야 한다. "더는 우울하거나 불안해하고 싶지 않아."라고 말하는 것은 해결 가능한 문제로 간주되지 않는다. 보험회사가 요구하기도 전부터 Haley는 문제와 목표를 관찰 가능하고, 측정 가능하고, 셀 수 있도록 정의하라고 조언했는데, 변화가 언제 일어나는지를 명확하게 알 수 있기 때문이다. 일부 다른 체계적 치료자들과 달리, Haley는 상황에 대해 보다 체계적인 관점에서 문제를 정의하기보다 문제를 확인된 환자와 현재 문제에 초점을 맞춘 채로 두기를 추천한다. 그는 가족의 기대대로 치료에 초점을 맞추면 가족이 치료에 더 기꺼이 참여할 거라고 믿는다.

■ 과제 설정

마지막으로, 숙련된 전략적 치료자는 종종 첫 번째 회기의 끝 무렵에 한 가지 지시를 개발하게 된다. 이럴 경우, 치료자는 개입 과정을 시작하기 위해 가족에게 한 주에 걸쳐서 완성할 수 있는 간단한 과제를 주고 집으로 보내기도 한다.

■ 그다음 회기들

그다음 회기들은 숙제로 내줬던 지시를 점검하고 그들의 반응을 바탕으로 또 다른 지시를 개발하는 것을 포함한다(다음의 '행동하기' 부분의 '개입' 참조). 치료자는 이것을 증상이 해결될 때까지 계속한다. 이것이 바로 그들이 이를 단기치료라고 부르는 이유이다.

◎ 관계 형성하기: 치료적 관계

■ 전략적 지위 선정

MRI 접근에서의 기동성과 유사하게, 전략적 치료에서 치료자의 역할과 태도는 특정한 내담자나 가족의 필요에 따라 변화한다. 지위는 항상 **전략적**이다. 어떤 반응이 변화를 촉진할 가능성을 가장 높이는가?(Haley, 1987) 실제로 가족이 함께 치료자를 싫어함으로써 이익을 얻을 수 있다면, 전략적 치료자는 일반적으로 그 역할도 기꺼이 한다(이것은 헌신이다). 가장 일반적으로 사용되는 두 가지 지위는 사회적 격식과 한 단계 낮은 지위로 이동하기이다.

■ 사회적 격식

Haley(1987)는 치료의 첫 번째 단계를 사회적 단계, 즉 내담자의 수치심을 줄이고 편안하게 해 주기 위해 날씨나 교통에 대한 가벼운 사회적 대화를 나누는 시간이라고 설명한다. "이 단계의 모델은 집에서 손님에게 사용하는 예절이다."(p. 15) 문제를 논의하기 전에, 치료자는 모든 구성원이 제대로 된 인사를 받았는지 확인하고, 그다음 보다 덜 격식을 갖추고 더 현실적인 위치에서 그들과 관계를 맺는다.

■ 한 단계 낮은 자세 또는 무기력

모든 형태의 체계적 및 전략적 치료에서 사용되는 **한 단계 낮은 자세는** 종종 "나는 내가 그런 문제를 다룰 수 있을지 잘 모르겠어요."라고 주장함으로써 역설적으로 내담자의 동기를 높이는 데 사용된다(Segal, 1991). 이 움직임은 자신들의 상황이 절망적인 것처럼 행동하는 내담자들에게 종종 도움이 된다. 치료자가 대신 절망적인 자세를 취할 때 내담자는 희망을 찾으려는 동기를 갖게 된다. 대부분의 체계에는 균형을 이루는 힘이 있기 때문에 체계적으로 이것은 효과가 있다. 만약 한 사람이 절망적이라면, 다른 사람은 균형을 유지하기 위해 희망적이어야 할 것처럼 느낀다. 이와 동일한 역동은 위기의 부부 사이에서도 관찰된다. 일반적으로 한 사람이 위기를 대응할 때 다른 한 사람은 더 극심한 공황과 트라우마를 겪는다.

이러한 역설적인 목적을 제공하는 것을 넘어서, 한 단계 낮은 자세는 또한 가족체계를 향한 특정한 태도를 표현한다. 체계적 치료자는 산악인이 경이로운 자연의 힘을 존중하거나 항해자가 바다를 존중하듯이, 체계를 존중되어야 할 독자적인 규칙과 완전성을 갖춘 하나의 독립체로 바라본다. 자연과 바다와 마찬가지로 가족체계는 치료자가 통제할 수 있는 것들이 아니다. 대신 그것들의 힘과 방식에 대해 깊이 존중한다. 따라서 한 단계 낮은 자세는 체계적으로 훈련된 치료자에게 있어 성실하고 진심 어린 지위이다.

◎ 조망하기: 사례개념화와 평가

■ 전략적 사례개념화

Madanes(1991)는 전략적 치료에서 문제에 대해 생각할 수 있는 여섯 가지 방법을 구분한다. 이러한 측면들은 가족체계나 개인의 더 넓은 사회적 세상에서 증상의 역할을 개념화하는 데 활용될 수 있다. 경우에 따라 이것 중 하나 이상이 사용된다.

- **자발적 대 비자발적**: 내담자들은 일반적으로 문제를 비자발적이라고 보는 쪽으로 진술한다. 전략적 치료자는 기질적 질병을 제외하고는 오히려 증상을 자발적인 것으로 본다. 예를 들어, 그들은 싸우고, 걱정하며, 우울해하고 있는 것이거나, 내담자가 선택한 행동이나 해결책이라고 본다.
- **무기력 대 힘**: 증상이 있는 사람들이 무기력해 보여도 그들의 증상은 상당한 힘을 만들어 내는데, 그게 아니고서는 합당하지 못한 요구를 하거나 더 많은 관심과 주의를 받거나 그게 아니고서는 허용될 수 없는 행동을 양해하게 해 준다. 예를 들면, 광장 공포증은 가족과 친밀해지기 위한 시도로 볼 수 있다.
- **은유 대 직유**: 증상은 체계에서 또 다른 문제가 되는 행동 연쇄 과정의 은유로 볼 수 있다. 예를 들면, 아이의 반항은 남편이 느끼지만 엄마에게 표현하지 않는 똑같은 저항에 대한 은유로 볼 수 있다. 또는 폭식은 아이를 과잉보호하려는 엄마에 대한 거부의 은유로 볼 수 있다.
- **위계 대 동등**: 치료자는 현재 문제를 가족이 처한 상황에 따라 더 혹은 덜 위계적이고자 하는 요구라고 개념화할 수도 있다. 예를 들면, 자녀의 짜증에 굴복하는 것은 자녀가 권력의 위계질서의 꼭대기에 있도록 한다.
- **적대감 대 사랑**: 어떤 사람이 가치 없다고 느껴서 사랑하는 이를 거절하는 것, 아이를 훈육하는 것, 배우자에게 성관계나 의사소통을 요구하는 것 등의 많은 가족 상호작용은 적대감과 사랑 중 하나에 의해 동기화되었다고 볼 수 있다. 전략적 치료자는 치료 상황에 따라 둘 중 어떤 해석이든 할 수 있다. 예를 들어, 남편의 끊임없는 성관계 요구는 상황에 따라 사랑과 관심의 표시일 수도 있고, 그가 권력을 갖고 있지 않다고 느껴서 시도하는 권력의 이동일 수도 있다. 마찬가지로, 아내의 성관계 거부는 남편에 대한 사랑(예: 그녀가 진짜 감정이 들 때에만 성관계를 갖고 싶은 것)이나 가족에 대한 사랑(예: 너무 많이 줘서 너무 피곤한 것)에 의해 동기화될 수도 있고, 혹은 그녀가 권력을 하나도 가지지 않다고 느껴서 통제력을 얻으려는 권력의 이동에 의해 동기화될 수도 있다.

■ 가족생활주기

가족의 상황을 개념화할 때 전략적 치료자들은 가족생활주기와 그들이 어디에서 막혔는지에 관심을 둔다(Haley & Richeport-Haley, 2007). 증상은 종종 발달 단계 문제점에서 나타내는데, 치료자는 이것을 어디에서 그리고 어떻게 개입할지 확인하는 데 활용할 수 있다. 발달 단계는 다음을 포함한다.

- 출생 및 영아기
- 초기 아동기
- 학령기
- 청소년기
- 독립하는 시기
- 부모가 되는 시기
- 조부모가 되는 시기
- 노년기

이 전환기들의 각 단계에서 가족은 독립성과 상호의존성의 균형을 어떻게 맞출지를 재협상해야 하므로 다음 단계로의 전환이 어려워지거나 난관에 봉착할 수 있다. 일부 경우에는 한 구성원이 다른 사람보다 더 빨리 전환을 시작하거나 전환 방식에 대해 합의하지 않는다.

■ 위계와 권력

전략적 치료자는 **가족 위계**에 주의를 기울이고 이를 존중한다. 누가 영향력을 가지고 있으며 누가 가족생활의 어떤 단계에 있는지. 이는 가족과 문화에 따라 부모일 수도 있고 조부모일 수도 있다(Haley, 1987). 종종 각각의 부모는 서로 다른 형태의 영향력을 가지고 있지만, 때로는 한 부모가 가족에게 분명히 더 많은 영향을 미친다. 이러한 경우에 치료자는 덜 관련된 부모를 참여하게 하도록 노력한다. 그래서 누가 '권력'을 가지고 있는지에 대해 구두 보고에 의존하기보다, 치료자는 어떻게 요청/요구에 반응하는지 그리고 누가 논쟁에서 마음대로 하는지를 살펴보기 위해 가족 상호작용을 면밀히 관찰한다. 예를 들어, 아버지가 '가장'으로 묘사될 수 있지만, 종종 어머니가 가정에서 실제적인 의사결정에 더 많은 영향을 행사한다. 위계는 단일한 상호작용만으로 정확하게 식별할 수 없으며, 상호작용들을 통해 반복적으로 관찰되어야 한다. 대부분의 가족은 치료자가 개입을 개발하기 위해 추적하고 활용하는 위계와 권력에서 매우 복잡한 패턴을 지니고 있다.

부모와 자녀 간의 위계를 관찰할 때 치료자는 아이의 요구에 부모가 항복하는지 또는 아이가 실제로 부모의 요구에 따라 행동하는지에 초점을 맞춘다. 효과적인 부모-자녀 위계는 대부분의 문제에 대해서 부모가 요청을 하면, 아이는 불평을 최소한으로 하고 기꺼이 따르는 것을 포함한다. **비효과적인 부모 위계**는 대부분의 요청에 대해서 자녀의 협조를 이끌어 내지 못하는 부모를 말한다. **과도**

한 위계는 규칙이 매우 엄격하고 종종 연령에 적합하지 않으며, 자녀가 순응적이라 해도 관계에서 상당한 정서적 거리감과 긴장감이 있는 독재적 양육 방식을 말한다.

■ 전략적 인본주의

최근 전략적 치료의 발달은 지배하고 통제하기보다 사랑하고 보살피는 가족의 능력을 향상하는 것을 강조하고 있는데, 이는 이 분야의 전반적인 발달과 일관된다(Madanes, 1993). 따라서 사례개념화는 서로를 통제하려는 시도보다 사랑을 보여 주는 데 실패한 시도에 더 초점을 맞춘다. 예를 들어, Jim Keim(1998)의 반항적인 아동에 대한 연구는 양육적인 부모가 훈육자 못지않게 많은 권위를 가질 수 있다고 강조하면서, 더욱 효과적인 위계를 다시 세울 수 있도록 돕기 위해 부모의 보살핌 행동을 늘리는 것을 목표로 한다. 양육 영역에서 권위가 다시 세워지고 나면, 그때 부모가 행동 규칙 시행을 시작해 보도록 한다.

◎ 변화를 겨냥하기: 목표 설정

■ 전략적인 목표

> 치료의 주요 목표는 사람들이 다양하게 행동하도록 하여 다른 주관적인 경험들을 갖게 하는 것이다.
>
> – Haley, 1987, p. 56

전략적 치료는 사람의 주관적인 경험(기분, 생각, 행동)을 바꾸는 변화를 촉진하는 것 외에는 개인 또는 가족 기능에 대해 사전 정의된 장기적인 목표가 없다. Madanes(1990, 1991)는 치료에 가져오는 모든 문제를 사랑과 폭력 사이의 실존적 딜레마에서 생겨난 것으로 개념화하는데, 왜냐하면 이 두 가지 경험은 인간사에서 서로 밀접하게 연관되는 경향이 있기 때문이다. 따라서 궁극적인 전략적 목표는 내담자들이 상대방을 지배하거나, 침해하거나, 해치지 않고 사랑하는 방법을 찾도록 돕는 것이다. 이 목표는 다음을 수행함으로써 달성될 수 있다(Madanes, 1991).

- 부부 또는 가족 위계 조정(증가 또는 감소)
- 부모 또는 배우자의 관여 수준을 변화시킴으로써 침해를 줄이고 참여를 증가시킴
- 가족 구성원의 재결합
- 적절하게 도움이 되도록 아이들에게 권한을 부여하는 것을 포함하여 도움이 되는 사람과 방법을 변경함
- 부당함에 대한 참회와 용서
- 연민과 결속감의 표현 늘리기

◎ 행동하기: 개입

■ 지시

결정적인 전략적 개입인 지시는 내담자의 상호작용 패턴을 변경하도록 치료자가 그들에게 내주는 행동 과제이다. Haley(1987)는 지시를 직접과 간접의 두 가지 일반적인 형태로 구분한다. **직접적 지시**는 치료자가 사람들이 해야 하는 것을 하도록 하는 권력과 영향력을 가졌을 때 사용된다. **간접적 지시**는 내담자가 보기에 치료자가 더 적은 권위를 갖고 있을 때 사용된다. 간접적인 지시는 일반적으로 역설적이거나 은유적인 과제의 형태를 취한다.

엄밀히 말하면 직접적 지시는 좋은 충고를 주는 것을 의미하지만, Haley는 이에 대해 지체 없이 경고한다. "좋은 충고를 준다는 것은 사람들이 자신의 행동에 이성적인 통제력을 가지고 있다고 치료자가 가정한다는 의미이다. 치료에 성공하기 위해서는 그런 생각을 그만두는 게 좋을 것이다."(Haley, 1987, p. 61) 따라서 대부분의 직접적 지시는 **새로운 행위**를 도입함으로써 가족의 상호작용 방식을 변화시키는 것을 목표로 한다. 종종 치료자는 내담자에게 어떤 일을 중지하도록 요구하고 싶은 유혹을 느낀다. Haley는 이에 대해서도 경고한다. "치료자가 어떤 사람에게 평소 하던 행동을 멈추라고 하면, 보통 그는 극단으로 치우치거나, 다른 가족 구성원들의 협조로 그들의 행동을 바꾸도록 만들 것이 틀림없다."(p. 60) 따라서 대부분의 전략적 지시는 가정의 규칙을 지키지 않는 아이를 **다른 한쪽** 부모가 훈육하게 하거나 부부가 다툴 때 10초간 일시정지를 추가하도록 요청하는 것과 같은 **작은 행동이나 맥락의 변화**를 요청함으로써 상호작용 패턴을 **재순서화**한다. 이러한 작은 변화는 달성하기가 훨씬 쉽다. 직접적 지시와 간접적 지시의 차이점은 다음의 표에 설명되어 있다.

>>> 치료적 지시

	직접적 지시	간접적 지시
과제의 유형	• 어떤 다른 일을 하는 것, 행동 연쇄 과정의 변경 • 행동 중지(거의 사용하지 않음) • 좋은 조언, 심리교육(거의 사용하지 않음)	• 역설적 과제 • 은유적 과제
치료적 관계 유형	• 치료자가 영향력을 지님, 전문가로 인정됨	• 치료자가 전문가로 덜 인정됨
문제 유형	• 내담자가 과제의 일부로 요청된 작은 행동들에 대한 통제력을 느낄 수 있음	• 내담자는 통제력을 거의 느끼지 않음

■ 직접적 지시

Haley는 '최선의 과제는 가족에 구조적 변화를 일으키기 위해 현재 문제를 사용하는 것'이라고 주장했다(Haley, 1987, p. 85). 직접적인 지시의 설계는 몇 가지 단계를 포함한다.

① **상황을 평가하기:** 치료자는 현재 문제를 구성하는 상호작용 연쇄 과정 행동을 확인한다. 예를 들어, 아이가 통행금지 시간 이후에 집에 온다. 아버지는 화가 나서 가혹하게 처벌한다. 어머

니는 아이를 옹호하고 벌을 주지 않는다.

② **작은 연쇄적 변화를 겨냥하기:** 치료자는 연쇄적 문제를 바꿀 수 있고 가족이 합리적으로 만들 수 있는 작은 행동 변화를 연쇄 과정에서 찾는다. 예를 들어, 어머니로 하여금 통행금지를 시행하게 하거나 또는 딸로 하여금 통행금지를 어기는 것에 대한 '공정한' 처벌을 제안하게 하는 것이다.

③ **가족에게 동기 부여하기:** Haley(1987)는 과제가 주어지기 **전에** 가족에게 동기 부여하는 것의 중요성을 강조한다. 직접적 과제의 경우, 이는 보통 공동의 목표에 대해 호소함으로써 이뤄진다. 먼저 모두가 어떤 문제 행동이 멈춰지기를 원하는지에 대해 이야기하는 것으로 시작한다. "모든 사람은 집에서 다투는 것을 멈추고 싶다는 것에 동의한다."

④ **지시에 대해 정확하고 실행 가능한 지침을 제공하기:** 과제를 설명할 때, 치료자는 과제가 할당되는 주 동안 주말의 계획 변화, 주중에 집에서 할 과제, 특별한 일정에 대해 설명하면서 언제, 어디서, 어떻게, 누가, 일주일 중 어떤 날 등에 관해 매우 정확하게 할 필요가 있다. 과제는 제안되는 것이 아니라 명확하게 **주어져야** 한다. "다음 주에 Susan이 통금시간에 늦거나 다른 집안 규칙을 어길 때, 저는 어머니께서 이에 대한 결과를 시행해 줬으면 합니다. 아버지께서는 Susan과 아내와 함께 이에 대해 논의하지 않습니다. 만약 일어난 일에 대해 논의해야 한다면 아내하고만 논의해야 할 거예요."

⑤ **과제 검토하기:** 치료자는 가족 구성원들에게 그들의 과제를 반복할 것을 요청한다. "우리 모두가 이해했는지 검토하고 확인하기 위해서 여러분 각자가 이번 주에 무엇을 할 것인지 제게 이야기해 볼까요?"

⑥ **과제 보고를 요청하기:** 다음 주 치료자는 어떻게 진행되었는지 가족에게 물어본다. 일반적으로 세 가지 중 하나의 일이 발생한다. ① 과제를 한다, ② 과제를 하지 않는다, ③ 과제의 일부만 한다(Haley, 1987). 만약 내담자들이 과제를 모두 완료하면 그들을 축하해 준다. 만약 그들이 일부만 수행했다면, 치료자는 너무 빨리 그들을 양해해 주지 말아야 하는데, 왜냐하면 이는 치료자의 권위를 떨어뜨릴 수 있기 때문이다. 만약 그들이 과제를 시도하지 않은 경우, Haley는 친절한 반응과 그리 친절하지 않은 두 가지의 반응을 사용한다. 친절한 반응의 경우, 치료자는 "제가 여러분이나 여러분의 상황을 잘못 이해해서 그런 요청을 했나 봐요. 그렇지 않았다면 여러분은 그것을 실행했겠지요."라고 말한다(Haley, 1987, p. 71). 그리 친절하지 않은 접근에서 치료자는 가족이 그들에게 이로운 변화를 만들 기회를 놓쳤고(그들이 치료자를 실망시킨 것은 아니지만), 이것은 그들에게 실패이고 손실이라는 것을 강조한다. 치료자는 설령 그들이 원하더라도 그 과제를 다시 실행하도록 요청하지 않는다. 대신에 치료자는 이 경험을 다음 과제에 대한 동기를 키우는 데 활용한다.

■ 간접적 지시: 역설적 개입

아마도 전략적 및 체계적 개입에서 가장 오해받고 있는 개입인 **역설적 개입**, 또는 **증상 처방**은 화요

일과 목요일 7시부터 7시 15분까지 부부가 말다툼을 하도록 정해 주는 것처럼 내담자가 어떤 방식으로 문제 행동을 하도록 지시하는 것을 포함한다. 증상 처방과 다른 역설적 개입들은 '역설적'인데, 왜냐하면 그들은 선형적인 논리를 따르지 않거나 적어도 언뜻 보기에 이를 따르지 않는 것 같기 때문이다. 당신은 언제 이들 중 하나를 사용해야 하는지를 알게 될 것인데, 이는 역설을 사용하는 것이 적절할 때가 되면, 적어도 치료자의 마음속에서는 역설적으로 보이지 않고 취할 수 있는 유일하고 논리적이며 명확한 조치가 될 것이다. 역설은 두 가지 일반적인 유형의 문제에 적용된다. ① 어떤 다른 치료적 변화를 만드는 것이 가족이 현재 안정성 수준을 방해할 때, ② 내담자의 관점에서 그 문제가 '통제 불가능한' 것으로 보일 때, 나는 걱정하는 것, 잔소리하는 것, 먹는 것, 싸우는 것을 멈출 수 없다고 말하는 것이다.

- **변화를 피하는 가족들의 역설**: 가족 구성원들이 한 구성원이 문제라는 인식을 유지하면, 그 인식을 변화시키려는 치료자의 시도에 종종 저항하는데, 이는 변화가 가족들에게 현재보다 더 많은 불편함을 일으킬 수 있기 때문이다. 이러한 상황에서 역설이 유용할 수 있다(Haley, 1987). 치료자는 특정한 변화들을 제한하거나 주의해야 할 수도 있다. "아마도 당신은 계속해서 당신의 강한 의지를 이어가기 위해 싸워야 할 수도 있다. 당신이 중단할 경우, 상황이 더 악화될 수 있다." 또는 치료자는 재발을 방지하기 위해서 역설적으로 재발을 장려하기를 선택할 수도 있다(Haley, 1976). 치료자는 다음의 여러 가지 메시지를 한 번에 전달해야 하기 때문에 역설적인 과제는 전달하기 어렵다.
  - 나는 당신의 문제를 해결하는 데 도움을 주고자 한다.
  - 나는 진심으로 당신이 걱정된다.
  - 나는 당신이 정상적일 수 있지만, 어쩌면 아닐 수도 있다고 생각한다.

역설이 성공할 때 변화는 보통 저절로 일어난다.

- **통제 불가능한 증상에서의 역설**: 만약 내담자들이 자신이 결코 통제할 수 없다고 주장하는 증상이 있다면 개입으로 **증상 처방**을 사용하는 것이 타당하다. 증상 처방은 문제 행동의 **맥락**을 변화시킨다. 맥락이 변하면 행동의 **의미**도 변할 것이다. 의미가 변할 때 생각과 느낌 그리고 이후의 행동도 자동적으로 변한다. 일반적인 예는 걱정에 대해 역설을 사용하는 것으로, 이는 종종 관련된 행동이 거의 없는 인지적이고 정서적인 과정이기 때문에 특히 다루기 어렵다. 내담자가 타이머를 설정해서 하루 중 특정 시간에 10분간 걱정하라는 지시가 주어질 때, 걱정은 모호하고 걷잡을 수 없는 경험에서 자발적으로 시작할 수 있고, 대부분 빠르게 발견하며 또한 의지로 멈출 수 있는 의식적으로 선택된 활동으로 급진적으로 변화한다. 맥락이 변할 때 걱정의 의미와 경험이 변화하며, 이는 종종 완전히 내담자의 통제 밖에 있는 것처럼 보이던 증상에서 중요한 변화를 만들어 낸다.

■ 간접적인 지시: 은유적 과제

Milton Erickson의 최면 작업과 치료 방식에서 영감을 받은 은유적 과제는 문제를 터놓고 다루는 것이 적절하지 않을 때 사용된다(Haley, 1987). Haley는 변화를 만들어 내기 위해서는 단지 은유적으로 말하는 것이 아니라 은유가 실행되어야 한다고 생각한다. 은유적 과제는 다음의 네 가지 단계를 포함한다.

① 치료자는 변화시키고자 하는 영역과 유사한 역동을 지닌 내담자 삶의 영역을 확인한다(예: 입양된 아동과 애완동물 입양에 대해 논의하기).
② 치료자는 입양이 어떻게 이뤄지는지를 논의하기 위해 이야기 또는 대화를 이용한다(예: 강아지가 아플 때 어떤 일이 일어나는지).
③ 치료자는 은유적 영역에서 어떤 변화가 일어나야 하는지에 대한 입장을 정한다(예: 아이가 첫 번째 애완동물을 입양할 준비가 되어 있다).
④ 과제는 일반적으로 은유적 영역에서 주어진다(예: 아이의 부모가 아이가 애완동물을 입양하는 것을 돕도록 격려한다).

■ 가정 기법

"성공하기 전까지 성공한 척을 하라"는 전략적 치료자들이 사용하는 가정 기법의 핵심을 함축적으로 보여 준다. 이 기법에서 내담자들은 그들이 바라는 변화를 이루도록 돕기 위해 지정된 기간(몇 분부터 며칠까지) 동안 자신의 목표를 달성했다고 '가정하기'를 해야 한다(Madanes, 1991). 그들이 짧은 시간이라도 행동을 가장할 때, 종종 관점, 감정, 행동에서의 진정한 변화가 일어난다. 예를 들어, 한 부부가 저녁에 사랑하는 척을 할 때, 그들은 종종 그러한 감정을 그대로 느끼게 된다. 체계적으로, 이 기법은 기존에 존재하던 오래되고 선호되는 상호작용 패턴을 촉발하거나, 만약 이것이 완전히 새로운 행동이라면 체계 내에서 현재 이용 가능한 새로운 상호작용 연쇄 과정을 생성함으로써 효과를 보인다. 어느 경우에서든지, 짧은 기간의 가정은 새로운 상호작용 연쇄 과정을 도입하는데, 이는 행동적 · 정서적 · 인지적 변화에 새로운 선택권을 만들어 낸다.

■ 시련 치료

Milton Erickson 연구에 영향을 받아, **시련**은 전략적 치료에서 내담자가 다툼, 걱정, 과식, 흡연, 손톱 물어뜯기, 음주 등의 증상을 통제하는 데 무력감을 느낄 때 종종 사용된다. 그들은 단순한 전제를 기반으로 한다. "누군가는 증상을 포기하는 것보다 증상을 가지는 것이 더 어려워진다고 판단하면 그 증상을 포기할 것이다."(Haley, 1984, p. 5) 행동을 멈추기 위한 선형적이고 논리적인 수단을 개발하기보다는(이는 인지행동적 접근일 것이다), 전략적 치료자는 증상을 허용한다. 내담자는 처음에나 나중에 '시련'이라는 또 다른 과제를 완성해야 한다.

시련은 바람직하지 않은 활동과 직접적으로 연관될 필요는 없지만 종종 은유적으로 관련된다. 예

를 들어, 만약 어떤 사람이 어려운 감정을 누그러뜨리기 위한 자신의 '감정적인 섭식'을 줄이기 위해 애쓴다면, 시련은 그 행동과 내적 긴장을 목표로 하여 선형적이거나 논리적인 방법(예를 들어, 식전에 제일 좋아하는 취미에 참여하기, 일기 쓰기 등) 또는 간접적이거나 비논리적인 방법(예를 들어, 식전에 낯선 사람 또는 사랑하는 사람을 위해 친절을 베풀기, 집 청소하기)을 택할 것이다. 대부분의 경우, 시련 치료는 바람직하지 않은 행동을 멈추기 위한 끔찍하고 불쾌한 시련에 관한 것이라기보다는, 새로운 행동 연쇄 과정이 일어날 수 있도록 체계적인 패턴을 흔들거나 동요하게 하는 것이다. 가족의 춤에 대한 은유로 돌아가서, 시련은 무도장의 중간에 있는 새 가구처럼 체계 주위를 돌면서 변화를 만들어 내도록 체계를 압박하는 행동적 장애물이나 처벌이 아니다. 체계는 이러한 작고 무해한 반전에 적응하면서 새로운 움직임을 만들기 위해 변화할 것이고, 가장 좋아하는 (또는 적어도 가장 잘 준비된) 움직임을 단번에 그만두어야 할 때보다는 변화를 일으키는 것이 덜 두렵고 덜 어려울 것이다.

◎ 조합하기: 사례개념화와 치료 계획 양식

■ 이론 특정적 사례개념화 영역

- **상호작용 연쇄 과정:** 각 사람들의 역할(별로 중요해 보이지 않는 구성원들도 포함), 상호작용 연쇄 과정에 대해 다음을 강조하면서 설명한다.
  - 항상성
  - 긴장의 증가
  - 증상/갈등
  - 항상성으로 돌아가기
- **전략적 개념화/가설:** 다음의 은유 중 하나를 사용하여 체계적 가설을 개발한다.
  - 비자발적 대 자발적
  - 무력감 대 권력
  - 은유 대 직유
  - 위계 대 동등
  - 적대감 대 사랑
- **발달의 가족생활 단계:** 가족생활주기 단계와 가족 구성원/가족이 발달적 주제와 관련된 독립성과 상호의존성 간의 균형을 유지하는 데 어떤 어려움을 겪을지 확인하라.
  - 출생 및 영아기
  - 초기 아동기
  - 학령기
  - 청소년기
  - 독립하는 시기
  - 부모가 되는 시기

– 조부모가 되는 시기
– 노년기

- **위계와 권력**: 관계에 있어서 위계 및 권력과 관련된 문제들을 증상이 어떻게 드러내는가?

우울/불안을 겪는 개인을 위한 치료 계획 양식

▣ 전략적 개인치료의 초기 단계

❖ 초기 단계의 치료적 과업

1. 기능적인 치료적 관계를 발전시키기. 다양성 주의: 문화, 성별 등등에 따라 구별되는 관계 구축 및 정서 표현 방식들을 존중하는 데 익숙해질 것.
   관계 구축 접근/개입
   a. 초기에 안전한 상황을 만들기 위한 사회적 격식과 치료 기간에 변화를 촉진하는 전략적 지위 선정.
2. 개인적, 체계적 및 광범위한 문화적 역동 평가하기. 다양성 주의: 문화적 · 사회경제적 · 성적 지향, 성별, 그리고 기타 관련 규범에 근거해 평가를 조정할 것.
   평가 전략
   a. 가족생활 단계, 권력, 그리고 동맹의 영향력에 주목하면서 문제가 되는 상호작용 연쇄 과정 평가하기.
   b. 자발성, 무력감, 위계, 사랑 등과 같은 전략적 틀을 한 가지 이상 사용하여 문제를 개념화하기.
3. 치료 목표를 정의하고 치료 목표에 대한 내담자 동의 얻기. 다양성 주의: 내담자의 문화, 종교 그리고 다른 가치 체계로부터의 가치들과 부합되도록 목표를 수정할 것.
   a. 초기 회기에서 내담자와 함께 측정 가능하고, 해결 가능하며, 관찰 가능한 용어로 목표를 설정할 것.
   b. 부부 혹은 가족 회기의 잠재적인 가치에 대해 논의하기.
4. 의뢰 필요성, 위기 문제, 부수적 연락처 그리고 다른 내담자 욕구를 확인하기.
   a. 의뢰/자원/연락: 위기 문제를 다루고, 다른 전문가와 적절하게 연락할 것.

❖ 초기 단계의 내담자 목표

1. 우울한 기분과 불안을 줄이기 위해 우울과 불안 증상의 자발적인 특성을 이해하는 능력을 향상하기.
   a. 내담자가 새로운 맥락에서 우울/불안 증상을 보이도록 하는 역설적 지시.
   b. 내담자가 증상 패턴에 작지만 의미 있는 변화를 만들도록 하는 지시.

▣ 전략적 개인치료의 작업 단계

❖ 작업 단계의 치료적 과업

1. 작업 협력자의 질 점검하기. 다양성 주의: 치료자가 은연중에 내담자의 문화적 배경과 일치하지 않는 표현이 섞인 개입을 할 때 이를 알 수 있는 내담자 반응에 어떻게 주의를 기울일지 설명할 것.

a. 개입 평가: 치료자의 영향력 수준을 점검하고 그에 따라 개입을 조정할 것.

2. 내담자 경과 점검하기. 다양성 주의: 경과를 평가할 때 문화, 성별, 사회 계층 및 기타 다양성 요소에 주의를 기울일 것.
   a. 개입 평가: 목표 달성을 위한 다음 개입을 어떻게 개발할 것인지를 평가하기 위해 지시를 부여한 다음의 회기에서 과제 보고를 요청할 것.

❖ 작업 단계의 내담자 목표

1. 우울과 불안을 줄이기 위해 현재 증상과 관련하여 내담자의 겉으로 드러난 무력감을 감소시키기.
   a. 무력감을 과장하고 숨겨진 이득을 드러내는 역설적 과제.
   b. 증상을 보이는 것과 관련된 은밀한 권력을 표면화하는 은유적 과제.

2. 우울과 불안을 감소시키기 위해서 '통제 불가능한' 증상(명시할 것)에 대한 내담자의 자발적 통제감을 증가시키기.
   a. 우울 및 불안과 관련된 행동 연쇄 과정을 변경하는 시련 치료.
   b. 원하는 행동을 증가시키는 가정 기법.

▣ 전략적 개인치료의 종결 단계

❖ 종결 단계의 치료적 과업

1. 추후관리 계획을 세우고, 개선된 점 유지하기. 다양성 주의: 치료 종결 이후 그들을 지지해 줄 그들이 속한 공동체 자원을 활용하기.
   a. 내담자가 증상의 역행에 대비하도록 돕는 개선의 위험과 제지하기.

❖ 종결 단계의 내담자 목표

1. 행복감과 다른 사람들과의 유대감을 증가시키기 위해 어떻게 사랑이 자신과 타인의 행동에 동기를 부여하는지를 파악하는 능력을 키우기.
   a. 사랑이 어떻게 상호작용을 동기화하는지에 초점을 두고 다른 사람과의 문제가 되는 상호작용을 재구성.
   b. 사랑의 숨겨진 동기를 강조하기 위한 지시/은유적 과제.

2. 재발 가능성을 줄이기 위해 가족생활주기에서 내담자의 위치에 맞는 발달적 과제 수행 능력을 향상하기.
   a. 가족생활의 단계에 기반하여 독립성과 상호의존성의 균형을 다시 맞추기 위한 지시.
   b. 내담자가 새로운 발달적 도전을 완수하도록 돕는 가정 기법.

갈등이 있는 부부/가족을 위한 치료 계획 양식

▣ 전략적 부부/가족치료의 초기 단계

❖ 초기 단계의 치료적 과업

1. 효과적인 치료적 관계 발전시키기. 다양성 주의: 문화, 성별 등등에 따라 구별되는 관계 구축 및 정서 표현 방식들을 존중하는 데 익숙해질 것.

   관계 구축 접근/개입

   a. 초기에 안전한 상황을 만들기 위한 모든 내담자와의 사회적 격식과 치료 기간에 변화를 촉진하는 전략적 지위 선정.

2. 개인적, 체계적 및 광범위한 문화적 역동을 평가하기. 다양성 주의: 문화적 · 사회경제적 · 성적 지향, 성별, 그리고 기타 관련 규범에 근거해 평가를 조정할 것.

   평가 전략

   a. 가족생활 단계, 권력, 그리고 (가족 구성원 및 다른 타인과의) 동맹의 영향력에 주목하면서 문제가 되는 상호작용 연쇄 과정 평가하기.

   b. 자발성, 무력감, 위계, 사랑 등과 같은 전략적 틀을 한 가지 이상 사용하여 문제를 개념화하기.

3. 치료 목표를 정의하고 치료 목표에 대한 내담자 동의 얻기. 다양성 주의: 내담자의 문화, 종교 그리고 기타 가치 체계로부터의 가치들과 부합되도록 목표를 수정할 것.

   a. 초기 회기에서 내담자와 함께 측정 가능하고, 해결 가능하며, 관찰 가능한 용어로 모든 구성원이 동의하는 목표를 설정할 것.

4. 의뢰 필요성, 위기 문제, 부수적 연락처, 그리고 다른 내담자 욕구를 확인하기.

   a. 의뢰/자원/연락: 위기 문제를 다루고, 다른 전문가와 적절하게 연락할 것.

❖ 초기 단계의 내담자 목표

1. 갈등을 줄이기 위해 문제가 되는 상호작용 주기의 이면에 있는 사랑의 동기를 파악하는 능력을 향상하기.

   a. 상호작용 내에서 각자의 역할에 대해 궁극적이고 근본적인 사랑의 동기를 가진 것으로 다시 특징짓는 전략적 재구성.

   b. 부부/가족이 증상 패턴에 작지만 의미 있는 변화를 만들도록 하는 지시.

▣ 전략적 부부/가족치료의 작업 단계

❖ 작업 단계의 치료적 과업

1. 작업 동맹의 질 점검하기. 다양성 주의: 치료자가 은연중에 내담자의 문화적 배경과 일치하지 않는 표현이 섞인 개입을 할 시, 이를 알 수 있는 내담자 반응에 어떻게 주의를 기울일지 설명할 것.

   a. 개입 평가: 치료자의 영향력 수준을 점검하고 그에 따라 개입을 조정할 것.

2. 내담자 경과 점검하기. 다양성 주의: 경과를 평가할 때 문화, 성별, 사회 계층 및 기타 다양성 요소에 주

의를 기울일 것.

a. 개입 평가: 목표 달성을 위한 다음 개입을 어떻게 개발할 것인지를 평가하기 위해 지시를 부여한 다음의 회기에서 과제 보고를 요청할 것.

❖ 작업 단계의 내담자 목표

1. 갈등을 줄이기 위해 관계에서 권력의 균형을 정의하려는 부부/가족의 문제적 상호작용을 줄이기.
   a. 관계에서의 은밀한 권력의 역동을 표면화하는 은유적 과제.
   b. 관계에서의 권력과 관련된 행동 연쇄 과정에 작은 변화를 만드는 지시.

2. 갈등을 줄이기 위해서 갈등적 상호작용의 '통제 불가능'한 요소에 대한 내담자의 자발적 통제감을 키우기.
   a. 부부/가족 갈등과 관련된 행동 연쇄 과정을 변경하는 시련 치료.
   b. 원하는 행동을 늘리는 가정 기법.

▣ 전략적 부부/가족치료의 종결 단계

❖ 종결 단계의 치료적 과업

1. 추후관리 계획을 세우고, 개선된 점 유지하기. 다양성 주의: 치료 종결 이후 그들을 지지해 줄 그들이 속한 공동체 자원을 활용하기.
   a. 증상의 역행에 대해 배우자를 비난하는 경향을 줄이는 변화를 포함하여 부부/가족이 역행에 대비하도록 돕는 개선의 위험과 제지하기.

❖ 종결 단계의 내담자 목표

1. 행복감과 유대감을 늘리기 위해 관계 속에서 사랑이 자신과 타인의 행동을 어떻게 동기화하는지를 파악하는 능력을 키우기.
   a. 사랑이 상호작용, 심지어 문제가 있는 상호작용을 어떻게 동기화하는지에 초점을 맞추어 문제적 상호작용 재구성.
   b. 숨겨진 사랑의 동기를 강조하는 지시/은유적 과제.

2. 재발 가능성을 줄이기 위해 가족생활 단계의 '발달적 과제를 완수하는' 능력을 향상하기.
   a. 가족생활 단계를 기반으로 하여 독립성과 상호의존성의 균형을 다시 맞추도록 하는 지시
   b. 새로운 발달적 도전을 완수하도록 돕는 가정 기법.

밀라노 체계적 치료

◎ 요약하기: 당신이 알아야 할 최소한의 것

밀라노 치료는 '순수한' Bateson의 사이버네틱 이론을 체계적인 실무에 적용하는 것으로 시작되었다(Selvini Palazzoli et al., 1978). 밀라노 치료 팀은 많은 부분을 조현병이나 섭식장애 등의 심각한 장애를 진단받은 아동들과 작업했다. 이 접근이 바로 '장기적 단기치료'인데, 이는 회기가 일반적으로 월 1회씩 수행되지만, 치료자가 내담자를 단 10회만 만난다는 뜻이다. 밀라노의 접근은 재구성이나 순환적 질문 등 좀 더 언어에 기초한 개입을 사용하는데, 이는 좀 더 행동지향적인 개입을 사용하는 MRI나 전략적 접근과는 다소 대조적이다. 그들은 상호작용 패턴을 '가족 게임'(당신이 이탈리아어를 적절하게 번역한다면, 누군가를 조종하려는 게임이 아니라 재미있게 즐기는 게임을 생각하라.)으로 정의했고, 증상을 재구성하기 위해 긍정적 의미 부여를 사용했다. 이 접근은 가족 구성원들의 인식론과 문제에 대한 관점을 전환함으로써 가족의 상호작용을 바꾸는 데 목표를 두고 있다. 몇 년 후, Cecchin과 Boscolo는 그들의 관념을 보다 포스트모던의 방향으로 발전시키면서 협동적 사회구성주의 치료자들과 긴밀하게 협력했다.

◎ 핵심 내용: 중요한 기여점

당신이 이 장에서 기억할 것이 있다면, 그것은 다음과 같다.

■ 순환적 질문

어떤 치료 모델을 선택하건 간에, 순환적 질문은 한 사람 이상과 같은 방에서 작업할 때 가장 효과적인 기법 중 하나일 것이다. 그러한 질문들은 체계 내에서의 전체적인 역동과 상호작용 패턴을, ① 평가하고, ② 표면화하도록 도와주며, 그럼으로써 이미 체계적 재구성에서 설명한 바와 같이 치료자가 언어적으로 재구성을 제공할 필요 없이 모든 참가자의 문제에 대해 재구성한다(Selvini Palazzoli et al., 1978; Selvini Palazzoli, Boscolo, Cecchin, & Prata, 1980). 예를 들어, 예전에 한 가족이 자녀의 '분노 문제'에 대해 호소하며 내게 찾아온 적이 있다. 그들이 자녀의 '문제' 행동을 묘사하고 나서, 나는 나머지 가족 구성원이 그 자녀의 분노에 어떻게 반응했는지에 대해 물었다. 어머니는 실망하고 종종 소리를 지르며 대응한다고 보고했고, 아버지는 자녀를 날카롭게 지적했다고 말했다. 그들은 자신들의 반응에 대해 스스로 점검하면서, 그들은 아이의 분노에 분노로 대응했음을 인정했으며, 여동생이 그 격렬함 때문에 다른 방으로 숨어버리거나 어떻게든 벗어나려고 했다는 것을 알아차렸다. 부모들이 상호작용 패턴에서 절반을 차지하는 그들의 몫을 바라보기 시작함에 따라, 분노가 그들 세 명 사이에 매우 '퍼져 있었고' 딸을 불안하게 했음을 알게 되었다. 이러한 질문들은 가족이 '아들의 분노 문제'를 더 넓은 상호작용 패턴의 맥락에서 바라볼 수 있게 해 주었고, 그럼으로써 관계를 맺는 새로운 선택지를 열어 주었다. 순환적 질문의 구체적인 형태(Cecchin, 1987)는 다음과 같다.

- **행동 연쇄 과정 질문**: 치료자들은 문제를 구성하는 전체적인 행동의 연쇄 과정을 추적하기 위해 이 질문들을 사용한다. "John이 몹시 화를 내고 나면, 엄마는 무엇을 했나요? 아빠는 무엇을 했나요? 그의 여동생은 무엇을 했나요?" 대답을 듣고 난 후, "그 후에 John은 무엇을 했나요?" 상담사는 항상성이 복구될 때까지, 상호작용의 연쇄 과정을 따라간다(제13장에 설명된 사례개념화의 '문제적 상호작용 패턴'을 평가함으로써 이를 알게 될 것이다).
- **행동 차이 질문**: 치료자들은 내담자들이 사람들에게 낙인을 찍고 특정한 행동이 어떤 개인이 타고난 성격의 일부라고 가정하기 시작하면 행동 차이 질문들을 활용한다. 예를 들어, 한 아이가 "우리 엄마는 잔소리쟁이예요."라고 주장하면, 치료자는 "엄마의 어떤 행동이 잔소리쟁이 같니?"라고 되물을 것이다. 그러고 나면 문제적 행동으로 묘사되는 "나한테 뭔가를 하라고 시켜요."를 다른 사람들과 비교한다. "너의 아빠는 너에게 뭔가를 하라고 할 때 어떻게 하니? 너의 선생님은? 너는 다른 사람들에게 뭔가를 하라고 어떻게 요청하지?"
- **비교 및 순위매기기 질문**: 비교와 순위매기기 질문은 가족에 대한 낙인 찍기와 완고한 생각을 줄이는 데 유용하다. "Jackie가 삽화를 보이면 누가 가장 화를 내나요? 누가 가장 적게 영향을 받나요? 그런 순간에는 누가 가장 도움이 되나요? 가장 덜 도움이 되는 사람은?"
- **전후 질문**: 특정 사건이 발생했을 때, 전후 질문은 해당 사건이 가족 역동에 어떤 영향을 주었는지를 평가하는 데 유용할 수 있다. "너희 아빠가 아프고 난 후 너와 엄마는 더 많이 싸웠니, 적게 싸웠니?"
- **가상의 순환적 질문**: 가상의 질문들은 시나리오를 제공하고, 가족 구성원 각자가 어떻게 반응할지를 말하도록 한다. "만약 엄마가 갑자기 병원에 입원한다면, 누가 가장 그녀의 옆을 지킬 것 같니? 누가 가장 그렇지 않을 것 같아?"

◎ 들리는 소문에 의하면: 관련된 사람들의 이야기

■ 밀라노 팀

밀라노 팀에는 Mara Selvini Palazzoli, Gianfranco Cecchin, Luigi Boscolo, Guiliana Prata가 있었으며, 당시 이탈리아에서 거식증을 연구하던 Selvini Palazzoli가 1967년에 설립했다(Campbell, Draper, & Crutchley, 1991). 그들은 매주 급여 없이 만나면서, 가족들을 만나고 Bateson과 MRI 그룹의 연구를 공부하면서 종종 Watzlawick을 초대해 자문을 구했다. 팀은 의미와 의식에 초점을 둔 독특한 접근을 개발했다. 1979년에 팀은 관심사와 성별에 따라 분리되었다. 주로 연구를 했던 Selvini Palazzoli와 Prata는 정신증이 있는 구성원을 둔 가족들의 치료에 대한 연구를 계속하기 원한 반면,

Cecchin과 Boscolo는 임상과 응용 프로그램 훈련에 관해 함께 작업했다. Selvini Palazzoli와 Prata의 후기 작업은 (이 장의 뒤에서 논의되는) **보편적 처방**에 집중한 반면, Cecchin과 Boscolo는 Keeney의 **2차 사이버네틱스**(1983)와 관련 연구들을 탐구했고 다중 기술어를 통한 의미 구성과 언어에 관심을 기울였으며 결국은 보다 포스트모던이고 사회구성주의적인 입장으로 나아갔다(제10장 참조). 제10장에 등장하는 Lynn Hoffman과 Peggy Penn은 Boscolo, Cecchin과 긴밀하게 작업했다.

◎ 큰 그림 그리기: 상담 및 심리치료의 방향

■ 장기적 단기치료

밀라노 접근은 고도로 구조화되어 있으며 전형적으로 10개월간 월 1회씩, 총 10회기로 구성된다(Selvini Palazzoli et al., 1978; Selvini Palazzoli et al., 1980). 각 회기는 다음의 다섯 부분으로 나뉜다.

- **사전 회기**: 팀은 가족에 대해 논의하고 가설과 개입을 개발한다.
- **회기**: 회기의 치료자는 가족을 만나고, 그동안 팀의 나머지 구성원들은 거울 뒤에서 관찰한다.
- **휴회 시간**: 치료자는 잠시 쉬는 시간을 가지고 팀의 도움을 얻어 개입을 개발하는데, 치료실에 있는 사람보다 가족 역동을 대개 더 빨리 파악하기 때문이다.
- **개입**: 회기의 치료자는 다시 회기로 돌아가서 개입을 전달한다.
- **논의**: 가족이 떠난 후, 팀은 모여서 회기가 어떻게 진행되었는지에 대해 논의하고, 그들의 가설을 다듬고, 다음 회기를 어떻게 진행할지를 결정한다.

■ 회기 개관

다음의 회기 순서는 일반적으로 가족이 자녀를 확인된 환자라고 표현할 때 사용된다.

1회기: 팀이 가족 게임과 상호작용 패턴을 관찰할 수 있도록 모든 가족 구성원이 초대된다. 이것으로부터 그들은 증상의 역할에 대한 초기 가설을 개발한다.

2회기: 다시 모든 가족 구성원이 참석하고, 초점은 아이에게 맞춰진다. 하지만 이 이후로는 부모만 다시 초대된다.

3회기: 이 회기에서는 부모만 참석하며, 팀은 보편적 처방을 내린다.

4회기: 마찬가지로 부모만 참석하고, 그들이 치료의 중점이 된다. 부모 단위를 변화시킴으로써, 자녀의 증상이 다루어질 것으로 기대된다.

5회기: 치료자는 확인된 환자의 증상을 다루는 것에 대한 부모의 성공 또는 실패에 대해 다룬다.

6~10회기: 팀은 보편적 처방의 성공 여부와 아이들의 반응을 계속 점검한다. 주호소 문제를 해결하는 데 필요한 추가적인 개입이 제공된다.

◎ 관계 형성하기: 치료적 관계

■ 중립성과 다중편애

1978년(Selvini Palazzoli et al.; Selvini Palazzoli et al., 1980)에 밀라노 팀은 최초로 그들의 치료적 입장을 **중립성**의 일종으로 묘사했는데, 이것은 그들의 작업과 관련하여 가장 오해받은 개념 중 하나이다(Boscolo et al., 1987). 밀라노 팀에게 있어, 중립성이란 특정한 가족 구성원이나 문제 묘사에 대한 공평함뿐 아니라 모든 관점을 존중하려는 의지인 다중편애의 뜻을 내포했다.

어떤 의미에서, 중립성이란 치료자가 가족에게 미치는 **실용적 효과**를 의미하는 것이지 치료자 자신의 감정을 의미하는 것이 아니다(Cecchin, 1987). 그러므로 만약 회기의 끝에 치료자가 어떤 '편'에 섰는지 가족이 잘 모른다면, 그 치료자는 중립성의 효과를 보였다고 할 수 있다. 그러나 회기 중에 치료자는 문제에 대한 특정 개인의 입장과 일치하는 질문을 함으로써 편을 드는 것처럼 보이기도 한다. 치료자는 반드시 다른 개인들의 입장과도 일치하는 질문을 던짐으로써 균형을 맞추어야 하며, 그렇게 되면 회기가 마무리될 때 치료자가 중립적으로 보이게 된다.

중립성이란 또한 특정 의미, 묘사 혹은 결과에 집착하지 않는 것을 나타내기도 한다(Boscolo et al., 1987). 밀라노 팀은 **문제 그 자체**를 포함하여 문제에 대해 어떠한 특정 묘사를 믿지 않고자 조심했다. 중립성은 가족에 대한 가설과 생각으로까지 확장되었고, 팀은 그들 자신의 생각과 '사랑에 빠지는 것'을 피했다. 이후에 Cecchin, Lane과 Ray(1992)는 이러한 형태의 중립성을 더 넓은 범위의 기동성을 감안한 (다음 부분에서 논의되는) **불경함**의 한 형태로 특징짓기도 했다. 치료자가 문제의 특정 묘사에 집착하지 않을 때, 그들은 자신이 선호하는 하나의 해결책에 초점을 맞추기보다는 더 많은 개입의 가능성을 발견하게 된다.

■ 호기심과 미학

1987년 Cecchin은 밀라노 접근, 특히 중립성 개념에 대한 흔한 오해를 명확히 설명하기 위해 논문을 썼다. 그는 그 치료적 입장이 주로 그의 커리어 마지막에 아주 긴밀한 작업 관계를 이루었던 협동치료자(제10장)들이 가장 잘 사용하는 포스트모던 치료에서 가져온 주제인 **호기심**의 일종이라고 강조한다. 치료적 호기심은 체계 내에서 다중적이고, 다음성의 목소리를 들으려는 진정한 관심에서 나온다. "이 체계적 지향에서, 우리는 참/거짓에 대한 설명의 틀이 아니라 호기심의 틀 안에서 설명한다."(Cecchin, 1987, p. 406) 이러한 호기심은 단일한 진실을 찾아내려는 과학적 호기심이 아니라, 나타나는 패턴들에 대한 **미학적** 호기심이다. 비유를 들자면, 체계적 호기심은 과학자들이 연구실에서 실험을 함으로써 알아내는 호기심이 아니라, 당신이 복합적인 미술이나 춤, 시를 경험할 때의 호기심이며, 가능한 한 여러 층의 의미에 대한 개방적인 자세이다.

특히 Cecchin은 Bateson의 중대한 사이버네틱 이론을 이끄는 주제인 '연결되는 패턴'에 관심이 많았다. 그래서 한 가족을 관찰할 때, 치료자는 가능한 한 패턴의 다층성에 시선을 두면서 '연결되는 패턴'에 호기심을 갖는다. 더 구체적으로, 치료자는 가족들이 치료에서 하나의 상호작용을 설명하기 위해 언급하는 다양한 이야기를 궁금해한다. 다양한 설명을 종합할 때, 체계적인 치료자는 최선의 혹은 가장 정확한 묘사가 **아니라 어떻게 다양한 이야기가 함께 맞춰지는지,** 즉 **연결되는 패턴**에 관심을 갖는다. 치료자들이 그들의 궁금증과 중립성을 잃어가고 있다는 신호에는 그들의 작업을 지루해하는 것과 작업과 관련된 정신신체 증상이 포함된다(Cecchin, 1987).

■ 불경함

불경함의 개념은 학계에서 나중에서야 조명되었지만(Cecchin, Lane, & Ray, 1992), 올바르게 이해한다면 불경함은 (내담자가 아니라) 문제와 치료자의 관계를 명확히 포착한다. 이 접근의 마법은 치료자와 문제 사이의 불경한 관계에서 시작된다.

무엇이 불경할까? 다른 체계적 및 전략적 치료자들처럼, 밀라노 체계적 치료자들은 문제의 '파국적인' 겉모습에 대해 불경하다. 그들은 한 개인이 지니는 '성격 결함' '질병' '미해결된 어릴 적 문제' 혹은 다른 깊고 고통스러운 문제의 겉모습에, 특히 문제를 안고 살아가는 사람들에게 문제가 이렇게 보일지라도 굴복하지 않는다. 그러나 체계적 치료자들은 문제들이 관계적, 더 넓게는 사회적 맥락과 밀접하게 연결되어 있기 때문에, 그러한 겉모습들은 기만적이라는 사실을 알고 있다. 다른 상황에서 한 개인의 문제 행동은 달라질 것이다. 상황과 문제는 항상 영향을 주고받는다. 불손함 기법은 문제를 강력한 적으로 떠받들지 않고, 문제가 실제보다 더 많은 권력을 가지고 있다고 가정하지 않는 것이다. 증상의 권력은 전적으로 상황 의존적이다. 경험이 쌓인 치료자는 '크고 끔찍한' 문제의 겉모습을 꿰뚫어 볼 수 있고, 개인 · 문제 · 맥락이 유동적인 춤을 이룬다는 것을 파악할 수 있다. 그리고 경험이 쌓이면, 춤 동작에서 몇 발자국만 바꿈으로써 문제가 움직이고 줄어들어 결국에는 사라진다는 것을 배우게 된다.

불경함은 치료자의 자신감과 문제에 대한 차분한 반응에서 느껴진다. 그것은 무례가 아니라 **용감함**으로부터 나온다. 내담자가 어떤 문제를 가지고 왔든, 자녀의 상실이든 십대의 시끌벅적한 사건이든 치료자들은 두려워하지 않고 체계적 과정에서 깊은 평온함과 신뢰를 유지하며, 문제들이 결코 겉으로 보기처럼 극복할 수 없는 것들이 아니라는 점과 체계란 근본적으로 자기 조정적이라는 점을 알고 있다. 불경함은 공감이나 민감성의 결여를 의미하는 것이 아니다. 그보다는 치료자가 내담자에게 최대한의 이익을 제공하도록 개방성, 창의성 그리고 유연성을 유지하게 해 준다. 이 장의 사례 연구에서 16세 Alba가 그녀의 부모님이 결별한 이후 음주와 대마초를 시작하기로 결정한 것에 대한 치료자의 불찰은 치료자가 내담자의 행동화에 대해 과도하게 당황하지 않고 그녀와 전체 가족들이 Alba의 배신감과 상실감에 집중할 수 있게 해 준다. 음주와 마약에 과도하게 반응하지 않지만 무시하지도 않으면서, 치료자는 그 행위들에 부여하는 권력을 줄이고 더 중요한 주제를 다룰 공간을 마련한다.

■ 치료자의 피할 수 없는 영향력

Cecchin과 Lane 그리고 Ray(1994)는 2차 사이버네틱 관점을 기반으로 하여(제3장 참고) 체계적 치

료자들이 내담자의 체계에 대한 치료자의 영향력을 적극적으로 점검해야 한다고 주장한다. 치료자들은 자신이 관찰하는 상호작용과 내담자로부터 얻는 반응들에서 중립적인 관찰자가 아니기 때문에, 내담자들에 대한 그들의 믿음(그들의 치료 이론 포함), 행동 그리고 말들이 지니는 효과를 점검할 책임이 있다. 치료자는 내담자와 함께 어떤 종류의 체계를 형성하는가? 내담자에게 도움이 되는가? 내담자가 존중받고, 귀 기울여진다고 느끼는가? 밀라노 치료자들은 그들의 2차 사이버네틱 관점에 매우 충실하여 만약 어떤 가족에 대한 치료자의 가설이 정확하지 않거나 도움이 되지 않아 보인다면 가설을 포기해야 한다고 주장했고, 심지어는 이론적 견해가 목적에 부합하지 못한다면 그 또한 버려야 한다고 주장했다(이론을 버리기 위해 이론을 사용하는 것은 당신이 자유롭게 생각해 볼 고전적인 철학적 수수께끼이다. 만약 치료자가 이론을 버리기 위해 이론을 사용한다면, 그녀는 여전히 그 이론을 따르는 것인가?).

◎ 조망하기: 사례개념화와 평가

■ 가족 게임(상호작용 연쇄 과정)

MRI 치료자들과 유사하게, 밀라노 치료자들은 그들이 **가족 게임**이라고 부르는 가족의 상호작용 연쇄 과정을 조심스럽게 평가한다(앞의 내용 참조). 종종 영어 사용자들은 밀라노의 **게임**이라는 용어를 그 단어의 영어 의미인 속임수 쓰는 나쁜 의도를 뜻한다고 생각한다. 하지만 체계적 맥락에서 **게임**의 의미는 그런 것이 아니고, 이는 가족이 어떻게 상호작용하는지에 관한 관계적 규칙에 초점을 두며, 이 규칙은 의식적으로 만들어지는 것이 아니라 가족의 상호작용 패턴으로부터 자연스럽게 생성된다.

실제 상호작용을 관찰하는 것에 더하여, 밀라노 치료자들은 상호작용 연쇄 과정을 평가하기 위해 순환적 질문을 한다. 이러한 질문들은 개인, 부부, 가족에게 사용될 수 있다. 예를 들어, 반항적인 자녀 때문에 문제를 겪고 있는 부부에게 치료자는 다음과 같이 묻는다. "문제적 사건 바로 직전에 어떤 일이 있나요? 각 개인은 어떤 말과 행동을 하나요? 자녀가 어떻게 반응하나요? 각 부모와 연관된 사람들은 반항에 어떻게 대응하나요? 자녀가 그것에는 또 어떻게 반응하지요? 그 다음에 부모는 아동에게 어떻게 반응합니까?" 가족의 항상성이 회복될 때까지 이 질문들은 계속된다. 개인과 단독으로 작업할 때 순환적 질문은 상호작용 연쇄 과정을 평가하는 유일한 방법일 때가 많다.

■ 언어학의 횡포

가족을 평가할 때, 밀라노 팀은 가족의 단어 선택과 표현에 특별한 주의를 기울였다. 그들은 언어, 특히 그들 자신이나 타인에 대한 묘사가 어떻게 현실을 형성하는지를 잘 알고 있었고, 이것을 '언어학의 횡포'라고 불렀다(Selvini Palazzoli et al., 1978). 예를 들어, "나는 우울해."라든지 "그는 화난 사람이야."와 같은 문장은 다른 감정이나 정체성이 나타날 하루의 수많은 순간을 알아차릴 여지를 거의 남겨 두지 않는 일반적인 낙인이다. 대신에 밀라노 치료자들은 사람의 **행동**에 대해 묘사할 것을 권장한다. 내가 우울해'하는' 시점이나 그가 분노'하고' 있는 시점. 이러한 단어의 미묘한 변화는 사람들이 우울증이 그렇게 강하지 않은 시점이나 어떤 사람이 그렇게 화나지 않은 순간에 대한 묘사를 할 수 있게 해 주면서, 사람들이 스스로를 경험할 수 있도록 새로운 기회를 열어 준다.

밀라노 치료자들에게 '똑똑한' 혹은 '좋은'과 같은 긍정적인 낙인은 부정적인 설명어 못지않게 제한적이고 문제적이다. 부정적인 설명어처럼 긍정적인 낙인은 이를 형성하는 관계적 맥락을 모호하게 만든다(Boscolo et al., 1987). 상호작용적 행동의 묘사에서는 긍정적인 설명어와 부정적인 설명어 모두를 피한다.

■ 가족 인식론과 인식론적 오류

Bateson의 작업을 이용하여, 밀라노 치료자들은 가족의 인식론, 특히 증상을 유지하는 것으로 보이는 인식론적 오류를 확인한다(제3장 참고; Selvini Palazzoli et al., 1978). 인식론을 검증할 때, 치료자들은 가족이 사건을 어떻게 **강조하는지**에 주의하는데, 이것은 사건들이 원인, 결과, 순서 등에 관해 어떻게 묘사되는지를 의미한다. 가장 흔한 인식론적 오류 중 하나는 체계적이고 상호적으로 발생되는 상호작용을 단일방향적인 인과관계라고 강조하는 것이다. 예를 들어, 남편은 "**그녀가 잔소리를 해서** 난 물러났어요."라고 주장할 수도 있다. 아내는 대체로 다음과 같이 반응할 것이다. "당신이 참여하지 않으려고 하니까 내가 잔소리를 하게 되는 거야." 두 묘사 모두 그들이 사건의 연쇄 과정을 강조하는 방식 때문에 일어나고 있는 체계적 상호작용을 포착하는 데 실패한다.

◎ 변화를 겨냥하기: 목표 설정

■ 새로운 의미

밀라노 치료 전체를 아우르는 초점은 가족의 '게임'(상호작용적 행동 연쇄 과정)을 변화시키는 체계에 대한 새로운 의미와 특징(구두점)을 생성하는 것이다. 사이버네틱 체계적 관점에 굳건히 기반을 둔 밀라노 치료자들은 그들이 가족의 상호작용을 '고치거나' '수정'할 수 있다고 믿지 않는다. 대신에, 그들은 체계를 동요하게 만들거나 흔들어서 자기 조정하게 할 수 있다(이것이 익숙하지 않으면 제3장의 '사이버네틱스'를 참고하라). 가족이 그들의 일상적인 상호작용 패턴이 가로막힐 때면, 예외 없이 그들은 제법 쉽게 더 나은 행동을 선택한다. 우리 대부분은 주어진 상황에서 무엇이 더 이상적인 반응인지 의식적으로 알고 있지만 체계적 역동의 영향력이 그렇게 하기 어렵게 만든다.

■ 목표

이 장의 다른 체계적 치료들과 마찬가지로, 건강에 대한 사전 정의된 목표는 존재하지 않는다. 대신에 목표는 단지 새로운 체계적 상호작용 패턴을 통한 증상의 감소이다.

- 가족은 가족 게임의 '규칙들'을 바꾸는 방식으로 새로운 정보를 통합하여 어떠한 구성원도 증

상이 없게 한다(Selvini Palazzoli et al., 1978).

- 가족은 하나의 체계로서 안정성과 응집력을 유지할 수 있다.

◎ 행동하기: 개입

■ 가설화 과정

> 가설 구성은 지속되는 과정이며, 가족의 움직임과 함께 발달한다. 가설화하는 활동은, 질문에 대한 가족의 반응이 하나의 가설을 수정하거나 바꿈에 따라 다른 가설이 새로운 피드백의 특성에 근거하여 형성된다는 사이버네틱 피드백 고리의 개념을 통해서, 가장 잘 설명된다. 이러한 지속되는 가설 구성의 과정은 치료자가 면담을 하는 사람 및 팀 구성원으로서 끊임없이 재개념화할 것을 요구한다.
>
> – Boscolo et al., 1987, p. 94

밀라노 접근에서 강조되는 가설 생성 과정은, 치료 내내 계속되며 일반적으로 두 단계로 이루어진다.

① **개념화를 위한 가설화**: 이것은 가설을 개발하고 수정하는, 거울 뒤 과정으로 치료자와 팀이 그들의 '관점'을 조정하고 치료의 전반적인 초점과 방향을 제공하기 위해 사용한다.

② **개입으로서의 가설화**: 치료자와 팀이 가족에게 가설이 도움이 된다고 생각할 때, 그들이 거울 뒤에서 발전시키고 있던 가설은 회기 내 개입의 하나로 가족들과 언어적으로 공유된다.

이미 논의되었듯이, 가설은 일반적으로 가족의 항상성을 유지하는 데 있어 증상의 역할을 정의한다(Boscolo et al., 1987). 예를 들어, 한 10대의 비행 행동은 부모를 더 가깝게 하는 역할을 할 수도 있다. 아이의 '문제적인' 행동이 없으면, 그 부부는 가족이 다루기 더 힘들었을 다른 어려움을 겪을지도 모른다. 가설은 또한 가족이 어떻게 상황을 똑같이 유지하기를 원하는 동시에 변화시키기를 원하는지에 대한, 두 개의 서로 균형을 잡아 주는 힘을 조명할 수 있다. 치료자가 가족에게 가설을 전달할 때, 그 목적은 '다른 점에 대해 알려 주어서' 그들이 문제에 대해 어떻게 생각하는지를 바꾸고 결과적으로 변화에 대한 새로운 가능성을 여는 것이다. 가설은 가족이 상황을 바라보는 관점과 구별될 수 있도록 말로 표현되어야 하고, 그렇지만 또 가족이 반응을 할 수 있도록 너무 달라서는 안 된다. 대신에 가설은 가족의 현재 세계관에서 **그럴듯한** 것이어야 한다(Watzlawick et al., 1974).

밀라노 팀은 가설의 세 가지 일반적인 유형을 확인했다(Boscolo et al., 1987).

- **동맹에 대한 가설**: 이는 누가 누구의 편에 있는지 동맹과 연합을 묘사한다.
- **통념과 전제에 대한 가설**: 이는 문제에 기여하는 비현실적이거나 문제가 되는 통념과 전제를 밝힌다(완벽한 결혼, 이상적인 자녀 등에 대한 통념).

• **의사소통을 분석하는 가설**: 이들은 이중구속과 같은 문제적인 의사소통 패턴을 추적한다.

■ 긍정적 의미 부여(밀라노식 재구성)

밀라노 치료자들은 역설적 개입을 처방할 때 그들 스스로를 부정하지 않기 위해 긍정적 의미 부여를 개발했다(Selvini Palazzoli et al., 1978). 치료자들은 가족의 변화에 대한 두려움과 변화에 대한 요구 모두를 존중하기 위해 긍정적 의미 부여를 사용한다. 그들은 가족 구성원 각자의 **행동**을 긍정적으로, 즉 자애로운 동기가 깔려 있는 것으로 **해석한다**(Boscolo et al., 1987). 흔한 긍정적 의미 부여는 자녀의 문제적 행동을 부모를 함께하도록 하기 위한 방법이라고 재구조화하는 것과 이 행동에 대해 어떻게 다룰지에 대한 부모의 논쟁을 그들이 가족과 서로에게 지닌 헌신이라고 재구조화하는 것이다. 아마도 긍정적 의미 부여의 가장 중요한 결과는 이것이 치료자에게 미치는 영향일 것이다. 이는 치료자가 체계의 구성원들을 덜 판단하고 더 희망적으로 볼 수 있게 해 준다.

■ 순환적 질문

앞서 '본질'에서 설명된 순환적 질문은 밀라노 치료에서 사용되는 주요 개입 중 하나이다. 이러한 질문들은 종종 체계의 구조를 가족들에게 그들이 이해한 언어로 드러내는 데 매우 효과적이어서 긍정적 의미 부여와 같은 다른 재구조화들이 종종 불필요해진다(Boscolo et al., 1987).

■ 반(反)역설(Counterparadox)

MRI 치료법의 이중구속과 유사하게(상단 참조), 밀라노의 반역설은 가족이나 부부의 스스로 만들어 낸 역설이나 이중구속에 치료적으로 대응하기 위해 사용된다(Selvini Palazzoli et al., 1978; Watzlawick, Bavelas, & Jackson, 1967). 반역설적 메시지는 가족들이 변화를 위해 찾아왔다 해도 가족에게 변화하지 말라고 요청한다. 이는 종종 문제적 행동이 너무나 터무니가 없어서 가족이 자발적으로 이를 포기할 수준까지 문제적 행동을 증폭시킨다(Boscolo et al., 1987). 따라서 반역설은 다른 형태의 개입에 협조적이지 않은 가족들에게 특히 적절하다.

■ 의식

밀라노 치료자들은 그들의 행동적 처방전을 **의식**이라 부른다. 의식은 가족에게 주어진 행동적 과제로, 이중구속 의사소통을 다루며 가족이 문제와 관련 있는 의미를 바꾸도록 한다. 초기에 의식은 긍정적 의미 부여나 반역설을 강화하기 위해 종종 사용되었다. 예를 들어, 아이의 증상적 행동의 긍정적 의미 부여를 강화하기 위해 치료자는 매 저녁시간에 가족 구성원 각자는 증상을 지닌 구성원에게 가족에 대한 그/그녀의 희생에 고마운 마음을 표현하고 화자가 얻은 구체적인 이익을 예로 들라고 요청할 수 있다(Boscolo et al., 1987). 그러나 이러한 종류의 의식은 종종 부정적으로 흐르거나 비난하는 시간이 되었다. 후기에 Cecchin과 Boscolo는 이중구속의 상충되는 지시들을 순서대로 놓음으로써 이중구속 의사소통을 다루는 더 미묘한 형태의 의식을 선호하기 시작했다. 그들은 가족에게 홀수 날에는 한쪽의 메시지나 의견이 진실인 것처럼 행동하고, 짝수의 날에 다른 쪽의 메시지나 의견이 진실인 것처럼 행동하게 하게 했다. 예를 들어, 남편과 아이와의 삼각관계에 놓인 한 여성은 홀수 날에는 그녀의 남편의 아내처럼 행동하고, 짝수 날에는 아이의 엄마처럼 행동하며, 일곱 번째 날에는 '자발적으로' 행동하는 것이다. 가족이 그 의식에 어떻게 반응하는지는 새로운 정보가 되어, 체계적 상호작용의 기능적인 가설을 다듬고 다음 회기에 더 의미 있는 개입을 고안하는 데 사용된다.

■ 보편적 처방

Selvini Palazzoli의 가장 초기의 치료적 혁신 중 하나이자 그녀의 장기적 연구의 초점인 **보편적 처방**은 그것이 들리는 바와 정확히 같다. 바로 가족에 따라 달라지지 않는 개입이다. 주로 거식증이나 조현병으로 낙인 찍힌 자녀를 둔 가족들에게 사용되며, 이 개입은 아이와 부모 사이의 은밀한 연합을 끊는다. 부모는 데이트하거나 혹은 다른 외출을 잡고 그들이 어디로, 또 왜 가는지 아이에게 말하지 않도록 지시받는다. 기대되는 효과는 부모끼리 비밀을 만들어 단일팀이 된 부모와 문제적 아이 사이에 명백한 경계를 형성함으로써 부적절한 연합을 끝내는 것이다. 아이는 한 부모의 특별한 친구로서의 지위를 상실하고, 아이의 정서적 부담이 줄며, 결국 문제가 되는 증상이 줄어든다. 원래는 거식증이나 정신증과 같은 심각한 병리를 위해 고안되었으나, 이 개입은 자녀와의 투명하고 개방적인 의사소통을 지나치게 강조한 나머지 종종 아이에게 이를 '조종' 당하는 현대의 부모들에게도 효과적이다. 이 장의 사례연구에서 치료자는 부모들이 결별한 후 행동화를 보이는 16세 Alba에게 이 기법의 변형을 사용한다. 보편적 처방은 부모의 동맹을 회복하도록 도우며, 그에 따라 Alba는 부모를 결합시키기 위해 행동화하려는 '체계적 영향력'을 느끼지 않게 된다.

◎ 조합하기: 사례개념화와 치료 계획 양식

■ 이론 특정적 사례개념화의 영역

- **가족 게임/상호작용 연쇄 과정**: 각 사람들의 역할(별로 중요해 보이지 않는 구성원들도 포함), 즉 상호작용 연쇄 과정에 대해 다음을 강조하면서 설명한다.
  - 항상성
  - 긴장의 증가
  - 증상/갈등
  - 항상성으로 돌아가기
- **언어학의 횡포**: 행동(동사)이 아니라 내재적인 특성(명사)이 있는 것으로 개인을 묘사하기 위해 어떤 표현을 사용하는가?
- **인식론**: 상호작용을 특징짓는 인식론적 오류는 무엇인가? 체계적 역동을 인지하지 못하는 문제에 대한 일방향적이고 비난적인 표현이 있는가? 어떤 문제적 의미가 내담자를 가두어 두는가?

- 가설/긍정적 의미 부여: 가족 항상성을 유지하는 데 있어 증상의 역할은 무엇인가? 가족 내에서 유대를 유지하고, 독립성/거리를 만들고, 영향력을 형성하고, 유대를 재형성하고, 다른 점에서는 균형감을 만들기 위해 증상이 어떤 역할을 하는가?

우울/불안을 겪는 개인을 위한 치료 계획 양식

▣ 밀라노 개인치료의 초기 단계

❖ 초기 단계의 치료적 과업

1. 효과적인 치료적 관계 발전시키기. 다양성 주의: 문화, 성별 등등에 따라 구별되는 관계 구축 및 정서 표현 방식들을 존중하는 데 익숙해질 것.
   관계 구축 접근/개입
   a. 내담자가 이해받는다고 느끼도록 돕는 중립성과 호기심, 문제 낙인에 대한 불경함을 사용할 것.
2. 개인적, 체계적 및 광범위한 문화적 역동 평가하기. 다양성 주의: 문화적 · 사회경제적 · 성적 지향, 성별, 그리고 기타 관련 규범에 근거해 평가를 조정할 것.
   평가 전략
   a. 가족 게임과 상호작용 연쇄 과정이 내담자의 우울 및 불안 '행동'과 어떻게 관련되는지에 관한 가설을 개발하기 위해 순환적 질문을 사용할 것.
   b. 인식론적 오류와 관련 언어적 묘사가 어떻게 우울과 불안 증상을 지속시키는지를 확인할 것.
3. 치료 목표를 정의하고 치료 목표에 대한 내담자 동의 얻기. 다양성 주의: 내담자의 문화, 종교 그리고 다른 가치 체계로부터의 가치들과 부합되도록 목표를 수정할 것.
   a. 증상에 대해 체계적 가설을 사용하여 목표를 설정할 것.
   b. 부부나 가족 회기의 잠재적 가치를 논의할 것.
4. 의뢰 필요성, 위기 문제, 부수적 연락처, 그리고 다른 내담자 욕구를 확인하기.
   a. 의뢰/자원/연락: 위기 문제를 안정화하고 부수적 정보제공자와 적절하게 연락할 것.

❖ 초기 단계의 내담자 목표

1. 우울과 불안을 감소시키기 위해 내담자가 문제의 의미와 구두점을 변화시킬 수 있도록 우울/불안 증상을 체계적으로 재구조화하는 능력을 증가시키기.
   a. (회기 밖에서 내담자와 타인의) 갈등 내에서 각 개인의 역할에 대한 긍정적 의미 부여.
   b. 내담자가 체계적인 상호작용 주기 및 그 안의 내담자 역할을 파악하게 하는 순환적 질문.
   c. 각 개인의 행동이 타인에 의해 어떻게 맥락 지어지는가를 강조하면서 내담자에게 체계적 관점으로 증상을 재구조화한 가설을 전달할 것.

▣ 밀라노 개인치료 작업 단계

❖ 작업 단계의 치료적 과업

1. 작업 동맹의 질 점검하기. 다양성 주의: 치료가 은연중에 내담자의 문화적 배경과 일치하지 않는 표현이 섞인 개입을 할 때 이를 알 수 있는 내담자의 반응에 어떻게 주의를 기울일지 설명할 것.
   a. 개입 평가: 내담자가 치료자에 대해 내담자 편이나 체계 내의 다른 사람 편을 들지 않고 기본적으로 중립적이라고 여기는지를 확신하기 위해 내담자 반응을 관찰할 것. 치료자가 내담자에게 긍정적인 영향을 주는지를 확신하기 위해 치료자 영향력을 점검할 것.

2. 내담자 경과 점검하기. 다양성 주의: 경과를 평가할 때 문화, 성별, 사회 계층 및 기타 다양성 요소에 주의를 기울일 것.
   a. 개입 평가: 매주 행동 처방을 점검하고 그 결과에 따라 다음 개입을 조정할 것.

❖ 작업 단계의 내담자 목표

1. 우울과 불안을 감소시키기 위해 문제 행동의 새로운 의미를 늘리고 대안적인 언어적 구두점 개발하기.
   a. 문제 행동 및 문제 행동이 관계 패턴에 어떻게 잘 들어맞는지에 관한 의미를 변화시키기 위해서 차이를 확인하고, 행동 연쇄 과정을 파악하고 가설적 상황을 고려하기 위한 순환적 질문.
   b. 증상과 관련된 내담자의 행동 연쇄 과정을 살짝 바꾸기 위해 고안된 의식.

2. 우울과 불안을 감소시키기 위해 특정 증상과 관련된 만족스러운 관계적 상호작용을 늘리기.
   a. 문제적 관계 주기에서 상호작용의 절반인 내담자 몫을 바꾸기 위해 처방되는 의식.
   b. 상황에 대해 타인이 볼 수 있는 관점을 강조하면서 갈등의 특정 영역과 관련된 의미를 바꾸기 위한 순환적 질문.

▣ 밀라노 개인치료의 종결 단계

❖ 종결 단계의 치료적 과업

1. 추후관리 계획을 세우고, 개선된 점 유지하기. 다양성 주의: 치료 종결 이후 그들을 지지해 줄 그들이 속한 공동체 자원을 활용하기.
   a. 명백하게 정의된 종결 시점을 가지고 치료를 시작하고, 새로운 행동들을 지속시키기 위한 의식을 개발할 것.

❖ 종결 단계의 내담자 목표

1. 우울을 감소시키고 만족감을 높이기 위해 삶의 다른 영역에서 만족스러운 관계적 상호작용을 증가시키기.
   a. 삶의 영역과 관련된 새로운 의미를 개발하기 위한 순환적 질문.
   b. 내담자가 문제와 관련된 의미를 변화시키도록 하는 의식.

갈등이 있는 부부/가족을 위한 치료 계획 양식

▣ 밀라노 부부/가족 갈등치료의 초기 단계

❖ 초기 단계의 치료적 과업

1. 효과적인 치료적 관계 발전시키기. 다양성 주의: 문화, 성별 등등에 따라 구별되는 관계 구축 및 정서 표현 방식들을 존중하는 데 익숙해질 것.

   관계 구축 접근/개입

   a. 모든 구성원이 이해받는다고 느끼도록 돕는 중립성과 호기심, 문제 낙인에 대한 불경함을 사용할 것.

2. 개인적, 체계적 및 광범위한 문화적 역동 평가하기. 다양성 주의: 문화적 · 사회경제적 · 성적 지향, 성별, 그리고 기타 관련 규범에 근거해 평가를 조정할 것.

   평가 전략

   a. 가족 게임과 상호작용 연쇄 과정이 부부/가족의 갈등적 상호작용을 어떻게 유지하는지에 관한 가설을 개발하기 위해 순환적 질문을 사용할 것.

   b. 인식론적 오류와 관련 언어적 묘사가 어떻게 문제적 상호작용을 지속시키는지를 확인할 것.

3. 치료 목표를 정의하고 치료 목표에 대한 내담자 동의 얻기. 다양성 주의: 내담자의 문화, 종교 그리고 다른 가치 체계로부터의 가치들과 부합되도록 목표를 수정할 것.

   a. 체계적 가설을 사용하여 부부/가족과 함께 목표를 설정할 것.

4. 의뢰 필요성, 위기 문제, 부수적 연락처 그리고 다른 내담자 욕구를 확인하기.

   a. 의뢰/자원/연락: 위기 문제를 안정화하고 부수적 정보제공자와 적절하게 연락할 것.

❖ 초기 단계의 내담자 목표

1. 가족 갈등을 줄이기 위해 부부/가족이 문제의 의미와 구두점을 변화시킬 수 있도록 체계적으로 갈등을 재구조화하는 능력을 증가시키기.

   a. 갈등에서 각 개인의 역할에 대한 긍정적 의미 부여.

   b. 가족이 체계적인 상호작용 주기를 파악하게 할 수 있는 순환적 질문.

   c. 각 개인의 행동이 타인에 의해 어떻게 맥락 지어지는지를 강조하면서 체계적 관점으로 갈등을 재구조화한 가설을 가족에게 전달할 것.

   d. 세 번째 회기에는 부모들만 참석할 것.

▣ 밀라노 가족치료 작업 단계

❖ 작업 단계의 치료적 과업

1. 작업 동맹의 질 점검하기. 다양성 주의: 치료자가 은연중에 내담자의 문화적 배경과 일치하지 않는 표현이 섞인 개입을 할 때 이를 알 수 있는 내담자 반응에 어떻게 주의를 기울일지 설명할 것.

   a. 개입 평가: 가족/부부가 치료자에 대해 기본적으로 중립적이라고 여기는지를 확신하기 위해 그들의 반응에 주목할 것. 치료자가 내담자에게 긍정적인 영향을 주는지를 확신하기 위해 치료자

영향력을 점검할 것.

2. 내담자 경과 점검하기. 다양성 주의: 경과를 평가할 때 문화, 성별, 사회 계층 및 기타 다양성 요소에 주의를 기울일 것.
   a. 개입 평가: 매주 행동 처방을 점검하고 그 결과에 따라 다음 개입을 조정할 것.

❖ 작업 단계의 내담자 목표

1. 가족 갈등을 줄이기 위해 외부 연합의 영향력을 감소시키기.
   a. 자녀 및 외부 타인과의 연합을 끊기 위한 보편적 처방.
   b. 연합을 유발하는 부부/가족 상호작용을 중단시키는 의식.
2. 갈등을 줄이기 위해 문제 행동의 새로운 의미를 늘리고 대안적인 언어적 구두점을 개발하기.
   a. 부부/가족의 문제 행동과 연관된 의미를 변화시키기 위해 차이점을 확인하고, 행동 연쇄 과정을 파악하고, 가설적 상황을 고려하기 위한 순환적 질문.
   b. 가족 구성원들의 낙인에 내재된 역설들을 다루기 위한 반역설.
3. 가족 갈등을 줄이고 유대감을 키우기 위해 만족스러운 가족 상호작용(특정 주제와 관련된 게임)을 증가시키기.
   a. 갈등 주기를 바꾸기 위해 처방된 의식.
   b. 특정 갈등 영역과 연관된 의미를 바꾸기 위한 순환적 질문.

▣ 밀라노 가족치료 종결 단계

❖ 종결 단계의 치료적 과업

1. 추후관리 계획을 세우고, 개선된 점 유지하기. 다양성 주의: 치료 종결 이후 그들을 지지해 줄 그들이 속한 공동체 자원 활용하기.
   a. 명백하게 정의된 종결 시점을 가지고 치료를 시작하고, 새로운 행동들을 지속시키기 위한 의식을 개발할 것.

❖ 종결 단계의 내담자 목표

1. 가족 갈등을 줄이고 유대감을 늘리기 위해 만족스러운 가족 상호작용(관계의 다른 영역과 관련된 게임)을 증가시키기.
   a. 갈등 영역과 관련된 새로운 의미를 발달시키기 위한 순환적 질문.
   b. 흔히 부부/가족이 격일마다 서로 다른 인식론적 관점에서 행동함으로써 문제와 연관된 의미를 바꿀 수 있도록 고안된 의식.

다문화적 접근: 다양성에 대한 고려

◎ 민족적 · 인종적 · 문화적 다양성

체계적 및 전략적 가족치료가 건강과 정상성에 대하여 이론에 근거한 정의에 의존하고 있지 않기 때문에, 상대적으로 서로 다른 문화적 집단이나 소집단들에 쉽게 적응한다. "전략적 가족치료에서 특정 치료 계획은 각 문제에 대해 설계되기 때문에, 환자 선택이나 적합성에 대해서 별다른 금기사항이 존재하지 않는다."(Madanes, 1991, p. 396) 게다가 체계적 및 구성주의적인 기반에 따라 이러한 치료들은 내담자의 세계관 **내에서** 작업하는 것을 목표로 한다. 이것이 성공적이면, 치료자는 언어와 개입을 내담자의 가치와 신념에 맞게 조정한다.

흥미롭게도, 두 체계적 치료자 집단은 이 접근을 라틴계/히스패닉 내담자들에 대해 체계적으로 맞춰서 사용해 왔다. MRI에 있는 라틴계 단기치료 센터는 매우 다양한 라틴계 집단에 대한 문화적인 선입견에 의존하지 않고 각 내담자 고유의 의미와 개입을 만들어 내면서 작업을 이끌어 가기 위해 체계 모델의 비표준적이고 비병리적인 원칙을 사용한다(Anger-Diaz, Schlanger, Rincon, & Mendoza, 2004). 이와 유사하게, 체계적 및 구조적 가족치료(상세한 기술은 제5장 참고)의 요소를 사용하는 증거기반 접근인 단기 전략적 가족치료는 특히 히스패닉 청소년들의 고위험 행동과 약물 문제를 다루고자 개발되었다. 이 접근은 아프리카계 미국인 청소년에게도 효과적인 것으로 나타났다(Robbins, Horigian, Szapocznik, & Ucha, 2010; Santisteban, Coatsworth, Perez-Vidal, Mitrani, Jean-Gilles, & Szapocznik, 1997).

이러한 특정 치료적 접근 외에도, McGoldrick, Giordano 그리고 Garcia-Preto(2005)는 체계적인 생각과 접근이 46개의 서로 다른 민족의 가족들의 필요에 맞게 어떻게 수정될 수 있는지에 대한 설명을 제공하며, 이는 치료자 본인의 문화(그리고 어쩌면 당신 본인의 문화, 읽고 살펴보라.)가 아닌 다른 문화적 집단과 작업할 때 매우 소중한 자원이다. 이러한 설명이 일반적이고 당신의 바로 앞에 있을 그 특정한 내담자의 고유한 삶의 경험을 포착하지는 못할지라도, 이 설명들은 치료자인 당신에게 어떻게 내담자를 가장 잘 이해하고 참여시킬지에 단서를 제공할 수 있다(그리고 대부분의 내담자는 자신의 고유한 경험과 신념을 나눌 시간이 있다는 것뿐만 아니라 당신이 그들의 배경에 대해 하나라도 알고 있다는 것에 고마워한다). 이 장 마지막의 사례연구는 대마초와 음주를 시작한 10대 딸을 둔 2세대 가톨릭 신자인 멕시코계 미국인 가족에게 어떻게 체계적 접근을 사용할 수 있는지를 설명한다.

◎ 성 정체성의 다양성

체계적 치료의 비병리화 및 비표준화 가정과 더 큰 체계적 역동에 대한 관심 때문에, 체계적 치료는 동성애자, 양성애자, 트랜스젠더, 혹은 성 정체성에 관해 갈등하는 사람(LGBTQ)에게 널리 쓰

여 왔다. Butler(2009)는 이러한 내담자들에게 체계적 치료 접근법을 적용하는 다섯 가지 원칙을 밝혔다.

① **이성애주의 이해하기:** 치료자들은 성별 및 성적 소수자가 **일상적으로** 배제되며, 판단되고, 무시당하며, 그들의 현실이 반영된 광고, 영화, 어떤 사회적 의견을 내는 모임을 거의 찾아보기 어렵다는 현실을 알아야 한다.

② **치료자의 자기성찰:** 이성애자인 치료자들은 그들이 특권을 누렸던, 그리고 그들의 성적 및 성별 지향성이 대체로 사회적으로 용인되었던 경험들에 대해 개인적인 성찰을 할 필요가 있다.

③ **당신의 입장, 투명성 그리고 자기노출의 경계를 정하기:** 페미니스트 치료자들의 작업에 기반하여, Butler는 LGBTQ 내담자들과 작업할 때 치료자들이 자신의 성적 및 성별 지향성을 밝힐 것을 권장한다. 그러한 개방은 유사성과 다른 점에 대해 솔직한 논의를 가능하게 하며, 권력과 위계에 관한 문제를 다루도록 도와준다. 그러나 과도한 자기노출은 비생산적일 수 있다.

④ **전문가로서의 내담자, 그리고 호기심 많은 치료자:** 협동치료의 원칙(제10장 참고)에 따라, 치료자들은 내담자를 그들의 삶과 생활 방식에서의 전문가로 보면서 궁금해하는 입장을 견지해야 한다.

⑤ **더 넓은 체계와 연결하기:** 마지막으로, 치료자는 LGBTQ 내담자가 속한 더 큰 사회적 체계를 고려해야 하고 내담자들에게 더 긍정적이고 지지적인 공동체를 찾아보도록 격려해야 한다.

Butler(2009)는 또한 치료자들이 어떻게 LGBTQ 커플들에 대한 접근을 조정해야 하는지에 대해 논의했다. 먼저, 치료자들은 성, 성역할, 일부일처제, 원가족, 선택 가족 그리고 전 연인이 이러한 커플들에게 일반적으로 매우 다른 의미를 지닌다는 사실을 인지해야 한다. 게다가 이러한 관계에 있어서 성역할은 성적 지향성 그 자체보다 더 많은 영향을 지니는데, 종종 내재화된 성역할이 동성 관계를 매우 제한하기도 하며 트랜스젠더 파트너를 가진 커플들에게는 특별한 주제가 되기도 한다. 치료자들은 커플들이 동반자 관계를 강화하는 방향으로 그들의 성역할에 대한 기대와 가정을 해체하도록 돕는다. 마지막으로, 치료자들은 가족생활주기가 대부분의 LGBTQ 개인, 커플, 가족에서는 다른 모습을 보인다는 것을 명심해야 한다(Goldenberg, 2009).

◎ 가족에게 커밍아웃하는 청소년들

가족치료자들이 다루는 또 다른 흔한 주제는 가족에게 커밍아웃하는 청소년들이다(Butler, 2009). 가장 우선적으로 치료자들은 동성애자, 양성애자 그리고 트랜스젠더 청소년이 더 높은 자살률, 약물 남용, 자해, 우울, 불안 그리고 학교 문제를 가지고 있다는 사실을 알고 있어야 한다. 그래서 청소년의 안전을 주시하고 이러한 주제를 다루는 것이 중요하다. 커밍아웃하기 전에 대부분의 청소년은 부모들이 수년에 걸쳐 성에 대해 무심코 한 말에 근거하여 부모들의 반응을 정확하게 예측할 수 있다. 치료자들은 가족이 이러한 변화를 잘 통과하도록 돕기 위해 DeVine(1984)의 가족의 커밍아웃 과정에 관한 단계 이론을 활용할 수 있다.

- **잠재의식**: 데이트나 동성의 우정에 관한 질문들이 아이의 성 정체성을 의심하고 도발하기도 한다.
- **영향**: 자녀가 자신의 성 정체성을 알리고 의심은 확실해진다.
- **조정**: 가족은 오래된 항상성을 유지하려고 노력하고, 자녀는 자신의 성 정체성을 숨기거나 부정하리라 예상된다.
- **해결**: 가족은 자녀의 성 정체성을 받아들이게 된다.
- **통합**: 가족은 그들의 성별 및 성적 규범과 관련된 가치를 바꾼다.

커밍아웃을 한 자녀를 둔 많은 부모는 결혼이나 손자/손녀와 같은 그들이 가졌던 꿈의 '상실'을 보고하며, 그들의 초기 반응 중 대부분은 그들이 투사하는 개인적 상실을 실제로 반영한다. 치료자들은 부모들이 초점을 바꾸어 현 시점에서 자녀가 실제로 필요로 하는 것에 집중하면서 동시에 미래의 가족생활에 대해 희망찬 관점을 발달시키도록 도울 수 있다.

◎ 트랜스젠더 청소년

치료자들이 트랜스젠더, 특히 청소년인 트랜스젠더와 작업할 때 지침이 될 만한 연구나 문헌은 거의 없다. 그러나 동성애자 혹은 양성애자 청소년과는 달리, 트랜스젠더 청소년들은 대개 그들이 남과 다른 점을 숨길 수 없고, 그러므로 자녀가 이를 공론화하기를 원하건 원치 않건 간에 가족 논의의 쟁점이 될 확률이 더 높다(Coolhart, Baker, Farmer, Malaney, & Shipman, 2012). 대부분의 트랜스젠더 청소년(59%)은 그들의 성별 정체성에 대해, 적어도 초기에는 부정적인 부모의 반응을 보고하며, 성별에 순응하지 않을수록 부모와 더 큰 갈등을 겪는다(Grossman, D'Augelli, Howell, & Hubbard, 2005). 그러나 부모의 수용은 트랜스젠더의 성인기 삶의 만족도 및 자존감과 관련하여 매우 중요하다(Erich, Tittsworth, Dykes, & Cabuses, 2008).

Coolhart와 동료들(2012)은 트랜스젠더 청소년 및 그 가족과 작업하는 치료자들을 위한 평가 도구의 개요를 설명한다. 그들은 체계적 역동에 주의를 기울이면서 가능하면 언제든지 트랜스젠더 청소년의 가족과 함께 작업할 것을 권고했다. 평가 도구는 아홉 개의 영역을 다루는 질문으로 이루어져 있다.

- **초기 인식과 가족 맥락**: 이 질문들은 부모와 청소년 모두의 초기 성별 경험뿐 아니라 일반적인 가족 구조와 역사에 대해 다룬다. 예를 들어, "성별과 성 정체성의 다양한 표현에 대한 신념과 당신 가족의 인종, 민족, 국가적 공동체에 관한 맥락이 어떻게 맞닿아있는지에 관한 추가적인 정

보를 주세요."(Coolhart, 2012, p. 16).

- **청소년이 확언한 성별에 대한 부모의 조율**: 이 질문들은 부모와 가족이 청소년의 트랜스젠더 정체성에 대해 어떻게 반응해 왔는지를 다룬다. 예를 들어, "당신의 자녀가 트랜스젠더 성 정체성에 대해 밝혔을 때(혹은 당신이 발견했을 때), 당신에게 개인적으로, 부부 입장에서, 가족 전체의 입장에서 이 경험은 어떠했나요?"(Coolhart, 2012, p. 17).
- **현재 성별 표현**: 이 질문들은 성별 표현에 대한 청소년의 현재 선호를 다룬다. 예를 들어, "네가 확언한 성별과 관련된 옷을 몰래 입어 본 적 있니? 네가 언제 처음으로 몰래 옷을 입기 시작했어? 옷을 몰래 그렇게 입었을 때 기분은 어땠어? 다른 사람이 알고 있었니? 만약 안다면, 그들의 반응은 어땠니?"(Coolhart, 2012, p. 17).
- **학교 맥락**: 이 질문들은 청소년의 성 정체성과 관련된 학교에서 경험할 수 있는 희롱에 대해 탐색한다. 예를 들어, "현재 학교에서 너의 성별 표현은 어떠하니? 너의 친구들에 의해 배제된 적이 있니?"(Coolhart, 2012, p. 18).
- **성적 관계/발달**: 이 질문들은 대체로 청소년에게 은밀하게 질문되며, 성적 지향성, 학대 그리고 행위에 대해 다룬다. 예를 들어, "너는 너의 성적 지향성을 어떻게 인식하니? 성적 혹은 신체적 학대를 경험하거나 목격한 적 있니?"(Coolhart, 2012, p. 19).
- **현재 친밀한 관계(들)**: 만약 청소년이 현재 어떤 관계를 맺고 있다면, 치료자는 그 관계, 내담자의 성적 정체성에 대한 파트너의 지식 및 파트너의 성전환에 대한 관심에 대해 묻는다.
- **신체 및 정신건강**: 이 질문들은 자해와 약물 남용 가능성을 포함하여 다룰 필요가 있을 신체 및 정신건강을 평가한다.
- **지지**: 이 질문들은 가족, 친구들, 교회, 이웃들, 지지 집단, 인터넷 공동체 등을 포함하는 가족과 청소년을 위한 지지 자원을 밝히는 데 목표를 둔다.
- **미래 계획/기대**: 이 마지막 질문들은 청소년이 성전환, 호르몬 치료, 수술, 자녀 등에 대한 계획이 있는지를 탐색한다.

연구와 증거기반

체계적 치료는 연구 프로젝트로 시작했다. Bateson 팀은 조현병 진단을 받은 구성원을 둔 가족의 의사소통을 연구함으로써 시작했다. 관찰 연구의 전통은 체계적 및 전략적 모델에서 요구되는 표준 훈련에 관찰 팀의 형태로 통합되어 왔다. 전략적, 밀라노, 혹은 MRI와 같은 특정 체계적 모델의 성과에 대한 체계적 연구는 적지만, 청소년 약물 남용, 청소년 품행 문제, 관계에서 오는 고통과 관련된 우울증, 심각한 정신 질환 그리고 부부 갈등과 같은 특정한 상황에 관한 증거기반 체계적 접근의 효과성에 대한 연구는 꾸준히 증가하고 있다(Sprenkle, 2012). 이러한 증거기반치료들은 체계적 가족치료의 핵심적인 이론적 개념과 기법들을 사용하며, 이를 특정 집단에 적용한다.

체계적 치료는 증거기반치료의 영역에서 선두주자로서 급부상하고 있다. 다음과 같이 경험적으로 입증된 많은 치료법이 체계적 및 전략적 치료의 핵심 요소를 통합한다.

- **다중 체계적 가족치료**(Henggeler, Schoenwald, Borduin, Rowland, & Cunningham, 1998; 이 장의 뒷부분 참고)
- **단기 전략적 가족치료**(구조적 생태계 치료, 구조적 생태발달 예방 개입, 제5장 참고; Szapocznik & Williams, 2000)
- **생태계 구조적 치료**(제5장 참고; Lindblad-Goldberg, Dore, & Stern, 1998)
- **다차원적 가족치료**(Liddle, Dakof, & Diamond, 1991)
- **기능적 가족치료**(제11장 참고)
- **정서중심 부부치료**(제11장 참고)

이들 각각의 접근이 고유하긴 하지만, 이 접근들은 모두 특정 집단의 요구를 다루기 위해 한 가지 이상의 체계적 및 전략적 기법을 사용하면서, 문제적 상호작용 연쇄 과정을 밝히는 것과 이를 중단하거나 바꾸는 것을 통합한다.

임상적 주목: 다중 체계적 치료

다중 체계적 치료(MST)는 1970년대에 심각한 청소년 범죄자들을 치료하기 위해 개발되었다(Multisystemic Therapy Services, 1998). 가족기반치료 모델인 MST는 전략적 · 구조적 · 사회생태학적 · 인지행동적 치료 모델로부터 설계되었다. 또한 MST는 청소년과 가족의 더 넓은 사회 연결망을 상당히 강조하여, 범죄 청소년이 문제적 사회 연결망으로부터 벗어나게 하고, 학교 혹은 직업적인 수행 능력을 향상하며, 자녀와 가족을 위한 견고한 지원망을 발달시킨다(Henggeler, 1998; Henggeler & Borduin, 1990; Multisystemic Therapy Services, 1998).

◎ 목표

MST의 전체를 아우르는 목표들은 다음과 같다.

- 반사회적 행동과 다른 임상적 문제들 줄이기
- 가족 관계에서의 기능 향상하기
- 학교 및 직장에서의 기능 향상하기
- 투옥, 거주 치료, 입원 등 집 밖에 머무는 것을 최소화하기

◎ 사례개념화

치료를 개념화할 때, MST 치료자들은 다음의 영역(개인, 가족, 또래, 학교, 이웃과 지역공동체)에서 위험 요인과 보호 요인을 고려한다(Multisystemic Therapy Services, 1998).

	위험 요인	보호 요인
개인	반사회적 행동에 대한 긍정적 태도, 심리적 증상, 적대감, 낮은 지적 기능 및 언어적 기술	지능, 맏아이, 느긋한 성격, 친사회적 가치관, 문제 해결 기술
가족	부모 훈육의 부재, 비효율적이거나 비일관적인 훈육, 감정 표현의 부재, 갈등, 부모의 어려움	부모 및 가족과의 유대, 지지적인 가족, 견고한 부모 관계
또래	사회적으로 일탈된 또래들과 어울리기, 관계 기술 부족, 친사회적인 친구들 부족	친구들과의 친사회적 관계
학교	수행 능력 부족, 흥미 부족, 지원 부족	교육에 대한 헌신, 목표, 무난한 수행 능력
이웃과 지역공동체	잦은 가족의 이동, 범죄적 하위문화, 무질서함	종교적 및 사회적 조직에 참여, 견고한 지지 연결망

◎ 개입의 원칙

① **부합되는 점을 찾아내기:** 치료자는 청소년의 문제가 더 넓은 가족, 또래, 학교 그리고 지역사회 문화 내에서 체계적으로 어떻게 들어맞는지를 평가한다.

② **장점과 강점에 집중하기:** 치료적 상호작용은 청소년 개인과 가족 모두의 강점과 잠재적 강점을 강조한다.

③ **책임감 높이기:** 개입은 모든 가족 구성원의 책임감 있는 행동을 늘리는 것을 목표로 하여, 부모의 관여를 촉진하고 10대들이 그들의 선택에 대한 책임을 수용하도록 돕는다.

④ **현재, 행동 그리고 명료성에 집중하기:** 개입은 행동 지향적이고, 현재에 집중하며, 통금시간 지키기나 특정 점수 받기처럼 파악하고 측정하기 쉽도록 구체적이고 쉽게 정의되는 문제를 목표로 삼는다.

⑤ **연쇄 과정을 겨냥하기:** 체계적 토대와 일치하게, 행동의 연쇄 과정이 변화의 목표가 된다. 이러한 연쇄 과정은 가족 구성원 간에 있을 수도 있고, 혹은 또래나 더 큰 사회 체계에 있을 수도 있다.

⑥ **발달적으로 적절함:** 개입은 청소년에게 발달적으로 적절하며, 성인으로서 성공하기 위해 필요한 능력과 기술들의 단계적 발달을 격려한다.

⑦ **지속적인 노력:** 개입은 가족이 매일 혹은 매주 노력을 기울이도록 한다.

⑧ **평가와 의무:** 개입이 효과가 없을 때, MST는 가족을 탓하기보다는 지속적으로 개입의 효과성을

평가하며 성공을 보장하기 위해 필요한 조정을 한다.

⑨ **일반화:** 치료는 청소년과 가족이 다른 생활 영역에서 문제를 해결하는 데 그들의 기술과 능력을 적용하도록 돕기 위해 고안된다.

온라인 자료

단기 전략적 및 체계적 치료 세계 연대(Brief Strategic and Systemic Therapy World network)
www.bsst.org

정신건강 연구소(Mental Research Institute)
www.mri.org

다중체계치료(Multisystemic Therapy)
www.mstservices.com

전략적 치료(Strategic Therapy): Jay Haley
www.jay-haley-on-therapy.com

전략적 치료(Strategic Therapy): Cloé Madanes
www.cloemadanes.com

전략적 치료(Strategic Therapy): Eileen Bobrow
www.briefstrategicfamilytherapy.com

체계적 치료(Systemic Therapy): Wendel Ray
www.wendelray.com

체계적 사례연구: 청소년 약물 사용과 이혼

Fernandez 가족은 딸 Alba(16)가 주말에 새로운 또래집단과 어울려 술을 마시고 대마초를 피우기 시작하여, 이에 대한 상담을 받기 위해 데리고 왔다. 원래 그녀는 학교의 다양한 활동에 적극적인 좋은 학생이었다. 그러나 그녀의 부모님인 Alba의 어머니 Irma가 남편 Tom이 바람피운 것을 알게 된 6개월 전부터 별거를 하고 있다. 바람피운 것이 발각되었을 때, Tom은 이혼하기를 거부하였다. Irma는 그를 쫓아냈지만, 이런 상황에서조차도 그녀는 이혼에 반대하는 독실한 가톨릭 집안 출신이기 때문에 이혼을 강행하는 것에 대해 괴로워한다. 우등생인 Alba의 남동생 Jesse(14)는 Alba와 부모님 사이의 갈등에 관여하지 않으려고 애쓴다.

가족과의 면담이 끝난 후, 체계적 가족치료자는 다음과 같이 사례개념화하였다.

체계적 이론을 활용한 사례개념화

개인, 부부, 가족 내담자용

치료자: Maria Sanchez, MFT 수련생　　내담자/사례#: 8101　　날짜: 08/7/2

기호
AF = 성인 여성, AM = 성인 남성, CF = 여아, CM = 남아
Ex. = 예시, Hx = 이력, NA = 해당 사항 없음

1. 내담자 & 중요한 타인 소개

* 치료 과정에 참여하는 내담자를 나타냄

나이, 인종, 직업/학년, 그 외 관련 사항

* AF: 36, 멕시코계 미국인, 백화점 직원, 가톨릭
* AM: 34, 멕시코 이주민의 아들, 보험설계사, 가톨릭
* CF: 16(IP), 10학년, 다양한 학교 활동(드라마, 스포츠 등)에 적극적임.

CM: 14, 8학년, 우등생

2. 주호소 문제

문제에 대한 내담자의 설명

AF36: 부부는 AM34의 불륜 때문에 6개월 전 별거했음. AF36의 가족은 매우 못마땅해하지만, AF36은 결혼을 유지하기를 거부함. 주된 우려 사항은 CF16의 최근 음주/약물 사용임.

AM34: 다른 여자와 사랑에 빠졌음. 가족에게 미친 영향에 대해 미안해하지만 달리 무엇을 해야 할지 확신하지 못함. 주된 우려 사항은 자녀들과 CF16의 약물 사용임.

CF16: 부모님의 이혼에 대해 분노함. 아버지가 가족을 버렸다고 느낌. '마시고 노는 것'을 정상적이라고 여기며, 부모님이 자신에게 스트레스를 주었기 때문에 자신은 이럴 자격이 있다고 생각함.

CM14: 아버지를 불륜에 취약하다고 여기며, 종교 문제에 대한 어머니의 불안이 불만스러움. 부모님에게 실망했지만 학교생활에 열중하는 것으로 대처함.

문제에 대한 확대가족의 설명

AF의 원가족: 이혼을 종교적인 관점으로 바라보며 부부가 함께해 나가야 한다고 믿음.

AM의 원가족: AM34의 부모가 겪은 소원한 결혼생활을 고려할 때 이혼을 이해함.

더 넓은 체계의 문제 설명: 의뢰인, 교사, 친척, 법적 체계 등의 설명

학교 상담사: CF16이 부모의 별거에 반응하여 위험한 길로 들어서는 것을 염려함.

3. 배경 정보

트라우마/학대 이력(현재와 과거): AF는 어렸을 때(7세) 이웃에게 성적 학대를 당했던 사건 하나를 보고함. AM은 청소년기 초반에 그의 가족이 매우 가난했고, 종종 집이 없거나 먹을 것이 충분치 않았다고 보고함.

(다음)

약물 사용/남용(현재와 과거, 본인, 원가족, 중요한 타인): AM34의 아버지는 그의 형처럼 알코올 중독이었고, 이는 그의 가족과의 많은 관계를 멀어지도록 만듦. 부모들은 CF16에게 AM34쪽 가족에서 대물림되는 약물 남용 문제가 생길 수도 있다고 염려함. CF16은 주기적으로 술을 마시고 대마초를 피우지만, 몇 번은 더 강한 약물을 시도해 본 적이 있음. 별거 이후로, CF16은 친구들과 보내는 시간이 많아졌고, 알코올과 대마초를 주기적으로 사용하고 헤로인과 메탐페타민을 간헐적으로 접하는 무리와 어울림.

촉발 사건(최근 삶의 변화, 초기 증상, 스트레스 요인 등): 6개월 이전에는 CF16과 CM14는 둘 다 학업과 사회적인 면에서 뛰어났으며, 집의 상황이 비교적 평온했다고 보고함. 그러나 6개월 전, AF36은 AM34가 바람피우는 것을 알았음. AM34는 그 관계를 끝내기를 거부했음. AF36은 그에게 떠나라고 요구하였으며, 그녀는 집에 남아 아이들과 지냈음. 그들은 이혼소송을 제기하였지만 적극적으로 그 절차를 진행하지는 않고 있음. 자녀들은 모두 매우 놀랐고 아버지에게 실망했음. 부모님은 자주 다퉜지만 관계에 노력하는 것으로 보였음. 별거 이후로, CM14는 평소보다 더 조용해졌고 학업에 열중하였음. 자녀들은 둘 다 아버지를 만나고 싶어 하지 않으며, 예정된 방문 기간에 종종 친구들과 어울리기를 선택하거나 학교 활동에 참여함.

관련된 배경 이력(가족 이력, 관련 문제, 이전 상담 경험, 의학/정신건강 이력 등): 부부는 부부싸움 때문에, 2년 전 부부 상담을 찾았음. 얼마 동안은 상황이 개선된 것 같았지만 나중에는 갈등이 전과 같은 수준으로 되돌아왔음. AF36은 매우 종교적인 집안 출신으로, 그녀의 오빠는 가톨릭 신부이고, 남동생은 동성애자였기 때문에 가족으로부터 배척되었음.

4. 내담자/가족 강점과 다양성

강점과 자원

개인적: CF16은 적극적이고, 사교적이며, 영리한 소녀임. 그녀는 그녀가 시도하는 거의 모든 일에서 뛰어남. CM14는 우등생이고 의사가 되기 위해 열심히 노력하는 학생임. AF36은 견고한 가족 및 친구 관계를 가지고 있으며 이는 힘든 시기에 그녀를 지탱해 줌. AM34는 아이들이 자신을 거부한 이후에도 아빠로서는 헌신적이라는 것을 증명해 왔음. 그는 아이들의 분노를 이해하며, 용서를 받기 위해 노력할 의향이 있음.

관계적/사회적: 자녀들은 어려운 시기에 그들을 도와주는 강한 지지 연결망을 가지고 있음. CF16의 학교 상담사는 무슨 일이 일어나는지를 알고 있음. AF36의 여동생은 육아를 도와 왔음. AM34의 새로운 여자친구는 그를 지지하며 가족 역동에서 벗어나 있음.

영적: AF36은 어려운 시기에 의지하는 강한 신앙이 있음. 또한 AM34는 "모든 일에는 다 뜻이 있다."라는 말을 믿으며 위안을 얻음.

다양성: 자원과 한계

내담자의 나이, 성별, 성적 지향, 문화적 배경, 사회경제적 지위, 종교, 지역 공동체, 언어, 가족 배경, 가족 구성, 능력 등을 기반으로 내담자가 이용 가능한 잠재적인 자원과 한계를 확인할 것.

고유한 자원: AF의 가족이 그녀의 행동에 전적으로 동의하지는 않지만 그녀는 강한 가족 지지가 있음. AF는 그녀에게 매우 도움이 된다고 여기는 강한 종교적 신념과 공동체가 있음. 부모들은 세대 차이를

(다음)

문화적 적응의 맥락에서 대체로 성공적으로 다루어 왔음.

잠재적 한계: AF가 이혼을 고려할 때, 그녀는 종교적 · 문화적 · 가족적 가치관을 고려하여 이들과 그녀의 개인적 욕구 사이의 균형을 유지해야 함. 지나친 음주는 가족 문화의 일부여서 CF16이 자신의 음주를 반성하기 어렵게 함.

5. 가족 구조

가족생활주기 단계(해당 사항에 모두 체크할 것)

☐ 미혼 성인 ☐ 부부 ☐ 어린 자녀를 둔 가족 ☒ 청소년 자녀를 둔 가족 ☐ 이혼
☐ 혼합 가족 ☐ 자녀가 독립함 ☐ 노년기

이 단계들 중 하나 이상에서 발달 과업을 완수할 때 힘든 점을 설명하기: 부부는 자녀를 가진 이후로 부부 관계를 유지하는 데 어려움을 겪어 왔음. AF36은 주로 자신이 자녀 양육을 책임져왔다고 느끼며, AM34는 가정으로부터 단절감을 느꼈음.

부부/가족이 친밀함과 거리를 조절하는 일반적인 방식: 현재 아버지는 별거 때문에 관계가 단절되었음. 그러나 대체로 가족은 차이점에 대해 터놓고 다투고 전반적으로 강한 응집력을 유지함.

경계 세우기

부부(AF/AM): ☒ 얽혀 있는 ☐ 명확한 ☐ 단절된 ☐ NA

설명: 줄곧 얽혀 온 부부의 경계에 대한 정의는 별거를 하면서 더 혼란스러워졌으며, 특히 자녀들에 대한 상대방의 독특한 의견과 감정을 허락하는 데 어려움을 겪어 옴. 거의 모든 상호작용은 과잉개인화로 가득 찼음.

부모 AF & 자녀: ☒ 얽혀 있는 ☐ 명확한 ☐ 단절된 ☐ NA

설명: AF36은 자녀들이 규칙을 따르지 않을 때 과도하게 반응하며, CF16의 약물 사용을 매우 모욕적으로 받아들여 왔음.

부모 AM & 자녀: ☐ 얽혀 있는 ☐ 명확한 ☒ 단절된 ☐ NA

설명: AM34는 항상 무심한 아버지 상이었고 별거 이후 이는 더 강조되었음.

형제자매: ☐ 얽혀 있는 ☒ 명확한 ☐ 단절된 ☐ NA

설명:

확대가족: ☒ 얽혀 있는 ☐ 명확한 ☐ 단절된 ☐ NA

설명: 확대가족은 별거에 매우 개입되어 있음.

친구/동료/타인: ☒ 얽혀 있는 ☐ 명확한 ☐ 단절된 ☐ NA

설명: AM은 사랑하는 사람 때문에 가정을 떠났음. 그는 그녀와의 시간과 자녀들과의 시간 사이에 균형을 유지하지 않음.

삼각관계/연합

☐ 세대 간 연합: AF36, CF16과 CM14는 AM34의 불륜에 대항하여 연합하였고, CF16과 CM14는 부모님의 별거가 AM34 때문이라고 생각함.

(다음)

☐ 원가족과의 연합: ____________________

☐ 그 외 연합: ____________________

부모와 자녀 간 위계 ☐ NA

AF: ☐ 효과적인 ☒ 불충분한(허용적) ☐ 과도한(독재적) ☐ 일관성 없는

AM: ☐ 효과적인 ☐ 불충분한(허용적) ☒ 과도한(독재적) ☐ 일관성 없는

설명: AF36은 중간 정도로 효과적인 관대한 부모인 경향이 있음. AM34는 일상적인 양육의 대부분을 AF36에게 맡기지만, 그가 훈육할 때에는 매우 지시적이며, 아이들이 재빨리 '똑바로 행동하기'를 원함.

AF36과 AM34의 상호보완적 패턴

☒ 추격자/철수자 ☐ 과잉/과소 기능자 ☐ 감정적/논리적 ☐ 좋은/나쁜 부모

☐ 기타: ____________________

설명: 줄곧 AF36은 AM34에게 친밀감과 참여를 원해왔고, 별거 동안에도 유사한 역동이 있었음.

Satir 의사소통 유형: 스트레스 상황에서 주로 사용하는 유형을 설명할 것.

AF: ☐ 일치형 ☒ 회유형 ☐ 비난형 ☐ 초이성형 ☐ 산만형

AM: ☐ 일치형 ☐ 회유형 ☐ 비난형 ☒초이성형 ☐ 산만형

CF16: ☐ 일치형 ☐ 회유형 ☒비난형 ☐ 초이성형 ☐ 산만형

CM14: ☐ 일치형 ☐ 회유형 ☐ 비난형 ☐ 초이성형 ☒산만형

설명: AF는 한계를 설정하려고 하지만, 거의 이행하지는 않음. AM은 '그의 머릿속에 살고 있는' 경향이 있기 때문에, 아이들과 정서적인 수준에서 교감하는 데에 어려움을 겪음. CF는 현재 비난하는 태도를 취하며 다른 사람에게 해를 끼치는 수준으로 자신의 욕구에 과도하게 주의를 기울이고 있음. CM은 가족 안에서의 모든 갈등과 정서적 교감을 피하려고 노력하고 있는데, 이는 별거 이래로 악화되었음.

Gottman의 이혼 지표

비난: ☒ AF ☐ AM

설명: AF36 "당신은 한 번도 가정에 신경 쓴 적 없고, 항상 바람둥이였어."

자기변명: ☐ AF ☐AM

설명: AM34 "당신은 날 한 번도 지지해 준 적 없어. 그게 바로 내가 다른 여자와 교제해야 했던 이유야." AM36 "당신의 불륜에 대해서 내 탓하지 마. 나도 불륜을 할 기회가 얼마든지 있었지만 그러지 않았어."

경멸: ☐ AF ☐ AM

설명: ____________________

담쌓기: ☐ AF ☐ AM

설명: AM34는 긴장감이 일어날 때 AM36을 차단함.

화해 시도 실패: ☐ AF ☐AM

설명: 보고에 따르면 둘 다 화해하려는 노력을 받아들이지 않았음.

영향을 수용하지 않음: ☐ AF ☐ AM

설명: AF36은 AM34가 그녀의 의견이나 욕구를 거의 존중하지 않았다고 보고함.

(다음)

가혹한 시작: ☒ AF ☐ AM
설명: AF36은 남편과의 양육 문제를 가혹하게 보고함.

6. 상호작용 패턴

문제 상호작용 패턴(A ⇆ B)
긴장의 시작: CF16의 음주 사실이 드러남.
갈등/증상의 확대: AF36은 소리 지르고 가르치기 시작하고 가혹한 처벌을 내리고 실행에 옮기지는 않음. 이를 들은 AM34는 CF16과 함께 그녀의 선택에 대해 긴 이야기를 나누고 그녀의 미래에 미칠 해로운 영향들에 대해 초점을 맞추며, 그녀가 '도망치려는' 정서적 이유에 대해서는 무시함.
'정상'으로 회복/항상성: 부모 모두 효과적이지 않고, CF16은 그다음 주말에 행동을 반복함.

현재 문제에 대해 가정된 항상성 기능: 연결을 유지하고, 독립성/거리감을 형성하고, 영향력을 만들고, 연결을 재구축하고, 혹은 한편으로 가족 내에서 균형감을 형성하도록 돕는 데 증상이 어떤 역할을 하는가?
CF16의 극도의 행동화는 부모로 하여금 그녀를 다루기 위해 함께하도록 한다. 또한 이는 별거와 AF36의 원가족의 반대(및 잠재적 배척)로 인한 고통으로부터 모든 가족 구성원의 주의를 돌린다.

7. 세대 간 & 애착 패턴

다음을 비롯한 모든 관련 정보가 포함된 가계도를 구성할 것.

- 나이, 출생/사망일
- 이름
- 관계 패턴
- 직업
- 병력
- 정신 질환
- 학대 이력

또한 회기에서 자주 논의되는 사람들에 대한 몇 가지의 형용사를 포함할 것(이는 성격 및 관계적 패턴을 묘사해야 함. 예: 조용한, 가족을 돌보는 사람, 정서적으로 거리가 있는, 완벽주의자, 무력한 등). 가계도는 반드시 보고에 첨부되어야 함. 중요한 내용을 다음에 요약할 것.

가족 강점: AF36은 강한 종교적 전통이 있음. AM34의 가족은 그의 결정에 지지적임.
약물/알코올 남용: ☐ NA ☒ 이력: AM34의 아버지와 형은 알코올을 남용함. CF는 같은 문제에 대한 잠재성이 있음.
성적/신체적/정서적 학대: ☐ NA ☐ 이력:
부모/자녀 관계: ☐ NA ☒ 이력: 양가(친가, 외가) 모두 부모와 자녀 사이의 관계가 단절되었음. AF36의 남동생은 성적 지향 때문에 가족으로부터 고립되었음.
신체적/정신적 장애: ☐ NA ☒ 이력: AF36의 아버지는 심장마비로 사망했음.
현재 문제의 이력 삽화: ☐ NA ☒ 이력: 양가 중 어느 쪽도 이혼한 적 없음. 친가 쪽에 알코올 남용 있음.

(다음)

애착 유형: 각 내담자의 가장 두드러진 애착 유형을 설명할 것

AF: ☐ 안정 ☒ 불안 ☐ 회피 ☐ 불안/회피

설명: 남편을 좇아다니기.

AM: ☐ 안정 ☐ 불안 ☒ 회피 ☐ 불안/회피

설명: 결혼에서 멀리 떨어져 있음, 부부 문제를 '해결'하기 위해 바람을 피움.

CF: ☐ 안정 ☒ 불안 ☐ 회피 ☐ 불안/회피

설명: 안전하지 않다고 느낄 때, 대체로 친구들과의 갈등이나 인정을 통한 유대를 추구함.

CM: ☐ 안정 ☐ 불안 ☒ 회피 ☐ 불안/회피

설명: 주로 갈등을 피함. 비판을 피하기 위해 완벽해지려고 노력함.

8. 해결중심 평가

시도했지만 효과적이지 않았던 해결책들

1. CF16에 대한 부모의 설교는 그녀의 음주와 약물 사용을 줄이지 못했음.
2. AF36가 가혹하게 설정했으나 시행하지 않은 내용은 효과가 없음. 이혼 절차를 지연시키는 것은 기대만큼 효과적이지 않을 수 있음.
3. __________

예외 상황과 독특한 결과(효과적이었던 해결책들): 문제가 덜 문제시되었을 때의 시간, 장소, 관계, 맥락 등, 상황을 조금이라도 개선하는 것으로 보이는 행동들.

1. CF16은 두려워서 더 강한 약물 사용을 하지 않기로 선택했다고 보고함. 성적이 떨어지긴 했지만 그녀는 여전히 잘하고 있음. 그녀는 건강한 선택을 지지해 주는 친구들과의 관계를 유지하고 있음.
2. CF16은 가족들이 시내로 외출했던 주말에 덜 사용했다고 보고함.
3. __________

기적 질문 답변: 만약 그 문제가 밤사이에 해결된다면, 내담자는 다음 날 무엇을 다르게 하겠는가? (Y를 하지 않는다는 방식이 아닌 X를 한다는 방식으로 설명할 것)

1. AF와 AM은 같은 집에서 일어나고 함께라서 행복할 것이다(AF와 아이들).
2. CF는 새로운 또래집단이 생길 것이다. 약물에 관해 좋은 결정을 내리는 것을 증명할 수 있다면 더 많은 자유를 가질 것이다(부모, CF는 다소 동의한다).
3. CF와 CM 둘 다 좋은 성적을 받고, 학교 활동에 참여하며, 가족들은 가족들끼리 재밌는 시간을 보낼 것이다.

9. 포스트모던과 문화적 담론 개념화

이야기, 지배적 담론, 다양성

문제의 정의를 구성하는 지배적 담론

문화, 인종, 사회경제적 지위, 종교 등: 주요 문화적 담론이 문제와 가능한 해결책을 지각하는 데 어떤 영향을 미치는가?

AF36의 문화, 종교, 가족 배경은 이혼이 죄라는 생각을 강화하며, 이는 그녀에게 상당한 내적 갈등을

(다음)

일으킴. 왜냐하면 그녀는 내연녀를 떠나지 않을 남자와의 관계를 유지하는 것은 현명하지 않다고 믿기 때문임. 이러한 관점은 잠재적 이혼에 대한 모든 가족 구성원의 스트레스를 증가시키는 것으로 보이고, 아마도 CF16의 행동화와 CM14가 물러나는 것에 영향을 미칠 것임.

성별, 성적 지향 등: 성별/성적 지향 담론이 문제와 가능한 해결책을 지각하는 데 어떤 영향을 미치는가?
AF36이 가족에 대해 그리고 아내와 엄마로서의 역할에 대해 많은 전통적 멕시코인 관점을 유지하고 있기는 하지만, 그녀는 또한 관계에서 여성의 권리, 특히 남편의 불륜을 받아들이는 것과 관련해서 현대 미국인의 관점을 가지고 있음.

맥락, 가족, 지역사회, 학교, 기타 사회적 담론: 다른 중요한 담론이 문제와 가능한 해결책을 지각하는 데 어떤 영향을 미치는가?
CF16은 지금 '마시고 노는' 무리와 어울리는데, 이는 그녀가 자기 자신과 그녀의 가족을 어떻게 정의하는지를 변화시키고 있음.

정체성/자기 이야기: 그 문제는 각 가족 구성원의 정체성을 어떻게 형성하였는가?
AF36은 전통적인 문화적 및 종교적 가치와 현대의 성 정체성 사이에서 극심한 갈등을 겪음. AM34는 죄책감을 좀 느끼지만, 그의 마음을 따르는 데 더 강하게 끌린다고 보고함. 그는 자신의 정서적인 측면에 따라 그리 자주 행동하지 않았는데, 정서적인 측면을 되찾으려고 애쓰는 것처럼 보임. CF16은 집에서의 혼돈으로부터 그녀를 분리시켜 주는 새로운 마시고 노는 생활에서 권력과 자유를 느낀다고 보고함. CM14는 학업에 모든 에너지를 쏟지만, 친구 및 가족들과의 교류를 서서히 잃어가고 있음.

국소적/선호하는 담론: 내담자가 선호하는 정체성 이야기 및 문제에 관한 이야기는 무엇인가? 문제에 대해 선호되는 국소적(대안적인) 담론이 있는가?
부모들은 모두 이혼이 현재 상황에서 최고의 선택이라고 믿지만, AF36의 가족의 반응 때문에 이혼을 진행하는 것이 염려된다고 보고함. AF36의 가족들은 이혼을 죄로 간주하며, 만약 그녀가 이혼을 한다면 아마 그녀와 단절할 수도 있음.

10. 내담자 관점

동의하는 영역: 내담자들이 말한 것에 근거하여, 이 평가의 어떤 부분에 대해 그들이 동의하는가, 혹은 동의할 것 같은가?
AF36 가족의 역할, 가족 역동.

동의하지 않는 영역: 그들이 어떤 부분에 대해 동의하지 않는가, 혹은 동의하지 않을 것 같은가? 이유는?
CM14가 미래에 문제를 가질 가능성이 있다는 것. 왜냐하면 그들은 현재 CM14를 '스타'로 바라보고 있기 때문임.

당신은 동의할 것 같지 않은 영역을 어떻게 존중하면서 작업할 계획인가?
아마도 CF16가 초기 개선을 보인 후에, CM14의 기능에 관한 문제를 조심스럽게 제기한다.

(다음)

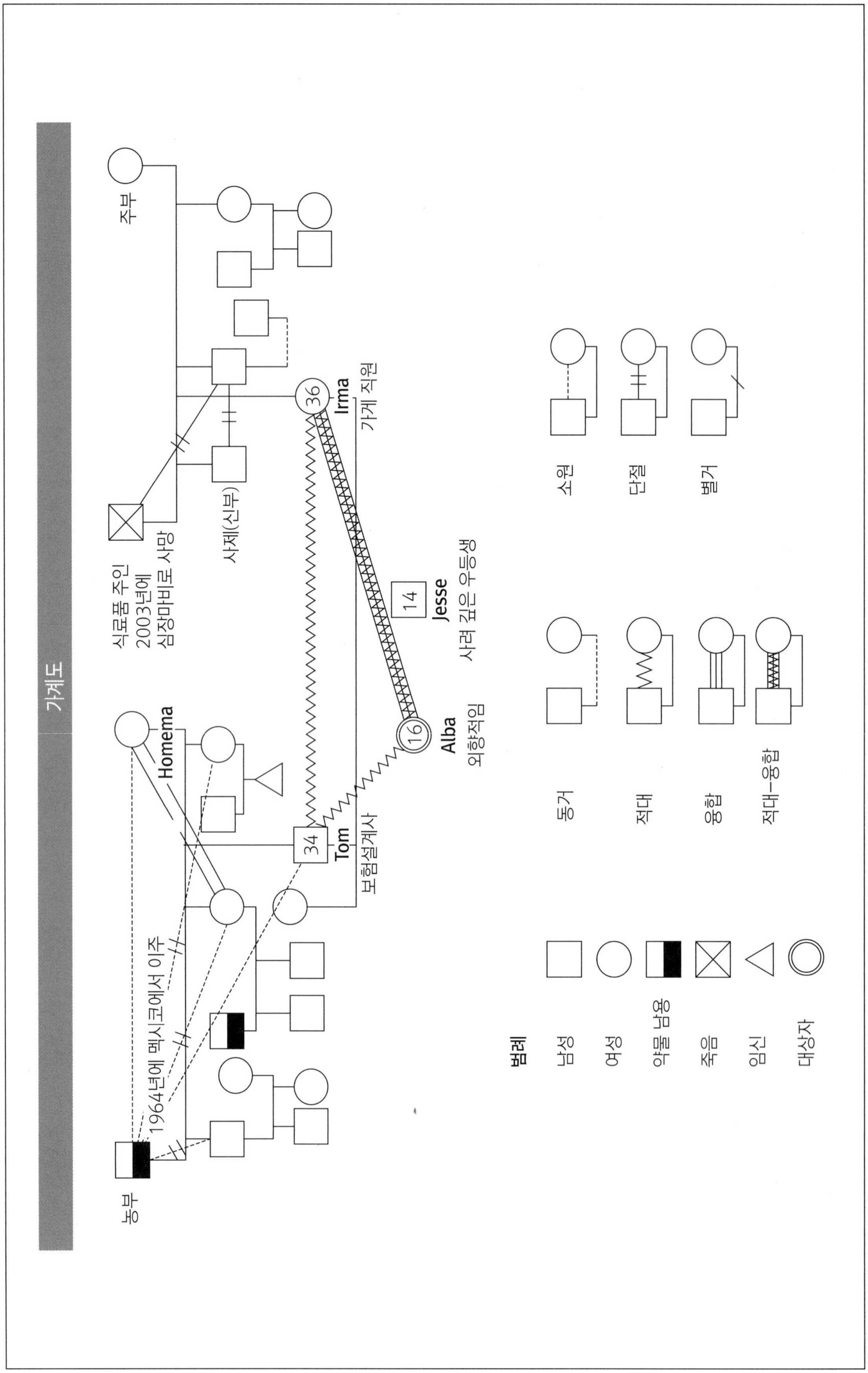

가계도

농부
1964년에 멕시코에서 이주
Homema
식료품 주인
2003년에
심장마비로 사망
주부
사제(신부)
34
Tom
보험설계사
36
Irma
가게 직원
16
Alba
외향적임
14
Jesse
사려 깊은 우등생
범례
남성
여성
약물 남용
죽음
임신
대상자
동거
적대
융합
적대-융합
소원
단절
별거

임상 평가

내담자 ID # (이름은 쓰지 말 것): 8101	인종: 멕시코계 미국인	주요 언어 ☒ 영어 ☒ 스페인어 ☐ 기타:

참여자 및 중요한 타인을 모두 기록할 것. 확인된 환자(IP)는 [★]. 참여할 중요한 타인은 [✔]. 참여하지 않을 중요한 타인은 [✕] 표시할 것.

성인, 나이: 직업/고용자	자녀, 나이: 학교/학년
[✔] AM* 34: 보험설계사	[✔] CM 14: 8학년, 우등생
[✔] AF 36: 백화점 직원	[★] CF 16: 10학년, 연극, 스포츠
[ ] AF/M #2:	[ ] CF/M

현재 문제

		아동에 대해 기록
☐ 우울/절망	☐ 부부 문제	☒ 학업 실패/성적 하락
☐ 불안/걱정	☐ 부모/자녀 갈등	☐ 무단결석/가출
☒ 분노 문제	☐ 배우자 폭력/학대	☐ 또래와의 싸움
☒ 상실/비애	☒ 이혼 적응	☐ 과잉행동
☐ 자살 사고/시도	☐ 재혼 적응	☐ 유뇨/유분증
☐ 성적 학대/강간	☐ 성 정체감/친밀감 문제	☐ 아동 학대/방임
☒ 알코올/약물 사용	☒ 주요한 삶의 변화	☐ 고립/철회
☐ 섭식 문제/장애	☐ 법적 문제/보호 관찰	☐ 기타: ______
☐ 직업 문제/실직	☐ 기타: ______	

IP의 정신감정

대인관계 문제	☐ NA	☒ 갈등 ☒ 밀착 ☐ 고립/회피 ☐ 정서적 단절 ☐ 사회 기술 부족 ☐ 부부 문제 ☐ 또래 문제 ☐ 업무상 문제 ☐ 지나치게 수줍음 ☐ 이기적 ☐ 관계 구축/유지 어려움 ☐ 기타: ______
기분	☐ NA	☐ 우울/슬픔 ☐ 절망감 ☐ 두려움 ☐ 불안 ☒ 분노 ☒ 짜증 ☐ 조증 ☐ 기타: ______
정동	☐ NA	☒ 위축된 ☐ 무딘 ☐ 생기 없는 ☐ 불안정한 ☐ 극적인 ☐ 기타: ______
수면	☐ NA	☐ 수면과다증 ☐ 불면증 ☒ 수면 방해 ☒ 악몽 ☐ 기타: ______
섭식	☐ NA	☒ 증가 ☐ 감소 ☐ 식욕감퇴 ☐ 폭식 ☐ 하제 사용 ☐ 신체 이미지 ☐ 기타: ______
불안 증상	☒ NA	☐ 만성 걱정 ☐ 공황발작 ☐ 해리 ☐ 공포증 ☐ 강박사고 ☐ 강박행동 ☐ 기타: ______

(다음)

* 약어: AF: 성인 여성, AM: 성인 남성, CF#: 연령이 제시된 여자 아동(예를 들어 CF12), CM#: 연령이 제시된 남자 아동, Hx: 이력, CL: 내담자.

트라우마 증상	☒ NA	☐ 급성 ☐ 만성 ☐ 과각성 ☐ 꿈/악몽 ☐ 해리 ☐ 정서적 마비 ☐ 기타: ________
정신증적 증상	☒ NA	☐ 환각 ☐ 망상 ☐ 편집증 ☐ 연상 이완 ☐ 기타: ________
운동 활동 /말하기	☐ NA	☐ 에너지 부족 ☐ 활동적/과잉행동 ☒ 불안한 ☐ 부주의한 ☐ 충동적인 ☐ 병적 수다 ☐ 말이 느린 ☐ 기타: ________
사고	☐ NA	☐ 집중력/주의력 저하 ☒ 부정 ☐ 자기 비난 ☒ 타인 비난 ☐ 반추 ☐ 부적절한 ☐ 비논리적인 ☐ 경직된 ☐ 낮은 통찰력 ☒ 의사결정능력 손상 ☐ 혼란스러운 ☐ 느린 처리 ☐ 기타: ________
사회 법률	☐ NA	☐ 규칙 무시 ☒ 반항 ☐ 도벽 ☐ 거짓말 ☐ 울화 행동 ☐ 체포/감금 ☐ 싸움을 일으킴 ☐ 기타: ________
기타 증상	☒ NA	

IP에 대한 진단

진단을 내릴 때 고려되는 환경적 요인: ☒ 나이 ☒ 성별 ☒ 가족 역동 ☒ 문화 ☒ 언어 ☒ 종교
☐ 경제 ☐ 이민 ☐ 성적 취향 ☐트라우마 ☐ 이중진단/동반질환 ☒ 중독 ☐인지 능력
☐기타: ________

확인된 요인들의 영향력: CF와 친해지기 위해 성별과 인종의 유사성을 활용하면서 10대에게 친근한 언어를 사용하였음. CF의 기분과 행동을 평가할 때, 현재 가족 역동을 고려하였음. 확대가족과는 스페인어로 이야기하지만, CF는 자신의 주요 언어는 영어라 회기에서 영어로 말하는 것을 선호함. 가족들은 집에서 영어로 얘기함. 가족의 종교적 신념과 중독의 세대 간 이력도 평가의 일부로 고려되었음.

축 I
주 진단: 309.28 기분 및 품행의 장해를 동반한 적응장애, 급성
부수적 진단: R/O 305.00 알코올 남용 305.20 대마초 남용
축 II: V71.09 진단 없음.
축 III: 보고된 바 없음.
축 IV
☒ 주요 지지 집단과의 문제
☐ 사회적 환경/학교 관련 문제
☒ 교육 문제
☐ 직업 문제
☐ 주거 문제
☐ 경제 문제
☐ 건강관리서비스 이용 문제
☐ 법률 체계와의 상호작용 관련 문제

축 I 진단의 DSM 증상을 열거할 것(각 증상의 빈도와 기간을 포함). 내담자는 축 I의 주 진단의 5개 진단기준 중 5개를 충족함.

1. 스트레스 요인: 부모님 별거. 아버지가 집을 나감. 아버지가 외도함.
2. 주말에 친구들과 음주 및 대마초 흡연을 시작함.
3. 음주/운전 사고나 심각한 중독 없음.
4. GPA 평점이 3.5에서 2.75로 떨어짐.
5. 집에서 언쟁과 반항이 늘어남.
6. 남용 진단을 배제하기 위해 약물 사용을 계속해서 점검할 예정임.

약물치료(정신 의학 & 의학)
복용량/복용 시작 날짜
☒ 처방받지 않음
1. ________ / ______ mg ____

(다음)

☐ 기타 심리사회적 문제
축 V
GAF 65
GARF 60
의학적인 원인은 배제되었는가?
☐ 그렇다 ☐ 아니다 ☒ 진행 중
환자는 정신과적/의학적 평가가 의뢰된 적이 있는가?
☒ 그렇다 ☐ 아니다
환자가 의뢰에 동의하였는가?
☒ 네 ☐ 아니요 ☐ NA
평가에 사용된 심리측정 도구 혹은 자문을 열거할 것
☐ 없음 혹은 MAST

2. ________ / ______ mg ____
3. ________ / ______ mg ____

진단에 대한 내담자의 반응
☒ 동의 ☐ 다소 동의 ☐ 동의하지 않음
☐ 다음의 이유로 알리지 않음
____

의학적 필요성(해당되는 것에 모두 체크할 것)
☒ 심각한 손상 ☒ 심각한 손상 가능성 ☒ 발달지체 가능성
손상 영역: ☒ 일상 활동 ☒ 사회적 관계 ☒ 건강 ☒ 직장/학교 ☐ 거주 형태
☐ 기타: ________________________

위험 요인 평가

자살 경향
☐ 징후 없음
☒ 부인
☐ 적극적인 자살 사고
☐ 소극적인 자살 사고
☐ 계획 없는 의도
☐ 수단 있는 의도
☐ 과거 자살 사고
☐ 과거 자살 시도
☐ 자살한 가족/동료 이력

약물 사용 경험
알코올 남용
☐ 징후 없음
☐ 부인
☐ 과거
☒ 현재
빈도/양: 1주일에 맥주 2~3병

약물
☐ 징후 없음
☐ 부인
☐ 과거
☒ 현재
약물: 마리화나
빈도/양: 1주일에 1~2회
☒ 가족/중요한 타인의 약물 남용

살인 경향
☐ 징후 없음
☒ 부인
☐ 적극적인 살인 사고
☐ 소극적인 살인 사고
☐ 수단 없는 의도
☐ 수단 있는 의도
☐ 과거 살인 사고
☐ 과거 폭력
☐ 폭행/행패 이력
☐ 동물 학대

성적 · 신체적 학대와 기타 위험 요인
☐ 학대 이력이 있는 아동
　☐ 성적 ☐ 신체적 ☐ 정서적 ☐ 방임
☐ 아동기 학대 경험이 있는 성인
　☐ 성적 ☐ 신체적 ☐ 정서적 ☐ 방임
☐ 성인기에 학대/폭행 경험이 있는 성인
　☐ 성적 ☐ 신체적 ☐ 현재
☐ 학대를 가한 이력
　☐ 성적 ☐ 신체적
☐ 노인/보살핌이 필요한 성인 학대/방임
☐ 거식증/폭식증/기타 섭식장애
☒ 자상 혹은 기타 자해
　☐ 현재
　☒ 과거 방법: 6개월 전 1~2회 손목 긋기
　☐ 범죄/법적 이력: ______
　☐ 보고된 바 없음

(다음)

<table>
<tr><td colspan="3">안전 지표: ☒ 강력한 지지를 제공하는 최소 한 명의 외부인 ☒ 자신/타인을 해치지 않을 이유와 살아야 할 구체적인 이유를 언급할 수 있음 ☐ 희망적임 ☐ 미래의 목표가 있음 ☒ 위험한 물건들을 처분할 의사가 있음 ☒ 상황을 악화시키는 사람들과의 연락을 줄일 의지가 있음 ☒ 안전 계획과 안전 개입을 이행할 의지가 있음 ☐ 자신/타인을 해치는 것의 대안들을 개발함 ☒ 안전이 유지된 기간: 6개월 ☐ 기타: ______

안전 계획 요소: ☒ 해치지 않겠다는 구두 계약 ☐ 해치지 않겠다는 서면 계약 ☒ 비상 연락망 ☒ 위기 상담사/기관 연락처 ☐ 약물치료 관리 ☒ 위기 시에 친구들/지지적인 사람들과 연락하기 위한 구체적인 계획 ☐ 위기 시에 갈 장소에 대한 구체적인 계획 ☒ 위기 단계에 도달하기 전에 위험을 줄이기 위한 구체적인 자기진정 과제(예, 일기쓰기, 운동 등) ☐ 스트레스 요인을 줄이기 위한 구체적인 매일/주 단위 활동 ☐ 기타: ______</td></tr>
<tr><td colspan="3">메모: 법적/윤리적 조치: ☐ NA ______</td></tr>
<tr><td colspan="3">사례 관리</td></tr>
<tr><td>날짜
첫 방문: 6/24/08
마지막 방문: 7/2/08
회기 빈도
☒ 주 1회 ☐ 격주
☐ 기타: ______
예상 치료 기간: ______</td><td>양식
☐ 성인 개인
☒ 아동 개인
☒ 부부
☒ 가족
☐ 집단:
______</td><td>내담자가 다른 곳에서 정신건강 또는 기타 의학적 치료를 받고 있는가?
☐ 아니요
☒ 네: 학교에서 이혼 집단

아동/청소년의 경우: 가족이 참여하는가?
☒ 네 ☐ 아니요</td></tr>
<tr><td colspan="3">환자 의뢰 및 전문가 연락
사회복지사와 연락한 적이 있는가?
☐ 네 ☐ 아니요
설명: ______ ☒ NA

내담자가 의학적 평가에 의뢰된 적이 있는가?
☒ 네 ☐ 필요 없음

내담자가 정신의학적 평가에 의뢰된 적이 있는가?
☒ 네(내담자가 동의함) ☐ 네(내담자가 동의하지 않음) ☐ NA

의료진 혹은 다른 전문가와 만난 적이 있는가?
☒ 네 ☐ 아니요 ☐ NA

내담자는 복지/법률 서비스에 의뢰된 적이 있는가?
☐ 직업/훈련 ☐ 복지/음식/주거 ☐ 피해자 지원 ☐ 법적 지원 ☐ 의료
☐ 기타: ______ ☒ NA

치료와 관련해 예상되는 범죄/법률 절차
☐ 아니요 ☒ 네: 양육권 공판

내담자는 집단 또는 기타 지원 서비스에 의뢰된 적이 있는가?
☒ 네 ☐ 아니요 ☐ 추천받지 않음

내담자의 사회적 지지 연결망
☐ 지지적인 가족 ☐ 지지적인 배우자 ☒ 친구들 ☒ 종교적/영적 단체 ☐ 지지적인 직장/사회적 집단</td></tr>
</table>

(다음)

☐ 기타: ______________________________

치료가 지지 체계 내 타인(부모, 자녀, 형제자매, 중요한 타인 등)에게 미칠 영향.
CF의 문제를 다루는 것은 아마 CM에 대한 초점과 이혼에 대한 필요성을 증가시킬 것이다.

성공적이기 위해 내담자에게 그 밖에 필요한 것이 있는가?
부모들의 개인치료가 유익할 수 있다.

내담자의 희망: 낮음 1-----X---------10 높음

예상 결과 및 예후

☒ 정상적인 기능으로 회복.
☐ 개선을 예상하지만, 정상적인 기능보다 덜할 것으로 예상.
☐ 현재 상태 유지/악화 예방.

진단/내담자 관점에 대한 평가

평가 방법은 내담자의 필요에 따라 어떻게 조정되었는가?
내담자에게 친근한 언어를 사용하고, 알코올/약물 남용에 관한 서식을 사용하였음.

나이, 문화, 능력 수준, 기타 다양성 주제에 다음과 같이 맞추었음.
가족이 참석하지 않은 채 내담자가 이해할 수 있는 언어로 진단적 질문을 하였음.

체계적/가족 역동은 다음의 방식으로 고려되었음.
가족이 이력에는 포함됐지만 개인 정신건강 평가에는 포함되지 않았음.

이 평가와 관련하여 실제적이거나 잠재적인 내담자-치료자 동의/비동의 영역을 설명할 것.
CF는 '마시고 노는 것'을 정상이라고 봄. 부모님은 그것을 남용이라고 봄. 그녀가 여전히 학교와 대부분의 학업, 관계적인 면에서 잘 기능하고 있기 때문에, 현재 시점에서는 남용으로 간주되지 않지만, 만약 이러한 경향이 지속된다면 진단될 가능성이 높음.

______________________, ______________________ ______________
치료자 서명 자격/수련 등급 날짜

______________________, ______________________ ______________
지도감독자 서명 자격 날짜

치료 계획

이름: Maria Sanchez, MFT 수련생 날짜: 08/7/25

사례/내담자: #8101 이론: 체계적

▣ 치료 초기 단계

❖ 초기 단계의 치료적 과업

1. 효과적인 치료적 관계 발전시키기. 다양성 주의: 관계 형성을 위해 따뜻함과 인격을 사용할 것. CF 및 CM과 교감하기 위한 유머. 부모들 간, 그리고 부모와 CF16 사이의 기존 분열에 대해 다중 편애하도록 특히 주의할 것.

   관계 구축 접근/개입

   a. 그들의 언어에 맞추고 치료적 기동성을 유지하는 동시에, 부부/가족 체계를 존중하고 신뢰할 것.

   b. 모든 구성원과 관계를 구축하기 위해 중립성을 유지하고 내담자 언어를 사용할 것.

2. 개인적, 체계적 및 광범위한 문화적 역동 평가하기. 다양성 주의: 알코올에 대한 문화적 및 가족 전통. 이혼/불륜의 종교적 중요성을 고려할 것.

   평가 전략

   a. 긴장의 증가, 증상, 항상성 회복, 메타커뮤니케이션, 상호보완적 패턴을 포함하여, 문제가 되는 상호작용 연쇄 과정을 평가할 것. 가정 내에서 모든 구성원의 역할을 평가할 것.

   b. 극심한 단순화, 몽상가 증후군, 역설을 포함하여, 별다를 것 없는 해결책을 확인할 것.

   c. 가족 의미 체계와 각자의 역할을 평가하기 위한 순환적 질문.

3. 치료 목표를 정의하고 치료 목표에 대한 내담자 동의 얻기. 다양성 주의: 이혼에 대한 종교적 및 문화적 가치를 존중할 것.

   a. 모든 가족 구성원이 동의할 수 있는 행동적인 용어로 목표를 정의할 것.

4. 의뢰 필요성, 위기 문제, 부수적 연락처 그리고 다른 내담자 욕구를 확인하기.

   a. 의뢰/자원/연락: 알코올/약물 사용으로 CF16을 의학적/정신의학적 평가에 의뢰할 것. 학교 상담사와 연락할 것.

❖ 초기 단계의 내담자 목표

1. 가족들이 피하고 있는 문제로부터 가족의 주의를 분산시키고자 CF16이 음주와 흡연을 하는 필요성을 줄이기 위해서, 가족 구성원들 간에 이혼에 대한 직접적인 의사소통 증가시키기.

   측정: ☐ 2주 ☒ 2개월 동안 1개 이하의 경미한 중독 삽화를 보이며, 책임 있는 알코올/약물 사용 행동을 유지할 수 있음.

   a. CF16의 음주가 고통으로부터 부모의 관심을 분산시키기 위해 자신과 성적을 희생하는 그녀의 방식이라는 긍정적 의미 부여를 사용할 것.

   b. CF16의 음주를 재구조화하기 위한 순환적 질문: 현재 그녀의 음주로 가장 상처받은 사람은 누구

(다음)

인가? 음주가 오랫동안 지속된다면 누가 가장 상처받을 것인가? 만약 마시고 노는 것을 그만두려 한다면 누가 가장 놀랄 것인가? 가장 놀라지 않을 사람은? 이 일이 가족에게 주는 긍정적/부정적 영향은 무엇인가?

▣ 치료 작업 단계

❖ 작업 단계의 치료적 과업

1. 작업 동맹의 질 점검하기. 다양성 주의: 모두에게 안전하고 따뜻한 환경을 조성할 것. AF에게 따뜻함을 강조하고 AM을 존중할 것. CF의 참여를 유지하기 위해 충분한 유머와 '진정성'을 활용할 것.
   a. 평가 개입: CF16 및 가족과 관계를 맺기 위해 유머와 불경함을 사용할 것.
   b. 평가 개입: 회기 평가 척도를 사용할 것.

2. 내담자의 경과 점검하기. 다양성 주의: 사람들을 기쁘게 해 주려는 AF와 회기에 성실히 참여하는 CF를 관찰할 것.
   a. 평가 개입: 치료자가 내담자의 의미 체계를 끌어들일 수 있었는지를 판단하기 위해 치료자의 재구성 및 기타 개입들에 대한 내담자의 반응을 관찰할 것.
   b. 평가 개입: 상담 성과 평가 척도를 사용할 것.

❖ 작업 단계의 내담자의 목표

1. CF16의 액팅 아웃(Acting Out)을 줄이기 위해 자녀와 관련된 부모 연합의 효과성을 증가시키기.
   측정: □ 2주 ☒ 2개월 동안 2개 이하의 경미한 반항 삽화를 보이며, 효과적인 양육을 지속할 수 있음.
   a. 자녀들로부터 비밀을 유지함으로써 부모가 분명하게 동맹과 소통하는 보편적 처방의 변형을 사용할 것.
   b. AM34에게는 방문 시 만날 때나 헤어질 때의 인사를 하는 것과 같이 정서적 교감을 증가시키도록 지시, AF36에게는 말로 훈육하는 대신 집안의 규칙을 글로 써서 일관성을 높이도록 지시.

2. 미숙한 의사결정을 줄이고 학업성취 동기를 높이기 위해, 가족 항상성을 유지하고자 자신을 희생하는 CF16의 체계적 역할을 줄이고, 독립성을 키우는 발달 과업을 수행할 자유를 주기.
   측정: □ 2주 ☒ 2개월 동안 2개 이하의 경미한 서투른 선택 관련 삽화를 보이며, 동기를 유지할 수 있음.
   a. 그녀의 행동화가 가족 내에서의 그녀를 제외한 모든 사람을 어떻게 돕고 있는지를 드러내는 순환적 질문
   b. 그녀로 하여금 모든 나쁜 행동을 너무 빨리 멈추지 않도록 함으로써 부모가 이혼을 미룰 이유를 갖게 만드는 역설적인 '천천히' 명령.

▣ 치료 종결 단계

❖ 종결 단계의 치료적 과업

1. 추후관리 계획을 세우고, 개선을 유지하기. 다양성 주의: 교회, 가족, 확대가족 그리고 학교 공동체들을 고려할 것.

(다음)

a. 변화에 대한 가족의 참여를 강화하기 위한 제지하기와 천천히 기법. 재발 방지 계획을 세우기 위한 순환적 질문.

❖ 종결 단계의 내담자 목표

1. CF16의 행동화를 줄이기 위해서, 별거와 이혼을 정서적으로 그리고 현실적으로 다루는 가족의 능력을 향상하기.

   측정: □ 3주 ☒ 3개월 동안 2개 이하의 경미한 갈등 및 CF 행동화 삽화를 보이며, 적은 갈등과 효과적인 문제 해결을 유지할 수 있음.

   a. 별거 및 이혼과 관련된 감정, 계획, 욕구에 대해 안전하게 의사소통하고, 진행의 가능성을 확인하기 위한 순환적 질문.

   b. 불륜으로 인해 AM34와 가족 구성원 사이에 생긴 배신감에 대한 보상을 촉진하기 위한 의식.

▣ 내담자 관점

치료 계획을 내담자와 함께 검토하였는가? ☒ 네 □ 아니요

아니라면 설명할 것: ____________________

내담자가 동의하는 영역과 우려사항을 묘사할 것: 부모는 모두 상대방이 '진짜' 문제라고 믿지만, 딸을 위해 가족회기에 함께 참여할 의사가 있다고 진술함. AF는 AM보다 CF에게 더 가혹한 처벌을 선호함.

____________________	____________	____________________	____________
치료자 서명, 수련생 지위	날짜	지도감독자 서명, 자격	날짜

경과 기록

내담자 경과 기록 # 8101

날짜: 08/7/25 시간: 6:00 am/pm 회기 시간: ☒ 50분 혹은 ☐ ________

참여자: ☒ AM ☒ AF ☒ CM ☒ CF ☒ ________

청구번호: ☐ 90791(평가) ☐ 90834(치료-45분) ☒ 90847(가족)

☐ 기타 ________

증상	지난 방문 이후 지속 기간/빈도	경과: 퇴행-----초기----------목표
1. CF 음주	맥주 한 잔 보고함 대마초 하지 않음	-5 ------ 1 ---- 5 --- X ---- 10
2. AM과의 갈등	아이들은 매주 방문했음. '괜찮은 시간'	-5 ------ 1 ---- 5 --- X ---- 10
3. 삼각구도	아이들은 삼각구도의 사건이 없다고 보고함	-5 ------ 1 ---- 5 --- X ---- 10

설명: CF는 그녀가 흡연을 하지 않기를 바라는 부모님의 마음을 기꺼이 존중할 의사가 있다고 보고함. 이번 주는 숙제를 더 많이 했다고 보고함. 아이들은 별거에 대한 긴장감이 줄어들었고, AF가 AM에 대해 덜 이야기한다고 보고함. 또한 그들은 AM이 '더 열심히 노력하고 있어서' 방문할 마음이 있다고 보고함.

개입/HW: 지난 주 지시에 대해 점검함. 자녀들에게 발생되는 이혼의 긴장을 표면화하기 위해 순환적 질문을 사용함. 외출하기 전에 부모에게 이메일을 보내는 CF의 고충을 개선하기 위해 밤에 '책임감(안전) 계획'을 포함하는 계획을 수립함. 특별한 인사를 위해 '비밀스러운 악수'를 포함하도록 AM의 지시를 변경함. 회기 끝에 비공개로 부모와 단독으로 만나는 보편적 처방을 지속함.

내담자 반응/피드백: 가족들은 경과에 대해 기뻐하며 이번 주 과제의 수립에 적극적으로 협조함. CF는 저항을 기반으로 한 역설적인 메시지에 잘 반응함.

계획

☒ 다음 회기: 과제에 대한 점검, 가족의 미래 계획의 추가적인 논의를 위한 순환적 질문

☐ 계획 수정: ________

다음 회기: 날짜: 08/8/2 시간: 6:00 am/pm

위기 문제: ☒ 자살/살인/학대/위기를 부인함 ☐ 위기가 평가됨/다루어짐

CF는 심각한 알코올 또는 약물 사용을 부인함. 부모들은 이러한 조짐이 없다고 보고함. 자해를 부인함.

________, ________, ________

치료자 서명 자격/수련생 지위 날짜

(다음)

사례 자문/슈퍼비전 기록: 지도감독자는 가족 역동을 가로막고, 이혼 문제와 미래에 상황이 어떻게 될지를 언급하는 쪽으로 진행하도록 독려하였음.

부수적 정보제공자 연락: 날짜: 08/7/25 시간: 2:00pm 이름: Betty Anderson, 학교 상담사
기록: 상담사는 성적이 약간 높아졌다고 보고함. 달리 보고된 문제는 없음.

☒ 서면 공개 파일: ☒ 발신 □ 수신 □ 법원 기록 □ 기타: ______

______, ______, ______
치료자 서명 자격/수련생 지위 날짜

______, ______, ______
지도감독자 서명 자격 날짜

약어: AM: 성인 남성; AF: 성인 여성; CM: 남자 아이; CF: 여자 아이; HW: 숙제.

참고문헌

*기호는 추천한 입문서를 나타냄

Anger-Díaz, B., Schlanger, K., Rincon, C., & Mendoza, A. (2004). Problem-solving across cultures: Our latino experience. *Journal of Systemic Therapies, 23*(4), 11-27. doi:10.1521/jsyt.23.4.11.57837

*Bateson, G. (1972). *Steps to an ecology of mind.* San Francisco: Chandler.

Bateson, G. (1979). *Mind and nature: A necessary unity.* New York: Dutton.

Bauer, S. M., Schanda, H., Karakula, H., Olajossy-Hilkesberger, L., Rudaleviciene, P., Okribelashvili, N.,...Stompe, T. (2011). Culture and the prevalence of hallucinations in schizophrenia. *Comprehensive Psychiatry, 52*(3), 319-325. doi:10.1016/j.comppsych.201006008

*Boscolo, L., Cecchin, G., Hoffman, L., & Penn, P. (1987). *Milan systemic family therapy.* New York: Basic Books.

Butler, C. (2009). Sexual and gender minority therapy and systemic practice. *Journal of Family Therapy, 31*(4), 338-358. doi:10.1111/j.1467-6427.2009.00472.x

Campbell, D., Draper, R., & Crutchley, E. (1991). The Milan systemic approach to family therapy. In A. S. Gurman & D. P. Knishern (Eds.), *Handbook of family therapy*(pp. 325-362). New York: Brunner/Mazel.

*Cecchin, G. (1987). Hypothesizing, circularity, and neutrality revisited: An invitation to curiosity. *Family Process, 26*(4), 405-413.

Cecchin, G., Lane, G., & Ray, W. (1992). *Irreverence: A strategy for therapist survival.* London: Karnac.

Cecchin, G., Lane, G., & Ray, W. A. (1994). Influence, effect, and emerging systems. *Journal of Systemic Therapies, 13*(4), 13-21.

Coolhart, D., Baker, A., Farmer, S., Malaney, M., & Shipman, D. (2012). Therapy with transsexual youth and their families: A clinical tool for assessing youth's readiness for gender transition. *Journal of Marital Family Therapy*[Early View Version]. doi:10.1111/j.1752-0606.2011.00283.x

Dell, P. F. (1989). Violence and the systemic view: The problem of power. *Family Process, 28*(1), 1-14. doi:10.1111/j.1545-5300.1989.00001.x

DeVine, J. L. (1984). A systemic inspection of affectional preference orientation and the family of origin. *Journal of Social Work and Human Sexuality, 2*, 9-17.

Erich, S., Tittsworth, J., Dykes, J., & Cabuses, C. (2008). Family relationship and their correlations with transsexual well-being. *Journal of GLBT Family Studies, 4*(4), 419-432.

Fisch, R., & Schlanger, K. (1999). *Brief therapy with intimidating clients.* New York: Jossey-Bass.

*Fisch, R., Weakland, J., & Segal, L. (1982). *The tactics of change: Doing therapy briefly.* New York: Jossey-Bass.

Goldberg, A. E. (2009). Lesbian, gay, and bisexual family psychology: A systemic, life-cycle perspective. In J. H. Bray & M. Stanton (Eds.), *The Wiley-Blackwell handbook of family psychology* (pp. 576-587). New York: Wiley-Blackwell. doi:10.1002/9781444310238.ch40

Grossman, A. H., D'Augelli, A. R., Howell, T. J., & Hubbard, S. (2005). Parents' reactions to transgender youths' gender nonconforming expression and identity. *Journal of Gay and Lesbian Social Services, 18*(1), 3-16.

Haley, J. (1963). *Strategies of psychotherapy.* New York: Grune & Stratton.

Haley, J. (1973). *Uncommon therapy: The psychiatric techniques of Milton H. Erickson, M. D.* New York: Norton.

Haley, J. (1976). *Problem-solving therapy: New strategies for effective family therapy.* San Francisco: Jossey-Bass.

Haley, J. (1980). *Leaving home: The therapy of disturbed young people.* New York: McGraw-Hill.

Haley, J. (1981). *Reflections on therapy.* Chevy Chase, MD: The Family Therapy Institute of Washington, DC.

Haley, J. (1984). *Ordeal therapy.* San Francisco: Jossey-Bass.

*Haley, J. (1987). *Problem-solving therapy* (2nd ed.). San Francisco: Jossey-Bass.

Haley, J. (1996). *Learning and teaching therapy.* New York: Guilford.

Haley, J., & Richeport-Haley, M. (2007). *Directive family therapy.* New York: Hawthorne.

Henggeler, S. W. (1998). *Multisystemic therapy.* Charleston, NC: Targeted Publications Group. Retrieved May 2, 2008, from www.addictionrecov.org/paradig m/P_PR_W99/mutisys_thrapy.html

Henggeler, S. W., & Borduin, C. M. (1990). *Family therapy and beyond: A multisystemic approach to treating the behavior problems of children and adolescents.* Pacific Grove, CA: Brooks/Cole.

Henggeler, S. W., Schoenwald, S. K., Borduin, C. M., Rowland, M. D., & Cunningham, P. B. (1998). *Multisystemic treatment of antisocial behavior in children and adolescents.* New York: Guilford.

Jackson, D. D. (1967). The myth of normality. *Medical Opinion and Review, 3*, 28-33.

*Keeney, B. (1983). *Aesthetics of change.* New York: Guilford.

Keim, J. (1998). Strategic family therapy. In E. dattilio (Ed.), *Case studies in couple and family therapy* (pp. 132-157). New York: Guilford.

Liddle, H. A., Dakof, G. A., & Diamond, G. (1991). Adolescent substance abuse: Multidimensional family therapy in action. In E. Daufman & P. Kaufman (Eds.), *Family therapy of drug and alcohol abuse* (pp. 120-171). Boston: Allyn & Bacon.

Lindbald-Goldberg, M., Dore, M., & Stern, L. (1998). *Creating competence from chaos.* New York: Norton.

Madanes, C. (1981). *Strategic family therapy.* San Francisco: Jossey-Bass.

Madanes, C. (1990). *Sex, Love, and violence: Strategies for transformation.* New York: Norton.

Madanes, C. (1991). Strategic family therapy. In A, S. Gurman & D. P. Knishern (Eds.), *Handbook of family therapy* (pp. 396-416). New York: Brunner/Mazel.

Madanes, C. (1991). Strategic humanism. *Journal of Systemic Therapies, 12*(4), 69-75.

McGoldrick, M., Giordano, L., & Garcia-Preto, N. (Eds.). (2005). *Ethnicity and family therapy* (3rd ed.). New York: Guilford.

Mental Research Institute. (2002). *On the shoulder of giants.* Palo Alto, CA: Author.

Multisystemic Therapy Services. (1998). *Multisystemic therapy.* Retrieved May 2, 2008, from www.mstservices.com/text/treatment.html

*Nardone, G., & Watzlawick, P. (1993). *The art of change: Strategic therapy and hypnotherapy without trance.* Jossy-Bass.

Ray, W. A., & Keeney, B. (1994). *Resource focused therapy.* Karnac Books.

Ray, W., & Nardone, G. (Eds.). (2009). *Insight may cause blindness & other Essays.* Paul Watzlawick.

Phoenix, AZ: Zeig, Tucker, Theisan & Co.

Robbins, M. S., Horigian, V., Szapocznik, J., & Ucha, J. (2010). Treating Hispanic youths using brief strategic family therapy. In J. R. Weisz & A. E. Kazdin (Eds.), *Evidence-based psychotherapies for children and adolescents* (2nd ed.) (pp. 375-390). New York: Guilford Press.

Santisteban, D. A., Coatsworth, J., Perez-Vidal, A., Mitrani, V., Jean-Gilles, M., & Szapocznik, J. (1997). Brief structural/strategic family therapy with African American and Hispanic high-risk youth. *Journal of Community Psychology, 25*(5), 453-471. doi:10.1002/(SICI)1520-6629(199709)25:5⟨453::AID-JCOP6⟩3.0.CO;2-T

Segal, L. (1991). Brief therapy: The MRI approach. In A. S. Gurman & D. P. Knishern (Eds.), *Handbook of family therapy* (pp. 171-199). New York: Brunner/Mazel.

Selvini Palazzoli, M. (Ed.). (1988). *The work of Mara Selvini Palazzoli*. New York: Jason Aronson.

*Selvini Palazzoli, M., Boscolo, L., Cecchin, G., & Prata, G. (1980). Hypothesizing-circularity-neutrality: Three guidelines for the conductor of the session. *Family Process, 19*(1), 3-12.

Selvini Palazzoli, M., Cecchin, G., Prata, G., & Boscolo, L. (1978). *Paradox and counterparadox: A new model in the therapy of the family in schizophrenic transaction*. New York: Jason Aronson.

Sprenkle, D. (Ed.). (2012). Intervention research in couple and family therapy [Special edition]. *Journal of Marital and Family Therapy, 38*(1).

Szapocznik, J., & Williams, R. A. (2000). Brief strategic family therapy: Twenty-five years of interplay among theory, research and practice in adolescent behavior problems and drug abuse. *Clinical Child and Family Psychology Review, 3*(2), 117-135.

Watzlawick, P. (1977). *How real is real? Confusion, disinformation, communication*. New York: Random House.

Watzlawick, P. (1978/1993). *The language of change: Elements of therapeutic conversation*. New York: Norton.

Watzlawick, P. (Ed.). (1984). *The invented reality: How do we know what we believe we know?* New York: Norton.

Watzlawick, P. (1988). *Ultra solutions: How to fail most successfully*. New York: Norton.

Watzlawick, P. (1990). *Munchhausen's pigtail or psychotherapy and "reality" essays and lectures*. New York: Norton.

Watzlawick, P. (1993). *The situation is hopeless but not serious: The pursuit of unhappiness*. New York: Norton.

Watzlawick, P., Bavelas, J. B., & Jackson, D. D. (1967). *Pragmatics of human communication: A study of interactional patterns, pathologies, and paradoxes*. New York: Norton.

Watzlawick, P., & Weakland, J. H. (1977). *The interactional view: Studies at the Mental Research Institute, Palo Alto, 1965-1974*. New York: Norton.

*Watzlawick, P., Weakland, J., & Fisch, R. (1974). *Change: Principles of problem formation and problem resolution*. New York: Norton.

Weakland, J., & Ray, W. (Eds.). (1995). *Propagations: Thirty years of influence from the Mental Research Institute*. Binghamton, NY: Haworth Press.

제5장
구조적 가족치료

가족치료 훈련은 기법의 본질을 완전히 터득하고 나면 잊도록 가르치는 방식이어야 한다. 이 책을 읽고 나면 누군가에게 준다거나 구석에 치워 버려야 한다. 상담사는 다른 사람들이 고통스러워하는 문제에 대해 치료적인 관심을 가지는 치유자로서, 언제나 그들의 가치, 강점, 미적 선호를 깊이 존중하는 사람이어야 한다. 즉, 목적은 기법을 넘어서는 어떤 것이다.

– Minuchin & Fishman, 1981, p. 1

들어가며

구조적 치료는 주로 Salvador Minuchin의 연구와 관련이 있으며, 이 장은 대부분 그의 연구에 중점을 둔다. 이와 더불어, 이 장에서는 전통적인 구조적 가족치료로부터 나온 두 가지 증거기반치료인 단기 전략적 가족치료와 생태 구조적 가족치료(Ecosystemic Structural Family Therapy)를 중요하게 다룬다.

◎ 요약하기: 당신이 알아야 할 최소한의 것

구조적 치료자들은 내담자들이 개인적 정신건강 증상과 관계 문제들을 해결하도록 돕기 위해 경계, 위계, 하위체계 등의 가족 구조를 도식화한다(Minuchin & Fishman, 1981). 가족 기능을 평가하고 나면, 치료자들은 성장을 촉진하고 문제를 해결하기 위해 경계와 위계를 조정하면서 가족을 재구조화하는 것을 목표로 한다. 그들은 회기 내에서 실연을 하고, 의자를 재배치하고, 가족의 가정에 대해 의문을 제기하는 등 적극적이다. 구조적 가족치료는 가족을 절대 역기능적으로 보지 않고, 끝없이 변화하는 발달적 및 상황적 요구에 적응하기 위해 상호작용 패턴의 레퍼토리를 확장하는 데 도움이 필요한 사람들로 보면서 그들의 강점에 집중한다.

◎ 핵심 내용: 중요한 기여점

당신이 이 장에서 기억할 것이 있다면, 그것은 다음과 같다.

■ 핵심 내용 1: 경계 또는 관계 규칙

경계(boundaries)는 가족치료에서 손에 꼽는 전문용어 중 하나이다. 이 용어는 매우 자주 사용된다. 내담자들도 이를 언급할 정도이니 말이다. 언뜻 보면, 이 용어는 과하거나 부족하지 않고 2차원적이다. 그래서 때때로 경계에 대해 너무 융통성이 없다거나, 약하다거나, 적당하다는 말로 요약해 버리곤 한다. 하지만 경계에 대해 알아가기 시작하면, 경계가 보기보다 훨씬 더 복잡하다는 사실을 곧바로 깨닫게 된다. 그러나 일단은 단순한 정의부터 살펴보자.

경계는 가족 구성원들 간 신체적 및 심리적 거리를 다루고 친밀감, 거리감, 위계 그리고 가족 역할의 규준을 정의하는 규칙이다(Minuchin & Fishman, 1981). 다소 정적인 것처럼 들리지만, 경계는 유기적이며 살아 있는 과정이다. 구조적 치료자들은 경계의 기본적인 세 가지 유형을 알아냈다.

- **명확한 경계**: 명확한 경계는 타인과 친밀하게 정서적으로 교류함과 동시에 각 개인의 자아정체감과 차별성을 유지하도록 하는 '정상적인' 경계이다(Colapinto, 1991). 각 문화는 친밀감과 거리감의 균형을 유지하는 고유한 방식을 가지고 있으며, 이러한 균형을 외부로 표현하는 방식은 문화마다 다르다. 예를 들어, 일부 문화의 명확한 경계는 다른 문화보다 더 넓은 물리적 공간을 필요로 한다.
- **밀착되고 혼란한 경계**: 혼란하거나 약한 경계는 관계적 밀착을 불러일으킨다. 정확히 말하자면, 경계가 혼란스럽고 관계가 얽혀 있다. 지나치게 혼란한 경계를 가진 가족들은 구성원들 사이에 분명한 구분이 없으며, 개인의 자율성을 희생시키면서까지 강한 상호의존감과 유대감을 만들어 낸다(Colapinto, 1991). 밀착된 가족과 이야기할 때, 치료자는 가족 구성원들에게서 다음의 행동을 보게 된다.
  - 말하는 도중 서로 끼어들거나 서로를 대신해서 말함.
  - 독심술과 억측.
  - 높은 수준의 과잉보호와 과도한 걱정.
  - 개인의 욕구를 희생시키면서 헌신할 것을 요구함.
  - 의견 불일치 또는 차이가 있을 때 위협을 느낌.

  명확하고 친밀한 경계와 혼란한 경계의 차이점이 무엇일까? 답은 간단하다. 경계가 혼란한 가족들은 한 명 이상의 개인의 증상과 문제 내지는 가족 상호작용에 대한 불만을 보고할 것이다. 게다가, 한 문화적 맥락에서 문제 있는 경계를 만드는 행동은 다른 문화적 맥락에서도 그러할 수 있다(Minuchin & Fishman, 1981). 이민자와 이중문화 가족에서는 하나 이상의 문화적 맥락이 작용하기 때문에 특별한 문제가 생길 수 있다. 그러므로 처음에는 문제가 되는 경계를 찾는 것이 간단해 보일 수 있지만, 실제 현장에서는 금방 불분명해지므로 치료자는 각 가족의 독특한 상황에 주의를 기울이면서 세심하고도 정중하게 작업해야 한다.

- **단절과 경직된 경계**: 경직된 경계는 관계에서 단절을 야기한다. 정서적 유대감을 희생시키면서 자율성과 독립성이 강조되며, 물리적인 고립보다는 정서적인 고립을 야기한다(Colapinto, 1991). 이러한 가족들은 일탈에 대해 지나치게 관대하며, 대부분 서로에게 지지와 보호를 제공하지 못한다. 단절된 가족과 작업하는 치료자는 다음을 알아차린다.
  - 문제에 대해서도 반응이 낮고 거의 영향받지 않음.
  - 대부분의 구성원들에게 그들이 원하는 대로 하도록 함.
  - 충성심과 헌신에 대한 요구나 표현이 거의 없음.
  - 호혜적 상호작용과 참여 대신 평행적 상호작용(예: 같은 방에서 서로 다른 활동을 함)을 지속함.

다시 말하지만, 문화적 및 발달적 변인을 고려하지 않고서는 경직된 경계를 정확하게 평가할 수 없다. 구성원들이 증상이나 문제를 보이지 않는 한, 경계가 지나치게 경직되어 있다고 말하기 어렵다.

■ 핵심 내용 2: 실연(Enactments)

실연은 아마도 가장 차별화되는 구조적 개입일 것이다. 이는 치료자가 가족들로부터 갈등 혹은 다른 상호작용을 재연하도록 유도하는 기법이다(Colapinto, 1991; Minuchin, 1974; Minuchin & Fishman, 1981). 어떤 치료 모델을 선택하는지와 상관없이, 실연은 최종적으로 치료자들이 터득해야 할 가장 중요한 기법 중 하나이다. 왜냐하면 대부분의 부부와 가족은 당신이 시키건 아니건 간에 당신의 사무실에서 언쟁을 벌일 것이기 때문이다. 그러니 당신은 잘 준비해야 한다. 실연은 이를 다룰 가장 좋은 방법 중 하나이다.

Minuchin은 상호작용에 대해 이야기를 나누는 것보다 실연을 선호했다. 왜냐하면 종종 사람들은 말과 행동이 꽤나 다른데, 이것이 악의가 있거나 위선적이기 때문이 아닌 자신의 행동이 어떠한지를 정확하게 인식하기 어렵기 때문이다(Minuchin & Fishman, 1981). 실연은 문제적 상호작용의 연쇄 과정을 평가하고 바꾸기 위해 사용되며, 이는 치료자가 가족 구조를 **도식화하고**, **추적하고**, **수정하게** 해 준다. 이 장 마지막의 사례연구에서 치료자는 먼저 부모와 형제(형이 학교에서 싸움을 하여 의뢰되었음.)간의 경계를 평가하기 위해 실연을 사용하며, 이후에 부모의 위계와 경계를 강화하기 위해 실연을 사용한다.

치료자들이 더 숙련되면, 가족 상호작용을 관찰하여 가족을 어디서 어떻게 **재구조화**할지 파악하는 데 겨우 몇 분밖에 걸리지 않는다. 재구조화는 밀착된 관계에서 더 분명한 경계를 형성하기(예: 사람들이 서로의 말을 끊거나 서로를 대변하는 것을 멈추게 함), 공감의 표현이나 직접적인 눈 맞춤을 격려함으로써 접촉 늘리기, 부모가 회기 내 자녀의 행동을 성공적으로 다루도록 하여 부모역할의 효과를 높이기 등의 형태로 이뤄질 수 있다.

실연은 다음의 세 단계로 발생한다(Minuchin & Fishman, 1981, p. 81).

① **자발적 상호작용의 관찰(추적과 도식화)**: 가족과 이야기할 때, 치료자는 강점과 자원뿐 아니라 과잉 결속성에 대한 요구, 극단적인 단절, 또는 서열의 혼란 등 가족의 상호작용을 조정하는 규칙이나 가정들에 대해 귀를 기울이면서 내용과 절차 모두를 면밀하게 따라간다. 치료자는 언어적 설명보다는 실질적 교류를 더 면밀히 추적하면서(Colapinto, 1991), 동시에 가족의 경계와 위계를 도식화하는 가설을 개발한다(Minuchin & Fishman, 1981). 치료자들이 변화시킬 영역을 발견하면, 가족을 실연의 활성화 단계에 초대할 준비가 된 것이다.

② **초대(교류를 이끌어 내기)**: 실연으로의 초대는 두 가지 방식으로 이루어진다. 치료자가 직접적으로 가족에게 실연을 하도록 요청하거나 가족이 자발적으로, 주로 언쟁의 형태로(Colapinto, 1991) 집에서의 행동을 실연하는 것이다. 확실히 가족이 자발적으로 시작하는 경우에는 치료자가 할 일이 많지 않다. 그렇지 않을 경우에 치료자는 문제를 '보여 달라고' 분명히 표현해야 한다.

"지난밤에 어떤 일이 있었는지 재연해 주실 수 있나요?"

"그가 반항적일 때, 집에서 무슨 일이 일어나는지 제게 보여 주실 수 있나요?"

"제가 문제가 무엇인지 잘 알 수 있도록 지난주에 있었던 반항 사건을 실연해 줄 수 있나요?" 등

③ **대안적인 교류로 방향 바꾸기**: 이 부분이 가장 중요하다. 만약 치료자가 개입하여 가족들의 경계와 위계를 명확히 하는 행동을 하도록 돕지 않는다면, 문제 행동을 실연하게 하는 것은 그다지 효과적이지 않다. 치료자들이 상호작용의 방향을 어떻게 바꿀 것인지는 바꿔야 할 특정 상호작용에 따라 달라진다. 방향 바꾸기는 주로 다음을 포함한다.

- 가족 구성원들이 서로 말하는 도중 끼어들거나 대변하는 것을 멈추게 하기.
- 두 사람이 서로 직접 소통하도록 지시하고, 동시에 세 번째 구성원에게 그 두 사람이 대화하도록 놔두라고 요청하기.
- 단절된 구성원들 간 정서적 이해와 결속력 촉진하기.
- 정서적 친밀감을 증가시키거나 감소시키기 위해 의자들을 물리적으로 재배열하기.
- 부모에게 아이와 함께 효과적인 위계적 지위를 적극적으로 확립하도록 요청하기.

실연은 새로운 상호작용과 가족의 패턴을 실제로 연습하게 된다. 따라서 회기 내에서의 개선과 통찰은 일상적 가족생활로 이어질 가능성을 높여 준다는 점에서 유용하다. 또한 실연은 한 사람에게만 문제가 있다는 착각도 줄여 준다. 가족 구성원들이 치료자 앞에서 문제를 보여 줄 때, 보고된

문제가 한 사람에게만 있는 것이 아니라 더 큰 가족 단위에 있다는 것이 분명해진다. 정리하자면, 실연은 가족 구성원들이 새로운 바람직한 행동을 성공적으로 행하도록 도움으로써 가족의 효능감과 강점을 키운다(Minuchin & Fishman, 1981).

◎ 들리는 소문에 의하면: 관련된 사람들의 이야기

Salvador Minuchin

소아과 의사와 소아 정신과 의사로서 훈련받은 Salvador Minuchin은 구조적 가족치료의 창시자로 평가된다(Colapinto, 1991; Minuchin, 1974). Minuchin은 세 대륙에서 살면서 일했다. 그는 아르헨티나에서 출생하고 자란 뒤, 미국에 정착하기 전에 두 번의 시기를 이스라엘에서 지냈다. 1954년 이스라엘에서 2년 동안 난민 아이들과 작업하고 돌아온 이후로 그는 대인관계 중심의 정신분석을 연구했던 Harry Stack Sullivan과 함께 정신의학 훈련을 시작했다. 훈련이 끝난 후 Minuchin은 비행 소년들을 위한 Wiltwyck 학교에서 일했고, 그의 동료들인 Dick Auerswald, Charlie King, Braulio Montalvo 그리고 Clara Rabinowitz에게 가족 전체를 만날 것을 제안했다. 참고할 선행 모델이 없이, 그들은 일방경을 사용하여 서로를 관찰하면서 함께 작업 모델을 개발했다. 1962년에 Minuchin은 Haley, Watzlawick, Fisch 등이 가족치료 접근을 앞서서 개발하고 있던 MRI(Mental Research Institute)를 방문했다. 그는 그곳에서 가족치료의 전략적 접근을 개발한 Jay Haley와 친구가 되었다(제4장 참고). 두 사람이 주고받은 우정은 이들의 연구에서 분명하게 드러난다.

1965년부터 1976년까지 Minuchin은 필라델피아의 아동상담소(Philadelphia Child Guidance Clinic)에서 책임자로 일했으며, 1975년에 그는 가족치료 훈련 센터[Family Therapy Training Center: 훗날 필라델피아 아동 및 가족 치료 훈련 센터(Philadelphia Child and Family Therapy Training Center)로 명칭을 변경]를 설립했다. 1967년에 Minuchin, Montalvo, Guerney, Rosman 그리고 Schumer는 『**빈민가의 가족들(Families of the Slums)**』을 출판하였는데, 이는 구조적 치료를 설명한 최초의 책이자 **다문화주의**라는 용어가 만들어지기 이전에 다양성 관련 주제를 다룬 책이다. 수년 동안, Minuchin과 그의 동료들은 변화하는 문화적 맥락과 특정 진단을 다루기 위해 이 모델을 어떻게 발달시키고 다듬었는지에 대해 자세히 설명한 수많은 저서를 집필해 왔다(Minuchin, Rosman, & Baker, 1978). Minuchin은 계속해서 새로운 세대의 치료자들을 가르치면서 여전히 이 분야의 지도자로 왕성하게 활동하고 있다(Minuchin, Nichols, & Lee, 2007). 그의 영향력 있는 제자와 동료들로는 Harry Aponte, Jorge Colapinto, Charles Fishman, Jay Lappin 그리고 Michael Nichols가 있다.

Harry Aponte

Harry Aponte(1994, 1996)는 구조적 가족치료 현장에서 영성, 가난 그리고 인종과 관련된 주제에 관심을 기울인다.

Marion Lindblad-Goldberg

Marion Lindblad-Goldberg는 1986년에 필라델피아 아동 및 가족 치료 훈련 센터(Philadelphia Child and Family Therapy Training Center) 책임자 자리를 Minuchin에게서 이어받아 현재까지 책임자를 맡고 있다. 그녀와 동료들(Lindbald-Goldberg, Dore, & Stern, 1998)은 현재 센터의 훈련 프로그램에서 강조되는 경험적으로 지지된 치료인 '생태 구조적 가족치료(ESFT)'를 개발했다.

Jose Szapocznik

플로리다 가족 연구 센터(Center of Family Studies in Florida)의 Jose Szapocznik과 동료들은 마이애미에서 쿠바 청소년의 약물 남용 문제를 다루기 위해 경험적으로 지지된 단기 전략적 가족치료(Brief Strategic Family Therapy: BSFT)를 개발했다(Szapocznik & Williams, 2000; Szapocznik et al., 2004).

◎ 큰 그림 그리기: 상담 및 심리치료의 방향

Minuchin(1974)의 구조적 치료에는 세 가지 주요 **단계**가 있다.

① 가족에 합류하여 가족 구성원들의 스타일에 적응하기(동맹 맺기).
② 가족 구조, 경계, 위계를 도식화하기(평가와 사정).
③ 증상 완화를 위해 구조를 변형시키는 개입을 하기(평가에서 확인한 문제들 다루기).

일반적으로 치료자들은 문제를 다루며 해결할 때까지 가족 기능에 대한 지도와 가설들을 수정하고 다듬으면서 2단계와 3단계를 수차례 오간다. 나는 이것이 머리를 감을 때의 황금률과 유사하다고 생각한다. 원하는 효과를 얻을 때까지 "거품을 내고, 헹구기를 반복하라".

■ 누가 치료에 참여하는가?

체계를 평가하기 위해, 구조적 치료자들은 치료를 가족 전체와 함께 시작하는 것을 선호하지만, 그것을 고집하는 것은 아니다(Colapinto, 1991). 하지만 가족체계가 평가되고 나면, 치료자는 구조적 목표를 달성하기 위해 특정 하위체계 및 개인들을 살핀다. 예를 들면, 부부와 부모 하위체계 간의 경계를 강화하고, 세대 간 결탁을 끊기 위해 종종 부부만 참여하는 회기들이 필요한 것이다.

◎ 관계 형성하기: 치료적 관계

■ 합류와 적응

구조적 가족치료자들에게는 치료적 관계를 칭하는 고유한 용어가 있는데, 바로 **합류**이다(Minuchin, 1974; Minuchin & Fishman, 1981; Minuchin & Nicholas, 1993). 그들은 사람들이 어떻게 말하는지, 무슨 단어를 사용하는지, 그들이 어떻게 걷는지 등 체계의 스타일에 **적응**한다는 의미에서 체계에 '합류'라 한다. '복사'라는 뜻을 가진 그리스 용어 Mimesis는 가족의 존재방식에 적응하는 과정을 나타내기 위해서도 사용된다[등사판 인쇄(mimeograph)에서 쓰이듯이 만약 당신이 이것을 듣기에는 너무 어리다면, 행운이라고 생각하라]. 심리치료의 역사적 맥락에서 정신역동적 · 인지행동적 · 경험적 치료와 구별되게 치료자가 우월한 역할을 맡지 않는다는 점에서, 이는 급진적인 개념이라고 볼 수 있다.

Minuchin(1974)은 가족에 합류하는 과정을 새로운 문화를 연구하는 인류학자와 비교하였는데, 이는 항상 누군가의 안건(가족치료의 경우 가족의 고통을 완화하는 것)을 다루기 전에 가만히 앉아 그들의 패턴, 습관 그리고 행동을 관찰하는 것으로 시작된다. 또한 합류의 과정은 가족의 리듬에 맞추는 것과 비슷하다고 할 수 있다. 가족 구성원들은 말을 빠르게 하는가, 느리게 하는가? 서로의 말을 끊는가, 아니면 말이 멈추기를 기다리는가? 그들이 짓궂은 농담과 유머를 사용하는가, 아니면 다정다감하고 부드럽게 말하는가? 이와 같이 성공적인 구조적 치료자는, 특히 다양한 대상과 작업할 때 가족에 성공적으로 합류하기 위해 폭넓은 사회 기술 레퍼토리를 가지고 있어야 한다. 이 장 마지막 부분의 사례연구에서 치료자는 부모와 결속하는 것과 자주 반항하는 10대 아들의 신뢰를 얻는 것의 균형을 맞추기 위해 유머와 진정성을 사용한다.

■ 태도로서의 합류

Colapinto(1991)는 합류가 기법이라기보다는 태도에 가깝다고 강조한다. 바로 치료라는 힘들고 격변하는 여정에서 합류는 치료적 체계를 지탱해 주는 접착제이다(Minuchin & Fishman, 1981). 합류의 태도는, ① 강력하고 분명한 결속감 및 소속감(예: 호기심, 개방성, 민감성, 수용)과 동등한 수준의 ② 분명한 거리감 및 구별(예: 의문을 갖기, 반대하기, 변화를 촉진하기)을 필요로 한다.

■ 치료적 자발성

구조적 치료자들은 치료적 자발성을 계발하기 위해 노력하는데, 이는 마음대로 하라는 태도가 아니라 관계와 상황에 반응적인 자기표현을 뜻한다. "치료자의 자발성은 치료적 상황에 제한을 받는다."(Minuchin & Fishman, 1981, p. 3) 치료적 자발성은 다양한 맥락과 상황에서 자연스럽고 진정성 있게 흘러가는 능력을 말한다. 타다가 넘어지는 고통스러운 훈련 기간을 지나고 나면 자전거를 타는 것이 자연스러워지는 것과 마찬가지로, 치료자들은 다양한 임상적 상황에서 '자연스러울 수 있도록' 레퍼토리를 늘리는 훈련 과정을 통해 치료적 자발성이 길러지고 형성된다.

■ 치료자의 자기 활용

Minuchin에 의하면, 치료자들은 가족을 이해하기 위해서 가족에게 매우 관여하는 것부터 전문적으로 객관성을 유지하는 것에 이르기까지 다양하게 그들 자신을 활용해야 한다(Minuchin & Fishman, 1981). 내담자들은 가족의 상호적인 영향이 명확하게 분리될 수 있도록 경계를 명확히 하거나 특정 개입을 지시할 수 있고, 새로운 상호작용에서 가족에게 알려 주기 위해 적당한 수준의 연결을 유지하거나, 또는 체계의 '불균형'을 이루기 위해(이 장의 뒷부분에서 논의될 개입) 가족 구성원 한 명의 편을 드는 방식으로 최대한 관여하는 역할을 맡는다. 치료자는 각 가족의 요구와 문화적 규범에 적응함에 있어 매우 유연하다.

■ 실현하기

> 모델이 치료자에게 내리는 주된 명령은 한마디로 요약될 수 있다. "실현하라(Make it happen)."
>
> – Colapinto, 1991, p. 435

치료자의 역할은 가족이 원하는 변화에 이를 수 있도록 도울 방법을 찾는 것이며, 이를 실현하기 위해 무엇이든 해야 한다. 따라서 치료자의 역할은 매우 다양하다. 그들은 치료가 가능한 환경을 확보하는 '제작자'가 될 수도 있고, 더 기능적인 패턴을 향해 가족을 밀어 주는 '무대 감독'이 될 수도 있으며, 가족의 고착된 상호작용을 변화시키기 위해 자기 자신을 직접 사용하는 '주인공'이 되거나, 가족과 협력하여 그들의 대본을 수정하도록 돕는 '내레이터' 또는 '공동작가'가 될 수도 있다. 따라서 치료자는 그들 자신이 선호하는 역할을 고집하기보다는 주어진 회기에서 특정 가족에게 가장 도움이 될 역할이라면 뭐든지 시도할 수 있어야 한다.

■ 최근의 각색: 부드러운 스타일

Minuchin은 후기 연구를 통해 '접근에의 변화'를 설명했다. "나는 동일한 목표를 위해 (직면하고, 지시하고, 통제하는) 적극적인 도전가에서 유머, 수용, 지지, 제안 그리고 부추김을 사용하는 부드러운 스타일의 사람으로 이동했다."(Minuchin, Nichols, & Lee, 2007, p. 6) 이러한 변화에도, Minuchin은 전문적 역할이나 현재의 변화를 이루려는 목표를 버리지는 않았다. 구조적 가족치료 회기를 분석한 최근 연구는 치료자의 공감이 쉽게 눈에 띌 뿐만 아니라, 변화를 촉진하기 위한 핵심 요소라는 사실을 발견하였다(Hammond & Nichols, 2008).

◎ 조망하기: 사례개념화와 평가

구조적 가족치료자들은 다음의 요인을 개념화하고 평가한다.

구조적 평가

- 가족 내에서 증상의 역할
- 하위체계
- 세대교차적 결탁
- 경계
- 위계

• 상호보완성
• 가족발달
• 강점

■ 증상의 기능

구조적 치료자들은 증상과 가족체계 사이에서 가능한 세 가지 관계를 확인한다(Colapinto, 1991).

① **증상에 무력한 도전자로서의 가족:** 이때 가족은 수동적이다. 매우 밀착되거나 단절된 가족 구조를 유지하고자 하여 증상을 보이는 구성원에 이의를 제기하지 못한다.
② **개인의 증상을 '만드는 자'로서의 가족:** 가족 구조가 개인의 경험과 행동을 만든다.
③ **증상의 '수혜자'로서의 가족:** 증상이 가족 구조를 유지하는 조절 기능을 한다.

사실상 모든 유형의 가족치료가 그러하듯, **증상 보유자** 혹은 **확인된 환자**(IP)는 결코 문제의 유일한 원인으로 간주되지 않으며, 대신 가족의 상호작용 패턴이 개입의 목표가 된다.

■ 하위체계

Minuchin(1974)은 가족을 다수의 하위체계를 지닌 하나의 체계로 개념화했다. 일부 하위체계는 거의 모든 가족에게서 발견된다. 부부, 부모, 형제자매 그리고 개별적 하위체계로서의 각 개인이 포함된다. 더 나아가, 일부 가족들에서는 성별, 취미, 흥미(스포츠, 음악), 그리고 심지어 성격(진지한 vs 재미를 추구하는)에 따라 또 다른 영향력 있는 하위체계가 발달한다. 가족을 평가할 때, 일반적으로 고려되어야 하는 가장 중요한 하위체계 주제는, ① 부모와 부부 하위체계 사이에 명확한 구분이 있는지 여부와 ② 부모와 자녀/형제자매 하위체계 사이에 명확한 경계가 있는지 여부이다. 다른 말로 '가정 내 효과적인 위계가 존재하는가?'이다.

■ 세대교차적 결탁: 문제적 하위체계

하위체계 유형 중 한 가지인 **세대교차적 결탁**은 특히 해롭다(Minuchin & Fishman, 1981; Minuchin & Nichols, 1993). 세대교차적 결탁은 다른 한쪽 부모나 다른 주 양육자에 **대항하여** 부모와 자녀 사이에 형성되는 하위체계이다. 이는 흔한 가족 역동이다. 대개 엄마들은 자식들과 가까워지고, 배우자와의 해결되지 않은 부부 갈등이나 양육 문제를 가지고 있다. 반대로, 엄마를 상대로 아이와 결탁을 맺는 아빠도 흔한데, 이는 마치 가족이 '팀'으로 나뉘어져서 아빠와 엄마가 상대방에게 공공연하게 혹은 은밀하게 대항하여 각 팀을 이끄는 것같이 보인다. 이러한 결탁은 이혼 가정에서 특히 더 흔하게 나타나며, 사실 전형적으로 부모 모두 서로에게 대항하여 이러한 결탁을 만들고자 한다. 따라서 자식들이 줄다리기의 밧줄과 같은 역할이 된다. 결탁은 대개 **은밀하다.** 가족 내에서 직접적으로 언급되거나 이야기되지 않지만, 부모와 자식 사이의 비밀("엄마/아빠한테 얘기하지 마") 또는 자식을 칭찬하면서 배우자를 폄하하는("나는 네가 너희 아빠/엄마의 ~점을 닮지 않아서 참 좋아") 발언을 통해 드러난다는 뜻이다. 또한 이러한 결탁에는 조부모 또는 부모화된 자녀와 같은 다른 보호자도 관련될 수 있다.

◎ 경계 평가(핵심 내용 1 참고)

■ 위계

아동의 행동에 대해 보고된 문제에 대해 작업할 때, 치료자들은 어떻게 개입할지 파악하기 위해 부모의 위계를 먼저 평가해야 한다(Colapinto, 1991; Minuchin, 1974; Minuchin & Fishman, 1981). 부모의 위계에는 세 가지 기본 유형이 있다.

- **효과적인 위계**: 부모의 위계가 적절하고 효과적일 때, 부모는 자녀와 정서적 유대감을 유지한 채로 적절한 경계와 한계를 설정할 수 있다.
- **불충분한 위계**: 부모의 위계가 충분하지 않을 경우, 부모는 자녀의 행동을 효과적으로 다룰 수 없으며 대부분 허용적 양육방식에 익숙해지게 된다. 이 유형은 치료실에서 쉽게 드러난다. 어린 자녀가 대기실과 사무실에서 날뛸 때, 부모는 이를 제지할 수 없거나 10대 자녀는 자신의 통금 시간과 규칙을 스스로 결정할 권리가 있다는 듯이 행동한다. 대개 부모는 치료자가 그들의 자녀들에게 부모님 말을 들으라고 '가르쳐' 주기를 바란다. 그러나 이런 경우 아이에 대한 개입보다는 부모에 대한 개입이 더욱 필요하다. 일반적으로 이런 부모들은 자녀와 밀착된 경계를 가지고 있지만, 항상 그렇지는 않다. 경계가 효과적인지 불충분한지에 대한 결정은 문화적 배경, 가족생활 발달 단계 그리고 증상 행동도 검토해야만 밝혀질 수 있다.
- **과도한 위계**: 위계가 과도할 경우, 규칙이 너무 엄격하고 비현실적이다. 또한 이를 어겼을 경우 결과가 너무 가혹하여 효과적이지 못하다. 이런 경우, 거의 항상 부모와 자식 간에 경직된 경계가 존재한다. 이런 부모는 발달 연령에 적합한 기대와 규칙을 세우고 자녀와 강력한 정서적 유대를 형성하도록 도와야 한다.

■ 상호보완성

체계적 치료자들처럼(제4장), 구조적 치료자들은 가족 구성원들 간 경직된 상호보완적 패턴을 평가한다(Colapinto, 1991). 마치 조각그림의 퍼즐처럼, 가족 구성원들의 상호보완적인 역할을 발달시킨다. 과잉/과소 기능자, 착한/나쁜 아이, 너그러운/엄격한 부모, 이성적인/감정적인 배우자 등이 있다. 시간이 지남에 따라, 이렇게 체계적으로 형성된 역할은 바꿀 수 없는 타고난 성격적 특성처럼 보이게 된다. 이러한 역할들이 과장되고 경직될수록, 개인과 가족의 적응성은 떨어진다. 구조적 치료자들은 가족들 간 서로를 강화하게 하는 패턴들을 알아내고, 그중 구성원들이 성장을 위해 변화시켜야 할 것들을 목표로 삼는다.

■ 가족발달

가족은 정적인 개체가 아니며, 죽음, 이사 또는 이혼과 같은 예상치 못한 생활사건뿐 아니라 예측 가능한 발달 단계에 반응하여 계속해서 성장하고 변화하는 것으로 간주된다(Minuchin, Fishman, 1981). Minuchin과 Fishman(1981)에 의하면, 가족발달에는 네 가지 주요 단계가 있다.

① 부부의 형성
② 어린 자녀를 둔 가족
③ 학령기 또는 청소년 자녀를 둔 가족
④ 성인 자녀를 둔 가족

각 단계에서 구성원들은 구성원 개개인의 성장 욕구를 뒷받침할 친밀감과 분화의 수준을 정하기 위해 경계를 재조정해야 한다. 만약 가족의 발달에 따른 경계와 위계를 재조정하는 데 실패한다면, 그 가족들은 한 단계에서 다음 단계로 넘어가는 과정에서 막히게 된다.

■ 강점

Minuchin은 치료자가 가족을 역기능적이라고 낙인찍지 말아야 할 것을 강조한다. 대신, 그들의 강점, 특히 문화적이고 특유한 강점들을 알아차려야 한다고 주장한다(Minuchin & Fishman, 1981; Minuchin & Nichols, 1993). 심리학 문헌들에서 종종 언급되는 것처럼, 가족을 구성원 개인의 적으로 보는 것에 강력하게 반대하며, 치료자로 하여금 가족이 구성원들에게 어떻게 지지와 보호, 힘의 기반을 제공하는지 알아차릴 것을 격려한다. 대가족이나 지역사회와 같이 강한 유대감을 지닌 가족의 강점들은 증상 완화뿐 아니라 개인과 가족의 성장을 촉진하기 위해 활용된다.

◎ 변화를 겨냥하기: 목표 설정

> 제대로 기능하는 가족은 스트레스, 갈등 그리고 문제가 없어야 이뤄지는 것이 아니라, 가족의 기능을 수행하는 과정에서 그것들을 얼마나 효과적으로 다루는지를 통해 규정된다. 결국 이것은 가족의 구조와 적응성에 달려 있다.
>
> – Colapinto, 1991, p. 422

구조적 치료자들은 모든 가족에 대해 비슷한 목표를 세운다(Colapinto, 1991; Minuchin, 1974).

- 가족의 문화적 맥락과 일치하는 유대감과 분화를 가능케 하는 모든 하위체계 간 **명확한 경계**

- **결혼/부부 하위체계**와 **부모 하위체계** 간 명확한 구별
- **효과적인 부모 위계** 및 세대교차적 결탁의 단절
- **개인과 가족의 발달과 성장**을 촉진하는 가족 구조

◎ 행동하기: 개입

■ 실연 및 상호작용 수정하기(핵심 내용 2 참고): 체계적 재구조화

가족 구성원들이 그들의 문제를 이야기하기 시작하면 치료자들은 **체계적 재구조화**를 사용하여 그들이 이해한 것을 되짚어 본다(Colapinto, 1991; Minuchin, 1974; Minuchin & Fishman, 1981). 체계적 재구조화는 모든 행동이 상호적 선행사건을 가지고 있다는 것을 고려한다. 사람 A가 사람 B의 반응에 영향을 주고, 이는 다시 사람 A의 반응에 영향을 미치는 것이 무한 반복된다(A ⇄ B). 재구조화는 대개 추격자/철수자의 패턴과 같은 가족의 상호보완적 관계를 강조한다. 재구조화는 각 사람의 반응이 문제 역동에 어떻게 기여하는지를 설명함으로써 한 사람(확인된 환자)에게 가해지는 비난을 없애고 비난을 동등하게 분산시킨다. 그 후에 비난은 논쟁거리가 된다.

체계적 재구조화는 문제에 대한 각 구성원들의 설명을 종합하여 더 넓은 체계적 역동을 드러내도록 재구조화한다. 예를 들어, 만약 부인이 남편에 대해 자신의 말에 귀 기울이지 않는다고 불평하고, 반대로 남편은 부인이 항상 잔소리를 한다고 불평한다면, 치료자는 그들의 설명을 듣고 부인이 남편에게 자기 말에 귀 기울이고 소통하자고 강요할수록 어떻게 그가 점점 더 뒤로 물러나는지, 그리고 남편이 더 물러날수록 어떻게 부인이 남편에게 소통을 요구하는 마음이 강해지는지를 강조하며, 체계적으로 재구조화하도록 도울 수 잇다.

체계적 재구조화 방법

- 더 폭넓은 상호작용 패턴을 평가하기(상호보완적 관계, 위계, 경계 등).
- 문제를 다시 기술하기(더 큰 맥락에서 문제를 설명하기 위해 상호작용 패턴 사용하기).

■ 경계 만들기

경계 만들기는 가족들의 경직된 경계를 완화하거나 혼란한 경계를 강화하도록 돕기 위해 과잉관여나 과소관여를 겨냥한 실연의 특별한 유형이다(Colapinto, 1991; Minuchin, 1974). 구조적 치료자들은 누가 어떻게 참여할지를 지시하기 위해 이 기법을 사용한다. 적극적으로 경계를 설정함으로써, 치료자들은 습관적인 상호작용 패턴을 중단하고, 구성원들이 충분히 활용하지 않은 기술과 능력을 경험하게 한다. 경계 만들기는 다양한 지시 사항을 포함할 수 있다.

- 가족 구성원들에게 자리를 바꾸라고 요청하기.
- 가족 구성원들에게 자리를 움직여서 서로 멀리 떨어지거나, 가까이 붙거나, 서로를 향해 앉으

라고 요청하기.

- 하위체계 경계를 강화하기 위해 개인들 또는 하위체계와 단독으로 회기를 갖기.
- 한 명 이상의 구성원에게 상호작용 중 침묵하라고 요청하기.
- 문제적 경계 영역을 강조하는 질문하기(예: "당신은 아들이 질문을 받았을 때 항상 대신 대답하나요?").
- 끼어드는 것 제지하기 혹은 덜 지배적인 사람들이 말할 수 있도록 잠시 멈추도록 격려하기.

■ 가족의 세계관에 이의를 제기하기

가족의 세계관과 비생산적인 가정에 이의를 제기하는 것은 공공연하게 이야기되었든 아니면 은밀하게 실행되고 있든 간에 상관없이 가족체계에서 사용되고 있는 가정에 대해 구두로 질문하는 것이 일반적이다(Colapinto, 1991; Minuchin, 1974; Minuchin & Fishman, 1981). 개인, 부부 그리고 가족에게 문제를 일으키는 공통적인 가정은 다음과 같다.

- "아이들의 요구사항이 우선이다."
- "갈등을 일으키는 것보다 평화를 지키는 것이 좋다."
- "내가 원하는 것을 요청하는 것보다 나의 욕구를 희생하는 것이 더 쉽다."
- "내가 이만큼 주면, 너도 이만큼 줘야 한다."
- "우리 아이들을 위해서는 이 불행한 결혼생활을 유지하는 쪽이 그래도 더 낫다."

구조적 치료자들은 이러한 가정을 지닌 가족에게 실제로 그들이 생각하고 기대하는 효과가 일어났는지를 공개적으로 질문함으로써 이에 이의를 제기한다. 이 같은 질문은 특정 가족 구조에서 가장 효과적인 방식이 무엇인지에 따라 부드럽게 또는 강경하게 전달해야 한다.

■ 강렬함과 위기 유도

강렬함과 위기 유도는 특히 가족이 치료자의 다른 개입을 '받아들이기' 어려워할 때, 위계와 경계를 구조적으로 변화시키기 위해 감정을 활용하는 개입이다(Minuchin, 1974; Minuchin & Fishman, 1981; Minuchin & Nichols, 1993). 가족이 현실에서 요구하는 헌신의 정도는 다양하다. 즉, 상황이나 주제에 따라 다양한 수준과 방식의 강렬함을 필요로 한다. 강렬함은 경직되고 고착된 상호작용 패턴의 돌파구를 찾기 위해 목소리의 톤, 속도 그리고 단어 선택을 활용하여 정서적 열기를 끌어 올리는 것을 포함한다. 예를 들어, 치료자는 자녀의 방과 후 활동이 너무 많아서 주간 데이트를 할 시간이 없다고 주장하는 부부에게 "당신이 생각하기에 자녀는 축구를 하면서 이혼한 부모님을 가지기를 원할까요, 아니면 활동은 적더라도 온전한 가족을 가지길 원할까요?"라고 말할 수도 있다.

구조적 치료에서 강렬함과 밀접하게 관련된 **위기 유도**는 갈등 또는 문제를 만성적으로 회피하는 가족들에게 사용된다(Colapinto, 1991). 예를 들어, 거식증 자녀를 둔 가족에게 치료자는 식사 장면을 연출하여, 가족이 그 상황에 대처하게 만들어 현장으로 증상을 끌어올 수 있다. 비슷하게 알코올 또는 약물 남용 문제의 경우, 치료자는 종종 위기를 유도하여 가족이 문제를 인정하고 궁극적으로는 문제를 다루게 한다. 그런 다음 치료자는 가족이 새로운 상호작용과 패턴을 발달시키도록 도울 수 있다.

■ 균형 깨뜨리기

균형 깨뜨리기는 위계에 더 심각한 어려움이 있거나 확인된 환자가 희생양이 되고 있는 경우에 사용된다. 이 개입은 하위체계들 간 경계를 조정하기 위해 사용된다(Minuchin, 1974; Minuchin & Fishman, 1981). 치료자들은 전문가 지위를 활용하여 희생양이 되는 개인이나 더 강력한 경계가 필요한 하위체계에 잠시 동안 '편들기'를 하며, 이 개인이나 하위체계의 주장을 내세우거나 이들의 관점을 타인에게 설명하는 것을 돕는다. 언뜻 보면, 특정하게는 구조적 치료의 특징이자 더 일반적으로는 심리치료의 특징이 되는 중립성의 규칙에 반하는 것처럼 보일 수 있다. 하지만 균형 깨뜨리기는 구체적인 재조정 목표를 갖고 잠시 동안만 행해지며, 보통 가정에 이의제기하기나 실연과 같은 보다 직접적인 개입이 실패한 이후에만 행해진다.

■ 가족의 진실과 현실 확장하기

각 가족은 가족의 현실과 진실을 규정하는 독특한 세계관을 발달시킨다. 매우 경직된 가족 구조와 작업할 때, 구조적 치료자들은 이러한 신념과 현실에 직접적으로 도전한다(앞서 '가족의 세계관에 이의를 제기하기'에서 논의하였음; Minuchin & Fishman, 1981). 하지만 가능하다면 언제든 구조적 치료자들은 가족의 기능을 새로운 방향으로 **확장**하기 위해 이러한 신념들을 언급해야 한다. 예를 들면, "당신은 당신의 자녀에 많은 관심을 갖고 있는 것이 분명하기에 당신의 아이가 정말로 잘 자라기 위해서는 성장할 공간이 필요하다는 것을 이해하는 부모겠지요." 또는 "당신이 그 정도로 도움이 되고 싶어 하는 걸 보니, 당신은 더 도전적인 방식으로도 도움이 될 수 있을 것 같아요. 그가 실수를 해 보도록 허락하는 것처럼 말이에요". 이와 같이 구조적 치료자들은 완전히 낯선 개념을 소개하는 것이 아니라 문제의 기반이 되어 온 가족의 기본적인 전제를 채택하여, 그 논리를 대안적 행동과 상호작용으로 향하게 하며, 이는 가족이 그들의 핵심 신념을 유지하면서도 이를 새로운 방식으로 활용하도록 한다.

■ 칭찬하기와 능력 형성하기

Minuchin과 Fishman(1981)은 전문적인 훈련이 정신 병리에 대해 '찾아내서 파괴하기'(진단하고 치료하기) 접근을 만들며, 이는 종종 치료자들이 가족의 강점과 긍정적 상호작용 패턴을 보지 못하게 만든다고 강력하게 경고한다. 대신, 치료자들은 가족의 자연스럽고 긍정적인 패턴과 강점을 늘리고 강화해야 한다. **칭찬**은 가족이 그들의 목표를 향해 나아가도록 돕는 행동을 강화하기 위해 사용되며, **능력 형성**은 목표에 다다르는 과정에서의 작은 성공 경험들을 짚어 주는 것이다. 예를 들어, 가족들은 주로 실연 후에 개선을 보이며, 이후의 회기에서 말을 끊거나 대신 말하는 것을 자제한다. 치료자들은 회기 내에서 또는 그들이 매주 보고하는 내용에서 이러한 변화를 짚어 줌으로써 능력을 형성시킬 수 있다.

능력 형성하기는 회기에서 가족을 대신해서 기능하기를 거절하는 것이다. 예를 들어, 치료자는 회기 중 아이들이 집중하고 처신하게 하는 것에 대한 책임을 지기보다는, 부모에게 그렇게 하도록 요청한다. 아이가 가족회기 중 가구를 발로 차거나 장난감을 가지고 놀려고 자리를 뜨면, 치료자는 아이를 바로잡기보다는 부모에게 아이를 멈추도록 요청한다. 이와 비슷하게 치료자가 부모의 위계를 강화하려고 하는 경우, 치료자는 부모에게 먼저 질문에 답할 것을 요청한 후 아이들이 부모에게 화장실을 가거나 물을 마시러 가는 일에 대해 허락을 구하도록 지시함으로써 부모의 권위를 인정해 준다. 이 장 마지막의 사례연구에서 치료자는 10대가 학교에서 싸움을 일으키는 것을 줄이고, 성적을 향상하기 위해 부모의 위계를 강화하는 것에 전적으로 의지하기보다는 삶의 목표를 추구하려는 동기를 높이기 위해 능력 형성하기를 사용한다.

◎ 조합하기: 사례개념화와 치료 계획 양식

■ 이론 특정적 사례개념화의 영역

- **가족 내에서 증상의 역할**: 가족과 증상의 관계를 설명할 것.
  - 증상에 대한 무력한 도전자로서의 가족.
  - 개인의 증상을 '만드는 사람'으로서의 가족.
  - 증상의 '수혜자'로서의 가족.
- **하위체계**: 설명할 것.
  - 부모(조부모, 의붓부모, 부모역할을 하는 자녀 포함).
  - 부부: 이 체계는 부모 하위체계와 뚜렷이 구분되는가?
  - 형제자매(의붓 형제자매 포함).
  - 성별, 흥미 등에 기초한 다른 중요한 하위체계.
- **세대교차적 결탁**: 모든 세대교차적 결탁을 설명할 것.
- **경계**: 가족체계 내 개인과 하위체계 간 경계를 설명할 것.
  - 밀착된
  - 명확한
  - 단절된
- **위계**: 부모-자녀 위계와 체계 내의 다른 두드러진 위계를 설명할 것.
  - 효과적인(권위 있는)
  - 불충분한(허용적인)

– 과도한(독재적인)

- **상호보완성**: 추격자/철수자, 과잉/과소 기능자, 이성적인/감정적인, 좋은/나쁜 부모, 착한/나쁜 아이 등과 같은 상호보완적 역할을 설명할 것.
- **가족발달**: 가족생활주기 단계 및 발달적 요구 충족과 관련된 모든 주제를 확인할 것.
  – 부부의 형성
  – 어린 자녀를 둔 가족
  – 학령기 또는 청소년 자녀를 둔 가족
  – 성인 자녀를 둔 가족
- **강점**: 가족만의 독특한 강점이나 다양성 요인과 관련된 가족 강점을 확인할 것.

우울/불안을 겪는 개인의 치료 계획 양식

다음의 치료 계획 양식은 우울 또는 불안 증상을 가진 개인에게 사용될 수 있다.

▣ 구조적 개인치료의 초기 단계

❖ 초기 단계 치료적 과업

1. 효과적인 치료적 관계 발전시키기. 다양성 주의: 문화, 성별 및 기타 유형의 관계 형성 및 정서 표현 방식을 존중하기 위해 어떻게 적응해 나갈 것인지 설명하기.
   a. 공감, 감정 표현, 대화 속도 등에 관한 성별/문화/지위 규범에 적응하면서 내담자와 합류하기.

2. 개인적, 체계적 및 광범위한 문화적 역동 평가하기. 다양성 주의: 문화적 · 사회경제적 · 성적 지향, 성별 그리고 기타 관련 규범에 근거하여 평가를 어떻게 조정할지 설명하기.
   a. 하위체계, 결탁, 경계 패턴, 위계, 상호보완적 관계, 가족발달 단계, 그리고 강점을 비롯하여 원가족과 생식가족(또는 현재의 동반자 관계)의 구조를 평가할 것.
   b. 내담자의 가족체계에서 증상(예: 우울/불안)의 역할을 확인할 것.

3. 치료 목표를 정의하고 치료 목표에 대한 내담자 동의 얻기. 다양성 주의: 내담자의 문화, 종교 그리고 다른 가치 체계로부터의 가치들과 부합되도록 목표를 어떻게 수정할지 설명하기.
   a. 증상이 발생하는 더 넓은 체계의 맥락과 관련 짓기 위해 증상에 대한 관점을 넓히면서 치료의 목표에 대해 논의할 것.
   b. 부부 또는 가족 회기의 잠재적 필요성을 확인할 것.

4. 의뢰 필요성, 위기 문제, 부수적 정보제공자 연락처, 그리고 다른 내담자 욕구를 확인하기.
   a. 의뢰/자원/연락: 적절히 의뢰하고 부수적 정보제공자와 연락할 것.

❖ 초기 단계의 내담자 목표

1. 우울감과 불안을 감소시키기 위해서 사람/맥락을 명시할 것과 함께/내 혼란한 경계의 강도(혹은 경

직된 경우에는 유연성) 증가시키기.

a. 불분명한 경계를 유지하는 것과 관련된 내담자의 세계관에 이의를 제기하기.

b. 내담자가 경계가 문제로 작용하는 하나의 삶의 영역에서 다른 영역으로 분명한 경계를 만드는 전략을 이행시키도록 도움으로써 능력을 형성하기.

▣ 구조적 개인치료 작업 단계

❖ 작업 단계의 치료적 과업

1. 작업 동맹의 질 점검하기. 다양성 주의: 치료자의 개입이 내담자의 문화적 배경과 일치하지 않는 감정 표현을 사용했음을 나타내는 내담자 반응에 어떻게 주의를 기울일지 설명하기.
   a. 개입 평가: 우울/불안을 겪는 내담자가 치료자와 관련된 문제를 언어적으로 또는 비언어적으로 표현할 때, 합류 방식을 바로잡고 체계에 조정하기.

2. 내담자 경과 점검하기. 다양성 주의: 경과를 평가할 때 문화, 성별, 사회 계층 및 기타 다양성 요소에 어떻게 주의를 기울일지 설명하기.
   a. 개입 평가: 내담자가 개선되지 않고 있다면, 치료자는 새로운 역할을 취하며 '개선시키기' 위해 할 수 있는 것은 다 해 본다.

❖ 작업 단계의 내담자 목표

1. 우울감과 불안을 줄이기(극단적인 상호보완적 역할/행동을 구체화하기)
   a. 상호보완적/극단적 역할/행동의 부정적인 효과를 내담자가 볼 수 있도록 강도가 있는 위기 유도.
   b. 상호보완적 역할의 요소들을 활용하여 극단성을 감소시킴으로써 내담자의 진실 확장하기.

2. 우울감과 불안을 감소시키기 위해 (사람이나 상황을 특정해서) 혼란한 경계의 강도(혹은 경직된 경우에는 유연성) 증가시키기.
   a. 내담자가 더 명확한 경계를 세우는 연습을 하도록 하는 실연.
   b. 명확한 경계를 세우는 새로운 행동을 하도록 하는 칭찬.

3. 불안을 감소시키기 위해 원가족, 동반자 관계 및 생식가족*에서 역할의 명확성과 적절성 증가시키기.
   a. 내담자가 회기 밖 역할을 명확히 하는 데 경계 만들기를 활용하도록 제안할 것.
   b. 특정 관계에서 '해야 할 일'에 대한 내담자의 세계관에 이의를 제기할 것.

▣ 구조적 개인치료의 종결 단계

❖ 종결 단계의 치료적 과업

1. 추후관리 계획을 세우고, 개선된 점을 유지하기. 다양성 주의: 치료 종결 이후 그들을 지지해 줄 그들이 속한 공동체의 자원을 어떻게 활용할지 설명할 것.
   a. 퇴행이 일어났을 때 다루는 방법을 내담자가 알아내도록 돕기 위한 능력 형성하기.

---

* 생식가족: 개인이 원가족에서 떠나 배우자를 만나 결혼하고 독립적인 생활주체로서 가정을 꾸려가는 가족.(역자 주)

❖ 종결 단계의 내담자 목표

1. 우울감을 감소시키고 안녕감을 증가시키기 위해 현재의 가족생활주기에 적절한 수준의 독립성을 유지하는 능력을 키우기.
   a. 새로운 발달 단계와 연관된 과업들에 적응하도록 내담자의 세계관에 이의를 제기할 것.
   b. 단계에 적절한 독립성을 갖는 행동을 칭찬할 것.

2. 불안을 감소시키고 안녕감을 증가시키기 위해서 현재의 가족생활주기에 적절한 수준의 상호의존성과 관계적 결속을 유지하는 능력을 키우기.
   a. 단계에 맞게 관계를 맺는 새로운 방법을 탐색하기 위한 실연.
   b. 내담자가 현재의 기술을 기반으로 하여 새로운 기술을 개발할 수 있게 하는 능력 형성하기.

부부/가족치료 계획 양식

다음의 치료 계획 양식은 갈등을 경험하는 부부 또는 가족에게 활용될 수 있다.

▣ 구조적 부부/가족치료 초기 단계

❖ 초기 단계의 치료적 과업

1. 효과적인 치료적 관계 발전시키기. 다양성 주의: 문화, 성별 및 기타 유형의 관계 구축 및 정서 표현 방식들을 어떻게 존중할지 설명할 것.
   a. 공감, 감정 표현, 대화 속도 등에 관한 성별/문화/지위 규범에 적응하면서 체계에 합류할 것.

2. 개인적, 체계적 및 광범위한 문화적 역동 평가하기. 다양성 주의: 문화적 · 사회경제적 · 성적 지향, 성별 그리고 기타 관련 규범에 근거하여 평가를 어떻게 조정할지 설명할 것.
   a. 하위체계, 결탁, 경계 패턴, 위계, 상호보완적 관계, 가족발달 단계, 그리고 강점을 포함하여 체계의 구조를 평가할 것.
   b. 체계에서 증상(예: 갈등 또는 확인된 환자의 증상)의 역할을 확인할 것.

3. 치료 목표를 정의하고 치료 목표에 대한 내담자 동의 얻기. 다양성 주의: 내담자의 문화, 종교 그리고 다른 가치 체계로부터의 가치들과 부합되도록 목표를 어떻게 수정할지 설명할 것.
   a. 증상을 체계적 맥락과 관련짓기 위해 증상에 대한 관점을 확장하면서 치료의 목표에 대해 논의할 것.

4. 의뢰 필요성, 위기 문제, 부수적 정보제공자 연락처 그리고 다른 내담자 욕구를 확인하기.
   a. 의뢰/자원/연락: 적절히 의뢰하고 부수적 정보제공자와 연락할 것.

❖ 초기 단계의 내담자 목표

(세대교차적 또는 외부 제3자와의) 결탁을 끊고 갈등을 줄이기.

내담자들이 결탁의 부정적인 영향을 볼 수 있게 하는 강렬함과 위기 유도.

결탁을 노출하고 조정하기 위한 회기 내 경계 만들기.

▣ 구조적 부부/가족치료의 작업 단계

❖ 작업 단계의 치료적 과업

1. 작업 동맹의 질 점검하기. 다양성 주의: 내담자의 문화적 배경과 일치하지 않는 감정 표현을 치료자가 개입 중 사용했음을 나타내는 내담자 반응에 어떻게 주의를 기울일 것인지 설명하기.
   a. 개입 평가: 체계 내의 어떤 구성원이라도 치료자와 관련된 문제를 언어적으로 또는 비언어적으로 표현할 때, 합류 방식을 바로잡고 체계에 조정하기.

2. 내담자 경과 점검하기. 다양성 주의: 경과를 평가할 때 문화, 성별, 사회 계층 및 기타 다양성 요소에 어떻게 주의를 기울일지 설명할 것.
   a. 개입 평가: 내담자가 개선되지 않고 있다면, 치료자는 새로운 역할을 취하며 '개선시키기' 위해 할 수 있는 것은 다 해 보기.

❖ 작업 단계의 내담자 목표

1. 갈등을 감소시키기 위해 '사람/하위체계A'와 '사람/하위체계B'(필요하다면 추가하라.) 간의 혼란한 경계의 강도(또는 경직되어 있다면 유연성)을 증가시키기.
   a. 불명확한 경계를 유지하는 것과 관련된 가족의 세계관에 이의를 제기하기.
   b. 부부/가족이 명확한 경계와 관련된 경험을 할 수 있게 하는 실연.

2. 갈등을 감소시키기 위해서 부모의 위계를 증가시키고(또는 감소시키고), 부부 하위체계와 부모 하위체계를 분리시키기.
   a. 부부/가족이 명확한 위계 및 하위체계 경계와 상호작용하는 방법을 배우게 하는 실연.
   b. 위계와 하위체계를 조정하는 경계 만들기.

3. 갈등을 감소시키기 위해서 체계 내의 상호보완적 역할을 감소시키고 역할의 명확성과 적절성 증가시키기.
   a. 상호보완적 역할을 줄이기 위한 경계 만들기.
   b. 체계 내에서 누가 무엇을 할 수 있는지에 대한 부부/가족의 세계관에 이의를 제기하기.

▣ 구조적 부부/가족치료 종결 단계

❖ 종결 단계의 치료적 과업

1. 추후관리 계획을 세우고, 개선된 점을 유지하기. 다양성 주의: 치료 종결 이후 그들을 지지해 줄 그들이 속한 공동체의 자원을 어떻게 활용할지 설명할 것.
   a. 퇴행이 일어났을 때 다루는 방법을 부부/가족이 알아내도록 돕기 위한 능력 형성하기.

❖ 종결 단계의 내담자 목표

1. 갈등을 줄이고 안녕감을 높이기 위해서 현재 가족생활 발달 단계에 적절한 수준의 독립성을 유지하는 능력을 키우기.

a. 갈등을 줄이고 친밀감을 높이기 위해 새로운 발달 단계와 관련된 과업들에 적응할 수 있도록 부부/가족의 세계관에 이의를 제기할 것.
b. 단계에 맞는 독립성을 갖는 행동을 칭찬할 것.

2. 갈등을 줄이고 친밀감을 높이기 위해서 현재 가족생활 단계에 적절한 수준의 상호의존성과 관계적 결속을 유지하는 능력을 키우기.
a. 단계에 맞게 관계를 맺는 새로운 방법을 탐색하기 위한 실연.
b. 부부/가족이 현재의 기술을 기반으로 하여 새로운 기술을 개발할 수 있게 하는 능력 형성하기.

다문화적 접근: 다양성에 대한 고려

◎ 문화적 · 민족적 · 사회경제적 다양성

모든 가족은 그들만의 문화적 요소를 가지고 있으며, 이것이 이해되고 수용된다면 가족 구성원들의 행동 레퍼토리를 실현하고 넓히는 지렛대가 될 수 있다. 불행하게도, 우리 치료자들은 이 자명한 이치를 완전히 이해하지 못하고 있다. 우리가 가족의 강점에 대해 입에 발린 말을 하고 발달과 치료의 기반에 대해 이야기한다 한들, 우리는 심리적 탐정으로 훈련받았다. 우리의 직관은 '찾아내서 파괴하기' 위해 존재한다. 심리장애를 정확히 찾아내서, 꼬리표를 달고, 뿌리 뽑는다.

– Minuchin & Fishman, 1981, pp. 262–263

Minuchin과 동료들은 가난하고, 민족적으로 다양하며, 도시에 거주하는 가족들과 작업하기 위해 구조적 가족치료모델을 개발했는데, 왜냐하면 이러한 집단에게는 전통적인 통찰 지향적 접근이 효과적이지 않다는 것을 알아냈기 때문이다(Colapinto, 1991; Minuchin et al., 1967). 처음부터 구조적 가족치료는 다양한 문화권에서 어려움을 겪는 자녀를 둔 가족의 역동과 욕구에 특히 주의를 기울였다. Minuchin뿐만 아니라, Harry Aponte(1994, 1996)와 같은 구조적 치료의 지지자들은 가족치료 분야의 영성, 인종 그리고 가난의 주제에서 주도적인 목소리를 내 왔다. Minuchin과 대부분의 구조적 가족치료 지지자 본인이 다양한 문화권의 이민자 출신이기 때문에, 그들은 다양한 문화권 가족의 강점을 알고 있었다. 구조적 가족치료는 적극적이고 관여적인 접근을 취하며, 이 접근의 치료자들은 종종 가족에 비해 전문가적 위치를 갖는데, 이는 대개 전통문화의 가치관과 부합되는 접근이다.

구조적 치료는 히스패닉, 아프리카계 미국인 그리고 아시아계 미국인을 대상으로 널리 사용되며 연구되어 왔다. 특히 단기 전략적 가족치료와 구조적 생태치료(다음의 연구 및 증거기반 참고)는 히스패닉 및 아프리카계 미국인 가족과의 작업에 연구 및 적용되어 왔다. 사실 단기 전략적 가족치료는 쿠바인 청소년들의 품행 문제를 다루기 위해 처음 개발되었다. 이는 가족 관계를 중시하는 히스패

닉들과 잘 맞다. 문화적인 영향을 받고 유연한 가족기반치료인 이 모델의 최근 버전들은 대부분 히스패닉 가족의 내용과 주제를 더하였는데, 특히 문화적 적응/이민 관련 주제, 문화적 적응과 관련된 가족 내 갈등, 그리고 보다 큰 문화에서의 차별 경험 등이 있다(Santisteban & Mena, 2009). 게다가 Santisteban과 Mena(2009)는 종교적 · 문화적 규범 때문에 히스패닉 가족들 내에서 위험한 성행위에 대한 개방적이고 솔직한 대화가 특히 어렵다는 사실을 밝혀냈다. 따라서 히스패닉인 남/여 청소년 및 그 가족들과 작업할 때, 이는 문화적으로 세심한 주의와 개입이 필요한 주제이다.

또한 단기 전략적 및 구조적 생태치료에서 문화에 대한 신중한 고찰은 민족 집단들의 각기 다른 욕구를 밝혀냈다. 한 연구에서 연구자들은 히스패닉과 아프리카계 미국인 약물 사용 청소년에 대한 구조적 생태치료의 결과를 비교하였는데, 히스패닉에서 유의하게 치료 효과가 높았다(Robbins, Szapocznik, Dillon, Turner, Mitrani, & Feaster, 2008). 히스패닉 청소년의 경우 약물 사용이 줄어든 반면, 아프리카계 청소년들은 그렇지는 않았지만 인종적 사회화와 가족 기능의 개선을 보고하였다. 연구자들은 이러한 차이가 아프리카계 미국인들의 권리가 더욱 박탈된 마이애미 지역사회 내의 각 인종 집단의 상대적 권력과 관련될 수 있다고 제안한다. 추가적으로, HIV 양성 판정을 받은 아프리카계 미국인 여성에 관한 또 다른 연구에서 구조적 생태치료는 심리적 고통과 가족 관련 문제들을 경감시키는 인간중심치료나 지역사회의 통제보다 더 도움이 되었지만, 가족 지지를 유의하게 개선하지는 못하였다. 이렇듯 때때로 혼란스러운 문화특수적인 연구 결과는 임상가들이 다양한 문화권의 가족과 작업할 때 더 조심스럽고 주의해야 함을 상기시킨다.

구조적 가족치료는 아시아인 가족들에게도 활용되어 왔다. Kim(2003)은 구조적 가족치료가 아시아계 미국인들, 특히 이민 1세대에게 이상적이라고 설명한다. "위계와 부모 실행 체계에 대한 옹호, 경계, 하위체계와 같은 구조적 가족치료의 유용한 개념들은 아시아계 미국인들의 문화와 가족 가치에 이상적이며 잘 맞는다."(p. 391) 구체적으로 Kim은 부모와 연장자에 대한 깊은 존경과 순종의 가치를 뜻하는 대표적인 아시아의 가치관인 **효도**를 이해하기 위해 부모 위계의 구조적 개념을 활용할 것을 제안한다. 대부분의 아시아인 가족에서 아이들은 가족을 위해 자신의 욕구를 희생하도록 요구받는데, 이는 미국 사회의 많은 사회적 규범에 부합하지 않는 가치이기 때문에 종종 아시아인 이민 가족들의 갈등의 근원이 된다. 이러한 가족들과 작업할 때, Kim은 많은 아시아인 부모에게는 아이들의 불복종이 가족을 경시하고 배신하는 것으로 보이겠지만, 그보다는 아이들이 지배적인 문화에서의 또래를 따르는 행동이라고 재구조화하는 것을 권장한다. 이러한 가족에의 목표는 구성원들이 두 문화적 세계 사이를 성공적으로 오갈 수 있도록 유연한 경계를 발달시키도록 돕는 것이다. 유사하게 Yang과 Pearson(2002)은 중국에서 조현병을 앓는 구성원을 둔 가족에 대해 재발을 줄이기 위해 활용하는 성공적인 구조적 상담을 설명한다.

◎ 성 정체성의 다양성

동성애자, 양성애자 그리고 트랜스젠더 부부나 가족들에 대한 구조적 치료의 활용에 관한 구체적인 정보는 거의 없다. 하지만 동성애자 가족들에 대한 일반적인 연구들은 그들의 기본적 구조와 역동은 이성애자 부부와 유사함(통계적으로 유의한 차이가 없음)을 나타내며(Gottman, 2008), 따라서 가족 구조와 관련된 일반적인 고려 사항들은 전반적으로 동일하다. 이는 명확한 경계 설정하기, 효과적인 부모 위계, 부부/부모 하위체계의 분리가 있다. 또한 연구 결과에 의하면, 동성 부모 대 이성부모 밑에서 자란 아이들 간에 행복, 자존감, 또래 관계 그리고 사회적 적응 면에서 차이가 없음을 발견했다(Biblarz & Savci, 2010). 일반적으로 여성 동성애 가족은 매우 평등한 양육 방식을 사용하는 것으로 알려져 있으며, 자녀와 함께 보내는 시간, 양육 기술, 따뜻함 그리고 애정 측면에서 이성애자 부부와 같거나 그 이상인 것으로 나타났다(Biblarz & Savci, 2010). 반면 남성 동성애 부부는 대개 남성성과 부성에 대한 그들의 정의를 재정립해야 하며, 그 밖에도 가족 구조의 발달이 더 복잡하고 부부마다 독특하다. 하지만 여성 동성애 부모와 마찬가지로 그들은 이성애자 부부보다 양육 의무와 스타일을 동등하게 분담하는 경향이 있다(Biblarz, 2010).

동성애자 가족과 작업할 때, 치료자들은 이러한 부부와 가족의 독특한 경험과 압력도 고려해야 한다. Fitzgerald(2010)는 치료자들이 동성애자 가족과 작업할 때 공통적으로 고려해야 할 주제들을 밝혔다. 부모를 변호하려는 자녀들, 가족에 대해 터놓고 이야기를 나눌 안전한 사람을 탐색해야 하는 아이들, 부모가 자녀에게 자신이 동성애자임을 밝히는 과정, 그리고 사람들이 보기에 '완벽해야' 한다고 느끼는 부모가 있다.

연구와 증거기반

구조적 치료의 핵심적 요소들은 그 명쾌한 간결함과 명확성으로 인해 경험적으로 지지된 여러 가지 치료, 특히 청소년을 대상으로 한 치료를 개발하는 데 활용되어 왔다.

- **단기 전략적 가족치료**[그리고 관련된 두 모델들: 구조적 생태치료와 구조적 생태발달적 예방 개입(structural ecodevelopmental preventive interventions)](Szapocznik & Williams, 2000)
- **생태 구조적 가족치료**(Lindblad-Goldberg, Dore, & Stern, 1998)
- **다중체계적 가족치료**(Henggeler, Schoenwald, Borduin, Rowland, & Cunningham, 1998)
- **다차원적 가족치료**(Liddle, 2002)
- **기능적 가족치료**(Sexton, 2011; 제11장 참고)
- **정서중심치료**(Johnson, 2004; 제11장 참고)

이러한 경험적으로 지지된 치료들은 일반적으로 다양한 문화권 가족 출신의 청소년을 대상으로 하며, 가족을 평가하고 재구조화하기 위해 구조적 치료 요소를 통합한다. 가장 흔하게 사용되는 요소들로는 대인 간 경계 개념, 적절한 가족 위계 그리고 관계적 변화를 촉진하기 위한 실연이 있다.

임상적 주목: 단기 전략적 가족치료

가족 연구 센터에서 Jose Szapocznik과 동료들은 구조적 및 전략적 치료를 활용하여 마이애미의 쿠바인 청소년들의 약물 남용 문제를 다루기 위한 단기 전략적 가족치료(Brief Strategic Family Therapy: BSFT)를 개발했다(Szapocznik & Williams, 2000; Szapocznik et al., 2004). 아프리카계 미국인들과 다른 히스패닉 집단을 치료하기 위해 확장되어 적용된 이 치료는 증거기반 접근으로 인정된다. 국립약물중독연구소(National Institute for Drug Abuse)의 인터넷 홈페이지를 통해 전체 안내서를 확인할 수 있다(Santisteban et al., 1997; Szapocznik, Hervis, & Schwartz, 2003). BSFT는 세 가지 핵심 개념인 **체계**, **구조**(상호작용 패턴), **전략**을 기반으로 한다.

◎ 목표

단기 전략적 가족치료는 두 가지 목표를 가진다.

- 아동의 약물 사용의 감소 또는 제거.
- 문제 행동(청소년 약물 사용)을 유지하는 가족 상호작용을 변화시킴.

◎ 사례개념화

다른 증거기반 접근에 비해 BSFT는 구조적 및 전략적 가족치료 개념을 사용하여, 주로 가족 역동에 초점을 둔다(Santisteban, Suarez-Morales, Robbins, & Szapocznik, 2006; Szapocznik, Hervis, & Schwartz, 2003).

- **구조와 조직**: 치료자는 가족 내의 구조, 조직 그리고 정보의 흐름을 평가하기 위해 하위체계, 위계, 리더십 그리고 결탁과 같은 전통적인 구조적 개념을 활용한다.
- **공명**: 경계에 대한 구조적 치료 개념을 사용하여, 치료자는 더 넓은 문화적 규범의 맥락 안에서 밀착된(높은 공명) 그리고 단절된(낮은 공명) 정서적 공명을 평가한다.
- **발달 단계**: 치료자는 가족의 현재 생활발달 단계에 따라 구성원을 돕도록 가족이 그 구조에 적응하는 능력을 활용한다(예: 아이들이 자라남에 따라 자율성을 키우기).
- **생활 맥락**: 치료자는 확대가족, 지역사회, 학교, 또래 그리고 거주지와 같은 가족의 더 넓은 사회적 삶의 효과를 평가한다.
- **확인된 환자**: 가족이 모든 문제가 확인된 환자 때문이라고 생각할수록 가족을 치료하기가 더 어렵다.

- **갈등 해결**: 치료자는 가족의 갈등 해결 방식을 평가한다.
  - **부인**: 갈등을 드러내면 안 된다. "우리는 아무런 문제가 없어요."
  - **회피**: 갈등이 드러나면 어려운 대화를 지체시키거나 최소화하거나 미룸으로써 갈등을 서둘러 멈추거나 감춘다.
  - **초점 흐리기**: 문제가 언급되면, 대개 그 말을 꺼낸 사람은 개인적인 공격을 받는 등 다른 문제로 바뀌며 주제가 흐려진다.
  - **해결책이 없는 갈등 발생**: 갈등이 발생하지만 해결이 되지 않는다.
  - **해결책이 있는 갈등 발생**: 가족은 갈등을 해결할 수 있다.

◎ 개입의 원칙

원하는 결과를 얻을 가능성이 가장 높은 가족 상호작용을 목표로 하는 개입을 선택한다.

- **합류**: 치료자는 가족체계와 연결되기 위해 구조적 가족치료인 합류하기를 활용한다.
- **실연**: 가족 기능을 평가하고, 가족의 상호작용을 재구조하기 위해 구조적 실연을 활용한다.
- **현재에서 작업하기**: 개입은 과거에는 최소한으로만 주목하며, 현재의 상호작용을 목표로 삼는다.
- **부정성 재구성하기**: 치료자들은 가족의 보살핌과 관심을 촉진하기 위해 부정적 해석을 재구성한다.
- **전환**: 치료자들은 한 명 이상의 가족 구성원들에게 일반적으로 행동했거나 말했던 것과 반대로 행동하고 말하도록 지도한다.
- **경계와 동맹에 대해 작업하기**: 발달적 요구를 더 잘 충족시키기 위해 경계를 느슨하게 하거나 강화하는 데 일반적인 구조적 기법들이 사용된다.
- **탈삼각화**: 치료자는 영향력이 덜한 제3자를 두 사람의 갈등에서 없앤다.
- **닫힌 체계 열기**: 개방적인 갈등이 금기시되는 체계는 차이에 대한 효과적인 표현과 해결을 위해 '열려야'만 한다.

임상적 주목: 생태 구조적 가족치료

구조적 가족치료(Minuchin, 1974)의 경험적으로 지지된 변형인 생태 구조적 가족치료(Ecosystemic Structural Family Therapy: ESFT)는 지역사회의 맥락 안에서 심각한 정서적 또는 행동적 문제를 가진 아동 및 청소년과 그 가족들을 치료하기 위해 필라델피아 아동 및 가족 훈련 센터(예전 필라델피아 아동 지도 클리닉)의 Marion Lindblad-Goldberg와 동료들에 의해 개발되었다(Lindblad-Goldberg,

Dore, & Stern, 1998). ESFT는 아동 및 청소년이 겪는 모든 수준의 심각성과 다양한 치료 장면에 걸친 광범위한 임상 문제를 다뤄 왔다. 가정이나 지역사회 장면에서, ESFT는 집 밖 거주의 위험이 있거나 이미 입원 또는 거주형 치료 경험이 있는 청소년들을 대상으로 한다. 이러한 청소년들의 가족들은 트라우마로 인한 부모의 약물 남용, 갈등 관계, 정서적 장해 그리고 정서적 지지나 실질적 지원의 부재로 인해 위태로운 경우가 많다.

◎ 사례개념화

ESFT는 가족 구성원들의 현재와 과거의 가족적 · 문화적 · 생태적 영향뿐 아니라 생물학적 및 발달적 영향을 검토하는 생태/발달/체계적 트라우마 전문 임상 모델이다. 이 모델은 아이와 부모의 기능이 모두 그들의 관계적 환경과 불가분하게 연결되어 있다는 기본 가정을 기반으로 한다.

ESFT 치료자들은 다섯 가지의 서로 관련성 높은 개념을 따른다.

- 가족 구조
- 가족 정서 조절
- 개인차(역사적 · 생물학적 · 문화적 · 발달적)
- 정서적 근접성(부모와 자녀, 그리고 부부간 정서적 애착)
- 가족발달

◎ 목표

치료적 변화의 주요 목표는 다음과 같다.

- 부모의 실행 기능
- 자녀의 대처 기술
- 부모 동맹
- 부적응적인 정서적 애착 패턴
- 정서 조절
- 가족 구성원들에 대한 가족 외 지지

◎ 개입

ESFT에서 변화에 필수적인 동인은, ① 가족 구성원들과 치료자의 파트너십, ② 가족 외 조력자들과 가족과 치료자 독립체의 파트너십이다. ESFT는 관계에서의 변화를 위해 심리치료의 여러 가지 다양한 모델의 기술을 통합한다. 상대적 목표가 개입의 적절성을 결정한다. 가족 구성원들이 서로 관계 맺는 방법을 재조직하고 재구조화하기 위해 사용되는 구조적 기법은 경계 만들기와 권력의 균형을 다시 맞추기 또는 위계를 명확히 하기이다. 구조적 가족치료 모델처럼, ESFT는 모든 가족 구성원과 강력한 치료적 동맹을 맺는 것을 강조한다. ESFT에서 사용되는 가장 일반적인 구조적 개입은 행동 실연과 가족 구성원들의 강점 인정하기이다. ESFT에서 가장 흔히 사용되는 개입은 가족 구성원들이 관계를 맺는 새로운 방법을 연습하도록 돕는 **실연**이다. 가족 구성원들 간에 필요한 정서적 근접성 조정하기, 감정 조절 배우기, 고통을 인내하는 방법 배우기가 대표적이다. 또 다른 흔히 쓰이는 기법들은 가족의 사고, 신념 또는 지식을 다룬다. 이러한 기법에는 재구조화, 적응적 이야기 구성하기, 심리교육 그리고 의식의 사용이 있다.

온라인 자료

필라델피아 아동 및 가족 치료 훈련 센터(Philadelphia Child and Family Therapy Training Center)
www.philafamily.com
간단한 전략적 가족치료 훈련(Brief Strategic Family Therapy Training)
www.brief-strategic-family-therapy.com

구조적 사례연구: 10대의 품행 문제

Bill과 Sally는 아들 Tom이 학교에서 싸움을 일으켜 두 번 정학을 당한 후 그를 상담에 데려왔다. 6개월 전, 가족은 Tom이 고등학교에 입학하기 직전에 Bill이 전근을 가게 되어 이사를 하였다. 중학교에서 평균 이상의 학생이었던 Tom은 지금 9학년을 낙제할 위기에 처해 있다. 이사한 이후로 Bill이 새로운 직장에서 더 오랜 시간 일을 하게 되어, Sally가 육아를 도맡으면서 Bill과 Sally는 자주 말다툼을 해 왔다. 보고된 바에 따르면, Tom의 남동생인 John은 이사한 곳에서 잘 적응하고 있으며, 갈등을 피하려고 노력한다고 한다.

가족과 만나고 나서 구조적 가족치료자는 다음과 같이 사례개념화하였다.

체계적 이론을 사용한 사례개념화

개인, 부부, 가족 내담자용

치료자: Albert Luis, MFT 수련생　　내담자/사례 #: 9002　　날짜: 08/5/2

기호
AF = 성인 여성 AM = 성인 남성 CF = 여아 CM = 남아
Ex. = 예시 Hx = 이력 NA = 해당 사항 없음

1. 내담자 & 중요한 타인에 대한 소개

* 치료 과정에 참여하는 내담자

연령, 인종, 직업/학년, 그 외 관련 사항

* AF: 40, 아일랜드계 미국인, 소아과 간호사
* AM: 44, 이탈리아계 미국인(이민 2세), 은행 경영 간부
* CM: 14 (IP), 9학년, Alexander 고등학교 육상 팀
* CM: 12, 7학년, Barton 중학교 재즈 밴드

2. 주호소 문제

문제에 대한 내담자의 설명

AF40: AM44가 CM14에게 너무 가혹하며, CM14가 고등학교에 이제 막 적응하고 있다고 말함.

AM44: AF40이 CM14에게 너무 관대하며, CM14가 책임감을 배우지 못하고 있고, 실패로 향한 길을 가고 있다고 말함.

CM14: 자신이 고등학교와 이사에 적응하고 있다고 말함. 새로운 학교에서 친구들을 사귀려 노력하고 있고, 공부하는 방법을 배우고 있음.

CM12: 최근 들어 아빠와 형이 자주 싸운다고 말함. CM14가 다른 10대들이 그러하듯 반항하고 있다고 생각함.

문제에 대한 확대가족의 설명

AM의 가족은 AF가 너무 관대한 것을 탓함. AF의 가족은 부모 둘 다 적절한 엄격함이 아니거나 그 방법이 효과적이지 못하다고 여김.

더 넓은 체계의 문제 설명: 의뢰인, 교사, 친척, 법적 체계 등의 문제에 대한 설명

학교 상담사: 그녀는 CM14가 자신의 잠재력을 충분히 발휘하지 못하고 있고, '반항' 문제가 있으며, 학교 적응을 어려워하는 것 같다고 말함.

3. 배경 정보

트라우마/학대 이력(현재와 과거): 부모 둘 다 아동기에 체벌을 받은 경험이 있다고 보고했지만, 그들 자신은 체벌을 하지 않는다고 말함.

약물 사용/남용(현재와 과거, 본인, 원가족, 중요한 타인): 양측 가족 모두 알코올 남용 이력이 있음.

(다음)

촉발 사건(최근 삶의 변화, 초기 증상, 스트레스 요인 등): 중학교에서 중상위권에 속했던 CM14는 6개월 전 AM44의 전근으로 인해 이사를 간 후 고등학교에 입학했음. 2주 전 그는 그의 친구와 주먹다짐을 하여 정학을 당했음(두 번째). 그는 현재 두 과목에서 낙제할 위험에 처해 있음. CM14는 육상 팀에 남아있기 위해 성적을 올리려는 동기가 있다고 보고함. 그는 작년에 술과 대마초를 시도해 봤다고 보고함. AF40과 AM44는 이사를 한 후 점점 더 자주 말다툼을 하며, CM14는 학교에서 문제를 일으키고 있음. CM12는 잘 지낸다고 보고됨. AM44는 새 직장에서 더 오랜 시간 일을 하며, AF40은 그가 예전만큼 도와주지 않는다고 보고함.

관련된 배경 이력(가족 이력, 관련 주제, 이전 상담 경험, 의학/정신건강 이력 등): 지금 이전에는 '정상적인' 가족으로 보고함. 여름휴가, 스포츠와 음악 활동들, 매일 밤 저녁식사. AM44는 그가 10대 때 '반항기'를 거쳤지만, 성적이 떨어지거나 정학을 당한 적은 없다고 말함. 건강 문제는 보고되지 않음.

4. 내담자/가족 강점과 다양성

강점과 자원

개인적: CM14는 육상 팀에 남기 위해 성적을 올리고자 하는 동기가 있음. 그와 CM12는 이웃에 새로운 친구들을 사귀었음. AM44는 승진과 관련해 잘 해내고 있음. 부모 둘 다 가정 상황을 개선시키려는 동기가 있음.

관계적/사회적: CM14에게는 지지적인 상담사가 있고, 교사 2명과 좋은 관계를 맺고 있음. CM14는 멘토가 되어 주는 삼촌 한 명과 가까움. 새로운 학교에서 친구들 몇몇을 사귐.

영적: AM44와 AF40은 가톨릭 신자이며, 관계 유지를 위해 영적 관례를 활용함. 인근 교회에서 활동적인 편임.

다양성: 자원과 한계

연령, 성별, 성적 지향, 문화적 배경, 사회경제적 지위, 종교, 지역사회, 언어, 가족 배경, 가족 구성, 능력 등을 기반으로 내담자가 활용할 수 있는 잠재적인 자원과 한계를 확인할 것.

고유한 자원: 아일랜드계와 이탈리아계 둘 다에서 강력한 확대가족 결속력. 특히 AF에게 교회가 자원이 되어 왔음.

잠재적 한계: 부모의 꿈을 이루기 위해 더 부유한 동네로 이사를 갔지만, 적응에 어려움을 겪는 아이들에게는 예상치 못한 스트레스로 작용하고 있음. 또한 사회 연결망을 재구축함에 있어 가족 모두가 어려움을 겪음.

5. 가족 구조

가족생활주기 단계(해당 사항에 모두 체크할 것)

☐ 미혼 성인 ☐ 부부 ☐ 어린 자녀를 둔 가족 ☒ 청소년 자녀를 둔 가족
☐ 이혼 ☐ 혼합 가족 ☐ 자녀가 독립함 ☐ 노년기

이 단계들 중 하나에서 발달 과업을 완수하면서 힘든 점 설명하기: 고등학교에 적응하려는 CM14에게 가족이 적응하기 어려워함. CM14가 더 많은 자유와 책임감을 갖도록 돕기가 어려움.

부부/가족이 친밀함과 거리를 조절하는 일반적인 방식: AM은 엄격한 부모이며 AF는 부드러운 부모임. AF, AM, 그리고 CM14는 서로 직접적으로 관여함.

(다음)

경계

부부 (AF/AM): ☒ 밀착된 ☐ 명확한 ☐ 단절된 ☐ NA

설명: ____________________

부모 AF & 자녀: ☒ 밀착된 ☐ 명확한 ☐ 단절된 ☐ NA

설명: ____________________

부모 AM & 자녀: ☒ 밀착된 ☐ 명확한 ☐ 단절된 ☐ NA

설명: ____________________

형제자매: ☐ 밀착된 ☐ 명확한 ☒ 단절된 ☐ NA

설명: ____________________

확대가족: ☒ 밀착된 ☐ 명확한 ☐ 단절된 ☐ NA

설명: ____________________

친구/동료: ☐ 밀착된 ☒ 명확한 ☐ 단절된 ☐NA

설명: ____________________

삼각관계/결탁

☒ 세대교차적 결탁: AF40은 AM44과의 말다툼에서 대부분 CM14의 편을 듦.

☐ 원가족과의 결탁: ____________________

☐ 기타 결탁: ____________________

부모와 자녀 간 위계 ☐ NA

AF: ☐ 효과적인 ☐ 불충분한(허용적인) ☐ 과도한(독재적인) ☒ 일관성 없는

AM: ☐ 효과적인 ☐ 불충분한(허용적인) ☒ 과도한(독재적인) ☐ 일관성 없는

설명: AF40은 일관성이 없고 관대함; AM44는 지나치게 가혹하게 반응함.

AF와 AM의 상호보완적 패턴

☐ 추격자/철수자 ☐ 과잉/과소 기능자 ☐ 감정적/논리적 ☒ 좋은/나쁜 부모

☐ 기타: ____________________

설명: AF40은 CM14의 편을 들어 주려는 경향이 있으며, AM44는 엄격한 사람임. 이 패턴이 분명하긴 했지만 아이들이 어렸을 때만큼 극단적이지는 않았음.

Satir의 의사소통 유형: 스트레스 상황에서 주로 사용하는 유형을 기술할 것.

AF: ☐ 일치형 ☒ 회유형 ☐ 비난형 ☐ 초이성형 ☐ 산만형

AM: ☐ 일치형 ☐ 회유형 ☒ 비난형 ☐ 초이성형 ☐ 산만형

CF: ☐ 일치형 ☐ 회유형 ☐ 비난형 ☐ 초이성형 ☐ 산만형

CM: ☐ 일치형 ☐ 회유형 ☐ 비난형 ☐ 초이성형 ☐ 산만형

설명: AF40은 종종 그녀 자신의 욕구를 무시한 채, 가족의 중재자가 되려고 노력함. AM44는 자신의 욕구를 더 직접적으로 주장함.

Gottman의 이혼 지표

비난: ☒ AF ☒ AM

설명: 두 사람 모두 서로의 양육 방식과 결정을 쉽게 비난함.

(다음)

자기변명: ☒ AF ☒ AM

설명: 두 사람 모두 서로의 비난에 방어적으로 대응함.

경멸: □ AF □ AM

설명: NA

담 쌓기: □ AF □ AM

설명: NA

화해 시도 실패: □ AF ☒ AM

설명: NA

영향을 수용하지 않음: □ AF □ AM

설명: NA

격한 시작: ☒ AF ☒ AM

설명: 두 사람 모두 격해지기 시작함.

6. 상호작용 패턴

문제 상호작용 패턴(A ⇆ B)

긴장의 시작: CM14가 집안일하기를 거부함.

갈등/증상 확대: AM44가 화가 나서 책임감에 대해 설교함. AF40이 "상황을 바로잡겠다"고 자진해서 나섬. AM44가 CM14를 방으로 보냄. AF40이 CM14 대신 집안일을 함. CM12는 비디오게임을 하기 위해 방으로 감.

'정상'/항상성 회복: 아빠가 진정되면, AF40은 그에게 주로 아무 대가 없이 CM14가 방에서 나올 수 있게 해 달라고 이야기함.

현재 문제에 대해 가정된 항상성 기능: 증상은 관계를 유지하고, 독립성/거리감을 형성하고, 영향력을 만들고, 관계를 재구축하고, 혹은 한편으로 가족 내에서 균형감을 형성하도록 돕는 데 어떤 역할을 하는가?

CM14의 행동은 그의 엄마에게 양육하고 보호해야 할 아이를 제공해 주고 친밀감을 제공하면서, 남편이 직장에 있는 오랜 시간의 공백을 매워 줌. 게다가 AM44와 AF40은 CM14의 능력에 기초하여 책임감과 자유를 늘려 주는 발달적 욕구에 맞춰서 양육 방식을 조정하지 못함.

7. 세대 간 & 애착 패턴

다음을 비롯한 모든 관련 정보가 포함된 가계도를 구성할 것.

- 나이, 출생/사망일
- 이름
- 관계 패턴
- 직업
- 의학 병력
- 정신 질환
- 학대 이력

또한 회기에서 자주 논의되는 사람들에 대한 2~3개의 형용사를 포함할 것(이는 성격 및 관계적 패턴

(다음)

을 묘사해야 함(예: 조용한, 가족을 돌보는 사람, 정서적으로 거리가 있는, 완벽주의자, 무력한 등). 가계도는 반드시 보고서에 첨부되어야 함. 중요한 결과를 아래에 요약할 것.

가족 강점: 양쪽의 확대가족과의 강한 유대감
약물/알코올 남용: ☐ N/A ☒ 이력: 양쪽 가족 모두 알코올이나 약물 남용 이력이 있음.
성적/신체적/정서적 학대: ☒ N/A ☐ 이력: ________
부모/자녀 관계: ☐ N/A ☒ 이력: AM44는 그의 아버지에게 반항적임. AM44의 아버지와 동성애자인 맏형 간 갈등
신체/정신 장애: ☒ N/A ☐ 이력: ________
현재 문제에 관한 이력 삽화: ☐ N/A ☒ 이력: 부 가족의 반복되는 패턴과 모 가족의 패턴의 변형

애착 유형: 각 내담자의 가장 일반적인 애착 유형을 설명할 것
AF/AM: ☐안정 ☒불안정 ☐회피 ☐불안정/회피
설명: ________
AF/AM: ☐안정 ☐불안정 ☐회피 ☒불안정/회피
설명: ________
CF/CM: ☐안정 ☒불안정 ☐회피 ☐불안정/회피
설명: ________
CF/CM: ☐안정 ☒불안정 ☐회피 ☐불안정/회피
설명: ________

8. 해결중심 평가

시도했지만 **효과적이지 않았던** 해결책들
1. 가혹한 처벌을 사용하는 AM44
2. "그에게 한 번 더 기회를 주는" AF40

예외 및 독특한 결과(**효과적이었던** 해결책들): 문제가 완화될 때의 시간, 장소, 관계, 맥락 등, 상황을 조금이라도 개선시키는 것으로 보이는 행동들
1. 학교 상담사가 성적을 올리지 못하면 육상 팀에 남아 있지 못할 것이라고 말한 이후로 CM14는 공부를 더 하기 시작함.
2. 주로 집과 학교에서 잘 지내고 있을 때 CM14는 시키지 않아도 집안일과 숙제를 함.

기적적 질문 답변: 내담자들도 모르게 갑자기 문제가 해결된다면, 다음 날 상황이 달라졌음을 보이는 첫 번째 행동 신호는 무엇일까? (Y를 하지 않는다는 방식이 아닌 X를 한다는 방식으로 설명할 것)
1. CM14는 학교에 친구들이 생기고, 좋은 성적을 받고, 시키지 않아도 숙제를 할 것이다.
2. 가족 구성원 모두가 차분하게 대화하고 함께 즐거운 시간을 보낼 것이다.
3. AM이 집에서 더 오랜 시간을 보낼 것이며 가족이 함께 재미있는 활동을 할 것이다.

9. 포스트모던과 문화적 담론 개념화

이야기, 지배적 담론 그리고 다양성
문제의 정의에 영향을 미치는 지배적 담론

(다음)

문화, 인종, 사회경제적 지위, 종교 등: 중요한 문화적 담론이 문제와 가능한 해결책을 인지하는 데 어떤 어떤 영향을 미치는가?

강한 유대감을 가진 가족이라는 이탈리아계와 아일랜드계 이주민의 전통. 서로가 꼭 필요할 때 항상 함께 있어 줌. AM44는 '책임감 있는' 남자가 되어야 한다는 아버지의 전통을 이어 가며, 그의 아들이 옳은 방향으로 나아가지 않는 것을 걱정함.

성별, 성적 지향 등: 성별/성적 지향 담론이 문제와 가능한 해결책을 인지하는 데 어떤 영향을 미치는가?

특히 AM44의 경우 '남자다움'이란 무엇인가에 관한 확고한 주제. CM14는 대체로 아빠의 이상에 동의하지만, 10대에 이를 실행하는 방식에 대한 아빠의 요구에는 동의하지 않음.

맥락, 가족, 공동체, 학교 그리고 기타 사회적 담론: 다른 중요한 담론이 문제와 가능한 해결책을 인지하는 데 어떤 영향을 미치는가?

CM14는 더 부유한 동네에서 고등학교를 다니고 있으며, 친구들과 어울려야 한다는 압박감이 큼.

정체성/자기 진술: 그 문제는 각 가족 구성원의 정체성을 어떻게 형성하였가?

CM14는 특히 아버지의 눈에 '문제아'로 비춰지기 시작했음. CM12는 갈수록 더 '착한' 아이가 되고 있으며, 예전에 가족은 이런 식으로 구별을 둔 적이 없음. AM44는 자신이 못된 부모가 되어 감을 인식하고 있음. 그는 그러한 꼬리표를 싫어하지만, 아들을 진정한 남자로 만들어야 한다고 느낌.

국소적/선호하는 담론: 내담자가 선호하는 정체성 이야기 및 문제에 관한 이야기는 무엇인가? 문제에 대해 선호되는 국소적(대안적인) 담론이 있는가?

질문을 받았을 때, CM14는 자신이 단지 하나의 '시기'를 지나고 있는 것이며, 다시 성적을 올리고 문제를 일으키지 않을 것이라고 믿음. 그는 학교의 사회적 위계에서 어디에 속할지 걱정하는데, 이는 약물 사용, 싸움 등에 대한 그의 결정에 영향을 미쳐 왔음. 또한 AF40과 AM44는 경제적으로 '출세'하고자 하는 소망과 가족 가치 사이의 균형을 유지하는 방법에 대해 고심하고 있음. CM14는 '부유한 아이들'과 어울리려고 애쓰면서 유사한 괴로움을 겪고 있음.

10. 내담자 관점

동의하는 영역: 내담자들이 말한 것에 근거하여, 이 평가의 어떤 부분에 대해 그들이 동의하는가, 혹은 동의할 것 같은가?

가족 구성원들은 그들이 '편 가르기'를 하고 있었다는 것과 각 부모의 역할에 대한 설명에 동의함.

동의하지 않는 영역: 그들이 어떤 부분에 대해 동의하지 않는가, 혹은 동의하지 않을 것 같은가? 이유는?

AF40과 AM44는 관대함과 엄격함의 주제를 아주 다르게 정의함. 두 사람 모두 그 문제에 있어서 자신이 옳다고 믿음. AM44는 부부 문제에 대해 덜 걱정함.

당신은 동의할 것 같지 않은 영역을 어떻게 존중하면서 작업할 계획인가?

두 부모 모두에게 동등하게 적용되는 분명한 한계와 결과가 있는 효과적인 체계를 향해 작업하면서, 한쪽 편을 들거나 '올바른' 부모란 어떠할 것이라고 정의하지 말고, CM14에게 효과적인 전략에는 무엇이 있는지 알아보는 작업을 부모와 함께할 것. 부부 문제를 치료의 대상으로 삼기에 앞서 양육에 대해 작업하기 시작할 것.

(다음)

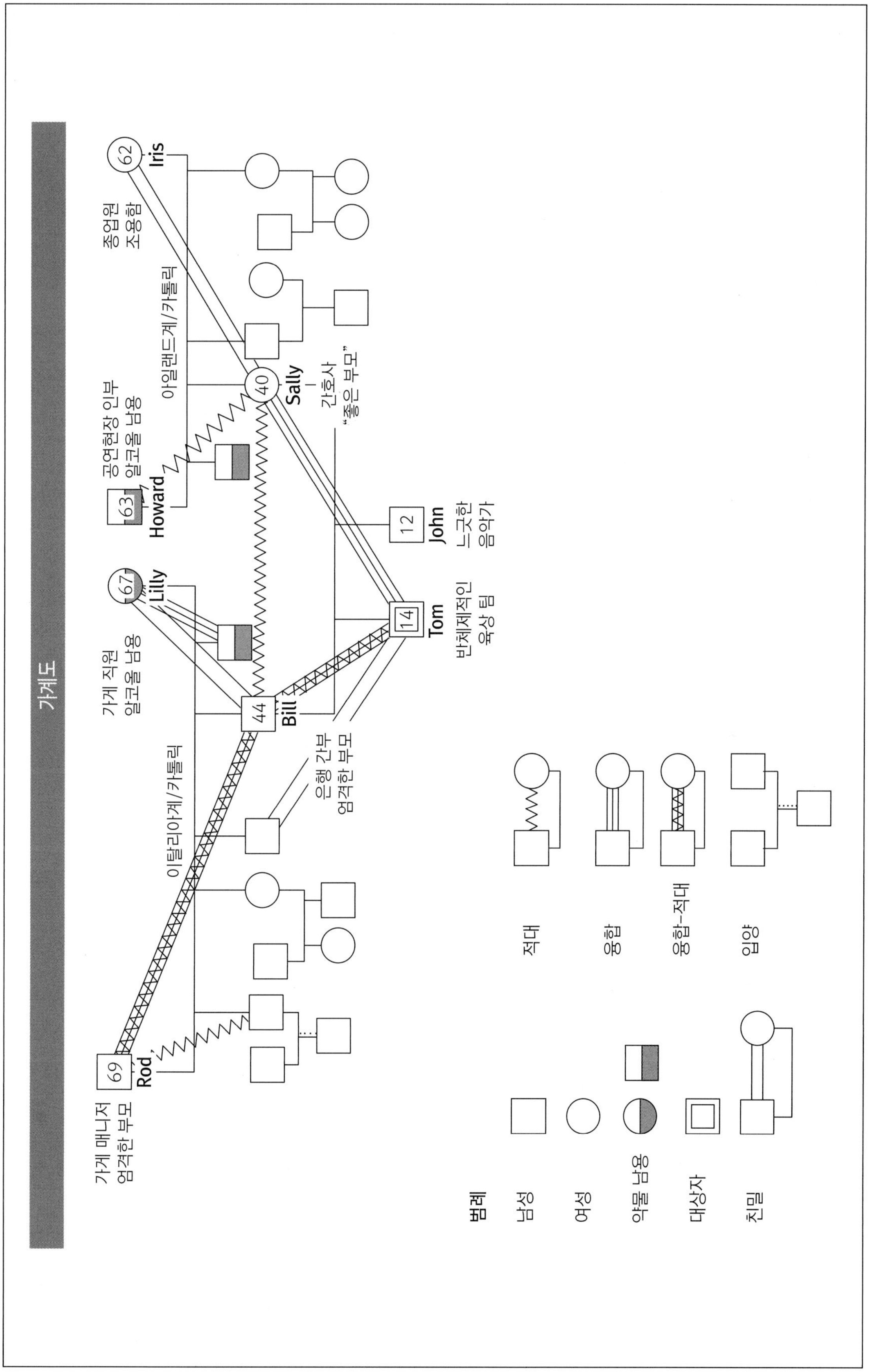

가계도

가게 매니저
엄격한 부모
69
Rod

이탈리아계/카톨릭

가게 직원
알코올 남용
67
Lilly

63
Howard
공연현장 인부
알코올 남용

아일랜드계/카톨릭

종업원
조용함
62
Iris

44
Bill

은행 간부
엄격한 부모

40
Sally
간호사
"좋은 부모"

14
Tom
반체제적인
육상 팀

12
John
느긋한
음악가

범례

남성

여성

약물 남용

대상자

친밀

적대

융합

융합-적대

입양

임상 평가

내담자 ID #: (이름을 쓰지 말 것): 9002	인종: 이탈리아계 미국인, 아일랜드계 미국인	주 언어 ☒ 영어 ☐ 스페인어 ☐ 기타: ______

참여자/중요한 타인을 모두 기록할 것: 확인된 환자(IP)는 [★], 참여할 중요한 타인은 [✔], 참여하지 않을 중요한 타인은 [X] 표시할 것.

성인: 나이: 직업/고용주	아동: 나이: 학교/학년
[✔] AM*: 44, 이탈리아계 미국인, 은행 간부	[★] CM: 14, 9학년; 육상 팀
[✔] AF: 42, 아일랜드계 미국인, 소아과 간호사	[ ] CF: ______
[ ] AF/M #2: ______	[✔] CM: 12, 7학년; 재즈 밴드

현재 문제

		자녀에 대해 기록
☐ 우울증/절망	☐ 부부 문제	☒ 학업 실패/성적 하락
☐ 불안/걱정	☒ 부모/자녀 갈등	☐ 무단결석/가출
☒ 분노 문제	☐ 배우자 폭력/학대	☒ 또래와의 다툼
☐ 상실/비애	☐ 이혼 적응	☐ 과잉행동
☐ 자살 사고/시도	☐ 재혼 적응	☐ 유뇨/유분증
☐ 성적 학대/강간	☐ 성적 취향/친밀감 문제	☐ 아동 학대/방임
☒ 알코올/약물 사용	☒ 주요한 삶의 변화	☐ 고립/철회
☐ 섭식 문제/장애	☐ 법적 문제/보호 관찰	☐ 기타: ______
☐ 직업 문제/실직	☐ 기타: ______	

IP의 정신 감정

대인관계 문제	☐ NA	☒ 갈등 ☒ 밀착 ☐ 고립/회피 ☐ 정서적 단절 ☐ 사회 기술 부족 ☐ 부부 문제 ☐ 또래 문제 ☐ 업무상 문제 ☐ 지나치게 수줍음 ☐ 이기적 ☐ 관계 구축/유지 어려움 ☐ 기타: ______
기분	☐ NA	☐ 우울/슬픔 ☐ 절망감 ☐ 두려움 ☐ 불안 ☒ 분노 ☒ 짜증 ☐ 조증 ☐ 기타: ______
정서	☐ NA	☒ 위축된 ☐ 무딘 ☐ 생기 없는 ☐ 불안정한 ☐ 극적인 ☐ 기타: ______
수면	☐ NA	☐ 수면과다증 ☐ 불면증 ☒ 수면 방해 ☐ 악몽 ☐ 기타: ______
섭식	☒ NA	☐ 증가 ☐ 감소 ☐ 식욕감퇴 ☐ 폭식 ☐ 하제 사용 ☐ 신체 이미지 ☐ 기타: ______
불안 증상	☒ NA	☐ 만성 근심 ☐ 공황발작 ☐ 해리 ☐ 공포증 ☐ 강박사고 ☐ 강박행동 ☐ 기타: ______

(다음)

* 약어: AF: 성인 여성, AM: 성인 남성, CF#: 여아/연령(CF12), CM#: 남아/연령, Hx: 이력, CL: 내담자.

트라우마 증상	☒ NA	☐ 급성 ☐ 만성적 ☐ 과각성 ☐ 꿈/악몽 ☐ 해리 ☐ 정서적 마비 ☐ 기타:
정신병적 증상	☒ NA	☐ 환각 ☐ 망상 ☐ 편집증 ☐ 연상 이완 ☐ 기타:
지각 운동/언어 능력	☐ NA	☐ 에너지 부족 ☒ 끊임없이 움직임/과잉행동 ☐ 불안한 ☐ 부주의한 ☐ 충동적인 ☐ 병적 수다 ☐ 말이 느린 ☐ 기타:
생각	☐ NA	☒ 집중력/주의력 저하 ☐ 부정 ☐ 자기 비난 ☒ 타인 비난 ☐ 반추 ☐ 부적절한 ☐ 비논리적인 ☒ 경직된 ☐ 낮은 통찰력 ☒ 의사결정능력 손상 ☐ 혼란스러운 ☐ 느린 처리 ☐ 기타:
사회 법률	☐ NA	☐ 규칙 무시 ☒ 반항 ☐ 도벽 ☐ 거짓말 ☐ 울화 행동 ☐ 체포/수감 ☒ 싸움을 일으킴 ☐ 기타:
기타 증상	☒ NA	

IP에 대한 진단

진단을 내릴 때 고려되는 환경적 요인들: ☒ 나이 ☒ 성별 ☒ 가족 역동 ☒ 문화 ☐ 언어 ☐ 종교 ☐ 경제 ☐ 이민 ☐ 성적 지향 ☐ 트라우마 ☐ 이중 진단/동반질환 ☒ 중독 ☐ 인지 능력
☐ 기타:

확인된 요인의 영향 기술: 아버지는 그의 문화적 배경과 성역할에 기초하여 아들들에게 특정한 기대치를 요구함, 10대의 행동 규범을 고려하였음. 약물 사용이 잠재적인 문제이자 주의가 필요한 요인으로 확인됨.

축 I 주 진단: 309.3 품행 문제가 있는 적응장애, 급성. 부수적 진단: V61.20 부모-자녀 관계 문제, 기분장애 배제, 반항성 장애, 약물 남용 축 II: V71.09 축 III: 보고된 바 없음. 축 IV ☒ 주요 지지 집단과의 문제: 부모 ☒ 사회적 환경/학교 관련 문제: 이사, 새로운 학교 ☒ 교육 문제: 새로운 학교 ☐ 직업 문제 ☐ 주거 문제 ☐ 경제 문제 ☐ 건강관리서비스 이용 문제 ☐ 법률 체계와의 상호작용 관련 문제 ☐ 기타 심리사회적 문제	축 I 진단의 DSM 증상을 열거할 것(각 증상의 빈도와 지속 기간 포함). 내담자는 축 I의 주 진단의 5 개 진단기준 중 5 개를 충족함. 1. 스트레스 요인: 새로운 동네/학교로 이사, 고등학교 입학. 2. 성적의 급격한 하락. 3. 학교에서의 두 차례 신체적 싸움. 4. 집에서 특히 AM에 대한 반항 증가. 5. 알코올과 대마초를 시도하기 시작함(주 1~2회). 6.

(다음)

축 V

GAF 62

GARF 60

의학적 원인은 배제되었는가?

☐ 네 ☐ 아니요 ☒ 진행 중

환자가 정신과적/의학적 평가가 의뢰된 적이 있는가?

☐ 네 ☒ 아니요

환자가 의뢰에 동의하였는가?

☐ 네 ☐ 아니요 ☒ NA

평가에 사용된 심리측정 도구 혹은 자문을 열거할 것:

☐ 없음 또는 Youth Outcome Questionnaire

약물 (정신 의학 & 의학)

복용량/복용 시작 날짜

☒ 처방받지 않음

1. ________ / ________ mg ________
2. ________ / ________ mg ________
3. ________ / ________ mg ________

진단에 대한 내담자의 반응

☒ 동의 ☐ 다소 동의 ☐ 동의하지 않음

☐ 다음과 같은 이유로 알리지 않음

____

의학적 필요성(해당되는 것에 모두 체크할 것)

☒ 심각한 손상 ☐ 심각한 손상 가능성 ☒ 발달 지체 가능성

손상 영역: ☒ 일상 활동 ☒ 사회적 관계 ☒ 건강 ☒ 직장/학교 ☐ 거주 형태

☐ 기타: ________

위험 요인 평가

자살 경향

☒ 징후 없음
☐ 부정
☐ 적극적인 사고
☐ 소극적인 사고
☐ 계획 없는 의도
☐ 수단 있는 의도
☐ 과거 자살 사고
☐ 과거 자살 시도
☐ 자살한 가족/동료 이력

약물 사용 경험

알코올 남용

☐ 징후 없음
☐ 부정
☐ 과거
☒ 현재

빈도/양: 한 달에 1~2번 정도 취함.

약물:

☐ 징후 없음
☐ 부인
☐ 과거
☒ 현재

약물: 마리화나

빈도/양: 한 달에 1~2번

☒ 가족/중요한 타인의 약물 남용

살인 경향

☐ 징후 없음
☒ 부정
☐ 적극적인 사고
☐ 소극적인 사고
☐ 수단이 없는 의도
☐ 수단이 있는 의도
☐ 과거 살인 사고
☒ 과거 폭력 사용
☒ 폭행/행패 이력
☐ 동물 학대

성적 & 신체적 학대와 기타 위험 요인

☐ 학대 이력이 있는 아동
  ☐ 성적 ☐ 신체적 ☐ 정서적 ☐ 방임
☐ 아동기 학대 이력이 있는 성인
  ☐ 성적 ☐ 신체적 ☐정서적 ☐ 방임
☐ 성인기에 학대/폭행 경험이 있는 성인
  ☐ 성적 ☐ 신체적 ☐ 현재
☐ 학대를 가한 이력
  ☐ 성적 ☐ 신체적
☐ 노인/보살핌이 필요한 성인 학대/방임
☐ 거식증/폭식증/기타 섭식장애
☐ 자상 또는 기타 자해
  ☐ 현재
  ☐ 과거 방법: ________
  ☐ 범죄/법적 이력: ________
  ☒ 보고된 바 없음

(다음)

안전 지표: ☒ 강력한 지지를 제공하는 최소 한 명의 외부인 ☒ 자신/타인을 해치지 않을 이유와 살아야 할 구체적인 이유를 언급할 수 있음 ☐ 희망적임 ☒ 미래의 목표가 있음 ☐ 위험한 물건들을 처분할 의사가 있음 ☐ 상황을 악화시키는 사람들과의 접촉을 줄일 의지가 있음 ☐ 안전 계획과 안전 개입을 이행할 의지가 있음 ☒ 자해하거나 타인을 해치는 것의 대안들을 계획함 ☐ 안전이 유지된 기간: ______ ☐ 기타: ______

안전 계획 요소: ☒ 해치지 않겠다는 구두 계약 ☐ 해치지 않겠다는 서면 계약 ☒ 비상연락망 ☒ 위기 상담사/기관 연락처 ☐ 약물치료 관리 ☒ 위기 시에 친구들/지지적인 사람들과 연락하기 위한 구체적인 계획 ☐ 위기 시 갈 장소에 대한 구체적인 계획 ☐ 위기 단계에 도달하기 전에 위험을 줄이기 위한 구체적인 자기진정 과제(예: 일기쓰기, 운동 등) ☐ 스트레스 요인을 줄이기 위한 구체적인 매일/주간 활동 ☐ 기타: ______

메모: 법적/윤리적 행동: ☐ NA ______

사례 관리

날짜	양식	내담자가 다른 곳에서 정신건강 또는 기타 의학적 치료를 받고 있는가?
첫 번째 방문: 08/4/28 마지막 방문: 08/5/15 **회기 빈도:** ☒ 주 1회 ☐ 격주 ☐ 기타: ______ **예상 치료 기간:** ______	☐ 성인 개인 ☒ 아동 개인 ☒ 부부 ☒ 가족 ☒ 집단 10대	☒ 아니요 ☐ 네: ______ **아동/청소년의 경우:** 가족이 참여하는가? ☒ 네 ☐ 아니요

환자 의뢰 및 전문가 연락

사회복지사에게 연락한 적이 있는가?
☒ 네 ☐ 아니요
설명: 학교 상담사 ☐ N/A

내담자가 의학적 평가에 의뢰된 적이 있는가?
☒ 네 ☐ 필요 없음

내담자가 정신의학적 평가에 의뢰된 적이 있는가?
☐ 네(내담자가 동의함) ☐ 네(내담자가 동의하지 않음) ☒ 불필요

의료진 또는 다른 전문가와 만난 적이 있는가?
☒ 네 ☐ 아니요 ☐ NA

내담자가 복지/법률 서비스에 의뢰되었는가?
☐ 직업/훈련 ☐ 복지/식품/주거 ☐ 피해자 지원 ☐ 법적 지원 ☐ 의료
☒ 기타: 학교의 10대 집단 ☐ NA

치료와 관련해 예상되는 범죄/법률 절차
☒ 아니요 ☐ 네: ______

내담자가 집단 또는 기타 지원 서비스에 의뢰된 적이 있는가?
☒ 네 ☐ 아니요 ☐ 추천받지 않음

내담자의 사회적 지지 연결망
☒ 지지적인 가족 ☐ 지지적인 배우자 ☐ 친구들 ☒ 종교적/영적 단체 ☐ 지지적인 직장/사회적 집단
☐ 기타: ______

치료가 지지체계 내 타인(부모, 아동, 형제자매, 중요한 타인 등)에게 미칠 영향
부모가 치료에 참여한다. 양육 방식을 조정한다. 또한 CM12 참가한다.

(다음)

성공적이기 위해 내담자에게 그 밖에 필요한 것이 있는가?
부모가 부부 문제를 다루어야 할 수 있다.

내담자의 희망: 낮음 1----------5X----------10 높음

예상 결과 및 예후
☒ 정상적인 기능으로 회복.
☐ 개선을 예상하지만, 정상적인 기능보다 덜할 것으로 예상.
☐ 현재의 상태를 유지/악화 예방.

진단/내담자 관점에 대한 평가
평가 방법은 내담자의 요구에 어떻게 충족되었는가?
CM14와 CM12가 이해할 수 있는 언어를 사용하였음. 문화적 · 성적 기대를 존중하였음.

나이, 문화, 능력 수준, 기타 다양성 문제는 다음과 같이 조정되었음.
10대 언어를 사용함. 가족이 전통과 가치에 대해 논의하도록 함.

체계적/가족 역동은 다음과 같은 방식으로 고려되었음.
CM14의 태도를 부모의 모순되는 양육 방식과 혼란스러운 부모 위계, 세대교차 결탁을 비롯한 더 넓은 체계에서 고려함.

이 평가와 관련하여 실제적이거나 잠재적인 내담자-치료자 동의/비동의 영역을 설명할 것.
CM14는 상황을 '큰' 문제로 보지 않음, AM은 AF보다 더 큰 문제라고 여김.

______________________________, ______________ ______________
치료자 서명 자격/수련 등급 날짜

______________________________, ______________ ______________
지도감독자 서명 자격 날짜

치료 계획

이름: Albert Luis, MFT 수련생 날짜: 09/9/30
사례/내담자: #9002 이론: 구조적

▣ 치료 초기 단계

❖ 초기 단계의 치료적 과업

1. 효과적인 치료적 관계 발전시키기. 다양성 주의: 청소년과 관계를 형성하기 위해 유머를 사용할 것. AM의 사생활을 존중할 것. AF를 따뜻하게 대할 것.
   관계 구축 접근/개입
   a. 합류하기 위한 모방, 문화적/종교적 규준을 사용하여 AM44가 존중받는다는 확신을 주면서, 동시에 조심스럽게 CM14의 신뢰를 얻을 것.

2. 개인, 체계적 및 광범위한 문화적 역동 평가하기. 다양성 주의: 확대가족의 역할을 평가할 것. 부부가 인종적 차이를 어떻게 경험하는지/다루는지 CM14의 사회적 연결망을 평가할 것.
   평가 전략
   a. 잠재적인 세대교차적 결탁, 부모 위계의 효과, 부모/부부 관계의 질을 확인하기 위해 구조를 도식화하기 위한 실연.
   b. 집, 학교, 그리고 확대가족체계와의 경계를 평가할 것.

3. 치료 목표를 정의하고 치료 목표에 대한 내담자 동의 얻기. 다양성 주의: 가족의 종교적 가치와 AM의 문화적 적응 수준을 고려할 것.
   a. 가족 구조에 대해 관찰한 바를 논의할 것. 목표에 대한 내담자의 동의를 얻을 것.

4. 의뢰 필요성, 위기 문제, 부수적 정보제공자 연락처, 기타 내담자 욕구를 확인하기. 주의: 최근의 폭력에 집중하라.
   a. 의뢰/자원/연락: 의학적 원인, 약물 남용, 타인을 향한 위험(범죄 조직의 연루 가능성)을 배제할 것.

❖ 초기 단계의 내담자 목표

1. 가족이 피하고 있는 문제로부터 가족의 주의를 분산시키려고 CF가 음주와 흡연을 해야 할 필요성을 줄이기 위해 CM14의 선택과 행동에 대한 책임을 증가시킴과 동시에 부모 위계를 규정함으로써 부모-자녀 경계의 명확성을 높이기.
   측정: ☐ 2주 ☒ 2개월 동안 0개 이하의 경미한 폭력 에피소드를 보이며 친사회적 상호작용을 유지할 수 있음.
   a. CM14이 폭력 대신 의미 있는 삶의 목표를 추구하기를 선택할 내적 동기를 키우기 위한 재구조화.
   b. CM14의 학교 폭력과 관련하여 합의된 양육 접근을 개발함으로써 부모 결탁을 강화하기 위한 별도의 양육 회기.

(다음)

▣ 치료 작업 단계

❖ 작업 단계의 치료적 과업

작업 동맹의 질 점검하기. 다양성 주의: AM/AF에 대해 따뜻함과 존중의 균형을 점검할 것. 과정에서 CM14의 참여를 점검할 것. CM14을 개별적으로 평가하고 가족의 경과를 평가할 것.

a. 개입 평가: CM14가 '참여하고' 있음을 확인하기 위해 개입과 유머에 대한 CM14의 반응을 점검할 것. 부모가 존중받고 있다고 느끼는지 확인하기 위해 그들의 반응을 점검할 것.

b. 개입 평가: 회기 평가 척도

2. 내담자의 경과 점검하기. 다양성 주의: AM과 CM의 사생활 보호에 대한 욕구가 보다 클 수 있음을 고려하고, 이들이 진전이 없는 것에 대해 논의하기를 원치 않을 수 있음을 고려할 것.

a. 개입 평가: 진전이 느리다면, '진전을 이루기' 위해 기법을 변경할 것.

b. 개입 평가: 진전에 대해 질문하기 위해 1~2개월마다 학교 상담사에게 연락할 것.

❖ 작업 단계의 내담자 목표

1. AF40과 CM 간 밀착성을 줄이기 위해 서로가 만족스러운 상호작용과 경계의 명확성을 높이고, 싸움을 줄이기 위해 부모의 위계를 명확히 하기.

측정: □ 2주 ☒ 2개월 동안 2주 간격으로 1회 이하의 경미한 언쟁 에피소드를 보이며 서로가 만족스러운 교류를 유지할 수 있음.

a. 공격적인 의사소통을 줄이고, 부모의 위계질서를 강화하며, 밀착성을 줄이는 실연(예: 가족에게 지난주에 발생한 언쟁을 재연시킨 다음, 의사소통을 향상하고 경계를 명확히 하도록 방향을 바꿔주기).

b. 부모 결탁과 동맹을 형성하기 위한 개별적 부모 회기.

2. 부모-자녀 밀착을 줄임으로써 성적과 동기를 높이기 위해 CM14의 행동과 인생 방향에 대한 책임감을 늘림으로써 그의 개인적인 경계를 증가시키고 강화하기.

측정: □ 2주 ☒ 2개월 동안 1~2회 이하의 경미한 나쁜 성적, 집안일 하지 않기 등의 에피소드를 보이며 집과 학교에서의 책임감을 유지할 수 있음.

a. 육상 팀에 남고자 하는 동기를 이용하여 CM14를 칭찬하고 성숙하게 의사결정을 내린 부분을 강조함으로써 능력 형성하기(예: "네가 육상 팀에 남아 있기 위해 성적을 향상하겠다고 결정한 이후로, 너는 부모님이 알려 주지 않아도 무엇을 해야 할지 정확히 알고 있었어.").

b. 아버지에 대한 CM14의 '반항'을 '성인으로 인정받고자 하는 욕구'로 재구성할 것. 알코올과 약물을 사용하는 것보다 더 효과적으로 아버지에게 그가 성인이라는 것을 보여 줄 수 있는 방법을 찾기 위한 확장된 비유. '남자다움'에 대한 문화적, 종교적, 그리고 세대 간 정의를 이용할 것.

3. 좋은/나쁜 부모의 이분법을 줄임으로써 부모-자녀 갈등을 줄이기 위해 부모 결탁을 강화하기.

측정: □ 2주 ☒ 2개월 동안 1 회 이하의 경미한 서로에 대한 지지 실패 에피소드를 보이며 효과적인 결탁을 지속할 수 있음.

a. 각 배우자의 양육 방식을 서로에 대한 보완이자 성공적인 양육방식인 것으로 재구성할 것. 좋은 양육에 대한 종교적, 세대 간 그리고 문화적 모델들을 이용하기.

(다음)

b. 합의된 역할과 한계를 설정할 뿐만 아니라 양쪽 부모가 자녀와 강한 정서적 유대를 갖도록 함으로써, 부모 하위체계 경계를 분명히 하고 위계를 강화하기. CM14가 계속해서 약물 사용에 대해 잘못된 선택을 한다면 알코올과 약물 문제를 어떻게 다룰 것인지 계획을 세우기.

▣ 치료 종결 단계

❖ 종결 단계 치료적 과업

1. 추후관리 계획을 세우고 개선된 점을 유지하기. 다양성 주의: 가족이 새로운 지역사회에서 아마도 종교와 관련된 연결망을 구축하도록 도울 것.
   a. 가족이 잠재적인 미래의 문제와 해결책을 알아내는 데 적극적인 역할을 취하도록 함으로써 능력 형성하기.

❖ 종결 단계 내담자 목표

1. 갈등을 줄이고 안녕감을 높이기 위해 청소년을 둔 현재 가족이 적절한 수준의 독립성을 유지하는 능력을 키우기.
   측정: ☐ 2주 ☒ 2개월 동안 1회 이하의 경미한 책임감 있는 선택에 실패하는 에피소드를 보이며 연령에 적절한 수준의 독립성을 유지할 수 있음.
   a. 갈등을 줄이고 친밀감을 높이고자 새로운 발달 단계와 관련된 과업에 적응하기 위해 부부/가족의 세계관에 이의를 제기하기.
   b. 연령에 적합한 독립성을 보이는 행동을 칭찬하기.

2. 갈등을 줄이고 친밀감을 높이기 위해 청소년을 둔 가족이 적절한 상호의존성과 관계적 유대를 유지하는 능력을 키우기.
   측정: ☐ 2주 ☒ 2개월 동안 1회 이하의 가벼운 주제를 중심으로 연결하기 실패하는 에피소드를 보이며 정서적인 가족 관계를 유지할 수 있음.
   a. 새롭고, 단계에 맞게 관계를 맺는 방법을 탐색하는 실연
   b. 부부/가족이 가정에서 관계 맺는 의식을 개발하는 능력을 형성하기.

❖ 내담자 관점

내담자와 함께 치료 계획을 검토하였는가? ☒ 네 ☐ 아니요

아니라면, 설명할 것: ______________________

내담자가 동의하는 영역과 우려 사항을 기술할 것: 가족이 문제를 해결하기 위해 가족으로서 참여할 의지가 있음.

______________________, ______________ ______________

치료자 서명 수련생 지위 날짜

______________________, ______________ ______________

지도감독자 서명 자격 날짜

(다음)

경과 기록

내담자 경과 기록 # 9002

날짜: 08/5/30 시간: 6:30 am/pm 회기 시간: ☒ 50분 또는 ☐

참가자: ☒ AM ☒ FM ☒ CM ☐ CF ☒ CM12

청구번호: ☐ 90791 (평가) ☐ 90834 (치료-45 분) ☒ 90847 (가족)

☐ 기타

증상	지난 방문 이후 지속 기간/빈도	경과: 퇴행-----초기 상태-----목표
1. AM과의 갈등	AM과 두 번의 절제된 언쟁/지난 주	−5---------1-------X---5---------10
2. 또래와의 다툼	이번 주에는 새로운 사건이 없었음	−5---------1-----------X---------10
3. 성적 하락	숙제를 완료하는 경우가 늘었다고 보고함/5일	−5---------1-----------5---------10

설명: 이번 주 동안 음주를 부인함. AM에 대한 반항/언쟁이 줄었다고 보고함. AF는 AM이 더 지지적이라고 보고함. 가족이 토요일 밤에 '재미있는' 영화를 보았다고 보고함. CM14는 이전에 만났던 친구들보다 덜 '문제를 일으키는' 새로운 또래 집단을 만난다고 보고함.

개입/HW: CM14가 선택에 대한 더 큰 책임감을 갖도록 격려하고, AF, AM 그리고 CM14 간의 경계를 명확히 하며, 세대교차적 결탁을 막기 위한 회기 내 실연. 외출 시 지켜야 할 규칙과 더 큰 자유를 얻을 수 있는 방법을 확인하였음. AM과 AF를 잠시 따로 만나 부모 결탁 주제에 대해 논의하였음. 규칙과 제한에 동의함. HW: 재미있는 주말 활동 하나를 계속하기.

내담자 반응/피드백: CM14는 스스로를 자신의 삶의 방향에 대해 책임지는 사람으로 바라보는 것에 수용적임. 가족은 실연에서의 방향 수정에 수용적이며 부모와 따로 작업하는 것에 개방적임. HW에 대해 의욕적임.

계획

☒ 다음 회기: 다음 주에는 양육 방법에 대해 논의하기 위해 부모만 참석. CM14는 따라오기만 함.

☐ 계획 수정:

다음 회기: 날짜: 08/6/7, 시간: 6:30 am/pm

위기 문제: ☒ 자살/살인/학대/위기를 부인함 ☐ 위기가 평가됨/다루어짐

CM14는 현재 알코올과 약물 사용을 부인함. 싸움이나 싸움의 계획은 보고된 바 없음.

치료자 서명 , 자격/수련생 지위 날짜

(다음)

사례 자문/지도감독 기록: 지도감독자는 양육 방식을 다루기 위한 부부와의 개별 회기와 CM14의 동기를 향상하기 위한 개인 회기를 추천하였음.

부수적 정보제공자 연락: 날짜: 08/5/30 시간: 2:00 pm 이름: Janet Rodriguez
기록: 학교 상담사는 9학년 통과를 위한 보충 작업을 계획하고 있다고 보고함. 여름 학기를 다녀야 할 것. CM14가 10대 집단에 잘 참여하고 있다고 보고함. 학교에서 새로운 싸움을 하지 않았다고 보고함.

☒ 서면 공개 파일: ☒ 발송 ☐ 수령 ☐ 법원 서류 ☐ 기타: ____________

____________, ____________ ____________
치료자 서명 자격/수련생 지위 날짜

____________, ____________ ____________
지도감독자 서명 자격 날짜

참고문헌

*기호는 추천 입문서를 나타냄

Aponte, H. J. (1994). *Bread and spirit: Therapy with the new poor: Diversity of race, culture, and values*. New York: Norton.

Aponte, H. J. (1996). Political bias, moral values, and spirituality in the training of psychotherapists. *Bulletin of the Menninger Clinic, 60*(4), 488-502.

Biblarz, T. J., & Savci, E. (2010). Lesbian, gay, bisexual, and transgender families. *Journal of Marriage and Family, 72*(3), 480-497. doi:10.1111/j.1741-3737.2010.00714.x

*Colapinto, J. (1991). Structural family therapy. In A. S. Gurman & D. P. Kniskern (Eds.), *Handbook of family therapy* (vol. 2, pp. 417-443). New York: Brunner/Mazel.

Gottman, J. M. (2008, April). *Marriage counseling: Keynote address*. Annual Conference of the American Counseling Association, Honolulu, HI.

Fitzgerald, T. (2010). Queerspawn and their families: Psychotherapy with LGBTQ families. *Journal Of Gay & Lesbian Mental Health, 14*(2), 155-162. doi:10.1080/19359700903433276

Hammond, R. T., & Nichols, M. P. (2008). How collaborative is structural family therapy? *The Family Journal, 16*(2), 118-124. doi:10.1177/1066480707313773

Henggeler, S. W., Schoenwald, S. K., Borduin, C. M., Rowland, M. D., & Cunningham, P. B. (1998). *Multisystemic treatment of antisocial behavior in children and adolescents*. New York: Guilford.

Johnson, S. M. (2004). *The practice of emotionally focused marital therapy: Creating connection* (2nd ed.). New York: Brunner/Routledge.

Kim, J. M. (2003). Structural Family Therapy and Its Implications for the Asian American Family. *The Family Journal, 11*(4), 388-392. doi:10.1177/1066480703255387

Liddle, H. A. (2002). *Multidimensional family therapy treatment for adolescent cannibis users*. Rockville, MD: Substance Abuse and Mental Health Services Administration.

Lindblad-Goldberg, M., Dore, M., & Stern, L. (1998) *Creating competence from chaos*. New York: Norton.

Minuchin, S. (1974). *Families and family therapy*. Cambridge, MA: Harvard University Press.

*Minuchin, S., & Fishman, H. C. (1981). *Family therapy techniques*. Cambridge, MA: Harvard University Press.

Minuchin, S., Montalvo, B., Guerney, B. G., Rosman, B., & Schumer, F. (1967). *Families of the slums*. New York: Basic Books.

Minuchin, S., & Nichols, M. P. (1993). *Family healing: Tales of hope and renewal from family therapy*. New York: Free Press.

Minuchin, S., Nichols, M. P., & Lee, W. Y. (2007). *Assessing families and couples: From symptom to system*. New York: Allyn & Bacon.

Minuchin, S., Rosman, B., & Baker, L. (1978). *Psychosomatic families: Anorexia in context*. Cambridge, MA: Harvard University Press.

Robbins, M. S., Szapocznik, J., Dillon, F. R., Turner, C. W., Mitrani, V. B., & Feaster, D. J. (2008). The efficacy of structural ecosystems therapy with drug-abusing/dependent African American and

Hispanic American adolescents. *Journal of Family Psychology, 22*(1), 51-61. doi:10.1037/0893-3200.22.1.51

Santisteban, D. A., Coatsworth, J., Perez-Vidal, A., Mitrani, V., Jean-Gilles, M., & Szapocznik, J. (1997). Brief structural/strategic family therapy with African American and Hispanic high-risk youth. *Journal of Community Psychology, 25*(5), 453-471. doi:10.1002/(SICI)1520-6629(199709)25:5〈453::AID-JCOP6〉3.0.CO;2-T

Santisteban, D. A., & Mena, M. P. (2009). Culturally informed and flexible family-based treatment for adolescents: A tailored and integrative treatment for Hispanic youth. *Family Process, 48*(2), 253-268. doi:10.1111/j.1545-5300.2009.01280.x

Santisteban, D. A., Suarez-Morales, L., Robbins, M. S., & Szapocznik, J. (2006). Brief Strategic Family Therapy: Lessons learned in efficacy research and challenges to blending research and practice. *Family Process, 45*, 259-271.

Sexton, T. L. (2011). *Functional family therapy in clinical practice: An evidence-based treatment model for working with troubled adolescents*. New York: Routledge.

Szapocznik, J., Feaster, D. J., Mitrani, V. B., Prado, G., Smith, L., Robinson-Batista, C., & ... Robbins, M. S. (2004). Structural Ecosystems Therapy *for* HIV-Seropositive African American Women: Effects on Psychological Distress, Family Hassles, and Family Support. *Journal of Consulting and Clinical Psychology, 72*(2), 288-303. doi:10.1037/0022-006X.72.2.288

Szapocznik, J., Hervis, O. E., & Schwartz, S. (2003). *Brief strategic family therapy for adolescent drug abuse* (NIH Publication No. 03-4751). NIDA Therapy Manuals for Drug Addiction. Rockville, MD: National Institute for Drug Abuse.

Szapocznik, J., & Williams, R. A. (2000). Brief Strategic Family Therapy: Twenty-five years of interplay among theory, research and practice in adolescent behavior problems and drug abuse. *Clinical Child and Family Psychology Review, 3*(2), 117-134.

Yang, L., & Pearson, V. J. (2002). Understanding families in their own context: Schizophrenia and structural family therapy in Beijing. *Journal of Family Therapy, 24*(3), 233-257. doi:10.1111/1467-6427.00214

제6장
경험적 가족치료

삶에는 미리 정해진 길이 없다. 삶 자체가 길이다.
당신이 삶에 대응하는 방식이 차이를 만든다.

– Virginia Satir

들어가며

경험적 가족치료에는 두 가지 전통적 접근인 Satir의 인간 성장 모델과 상징적 경험주의 치료, 최근 개발된 증거기반 접근인 부부의 정서중심치료, 통합적 모델인 내면가족체계가 있다.

- **Satir 성장 모델**: 온정과 지지를 활용한 가족 의사소통에 중점을 둠.
- **상징적 경험주의 치료**: 변화를 촉진하기 위해 온정과 직면의 균형을 이루면서 가족 내의 상징적 의미와 정서적 교류에 중점을 둠.
- **정서중심치료(EFT)**: 부부치료의 선도적인 증거기반 접근으로 경험적 · 체계적 애착 이론들을 사용함(EFT는 제11장에서 상세히 다루겠지만, 강력한 경험적 토대를 갖고 있기 때문에 이 장에서 언급함).
- **내면가족체계**: 원래 트라우마와 학대 생존자를 대상으로 개발된 이 접근은 체계적 원칙들을 활용하여 인간의 내적 '부분들'을 다룸.

공통 가정과 실제

◎ 정서적 교류를 겨냥하기

체계적 · 전략적 · 구조적 인지행동 가족치료자들이 주로 **행동적** 상호작용 연쇄 과정을 살펴보는 반면, 경험적 가족치료자들은 동일한 상호작용에서 행동과 인지에 주의를 기울이면서도, **정서적인(감정적인)** 부분에 좀 더 초점을 맞춘다(Johnson, 2004; Satir, Banmen, Gerber, & Gomori, 1991; Whitaker & Bumberry, 1988). 평가와 개입은 현재 문제와 관련하여 가족 구성원들과 중요한 타인 간의 정서적 교류를 목표로 삼는다.

◎ 온정, 공감 치료자의 자기 사용

경험적 가족치료자들은 내담자와 관계를 구축함에 있어 전략적, 구조적 그리고 세대 간 가족치료자들보다 온정과 공감을 더 많이 사용한다(Johnson, 2004; Satir, 1988; Satir et al., 1991; Schwartz, 1995; Whitaker & Bumberry, 1988). 치료자들은 내담자들과의 이러한 강력한 정서적 연결을 위해 자기 자신, 즉 개개인의 인간적인 매력을 사용한다. 이러한 접근은 내담자가 정서적으로 취약한 부분을 탐색할 수 있는 안전감을 형성한다.

◎ 개인 및 가족 초점

경험적 가족치료는 개인과 가족의 걱정을 별개의 문제로 다룬다(Johnson, 2004; Satir et al., 1991; Schwartz, 1995; Whitaker & Bumberry, 1988). 반면 체계적, 구조적, 세대 간 치료자들은 개인체계를 가족체계의 일부분으로 개념화하면서, 가족체계를 다루면 개인의 문제가 해결될 것이라고 가정한다. 경험적 치료자들은 이러한 관점에 전적으로 반대하는 것은 아니지만, 개인 수준에서 문제를 다루는 데 더 신중해야 한다고 주장한다.

Satir 성장 모델

◎ 요약하기: 당신이 알아야 할 최소한의 것

이 분야에서 가장 유명한 여성 중 한 명인 Virginia Satir는 MRI(Mental Research Institute, 제4장 참고)에서 Jay Haley, Paul Watzlawick, Richard Fisch, 그리고 팔로 알토(Palo Alto)의 다른 뛰어난 가족치

료자와 함께 일하면서 가족치료를 시작했다(Satir, 1967, 1972). 넓게 보면 결국 그녀는 인본적 가치를 체계적 접근법에 불어넣었던 자신의 독자적인 아이디어를 발전시키기 위해 MRI를 떠났다. 그녀는 최초로 가족치료 분야에 인간의 잠재력 개발에 온 힘과 열정을 쏟았다. 그녀의 치료는 가족 상호작용의 촉진뿐 아니라 개인 성장의 도모에 초점을 맞추었다. 그녀는 변화를 촉진하기 위해 경험적 활동들(예를 들어, 가족 조각 기법, 조각 기법과 관련한 다음 절 참조)과 은유, 코칭 그리고 치료자 자신을 사용했다 (Satir et al., 1991; Satir & Baldwin, 1983). 그녀의 작업은 Satir 글로벌 네트워크를 통한 Satir 전문가들에 의해 전 세계적으로 광범위하게 실시되고 있다.

◎ 핵심 내용: 중요한 기여점

당신이 이 장에서 기억할 것이 있다면, 그것은 다음과 같다.

■ 의사소통 유형

Satir 성장 모델에서 의사소통 유형은 어떤 이론적 지향을 가진 치료자에게든 내담자와 의사소통하고 상호작용하는 최선의 방법을 개념화하는 효율적이고 효과적인 방법을 제공한다(Satir, 1967/1983, 1988; Satir et al., 1991). Satir는 다섯 가지 의사소통 유형을 일치형, 회유형, 비난형, 초이성형, 산만형으로 설명했다. 각 유형은 세 가지 현실인 자기, 타인, 상황을 인정하거나 또는 축소한다. 유형 중 회유형, 비난형, 초이성형, 산만형 이 네 가지는 어릴 적 어려운 시기에 '살아남기' 위해 사용되었던 **생존 유형**이다. 모든 아이는 삶의 단계 중 어느 한 단계에서 다른 단계로 이동할 때 감당할 준비가 되지 않은 상황에 놓이기 때문에, 누구나 어느 정도는 이 중의 한 가지 유형을 사용한다. 생존 유형은 종종 가족 내에서 균형을 맞추기 위해 상호보완적 유형을 취하는 사람들끼리 퍼즐 조각처럼 서로 맞물린다. 어떤 경우이든, 목표는 사람들이 더욱 일치적인 의사소통, 즉 **상황**을 인정하고 **상황** 내에서 적절하게 반응하는 동시에 **자신**과 **타인**의 욕구를 함께 존중하면서 균형을 유지하는 의사소통을 하도록 하는 것이다.

얼핏 보기에, 이 유형들은 너무나도 단순해서 임상적으로 관련이 있어 보이지 않는다. 사례개념화(제13장 참고) 교육을 시작하기 전까지는 나도 그렇게 생각했다. 그러나 시간이 지나면서, 나는 유형들의 놀라운 정교함과 이들이 주는 통찰력을 인식하기 시작했다. Satir 접근만 가지고 작업하든 전적으로 다른 접근으로 작업하든 간에 내담자의 의사소통 유형을 확인하는 것은 치료자들로 하여금 더욱 효과적으로 개입을 설계할 수 있는 실마리를 제공한다. 즉, 거의 모든 발언을 내담자를 목표를 향해 이끄는 데 사용하도록 돕는다. 아울러, 치료자들은 자신의 설명과 개입을 내담자의 소통 방식에 맞춰 조정한다. 치료 일정 잡기부터 특정 모델의 개입에 대한 표현에 이르는 모든 의사소통에 있어, 치료적 변화를 강화하기 위해 일관되고 명확한 언어를 사용하여 광범위한 내담자들과 의사소통할 수 있다.

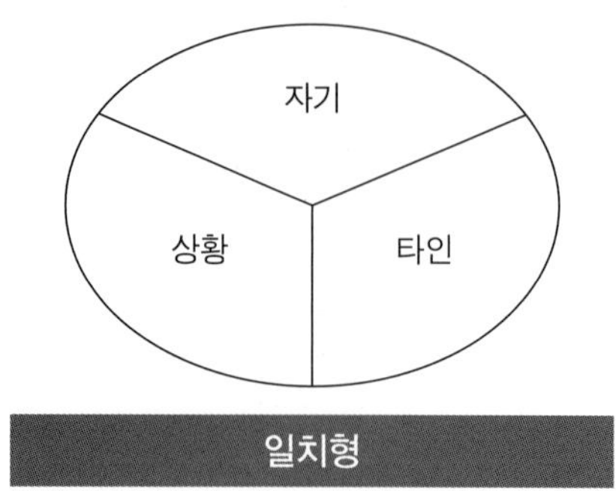

■ 생존 유형별 의사소통 전략

일치형과 달리 각 생존 유형은 다음 도표에서 어두운 음영으로 표시된 것처럼, 전체 그림에서 하나 이상의 부분을 필수적으로 축소한다.

■ 회유형

회유형은 사람들의 비위를 맞추려는 경향이 있기 때문에, 치료자들은 이들이 의견과 입장을 표현시키기 위해 다중 선택 질문과 개방형 성찰과 같은 덜 지시적인 치료 방법들을 사용한다. 종종 이것은 회유형에게 꽤 고통스럽고 두려운 일이다. 회유적인 경향이 있는 내담자에게 치료자들은 의견을 내거나, 의견을 갖고 있는 것처럼 보이거나, 또는 너무 많은 개인 정보를 제공하지 않도록 주의해야 한다. 내담자들은 이 정보를 활용하여 치료자의 인정을 얻기 위해 자신이 무엇을 숨기고 무엇을 강조해야 하는지 탐색하고자 할 수 있다. 결코 회유형을 과소평가해서는 안 된다. 이들은 사람을 즐겁게 하는 기술에 능숙하다. 연구에 따르면 몇몇 내담자는 치료가 진전되고 있다는 인상을 주기 위해 거짓말을 하기도 한다(Gehart & Lyle, 2001). 회유형은 치료자의 정기적이고 공개적으로 **반대 의견**을 보여야 관계가 형성된 것이라고 볼 수 있다.

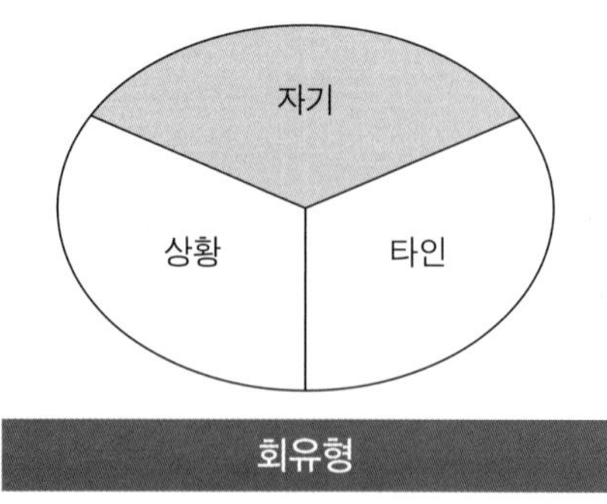

■ 비난형

치료자들은 비난형이 타인의 사고와 감정에 대해 인식할 수 있도록 돕고, 타인을 존중하면서 개인적인 생각을 전달할 수 있도록 도와야 한다. 이러한 내담자의 경우, (예상과는 반대로) 직접적인 직면이 종종 치료적 관계를 강화한다. 대부분의 비난형은 자신의 마음을 솔직하고, 직설적으로 말하지 않는 '나약한'(회유형을 생각하라.) 치료자들을 신뢰하지 않는다. 비난형은 상류사회에서 일반적으로 용인되는 것보다 더욱 솔직하고 직접적인 의사소통을 선호한다.

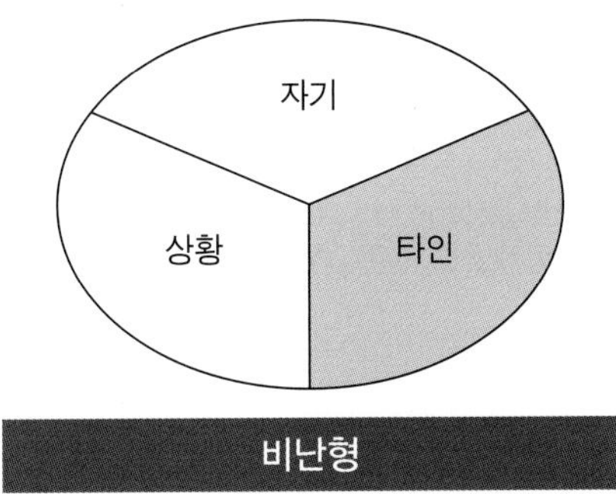

비난형

■ 초이성형

초이성형 내담자들에게는 논리와 규칙이 우위를 차지한다. 치료자가 초이성형 내담자들의 세계에서 타당성을 얻기 위해서는 반드시 상황을 언급해야 한다. 이 유형의 치료 목표는 내담자들이 스스로 자신과 타인의 내적이고 주관적인 현실들을 소중히 여기도록 돕는 것이다.

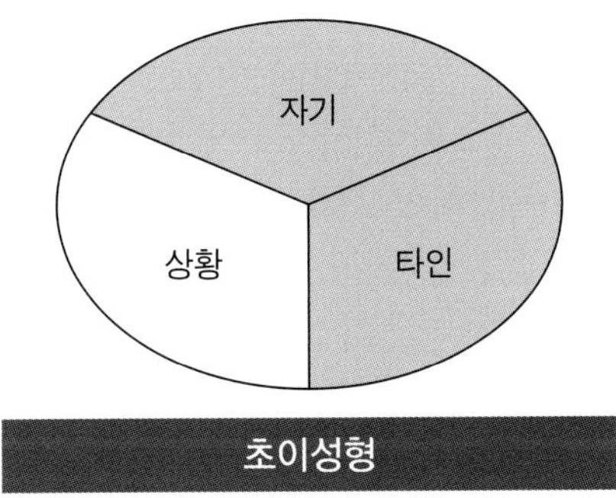

초이성형

■ 산만형

산만형은 치료자가 내담자를 이해하고 소통하는 데 사용할 자기, 타인, 상황에 대한 일관된 지도가 없기 때문에 치료자에게 독특한 도전이 된다. 대신에 치료자가 접촉할 수 있는 내담자의 현실 속 독특한 '고정 장치'를 찾기 위해 내담자의 산만함과 함께 '떠도는' 시간을 보내야 한다. 종종 첫 번째 단계는 산만한 의사소통을 줄이도록 최대한 안전한 장소에서 치료적 관계를 맺는 것이다. 치료가 진전되면서, 치료자는 산만형 내담자와 함께 상황적 요구를 이해하고 자신과 타인의 감정과 사고를 인식하는 능력을 기르는 작업을 한다. 이러한 유형을 자주 사용하는 내담자는 대개 진전이 더디게 나타난다.

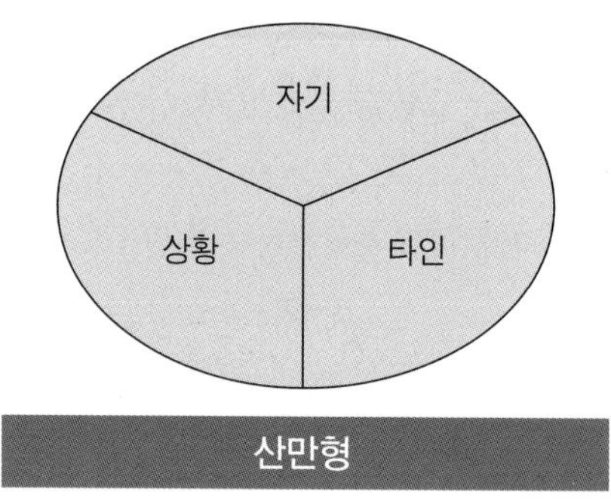

◎ 들리는 소문에 의하면: 관련된 사람들의 이야기

Virginia Satir

진정한 선구자인 Virginia Satir는 가족 단위로 작업한 최초의 치료자 중의 한 명이다. 그녀는 1951년에 개인적으로 개업하였고, 1955년까지 일리노이 정신과 협회에서 가족과 작업하는 치료자들을 훈련시키고 있었다. 그 후 그녀는 연구를 계속하기 위해 캘리포니아 팔로 알토(Palo Alto)에서 새롭게 설립된 MRI에 합류했다. 1962년 국립 정신건강 연구소로부터 보조금을 받아 첫 번째 가족치료 훈련 프로그램을 설립하였다. 1964년 그녀는 그녀의 첫 번째 저서이자 그녀의 모델의 핵심 내용을 담은 『공동 가족치료(Conjoint Family Therapy)』를 출판했다. 그녀는 개인의 성장에 관한 워크숍이 열리는 캘리포니아 빅서(Big Sur)의 에설렌 협회(Esalen Institute)의 책임자가 되기 위해 MRI를 떠났다. 또한 모델의 치료자들을 연결해주는 AVANTA 네트워크(Virginia Satir 글로벌 네트워크라고도 불림)를 설립했다.

John Banmen

Satir와 긴밀하게 연구와 훈련을 해 온 Banmen은 Satir 성장 모델을 국제적으로 전파했다. 특히 Satir의 업적이 크게 영향을 미친 중국, 대만, 홍콩에서 교육하며, Satir의 연구가 현재 어떻게 적용되는지에 대한 출간을 계속하고 있다(Banmen, 2002, 2003).

Maria Gomori

Satir와 함께 연구와 훈련을 해 온 Maria Gomori(2002)는 현재 모델의 종합적인 훈련을 제공하는 매니토바 주의 Satir 전문 발달 연구소를 운영하고 있다.

Lynne Azpeitia

Satir와 긴밀하게 훈련과 연구를 해 온 Azpeitia는 차세대 Satir 전문가를 훈련시키고, 비임상 집단과의 작업을 위한 강점 지향적 프로그램 개발을 계속하고 있다(Azpeitia, 1991, 1995).

◎ 큰 그림 그리기: 상담 및 심리치료의 방향

Satir 등(1991)은 사이버네틱 체계에 관한 MRI에서의 Satir의 연구를 기반으로 하고, 인간의 자연스러운 성장 욕구에 대한 가정을 포함한 인본주의 원칙에서 도출된 변화의 6단계 모델을 사용한다. 그녀의 6단계 모델은 치료 과정이 가족을 어떻게 **2차 변화**로 나아가도록 돕는지를 설명한다(제3장 참조). 또한 치료자는 외부에서 체계를 통제하고 지휘하려 하기보다는 더욱 유용한 방식으로 체계를 교란하고 흔들며, 체계가 스스로를 자연스럽게 재조직하는 능력을 존중하는 것을 강조한다. 따라서 Satir가 잘 소통하는 방법에 관해 내담자들을 교육하고 지도하지만, 그 목표는 내담자가 지시에 그대로 따르는 것이 아니라 체계에 효과적인 지시사항에 적응하고 반응하는 것이다. 각 단계는 다음과 같다.

① **현상 유지**: 증상을 보이는 구성원이 최소 한 명 이상 포함된 항상성 상태이다.
② **외부 요소의 도입**: 외부 요소는 삶의 위기, 비극적인 사건, 혹은 치료적 개입일 수 있으며, 체계의 균형을 깨트린다.
③ **혼돈**: 새로운 관점은 체계를 혼돈 상태로 빠트리는 **긍정적인 피드백** 고리를 만든다. 이 시점에서는 불편함을 느끼는 것이 '자연스러운' 반응이며, 거의 모든 경우에서 가족은 현재 상황(1단계)을 회복하고자 노력하지만, 회복이 가능할 수도 가능하지 않을 수도 있다.
④ **새로운 가능성들의 통합**: 결국 가족체계는 새로운 정보를 의미 있게 해석한다. 치료자들은 체계의 자율성을 믿고 존중하면서, 가족체계가 정보를 활용하는 방식과 치료자와 내담자 상호작용에 반응하는 방식을 존중해야 한다.
⑤ **연습**: 체계는 새로운 정보를 기반으로 일련의 새로운 상호작용 패턴을 발전시킨다. 이것은 치료자가 기대했던 것과 같아 보일 수도 아닐 수도 있지만, 치료자들은 두 가지의 핵심적인 평가 질문을 한다. 첫째, 증상이 개선되고 있는가? 둘째, 사람들 각각은 자아실현과 성장을 할 수 있는가?
⑥ **새로운 현상 유지**: 증상을 보이는 구성원이 없고 모든 구성원이 성장하고 번영할 수 있는 새로운 항상성 상태이다.

대부분의 경우에 치료는 이러한 6단계를 여러 번 거치는데, 내담자가 모든 단계를 한 번 거칠 때마다 불편감과 상대적 혼란감이 줄어들고 변화에 대해 점차 편안해진다.

◎ 관계 형성하기: 치료적 관계

■ 인본주의적 및 체계적 토대

Satir 등(1991, pp. 14-15)은 사람과 치료에 대한 네 가지 주요 가정을 제시한다. 처음 2개는 **인본주의적** 가정을, 뒤의 2개는 **체계적** 관점을 드러낸다.

Satir 성장 모델의 가정

1. 사람들은 자연적으로 긍정적 성장을 추구하는 경향이 있다(인본주의적 원칙).
2. 모든 사람은 긍정적 성장을 위한 자원을 갖고 있다(인본주의적 원칙).
3. 모든 사람 및 모든 사물 혹은 상황은 다른 모든 사람 및 모든 것과 영향을 주고받는다(체계적 원칙).
4. 치료는 치료자와 내담자 간의 상호작용이 수반되는 과정이며, 각자 자기 자신에 대한 책임이 있다(체계적 및 인본주의적 원칙).

이러한 가정들은 치료 과정에서 치료자의 역할(치료자는 스스로에게 책임이 있다.)을 분명히 할 뿐 아니라, 치료자가 치료적 과정이 어떻게 작동할거라 믿는지를 명확히 한다. 내담자는 이미 자연적으로 성장을 추구하는 성향과 자원을 가지고 있고, 이러한 경향을 활성화하는 것이 치료자의 임무이다. 이 가정들은 보다 온전한 인간이 되는 과정의 **안내자**로서의 치료자의 역할을 알려 준다.

■ 치료적 존재: 온정과 인간애

인본주의적 · 경험적 치료의 선도자인 Carl Rogers(1961, 1981)는 그의 내담자 중심 접근을 세 가지 치료자 자질에 기반을 두었다. ① 일치성 혹은 진실성, ② 공감적 이해, ③ 무조건적 긍정적 존중이다. 이 조건들은 Satir의 유명한 온정과 인간애의 이론적인 기반이다(Satir et al., 1991). 이 세상에서 그녀의 존재는 내담자들에 대한 흔들리지 않는 희망과 깊이 느껴지는 존중을 퍼뜨렸다. 그녀는 사람들에게 편안함을 주었고, 동시에 비방어적으로 서로 이해하며 안전감을 느낄 수 있게 했다. 그녀는 내담자가 자신의 삶의 문제들을 다루기 쉽도록 안전한 안식처를 만들었다. 어떻게 그녀가 이렇게 했는지에 대해서는 답하기 어렵다. 이러한 존재의 특징, 즉 **치료적 존재**는 정의내리기 어려우며 이를 체계적으로 발달시키는 방법도 거의 없다(Gehart & McCollum, 2008). 자신과 타인 모두의 요구에 대응하면서도 진정성 있게 소통할 수 있는 **일치적인** 치료자들일수록 Satir 모델에서 특징적인 치료적 온정과 인간애를 더 잘 발휘할 수 있다.

■ 교제 시작하기

Satir 등(1991)은 치료적 관계 수립을 '교제 시작하기'라고 설명하는데, 이는 치료자의 내적 접촉을 나타내기도 하고 치료자와 타인 간의 접촉을 나타내기도 한다. 교제 시작하기는 치료자가 **자기 만다라**로 정의되는 자신의 육체적 · 지적 · 정서적 · 감각적 · 상호작용적 · 영양학적 · 맥락적 · 영적인 모든 자원을 포함한 자기 자신과 접촉하는 것에서 시작한다. 이와 더불어 치료자들은 또 다른 '기적'인 동행자를 만날 준비를 한다. 그다음, 치료자는 '마음, 육체, 영혼의 모든 경로'로 내담자에게 관여하면서 각 내담자와 교제를 시작하는 작업을 한다. 그러므로 열린 자세와 일치적인 의사소통은 매우 중요하다. 치료자가 각 개인과 교제하고 나면, 치료자는 가족 구성원들이 서로 교제를 시작하도록 돕고 궁극적으로 더 넓은 사회 체계의 타인과 교제하도록 돕는다. 치료 과정은 치료자가 내담자와 교제를 시작하기 전에는 전진할 수가 없다. 교제가 시작될 때, 내담자는 그들의 문제와 상관없이 스스로 있는 그대로의 모습을 소중히 여기고, 치료자 앞에서 실수하기를 꺼리지 않는다. 교제 시작하기는 다음을 포함한다.

- 내담자와 직접 시선 마주치기.
- 내담자와 접촉하기(예: 악수하기).
- 시선을 마주치기 쉽도록 같은 눈높이로 앉거나 서기(예: 아이들과 이야기할 때 몸을 아래로 기울이기).
- 내담자에게 각각의 이름과 어떻게 불리기 원하는지 물어보기(Satir et al., 1991).

■ 공감

Satir 전문가들은 타인의 정서적 현실에 대한 정확한 이해인 **공감**을 표현함으로써 내담자의 주관적인 내적 현실에 대해 이해한 바를 전달한다. 공감은 치료자가 내담자의 편을 든다거나, 모순을 직면하기를 피하거나, 내담자의 책임감을 모른 체한다는 의미가 아니니 오해하지 않길 바란다. 내담자는 대개 자기편을 들어 주고, 직면하지 않으며, 문제 상황에서 그들의 책임을 모른 척해 주는 치료자를 **좋아한다**. 이런 식으로 '인정받는' 것은 일시적으로는 기분 좋은 일이다. 그러나 이러한 '인정'은 치료적 진전을 저해한다. 마찬가지로 내담자가 특정 방식으로 느낄 '권한'이 있음을 암시하는 발언도 내담자가 상호작용에서 자신의 역할에 대한 책임을 되돌아보는 과정을 중단시킬 수 있다. 반면에 공감을 표현한다는 것은 특정 방식으로 느끼는 것이 옳고 그르거나, 정상 혹은 비정상이 아니라 그저 내담자가 그렇게 느낀다는 것이며, 적어도 그 순간만큼은 그것이 내담자의 '진실'임을 강조한다(예: "당신이 배신감을 느꼈던 것 같군요."). 내담자의 독특한 경험에 대해 옳다거나 정상이라는 판단 없이 존중하는 것은 내담자가 다른 사람도 자신만의 독특한 경험을 갖고 있고, 그 또한 그 사람에게는 '진실'이라는 것을 볼 수 있게 해 줌으로써, 이 두 가지 이상의 현실이 어떻게 충돌하여 문제적 상호작용을 만들어 내는지를 알 수 있는 맥락을 만든다.

■ 희망 전달하기

치료자는 내담자와 함께하면서 당장은 절망스러운 것 같아도 그들이 변할 수 있고, 상황이 나아질 수 있다는 희망을 불어넣는다. Satir 등(1991)은 내담자들이 치료를 진행할 수 있으려면 변화가 가능하다는 믿음을 먼저 가져야 한다고 강조한다.

■ 신뢰 쌓기

내담자들은 또한 치료와 담당 치료자가 그들의 문제 해결을 도울 수 있다는 믿음을 가져야 한다. 치료자들은 개인적 유대감을 형성하고(교제 시작하기), 자신감 있는 태도 및 유능함을 드러냄으로써(높은 자아존중감을 보이기; Satir et al., 1991) 신뢰를 쌓는다.

◎ 조망하기: 사례개념화와 평가

Satir 성장 모델에서는 가족 기능과 개인 기능을 모두 평가한다.

가족 기능의 평가

- 체계에서 증상의 역할
- 가족 역동
- 가족 역할
- 가족생활 연대기
- 생존 삼인군

개인 기능의 평가

- 생존 유형
- 경험의 6수준: 빙산
- 자기가치감과 자아존중감
- 몸과 마음의 연결

■ 체계에서 증상의 역할

다른 체계적 치료자들과 마찬가지로 Satir(1972)는 증상이 가족체계에서 특정 역할을 한다고 보았다. 예를 들어, 아동의 약물 사용이나 성행위 같은 지나친 행동화는 부모들이 아이의 문제에 대해 합심하게 만듦으로써 부부관계의 긴장감을 줄여 주는 역할을 할 수 있다. 이와 유사하게, 우울증은 배우자나 상사와의 불편한 대립을 피하는 수단일 수도 있다. 기본적으로 증상은 의식적으로나 논리적으로는 원하지 않더라도 항상 가족체계에서 정서적 기능을 한다. 여기서 생기는 질문은 왜 이런 특정한 증상이 특정한 가족(혹은 관계)에서 일어나는가이다. 치료자가 증상이 가족 안에서 왜 이러한 정서적 기능을 하는지 이해한다면, 가족이 증상 없이 성공적으로 상호작용하는 방법을 찾도록 돕는 일이 쉬워질 것이다.

■ 가족 역동

Satir 등(1991)은 가족 역할 평가와 더불어 문제가 있는 가족 역동을 파악한다.

- **권력 투쟁**: 이는 가족, 부부 혹은 확대가족 구성원들 사이에서 발생할 수 있다.
- **부모 갈등**: 자녀의 양육과 보살핌에 관해 부부가 의견 불일치를 보인다.
- **인정 부족**: 가족이 정서적 지지나 인정을 거의 표현하지 않는다.
- **친밀함 부족**: 중요한 개인 정보나 감정을 거의 공유하지 않는다.

■ 가족 역할

Satir(1972, 1988)는 문제적 기능을 이해하기 위해 가족체계에서 각 개인의 역할을 평가했다. 역할들은 다음과 같다.

- 희생자
- 피해자 또는 무력한 사람
- 구조자
- 좋은 자녀 혹은 부모
- 나쁜 자녀 혹은 부모

■ 가족생활 연대기

가족생활 연대기(Satir, 1967/1983; Satir et al., 1991)는 개인 혹은 가족의 중요한 사건들을 나열한다.

- 출생과 사망
- 중요한 가족 사건: 결혼, 이사, 비극적인 사건, 심각한 질환, 실직
- 중요한 역사적 사건: 전쟁, 자연재해, 경기 침체

이 연대기는 잠재적인 문제에 대한 맥락인 '큰 그림'을 치료자와 내담자에게 보여 주고, 잠재적인 강점과 자원뿐만 아니라 현재 문제를 부채질하는 오랜 상처에 관한 단서를 제공한다.

■ 생존 삼인군

또 다른 평가 영역은 자녀, 어머니, 아버지의 생존 삼인군(Satir, 1988)과 이 세 사람 간 관계의 질이다. Satir는 자녀의 인성에 이 주요 삼인군이 영향을 준다고 주장했다(Azpeitia, 1991). 부모 각자와 자녀 간에 정서적 유대가 있는가, 각 부모가 자녀와 형성한 유대감 수준이 서로 차이가 큰가? 생존 삼인군은 자녀에게 양육 체계로서의 역할을 해야 하므로, 자녀가 어려움을 겪을 때 치료자는 이 관계의 양육 기능이 어떻게 개선될 수 있을지를 숙고한다.

■ 생존 유형('핵심 내용: 중요한 기여점' 참고)

경험의 6수준: 빙산

Satir 전문가들은 지속적인 변화를 만들기 위해 내담자가 감정에 대한 자신의 감정을 **변화시키도록** 돕는 **경험의 6수준**을 활용한다(Satir et al., 1991). 이러한 수준들은 유일하게 눈에 보이는 층인 행동과 표면 아래에 있는 눈에 보이지 않는 나머지 5개의 층으로 이루어진 **빙산**에 비유된다. 빙산의 6개 층은 다음과 같다.

- **행동**: 겉으로 드러나는 행동. 개인의 내적 세계의 외적 표현.
- **대처**: 방어기제와 생존 유형은 회유형, 비난형, 초이성형 그리고 산만형으로 구성됨. 이들은 스트레스 상황에서 나타나고, 개인은 관계적 맥락에 따라 다양한 유형을 사용함.
- **감정**: 과거에 강력한 기반을 두는 현재의 감정. 현재를 이해하기 위해 과거의 사건을 활용함.
- **지각**: 스스로에 대한 이해에 영향을 미치는 신념, 태도, 가치관. 대부분의 지각은 매우 어릴 때 형성되며, 현실에 대한 제한적인 관점에 기초함.
- **기대**: 인생이 어떻게 펼쳐져야 하는지, 사람들이 어떻게 행동해야 하는지, 나는 어떻게 행동해야 하는지에 대한 강력한 신념. 대부분의 기대는 어릴 때 형성되고, 종종 비현실적이며 특정한 상황에는 부합되지 않을 수 있음.
- **열망**: 사랑받고, 수용되고, 인정받고, 확신을 얻고 싶은 보편적인 바람

Satir 전문가들은 문제적 행동과 상호작용 이면의 동기를 평가하기 위해 치료 장면에서 경험의 6수준을 활용한다. 치료자들은 문제가 되는 행동, 대처, 감정을 부채질하는 **지각**, **기대**, **열망**을 이해함으로써 사랑과 수용을 향한 잠재된 바람이 더욱 효과적으로 이루기 위해 내담자의 감정을 바꾸도록 돕는다.

■ 자기가치와 자아존중감

Satir는 최초로 자기가치와 자아존중감의 중요성을 인식한 사람 중 한 명이며, 항상 사람들의 자아존중감 수준을 평가했다(Satir, 1972). 교사나 부모를 비롯하여 아이의 나쁜 행동을 걱정하는 사람들이 원인을 알고자 실시하는 이분법적인(예: 높다 vs 낮다) 자아존중감 평가는 대체로 임상 장면에서는 도움이 되지 않는다. 대신 내담자가 **가치 있게 여기는** 자아의 특정한 측면들과 부끄럽게 여기는 측면들을 생각해 보는 것이 더욱 도움이 된다. 예를 들어, 한 아이는 자신의 친구를 사귀는 능력을 가치 있게 여기고 자신 있어 하지만, 학업 능력에는 그렇지 않을 수 있다.

자아존중감에 관한 보다 최근 연구에 따르면, 인위적으로 높일 수 있는 자아존중감보다는 **자기자비**, 즉 자신의 강점 및 약점을 받아들이는 태도가 보다 정확한 행복의 지표이다(Neff, 2003). 스스로의 능력과 가치를 과대평가하는 사람들은 종종 높은 자존감을 가지지만, "나는 이것을 가져야 해."라는 비현실적인 기대 때문에 대인관계와 직장이나 학교의 인간관계에서 상당한 문제를 겪는다. 건강과 자기자비의 가장 정확한 지표는 자신과 타인의 강점과 약점을 받아들이는 능력이다. 다른 사람의 약점에 비판적이고, 참을성 없고, 너그럽지 못한 사람은 거의 항상 스스로에게도 똑같이 가혹하다. 반대로, 스스로에게 가혹한 사람들은 말로는 표현하지 않는다 해도 거의 항상 타인에게도 똑같이 가혹하다. 자기자비와 자기가치가 높아지면, 사람들은 현실성 있게 책임을 맡기고 맡으며, 자신과 타인의 약점에 대해 보다 현실적이고 너그러운 태도를 갖게 된다.

■ 몸과 마음의 연결

Satir 등(1991)은 몸과 마음의 연결도 고려한다. 정서적 문제가 상징적으로든 기능적으로든 신체에 어떻게 드러나는지를 살핀다. 예를 들어, 한 사람이 부담을 느끼고 있다면, 이러한 정서적 느낌은 상징적으로 어깨를 움츠리거나 '짐을 진 것 같은' 자세로 나타날 수 있다. 이와 비슷하게 좌절감을 느끼면 몸이 아프거나 지치는 형태로 드러날 수 있다. 더불어 영양섭취와 운동의 역할도 평가된다. 마지막으로 Satir는 신체를 활용하는 방식이 그 사람의 의사소통 유형을 나타낸다고 주장했다.

- **일치적인 의사소통과 자아존중감**: 개방적이고 편안한 자세
- **회유형**: 소심하고 내성적인 자세
- **비난형**: 손가락질, 화냄, 뻣뻣한 자세
- **초이성형**: 냉철하고 거리를 두는 자세
- **산만형**: 행동이 과하고 산만한 자세

◎ 변화를 겨냥하기: 목표 설정

Satir 성장 모델의 가장 일반적인 목표는 변화인데, 이는 개인의 최대 잠재력을 최적으로 실현하기 위한 변화이다(Azpeitia, 1991). 이 목표는 치료를 위한 두 가지의 포괄적인 실제적 목표로 나뉜다.

① 관계, 가족 혹은 체계적 목표
② 개인적 목표

개인적 목표에 대한 Satir 치료자들의 관심은 그들의 인본주의적 토대를 드러내며, 이러한 관심은 체계적 기반의 치료자들 사이에서는 독특한 것이다. 인본주의적 토대를 공유하는 상징적 경험주의 치료자들도 체계적 및 개인적 목표를 갖는다(이 장 후반부의 상징적 경험주의 치료 내용 참고).

■ 관계중심 목표: 일치적인 의사소통

Satir의 접근에서 관계적 목표들의 핵심은 일치적인 의사소통, 즉 자신과 다른 사람의 요구에 반응하면서 진정성 있게 의사소통하는 능력이다. 구체적으로 말하면, 체계의 항상성이 균형을 유지하기 위해 더는 처음의 증상(문제들)을 필요로 하지 않도록 모든 구성원이 의사소통하는 방법을 가족들이 개발하도록 돕는 것이 목표이다. 다음은 구체적인 목표의 예시이다(Satir, 1967/1983; Satir et al., 1991).

관계중심 목표 예시

- 배우자, 부모, 자녀 등과의 관계에서 일치적인 의사소통 늘리기.
- 가족 규칙 및 '해야 하는 것들'을 일반적인 지침으로 바꾸기.

■ 개인중심 목표: 자아실현

가장 중요한 개인적 목표는 다른 인본주의적 접근들과 일맥상통하는데, 바로 체계 내의 모든 구성원이 자아실현을 하도록 돕는 것이다. 자아실현은 개인의 잠재력을 실현하며, 진실하고 의미 있는 삶을 사는 것을 뜻한다. 자아실현을 하면 할수록 자기가치감과 자아존중감은 높아진다. 구체적인 목표의 예시(Satir et al., 1991)들은 다음과 같다.

개인중심 목표 예시

- 자기가치감과 자기자비 키우기.
- 방어기제와 생존 유형의 사용을 줄이기.

이 장 마지막의 사례연구에서는, ① 성적으로 학대를 당한 10대가 자기가치감(특히 학대 이후)과 자율성(발달과업)을 되찾도록 돕기와 ② 학대 이전에 있었던 부부 문제를 해결하는 것뿐만 아니라 부부 및 가족이 학대에 관하여 일치적인 의사소통을 발전시키는 것을 돕는 것에 목표의 초점이 맞춰져 있다.

◎ 행동하기: 개입

■ 치료자의 자기

치료자가 있는 그대로의 진정한 자기를 활용하는 것은 Satir의 접근에서 가장 필수적인 개입들 중 하나이다(1988). 진정한 자기로 있는 치료자들은 일치적인 의사소통을 어떻게 하는지에 대한 롤모델이 되며, 높은 자아실현의 효과를 보여 준다. 또한 자기노출을 비롯하여 치료자가 자기 자신을 치료에서 활용하는 것은 내담자가 진정성 있게 표현하는 방법을 배우고, 부정적인 결과 없이 일치적인 의사소통을 연습하기에 안전한 관계를 만들어 준다.

■ 상호작용의 구성 요소

다른 모든 개입의 기반이 되는(Azpeitia, 1991) **상호작용의 구성 요소**는 내면의 의사소통 과정을 자세히 설명하며, 내담자들이 내적 및 관계적 과정을 배우도록 도울 수 있다(Satir et al., 1991). 구성 요소 질문들은 사람들이 타인과의 상호작용을 보다 잘 이해하도록 도우며, 개인, 부부, 가족치료에서 활용된다. 내담자가 다른 사람과의 상호작용 문제를 호소할 때, 치료자는 내담자에게 '상호작용의 구성 요소들'을 하나씩 알려 주기 위해 다음 일곱 가지의 질문을 활용한다(Azpeitia, 1991; Satir et al., 1991).

① 내가 **듣고 본** 것은 무엇인가? 치료자는 내담자가 일어난 일에 대해 해석 없이 행동적으로 묘사하도록 한다. 이것은 해결중심치료(제9장)에서의 '비디오토크'와 유사하다(예: 내 아이는 내가 하라고 지시할 때 바로 쓰레기를 치우지 않는다).

② 나는 듣고 본 것에 대해 어떤 **의미**를 부여하는가? 명확하고 행동적인 묘사 다음에, 치료자는 내담자가 이 행동들을 어떻게 해석했는지에 대해 내담자와 대화를 나눈다. 의미들은 종종 과거 경험들과 연결된다(예: "내 아이는 나를 존중하지 않는다." "난 나의 부모님에게 그런 식으로 말한 적이 없다.").

③ 내가 부여한 의미에 대해 스스로 느끼는 **감정**은 무엇인가? 그다음 치료자는 내담자들이 의미를 부여하고 해석한 것에 대한 구체적인 감정을 파악하도록 돕는다(예: "이것 때문에 나는 화가 나고 상처 받는다."). 치료자들은 다음 부분에서 상세하게 설명하는 '정서적 표현을 촉진하기' 기법을 사용한다.

③ **이러한 감정에 대하여** 내가 가지는 **감정**은 무엇인가? 그러고 나서 치료자들은 내담자에게 그 감정들을 받아들이고 감내할 수 있는지에 대해 질문한다. 일치적인 사람일수록 다양한 감정을 보다 잘 받아들인다. 다양한 감정을 받아들이지 못할 때 생존 유형이 촉발된다(예: **일치형**: "나는 이러한 감정들을 좋아하지 않지만, 이 감정들이 자연스러운 것임을 안다.", **비일치형**: "나는 이러한 감정들을 좋아하지 않고, 이 감정들을 더 이상 느끼지 않으려면 아이가 내 말에 따라야 한다."). 이후의 개입들은 해석에 부여된 정서가 아니라 이 단계의 감정을 목표로 한다.

⑤ 나는 어떤 **방어기제**를 사용하는가? 일치되지 못한 의사소통을 할 때 사람들은 투사, 부인, 무시와 같은 방어기제나 의사소통 유형 중 하나를 사용하여 반응한다(예: "내 말에 따르지 않는 아이에게 화가 나고 소리를 지른다." "내 아이를 망친 것은 배우자 탓이다.").

⑥ 나는 어떠한 **의사표현 규칙**을 사용하는가? 원가족과 생애 초기의 중요한 타인들에게서 배우는 대인관계 상호작용에서의 의사소통 규칙은 자기가치감을 제한하고, 선택을 제한하고, 어떤 활동들이 '허용되고 적절한지'를 결정내릴 수 있다. 이 규칙의 대부분은 드러나지 않으며, 이들이 적절하거나 도움이 되는지에 대해 되돌아보지 않은 채로 미래의 관계와도 이어진다(예: "부모가 아이에게 약한 모습을 보이는 것은 좋지 않다." "부모는 항상 책임감이 높아야 한다."). 이러한 규칙들을 '완화하는' 기법들('가족 규칙 완화하기'에서 설명됨.)로 변화시킨다.

⑦ 그 상황에서 나의 **반응**은 어떠한가? 내담자는 행동 및 언어적으로 어떻게 반응하는가?(예: "나는 아이가 집안일을 한 이후에도 화나고 적대적인 어조로 아이에게 '너는 나를 존경하지 않아.'라고 말한다." "나는 아이에게 더 엄격하지 않은 나의 배우자에게도 화가 난다."). 일치되지 못하고 문제가 되는 반응을 변화시켜야 한다.

■ 정서 표현 촉진하기

Satir 치료자들은 내담자들이 현재의 문제와 관련된 표현하기 어려운 정서들을 표현하도록 돕는 작업을 한다(Satir, 1991). 만약 내담자들이 어려운 상황에 대해 호소할 때 경험적 치료자들은 문제 상황과 관련하여 표현되거나 표현되지 않은 정서들에 세심하게 귀를 기울인다. 경험적 치료자들은 표현된 정서들(예: "내 파트너가 늦어서 화가 난다.")뿐만 아니라 더 깊은 수준의 정서(예: "내 파트너는 나를 사랑하지 않는다.")에도 귀 기울이며, 내담자가 그러한 깊은 정서에 집중할 수 있도록 질문과 공감적 반영을 사용한다.

예시

- 만약 내담자가 본인의 정서를 직접적으로 확인하지 않은 채 이야기를 한다면,
  - "말싸움을 하는 동안 당신에게 어떤 일이 있었는지 설명하는 것을 들어보니, 나는 당신이 '정서를 명명할 것'을 느끼고 있었다는 느낌이 들어요. 맞나요?"
  - "매우 어려운 상황이었을 것 같아요. 당신이 이를 겪으면서 경험했었던 감정 몇 가지를 나눠 줄 수 있을까요?"
- 내담자가 정서를 알아낼 때, 다음과 같은 질문들로 내담자가 정서들을 탐색하도록 도울 수 있다.
  - "당신은 '정서'를 느끼고 있었다고 말하네요. 당신이 한편으로는 '내담자가 느끼는 것 같은 다른 정서를 명명할 것' 또한 느끼고 있는지 궁금해요."
  - "'정서를 명명할 것'을 느끼는 것이 당신에게 어떻게 느껴지는지에 대해 좀 더 이야기해 줄 수 있을까요?"

■ 가족 규칙 완화하기

Satir 등(1991)은 경직된 가족 규칙을 **지침**으로 변환함으로써 규칙을 완화하도록 가족을 지도한다. 예를 들어, 내담자나 가족이 "나는 화를 내서는 안 돼."라고 말하기보다 이러한 제한적인 규칙을 "내가 화가 난다면, 이 분노를 타인과 나 자신을 존중하는 방식으로 표현할 것이다."라고 수정하는 것이다. 이와 더불어 Satir는 가족에게 규칙을 가능한 한 적게 만들고, 각 상황과 자녀의 발달적 요구에 따라 규칙을 유연하게 조정할 것을 권했다.

■ 의사소통 향상: 코칭, 역할놀이, 실연

내담자에게 진정성 있고 일치적인 의사소통을 하는 방법을 알려 주는 것은 Satir의 접근의 전형적인 특징으로, 구체적인 의사소통 코칭 전략들과 결합된 '상호작용의 구성요소'(앞서 논의됨.)를 포함한다(Satir, 1988; Satir et al., 1991). 의사소통을 지도할 때, Satir는 내담자들이 서로를 향해 의자를 돌리게 하고, "당신의 파트너에게 토요일 밤에 일어난 일에 대하여 당신이 어떻게 느끼는지 말해 보세요."와 같은 지시를 준다. 만약 내담자가 이를 파트너에게 일치되게 표현할 수 있다면, 그다음에는

파트너가 같은 방식으로 반응하도록 지시하고, 문제가 해결될 때까지 이 과정을 반복한다. 내담자가 일관되게 문제적 의사소통을 하고 생존 유형으로 되돌아가면, Satir는 대화를 중단시키고 그 말을 다르게 표현하는 방법이나 내담자의 비언어적인 의사소통을 보다 일치되게 만드는 방법을 제안한다(예: "'너' 대신에 '나'로 시작되는 문장으로 말해 볼 수 있을까요?" 혹은 "아내에게 말할 때 당신이 느낀다고 말하는 그 감정을 보여 줄 수 있나요?").

의사소통 코칭의 공통 영역

- 내담자가 '너'보다는 '나'를 사용하여 말을 시작하도록 요청하기.
- 자신의 감정에 대해 타인을 탓하기보다 스스로 전적인 책임을 지기(예: "당신이 내가 ~을 느끼게 만들었다." 대신, "X가 발생했을 때, 난 ~을 느꼈다"라고 해 보세요.").
- 상대방이 속마음을 알아 주기를 기다리기보다는 직접적이고 솔직하게 표현하도록 격려하기.
- 이중구속 확인하기(예: "당신은 남편에게 더 많은 애정을 보여 주기를 요구 했어요. 하지만 남편이 그렇게 할 때, 당신은 화를 내고 당신이 말해서 남편이 그렇게 했을 뿐이라고 말하는군요.").

이와 함께 '상호작용의 구성 요소' 기법(이전 논의 참고)을 활용하여 내담자들이 듣고 본 것이 무엇인지, 그에 대해 어떻게 이해하고 느꼈는지, 감정에 대한 감정은 무엇인지 그리고 일어난 일에 대한 원가족의 의사소통 규칙을 짚어 보며 내담자들을 지도한다. 이 장 마지막의 사례연구에서 치료자는 성적 학대를 당한 10대가 안전감, 경계를 설정하는 능력, '아니요.'라고 말하는 능력에의 자신감을 되찾도록 돕기 위해 역할놀이를 계획한다.

■ 조각 기법 혹은 공간적 은유

Satir의 가장 특징적인 개입은 가족이나 집단에서 시행되는 가족 조각하기이다(Satir, 1988; Satir et al., 1991). 조각 기법에서 가족들은 특정 신체적 자세를 취하여 '조각가'가 가족 구성원 각각의 역할을 어떻게 보는지를 나타낸다. 예를 들어, 만약 아이가 부모를 비난형이나 가혹하게 처벌하는 존재로 본다면, 냉정하게 쳐다보며 화가 나 손가락질하는 부모의 모습을 조각하고, 웅크리거나 숨어 있는 아이로 자신을 조각할 것이다. 일반적으로 치료자든 내담자든 조각 기법을 연출할 수 있다. 가족 구성원이 조각 기법을 연출할 때 각자 자신이 보는 대로 가족을 조각할 수 있다. 때때로 조각가는 각 구성원이 느끼고, 생각하며, 상황을 바라보는 것에 대해 표현할 말을 정해 주기도 한다. 그러나 대개 이 개입의 핵심은 각 개인의 관점에서 가족 과정을 비언어적이고 상징적으로 묘사하는 것이다.

대부분의 경우, 조각 기법은 인지적 방어를 피하는 매우 효과적인 비언어적 직면이다. 조각 기법 과정을 통해 구성원은 말로 전해질 때보다 문제가 되는 가족 과정에 본인이 어떤 영향을 주는지를 훨씬 빠르게 알아챌 수 있다. 예를 들어, 만약 한 구성원이 스스로가 희생양이 되거나 배척당하고 있다 느껴서 자신을 가족들에게서 멀리 떨어진 곳에 둔다면, 이는 그녀가 말로 표현하여 다른 사람들이 언어적 합리화로 응답할 때보다 그녀가 처한 상황의 정서적 현실을 훨씬 더 효과적으로 전달한다. 가족 구성원 모두가 조각을 하고 있을 때에는, 서로의 조각에 대해 논의하기 전에 구성원 각자가 스스로의 시선에서 바라보는 가족을 조각하는 것이 대체로 가장 좋다. 치료자들은 구성원들이 다른 사람들의 조각에서 표현된 주관적 경험을 존중하고, 이를 활용하여 서로를 보다 깊이 이해하도록 격려한다.

이 장 마지막의 사례연구에서, 치료자는 어머니의 출장이 잦아졌던 시기에 성적 학대를 겪은 10대에게 조각 기법을 사용한다. 당시의 변화된 환경으로 인한 정서적 영향을 평가하기 위해 치료자는 학대 이전과 이후에 가족이 어떠했는지를 가족들이 조각해 보도록 한다.

■ 접촉(Touch)

Satir(1988)는 치료에서 내담자와 처음에 관계를 맺을 때, 내담자가 새로운 의사소통 방식을 연습하고 있을 때 등 내담자를 격려하고 안심시키기 위해 주로 접촉을 사용했다. 그렇게 함으로써 정서적 내용을 강조하고 지지를 표현했다. 그녀는 또한 폭력적 행동 대신 할 수 있는 대안적 행동을 아이들에게 알려 주고, 어려운 아동을 다루는 것을 부모에게 보여 주기 위해 접촉을 사용했다. 그녀가 매우 보살피는 성격의 여성이었던 사실이 내담자들이 그녀의 접촉을 어떻게 경험했는지에 상당한 영향을 미쳤다. 오늘날의 치료에서 접촉은 성희롱으로 오해받거나 내담자를 불편하게 만들 수 있기 때문에 일반적으로 권장되지 않는다. 그러므로 치료자들은 접촉에 관한 법적 및 윤리적 문제를 면밀히 살펴야 한다. 그럼에도 불구하고 접촉은 특정한 관습 및 문화적 맥락에서는 적절할 수 있다. 적어도 치료자들은 Satir로부터 내담자들이 서로를 더욱 사랑스럽고 도움이 되는 방식으로 접촉하도록 지도하는 것이 중요함을 배울 수 있다. 예를 들어, 치료자들은 떼를 쓰는 아이를 다루는 것을 시범 보이기보다는 부모가 직접 해 보도록 지도할 수 있다.

◎ 구체적인 문제에 대한 개입

■ 가족 복원: 집단 개입

집단 심리극의 한 형태인 가족 복원은 내담자들이 해결되지 않은 가족 문제와 생활 사건들을 안전한 집단 안에서 안전하게 살펴보도록 한다(Satir et al., 1991). '스타'라고 불리는 내담자의 경우에는 우선 삶의 연대기 및 영향을 받은 중요한 요소로부터 핵심 사건들을 파악한다. 그러고 나서 스타가 집단의 사람들을 지목하고 이들이 스타의 핵심적인 삶의 경험 및 관계를 재연한다. 치료자는 다음 세 가지 목표를 염두에 두면서 재연을 실행한다.

- 오래된 학습의 근원과 현재의 이것의 역할을 확인하기.
- 내담자의 부모를 보다 현실적으로 묘사하기.
- 독특한 강점 및 잠재력을 발견하기.

■ 부분들의 잔치

가족 복원과 유사한 집단 활동인 부분들의 잔치에서 내담자는 자신이 가진 측면들을 나타내는 집단 구성원들을 지목한다(Satir et al., 1991). 내담자는 구성원들이 일반적인 특성(순교자, 희생자, 구조자)을 연기하도록 하거나 혹은 자신의 다른 측면들을 나타내기 위해 유명한 인물들을 활용할 수도 있다. 이렇게 하여, 치료자는 내담자가 자신의 다양한 측면을 보다 잘 받아들이고, 그 측면들이 과거부터 지금까지 유용했던 상황을 알아내는 과정을 촉진한다. '부분들'이라는 용어는 개인, 부부 및 가족 치료에서 유사한 논의와 통찰을 촉진할 때에도 사용된다.

◎ 조합하기: 사례개념화와 치료 계획 양식

■ 이론 특정 사례개념화의 영역

가족 기능의 평가

- **체계 내 증상의 역할:** 증상이 정서적 수준에서 어떻게 친밀함과 거리감을 조절하면서, 가족의 항상성을 유지하고 있는지 설명할 것.
- **가족 역동:** 핵심적인 역동들을 확인할 것.
  - 권력 투쟁
  - 부모 갈등
  - 인정 부족
  - 친밀함 부족
- **가족 역할:** 잠재적 가족 역할들을 확인할 것.
  - 순교자
  - 희생자 혹은 무력한 사람
  - 구조자
  - 나쁜 자녀 혹은 나쁜 부모
- **가족생활 연대기:** 핵심적인 사건, 죽음, 출생, 이혼, 주요한 삶의 변화를 설명할 것.
- **생존 삼인군:** 자녀와 부모 사이의 정서적 및 양육적 관계를 설명할 것.

개인 기능의 평가

- **생존 유형:** 체계 내에서 각자의 생존 유형을 확인할 것.
  - 회유형
  - 비난형
  - 초이성형
  - 산만형
  - 일치형
- **경험의 6수준(빙산)** 증상을 보이는 행동에 대해 설명할 것.
  - 행동

- 대처
- 감정
- 지각
- 기대
- 열망

• 자기가치감과 자아존중감: 각자의 자기가치감 수준을 설명할 것.
• 몸과 마음의 연결: 가장 중요한 몸과 마음의 연결들을 설명할 것.

우울/불안을 겪는 개인을 위한 치료 계획 양식

■ Satir 개인치료의 초기 단계

❖ 초기 단계 치료적 과업

1. 효과적인 치료적 관계 발전시키기. 다양성 주의: 문화, 성별 및 기타 유형의 관계 구축 및 정서 표현 방식들을 어떻게 존중할 것인지 설명할 것.
   a. 공감과 치료적 존재를 활용하여 내담자의 진정한 자아와 접촉할 것.

2. 개인적, 체계적 및 광범위한 문화적 역동을 평가하기. 다양성 주의: 문화적 · 사회경제적 · 성적 지향, 성별, 그리고 기타 관련 규범에 근거하여 평가를 어떻게 조정할지 설명할 것.
   a. 문제 영역과 관련된 생존 유형, 경험의 6수준, 자기가치감에 주목하여 개인의 기능을 평가할 것.
   b. 관계적 역동, 가족 역할, 생존 삼인군, 가족생활 연대기를 확인하여 관계적 기능을 평가할 것.

3. 치료 목표를 정의하고 치료 목표에 대한 내담자 동의 얻기. 다양성 주의: 내담자의 문화, 종교 그리고 다른 가치 체계로부터의 가치들과 부합되도록 목표를 어떻게 수정할지 설명할 것.
   a. 자아실현과 관련된 개인적 목표와 일치적인 의사소통과 관련된 관계적 목표를 확인할 것.
   b. 부부 혹은 가족 회기가 필요할 수 있음을 논의할 것.

4. 의뢰 필요성, 위기 문제, 부수적 정보제공자 연락처, 다른 내담자 욕구를 확인하기.
   a. 의뢰/자원/연락: 적절히 의뢰하고 부수적 정보제공자와 연락할 것.

❖ 초기 단계 내담자 목표

1. 우울한 기분과 불안을 줄이기 위해 '증상이 발생하는 주요 상황'에서 생존 유형의 사용을 줄이기.
   a. 문제 상호작용에서의 의미, 감정, 방어기제, 의사표현 규칙을 확인하기 위한 상호작용의 구성 요소 기법.
   b. 우울 및 불안의 감정과 관련된 정서적 표현을 촉진할 것.

■ Satir 개인치료의 작업 단계

❖ 작업 단계 치료적 과업

1. 작업 동맹의 질 점검하기. 다양성 주의: 치료자의 개입이 내담자의 문화적 배경과 일치하지 않는 감정 표

현을 사용했음을 나타내는 내담자 반응에 어떻게 주의를 기울일지 설명할 것.
   a. 개입 평가: 내담자가 치료자와의 관계에서 진정한 자기로서 관계 맺는 능력을 점검할 것.

2. 내담자 경과 점검하기. 다양성 주의: 경과를 평가할 때 문화, 성별, 사회 계층 및 기타 다양성 요소에 어떻게 주의를 기울일지 설명할 것.
   a. 개입 평가: 내담자가 모든 삶의 분야에서 일치적인 의사소통을 유지하는 능력을 점검할 것.

❖ 작업 단계 내담자 목표

1. 우울, 무기력함, 불안을 줄이기 위해 '특정 삶의 영역'에서 '당위성'을 줄이고 기대를 바꾸기.
   a. 우울하고 불안한 감정과 관련된 '당위성'과 기대를 파악하고, 이를 바꾸기 위한 상호작용의 구성 요소 기법.
   b. 기대와 관련된 과거 경험 및 정서의 자각을 향상하기 위한 당위와 기대의 조각 기법.

2. 우울, 무기력, 불안을 줄이기 위해 자아감에 영향을 미치는 현실적인 지각, 태도, 신념을 키우기.
   a. 원가족에서 학습된 신념과 태도의 경직성을 줄이기 위한 가족 규칙 완화하기.
   b. 보다 현실적인 지각과 태도로 행동하는 방법에 관한 코칭.

3. 우울과 불안을 줄이기 위해 내담자의 사랑과 수용에 대한 열망을 더욱 효과적으로 충족시키는 행동 늘리기.
   a. 잠재된 열망을 확인하는 상호작용의 구성 요소 개입.
   b. 내담자가 사랑과 수용에 대한 열망을 충족하도록 돕는 새로운 행동 및 의사소통 방법의 역할놀이.

▣ Satir 개인치료 종결 단계

❖ 종결 단계 치료적 과업

1. 추후관리 계획을 세우고, 개선된 점 유지하기. 다양성 주의: 치료 종결 이후 내담자를 지지해 줄 공동체의 자원을 어떻게 활용할지 설명할 것.
   a. 복귀했을 때 재발을 암시하는 구체적인 정서와 행동들을 확인하고, 이에 대처하기 위한 활동계획을 세울 것.

❖ 종결 단계 내담자 목표

1. 우울을 줄이고 만족감을 높이기 위해 삶의 모든 영역에서 진정한 자기로서 표현하고 관계 맺는 능력과 일상적인 자기가치감의 경험을 늘리기.
   a. 예전 자기와 새로운 자기의 차이를 경험적으로 이해하기 위한 조각 기법.
   b. 진정한 자기로서의 의사결정을 연습하도록 하는 코칭.

2. 우울과 불안을 줄이기 위해 부부/가족 관계에서 일치적인 의사소통 늘리기.
   a. 생존 유형과 일치형의 차이를 경험하기 위해 핵심 관계를 조각할 것.
   b. 일치형으로 타인과 의사소통하는 연습을 하는 역할놀이.

갈등을 겪는 부부/가족을 위한 치료 계획 양식

▣ Satir 부부/가족치료 초기 단계

❖ 초기 단계 치료적 과업

1. 효과적인 치료적 관계 발전시키기. 다양성 주의: 문화, 성별 및 기타 유형의 관계 구축 및 정서 표현 방식들을 어떻게 존중할 것인지를 설명할 것.
   a. 공감과 치료적 존재를 활용하여 각 내담자의 진정한 자기와 접촉할 것.

2. 개인적, 체계적 및 광범위한 문화적 역동을 평가하기. 다양성 주의: 문화적 · 사회경제적 · 성적 지향, 성별 그리고 기타 관련 규범에 근거하여 평가를 어떻게 조정할지 설명할 것.
   a. 문제 영역과 관련된 생존 유형, 경험의 6수준, 자기가치감에 주목하여 개인의 기능을 평가할 것.
   b. 관계적 역동, 가족 역할, 생존 삼인군, 가족생활 연대기를 확인하여 관계적 기능을 평가할 것.

3. 치료 목표를 정의하고, 치료 목표에 대한 내담자 동의 얻기. 다양성 주의: 내담자의 문화, 종교 그리고 다른 가치 체계로부터의 가치들과 부합되도록 목표를 어떻게 수정할지 설명할 것.
   a. 자아실현과 관련된 개인적 목표와 일치적인 의사소통과 관련된 관계적 목표를 확인할 것.

4. 의뢰 필요성, 위기 문제, 부수적 정보제공자 연락처, 그리고 다른 내담자 욕구를 확인하기.
   a. 의뢰/자원/연락: 적절히 의뢰하고 부수적 정보제공자와 연락할 것.

❖ 초기 단계 내담자 목표

1. 갈등을 줄이기 위해 부부/가족 관계에서 생존 유형의 사용 줄이기.
   a. 가족체계에서 각 구성원이 상대방과 그들의 역할에 대해 지각한 가족 조각.
   b. 감정의 직접적인 전달과 관련하여 가족을 지도할 것.

▣ Satir 부부/가족치료의 작업 단계

❖ 작업 단계 치료적 과제

1. 작업 동맹의 질 점검하기. 다양성 주의: 치료자가 은연중에 내담자의 문화적 배경과 일치하지 않는 표현이 섞인 개입을 할 시, 이를 알 수 있는 내담자 반응에 어떻게 주의를 기울일지 설명할 것.
   a. 개입 평가: 내담자가 치료자와의 관계에서 진정한 자기로서 관계 맺는 능력을 점검할 것.

2. 내담자 경과 점검하기. 다양성 주의: 경과를 평가할 때 문화, 성별, 사회 계층 및 기타 다양성 요소에 어떻게 주의를 기울일지 설명할 것.
   a. 개입 평가: 내담자가 모든 삶의 분야에서 일치적인 의사소통을 유지하는 능력을 점검할 것.

❖ 작업 단계 내담자 목표

1. 갈등을 줄이기 위해 체계 내 타인에 대한 '당위성'을 줄이고 기대를 바꾸며 수용을 키우기.
   a. 타인에 대한 당위성과 기대를 확인하여 바꾸기 위한 상호작용의 구성 요소.
   b. 기대와 관련된 감정과 과거 경험에 대한 자각을 높이기 위한 당위 및 기대에 대한 조각 기법.

2. 갈등을 줄이기 위해 비일치적 의사소통에 영향을 미치는 현실적인 지각, 태도, 신념을 키우기.
   a. 원가족에서 학습된 신념과 태도의 경직성을 줄이기 위한 가족 규칙 완화하기.
   b. 보다 현실적인 지각과 태도를 가지고 상호작용하는 방법에 관한 코칭.

3. 갈등을 줄이기 위해 내담자들의 사랑과 수용에 대한 열망을 보다 효과적으로 충족시키는 행동을 늘리기.
   a. 근원적인 열망을 확인하고, 이를 표현하기 위한 상호작용의 구성 요소 개입
   b. 내담자가 사랑과 수용에 대한 열망을 충족시키도록 돕는 새로운 행동 및 의사소통의 역할놀이

▣ Satir 부부/가족치료의 종결 단계

❖ 종결 단계 치료적 과업

1. 추후관리 계획을 세우고, 개선된 점 유지하기. 다양성 주의: 치료 종결 이후 내담자를 지지해 줄 공동체의 자원을 어떻게 활용할지 설명할 것.
   a. 복귀했을 때 재발을 암시하는 구체적인 정서와 행동들을 확인하고, 이에 대처하기 위한 활동계획을 세울 것.

❖ 종결 단계 내담자 목표

1. 갈등을 줄이고 만족감을 높이기 위해 진정한 자기로서 표현하고 관계 맺는 능력과 일상적인 자기가치감의 경험을 늘리기.
   a. 예전 자기와 새로운 자기의 차이를 경험적으로 이해하기 위한 조각 기법
   b. 진정한 자기로서의 의사결정을 연습하도록 하는 코칭

2. 갈등을 줄이고 만족감을 높이기 위해 직장/학교/확대가족 내 관계에서 일치적인 의사소통을 늘리기.
   a. 생존 유형과 일치형의 차이를 경험하기 위해 핵심 관계를 조각하기
   b. 일치형으로 타인과 의사소통하는 연습을 하는 역할놀이

상징적 경험주의 치료법

◎ 요약하기: 당신이 알아야 할 최소한의 것

상징적 경험주의 치료는 Carl Whitaker가 개발한 경험적 가족치료 모델이다. Whitaker는 그가 가족을 변화시키기 위해 사용한 색다르고 재미있는 지혜를 강조하면서 그의 작업을 '부조리 치료'라고 불렀다(Whitaker, 1975). 그의 작업은 인지적 논리보다 정서적 논리에 전적으로 의지하기 때문에 종종 터무니없다고 오해를 받지만, 그가 '마음의 감각'으로 작업을 했다고 말하는 것이 더 정확하다. 전략적 · 체계적 치료자들처럼 행동 연쇄 과정에 개입하기보다 Whitaker는 정서적 과정과 가족 구

조에 집중했다(Roberto, 1991). 그는 유머, 놀이, 정서적 직면뿐 아니라 '상징' 및 실제생활 경험을 강조하며, 체계의 정서적 수준에 직접적으로 개입했다.

예리한 관찰자가 보기에 Whitaker의 작업은 가족의 정서적 삶에 대한 깊고 심오한 이해를 담고 있지만, 무심한 관찰자에게는 그가 종종 무례하거나 부적절한 것처럼 보인다. 그가 '부적절'했을 때는 항상 그가 드러내고, 이의를 제기하고, 변화시키고자 했던 정서적 역동에 직면하거나 개입하려는 목적 때문이었다. 그는 강한 정서적 직면과 치료자의 지지 및 온정 사이의 균형을 유지하는 것에 단호했다(Napier & Whitaker, 1978). 여러 면에서 Whitaker는 치료자가 예의범절의 사회적 규칙을 넘어서서 치료자 자신과 내담자가 진심이고 완전히 진실된 말을 할 수 있도록 격려하였다.

◎ 핵심 내용: 중요한 기여점

당신이 이 장에서 기억할 것이 있다면, 그것은 다음과 같다.

■ 구조 다툼과 주도권 다툼

Whitaker는 치료 장면에서 두 가지의 '다툼'인, 구조 다툼과 주도권 다툼을 언급했다. 이러한 비유가 지루할 수 있지만, 모든 유능한 치료자는 자신이 설명하고 있는 원칙을 고려해야 한다. **구조** 다툼에서는 치료에 대한 경계와 한계를 설정하는 치료자가 이겨야 한다(Whitaker & Bumberry, 1988). 치료자는 변화를 만드는 프로그램을 준비하는 책임이 있기 때문에 이 다툼에서 이겨야 하며, 그리하여 변화를 위해 필요한 구조가 준비되어 있음을 확신해야 한다.

- 필요한 사람들이 치료에 참여함.
- 치료는 개선되기에 충분할 정도로 자주 이루어짐.
- 회기 내용과 과정은 변화를 이뤄낼 것임.

'다툼'은 치료자가 이러한 핵심 요소들을 고집할 때 발생한다. Whitaker는 내담자가 최소한의 구조 요건을 충족시키지 못하면 치료를 하지 않을 것임을 분명히 했다. 그는 치료자의 개인적 진실성을 이 다툼의 핵심으로 보았다.

> 여기서 핵심은 치료자가 개인적 및 전문적 진실성을 갖추고 행동하는 것이다. 당신은 당신이 믿는 대로 행동해야 한다. 배신은 누구에게도 도움이 되지 않는다. 구조 다툼은 자기 자신과 다투고 그다음 이를 그들에게 보여 주는 것이다. 이것은 기법이나 권력 게임이 아니다. 시작하기에 앞서 당신이 갖춰야 할 최소한의 조건이다.
>
> –Whitaker & Bumberry, 1988, p. 54

당신이 성공적인 치료를 할 수 있다고 생각되지 않을 때 치료를 하는 것은 비윤리적이지만, 종종 치료자들은 핵심 내담자들의 참여 없이 부부 및 가족 치료를 실시하거나, 다뤄야 한다고 생각하는 내용이나 과정을 진행하지 않기로 '합의를 본다'. 이러한 부분에서 내담자에게 맞춰 져 주는 것은 치료를 침체시킨다.

반대로 **주도권** 다툼에서는 **내담자**가 이겨야 한다. 변화를 위해 가장 많이 기여하고, 주도권을 가져야 하는 사람은 내담자이다. 이는 종종 다음과 같이 요약된다. **치료자들은 그들의 내담자들보다 더 열심히 해서는 안 된다.** 이것은 특히 초심 치료자들에게 매우 힘든 다툼인데, 이들은 지나친 도움을 주거나 종종 내담자가 할 수 있는 것보다 더 빠르게 진행시키고자 하기 때문이다. 그러나 치료자가 변화를 내담자가 원하는 것보다 더 원할 때 문제적 역동이 생기고, 역설적이게도 종종 변화가 지연된다. 치료자는 내담자가 변화를 이루고자 하는 동기가 생길 때까지 기다림을 갖고 때로는 긴장과 위기를 허용해야 한다. 치료자가 변화에 대해 더 많은 주도권을 가지면, 내담자는 스스로가 끌려 다니거나 강요받고 있다고 느낄 수 있고, 그러면 그들은 변하지 않으려고 완강하게 버티거나 치료자를 방해하는 방법을 찾기도 한다. 반대로 내담자가 변화에 대한 더 큰 동기를 가지고 있을 때는 치료가 더욱 수월하게 진행된다. 따라서 치료자는 내담자의 에너지와 열정을 따라가면서 내담자가 원하는 만큼 열심히 작업할 준비가 되어 있어야 한다.

주도권 다툼은 어색한 침묵, '모르겠어요.'라는 대답 등으로 긴장감을 수반하며 불편해질 수 있다. 내담자는 치료자가 논의의 주제를 선택하고, 해결책을 제시하는 일에 앞장서지 않는다는 것에 실망할 수도 있다. Whitaker와 Bumberry(1988)는 이러한 긴장감이 조성되게 하는 목적을 다음과 같이 설명한다. "이것은 가족이 타인이 되는 문제이다. 그들은 서로 맞붙어 싸워야 한다. 이는 그들이 활력을 찾고 척하는 행동을 멈추도록 한다." (p. 66)

◎ 들리는 소문에 의하면: 관련된 사람들의 이야기

Carl Whitaker

그의 동료인 Thomas Malone, John Warkentin과 함께 Whitaker는 1940년대부터 가족들을 만나기 시작했으며, 이 분야의 초기 개척자 중 한 명이었다(Roberto, 1991). 정신분석 훈련을 받은 정신과 의사였던 그는 내담자의 문제를 내적 갈등으로 개념화하는 것에서 문제를 역기능적 상호작용의 일부로 보는 것으로 옮겨 가기 시작했다. 정신증과 트라우마에 관한 그의 초기 작업에서 그는 회기 내 및 가족체계 내의 정서적 역동에 집중했다. 그의 작업이 발전됨에 따라, 그는 점점 더 정서 및 가족 관계에서의 지금-여기 경험에 중점을 두었다. Whitaker가 에모리 대학교의 정신의학과 학과장으로 있는 동안 Whitaker와 Malone은 이 접근에서 특징적인 공동 치료를 시작했다. Whitaker의 가장 잘 알려진 동료로는 Whitaker와 함께 『가족의 고난(The Family Crucible)』을 공동집필한 Augustus Napier, 『가족과 함께 춤을(Dancing with the Family)』을 공동집필한 William Bumberry, 그리고 David Keith(keith, Connell, & Connell, 2001)와 Gary Connell(Connell, Mitten, & Bumberry, 1999)이 있다.

◎ 큰 그림 그리기: 상담 및 심리치료의 방향

■ 부조리 치료

상징적 경험주의 치료는 종종 '부조리 치료'로 불린다(Whitaker, 1975). 그러나 여기서 부조리는 부조리(그것이 무엇이든 간에)를 위한 부조리가 아니다. 대신 상징적 경험주의 치료자들은 특정 목적을 위해 특정한 형태의 부조리를 적용한다. 부조리는 체계를 자애롭게 보살피며, **교란**(흔들거나 깨우기)시키는 데 사용된다. 때때로 '보살핌'은 아무도 말하려 하지 않는 진실을 말하지만, 치료자는 항상 지극히 솔직한 말 뒤의 보살피는 마음을 전하고자 주의를 기울인다(Whitaker & Bumberry, 1988). 그러나 대개 부조리 치료에는 유머, 장난기, 우스꽝스러움이 있다. '심각한 문제'를 유쾌하게 풀어 나감으로써 내담자뿐만 아니라 치료자 자신도 그 문제에 대해 더 유리한 입장에 서게 된다. 이러한 유머로부터 가벼움과 희망의 태도가 새로 생겨난다. 또한 부조리 치료는 증상을 10% 정도 과장하여, 내담자가 자신의 공포와 습관이 어리석음을 알도록 하는 역설적 기법을 사용한다. 상징적 경험주의 치료자들은 거의 항상 재미있는 방식으로 역설을 적용한다.

◎ 관계 형성하기: 치료적 관계

> 가족이 실패하는 것이 아니라, 치료자가 실패하는 것이다.
>
> – Whitaker & Ryan, 1989, p. 56

■ 치료자의 진정한 자기 사용

진실하고자 노력하는 상징적 경험주의 치료자들은 많은 사람이 전문적 혹은 적절한 경계라고 여기는 많은 겉치레를 따르지 않는다는 점에서 가장 진실한 가족치료자들이라고 할 수 있다. 이들은 가장 먼저 벌거숭이 임금님을 지적할 사람들이다(Connell et al., 1999; Napier & Whitaker, 1978; Whitaker & Bumberry, 1988). 이들은 오롯이 자기 자신의 상태로 있으며, 내담자에게 이를 숨기지 않는다. 치료자들은 지루하면 지루함을 드러내 보이고, 화가 나면 표현한다. 치료자들이 방 한가운데에서 코끼리를 보면, 그들은 뭔가를 말한다. 이 정도의 진정성을 위해서는 치료자들은 본인의 개인적인 문제와 내담자의 문제를 매우 뚜렷하게 구별할 수 있도록 방대한 슈퍼비전과 훈련을 받아야 한다. 이처럼 상징적 경험주의 치료자들은 '전문적'이기 위해 다른 치료자들과는 다른 관계 규칙들을 사용하기 때문에 다른 치료자들이 이들의 치료를 보게 되면 매우 당혹스러워한다. 결국 이러한 진정성은 주로 내담자를 위한 것으로, 치료자는 내담자가 갖추기를 바라는 진정성을 보여 주고 내담자가 이를 행할 수 있는 환경을 만들고자 한다. 치료자가 전문적 경계와 '역할' 뒤에 숨어 있으면 내담자는 이러한 진정성을 충분히 갖추기 어렵다.

■ 개인적 진실성

Whitaker는 치료자가 한 사람으로서 명확하고, 흔들림 없는 진실성을 유지해야 한다고 주장했다(Whitaker & Bumberry, 1988). 이러한 진실성을 위해서는 사람들이 싫어하고, 사람들을 화나게 하는 것일지라도 개인적 신념을 지켜 내고 이를 위해 기꺼이 나서야 한다. 가족들이 회피해 온 고통스러운 문제들을 다루기 위해서는 진실성이 필요하다.

■ 치료자의 책임감

상징적 경험주의 치료자들은 "**책임을 지지** 않으면서 가족에게 **대응하고자**" 노력한다(Whitaker & Bumberry, 1988, p. 44). 그들은 내담자의 삶에 대한 책임을 떠안지 않고자 주의하며, 대신 내담자가 자신의 삶에 대해 모든 책임을 수용하도록 내담자를 독려할 책임이 있다. 치료자의 가장 큰 책임은 구조 다툼에서 승리하여 치료 과정이 변화를 일으키도록 하는 것이다. 치료자는 **적극적이되** 지시하지 않는다.

■ 상호 성장 촉진

상징적 경험주의 치료의 치료 과정은 상호 간의 성장을 자극한다. 치료자와 내담자는 서로 간의 진정한 만남을 통해 함께 성장한다(Connell et al., 1999; Napier & Whitaker, 1978). 치료자는 다른 관계들에서의 자신의 모습과 동일한 사람이므로 자신의 한계, 맹점 및 약점에 대해 깨달을 수 있기 때문에 내담자와의 만남을 통해 성장하고 보다 온전히 진실한 사람이 된다. 만남은 내담자와 치료자 각각에게 매우 심오한 영향을 줌으로써 양쪽 모두에게 변화를 일으킨다.

■ 공동 치료자의 활용

Whitaker는 한 치료자가 보살핌을 제공하고, 다른 치료자가 직면을 함으로써 가족이 강력한 지지기반뿐만 아니라 어려운 문제를 꺼내고 다루는 과정을 갖게 되는 공동치료를 권장했다(Napier & Whitaker, 1978). 지지를 보이고 이의를 제기하는 것의 균형을 이룸으로써 공동치료 팀은 공동 양육 관계의 본보기를 보인다.

◎ 조망하기: 사례개념화와 평가

■ 진정한 만남과 정서적 체계

상징적 경험주의 치료의 사례개념화는 말로 정확히 표현하기 가장 어려운 것 중 하나이다. 어떤 의미에서 치료자는 상대방이 종합적으로 어떤 사람인지를 직접 경험하기 위해 내담자와 그 순간의 **진정한 만남**에 의지한다(Connell et al., 1999; Whitaker & Bumberry, 1988). 초심자에게 이러한 표현은 너무 모호해서 도움이 되지 않는다. 이는 마치 자전거 타기와 흡사하다. 초보자는 각 단계를 세분화해야 하지만, 경험이 쌓인 사람은 시작하기가 얼마나 어려웠는지(그리고 아빠가 얼마나 오래 뒤에서 밀어 주었는지)를 잊어버린 채 "쉬워. 그냥 페달만 밟으면 돼."라고 말한다. 상징적 경험주의 치료자들이 사례개념화를 쉽게 '진행'하고 '직관'할 수 있도록 하는 작은 단계들은 경계, 항상성, 삼각관계 및 다른 요소들을 비롯한 가족에 대한 체계적 이해에 기반한다. 그러나 상징적 경험주의 치료자는 행동적 상호작용보다는 주로 가족의 **정서적 체계**에 초점을 둔다. 그들이 경계나 삼각관계를 짐작할 때에는 행동보다는 구성원 간의 정서적 교류에 초점을 맞춘다. 치료자는 체계를 통해 자신의 작업방향을 '느낀다'.

■ 시련 평가

가족에 대한 평가는 **시련 평가**를 통해 이루어지는데, 이는 가족이 치료자의 개입과 상호작용에 어떻게 반응하는지를 관찰하는 것을 말한다(Whitaker & Keith, 1981). 시험 작업에서 치료자는 각 개인이 선호하는 가족 역할, 삶에 대한 믿음, 관계에서의 가치관, 발달력 및 가족력, 상호작용 패턴을 이해하려고 노력한다. 보다 구체적으로 치료자는 크게, ① 가족의 구조적 조직과 ② 가족 내의 정서적 과정 및 교류의 두 가지 패턴에 주의를 기울인다(Roberto, 1991). Whitaker는 구조를 평가하면서 구조적 치료자들과 동일한 기준을 많이 활용했다.

■ 구조적 조직 평가

- **가족 내 투과성의 경계**: 대인 간 경계는 투과성이 있어야 하며, 지나치게 경직되거나 느슨하면 안 된다.
- **확대가족 및 더 큰 체계와의 명확한 경계**: 더 큰 체계와의 경계는 더 넓은 체계와의 연결과 함께 핵가족의 자율성을 허용해야 한다.
- **역할 유연성**: 희생양이나 좋은/나쁜 자녀 등의 가족 역할은 자주 교대되어야 한다.
- **유연한 동맹 및 연합**: 동맹과 연합은 피할 수 없지만 유연해야 하며, 항상 같은 사람들끼리 편을 이루기보다는 새로운 상황이나 도전에 따라 변화해야 한다.
- **세대 차이**: 세대는 명확한 경계를 가져야 하며, 그로 인한 강력한 부부 및 형제자매 하위체계가 생긴다.
- **성역할 유연성**: 성역할은 협상의 여지가 있어야 하고, 성역할의 고정관념에는 반대하며 각각의 부모 또는 파트너가 필요한 만큼 다양한 역할을 맡을 능력이 있는 것을 선호한다.
- **세대를 초월하는 기준**: 세대를 초월하는 행동적 기대 및 가치관이 3~4세대에 걸쳐 평가된다. 건강한 가정에서는 재협상이 가능하다.
- **'유령'**: 치료는 세대 간 스트레스를 유발하는 사망하거나 살아 있는 확대가족 구성원을 확인한다.

■ 정서적 과정 평가

- **차별화 및 개별화**: 각 가족 구성원은 각자의 의견을 갖고 자기 생각을 말할 수 있어야 한다.
- **갈등의 용인**: 건강한 가정은 차이 및 갈등에 대한 공개적이고 솔직한 표현을 용인할 수 있다.
- **갈등 해소 및 문제 해결**: 건강한 가정은 공개적으로 갈등을 경험하며 윈-윈 시나리오, 타협, 차이의 수용 등을 통해 성공적으로 갈등을 해소하고 문제를 해결할 수 있다.
- **성적 취향**: 건강한 가정에서 부부는 성적 친밀감을 나누며, 성적 취향은 각 세대에 국한된다.
- **충성과 헌신**: 구성원들은 개인의 자율성과 동시에 분명한 충성심과 사명감을 갖는다.
- **부모의 공감**: 부모는 경계와 구조를 유지한 채로 자녀의 경험에 공감을 표현해야 한다. 아동기에 학대당한 경험이 있는 부모는 종종 충분히 공감하지 못하거나 지나치게 공감하여 건강한 경계를 설정하지 못한다.
- **장난기, 독창성, 유머**: 재미와 웃음은 건강한 가족 기능의 신호이다.
- **문화적 적응**: 이민 가족들은 원래 그들의 문화와 현재 문화적 상황의 요구 사이에 균형을 유지할 수 있다.
- **상징적 과정**: 각 가족은 '감정이 실려' 있어, 변화를 일으키는 데 도움이 되는 상징과 이미지를 가지고 있다.

■ 역량에 초점을 둠

상징적 경험주의 치료자는 가족을 평가할 때 변화를 위한 강점, 역량 및 자원을 강조한다(Roberto, 1991). 가족들은 매우 회복력이 높고 자원이 풍부한 것으로 간주되며 치료자는 이러한 자원을 활성화하는 데 중점을 둔다(Whitaker & Bumberry, 1988).

■ 증상의 발달

역기능적 구조 및 과정이 지속되면 증상이 나타난다(Roberto, 1991). 건강한 가족은 역기능과 어려움의 시기를 겪지만, 이것이 만성화되지는 않는다. 가족의 전통 및 유산을 지키고, 잃어버린 것을 만회해야 한다고 느끼는 자녀가 있을 경우 역기능이 대물림될 수 있다.

◎ 변화를 겨냥하기: 목표 설정

상징적 경험주의 치료자들은 모든 내담자에 대해 세 가지의 주요 장기적 목표를 가진다.

- **가족 응집력 높이기**: 애정 어린 관심과 문제 해결에 대한 자신감 형성하기(Roberto, 1991).
- **개인의 성장 촉진하기**: 모든 가족 구성원이 발달 과업을 완수하도록 돕기(Roberto, 1991; Whitaker & Bumberry, 1988).

- 가족의 상징적 세계 확장하기(Whitaker & Bumberry, 1988).

■ 가족 응집력 높이기

첫 번째 목표는 가족 관계의 응집력과 진정성을 높이는 것으로, 이는 가족 구성원 간의 의미 있는 유대감과 애정을 키우는 것을 의미한다. 이 목표를 달성하기 위해 치료자는 세 가지 핵심 영역에 중점을 둔다.

- **응집력**: 다른 가족치료자들에 비해 상징적 경험주의 치료자들은 가족 구성원 간의 정서적 유대감인 가족 응집력을 높이는 데 보다 중점을 둔다. 응집력과 유대감의 외적 표현은 문화와 성별에 따라 다양하지만, 일반적으로 강한 소속감, 사랑받음, 서로를 원함, 충성심을 특징으로 한다.
- **대인 간 경계**: 상징적 경험주의 가족치료자들은 친밀감과 거리감을 조절하는 관계 규칙을 의미하는 **경계**라는 용어를 사용한다. 경계는, ① 각 개인이 온전한 자기 자신(예: 진정성)이 되기에 충분한 자유와 ② 가족 구성원들 간의 강한 정서적 유대감 및 친밀감을 갖도록 해 주어야 한다.
- **세대를 초월하는 경계**: 세대를 초월하는 경계는 확대가족과의 유대감을 고취하는 동시에, 핵가족의 자율성을 충분히 허용해야 한다.

■ 개인의 성장 촉진하기

상징적 경험주의 가족치료자들은 **자아실현**이라고도 일컫는 발달 과업을 성공적으로 다룸으로써 각 개인의 성장 수준을 높이는 것을 목표로 한다. 자아실현은 평생에 걸친 과정이기 때문에 치료가 종결되는 시점이 언제인지 알기는 어렵다. 적어도 내담자의 자아실현과 성장은 내담자가 더 이상 우울이나 불안 등 개인적 수준의 증상을 경험하지 않고, 학교나 직장 등 대부분의 일상 영역에서 잘 기능할 수 있는 수준까지 이뤄져야 한다. 치료자들은 개인의 기본적인 기능 수준을 넘어서 개인의 성장 및 더욱 진정성 있는 자기 및 자기표현을 이루는 것을 목표로 한다. 이는 수치화하기 어려운 특성이지만, 대개 내담자가 성장 및 자기 자신이 되는 것의 의미를 표현하기는 쉽다. 치료자들은 내담자가 본인의 현재 문제와 관련된 구체적인 자아성장 목표를 세우도록 격려한다. 예시는 다음과 같다.

- 타인을 존중하면서 생각과 감정을 표현하는 능력을 향상하고, 사람들의 비위를 맞추는 행동을 줄이기.
- 타인과 정서적으로 깊이 있는 관계를 맺는 능력과 이러한 유대감을 말로 표현하는 능력 키우기.
- 스트레스에 분노나 두려움으로 반응하지 않고, 의식적으로 반응하는 능력 향상하기.
- 문제를 보다 주도적으로 다루고, 미루는 버릇과 회피를 줄이기.

■ 가족의 상징적 세계 확장하기

상징적 경험주의 치료자들은 사람들이 삶에 관한 비교적 적은 관념이나 신념에 근거하여 세상을 바라본다고 믿으며, 이러한 관념들이 개인의 **상징적 세계**를 만든다. 모든 경험이 이러한 상징적 의미체계를 통하여 좋거나 나쁘고, 문제가 되거나 즐거운 것으로 해석된다. 성장 지향적인 접근으로서 경험적 치료는 경험의 의미를 확장하고, 삶에 대한 내담자의 시야를 넓히는 것을 목표로 한다. "우리가 만나는 가족의 상징적 세계를 넓히도록 도울 수 있다면, 그들은 더 풍요로운 삶을 살 수 있다."(Whitaker & Bumberry, 1988, p. 75) 예를 들어, 어떤 가족이 사람과의 관계를 희생하면서 열심히 일하고 성공하고자 한다면, 치료자는 이러한 가족 정체성의 원인을 탐색하고 성공의 의미에 일뿐만 아니라 대인관계, 건강 등의 다른 삶의 영역을 포함시키고자 노력할 것이다.

◎ 행동하기: 개입

■ 혼란과 분열 일으키기

상징적 경험주의 치료자는 치료의 초기 단계에서 혼란과 분열을 일으켜 가족이 경직된 상호작용 패턴으로부터 벗어나게 하는데, "혼란은 그 자체로 가족의 기반을 상징적으로 해체하는 가장 강력한 방법 중 하나이다"(Whitaker & Bumberry, 1988, p. 82). 혼란은 부조리한 말(예: 어리석은 해결책 제시하기), 역할 전환(예: 부모에 대한 자녀의 지적을 자녀가 부모를 양육하려 하는 것으로 재명명하기) 또는 가족의 신념에 어긋나는 보편적인 원칙에 호소하는 것(예: 10대의 저항은 정상적이거나 통과 의례이다.)으로 발생할 수 있다.

■ 지금-여기 경험

지적 교육으로는 정서적 성장을 이루기 어렵다고 믿는 상징적 경험주의 치료자들은 변화를 만들기 위해 지금 순간의 상호작용과 자신의 감정을 사용한다(Mitten & Connell, 2004; Whitaker & Bumberry, 1988). 사실 Whitaker와 Bumberry(1988)는 심지어 "배울 가치가 있는 것은 누군가 가르쳐줄 수 없다."(p. 85)라고 농담을 하기도 했다. 따라서 치료자는 구조적 변화를 강조하고 그 방향을 바꾸고 역기능적 패턴과 신념에 직면하기 위해 내담자를 향한 부정적인 정서 반응을 비롯하여, 치료실에서 즉각적으로 할 수 있는 것을 활용한다.

■ 증상의 재정의와 확장

상징적 경험주의 치료자들은 종종 증상을 성장을 위한 비효율적인 노력이라고 재정의하며, 필요한 변화의 방향으로 이끈다(Connell et al., 1999; Roberto, 1991). 밀라노 접근의 긍정적 함축과 비슷하지만, 상징적 경험주의 접근은 **성장**과 **진실성**을 추구하는 특유의 구조를 가진다. 예를 들어, 자녀가 숙제를 하지 않는 것은 학교에서 새로운 단계의 도전에 실패하는 것에 대한 두려움으로 재정의된다. 이와 더불어 치료자는 증상을 개인 문제에서 가족 문제로 확대하며, 종종 이를 세대 간 문제로 확장한다(예: 실패에 대한 두려움 때문에 할아버지는 사업을 하려는 꿈을 좇지 못했다; Mitten & Connell, 2004).

■ 자발성, 놀이 그리고 '열광'

경험적 치료자들은 여러 목적을 위해 자발성과 즐거움을 활용한다(Mitten & Connell, 2004; Roberto, 1991; Whitaker & Bumberry, 1988). 첫째, 치료자는 즐거워짐으로써 저항 없이 내담자에게 직접적이고 솔직하게 직면할 수 있는 강력한 치료적 관계를 구축한다. 치료자가 한 명일 때 치료자는 내담자가 충분히 신뢰하여 있는 그대로의 진실을 듣고자 하는 사람이 된다. 공동 치료자로 일할 때는 한 치료자가 주로 내담자를 보살피고 다른 치료자는 주로 직면을 시키는 역할을 한다. 또한 즐거움은 비현실적으로 과장된 문제를 재구조화하는 데 도움이 되는데, 부모나 배우자가 상대방의 결점만을 강조하고 좋은 특성들과 균형 있게 바라보지 않기 때문이다. 예로부터 웃음은 종종 가장 좋은 치유약이라고 하듯이 상징적 경험주의 치료자들은 웃음을 능숙하게 활용하여 내담자를 치유한다. 유머와 놀이는 흔히 정신역동치료에 기반한 치료자와 치료법에 대한 일반적인 고정관념과는 다르지만, 대부분의 내담자는 웃음이 도움이 되거나 적어도 재미있다고 여긴다. 따라서 상징적 경험주의 치료자들은 프리스비를 던지거나, 우스운 노래를 부르거나, 적절한 농담을 하거나, 의자에 먼저 앉기 놀이를 하며 치료를 한다.

■ 대인 간 고통과 개인적 고통을 분리하기

상징적 경험주의 치료자들은 내담자가 대인관계 문제와 개인적 문제를 분리하는 방법을 배우도록 돕는다(Roberto, 1991). 종종 사람들은 타인과 친밀한 관계를 맺으면서도 개인적 자율성을 갖는 방법을 알지 못하여 관계에서 곤란을 겪는다. 내담자가 배우자나 자녀에게 과하게 요구적일 때, 치료자는 내담자가 어디서 어디까지 요구해야 하는지를 알아내도록 돕는다. 예를 들어, 한 부모가 자녀에게 자녀가 원치 않는 활동인 악기 연주나 운동을 하도록 요구한다면, 치료자는 양육이 끝나고 자녀의 자율성이 시작될 때 가족과 대적할 것이다. 비슷하게 부부의 경우에 상대방이 어떠하게 느껴야 한다고 주장할 때(예: 친구의 말에 대해 똑같이 화가 나야 한다), 치료자는 부부가 분리될 수 있도록 하고 배우자에 대한 요구 이면에 깔린 인정의 욕구뿐만 아니라 부부 각자의 고유한 반응을 존중한다.

■ 경직된 패턴과 역할에의 정서적 직면

상징적 경험주의 가족치료자들은 경직된 패턴을 중단하기 위해 정서적 직면을 사용한다. 목표는, ① 내담자가 자신이 어떻게 문제를 일으키고 있는지를 자각하도록 하고, ② 내담자와 다른 사람들이 말하기 꺼리는 주제를 다루거나, ③ 인지적으로 자각했지만 행동에 변화가 없을 때 변화를 이루려는 동기를 부여하는 것이다(Roberto, 1991). Whitaker는 다음과 같이 설명했다.

> 나는 가족이 무한한 잠재력이 있다고 믿기 때문에 가족을 독려하는 것이 편하다. 그들에게 시도할 용

> 기만 있다면 그들은 더욱 크게 전진할 수 있는 역량이 있다. 나의 역할은 내담자들이 그러한 용기가 생기도록 돕는 것이며, 내가 상황을 악화시킬 수 있다는 가정하에 강요가 아닌 가족이 누군가를 보살피기에는 너무 아프고, 성장하기엔 너무 서투르다는 것을 결정하는 것이다(Whitaker & Bumberry, 1988, p. 37).

"당신은 언제 남편과 이혼하고 아들과 결혼했습니까?" "커리어를 위해 가족을 버렸다는 것을 당신은 알고 있군요."는 역기능적 패턴을 멈추기 위한 직면의 예이다. 이 외에도 정서적 직면은 통찰은 있지만 행동이 뒤따르지 않을 때 동기를 높이고자 활용된다. 예를 들어, 결혼생활을 지켜야 하지만 자녀의 방과 후 활동이 너무 많아 데이트할 시간이 없는 부모의 경우 치료자는 "몇 달 동안 일주일에 한 번 춤 연습에 빠지는 것과 부모가 이혼하는 것 중 어느 쪽이 딸에게 더 나쁠 거라고 생각합니까? 자녀에게 어느 쪽이 좋은지 물어볼까요?"라고 말할 수 있다.

■ 절망을 키우고 편차를 증폭시키기

비현실적인 수준으로 절망적인 내담자(비관론자)의 경우 상징적 경험주의 치료자는 절망을 키우고, 편차를 증폭시키는 역설적 기법을 사용한다(Roberto, 1991). 다른 역설적인 기법들과 마찬가지로, 치료자는 절망을 비롯한 내담자의 증상을 내담자가 편안해하는 정도(혹은 절망의 정상 범위)에서 벗어나게 살짝(10~20% 정도) 과장함으로써 내담자가 본인의 절망 및 부정적인 생각이 현실과 얼마나 동떨어져 있는지를 깨닫도록 한다. 이는 내담자의 성격과 가장 잘 맞고 내담자에게 가장 도움이 되는 것이 무엇인지에 따라 유머스러운 방식이나 직접적인 방식으로 이루어진다. 예를 들어, 25세에 꿈에 그리던 남자를 만날 수 없을 거라 절망하는 내담자에게 치료자는 결혼을 대신할 수 있는 커리어를 고민해 보고, 수녀원에라도 들어가 보라고 농담조로 제안할 수 있다. 그러한 말이 적절한 때에 적절하게 전달될 때, 내담자는 그녀의 절망이 얼마나 비현실적인지를 깨달을 수 있다.

■ 부조리한 공상적 대안들

상징적 경험주의 치료자들은 내담자들이 본래 패턴에서 벗어나도록 하고 보다 즐거운 현실적인 해결책을 만들기 위해 부조리한 공상 시나리오를 활용한다(Mitten & Connell, 2004; Roberto, 1991). 가족이 새로운 행동에 갖는 유연성과 개방성을 향상하기 위해 고안된 공상적 대안들은 체계를 장난스럽게 흔듦으로써, 내담자들이 사물을 바라보는 습관적인 방식에서 벗어나 새로운 상징적인 의미, 아이디어, 관점을 갖도록 한다. 치료자는 다음과 같이 제안할 수 있다. "접시를 닦는 것이 문제가 된다면 일회용 접시를 사면 어떨까요?" 또는 "당신이 그렇게나 사적 공간이 필요하다면, 뒷마당에 혼자 있을 수 있는 개인 공간을 만들면 어떨까요?" "난방 시스템을 설치할지 말지를 가지고 부인과 싸우게 될 것 같긴 합니다."

■ 부모 위계 강화하기

상징적 경험주의 치료자는 부모 위계를 강화하고, 부모와 자녀 사이의 세대 간 경계를 명확하게 설정하고자 한다(Whitaker & Bumberry, 1988). 이는 부모가 자녀에게 요구할 것이 있을 때 부모를 돕는 것이며, 회기 중에 (치료자가 하기보다) 부모가 아이의 행동을 다루도록 지도하고, 부모 상담부터 시작하고, 부모에게 먼저 인사하는 것이다.

■ 이야기, 자유 연상, 은유

상징적 경험주의 치료자는 내담자에게 변화의 동기를 부여할 강력한 이미지와 예시를 제공하기 위해 이야기와 자유 연상을 나누고, 은유를 제시한다(Mitten & Connell, 2004). 내담자에게 가상의 이야기나 은유를 통한 전달이 보다 쉽게 이뤄지는데, 이는 다른 사람에 대한 것이어서 내용에 대한 저항이나 언쟁이 줄어들기 때문이다.

◎ 조합하기: 사례개념화와 치료 계획 양식

■ 이론 특정적 사례개념화의 영역

- 구조적 조직 평가
  - **가족 내 투과성의 경계**: 대인 간 경계는 투과성이 있어야 하며, 지나치게 경직되거나 느슨하면 안 된다.
  - **확대가족 및 더 큰 체계와의 명확한 경계**: 더 큰 체계와의 경계는 더 넓은 체계와의 연결과 함께 핵가족의 자율성을 허용해야 한다.
  - **역할 유연성**: 희생양이나 좋은/나쁜 자녀 등의 가족 역할은 자주 교대되어야 한다.
  - **유연한 동맹 및 연합**: 동맹과 연합은 피할 수 없지만 유연해야 하며, 항상 같은 사람들끼리 편을 이루기보다는 새로운 상황이나 도전에 따라 변화해야 한다.
  - **세대 차이**: 세대는 명확한 경계를 가져야 하며, 그리하여 강한 부부 및 형제자매 하위체계가 생긴다.
  - **성역할 유연성**: 성역할은 협상의 여지가 있어야 하고, 성역할의 고정관념에는 반대하며 각각의 부모 또는 파트너가 필요한 만큼 다양한 역할을 맡을 능력이 있는 것을 선호한다.
  - **세대를 초월하는 기준**: 세대를 초월하는 행동적 기대 및 가치관이 3~4세대에 걸쳐 평가된다. 건강한 가정에서는 재협상이 가능하다.
  - **'유령'**: 치료는 세대 간 스트레스를 유발하는 사망하거나 살아 있는 확대가족 구성원을 확인한다.
- 정서적 과정 평가
  - **차별화 및 개별화**: 각 가족 구성원은 각자의 의견을 갖고 자기 생각을 말할 수 있어야 한다.
  - **갈등의 용인**: 건강한 가정은 차이 및 갈등에 대한 공개적이고 솔직한 표현을 용인할 수 있다.

- **갈등 해소 및 문제 해결**: 건강한 가정은 공개적으로 갈등을 경험하며 윈-윈 시나리오, 타협, 차이의 수용 등을 통해 성공적으로 갈등을 해소하고 문제를 해결할 수 있다.
- **성적 취향**: 건강한 가정에서 부부는 성적 친밀감을 나누며, 성적 취향은 각 세대에 국한된다.
- **충성과 헌신**: 구성원들은 개인의 자율성과 동시에 분명한 충성심과 사명감을 갖는다.
- **부모의 공감**: 부모는 경계와 구조를 유지한 채로 자녀의 경험에 공감을 표현해야 한다. 아동기에 학대당한 경험이 있는 부모는 종종 충분히 공감하지 못하거나 지나치게 공감하여 건강한 경계를 설정하지 못한다.
- **장난기, 독창성, 유머**: 재미와 웃음은 건강한 가족 기능의 신호이다.
- **문화적 적응**: 이민 가족들은 원래 그들의 문화와 현재 문화적 상황의 요구 사이에 균형을 유지할 수 있다.
- **상징적 과정**: 각 가족은 '감정이 실려' 있어 변화를 일으키는 데 도움이 되는 상징과 이미지를 가지고 있다.

• 역량 중심
  - 강점과 회복력을 설명할 것.

• 증상 발달
  - 문제가 세대 간에 대물림되는 것에 특히 주목하면서 증상의 이력을 설명할 것.

우울/불안을 겪는 개인을 위한 치료 계획 양식

▣ 상징적 경험주의 개인치료 초기 단계

❖ 초기 단계 치료적 과업

1. 효과적인 치료적 관계 발전시키기. 다양성 주의: 문화, 성별 및 기타 유형의 관계 구축 및 정서 표현 방식들을 어떻게 존중할지 설명할 것.
   a. 각 참여자의 성장을 자극하는 상호적 관계를 형성하기 위해 치료자의 진정한 자기를 활용할 것.

2. 개인적, 체계적 및 광범위한 문화적 역동 평가하기. 다양성 주의: 문화적 · 사회경제적 · 성적 지향, 성별 그리고 기타 관련 규범에 근거하여 평가를 어떻게 조정할지 설명할 것.
   a. 개별화 수준, 갈등을 인내하는 능력, 문제 해결, 성적 취향, 충성심, 공감, 장난기, 문화 적응, 상징적 과정을 비롯한 정서적 과정을 평가할 것.
   b. 가족 내 경계, 외부 체계와의 경계, 역할 유연성, 동맹, 성역할 유연성, 세대를 초월하는 기준, 가족 '유령'을 비롯한 가족 역동을 평가할 것.

3. 치료 목표를 정의하고 치료 목표에 대한 내담자 동의 얻기. 다양성 주의: 내담자의 문화, 종교 그리고 다른 가치 체계로부터의 가치들과 부합되도록 목표를 어떻게 수정할지 설명할 것.
   a. 개인 성장을 촉진하는 목표를 확인하고 내담자의 친밀한 관계를 형성하는 능력을 향상할 것.
   b. 부부 혹은 가족 회기가 필요할 수 있음을 논의할 것.

4. 의뢰 필요성, 위기 문제, 부수적 정보제공자 연락처, 그리고 내담자의 다른 욕구를 확인하기.
   a. 의뢰/자원/연락: 적절히 의뢰하고 부수적 정보제공자와 연락할 것.

❖ 초기 단계 내담자 목표

1. 우울한 기분과 불안을 줄이기 위해 진실한 감정을 견디고 표현하는 것을 향상하기.
   a. 놀이와 '열광'을 사용하여 내담자가 진실한 감정을 느끼는 현재에 머무르도록 하기.
   b. 증상을 성장에 효과적이지 않은 시도라고 재정의 및 확장하고, 대안을 알아보기.

■ 상징적 경험주의 개인치료 작업 단계

❖ 작업 단계 치료적 과업

1. 작업 동맹의 질 점검하기. 다양성 주의: 치료자가 은연중에 내담자의 문화적 배경과 일치하지 않는 표현이 섞인 개입을 할 때, 이를 알 수 없는 내담자 반응에 어떻게 주의를 기울일지 설명할 것.
   a. 개입 평가: 치료자의 진정한 자기 활용에 대한 내담자의 반응을 점검하고 정기적으로 논의할 것.
2. 내담자 경과 점검하기. 다양성 주의: 경과를 평가할 때 문화, 성별, 사회 계층 및 기타 다양성 요소에 어떻게 주의를 기울일지 설명할 것.
   a. 개입 평가: 회기의 안과 밖에서 내담자의 진정한 자기 경험을 점검할 것.

❖ 작업 단계 내담자 목표

1. 우울한 기분과 불안을 줄이기 위해 우울과 불안 행동(있다면 명시할 것)을 일으키는 경직된 패턴 줄이기.
   a. 유머, 이야기, 직접적 직면을 활용하여 경직된 패턴을 정서적으로 직면하기.
   b. 경직된 패턴을 터무니없는 수준으로 과장함으로써 절망을 키우고 편차를 증폭시키기.
2. 갇혀 있는 느낌과 무력감을 줄이기 위해 내담자의 상징적 세계의 폭과 유연성을 키우기.
   a. 내담자가 세계관을 확장하도록 돕는 부조리한 공상적 대안들.
   b. 내담자가 가능하다고 생각하는 범위를 넓히기 위한 이야기, 자유 연상, 은유.
3. 우울한 기분과 불안을 줄이기 위해 차이와 갈등을 감내하는 능력을 키우기.
   a. 갈등과 관련된 두려움을 줄이기 위해 갈등과 차이에 대한 지금-여기 경험.
   b. 갈등과 거절에 대한 두려움을 과장하는 놀이와 '열광'.

■ 상징적 경험주의 개인치료의 종결 단계

❖ 종결 단계 치료적 과업

1. 추후관리 계획을 세우고, 개선된 점 유지하기. 다양성 주의: 치료 종결 이후 그들을 지지해 줄 그들이 속한 공동체의 자원을 어떻게 활용할지 설명할 것.
   a. 재발에 대한 두려움과 늘 행복하길 바라는 소망에 이의를 제기하고, 재발에 즐겁게 대응할 수 있는 방법을 알아보기.

❖ 종결 단계 내담자 목표

1. 우울과 불안을 줄이기 위해 현재의 감정을 경험하고, 이를 진실하게 표현하는 능력을 향상하기.
   a. 긍정적 및 부정적 감정을 지금-여기에서 경험하기.
   b. 내담자가 생각해낸 놀이와 독창성을 일상생활에 적용하기.

2. 우울한 기분과 불안을 줄이기 위해 응집력 높은 친밀한 관계를 형성하는 능력 키우기.
   a. 내담자가 더욱 진실하게 관계를 맺을 수 있도록 대인관계에서의 괴로움과 개인적 괴로움을 분리하기.
   b. 내담자가 더욱 진실하게 관계를 맺을 수 있도록 친밀함, 가치 있음, 거절에 대한 두려움을 직면하기.

부부/가족 갈등을 위한 치료 계획 양식

▣ 상징적 경험주의 부부/가족치료 초기 단계

❖ 초기 단계 치료적 과업

1. 효과적인 치료적 관계 발전시키기. 다양성 주의: 문화, 성별 및 기타 유형의 관계 구축 및 정서 표현 방식들을 어떻게 존중할지 설명할 것.
   a. 각 참여자의 성장을 자극하는 상호적 관계를 형성하기 위해 치료자의 진정한 자기를 사용할 것.

2. 개인적, 체계적 및 광범위한 문화적 역동을 평가하기. 다양성 주의: 문화적 · 사회경제적 · 성적 지향, 성별, 그리고 기타 관련 규범에 근거하여 평가를 어떻게 조정할지 설명할 것.
   a. 개별화 수준, 갈등을 인내하는 능력, 문제 해결, 성적 취향, 충성심, 공감, 장난기, 문화 적응, 상징적 과정을 비롯한 정서적 과정을 평가할 것.
   b. 가족 내 경계, 외부 체계와의 경계, 역할 유연성, 동맹, 성역할 유연성, 세대를 초월하는 기준, 가족 '유령'을 비롯한 가족 역동을 평가할 것.

3. 치료 목표를 정의하고 치료 목표에 대한 내담자 동의 얻기. 다양성 주의: 내담자의 문화, 종교 그리고 다른 가치 체계로부터의 가치들과 부합되도록 목표를 어떻게 수정할지 설명할 것.
   a. 개인 성장을 촉진하는 목표를 확인하고, 부부/가족 응집력을 키우며, 그들의 상징적 세계를 확장할 것.

4. 의뢰 필요성, 위기 문제, 부수적 정보제공자 연락처, 그리고 내담자의 다른 욕구를 확인하기.
   a. 의뢰/자원/연락: 적절히 의뢰하고 부수적 정보제공자와 연락할 것.

❖ 초기 단계 내담자 목표

1. 관계 갈등을 줄이기 위해 진실한 감정을 견디고 표현하는 것을 향상하기.
   a. 놀이와 '열광'을 사용하여, 부부/가족이 진실한 감정을 느끼는 현재에 머무르도록 하기.
   b. 증상을 성장에 효과적이지 않은 시도라고 재정의 및 확장하고, 대안을 알아보기.

▣ 상징적 경험주의 개인치료 작업 단계

❖ 작업 단계 치료적 과업

1. 작업 동맹의 질 점검하기. 다양성 주의: 치료자가 은연중에 내담자의 문화적 배경과 일치하지 않는 표현이 섞인 개입을 할 때 이를 알 수 있는 내담자 반응에 어떻게 주의를 기울일지 설명할 것.
   a. 개입 평가: 치료자의 진정한 자기 활용에 대한 부부/가족의 반응을 점검하고 정기적으로 논의할 것.

2. 내담자 경과 점검하기. 다양성 주의: 경과를 평가할 때 문화, 성별, 사회 계층 및 기타 다양성 요소에 어떻게 주의를 기울일지 설명할 것.
   a. 개입 평가: 회기의 안과 밖에서 내담자의 진정한 자기 경험을 점검할 것.

❖ 작업 단계 내담자 목표

1. 갈등을 줄이기 위해 경직된 관계 패턴들을 줄이고, 경계를 명확히 하고, 역할 유연성을 키우기.
   a. 유머, 이야기, 직접적 직면을 활용하여 경직된 패턴을 정서적으로 직면하기.
   b. 경직된 패턴을 터무니없는 수준으로 과장함으로써 절망을 키우고 편차를 증폭시키기.

2. 갈등을 줄이기 위해 체계 내 차이와 갈등을 감내하는 능력을 키우기.
   a. 갈등과 관련된 두려움을 줄이기 위해 갈등과 차이에 대한 지금-여기 경험.
   b. 갈등과 거절에 대한 두려움을 과장하는 놀이와 '열광'.

3. 관계에 대한 시야를 넓힘으로써 갈등을 줄이기 위해 부부/가족의 상징적 세계의 폭과 유연성을 키우기.
   a. 부부/가족의 세계관을 확장하도록 돕는 부조리한 공상적 대안들.
   b. 가능하다고 생각하는 범위를 넓히기 위한 이야기, 자유 연상, 은유.

▣ 상징적 경험주의 부부/가족치료의 종결 단계

❖ 종결 단계 치료적 과업

1. 추후관리 계획을 세우고, 개선된 점 유지하기. 다양성 주의: 치료종결 이후 그들을 지지해 줄 그들이 속한 공동체의 자원을 어떻게 활용할지 설명할 것.
   a. 재발에 대한 두려움과 늘 행복하길 바라는 소망에 이의를 제기하고, 재발에 즐겁게 대응할 수 있는 방법을 알아보기.

◉ 종결 단계 내담자 목표

1. 갈등을 줄이고 안녕감을 높이기 위해 부부/가족의 응집력과 체계 내 진정한 자기표현을 키우기.
   a. 내담자가 더욱 진실하게 관계를 맺도록 대인관계에서의 괴로움과 개인적 괴로움을 분리하기.
   b. 내담자가 더욱 진실하게 관계를 맺도록 친밀함, 가치 있음, 거절에 대한 두려움을 직면하기.

2. 갈등을 줄이고 안녕감을 높이기 위해 각 구성원들이 현재의 감정을 느끼고 자기 자신을 진실하게 표현하는 능력을 향상하기.
   a. 긍정적 및 부정적 감정을 지금-여기에서 경험하기.
   b. 내담자가 생각해낸 놀이와 독창성을 일상생활에 적용하기.

내면가족체계치료

◎ 요약하기: 당신이 알아야 할 최소한의 것

내면가족체계치료는 모든 경험적 접근들과 공통적으로 인본주의적인 가정을 한다. 즉, 사람들은 건강한 핵심 자아를 가지며 치료는 이를 회복하는 것을 목표로 하며, 내면적 정서가 드러나는 순간에 내담자들이 이를 되돌아본다는 점에서 인본주의적 개입의 성향을 띤다. 그럼에도 불구하고 이는 구조적, 전략적, 세대 간, 이야기치료의 요소를 통합한 이론이다(Schwartz, 2001). 내면가족체계의 기본 전제는 각 개인의 내면세계가 가족체계처럼 기능하는 하나의 체계를 형성하는 여러 부분을 가지고 있다는 것이다. 그런 이유로 **내면**가족체계라 부른다. 각 개인의 내면세계는 다양한 **부분**(Satir와 Fritz Perls 같은 다른 경험적 치료자들이 사용한 용어)을 갖는다는 특징이 있다. 내적 부분을 논한 다른 이론가들과 달리, Schwartz는 이 부분들이 가족에게서 보이는 역동을 가진 일관된 체계로서 서로 연관된다는 이론을 제시한다. 따라서 가족 관계를 돕기 위한 개념화와 접근들은 개인의 다양한 부분들이 서로 보다 효과적으로 연관되도록 돕는다. 또한 각 개인은 핵심적인 **참자아**를 가지고 있으며 이는 비전, 연민, 자신감을 지닌 점에서 부분들과는 구별된다. 치료의 목표는 이 참자아가 여러 부분을 리드할 기회를 제공하는 것이다. 사람들이 트라우마, 가족 불균형, 또는 분열된 관계를 경험할 때, 부분들의 내면체계가 이에 대처하고자 **극단적인 역할**을 취한다. Schwartz는 부분들이 보이는 세 가지의 기본 패턴 혹은 역할을 알아냈는데, 이는 유배자(취약하여 억제되거나 숨겨진 부분), 관리자(잠재적인 위험으로부터 참자아를 지키고자 노력하는 부분), 소방관(위기 상황에 나타나는 부분)이다. 치료의 목표는 사람들이 부분들에 반응하는 식으로 대처하는 것에서 참자아가 주도하는 쪽으로 나아가도록 돕는 것이다. 이 모델은 섭식장애와 특히 성적 학대 생존자를 비롯한 트라우마 생존자에게 널리 활용되어 왔다(Schwartz, 1987).

◎ 핵심 내용: 중요한 기여점

당신이 이 장에서 기억할 것이 있다면, 그것은 다음과 같다.

■ 체계로서의 개인

독특한 접근인 내면가족체계 치료자는 개인을 가족체계와 유사한 방식으로 개념화하며, 자기 부분(self parts)으로 구성된 내면체계가 있다고 본다. 예를 들어, 정신분석학의 원초아 · 자아 · 초자아, 대상관계 이론의 내적 대상, 게슈탈트 이론의 잘려진 부분, Satir의 인간성장 모델의 부분 등과 같은 이론에서는 자아가 부분을 가지고 있는 것으로 개념화하였다. 그러나 어떤 접근도 이러한 부분을 위기에 대처하고(정적 피드백) 항상성을 유지하기 위해 함께 작동하는 하나의 체계로 개념화하지는 않는다. 따라서 가족체계 이론에서처럼 각 부분을 다른 부분과의 맥락에서 이해해야 한다. 예를 들어, 감정을 다루기 위해 잘려진 부분은 다른 부분들과 함께 고려해야 하며, 여기서 다른 부분들은 보통 취약하여 보호해야 하는 부분이다. 실제 가족과 마찬가지로, 내면가족체계의 부분들은 때로는 밀착되고 때로는 단절되는 경계를 가지며 연합을 형성한다. 내면가족체계 치료자들은 내담자가 본인의 부분들을 확인하는 것뿐만 아니라 부분들이 어떻게 함께 작동하는지 혹은 작동하지 않는지를 확인하는 방법을 배우도록 돕는다. 체계적 가족치료자의 비난하지 않고 병리화하지 않는 태도와 비슷하게, 내면가족체계 치료자들은 어떤 부분은 좋고 어떤 부분은 나쁘다고 보지 않는다. 대신 부분들은 내면가족체계에서 각자 중요한 역할을 수행한다. 치료자는 내담자가 이 복잡한 내적 관계들을 이해하고, 그 관계들을 부드럽게 움직이는 방법을 이해하도록 돕는다. 일반적으로, 유배자(잘려진 취약한 부분), 관리자(유배자를 억제하려고 노력하는 부분) 및 소방관(위기에서 활성화되는 부분)의 세 가지 유형의 부분들이 보인다. 가족체계와 달리, Schwartz는 내면체계를 솜씨 좋은 오케스트라 작곡가를 가진 것으로 비유한다. 이 오케스트라 작곡가는 가장 효과적으로 다른 부분들의 균형을 이루게 하는 자애롭고 호기심 많은 마음 상태인 **참자아**를 의미한다.

◎ 들리는 소문에 의하면: 관련된 사람들의 이야기

Richard Schwartz

Richard Schwartz는 임상 장면에서 자신에게 다양한 '부분'이 있다고 말하는 내담자들과의 작업을 통해 내면가족체계를 개발했다. 2000년도에 그는 치료자와 일반 대중에게 여러 수준의 훈련을 제공하는 참자아 리더십 센터(Center for Self Leadership)를 설립하였다.

◎ 관계 형성하기: 치료적 관계

■ 협동

내면가족체계 치료자는 모든 사람이 매우 유능한 자아를 가지고 있다는 가정을 기반으로 내담자와 함께 관계를 구축해 나가는 **협동적** 접근을 사용한다. 치료자의 임무는 이 참자아를 제한하는 것들을 없애는 것이다(Schwartz, 1995). 치료자는 내담자가 그들의 내면세계, 특히 더욱 취약한 부분들을 탐색할 수 있도록 안전한 환경을 만들고자 노력한다. 치료자는 개입의 시기와 방법에 관하여 내담자의 선택을 유도하고 이를 존중한다. 이 접근에서는 치료자와 내담자 모두가 변화에 대해 책임감을 가지며, 치료가 진전되기 위해서는 치료자와 내담자 모두가 각자의 몫을 해야 한다.

■ 치료자 부분들

다른 경험적 접근들과 마찬가지로 치료자의 참자아는 치료를 성공으로 이끄는 핵심 요소이다. 내면가족체계에서 이는 치료자가 자신의 부분들에 대해 잘 알고 있고 반응적인 부분들보다는 보다 현명한 참자아로 스스로를 이끌어 가는 방법을 터득함을 의미한다. Schwartz(1995)는 치료자의 치료 효과를 저해하는 몇 가지 흔한 치료자의 부분을 설명한다.

- **노력하는 관리자**: 급격한 변화를 원하는 치료자의 부분들로, 이 부분들은 매우 지시적이거나 강압적일 수 있다.
- **인정받고자 하는 관리자**: 사랑받고 존중받는 것에 대해 걱정하는 치료자의 부분들이다.
- **비관적인 관리자**: 이 부분들은 치료가 계획에 따라 진행되지 않을 때 비난하거나 포기하고 싶어 한다.
- **보살피는 관리자**: 내담자가 자기와의 싸움을 하도록 두지 못하고 내담자 대신 과잉기능하여 내담자를 구출하고자 하는 치료자의 부분들이다.
- **화가 난 부분들**: 내담자의 요구로 인해 부담을 느끼는 치료자의 부분들이다.
- **상처받은 부분들**: 내담자의 고통을 과하게 공감하는 치료자의 부분들이다.
- **평가하는 부분들**: 체중, 관계 등 다양한 특징에 비판적이어서 타인의 그러한 부분들을 참지 못하는 치료자의 부분들이다.

■ 전이 및 역전이

내면가족체계 치료자는 내담자가 어떻게 치료자를 내담자에게 영향을 준 과거의 누군가인 것처럼 대하는지(전이), 또는 치료자가 어떻게 자신의 다른 관계에 근거하여 내담자를 대하는지(역전이)를 설명하기 위해 전이와 역전이의 정신역동적 개념을 적용했다(Schwartz, 1995). 그러나 내면가족체계에서는 내담자 그 자체가 아니라 **내담자의 한 부분**이 과거의 외상에 근거하여 치료자를 대한다고 가정하며, 본질적으로 이러한 부분은 시간이 흘러도 변화되지 않고 멈춰 있다. 이러한 일이 치료자에게도 발생할 수 있기 때문에 치료자 또한 스스로의 부분들을 잘 아는 것이 중요하다.

◎ 조망하기: 사례개념화와 평가

■ 참자아

내면가족체계에서 **참자아**는 의식이 있는 곳이고 내면가족체계의 리더로 간주된다. 참자아는 태어날 때부터 존재하며 자비, 관점, 호기심 및 수용에 타고난 능력을 가진다(Schwartz, 1995, 2001). 참자아는 마음챙김에서(제8장 참조) 관찰하는 마음과 유사한 무한한 의식 상태이자 적극적이고 자비로운 내면의 리더이다. 참자아가 이끌 때 내면에 균형과 조화가 이뤄진다. 가장 근본적으로 부분들은 참자아를 보호하는 역할을 한다. 즉, 외상이나 위기의 경우에 부분들은 참자아를 보호하기 위해 참자아의 리드를 없앤다.

■ 부분들: 유배자, 관리자, 소방관

치료자는 내담자의 균형이 깨진 내면체계를 개념화할 때 **부분들** 혹은 하위 성격을 유배자, 관리자, 소방관의 세 가지 유형으로 구별한다. Schwartz(1995, 2001)는 대부분의 내담자가 치료 과정에서 5~15개의 부분을 찾아낸다고 추정한다. 이러한 부분들은 상이한 나이, 능력, 태도 및 욕구를 가진 내면의 사람들로 개념화되며, 이들이 모여 가족 또는 부족을 이룬다. 또한 부분들의 다양성은 사람 마음의 본질로 여겨진다. 그러나 외상이나 다른 부담으로 인해, 이 부분들은 극단적인 역할을 맡고 균형을 잃게 된다. 일부 부분이 고통스러운 행동이나 생각과 관련되어 있더라도 모든 부분은 가치 있고, 건설적인 잠재력을 지닌 것으로 간주된다. 치료의 목표는 참자아 리더십을 가능케 함으로써 이 부분들이 보다 균형을 이루도록 돕는 것이다.

■ 유배자

유배자는 사랑스럽지 못한 것에 대한 수치심, 죄책감 또는 두려움으로 인해 갇혀 버린 부분을 의미한다(Schwartz, 1995, 2001). 이 집단은 억압되어 있으며, 결코 의식으로 나오지 못한다. 물론 이 부분들을 억누르려고 하면 할수록 더 빠져나가고 싶어 한다(체계적 역동이 다시 일어난다). 유배자는 과거의 고통스러운 기억 속에 멈춰 있기 때문에 어떻게 할 수가 없다. 그렇기 때문에 유배자는 갇혀 있을 수밖에 없다. 이 부분들은 사랑과 수용을 조금이라도 얻을 수 있다면 무엇이든 하며, 폭력적인 관계라도 마다하지 않는다.

■ 관리자

관리자는 항상 안전을 생각한다. 유배자가 탈출하여 강력하고, 고통스러운 감정에 휩싸이지 않도록 유배자를 감금하는 임무를 갖는다. 또한 남은 체계를 유배자로부터 보호하고, 유배자 자체를 보호하는 일을 한다. 관리자의 엄격함이나 혹독함은 지각된 위협이 얼마나 심각한지에 달려 있다. 그러므로 대부분의 사람은 각자의 방식대로 여러 가지 유형의 관리자를 갖는다. 흔하게 나타나는 관리자 유형은 다음과 같다.

- **통제자**: 아주 가벼운 위험조차 피하기 위해 모든 상황과 관계를 통제하려는 부분.
- **평가자/완벽주의자**: 다른 사람들을 기쁘게 함으로써 안전을 보장하기 위해 외모와 행동에 대해 완벽주의자인 부분.
- **의존적인 자**: 다른 사람들의 도움과 보호를 받으며 안전해지려는 부분.
- **수동적 비관주의자**: 위험을 회피함으로써 안전해지려는 부분.
- **보살피는 자**: 특히 여성에게 권유되며, 종종 스스로를 희생시키면서 모든 사람을 행복하게 하려는 부분.
- **파수꾼**: 있을지도 모르는 위험을 항상 경계하는 부분.
- **부인하는 자**: 위험한 정보나 피드백으로부터 개인을 보호하기 위해 현실을 왜곡함으로써 안전

해지려는 부분.

- **권리 있는 자**: 남성에게서 흔히 발견되며, 다른 사람이 어떠할지는 상관없이 원하는 것을 얻음으로써 안전해지려는 부분.

■ 소방관

관리자가 유배자를 안전하게 숨기지 못할 때, 소방관은 위험한 이미지, 정서, 감각을 억누르기 위해 구조하러 온다. 이 부분들은 유배자가 활성화될 때 자동적으로 촉발되고 강력하게 반응한다. 소방관의 전략으로는 자해, 약물 남용, 폭식, 위험한 성행위와 같은 극단적인 행동이 있다. 이처럼 사람은 종종 감각을 마비시키면서도 강렬하게 할 수밖에 없는 행위에 빠진다. 소방 활동으로는 멍해질 정도의 분노, 감각적 탐닉, 자살 사고가 있다. 이들이 촉발될 때 내담자는 가장 심각한 '증상'을 보이고, 치료자는 늦은 밤에 위기 전화를 받을 가능성이 높다. 소방관과 관리자는 유배자를 적절한 장소에 잡아 두는 동일한 목적을 가지고 있지만, 이 둘은 매우 다른 방법을 사용하기 때문에 종종 둘 사이에 갈등이 발생한다.

■ 양극화

양극화는 참자아를 보호하기 위해 참자아가 아닌 부분이 리더십을 발휘할 때 생기는 일을 설명한다(Schwartz, 1995). 외상이나 다른 부담에 반응하기 위해 한 부분이 극단적인 역할을 맡으면, (여느 체계에서든 흔히 그렇듯이) 다른 부분은 저항하거나 반대 역할을 해야 한다. 양극화는 자기확증적인 경향이 있어서 취약함을 느낄수록 더 극단적인 보호 조치를 필요로 하며, 이러한 악순환이 반복된다. 또한 양극화는 부분들이 합쳐져 다른 부분들과 경쟁하는 연합으로 이어질 수 있다(예: 다양한 관리자의 부분이 소방관을 저지하기 위해 협력함).

■ 외부 가족체계 불균형

내면가족체계 치료자는 내면가족체계를 평가하는 것 이외에도 외부의 '실제' 가족체계 또한 평가한다. 가족을 평가할 때, 치료자는 다음을 고려한다.

■ 부담과 제약된 발달

가족들은 여러 가지 유형의 부담과 제약을 경험할 수 있고, 이들 모두 체계의 균형을 깨트려서 구성원들이 극단적인 생존 역할을 취하도록 한다. 첫째, **외상 부담**은 여러 가지 형태로 나타날 수 있는데, 가장 흔한 형태로는 학대나 갑작스러운 상실이 있다. 둘째, 가족이 사회에서 가치 있게 여기는 성공의 기준을 만족시킬 것을 요구하는 **환경 부담**은 아이가 부모의 인정을 원할 때 경험하는 것과 동일한 부담을 만들어 낸다. 셋째, **물려받은 부담**이란 한 세대에서 다음 세대로 대물림되는 수치심, 완벽주의, 좋은 성과에 대한 기대치 등의 가치관과 신념을 의미한다. 넷째, **발달 부담**은 가족생활 단계의 요구 및 죽음이나 출생 등의 예상치 못한 사건들에 적응할 때의 어려움을 의미한다. 마지막으로,

만성 질환, 가난 혹은 장애와 같은 **실제적 부담**은 가족의 기능을 제한할 수 있다.

■ 불균형

가족 기능에서 평가되는 또 다른 측면은 영향력(누가 의사결정을 내리는지), 자원(신체적 및 정서적), 책임감(가사 및 부양), 경계(누가 누구와 접촉하는지)의 균형 또는 불균형의 상대적인 수준이다. 이 요소들이 구성원들 사이에 동일하게 분포될 필요는 없지만, 모든 구성원에게 건강한 수준의 적절한 균형이 필요하다.

■ 가족 화합

내면가족체계 치료자들은 내면체계의 화합을 평가하듯 가족의 화합 또한 평가한다. 화목한 가족은 응집력 있으며, 유연하고, 소통이 원활하며, 모든 구성원에게 지지적인 모습을 보인다. 그와 반대로 가족들이 부담을 느끼고 균형을 잃는 경우, 종종 양극화되어 가족 수준의 유배자, 관리자, 소방관의 역할을 취한다.

■ 리더십

마지막으로 내면체계가 **참자아**로 불리는 효과적인 관리자를 필요로 하는 것처럼 가족 또한 효과적인 리더십을 필요로 한다. 효과적인 가족 리더십은 자원과 책임의 균형, 구성원 간에 건강한 경계, 모든 구성원을 향한 애정 어린 보살핌, 정체성과 비전의 공유를 낳는다. 비효율적인 리더십은 **포기한 리더십**(지도자가 부담에 압도되어 포기함), **양극화된 리더십**(지도자들이 양극화됨), **신임을 잃은 리더십**(지도자가 존경을 잃음), 또는 **편파적 리더십**(지도자가 일부 구성원을 편애함)의 모습을 보인다.

■ 두 사람 사이의 부분들 패턴

관계를 맺고 있는 개인의 부분들 간의 관계를 평가할 때, 내면가족체계 치료자는 양극화와 밀착의 패턴을 확인한다. 흔히 보이는 패턴은 다음과 같다.

- **관리자-관리자 양극화**: 관리자-관리자 갈등은 두 사람이 참자아 리더십이나 다른 부분들로 관계를 맺지 않고, 각자가 하나 이상의 관리자들로 관계를 맺을 때 발생한다. 이러한 양극화는 전형적으로 갈등이나 냉전 상태의 특징을 보인다.
- **관리자-유배자 양극화**: 관리자-유배자 양극화는 한 사람이 자신의 고통스러운 유배자에게 압도되고, 다른 한 사람은 상대방을 보살피고 억누르기 위해 관리자로 반응할 때 발생한다. 이는 유배자 부분이 더욱 필사적이게 되고 관리자 부분이 갇혀 있다고 느끼거나 보살피는 것에 화가 남에 따라 상황이 심각해지고, 결국 관리자-관리자의 양극화로 이어질 수 있다.
- **관리자-소방관 양극화**: 대부분의 문제가 있는 가정이 극단적인 관리자에 의해 지배되기 때문에 약간의 소방관 활동으로도 다른 관리자의 즉각적인 통제 행동이 발생한다. 이는 10대의 반항

적 행동과 이를 점점 더 심한 처벌로 관리하려고 애쓰느라 정신없는 부모로 대표된다.

- **부분들 간의 밀착:** 이는 한 사람이 자신의 유배자 부분들을 관리하고 진정시키기 위해 타인에게 의지할 때 흔히 발생하며, 네 가지 형태를 보인다.
  - 사람 A는 B가 자신의 유배자를 돌보게 하고자 애쓴다.
  - 사람 A는 B로부터 원하는 자질을 얻고자 애쓴다.
  - 사람 A는 B를 자신이 무가치하다는 느낌으로부터 구원해 주는 사람으로 의지한다.
  - 사람 A는 B가 무엇을 잃거나 해를 입을까 봐 두려워한다.

◎ 변화를 겨냥하기: 목표 설정

■ 참자아-리더십

내면가족체계에서 건강한 기능은 참자아-리더십으로 정의된다. 즉, 참자아는 내면체계의 부분들을 조직한다. 참자아-리더십이 실현될 때 부분들은 사라지는 것이 아니라 우울, 자해, 불안 등의 문제적 증상으로 이어지는 극단적이고 양극화된 역할을 맡지 않는 것이다. 부분들은 보다 유연해지고, 문제 해결을 돕기 위해 협력하거나, 잠재적인 위험과 기회를 알아내는 일 등의 가치 있는 역할을 하면서 도움이 된다. 한 부분은 안전을 추구하고 다른 부분은 모험을 추구하는 등 부분들이 충돌할 때는 참자아가 나서서 효과적으로 중재한다. 그러나 참자아-리더십이 있을 때 부분들은 조화롭게 작동하기 때문에 쉽게 눈에 띄지 않는다.

◎ 행동하기: 개입

■ 부분들의 언어 소개하기

치료 초기의 어떤 시점에서 치료자는 내담자에게 '부분들의 언어'를 소개할 것이다(Schwartz, 1995). 예를 들어, "그렇다면 당신에게는 관계를 유지하기를 원하는 부분과 당신이 진정으로 관계를 원하는 것인지 확신하지 못하는 부분이 있는 것 같군요."와 같이 대개 내담자가 말한 것을 요약하고 반영한다. 대부분의 내담자는 서로 다른 부분들이 항상 같은 의견을 갖지는 않는다는 것에 공감한다. 몇몇 사람은 '자신의 나쁜 부분'이 자기 자신의 전부가 아니라는 것만으로 안도감을 느낀다. 또 다른 사람들은 문제가 보다 다룰 만한 것으로 느껴져 "나는 나의 한 부분만 바꾸면 돼."라며 새로운 희망을 갖는다. 부분들의 언어를 소개하는 몇 가지 일반적인 방법은 다음과 같다.

- **부분들의 언어를 사용하여 상충되는 감정들을 요약하고 반영하기:** "그렇다면 당신에게는 원하는 만큼 당신을 인정해 주지 않는 부모님에 대해 화가 난 부분이 있고, 한편으로는 부모님의 인정을 얻기 위해 여전히 열심히 노력하는 부분도 있군요."
- **내면의 대화와 상충될 수 있는 생각들/감정들에 대해 질문하기:** "당신이 슬플 때 내면의 자신에게 뭐

라고 말하나요? (내담자가 대답함.) 아, 당신의 한 부분은 X라고 말하는군요. 이것에 대해 당신은 반박해 본 적이 있나요?"

Schwartz(1995)는 부분들의 언어가 치료자에게 자연스러울 때 내담자 역시 편안해한다고 말한다. 그러나 치료자가 너무 경직되거나, 자신감이 없거나, 너무 이른 시기에 언어를 도입하려 할 때 내담자가 저항할 수 있다.

내담자가 부분들의 언어에 편안해지면, 치료자는 대개 내면가족체계 모델에 대해 보다 더 구체적으로 설명해 준다.

> 제가 당신의 감정이나 생각을 설명할 때 '부분들'이라는 용어를 사용하는 것을 알아차리셨을 겁니다. 저는 우리 모두가 내면에 서로 우위를 차지하려고 싸우는 수많은 인격체를 가지고 있다고 믿기 때문에 이 용어를 사용합니다. 이들이 싸우고 있을 때 마치 통제할 수 없는 느낌이 들지 않나요? 그리고 가끔은 한 부분이 커져서 당신이 원하지 않는 행동이나 말을 하게 만들지는 않나요? 자, 저는 당신의 그 부분들이 가끔은 극단적이고 파괴적일지라도 그것들은 모두 당신에게 도움이 되고자 그렇게 한다고 생각합니다. 저는 당신의 각 부분이 선호하는 역할을 맡아 서로 잘 어울릴 수 있도록 돕고, 당신이 부분들을 건강하게 통제할 수 있도록 돕는 방법을 아는데, 어떠세요? 관심이 있으신가요?
>
> – p. 92

■ 내면관계 평가하기

부분들의 언어를 성공적으로 소개한 이후 치료자는 내담자의 내면관계를 도식화하도록 돕는다. 진행하기에 앞서 내담자와 치료자는 내담자의 내적 생태계에 대해 보다 잘 이해해야 한다. 일반적으로 치료자는 두 가지의 기본적인 관계 유형인, ① 참자아와 부분들의 관계, ② 부분들 간의 관계를 추적하고자 한다.

참자아와 부분들의 관계 평가하기

치료자는 다음의 질문을 통해 참자아와 부분들의 관계를 도식화할 수 있다.

- 당신은 자신의 이 부분에 대해 어떻게 느끼나요?
- 당신은 이 부분이 왜 그렇게 한다고 생각하나요?
- 당신은 이 부분의 목소리를 얼마나 자주 듣나요?
- 당신은 이 부분에 얼마나 영향을 미치고, 이 부분은 당신에게 얼마나 영향을 미치나요?
- 이 관계를 어떻게 변화시키고 싶으시나요?
- 어디, 언제, 누구에 의해서 이 부분이 활성화되나요?
- 이 부분이 활성화되면 당신에게 어떤 영향을 미치나요?
- 당신은 그것을 진정시키거나 분리할 수 있나요?

부분들 간의 관계 평가하기

- 이 두 부분이 서로에 대해 어떻게 느끼고, 영향을 주며, 활성화한다고 생각하세요?
- 왜 그것들은 이러한 관계를 가질까요?
- 그들이 더 잘 지내려면 어떤 도움이 필요할까요?

Schwartz(1995, pp. 93-94)에서 각색

부분들을 변화시키는 작업을 할 때, Schwartz는 두 가지 지침을 제공한다.

① 극단적인 부분을 바꾸고자 할 때, 체계의 항상성을 유지하기 위해 양극화된 부분도 동시에 변화시켜야 한다(예: 자해하는 부분이 가장 큰 문제를 일으킬 수 있지만, 치료자는 그 부분이 보호하고자 하는 부분도 탐색하여 함께 변화시켜야 한다).

② 부분들이 참자아의 리더십을 신뢰하도록 당신이 도울 수 있다면, 그게 무엇이든 도움이 될 것이다(예: 부분들은 참자아가 다른 부분들이 통제하지 않게 해 줄 거라고 믿는다).

■ 융합 제어하기

관리자와 소방관 부분들은 유배자가 체계를 지배할 것이라는 두려움을 가진 채 구성된다. 다시 말해, 유배자가 참자아와 융합되어 참자아가 통제력를 잃는 것이다. 따라서 유배자 부분을 효과적으로 작업하기 위해 치료자와 내담자는 융합을 제어함으로써 관리자와 소방관이 활성화되지 않도록 해야 한다. 이를 위해, 내면가족체계 치료자는 유배자 부분들이 융합하고 싶겠지만, 그럴 경우 참자아가 유배자 부분을 보호할 수 없기 때문에 그것이 최선책은 아니라고 유배자 부분들에게 설명한다. Schwartz(1995)는 이것이 대개 효과가 있다고 말한다. 부분들과 자아의 준비가 완료되면, 치료자는 내담자의 참자아에게 관리자가 방해하게 두지 말고 유배자에게 다가가 참자아가 압도감을 느끼면 멈추라고 요청한다. 그러고 나면 치료자는 내담자의 참자아가 개입하여 어린아이 같은 유배자들이 상처받은 이유와 보다 안전하다고 느끼도록 돕는 방법을 유배자들이 배우도록 돕는다. 또한 치료자는 이따금씩 관리자들이 관련되어 있는지를 알고자 관리자들과 대화를 나눈다.

■ 내부 조망과 이미지

일단 내담자가 부분들의 언어와 친숙해지고 부분들에 대해 작업하고 싶어 하면, 치료자는 공식적으로 내부 조망(내면을 볼 수 있는 것과 마찬가지로)이라 불리는 과정인 부분의 이미지 그리기를 돕는다. 시각적 이미지는 종종 내담자가 부분들을 보다 구체화하고, 부분들과 보다 잘 관계 맺도록 돕는다. 치료자는 내담자가 자신의 부분들의 이미지를 알아내도록 돕는다.

당신이 어떻게 경험하건 간에 당신의 그 부분에 집중해 보세요. 만약 그것이 감정이라면, 감정에 집

> 중하세요. 만약 그것이 사고방식이나 내면의 목소리라면, 그것에 집중하세요. 만약 그것이 당신 몸의 어떤 곳에 있는 감각인 것 같다면, 그곳에 집중해 보세요. 당신이 이 부분에 집중할 때 당신에게 떠오르는 이미지가 있는지 살펴보세요. 굳이 떠올리려고 애쓰지는 말아요. 그 부분이 스스로 당신에게 보여 줄 때까지 천천히 기다려 보세요……. 만약 당신이 어떤 이미지도 얻지 못한대도 괜찮아요. 왜냐하면 당신이 그 부분을 보지 않고도 우리는 이것을 할 수 있으니까요.
>
> – p. 114

■ 공간 기법(The room technigue)

기법은 내담자가 압도적이거나 이해하기 어려운 부분과 처음 마주할 때 사용된다. 이 기법에서 치료자는 내담자에게 그 부분을 다른 분리된 공간에 넣고, 문을 닫고(필요하다면 잠그고), 창문을 통해 그 부분을 관찰할 것을 제안한다.

> 가서 화가 난 부분을 방에 따로 넣고 문을 닫으세요. 그러고 나서 창문을 통해 관찰해 보세요. 어떤 것이 보이나요? 부분이 뭔가 말을 하나요?

이 기법은 구조적 치료자가 가족과 함께하는 것(제5장 참조)과 유사한 일종의 경계 만들기이다. 이렇게 안전한 거리에서 대부분의 내담자는 공간 속 부분에 대해 연민, 호기심, 수용을 경험하기 시작한다.

■ 직접적 접촉

게슈탈트치료의 빈 의자 작업과 유사한 내면가족체계의 직접적 접촉은 치료자가 부분들과 직접 이야기를 나누는 것이며, 종종 내담자가 부분을 바꿔가며 말할 때마다 의자를 바꾼다(한 부분당 하나의 의자). 이 접근은 이미지를 그리는 것을 어려워하는 내담자에게 특히 유용하다. 직접적 접촉에서는 치료자가 부분들과 직접적으로 상호작용하는 반면, 내부 조망 작업에서 내담자가 이미지로 된 부분과 상호작용해야 한다. 내부 조망 작업의 장점 중 하나는 치료자와 내담자가 종종 이러한 내면의 부분들 및 부분들 사이의 관계에 대해 놀라운 광경을 목격할 수 있다는 것이다. 즉, 때때로 내담자의 어조와 버릇에서 중요한 변화가 나타나곤 한다. 직접적 접촉은 내부 조망과 함께 또는 내부 조망 작업 없이 활용된다.

◎ 조합하기: 사례개념화와 치료 계획 양식

■ 이론 특정적 사례개념화의 영역

- **참자아 리더십:** 내담자의 참자아 리더십의 역량과 빈도를 설명하고, 이것이 가장 흔히 나타나는 시기와 관계를 언급할 것.

- **부분들**: 유배자, 관리자, 소방관.
  - **유배자**: 유배자 부분들을 설명할 것.
  - **관리자**: 다음과 같은 관리자 부분들을 설명할 것. 통제자, 평가자/완벽주의자, 의존적인 자, 수동적 비관주의자, 보살피는 자, 파수꾼, 부인하는 자, 자격을 가진 자.
  - **소방관**: 소방관 및 그들의 위기 행동들을 설명할 것.
- **양극화**: 맥락, 관계 등을 언급하면서 양극화의 패턴을 설명할 것.
- **외부 가족체계 불균형**
  - **부담과 제약된 발달**
  - **불균형**
  - **가족 화합**
  - **리더십**
- **두 사람 사이의 부분의 패턴**: 사람들 사이에 문제가 되는 부분의 패턴을 설명할 것. 일반적인 패턴은 다음과 같다.
  - 관리자–관리자 양극화
  - 관리자–유배자 양극화
  - 관리자–소방관 양극화
  - 부분 간의 밀착

트라우마를 겪는 개인을 위한 치료 계획 양식

▣ IFS 개인치료 초기 단계

❖ 초기 단계 치료적 과업

1. 효과적인 치료적 관계 발전시키기. 다양성 주의: 문화, 성별 및 기타 유형의 관계 구축 및 정서 표현 방식들을 존중하는 데 익숙해질 것.

   관계 구축 접근/개입

   a. 치료자의 부분이 아닌 참자아의 위치에서 내담자와 관계하며 내담자와의 협력적 관계를 발전시키기.

2. 개인적, 체계적 및 광범위한 문화적 역동 평가하기. 다양성 주의: 문화적 · 사회경제적 · 성적 지향, 성별 그리고 기타 관련 규범에 근거하여 평가를 조정할 것.

   평가 전략들

   a. 내담자의 구체적인 유배자, 관리자 및 소방관 부분들을 확인하고, 내면체계의 양극성을 알아낼 것.

   b. 외부 가족체계의 불균형, 부담, 화합의 수준, 리더십의 질을 평가할 것.

3. 치료 목표를 정의하고 치료 목표에 대한 내담자 동의 얻기. 다양성 주의: 내담자의 문화, 종교 그리고

다른 가치 체계로부터의 가치들과 부합되도록 목표를 수정할 것.

a. 부분들의 언어를 소개하고 내담자의 참자아 리더십을 어떻게 늘릴 것인지에 대한 의견을 같이할 것.

4. 의뢰 필요성, 위기 문제, 부수적 정보제공자 연락처 및 내담자의 다른 욕구를 확인하기.

a. 자해, 약물 남용과 같은 위기 행동과 연관될 수 있는 소방관 부분들을 확인할 것.

b. 의뢰/자원/연락처: 위기관리에 도움이 되는 자원을 제공할 것.

❖ 초기 단계 내담자 목표

1. 자해 및 압도되는 느낌을 줄이기 위해 소방관과 유배자 사이의 양극성을 줄이기.

a. 트라우마 및 위기 증상들과 관련된 내적 갈등을 설명하기 위해 부분들의 언어를 소개할 것.

b. 소방관을 진정시키기 위해 내부 조망 이미지를 도입하고 참자아 리더십에 대한 신뢰를 높임으로써 유배자의 안전감을 향상할 것.

■ IFS 개인치료 작업 단계

❖ 작업 단계 치료적 과업

1. 작업 동맹의 질 점검하기. 다양성 주의: 치료자가 은연중에 내담자의 문화적 배경과 일치하지 않는 표현이 섞인 개입을 할 때 이를 알 수 있는 내담자 반응에 어떻게 주의를 기울일지 설명할 것.

a. 개입 평가: 부분들의 언어와 선택된 개입이 의미 있고 적절한지 확인하기 위해 내담자의 반응에 주의를 기울일 것.

2. 내담자 경과 점검하기. 다양성 주의: 경과를 평가할 때 문화, 성별, 사회 계층 및 기타 다양성 요소에 주의를 기울일 것.

a. 개입 평가: 참자아 리더십의 빈도와 양극화의 감소에 주의를 기울일 것.

❖ 작업 단계 내담자 목표

1. 플래시백, 과각성, 침입적 기억을 줄이기 위해 참자아와 유배자 부분들 간의 지지적인 접촉을 늘리기.

a. 내담자가 억압된/유배된 사고, 감정 및 기억을 안전하게 경험할 수 있도록 융합을 제어할 것.

b. 안전감을 형성하는 방법을 보다 잘 이해하기 위해 참자아와 유배자 간의 관계를 평가할 것.

2. 절망감과 무력감을 줄이기 위해 트라우마 경험과 관련된 부분들의 양극성을 줄이기.

a. 대화와 이해를 돕기 위해 양극화된 부분들에 대한 직접적 접촉

b. 내담자가 참자아 리더십의 위치에서 양극화된 부분들에 관여하도록 돕기 위해 공간 기법과 함께 내부 조망 이미지를 도입할 것.

3. 불안과 우울 증상을 줄이기 위한 균형감을 유지하도록 관리자 부분들의 사용을 줄이기.

a. 유배자 부분들을 억누르기 위한 관리자들에 대한 의존을 줄이기 위해 부분들 간의 관계 및 참자아와 부분들의 관계를 평가할 것.

b. 참자아 리더십에 대한 신뢰를 높이기 위해 관리자 부분들이 열심히 일할 필요가 없음을 안심시키기 위해 직접적 접촉과 내부 조망 이미지를 도입할 것.

▣ IFS 개인치료 종결 단계

❖ 종결 단계 치료적 과업

1. 추후관리 계획을 세우고, 개선된 점 유지하기. 다양성 주의: 치료 종결 이후 내담자를 지지해 줄 공동체의 자원을 어떻게 활용할지 설명할 것.
   개입
   a. 참자아 리더십을 지탱하는 행동, 관계, 선택을 확인할 것.

❖ 종결 단계 내담자 목표

1. 무력감을 줄이고 지지적인 타인들과의 안전한 유대감을 향상하기 위해 외부 가족의 불균형(부담, 불균형, 화합 또는 리더십 문제를 명시할 것)을 줄이기.
   a. 개인의 부분들이 어떻게 상호작용하는지 탐색하고, 구성원들이 참자아 리더십의 위치에서 관계 맺을 수 있는 대안적 행동을 알아내기 위한 부부/가족 회기
   b. 관계적 불균형과 불균형을 형성하는 데 부분들이 어떻게 영향을 미치는지를 알아내고 이에 대한 대안을 탐색하기.
2. 우울, 불안, 재발 가능성을 줄이기 위해 직장과 사회적 환경에서 참자아 리더십을 유지하는 능력을 향상하기.
   a. 직장과 사회적 환경에서 참자아 리더십을 높이는 방법을 논의하기 위한 부분들과의 직접적 접촉
   b. 직장과 사회적 환경에서 부분들 사이의 관계 및 참자아와 부분들 사이의 관계를 평가할 것.

부부/가족 갈등을 겪는 부부를 위한 치료 계획 양식

▣ IFS 부부/가족치료 초기 단계

❖ 초기 단계 치료적 과업

1. 효과적인 치료적 관계 발전시키기. 다양성 주의: 문화, 성별 및 기타 유형의 관계 구축 및 정서 표현 방식들을 어떤 방법으로 존중할 것인지를 설명할 것.
   a. 치료자의 참자아의 위치에서 관여하면서 부부/가족의 구성원들, 특히 그들의 관리자 부분들과 협력적인 관계를 발전시킬 것.
2. 개인적, 체계적 및 광범위한 문화적 역동 평가하기. 다양성 주의: 문화적 · 사회경제적 · 성적 지향, 성별 그리고 기타 관련 규범에 근거하여 평가를 어떻게 조정할지 설명할 것.
   a. 각 개인의 구체적인 유배자, 관리자, 소방관 부분들을 확인하고 부부/가족 갈등과 가장 밀접하게 관련된 양극성을 확인할 것.
   b. 관계 불균형, 부담, 화합 수준, 리더십의 질뿐만 아니라 부부/가족 구성원들 간의 부분 연쇄 과정을 추적할 것.
3. 치료 목표를 정의하고 치료 목표에 대한 내담자 동의 얻기. 다양성 주의: 내담자의 문화, 종교 그리고

다른 가치 체계로부터의 가치들과 부합되도록 목표를 어떻게 수정할지 설명할 것.

a. 내담자 각자의 편안한 속도에 맞춰 부분들의 언어를 소개하고, 보다 만족스러운 관계를 위한 부부/가족의 참자아 리더십 향상 방법에 대한 의견을 같이할 것.

4. 의뢰 필요성, 위기 문제, 부수적 정보제공자 연락처, 그리고 내담자의 다른 욕구를 확인할 것.
   a. 위기 행동 및 가장 심각한 다툼과 관련될 수 있는 소방관 부분들을 확인할 것.
   b. 의뢰/자원/연락처: 위기관리에 도움이 되는 자원을 제공할 것.

❖ 초기 단계 내담자 목표

1. 부부 갈등을 줄이기 위해 발달, 트라우마, 유산 또는 제약 환경과 관련된 것들을 비롯한 부부/가족 부담의 영향력을 줄이기.
   a. 부담의 원인 및 연관된 관계적 불균형을 확인할 것.
   b. 부분들의 언어를 도입하여 각 내담자의 내적 생태계를 도식화하고, 이 부분들의 언어가 관계적 갈등과 어떻게 관련되는지를 도식화할 것.

■ IFS 부부/가족치료 작업 단계

❖ 작업 단계 치료적 과업

1. 작업 동맹의 질 점검하기. 다양성 주의: 치료자가 은연중에 내담자의 문화적 배경과 일치하지 않는 표현이 섞인 개입을 할 때 이를 알 수 있는 내담자 반응에 어떻게 주의를 기울일지 설명할 것.
   a. 부분들의 언어와 선택된 개입이 의미 있고 적절한지 확인하기 위해 각 개인의 반응을 살펴볼 것.

2. 내담자 경과 점검하기. 다양성 주의: 경과를 평가할 때 문화, 성별, 사회 계층 및 기타 다양성 요소에 어떻게 주의를 기울일지 설명할 것.
   a. 각 내담자의 참자아 리더십의 빈도와 양극화의 감소를 살펴볼 것.

❖ 작업 단계 내담자 목표

1. 갈등을 줄이기 위해 관계적 체계에서 양극화된 패턴(유형을 명시할 것)과 밀착(대상이 누구인지 명시할 것)을 감소시키기.
   a. 내적 갈등 및 부분들이 어떻게 부부/가족이 경험하는 외적 갈등과 관련되는지를 설명하고 부분들 사이의 휴전을 협상할 것.
   b. 각 내담자의 관리자가 치료 과정을 신뢰할 수 있도록 내부 조망 이미지를 도입하고, 관계에서의 안전감을 높이기 위해 유배자의 안전감을 높일 것.

2. 갈등을 줄이고 관계에서의 만족감을 높이기 위해 배우자/가족 구성원 각자가 참자아 리더십의 위치에서 타인과 관계 맺는 능력을 향상하기.
   a. 각 개인이 유배된 사고와 감정을 안전하게 경험하고 전달할 수 있도록 융합을 제어할 것.
   b. 각 개인의 내적 역동이 부정적인 상호작용 패턴에 어떤 영향을 미치는지를 파악하고, 부부가 참자아 리더십의 위치에서 관계를 맺음으로써 이를 변화시키도록 도울 것.

3. 갈등을 줄이기 위해 부부/가족체계 내 효과적인 리더십을 향상하기.

a. 양극화된 부분들의 대화와 이해를 촉진하기 위한, 혹은 이 양극화된 부분들이 비효율적인 리더십에 어떤 영향을 미쳤는지를 알기 위한 직접적 접촉

b. 참자아 리더십의 위치에서 양극화된 부분들에 관여하도록 돕기 위해 공간 기법과 함께 내부 조망 이미지를 도입할 것.

■ IFS 부부/가족치료 종결 단계

❖ 종결 단계 치료적 과업

1. 추후관리 계획을 세우고, 개선된 점 유지하기. 다양성 주의: 치료 종결 이후 내담자를 지지해 줄 공동체의 자원을 어떻게 활용할지 설명할 것.
   a. 참자아 리더십을 지탱하는 관계, 공동체, 선택을 확인할 것.

❖ 종결 단계 내담자 목표

1. 갈등을 줄이고 자신감을 높이기 위해 확대가족 및 관계적 체계에서의 불균형(부담, 불균형, 화합 또는 리더십 문제를 명시할 것)을 줄이기.
   a. 각 내담자의 부분들이 어떻게 상호작용하는지를 탐색하고 구성원들이 참자아 리더십의 위치에서 관계를 맺도록 해 주는 대안적 행동을 알아내기 위한 부부/가족회기
   b. 관계적 불균형과 불균형을 형성하는 데 부분들이 어떻게 영향을 미치는지를 알아내고 이에 대한 대안을 탐색하기.

2. 갈등을 줄이고 행복감을 높이기 위해 직장/학교 및 사회적 환경에서 참자아-리더십을 유지하는 능력 향상하기.
   a. 직장/학교 및 사회적 환경에서 참자아 리더십을 높이는 방법을 논의하기 위한 부분들과의 직접적 접촉
   b. 직장/학교 및 사회적 환경에서 부분들 사이의 관계 및 참자아와 부분들 사이의 관계를 평가할 것.

다문화적 접근: 다양성에 대한 고려

◎ 문화, 민족 그리고 성별 다양성

광범위한 내담자를 대상으로 하는 경험적 접근은 분명하고, 일치적인 감정 표현과 기꺼이 취약해지려는 의향을 중요시한다. 그러므로 정서 표현에 대해 다양한 관점을 지녔거나 취약성을 안전하지 않게 느끼는 치료 환경에 있는 대상과 작업할 때 치료자들은 신중하게 진행해야 한다. 예를 들어, Satir의 의사소통 접근에서 종종 활용되는 감정 표현은 일반적으로 보다 차분하고 간접적인 감정 표현을 중시하는 일부 남성이나 동아시아계 미국인(Wang, 1994)에게는 불편할 수 있으므로 주의해야 한다. 최근의 한 연구에 따르면 표현적인 글쓰기는 대부분의 사람에게 유용하며, 특히 아시아 출신

의 사람들에게 효과가 유의하다고 발표되었다(Lu & Stanton, 2010). 이와 유사하게, 다른 연구에 따르면 아시아계 대학생 및 여대생들이 인지행동치료나 정신역동치료보다 경험적 치료에 더 긍정적이었다(Yu, 1998). 추가적으로, 경험적 접근은 법적인 관리를 받고 있는 내담자에게는 초기에 매우 위협적일 수 있다. 왜냐하면 이들은 지나치거나 특정한 감정을 표현할 경우, 본인이 법정이나 치료를 명령한 기관에서 불리한 입장에 처할 수 있다고 생각하기 때문이다. 보고서가 외부 관계자에게 전달될 것을 아는 내담자들과 치료적 관계를 형성하기란 생각보다 어렵다.

치료자는 여성의 정서적 표현의 수준과 방식에 대해 치료자 본인이 갖는 기대를 살펴봐야 한다. 최근의 여성 내담자들은 치료자가 자신들로 하여금 특정 방식으로 감정을 표현하기를 기대하는 것 같다고 보고하며, 본인들이 틀에 박힌 여성적인 정서적 표현을 하지 않기 때문에 비판받고 오해받는 느낌이 든다고 보고한다(Gehart & Lyle, 2001). 이와 같은 내담자와 작업하는 치료자는, ① 정서 표현과 관련한 상이한 문화적 및 성적 규범/가치관으로 인한 부정확한 평가는 피하고, ② 내담자가 편안해하는 수준에 맞춰서 치료적 동맹의 친밀함 수준을 조정하며, ③ 내담자가 편안한 수준에서 내담자와 적극적으로 관계 맺는 개입을 선택하도록 매우 주의를 기울여야 한다. 이 장의 다음에 나오는 사례연구는 10대 딸이 성추행을 당한 그리스-아르메니아계 가족에게 어떠한 경험적 치료를 계획할 것인지를 상세하게 설명한다.

◎ 성 정체성의 다양성

진정한 자기표현의 가치에 근거하는 경험적 치료자들은 규범과 효율을 기반으로 성적 취향을 개념화하지 않는다(Kleinplatz, 1996). 그래서 경험적 치료는 동성애자, 양성애자, 트랜스젠더 및 성 정체성 혼란을 가진 내담자(LGBTQ)를 비롯하여 다양한 내담자를 대상으로 한다(Davies, 2000). LGBTQ 내담자들의 경험을 고려할 때, 경험적 치료자들은 내담자의 진정한 자기가 사회적으로 거부되는 어려운 환경 속에서 내담자가 진정한 자기를 표현할 수 있는 안전한 방법과 환경을 찾도록 돕는다(Pachankis & Bernstein, 2012). 또한 경험적 치료자는 동료 및 낯선 사람뿐만 아니라 지지적이거나 그렇지 않은 가족 구성원과의 친밀한 관계에서의 사회적 맥락이 얼마나 심각하게 내담자의 의사소통을 제약하는지를 고려해야 한다. Satir의 부분들의 파티와 가족 재건과 같은 경험적 기법들은 동성애자 집단 프로그램에서 활용되어, 내담자들이 지지와 원가족과의 관계를 새롭고 보다 자신감 있게 경험할 수 있도록 해 준다(Picucci, 1992).

연구와 증거기반

◎ 인본주의적 원칙에 관한 연구

경험적으로 지지된 치료(제11장 참조)인 정서중심부부치료(Johnson, 2004)를 제외하고는 특정한 경험적 가족치료의 효과에 관한 성과 연구는 거의 없다. 그러나 경험적 및 인본주의적 치료에서 정의하는 치료적 관계의 효과성은 주목받아 왔다. 공통 요인 연구(제2장 참조)의 두 가지 흐름은 치료적 관계의 질이 치료 성과와 높은 상관이 있다고 밝히며, Lambert(1992)는 어떤 형태의 치료건 간에 치료 성과의 30%는 인본주의적 전통에서 정의하는 비판단적 · 공감적 · 진솔한 치료적 관계 덕분이라고 추정했다(Miller, Duncan, & Hubble, 1997). 지난 40년 동안 대다수의 연구는 치료적 관계에 대한 치료자나 중립적인 제3자의 지각보다는 내담자의 지각이 긍정적인 치료 성과와 높은 상관을 보임을 발견했다. 따라서 치료적 관계의 질을 측정할 때 내담자의 지각을 확인하는 것이 중요하다(Kirschenbaum & Jourdan, 2005). 이 주장을 뒷받침하기 위해 Duncan 등(2003)은 첫 3회기 내 치료동맹의 수준을 측정함으로써 치료 성과를 예측할 수 있음을 알아냈고, 내담자가 치료 초기에 치료자와의 관계를 안전하고 효과적인 것으로 경험해야 한다고 제안했다.

이에 더하여 정서적 표현이 안녕감(well-being)을 증진한다는 경험적 치료자들의 주장을 지지하는 상당한 연구가 이어지고 있다(Stanton & Low, 2012). 특히 감정을 표현하는 글쓰기는 의미를 바꾸고 사건과 관련된 긍정적 정서를 증진하는 것으로 밝혀졌다(Langens & Schuler, 2007). 가족치료자들이 특히 관심을 기울이는 정서의 건설적인 표현은 보다 만족스러운 친밀한 관계를 특징짓는다(Yoshida, 2011). 또한 정서적 표현에 긍정적인 태도를 가진 어린 자녀를 둔 가족이 더 높은 사회적 지지를 보였으며, 이는 이러한 긍정적인 태도가 다양한 방법으로 관계를 강화할 수 있음을 시사한다(Castle, Slade, Barranco-Wadlow, & Rogers, 2008). 요약하자면, 특정 개입이나 전반적인 성과가 연구에서 유의미하게 지지받지는 못했지만, 정서적 표현의 촉진과 치료적 관계에 대한 인본주의적 접근에 바탕을 둔 원칙 및 기법들은 탄탄하고 일관된 지지를 얻고 있다.

온라인 자료

내면가족체계

www.selfleadership.org

Satir 글로벌 네트워크(이전 명칭 AVANTA): 아시아, 유럽, 남미의 훈련기관 링크가 있음.

www.avanta.net

Satir 태평양 연구소: John Banmen

http://www.satirpacific.org/

Satir 록키 산맥 연구소

http://www.satirtraining.org/

Satir 남서부 연구소

http://www.satirinstitute.org/

경험적 사례연구: 아동 성적 학대

Brad와 Sophie는 최근 그들의 딸 Briana가 여성 베이비시터에게 성적 학대를 당했음을 발견하여 상담실을 찾았다. 이는 아동 보호 서비스에 보고되었고, 16세의 베이비시터는 현재 학대 혐의로 기소된 상태이다. Briana는 사회적으로 위축되고 학대에 대한 침투적 사고를 보고한다. 이 부부는 모두 현재 활동 중인 변호사이며 작년부터 Sophie의 업무상 출장이 잦아져 Brad가 더 많은 양육 부담을 짊어지면서 말다툼이 늘었다고 보고한다. Sophie는 자신의 출장 일정 때문에 베이비시터를 자주 써야 했기 때문에 학대에 대한 죄책감을 느낀다.

초기 상담 이후, 경험적 가족치료자는 다음과 같이 사례개념화를 세웠다.

체계적 이론을 활용한 사례개념화

개인, 부부, 가족 내담자용

치료자: Sharee Lee　　내담자/사례 #: 1020　　날짜: 09/9/4

기호

AF = 성인 여성, AM = 성인 남성, CF = 여아, CM = 남아

Ex. = 설명, Hx = 이력, NA = 해당사항 없음

1. 내담자 & 중요한 타인 소개

* 치료 과정에 참여하는 내담자를 나타냄

연령, 인종, 직업/학년, 그 외 관련 사항

* AF: 36, 변호사, 그리스계 미국인, 양극성 장애

* AM: 36, 변호사, 아르메니아계 미국인

CF: 12(IP), 7학년

2. 주호소 문제

문제에 대한 내담자의 설명

AF36: 학대에 대해 자책하며 그녀의 직장생활을 추구하는 것에 대한 죄책감을 느낌.

(다음)

AM36: 학대에 대해 AF36을 비난하지는 않지만, AF36이 지난 1~2년간 업무에 점점 집중하느라 CF12와의 관계가 약해지는 것에 대해 걱정하고 있음.

CF12: 부모로부터 지지받고 있다고 느끼며, 부모가 자신을 믿어 줘서 행복함. 주변 친구들에 대해 점점 더 불편함을 느낀다고 보고함. 악몽과 침투적 사고가 있음.

문제에 대한 확대가족의 설명: AF36과 AM36의 부모는 지지적이지만, AF36이 직장 생활을 추구하는 것보다 딸과 함께 집에 머물렀다면 이 일을 예방할 수 있었을 거라고 넌지시 말함.

더 넓은 체계의 문제 설명: 의뢰인, 교사, 친척, 법적 체계 등의 문제에 대한 설명

아동 보호 서비스 사회복지사: CF12의 보고를 믿으며 트라우마 문제를 다루기 위해 그녀를 치료에 의뢰함.

3. 배경 정보

트라우마/학대 이력(현재와 과거): 6개월 전 여성 베이비시터가 CF12를 추행하기 시작하여 딸이 그녀의 부모에게 말할 때까지 거의 2개월 동안 계속되었음. 그녀의 부모는 즉시 CPS에 보고했고, 신속한 조치가 이루어졌음.

약물 사용/남용(현재와 과거, 본인, 원가족, 중요한 타인): 중요한 약물 문제는 보고되지 않음.

촉발 사건(최근 삶의 변화, 초기 증상, 스트레스 요인 등): AF36은 1년 전 업무상 출장이 잦아지기 시작하여 방과 후와 주말에 CF12의 베이비시터를 더 고용해야 했음. AF36과 AM36은 그녀의 출장 때문에 더 자주 다투게 되었고, 이 기간 CF12와 그녀의 관계도 흔들리게 되었다고 함.

관련된 배경 이력(가족 이력, 관련 문제, 이전 상담 경험, 의학/정신건강 이력 등): AF36은 어머니와 여동생이 그랬듯 양극성 장애로 진단받았고, 기분장애와 관련된 치료를 받아 왔음. 그녀는 현재 약물치료를 받고 있고 안정적이라고 보고함. AM36과 AF36의 형제자매들은 몇 차례 이혼을 하였으며, 이는 두 사람 모두를 걱정스럽게 함.

4. 내담자/가족 강점과 다양성

강점과 자원

개인적: 세 명 모두 매우 지적이고 교육을 잘 받았음. 부모는 전문직을 가지고 있음. AF36은 양극성 장애를 관리하는 법을 터득해 옴. AM36은 아이에게 관심이 매우 많은 아버지임. CF12은 재능 있고 학교에서 인기가 꽤 많음.

관계적/사회적: 부모는 즉각적으로 CF12를 믿었고 그녀가 말하기를 미룬 것에 대해 죄책감을 느끼지 않도록 하였음. 양쪽 원가족 모두는 자주 가족 모임을 가지며 연락을 함.

영적: AF36과 AM36은 동방 정교회의 전통을 가지며 꽤 정기적으로 교회에 감. 부부는 종교생활을 통해 결혼생활의 어려움을 헤쳐 나가고자 함.

다양성: 자원과 한계

연령, 성별, 성적 지향, 문화적 배경, 사회경제적 지위, 종교, 지역사회, 언어, 가족 배경, 가족 구성, 능력 등을

(다음)

기반으로 내담자가 활용할 수 있는 잠재적인 자원과 한계를 파악할 것.

고유한 자원: 부부의 그리스/아르메니아 배경은 강력한 가족 및 사회적 유대감을 가짐. 두터운 종교적 신앙 감정과 따뜻함을 표현하는 능력.

잠재적 한계: 부부/확대가족은 CF12에 대해 더욱 밀착되고 과잉보호적일 수 있음. 부모가 두려움과 실망감을 너무 많이 표현하여 CF12가 안전감을 회복하기 어려울 수 있음.

5. 가족 구조

가족생활주기 단계(해당 사항에 모두 체크할 것)

☐ 미혼 성인 ☐ 부부 ☐ 어린 자녀를 둔 가족 ☒ 청소년 자녀를 둔 가족 ☐ 이혼
☐ 혼합 가족 ☐ 자녀가 독립함 ☐ 노년기

이 단계들 중 하나에서 발달 과업을 완수하면서 힘든 점 설명하기: AF36은 CF12가 아동기일 때는 전형적인 어머니의 역할을 수행하며 노력했지만, CF12가 10대로 접어들면서 그녀는 이제는 직장생활을 추구할 수 있는 자격이 있다고 느낌. 그녀는 CF12가 이미 매우 잘 기능하고 있기 때문에 그녀의 임무가 '거의 끝났다'고 느끼고 있음.

부부/가족이 친밀함과 거리를 조절하는 일반적인 방식: 부부는 차이점을 논의하고 해결하기 위해 노력함으로써 친밀감을 조절함. AF36은 한때 부모로서 AM36보다 훨씬 정서적으로 관여했지만 지금은 변하고 있음.

경계

부모(AF/AM): ☒ 밀착된 ☐ 명확한 ☐ 단절된 ☐ NA

설명: 종종 자신이 찬성하는 것을 상대가 선택하지 않는 것에 대해 다툼. 둘 다 상대방이 자신의 가치/소망에 따르기를 압박함.

부모 AF & 자녀: ☐ 밀착된 ☐ 명확한 ☒ 단절된 ☐ NA

설명: AF36은 작년 이전에는 훨씬 더 정서적으로 관여하였음.

부모 AM & 자녀: ☐ 밀착된 ☒ 명확한 ☐ 단절된 ☐ NA

설명: 제한된 정서적 유대. AF36은 CF12와 상당히 명확한 정서적 경계를 유지하지만 정서적인 깊이는 제한적임. 유대감은 활동을 함께하고 지적인 이야기를 나눔으로써 이루어짐.

형제자매: ☐ 밀착된 ☐ 명확한 ☐ 단절된 ☒ NA

설명:

확대가족: ☒ 밀착된 ☐ 명확한 ☐ 단절된 ☐ NA

설명: 확대가족은 종종 가족 문제에 지나치게 관여하며, 그래서 AF와 AM은 가끔 상대방의 가족을 성가셔 함.

친구/동료: ☐ 밀착된 ☒ 명확한 ☐ 단절된 ☐ NA

설명:

삼각관계/연합

☒ 세대 간 연합: 작년에 AM36과 CF12는 훨씬 더 가까워졌고, 각각이 AF36의 결정에 대해 화가 남.

(다음)

☐ 원가족과의 연합: ______

☐ 그 외 연합: ______

부모와 자녀 간 위계 ☐ NA

AF: ☐ 효과적인 ☐ 불충분한(허용적인) ☐ 과도한(독재적인) ☒ 일관성 없는

AM: ☒ 효과적인 ☐ 불충분한(허용적인) ☐ 과도한(독재적인) ☐ 일관성 없는

설명: AM36은 CF12과의 일관되고 효과적인 위계를 구축하였음. AF36이 부모의 의무와 권한을 AM36에게 넘겨주기 전까지 AF36은 더 효과적인 위계를 가지고 있었음. CF12는 AF36과 친밀하게 지내기를 원하기 때문에 AF36이 일부 영향력을 행사하고 있지만, CF12는 AF36이 출장을 선택한 것에도 화가 남.

AF와 AM의 상호보완적 패턴

☒ 추격자/철수자 ☐ 과잉/과소 기능자 ☐ 감정적/논리적 ☐ 좋은/나쁜 부모

☐ 기타: 참여적인/단절된 부모

설명: AM36은 AF36에게 집에 관심을 가지라고 요구함. AF36은 그녀의 커리어를 위해 가족생활로부터 거리를 두고 있으며, 어린 CF12를 기르느라 몇 년을 잃었으므로 이럴 자격이 있다고 여김.

Satir 의사소통 유형: 스트레스 상황에서 주로 사용하는 유형을 기술할 것.

AF: ☐ 일치형 ☐ 회유형 ☒ 비난형 ☐ 초이성형 ☐ 산만형

AM: ☐ 일치형 ☐ 회유형 ☐ 비난형 ☒ 초이성형 ☐ 산만형

CF12: ☐ 일치형 ☒ 회유형 ☐ 비난형 ☐ 초이성형 ☐ 산만형

CM 혹은 ___: ☐ 일치형 ☐ 회유형 ☐ 비난형 ☐ 초이성형 ☐ 산만형

설명: CF12는 가족의 중재자이고 다른 사람의 감정에 가장 세심하게 반응함. AF36은 작년에 그녀가 원하는 것에 더욱 집중했음. AM36은 매우 논리적인 경향이 있고 정서적 접촉을 어려워함. 정서적 접촉이야말로 CF12가 지금 가장 필요로 하는 것임.

Gottman의 이혼 지표

비난: ☐ AF ☒ AM

설명: AM36은 AF36이 일을 우선시하는 것에 비판적임.

자기방어: ☒ AF ☐ AM

설명: AF36은 자신의 선택에 매우 방어적임. 쉽게 동요됨.

경멸: ☐ AF ☐ AM

설명: NA

담쌓기: ☒ AF ☒ AM

설명: 둘 다 갈등 다루기를 회피하는 경향이 있음.

화해시도 실패: ☐ AF ☐ AM

설명: 둘 다 화해 시도를 자주 하지 않음.

영향을 수용하지 않음: ☒ AF ☐ AM

설명: AF36은 자신이 커리어를 '좇을' 자격이 있다 생각하기 때문에 관계에서 이 문제에 대한 AM36의 영향력을 받아들이기 거부함.

격한 시작: ☐ AF ☒ AM Ex: AM36은 양육 문제에서 점점 엄격해짐.

(다음)

6. 상호작용 패턴

문제 상호작용 패턴(A⇆B)

긴장의 시작: CF12는 학대 기억들에 관하여 울고 동요됨.

갈등/증상 확대: AM36은 논리적으로 이야기를 나누며 그녀를 진정시키려 함. CF12은 그가 노력하고 있지만 공감받고 싶은 마음을 충족시킬 수 없음을 알고 있음. AM36은 AF36에게 전화를 걸어 CF12과 통화해 보라고 말하지만, CF12는 더 말하고 싶어 하지 않음.

'정상'/항상성 회복: CF12은 결국 진정되고, 대체로 잠을 자고 일어날 때엔 기분이 나아져 있음.

현재 문제에 대해 가정된 항상성 기능: 관계를 유지하고, 독립성/거리감을 형성하고, 영향력을 만들고, 관계를 재구축하고, 혹은 한편으로 가족 내에 균형감을 형성하는 데 증상이 어떤 역할을 하는가?
CF12가 학대로부터 회복하면서 느끼는 정서적 욕구는 과거에 가벼웠던 가족의 문제적 역동을 다루도록 했다. AF36의 출장, AM36의 정서적 측면 부족, AF36의 커리어 딜레마와 관련하여 부부의 해결되지 않은 문제.

7. 세대 간 & 애착 패턴

다음을 비롯한 모든 관련 정보가 포함된 가계도를 구성할 것.

- 나이, 출생/사망일
- 이름
- 관계 패턴
- 직업
- 의학 병력
- 정신 질환
- 학대 이력

또한 회기에서 자주 논의되는 사람들에 대한 몇 가지의 형용사를 포함할 것(이는 성격 및 관계적 패턴을 묘사해야 함. 예: 조용한, 가족을 돌보는 사람, 정서적으로 거리가 있는, 완벽주의자, 무력한 등). 가계도는 반드시 보고에 첨부되어야 함. 중요한 내용을 다음에 요약할 것.

가족 강점: 종교적 신앙, 강력한 이민자 직업정신, 전문직 종사

약물/알코올 남용: ☒ N/A ☐ 이력:

성적/신체적/정서적 학대: ☐ N/A ☒ 이력: AF36의 부모님은 정서적으로 학대적인 관계를 가졌음.

부모/자녀 관계: ☐ N/A ☒ 이력: 양쪽 어머니는 모두 한 자녀와 친밀한 관계를 맺으면서 결혼생활에서 채우지 못한 욕구를 충족함.

신체/정신 장애: ☐ N/A ☒ 이력: AF36, 그녀의 어머니와 여동생 모두 양극성 장애로 진단을 받았거나 양극성 장애를 지닌 것으로 여겨짐(어머니).

현재 문제에 관한 이력 삽화: ☐ N/A ☒ 이력: AF36과 여동생은 모두 어렸을 적 사촌에게 성적 학대를

(다음)

당했음. 부모 모두 어머니가 커리어를 좇을 수 있었던 전문직 가족 출신임. 양가의 결혼한 형제자매들은 모두 결혼생활에서 갈등을 겪었음.

애착 유형: 각 내담자의 가장 일반적인 애착 유형을 설명할 것.

AF: □ 안정 □ 불안정 ☒ 회피 □ 불안정/회피

설명: AF36은 커리어를 좇기 위해 가정생활에서 거리를 둠.

AM: □ 안정 □ 불안정 ☒ 회피 □ 불안정/회피

설명: AM36은 스트레스를 받을 때 활용 가능한 정서적 자원이 대체로 없음.

CF: □ 안정 □ 불안정 □ 회피 ☒ 불안정/회피

설명: 학대 이전에는 불안정한 패턴을 더 보였고, 지금은 불안정/회피 패턴을 더 보임.

8. 해결중심 평가

시도했지만 효과적이지 않았던 해결책들

1. AF36이 일을 우선시하는 것에 대한 부부의 말다툼이 도움이 되지 않았음.
2. 부모는 학대를 경험한 CF12를 돕는 데에 특별히 도움이 되지 못함.

예외 및 독특한 결과(효과적이었던 해결책들): 문제가 덜 문제화될 때의 시간, 장소, 관계, 맥락 등 상황을 조금이라도 개선하는 것으로 보이는 행동들

1. 부모들은 CF12를 믿었고 CF12가 지지와 보호를 받는다고 느끼게 하는 행동을 했음.
2. AF36이 집에서 충분히 머무를 때 그녀는 CF12와 더 잘 지낼 수 있음.
3. 양육의 부담을 더 짊어지기로 한 AM36의 선택은 그가 정말로 CF12를 보살피고 있음을 CF12에게 보여 줌.

기적 질문 답변: 만약 그 문제가 밤사이에 해결된다면, 내담자는 다음 날 무엇을 다르게 하겠는가?(Y를 하지 않는다는 방식이 아닌 X를 한다는 방식으로 설명할 것)

1. 가족은 함께 즐거운 시간을 더 많이 보낸다.
2. CF12는 학교생활을 즐기고, 친구들과 어울리고, 8학년 때 학교 신문사에 가입하여 '정상적인' 자기를 회복한다.
3. 부부는 각자가 얼마나 많은 시간 동안 어떻게 일하는지에 대해 좋게 여긴다.

9. 포스트모던 및 문화적 담론 개념화

이야기, 지배적 담론, 다양성

문제의 정의를 구성하는 지배적 담론

문화, 인종, 사회경제적 지위, 종교 등: 주요 문화적 담론이 문제와 가능한 해결책을 인지하는 데 어떤 영향을 미치는가?

그들의 그리스/아르메니아 미국인 이민자 및 동방 정교회의 유산은 다양한 가치관에 영향을 줌. 성공 욕구, 열심히 일하기, 가족에 대한 헌신(AF36의 경우 CF12가 독립적으로 자라기 전까지 해당되었음), 결혼생활에 전념하기, 터놓는 갈등을 수용, 개방적 정서 표현. 부모는 딸을 더 잘 보호하지 못한 것에

(다음)

대해 상당한 수치심과 죄책감을 느낌.

성별, 성적 지향 등: 성별/성적 지향 담론이 문제와 가능한 해결책을 인지하는 데 어떤 영향을 미치는가?
AF36은 특히 여성으로서의 가족에서의 전통적 역할과 여성으로서 직업적 성공을 이루는 현대의 기준 사이에서 고심하고 있음. 지금까지 그녀는 이 두 가지 역할을 동시에 할 수 없고, 한 번에 하나씩 할 수 있다고 여겼음. 게다가 AF36은 그녀와 그녀의 여동생이 당한 방식으로 그녀의 딸이 학대당하게 내버려 뒀다는 사실에 스스로에게 화가 남. AF36은 주요 양육자 역할을 맡음으로써 강력한 문화적 성별 고정관념에서 벗어났음.

맥락, 가족, 지역사회, 학교, 기타 사회적 담론: 다른 중요한 담론이 문제와 가능한 해결책을 지각하는 데 어떤 영향을 미치는가? AF36과 AM36은 변호사이기 때문에 격렬하게 싸우며 서로에게 매우 신랄한 말을 할 수 있음. 그들의 문화적 배경, 전문성, 선호하는 생존 유형(비난형과 초이성형)은 일반적인 수준보다 정서적 손상은 덜하고 갈등은 더 격렬하도록 만듦.

정체성/자기 이야기: 그 문제는 각 가족 구성원의 정체성을 어떻게 형성하였는가?
AF36은 학대로 이어진 상황을 야기한 그녀의 출장에 대하여 극도의 죄책감을 느끼지만, 그녀는 현재의 커리어를 중단함으로써 고객들에게 상당한 손해를 입히며 실패한 것처럼 느끼는 것에 무력감을 느낌. AM36은 주 양육자 역할을 맡게 되면서 부인을 잃었다고 느껴져 마음에 그늘이 지긴 했지만 자신이 이 역할을 즐기는 것에 대해 스스로에게 놀랐음. CF12는 학대로부터 '상처받았다'고 느끼며 어머니가 자신을 두고 떠났다고 지각하므로 '쓸모없어진' 느낌을 받음.

국소적/선호하는 담론: 내담자가 선호하는 정체성 이야기 및 문제에 관한 이야기는 무엇인가? 문제에 대해 선호되는 국소적(대안적인) 담론이 있는가?
AF36은 영향력 있는 전문가로서의 역할과 어머니이자 아내로서의 역할의 균형을 이루는 법을 알고자 함. AM36은 보다 참여적인 아버지로서의 역할을 유지하는 동시에 AF36이 가족에게 더 충실하기를 원함. AF36과 AM36은 모두 그들의 형제자매가 겪은 이혼 패턴을 두려워하며, 이를 피하고 싶어 함. AF36과 그녀의 여동생은 CF12가 학대 경험을 극복하고, 그들이 어렸을 때보다 더 많은 도움을 얻기를 원함.

10. 내담자 관점

동의하는 영역: 내담자들이 말한 것에 근거하여, 이 평가의 어떤 부분에 대해 그들이 동의하는가, 혹은 동의할 것 같은가?
가족들은 AF36이 일을 우선시하는 것과 CF12의 학대 충격으로 인한 기본적인 긴장에 관한 설명에 동의할 것임.

동의하지 않는 영역: 그들이 어떤 부분에 대해 동의하지 않는가, 혹은 동의하지 않을 것 같은가? 이유는?
AF36은 CF12와 AM36이 그녀에 대해 말한 것처럼 자신이 그들과 단절되어 있다고 여기지 않으며, 그녀가 자신의 일에서 뛰어나고 싶은 욕구를 그들이 인정해 주지 않는 것을 이해하기 어려워함.

당신은 동의할 것 같지 않은 영역을 어떻게 존중하면서 작업할 계획인가?
CF12과 AM36이 AF36의 선택을 어떻게 지각하는지의 문제에 부드럽게 접근하고 이를 판단하지 않으며, 각자 상대방의 욕구와 인식을 보다 잘 이해할 수 있도록 노력할 것.

(다음)

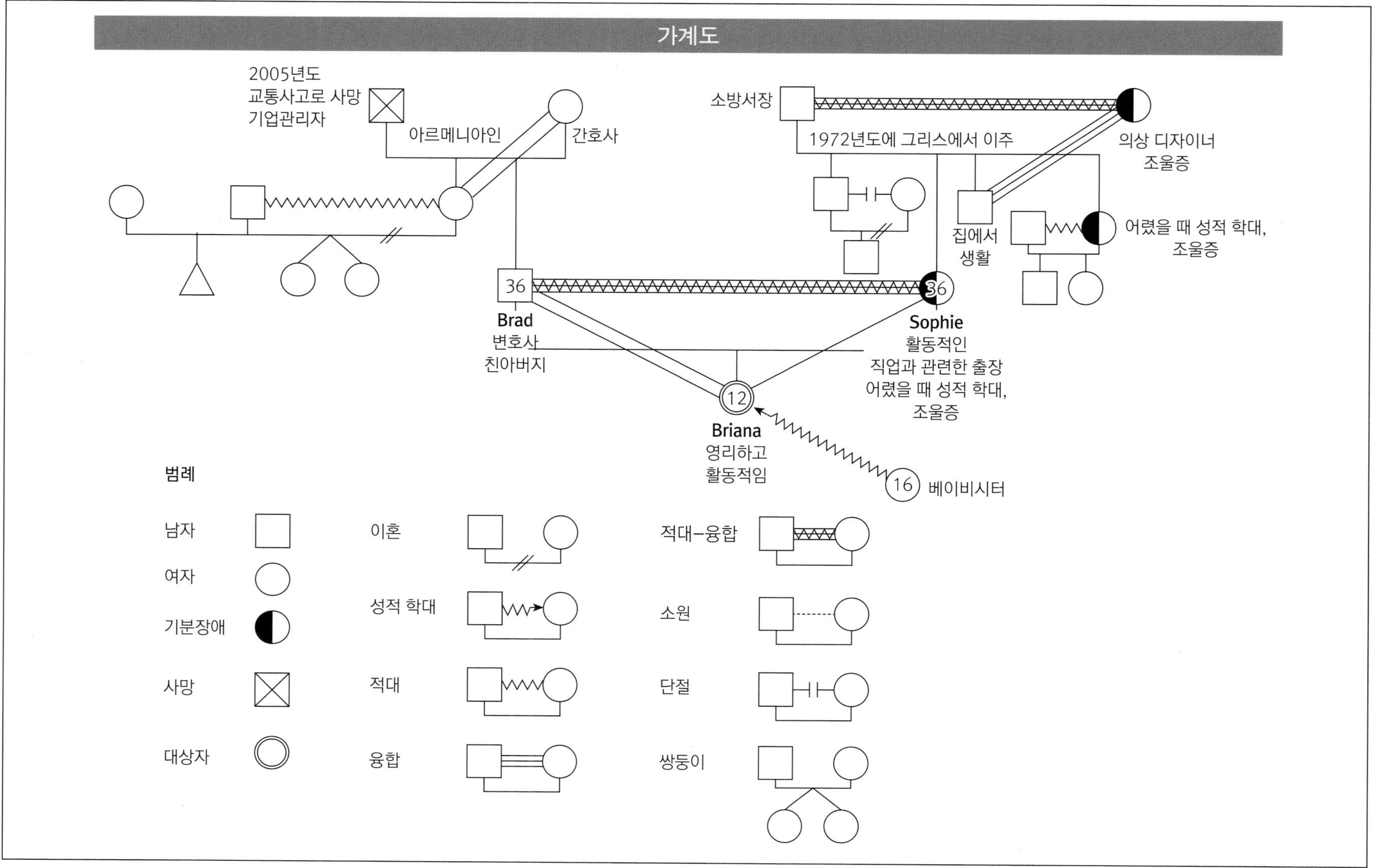
가계도
2005년도
교통사고로 사망
기업관리자
아르메니아인
간호사
소방서장
1972년도에 그리스에서 이주
의상 디자이너
조울증
집에서
생활
어렸을 때 성적 학대,
조울증
36
Brad
변호사
친아버지
36
Sophie
활동적인
직업과 관련한 출장
어렸을 때 성적 학대,
조울증
12
Briana
영리하고
활동적임
16
베이비시터
범례
남자
여자
기분장애
사망
대상자
이혼
성적 학대
적대
융합
적대–융합
소원
단절
쌍둥이

임상 평가

내담자ID#(이름을 쓰지 말 것)	인종	주 언어
1020	아르메니아계 미국인/ 그리스계 미국인	☒ 영어 ☐스페인어 ☒ 기타: 제2언어 그리스어

참여자/중요한 타인을 모두 기록할 것: 확인된 환자(IP)는 [★], 참여할 중요한 타인은 [✔], 참여하지 않을 중요한 타인은 [X] 표시할 것.

성인: 나이, 직업/고용주	아동: 나이, 학교/학년
[✔] AM*: 36, 변호사, 아르메니아계 미국인	[ ] CM:
[✔] AF: 36, 변호사, 그리스계 미국인	[★] CF: 12, 7학년
[ ] AF/M#2: ______	[ ] CF/M #2:

현재 문제

		자녀에 대해 기록
☒ 우울/절망	☒ 부부 문제	☒ 학업 실패/성적 하락
☐ 불안/걱정	☐ 부모/자녀 갈등	☐ 무단결석/가출
☐ 분노 문제	☐ 배우자 폭력/학대	☐ 또래와의 싸움
☒ 상실/비애	☐ 이혼 적응	☐ 과잉행동
☐ 자살 사고/시도	☐ 재혼 적응	☐ 유뇨/유분증
☒ 성적 학대/강간	☐ 성적 취향/친밀감 문제	☒ 아동 학대/방임
☐ 알코올/약물 사용	☒ 주요한 삶의 변화	☒ 고립/철회
☐ 섭식 문제/장애	☐ 법적 문제/보호 관찰	☐ 기타: ______
☐ 직업 문제/실직	☒ 기타: 악몽, 트라우마	

IP의 정신감정

대인관계 문제	☐ NA	☐ 갈등 ☐ 밀착 ☒ 고립/회피 ☒ 정서적 단절 ☐ 사회 기술 부족 ☐ 부부 문제 ☐ 또래 문제 ☐ 업무상 문제 ☐ 지나치게 수줍음 ☐ 이기적 ☐ 관계 구축/유지 어려움 ☐ 기타: ______
기분	☐ NA	☐ 우울/슬픔 ☐ 절망감 ☒ 두려움 ☒ 불안 ☐ 분노 ☒ 짜증 ☐ 조증 ☐ 기타: ______
정서	☐ NA	☒ 위축된 ☐ 무딘 ☐ 생기 없는 ☐ 불안정한 ☐ 극적인 ☐ 기타: ______
수면	☐ NA	☐ 수면과다증 ☐ 불면증 ☒ 수면 방해 ☒ 악몽 ☐ 기타: ______
섭식	☒ NA	☐ 증가 ☐ 감소 ☐ 식욕억제 ☐ 폭식 ☐ 하제 사용 ☐ 신체 이미지 ☐ 기타: ______
불안 증상	☐ NA	☐ 만성 걱정 ☐ 공황발작 ☐ 해리 ☐ 공포증 ☐ 강박사고 ☐ 강박행동 ☒ 기타: 침투적 사고
트라우마 증상	☐ NA	☒ 급성 ☐ 만성 ☒ 과각성 ☒ 꿈/악몽 ☐ 해리 ☒ 정서적 마비 ☐ 기타: ______

(다음)

* 약어: AF: 성인 여성, AM: 성인 남성, CF#: 여자아이와 나이(예: CF12), CM#: 남자아이와 나이, Hx: 병력, Cl: 내담자.

정신증적 증상	☒ NA	☐ 환각 ☐ 망상 ☐ 편집증 ☐ 연상 이완 ☐ 기타: ______
운동 활동 / 말하기	☐ NA	☒ 에너지 부족 ☐ 끊임없이 움직임/과잉행동 ☐ 불안한 ☐ 부주의한 ☐ 충동적인 ☐ 병적 수다 ☐ 말이 느린 ☐ 기타: ______
사고	☐ NA	☐ 집중력/주의력 저하 ☐ 부정 ☐ 자기비난 ☐ 타인비난 ☒ 반추 ☐ 부적절한 ☐ 비논리적인 ☐ 경직된 ☐ 낮은 통찰력 ☐ 의사결정능력 손상 ☐ 혼란스러운 ☐ 느린 처리 ☐ 기타: ______
사회-법적	☒ NA	☐ 규칙 무시 ☐ 반항 ☐ 도벽 ☐ 거짓말 ☐ 울화 행동 ☐ 체포/수감 ☐ 싸움을 일으킴 ☐ 기타: ______
기타 증상	☒ NA	

IP에 대한 진단

진단을 내릴 때 고려되는 환경적 요인: ☒ 나이 ☒ 성별 ☒ 가족 역동 ☒ 문화 ☒ 언어 ☒ 종교 ☒ 경제 ☒ 이민 ☐ 성적 지향 ☐ 트라우마 ☐ 이중 진단/동반질환 ☐ 중독 ☐ 인지 능력
☐ 기타: ______

확인된 요인들의 영향력: 성적 학대 트라우마. 가족 역동의 변화도 중요한 정서적 충격이 됨. 정서 표현을 평가할 때 나이, 문화, 종교적 규범을 고려함(부모는 정서적으로 표현적인 문화화 출신임). 영어가 주 언어임.

축 I 주 진단: 309.81 외상 후 스트레스 장애, 급성 부수적 진단: V61.20 부모-자녀 관계 문제 축 II: V71.09 없음 축 III: 보고된 바 없음 축 IV: ☒ 주요 지지 집단과의 문제: 부모 ☐ 사회적 환경/학교 관련 문제: 이사, 새로운 학교 ☒ 교육 문제: 새로운 학교 ☐ 직업 문제 ☐ 주거 문제 ☐ 경제 문제 ☐ 건강관리서비스 이용 문제 ☐ 법률 체계와의 상호작용 관련 문제 ☒ 기타 심리사회적 문제 축 V GAF 60 GARF 60 의학적 원인은 배제되었는가? ☒ 네 ☐ 아니요 ☐ 진행 중	**축 I 진단의 DSM 증상을 열거할 것(각 증상의 빈도와 지속 기간 포함).** 내담자는 축 I의 주 진단의 6 개 진단기준 중 6 개를 충족함. 1. 생명을 위협하는 트라우마. 3개월간 성적 학대를 당함 2. 평소 침투적 사고와 악몽 3. 타인과 거리를 둠. 사회적 철수 4. 제한된 정동 5. 지나친 놀람 반응. 입면과 수면 유지 어려움 6. 증상이 1개월 이상 지속됨 **약물치료(정신 의학 & 의학)** 복용량/복용 시작 날짜 ☒ 처방받지 않음 1. ______ / ______ mg ______ 2. ______ / ______ mg ______ 3. ______ / ______ mg ______

(다음)

환자가 정신과적/의학적 평가가 의뢰된 적이 있는가? ☒ 네 ☐ 아니요 환자가 의뢰에 동의하였는가? ☒ 네 ☐ 아니요 ☐ NA 평가에 사용된 심리측정 도구 혹은 자문을 열거할 것 ☒ 없음 또는 ______	진단에 대한 내담자의 반응 ☒ 동의 ☐ 다소 동의 ☐ 동의하지 않음 ☐ 다음과 같은 이유로 알리지 않음 ______
의학적 필요성(해당되는 것에 모두 체크할 것) ☒ 심각한 손상 ☐ 심각한 손상 가능성 ☒ 발달 지체 가능성 손상 영역: ☒ 일상 활동 ☒ 사회적 관계 ☐ 건강 ☒ 직장/학교 ☐ 거주 형태 ☐ 기타: ______	
위험 요인 평가	
자살 경향 ☒ 징후 없음 ☒ 부인 ☐ 적극적인 사고 ☐ 소극적인 사고 ☐ 계획 없는 의도 ☐ 수단 있는 의도 ☐ 과거 자살 사고 ☐ 과거 자살 시도 ☐ 자살한 가족/동료 이력 **약물 사용 경험** **알코올 남용** ☒ 징후 없음 ☒ 부인 ☐ 과거 ☐ 현재 빈도/양: ______ **약물** ☒ 징후 없음 ☒ 부인 ☐ 과거 ☐ 현재 약물: ______ 빈도/양: ______ ☐ 가족/중요한 타인의 약물 남용	**살인 경향** ☒ 징후 없음 ☒ 부인 ☐ 적극적인 사고 ☐ 소극적인 사고 ☐ 수단이 없는 의도 ☐ 수단이 있는 의도 ☐ 과거 살인 사고 ☐ 과거 폭력 ☐ 폭행/행패 이력 ☐ 동물 학대 **성적 & 신체적 학대와 기타 위험 요인** ☒ 학대 이력이 있는 아동 　☒ 성적 ☐ 신체적 ☐ 정서적 ☐ 방임 ☐ 아동기 학대 이력이 있는 성인 　☐ 성적 ☐ 신체적 ☐ 정서적 ☐ 방임 ☐ 성인기에 학대/폭행 경험이 있는 성인 　☐ 성적 ☐ 신체적 ☐ 현재 ☐ 학대를 가한 이력 　☐ 성적 ☐ 신체적 ☐ 노인/보살핌이 필요한 성인 학대/방임 ☐ 거식증/폭식증/기타 섭식장애 ☐ 자상 또는 기타 자해 　☐ 현재 　☐ 과거, 방법: ______ 　☐ 범죄/법적 이력: ______ 　☐ 보고된 바 없음
안전 지표: ☒ 강력한 지지를 제공하는 최소 한 명의 외부인 ☐ 자신/타인을 해치지 않을 이유와 살아야 할 구체적인 이유를 언급할 수 있음 ☐ 희망적임 ☒ 미래의 목표가 있음 ☐ 위험한 물건들을 처분할 의사가 있음 ☒ 상황을 악화시키는 사람들과의 접촉을 줄일 의지가 있음 ☒ 안전 계획과 안전 개입을 이행할 의지가 있음 ☐ 자해하거나 타인을 해치는 것의 대안들을 개발함 ☐ 안전이 유지된 기간: ______ ☐ 기타: ______	

(다음)

<table>
<tr><td colspan="3">안전 계획 요소: ☐ 해치지 않겠다는 구두 계약 ☐ 해치지 않겠다는 서면 계약 ☒ 비상연락망 ☒ 위기 상담사/기관 연락처 ☐ 약물치료 관리 ☒ 위기 시에 친구들/지지적인 사람들과 연락하기 위한 구체적인 계획 ☐ 위기 시에 갈 장소에 대한 구체적인 계획 ☒ 위기 단계에 도달하기 전에 위험을 줄이기 위한 구체적인 자기진정 과제(예: 일기쓰기, 운동 등) ☐ 스트레스 요인을 줄이기 위한 구체적인 매일/주 단위 활동 ☐ 기타: ____</td></tr>
<tr><td colspan="3">메모: 법적/윤리적 행동: ☐ NA 아동 보호 서비스에 보고함. Susan Roth가 09/9/4 7:30pm에 보고받음.</td></tr>
<tr><td colspan="3">사례 관리</td></tr>
<tr><td>날짜
첫 번째 방문: 09/9/4
마지막 방문: 09/9/11
회기 빈도
☒ 주 1회 ☐ 격주
☐ 기타: ____
예상 치료 기간: ____</td><td>양식
☐ 성인 개인
☒ 아동 개인
☒ 부부
☒ 가족
☒ 집단
10대 생존자 집단</td><td>내담자가 다른 곳에서 정신건강 또는 기타 의학적 치료를 받고 있는가?
☒ 아니요
☐ 네: ____

아동/청소년의 경우: 가족이 참여하는가?
☒ 네 ☐ 아니요</td></tr>
<tr><td colspan="3">환자 의뢰 및 전문가 연락
사회복지사에게 연락한 적이 있는가?
☒ 네 ☐ 아니요
설명: ____ ☐ N/A

내담자가 의학적 평가에 의뢰된 적이 있는가?
☒ 네 ☐ 필요 없음

내담자가 정신의학적 평가에 의뢰된 적이 있는가?
☒ 네(내담자가 동의함) ☐ 네(내담자가 동의하지 않음) ☒ 불필요

의료진 또는 다른 전문가와 만난 적이 있는가?
☒ 네 ☐ 아니요 ☐ NA

내담자가 복지 서비스에 의뢰되었는가?
☐ 직업/훈련 ☐ 복지/음식/주거 ☒ 피해자 지원 ☐ 법적 지원 ☐ 의료
☐ 기타: ____ ☐ NA

치료와 관련하여 예상되는 범죄/법률 절차
☐ 아니요 ☒ 네: 아동 보호 서비스 사례

내담자가 집단 또는 기타 지원 서비스에 의뢰된 적이 있는가?
☒ 네 ☐ 아니요 ☐ 추천받지 않음

내담자의 사회적 지지 연결망
☒ 지지적인 가족 ☐ 지지적인 배우자 ☐ 친구들 ☒ 종교적/영적 단체 ☐ 지지적인 직장/사회적 집단
☐ 기타: ____

치료가 지지체계 내 타인(부모, 자녀, 형제자매, 중요한 타인 등)에게 미칠 영향
부모가 치료에 동참할 것이다.
성공적이기 위해 내담자에게 그 밖에 필요한 것이 있는가?
가족 역동 다루기

내담자의 희망: 낮음 1----------5X----------10 높음</td></tr>
</table>

(다음)

예상 결과 및 예후
☒ 정상적인 기능으로 회복.
☐ 개선을 예상하지만, 정상적인 기능보다 덜할 것으로 예상.
☐ 현재 상태 유지/악화 예방.

진단/내담자 관점에 대한 평가
평가 방법은 내담자의 필요에 따라 어떻게 조정되었는가?
CF가 말하기에 안전한 공간을 형성하였음; 연령에 적합한 언어를 사용하였음.

나이, 문화, 능력 수준, 기타 다양성 문제는 다음과 같이 조정되었음.
선호하는 언어에 대해 질문하였음. 진단과 가족 평가를 할 때 정서 표현과 가족 경계에 관한 문화적 규범을 고려하였음. 참여와 관련된 문화적 규범을 존중하면서 가족에게 관여하였음.

체계적/가족 역동은 다음과 같은 방식으로 고려됨.
가정에서 어머니의 역할의 변화와 가족 역동을 평가에서 고려하였음.

이 평가 관련하여 실제적이거나 잠재적인 내담자-치료자 동의/비동의 영역을 설명할 것.
가족은 PTSD 진단에 동의하며, '다시 돌아가기' 위해서는 가족 역동에서 '뭔가'가 바뀌어야 한다는 데 동의함.

______________________, ______________ ______________
치료자 서명 자격/수련 등급 날짜

______________________, ______________ ______________
지도감독자 서명 자격 날짜

치료 계획

이름: Sharee Lee　　　　　　　　　　　　날짜: 09/9/4

사례/내담자: #1020　　　　　　　　　　　이론: Satir 성장 모델

▣ 치료 초기 단계

❖ 초기 단계 치료적 과업

1. 효과적인 치료적 관계 발전시키기. 다양성 주의: 온정과 정서적 표현을 사용할 것, 부모의 전문적 정체성을 존중하면서 관계 맺을 것. 교육 수준에 적합한 언어를 사용할 것.

   관계 구축 접근/개입

   a. 온정과 공감을 활용하여 접촉할 것. CF12이 정상적으로 살게 되고, 치료가 도움이 될 것이라는 희망을 명확히 확립할 것.

2. 개인, 체계적 및 광범위한 문화적 역동 평가하기. 다양성 주의: 그리스/아르메니아 및 전문직 종사자 배경을 고려할 것.

   평가 전략

   a. AF36의 출장 증가 및 학대사건과 관련하여 가족이 어떻게 변화했는지에 대해 각 개인의 관점의 '사전과 사후' 조각 기법.

   b. 각 구성원의 생존 의사소통 유형과 이것이 학대 이후 개인과 가족에게 어떤 영향을 미치고 있는지 평가할 것.

   c. 관계적 역동, 가족 역할, 생존 삼인군 및 가족생활 연대기를 확인함으로써 관계 기능을 평가할 것.

3. 치료 목표를 정의하고 치료 목표에 대한 내담자 동의 얻기. 다양성 주의: 가족이 관심이 있다면 이론적 토대를 포함하여 목표를 논의하는 데 가족을 적극적으로 참여시킬 것.

   a. 개별 회기에서 가족의 비율에 관해 CF12 및 가족이 원하는 바를 존중할 것.

   b. ① 각자의 개인적 성장과 ② 가족 구성원 사이의 의사소통 및 정서적 교류를 향상하는 것에 대한 목표를 확인할 것.

4. 의뢰 필요성, 위기 문제, 부수적 정보제공자 연락처, 기타 내담자 욕구를 확인하기. 주의: 학대 경험을 안정시킬 것.

   a. 의뢰/자원/연락: 범죄 피해자 제도를 비롯하여 학대 피해자가 이용할 수 있는 자원들과 CF12를 연계하고, 보고 및 조사에 관한 아동 보호 서비스(CPS) 및 기타 관련기관과 협력할 것.

❖ 초기 단계 내담자 목표

1. 악몽과 침투적 사고를 줄이기 위해 CF12의 신체적 · 정서적 안전감과 정상이라는 느낌 향상하기.

   측정: ☒ 2주 ☐ 2개월 동안, 악몽 또는 침투적 사고에 관한 1회 이하의 가벼운 삽화를 보이며 안전감을 유지할 수 있음.

   a. CF12가 자신의 이야기를 하도록 분위기를 조성하고, 그녀의 두려움을 나누며, 스스로를 보호하는

(다음)

능력과 안전감을 인정할 것, 그녀의 현재의 두려움과 이 학대 경험이 미래에 어떤 의미를 가질지에 대한 두려움을 이야기 나눌 것.

b. 스스로를 보호할 수 있다는 느낌을 강화하기 위한 역할놀이와 조각 기법.

▣ 치료 작업 단계

❖ 작업 단계 치료적 과업

1. 목표를 향한 경과 점검하기. 다양성 주의: 공식적인 측정도구를 사용하고 경과에 관한 피드백을 얻을 것.
   a. 개입 평가: 치료자와의 관계에서 내담자가 진정한 자기로서 관계 맺는 능력을 살필 것.
   b. 개입 평가: 월 1회 설문지 45의 결과.

2. 치료가 진행됨에 따라 치료적 동맹의 질 점검하기. 다양성 주의: 가족의 정서 표현 방식, CF12의 안전감과 사생활 보호에 대한 욕구, 변호사인 부모 측의 신뢰와 자신감을 고취하는 언어 사용 및 설명 제공에 주의를 기울일 것.
   a. 개입 평가: 매주 각 내담자와 '정서적 연결'을 확립할 것. 매 회기 살필 것.
   b. 개입 평가: 첫 8주 동안 매주 회기 평가 척도, 이후로는 격주로 실시.

❖ 작업 단계 내담자 목표

1. 사회적 철수를 줄이기 위해 또래관계에서 CF12의 안전감과 존중감 향상하기.
   측정: 2개 이하의 가벼운 철수 삽화를 보이며 ☒ 1주 □ 1개월 동안 학대 이전 사회적 활동 참여를 지속할 수 있음.
   a. 철수를 자극하는 불안과 두려움에 대해 말로 표현할 것.
   b. 안전과 경계를 유지하면서 타인과 상호작용하는 방법에 관한 코칭과 역할놀이.

2. 단절을 줄이고 CF12가 지지를 받는 느낌을 증가시키기 위해 CF12와 AF36 사이의 정서적 연대를 향상하기.
   측정: 1개 이하의 가벼운 단절 삽화를 보이며 □ 1주 ☒ 1개월 동안 정서적 유대를 지속할 수 있음.
   a. AF36이 CF12가 경험하는 상실을 인식하도록 하기 위한 조각 기법.
   b. AF36과 CF12이 보다 쉽게 관계를 맺도록 돕기 위한 일치적인 의사소통 코칭.

3. 삼각관계와 부모 갈등을 줄이기 위해 모든 가족 구성원 사이에 일치적인 의사소통을 향상하기.
   측정: 2개 이하의 가벼운 갈등 및 삼각관계 삽화를 보이며, □ 1주 ☒ 1개월 동안 직접적이고 일치적인 의사소통을 지속할 수 있음.
   a. 회기에서 가족이 일치적인 의사소통을 하도록 코칭.
   b. 회기에서 CF12와 AM36의 AF36을 향한 일치적인 소통을 늘림으로써 가족이 탈삼각화하도록 코칭.

▣ 치료 종결 단계

❖ 종결 단계 치료적 과업

추후관리 계획을 세우고 개선된 점을 유지하기. 다양성 주의: 동방 정교회와 확대가족을 통한 지지 연결망

(다음)

을 활용할 것.

a. 지속적인 지지와 안전을 얻기 위해 가족 및 동방 정교회와 같은 지역사회 자원을 확인할 것.

❖ **종결 단계 내담자 목표(1~2개 목표)**: 건강과 정상성에 관한 이론의 정의에 따라 결정됨.

1. 낮은 자존감을 줄이기 위해 CF12이 청소년기에 들어설 때 자율성과 자기가치감을 높일 것.
   측정: 2개 이하의 가벼운 '손상된' 느낌과 회유하기의 삽화를 보이며, ☐ 1주 ☒ 1개월 동안 자율성과 가치감을 지속할 수 있음.
   a. 자기가치감을 향상하고, 희생자 자세와 회유하는 태도를 줄이기 위한 CF12와의 개별 회기.
   b. 예술치료 콜라주를 통해 청소년기에 들어설 때, 자아정체감에 대한 주인의식을 높이고 자신이 누구인가에 대한 비전을 개발하기.

2. 안전감과 유대감을 향상하기 위해 사회적 관계에서 일치적인 의사소통을 늘리기.
   a. 차이를 알기 위해 생존 유형과 일치형 각각에서 핵심적 관계들을 조각할 것.
   b. 일치형 위치에서 타인과 의사소통하는 연습을 하는 역할놀이.

▣ 내담자 관점

내담자와 함께 치료 계획을 검토하였는가? ☒ 네 ☐ 아니요

아니라면 설명할 것: ______________________

내담자가 동의하는 영역과 우려사항을 설명할 것: 내담자들은 특히 치료 초기에 가족회기를 매우 원함.

치료자 서명, 수련생 지위	날짜	지도감독자 서명, 자격	날짜

경과 기록

내담자 경과 기록 #1020

날짜: 09/9/30 시간: 3:00 오전/오후 회기 길이: ☒ 50분 또는 ☐

참가자: ☒ AM ☒ AF ☐ CM ☒ CF ☐

청구번호: ☐ 90791(평가) ☐ 90834(치료-45분) ☒ 90847(가족)

☐ 기타

증상	지난 방문 이후 지속 기간/빈도	경과: 퇴행----초기 상태----목표
1. 악몽/침투적 사고	이번 주 악몽 1회, 침투적 사고는 매일 2~3회 1분 이하로 지속됨	-5----1------5-X----10
2. 단절	AF는 CF와 토요일 오후를 함께 보냄	-5----1-----X5------10
3. 사회적 철수	CF는 이번 주 매일 친구들과 함께 점심을 먹음	-5----1------5-X----10

설명: CF는 더 '안전하다'고 느끼며 보다 사교적으로 어울린다고 보고함. CF는 AF가 더 보살펴 준다고 느낀다고 보고함. AF는 여전히 출장을 가지만 CF와 AM에게 미치는 영향을 최소화하는 방법을 찾고자 더 노력함. AM과 AF의 말다툼은 여전하지만 이전보다 덜 심각함.

개입/HW: 보고된 경과와 변화들, 특히 AF가 CF와 보다 양질의 시간을 보낸 것과 관련하여 각 개인의 정서적 반응을 나누도록 도왔음. 각 구성원이 생존 유형과 방어기제의 사용을 줄이도록 도우면서 일치적인 의사소통에 관해 가족 구성원을 지도하였음.

내담자 반응/피드백: 내담자는 경과와 관련하여 긍정적 영향에 대해 나누는 것에 호의적임. AF가 CF와 함께 시간을 보낸 것에 대해 CF가 고마움을 표현했을 때 AF의 눈에 눈물이 고임. 가족은 의사소통 코칭에 호응하며 회기에서 배운 것을 가정에서 사용하려고 노력한다고 보고함.

계획

☐ 다음 회기는:

☒ 계획 수정: AF가 일과 가정의 균형을 맞추는 것에 대해 논의하기 위해 다음 주는 부부 회기, 그다음 주는 CF 개인 회기.

다음 회기: 날짜: 09/10/7 시간: 5:00 am/pm

위기 문제: ☒ 자살/살인/학대/위기를 부인함 ☐ 위기가 평가됨/다루어짐

치료자 서명 , 자격/수련생 지위 날짜

(다음)

사례 자문/지도감독 기록: 현재 CF가 안정화됨에 따라, 세대 간 경계를 강화하고 CF가 학대에 관련된 개인적 문제를 단둘이 이야기 나눌 수 있도록 슈퍼바이저는 부부와 자녀의 회기를 분리할 것을 권하였음.

부수적 정보제공자 연락: 날짜: 09/9/29 시간: 10:00 이름: Dora James, 아동보호서비스 사회복지사
기록: 사회복지사의 연락에 답신함. 경과에 대한 업데이트를 요청함.

☒ 서면 공개 파일: ☒ 발송 □수령 ☒ 법원 서류 □ 기타: __________

__________, __________ __________
치료자 서명 자격/수련생 지위 날짜

__________, __________ __________
지도감독자 서명 자격 날짜

약어: AM: 성인 남성, AF: 성인 여성, CM: 남자 아이, CF: 여자 아이, HW: 숙제.

참고문헌

*기호는 추천 입문서를 나타냄

Azpeitia, L. M. (1991). The Satir model in action[course reader]. Encino, CA: California Family Study Center.

Azpeitia, L. M. (1995). Blossoms in Satir's garden: Lynne Azpeitia's work with gifted adults. *Advanced Development, Special Edition*, 127-146.

Banmen, J. (Guest Ed.).(2002). The Satir model: Yesterday and today [Special issue]. *Contemporary Family Theory, 24*.

Banmen, J. (2003). *Meditations of Virginia Satir*. Palo Alto, CA: Science and Behavioral Books.

Castle, H., Slade, P., Barranco-Wadlow, M., & Rogers, M. (2008). Attitudes to emotional expression, social support and postnatal adjustment in new parents. *Journal of Reproductive and Infant Psychology, 26*(3), 180-194.

Connell, G., Mitten, T., & Bumberry, W. (1999). *Reshaping family relationship: The symbolic-experiential therapy of Carl Whitaker*. Philadelphia: Brunner/Mazel.

Davies, D. (2000). Person-centered therapy. In D. Davies & C. Neal (Eds.), *Therapeutic perspectives on working with lesbian, gay and bisexual clients*(pp. 91-105). Maidenhead, BRK, England: Open University Press.

Duncan, B. L., Miller, S. D., Sparks, J. A., Claud, D. A., Reynolds, L. R., Brown, J., & Johnson, L. D. (2003). The Session Rating Scale: Preliminary psychometric properties of a "working" alliance measure. *Journal of Brief Therapy, 3*, 3-12.

Gehart, D. R., & Lyle, R. R. (2001). Client experience of gender in therapeutic relationships: An interpretive ethnography. *Family Precess, 40*, 443-458.

Gehart, D., & McCollum, E. (2008). Teaching therapeutic presence; A mindfulness-based approach. In S. Hicks (Ed.), *Mindfulness and the healing relationship*. New York: Guilford.

Gomori, Maria. (2002). *Passion for freedom*. Palo Alto, CA: Science and Behavior Books.

*Johnson, S. M. (2004). *The practice of emotionally focused marital therapy: Creating connection*(2nd ed.). New York: Brunner/Routledge.

Keith, D., Connerll, G., & Connerll, L. (2001). *Defiance in the family: Finding hope in therapy*. New York: Routledge.

Kirschenbaum, H., & Jourdan, A. (2005). The current status of Carl Rogers and the Person-Centered Approach. *Psychotherapy: Theory, Research, Practice, Training, 42*, 37-51.

Kleinplatz, P. J. (1996). Transforming sex therapy: Integrating erotic potential. *The Humanistic Psychologist, 24*(2), 190-202. doi:10. 1080/08873267.1996.9986850

Lambert, M. (1992). Psychologist outcome research: Implications for integrative and eclectic therapists. In J. C. Norcross & M. R. Goldfried (Eds.), *Handbook of psycho-therapy integration*(pp. 94-129). New York: Wiley.

Langens, T. A., & Schüler, J. (2007). Effects of written emotional expression: The role of positive expectancies. *Health Psychology, 26*(2), 174-182. doi:10.1037/0278-6133.26.2.174

Lu, Q., & Stanton, A. L. (2010). How benefits of expressive vary as a function of writing instructions ethnicity and ambivalence over emotional expression. *Psychology Health, 25*(6), 669-684.

Miller, S. D., Duncan, B. L., & Hubble, M. (1997). *Escape from Babel: Toward a unifying language for psychotherapy practice.* New York: Norton.

Mitten, T. J., & Connel, G. M. (2004). The core variables of symbolic-experiential therapy: A Qualitative study. *Journal of Marital and Family Therapy, 30,* 467-478.

*Napier, A. Y., & Whitaker, C. (1978). *The family crucible: The intense experience of family therapy.* New York: Harper.

Neff, K. (2003). Self-compassion: An alternative conceptualization of a healthy attitude to ward oneself. *Self and Identity, 2,* 85-101.

Pachankis, J. E., & Bernstein, L. B. (2012). An etiological model of anxiety in young gay men: From early stress to public self-consciousness. *Psychology of Men & Mansculinity, 13*(2), 107-122. doi:10.1037/a0024594

Picucci, M. (1992). Planning an experiential weekend workshop for lesbians and gay males in recovery. *Journal of Chemical Dependency Treatment, 5*(1), 119-139. doi:10.1300/J034v05n01_10

*Roberto, L. G. (1991). Symbolic-experiential family therapy. In A. S. Gurman & D. P. Kniskern (Eds.), *Handbook of family therapy* (vol.2, 99. 444-476). New york: Brunner/Mazel.

Rogers, Carl. (1961). *On becoming a person: A therapist's view of psychotherapy.* London: Constable.

Rogers, C. (1981). *Way of being.* Boston: Houghton Mifflin.

Satir, V. (1967/1983). *Conjoint family therapy* (3rd ed.). Pala Alto, CA: Science and Behavior Books.

Satir, V. (1972). *Peoplemaking.* Palo Alto, CA: Science and Behavior Books.

Satir, V. (1988). *The new peoplemaking.* Palo Alto, CA: Science and Behavior Books.

Satir, V., & Baldwin, M. (1983). *Satir step by step: A guide to creating change in families.* Palo Alto, CA: Science and Behavior Books.

*Satir V., Banmen, J., Gerber, J., & Gomori, M. (1991). *The Satir model: Family therapy and beyond.* Palo Alto, CA: Science and behavior Books.

Schwartz, R. C. (1987). Working with "internal and external" families in the treatment of bulimia. *Family Relations: An Interdisciplinary Journal of Applied Family Studies, 36*(3), 242-245.

Schwartz, R. C. (1995). *Internal family systems therapy.* New York: Guilford.

Schwartz, R. C. (2001). *Introduction to the internal family systems model.* Fort Collins, CO: Trailhead Publications.

Stanton, A. I., & Low, C. A. (2012). Expressing emotions in stressful contexts: Benefits, moderators, and mechanisms. *Current Directions in Psychological Science, 21*(2), 124-128. doi:10.1177/0963721411434978

Wang, L. (1994). Marriage and family therapy with people from China. *Contemporary Family Therapy: An International Journal, 16*(1), 25-37. doi:10.1007/BF02197600

Whitaker, C. A. (1975). Psychotherapy of the absurd: With a special emphasis on the psychotherapy of aggression. *Family Process, 14,* 1-15.

*Whitaker, C. A., & Bumberry, W. M. (1988). *Dancing with the family.* New York: Brunner/Mazel.

*Whitaker, C. A., & Keith, D. A. (1981). Symbolic-experiential family therapy. In A. S. Gurman & D. P. Kniskern (Eds.), *Handbook of family therapy*(pp. 187-224). New York: Brunner/Mazel.

Whitaker, C. A., & Ryan, M. C. (1989). *Midnight musings of a family therapist.* New York: Norton.

Yoshida, T. (2011). Effects of attitudes toward emotional expression on anger regulation tactics and intimacy in close and equal relationships. *The Japanese Journal of Social Psychology, 26*(3), 211-218.

Yu, J. (1998, November). Asian students' preferences for psychotherapeutic approaches: Cognitive-behavioral, process-experiential and short-term dynamic therapies. *Dissertation Abstracts International, 59*, 2444.

제7장
세대 간 치료와 정신분석적 가족치료

"사실상 Bowen 이론은 가족 자체에 관한 것이 아니라 인생에 관한 것이다."

– Friedman, 1991, p. 134

들어가며

정신분석적 가족치료와 Bowen의 세대 간 치료는 서로 뚜렷이 구별되지만 양쪽 모두, ① 정신 분석이론과 ② 체계 이론을 토대로 한다. 정신분석적으로 훈련을 받은 정신의학자인 Bowen(1985)은 'Bowen의 세대 간 치료'라고 불리는 매우 영향력 있고 독특한 치료 접근을 개발했다. 대상관계 이론에서 큰 영향을 받은 정신분석적 가족치료 또는 정신역동적 가족치료는 **대상관계 가족치료**(Scharff & Scharff, 1987), **원가족치료**(Framo, 1992), **맥락적 치료**(Boszormenyi-Nagy & Kranser, 1986)를 비롯한 여러 독특한 접근을 발달시켰다. 이 치료들은 몇 가지 공통적인 주요 개념과 기법을 갖는다.

- 현재의 기능을 이해하기 위해 내담자의 초기 관계를 검토하기
- 내담자의 호소 문제를 이해하기 위해 여러 세대에 걸친 역동과 확대가족 역동을 추적하기
- 변화를 도모하기 위해 확대가족 역동들을 통찰하기
- 내담자가 원가족 안에서 생애 초기에 학습한 파괴적인 신념 및 행동 패턴을 알아내고 변화시키기

Bowen의 세대 간 치료

◎ 요약하기: 당신이 알아야 할 최소한의 것

Bowen의 세대 간 이론은 가족이나 가족치료보다는 인간 존재의 본질에 관한 것이다(Friedman, 1991). Bowen의 접근을 활용하는 치료자들은 인류의 진화와 모든 생명체의 특성을 고려하는 포괄적인 관점에서 작업해야 한다. 치료자들은 이러한 포괄적인 관점을 활용하여, 내담자 문제를 개념화하고 변화를 이루어 내기 위해 주로 치료자의 자기를 활용한다. 이 포괄적인 관점의 하나로, 치료자들은 현재 나타나는 증상들을 보다 잘 이해하기 위해 보통 **3대에 걸친 정서 과정**을 고려한다. 치료는 내담자가 자신의 현재 행동이 다세대 과정 및 그로 인한 가족 역동과 어떻게 연결되어 있는지를 보다 잘 인식하도록 한다. 내담자를 변화시키기 위한 치료자의 주요 도구는 치료자 개인의 **분화** 수준으로, 이는 자신과 타인을 구분하며 대인관계에서의 불안을 다루는 능력이다.

◎ 핵심 내용: 중요한 기여점

당신이 이 장에서 기억할 것이 있다면, 그것은 다음과 같다.

■ 분화

분화는 처음엔 이해하기 어려울 수도 있지만, 이는 대인관계를 이해할 때 가장 유용한 개념 중 하나이다(Friedman, 1991). **정서적 또는 감정적** 개념인 분화는 개인의 내적 고통 및 대인 간 고통을 분리하는 능력을 의미한다.

- **개인 내: 반응하기**보다 **대응하기** 위해 감정과 생각을 분리시키기.
- **대인관계 간:** 자기를 잃지 않고도 어디까지가 자기 자신의 영역이고, 어디부터가 상대방의 영역인지 아는 것.

Bowen(1985)은 분화란 두 가지 생명력인 **일체감**의 욕구와 **자율성**의 욕구의 균형을 맞추는 능력이라고 설명했다. 따라서 분화는 **연속적** 개념이다(Bowen, 1985). 사람이 분화되거나 분화되지 못했다기보다는 더 분화되거나 덜 분화된 것이라고 보는 것이다. 분화 수준이 높아진다는 것은 넓은 의미에서 '성숙함'이라는 평생에 걸친 여정이다.

보다 분화가 잘 이뤄진 사람은 인생의 굴곡, 특히 친밀한 관계에서 겪는 우여곡절을 더 잘 다룰 수 있다. 자신의 감정과 생각 그리고 타인과 자신을 명확하게 분리하는 능력은 친밀감이 증가하면서 동반되는 긴장과 도전에 성공적으로 대처할 수 있게 해 준다. 예를 들어, 배우자가 못마땅해하거

나 무관심할 때, 이는 분화된 사람의 세계관을 무너뜨리거나 적개심을 유발하지 않는다. 물론, 감정이 상하거나 고통을 느낄 수도 있다. 하지만 그 고통에 대해 즉각적으로 **조치를 취하거나 행동화하지** 않는다. 분화된 사람은 고통을 되돌아볼 수 있다. 어느 것이 자신의 부분이고, 어느 것이 배우자의 부분인지를 명확히 분리하고, 상대방을 존중하면서 나아갈 방법을 찾는다. 반대로, 분화 수준이 낮은 사람은 그 상황에서 무엇이 누구의 몫인지 생각하거나 되짚어 보기도 전에 즉각적으로 반응하고 본인의 감정을 표출하고야 만다. 분화 수준이 높은 배우자들은 자신과 타인의 차이를 감내할 수 있으며, 모든 관계에서 더 자유롭고 수용적이다.

분화가 잘된 사람들은 감정적인 상황에서 즉각적으로 반응하지 않기 때문에, 이는 정서나 정서 표현의 결여를 의미한다고 종종 오해를 받는다(Friedman, 1991). 사실, 분화 수준이 매우 높은 사람들은 **훨씬** 어렵고 강렬한 감정을 겪을 수 있다. 왜냐하면 그들은 과잉반응하지 않는 대신 그들의 모호한 감정들을 주의 깊게 되돌아보고 이를 감내하기 때문이다.

분화는 내담자의 문화, 성별, 나이, 성격에 따라 다양하게 표현되기 때문에 내담자의 분화 수준을 평가하는 것은 어려울 수 있다(Bowen, 1985). 예를 들어, 비전문가가 볼 때는 정서적으로 표현적인 문화와 성별은 분화 수준이 낮아 보이고, 정서적으로 억제된 문화와 사람들은 분화 수준이 더 높아 보일 수도 있다. 하지만 정서적 냉정함은 종종 분화가 덜 된 사람들이 강렬한 감정들을 처리하는 방식인 **정서적 단절**의 결과이다(정서적 단절 부분 참고). 치료자가 분화의 다양한 표현을 면밀히 살피기 위해서는 실제적인 개인의 내적 기능(감정과 생각을 분리하는 능력)과 대인 간 기능(타인과 자신을 분리하는 능력)을 평가해야 한다.

■ 가계도

가계도는 가장 널리 사용되는 가족 평가 도구 중 하나이다(McGoldrick, Gerson, & Petry, 2008). 기본적으로 가계도는 일종의 족보 또는 계보이며, 핵심적인 다세대 과정을 구체적으로 도식화함으로써 보고된 증상을 일으키는 정서적 역동을 치료자와 내담자에게 분명히 보여 준다.

초심자들은 대개 가계도 그리기를 꺼려한다. 배우는 학생들에게 본인들의 가계도를 그려 보라고 하면 대부분은 열의를 다한다. 하지만 내담자의 가계도를 그려 보라고 하면 대부분이 꺼린다. 그들은 "시간이 없어요." 또는 "내담자는 가계도를 그리길 원하지 않을 거예요."라고 말하며 가계도 그리기를 피할 것이다. 그러나 내담자와 함께 가계도를 일단 완성하고 나면 그들은 대부분 "생각했던 것보다 훨씬 도움이 됐어요."라고 말한다. 특히 초심자에게 그리고 노련한 임상가에게도 가계도는 항상 어떤 식으로든 도움이 된다. 가계도는 원래 Bowen의 접근에서 세대 간 작업을 위해 개발되긴 했지만, 일반적으로 매우 유용하기에 다른 학파의 치료자들도 가계도를 적용시켜 해결중심 가계도(Kuehl, 1995)나 문화중심 가계도(Hardy & Laszloffy, 1995; Rubalcava & Waldman, 2004) 등을 만들어 냈다.

가계도는 특히 세대 간 치료자에게, ① 평가 도구인 동시에, ② 개입이 된다. 평가 도구로서의 가계도는 양육 방식, 갈등 관리, 자율성과 일체감의 균형 유지하기와 같은 문제를 둘러싼 세대 간 패턴을 치료자가 확인하는 데 도움이 된다. 개입으로서의 가계도는 내담자가 자신의 패턴을 더 명확히 볼 수 있게 해 주고, 그들이 어떻게 의식적 자각 없이 가족의 유형, 규칙, 유산에 따라 살아왔는지 깨닫도록 돕는다. 내가 수련생일 때 만난 내담자는 할아버지로부터 성적 학대를 당해 왔지만, 그 사실이 알려지면 가족이 해체될 것이라고 생각하여 부모에게 말한 적이 없고 말할 생각도 없었다. 이는 우리가 함께 그녀의 가계도를 그린 날 바뀌었다. 나는 그녀에게 할아버지가 학대한 사람들을 각각 색칠하도록 했다. 그녀가 가계도를 완성했을 때, 3대의 가계도에는 12명의 희생자가 빨간색으로 칠해져 있었다. 그녀는 집에 돌아가서 그날 밤 그녀의 어머니에게 이야기했고, 그녀의 가족을 치료하기 위해 다세대 과정을 시작할 수 있었다.

◎ 들리는 소문에 의하면: 관련된 사람들의 이야기

Murray Bowen

정신분석적으로 훈련받은 정신의학자 Bowen(1966, 1972, 1976, 1985)은 1940년대부터 메닝거 연구소(Menninger Clinic)에서 조현병 진단을 받은 사람들과 작업하기 시작했고, 1950년대에 국립건강연구소(NIMH)에서 조현병 구성원을 둔 가족들의 정서 과정을 연구하기 위해 가족 전체를 입원시켜서 연구를 계속하였다. 그는 그 후로 30년 동안 조지타운 대학교에서 가족 및 자연체계에 관한 가장 영향력 있는 이론 중 하나를 발달시켰고, 가족치료자들에게 큰 영향을 주었다.

조지타운 가족 센터: Michael Kerr

Bowen의 오랜 제자인 Michael Kerr는 Bowen의 가장 영향력 있는 제자 중의 한 명이며, Bowen이 자신의 임상적 접근을 다듬었던 조지타운 가족 센터(Georgetown Family Center)에서 책임자를 맡아 왔다.

가족학습 센터: Philip Guerin과 Thomas Fogarty

Guerin과 Fogarty는 가족치료에 관한 최고의 훈련 기관 중 하나인 뉴욕의 가족학습 센터(Center for Family Learning)의 공동 설립자이다. Guerin과 Fogarty는 함께 Bowen 모델의 임상적 적용에 관한 광범위한 저술 활동을 해 왔다.

Monica McGoldrick과 Betty Carter

Betty Carter와 Monica McGoldrick(1999)은 Bowen의 이론을 활용하여 매우 영향력 있는 **가족생활주기** 모델을 개발했는데, 이 모델은 가족이 어떻게 발달하는지를 이해하기 위해 일체감과 독립성 욕구의 균형에 관한 Bowen의 개념을 사용하였다. 가계도에 관한 McGoldrick의 업적은 이 도구 관련 주제에서 결정적인 작업이다(McGoldrick, Gerson, & Petry, 2008).

David Schnarch

Bowen의 세대 간 접근을 기반으로 Schnarch는 부부와 작업하는 독특한 접근인 성적 시련 모델을 개발했는데, 이 모델은 부부의 분화 수준을 높임으로써 친밀해지는 능력을 향상하도록 고안되었다. 이 접근의 중요한 특징 중 하나는 분화 과정을 촉진하기 위해 부부의 성적 관계의 강도를 활용하는 것이다.

◎ 큰 그림 그리기: 상담 및 심리치료의 방향

정신역동적 뿌리를 둔 다른 접근들처럼 세대 간 치료도, 내담자의 변화를 촉진하기 위해 **치료자의 자기**, 구체적으로는 치료자의 분화 수준에 매우 의지하는 **과정** 지향적 치료이다(Kerr & Bowen, 1988). 이 치료는 기법과 개입을 강조하지 않는다. 대신 치료자들은 통찰을 촉진하기 위해 가계도와 평가를 활용하며, 그런 다음 분화된 사람으로서 개입을 한다. 예를 들어, 한 배우자가 말다툼에서 치료자를 자신의 편에 두고자 할 때, 치료자는 분화의 본보기가 되어 주는 동시에 부드럽게 부부의 분화를 촉진하면서 반응한다. 치료자가 한쪽 편에 서는 것을 거절하고, 그로 인한 불안을 부부가 견딜 수 있게 도움으로써(그들의 문제는 여전히 해결되지 않았고, 둘 다 치료자로부터 '인정'되지 않았다), 부부가 자신들의 분화 수준을 높일 수 있는 상황을 만든다. 그들은 자기를 수용함으로써 감정을 완화하고 서로의 차이에서 오는 긴장을 견디는 법을 배울 수 있다. 내담자의 분화 수준을 높이고, 불안과 모호함에 대한 인내력을 높이기 위해 통찰과 치료적 관계를 번갈아 활용함으로써 변화를 이룰 수 있다.

◎ 관계 형성하기: 치료적 관계

■ 치료자의 분화와 정서 상태

다른 어떤 가족치료 접근보다도 세대 간 치료에서의 치료자의 분화 수준(Bowen, 1985; Kerr & Bowen, 1988)과 정서 상태(Friedman, 1991)는 변화를 이루는 핵심이다. 세대 간 치료자들은 치료에 참여하는 모든 사람의 분화 과정을 촉진하는 치료적 관계를 발달시키는 데 중점을 둔다. "**치료자의 분화가 곧 기법이다.**"(Friedman, 1991, p. 138; italics in original) 세대 간 치료자들은 치료자가 분화된 수준만큼만 내담자가 분화될 수 있다고 생각한다(Bowen, 1985). 이러한 이유로 수련 초기의 슈퍼비전에서 종종 강조하는 것은 치료자의 분화 수준이며, 치료자들은 지속적으로 자기 자신을 성찰하고 발전시켜서 내담자에게 최선의 도움을 줄 수 있어야 한다. Bowen 치료자들은 이 이론이 (이 책과 같은) 책을 통해서 배울 수 있는 것이 아니라, 이러한 개념들을 활용하여 제자와 상호작용하는 지도감독자 또는 스승과의 관계를 통해서만 배울 수 있다고 주장한다(Friedman, 1991).

■ 안정적 자세

치료자의 분화 수준이 높을수록 내담자와 있을 때 안정적인 자세를 유지할 수 있다(Kerr &

Bowen, 1988). 이것은 냉정하고 거리를 두는 태도가 아니라 정서적으로 관여하면서도 **반응적이지 않은 태도**이다. 치료자가 '안 좋은' 소식이나 공격 등에 대해 신중하게 생각하지 않은 채로 반응하지 않는다는 뜻이다. 치료자는 내담자들이 분노, 슬픔 또는 다른 강한 감정에 압도되는 모든 순간의 불안으로부터 그들을 구출하려고 서두르지 않는다. 대신 치료자는 내담자가 회피하려고 하는 혼란 속으로 차분하게 헤치고 들어가서, 내담자가 자신과 타인을 분리하고 생각과 감정을 분리하는 과정을 거쳐 내도록 안내한다(Friedman, 1991). 치료자의 평정심은 내담자가 분화를 본보기로 삼을 수 있는 안전하고 차분한 환경에서 분화를 이루어 나가도록 도울 수 있다. 내담자의 감정이 동요되었을 때, 할 수 있는 '가장 쉬운' 일은 그들의 불안, 두려움과 같은 강한 감정들을 완화시키고 가라앉히는 것이다. 이것은 모든 사람을 금방 차분해지게 하지만 배우는 것은 따로 없다. 대신 세대 간 치료자는 내담자의 성장을 촉진하기 위해 내담자들이 두려워하고 혐오하는 감정들을 거쳐 내는 더욱 어려운 과정으로 내담자들을 천천히 이끈다.

◎ 조망하기: 사례개념화와 평가

가족 역동을 정확하게 평가하여 치유 과정으로 이끄는 치료자의 능력에 이 접근의 효과성이 달려 있기 때문에 세대 간 치료에서 조망은 주요한 '개입'이다(Bowen, 1985). 이것은 모든 치료에서 해당되는 말이긴 하지만, 세대 간 치료에서는 특히 더 중요하다. 왜냐하면 치료자의 분화 수준이 무슨 일이 일어나고 있는지를 정확하게 '파악하는' 능력에 있어 결정적인 요소이기 때문이다.

■ 정서체계

Bowen은 가족, 조직, 단체를 모든 자연적인 체계에서 발견되는 동일한 과정을 가진 정서적 체계로 보았다. "Bowen은 우리가 원형질의 다른 형태들(예: 인생)과 다르지 않으며 오히려 더 많은 공통점을 가지고 있다고 수년 간 거듭 강조해 왔다."(Friedman, 1991, p. 135) 그는 인간을 **점진적인 정서 과정**의 일부로 보았는데, 이 과정은 핵을 가지고 있고 다른 세포들과의 기능을 구별할 수 있었던 1차 세포로 되돌아간다(예: 인간의 삶은 하나의 세포로 시작되어 새로운 세포를 만들어 내기 위해 분열되고, 그 다음에는 피, 근육, 신경 등의 다양한 체계와 몸의 구조를 형성하기 위해 분화된다). 하나의 유기체(체계)의 일부로 남아 있으면서도 분화하는 이러한 과정은 Bowen의 작업에서의 주요한 조직화 개념이며, 가족의 정서 과정은 이 세포 분화 과정의 연장선(단지 비유가 아니라)으로 본다. 그러므로 Bowen의 자연체계 이론은 인류와 과거에서 현재까지의 모든 생명체 사이의 관계에 주목한다.

가족치료에서 특히 흥미로운 부분은 정서적 상호의존성을 발달시켜 온 자연체계(예: 새떼, 소떼, 인간 가족; Friedman, 1991)이다. 그 결과로 생긴 체계나 정서적인 영역은 모든 구성원에게 막대한 영향을 미치며, 어떤 것이 가치 있고 그렇지 않은지를 정의한다. 가족이 충분히 분화되지 못하면 정서적으로 결합되고, 분화되지 않은 가족인 '자아군집'이 될 수 있다. 세대 간 치료자들은 가족의 환경적 요소나 일반 문화적 요소보다는 가족의 독특한 정서체계에 중점을 두며, 특정한 체계를 구조화

하는 규칙을 찾고자 한다.

이 접근은 가족을 단일한 유기체나 체계로 보는 다른 체계적 개념화와 유사하다. 하지만 Bowen은 가족이 근본적으로 **정서적** 체계라는 점을 강조한다. 이 체계가 사람의 행동, 감정, 증상에 중요한 영향을 미치기 때문에, 개인의 문제들을 이해하기 위해서는 항상 이러한 맥락을 평가해야 한다. 예를 들어, 이 장 마지막의 사례연구에서 치료자는 Wei-Wei의 공황발작의 의학적 · 심리적 측면들에만 초점을 맞추기보다는 가족체계, 이민 이력, 직장생활이라는 더 넓은 구조 안에서 공황발작을 이해하고자 한다.

■ 만성불안

Bowen은 만성불안을 모든 자연적 체계에 존재하는 생물학적 현상으로 보았다. 만성불안은 의식적 · 논리적 과정으로 중재할 수 없는 자동적인 신체적 · 정서적 반응을 수반한다(Friedman, 1991). 가족들은 위기, 상실, 갈등, 곤경에 대한 반응으로 만성불안을 보인다. 분화 과정은 개인과 가족이 자연적인 체계에서 생존과 연관된 반응성과 불안을 감소시키고, 어떻게 반응할지에 관해 의식적인 선택을 할 수 있는 분별력을 만든다. 예를 들어, 자녀가 성공하지 못한 것에 대해 죄책감을 느끼는 어머니로부터 가족의 만성불안이 야기될 수 있는데, 이 경우 어머니의 분화 수준을 높여서 어머니가 상황에 거의 도움이 안 되는 정서적 반응에 사로잡히지 않고 명확하고도 합리적인 입장에서 자녀의 상황에 반응하도록 돕는 것이 치료자의 임무이다. 이 장 마지막의 사례연구에서 치료자는 아들이 의대를 졸업하고 성인으로서의 독립적인 삶을 시작함에 따른 어머니의 불안과 공포를 줄이기 위해 어머니와 작업한다.

■ 다세대 전수 과정

다세대 전수 과정은 앞선 세대의 정서 과정이 현재 가족 정서체계에서 나타나며 '존속한다'는 전제를 기본으로 한다(Friedman, 1991). 이 과정에서 자녀들은 부모보다 분화 수준이 더 높거나, 같거나, 낮아질 수 있다(Bowen, 1985). 심각한 정서적 문제를 가진 가족은 세대를 거듭할수록 점점 분화 수준이 낮아지는 다세대 과정에서 비롯된 결과이다. Bowen의 접근은 인간관계와 개인의 정체성을 형성하는 보다 보편적인 과정을 이해하기 위해 개인이 이 다세대 과정들로부터 충분한 거리를 두도록 돕고자 고안되었다(Friedman, 1991). 따라서 이 장 마지막의 사례연구에서 치료자는 부모님의 이전 중국 생활의 정서적 내용을 가족의 현실에서 현재 진행 중인 양상으로 보고, 이에 대해 평가할 것이다.

■ 다세대 패턴

세대 간 치료자들은 특히 현재 문제들과 관련된 다세대 패턴을 평가한다. 치료자는 가계도 또는 구술 면담을 이용하여 우울, 약물 사용, 분노, 갈등, 부모-자녀 관계, 부부관계 또는 내담자에게 가장 핵심적인 문제들의 패턴을 확인한다. 그러고 나서 치료자는 현재 상황이 이러한 패턴들과 어떻게 연관이 있는지 확인한다. 내담자는 그 패턴을 반복하는가? 아니면 그에 맞서 대항하는가? 그 패턴은 이 세대에서 어떻게 발달해 왔는가? 이를 통해 치료자는 문제를 키우는 역동들을 더욱 명확히 하게 된다. 이 장 마지막의 사례와 같은 이민 사례에서 유서 깊은 가족 패턴은 서로 다른 문화적 맥락으로 인해 변화할 수도 있고(예: 가족이 어우러져 적응하기를 시도하거나 강요된다), 융통성 없이 동일할 수도 있으며(예: 가족이 전통을 고수하기 원한다), 철저히 달라질 수도 있다(예: 가족이 과거로부터 '벗어나기'를 원한다).

■ 분화 수준 ('행위' 참조)

사례개념화의 일부로 분화를 활용할 때 치료자는 Bowen이 개발한 1에서 100의 범위의 분화 척도로 내담자의 분화 수준을 평가하는데, 분화 수준이 낮을수록 점수가 낮아진다(Bowen, 1985). Bowen은 이 척도에서 70보다 높은 사람들은 거의 드물다고 주장했다.

'샤보트(Chabot) 정서 분화 척도'(Licht & Chabot, 2006)와 같은 수기 측정도구가 있긴 하지만, 대부분 치료자들은 내담자가 타인으로부터 자신을, 감정으로부터 사고를, 어디에서 어떻게 분리시키거나 분리시킬 수 없는지의 패턴에 주의를 기울인다. 치료에서 가장 유용한 것은 분화의 총점이나 전반적인 평가라기보다는 내담자의 현재 문제를 해결하기 위해 내담자가 분화 수준을 높여야 하는 특정한 지점을 탐색하는 것이다. 예를 들어, 부부가 감정적으로 압도되지 않으면서 각자가 선호하는 것에 대해 이야기 나누고, 서로의 선호를 존중하는 방법을 찾을 수 있는 성적인 관계를 만들기 위해서 부부는 성적인 영역에서 상대방과 자신을 분화시키는 능력을 키워야 한다.

■ 정서적 삼각관계

Bowen은 평가해야 할 가장 중요한 역동 중 하나로 삼각관계를 꼽았는데, 왜냐하면 삼각관계는 가족을 구성하는 기본 요소이기 때문이다(Bowen, 1985; Friedman, 1991; Kerr & Bowen, 1988). 삼각관계는 주요한 양자관계를 안정시키기 위해, 특히 두 사람 사이에 긴장감이 있을 때 제3자(또는 어떠한 사물, 주제, 활동 등)를 끌어들이는 과정이다. 삼각관계는 두 사람 간의 긴장을 완화하기 위해서 제3자 또는 주제를 사용하기 때문에, 제3의 개체와의 관계를 변화시키려고 할수록, 아이러니하게도 당신이 변화시키고자 하는 측면들은 더욱 강화된다. 따라서 치료자들은 변화가 필요한 주요 관계를 확인하기 위해 삼각관계를 평가한다.

Bowen은 삼각관계가 자연체계의 근본적인 과정이라고 주장했다(Bowen, 1985). 모든 사람은 어느 정도 삼각화를 한다. 당신의 상사나 동료에 대해 불평하는 것이 삼각화이다. 하지만 이 삼각화가 두 사람 간의 긴장을 다루는 주된 수단이 되고 두 사람이 실제로 긴장을 해결하지 않으면, 병리적인 패턴이 생겨난다. 삼각관계가 견고할수록 문제는 더욱 커진다.

삼각관계의 전형적인 가족 예시는 결혼생활에서 해결되지 못한 긴장을 줄이기 위해 자녀에게 과도하게 관여하는 어머니이다. 이러한 과도한 관여는 긍정적인 상호작용(학교생활 전반의 과도한 관여, 정서적 친밀함, 자녀에게 끊임없는 과제 및 시간 투자)의 형태일 수도 있고, 부정적인 상호작용(예: 자

녀에게 걱정하고 잔소리하기. 이 장 마지막의 사례연구에서 치료자는 이러한 부정적 상호작용이 일어나고 있다고 여김.)의 형태일 수도 있다. 또 다른 일반적인 삼각화 형태는 이혼가정에서 볼 수 있는데, 각 부모들이 배우자보다는 자신의 편에 서도록 자녀를 설득하면서 자녀와 삼각관계를 형성한다. 삼각관계는 양자관계를 안정화하기 위해 알코올이나 약물을 사용하는 것, 자신의 배우자에 대해 친구나 원가족에게 불평하거나 편을 드는 것, 세 형제자매 중 두 명이 한편이 되는 것 등도 될 수 있다.

■ 가족 투사 과정

가족 투사 과정은 부모가 그들의 미성숙함을 한 명 이상의 자녀에게 어떻게 '투사'하여(Bowen, 1985) 이후 세대의 분화 수준을 낮추는지를 설명한다. 가장 일반적인 패턴은 엄마가 한 명의 자녀에게 자신의 불안을 투사하는 것으로, 그녀는 자신의 불안을 완화하기 위해 그녀의 모든 주의를 자녀에게 집중하고, 자녀의 교육이나 스포츠 활동에 과도하게 투자하게 된다. 부모 불안의 초점이 된 자녀는 이 투사 과정에 연관되지 않은 형제자매에 비해 분화 수준이 더 낮을 것이다.

■ 정서적 단절

불안을 다루기 위해 더는 상대방에게 정서적으로 관여하지 않는 상황을 뜻하는 정서적 단절을 평가하는 것은 굉장히 중요한 과정이다. 이것은 보통 자녀들과 부모 사이에서 발생한다. 정서적 단절은 상대방을 더는 보지 않고 대화하지 않기, 혹은 같은 가족 행사에서 전혀 상호작용을 하지 않으려 하기 등으로 나타날 수 있다. 자신의 가족과 단절을 보이는 사람들은 그렇게 행동하는 것이 정신건강의 신호(예: "나는 건강한 경계를 설정했어.") 또는 우월성의 신호(즉: "저런 유형의 사람과 시간을 보낸다는 건 말도 안 되는 일이야.")라고 믿는다. 그들은 심지어 이 해결책이 자신들의 정서적 반응성을 다루도록 돕는다고 이야기할지도 모른다. 하지만 정서적 단절은 대개 낮은 분화 수준의 신호이다(Bowen, 1985). 근본적으로 이러한 유형의 사람들은 다른 사람과 정서적으로 매우 융합되어 있기 때문에, 자신들이 편안함을 느끼기 위해서는 신체적인 분리가 필요한 것이다. 분화 수준이 높을수록 정서적 단절을 덜 필요로 한다. 이것은 분화 수준이 높은 사람이 경계를 세우지 않는다는 뜻이 아니다. 분화된 사람들이 경계를 설정하고 가족과의 접촉을 제한할 때에는 보통 정서적 반응(예: 말다툼 이후)을 보이는 것이 아니라 정서적 관계를 존중하고 유지하는 방식으로 경계를 설정한다.

평가 시, 정서적 단절에 좀 더 주의할 필요가 있다. 왜냐하면 가족 역동과 분화에 대한 전반적인 평가를 '따돌릴' 수 있기 때문이다. 스스로를 정서적으로 단절시키는 대처방법을 사용하는 사람들은 종종 실제보다 더 분화 수준이 높은 것처럼 보인다. 또한 특정 가족 패턴은 내담자들이 가족 이력을 '잊어버리거나' 정말로 모르기 때문에 알아내기가 더 어려울 수 있다. 하지만 때때로 특정 가족에게는 언어적이거나 정서적인 또는 아동기 학대의 심각한 패턴 때문에 더 많은 단절이 필요하다. 이러한 경우에 접촉이 부적절하거나 불가능한 지점에서도 계속해서 치료자는 단절의 **정서적** 측면을 평가해야 한다. 사람들이 분노, 억울함, 두려움이 없이 더 많이 자신의 정서를 들여다볼수록(예: 관계 역동에 대해 공감과 인지적인 이해를 하게 됨) 더 건강해질 것이며, 바로 이것이 치료 목표가 되어야 한다.

■ 형제 순위

세대 간 치료자들은 가족의 분화 수준의 지표로서 형제 순위를 살펴본다. 모든 것이 동등한 상황에서 가족 구성원들이 형제 순위에서 기대되는 특징을 더 많이 보일수록 분화 수준이 높다(Bowen, 1985; Kerr & Bowen, 1988). 자녀가 가족 투사 과정을 더 심하게 받을수록 유치하고 어린아이 같은 특성을 보일 것이다. 형제 순위와 관련된 역할은 개인의 문화적 배경의 영향을 받는데, 이민자의 경우 이후 세대보다 전통적인 기준을 더 따르는 경향이 있다. 주로, 첫째 자녀는 책임감과 권한을 가지고, 둘째 자녀는 약자와 동일시하여 현재 상황에 의문을 제기함으로써 지배적 문화에 대응한다. 막내 자녀는 일반적으로 자유를 추구하고 책임감을 회피하는 경향이 있다.

■ 사회적 퇴행

전쟁, 자연재해, 경제적 압력, 트라우마 등으로 인해 사회가 지속적인 만성불안을 겪게 되면, 사회는 합리적인 판단을 하기보다는 감정에 기초한 반응적인 의사결정으로 대응하며(Bowen, 1985), 마치 가족처럼 더 낮은 기능 수준으로 퇴행한다. 사회적 문제에 대한 이러한 임시방편적 해결은 문제와 증상을 키우는 악순환을 만든다. 사회들은 분화 수준이 높아졌다가 낮아지는 주기를 반복할 수 있다.

◎ 변화를 겨냥하기: 목표 설정

■ 두 가지 기본 목표

어느 이론이건 건강에 대해 정의를 내리고 있듯이 세대 간 치료는 모든 내담자에게 적용할 수 있는 장기적 치료 목표를 명확히 정의했다.

① 각 개인의 분화 수준 높이기(구체적인 맥락에서)
② 체계 내의 만성불안에 대한 정서적 반응을 줄이기

■ 분화 수준 높이기

분화 수준을 높이는 것은 일반적인 목표이며 각 내담자에 따라 적용할 수 있도록 정의되어야 한다. 예를 들어, '친밀함을 높이는 동시에 차이에 대한 인내를 키움으로써 결혼생활에서 AF와 AM의 분화 수준 높이기'는 '분화 수준 높이기'보다 더 좋은 목표이다.

■ 만성불안에 대한 정서 반응 줄이기

불안과 정서 반응을 줄이는 것은 분화 수준을 높이는 것과 밀접한 관련이 있다. **분화 수준이 높아질수록 불안은 줄어든다.** 그렇다 하더라도 이들의 목표를 분리해서 설정하면, 치료 과정을 세분화하는 데 도움이 된다. 일반적으로 불안 감소는 분화 수준의 증가보다 먼저 일어나므로 치료의 종결 단계

보다는 작업 단계에 수반된다. 분화 수준을 높이는 일반적인 목표와 마찬가지로 이를 개인 내담자에 맞게 구체적으로 조정하는 것이 효과적이다. 불안장애 치료와 혼동하기 쉬운(경우에 따라 그럴 수도 있고 아닐 수도 있지만) '불안 줄이기' 같은 일반적인 목표보다는 내담자의 구체적인 역동을 다루는 것이 더 유용한 임상적 목표가 될 것이다. 이에 '자녀의 반항에 대한 정서 반응 줄이기' 또는 '집안일과 육아의 분담에 관한 대화에서 배우자에 대한 정서적 반응을 줄이기'가 있다.

◎ 행동하기: 개입

■ 이론 vs 기법

Bowen의 세대 간 이론에서 주요한 '기법'은 이론을 구현하는 치료자의 역량이다. 전제는 치료자가 Bowen의 자연적 체계 이론을 이해하고, 치료자 자신의 분화 수준을 키운다면, 치료자들은 자연스럽게 내담자의 분화 수준을 높이는 방식으로 내담자들과 상호작용하리라는 것이다(Friedman, 1991). 따라서 이론을 이해하는 것, 즉 이론대로 '사는 것'이 내담자의 변화를 일으키는 주요 기법인 것이다.

■ 과정 질문

세대 간 치료자들이 이론을 구현하는 것을 '**과정 질문**'이라 일컬으며, 이는 내담자가 자신이 행하고 있는 체계적 과정이나 역동들을 볼 수 있도록 돕는다. 예를 들어, 치료자들은 내담자가 배우자와 겪고 있는 갈등이 그들의 부모님의 관계에서 관찰했던 패턴과 어떻게 관련되어 있는지 보도록 돕기 위해 과정 질문을 사용한다. "당신의 배우자와 지금 경험하고 있는 문제들을 당신의 부모님의 경우와 비교해 보면 어떻습니까? 유사한가요, 아니면 다른가요? 당신은 지금 당신의 부모님 중 한 명과 유사한 역할을 하고 있나요? 당신이 어렸을 때 부모님과 가졌던 갈등 유형과 유사한가요? 당신은 누구와 가장 비슷한가요? 누구와는 가장 다른가요?" 등과 같은 질문들은 치료자가 내담자들의 상황을 개념화하고자 이론을 사용하면서 자연스럽게 생겨난다.

■ 자기분화 격려하기

Bowen의 이론에 따르면, 가족들은 생존의 일환으로 자연스럽게 일체감과 정서적 유대를 지향한다. 따라서 치료적 개입은 일반적으로 내담자가 타인과 정서적 유대를 가지면서, 동시에 자신의 의견과 기분 상태를 유지하기 위해, '나(I)'의 입장을 활용하도록 격려함으로써 분화의 힘에 균형을 잡아 주는 것을 목표로 한다(Friedman, 1991). 예를 들어, 만약 부부가 서로 상대의 감정에 대해 과잉반응을 한다면, 한 사람이 화가 나거나 불행한 기분이 들 때마다 상대방도 그 기분 상태에 있는 것 외에는 달리 방도가 없는 것처럼 느낀다. 치료자들은 배우자가 상대방으로부터 과도한 영향을 받지 않고, 자신의 정서 상태를 유지하도록 지도함으로써 분화를 촉진한다. 이 장의 사례연구에서, 치료자는 공황발작이 있는 Wei-Wei에 대해 아들 및 남편과의 소원해진 관계에서 분화 수준을 높이는 작업을 할 것이다.

■ 가계도

가계도는 평가 도구이자 개입으로 사용된다(McGoldrick, Gerson, & Petry, 2008). 개입으로서 가계도는 문제적 세대 간 패턴뿐만 아니라 관계 맺기와 문제 다루기에 관한 대안적 방법까지 알아낸다. 예를 들어, 한 사람이 각 세대에서 한 명 이상의 자녀가 부모에게 강하게 반항해 왔던 가족 출신이라면, 가계도는 이 패턴을 확인하고, 더 큰 가족에서의 예외적인 경우에 주목하고, 이 역동을 예방하거나 중단하는 방법을 찾는 데 활용될 수 있다. 회기에서 역동에 대해 논의하는 것보다는 세대들 간 패턴을 시각적으로 묘사한 가계도가 변화에 대한 절박함과 책임감을 더 크게 불러일으킨다. 오로지 과정 질문과 역동에 대한 논의에만 의지하는 것에 비해 가계도를 그릴 때 실천하려는 절박함과 의지가 더 생겨난다. 가계도를 그리고 이를 회기에서 사용하는 방법에 대한 간략한 설명이 제13장에 담겨 있다.

■ 탈삼각화

탈삼각화는 내담자가 치료자 또는 다른 누군가를 삼각관계에 끌어들이려는 시도를 막기 위해 치료자가 치료적 중립(분화)을 유지하는 것이다(Friedman, 1991). 개인, 부부 또는 가족과 작업하는 대부분의 치료자는 언젠가는 치료실에 함께 있거나 혹은 없는 제3자에 대해 함께 삼각관계를 형성하자고 내담자로부터 '초대받을' 것이다. 이러한 상황이 발생하면 치료자는 직접적으로든 더 미묘한 방식으로든 편들기를 거절함으로써 '탈삼각화'한다. 예를 들어, 만약 내담자가 "아이가 말대꾸를 하는 것은 부적절하다고 생각하지 않나요?" 또는 "남편이 매력적인 미혼 여성과 단둘이 점심을 먹는 것은 부적절하지 않나요?"라고 묻는다면, 내담자의 불안을 완화하는 가장 빠른 방법은 동의하는 것이다. 이는 내담자와 치료자의 관계를 편안하게 해 주고, 내담자는 즉각적으로 '기분이 나아지고' '이해받고' '공감받는' 느낌이 든다. 하지만 내담자의 입장이 타당함을 인정하고 그저 내담자 편을 든다면, 이는 분화를 촉진하는 장기적 목표를 위태롭게 만드는 것이다. 따라서 치료가 '막히게' 되면, 치료자는 가장 먼저 삼각관계에 놓여 있을 가능성을 검토해야 한다(Friedman, 1991).

치료자는 편을 들어 주기보다는 내담자들이 **자기 스스로**를 인정해 주고, 문제적 역동에서 자신의 몫을 검토하고, 자신의 욕구와 소망에 대해 책임지도록 안내한다. 치료공동체에서는 종종 내담자의 감정을 '인정'하는 것에 대해 상당한 혼란이 있다. '**인정**'은 찬성을 암시한다. 하지만 치료자의 찬성은 내담자의 자율성을 약화시킨다. 세대 간 치료자들은 치료자가 "그렇게 느끼는 것이 정상이에요." "그가 정말로 당신에게 상처를 준 것 같군요."라고 말하면서 '인정'하거나, 어떤 식으로든 "당신은 충분히 그렇게 느낄 만하다."라고 암시한다면, 이는 분화의 기회를 박탈하는 것이라고 강조한다. 대신, 내담자들은 필요에 따라 그들 자신의 생각과 감정들을 인정하거나 인정하지 않고, 그에 대해 책임을 지고 행동하도록 지도받는다.

■ 관계성 실험

관계성 실험은 가족 내에서 비생산적인 관계 과정을 드러내고 변화시키도록 고안된 행동 과제이다(Guerin, Fogarty, Fay, & Kautto, 1996). 이 실험은 두 사람 간의 직접적 소통을 증가시키거나 분화의 부족으로 인한 추격자/철수자의 역동을 뒤집음으로써 삼각화 과정을 중단시킨다.

■ 원가족 방문하기

대부분의 성인은 이 역설에 익숙하다. 당신은 고된 직장일, 양육, 복잡한 가정사를 처리할 수 있는 균형 잡힌 사람처럼 보인다. 하지만 주말 동안 가족을 만나러 집에 가면, 당신은 갑자기 10대처럼 또는 더 심하게 행동하는 자신을 발견하게 된다. 세대 간 치료자들은 이러한 기능상의 차이에 대해 원가족과의 미해결된 문제로 인한 것이고 분화 수준을 높임으로써 개선될 수 있다고 본다. 당신이 부모님의 비난하는 말이나 형제자매의 거만함을 바꿀 수 없다 해도, 당신은 이 '오래된 성가심'이 있는 곳에 머무르면서도 과거 행동으로 퇴행하지 않는 대신 명확한 자기감을 지킬 수 있다. 내담자의 분화 수준이 성장할수록, 핵가족체계에서 더욱 강력하고 명확하게 자기감을 유지할 수 있다. '원가족 방문' 기법은 치료자가 내담자에게 자기와 타인 간의 더 명확한 경계를 유지하면서, 가족 구성원들과 상호작용하도록, 높아진 분화 수준의 특징인 정서 반응의 감소를 연습하거나 경험해 보도록 격려하는 것이다.

◎ 특별한 대상을 위한 개입

■ 성적 시련(도가니, Sexual Crucible) 모델

Bowen의 세대 간 이론이 적용된 가장 영향력 있는 이론 중 하나는 David Schnarch(1991)가 개발한 '성적 시련(도가니) 모델'이다. 이 모델은 부부 기능을 '도가니', 즉 불안정한 변화 과정을 물리적으로 담아내는 그릇이라고 제안한다. 치료자는 결혼생활을 하는 두 사람을 분화하도록 도우면서(더 간단히 말하면, 그들을 '성장'하라고 이끌면서) 변화를 일으킨다. 모든 도가니에서 그렇듯 결혼생활의 내용들은 불안정하고 격정적이기 때문에 억눌려 있다.

Schnarch는 성적 및 정서적 친밀함이 본질적으로 분화 과정에서 서로 밀접하게 얽혀 있다고 본다. 그는 부부들에게 그들의 욕구, 소망, 바람에 부응하기 위해 상대방에게 변화하라고 요구하기보다는 자신의 개인적 욕구에 대한 책임을 지라고 말해 준다. 차분함을 유지하기 위해 각 개인은 상대방의 변화를 요구하기보다 자기 자신을 달래는 법을 배운다. Schnarch는 '휴식을 위해 껴안기'와 같은 활동을 포함하는데, 이 활동에서 그는 부부들이 신체적 친밀감과 '살핌'을 받는다는 편안함을 높이도록 돕는다. 그는 치료자들이 내담자에게 활용하도록 이 모델을 발전시켰고, 일반 대중들도 활용할 수 있도록 했다(Schnarch, 1998).

Schnarch는 대부분의 부부가 기대하는 관계 유형을 형성하도록 돕기 위해 포괄적이고 구체적인 모델을 개발했다. 이는 정서적, 성적, 지적, 직업, 재정, 육아, 가사, 건강 그리고 사회적 동반자 관계의 조화로운 균형 등이 있다. 하지만 Schnarch는 다면적인 친밀감이 결코 인간관계의 기준이 될 수 없다고 지적한다. 그의 모델은 심리적인 면에 관심 있으면서 친밀감이 높아지기를 원하는 내담자들에게 가장 적합하다.

◎ 조합하기: 사례개념화와 치료 계획 양식

■ 이론 특정 사례개념화의 영역

만성불안

가족 내의 만성불안의 패턴을 설명할 것. 각 개인의 역할, 그 역할이 증상과 어떻게 관련되어 있는지 등.

다세대 패턴

- 가계도를 기반으로 다음 주제에 주의를 기울이면서 다세대 패턴을 확인할 것.
- 가족 강점
- 약물/알코올 남용
- 성적/신체적/정서적 학대
- 부모/자녀 관계
- 신체적/정신적 장애
- 현재 문제의 과거 사건
- 가족 내 역할들: 희생자, 영웅, 반항하는 사람, 무기력한 사람 등

다세대 전수 과정

문화적 적응 문제, 트라우마 및 상실의 잔여 영향, 중요한 유산 등에 주의를 기울이면서 기능의 다세대 전수를 설명할 것.

분화 수준

각 개인의 상대적 분화 수준을 설명하고, 그것이 어떻게 표현되는지에 대한 예시를 제공할 것.

정서적 삼각관계

가족 내 삼각화 패턴을 확인할 것.

가족 투사 과정

관심의 초점이 되는 한 명 이상의 자녀에게 부모가 자신의 불안을 투사하는 패턴을 설명할 것.

정서적 단절

가족 내에서 어떤 단절이 있는지 설명할 것.

형제 순위

가족과 관련되어 보이는 형제 순위 패턴을 설명할 것.

우울/불안을 겪는 개인을 위한 치료 계획 양식

▣ 세대 간 개인치료 초기 단계

❖ 초기 단계 치료적 과업

1. 효과적인 치료적 관계 발전시키기. 다양성 주의: 문화, 성별 및 기타 유형의 관계 구축 및 정서 표현 방식들을 어떻게 존중할지 설명할 것.
   a. 안정적 자세를 보이면서 분화된 위치에서 내담자와 관계 맺을 것.
2. 개인적, 체계적 및 광범위한 문화적 역동 평가하기. 다양성 주의: 문화적 · 사회경제적 · 성적 지향, 성별 그리고 기타 관련 규범에 근거하여 평가를 어떻게 조정할지 설명할 것.
   a. 다세대 패턴, 만성불안, 삼각관계, 정서적 단절, 가족 투사 과정, 그리고 형제 순위를 확인하기 위해 3세대 가계도를 사용할 것.
   b. 현재의 위기/문제 상황과 과거에서 내담자 및 중요한 타인의 분화 수준을 평가할 것.
3. 치료 목표를 정의하고 치료 목표에 대한 내담자 동의 얻기. 다양성 주의: 내담자의 문화, 종교 그리고 다른 가치 체계로부터의 가치들과 부합되도록 목표를 어떻게 수정할지 설명할 것.
   a. 분화와 체계적 불안 감소에 관한 목표를 정의하기 위해 내담자와 함께 작업할 것.
4. 의뢰 필요성, 위기 문제, 부수적 정보제공자 연락, 그리고 내담자의 다른 욕구를 확인하기.
   a. 의뢰/자원/연락처: 적절히 의뢰하고 부수적 정보제공자와 연락할 것.

❖ 초기 단계 내담자 목표

1. 불안과 우울을 줄이기 위해 내담자와 (명시할 것) 간의 삼각관계 줄이기.
   a. 치료적 중립을 유지하고 문제적 상호작용에서 내담자 본인의 몫에 다시 초점을 맞춤으로써 탈삼각화할 것.
   b. 집에서 삼각구도화 없이 직접적으로 관계를 맺는 연습을 하는 관계성 실험.

▣ 세대 간 개인치료 작업 단계

❖ 작업 단계 치료적 과업

1. 작업 동맹의 질 점검하기. 다양성 주의: 치료자가 은연중에 내담자의 문화적 배경과 일치하지 않는 표현이 섞인 개입을 할 때 이를 알 수 있는 내담자 반응에 어떻게 주의를 기울일지 설명할 것.

a. 개입 평가: 치료자가 분화된 상태에서 관계를 맺고 삼각관계를 피하는지를 확인하기 위해 치료자의 (언어적 및 비언어적) 반응들을 점검할 것.

2. 내담자 경과 점검하기. 다양성 주의: 경과를 평가할 때 문화, 성별, 사회 계층 및 기타 다양성 요소에 어떻게 주의를 기울일지 설명할 것.
   a. 개입 평가: 내담자가 더 분화된 위치에서 치료자 및 회기 밖의 타인들과 관계 맺는 능력을 평가할 것.

❖ 작업 단계 내담자 목표

1. 불안을 줄이기 위해 만성불안과 스트레스 요인에 대한 반응 줄이기.
   a. 흔히 있는 불안과 촉발 요인들에의 분화된 반응을 격려할 것.
   b. 지각된 불안과 스트레스 요인에 단순히 반응하기보다는 대응하는 연습을 하는 관계성 실험.

2. 우울과 좌절감을 줄이기 위해 비생산적인 다세대 패턴의 무의식적 반복을 줄이고, 스트레스 요인에의 의식적인 반응을 늘리기.
   a. 현재 문제와 관련된 다세대 패턴과 세대 간 전수를 확인하기 위해 가계도를 이용할 것.
   b. 내담자들이 다세대 과정을 이해하고, 무의식적으로 반복하는 패턴 대신 분화된 선택을 하도록 돕는 과정 질문.

3. 불안을 줄이기 위해 정서적 단절을 줄이고, 분화된 위치에서 어려운 관계에 다시 관여하기.
   a. 단절의 기저에 있는 융합을 확인하는 과정 질문.
   b. 내담자가 분화된 위치에서 단절된 관계에 다시 관여하도록 돕는 원가족 방문하기.

▣ 세대 간 개인치료 종결 단계

❖ 종결 단계 치료적 과업

1. 추후관리 계획을 세우고, 개선된 점 유지하기. 다양성 주의: 치료 종결 이후 그들을 지지해 줄 그들이 속한 공동체의 자원을 어떻게 활용할지 설명할 것.
   a. 내담자가 핵심 관계에서 분화를 유지하도록 돕는 관계와 실천을 확인할 것.

❖ 종결 단계 내담자 목표

1. 우울과 불안을 줄이기 위해 내담자가 친밀한 관계에서 일체감 욕구와 자율성 욕구의 균형을 맞추는 능력 향상하기.
   a. 어떻게 하면 일체감과 자율성을 둘 다 갖출 수 있을지 탐색하는 과정 질문.
   b. 분화된 위치에서 타인과 관계 맺는 연습을 하는 관계성 실험.

2. 우울과 무력감을 줄이기 위해 분화된 위치에서 원가족 상호작용에 대응하는 능력 향상하기.
   a. 원가족과 관계 맺을 때 분화된 반응들을 격려할 것.
   b. 원가족과의 관계를 재정의하기 위한 원가족 방문하기 활동.

우울/불안을 겪는 부부/가족을 위한 치료 계획 양식

▣ 세대 간 부부/가족치료 초기 단계

❖ 초기 단계 치료적 과업

1. 효과적인 치료적 관계 발전시키기. 다양성 주의: 문화, 성별 및 기타 유형의 관계 구축 및 정서 표현 방식들을 어떻게 존중할지 설명할 것.
   a. 안정적인 태도를 보이면서 분화된 위치에서 각 내담자와 관계 맺을 것.

2. 개인적, 체계적 및 광범위한 문화적 역동 평가하기. 다양성 주의: 문화적 · 사회경제적 · 성적 지향, 성별 그리고 기타 관련 규범에 근거하여 평가를 어떻게 조정할지 설명할 것.
   a. 다세대 패턴, 만성불안, 삼각관계, 정서적 단절, 가족 투사 과정, 그리고 형제 순위를 확인하기 위해 3세대에서 4세대 가계도를 사용할 것.
   b. 현재의 위기/문제 상황 및 과거에서의 내담자 및 중요한 타인의 분화 수준을 평가할 것.

3. 치료 목표를 정의하고 치료 목표에 대한 내담자 동의 얻기. 다양성 주의: 내담자의 문화, 종교 그리고 다른 가치 체계로부터의 가치들과 부합되도록 목표를 어떻게 수정할지 설명할 것.
   a. 분화와 체계적 불안 감소에 관한 목표를 정의하기 위해 부부/가족과 함께 작업할 것.

4. 의뢰 필요성, 위기 문제, 부수적 정보제공자 연락, 그리고 다른 내담자 욕구를 확인하기.
   a. 의뢰/자원/연락: 적절히 의뢰하고 부수적 정보제공자와 연락할 것.

▣ 초기 단계 내담자 목표

1. 갈등을 줄이기 위해 (명시할 것)과 (명시할 것) 간의 삼각관계 줄이기.
   a. 치료적 중립을 유지하고, 문제적 상호작용에서 각 개인의 몫에 다시 초점을 맞춤으로써 탈삼각화할 것.
   b. 삼각관계를 이용하여 갈등을 다루는 것이 얼마나 비성공적인지에 대한 인식을 높이는 과정 질문

▣ 세대 간 부부/가족치료 작업 단계

❖ 작업 단계 치료적 과제

1. 작업 동맹의 질 점검하기. 다양성 주의: 치료자가 은연중에 내담자의 문화적 배경과 일치하지 않는 표현이 섞인 개입을 할 때 이를 알 수 있는 내담자 반응에 어떻게 주의를 기울일지 설명할 것.
   a. 개입 평가: 분화된 위치에서 관계를 맺고 삼각관계를 피하는지를 확인하기 위해 치료자의 (언어적 및 비언어적) 반응들을 점검할 것.

2. 내담자 경과 점검하기. 다양성 주의: 경과를 평가할 때 문화, 성별, 사회 계층 및 기타 다양성 요소에 어떻게 주의를 기울일지 설명할 것.
   a. 개입 평가: 각 내담자가 보다 분화된 위치에서 치료자 및 회기 밖의 타인들과 관계 맺는 능력을 평가할 것.

❖ 작업 단계 내담자 목표

1. 갈등을 줄이기 위해 체계 내의 만성불안과 스트레스 요인에 대한 반응 줄이기.
   a. 전반적인 불안과 촉발 요인들에 대한 분화된 대응을 격려할 것.
   b. 지각된 불안과 스트레스 요인에 단순히 반응하기보다는 대응하는 연습을 하는 관계성 실험.

2. 갈등을 줄이기 위해 비생산적인 다세대 패턴의 무의식적 반복을 줄이고, 스트레스 요인에 대해 의식적으로 대응하도록 하기.
   a. 현재 문제와 관련된 다세대 패턴과 세대 간 전수를 확인하기 위해 가계도를 이용할 것.
   b. 내담자들이 다세대 과정을 이해하고, 무의식적으로 반복하는 패턴 대신 분화된 선택을 하도록 돕는 과정 질문.

3. 갈등을 줄이기 위해 정서적 단절을 줄이고, 분화된 위치에서 어려운 관계에 다시 관여하기.
   a. 단절의 기저에 있는 융합을 확인하는 과정 질문.
   b. 내담자들이 분화된 위치에서 단절된 관계에 다시 관여하도록 돕는 원가족 방문하기.

▣ 세대 간 부부/가족치료 종결 단계

❖ 종결 단계 치료적 과업

1. 추후관리 계획을 세우고, 개선된 점 유지하기. 다양성 주의: 치료 종결 이후 그들을 지지해 줄 그들이 속한 공동체 자원을 어떻게 활용할지 설명할 것.
   a. 내담자가 핵심 관계에서 분화를 유지하도록 돕는 관계와 실천을 확인할 것.

❖ 종결 단계 내담자 목표

1. 갈등을 줄이고 친밀함을 향상하기 위해 내담자가 친밀한 관계에서 일체감 욕구와 자율성 욕구의 균형을 맞추는 능력 향상하기.
   a. 관계 내에서 어떻게 하면 일체감과 자율성을 둘 다 갖출 수 있을지 탐색하는 과정 질문 각 개인의 욕구와 그 욕구들이 어떻게 서로 다르며 어떻게 수용될 수 있을지 논의할 것.
   b. 분화된 위치에서 타인과 관계 맺는 연습을 하는 관계성 실험.

2. 갈등을 줄이고 친밀함을 향상하기 위해 분화된 위치에서 원가족 상호작용에 대응하는 능력 향상하기.
   a. 원가족과 관계 맺을 때 분화된 대응을 격려할 것.
   b. 원가족과의 관계를 재정의하기 위한 원가족 방문하기 활동.

정신분석적 가족치료

◎ 요약하기: 당신이 알아야 할 최소한의 것

많은 가족치료의 선구자는 정신분석 훈련을 받았는데, 대표적으로 Don Jackson, Carl Whitaker, Salvador Minuchin, Nathan Ackerman, Ivan Boszormenyi-Nagy가 있다. 이 중 몇 명의 학자는 가족을 치료하는 방법들을 개발하면서 학문적 뿌리를 떠났지만, Ackerman과 Boszormenyi-Nagy 등의 학자는 그렇지 않았다. 1980년대에는 대상관계 치료에 대한 관심이 부활하면서 **대상관계 가족치료**의 발전이 이뤄졌다(Scharff & Scharff, 1987).

이 치료들은 내담자의 내적 갈등을 설명하는 전통적인 정신분석적 및 정신역동적 원칙들을 사용하며, 이 원칙들을 외적 관계로 확장한다. 개인 정신분석가들과는 반대로 정신분석적 가족치료자들은 가족 구성원들의 발달과 기능을 돕거나 방해하는 관계의 집합체로서의 가족에 초점을 맞춘다. 전통적인 정신분석적 접근들과 마찬가지로, 내담자가 자기 및 타인과 관계 맺는 새로운 방법을 개발하기 위해 내담자의 정신내적 및 대인 간 역동 분석하기, 내담자의 통찰을 촉진하기와 같은 이러한 통찰을 통해 작업하기가 치료 과정에 포함된다. 보다 영향력 있는 접근들로는 **맥락적 치료**(Boszormenyi-Nagy & Krasner, 1986), **원가족치료**(Framo, 1992), 그리고 **대상관계 가족치료**(Scharff & Scharff, 1987)가 있다.

◎ 핵심 내용: 중요한 기여점

당신이 이 장에서 기억할 것이 있다면, 그것은 다음과 같다.

■ 윤리적 체계와 관계적 윤리

Ivan Boszormenyi-Nagy(1986; Boszormenyi-Nagy & Krasner, 1986)는 가족의 중심에 **채무**와 **권리**에 대해 계속 기록하는 **장부** 같은 **윤리적 체계**가 있다고 제안했다. 가족은 구성원들 간에 신뢰성, 공정성, 충성심을 유지하기 위해 윤리적 체계를 사용한다. 이 체계가 깨지게 되면 개인적 및 관계적 증상들이 생긴다. 따라서 치료의 목표는 가족 구성원들이 서로를 믿고, 서로에게 공정하게 대할 수 있는 윤리적 체계를 회복하는 것이다.

내담자들은 주로 이러한 윤리적 정산 체계에 대한 인식이 명료하지 않은 채 치료에 참여한다. 그들의 주호소 문제는 관계가 공평하지 않다는 것이다. 부모는 그들의 의무를 공정하게 나누지 않거나 자녀에게 각각 다른 대우를 한다. 이러한 경우에는 가족의 윤리적 정산 체계에 대해 터놓고 말하는 대화, 즉 그들이 권리라고 간주하는 것들이 무엇인지와 그들이 빚을 지고 있다고 여기는 것이 무엇인지에 대한 대화는 가족 구성원들 간의 공감과 이해를 높이는 데 도움이 될 수 있다.

◎ 들리는 소문에 의하면: 관련된 사람들의 이야기

Nathan Ackerman과 애커만 연구소(Ackerman Institute)

아동 정신의학자인 Nathan Ackerman(1958, 1966)은 전체 가족을 치료한 초창기 개척자 중 한 명으로, 그가 가정한 것은 여러 파벌로 나뉘어졌는데, 개인의 정신이 자아의 상충되는 측면들로 나뉘는 방식이라고 생각하였다. 1930년대에는 메닝거 연구소(Menninger Clinic)에서, 1950년대에 뉴욕에 있는 유대인 가족 서비스(Jewish Family Services)에서 자신의 가족 접근을 발전시킨 다음, 1960년에 지금은 애커만 연구소로 알려진 자신의 연구소를 열었는데, 이 연구소는 미국의 가족치료 연구소 중 가장 영향력 있는 곳이다. 그는 Don Jackson과 함께 가족치료 분야의 첫 번째 저널인 『Famiily Process』를 발간하였다.

Ivan Boszormenyi-Nagy

가족치료 분야에서 가장 발음하기 어려운 이름을 가진 사람 중 하나인 Ivan Boszormenyi-Nagy는 정신분석적 가족치료의 초기 개척자이다. 그의 가장 독특한 공헌은 가족이 **채무와 권리의 장부**인 윤리적 체계를 가진다고 제안한 것이다(Boszormenyi-Nagy & Krasner, 1986).

James Framo

Boszormenyi-Nagy의 제자인 James Framo는 **원가족치료**를 개발한 것으로 잘 알려져 있다. 그는 개인, 부부, 가족치료의 일부로서 내담자의 원가족 전체를 연장 회기에 참여시켰다(Boszormenyi-Nagy & Framo, 1965/1985; Framo, 1992). Framo는 가족 단위뿐만 아니라 더 큰 확대가족체계에서 주된 문제를 찾아냈다.

David와 Jill Scharff

부부인 David와 Jill Scharff(1987)는 대상관계 가족치료의 포괄적인 모델을 개발했다. 그들은 개인에 초점을 맞추기보다는 가족 단위를 대상으로 전통적인 대상관계치료 원칙을 적용했다.

■ 여성들의 연구

Bowen 접근으로 훈련한 사회복지사인 Marianne Walters, Betty Carter, Peggy Papp, Olga Silverstein(1988)은 가족치료의 근본적인 개념들을 페미니스트의 시각으로 새롭게 표현했다. 그들의 작업은 Bowen 가족치료 실제의 안팎에서, 즉 가족치료 이론과 치료 현장에서 강화되고 있는 성 고정관념을 검토하기 위해 이의를 제기했다.

◎ 큰 그림 그리기: 상담 및 심리치료의 방향

정신역동적 전통은 동일한 치료 과정을 공유하는 다양한 학파로 이루어져 있다. 첫 번째 과제는 치료자와 내담자 사이에 보살피는 치료적 관계, 혹은 **안아 주는 환경**을 형성하는 것이다(Scharff & Scharff, 1987). 그러고 나서 치료자는 내담자의 증상들의 원인이 되는 정신내적 역동과 대인 간 역동들의 의식과 무의식의 측면, 현재와 초세대적 측면 모두를 분석한다(Boszormenyi-Nagy & Krasner, 1986; Scharff & Scharff, 1987). 치료자의 다음 작업은 내담자의 방어기제를 다 활용하면서, 내담자가 스스로 그 역동들을 통찰하도록 촉진하는 것이다. 내담자들이 문제를 악화하는 정신내적 및 대인 간 역동에서 통찰을 얻게 되면, 치료자는 내담자가 일상에서 실행에 옮길 수 있도록 통찰들을 **하나씩 다룬다**.

◎ 관계 형성하기: 치료적 관계

■ 전이와 역전이

전통적인 정신분석적 개념인 **전이**는 내담자가 주 양육자와의 미해결된 문제들에서 비롯된 속성들을 치료자에게 투사하는 것을 의미한다. 치료자들은 내담자들의 통찰을 촉진하기 위해 이러한 상호작용의 즉시성을 활용한다(Scharff & Scharff, 1987). **역전이**는 치료자들이 치료적 중립성을 잃고, 내담자에게 강한 정서적 반응을 가지면서 내담자를 두고 자신의 이전 관계를 투사하는 것을 의미한다. 이러한 순간들은 내담자가 다른 사람들에게 일으키는 반응에 대해 치료자와 내담자가 보다 서로를 잘 이해할 수 있게 돕는다. 부부와 가족치료에서는 복합적인 관계가 복잡하게 얽혀 있기 때문에 개인치료에 비해 전이와 역전이의 과정에서 변동이 잦다.

■ 맥락적 안아 주기와 집중적 안아 주기

'모든 상을 투영할 수 있는' 중립적인 자세를 가진 전통적인 정신분석가들과는 달리, 대상관계 가족치료자들은 **'안아 주는 환경'**이라 불리는 보살피는 관계를 형성하면서 관계에 더 중점을 둔다. 가족치료에서의 안아 주기는 맥락적 안아 주기와 집중적 안아 주기의 두 가지 측면으로 구별된다(Scharff & Scharff, 1987). **맥락적 안아 주기**는 치료 방식과 관련이 있다. 이는 능숙하게 회기 진행하기, 가족에 대한 관심 표현하기, 전체 가족과 만나려고 하기 등이 있다. **집중적 안아 주기**는 안전한 정서적 공간을 만들기 위해 공감적인 이해를 표현함으로써 가족과 보다 깊은 관계를 맺는 것이다.

■ 다각적 편애

맥락적 가족치료에서 내담자와 관계 맺기에 관한 지침은 **'다각적 편애'**인데, 이는 가족의 모든 구성원을 '편애'하는 것이다(Boszormenyi Nagy & Krasner, 1986). 치료자들은 치료 개입의 영향을 받을 수 있는 모든 사람에 대해 책임을 다해야 하며, 여기에는 확대가족 구성원과 같이 치료에 직접 참여하지 않는 사람들도 포함된다. 이러한 포괄성의 원칙은 치료자가 '괴물 구성원'도 포함한 각 가족 구성원들의 인간성을 이끌어 내야 한다는 것을 의미한다(Boszormenyi-Nagy & Krasner, 1986). 치료 현장에서 다각적 편애는 일반적으로 각 구성원의 입장을 차례로 공감함으로써 각 구성원에 대해 **순서대로 편들기**를 하는 것이다.

◎ 조망하기: 사례개념화와 평가

■ 연동된 병리적 문제

증상론에 대한 전통적인 정신역동적 관점을 확장한 Ackerman(1956)은 가족 내에서 무의식적 과정의 끊임없는 교류로 인해 연동하는 혹은 상호의존적인 병리가 만들어지며, 특정 개인의 병리는 그 가족의 왜곡과 역동들을 반영한다고 생각했는데, 이 입장은 체계적 치료의 입장과 유사하다. 따라서 가족과 작업할 때, 치료자는 대상자(identified patient)의 증상이 가족 안의 잘 드러나지 않는 병리와 **어떻게** 연관되는지를 찾고자 한다.

■ 자기-대상 관계 유형

대상관계 치료자들은 타인과의 관계와 애착에 대한 인간의 기본적 욕구를 강조한다. 따라서 그들은 **자기-대상 관계**를 평가한다. 사람들은 주요 애착 대상, 특히 어머니와의 초기 경험에 의해 발달된 기대를 기반으로 타인과 어떻게 관계를 맺는가(Scharff & Scharff, 1987)를 배운다. 이러한 경험들로 인해 외부 대상들은 이상적 · 거부적 · 자극적 대상으로 경험된다.

- **이상적 대상**: 주 양육자에 대한 심리내적 표상으로, 탈성화, 탈공격화되어 있으며 대상의 거부적이고 흥분시키는 요소들과는 구별됨.
- **거부적 대상**: 아이의 애착 욕구가 거절당할 때의 양육자에 대한 심리내적 표상으로 분노로 이어짐.
- **자극적 대상**: 아이의 애착 욕구가 과도하게 자극될 때 형성되는 양육자에 대한 심리내적 표상으로, 얻을 수 없지만 끌리는 대상에 대한 그리움으로 이어짐.

■ 분열

주 양육자와 관련한 좌절 경험으로 인한 불안이 강할수록 이 대상들을 분리하려는 요구가 더 커지며, 거부적 대상과 자극적 대상을 억압함으로써 좋은 대상과 나쁜 대상을 분리하는 것이다. 이는 **자아(ego)** 혹은 의식적인 자기가 자유롭게 관계 맺는 것을 어렵게 한다. 분열이 해결되지 않은 만큼, 관계에 대해 '모두 좋다'거나 '모두 나쁘다'고 평가한다. 부부의 경우, 분열은 관계의 초기 단계에 배우자를 '완벽한 사람'(모든 것이 좋은 사람)으로 보지만, 배우자가 더는 기대에 부응하지 못하면 배우자가 '적'(모든 것이 나쁜 사람)이 되는 결과를 낳는다. 가족의 경우에도 분열은 완벽한 자녀 vs 문제 있는 자녀의 형태로 나타날 수 있다.

■ 투사적 동일시

부부 또는 다른 친밀한 관계에서 내담자들은 자기 자신의 분열되었거나 원치 않는 부분들을 상대방에게 투사함으로써 불안에 방어하며, 그러면 투사를 받은 사람은 투사한 대로 행동하는 것으로 조작된다(Scharff & Scharff, 1987). 예를 들어, 남편이 다른 여자에게 갖고 있는 관심을 아내에게 불륜 가능성에 대한 질투와 비난을 하는 형태로 투사할 수도 있다. 그러면 아내는 자신이 무고하더라도 혹시나 남편의 두려움을 키울 수도 있는 정보를 숨기고, 정보를 숨겨 남편의 두려움을 가라앉히려고 노력할수록 남편은 더욱 의심과 질투를 하게 된다.

■ 억압

대상관계 치료자들은 아이들이 주 양육자(애착 대상)와의 분리를 경험할 때, 불안을 억누를 수밖에 없으며, 이는 외부 세상과 접촉할 수 있는 자아를 손실시킨다고 주장한다. 이 억압된 내용을 의식하게 될 때까지 성인은 무의식적으로 이러한 억압된 대상관계들을 반복한다. 정신분석적 치료의 주요 목표 중 하나는 억압된 내용들을 표면으로 끄집어내는 것이다.

■ 부모의 내사(Parental Interjects)

Framo(1976)는 개인과 가족 기능에 영향을 미치는 가장 중요한 역동은 부모의 부정적 측면을 내면화한 부모의 내사라고 믿고 있다. 자녀들은 이러한 속성들을 내면화하고, 미래의 모든 친밀한 관계를 여기에 맞추려고 무의식적으로 애쓰는데, 예를 들어 배우자의 중립적인 말에서 부모의 비판적인 말을 듣게 되는 것이다. 따라서 치료자들은 내담자들이 친밀한 관계에서의 자율성을 높이기 위해 이러한 내사들을 의식하도록 돕는다.

■ 가족 구성원들 간 전이

대상관계 치료자들은 치료자에 대한 내담자의 전이를 평가하는 것과 유사한 방식으로 한 가족 구성원에 대한 다른 구성원의 전이를 평가한다(Scharff & Scharff, 1987). 가족 구성원들 사이에서 발생하는 전이는 한 사람이 다른 구성원들에게 내사한 것과 억압된 내용들을 투사하는 것을 말한다. 이때, 치료자의 임무는 정신내적 역동과 대인 간 역동을 통찰할 수 있는 해석을 사용하여, 가족이 그들의 전이를 풀어내도록 돕는 것이다. 개인치료보다 가족치료에서 전이 패턴을 통찰하기가 더 쉬운데, 그 이유는 이 패턴들이 치료자와 함께하는 치료실 안에서 '생생하게' 일어나므로 내담자들이 이를 합리화하거나 축소하기 어려워지기 때문이다.

■ 채무와 권리의 장부

Ivan Boszormenyi-Nagy(1986; Boszormenyi-Nagy & Krasner, 1986)는 가족 내의 윤리적 및 도덕적 체

계를 **채무와 권리의 장부**, 더 쉽게 말하면 **공로의 장부**라고 개념화하였는데, 이는 자신 덕분이라고 여기는 부분과 타인의 신세를 진 부분에 대한 내적 정산을 말한다. 물론 가족의 구성원마다 서로 다른 결산 결과를 가진 내적 정산체계를 지니고 있기 때문에, 특히 가족 내에서 무엇이 공정하고, 어떻게 주고받아야 균형이 맞는지에 대한 합의가 없다면 누가 무엇을 받아야 마땅한지에 대한 갈등이 생긴다.

- **정의와 공정성:** 정의와 공정성의 추구는 친밀한 관계의 기본 전제로 여겨진다. 공정성을 살펴보는 것은 **신뢰할 수 있는** 관계를 유지하는 지속적인 과정이다. '공정한' 관계는 이상적이며, 이러한 모든 관계는 절대 이루어질 수 없는 목표를 이루고자 한다.
- **권리:** 권리는 공로에 대한 '윤리적 보증'으로 관계의 맥락에서 얻는데, 예를 들어 부모들은 자녀를 양육하므로 자유를 얻을 자격이 있다. 권리를 가진 느낌은 부모님이 갑자기 병에 걸렸을 때처럼 위기나 극단적 상황에서만 드러날 수도 있다. 아이들이 마땅히 받을 자격이 있는 보살핌을 받지 못해서 생긴 상실을 후에 그들이 '채무자'라고 생각하는 세상에 투사할 때, '**악영향의 권리**'가 생겨난다.
- **보이지 않는 충성심:** 가족 장부는 세대들을 가로질러 확장되면서 보이지 않는 충성심을 조성한다. 예를 들어, 신혼부부가 부부생활을 시작할 때 무의식적으로 원가족에게 헌신할 수도 있다. 보이지 않는 충성심은 충성 대상과 관련하여 무관심, 회피, 우유부단함으로 나타나면서 현재 관계에의 헌신을 막을 수도 있다.
- **회전판:** 회전판은 다른 관계에서의 관계적 교류를 토대로 해당 관계에서 한 사람이 복수를 하는(또는 권리를 주장하는) 파괴적인 관계 과정이다. 채무가 쌓인 관계에서 '판'을 조정하거나 정산하는 대신 다른 무고한 사람을 원래 채무자인 것처럼 대하는 것이다.
- **분열된 충성심:** 분열된 충성심은 양육자들 간의 불신으로 인해 아이들이 한쪽 부모(혹은 중요한 양육자)를 선택하도록 강요될 때를 말한다. 주로 이혼 가정에서 일어나며, 이것은 자녀의 병리를 야기하는 매우 파괴적인 역동이다.
- **유산:** 각 개인은 유산을 물려받으며, 이는 현 세대가 의무에 관해 물려받은 내용을 미래 세대에게 이어 주어야 할 세대 초월적인 지시이다. "유산은 현 세대가 후대의 생존을 위해 삶에서 유익한 특성들을 가려낼 윤리적 의무이다."(Boszormenyi-Nagy & Krasner, 1986, p. 418) 유산은 생존의 사슬에서 긍정적인 동력이다.

■ 성숙한 사랑: 대화 vs 융합

Boszormenyi-Nagy(1986)은 성숙한 사랑을 그들의 삶을 형성해 온 가족 역동에 대해 인식하고 있는 두 사람 사이의 대화라고 설명했다. 이러한 유형의 사랑은 영아와 양육자의 관계처럼 모호한 '우리'로 경험되는 융합과는 상당히 다르다. 따라서 내담자들은 보이지 않는 충성심을 드러내어 비판적으로 검토하도록 격려되며, 이는 융합된 관계의 특징인 두려움과 불안이 아니라 의식적인 선택과 행동을 가능케 한다.

◎ 변화를 겨냥하기: 목표 설정

정신분석적 치료는 개인적 및 관계적 기능의 장기적인 변화를 목표로 한다(Boszormenyi-Nagy & Krasner, 1986; Scharff & Scharff, 1987). 일반적인 목표는 다음과 같다.

- 무의식적인 과정들을 의식화함으로써 자율성과 자아-지시적 행동을 늘리기
- 권리의 회전판이나 투사를 토대로 한 상호작용 줄이기
- 자기의 상실(대상과의 융합) 없이 친밀함에 대한 수용력 늘리기
- 권리와 채무의 공정한 균형을 포함한 상호간의 헌신 발달시키기

◎ 행동하기: 개입

■ 경청, 해석, 훈습

일반적으로 정신분석적 치료는 세 가지 일반적인 개입들을 사용한다.

- **경청과 공감:** 정신분석적 치료자들의 주요 도구는 내담자의 이야기를 충고, 안심, 인정, 직면을 하지 않고 객관적으로 경청하는 것이다. 공감은 가족들의 무의식적인 역동들에 대한 치료자의 해석을 방어 없이 듣도록 돕는다.
- **통찰 촉진하기와 해석:** 다른 정신분석적 치료자들과 마찬가지로 정신분석적 가족치료자들은 자기-대상관계를 분석하거나 권리와 채무의 장부를 분석하여, 내담자에게 해석을 제공함으로써 대인 간 역동에 대한 통찰을 돕는다.
- **훈습:** 훈습은 통찰을 가족이나 다른 관계들에서 새로운 행동으로 옮기는 과정이다. 새로운 통찰을 기반으로 하여 사람의 행동을 변화시키는 것은 대개 치료에서 가장 어려운 부분이다. 당신이 배우자에게 투사하고 있는 감정과 기대가 사실은 당신과 어머니의 관계에서 발생하는 감정과 기대라는 사실을 이해하는 것은 그리 어려운 일이 아니다. 당신이 거절당하고 버림받았다고 느낄 때, 당신의 배우자에게 대응하는 방식을 바꾸는 것이 훨씬 어렵다.

■ 이끌어 내기

맥락적 치료에서, **이끌어 내기**는 가족을 상호간에 이롭고, 대화가 많은 방향으로 나아가게 하려는 내담자의 자발적 동기를 활용한다(Boszormenyi-Nagy & Krasner, 1986). 치료자는 가족이 권한과 채무의 균형을 재조정하도록 돕기 위해 상황, 각 개인의 심리 그리고 상호적인 변화의 사실들을 통합함으로써 이 과정을 촉진하며, 각 구성원이 과거 상호작용을 재해석하고 앞으로 나아가기 위한 새로운 방법을 탐색할 수 있도록 돕는다.

■ 탈삼각화

다른 체계적 치료자들과 마찬가지로, 정신분석적 치료자들은 부모가 부부 문제로부터 주의를 전환하기 위해 증상이 있는 자녀를 끌어들여 삼각관계를 형성하려는 상황을 알아낸다(Framo, 1992). 자녀의 역할이 분명해지면, 치료자는 증상이 있는 아이를 치료에서 내보내고 자녀의 증상을 나타내게 만든 문제들을 다루기 위해 부부와 작업을 계속한다.

■ 원가족치료

Framo(1992)는 부부치료, 부부 집단치료, 원가족치료가 포함된 부부치료의 3단계 모델을 개발했다. 치료자들은 부부의 개인적 및 관계적 역동에 대한 통찰을 향상하기 위해 부부와 단독으로 작업을 시작한다. 다음으로, 그 부부는 부부 집단에 참가하여 다른 부부들로부터 피드백을 받고 다른 부부들의 역동들을 보기도 한다. 많은 부부는 자신들의 문제적 역동을 다른 부부의 행동에서 볼 때 더욱 빠르게 통찰한다. 마지막으로, 부부의 각 구성원은 배우자 없이 자신의 원가족과 함께 네 시간의 긴 회기를 갖는다. 이러한 연장된 원가족 회기는 과거와 현재의 문제들을 명확히 하고 하나씩 해결하여, 내담자들이 과거 애착에 대한 '흔적' 없이 그들의 배우자와 자녀에게 대응하도록 돕는다.

◎ 조합하기: 사례개념화와 치료 계획 양식

■ 이론 특정 사례개념화의 영역

연동 병리

현재 증상이 체계 내 연동 병리와 어떻게 관련되어 있는지를 설명할 것.

자기-대상 관계 유형들

가족 내에서 각 개인의 자기-대상 관계 유형들을 확인할 것.
이상적 대상
거부적 대상
흥분시키는 대상

분열

체계 내 분열 패턴을 설명할 것.

투사적 동일시

체계 내 투사적 동일시 패턴을 설명할 것.

억압

체계 내 억압의 패턴을 설명할 것.

부모의 내사

체계 내 부정적인 부모의 내사 패턴을 설명할 것.

가족 구성원들 간 전이

가족 내에서 부모의 내사와 억압된 내용을 다른 구성원에게 전이하는 것을 설명할 것.

권리와 채무의 장부

가족 장부의 주요 요소를 설명할 것.

- **권리**: 가족 내 권리의 주제와 세대에 걸친 파괴적인 권리에 대해 설명할 것.
- **보이지 않는 충성심**: 세대에 걸친 보이지 않는 충성심을 설명할 것.
- **회전판**: 회전판의 모든 패턴들을 설명할 것.
- **분열된 충성심**: 부모 중 한 명만 선택해야 하는 압박을 느끼는 자녀의 사례를 설명할 것.
- **유산**: 세대 간 가족 유산의 핵심 주제들을 설명할 것.

성숙한 사랑: 대화 vs 융합

성인들이 두 명의 동등한 존재 간의 대화적 소통을 바탕으로 한 사랑을 어느 정도로 하는지와 정서적 융합을 바탕으로 한 사랑을 어느 정도로 하는지 설명할 것.

개인을 위한 치료 계획 양식

▣ 정신역동적 개인치료 초기 단계

❖ 초기 단계 치료적 과업

1. 효과적인 치료적 관계 발전시키기. 다양성 주의: 문화, 성별 및 기타 유형의 관계 구축 및 정서 표현 방식들을 어떻게 존중할지 설명할 것.
   a. 내담자의 역동과 맥락적 문제들이 포함된 안아 주기 환경을 조성할 것.
   b. 내담자의 전이에 대해 작업하고 치료자의 역전이를 점검할 것.
2. 개인적, 체계적 및 광범위한 문화적 역동 평가하기. 다양성 주의: 문화적 · 사회경제적 · 성적 지향, 성별 그리고 기타 관련 규범에 근거하여 평가를 어떻게 조정할지 설명할 것.
   a. 자기-대상 관계 유형, 분열, 투사적 동일시, 억압, 부모의 내사, 방어 유형들을 확인할 것.

b. 연동 병리, 배우자/가족에 대한 전이, 권리와 채무의 장부, 성숙한 사랑을 할 수 있는 능력을 확인할 것.

3. 치료 목표를 정의하고 치료 목표에 대한 내담자 동의 얻기. 다양성 주의: 내담자의 문화, 종교 그리고 다른 가치 체계로부터의 가치들과 부합되도록 목표를 어떻게 수정할지 설명할 것.
   a. 주호소 문제와 잠재된 성격 역동들을 다루는 목표를 세우기 위해 내담자와 작업할 것.

4. 의뢰 필요성, 위기 문제, 부수적 정보제공자 연락 그리고 내담자의 다른 욕구를 확인하기.
   a. 의뢰/자원/연락: 적절히 의뢰하고 부수적 정보제공자와 연락할 것.

❖ 초기 단계 내담자 목표

1. 우울한 기분과 불안을 줄이기 위해 자기-대상 유형에 대한 인식을 높이고 분열, 이상화 또는 다른 방어 전략들을 줄이기.
   a. 우울한 기분과 불안에 관련된 내담자의 자기-대상 유형과 방어 패턴에 대해 경청하고 해석할 것.
   b. 내담자가 평가된 패턴의 훈습을 시작할 수 있는 한 가지 관계/삶의 영역을 확인할 것.

▣ 정신역동적 개인치료 작업 단계

❖ 작업 단계 치료적 과업

1. 작업 동맹의 질 점검하기. 다양성 주의: 치료자가 은연중에 내담자의 문화적 배경과 일치하지 않는 표현이 섞인 개입을 할 때 이를 알 수 있는 내담자 반응에 어떻게 주의를 기울일지 설명할 것.
   a. 개입 평가: 전이와 역전이에 관하여 지속적으로 관계를 점검할 것. 필요시 자문/슈퍼비전을 받을 것.

2. 내담자 경과 점검하기. 다양성 주의: 경과를 평가할 때 문화, 성별, 사회 계층 및 기타 다양성 요소에 어떻게 주의를 기울일지 설명할 것.
   a. 개입 평가: 치료자와 진정한 관계를 형성하고 회기 밖에서 더욱 만족스러운 관계를 맺는 능력을 근거로 하여 내담자의 경과를 점검할 것.

❖ 작업 단계 내담자 목표

1. 우울한 기분/불안을 줄이기 위해 투사 및 권리의 회전판을 바탕으로 한 상호작용 줄이기.
   a. 내담자의 인식을 높이기 위해 투사 패턴과 회전판 문제들에 대한 해석을 제공할 것.
   b. 내담자가 투사 패턴을 훈습하도록 돕기 위해 회기에서 전이의 예시를 사용할 것.

2. 절망과 우울한 기분을 줄이는 진정한 관계를 맺을 수 있도록 부정적인 부모의 내사의 영향력을 줄이기.
   a. 내담자가 현재 관계에서 부정적인 부모의 내사와 해석/추측을 구분하도록 돕기 위해 탈삼각화할 것.
   b. 내담자가 부정적인 부모의 내사를 훈습할 수 있는 한두 가지 관계를 알아낼 것.

3. 우울과 불안을 줄이기 위해 무의식적인 과정을 의식화함으로써 자율성과 자아-지시적 행동 늘리기.
   a. 생산적인 방향으로 관계를 맺으려는 내담자의 동기를 유발하는 이끌어 내기

b. 내담자가 자율성과 목표-지향적 행동을 늘리기 위해 역동을 훈습할 수 있는 한두 가지 관계/삶의 영역을 확인할 것.

▣ 정신역동적 개인치료 종결 단계

❖ 종결 단계 치료적 과업

1. 추후관리 계획을 세우고, 개선된 점 유지하기. 다양성 주의: 치료 종결 이후 그들을 지지해 줄 그들이 속한 공동체의 자원을 어떻게 활용할지 설명할 것.
   a. 방어의 사용을 점검하고, 권리와 채무를 다루는 전략을 알아낼 것.

❖ 종결 단계 내담자 목표

1. 우울과 불안을 줄이기 위해 자기를 상실하지 않으면서 친밀함과 성숙한 사랑을 갖는 능력을 키우기.
   a. 성숙한 사랑을 방해하는 방어와 투사를 해석할 것.
   b. 친밀함을 막는 문제들을 훈습할 한두 가지 기회를 확인할 것.

2. 친밀성을 키우기 위해 권리와 채무의 공정한 균형을 포함한 상호간의 헌신 발달시키기.
   a. 현재 관계를 불균형하게 하는 유산, 충성심, 회전판 패턴들을 확인할 것.
   b. 공로는 무엇이고 빚을 진 것은 무엇인지에 대해 보다 적절하고 균형 있는 정산을 알기 위해 권리/채무의 장부를 검토할 것.

부부/가족 갈등에 대한 치료 계획 양식

▣ 정신역동적 부부/가족치료 초기 단계

❖ 초기 단계 치료적 과업

1. 효과적인 치료적 관계 발전시키기. 다양성 주의: 문화, 성별 및 기타 유형의 관계 구축 및 정서 표현 방식들을 어떻게 존중할지 설명할 것.
   a. 내담자의 역동과 맥락적 문제들을 포함하여 모든 내담자에게 안아 주기 환경을 형성할 것.
   b. 내담자의 전이에 대해 작업하고 체계의 각 구성원에 대한 치료자의 역전이를 점검할 것.

2. 개인적, 체계적 및 광범위한 문화적 역동 평가하기. 다양성 주의: 문화적 · 사회경제적 · 성적 지향, 성별 그리고 기타 관련 규범에 근거하여 평가를 어떻게 조정할지 설명할 것.
   a. 각 내담자의 자기-대상 관계 유형, 분열, 투사적 동일시, 억압, 부모의 내사, 방어 유형들을 확인할 것.
   b. 연동병리, 부부/가족 체계 내 전이, 권리와 채무의 장부, 그리고 각 개인의 성숙한 사랑에의 능력을 확인할 것.

3. 치료 목표를 정의하고 치료 목표에 대한 내담자 동의 얻기. 다양성 주의: 내담자의 문화, 종교 그리고 다른 가치 체계로부터의 가치들과 부합되도록 목표를 어떻게 수정할지 설명할 것.

a. 주호소 문제와 잠재된 성격 및 관계 역동들을 다루는 목표를 세우기 위해 체계의 모든 구성원과 작업할 것.

4. 의뢰 필요성, 위기 문제, 부수적 정보제공자 연락 그리고 다른 내담자 욕구를 확인하기.
   a. 의뢰/자원/연락: 적절히 의뢰하고 부수적 정보제공자와 연락할 것.

❖ 초기 단계 내담자 목표

1. 갈등을 줄이기 위해 자기-대상 유형과 부부/가족 구성원들 간 전이에 대한 인식을 높이고 분열, 이상화 또는 다른 방어 전략들을 줄이기.
   a. 부부/가족의 갈등과 관련된 내담자의 자기-대상 유형, 체계 내 전이, 방어 패턴에 대해 경청하고 해석할 것.
   b. 각 개인이 평가된 패턴에 대해 훈습을 실행할 수 있는 관계의 한 가지 측면을 확인할 것.

■ 정신역동적 부부/가족치료의 작업 단계

❖ 작업 단계 치료적 과업

1. 작업 동맹의 질 점검하기. 다양성 주의: 치료자가 은연중에 내담자의 문화적 배경과 일치하지 않는 표현이 섞인 개입을 할 때 이를 알 수 있는 내담자 반응에 어떻게 주의를 기울일지 설명할 것.
   a. 개입 평가: 특히 치료자가 한 구성원의 편을 들기 시작할 때 전이와 역전이에 관하여 지속적으로 관계를 점검할 것. 필요시 자문/슈퍼비전을 받을 것.

2. 내담자 경과 점검하기. 다양성 주의: 경과를 평가할 때 문화, 성별, 사회 계층 및 기타 다양성 요소에 어떻게 주의를 기울일지 설명할 것.
   a. 개입 평가: 치료자와 진정한 관계를 형성하고, 회기 밖에서 보다 만족스러운 관계를 맺는 능력을 근거로 하여 부부/가족의 경과를 점검할 것.

❖ 작업 단계 내담자 목표

1. 갈등을 줄이기 위해 투사 및 권리의 회전판을 바탕으로 한 부부/가족 상호작용 줄이기.
   a. 역동에 대한 각 개인의 인식을 높이기 위해 투사 패턴과 회전판 문제들에 대한 해석을 제공할 것.
   b. 내담자들이 투사 패턴을 훈습하도록 돕기 위해 회기에서 구성원들 간 전이와 치료자에 대한 전이의 예시를 사용할 것.

2. 절망과 우울한 기분을 줄이는 진정한 관계를 맺을 수 있도록 부정적인 부모의 내사의 영향력을 줄이기.
   a. 내담자가 현재 관계에서 부정적인 부모의 내사와 해석/추측을 구분하도록 돕기 위해 탈삼각화할 것.
   b. 내담자가 부정적인 부모의 내사를 훈습할 수 있는 1~3가지 관계를 확인할 것.

3. 갈등을 줄이기 위해 무의식적인 과정을 의식화함으로써 자율성과 자아-지시적 행동 늘리기.
   a. 생산적인 방향으로 관계를 맺으려는 내담자의 동기를 유발하는 이끌어 내기.
   b. 각 구성원이 자율성과 목표-지향적 행동을 늘리기 위해 역동을 훈습할 수 있는 관계의 영역을 확인할 것.

■ 정신역동적 부부/가족치료 종결 단계

❖ 종결 단계 치료적 과업

1. 추후관리 계획을 세우고, 개선된 점 유지하기. 다양성 주의: 치료 종결 이후 그들을 지지해 줄 그들이 속한 공동체 자원을 어떻게 활용할지 설명할 것.
   a. 방어의 사용을 점검하고, 권리와 채무를 다루는 전략을 확인할 것.

❖ 종결 단계 내담자 목표

1. 갈등을 줄이고 친밀함을 높이기 위해 각 구성원이 자기를 잃지 않으면서 친밀함과 성숙한 사랑을 갖는 능력을 키우기.
   a. 성숙한 사랑을 방해하는 방어와 투사를 해석할 것.
   b. 친밀함을 막는 문제들을 각 구성원이 훈습할 한두 가지 기회를 확인할 것.
2. 친밀성을 키우기 위해 권리와 채무의 공정한 균형을 포함한 상호 간의 헌신 발달시키기.
   a. 현재 관계를 불균형하게 하는 유산, 충성심, 회전판 패턴들을 확인할 것.
   b. 공로는 무엇이고 빚을 진 것은 무엇인지에 대해 보다 적절하고 균형 있는 정산을 알기 위해 권리/채무의 장부를 검토할 것.

다문화적 접근: 다양성에 대한 고려

◎ 성적 다양성: 여성들의 연구

사회복지사로 훈련된 Betty Carter, Olga Silverstein, Peggy Papp, Marianne Walters(Walters et al., 1988)는 가족치료 분야의 여성 문제에 대한 인식을 고취하고자 함께했다. 그들은 전통적인 가족 내에서의 성별 힘의 역동에 대한 문제를 제기했고, 가족치료자들이 어떻게 여성에게 해로운 고정관념들을 강화하고 있는지를 확인했다. 특히 그들은 폭력적인 관계에서 힘과 통제의 악용이 어떻게 여성들이 관계를 끝내거나 도망치는 것을 불가능하게 하는지를 설명했으며, 이러한 관점은 현재 대부분의 치료자와 대중에게 받아들여지고 있다. 그들은 또한 치료자들이 가족의 성차별주의적 태도와 신념에 이의를 제기하는, **사회적 변화의 대리인**이 되어야 한다고 주장했다.

Walters 등(1988)은 가족치료자들이 부부 및 가족과의 작업에서 성차별을 줄일 수 있는 방법에 대해 몇 가지 제안을 했다.

- 각 배우자와 부모의 **성역할 기대**를 개방적으로 논의하고, 부부나 가족이 가진 불공평하거나 비현실적인 신념을 지적할 것.
- 여성들이 아내와 엄마라는 역할로 인해 개인적 정체성을 잃지 않도록 본인을 위한 **사적인 시간**

을 가지도록 권할 것.

- **양성 평등적 태도**의 본보기로 치료자의 자기(self-of-the-therapist)를 이용할 것.
- 치료 일정을 잡는 것, 자녀와 함께 치료에 참여하는 것, 부부 회기를 위해 베이비시터를 구하는 것을 비롯한 가족 관계와 집안일 모두에서 남성이 동등한 책임을 갖도록 독려할 것.

◎ 민족과 문화 다양성

여성들의 연구 업적(Walters et al., 1988; 앞의 Women's Project 참조)을 제외하면, 다양한 대상에 대한 Bowen 세대 간 치료와 정신분석적 치료의 적용은 널리 연구되지 않았다. 일반적으로 이 치료들은 '생각하는' 내담자 혹은 심리에 관심이 많은 내담자를 대상으로 한다(Friedman, 1991). 따라서 취해야 할 행동과 치료자의 구체적인 제안을 선호하는 소수 집단에게는 이 접근들이 어려울 수 있다. 하지만 전문가로서의 치료자의 자세는 많은 이민자와 소외된 집단의 기대에 부합된다. 확대가족 구성원들의 역할과 세대 간 패턴을 강조하는 Bowen, Framo와 Boszormenyi-Nagy의 작업은 확대가족이 핵가족체계보다 우세한 것을 중시하는 문화적 규범을 가진 다양한 내담자에게 특히 유용할 수 있다. 이러한 가족들의 경우, 핵가족이 가진 의지보다 더 큰 확대가족의 의지를 우선시할 것으로 기대된다. 게다가 자기분화의 개념에 대한 연구는 문화적 타당성을 지지한 것으로 알려진다(Skowron, 2004).

일반적으로, 다양한 내담자에게 Bowen 치료 또는 정신분석적 치료를 적용할 때 가장 위험한 것은 치료자가 부적절한 문화적 규범으로 가족 역동을 분석하여 내담자의 문화와 상충되는 가치와 신념들을 강요하는 경우이다. 예를 들어, 만약 치료자가 깊게 생각하지 않고 이민 가족들에게 핵가족은 자율적이어야 한다는 Bowen의 전제에 따라 치료적 목표를 세운다면, 이는 내담자를 치료자의 목표와 확대가족의 기대 사이에서 어려움을 겪게 만들 수 있다. 이와 유사하게, 만약 치료자가 모든 문화의 애착이 동일할 것이라고 가정한다면, 내담자는 부정확하고 불공정하게 평가될 수 있고, 그 결과가 아무리 좋아도 비효과적이며 최악의 경우에는 파괴적일 수 있다. 이러한 이론들은 '정상' 행동을 측정하는 아주 발전된 체계를 가지고 있기 때문에, 치료자들은 일반적인 문화적 규범에 따르지 않는 내담자들과 작업할 때 주의해야 한다. 이 장을 마무리 짓는 사례연구에서는 최근에 아내가 공황발작을 보인 중국계 이민 부부에게 세대 간 치료를 적용한다.

◎ 성 정체성 다양성

자녀의 성적 지향과 성 정체성의 문제는 전체 가족체계에 대해 시사하는 바가 있기 때문에 동성애자, 양성애자, 트랜스젠더 그리고 성 정체성을 고민하는(LGBTQ) 내담자들과 작업하는 Bowen 치료자들은 세대 간 관계에 특히 관심을 기울여야만 한다. 한 연구에 따르면 동성애자의 부모는 그들의 원부모와 더 가까이 살면서 더욱 많은 지지를 받는다(Koller, 2009). 이와 반대로, 부모가 아닌 동

성애자인 자녀들은 종종 선택한 가족이라고 불리는 친구들과 더 강한 유대감을 보였다. 따라서 치료자들은 LGBTQ 내담자와 작업할 때 그들의 친구 관계의 역할에 특별한 관심을 기울여야 한다. 또 다른 최근 연구에서는 여성 동성애 관계에 부모의 반대가 미치는 영향을 고려하였는데, 부모의 반대는 관계에 긍정적 효과와 부정적 효과를 모두 가져오는 것으로 밝혀졌다(Levy, 2011). 부정적 효과는 커플끼리 보내는 시간의 양과 질, 커플 관계에서의 스트레스, 커플에 대한 정서적 영향, 두려움/불확실성, 의사소통 문제, 성적인 영향을 포함한다. 긍정적 효과로는 커플의 친밀함, 의사소통, 인내, 성숙함 그리고 관계의 중시가 있다. 이성애 남성과 동성애 남성의 3대 가계도를 비교한 연구에서 전반적으로 차이점보다는 유사점이 많았다. 하지만, 동성애자의 부모는 심각한 부부 문제를 2배 더 많이 보였고, 이성애 남자의 경우 동성애 남자에 비해 아버지와의 관계가 소원한 경우가 2배 더 많았다(Feinberg & Bakeman, 1994).

정신역동적 치료는 오래전부터 동성애를 병리화하는 것에 대해 비판받아 왔다. 따라서 동성애자 커플과 작업하는 정신역동적 가족치료자들은 동성애자를 인정하는 정신역동적 접근을 고려해야 한다(Rubinstein, 2003). Rubinstein은 LGBTQ 내담자들과 작업하는 정신역동적 치료자들은 생물학적 성, 성 정체성, 사회적 성역할 그리고 성적 지향을 포함한 다면적인 정체성을 고려해야 한다고 말한다. Rubinstein에 따르면, 남성성과 여성성의 문화적으로 수용되는 행동에 대해 갈등을 느끼는 동성애자 내담자들에게 있어 사회적 성역할의 혼란은 종종 가장 두드러진 문제이다. 게다가, 정신분석적 치료는 LGBTQ 내담자들이 동성애에 관한 개인적 의미를 탐색함으로써 그들의 내재된 동성애 혐오를 다루도록 돕는다.

연구와 증거기반

Bowen 치료와 정신분석적 치료에 관한 연구의 초점은 경험적으로 타당한 연구와 달리, 결과에 초점을 두지 않았다(제2장 참조). 대신 개념의 타당성에 초점을 둔다. Miller, Anderson, Keala(2004)는 세대 간 이론의 구성 개념들의 타당성에 대한 연구들을 제시한다. 그들은 연구들에 따르면 분화는, ① 만성불안, ② 결혼생활 만족감, ③ 심리적 고통과의 관련성을 가진다고 밝혔다. 하지만 유사한 분화 수준을 가진 사람끼리 결혼한다는 Bowen의 가정이나 형제 순위에 관한 이론을 지지하는 연구결과는 많지 않았다. 그의 삼각관계의 개념은 부분적으로 경험적인 지지를 얻었다.

특히 연구자들이 관심을 가진 것은 Bowen의 자기분화 개념으로, 이는 치료적 동맹에 대한 내담자 지각(Lambert, 2008), 청소년의 위험 감수행동(Knauth, Skowron, & Escobar, 2006), 저소득 도시가정의 양육 성과(Skowron, 2005) 그리고 성인의 안녕감(Skowron, Holmes, & Sabatelli, 2003) 등과 같은 주제에 관한 수많은 연구의 초점이 되어 왔다. Lawson과 Brossart(2003)는 치료자가 자신의 부모와 맺는 관계가 치료 동맹 및 치료 성과를 예측한다는 연구를 수행했는데, 이는 Bowen이 강조하는 치료자로서의 자기를 지지한 연구라고 볼 수 있다. 분화의 심리측정적 척도를 연구하는 또 다른 연구는 분화의 두 가지 측면들을 밝힌다. ① 감정 조절(표현되는 기분을 조절하는 능력)과 ② 대인관계에서의 일체감과 분리를 절충하는 능력(Jankowski & Hooper, 2012)이다.

정신분석적 가족치료에 관하여, 문제를 일으키는 애착에 관한 중요한 연구가 이뤄졌다(Wood, 2002). 또한 애착의 개념은 경험적인 지지를 얻는 두 가지 가족치료에 핵심적이다. 이에는 정서중심치료(제11장; Johnson, 2004)와 다차원적 치료(제4장; Liddle, Dakof, Parker, Diamond, Barrett, & Tejeda, 2001)가 있다. Bowen 가족치료 및 정신분석적 가족치료 모델들이 다듬어지고 더 발전되기 위해서는 이 모델들의 성과와 효과성에 대한 연구가 필요하다.

온라인 자료

애커만 연구소: 정신분석치료와 가족치료 훈련
www.ackerman.org

보웬 센터
thebowencenter.org

조지타운 가족센터: 보웬 가족연구센터
www.thebowencenter.org/

성적 시련 모델
www.passionatemarriage.com

세대 간 사례연구: 공황, 자녀 독립시키기, 성적 학대의 성인 생존자

Wei-Wei는 최근에 공황장애가 시작되어 치료를 알아보고 있다. 그녀는 외과전문의인 남편과 함께 살고 있고, 그녀의 인생은 잘 풀리고 있었다고 보고한다. 그녀는 최근에 일류 대학에서 정교수로 승진했고, 그녀의 외동아들은 의과대학을 졸업했다. 그녀는 지금 특별한 스트레스가 없는데, 왜 이런 공황발작을 겪게 되었는지 모르겠다고 한다. 그녀의 유일한 정신장애 과거 병력은 10대 때의 식욕부진증으로, 이는 중국에서 자라면서 삼촌으로부터 성적 학대를 당한 것에 대한 대처방식이었다.

초기 면담 후에 세대 간 가족치료자는 다음과 같이 사례개념화하였다.

체계적 이론을 사용한 사례개념화

개인, 부부, 가족 내담자용

치료자: Mei Zhou　　내담자/사례 #: 1121　　날짜: 09/2/3

기호
AF = 성인 여성, AM = 성인 남성, CF = 여아, CM = 남아
Ex. = 설명, Hx = 이력, NA = 해당 사항 없음

1. 내담자 & 중요한 타인에 대한 소개

* 치료 과정에 참여하는 내담자를 나타냄

연령, 인종, 직업/학년, 그 외 관련 사항

* AF: 53(IP), 무용 교수, 대학원 진학을 위해 중국에서 이민 옴.

* AM: 55, 외과전문의, 학업을 위해 중국에서 이민 옴, 학교에서 Wei-Wei를 만남.

CM: 26, 최근에 의과대학을 졸업, 오리건주에서 레지던트 시작, 여자친구와 함께 이사 감.

2. 주호소 문제

문제에 대한 내담자의 설명

AF53: 공황발작이 왜 일어났는지 모르겠다고 보고함. 다른 생활들은 '괜찮다'고 보고함.

AM55: AF53의 공황발작이 완벽주의와 CM26이 집을 떠난 것과 관련이 있다고 생각함.

CM26: AF53이 '아주 예민'하고, 항상 상황이 완벽해 보이기를 원한다고 설명함.

문제에 대한 확대가족의 설명: 부부는 그들의 현재 문제에 그들의 가족들을 관여시키지 않음.

더 넓은 체계의 문제 설명: 의뢰인, 교사, 친척, 법적 체계 등의 문제에 대한 설명

AF의 친구: AF53에 대해 CM이 집을 떠나고 그녀 자신의 마지막 개인적인 주목표였던 종신 교수직을 마침내 받으면서 중년의 위기를 맞이했다고 생각함.

3. 배경 정보

트라우마/학대 이력(현재와 과거): AF53은 중국 베이징에서 자란 어린 시절에 그녀의 삼촌에게 성적으로 학대를 당했다고 보고함. 그녀의 부모님은 공산당에서 활동하고 있었고, 부모님들은 그들이 지역사회에서 어떻게 비춰질지에 대해 매우 염려하였음. 그녀가 부모님에게 학대에 대해 이야기했을 때, 그들은 그녀의 말을 믿지 않았음. 그녀가 약 16세가 되어 삼촌을 밀어낼 수 있을 정도로 클 때까지 학대는 계속되었음.

약물 사용/남용(현재와 과거, 본인, 원가족, 중요한 타인): 보고된 바 없음.

촉발 사건(최근 삶의 변화, 초기 증상, 스트레스 요인 등): 긍정적인 삶의 변화 이후 그녀는 작년에 일류 대학에서 승진했고, 그녀의 아들은 6개월 전에 레지던트를 마침. AF53은 4개월 전에 남편과 함께 간 오페라 극장에서 첫 번째 공황발작을 경험했음. 그녀는 갑자기 압도되는 느낌을 받았고 공연 중간에 공연장

(다음)

을 나가야 했다고 보고함. 그 후, 그녀는 2~4주에 한 번씩 알 수 없는 이유로 공황발작을 경험하고 있음.

관련된 배경 이력(가족 이력, 관련 문제, 이전 상담 경험, 의학/정신건강 이력 등): 그녀는 이 시기 동안에는 삶에 대한 통제감을 얻기 위해 매우 적은 음식을 먹었다고 보고함. 그녀는 22세에 미국으로 가는 유학 비자를 얻는 것을 목표로 삼았고 해냄. AM55 또한 학업을 위해 중국에서 미국으로 이민을 왔음. 부부는 대학교의 중국인 학생모임을 통해 만났음. 부부는 그들의 가족들을 4~5년에 한 번씩 만나며, AF53은 그녀의 가족들과 거의 연락하지 않음.

4. 내담자/가족 강점과 다양성

강점과 자원들

개인적: AF53과 AM55 둘 다 '역경에 굴하지 않는' 성향이며 매우 지적임. 둘 다 열심히 일하고, 능력 있는 전문가이며, 그들의 아들을 키우는 데 헌신했음.

관계적/사회적: AF53과 AM55는 지역 중국인 공동체의 사람들과 친밀하게 잘 지냄. 주말에 함께 시간을 보내는 두 쌍의 부부가 있음.

영적: 둘 다 종교적인 전통 밑에서 자라지 않았지만, AF53은 그녀의 삶에서 균형을 유지하는 방법에 대한 영감을 얻기 위해 도교와 불교 관련 서적에 의지함.

다양성: 자원과 한계

연령, 성별, 성적 지향, 문화적 배경, 사회경제적 지위, 종교, 지역사회, 언어, 가족 배경, 가족 구성, 능력 등을 기반으로 내담자가 활용할 수 있는 잠재적인 자원과 한계를 확인할 것.

고유한 자원: 부부는 모두 중국에서 이민을 왔고, 미국에서 성공적인 커리어를 쌓아 옴. 가족 구성원 모두 교양 있고, 총명하며, 열심히 일함. 지역 중국인 공동체와 관련 있음.

잠재적 한계: 이민자로서 가족은 현지에 가족 지지망을 전혀 가지고 있지 않음. 또한 그들은 작은 전문직 가정에서 성장하였고 부모님의 자랑거리가 되어야 한다는 압박감을 보고함.

5. 가족 구조

가족생활주기 단계(해당 사항에 모두 체크할 것)

☐ 미혼 ☐ 기혼 ☐ 어린 자녀를 둔 가족 ☐ 청소년 자녀를 둔 가족

☐ 이혼 ☐ 혼합 가족 ☒ 자녀가 독립함 ☐ 노년기

이 단계들 중 하나 이상에서 발달 과업을 완수하면서 힘든 점 설명하기: CM의 의학대학의 졸업과 동시에 AF53의 공황발작이 발생함.

부부/가족이 친밀함과 거리를 조절하는 일반적인 방식: 가족은 감정 표현을 최소한으로 하고, 침착하고 논리적인 자세로 문제에 대해 논의하는 것을 선호함.

경계

부부 (AF/AM): ☐ 밀착된 ☐ 명확한 ☒ 단절된 ☐ NA

(다음)

설명: AF53과 AM55는 긴 업무 시간을 요구하는 그들의 직업에 매우 몰두함. 그들은 갈등을 별로 겪지 않지만, 문화적으로 기대되는 것보다 정서적 관여 또한 부족하며, 이는 부부 중 한쪽 배우자가 성적 학대에 대한 치료를 받지 못한 경우에 전형적으로 나타나는 양상임.

부모 AF & 자녀: ☒ 밀착된 ☐ 명확한 ☐ 단절된 ☐ NA

설명:

부모 AM & 자녀: ☐ 밀착된 ☒ 명확한 ☐ 단절된 ☐ NA

설명:

형제자매: ☐ 밀착된 ☐ 명확한 ☐ 단절된 ☒ NA

설명:

확대가족: ☐ 밀착된 ☐ 명확한 ☒ 단절된 ☐ NA

설명: AF는 중국에 있는 부모님과 관계가 단절되었음. AM의 아버지는 돌아가셨음.

친구/동료: ☐ 밀착된 ☒ 명확한 ☐ 단절된 ☐ NA

설명: AF와 AM은 좋은 업무 관계와 좋은 친구관계를 가지고 있다고 보고함.

삼각관계/연합

☐ 세대 간 연합:

☐ 원가족과의 연합:

☒ 그 외 연합: AF53과 AM55는 서로보다는 CM26에게 집중함. CM26은 그들을 단결하게 해 주는 '접착제' 역할을 해 왔음.

부모와 자녀 간 위계 ☐ NA

AF: ☒ 효과적인 ☐ 불충분한(허용적인) ☐ 과도한(독재적인) ☐ 일관성 없는

AM: ☒ 효과적인 ☐ 불충분한(허용적인) ☐ 과도한(독재적인) ☐ 일관성 없는

설명:

AF와 AM의 상호보완적 패턴

☐ 추격자/철수자 ☐ 과잉/과소 기능자 ☐ 감정적/논리적 ☐ 좋은/나쁜 부모

☐ 기타: 지적인 성취의 대칭적 패턴

설명: AF53과 AM55는 그들의 전문적인 성장과 지적 능력으로 경쟁함.

Satir의 의사소통 유형: 스트레스 상황에서 주로 사용하는 유형을 기술할 것.

AF: ☐ 일치형 ☐ 회유형 ☐ 비난형 ☒ 초이성형 ☐ 산만형

AM: ☐ 일치형 ☐ 회유형 ☐ 비난형 ☒ 초이성형 ☐ 산만형

CF 또는: ______ ☐ 일치형 ☐ 회유형 ☐ 비난형 ☐ 초이성형 ☐ 산만형

CM26: ☐ 일치형 ☒ 회유형 ☐ 비난형 ☐ 초이성형 ☐ 산만형

설명: CM26은 그의 어머니의 불안과 관심을 다루기 위해 회유하기를 사용함.

Gottman의 이혼 지표

비난: ☐ AF ☐ AM

설명:

(다음)

자기방어: ☐ AF ☐ AM

설명: ______

경멸: ☐ AF ☐ AM

설명: ______

담쌓기: ☒ AF ☒ AM

설명: 갈등이나 긴장이 생기면, 그들은 비협조 또는 갈등 회피로 해결함.

화해 시도 실패: ☐ AF ☐ AM

설명: ______

영향을 수용하지 않음: ☐ AF ☐ AM

설명: ______

격한 시작: ☐ AF ☐ AM

설명: ______

6. 상호작용 패턴

문제 상호작용 패턴(A ⇆ B)

긴장의 시작: AF53에게 '느닷없이' 공황발작이 나타남.

갈등/증상 확대: 초기에는 AM55가 AF53을 가라앉히려고 노력함. 처음에는 부드럽게 그녀를 안심시켰지만, 그 후에 그녀가 그녀를 집에 데리고 오기 위해 늘 그렇듯 그가 하고 있는 일을 그만두라고 요구하자 더 불안해함.

'정상'/항상성 회복: AM55는 결국 그녀를 집으로 데리고 오고, 그녀는 안정을 되찾음. 그들은 그날은 서로 거리를 두지만 다음 날이 되면 평상시로 되돌아감.

또는

긴장의 시작: CM26은 레지던트를 지원해야 함.

갈등/증상의 확대: AF53은 그의 지원 과정이 어떻게 진행되고 있는지 자주 질문함. CM26은 숨이 막히기 시작하여 그녀를 피함/ 그녀는 더 끈질기게 계속함. 그는 화가 나서는 서둘러 한 번에 해치워 버림.

'정상'/항상성 회복: 일단 CM26이 AF53의 요구대로 하면, 그녀는 무턱대고 그를 칭찬하고, 그의 성공을 향한 노력을 응원함.

현재 문제에 대해 가정된 항상성 기능: 관계를 유지하고, 독립성/거리감을 형성하고, 영향력을 만들고, 관계를 재구축하고, 혹은 한편으로 가족 내에 균형감을 형성하는 데 증상이 어떤 역할을 하는가?

CM26이 레지던트를 위해 집을 떠나면서 AF53은 삶에서 정서적 중심을 잃었고, 부부는 관계의 중심을 잃었음. 또한 AF53은 최근에 직업적으로 중요한 마지막 목표를 성취하면서 그녀의 미래의 초점이 불분명해졌고, 이는 공황발작의 형태를 보인 불안을 야기함.

7. 세대 간 & 애착 패턴

다음을 비롯한 모든 관련 정보가 포함된 가계도를 구성할 것.

(다음)

- 나이, 출생/사망일
- 이름
- 관계 패턴
- 직업
- 병력
- 정신 질환
- 학대 이력

또한 회기에서 자주 논의되는 사람들에 대한 몇 가지의 형용사를 포함할 것(이는 성격 및 관계적 패턴을 묘사해야 함. 예: 조용한, 가족을 돌보는 사람, 정서적으로 거리가 있는, 완벽주의자, 무력한 등). 가계도는 반드시 보고에 첨부되어야 함. 중요한 내용을 아래에 요약할 것.

가족 강점: 양가 모두 전문직의 이력, 미국에서 지속됨.
약물/알코올 남용: ☒ N/A ☐ 이력: ______
성적/신체적/정서적 학대: ☐ N/A ☒ 이력: AF53은 삼촌에게 6년 동안 학대당함.
부모/자녀 관계: ☐ N/A ☒ 이력: AM55와 AF53 둘 다 그들의 부모님들과 관계가 소원함.
신체/정신 장애: ☐ N/A ☒ 이력: AF53의 가족은 심장질환 병력이 있음; AM55 가족은 암 병력.
현재 문제에 대한 이력 삽화: ☒ N/A ☐ 이력: ______

애착 유형: 각 내담자의 가장 일반적인 애착 유형을 설명할 것
AF: ☐ 안정 ☐ 불안 ☒ 회피 ☐ 불안/회피
설명: ______
AM: ☐ 안정 ☐ 불안 ☒ 회피 ☐ 불안/회피
설명: ______
CM: ☐ 안정 ☐ 불안 ☐ 회피 ☒ 불안/회피
설명: CM26은 숨 막히는 느낌이 들어 AF53을 피하기 시작하지만, 항상성을 유지하기 위해 CM26은 AF53의 요구를 따름.

8. 해결중심 평가

시도했지만 효과적이지 않았던 해결책들

1. AF53가 공황장애를 겪을 때 AF53가 그 상황에서 벗어나게 하는 것은 단기적으로 효과적이지만, 미래의 공황발작을 예방하지는 못함.
2. 공황발작을 무시하면서 사라지기를 기대하려고 애쓰는 것도 효과가 없음.

예외 및 독특한 결과(효과적이었던 해결책): 문제가 덜 문제화될 때의 시간, 장소, 관계, 맥락 등 상황을 조금이라도 개선하는 것으로 보이는 행동들

1. AF53은 일하는 동안에는 공황발작이 없다고 보고함.
2. AF53은 가족 전체와 함께 있을 때 더 낫다고 보고함.

(다음)

기적 질문 답변: 만약 그 문제가 밤사이에 해결된다면, 내담자는 다음 날 무엇을 다르게 하겠는가?(Y를 하지 않는다는 방식이 아닌 X를 한다는 방식으로 설명할 것)

1. AF는 출근하고, 즐겁게 퇴근할 것이라고 말한다.
2. 성인으로서의 아들과 시간을 보낸다.
3. AF와 AM은 더 많은 휴가를 가질 것이다.

9. 포스트모던과 문화적 담론 개념화

이야기, 주된 담론, 다양성

문제의 정의를 구성하는 주된 담론

문화, 인종, 사회경제적 지위, 종교 등: 주요 문화적 담론이 문제와 가능한 해결책을 인지하는 데 어떤 영향을 미치는가?

AF53은 중국에서 이민하였고, 성적 학대에 대해 AF53이 한 말보다는 가족 평판을 더 중시하는 중국 공산당 중간 지도자의 딸임. 그들은 정서적인 문제들을 무슨 수를 써서라도 감추고자 했음. AF53은 자신의 식습관을 통제함으로써 학대에 대처함. 이러한 패턴은 CM26의 독립과 관련된 증상으로서의 최근 공황발작과 관련될 수 있음.

성별, 성적 지향 등: 성별/성적 지향 담론이 문제와 가능한 해결책을 인지하는 데 어떤 영향을 미치는가?

어릴 때 AF53은 여자는 남자와 동등해야 하고, 자신의 정서적 고통으로 타인에게 부담을 주어서는 안 된다고 배웠음.

맥락, 가족, 지역사회, 학교, 기타 사회적 담론: 다른 중요한 담론이 문제와 가능한 해결책을 인지하는 데 어떤 영향을 미치는가?

지역 중국인 공동체의 시선으로는 AF53과 AM55는 매우 성공적으로 살아왔는데, MD가 된 아들을 길러냈다는 점에서 특히 더 그러함. 이것은 AF53이 속으로 다르게 느낄지언정 겉보기에는 '완벽'해야 한다는 압박감을 유발함.

정체성/자기 이야기: 그 문제는 각 가족 구성원의 정체성을 어떻게 형성하였는가?

AF53은 '삶이 멋지다'고 보고하며, 따라서 공황발작의 발생에 대해 어리둥절하고 있고, 이는 다시 그녀를 낙심하고 억울한 마음이 들게 만듦. AM55는 매우 유능했던 그의 아내가 어린애와 같이 이해할 수 없는 두려워하는 행동을 보이고 있어서 좌절감을 느낌. 그래서 그도 무력감을 느낌.

국소적/선호하는 담론: 내담자가 선호하는 정체성 이야기 및 문제에 관한 이야기는 무엇인가? 문제에 대해 선호되는 국소적(대안적인) 담론이 있는가?

AF53은 이제 "성공이란 뭘까요?" 그리고 "인생 목표들을 성취한 후에 무엇이 오나요?"라는 질문을 하고, MD로서 AM55와 CM26은 AF53이 문제를 해결하도록 도와야 한다는 압박감을 느낌.

10. 내담자 관점

동의하는 영역: 내담자들이 말한 것에 근거하여, 이 평가의 어떤 부분에 대해 그들이 동의하는가, 혹은 동의할 것 같은가?

(다음)

AM55는 AF53보다 그녀의 증상이 CM26이 떠난 것과 관련되어 있다고 확신함.

동의하지 않는 영역: 그들이 어떤 부분에 대해 동의하지 않는가, 혹은 동의하지 않을 것 같은가? 이유는?
AF53은 그녀의 증상을 아들의 이사와 관련짓기를 주저함. 또한 그녀는 현재의 증상과 그녀의 어린 시절 학대를 관련짓기를 주저함.

당신은 동의할 것 같지 않은 영역을 어떻게 존중하면서 작업할 계획인가?
다른 설명이나 원인이 있을 수 있음을 인정하면서, 과거와 현재, 그리고 AF53의 증상과 삶의 다른 변화 사이의 관련성을 잠정적으로 염두에 둠.

(다음)

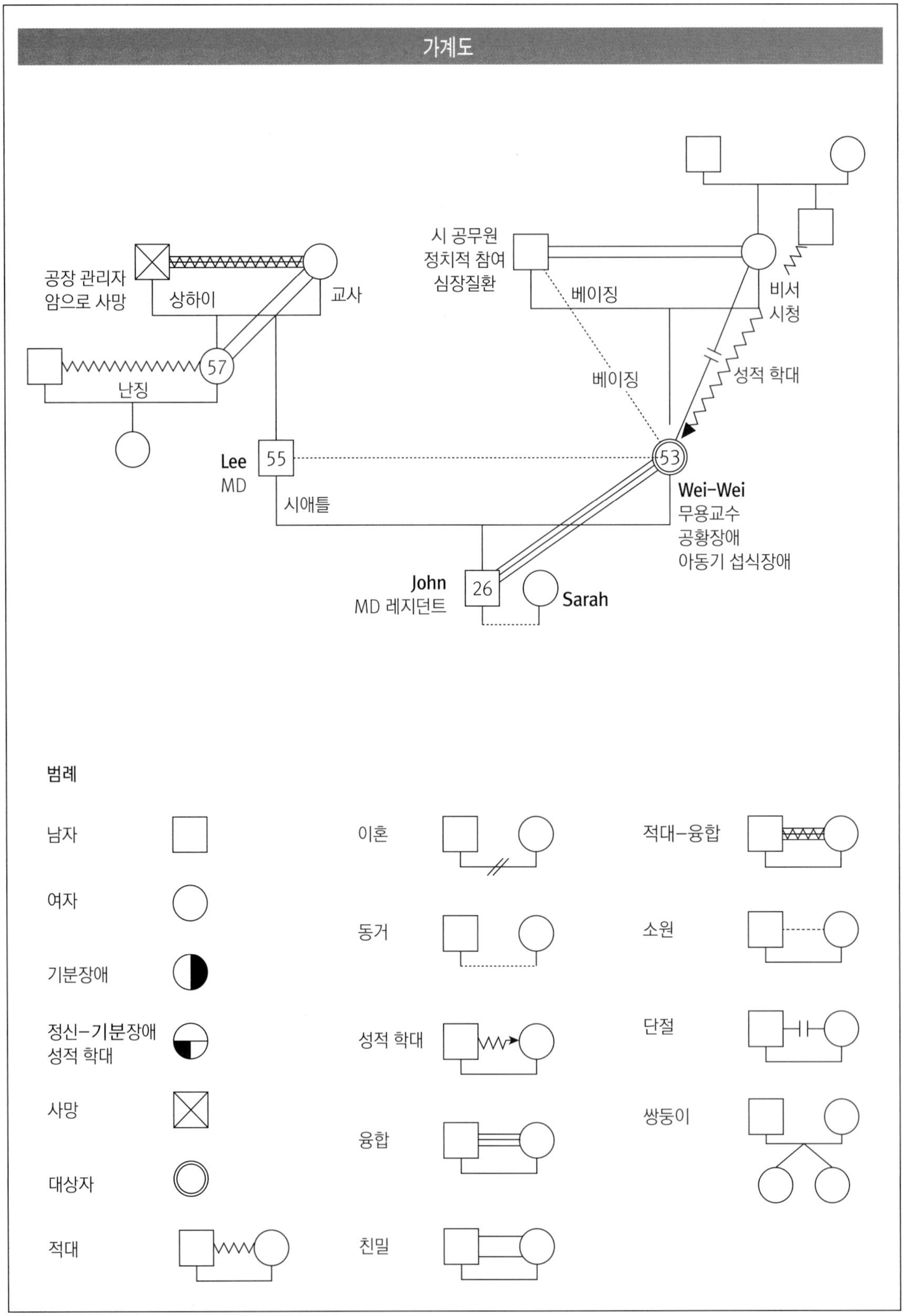

가계도

공장 관리자
암으로 사망

상하이

교사

57

난징

Lee
MD

55

시애틀

시 공무원
정치적 참여
심장질환

베이징

베이징

비서
시청

성적 학대

53

Wei-Wei
무용교수
공황장애
아동기 섭식장애

John
MD 레지던트

26

Sarah

범례

남자

여자

기분장애

정신-기분장애
성적 학대

사망

대상자

적대

이혼

동거

성적 학대

융합

친밀

적대-융합

소원

단절

쌍둥이

임상 평가

<table>
<tr><td>내담자 ID #: (이름을 쓰지 말 것): 1121</td><td colspan="2">인종
중국인 이민자</td><td>주요 언어
☐ 영어 ☐ 스페인어
☒ 기타: 만다린 중국어</td></tr>
<tr><td colspan="4">참여자/중요한 타인을 모두 기록할 것: 확인된 환자(IP)는 [★], 참여할 중요한 타인은 [✔], 참여하지 않을 중요한 타인은 [X] 표시할 것.</td></tr>
<tr><td colspan="2">성인: 나이: 직업/고용주
[✔] AM 55: 상해에서 온 이민자, 외과의사
[★] AF 53: 베이징에서 온 이민자, 무용교수
[ ] AF/M #2:</td><td colspan="2">자녀: 나이: 학교/학년
[X] CM 26: 외과의사 레지던트.
여자친구와 함께 지냄
[ ] CF:
[ ] CF/M:</td></tr>
</table>

현재 문제

		자녀에 대해 기록
☐ 우울증/절망	☐ 부부 문제	☐ 학업 실패/성적 하락
☒ 불안/걱정	☐ 부모/자녀 갈등	☐ 무단결석/가출
☐ 분노 문제	☐ 배우자 폭력/학대	☐ 또래와의 싸움
☒ 상실/비애	☐ 이혼 적응	☐ 과잉행동
☐ 자살 사고/시도	☐ 재혼 적응	☐ 유뇨/유분증
☒ 성적 학대/강간	☐ 성적 취향/친밀감 문제	☐ 아동 학대/방임
☐ 알코올/약물 사용	☒ 주요한 삶의 변화	☐ 고립/철회
☐ 섭식 문제/장애	☐ 법적 문제/보호 관찰	☐ 기타:
☐ 직업 문제/실직	☐ 기타:	

IP의 정신 감정

대인관계 문제	☐ NA	☐ 갈등 ☒ 밀착 ☐ 고립/회피 ☒ 정서적 단절 ☐ 사회 기술 부족 ☐ 부부 문제 ☐ 또래 문제 ☐ 업무상 문제 ☐ 지나치게 수줍음 ☐ 이기적 ☐ 관계 구축/유지 어려움 ☐ 기타:
기분	☐ NA	☐ 우울/슬픔 ☐ 절망감 ☐ 두려움 ☒ 불안 ☐ 분노 ☐ 짜증 ☐ 조증 ☐ 기타:
정서	☐ NA	☒ 위축된 ☐ 무딘 ☐ 생기 없는 ☐ 불안정한 ☐ 극적인 ☐ 기타:
수면	☐ NA	☐ 수면과다증 ☐ 불면증 ☒ 수면 방해 ☐ 악몽 ☐ 기타:
섭식	☐ NA	☐ 증가 ☐ 감소 ☐ 식욕 억제 ☐ 폭식 ☐ 하제 사용 ☐ 신체 이미지 ☒ 기타: 식욕부진증 병력
불안 증상	☐ NA	☐ 만성 근심 ☒ 공황발작 ☐ 해리 ☐ 공포증 ☐ 강박사고 ☐ 강박행동 ☐ 기타:

(다음)

1) 약어: AF: 성인 여성, AM: 성인 남성, CF#: 여자아이와 나이(예: CF12), CM#: 남자아이와 나이, Hx: 병력, Cl: 내담자.

트라우마 증상	☐ NA	☐ 급성 ☐ 만성적 ☐ 과각성 ☐ 꿈/악몽 ☐해리 ☒ 정서적 마비 ☒ 기타: 치료받지 못한 아동기 성적 학대
정신증적 증상	☒ NA	☐ 환각 ☐ 망상 ☐ 편집증 ☐ 연상 이완 ☐ 기타:
운동 활동/말하기	☐ NA	☒ 에너지 부족 ☐ 활동적/과잉행동 ☐ 과잉행동 ☐ 부주의한 ☐ 충동적인 ☐ 병적 수다 ☐ 말이 느린 ☐ 기타:
사고	☐ NA	☐ 집중력/주의력 저하 ☒ 부정 ☒ 자기 비난 ☐ 타인 비난 ☐ 반추 ☐ 부적절한 ☐ 비논리적인 ☐ 경직된 ☒ 낮은 통찰력 ☐ 의사결정능력 손상 ☐ 혼란스러운 ☐ 느린 처리 ☐ 기타:
사회 법률	☒ NA	☐ 규칙 무시 ☐ 반항 ☐ 도벽 ☐ 거짓말 ☐ 울화 행동 ☐ 체포/수감 ☐ 싸움을 일으킴 ☐ 기타:
기타 증상	☒ NA	

IP에 대한 진단

진단을 내릴 때 고려되는 환경적 요인: ☐나이 ☒성별 ☒가족 역동 ☒문화 ☒언어 ☒종교 ☐경제 ☒이민 ☐성적 지향 ☒트라우마 ☐이중 진단/동반질환 ☐중독 ☐인지 능력
☐ 기타:

확인된 요인들의 영향력: 만다린 중국어로 서비스가 제공됨. 가족을 평가할 때 정서적 표현과 대인 간 유대감에 관한 중국의 문화적 규범을 고려함. 현재 증상들을 평가하는 데 치료되지 못한 아동기 트라우마를 고려함.

축 I 주 진단: 300.01 광장공포증이 없는 공황장애 부수적 진단: 축 II: V 71.09 축 III: 내담자가 고혈압을 보고함 축 IV ☐ 주요 지지 집단과의 문제: 부모 ☐ 사회적 환경/학교 관련 문제: 이사, 새로운 학교 ☐ 교육적 문제: 새로운 학교 ☐ 직업 문제 ☐ 주거 문제 ☐ 경제 문제 ☐ 건강관리서비스 이용 문제 ☐ 법률 체계와의 상호작용 관련 문제 ☒ 기타 심리사회적 문제 축 V GAF: 58 GARF: 65	축 I 진단의 DSM 증상을 열거할 것(각 증상의 빈도와 지속 기간 포함). 내담자는 축 I의 주 진단의 13개 진단기준 중 9 개를 충족함. 1. 공황발작: 심계항진, 발한, 떨림, 숨이 참, 질식감, 흉부통증, 어지럼증, 비현실감, 통제 불능에 대한 두려움. 2. 발작의 암시에 대한 걱정. 또 다른 발작에 대한 두려움. 3. 광장공포증이 없음. 4. 5.

(다음)

<table>
<tr><td>
의학적 원인은 배제되었는가?
☒ 네 ☐ 아니요 ☐ 진행 중
환자가 정신과적/의학적 평가에 의뢰된 적이 있는가?
☒ 네 ☐ 아니요
환자가 의뢰에 동의하였는가?
☒ 네 ☐ 아니요 ☐ NA
평가에 사용된 심리측정 도구 혹은 자문을 열거할 것
☒ 없음 또는 ________
</td><td>
약물치료(정신의학 & 의학)
복용량/복용 시작 날짜
☐ 처방받지 않음
1. 알프라졸람(Xanax) / .5mg 2/15/09
2. ________ / ________ mg ________
3. ________ / ________ mg ________

진단에 대한 내담자의 반응
☒ 동의 ☐ 다소 동의 ☐ 동의하지 않음
☐ 다음의 이유로 알리지 않음
____
</td></tr>
<tr><td colspan="2">
의학적 필요성(해당되는 것에 모두 체크할 것)
☒ 심각한 손상 ☐ 심각한 손상 가능성 ☐ 발달 지체 가능성
손상 영역: ☒ 일상 활동 ☒ 사회적 관계 ☐ 건강 ☒ 직장/학교 ☐ 거주 형태
☐ 기타: ________
</td></tr>
<tr><td colspan="2">위험 요인 평가</td></tr>
<tr><td>
자살 경향
☒ 징후 없음
☒ 부인
☐ 적극적인 사고
☐ 소극적인 사고
☐ 계획 없는 의도
☐ 수단 있는 의도
☐ 과거 자살 사고
☐ 과거 자살 시도
☐ 자살한 가족/동료 이력

약물 사용 경험
알코올 남용
☒ 징후 없음
☒ 부인
☐ 과거
☐ 현재
빈도/양: ________

약물:
☒ 징후 없음
☒ 부인
☐ 과거
☐ 현재
약물: ________
빈도/양: ________
☐ 가족/중요한 타인의 약물 남용
</td><td>
살인 경향
☒ 징후 없음
☒ 부인
☐ 적극적인 사고
☐ 소극적인 사고
☐ 수단이 없는 의도
☐ 수단이 있는 의도
☐ 과거 살인 사고
☐ 과거 폭력 사용
☐ 폭행/행패 이력
☐ 동물 학대

성적 & 신체적 학대와 기타 위험 요인
☐ 학대 이력이 있는 아동
☐ 성적 ☐ 신체적 ☐ 정서적 ☐ 방임
☒ 아동기 학대 이력이 있는 성인
☒ 성적 ☐ 신체적 ☒ 정서적 ☐ 방임
☐ 성인기에 학대/폭행 경험이 있는 성인
☐ 성적 ☐ 신체적 ☐ 현재
☐ 학대를 가한 이력
☐ 성적 ☐ 신체적
☐ 노인/보살핌이 필요한 성인 학대/방임
☒ 식욕부진증/폭식증/기타 섭식장애: 과거
☐ 자상 또는 기타 자해
  ☐ 현재
  ☐ 과거 방법: ________
  ☐ 범죄/법적 이력: ________
  ☐ 보고된 바 없음
</td></tr>
</table>

(다음)

안전 지표: ☒ 강력한 지지를 제공하는 최소 한 명의 외부인 ☒ 자신/타인을 해치지 않을 이유와 살아야 할 구체적인 이유를 언급할 수 있음 ☐ 희망적임 ☐ 미래의 목표가 있음 ☐ 위험한 물건들을 처분할 의사가 있음 ☐ 상황을 악화시키는 사람들과의 접촉을 줄일 의지가 있음 ☒ 안전 계획과 안전 개입을 이행할 의지가 있음 ☐ 자해하거나 타인을 해치는 것의 대안들을 개발함 ☐ 안전이 유지된 기간: ______ ☐ 기타: ______

안전 계획 요소: ☐ 해치지 않겠다는 구두 계약 ☐ 해치지 않겠다는 서면 계약 ☒ 비상연락망 ☒ 위기 상담사/기관 연락처 ☒ 약물치료 관리 ☐ 위기 시에 친구들/지지적인 사람들과 연락하기 위한 구체적인 계획 ☒ 위기 시에 갈 장소에 대한 구체적인 계획 ☒ 위기 단계에 도달하기 전에 위험을 줄이기 위한 구체적인 자기진정 과제 (예: 일기 쓰기, 운동 등) ☐ 스트레스 요인을 줄이기 위한 구체적인 매일/주 단위 활동 ☐ 기타: ______

메모: 법적/윤리적 행동: ☐ NA 외국에서의 학대 보고에 관한 법률 자문을 요청함. 과거이고 잠재적인 확인된 피해자가 없기 때문에 행동을 취할 필요가 없다는 조언을 받음.

사례 관리

날짜	양식	내담자가 다른 곳에서 정신건강 또는 기타 의학적 치료를 받고 있는가?
첫 방문: 09/2/3 마지막 방문: 09/2/10 회기 빈도: ☒ 주 1회 ☐ 격주 ☐ 기타: ______ 예상 치료 기간: ______	☒ 성인 개인 ☐ 아동 개인 ☒ 부부 ☐ 가족 ☐ 집단: ______	☒ 아니요 ☐ 네: ______ 아동/청소년의 경우: 가족이 참여하는가? ☐ 네 ☐ 아니요

환자 의뢰 및 전문가 연락

사회복지사에게 연락한 적이 있는가?
☐ 네 ☐ 아니요
설명: ______ ☒ NA

내담자가 의학적 평가에 의뢰된 적이 있는가?
☒ 네 ☐ 필요 없음

내담자가 정신의학적 평가에 의뢰된 적이 있는가?
☒ 네(내담자가 동의함) ☐ 네(내담자가 동의하지 않음) ☐ 불필요

의료진이나 다른 전문가와 연락한 적이 있는가?
☒ 네 ☐ 아니요 ☐ NA

내담자가 복지 서비스에 의뢰되었는가?
☐ 직업/훈련 ☐ 복지/식품/주거 ☐ 피해자 지원 ☐ 법적 지원 ☐ 의료
☐ 기타: ______ ☒ NA

치료와 관련하여 예상되는 범죄/법률 절차
☒ 아니요 ☐ 네: ______

내담자가 집단 또는 기타 지원 서비스에 의뢰된 적이 있는가?
☐ 네 ☐ 아니요 ☒ 추천받지 않음

내담자의 사회적 지지 연결망
☐ 지지적인 가족 ☒ 지지적인 배우자 ☐ 친구들 ☐ 종교적/영적 단체 ☒ 지지적인 직장/사회적 집단
☐ 기타: ______

(다음)

치료가 지지체계 내 타인(부모, 아동, 형제자매, 중요한 타인 등)에게 미칠 영향
남편이 회기에 참석할 것임. 아들과의 관계에 긍정적인 영향을 미칠 가능성.
성공적이기 위해 내담자에게 그 밖에 필요한 것이 있는가?
NA

내담자의 희망: 낮음 1----------5-----X-----10 높음

예상 결과 및 예후
☒ 정상적인 기능으로 회복
☐ 개선을 예상하지만, 정상적인 기능보다 덜할 것으로 예상
☐ 현재의 상태를 유지/악화 예방

진단/내담자 관점에 대한 평가
평가 방법은 내담자의 필요에 따라 어떻게 조정되었는가?
만다린 중국어로 서비스를 제공하였음.

나이, 문화, 능력 수준, 기타 다양성 문제는 다음과 같이 조정되었음.
전문용어와 의학용어를 사용하였음. 정서 표현 및 관계에 관한 문화적 규범을 고려하였음.

체계적/가족 역동은 다음과 같은 방식으로 고려되었음.
가족체계에서의 현재 변화를 평가함. AM을 평가에 포함함.

이 평가와 관련하여 실제적이거나 잠재적인 내담자-치료자 동의/비동의 영역을 설명할 것.
내담자는 평가에 전적으로 동의함. 치료자는 진단에 관해 정신과 의사와 상의하였음. 내담자는 약물치료에 잘 따른다고 보고함.

______________________, ______________ ______________
치료자 서명 자격/수련 등급 날짜

______________________, ______________ ______________
지도감독자 서명 자격 날짜

치료 계획

이름: Mei Zhou 날짜: 09/2/3

사례/내담자: #1121 이론: Bowen 세대 간 치료

▣ 치료 초기 단계

❖ 초기 단계 치료적 과업

1. 효과적인 치료적 관계 발전시키기. 다양성 주의: 이중 언어와 이중 문화의 치료자, 정서 표현과 더욱 정중한 상호작용의 문화양식을 존중할 것.
   관계 구축 접근/개입
   a. 안정적 자세를 활용하고, 문화와 교육 수준을 존중할 것.

2. 개인적, 체계적 및 광범위한 문화적 역동 평가하기. 다양성 주의: 중국에서의 가족력, 정치적 지위, 각 부모의 문화 적응 경험에 대해 자세히 탐색할 것.
   평가 전략
   a. 다세대 패턴, 만성불안, 삼각관계, 정서적 단절, 가족 투사 과정, 형제 순위를 확인하기 위해 3~4세대 가계도를 사용할 것.
   b. 현재의 위기/문제 상황과 과거에서 각 가족 구성원들의 분화 수준을 평가할 것.

3. 치료 목표를 정의하고 치료 목표에 대한 내담자 동의 얻기. 다양성 주의: 치료 목표는 공황에 대한 문화적 관점을 비롯하여, 문제에 대한 내담자 관점에 민감해야 함.
   a. AF53과 가족의 불안 관리 방식의 맥락에서 목표를 구성할 것.

4. 의뢰 필요성, 위기 문제, 부수적 정보제공자 연락, 기타 내담자 욕구를 확인하기.
   a. 의뢰/자원/연락: AF53이 약물치료를 관리하고, 경과와 부작용에 관해 정신과 의사와 개방적인 의사소통을 지속하도록 격려할 것.

❖ 초기 단계 내담자 목표

1. 공황발작 가능성을 줄이기 위해 일상 스트레스와 만성불안 줄이기.
   측정: ☐ 2주 ☒ 2개월 동안 2회 이하의 가벼운 공황발작 삽화를 보이며 낮은 스트레스 수준을 유지할 수 있음.
   a. 스트레스의 가장 명백한 원인을 파악하고, 스스로의 생각과 감정에 대한 AF53의 책임감을 키움으로써 분화 수준을 높이는 방법을 알아내기.
   b. AF53과 AM55가 명확한 경계를 유지하면서도 정서적 유대감을 높이도록 격려하면서, 공황발작의 징후를 확인하는 방법과 가장 잘 대처하는 방법에 관한 계획 세우기.

(다음)

■ **치료 작업 단계**

❖ **작업 단계 치료적 과업**

1. 목표를 향한 경과 점검하기. **다양성 주의: 질문들이 내담자의 체면을 깎이게 하지는 않는지 확인할 것.**
   a. **개입 평가:** 매주 공황발작 삽화를 점검할 것. **각 내담자가 보다 분화된 위치에서 치료자 및 회기 밖 사람들과 관계 맺는 능력을 점검할 것.**
   b. **개입 평가:** 초기와 3개월에 한 번 AF의 증상 체크리스트.

2. 치료가 진행됨에 따라 치료적 동맹의 질 점검하기. **다양성 주의: 동맹에 문제가 있다는 언어적 단서보다는 비언어적 단서를 더 잘 살펴볼 것.**
   a. **개입 평가: 분화된 위치**에서 관계를 맺고 **삼각관계**를 피하고 있음을 확인하기 위해 치료자의 반응(언어적 및 비언어적)을 점검할 것.

❖ **작업 단계 내담자 목표**

1. CM26과의 **밀착**과 그와 관련된 **불안**을 줄이기 위해 CM26를 독립시키는 것의 영향력에 대한 AF53의 인식을 높이기.
   측정: ___회 이하의 가벼운 느슨한 경계와 관계 불안 삽화를 보이며 □ 2주 ☒ 2개월 동안 변화에 대해 보다 높은 수용을 보임.
   a. AF53이 CM26의 독립이 미치는 영향을 알아내도록 돕는 **과정 질문**. 그녀가 부모님을 떠나 다시는 돌아가지 않은 것과 비교할 것.
   b. 밀착을 줄이고 통찰을 실행에 옮기기 위해 **관계성 실험**을 권유할 것.

2. 단절과 불안을 줄이기 위해 부부의 **정서적 친밀함**과 유대감을 키우기.
   측정: 2회 이하의 가벼운 단절 삽화를 보이며 □ 2주 ☒ 2개월 동안 정서적 유대감을 유지할 수 있음.
   a. 서로의 정서적 및 개인적 생활에 대한 대화를 늘림으로써 그들의 결혼관계에서 CM26 및 직장 업무를 탈삼각화할 것.
   b. 부부가 갈등을 겪지 않는 것이 어떻게 **단절**의 징후가 되는지, 그리고 이민과 학대 이력이 친밀함에 대한 두려움에 어떠한 영향을 미쳤는지를 알아내도록 돕는 과정 질문.

■ **치료 종결 단계**

❖ **종결 단계 치료적 과업**

1. 추후관리 계획을 세우고 개선된 점 유지하기. **다양성 주의: 가족이 중국인 공동체 및 대학 공동체와의 교류를 유지하도록 격려할 것.**
   a. 부부가 어떻게 계속해서 **분화** 수준을 높이고 불안을 효과적으로 다룰지 확인할 것.

❖ **종결 단계 내담자 목표**

1. 불안과 공황을 줄이기 위해 AF53이 **불안한 순간에 정서적 중심**을 유지하는 능력 키우기.

(다음)

측정: 가벼운 불안(공황발작이 아닌) 삽화만 보이며 ☐ 3주 ☒ 3개월 동안 높은 **분화**를 유지할 수 있음.

a. AF53이 자신의 정서반응을 확인하고, 이를 효과적으로 다루는 방법을 찾음으로써 공황발작이 촉발되지 않도록 돕는 **과정 질문**.

b. AF53과 AM55이 CM26을 독립시킨 후의 희망적인 미래를 그려 보고, 서로를 결혼생활의 배우자로서 재발견하도록 도움으로써 분화를 촉진할 것.

2. 친밀함을 높이기 위해 가족 관계에서 각 개인이 **일체감 욕구와 자율성 욕구의 균형**을 맞추는 능력을 키우기.

a. 관계에서 어떻게 일체감과 자율성이 모두 존중될 수 있을지를 탐색하는 **과정 질문**: 각 개인의 욕구와 그 욕구들이 어떻게 서로 다를지, 그리고 어떻게 조정될 수 있을지에 대해 논의할 것.

b. 분화된 위치에서 타인과 관계 맺는 연습을 하는 **관계성 실험**.

■ 내담자 관점

내담자와 함께 치료 계획을 검토하였는가? ☒ 네 ☐ 아니요

아니라면 설명할 것: ____________________

내담자가 동의하는 영역과 우려 사항을 묘사할 것: AF는 CM을 독립시킨 일이 원인이라고 100% 확신하는 것은 아니지만, 그 일이 그녀의 최근 유일한 변화이므로 자신의 공황발작에 영향을 미칠 수 있음에 대해 더 알고자 함. 부부는 CM이 없는 부부관계를 어떻게 재정의할지에 대해 논의할 의향이 있음.

치료자 서명, 수련생 지위	날짜	지도감독자 서명, 자격	날짜

경과 기록

내담자 경과 기록 # 1121

날짜: 09/3/10 시간: 2:00 오전/오후 회기 시간: ☒ 50 분 또는 ☐ ____________

참가자: ☒ AM ☒ AF ☐ CM ☐ CF ☐ ____________

청구번호: ☐ 90791(평가) ☐ 90834(치료-45분) ☒ 90847(가족)

☐ 기타 ____________

증상	지난 방문 이후 지속 기간/빈도	경과: 퇴행---------초기 상태-----------목표
1. 공황발작	이번 주는 없음. 2주 연속	-5-------1--------X---5-----------10
2. 걱정/일반적 스트레스	AF는 10점 척도에서 5를 매김	-5-------1------------X-----------10
4. 정서적 유대	좋은 데이트를 했다고 보고함	-5-------1------------5-----------10

설명: AF는 주말을 포함하여 이번 주 내내 공황발작이 없었다고 보고함. 그녀는 몇 가지 사소한 일상의 스트레스 요소를 없앴다고 보고함. 부부는 CM에 대해 이야기하지 않고도 좋은 데이트를 했다고 보고함.

개입/HW: AF와 CM 그리고 AF와 AM 간의 역동들을 탐색하기 위한 과정 질문. 삼각관계 과정. 치료자는 부부로부터 탈삼각화하고, CM과 관련한 문제에 관해 자신의 편을 들어 주기를 원하는 AF에게 과민반응하지 않기 위해 치료자의 자기와 안정적 자세를 사용하였음. 이번 주말에 있을 CM과의 다음 통화에 대한 관계성 실험을 고안할 것.

내담자 반응/피드백: 내담자들은 통찰을 실행에 옮기는 것에 좀 더 저항적이긴 하지만, 역동들에 대한 통찰 지향적인 논의에는 잘 반응함. 부부 사이에서 그리고 개인적으로 CM에 대한 관심을 줄이는 데 있어서 AF는 여전히 다소 주저함.

계획

☒ 다음 회기: 관계성 실험 점검하기

☐ 계획 수정: ____________

다음 회기: 날짜: 09/3/17 시간: 2:00 am/pm

위기 문제: ☒ 자살/살인/학대/위기를 부인함 ☐ 위기가 평가됨/다루어짐

____

____________, ____________ ____________

치료자 서명 자격/수련생 지위 날짜

(다음)

사례 자문/지도감독 기록: 슈퍼바이저는 가계도를 검토하였음. AF가 AM과 CM에 대한 경계를 명확히 하도록 돕는 것에 계속해서 초점을 맞추었음.

부수적 정보제공자 연락: 날짜: ________ 시간: ________ 이름: ____________________
기록: 정신과 의사에게 임상적 갱신 자료를 보냄.

☒ 서면 공개 파일: ☒ 발송 ☐ 수령 ☐ 법원 서류 ☐ 기타: ____________________

____, ____________________ ________________
치료자 서명 자격/수련생 지위 날짜

____, ____________________ ________________
지도감독자 서명 자격 날짜

참고문헌

*기호는 추천 입문서를 나타냄

Ackerman, N. W. (1956). Interlocking pathology in family relationships. In S. Rado & B. G. Daniels (Eds.), *Changing conceptions of psychoanalytic medicine* (pp. 135-150). New York: Grune & Stratton.

Ackerman, N. W. (1958). *The psychodynamics of family life*. New York: Basic Books.

Ackerman, N. W. (1966). *Treating the troubled family*. New York: Basic Books.

Boszormenyi-Nagy, I., & Framo, J. L. (1965/1985). *Intensive family therapy: Theoretical and practical aspects*. New York: Brunner/Mazel.

*Boszormenyi-Nagy, I., & Krasner, B. R. (1986). *Between give and take: A clinical guide to contextual therapy*. New York: Brunner/Mazel.

Bowen, M. (1966). The use of family theory in clinical practice. *Comprehensive Psychiatry, 7*, 345-374.

Bowen, M. (1972). Being and becoming a family therapist. In A. Ferber, M. Mendelsohn, & A. Napier (Eds.), *The book of family therapy*. New York: Science House.

Bowen, M. (1976). Theory in practice of psychotherapy. In P. J. Guerin (Ed.), *Family therapy: Theory and practice*. New York: Gardner Press.

*Bowen, M. (1985). *Family therapy in clinical practice*. New York: Jason Aronson.

*Carter, B., & McGoldrick, M.(1999). *The expanded family life cycle: Individual, family, and social perspectives* (3rd ed.). Boston: Allyn & Bacon.

Feinberg, J., & Bakeman, R. (1994).Sexual orientation and three generational family patterns in a clinical sample of heterosexual and homosexual men. *Journal of Gay & Lesbian Psychotherapy, 2*(2), 65-76. doi: 10.1300/J236v02n02_04

Framo, J. L. (1976). Family of origin as a therapeutic resource for adults in marital and family therapy: You can and should go home again. *Family Process, 15*(2), 193-210.

*Framo, J. L. (1992). *Family-of-origin therapy: An intergenerational approach*. New York: Brunner/Mazel.

Friedman, E. H. (1991). Bowen theory and therapy. In A. S. Gurman & D. P. Kniskern (Eds.), *Handbook of family therapy* (vol. 2, pp. 134-170). Philadelphia: Brunner/Mazel.

Guerin, P. J., Fogarty, T. F., Fay, L. F., & Kautro, J. G. (1996). *Working with relationship triangles:The one-two-three of psychotherapy*. New York: Guilford.

Hardy, K. V., & Laszloffy, T.A. (1995). The cultural genogram: Key to training culturally competent family therapists. *Journal of Marital and Family Therapy, 21*, 227-237.

Jankowski, P. J, & Hooper, L. M. (2012). Differentiation of self: A validation study of the Bowen theory construct. *Couple and Family Psychology: Research and Practice*, doi:10.1037/a0027469

Johnson, S. M. (2004). *The practice of emotionally focused marital therapy: Creating connection* (2nd ed.). New York: Brunner/Routledge.

*Kerr, M., & Bowen, M. (1988). *Family evaluation*. New York: Norton.

Knauth, D. G., Skowron, E. A., & Escobar, M. (2006). Effect of differentiation of self on adolescent risk behavior. *Nursing Research, 55*, 336-345.

Koller, J. (2009). A study on gay and lesbian intergenerational relationships: A test of the solidarity model.

Dissertation Abstracts International Section A, 70, 1032.

Kuehl, B. P. (1995). The solution-oriented genogram: A collaborative approach. *Journal of Marital and Family Therapy, 21,* 239-250.

Lambert, J. (2008). Relationship of differentiation of self to adult clients' perceptions of the alliance in brief family therapy. *Psychotherapy Research, 18,* 160-166.

Lawson, D. M., & Brossart, D. F. (2003). Link among therapist and parent relationship, working alliance, and therapy outcome. *Psychotherapy Research, 13,* 383-394.

Levy, A. (2011). The effect of parental homo-negativity on the lesbian couple. *Dissertation Abstracts International, 71,* 5132.

Licht, C., & Chabot, D. (2006).The Chabot Emotional Differentiation Scale: A theoretically and psychometrically sound instrument for measuring Bowen's intrapsychic aspect of differentiation. *Journal of Marital and Family Therapy, 32*(2), 167-180.

Liddle, H. A., Dakof, G. A.,Parker, K., Diamond, G. S., Barrett, K., & Tejeda, M. (2001). Multidimensional family therapy for adolescent drug abuse: Results of a randomized clinical trial. *American Journal of Drug and Alcohol Abuse, 27,* 651-688.

*McGoldrick, M., Gerson, R., & Petry, S. (2008). *Genograms: Assessment and intervention* (3rd ed.). New York: Norton.

Miller, R. B., Anderson, S., & Keala, D. K. (2004). Is Bowen theory valid? A review of basic research. *Journal of Marital and Family Therapy, 30, 453-466.*

Rubalcava, L. A., & Waldman, K. M. (2004). Working with intercultural couples: An intersubjective-constructivist perspective. *Progress in Self Psychology, 20,* 127-149.

Rubinstein, G. (2003). Does psychoanalysis really mean oppression? Harnessing psychodynamic approaches to affirmative therapy with gay men. *American Journal of Psychotherapy, 57*(2), 206-218.

*Scharff, D., & Scharff, J. (1987). *Object relations family therapy.* New York: Aronson.

Schnarch, D. M. (1991). *Constructing the sexual crucible: An integration of sexual and marital therapy.* New York: Norton.

Schnarch, D. M. (1998). *Passionate marriage: Keeping love and intimacy alive in committed relationships.* New York: Holt.

Skowron, E. A. (2004). Differentiation of self, personal adjustment, problem solving, and ethnic group belonging among persons of color. *Journal of Counseling and Development, 82,* 447-456.

Skowron, E. A. (2005). Parental differentiation of self and child competence in low-incom urban families. *Journal of Counseling Psychology, 52,* 337-346.

Skowron, H. A., Holmes, S. E., & Sabatelli, R. M. (2003). Deconstructingdifferentiation: Self regulation, interdependent relating, and well-being in adulthood. *Contemporary Family Therapy, 25,* 111-129.

*Walters, M., Carter, B., Papp, P., & Silverstein, O. (1988). *The invisible web: Gender patterns in family relationships.* New York: Guilford.

*Wood, B. L. (2002). Attachment and family systems (Special issue). *Family Process, 41.*

제8장 인지행동과 마음챙김기반 부부 및 가족 치료

이러한 다양한 관점(행동치료)을 한데 묶을 수 있는 핵심 맥락은 계속되는 경험적 도전에 대한 요구이다. 가족이 원하는 이득을 얻을 수 있도록 돕는 구체적인 치료적 요소를 정의하기 위해 모든 전략과 모든 사례를 경험적으로 검토해야 한다. 다시 말해, 모든 가족은 치료적 경계를 넓힐 잠재력을 가진 새로운 실험을 제시한다.

– Falloon, 1991, p. 65

들어가며

행동 및 인지행동 부부 및 가족 치료[이 책에서는 인지행동 가족치료(Cognitive-Behavioral Family Therapy) 혹은 줄여서 CBFT라고 부름.]는 원래 개인 상담을 위해 개발된 행동 및 인지행동 접근을 기반으로 하는 치료들의 집합이다. 이 중 가장 영향력 있는 치료는 다음과 같다.

- **행동 가족치료**: 이 치료는 부모 훈련에 중점을 둠(Patterson & Forgatch, 1987).
- **인지행동 가족치료**: 이 치료는 인지적 요소를 부부 및 가족 치료에 통합하고자 했던 몇몇 치료자들이 개발하였음(Dattilio, 2005; Epstein & Baucom, 2005).
- **통합적 행동 부부치료**: 이는 단기적으로는 효과적이지만 장기적인 효과는 없는 것으로 밝혀진 **행동 부부치료**의 개선된 버전임. 배우자의 **수용**을 강조한 인본주의적 요소가 추가됨으로써 장기적 성과를 개선하려는 시도를 함(Jacobson & Christensen, 1996).
- **Gottman 방식 부부치료**: 이는 행복한 결혼과 불행한 결혼 간에 있는 핵심적인 차이에 관해

Gottman이 한 30년간의 연구(Gottman, 1999)에 기반을 둔 부부치료의 과학적 접근임. Gottman의 접근이 경험적으로 지지된 치료는 아니지만 치료 목표는 연구에서 지지됨.

- **기능적 가족치료:** 이는 문제가 있는 10대 및 그 가족과 작업하기 위한, 경험적으로 지지된 치료임.

행동 및 인지행동 가족치료

◎ 요약하기: 당신이 알아야 할 최소한의 것

인지행동치료(CBT)는 정신건강 분야에서 가장 널리 사용되는 치료적 접근 중 하나이다. 이 치료들은 개의 자극-반응 조건형성에 관한 Pavlov의 연구와 고양이의 보상과 처벌에 관한 Skinner의 연구로 대표되는 행동주의를 기반으로 한다. 행동주의의 전제는 여전히 공포증, 불안, 양육방식에 널리 쓰이고 있다. 1980년대까지의 인지행동 가족치료는 주로 행동적이었으며, 행동 가족치료(Falloon, 1991), 행동 부부치료(Holtzworth-Munroe & Jacobson, 1991) 등이 있다. 최근에는 인지적 요소가 보다 직접적으로 포함된 접근이 개발되었으며, 인지행동 가족치료(Epstein & Baucom, 2000; Dattilio, 2005), Gottman 방식 부부치료 접근(1999) 등이 있다.

인지행동 가족치료는 가족 구성원들 혹은 관계를 맺고 있는 두 사람이 증상과 관계 패턴을 유지하기 위해 어떻게 서로의 행동을 **강화하는지**를 검토함으로써 일반적인 인지행동 기법에 체계적 개념을 통합한다. 치료자는 대체로 내담자에게 지시하고 '가르치거나' '지도하는' 역할을 하는데, 이는 관계를 형성하고자 내담자와 '함께하거나' '공감하는' 다른 접근들과는 상당히 다르다. 이 접근이 실험심리학을 토대로 하기 때문에 이 접근의 실제와 발전에 있어 연구가 가장 중시되며, 그 결과 탄탄한 증거기반을 갖추고 있다.

◎ 핵심 내용: 중요한 기여점

당신이 이 장에서 기억할 것이 있다면, 그것은 다음과 같다.

■ 부모 교육

인지행동 가족치료(CBFT)가 가장 큰 영향을 준 부분은 양육일 것이다(Patterson & Forgatch, 1987). 어린 자녀를 둔 가족과 작업하는 대부분의 치료자는 자신의 주된 이론적 지향과 관계없이 양육의 효율성을 위해 강화와 일관성과 같은 전통적인 행동적 개념들을 사용한다(Dattilio, 2005; Patterson & Forgatch, 1987). 환경으로부터 얻은 긍정적 혹은 부정적 반응들이 미래 행동을 형성한다는 **강화**의 기본 행동 원리는 파충류와 포유류의 신경 체계뿐 아니라 광범위하게는 지구상의 모든 생명체에게 적용된다. 따라서 만약 개가 명령에 따라 앉을 때마다 보상을 받았다면, 개는 보상이라는 긍정적 강

화물과 명령에 따르기를 짝 지으면서 명령행동을 학습한다. 특히 초기에는 일관성, 즉 매번 강화하는 것이 핵심이다. 아동, 직원, 대학원생 그리고 특정 범위에서는 배우자도 본질적으로 동일한 원리에 따라 움직인다.

Patterson과 Forgatch(1987)는 부모 교육에 관한 가장 유명한 접근 중 하나를 개발했다. 그들의 접근은 다음의 핵심 개념과 기법을 기반으로 한다.

- **부모의 말을 따르는 것 및 사회화를 가르치기:** 치료자는 아이들이 부모의 요구에 적절히 따르도록 아이들을 교육하는 것을 목표로 삼는다. 더 넓은 목표는 이 아이들이 사회에서 원활히 기능하도록 사회화시키는 것이다.
- **부모의 요구를 개선하기:** 부모의 요구는, ① 그 수가 적고, ② 정중하며, ③ 질문보다는 서술문이고, ④ 단 한 번 지시한 후에는 그 결과가 있어야 하고, ⑤ 구체적이고, ⑥ 시기적절해야 한다.
- **점검하기와 추적하기:** 부모는 매번 집 밖에서의 자녀의 행동에 대해 네 가지 기본적인 질문을 통해 점검해야 한다. 누가? 어디서? 무엇을? 언제?
- **조건부 환경 만들기:** 자녀가 바람직한 행동을 하도록 하는 긍정적인 조건자극(보상)을 개발하기 위해 부모에게 **점수표**를 사용하도록 권장한다.
- **5분 간 집안일하기:** 처음으로 규칙을 위반했을 때, 부모는 혜택을 없애거나 더 강한 처벌을 사용하기 전에 5분 동안 집안일하기 등의 약한 벌을 먼저 주도록 지도받는다.

자녀의 행동이 주호소 문제일 경우, 일관성 유지와 강화적인 행동들은 부모가 익혀 볼 만한 기술일 뿐 아니라 자녀양육에 있어 필수적이기 때문에 널리 사용된다. 이 장 마지막의 사례연구에서 치료자는 7세 남아의 ADHD 치료를 돕기 위해 부모 교육을 포함시킨다.

◎ 들리는 소문에 의하면: 관련된 사람들의 이야기

Gerald Patterson과 Marion Forgatch

오레곤 사회교육센터(Oregon Social Learning Center)의 연구원인 Patterson과 Forgatch(1987)는 가장 영향력 있는 부모교육 프로그램 중 하나를 개발하였다.

Neil Jacobson과 Andrew Christensen

1970년대 초반, Neil Jacobson은 행동 부부치료를 개발하였고, 이는 추후에 경험적으로 타당한 치료로 인정받았다(Jacobson & Addis, 1993; Jacobson & Christensen, 1996). 그러나 그의 기법은 부부의 기능을 향상하는 데 단기적으로는 효과가 있었지만, 추후 2년의 경과보고에 따르면 대체로 치료 효과가 남아 있지 않았다. 그래서 Jacobson은 배우자의 **수용**을 강조하기 위해 보다 효과적인 인본주의적 관점을 추가하였으며, 이 새로운 모델을 '통합적 행동 부부치료'라고 불렀다. Jacobson이 1999년에 생을 마감한 후 Christensen이 그의 연구를 이어받았다.

Norman Epstein

Maryland 대학 교수인 Norman Epstein은 부부치료(Epstein, 1982; Epstein & Baucom, 2002)와 가족치료(Epstein, Schlesinger, & Dryden, 1988; Freeman, Epstein, & Simon, 1987)를 위한 인지적 접근과 인지행동 접근을 개발해 온 선도자이다.

John Gottman

John Gottman은 30년 간 부부 의사소통, 이혼, 결혼 만족도의 핵심 요인들을 연구해 왔다(1999). 그는 이 연구들을 토대로 이혼을 예측하는 행동을 줄이고, 장기적 결혼 만족도를 예측하는 행동을 늘리는 과학적인 부부치료인 '결혼클리닉 접근'을 개발하였다. 또한 그는『The Seven Principles for Making Marriages Work』(Gottman, 2002),『And Baby Makes Three』(Gottman & Gottman, 2008) 등 여러 권의 대중적인 저서를 출판하였다.

Frank Dattilio

Frank Dattilio(2005)는 최근에 전통적인 인지치료에 착안하여 **인지행동 가족치료**를 개발하였다. 특히 그는 가족들과 작업할 때, Aaron Beck(1976, 1988)의 도식(잠재된 핵심 신념)의 개념을 적용하였다.

◎ 큰 그림 그리기: 상담 및 심리치료의 방향

대개 CBFT의 치료 과정은 다음과 같은 단계로 이루어진다.

- **1단계 평가**: 문제 행동 및 사고의 빈도, 기간, 내용을 포함하여 **기저선 기능(Baseline Functioning)**에 대한 상세한 행동 및 인지적 평가를 할 것.
- **2단계 변화되어야 할 행동과 사고를 목표로 삼기**: 인지행동주의 치료자들은 개입이 필요한 **구체적인** 행동과 사고를 확인한다(예: 치료자는 '의사소통 개선'이라는 일반적인 목표를 세우기보다는 짜증 빈도, 욕하기, 통행금지 시간 준수, 기타 문제 행동을 치료 목표로 삼는다).
- **3단계 교육하기**: 치료자는 내담자에게 그들의 비합리적 사고와 역기능적 패턴에 대해 알려준다.
- **4단계 대체하기와 재훈련하기**: 개입은 역기능적 행동과 사고를 보다 기능적인 것으로 대체하도록 고안된다.

◎ 관계 형성하기: 치료적 관계

■ 지시적 교육자와 전문가

인지행동 가족치료 치료자들이 보여 주는 유대감의 정서적 특성은 매우 다양하지만(예: 차갑고 무심함부터 따뜻하고 상냥함까지), 치료자의 주된 역할은 거의 모두 동일하다. 바로 내담자와 가족들에게 그들의 문제를 더 잘 다루는 방법을 알려 주고 교육하는 전문가로서의 역할이다(Falloon, 1991). 전형적인 의학적 모델 이후의 전통적인 CBFT 치료자들은 마치 정서적 유대감을 형성하지 않은 채로 단순히 진단을 내리고 개입 방법을 처방하는 오늘날의 의사들처럼 내담자와 거리를 유지하였다. 하지만 치료 관계의 정서적 특성이 긍정적 성과를 강력하게 예측한다는 공통 요인 모델 등과 같은 최신 연구의 영향으로 많은 CBFT 치료자가 내담자와의 유대감을 형성하기 위해 점점 더 많은 공감과 따뜻함을 사용하고 있다.

■ 인지행동치료에서의 공감

연구기반에 충실한 인지행동치료자들은 공감, 따뜻함, 비판단적 자세 등의 치료자 특성이 긍정적인 성과를 예측한다는 연구 결과를 바탕으로 하여, 치료 동맹을 구축하기 위해 이러한 특성들을 점점 더 사용하고 있다(Meichenbaum, 1997). 그러나 **인지행동치료자가 공감을 사용하는 이유와 인본주의 치료자가 공감을 사용하는 이유는 사뭇 다르다.** 이에 대해 헷갈릴 수 있기에 다시 말해 주겠다. **인지행동치료자들은 인본주의치료자들과는 완전히 다른 이유로 공감을 사용한다.** 인지행동치료자들은 라포를 형성하기 위해 공감을 사용하며, 이 라포는 내담자의 행동, 사고, 정서를 변화시켜 줄 '실제적' 개입을 할 수 있게 해 준다. 반면 경험적 치료자들의 경우 공감 그 자체가 곧 개입이다. 그들은 공감이 그 자체로 치유적인 과정이라고 주장한다(Rogers, 1961). 또한 인지행동치료자의 공감 사용은 내담자가 치료 과정을 더 편안하게 느끼게 하기 위함이지 내담자를 속이기 위함이 아니므로 '조종하는' 것으로 생각해서는 안 된다. 그들은 경험적 치료자들이 공감을 사용하는 방식으로 경험적 개념을 사용하는 것이 아니기 때문에 경험적 개념을 '통합하는' 것으로 생각해서도 안 된다. 대신 인지행동치료자들은 치료와 변화 과정에 관한 그들의 철학적 가정하에서 작업하는 데 공감을 **응용**한다.

■ 현대 인지행동 동맹

Judith Beck(2005)는 현시대에 맞는 치료적 동맹을 조성하기 위한 다섯 가지 작업을 설명한다.

- **내담자와 적극적으로 협력하기:** 상담에 관한 의사결정은 내담자와 함께 내려야 한다.
- **공감, 보살핌, 이해를 보여 주기:** 공감의 표현은 내담자로 하여금 치료자를 신뢰하게 한다.
- **치료 방식 조정하기:** 개입, 자기노출, 지시 등은 내담자의 성격, 현재 문제 등을 기반으로 각 내담자에 맞게 조정되어야 한다.
- **고통 완화:** 내담자의 문제를 해결하도록 돕고 기분을 나아지게 함으로써 임상적 효과성을 보여

주는 것은 치료적 관계를 강화한다.

- **회기 마지막에 피드백 얻기:** 회기 마지막에 내담자에게 "어땠어요?"라고 물어봄으로써 치료자는 동맹이 결렬되었을 경우를 초기에 중재할 수 있다.

치료자들은 협력적이고 참여적인 동맹을 맺음으로써 내담자가 상담이나 치료자에 대해 지닐 수 있는 "내 치료자는 나를 이해하지 못해." 혹은 "이것은 효과가 없을 거야." 등의 치료 과정을 방해하는 역기능적 신념들에 보다 효과적으로 작업할 수 있게 된다.

■ 서면 계약서

CBFT 치료자들은 내담자와의 관계를 문서로 남기는 서면 계약서를 쓴다는 점에서 아마도 다른 치료자들에 비해 가장 사무적일 것이다(Holtzworth-Munroe & Jacobson, 1991). CBFT 치료자들은 주로 관계를 구조화하고 내담자의 동기와 헌신을 높이기 위해 목표와 기대를 상세히 기록한 서면 계약서를 사용한다. 목표와 합의사항을 서면으로 작성하고 내담자가 동의 서명을 하는 것은 내담자가 치료 과정에 전념하도록 동기를 불러일으킬 수 있다.

◎ 조망하기: 사례개념화와 평가

■ 문제 분석

CBFT 치료자의 관점에서 대부분의 가족은 잘 정의 내려진 문제를 가져오지 않는다. CBFT 치료자가 "우리는 대화를 하지 않아요." "아들이 반항적이에요." 등의 말을 들었을 때 치료자는 여전히 문제에 대한 설명을 들은 것이 아니며 문제 분석은 이러한 모호한 설명을 짚어 내어 이를 행동적 상호작용 및 그에 따른 정서적 결과에 관한 명확한 설명으로 발전시키는 과정이다.

문제 분석은 **현재**의 행동, 감정, 인지에 초점을 맞춘다. 내담자가 관계 문제나 개인적 실망감에 대해 이야기할 때 치료자는 그 상황을 문제시하는, ① 행동, ② 감정, ③ 사고에 귀 기울인다. 예를 들어, 내담자가 남편이 자신을 떠나서 우울하다고 말한다면, 치료자는 구체적인 문제적 **행동**(예: 그녀가 더는 친구들을 만나고 싶어 하지 않는다는 것), **감정**(예: 무가치함과 절망감을 느끼는 것), **사고**(예: 나는 다시는 누구도 만나지 못할 거야.)에 초점을 맞춘다. 이혼했다는 사실 자체가 아니라 이처럼 구체적이고 설명할 수 있는 증상들이 바로 '문제'이다. 치료는 이러한 바람직하지 못한 사고, 감정, 행동을 줄이고 더 바람직한 사고, 감정, 행동을 늘리는 것에 중점을 둔다. 예를 들어, 이 장 마지막의 사례연구에서 아동은 ADHD 진단을 받았다. 하지만 치료자는 문제에 대해 ADHD라는 일반적인 설명을 하는 것이 아닌 "숙제를 15분 이상 할 수 없음." 혹은 "읽기 수업 시간에 자리를 벗어남." 등의 변화가 필요한 명확하고 구체적인 행동을 정의하는 작업을 가족과 함께한다.

■ 기능의 기저 수준 평가: 점검하기와 추적하기

치료 초기, 가끔은 심지어 첫 회기 전에도 CBFT 치료자들은 기능의 기저 수준을 평가하는데, 이것은 변화를 측정하는 시작점이 된다. 그들은 내담자에게 짜증, 분노, 사회적 위축 혹은 갈등과 같은 구체적인 문제행동의, ① 빈도, ② 지속 기간, ③ 강도 등을 기록하도록 요청한다. 또한 치료자들은 증상을 촉발하는 선행 사건도 확인한다. Patterson과 Forgatch(1987)는 점검하기와 추적하기 도표를 이용해 부모로 하여금 자녀 행동의 기저 수준을 기록하도록 한다. 증상에 대한 내담자의 언어적 회상만으로 충분해 보일 수 있지만, 기저 수준 평가는 특히 아동의 행동을 기억할 때 회상만 사용하는 것에 비해 더 자세하고 정확한 정보를 제공한다. 기저 수준 기록의 예는 다음과 같다.

>>> 기저 수준 기록 예시

문제행동	언제	지속시간	강도	선행사건	후행사건
마트에서 사탕을 사 주지 않았을 때 떼를 씀. 울면서 엄마에게 "엄마 미워!" 라고 말함. 지시에 따르기를 거부함.	점심 먹기 전 다른 심부름을 몇 번 하고 나서.	5분 동안 울었음. 그 후 한 시간 동안 토라져 있음.	중간 강도-마트에서 나온 후 울음을 그침.	무더운 날씨 때문에 전날 밤에 잠을 설침. 남동생과 싸움. 엄마가 계속 아이의 요구를 거절했음.	오후에 남동생과 또 싸움. 차에서 엄마가 아이에게 소리를 지름. 제시간에 잠자리에 들기를 거부함.

■ 기능 분석과 상호 강화

시스템 이론에 기반을 둔 기능 분석은 문제행동의 정확한 맥락, 선행사건, 결과를 확인한다(Falloon, 1991). 하지만 가족 간의 상호작용은 실험실 쥐에게 적용되는 기본 공식(선행사건→행동→결과)처럼 단순한 경우가 드물다. 따라서 Falloon(1991, p. 76)은 가족 내 기능 분석을 촉진하기 위해 다음과 같은 질문을 제안한다.

가족을 위한 기능 분석 질문

- 이 특정 문제가 일상에서 이 사람(혹은 가족)을 어떻게 괴롭히는가?
- 문제의 빈도가 줄어들면 어떠한 변화가 있을까?
- 이 문제가 해결된다면 이 사람(그리고 그 가족)이 무엇을 얻게 될까?
- 이 문제에 관심, 동조, 지지를 보내면서 문제를 강화하는 것은 누구(혹은 무엇)인가?
- 어떤 상황에서 문제의 강도가 낮아지는가?
- 어떤 상황에서 문제의 강도가 높아지는가?
- 이 문제에 대처하기 위해 가족 구성원들이 현재 하고 있는 일은 무엇인가?
- 문제 해결의 주체로서의 가족이 지닌 자원과 약점에는 어떤 것들이 있는가?

Holtzworth-Munroe와 Jacobson(1991)은 부부를 평가할 때는 다음의 질문을 해 보기를 권한다.

부부를 위한 기능 분석 질문

1. 관계의 강점 및 기술
   - 관계의 주요 강점에는 어떤 것들이 있는가?
   - 상대방을 강화하는 각 배우자의 역량에는 어떤 것들이 있는가?
   - 상대방에게 매우 인정받는 행동에는 어떤 것들이 있는가?
   - 부부가 현재 함께하는 취미나 활동은 무엇인가?
   - 각자가 지닌 대인관계 능력에는 어떤 것들이 있는가?

2. 현재 문제
   - (행동적으로 정의된) 주호소 문제는 무엇인가?
   - 지나치게 자주 발생하는 행동에는 어떤 것들이 있는가? 어떤 상황 안에서 어떤 강화물과 함께 발생하는가?
   - 지나치게 드물게 발생하는 행동에는 어떤 것들이 있는가? 어떤 상황 안에서 어떤 강화물과 함께 발생하는가?
   - 이러한 문제들은 시간이 지나면서 어떻게 발달했는가?
   - 어떤 변화가 필요한지에 대한 합의가 있는가?

3. 섹스와 애정
   - 성 생활의 빈도나 질적인 면에서 불만을 지닌 배우자가 있는가? 어떤 행동이 불만과 연관되어 있는가?
   - 성 관계를 제외한 신체적 접촉의 빈도나 질적인 면에서 불만을 지닌 배우자가 있는가? 어떤 행동이 불만과 연관되어 있는가?
   - 외도 중인 배우자가 있는가? 과거 외도 경험이 있는가?

4. 미래 전망
   - 두 사람 모두 관계를 개선하고자 하는가? 아니면 별거를 고려하는 배우자가 있는가?
   - 별거나 이혼 절차를 밟은 적이 있는가?

5. 사회적 환경
   - 이 관계의 대안에는 어떤 것들이 있는가? 그 대안들은 얼마나 매력적인가?
   - 주변 사람들이 별거를 지지하는가?
   - 자녀가 있다면, 현재 어떤 영향이 있는가? 이혼은 어떤 영향을 미치게 될까?

6. 개인적 기능
   - 정신적 혹은 신체적 건강 문제를 지닌 배우자가 있는가?
   - 각자의 과거 관계 경험에는 어떤 것이 있는가? 이는 현재 관계에 어떠한 영향을 미치는가?

또한 치료자는 기능 분석을 할 때 구성원들 간에 상호 강화하는 행동을 살펴보고, 이러한 패턴들이 어떻게 증상을 유지하는지 검토한다. 이는 가족의 상호작용 패턴에 대해 춤을 추면서 서로 맞물리는 동작을 하는 것으로 보는 체계적 치료 개념과 유사하다. 예를 들어, 부모가 자녀의 문제행동을

일관성 없이 강화한다면(예: 말대꾸에 대해 때로는 벌을 주고 때로는 벌을 주지 않음), 그 문제행동은 계속될 가능성이 높아진다(예: 강화가 간헐적으로 이루어지기 때문에). 이 장 마지막의 사례연구에서는 부모의 반응이 싫든 좋든 아들의 행동을 강화하기 때문에, 치료자는 아이의 행동을 평가하는 것과 마찬가지로 아이의 과잉행동에 부모가 **어떻게** 반응하는지를 평가하는 것에도 관심이 있다. 마찬가지로 부인의 우울증으로 인해 부부간의 싸움이 줄어든다면, 이는 우울증에 대한 정적 강화가 된다.

■ A-B-C 이론

원래 Albert Ellis(1962)가 개인의 비합리적 사고를 해석하기 위해 개발한 A-B-C 이론은 가족치료에도 적용되어 왔다(Ellis, 1978, 1994). 이 모델에서 A는 '촉발사건', B는 사건의 의미에 관한 '신념', C는 그 신념을 기초로 한 감정적 혹은 행동적 '결과'이다.

Ellis의 A-B-C 이론
A (촉발사건) ➔ B (A에 관한 신념) ➔ C (정서적 및 행동적 결과)

대부분의 내담자에게는 A와 C의 관련성만 보이게 되므로 A 때문에 C가 일어났다고 보고한다. "내 남편이 육아를 안 돕기 **때문에** 우울하다." 혹은 "내 아들이 내 말을 듣지 않아 화가 난다." 등과 같다. 치료자의 역할은 "내 남편이 내가 원하는 방식으로 육아를 돕지 않는다면, 나를 사랑하지 않는다는 뜻이야." 혹은 "착한 아이는 부모의 요구에 군말 없이 따라야 해." 등 내담자가 고려하지 않은 신념인 'B'를 확인하도록 돕는 것이다. 평가를 통해 이러한 비합리적 신념을 확인하고, 이를 개입 단계에서 변화시켜야 한다.

■ 가족 도식과 핵심 신념

Aaron Beck(1976)의 인지치료는 '나는 완벽해야 한다' 혹은 '삶은 공평해야 한다' 등의 개인의 삶에서 문제를 야기하는 도식과 핵심 신념들을 확인하고 바꾸는 데 중점을 둔다. 최근에는 Dattilio(2005)가 가족 도식 평가 체계를 개발하였는데, 이에 따르면 우리 모두는 두 가지 도식을 지니는데, 첫째, 원가족에 대한 신념, 둘째, 일반적인 가족에 대한 신념이다. Dattilio는 Beck의 연구에 착안하여 가족에 대한 여덟 가지 일반적인 인지적 왜곡을 밝혀내었다.

① **임의적 추론:** 빈약한 증거를 기반으로 한 신념(예: 자녀가 전화를 바로 받지 않는 것으로 보아 무언가를 숨기려 한다고 추측함).
② **선택적 추상화:** 맥락과 명백한 세부사항들을 무시한 채 한 가지 세부사항에만 초점을 맞추는 것(예: 자녀의 학업 성적이 낮으므로 내가 부모로서 실패했다고 여김).
③ **과잉 일반화:** 말 그대로, 상대방의 본질적 특성에 관한 포괄적인 판단을 함에 있어 한두 가지 사건을 일반화하는 것(예: 아들이 애시드의 록 음악을 들으므로 나중에 대학도 안 가고 마약을 하게 될

것이라고 생각함).

④ **과장 및 최소화:** 사실에 근거해서 극단적으로 과대평가하거나 과소평가하는 것(예: 두 학기 내내 낮은 자녀의 성적을 모른 체하는 것은 최소화임. 시험 점수가 한번 낮았다고 해서 개인과외를 받게 하는 것은 과장임).

⑤ **개인화:** 임의적 추론의 일종으로 외부 사건의 원인을 자기 자신에게서 찾는 것. 특히 친밀한 관계에서 흔함(예: 내 아내가 오늘 밤 나와의 성관계를 원치 않는 것은 나를 싫어하기 때문이다).

⑥ **흑백 논리:** 이분법적 사고. 항상/전혀, 성공/실패, 좋음/나쁨(예: 남편이 나를 열렬히 사랑하지 않는다면 나를 전혀 사랑하지 않는 것이다).

⑦ **잘못된 낙인:** 예외를 고려하지 않고 몇 안 되는 사건을 바탕으로 개인의 성격 특성을 규정함(예: 부탁한 것을 당장 돕지 않는다고 해서 남편이 게으르다고 말하는 것).

⑧ **독심술:** 가족과 부부관계에서 흔히 나타나며, 추측이나 일반화를 바탕으로 내가 상대방의 생각이나 하게 될 행동을 알고 있다고 믿는 것. 특히 섹스, 종교, 금전, 집안일 등 의견이 일치하지 않고 민감한 주제들과 관련될 때 의사소통에 상당한 장애물이 됨(예: 배우자가 무슨 말을 하기도 전에 자신의 행동에 대해 변명함).

■ 부부 인지 유형

Epstein과 동료들(Baucom, Epstein, Sayers, & Sher, 1989; Epstein, Chen, & Beyder-Kamjou, 2005)은 부부가 상대방에게 정서적 및 행동적으로 반응하는 방식에 영향을 미치는 다섯 가지 주요 인지 유형을 찾아냈다.

- **선택적 지각:** 다른 정보들을 배제한 채 특정 사건이나 정보에만 초점을 맞춤.
- **귀인:** 관계의 긍정적 및 부정적 측면의 원인에 대해 추론함.
- **기대:** 관계에서 특정 사건이 일어날 가능성에 대한 예상.
- **가정:** 배우자나 관계의 특성에 대한 기본적 신념이나 가정.
- **기준:** 관계나 배우자가 '가져야 할' 특성에 대한 신념들.

◎ 변화를 겨냥하기: 목표 설정

구체적인 치료 목표는 앞서 논의한 평가 과정을 통해 세운다. 목표는 "말다툼 횟수를 월 1회 이하로 줄인다"와 같이 행동적이고 측정 가능한 용어로 기술한다. 부부 및 가족과 작업할 때, 치료자는 자신의 권위적 역할을 활용하여 모두가 동의할 수 있는 목표를 세운다(Holtzworth-Munroe & Jacobson, 1991) 명확한 목표가 합의되면 바로 가족 구성원들은 지시에 잘 따르고 회기 밖에서의 숙제를 완수할 것에 대한 약속을 하는데, 이때 주로 서면 계약서를 활용한다. 서면 계약서를 통해 과제 완수에 대한 약속을 내담자로부터 받아 내는 것은 내담자의 실천 가능성을 높인다.

■ 중간 단계 CBFT 목표의 예시

- 떼쓰는 행동에 대한 정적이고 일관성 없는 강화물을 행동 소거를 위해 고안된 효과적인 일관된 처벌 계획으로 대체함으로써 아이의 떼쓰기 행동 줄이기.
- 자녀의 학업 수행에 대한 완벽주의적 신념을 보다 현실적인 기대로 대체하기.
- 자녀 양육에 대한 대화를 할 때 부모 사이의 일반화와 독심술 줄이기.

■ 후기 단계 CBFT 목표의 예시

- 부정적 성향과 낙인을 줄이기 위해 긍정적인 상호 강화 패턴 발달시키기.
- 구성원 간의 차이에 대한 수용력을 늘리기 위해 가족 도식 재정의하기.
- 완벽주의의 압력을 줄이고 상대방의 약점에 대한 수용력을 늘리기 위해 부부 도식 재정의하기.

◎ 행동하기: 개입

■ 고전적 조건형성: Pavlov의 개

주로 불안장애를 치료하는 데 사용되는 고전적 조건형성은 Ivan Pavlov(1932)의 유명한 침 흘리는 개 실험을 통해 개발되었다. Pavlov는 개가 음식을 보면 침을 흘리는 자연적 반응과 벨소리를 짝지어 벨소리가 들릴 때 침을 흘리도록 훈련할 수 있었다. 음식이 제공될 때마다 벨소리를 들려주자 개는 벨소리를 음식이 나오고 있다는 신호라고 학습하여 침을 흘리기 시작했다. 충분한 반복 끝에 개는 벨소리만 들어도 침을 흘리게 되었다(개를 한 마리 이상 키우는 사람이라면 누구나 알다시피, 개가 이것을 학습하는 속도는 품종에 따라 매우 다르다). 이러한 절차를 **조건 및 무조건 자극과 반응**이라 부른다.

고전적 조건형성의 기제

1. 자연 현상

음식(무조건 자극, unconditioned stimulus: UCS) → 침 분비(무조건 반응, unconditioned response: UCR)

2. 조건 자극과 반응의 짝짓기 과정

음식(UCS) + 벨소리(조건 자극, conditioned stimulus: CS) → 침 분비(조건적 반응, conditioned response: CR)

3. 짝짓기 결과

벨소리(CS) → 침 분비(CR)

■ 조작적 조건형성과 강화 기법: Skinner의 고양이

CBFT에서도 부모 교육의 필수 요소는 **조작적 조건형성**이다. 조작적 조건형성을 기반으로 한 개입은 자기 자신이든 타인이든 인간의 행동을 수정하기 위해 Skinner(1953)가 찾아낸 원칙들을 사용한다. 근본 원칙은 작고 점진적인 단계들을 사용하여 바람직한 행동을 하도록 행동에 대한 보상을 하는 것으로, 이 과정을 **행동 조성**이라 한다. 일단 어떤 기술들이 습득되고 나면, (정적 혹은 부적으로) 특정 행동을 하도록 강화되고, 원하는 행동과 점차 흡사해지게 된다. 따라서 만약 부모가 자녀에게 스스로 숙제하는 법을 가르치려 한다면, 부모는 자녀가 언제, 어디서, 어떻게 숙제를 완수하는지를 지켜보고, 이 조건하에서 성공과 실패를 강화하기 시작할 것이다. 일단 부모가 지켜볼 때 자녀가 규칙적으로 성공하면, 자녀는 완수해야 할 책임을 부여받아 (마치 숙제를 끝낼 때와 같이) 이를 성공적으로 해내도록 강화된다. 그다음, 자녀는 부모가 지켜보지 않은 채로 숙제를 하는 것에 대해 보상받을 것이다. 이 과정은 자녀가 스스로 숙제를 완수하여 부모에게 기쁨을 안겨 줄 때까지 지속된다. 이러한 유형의 강화 계획이 이 장 마지막의 사례연구에서 사용되었다.

■ 강화와 처벌의 유형

조작적 조건형성에서 원하는 행동은 행동에 따라 정적 혹은 부적으로 강화되거나 처벌될 수 있다. 원하는 행동을 조성하기 위해 다음과 같은 네 가지 유형이 단독으로 혹은 조합하여 사용된다.

행동조성의 네 가지 유형

- 정적 강화 또는 보상: 원하는 뭔가를 제공함으로써 원하는 행동을 보상함(예: 사탕 주기).
- 부적 강화: 원치 않는 뭔가를 제거함으로써 원하는 행동을 보상함(예: 통금 완화해 주기).
- 정적 처벌: 원치 않는 뭔가를 제공함으로써 원치 않는 행동을 줄임(예: 집안일 시키기).
- 부적 처벌: 원하는 뭔가를 제거함으로써 원치 않는 행동을 줄임(예: 외출금지).

>>> 조작적 조건형성 개요

	원하는 행동 증가	원치 않는 행동 감소
제공	정적 강화, 보상	정적 처벌
제거	부적 강화	부적 처벌

■ 강화와 처벌의 빈도

행동을 증가시키거나 감소시키는 데 있어 강화와 처벌의 빈도가 핵심적이다.

- **즉시성**: 특히 어린 아동의 경우 강화나 처벌이 즉각적으로 주어질수록, 더 빨리 학습한다.
- **일관성**: 강화나 처벌이 일관되게 주어질수록 더 빨리 학습한다. 일관성은 예측 가능성을 높이기 위해 행동이 발생할 때마다, 혹은 일정한 시기에(예: 행동이 2회 발생할 때마다 1번씩) 보상하

거나 처벌하는 것을 말한다.

- **간헐적 강화**: 무작위적이고 예측 불가능한 강화는 행동 가능성을 증가시키지만 그 행동이 항상 당신이 원하는 행동은 아니다. 원하는 행동의 일관성 없는 강화는 종종 원치 않는 행동을 증가시킨다. 그래서 만일 부모가 비일관적으로 통금시간을 강화하면, 자녀는 그것을 어길 가능성이 더 높다. 하지만 원하는 행동이 잘 굳어진 경우 무작위적인 정적 강화가 행동을 지속시키는 데 도움이 된다(예: 주기적인 특혜를 주어 좋은 성적을 받는 행동을 무작위로 강화하기).

다음의 개입에는 정적 및 부적 강화와 보상의 원칙이 포함되어 있다.

■ 격려와 칭찬

Patterson과 Forgatch(1987)는 아동에게 원하는 행동을 늘리기 위해 **정적 강화**를 강력히 권장하였다. 갈등 관계의 가족과 작업할 경우, 정적 강화를 늘리기 위해 칭찬과 고마움의 표현을 늘리도록 가족을 지도한다.

■ 조건부 계약

조건부 계약은 원하는 보상을 받기 위해 충족시켜야 할 조건을 만듦으로써 새로운 행동을 촉진하는 데 사용된다. 부모는 자녀에게 특정 혜택을 누리게 되는 조건과 혜택을 잃게 되는 조건을 구체적으로 설명함으로써 조건부 계약을 사용한다(Falloon, 1998, 1991; Patterson & Forgatch, 1987). 예를 들어, 자녀의 학점이 3.0이 넘으면, 부모는 금요일과 토요일에 통금시간을 11시로 정하는 데 동의한다.

■ 점수표와 토큰 경제

주로 어린아이들에게 활용되는 점수표(Patterson & Forgatch, 1987) 또는 토큰 경제(Falloon, 1991)는 아이들이 혜택이나 선물 혹은 물건 구입에 쓸 수 있는 점수를 쌓도록 함으로써 긍정적인 행동들을 조성하고 보상하는 데 사용된다. 보상은 각 아동에 맞게 동기부여를 해야 하기 때문에 형제자매 간에도 서로 다른 보상을 가진다. 이와 더불어 보상은 적절해야 하고 부모가 쉽게 허락할 수 있는 것이어야 한다. 예를 들어, 부모가 너무 비싼 것을 보상으로 제공하거나 너무 자주 보상할 계획을 세운다면, 부모는 약속을 계속 지켜 나가기 어려울 것이다. 대부분의 경우 바람직하지 못한 행동의 대가로 점수가 차감되는 처벌이 토큰 경제에 추가된다. 이 장 마지막의 사례연구에서 치료자는 ADHD 아들을 둔 가족을 돕기 위해 이러한 체계를 도입한다.

■ 행동 교환과 대가(Quid Pro Quo)

부부치료에서 **대가**라고도 하는 상호적인 행동 교환은 배우자들이 관계 규칙을 합의하는 데 유용할 수 있다(예: "당신이 저녁 준비를 하면 내가 설거지를 할게요."; Holtzworth-Munroe & Patterson, 1991).

하지만 행동 교환에만 주로 의지하는 부부의 결혼 만족도가 낮은 경향이 있다는 연구 결과가 있다(Gottman, 1999). 이는 부부와 작업할 때 이러한 기법을 사용하는 것이 위험하다는 의미일까? 더 많은 연구를 통해서 검토해 보아야 하겠지만, 이해와 수용을 증가시키고 결혼생활을 비즈니스 거래와 같은 모습으로 만들지 않기 위해서는 보다 정서적인 기법들과 행동 교환의 균형을 맞추면서 사려 깊게 사용하는 것이 현명하다. Holtzworth-Munroe(1991)는 각 배우자가 자신이 원하는 바를 '요청'하기보다는 '주는' 행동을 선택할 것을 추천한다.

■ 의사소통과 문제 해결 훈련

CBFT 치료자는 부부와 가족이 문제를 해결할 수 있도록 돕기 위해 다음과 같은 지침을 따르는 의사소통 훈련도 제공한다(Falloon, 1991; Holtzworth & Jacobson, 1991).

- **긍정적인 말로 시작하기:** 문제에 대해 전달할 때 각자는 고마움과 칭찬의 말로 시작하도록 지시를 받는다.
- **단일 주제:** 의사소통 훈련은 해당 문제 해결 회기에서 단 한 가지의 문제만 찾는 것으로 시작한다.
- **구체적이고 행동적인 문제:** 문제를 감정, 성격, 태도에 관한 포괄적인 말(예: "그는 관심이 없다." "그녀는 잔소리꾼이다.")보다는 구체적이고 행동적으로 표현한다.
- **영향 설명하기:** 주호소 문제를 설명할 때 배우자는 행동의 정서적 영향을 나누도록 격려된다.
- **책임지기:** 배우자들은 문제 상호작용에서 자신의 몫에 대한 책임을 지도록 격려된다.
- **바꾸어 말하기:** 한 사람의 말에 대해 상대방이 들은 바를 요약함으로써 오해하는 내용을 바로 확인하도록 한다.
- **독심술 하지 않기:** 내담자는 상대방의 동기, 태도, 감정에 대한 추론을 피한다.
- **언어 폭력 금지하기:** 모욕, 협박 및 언어 폭력은 금지된다. 치료자는 부부를 적절한 방향으로 향하게 한다.

■ 심리교육

CBFT의 전형적인 특징인 심리교육은 내담자들에게 그들의 문제에 대한 심리학적 및 관계적 원리들과 그것들을 다루는 가장 좋은 방법에 대해 가르치는 것이다(Falloon, 1988, 1991; Patterson & Forgatch, 1987). 심리교육은 개인 혹은 집단 회기에서 이루어진다. 심리교육의 내용으로는 다음과 같은 세 가지가 있다.

- **문제 지향적:** ADHD, 이혼, 알코올 의존, 우울증 등 내담자의 진단명이나 상황에 대한 정보이다. 치료자들은 이 유형의 교육을 사용하여 내담자가 새로운 행동을 취하도록 동기화한다.
- **변화 지향적:** 의사소통 개선하기, 분노 줄이기, 우울 낮추기 등 문제 증상을 감소시키는 방법에

대한 정보이다. 치료자들은 내담자가 적극적으로 자신의 문제를 해결하도록 돕기 위해 이러한 교육을 사용한다. 이러한 교육이 성공적이기 위해서는 내담자의 동기가 매우 높아야 하며, 치료자는 일상적인 언어를 사용하여 작고 실제적인 단계들로 새로운 행동을 들여야 한다.

- **독서치료**: 독서치료는 내담자가 자신의 주호소 문제를 다루기 위해 ① 동기를 부여하고 ② 교육적인 서적을 읽도록 하는 것을 뜻하는 고급 용어이다. 전형적으로 치료자들은 자기계발서나 대중적인 심리학 서적을 읽도록 하지만 소설이나 전문 서적을 읽게 할 수도 있다.
- **영화치료**: 독서치료와 유사하게, 영화치료에서는 문제와 관련된 주제를 다루는 영화를 보도록 한다(Berg-Cross, Jennings, & Baruch, 1990).

효과적인 심리교육을 위한 팁

- **연습하라!** 진심이다. 초심자에게 가족이나 친구를 대상으로 "연습하라"고 추천할 만한 기법은 많지 않지만 심리교육만큼은 예외이다. 이 책과 같은 서적을 읽은 적이 없는 사람들에게 개념들과 연구 결과를 설명해 보라. 개념을 설명한 후에는 그들이 하는 질문 유형에 주목하라. 그 질문들은 당신이 어떤 부분을 놓치는지, 어떤 용어들을 정의해야 하는지, 사람들은 어떤 것들을 유용하다고 생각하는지를 알 수 있게 해 준다.
- **먼저 질문하라.** 심리교육을 효과 있게 하는 가장 중요한 비법은 **타이밍**이다. 즉, 내담자가 받아들일 수 있는 상태일 때 정보를 제공하는 것이다. 내담자들이 준비되었는지 어떻게 알까? 직접 물어보면 된다. "X에 대해 조금 더 알고 싶으세요?" 만약 질문하지 못한다면 수용적인 청중을 찾지 못할 수도 있다. 대안적으로, REBT 방식의 직면을 익히고 나면 타이밍에 대해서는 잊어도 좋다.
- **매우 간략히 설명하라.** 50분의 회기 동안 심리교육에 할애하는 시간을 최대 1~2분 이내로 하는 것이 바람직하며 이건 과장이 아니다. 대부분의 내담자는 한 번에 한 개의 원리만 의미 있게 통합하여 실행에 옮길 수 있기 때문에 공유하고 싶은 다른 좋은 정보는 다음 시간을 위해 아껴 둬야 한다.
- **한 가지씩 하라.** 한 회기에서는 한 가지의 개념, 요점, 기법만 가르쳐 줘야 한다. 그 이상을 가르치는 것은 실제적으로 유용하지 않다.
- **이해와 수용을 확실히 하라.** 정보를 간략히 제공한 후에 내담자가 이해했는지, 그들의 삶에 현실적이고 유용하다고 여기는지 직접 물어보라.
- **즉각적으로 적용하라.** 정보를 제공한 후에는 즉시 그 정보가 지난주에 발생했거나 다음 주에 발생할 문제를 다루는 데 있어서 내담자의 삶에 어떻게 실제적으로 적용될 수 있을지 확인하라.
- **단계적 과제를 제공하라.** 심리교육을 2분 정도 제공한 후에, 다음 48분은 현재 문제를 해결하는 데 이 정보를 어떻게 적용할지에 대한 단계적인 설명을 한다. 누가, 무엇을, 언제, 어디서, 얼마나 자주 할지, 그리고 어떤 저항이나 잠재적 장애물이 있을지에 대해 구체적으로 다루어야 한다.
- **과제에 대한 후속 점검을 하라.** 다음 회기에서는 내담자가 그 정보를 어느 정도로 활용했는지를 질문하라. 활용하지 않았다면 그 이유를 물어보고, 활용했다면 어떤 일이 일어났는지를 물어보라.

■ 비합리적 신념에 도전하기

비합리적 신념에 도전하는 것은 문제를 발생시키거나 지속시키는 불필요한 신념들에 직면하는 것이다(Ellis, 1994). 이는 치료자가 회기 중에 하거나 회기 밖에서의 사고 기록(다음 '사고 기록' 참고)을 통해 이뤄질 수 있다. 치료자는 두 가지 방식으로 내담자의 비합리적 신념에 도전한다.

- **직접적 직면:** 내담자에게 신념이 비합리적이라고 직접 말한다.
- **간접적 직면:** 내담자에게 여러 가지의 질문을 하여, 내담자 스스로 자신이 지닌 신념이나 생각이 비합리적이라는 것 혹은 그 신념이 문제 발생에 기여하고 있다는 것을 깨닫도록 한다.

직접적 접근을 택할지 간접적 접근을 택할지에 대한 결정은 치료적 관계, 치료자 스타일 그리고 특정 접근에 대한 내담자의 수용도에 따라 달라지며, 내담자와 치료자의 문화 및 성별 관련 주제들 또한 이 역동에 상당한 영향을 미친다. 직접적 접근은 주로 치료자와 내담자의 관계가 위계적이고 치료자가 전문가적 입장을 취할 때 사용되는 반면, 간접적 접근은 치료적 관계가 덜 위계적이고 내담자가 자율성의 욕구가 높을 때 더 적합하다.

■ 소크라테스식 문답법과 안내적 발견

내담자가 자신의 신념에 의문을 품도록 조심스럽게 유도하기 위해 인지적 치료자들은 안내적 발견 또는 귀납적 추론으로도 불리는 소크라테스식 문답법을 사용한다. 이는 내담자에게 개방형 질문을 던짐으로써 내담자가 자신의 신념이 비논리적(예: 명백한 증거와 모순됨.)이거나 역기능적(예: 내담자에게 도움이 되지 않음; Beck, 2005)이라는 사실을 스스로 '발견'하도록 돕는다. 이는 다른 기법들에 비해 덜 직면적인 접근으로 치료자는 신념의 타당성에 대해 질문할 때 주로 중립적 입장을 취하며 내담자만의 논리, 근거, 추론을 통해 납득하게끔 한다. 어떤 일이 생겼음을 설명할 때 '변화'라는 용어를 사용하긴 하지만, 실제로는 내담자가 다양한 상황 속에서 자신의 타당성에 대해 거듭 의문을 품음으로써 시간이 지남에 따라 굳은 신념이 천천히 약화된다.

신념의 타당성을 평가하기 위한 질문

- 당신의 신념을 뒷받침할 만한 근거는 무엇이 있나요? 그에 반대되는 근거는 무엇이 있나요? 그렇다면, 현실적인 절충안에는 어떤 것이 있을까요?
- 당신이 존경하는 사람 X(Y와 Z)는 당신의 상황에 대해 뭐라고 말하나요? 어떻게 그들이 모두 틀릴 수가 있지요?
- 당신의 자녀(혹은 다른 중요한 사람)가 당신과 똑같이 이야기한다면 당신은 어떻게 반응할까요?
- 현실적으로 정말 그렇게까지 상황이 악화될 가능성은 얼마나 될까요? 더 현실적인 결과는 무엇일까요?
- 당신은 X의 원인에 대해 한 가지 가능성을 말했어요. 다른 원인을 고려해 본 적이 있나요? 가령……?
- 그 사람 X의 행동이 100% 당신을 겨냥한 것일 가능성이 얼마나 될까요? 그 사람이 그런 행동을 한 또 다른 이유에는 어떤 것들이 있을까요?

■ 사고 기록

치료자들은 종종 Ellis의 A-B-C 이론을 사용하여 내담자에게 '사고 기록' 과제를 내 줌으로써 내담자 스스로 자신의 비합리적 사고와 문제 행동에 직면하도록 한다(Datillio, 2005). 구조화된 일기쓰기의 일종인 사고 기록은 내담자가 자신의 인지와 행동을 분석하고 좀 더 적응적인 반응들을 개발

하도록 한다. 치료자들은 사고 기록을 과제로 내 주기 전에 회기 중에 화이트보드를 활용하여 그 과정을 보여 준다. 사고 기록은 대체로 다음의 정보를 포함한다.

- **촉발 상황**(예: 부부싸움)
- **'자동적' 혹은 부정적 사고**(예: "그 사람은 결코 바뀌지 않을 거야." "그는 너무 이기적이야.")
- **감정 반응:** 자동적 사고가 야기하는 감정(예: 마음 상함, 거부당한 느낌, 배신감)
- **그에 대한 근거:** 자동적 및 부정적 사고와 해석을 지지하는 근거(예: "그는 전에도 이랬어." "그는 변한 적이 없고 변하려는 노력도 안 하는 것 같아.")
- **반대되는 근거:** 자동적 사고에 반대되는 근거(예: "정말 미안해하는 것 같았어." "다른 부분에서 정말 노력을 해 왔어.")
- **인지적 왜곡:** 근거에 따라 다양한 유형의 인지적 왜곡(예: 임의적 추론, 선택적 추상화, 과잉일반화, 과장, 최소화, 개인화, 이분법적 사고, 잘못된 낙인, 독심술)
- **대안적 사고:** 모든 근거를 통합하고 인지적 왜곡을 바로잡는 보다 균형 잡힌 관점(예: "우리는 이 부분에서는 정말 차이가 있어. 그래도 우리가 다른 여러 면에서는 서로 잘 지내고 있다는 것이 내겐 중요해. 우리는 둘 다 더 나아지려고 노력하고 있어.")

>>> 사고 기록 예시

촉발 상황	자동적 사고	정서반응	지지 근거	논박 근거	인지적 왜곡	현실적 대안
집안일에 관한 다툼	그는 절대 변하지 않을 거야. 그는 이기적이고 게을러.	마음 상함, 분노, 배신감	그는 전에도 이랬어. 바뀐 적이 없지.	진심으로 사과함. 다른 영역들은 개선됨. 문제의 빈도가 줄어듦	과장. 과잉일반화. 선택적 추상화	우리는 이 부분에서는 차이가 있어. 우리는 서로의 요구에 맞춰 주려고 노력하고 있어. 그는 이 부분에서는 내가 딱 원하는 사람이 될 수는 없을 거야.

관계적 주제와 관련하여 다음을 추가하면 도움이 된다.

- 이 문제적 상호작용에서 내가 기여한 부분은 무엇인가?(예: 내가 초반부터 과격했고 상대를 비난했어. 사과를 받아들이지 않았어.)
- 다음에는 내가 어떻게 다르게 행동할 수 있을까?(예: 좀 더 부드럽게 내 의견을 표현한다. 열린 마음으로 귀 기울인다.)

행동적 주제와 관련하여 다음을 추가할 수 있다.

- 문제 행동(예: 소리 지르기)
- 대안적인 행동(예: 잠시 멈추고, 10까지 세고, 심호흡을 한다.)

■ 숙제

CBFT 치료자들은 종종 내담자의 문제를 해결하기 위해 고안된 숙제를 내 준다(Datillio, 2005; Falloon, 1991; Holtzworth-Munroe & Jacobson, 1991). 예를 들어, 치료자는 부부 갈등을 줄이기 위해 초시계를 사용하여 번갈아 가면서 상대방의 이야기를 경청하고 상대방이 한 말을 요약하는 것 같은 의사소통 과제를 내 줄 수도 있다. 또한 우울을 줄이기 위해 긍정적인 생각을 일기로 쓰기 또는 여가활동이나 사회적 활동 늘리기 등의 과제를 개발할 수도 있다. CBFT에서 과제는 보고된 문제에 대한 논리적인 해결책이다.

■ 숙제와 전략적 지시의 비교

CBFT 과제는 직접적이다. 반면 전략적 및 기타 체계적 치료자들은, ① 감춰진 것을 은유적으로 표면화하고(은유적 과제), ② 체계가 새로운 패턴을 만들 수 있도록 문제적 상호작용이나 행동 패턴을 중단하고(지시), ③ 통제할 수 없는 것을 통제 가능하게 만들기(역설) 위한 과제를 내 준다.

■ 숙제와 해결중심 과제의 비교

CBFT 과제와는 달리 해결중심 과제는 **문제를 줄이기**보다는 **해결책**을 만들기 위해 고안된다(**제9장** 참조). 또한 해결중심 과제는, ① 작은 단계들로 나눠지며, ② 내담자의 의견과 과거의 성공을 바탕으로 개발되고, ③ 문제를 해결하기에 충분할 정도의 동기와 희망을 고취시키기 위해 고안된다.

◎ 조합하기: 사례개념화와 치료 계획 양식

■ 이론 특정 사례개념화의 영역

- **문제 정의**: 문제를 구체적이고 측정가능한 행동적 용어로 정의할 것.
- **기저 수준 평가**: 시간에 따른 증상의 지속 기간, 빈도 및 심각성을 추적할 것. 증상의 전후 사건들을 확인할 것.
- **기능 분석**: 증상을 지속시키는 상호 강화하는 행동들을 확인할 것.
  - 일상에서 이 특정 문제가 이 사람(또는 가족)을 어떻게 방해하는가?
  - 문제의 빈도가 감소한다면 어떤 일이 일어날까?
  - 문제가 해결된다면 이 사람(그 가족 포함)은 무엇을 얻게 될까?

- 누가(혹은 무엇이) 이 문제에 관심을 갖고, 공감하며, 지지함으로써 강화하는가?
- 특정 문제의 강도가 줄어드는 상황에는 어떠한 것들이 있는가?
- 특정 문제의 강도가 증가하는 상황에는 어떠한 것들이 있는가?
- 가족 구성원들은 문제에 대처하기 위해 현재 무엇을 하고 있는가?
- 문제 해결 주체로서의 가족이 지닌 강점과 약점에는 어떤 것이 있는가?
- 늘려야 할 행동과 줄여야 할 행동에는 어떤 것이 있는가?

• **A-B-C 이론**: 비합리적 신념 확인하기
  - A(행동/촉발 사건), C(결과: 행동, 기분), B(C를 유발하는 비합리적 신념)을 확인할 것.

• **인지도식과 핵심 신념**: 다음 중 어떤 도식/핵심 신념이 문제를 지속시키는지 확인할 것.
  - 임의적 추론
  - 선택적 추상화
  - 과잉일반화
  - 과장 및 최소화
  - 개인화
  - 이분법적 사고
  - 잘못된 낙인
  - 독심술

• **관계적 인지 패턴**
  - 선택적 지각
  - 귀인
  - 기대
  - 가정
  - 기준

우울/불안을 겪는 개인을 위한 치료 계획 양식

▣ CBT 개인치료 초기 단계

❖ 초기 단계 치료적 과업

1. 효과적인 치료적 관계 발전시키기. 다양성 주의: 문화, 성별 및 기타 유형의 관계 구축 및 정서 표현 방식들을 어떻게 존중할지 설명할 것.
   a. 치료자가 전문가로서 효과적으로 교육을 제공할 수 있도록 가족과 공감적이고 지지적인 작업관계를 구축할 것.
2. 개인적, 체계적 및 광범위한 문화적 역동 평가하기. 다양성 주의: 문화적 · 사회경제적 · 성적 지향, 성별, 그리고 기타 관련 규범에 근거하여 평가를 어떻게 조정할지 설명할 것.
   a. 우울과 불안 증상의 기저 수준 평가와 중요한 관계에서 우울/불안의 역할에 관한 기능 분석을 수행할 것.
   b. 우울하고 불안한 생각의 근원이 되는 비합리적 신념, 가족 도식, 핵심 신념을 확인할 것.
3. 치료 목표를 정의하고 치료 목표에 대한 내담자 동의 얻기. 다양성 주의: 내담자의 문화, 종교 그리고 다른 가치 체계로부터의 가치들과 부합되도록 목표를 어떻게 수정할지 설명할 것.
   a. 행동적이고 측정 가능한 목표를 명시한 서면 계약서를 만들고, 필요하다면 개입에 대한 내담자의 역할/책임을 확인할 것.
4. 의뢰 필요성, 위기 문제, 부수적 정보제공자 연락처, 그리고 다른 내담자 욕구를 확인하기.
   a. 의뢰/자원/연락: 마음챙김기반 인지치료 집단이나 유사 집단 참여가 가능함을 안내할 것.

❖ 초기 단계 내담자 목표

1. 불안을 줄이기 위해 불안과 관련된 비합리적 신념 줄이기.
   a. 비합리적 신념에 도전하기 위해 A-B-C 이론을 사용할 것.
   b. 불안의 본질과 변화시킬 방법에 관한 심리 교육.
   c. 더욱 현실적인 신념을 개발하기 위해 사고 기록(숙제).

▣ CBT 개인치료 작업 단계

❖ 작업 단계 치료적 과업

1. 작업 동맹의 질 점검하기. 다양성 주의: 치료자가 은연중에 내담자의 문화적 배경과 일치하지 않는 표현이 섞인 개입을 할 때 이를 알 수 있는 내담자 반응에 어떻게 주의를 기울일지 설명할 것.
   a. 개입 평가: 치료 과정과 목표에 대한 만족도를 내담자에게 정기적으로 물어볼 것.
2. 내담자 경과 점검하기. 다양성 주의: 경과를 평가할 때 문화, 성별, 사회 계층 및 기타 다양성 요소에 어떻게 주의를 기울일지 설명할 것.
   a. 개입 평가: 내담자의 기저 수준 평가와 정기적인 평가를 위해 성과질문지 45.2를 사용할 것.

❖ 작업 단계 내담자 목표

1. 우울한 기분을 줄이기 위해 우울과 관련된 비합리적 신념 줄이기.
   a. 우울의 본질과 변화시킬 방법에 관한 심리 교육.
   b. 우울에 내재된 비합리적 신념을 확인하고 그에 도전할 것.
   c. 현실적인 도식과 신념을 개발하는 과정을 지속시키기 위한 사고 기록(숙제).

2. 우울한 기분과 불안을 줄이기 위해 일상 사건에 대해 해석할 때 부정적 도식의 사용 줄이기.
   a. 우울과 불안을 야기하는 비합리적 신념을 내담자가 발견할 수 있게 하는 소크라테스식 문답법.
   b. 삶과 관계에 관한 더욱 현실적인 도식을 기반으로 하는 행동을 하도록 하는 숙제를 내 줄 것.

3. 불안과 우울을 줄이기 위해 부정적 감정을 촉발하는 상호 강화하는 부정적 패턴 줄이기.
   a. 타인과의 부정적 상호작용에서 내담자의 역할을 개선하는 의사소통 훈련.
   b. 원하는 관계와 원치 않는 관계 모두의 상호작용에서 강화 패턴의 일관성과 빈도를 변화시킬 것.

■ CBT 개인치료 종결 단계

❖ 종결 단계 치료적 과업

1. 추후관리 계획을 세우고, 개선된 점을 유지하기. 다양성 주의: 치료 종결 이후 내담자를 지지해 줄 공동체의 자원을 어떻게 활용할지 설명할 것.
   a. 내담자가 부정적인 사고에 대응할 수 있도록 사고 기록(혹은 유사한 전략)을 사용하여 우울하거나 불안한 생각이 되살아나는 경고 신호를 확인하는 재발방지 계획을 세울 것.
   b. (만약 앞서 한 적이 없다면) 재발 가능성을 줄이기 위해서 마음챙김기반 집단인지치료 혹은 비슷한 집단 프로그램에 의뢰할 것.

❖ 종결 단계 내담자 목표

1. 우울과 불안을 줄이고 행복감을 높이기 위해 일상에 대해 현실적으로 해석하는 능력을 기르고 비합리적 사고가 떠오르는 순간을 확인하기.
   a. 일상의 어려운 상황을 감당해 내도록 돕는 문제 해결 훈련.
   b. 비현실적인 신념을 지속적으로 확인하고 틀렸음을 밝히기 위한 사고 기록 및 스스로와의 소크라테스식 문답법.

2. 우울을 줄이고 친밀감을 갖는 능력을 키우기 위해 현실적인 관계 도식을 가지고 타인과 관계 맺는 능력 기르기.
   a. 중요한 관계에 대한 비현실적인 기대를 확인하고 대응하기 위한 사고 기록.
   b. 관계에 대해 더욱 현실적인 기대를 형성하기 위한 독서치료. Gottman의 『행복한 결혼을 위한 7원칙(7 Principles That Make a Marriage Work)』.

갈등이 있는 부부/가족을 위한 치료 계획 양식

▣ CBT 부부/가족치료 초기 단계

❖ 초기 단계 치료적 과업

1. 효과적인 치료적 관계 발전시키기. 다양성 주의: 문화, 성별 및 기타 유형의 관계 구축 및 정서 표현 방식들을 어떻게 존중할지 설명할 것.
   a. 치료자가 전문가로서 효과적으로 교육을 제공할 수 있는 체계의 모든 구성원과 공감적이고 지지적인 작업관계를 구축할 것.

2. 개인적, 체계적 및 광범위한 문화적 역동 평가하기. 다양성 주의: 문화적 · 사회경제적 · 성적 지향, 성별 그리고 기타 관련 규범에 근거하여 평가를 어떻게 조정할지 설명할 것.
   a. 모든 개인적 증상의 기저 수준 평가와 중요한 관계에서 주호소 문제의 기능 분석.
   b. 각 개인 및 집단이 지닌 관계 갈등의 근원이 되는 비합리적 신념, 가족 도식, 핵심 신념을 확인할 것.

3. 치료 목표를 정의하고 치료 목표에 대한 내담자 동의 얻기. 다양성 주의: 내담자의 문화, 종교 그리고 다른 가치 체계로부터의 가치들과 부합되도록 목표를 어떻게 수정할지 설명할 것.
   a. 행동적이고 측정 가능한 목표를 명시한 서면 계약서를 만들고, 필요하다면 개입에 대한 내담자의 역할/책임을 확인할 것.

4. 의뢰 필요성, 위기 문제, 부수적 정보제공자 연락처, 그리고 다른 내담자 욕구를 확인하기.
   a. 의뢰/자원/연락: 마음챙김기반의 부부 또는 부모 집단이나 유사한 CBT 집단 참여가 가능함을 안내할 것.

❖ 초기 단계 내담자 목표

1. 갈등을 줄이기 위해 부정적인 기분을 유발하는 상호 강화하는 부정적 패턴 줄이기.
   a. 부부/가족 갈등의 본질과 이를 변화시킬 방법에 관한 심리교육.
   b. 부부/가족이 협의하고자 하는 주제에서 보상에 대한 의견일치를 확인할 것.
   c. 구성원들이 서로에게 지닌 비현실적인 기대를 확인할 것.

▣ CBT 부부/가족치료 작업 단계

❖ 작업 단계 치료적 과업

1. 작업 동맹의 질 점검하기. 다양성 주의: 치료자가 은연중에 내담자의 문화적 배경과 일치하지 않는 표현이 섞인 개입을 할 때 이를 알 수 있는 내담자 반응에 어떻게 주의를 기울일지 설명할 것.
   a. 개입 평가: 치료 과정과 목표에 대한 만족도를 내담자에게 정기적으로 물어볼 것.

2. 내담자 경과 점검하기. 다양성 주의: 경과를 평가할 때 문화, 성별, 사회 계층 및 기타 다양성 요소에 어떻게 주의를 기울일지 설명할 것.
   a. 개입 평가: 내담자의 기저 수준 평가와 정기적인 평가를 위해 양자 적응 척도(부부용) 또는 청소년 성과 질문지(자녀가 식별된 환자인 경우)를 사용할 것.

❖ 작업 단계 내담자 목표

1. 갈등을 줄이기 위해 배우자/자녀/부모에 대한 비현실적 기대를 줄이고 수용을 늘리기.
   a. 관계와 현실적 기대에 관한 심리교육.
   b. 타인에 대한 기대와 일반적인 대인관계에 내재된 비합리적 신념을 확인하고 도전할 것.

2. 갈등을 줄이기 위해 상대방을 존중하면서 효과적으로 의사소통하는 능력 기르기.

3. 갈등을 줄이기 위해 효과적으로 문제를 해결하는 능력 기르기.
   a. 부부/가족이 효과적으로 문제를 해결하는 기술과 전략을 배우도록 돕는 문제 해결 훈련.
   b. 초반에는 가벼운 주제에서 시작하여 점차 어려운 주제에 대한 문제 해결을 연습하는 숙제

▣ CBT 부부/가족치료 종결 단계

❖ 종결 단계 치료적 과업

1. 추후관리 계획을 세우고, 개선된 점을 유지하기. 다양성 주의: 치료 종결 이후 내담자를 지지해 줄 공동체의 자원을 어떻게 활용할지 설명할 것.
   a. 비현실적 기대 또는 갈등적 패턴이 되풀이되는 경고 신호를 밝히는 재발 방지 계획을 세우고, 교정하기 위한 전략을 알아낼 것.
   b. (만약 앞서 한 적이 없다면) 재발 가능성을 줄이기 위해서 마음챙김기반 부부/부모 집단 혹은 비슷한 집단 프로그램에 의뢰할 것.

❖ 종결 단계 내담자 목표

1. 갈등을 줄이고 친밀감을 갖는 능력을 키우기 위해 현실적인 관계 도식을 가지고 배우자/가족 구성원들과 관계 맺는 능력 기르기.
   a. 중요한 관계에 대한 비현실적인 기대를 확인하고 대응하기 위한 사고 기록.
   b. 관계에 대해 더욱 현실적인 기대를 갖도록 하기 위한 독서치료: John Gottman의 『행복한 결혼을 위한 7원칙(7 Principles That Make a Marriage Work)』 또는 Dan Siegel의 『내 아이를 위한 브레인 코칭(The Whole-Brain Child)』 등.

2. 갈등을 줄이고 행복감을 높이기 위해 각 구성원이 일상에 대해 현실적으로 해석하는 능력을 기르고 비합리적 사고가 떠오르는 순간을 확인하기.
   a. 일상의 어려운 상황에 대처하도록 돕는 문제 해결 훈련.
   b. 비현실적인 신념을 지속적으로 확인하고 틀렸음을 밝히기 위한 사고 기록 및 스스로와의 소크라테스식 문답법.

마음챙김기반치료

◎ 요약하기: 당신이 알아야 할 최소한의 것

행동치료에서 (제1의 물결인 '순수' 행동치료, 제2의 물결인 인지행동치료와 함께) 제3의 물결로 일컫는 마음챙김기반 접근은 인지행동 접근에 역설적 전개를 더하는데, 이는 어려운 생각과 감정을 변화시키기 위해 이를 **수용**하는 것이다(Hayes, 2004). 마음챙김기반 접근을 사용하는 치료자들은 내담자가 자신의 어려운 생각과 감정을 **바꾸게 하지 않고** 호기심과 연민을 가지고 관찰하도록 권한다. 내담자가 자신의 문제를 대하는 방식을 회피보다는 호기심과 수용으로 바꿈으로써, 그들은 문제에 대해 새로운 사고, 감정, 행동을 경험하고, 이에 따라 문제에 대처하고 해결하는 새로운 방법들을 알게 된다.

부부 및 가족 치료에서 마음챙김은 부부와 가족이 서로를 더 수용하고, 의사소통 방식을 개선하며, 친밀감을 높이는 데 사용되어 왔다(Carson, Carson, Gil, & Baucom, 2004; Duncan, Coatsworth, & Greenberg, 2009; Gehart, 2012). 마음챙김기반 수행들은 불교 심리학에 기반하고 있으며, 근본적으로 구성주의 철학이기 때문에, 포스트모던 치료(제12~14장) 및 체계적 치료(제5~7장)와 이론적으로 가장 유사하다(Gehart, 2012). 이러한 접근들로 작업하는 치료자들은 마음챙김의 개념들이 자신의 접근과 자연스럽게 잘 맞는다고 생각할 것이다. 마음챙김 치료자는 내담자에게 마음챙김을 알려 주기에 앞서 치료자 스스로 먼저 마음챙김 수행과 훈련을 받아야 한다.

◎ 정신건강 분야에서 마음챙김의 역사

마음챙김은 연구실에서 개발되거나 서양의 철학적 전통에서 비롯된 것이 아니라는 점에서 인지행동 접근으로서는 흔치 않은 역사를 가지고 있다. 마음챙김은 종교적이고 영적인 전통에서 비롯되어, 오로지 서양의 과학적 전통을 기반으로 하는 인지행동치료자들에게 놀라운 인기를 얻었다. 마음챙김은 가장 일반적으로는 불교의 명상과 관련되며, 사실상 기독교 묵상기도, 유대교 신비주의, 이슬람 수피교 전통을 포함한 모든 문화와 종교적 전통에서도 찾아볼 수 있다. 마음챙김은 종교적 토대를 지니긴 하지만 비종교적인 '스트레스 감소' 기법으로 정신건강 영역에 소개되었으며, 종교 및 영적 요소로부터 의도적으로 구분되어 행동건강 현장에서 활용될 수 있도록 각색되었다(Kabat-Zinn, 1990).

30여 년 전, John Kabat-Zinn(1990)은 메사추세츠 대학에서 마음챙김에 기반한 스트레스 감소(Mindfulness-Based Stress Reduction: MBSR) 프로그램을 연구하기 시작하였고, 이 프로그램은 행동의학계에서 마음챙김을 주요 치료법으로 만드는 데 큰 영향을 미쳤다. MBSR 프로그램은 8주 과정으로 참여자에게 마음챙김 호흡, 마음챙김 요가 자세, 마음챙김 일상 활동을 가르친다. 참여자들은 각자 집에서 매일 20~45분씩 연습한다. MBSR은 만성통증, 섬유근육종, 건선, 우울, 불안, ADHD, 섭식장애, 물질 남용, 강박행동, 성격장애를 비롯한 광범위한 신체 및 정신건강 질환에 효과적인 치료법으로서의 엄청난 가능성을 보여 준다(Baer, 2003; Gehart, 2012). Teasdale, Segal과 Williams (1995)는 마음챙김에 기반한 인지치료(Mindfulness-Based Cognitive Therapy: MBCT) 프로그램에서 우울증 재발의 치료에 MBSR의 커리큘럼을 적용해 왔다. '성공적으로' 치료된 우울증 사례의 50%가 1년 내에 재발하는 현 상황에서 MBCT 치료자들은 높은 재발률을 줄이기 위해 마음챙김을 사용하고 있으며 기대해 볼 만한 결과를 보여 주고 있다.

MBSR과 MBCT를 포함하여 마음챙김의 '**변증법적 행동치료**(**Dialectic Behavioral Therapy**: DBT)' (Linehan, 1993)와 '**수용전념치료**(**Acceptance and Commitment Therapy**: ACT)'(Hayes, Strosahl, & Wilson, 1999)의 두 가지 치료법이 통합되어 광범위한 임상 조건 치료가 적용되어 엄청난 가능성을 보여 준다.

◎ 마음챙김의 기초

마음챙김의 가장 일반적인 형태는 마음에서 내면의 잡담과 생각을 잠재우며 호흡을 관찰하는 것(혹은 **만트라**라는 단어를 반복하는 데 집중하는 것)이다(Kabat-Zinn, 1990). 수행자는 경험을 좋고 나쁘거나, 좋아하고 싫어하는 것으로 판단하지 않은 채 현재 순간에 머무르면서 호흡에 계속 집중한다. 대개 수초 내에 마음은 초점을 잃고 운동, 아침에 싸운 일, 해야 할 일들, 과거 기억, 미래 계획 등에 대해 생각들이 떠오르고, 감정을 느끼거나 좀이 쑤시고, 방의 소음이 들리는 등 이리저리 헤맨다. 어느 순간 수행자가 마음의 주의가 흩어진 것을 알아차리게 되면 집중하는 데 '실패했다'며 스스로를 질책하지 않고, 집중력을 잃는 것 또한 과정의 일부라는 사실을 자비롭게 이해하면서 집중할 대상으로 되돌아오는데, 스스로에 대한 질책을 삼가는 것이 대개 가장 어려운 부분이다. 이렇게 집중했다가 흐트러졌다 다시 집중하고 흐트러지고 다시 집중하는 과정이 보통 10분에서 20분가량, 정해진 시간 동안 계속된다.

Gehart과 McCollum(2007, 2008; McCollum & Gehart, 2010; Gehart, 2012)은 1년차 치료감독자들을 위해 마음챙김을 사용해 왔고, 치료감독자들은 수련생으로 하여금 회기 안과 밖에서 알아차린 중요한 변화들에 대해 보고하도록 격려하는 치료적 자세를 기르는 방법을 배운다. 수련생들은 내담자와 정서적으로 더 잘 머무를 수 있게 되고, 회기 중에 덜 긴장하며, 어려운 순간에 더 잘 대응할 수 있게 되었다고 보고한다. 대부분의 수련생은 2주 동안 주 5회, 2분에서 10분씩의 수련하는 동안 자신의 전반적인 스트레스 수준이 눈에 띄게 감소하고, 관계가 더 좋아지며, 내적 평화를 느낀다고 보고한다. 매주 10~15분 정도 투자하는 것도 나쁘지 않다. 당신도 시도해 보는 것이 좋다.

개인적으로 마음챙김 연습 시작하기

① **일정한 시간대 찾기:** 마음챙김을 할 때 가장 어려운 부분은 매주 며칠마다 사용할 수 있는 2~10분 정도의 시간대를 찾는 것이다. 내 동료 Eric과 나는 우리 학생들에게 주 5일씩 하도록 시킨다. 아침식사, 운동하기, 양치하기, 내담자 만나기, 귀가하기, 취침하기(당신이 너무 피곤하지 않다면)와 같은 규칙적인 일상의 전이나 후에 마음챙김 연습을 '붙여 두는' 것이 가장 좋다.

② **파트너나 집단 찾기(선택적):** 가능하다면 당신이 규칙적으로 함께 연습할 수 있는 파트너나 집단을 찾아보라. 동료애가 당신에게 동기부여를 할 것이다.

③ **초시계 구하기(매우 권장):** 초시계를 사용하면 마음챙김 회기를 구조화하는 데 도움이 되고, 시간이 지났는지를 신경 쓰지 않아도 되므로 더 잘 집중할 수 있게 해 준다. 대부분의 휴대 전화에는 성능 좋은 알람과 초시계 기능이 있다. 또한 아이폰이나 다른 스마트폰으로 티베트 종소리가 있는 명상 앱을 구매할 수도 있다. 전자 모래시계도 좋은데 째깍거리는 소리가 나지 않아야 한다.

④ **편안하게 앉기:** 준비가 되면 앉기에 편안한 의자를 찾아보라. 이상적으로는 의자에 등을 기대기보다는 척추가 똑바로 펴지도록 앞으로 향해 앉아야 한다. 만일 이게 너무 불편하다면, 평소대로 척추를 펴되 너무 굳어지지 않게 앉는 것이 좋다.

⑤ **호흡하기:** 처음엔 2분으로 초시계를 설정하라. 생각과 마음 속 다른 이야기들을 가라앉히면서 자신의 호흡을 바라보라.

- 호흡을 인위적으로 변화시키려 하지 말고, 좋거나 나쁘다는 판단을 하지 않은 채로 호흡의 특징을 그저 알아차려 보아라.
- 내적 및 외적으로 주의가 산만해지면서 마음이 수차례 이리저리 헤매리라는 것을 알고, 그럴 때마다 판단하지 말고 부드럽게 알아차려라. 마치 구름이 흩어지고 비눗방울이 터지는 것처럼 그것이 사라지는 상상을 해 보거나 "아. 또 그랬구나."라고 말해 보라. 그러고 나서 자신의 호흡을 바라보는 것에 부드럽게 다시 주의를 집중하라.
- 연습할 때마다 당신의 마음이 어떠한지를 수용하라. 어떤 날은 다른 날보다 집중하기가 더 쉽다. 중요한 점은 되지 않는 일에 좌절하는 평소 패턴에 빠지지 말고 '있는 그대로'를 수용하는 연습을 하는 것이다.
- 목표는 생각을 하지 않는 기간을 늘려 나가는 것이 아니라 비판단적인 수용을 연습하고, 마음이 어떻게 작용하는지를 더 잘 알아차리는 것이다.

⑥ **알아차리기:** 알람이 울릴 때 당신이 어떻게 느끼는지 알아차려 보라. 똑같은가, 더 편안한가, 더 긴장되는가? 판단하지 말고 그저 알아차려 보라. 큰 차이를 느꼈을 수도 있고 아닐 수도 있다. 즉각적인 효과보다는 누적되는 효과가 더 도움이 된다. 알람이 울린 후에도 계속 하고 싶어 하는 마음을 알아차렸다면 그렇게 하고 다음 연습 때는 1~2분을 추가하라. 당신에게 맞는 시간을 찾을 때까지 천천히 시간을 늘려가게 될 것이다. 시간을 늘리고 싶은 마음이 들기 전에는 그렇게 하지 말라.

⑦ **반복하기:** 우리 학생들은 길지만 드물게 연습하는 것보다 짧고 규칙적인 연습에서 좋은 결과들을 얻었다고 보고한다. 그러므로 주 5회 2분 연습이 주 1회 10분하는 것보다 효과가 좋을 수 있다.

연습을 돕는 자료

- 무료 명상 팟캐스트: 내 웹페이지 www.dianegehart.com과 UCLA의 마음챙김자각연구센터(Mindfulness Awareness Research Center) 웹페이지 www.marc.ucla.edu에서 무료 마음챙김 명상 안내와 연습에 도움이 되는 무료 자료들을 내려받을 수 있다.
- 참고서: 『*The Mindfulness-Based Stress Reduction Workbook*』(Stahl & Goldstein, 2010), 『*Get Out of Your Mind and Into Your Life: The New Acceptance and Commitment Therapy*』(Hayes & Smith, 2005) 등은 훈련 기법을 알려 주는 훌륭한 교재이다.

◎ 마음챙김 접근들

■ 마음챙김기반 스트레스 감소(MBSR)와 마음챙김기반 인지치료(MBCT)

이 마음챙김기반 집단치료들은 훌륭한 명상가가 되는 방법을 가르치는 것이 주된 목적이 아니라 내담자가 **자신의 생각과 내적 대화를 이해하는 방식**을 바꾸도록 돕고자 고안되었다. 내담자는 매우 구조적인 집단과정을 통해 마음챙김 요가(스트레칭) 자세, 마음챙김 일상활동(예: 마음챙김으로 설거지하기, 걷기 등; Kabat-Zinn, 1990)과 (앞서 소개와 유사한) 마음챙김 호흡을 배운다. 집단의 필요에 따라 내담자들은 마음챙김을 신체적 질환, 어려운 감정, 우울한 생각 등에 적용하는 방법을 배울 수도 있다. 내담자가 집에서 규칙적으로 연습하고 집단에 와서 그 진행 상황을 보고하도록 동기부여하기에는 집단 체제가 이상적이다.

여덟 번의 MBSR 집단회기는 다음과 같이 이루어진다.

1회기: **마음챙김에 대한 소개.** 마음챙김의 원리와 보디스캔 명상.
2회기: **인내.** 지각에 대해 작업하고 '흩어지는 마음' 다루기.
3회기: **내려놓기.** 호흡 명상에 대한 소개. 누운 자세로 하는 마음챙김 요가, 주의의 특성.
4회기: **판단하지 않기.** 대응 vs 반응, 호흡 명상에서의 자각, 선 자세로 하는 요가, 스트레스 연구.
5회기: **인정.** 진행상황에 대한 집단 점검. 앉은 자세로 하는 명상.
6회기: **그대로 두기.** 능숙한 의사소통, 자비 명상, 걷기 명상, 일일 묵상.
7회기: **일상적 마음챙김.** 마음챙김 움직임과 일상에의 적용. 개인의 삶 속에서 연습하기.
8회기: **연습 계속하기.** 매일의 일상에 통합하기.

여덟 번의 MBCT 집단회기는 다음과 같이 이루어진다(Segal, William, & Teasdale, 2002).

1회기: **자동 조종 장치.** 마음챙김 소개, 마음챙김 먹기 연습, 마음챙김 보디스캔 하기.
2회기: **장애물 다루기.** 보디스캔 연습을 이용하여 내면의 소리 탐색하기.
3회기: **마음챙김 호흡.** 마음챙김 호흡의 초점에 대해 소개하고 3분간 공간을 호흡하는 연습하기.

4회기: **현재에 머무르기.** 자동적 사고와 우울에 마음챙김 연결하기.

5회기: **받아들이기와 그대로 두기.** 수용을 소개하고 상황을 있는 그대로 '받아들이기'.

6회기: **생각은 사실이 아니다.** 생각을 사실이 아닌 '단지 생각'이라고 재구조화하기.

7회기: **어떻게 하면 나 자신을 가장 잘 보살필 수 있을까?** 우울한 사고에 대한 구체적인 기법 소개하기.

8회기: **나중의 기분들에 대처하기 위해 무엇을 사용하라고 배웠던가?** 연습을 계속하도록 동기화하기.

이러한 마음챙김 연습을 통해 내담자는 다음을 배운다.

- 의도적으로 주의를 기울임으로써 자신의 생각을 더 잘 통제하기.
- 호기심 많고, 개방적이며, 설령 불편할지라도 자신의 생각과 감정들을 수용하는 자세 갖기.
- 자신, 타인, 상황을 있는 그대로 수용하는 능력 기르기.
- 현재의 순간에 살며 그들 자신을 경험하기.

■ 변증법적 행동치료

본래 자살 경향이 있는 경계선 내담자를 치료하기 위해 개발된 변증법적 행동치료(Dialectical Behavioral Therapy: DBT; Linehan, 1993)라는 명칭은 변화와 수용 사이의 본질적인 변증법적 긴장이라는 의미에서 시작되었다. "여기서 역설적인 개념은 치료적 변화란 있는 그대로를 수용할 때만 일어날 수 있지만, '있는 그대로를 수용'하는 것 그 자체가 변화를 의미한다는 것이다."(p. 99) 다른 인지행동 접근들과는 달리 이 접근은 감정이 사고의 발달에 **선행하며**, 격한 감정, 트라우마 경험, 애착 문제가 정신 병리의 근원이 된다는 가정을 기반으로 한다. 간단히 말해서, DBT 과정은 내담자의 격한 감정을 변화시키기 위해 감정을 유지하고, 인내하며, 수용하도록 돕는다. 어떤 의미에서는, 문제의 근원인 고통스러운 감정을 필사적으로 피하는 것이라고 할 수 있다.

DBT 치료자들은 내담자가 누군가를 사랑하면서도 미워하는 것과 같은 양극단 간의 변증법적 긴장을 다루도록 격려함으로써 '어려운 감정들에 머물도록' 돕는다. 치료자는 내담자가 한쪽 극단을 회피하기보다는 주어진 상황에서 다양한 수준의 진실과 현실을 인정함으로써 사랑과 증오를 동시에 느낄 수 있음을 경험하도록 격려한다. 이렇게 모순되는 감정과 생각들은 먼저 수용되고, 그다음엔 탐색되며, 결국에는 통합되어 양극단의 현실이 모두 인정될 수 있다. 예를 들어, 한 성인은 비판적인 부모를 근본적으로 사랑한다는 점과 때로는 부모가 자신에게 말하는 방식이 싫다는 점 모두를 인정하게 될 것이다. 내담자가 부모에 대한 사랑과 미움의 감정 모두를 수용할 수 있게 됨에 따라 그 상황에 덜 민감하게 반응할 수 있을 것이다. CBT 과정은 내담자가 삶에 내재된 변증법적 긴장을 더 잘 다룸으로써 생활 속에서 균형감을 높이는 방법을 배우도록 돕는 것이다.

- 자기 자신을 수용하는 방법과 보다 나아지려는 방법을 모두 찾을 수 있음.
- 삶을 있는 그대로 수용하면서도 문제를 해결할 방법을 찾을 수 있음.

- 타인의 욕구뿐 아니라 자기 자신의 욕구도 보살피고 챙길 수 있음.
- 독립성과 상호의존성의 균형을 맞춤.

■ 수용전념치료

포스트모더니즘 및 이야기 접근(제10장 참조)과 철학적 가정을 공유하는 행동 접근인 수용전념치료(Acceptance and Commitment Therapy: ACT, A-C-T가 아니라 '액트'라고 발음함.)는 언어가 우리의 사고, 감정, 행동을 형성하며 우리는 언어를 통해 우리의 현실을 구성한다는 포스트모던 가정을 기반으로 한다. ACT 전문가들은 사람의 고통은 넓게 보면, 언어를 통해서 생겨나고 유지되는 기준이라고 믿는다. "사람들이 잘못된 생각을 하는 것이 아니다. 문제는 생각 자체이며, 언어 공동체(현대 문화)가 언어를 행동적 규범인 것처럼 과도하게 사용하는 것이다."(Hayes et al., 1999, p. 49) 전통적 인지행동주의자들과는 달리, ACT 전문가들은 생각과 감정을 통제하고 직접적인 경험을 피하려는 시도는 해결책이 아니라 **문제**라고 주장한다. 대신 그들은 인간의 모든 감정을 수용하도록 돕기 위해 마음챙김을 기반으로 **경험하기**를 강조한다. "ACT 접근에서 건강한 삶의 목표는 **좋은** 감정을 매우 많이 느끼는 것이 아니라 좋다고 **느끼는** 것이다. 좋은 감정과 나쁜 감정을 모두 느끼는 것이 심리적으로 건강하다."(p. 77)

치료 과정을 설명하기 위한 머리글자 ACT

A= Accept: 어려운 생각과 감정을 수용하고 끌어안기.
C= Choose and Commit: 내담자의 진정한 존재를 반영하는 삶의 방향을 선택하고 전념하기.
T= Take action: 그러한 삶의 방향을 향한 단계들을 실행에 옮기기.

ACT에서 첫 단계는 내담자가 증상들을 통해 회피하려고 해 온 생각과 감정들을 수용하고 끌어안는 것으로 상실을 받아들이고, 두려움을 느끼며, 분노를 인정하는 것이다. ACT에서는 내담자에게 자신의 생각을 '그대로 믿지' 말라고 경고하며, 자신의 행동의 원인과 이유(변명이라고도 불림.) 사이의 엉성한 연결을 알아차리도록 한다. 동시에 **자기 자신을 관찰하면서** 자신의 어려운 생각과 감정을 경험하려는 **의지**를 갖도록 돕는다. 이러한 관찰 과정을 통해서 내담자는 자신의 진정한 가치와 자아를 보다 명확히 알아낼 수 있으며, 이는 삶의 방향을 쉽게 찾도록 해 줄 뿐만 아니라 그것을 좇는 것에 전념하도록 도와준다. 예상하겠지만, 이것은 말처럼 단순하지 않다. 실행 단계에서 대부분의 내담자들은 이러한 경험에 저항을 하며, 처음 치료실을 찾게 만들었던 부정적 사고를 다시 경험한다. 하지만 내담자가 이러한 것들을 수용하는 능력을 키우고 의미 있는 삶을 향해 새로운 마음으로 전념하면서, 치료자는 새로운 활동을 시도하는 과정에서 장애물이 생기더라도 내담자와 함께 작업할 수 있게 된다.

■ 부부 및 가족 치료에서의 마음챙김

가족치료자들은 집단 형태이나 전통적인 부부 및 가족 치료 회기를 통한 부부 및 가족 치료에서의 마음챙김의 잠재력을 이제 막 탐색하기 시작했다(Carson et al., 2004; Gehart, 2012; Gehart & McCollum, 2007). 마음챙김을 하는 것이 특히 부부에게 도움이 될 수 있다는 생각이 여러 연구를 통해 지지되고 있다. Wachs와 Cordova(2008)의 연구에서 마음챙김은 결혼생활 적응과 정적 상관이 있었다. 유사하게 Barnes, Brown, Krusemark, Campbell 그리고 Rogge(2008)의 연구에서는 마음챙김 성격 특성은 더 높은 결혼 만족도, 갈등 후 더 낮은 정서적 스트레스, 더 나은 의사소통을 예측했다. Block-Lerner, Adair, Plumb, Rhatigan 그리고 Orsillo(2008)는 마음챙김 훈련이 부부간의 공감적 반응을 향상한다고 밝혔고, Carson, Gil과 Baucom(2008)은 마음챙김에 기반한 관계 향상 집단에 참여한 부부의 경우 관계 만족도가 높고 관계적 스트레스가 낮음을 발견했다.

비슷한 맥락에서 마음챙김은 ADHD나 다른 품행 문제를 지닌 아동을 돕고 부모-자녀 관계를 개선하는 데 사용되어 왔다. '마음챙김 양육(Duncan et al., 2009)' '마음챙김에 기반한 부모훈련(Dumas, 2005)' '마음챙김에 기반한 출산과 양육(Duncan & Bardacke, 2010)'을 비롯한 여러 마음챙김기반 양육 프로그램이 개발 및 연구되었다. 또한 마음챙김은 실제로 전전두엽을 활성화하고 변연계를 억제함으로써 뇌 기능을 '조정'해 주는 것으로 보여 ADHD에 대한 비약물처방 치료법으로 기대를 모으며 활발히 연구되고 있다(Zylowska, Smalley, & Schwartz, 2009). 마지막으로, 마음챙김은 청소년의 공격성을 줄이고 감정 조절 능력을 기르는 데 활용되었다(Singh, Lancioni, Joy, Winton, Sabaawi, Wahler, & Singh, 2007).

■ 자비 명상(Loving Kindness Meditation)

부부 및 가족의 관계를 개선하기 위한 작업을 할 때 마음챙김 호흡 명상보다는 **자비 명상**을 강조하는 경우가 많다(Carson et al., 2004; Gehart, 2012). 자비 명상은 지인, 중요한 타인, 어려운 관계를 맺고 있는 대상, 그리고 자기 자신에게 축복을 빌어 주는 것이다. 치료자는 회기 내에서 부부가 이 활동을 하도록 안내하고 집에서 녹음파일이나 다음의 기본 형식을 사용하여 연습하도록 권할 수 있다.

자비 명상

지인: 지인을 떠올린다.
그 사람이 기쁘고 행복하기를
그 사람에게 고통이 없기를
그 사람이 늘 건강하기를
그 사람이 늘 형통하기를
그 사람이 늘 평안하기를
그 사람이 늘 좋은 관계를 맺기를

이것을 다음의 각 대상에게 반복한다.

- 중요한 타인(단 한 명, 다른 사람들은 나중에 할 수 있다.)
- 당신과 어려운 관계를 맺고 있는 사람
- 당신 자신
- 모든 존재(Gehart에 따름, 2012, p. 169)

Gottman 방식 부부치료 접근

◎ 요약하기: 당신이 알아야 할 최소한의 것

Gottman(1999)은 결혼생활을 지속한 부부와 이혼한 부부 간의 의사소통 방식의 차이에 관한 관찰 연구 및 종단 연구를 바탕으로 한 과학적인 부부치료를 개발했다. 이러한 결과를 바탕으로 한 치료에서 치료자는 파경을 맞은 결혼생활과 구별되는 성공적인 결혼생활의 상호작용 패턴을 만들도록 부부를 지도한다. Gottman의 모델은 이론보다는 연구결과를 근거로 하는 한 몇 안 되는 치료적 접근 중 하나이다. 하지만 '과학적인' 치료는 경험적으로 지지된 치료(제2장 참조)와는 구별되는데, 전자는 치료 목표를 설정하기 위한 연구를 하며, 후자는 치료 성과를 알기 위한 연구를 한다.

◎ 결혼에 대한 신화 파헤치기

■ 신화 1: 의사소통 훈련은 효과적이다

Gottman(1999)의 연구는 의사소통의 개선이 이혼을 막도록 돕는다는 것을 비롯하여 몇 가지 잘못된 믿음을 파헤친다. 그의 연구에 의하면 의사소통을 개선하면 단기적인 효과가 있긴 하지만, '나'로 문장 시작하기, '비난하지 않기' 등의 훈련을 받는 것이 부부의 이혼 여부에 영향을 미치지는 않았다. 행복한 부부와 행복하지 않은 부부 모두 자기변명을 하고, 비난하며, 담쌓기를 한다(묵시록의 네 기수 중 네 번째인 경멸은 이혼하려는 부부에게서 주로 보인다. 묵시록의 네 기수에 대한 논의 참조). 그러나 이혼하지 않는 부부는 다툴 때 긍정적 상호작용과 부정적 상호작용의 비율을 약 5:1로 유지하였다(다투지 않을 때에는 20:1). 그러므로 단순히 의사소통을 개선하는 것이 다투는 동안 긍정적 상호작용의 비중을 높이는 것만큼 중요하지는 않다.

■ 신화 2: 분노는 위험한 감정이다

많은 치료자와 사람들이 일반적으로 추측하는 것과는 달리, Gottman(1999)에 의하면 분노 표현은 이혼을 예측하지 않았지만 경멸(상대방보다 우월하다고 느끼는 것)과 자기변명은 이혼을 예측했다.

게다가 분노가 단기적으로 결혼만족도를 낮추긴 하지만, 장기적으로는 결혼만족도를 높이는 것으로 나타났다.

■ 신화 3: 대가(Quid Pro Quo)에 대한 오해

Gottman(1999)에 의하면 대가(Quid Pro Quo: 내가 이것을 하는 대신 너는 저것을 하라. 이전 논의 참조)는 **불행한** 결혼의 특징이다. 따라서 그는 부부에게 조건부 계약을 처방하는 것은 적절하지 **않다고** 주장했다.

◎ 큰 그림 그리기: 상담 및 심리치료의 방향

Gottman(1999)은 부부와 변화가 필요한 영역을 평가하기 위해 여러 가지 수기 및 구술형 평가 도구로 이루어진 매우 구체화된 평가 체계를 사용한다. 개입 과정은 부부의 대화를 비디오 녹화하기, 분석을 위해 녹화된 비디오를 재생하기, 개선될 수 있는 부분과 방법을 찾기를 비롯한 구조화된 활동들뿐만 아니라 무엇이 효과적이고 무엇이 효과적이지 않은지에 관한 심층적인 심리교육이 포함된다. 또한 Gottman은 부부치료가 다음과 같은 특징을 지녀야 한다고 말한다.

- **긍정적 효과 경험**: 치료는 일단 긍정적인 정서를 경험해야 한다. 상담 회기는 내담자들에게 즐거워야 하고 치료자는 비판하거나 비난하려 하지 말아야 한다.
- **부부 중심**: 치료는 치료자가 모든 상호작용을 중재하면서 삼각관계를 형성하는 것이 아니라 부부 두 사람 간의 경험이 중심이 되어야 한다.
- **정서 학습**: 학습은 '상태' 의존적이다. 즉, 정서 상태를 변화시키기 위해 부부는 그 정서 상태에 들어간 다음 해결해 나가야 한다. 따라서 부부는 회기 중에 이를 다르게 다루는 방법을 배우기 위해 어려운 대화를 하게 된다.
- **용이함**: 개입들은 쉬워 보이고 위협적이지 않아야 한다.
- **현실성**: 치료자는 결혼생활의 행복에 대해 이상주의에 빠지지 말고, 갈등 줄이기 등의 현실적인 목표를 향해 나아가야 한다.

◎ 관계 형성하기: 치료적 관계

■ 코치로서의 치료자

치료자는 부부가 자신들의 관계에 대한 주인의식을 갖도록 힘을 실어 주는 관계 코치 역할을 한다(Gottman, 1999). 어려운 대화를 나누는 동안 치료자는 부부를 직접 진정시키는 것이 아니라 부부 스스로 자신과 서로를 진정시킬 수 있도록 지도한다.

◎ 조망하기: 사례개념화와 평가

■ 이혼 가능성 평가하기

Gottman(1999)은 30년 넘게 부부를 연구한 끝에 단 5개의 변인을 가지고 향후 5년 내의 이혼 가능성을 97.5%의 정확도로 예측할 수 있게 되었는데, 이는 인상적인 성과이다. 또한 그는 철저한 연구를 통해 이혼을 예측하는 몇 가지 핵심 변인을 찾아냈는데, 그중 가장 유명한 것이 **묵시록의 네 기수**이다.

■ 묵시록의 네 기수(The Four Horsemen of the Apocalypse)

Gottman의 연구에 따르면, 부부가 다투는 동안 보이는 다음의 네 가지 행동이 이혼을 85% 정확도로 예측했다.

① **비난:** 배우자의 어떤 면이 전반적으로 잘못되었음을 암시하는 발언(예: '항상' '절대' 혹은 성격에 관한 발언). 여자들이 남자들보다 더 비판적인 경향이 있다.
② **자기변명:** 자기변명은 공격을 피하기 위해 사용되며 "나는 결백해."라고 주장한다.
③ **경멸:** 이혼의 가장 중요한 예측 변수인 경멸은 자기 자신을 배우자보다 우월하다고 여기는 것이다(예: "너는 영리한 생각을 할 줄 몰라."). 행복한 결혼은 경멸하는 일이 없다.
④ **담쌓기:** 담쌓기는 듣는 이가 신체적 혹은 정신적으로 상호작용을 차단하는 것이다. 남자들이 여자들보다 담쌓기를 하는 경향이 더 높다.

■ 5:1 비율

대부분의 부부는 어느 정도 비난, 자기변명, 담쌓기를 한다. 하지만 이혼하는 부부와 그렇지 않은 부부의 차이는 말다툼하는 동안 긍정적 상호작용과 부정적 상호작용의 비율이다. 안정적인 부부는 싸우는 동안 긍정적 상호작용이 부정적 상호작용보다 5배 더 많다. 문제를 겪는 부부는 그 비율이 1:1이다. 많은 부부가 이 연구결과가 결혼생활을 개선하는 방법을 배우는 데 큰 도움이 된다고 여긴다.

■ 부정적 정서의 상호성(Negative affect reciprocity)

부정적 영향력의 상호성은 한 배우자의 부정성에 **따라** 상대방의 감정이 **즉각적으로** 부정적으로 바뀔 가능성이 높아지는 것이다. 달리 말하면 "나의 부정성은 평소보다는 내 배우자가 부정적일 때 **더 예측하기가 쉽다**"(Gottman, 1999, p. 37). 부정적 정서의 상호성은 문화에 관계없이 결혼생활 만족 및 불만족과 가장 일관된 상관을 보이며, 관계에서 부정적 정서의 총합보다 훨씬 정확한 측정치이다.

■ 화해 시도

화해 시도는 한 배우자가 '잘해 보려고' 노력하면서 다툼을 멈추고, 상대방을 진정시키며, 불만을 누그러뜨리려 하는 것을 의미한다. 행복한 부부는 화해 시도를 더 잘 받아들이기 때문에 화해 시도를 해야 하는 경우가 적다. 문제를 겪는 부부는 화해 시도를 빈번하게 거부하기 때문에 총 시도 횟수가 더 많다. 화해 시도의 실패에 묵시록의 네 기수가 동반되면, Gottman(1999)은 97.5%의 정확도로 향후 5년 이내 이혼 여부를 예측할 수 있다.

■ 영향력 수용하기

남편이 아내로부터의 영향력(제안, 요청 등)을 받아들이기 싫어하는 경우 이혼할 확률이 80% 증가한다.

■ 공격적인 시작

공격적인 시작은 대화 초반에 부정적인 정서로 문제를 일으키는 것이다. 96%의 경우 대화의 첫 부분만 보고도 그 부부의 이혼 여부를 예측할 수 있으며, **공격적인 시작**은 이혼을 예측하는 대화의 초반의 핵심 변인 중 하나이다(Gottman, 1999). 아내가 **공격적인 시작**을 자주 하는 경우 이혼 확률이 더욱 높아진다.

■ 거리감과 소외의 연속 단계

묵시록의 네 기수가 눈에 보이지 않는다면 어떻게 될까? 그러면 부부가 잘 지낸다는 뜻일까? 꼭 그렇지는 않다. 문제가 해결되지 않으면, 부부는 거리감과 소외의 연속 단계에 들어서면서 정서적으로 단절된다(Gottman, 1999). 이러한 부부는 "모든 문제가 해결되었다."라고 말하지만, 긴장과 슬픔이 깔려 있다. 이러한 부부의 특징은 감정 표현이 결여되고, 친숙함이 부족하며, 긴장을 인정하지 않고, 다툴 때 생리적 각성 수준이 높으며, 상대를 진정시키려는 노력이 거의 없다.

■ 행복한 결혼의 유형론

Gottman(1999)은 안정적이고 행복한 결혼의 세 가지 유형을 찾아냈는데, 이는 행복한 결혼을 이루는 방법이 여러 가지라는 것을 의미한다. 모두 긍정적 vs 부정적 상호작용의 비율을 5:1로 유지하지만 자세한 내용은 각자 다르다.

① **즉흥적인 부부**: 즉흥적인 부부는 정서적으로 더 표현적이고, 긍정적 감정과 부정적 감정을 더 많이 표현한다. 열정적으로 싸우고 열정적으로 사랑하는 것이 이 관계의 특징이다.
② **인정하는 부부**: 인정하는 부부는 적절하게 감정을 표현하고 강력한 부부 친밀감을 지니고 있다.
③ **갈등-회피 부부**: 갈등-회피 부부는 최소한의 감정 표현을 하고, 문제를 축소하며, 부부의 강점에 대해 이야기하기를 좋아하고, 연대하는 분위기로 대화를 끝맺는다.

관계가 건강한 가정 (The Sound Relationship House)

Gottman(1999)에 의하면 행복한 부부생활에는 두 가지 요소가 있다.

- 전반적으로 긍정적인 정서
- 갈등 상황에서 부정적 정서를 줄이는 능력

Gottman은 괴로운 결혼생활에서 이 두 가지 특성을 기르기 위해 '부부생활이 건강한 가정(The Sound Marital House)'이라 칭하는 모델을 바탕으로 부부치료를 고안하였는데, 이 치료는 일곱 가지 핵심 요소로 이루어져 있다.

1. **사랑의 지도:** 당신의 배우자가 누구이며 배우자를 행복하게 하는 것이 무엇인지에 대한 인지적 이해는 부부 사이의 친밀감을 이루는 기본 요소이다.
2. **애정과 존중 체계:** 이것은 배우자가 서로에게 느끼고 표현하고 싶어 하는 존중과 애정의 양을 말한다
3. **바라보기 vs 외면하기:** 감정 은행 계좌(Emotional Bank Account). 이것은 갈등이 없는 상호작용에서 늘 정서적으로 서로를 향해 바라보며 열려 있는 것이다(예: 함께 시간을 보내고, 이야기를 나누고 싶어 함).
4. **긍정적 감정을 우선시하기:** 이것은 부정적인 감정을 우선시하여 중립적인 말조차 부정적으로 해석하기보다는 '미심쩍은 부분은 선의로 해석'해 주는 것을 의미한다.
5. **문제 해결:** Gottman의 연구로 인해, 치료자들이 다시 생각해 보게 된 또 하나의 잘못된 믿음은 부부가 문제 해결 기술을 향상해야 한다는 것이다. 그것은 겨우 절반, 정확히 말하면 31%만 맞는 이야기이다. Gottman의 연구에 따르면, 성공적인 부부와 비성공적인 부부 모두 싸우는 시간의 69%를 동일한 주제로 다툰다. Gottman은 이 주제들을 타고난 성격 차이에서 비롯된 **영원한 문제**라고 부른다.
   - **해결 가능한 것을 해결하기:** 안정적인 부부는 해결 가능한 문제를 성공적으로 해결할 수 있다.
   - **영원한 문제에 대해 대화하기:** 행복한 부부는 정체 상태를 피하고 **영원한 문제**와 핵심적인 성격 차이에 대해 대화를 지속할 수 있는 방법을 찾는다. **영원한 문제**가 없을 수는 없으므로 배우자를 선택하는 것은 사실상 특정한 **영원한 문제**들을 선택하는 것과 같다.
   - **생리적 완화:** 성공적인 결혼생활의 배우자는 자기 자신과 상대방을 달랠 수 있고, 따라서 모두가 '진정'될 수 있다.
6. **꿈 실현하기:** 부부는 서로의 꿈을 실현할 수 있도록 협력함으로써, 특히 **영원한 문제**를 둘러싼 정체 상태를 벗어난다.
7. **공유하는 의미 만들기:** 행복한 부부는 유대감의 관습들과 공유하는 의미, 역할, 목표들로 이루어진 결혼 '문화'를 만들어 간다.

◎ 행동하기: 개입

■ 회기 양식

치료는 고도로 구조화된 평가 과정으로 시작한다. 개입 단계에서 일반적인 회기는 다음의 양식을 따른다.

- **따라잡기**: 부부는 결혼생활 사건, 숙제, 주요 주제들을 살펴본다. 치료자에게 보고하는 것이 아니라 상대방에게 직접 이야기하도록 한다.
- **개입 전 부부 상호작용**: 흔히 복싱 라운드라고 한다. 부부는 주로 어려운 주제에 대해 이야기 나누면서 6~10분간 상호작용한다.
- **개입**: 사람들은 자신만의 생각을 더 잘 받아들이는 경향이 있다는 전제하에 치료자는 부부의 상호작용이 끝나면 개입을 제안하기 전에 부부에게 개입에 대해 묻는다.
- **부부가 자신들만의 개입을 만듦**: 부부는 그들의 상호작용을 개선할 방법에 대한 생각을 서로 의논한다. 치료자는 부부가 그 과정을 잘 해낼 수 있도록 필요한 지원과 교육을 한다.
- **저항이 있다면?**: 저항이 있다면 치료자는 이 저항의 원인을 다룰 필요가 있다.
- **저항이 없다면?**: 부부가 상호작용을 변화시킬 실행 가능한 계획을 세우고 나면, 치료자는 이 계획을 연습하기 위해 다시 6분간 상호작용을 하도록 지시한다.
- **숙제**: 회기에서의 상호작용을 기초로 한 숙제를 내 준다.

Gottman은 『결혼 클리닉(The Marriage Clinic)』(Gottman, 1999)에서 약술되어 있는 상당히 구체적인 개입들을 사용한다. 그중 특히 주목할 만한 개입은 다음과 같다.

■ 사랑의 지도

부부는 다음의 질문에 답하면서 서로에 대한 이해를 높인다.

- 배우자의 친구는 누구인가?
- 배우자의 친구가 될 만한 사람은 누구인가?
- 배우자의 경쟁자, 적수는 누구인가?
- 배우자의 삶에서 최근 있었던 중요한 사건은 무엇인가?
- 다가올 중요한 사건은 무엇인가?
- 배우자의 최근 스트레스에는 어떤 것이 있는가?
- 배우자의 걱정거리는 무엇인가?
- 자신과 타인에 대한 배우자의 꿈과 소망에는 어떤 것이 있는가? (Gottman, 1999, p. 205)

■ 부드러운 시작

Gottman은 부부의 부드러운 시작을 돕기 위해 다음의 규칙을 사용하도록 가르친다.

- **간결히 말하라**: 첫 문장은 간단하게 요점만 말할 것
- **불평하되 비난하지 말라**: 비난하거나 낙인을 찍기보다는 구체적인 사건에 대해 불평할 것
- **긍정적인 것으로 시작하라**: 문제를 제기하되 긍정적인 말로 시작할 것.

- **'너'보다는 '나' 문장을 사용하라:** 비난을 피하고 개인의 책임감을 높이기 위해 '너'보다는 '나'로 문장을 시작할 것.
- **판단하지 말고 일어난 일을 설명하라:** 포괄적 진술보다는 행동적 진술을 유지할 것.
- **원하는 것을 요구하라:** 당신이 원하는 행동 변화에 대해 명확히 설명할 것.
- **예의를 갖추고 감사하라:** 배우자가 한 일에 대해 고마움을 표현하고 상대방을 존중할 것.
- **취약한 감정을 표현하라:** 할 수 있다면 비난하는 감정보다는 취약한 감정을 표현할 것.

■ 갈등 속 희망

영원한 문제로 생긴 정체 상태를 다룰 때 치료자는 각 배우자에게 정체 상태의 경직된 자세에 깔려 있는 더 깊은 의미와 희망에 대해 질문한다. 상담에서 배우자들은 서로에게 **영원한 문제**나 정체 상태와 관련하여 다음의 질문들을 하도록 지시받는다.

- 이 사안에 대해 어떻게 생각해요?
- 이 사안에 대해 어떻게 느껴요? 당신이 이 일에 대해 느끼는 바를 모두 말해 주세요.
- 어떻게 되기를 원해요?
- 이 일이 당신에게 갖는 **의미**는 뭔가요?
- 어떻게 하면 당신의 목표가 이루어질 수 있을 거라고 생각하나요?
- 이 사안에 대한 당신의 입장에 숨겨진 꿈이나 상징적 의미(자유, 희망, 보살핌 등)에는 어떤 것이 있나요? (Gottman, 1999, p. 248)

■ 부부 권력 협의하기

Gottman은 포괄적인 체크리스트를 사용하여 부부의 성역할에 대한 논의를 촉진한다(Gottman, 1999, pp. 298-300). Gottman은 특정한 노동의 분담을 옹호하는 것이 아니며 부부가 자신들만의 '공정하고 동등함'을 정의 내리도록 돕는다. 이 활동의 목적은 각 배우자의 역할과 의무를 보다 존중하도록 하는 것이다.

다문화적 접근: 다양성에 대한 고려

◎ 민족적 · 인종적 · 문화적 다양성

CBFT에서는 행동의 규범을 규정하기 때문에(예: 각 문화는 '타당함'을 서로 다르게 정의함), 치료자들은 다양한 대상에 이 접근을 적용할 때 내담자의 가치관 및 관계 맺는 방식과 상충되지 않도록 유의해야 한다. CBFT에서 전문가적 위치에서 내담자와 관계를 맺는 것은 다양한 대상과의 작업에서 장단점이 있다. 보통 남성과 라틴계, 아시아계, 북미 원주민 등의 특정 집단은 적극적이고 지시적인 치료를 선호한다(Gehart & Lyle, 2001; Pedersen, Draguns, Looner, & Trimble, 2002). 그러나 위계적 관계는 일부 내담자(예: 고학력 성인이나 청소년)에게 저항적인 반응을 유발할 수도 있고, 다른 내담자들(예: 사람들을 기쁘게 하고자 애쓰는 여성)에게는 반응의 억제나 지나친 순응을 야기할 수 있다(Gehart & Lyle, 2001).

인지행동치료들은 내담자가 주류 문화의 가치관에 따르게 하는 것을 목표로 삼는데, 왜냐하면 이것이 특정 사회 내에서 '기능적'임을 의미하기 때문이다. 그러므로 치료자는 개입에 앞서 치료 목표가 종교적 · 문화적 · 인종적 · 사회경제적 또는 기타 가치 및 현실과 충돌하지 않는지를 확인하고, 내담자가 속한 다양한 문화의 가치가 서로 상충되는지를 고려하기 위해 치료 목표를 신중하게 평가해야 할 필요가 있다. 연구자들은 최근 들어서야 CBT의 어떤 맥락에서 인종이 가장 큰 영향을 미치는지를 알아내면서 인종이 미치는 영향을 탐색하고 있다. 가령, 유럽계, 라틴계, 아시아계 미국인을 대상으로 우울증에 대한 CBT를 시행한 초기 연구들에서는 인종 간의 유의미한 차이를 발견하지 못했다(Marchand, Ng, Rohde, & Stice, 2010). 그러나 다른 연구에서는 가정 폭력 가해자와의 치료 과정 전반에 걸친 치료적 관계의 견고함에는 인종이 중요한 영향을 미치는 것으로 나타났다(Walling, Suvak, Howard, Taft, & Murphy, 2012). 그러므로 앞으로의 연구는 다양한 대상에게 CBT를 가장 올바르게 사용하는 방법에 대한 이해를 넓혀 줄 것이다. 최근 이루어지는 연구와 임상적 전문지식을 기반으로 하여 CBT 치료자들은 특정 인종 집단을 위한 권장사항을 개발하는 중이다.

■ 히스패닉 및 라틴계 내담자

CBFT는 대체로 히스패닉 및 라틴계 내담자와 작업하기에 문화적으로 일치하고 적합한 것으로 간주된다(Organista & Muñoz, 1996). CBFT를 사용하여 히스패닉 및 라틴계 내담자와 성공적으로 작업하기 위해 치료자가 고려할 점은 다음과 같다.

- **언어 장벽 다루기:** 사적이고 정서적인 문제는 모국어로 이야기 나누기를 선호하는 많은 라틴계 이민자 가족과 작업할 때 언어 문제는 가장 중요하다(대부분의 사람이 정서적 문제에 대해서는 모국어로 이야기 나누고 싶어 하며, 특히 스페인어 사용자가 그러함). 스페인어를 하는 치료자들은 단지 단어가 아니라 문화에 맞게 개념을 번역할 수 있어야 한다. 예를 들어, 라틴계를 대상으로 하는 한 CBT 프로그램에서는 비합리적 신념을 논박하기 위한 A-B-C 이론을 간소화하여 Si, Pero(그래, 하지만……) 기법이라고 번역한다(Piedra & Byoun, 2012).
- **경험적 요소를 늘리기:** 기본 CBT 혹은 CBFT 커리큘럼을 수정할 때, 치료자들은 대개 실용적이고 경험적인 요소를 늘려서 말하기보다 행동하도록 한다(Piedra & Byoun, 2012).
- **가족주의의 문화적 가치 존중하기:** 가족주의에서 가족은 매우 중요해서 개인의 관심사는 가족의 요구에 비해 부차적으로 여겨진다. 따라서 CBFT 치료자는 가족을 개인적 욕구보다 우선시하는 라틴계 내담자의 선택을 '비합리적'이라고 치부하지 않도록 주의해야 한다(Duarte-Velez,

Bernal, & Bonilla, 2010; Gonzalez-Prendes, Hindo, & Pardo, 2011).

- **인격주의의 문화적 가치 존중하기:** 라틴계 문화는 따뜻하고 진정성 있는 인격적 관계를 중요시하기 때문에 치료자는 이를 치료적 관계에 통합시켜야 한다(Gonzalez-Prendes, Hindo, & Pardo, 2011). 인격주의적 환경을 조성하기 위해 치료자들은 첫 회기에서 내담자에 대해 더 알 수 있도록 서로의 배경 정보를 공유하는 '가벼운 이야기'로 시작할 수 있다(Organista & Muñoz, 1996).
- **공경심의 문화적 가치 존중하기:** 라틴계 가족은 위계적이며 부모와 노인에 대한 공경심이 중시된다. 내담자를 칭할 때에도 존칭을 이용하는 것이 좋다(Gonzalez-Prendes, Hindo, & Pardo, 2011; Organista & Muñoz, 1996).
- **남자다움의 문화적 가치 존중하기:** 흔히 지나치게 부정적인 의미로 곡해되고 있지만, 현지 문화에서 남자다움은 남자의 리더십, 의리, 가족을 부양하고 보살필 책임을 나타낸다(Duarte-Velez, Bernal, & Bonilla, 2010; Gonzalez-Prendes, Hindo, & Pardo, 2011).
- **영성으로 작업하기:** 많은 히스패닉/라틴계 내담자는 대개 로마 가톨릭 신자로서 강한 영성을 지니고 있다(Duarte-Velez, Bernal, & Bonilla, 2010). 기도, 교회, 교회 공동체 등은 치료자가 활용할 수 있는 자원이 된다. 그러나 치료자는 기도가 내담자의 효능감이나 책임감을 낮추는 것이 아니라 적극적인 문제 해결을 촉진하는 방향으로 사용되는지에 대해 이야기를 나누어야 한다(Organista & Munoz, 1996).
- **동성애 관계에 대한 태도:** 히스패닉 가족은 강한 종교적 신념을 이유로 동성애를 '죄악'으로 여기면서 자녀의 커밍아웃에 대해 매우 부정적으로 반응할 수 있다. 이로 인해 라틴계 동성애 청소년은 상당한 문화적 충돌과 거부를 경험할 수 있다(Duarte-Velez, Bernal, & Bonilla, 2010).
- **이민, 이주, 문화 적응 다루기:** 많은 히스패닉 내담자는 여러 문화를 수차례 오가거나 가족들과 서로 다른 나라에 떨어져 살면서 복잡한 이민과 이주 패턴을 가지고 있다. 또한 문화 적응은 종종 부모-자녀 간에 문제가 되며, CBFT 치료자들은 이를 다루도록 도와야 한다(Piedra & Byoun, 2012).

■ 아프리카계 미국인 내담자

많은 전문가는 아프리카계 미국인과의 작업에서 CBFT가 좋은 선택이라고 생각하는데, 왜냐하면 문제가 있는 사회적 신념을 직접적으로 논박하고, 현재 행동에 집중하도록 돕기 때문이다(Kelly, 2006; McNair, 1996). 고려할 점은 다음과 같다.

- **협력적 관계 구축하기:** 목표 설정, 시간표 짜기에 대해 내담자와 치료자가 함께 협동적으로 작업해야 한다. 이 관계는 내담자의 자기효능감을 높이기 위함이다(Kelly, 2006; McNair, 1996).
- **행동과 기술에 집중하기:** 치료자는 과거를 분석하기보다는 현재 경험하고 있고 당장 중요하며 내담자와 관련된 문제들에 초점을 맞춰야 한다(McNair, 1996).
- **역량 강화:** CBFT 치료자들은 내담자의 대처 및 의사소통 기술을 개발하고 지지 연결망을 확장

하는 작업을 하면서 내담자의 역량을 강화하도록 돕는다(Kelly, 2006). 또한 내담자는 치료자 없이도 자신의 문제를 스스로 해결하도록 사고 기록이나 다른 전략을 사용하는 방법을 배운다.

- **고정관념과 기대 논박하기:** CBFT 치료자들은 아프리카계 미국인들이 더 큰 문화로부터 내면화한 고정관념과 기대(예: "나는 흑인이니까 두 배로 노력해야 해.")를 확인하고 논리적으로 논박하도록 돕기 위해, 그리고 그들이 가진 목표와 기회를 인식하도록 돕기 위해 이 접근의 기법을 활용한다(McNair, 1996).
- **차별 다루기:** 치료자들은 아프리카계 미국인들이 차별에 대처하는 방식, 그리고 차별이 그들의 세계관 및 세상과 관계 맺는 방식과 어떤 관련이 있는지를 구체적으로 확인함으로써 차별의 영향력을 완화하도록 돕는다(McNair, 1996).
- **기능 분석:** 행동적 용어로 증상을 검토하는 기능 분석은 치료자가 가질 수 있는 편견이나 편향을 피하고, 내담자도 그러할 수 있도록 돕는다(Kelly, 2006).

■ 중국계 미국인 내담자

치료자들은 인지행동치료를 중국계 미국인 내담자들에게 가장 적절하게 활용하는 방법 또한 고민해 왔다(Hwang, Wood, Lin, & Cheung, 2006). Hwang과 동료들(2006)은 다음과 같은 방법을 권장한다.

① 내담자의 이해와 수용을 돕기 위해 치료의 목표와 과정에 대해 분명히 교육할 것.
② 내담자의 문화적 배경과 내담자에게 있어 해당 배경의 중요성에 대해 더 많이 배울 것.
③ 과정에 대한 혼란을 줄이기 위해 치료 초기에 목표와 개선의 기준을 명확히 수립할 것.
④ 낙인효과를 줄이고 내담자의 역량을 향상하기 위해 더욱 노력하고, 심리교육적 측면에 집중할 것.
⑤ 서양의 심리학 개념과 내담자의 문화적 신념 및 활동들을 연결하기 위한 **문화적 가교**를 활용할 것(예: 우울증에 대해 이야기할 때 '기'에 대해 이야기하기).
⑥ 전문가적 입장을 취할 것. 이것은 종종 중국계 미국인 내담자들에게 도움이 됨.
⑦ 치료자-내담자 관계에서 역할을 명확히 하고 현실적인 기대를 설정하기 위해 분명하게 논의할 것.
⑧ 권위에 대한 존경의 표현과 의사소통에서의 문화적 차이에 주의할 것.
⑨ 내담자와 함께 내담자의 이민 이력과 가족 배경에 대해 배우기 위한 시간을 따로 할애할 것.
⑩ 중국 문화의 가족 지향성을 존중하고 가능하다면 언제든 가족을 참여시킬 것.
⑪ 중국 사회에서의 정신질환에 관한 사회적 낙인과 진단을 비밀로 하고자 하는 요구를 세심하게 다룰 것.
⑫ 중국인들은 감정에 대해 이야기하기를 불편해할 수 있으므로 인내심을 가질 것.
⑬ 내담자의 본래 문화와 치료 문화 사이의 밀고 당기기를 알아차릴 것.
⑭ 기공과 침술과 같은 중국 문화의 전통적 치료요법을 치료 계획에 통합할 것.

⑮ 중국인의 자기개념은 서양 문화에 비해 몸과 마음이 밀접하게 관련되어 있으므로, 괴로움을 표현하는 데 있어 인종적 차이를 인식할 것.

◎ 성 정체성 다양성

동성애자, 양성애자, 트랜스젠더 혹은 성적 성향 미정(GLBTQ)인 내담자에게 CBT와 CBFT를 어떻게 적용할지에 대해 여러 연구자가 고민해 왔다(Safren & Rogers, 2001). Safren과 Rogers는 대부분의 치료자가 성적 지향과 차이가 내담자의 현재 문제에 미치는 영향력을 과소 혹은 과대평가한다는 점에 주목하면서, 성적 지향과 성 정체성에 관한 치료자 자신의 신념과 도식을 검토하는 것부터 시작하기를 권장한다. 또한 CBT 치료자가 사회적 규범과 낙인이 내담자의 신념과 도식의 발달에 미치는 영향을 검토하도록 권한다.

치료자는 GLBTQ 청소년 및 성인과 작업할 때 추가적인 스트레스 및 기능 영역을 평가해야 한다.

- 명백한 괴롭힘, 학대, 폭력 행위(Safren, Hollander, Hart, & Heimberg, 2001)
- 내면화된 동성애혐오(Safren et al., 2001)
- 사회적 지지망 여부(Safren & Rogers, 2001)
- 성적 소수자로서의 정체성 발달(Safren et al., 2001)
- 부모, 친구, 타인에게 성적 지향성 공개(Safren et al., 2001)
- 다른 동성애자, 양성애자, 트랜스젠더와의 정신적 및 로맨틱한 관계 발전(Safren et al., 2001)
- 사회적 낙인에 의한 스트레스(Glassgold, 2009)
- 낙인과 고통을 숨기느라 생긴 스트레스(Glassgold, 2009)

Maylott(1994)는 동성애자, 양성애자 성인들을 괴롭히는 공통적인 비합리적 신념을 확인했다. 이러한 신념들은 사회적 규범에 의해 크게 영향을 받으며, 다음과 같은 것들이 있다.

- 나는 사랑받아야 해.
- 나는 거절을 견딜 수 없어.
- 다른 사람들이 나의 신체적 매력, 나이, 사회경제적 지위, 남성성 혹은 여성성을 가지고 나를 수용하거나 거부할 테니까 나도 똑같은 기준으로 내 자신을 판단해야 해.
- 사랑하는 사람 없이 늙어간다면 비참할 거야.
- 혼자인 건 참을 수 없어. 혼자일 바엔 정서적 · 신체적으로 해가 되는 관계라도 맺는 게 나아.
- 동성애자들이 동성애 혐오의 희생자라면, 나는 동성애 혐오를 하는 개인, 집단, 단체들에 대해서 굉장히 분노해야 할 의무가 있어.
- 나는 유전적으로 타고났거나 "신이 나를 동성애자로 만들었다."라는 걸 명백히 확인해야 내 동

성애를 받아들일 수 있겠어. 그게 아니면 나는 내 자신을 수용할 수가 없어.

- 사람들(가족, 친구들, 교회 사람들 등)이 나의 동성애를 인정해 주지 않는다는 건 끔찍해.

CBT 치료자들은 사고 기록이나 소크라테스식 문답법 등의 기법을 사용하여 내담자들이 자신의 삶, 성적 지향성, 주변 사람들에 대해 보다 현실적인 신념을 가질 수 있도록 돕는다.

Willougby와 Doty(2010)는 커밍아웃을 한 자녀를 둔 가족과 작업할 때 가족의 적응을 돕기 위해 Datillo(2005)의 연구를 응용한다. 사례연구에서 그들은 자녀의 커밍아웃으로 촉발된 도식과 자동적 사고를 확인하기 위해 자녀가 참석하지 않고 부모와 단독으로 4회기 동안 작업을 시작했다. 이에 더하여, CBFT 치료자는 동성애자가 되는 것에 대하여 부모와 원가족이 갖는 예상과 귀인을 탐색하기 위해 부모를 초대했다. 두 번째 회기 이후로 치료자는 성적 지향성에 대한 부모의 부정적인 신념에 이의를 제기했다. 세 번째와 네 번째 회기에서 치료자는 대안적인 행동들을 제안하였다. 마지막으로 다섯 번째와 여섯 번째 회기에서 치료자는 자녀를 참여시켜 부모와 보다 효과적으로 의사소통할 수 있도록 하였다.

연구와 증거기반

CBFT의 개념적 기반은 실험심리학에 있기 때문에 연구가 주를 이룬다. 그러므로 CBFT 치료는 가족치료에서 가장 잘 연구된 접근법에 속한다. 사실, CBT는 증거기반 실제에 대한 약물 남용 및 정신건강 서비스 관리국(www.nrepp.samhsa.gov) 목록에 가장 빈번하게 올라오는 증거기반 접근법이며, 우울과 불안과 같은 개인적인 문제에서 상위 목록에 올라 있다.

수년에 걸쳐서 CBFT 치료자들은 연구 결과를 바탕으로 보다 정서적이고 관계적인 요소들을 포함하는 방향으로 때로는 급격히 접근을 수정해 왔다. 이러한 추세의 가장 좋은 예시로 행동 부부치료가 있다. Jacobson과 Christensen(1996)은 부부치료가 단기적으로는 효과적이지만, 장기적 효과가 없다는 점 때문에 보다 정서적인 측면을 추가하여 **통합적 행동 부부치료(integrative behavioral couples therapy)**라는 새로운 접근을 만들었다. 이와 유사하게, 비판단적인 치료적 동맹이 매우 중요하다는 연구 결과에 따라 CBFT 치료자들은 치료의 이러한 측면에 점차 관심을 기울이고 있다(Beck, 2005).

CBFT가 매우 폭넓게 연구되긴 했지만, 치료자들은 CBFT가 모든 사례에서 혹은 일반적으로 다른 접근보다 우수하다고 가정해서는 안 된다. 제2장에서도 언급했듯이 연구자의 충성도 등의 혼입 요인들을 통제했을 때 **다른 치료보다 일관되게 우수한 치료는 없었다**(Sprenkle & Blow, 2004). 게다가 청소년 품행문제 등의 특정 주제의 경우 체계적 접근이 CBT보다 더 우수한 것으로 밝혀졌다(제4장 참조). 마지막으로, 많은 치료자는 CBT를 지지하는 연구가 양적으로 더 많기 때문에 더욱 우수해 보이는 것이라고 비판한다(Loewenthal & House, 2010). 이와 더불어 Miller(2012)에 의하면, 스웨덴에서

모든 정신치료를 CBT로 대체하려는 엄청난 노력은 우울과 불안 진단을 받은 사람들에게 전반적으로 효과가 없었으며, 25% 이상이 치료를 도중에 그만두었다. 게다가 치료 전에는 장애인으로 간주되지 않던 내담자의 상당수가 장애인이 **되면서** 정부의 비용 지출이 늘어났다. 스웨덴 정부는 체계적으로 CBT를 도입하려던 시도를 곧 중단하였고 새로운 접근을 권장하였다. 따라서 CBT가 이 분야에서 가장 폭넓은 연구기반을 갖추고 있다 하더라도 결코 만병통치약은 아니며, 가장 효과적인 치료는 무엇인가 하는 질문에 대한 답을 준 것도 아니다.

온라인 자료

Frank Dattilio
www.dattilio.com

Gottman 관계 연구소
www.gottman.com

통합적 행동 부부치료
http://ibct.psych.ucla.edu/

UCLA 마음챙김자각연구센터
www.marc.ucla.edu

UMass 마음챙김자각연구센터
www.umassmed.edu/cfm/mbsr

오레곤 사회교육센터: Patterson와 Forgatch 부모교육 프로그램
www.oslc.org

SAMHSA의 증거기반 연습 기록
www.samhsa.gov

인지행동 사례연구: ADHD와 혼합 가족

Diamond와 Tom은 ADHD 진단을 받은 7세 아들 Albert에 대해 상담을 받고 싶어 한다. 그들은 6년간 결혼생활을 하였고, 각자 전 배우자와의 사이에 자녀가 있다. Diamond는 전남편 사이에 두 딸인 Sharie(14)와 Debbie(10)가 있고, Tom도 전 부인 사이에 아들 Desmond(10)가 있다. 부부는 의사의 권유로 어쩔 수 없이 Albert의 약물치료에 동의했지만 더 나은 대안을 찾고 싶어 한다. 그들은 아이가 집에서 과잉행동을 보이고 지시에 따르지 않으며, 학교에서도 비슷한 문제가 있어서 기대보다 성적이 낮다고 보고한다. Diamond와 Tom은 둘 다 일하는 시간이 길고 불규칙하며 Albert의 형제자매들이 다른 쪽 부모를 방문하느라 집을 들락날락해서 집안이 "정신없이 바쁘다."라고 보고한다.

인지행동 가족치료자는 가족을 만난 후 다음과 같이 사례개념화하였다.

체계적 이론을 활용한 사례개념화

개인, 부부, 가족 내담자용

치료자: Sally Wright   내담자/사례 #: 1208   날짜: 09/4/2

기호
AF = 성인 여성, AM = 성인 남성, CF = 여아, CM = 남아
Ex. = 설명, Hx = 이력, NA = 해당사항 없음

1. 내담자 & 중요한 타인에 대한 소개

* 치료 과정에 참여하는 내담자를 나타냄
나이, 인종, 직업/학년, 그 외 관련 사항
* AF: 34, 미용사, 아프리카계 미국인.
* AM: 40, 리모델링 사업가, 아프리카계 미국인/미국 태생.
* CF: 14, 9학년, 육상, 우등생, 주말에 친부를 만남.
* CF: 10, 5학년, 춤/응원, 주말에 친부를 만남.
* CM: 10, 5학년, 친모와 보내는 시간이 60%임.
* CM: 7 (IP), 2학년.

2. 주호소 문제

문제에 대한 내담자의 설명

AF34: CM7의 ADHD 진단에 대해 염려함. 더 함께 있어 주지 못한 것에 대해 어느 정도 자책함. AM40와 자녀문제에 대해 합의할 필요가 있다고 생각함.

AM40: ADHD라고 생각하지 않음. CM7에 대해 염려하지 않음. '사내아이라서' 그런 것이고 크면 괜찮을 거라 생각함.

CF14: 부모님이 직장에 가면 CM7를 돌봐 줌. 부모님이 동생을 너무 관대하게 대하는 게 문제라고 생각하지만 자신이 동생을 돌봤기 때문에 약간의 죄책감을 느끼기도 함.

CF10: 엄마가 CM7를 응석받이로 키우는 게 문제라고 생각함. 현재 부모님들 사이에 낳은 유일한 자녀라서 '편애'한다고 생각함.

CM10: 자기는 그 나이 때 그렇게까지 흥분하지 않았기 때문에 CM7에게 뭔가 문제가 있다고 생각함.

CM7: 그저 집안에 일어나는 일이 너무 많은 것이 문제이며 CM10가 함께 더 많이 놀아 준다면 상황이 나아질 거라고 생각함.

문제에 대한 확대가족의 설명: AF34의 여동생과 엄마는 그녀가 CM7에게 너무 관대하다고 여기며, 집에서 아이들과 좀 더 함께해야 한다고 생각함.

(다음)

더 넓은 체계의 문제 설명: 의뢰인, 교사, 친척, 법적 체계 등의 문제에 대한 설명
CM7의 교사: CM7에게 집중하기엔 부모님이 너무 바쁘다고 생각함.

3. 배경 정보

트라우마/학대 이력(현재와 과거): AF는 어릴 때 친오빠에게 성적 학대를 당했음. AF는 전남편과 굉장히 안 좋게 헤어졌음.

약물 사용/남용(현재와 과거, 본인, 원가족, 중요한 타인): 보고된 바 없음.

촉발 사건(최근 삶의 변화, 초기 증상, 스트레스 요인 등): AF34와 AM40에 의하면 CM7은 항상 활동적이고 에너지가 넘치는 아이여서 양육하기가 어려웠다고 보고함. 학교 입학 이후로 상황이 더 나빠졌음. 산만한 행동 때문에 자주 학교 담임 선생님으로부터 메모와 연락을 받으며, 성적이 일관되지 않음. 담임교사는 아이가 2학년을 낙제할 위험이 있으니 병원에 가서 ADHD 검사를 받아 보라고 했음. CF14가 동생의 숙제를 봐 주고 보통 오후에 그를 보살핌.

관련된 배경 이력(가족 이력, 관련 문제, 이전 상담 경험, 의학/정신건강 이력 등): AF34와 AM40은 2003년에 CM7을 임신하고 결혼했음. AF34는 이전 결혼에서 14세, 10세의 두 자녀가 있었고, 전남편과는 갈등이 많아서 거의 대화하려 하지 않음. 아이들은 2주에 한 번 아버지를 만남. AM40은 이전 결혼에서 10세 아들이 있고 40%의 양육권이 있음.

4. 내담자/가족 강점과 다양성

강점과 자원

개인적: CM7은 재미있는 것을 좋아하고 사람들을 즐겁게 해 주기를 좋아하는 쾌활하고 낙천적인 아이임. AF34의 원가족은 여자들이 강한 편으로 자녀들을 위해서라면 무엇이든 함. AM40은 헌신적인 아버지임. CM14는 CM7의 양육에 큰 도움이 됨.

관계적/사회적: 가족들은 즐기는 방법을 알고 있고, 특히 함께 해변에 가기를 좋아함. 대체로 모두가 협조적임. AM40와 AF34은 원가족과 친밀한 관계임.

영적: AF34은 독실한 크리스천으로 오빠의 성적 학대를 비롯한 인생의 고비에서 관계가 치유된 이후로는 신앙에 의지함. CM14도 비슷한 신앙심이 싹트는 것으로 보임. AM40는 AF34의 신앙을 지지하며, 함께 교회에 다니면서 더 좋은 아버지와 남편이 되는 데 도움을 받음.

다양성: 자원과 한계

연령, 성별, 성적 지향, 문화적 배경, 사회경제적 지위, 종교, 지역사회, 언어, 가족 배경, 가족 구성, 능력 등을 기반으로 내담자가 활용할 수 있는 잠재적인 자원과 한계를 확인할 것.

고유한 자원: 원가족 및 교회 공동체와 원만한 관계를 가짐.

잠재적 한계: 문제가 생겼을 때 학교가 그들을 존중하거나 그들과 소통한다고 느끼지 않음.

(다음)

5. 가족 구조

가족생활주기 단계(해당 사항에 모두 체크할 것)

☐ 미혼 ☐ 기혼 ☐ 어린 자녀를 둔 가족 ☒ 청소년 자녀를 둔 가족

☐ 이혼 ☒ 혼합 가족 ☐ 자녀가 독립함 ☐ 노년기

이 단계들 중 하나 이상에서 발달 과업을 완수하면서 힘든 점 설명하기: 가족은 혼합 가정 내에서 자신들의 역할을 정의하느라 애쓰고 있고 자녀들이 아동기에서 청소년기에 접어드는 단계임. 부부는 여전히 함께 효과적으로 양육하는 방식을 찾지 못했고 이 역할들을 명확히 할 필요가 있음.

부부/가족이 친밀함과 거리를 조절하는 전형적인 방식: 부부는 서로를 지지하고 삶을 공유하면서 정서적으로 친밀함. 하지만 자녀 양육의 문제에서는 자주 다툼.

경계

부부(AF/AM): ☒ 밀착된 ☐ 명확한 ☐ 단절된 ☐ NA

설명: 친밀하지만 갈등이 있음.

부모 AF & 자녀: ☒ 밀착된 ☐ 명확한 ☐ 단절된 ☐ NA

설명: 특히 CM7과 밀착됨.

부모 AM & 자녀: ☐ 밀착된 ☒ 명확한 ☐ 단절된 ☐ NA

설명:

형제자매: ☐ 밀착된 ☒ 명확한 ☐ 단절된 ☐ NA

설명:

확대가족: ☐ 밀착된 ☒ 명확한 ☐ 단절된 ☐ NA

설명:

친구/동료: ☐ 밀착된 ☒ 명확한 ☐ 단절된 ☐ NA

설명:

삼각관계/연합

☒ 세대 간 연합: AF34는 CM7과의 문제에서 AM40이 자신을 지지하지 않는다고 CF14에게 불평함. AF34가 한계를 설정할 때 AM40은 남자아이들의 편을 듦.

☐ 원가족과의 연합:

☐ 그 외 연합:

부모와 자녀 간 위계 ☐ NA

AF: ☐ 효과적인 ☐ 불충분한(허용적인) ☒ 과도한(독재적인) ☐ 일관성 없는

AM: ☐ 효과적인 ☒ 불충분한(허용적인) ☐ 과도함(독재적인) ☐ 일관성 없는

설명: AF34은 엄격하고 AM40는 허용적이어서 서로 일관성이 없음.

AF와 AM의 상호보완적 패턴:

☐ 추격자/철수자 ☐ 과잉/과소 기능자 ☐ 감정적/논리적 ☒ 좋은/나쁜 부모

☐ 기타:

(다음)

설명: AF34는 늘 아이들에게 엄격해야 한다고 주장하고 AM40은 주로 반대함.

Satir의 의사소통 유형: 스트레스 상황에서 주로 사용하는 유형을 기술할 것.

AF: ☐ 일치형 ☐ 회유형 ☒ 비난형 ☐ 초이성형 ☐ 산만형

AM: ☐ 일치형 ☒ 회유형 ☐ 비난형 ☐ 초이성형 ☐ 산만형

CF14: ☐ 일치형 ☒ 회유형 ☐ 비난형 ☐ 초이성형 ☐ 산만형

CF10: ☐ 일치형 ☐ 회유형 ☒ 비난형 ☐ 초이성형 ☐ 산만형

CM10: ☐ 일치형 ☒ 회유형 ☐ 비난형 ☐ 초이성형 ☐ 산만형

CM7: ☐ 일치형 ☐ 회유형 ☐ 비난형 ☐ 초이성형 ☒ 산만형

설명: CM7은 가족에서 오는 스트레스에 대처하기 위해 산만한 행동을 함. CF14는 가정 내에서 회유적인 역할을 맡은 반면 CF10은 어머니와 더 비슷함. AM40과 CM10은 가능하면 평화를 유지하려고 함.

Gottman의 이혼 지표

비난: ☒ AF ☒ AM

설명: 서로의 양육방식과 선택들을 비난함.

자기변명: ☒ AF ☒ AM

설명: 서로의 비난에 대해 방어함.

경멸: ☐ AF ☐ AM

설명:

담쌓기: ☐ AF ☐ AM

설명:

화해 시도 실패: ☐ AF ☐ AM

설명:

영향을 수용하지 않음: ☐ AF ☒ AM

설명: AM40은 AF34의 염려를 달래 주긴 하지만 진정으로 수용하지는 않음.

격한 시작: ☒ AF ☐ AM

설명: AF34은 '늘상 그렇기' 때문에 거친 태도로 문제에 대한 이야기를 꺼내곤 함.

6. 상호작용 패턴

문제 상호작용 패턴(A ⇆ B)

긴장의 시작: CM7과 CM10이 비디오게임 때문에 싸우기 시작함.

갈등/증상 확대: AF34는 그들에게 그만 싸우라고 말함. 그들은 무시함. 그들에게 벌로 서 있으라고 함. 그들은 몰래 빠져 나와 아빠의 일을 도우러 주차장으로 감. AF34가 그들을 발견하면 AM40을 째려보며 아이들이 벌을 서던 중이라고 말함. AM40은 이제는 둘이 화해해서 잘 지낸다며 아이들 편을 들어 줌.

'정상'/항상성 회복: 아이들이 얌전해진 것 같고 AM40이 아이들에게 생산적인 일을 하게 하므로 AF34가 양보함.

현재 문제에 대해 가정된 항상성 기능: 증상은 관계를 유지하고, 독립성/거리감을 형성하고, 영향력을 만들고, 관계를 재구축하고, 혹은 한편으로 가족 내에서 균형감을 형성하는 데 어떤 역할을 하는가?

CM7의 과잉행동과 주의 산만은 '편애'받는 자녀와 '문제 있는' 자녀의 역할을 동시에 하고 있는 것으로

(다음)

보이고, 정신없이 바쁜 가족을 결집시키는 역할을 하며, 혼합 가족의 응집력 부족을 상징하고 있음.

7. 세대 간 & 애착 패턴

다음을 비롯한 모든 관련 정보가 포함된 가계도를 구성할 것

- 나이, 출생/사망일
- 이름
- 관계 패턴
- 직업
- 병력
- 정신 질환
- 학대 이력

또한 회기에서 자주 논의되는 사람들에 대한 몇 가지 형용사를 포함할 것(이는 성격 및 관계적 패턴을 묘사해야 함. 예: 조용한, 가족을 돌보는 사람, 정서적으로 거리가 있는, 완벽주의자, 무력한 등). 가계도는 반드시 보고에 첨부되어야 함. 중요한 결과를 다음에 요약할 것.

가족 강점: 원가족이 모두 대체로 친밀하고 지지적임.

약물/알코올 남용: ☒ NA ☐ 이력: ______

성적/신체적/정서적 학대: ☐ NA ☒ 이력: AF34은 오빠에게 성추행당했음. 부모가 제지함.

부모/자녀 관계: ☐ NA ☒ Hx: 양가 어머니들은 자녀와 돈독한 관계를 맺음. 아버지들은 정서적으로 덜 친밀함.

현재 문제에 대한 이력 삽화: ☐ NA ☒ 이력: AM40과 AF34 모두 혼합 가족 문제로 고민하는 형제자매가 있음.

애착 유형: 각 내담자의 가장 일반적인 애착 유형을 설명할 것.

AF: ☐ 안정 ☐ 불안 ☒ 회피 ☐ 불안/회피

설명: ______

AM: ☐ 안정 ☒ 불안 ☐ 회피 ☐ 불안/회피

설명: ______

CF14: ☐ 안정 ☒ 불안 ☐ 회피 ☐ 불안/회피

설명: ______

CM10: ☐ 안정 ☒ 불안 ☐ 회피 ☐ 불안/회피

설명: ______

CF10: ☐ 안정 ☒ 불안 ☐ 회피 ☐ 불안/회피

설명: ______

CM7: ☐ 안정 ☐ 불안 ☒ 회피 ☐ 불안/회피

설명: ______

(다음)

8. 해결중심 평가

시도했지만 효과적이지 않았던 해결책들

1. 엄격한 벌을 주는 AF34와 관대한 AM40은 상황을 개선하지 못했음.
2. CF14이 CM7에게 한계를 설정하려 했지만 소용이 없었음.

예외 상황과 독특한 결과(효과적이었던 해결책들): 문제시되지 않았을 때의 시간, 장소, 관계, 맥락 등. 상황을 조금이라도 개선하는 행동들

1. CM7은 조용한 곳에서 차근차근 도와주는 사람이 있으면 숙제를 잘할 수 있음.
2. CM7은 CM10과 함께 있을 때 좀 더 협조적임.
3. 담임 선생님이 매우 체계적이었던 1학년 때는 CM7의 문제가 지금보다 덜했음. CM7은 선택의 폭이 적고 덜 부산스러운 환경/일정에서 더 잘 해냄.

기적 질문 답변: 만약 그 문제가 밤사이에 해결된다면, 내담자는 다음 날 무엇을 다르게 하겠는가? (Y를 하지 않는다는 방식이 아닌 X를 한다는 방식으로 설명할 것)

1. CM7은 아침에 스스로 일어나, 옷 입고, 가방 매고 등교 준비하고, 학교에서 문제를 일으키지 않고, 집에 와서 숙제를 해서 부모님께 검토받고, 집안일을 하고, 가족들과 함께 있다가 제시간에 잠에 든다.
2. 부모는 자녀를 기르면서 생기는 문제를 다루는 방식에 대해 합의한다.
3. 밤이 되면 가족들이 함께 저녁을 먹고 TV 시청이나 다른 활동을 함께한다.
4. AF는 자기만의 시간을 갖는다.

9. 포스트모던과 문화적 담론 개념화

이야기, 주된 담론, 다양성

문제의 정의를 구성하는 주된 담론

문화, 인종, 사회경제적 지위, 종교 등: 주요 문화적 담론이 문제와 가능한 해결책을 인지하는 데 어떤 영향을 미치는가?

AF34은 자기 자신을 강인하고 독립적인 아프리카계 미국인 여성의 가족 전통과 동일시하며, CF14도 마찬가지임. AF34와 AM40은 자신들이 일궈 낸 가족 환경에 대해 자부심을 느낌.

성별, 성적 지향 등: 성별/성적 지향 담론이 문제와 가능한 해결책을 인지하는 데 어떤 영향을 미치는가?

AM40은 아프리카계 미국 남자에 대한, 도움이 안 되는 아버지라는 부정적인 편견을 갖고 있으며, 자녀들에게 아버지 역할을 잘 하기 위해 열심히 일함. CM10의 엄마와는 준비되지 않아서 실패할까 봐 두려운 마음에 결혼하지 않았음. AF34와의 결혼생활을 잘 해내고 싶은 마음이 매우 강함.

맥락, 가족, 지역사회, 학교, 기타 사회적 담론: 다른 중요한 담론이 문제와 가능한 해결책을 인지하는 데 어떤 영향을 미치는가?

그들은 소수인종이 많은 지역에 살고 있지만, 그중 대부분이 히스패닉이며 아프리카계 미국인은 상대적으로 소수임. 그들은 교회에서 활발하게 활동 중이며, 이는 그들의 주요 공동체이고 매우 지지적임.

정체성/자기 이야기: 그 문제는 각 가족 구성원의 정체성을 어떻게 형성하였는가?

CM7의 문제는 부부가 아이를 갖지 말았어야 했고 그들이 자녀들에 관해 상황을 너무 복잡하게 만들었

(다음)

다는 일종의 신호임. AM40은 아들이 학급에서 단 두 명뿐인 흑인 아이 중 한명이라서 괴롭힘을 당한다고 여김. CM7은 스스로를 학교에서의 문제아로 생각하기 시작함.

국소적/선호하는 담론: 내담자가 선호하는 정체성 이야기 및 문제에 관한 이야기는 무엇인가? 문제에 대해 선호되는 국소적(대안적인) 담론이 있는가?

AM40은 CM7이 발달 단계를 거치고 있으며 인종차별주의에 대처해야 한다고 여기고, 아들이 이에 대처할 방법을 배워야 할 거라고 생각함. AF34의 교회 친구들은 그녀에게 하나님을 의지하고, 이 경험을 가족을 더 돈독하게 하는 계기로 삼으라고 격려함. 그녀의 여동생과 어머니는 이 일이 그녀가 육아와 가정에 더 신경을 써야 한다는 신호라고 말함.

10. 내담자 관점

동의하는 영역: 내담자들이 말한 것에 근거하여, 이 평가의 어떤 부분에 대해 그들이 동의하는가, 혹은 동의할 것 같은가?

그들은 이 모든 내용에 동의할 것임.

동의하지 않는 영역: 그들이 어떤 부분에 대해 동의하지 않는가, 혹은 동의하지 않을 것 같은가? 이유는?

AF34와 AM40이 문제를 바라보는 관점이 불일치함.

당신은 동의할 것 같지 않은 영역을 어떻게 존중하면서 작업할 계획인가?

질문과 치료 계획은 문제의 원인을 찾거나 책임을 묻기보다는 증상을 줄이는 데 초점을 둘 것임. 누가 옳은지를 강조하지 않도록 하기 위해 보다 과학에 근거한 교육적인 접근을 사용할 것임.

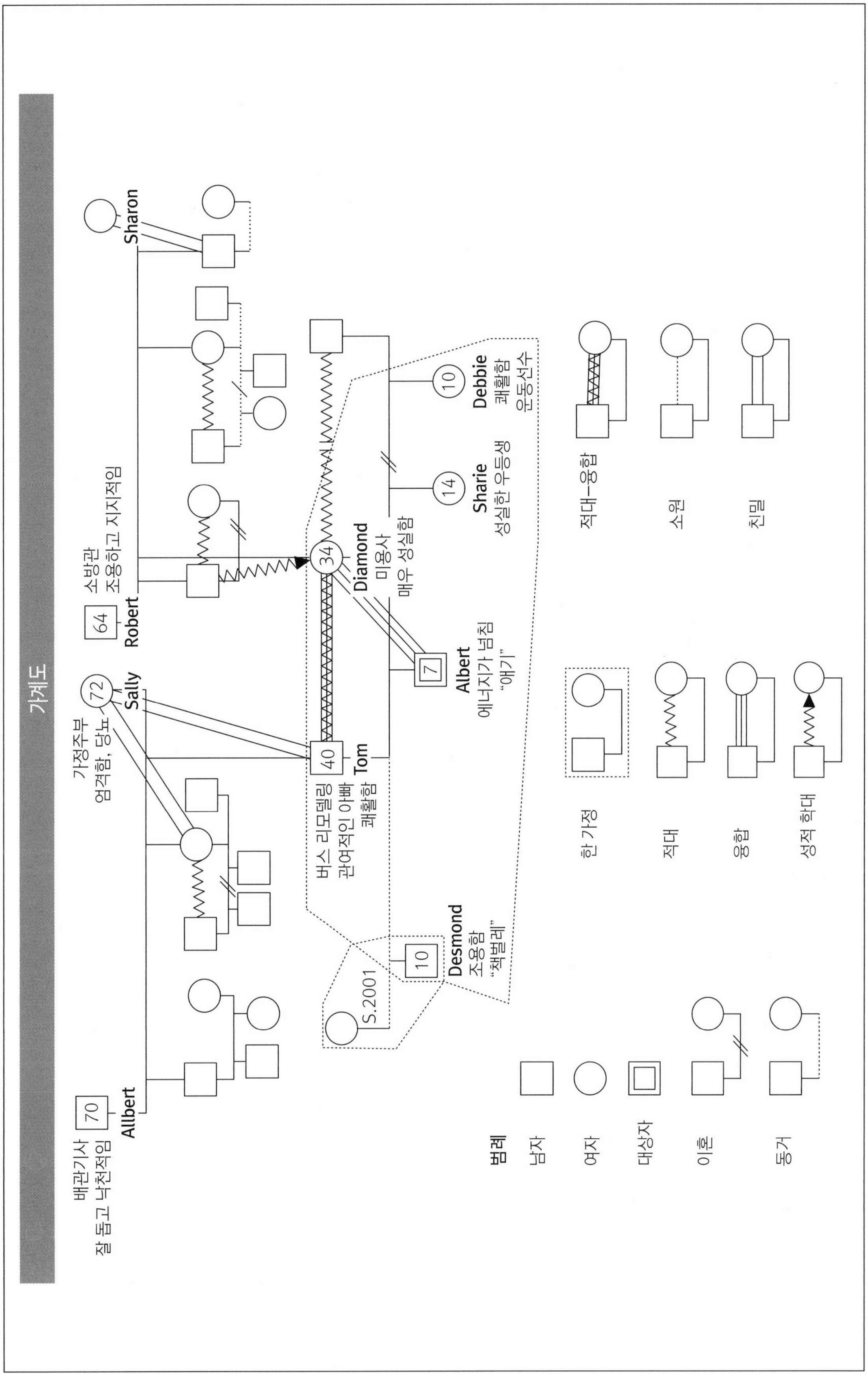

가계도

배관기사
잘 돕고 낙천적임
70
Allbert
가정주부
엄격함, 당뇨
72
Sally
64
Robert
소방관
조용하고 지지적임
Sharon
버스 리모델링
관여적인 아빠
쾌활함
40
Tom
34
Diamond
미용사
매우 성실함
S.2001
10
Desmond
조용함
"책벌레"
7
Albert
에너지가 넘침
"애기"
14
Sharie
성실한 우등생
10
Debbie
쾌활함
운동선수
범례
남자
여자
대상자
이혼
동거
한 가정
적대
융합
성적 학대
적대-융합
소원
친밀

임상 평가

내담자 ID #: (이름을 쓰지 말 것): 1208	인종 아프리카계 미국인 AM은 일부 북미 태생	주요 언어 ☒ 영어 ☐ 스페인어 ☐ 기타: ______

참여자/중요한 타인을 모두 기록할 것: 확인된 환자(IP)는 [★], 참여할 중요한 타인은 [✔], 참여하지 않을 중요한 타인은 [X] 표시할 것.

성인: 나이, 직업/고용주	자녀: 나이: 학교/학년
[✔] AM*: 40, 리모델링 사업가, 아프리카계 미국인/북미 태생 [✔] AF: 34, 미용사, 아프리카계 미국인 [✔] CM: 14, 9학년, 육상, 우등생, 주말에 친부와 만남.	[✔] CF: 10, 5학년, 춤/응원, 주말에 친부와 만남. [✔] CM: 10, 5학년, 친모과 60%의 시간을 보냄. [★] CM: 7, 2학년

현재 문제

		자녀에 대해 기록
☐ 우울증/절망	☐ 부부 문제	☒ 학업 실패/성적 하락
☐ 불안/걱정	☒ 부모/자녀 갈등	☐ 무단결석/가출
☐ 분노 문제	☐ 배우자 폭력/학대	☒ 또래와의 싸움
☐ 상실/비애	☐ 이혼 적응	☒ 과잉행동
☐ 자살 사고/시도	☒ 재혼 적응	☐ 유뇨/유분증
☐ 성적 학대/강간	☐ 성적 취향/친밀감 문제	☐ 아동 학대/방임
☐ 알코올/약물 사용	☐ 주요 삶의 변화	☐ 고립/철회
☐ 섭식 문제/장애	☐ 법적 문제/보호 관찰	☐ 기타: ______
☐ 직업 문제/실직	☒ 기타: 형제자매 갈등	

IP의 정신 상태

대인관계 문제	☐ NA	☒ 갈등 ☐ 밀착 ☐ 고립/회피 ☐ 정서적 단절 ☒ 사회 기술 부족 ☐ 부부 문제 ☐ 또래 문제 ☐ 업무상 문제 ☐ 지나치게 수줍음 ☐ 이기적 ☒ 관계 구축/유지 어려움 ☐ 기타: ______
기분	☐ NA	☐ 우울/슬픔 ☐ 절망감 ☐ 두려움 ☐ 불안 ☐ 분노 ☒ 짜증 ☐ 조증 ☐ 기타: ______
정서	☐ NA	☐ 위축된 ☐ 무딘 ☐ 생기 없는 ☒ 불안정한 ☐ 극적인 ☐ 기타: ______
수면	☒ NA	☐ 수면과다증 ☐ 불면증 ☐ 수면 방해 ☐ 악몽 ☐ 기타: ______
섭식	☒ NA	☐ 증가 ☐ 감소 ☐ 식욕 억제 ☐ 폭식 ☐ 하제 사용 ☐ 신체 이미지 ☐ 기타: ______
불안 증상	☒ NA	☐ 만성 근심 ☐ 공황발작 ☐ 해리 ☐ 공포증 ☐ 강박사고 ☐ 강박행동 ☐ 기타: ______

(다음)

* 약어: AF: 성인 여성, AM: 성인 남성, CF#: 여자아이와 나이(예: CF12), CM#: 남자아이와 나이, Hx: 병력, Cl: 내담자.

트라우마 증상	☒ NA	☐ 급성 ☐ 만성적 ☐ 과각성 ☐ 꿈/악몽 ☐ 해리 ☐ 정서적 마비 ☐ 기타:
정신증적 증상	☒ NA	☐ 환각 ☐ 망상 ☐ 편집증 ☐ 연상 이완 ☐ 기타:
운동 활동/말하기	☐ NA	☐ 에너지 부족 ☒ 활동적/과잉행동 ☐ 불안한 ☒ 부주의한 ☒ 충동적인 ☐ 병적 수다 ☐ 말이 느린 ☐ 기타:
사고	☐ NA	☒ 집중력/주의력 저하 ☐ 부정 ☐ 자기 비난 ☐ 타인 비난 ☐ 반추 ☒ 부적절한 ☐ 비논리적인 ☐ 경직된 ☐ 낮은 통찰력 ☒ 의사결정능력 손상 ☐ 혼란스러운 ☐ 느린 처리 ☐ 기타:
사회 법률	☐ NA	☐ 규칙 무시 ☐ 반항 ☐ 도벽 ☐ 거짓말 ☐ 울화 행동 ☐ 체포/수감 ☒ 싸움을 일으킴 ☐ 기타:
기타 증상	☒ NA	

IP 진단

진단을 내릴 때 고려되는 환경적 요인들: ☒ 나이 ☒ 성별 ☒ 가족 역동 ☒ 문화 ☐ 언어 ☒ 종교 ☐ 경제 ☐ 이민 ☐ 성적 지향 ☐ 트라우마 ☐ 이중 진단/동반질환 ☐ 중독 ☒ 인지 능력
☒ 기타: 의사의 진단

확인된 요인들의 영향력: 진단을 내림에 있어 의사의 진단이 활용됨. CM7의 행동에 대한 문화적 · 사회경제적 규범이 고려됨. 혼합 가족의 역동 또한 고려함. 치료에 활용될 수 있는 강점으로 종교적 자원이 고려됨.

축 I 및 축 II–IV	축 I 진단의 DSM 증상
축 I **주 진단:** 314.01 ADHD, 복합형 **부수적 진단:** V61.20 부모-자녀 관계 문제 **축 II:** V 71.09 진단 없음 **축 III:** 보고된 바 없음 **축 IV** ☒ 주요 지지 집단과의 문제: 부모 ☒ 사회 환경/학교 관련 문제: 이사, 새로운 학교 ☒ 교육적 문제: 새로운 학교 ☐ 직업 문제 ☐ 주거 문제 ☐ 경제 문제 ☐ 건강관리서비스 이용 문제 ☐ 법률 체계와의 상호작용 관련 문제 ☐ 기타 심리사회적 문제	축 I 진단의 DSM 증상을 열거할 것(각 증상의 빈도와 지속 기간 포함). 내담자는 축 I의 주 진단의 4개 진단기준 중 4 개를 충족함. 1. 주의력결핍: 부주의함. 주의를 지속하지 못함. 경청하지 않음. 지시에 따르지 않음. 물건을 잃어버림. 잘 잊음. 주의 분산. 2. 과잉행동: 가만히 있지 못함. 자리에 앉아 있지 못함. 교실을 뛰어다님. 말이 많음. 충동적으로 말함. 타인을 방해함. 3. 학교, 집, 주일학교에서 증상 있음. 4. 7세 이전에 증상 나타남.

(다음)

<table>
<tr><td>축 V
GAF 60
GARF 60
의학적 원인은 배제되었는가?
☒ 네 ☐ 아니요 ☐ 진행 중
환자가 정신과적/의학적 평가가 의뢰된 적이 있는가?
☒ 네 ☐ 아니요
환자가 의뢰에 동의하였는가?
☒ 네 ☐ 아니요 ☐ NA
평가에 사용된 심리측정 도구 혹은 자문을 열거할 것
☐ 없음 또는 의사가 실시한 초기 평가, Youth Outcome Questionnaire</td><td>약물치료(정신 의학 & 의학)
복용량/복용 시작 날짜
☐ 처방받지 않음
1. Adderall/ 5 mg(학교가는 날) 09/4/2
2. ________/ ________mg ________
3. ________/ ________mg ________

진단에 대한 내담자의 반응
☐ 동의 ☒ 다소 동의 ☐ 동의하지 않음
☐ 다음의 이유로 알리지 않음
________</td></tr>
<tr><td colspan="2">의학적 필요성(해당되는 것에 모두 체크할 것)
☒ 심각한 손상 ☐ 심각한 손상 가능성 ☒ 발달 지체 가능성
손상 영역: ☒ 일상 활동 ☒ 사회적 관계 ☐ 건강 ☒ 직장/학교 ☐ 거주 형태
☐ 기타: ________</td></tr>
<tr><td colspan="2">위험 평가</td></tr>
<tr><td>자살 경향
☒ 징후 없음
☒ 부인
☐ 적극적인 사고
☐ 소극적인 사고
☐ 계획 없는 의도
☐ 수단 있는 의도
☐ 과거 자살 사고
☐ 과거 자살 시도
☐ 자살한 가족/동료 이력

약물 사용 경험
알코올 남용
☒ 징후 없음
☐ 부인
☐ 과거
☐ 현재
빈도/양: ________

약물
☒ 징후 없음
☒ 부인
☐ 과거
☐ 현재
약물: ________
빈도/양: ________
☐ 가족/중요한 타인의 약물 남용</td><td>살인 경향
☒ 징후 없음
☒ 부인
☐ 적극적인 사고
☐ 소극적인 사고
☐ 수단이 없는 의도
☐ 수단이 있는 의도
☐ 과거 살인 사고
☐ 과거 폭력 사용
☐ 폭행/행패 이력
☐ 동물 학대
성적 & 신체적 학대와 기타 위험 요인
☐ 현재 학대 이력이 있는 아동
  ☐ 성적 ☐ 신체적 ☐ 정서적 ☐ 방임
☐ 아동기 학대 이력이 있는 성인
  ☐ 성적 ☐ 신체적 ☐ 정서적 ☐ 방임
☐ 성인기에 학대/폭행 경험이 있는 성인
  ☐ 성적 ☐ 신체적 ☐ 현재
☐ 학대를 가한 이력
  ☐ 성적 ☐ 신체적
☐ 노인/보살핌이 필요한 성인 학대/방임
☐ 식욕부진증/폭식증/기타 섭식장애
☐ 자상 또는 기타 자해
  ☐ 현재
  ☐ 과거 방법: ________
  ☐ 범죄/법적 이력: ________
  ☒ 보고된 바 없음</td></tr>
</table>

(다음)

안전 지표: ☒ 강력한 지지를 제공하는 최소 한 명의 외부인 ☐ 자신/타인을 해치지 않을 이유와 살아야 할 구체적인 이유를 언급할 수 있음 ☒ 희망적임 ☐ 미래의 목표가 있음 ☐ 위험한 물건들을 처분할 의사가 있음 ☐ 상황을 악화시키는 사람들과의 접촉을 줄일 의지가 있음 ☐ 안전 계획과 안전 개입을 이행할 의지가 있음 ☐ 자해하거나 타인을 해치는 것의 대안들을 개발함 ☐ 안전이 유지된 기간: ________ ☐ 기타: ________

안전 계획 요소: ☐ 해치지 않겠다는 구두 계약 ☐ 해치지 않겠다는 서면 계약 ☒ 비상연락망 ☒ 위기 상담사/기관 연락처 ☒ 약물치료 관리 ☐ 위기 시에 친구들/지지적인 사람들과 연락하기 위한 구체적인 계획 ☐ 위기 시에 갈 장소에 대한 구체적인 계획 ☒ 위기 단계에 도달하기 전에 위험을 줄이기 위한 구체적인 자기진정 과제 (예: 일기 쓰기, 운동 등) ☐ 스트레스 요인을 줄이기 위한 구체적인 매일/주 단위 ☐ 기타: ________

메모: 법적/윤리적 행동: ☒ NA

사례 관리

날짜	양식:	내담자가 다른 곳에서 정신건강 또는 기타 의학적 치료를 받고 있는가?
첫 번째 방문: 09/4/2 마지막 방문: 09/4/9 회기 빈도: ☒ 주 1회 ☐ 격주 ☐ 기타: ________ 예상 치료 기간: ________	☐ 성인 개인 ☐ 아동 개인 ☐ 부부 ☒ 가족 ☐ 집단 ________	☐ 아니요 ☒ 네: Dr. Hamdad 아동/청소년의 경우: 가족이 참여하는가? ☒ 네 ☐ 아니요

환자 의뢰 및 전문가 연락

사회 복지사에게 연락한 적이 있는가?
☐ 네 ☐ 아니요
설명: ________ ☒ NA

내담자가 의학적 평가에 의뢰된 적이 있는가?
☒ 네 ☐ 필요 없음

내담자가 정신의학적 평가에 의뢰된 적이 있는가?
☒ 네(내담자가 동의함) ☐ 네(내담자가 동의하지 않음) ☐ 불필요

의료진이나 다른 전문가와 연락한 적이 있는가?
☒ 네 ☐ 아니요 ☐ NA

내담자가 복지 서비스에 의뢰되었는가?
☐ 직업/훈련 ☐ 복지/식품/주거 ☐ 피해자 지원 ☐ 법적 지원 ☐ 의료
☐ 기타: ________ ☒ NA

치료와 관련하여 예상되는 범죄/법률 절차가 있는가?
☒ 아니요 ☐ 네: ________

내담자가 집단 또는 기타 지원 서비스에 의뢰된 적이 있는가?
☒ 네 ☐ 아니요 ☐ 추천받지 않음 양육

내담자의 사회적 지지 연결망
☒ 지지적인 가족 ☐ 지지적인 배우자 ☐ 친구들 ☒ 종교적/영적 단체 ☐ 지지적인 직장/사회적 집단
☐ 기타: ________

(다음)

치료가 지지체계 내 타인(부모, 아동, 형제자매, 중요한 타인 등)에게 미칠 영향.
결혼생활에 대한 주제가 제기될 수 있음.

성공적이기 위해 내담자에게 그 밖에 필요한 것이 있는가?
교사와의 연락.

내담자의 희망: 낮음 1----------5X---------10 높음

예상 결과 및 예후

☒ 정상적인 기능으로 회복.
☐ 개선을 예상하지만, 정상적인 기능보다 덜할 것으로 예상.
☐ 현재의 상태를 유지/악화 예방.

진단/내담자 관점에 대한 평가

평가 방법은 내담자의 필요에 따라 어떻게 조정되었는가?
의사와 학교 교사와 연락하였음. 전체 가족이 참여하여 평가하였음.

나이, 문화, 능력 수준, 기타 다양성 문제는 다음과 같이 조정되었음.
아동에게 친숙한 언어를 사용하였음. 종교적 대화를 유도함. 인종차별에 대해 논의함.

체계적/가족 역동은 다음과 같은 방식으로 고려되었음.
보고된 문제의 중요한 원인으로 혼합 가족 문제를 고려함.

이 평가와 관련하여 실제적이거나 잠재적인 내담자-치료자 동의/비동의 영역을 설명할 것.
AF는 약물치료를 하기로 결정함. AM은 약물치료에 반대함. 부모는 약물치료의 필요성을 줄이거나 없애기 위해 양육방식과 가족 문제에 대해 작업할 의향이 있음.

상담사 치료자 서명	자격/수련 등급	날짜
지도감독자 서명	자격	날짜

치료 계획

이름: Sally Wright　　날짜: 09/4/2
사례/내담자: #1208　　이론: 인지행동 가족치료

■ 치료 초기 단계

❖ 초기 단계 치료적 과업

1. 효과적인 치료적 관계 발전시키기. 다양성 주의: 아동 친화적이고, 청소년 친화적이며, 부모에게 적절한 언어와 활동을 포함할 것. 학교 전문가에게 존중받지 못했다고 느끼는 경험과 종교를 존중할 것.
   관계 구축 접근/개입
   a. 치료자가 전문가의 위치에서 효과적이고 정중하게 교육을 제공할 수 있도록 가족과 공감적이고 지지적인 작업 관계를 발전시킬 것.

2. 개인적, 체계적 및 광범위한 문화적 역동 평가하기. 다양성 주의: 공동체 내에서 인종의 중요도를 고려할 것.
   평가 전략
   a. CM7의 증상에 대한 기능 분석을 수행할 것. 체계에서의 역할을 파악할 것.
   b. 혼합 가족, 양육, 형제자매 관계, CM7의 행동에 관한 가족 도식을 평가할 것.

3. 치료 목표를 정의하고 치료 목표에 대한 내담자 동의 얻기. 다양성 주의: 가족에게 적합한 언어로 목표에 대해 정중하게 논의하고 있는지 확인할 것.
   a. CM7에 대한 행동적이고 측정 가능한 목표들을 명시한 서면 계약서를 만들고, 참여할 가족 구성원들을 확인할 것.

4. 의뢰 필요성, 위기 문제, 부수적 정보제공자 연락, 기타 내담자 욕구를 확인하기.
   메모: ____________________
   a. 의뢰/자원/연락: 기저 수준 기능과 관련 치료에 대해 논의하기 위해 처방한 의사 및 교사와 연락할 것.

❖ 초기 단계 내담자 목표

1. 충동성을 줄이기 위해 학교에서의 학업문제와 행동화를 줄이도록 학교의 협조 높이기.
   측정: 2회 이하의 가벼운 '행동점수 감점'이나 '과제 제출 실패' 에피소드를 보이며 □ 2주 ☒ 2개월 동안 친사회적 행동을 유지할 수 있음.
   a. 충동성과 주의분산을 다루는 방법을 연습하기 위한 회기 내 역할놀이.
   b. 학교 숙제, 공부, 학점에 대한 보상체계를 개발할 것.

■ 치료 작업 단계

❖ 작업 단계 치료적 과업

1. 목표를 향한 경과 점검하기. 다양성 주의: 아동의 관점과 가족의 관점, 이 관점들이 교사의 관점과 비교

(다음)

하여 어떠한지에 대해 존중할 것.

a. 개입평가: 매월 Youth Outcome Questionnaire를 재실시할 것.

2. 치료가 진행됨에 따라 치료적 동맹의 질 점검하기. 다양성 주의: CM7 개인과 가족에 대해 모두 점검할 것. 가족과 치료자 간의 인종 차이에 대해 논의하자고 청할 것.

a. 평가 개입: 매월 치료에 대한 가족의 관점을 질문하여 구두로 점검할 것.

b. 평가 개입: 회기 평가 척도.

❖ 작업 단계 내담자 목표

1. 집과 학교에서 산만한 행동을 줄이기 위해 협력과 행동 강화에서 양육의 효율성 높이기.

측정: 3회 이하의 가벼운 '서로에 대한 지지 실패'나 '예고한 벌칙 이행하기 실패' 에피소드를 보이며 □ 2주 ☒ 2개월 동안 일관된 강화 체계를 유지할 수 있음.

a. 일관된 벌칙 설정에 관한 부모 훈련을 수행하기 위한 부모 단독회기.

b. 양육 문제와 양육 관련 가족 도식에 관한 부부 문제 해결 및 의사소통 훈련.

2. 형제자매 간의 갈등을 줄이기 위해 긍정적이고 만족스러운 형제자매 상호작용 증가시키기.

측정: 2회 이하의 가벼운 '부모님에게 벌을 받을 만한 싸움' 에피소드를 보이며 □ 2주 ☒ 2개월 동안 친사회적 형제자매 상호작용을 유지할 수 있음.

a. 다른 구성원들과 가족 전체에 대한 비현실적 기대를 확인하기 위해 혼합 가족에 관한 신념에 대해 가족이 이야기를 나눌 것.

b. 개입: 경계를 조정하고 역할을 재정의하기 위해 새로운 방식으로 놀이하면서 연습하는 손가락 인형 놀이.

3. 학업 실패를 줄이기 위해 학교과제에 대한 CM7의 독립성 기르기.

측정: 4회 이하의 가벼운 '과제완수 실패' 에피소드를 보이며 □ 4주 ☒ 4개월 동안 숙제 시간의 처음과 끝에 점검만 해 줘도 숙제하기를 유지할 수 있음.

a. CM7의 숙제에 대한 독립성을 점차 늘려 나가기 위해 조작적 조건형성을 사용할 것.

b. AM40이 숙제에 더 신경 쓰도록 하고, CF14의 개입은 줄일 것.

■ 치료 종결 단계

❖ 종결 단계 치료적 과업

1. 추후관리 계획을 세우고 개선된 점을 유지하기. 다양성 주의: 아프리카계 미국인 공동체, 학교, 확대가족의 자원을 확인할 것.

a. 개선된 점 및 추후 관리에 관해 정신과 의사 및 교사와 상의할 것.

b. 학교에서 개선을 유지하기 위한 학교 자원을 파악할 것.

❖ 종결 단계 내담자 목표

1. 갈등을 줄이기 위해 가족 응집력 높이기.

측정: 2회 이하의 가벼운 '하루 이상 남지 않는 갈등' 에피소드를 보이며 □ 2주 ☒ 2개월 동안 효과

(다음)

적인 가족 문제 해결을 유지할 수 있음.

a. 모두에게 지지적이고 보살펴 주는 공간으로서의 가족을 상상해 보는 예술치료.

b. 긍정적인 가족 신념과 실행 방법 계획의 목록을 적어 볼 것.

2. 갈등을 줄이고 행복감을 높이기 위해 각 구성원이 일상생활에 대해 현실적으로 이해하는 능력을 높이고 생각이 비합리적인 상황을 파악하기.

a. 내담자가 계속되는 일상의 난관들에 대처하도록 돕는 문제 해결 훈련.

b. 스스로 비현실적인 신념을 지속적으로 확인하고 틀렸음을 밝혀내는 사고 기록과 소크라테스식 문답법

■ 내담자 관점

내담자와 함께 치료 계획을 검토하였는가? ☒ 네 ☐ 아니요

아니라면 설명할 것: ______________________________

내담자가 동의하는 영역과 우려 사항을 묘사할 것

내담자들이 약물치료를 중단할 수 있을지 질문함. 내담자에게 약물치료에 관해서는 정신과 의사가 결정해야 한다고 알려 줌. 이 계획을 통해 약물 복용으로 다루고 있는 증상을 줄이고자 함. 치료가 진행됨에 따라 약물치료의 필요성에 대해 정신과 의사와 상의할 필요가 있음.

치료자 서명, 수련생 지위	날짜	지도감독자 서명, 자격	날짜

경과 기록

내담자 경과 기록 # 1208
날짜: 09/5/12 시간: 4:00 오전/오후 회기 길이: ☒ 50분 또는 ☐ ______
참가자: ☒ AM ☒ AF ☒ CM7 ☒ CF14 ☒ CM7
청구번호: ☐ 90791(평가) ☐ 90834(치료-45 분) ☒ 90847(가족)
☐ 기타 ______

증상	지난 방문 이후 지속 기간/빈도	경과: 퇴행---------초기 상태-----------목표
1. 과잉행동	이번 주에 교실에서 '경고' 받지 않음	-5--------1------5---X------------10
2. 주의력결핍/성적	수업과제를 하나 빼고 모두 제출함. 대부분 HW임	-5--------1------X----------------10
4. 가족 갈등	CM10과 CM7 토요일에 한 번 다툼	-5--------1------5---X------------10

설명: 교실 내 행동문제는 역할놀이가 도움이 되었다고 보고함. AF와 AM은 학교에서의 행동 강화와 숙제하기에 관해 서로를 지지하며 부모 훈련 회기 이후로 갈등이 줄었다고 보고함. CM10와 CM7은 계속 싸우지만 더 신속하게 해결할 수 있음.

개입/HW: 보상체계를 검토하고 그에 관한 부모의 질문에 답변하였음. 혼합 가족 주제에 관한 심리교육 실시. 가족에 대해 가장 좋아하는 점과 가장 덜 좋아하는 점에 대해 각자가 그리게 하는 예술치료를 활용하였음. 응집력을 높이기 위해 가족이 즐거운 밤을 보낼 수 있는 계획을 세웠음.

내담자 반응/피드백: 부모는 문제에 대해 적극적으로 논의하고 싶어 하지만 자녀들은 오랫동안 듣기만 함. 장난기를 이끌어 내는 예술 활동에는 모든 구성원이 적극적으로 참여함.

계획
☒ 다음 회기: 숙제에 대한 CM7의 독립성을 높이는 것에 관한 작업을 시작하기 위해 부모만 참여함.
☐ 계획 수정: ______

다음 회기: 날짜: 09/5/19 시간: 4:00 am/pm

위기 문제: ☒ 자살/살인/학대/위기를 부정함 ☐ 위기가 평가됨/다루어짐

______

______, ______ ______
치료자 서명 자격/수련생 지위 날짜

(다음)

사례 자문/지도감독 기록: 슈퍼바이저는 숙제와 관련한 조작적 조건형성의 개요를 제공하였음.

부수적 정보제공자 연락: 날짜:09/5/11 시간: 1:30 이름: Ms. Marshall
기록: 담임교사는 수업 태도와 학교 공부가 개선되었다고 보고함. 수업 내내 떠들기는 했지만 자리에 앉아있었고, 친구들과 덜 싸웠으며, 과제를 더 많이 제출하였다고 보고함.

☒ 서명 공개 파일: ☒ 발송 ☐ 수령 ☐ 법원 서류 ☐ 기타: ____________

______________________________, ______________ ______________
치료자 서명 자격/수련생 지위 날짜

______________________________, ______________ ______________
지도감독자 서명 자격 날짜

참고문헌

*기호는 추천 입문서를 나타냄

Baer, R. A. (2003). Mindfulness training as a clinical intervention: A conceptual and empirical review. *Clinical Psychology: Science and Practice, 10*(2), 125-143.

Barnes, S., Brown, K. W., Krusemark, E., Campbell, W. K., & Rogge, R. D. (2008). The role of mindfulness in romantic relationship satisfaction and responses to relationship stress. *Journal of Marital and Family Therapy, 33*, 482-500.

Baucom, D., Epstein, N., Sayers, S., & Sher, T. (1989). The role of cognitions in marital relationships: Definitional methodological, and conceptual issues. *Journal of Family Psychology, 10*, 72-88.

Beck, A. T. (1976). *Cognitive therapy and the emotional disorders*. New York: International Universities Press.

*Beck, A. T. (1988). *Love is never enough*. New York: Harper & Row.

*Beck, J. (2005). *Cognitive therapy for challenging problems: What to do when the basic don't work*. New York: Gilford.

Berg-Cross, L., Jennings, P., & Baruch, R. (1990). Cinematherapy: Theory and application. *Psychotherapy in Private Practice, 8*, 135-157.

Block-Lerner, J., Adair, C., Plumb, J. C., Rhatigan, D. L., & Orsillo, S. M. (2008). The case for mindfulness-based approaches in the cultivation of empathy: Does nonjudgmental, present-moment awareness increase capacity for perspective-taking and empathic concern? *Journal of Marital and Family Therapy, 33*, 501-516.

Carson, J. W., Carson, K. M., Gil, K. M., & Baucom, D. H. (2004). Mindfulness-based relationship enhancement. *Behavior Therapy, 35*(3), 471-494. doi:10.1016/ S0005-7894(04)80028-5

Carson, J. W., Carson, K. M., Gil, K. M., & Baucom, D. H. (2008). Self expansion as a mediator of relationship improvements in a mindfulness intervention. *Journal of Marital and Family Therapy, 33*, 517-526.

*Dattilio, F. M. (2005). Restructuring family schemas: A cognitive-behavioral perspective. *Journal of Marital and Family Therapy, 31*, 15-30.

Duarté-Vélez, Y., Bernal, G., & Bonilla, K. (2010). Culturally adapted cognitive-behavioral therapy: Integrating sexual, spiritual, and family identities in an evidence-based treatment of a depressed Latino adolescent. *Journal of Clinical Psychology, 66*(8), 895-906. doi:10.1002/jclp.20710

Dumas, J. E. (2005). Mindfulness-based parent training: Strategies to lessen the grip of automaticity in families with disruptive children. *Journal of Clinical Child and Adolescent Psychology, 34*(4), 779-791. doi:10.1207/s15374424jccp3404_20

Duncan, L. G., & Bardacke, N. (2010). Mindfulness-based childbirth and parenting education: Promoting family mindfulness during the perinatal period. *Journal of Child and Family Studies, 19*(2), 190-202. doi:10.1007/s10826-009-9313-7

Duncan, L. G., Coatsworth, J., & Greenberg, M. T. (2009). A model of mindful parenting: Implications for parent-child relationships and prevention research. *Clinical Child and Family Psychology Review, 12*(3), 255-270. doi:10.1007/s10567-009-0046-3

Ellis, A. (1962). *Reason and emotion in psychotherapy*. New York: Lyle Stuart.

Ellis, A. (1978). Family therapy: A phenomenological and active-directive approach. *Journal of Marriage and Family Counseling, 4*, 43-50.

Ellis, A. (1994). Rational-emotive behavior marriage and family therapy. In A. M. Horne (Ed.), *Family counseling and therapy* (pp. 489-514). San Francisco: Peacock.

Epstein, N. (1982). Cognitive therapy with couples. *American Journal of Family Therapy, 10*, 5-16.

Epstein, N., & Baucom, D. (2002). *Enhanced cognitive-behavioral therapy for couples: A contextual approach*. Washington, DC: American Psychological Association.

Epstein, N., Chen, F., & Beyder-Kamjou, I. (2005). Relationship standards and marital satisfaction in Chinese and American couples. *Journal of Marital and Family Therapy, 31*, 59-74.

Epstein, N., Schlesinger, S., & Dryden, W. (1988). *Cognitive-behavioral therapy with families*. New York: Brunner/Mazel.

*Falloon, I. R. H. (Ed.). (1988). *Handbook of behavioral family therapy*. New York: Guilford.

Falloon, I. R. H. (1991). Behavioral family therapy. In A. S. Gurman & D. P. Kniskern (Eds.), *Handbook of family therapy* (vol. 2, pp. 65-95). Philadelphia: Brunner/Mazel. Freeman, A., Epstein, N., & Simon, K. (1987). Depression in the family. New York: Routledge.

Gehart, D. (2012). *Mindfulness and acceptance in couple and family therapy*. New York: Springer.

Gehart, D. R., & Lyle, R. R. (2001). Client experience of gender in therapeutic relationships: An interpretive ethnography. *Family Process, 40*, 443-458.

*Gehart, D., & McCollum, E. (2007). Engaging suffering: Towards a mindful re-visioning of marriage and family therapy practice. *Journal of Marital and Family Therapy, 33*, 214-226.

Gehart, D., & McCollum, E. (2008). Teaching therapeutic presence: A mindfulnessbased approach. In S. Hicks (Ed.), *Mindfulness and the healing relationship*. New York: Guilford.

Glassgold, J. M. (2009). The case of Felix: An example of gay-affirmative, cognitivebehavioral therapy. *Pragmatic Case Studies In Psychotherapy, 5*(4), 1-21.

Gonzȧlez-Prendes, A., Hindo, C., & Pardo, Y. (2011). Cultural values integration in cognitive-behavioral therapy for a Latino with depression. *Clinical Case Studies, 10*(5), 376-394. doi:10.1177/1534650111427075

*Gottman, J. M. (1999). *The marriage clinic: A scientifically based marital therapy*. New York: Norton.

Gottman, J. M. (2002). *The seven principles for making marriage work*. New York: Three Rivers Press.

Gottman, J. M., & Gottman, J. S. (2008). *And baby makes three*. New York: Three Rivers Press.

*Hayes, S. C., Strosahl, K. D., & Wilson, K. G. (1999). *Acceptance and commitment therapy: An experiential approach to behavior change*. New York: Guilford.

Holtzworth-Munroe, A., & Jacobson, N. S. (1991). Behavioral marital therapy. In A. S. Gurman & D. P. Kniskern (Eds.), *Handbook of family therapy* (vol. 2, pp. 96-133). Philadelphia: Brunner/Mazel.

Hwang, W., Wood, J. J., Lin, K., & Cheung, F. (2006). Cognitive-behavioral therapy with Chinese Americans. Research, theory, and clinical practice. *Cognitive and Behavioral Practice, 13*, 293-303.

Jacobson, N. S., & Addis, M. E. (1993). Research on couples and couples therapy: What do we know? Where are we going? *Journal of Consulting and Clinical Psychology, 57*, 5-10.

*Jacobson, N. S., & Christensen, A. (1996). *Integrative couple therapy*. New York: Norton.

Kabat-Zinn, J. (1990). *Full catastrophe living: Using the wisdom of your body and mind to face stress, pain, and illness*. New York: Delta.

Keating, T. (2006). *Open mind open heart: The contemplative dimension of the gospel*. New York: Continuum International Publishing Group.

Kelly, S. (2006). Cognitive-behavioral therapy with African Americans. In P. A. Hays & G. Y. Iwamasa (Eds.), *Culturally responsive cognitive-behavioral therapy: Assessment, practice, and supervision* (pp. 97-116). Washington, DC: American Psychological Association. doi:10.1037/11433-004

*Linehan, M. M. (1993). *Cognitive-behavioral treatment of borderline personality disorder*. New York: Guilford.

Loewenthal, D. & House, R. (2010). *Critically engaging CBT*. Berkshire, UK: Open University Press.

Marchand, E., Ng, J., Rohde, P., & Stice, E. (2010). Effects of an indicated cognitivebehavioral depression prevention program are similar for Asian American, Latino, and European American adolescents. *Behaviour Research and Therapy, 48*(8), 821-825. doi:10.1016/j.brat.2010.05.005

McNair, L. D. (1996). African American women and behavior therapy: Integrating theory, culture, and clinical practice. *Cognitive and Behavioral Practice, 3*(2), 337-349. doi:10.1016/S1077-7229(96)80022-8

Meichenbaum, D. (1997). The evolution of a cognitive-behavior therapist. In J. K. Zeig (Ed.), *The evolution of psychotherapy: Third conference* (pp. 95-106). New York: Brunner/Mazel.

Miller, S. (2012, May 12). *Revolution in Swedish mental health practice: The cognitive behavioral therapy monopoly gives way*. Retrieved from www.scottmiller.com/?q=node%F160

Mylott, K. (1994). Twelve irrational ideas that drive gay men and women crazy. *Journal -f Rational-Emotive & Cognitive Behavior Therapy, 12*(1), 61-71. doi:10.1007/BF02354490

Organista, K. C., & Muñoz, R. F. (1996). Cognitive behavioral therapy with Latinos. *Cognitive and Behavioral Practice, 3*(2), 255-270. doi:10.1016/S1077-7229(96)80017-4

Patterson, G., & Forgatch, M. (1987). *Parents and adolescents: Living together: Part 1: The Basics*. Eugene, OR: Castalia.

Pavlov, I. P. (1932). Neuroses in man and animals. *Journal of the American Medical Association, 99*, 1012-1013.

Pedersen, P. B., Draguns, J. G., Lonner, W. J., & Trimble, J. E. (Eds.). (2002). *Counseling across cultures* (5th ed.). Thousand Oaks, CA: Sage.

Piedra, L. M., & Byoun, S. (2012). Vida Alegre: Preliminary findings of a depression intervention for immigrant Latino mothers. *Research on Social Work Practice, 22*(2), 138-150. doi:10.1177/1049731511424168

Rogers, Carl. (1961). *On becoming a person: A therapist's view of psychotherapy*. London: Constable.

Safren, S. A., Hollander, G., Hart, T. A., & Heimberg, R. G. (2001). Cognitive-behavioral therapy with lesbian, gay, and bisexual youth. *Cognitive and Behavioral Practice, 8*(3), 215-223. doi:10.1016/S1077-7229(01)80056-0

Safren, S. A., & Rogers, T. (2001). Cognitive-behavioral therapy with gay, lesbian, and bisexual clients. *Journal of Clinical Psychology, 57*(5), 629-643. doi:10.1002/jclp.1033

Skinner, B. F. (1953). *Science and human behavior*. New York: MacMillan.

Singh, N. N., Lancioni, G. E., Joy, S., Winton, A. W., Sabaawi, M., Wahler, R. G., & Singh, J. (2007). Adolescents with conduct disorder can be mindful of their aggressive behavior. *Journal of Emotional and Behavioral Disorders, 15*(1), 56-63. doi:10.1177/10634266070150010601

Sprenkle, D. H., & Blow, A. J. (2004). Common factors and our sacred models. *Journal of Marital and Family Therapy, 30*, 113-129.

Teasdale, J. D., Segal, Z. V., & Williams, J. M. C. (1995). How does cognitive therapy prevent depressive relapse and why should attentional control (mindfulness) help? *Behaviour Research and Therapy, 33*, 25-39.

Wachs, K., & Cordova, J. V. (2008). Mindful relating: Exploring mindfulness and emotional repertoires in intimate relationships. *Journal of Marital and Family Therapy, 33*, 464-481.

Willougby, B. L. B, & Doty, N. D. (2010). Brief cognitive behavioral family therapy following a child's coming out: A case report. *Cognitive and Behavioral Practice, 17*(1), 37-44. doi:10.1016/j.cbpra.2009.04.006

Walling, S., Suvak, M. K., Howard, J. M., Taft, C. T., & Murphy, C. M. (2012). Race/ethnicity as a predictor of change in working alliance during cognitive behavioral therapy for intimate partner violence perpetrators. *Psychotherapy, 49*(2), 180-189. doi:10.1037/a0025751

Zylowska, L. L., Smalley, S. L., & Schwartz, J. M. (2009). Mindful awareness and ADHD. In F. Didonna (Ed.), *Clinical handbook of mindfulness* (pp. 319-338). New York, NY: Springer. doi:10.1007/978-0-387-09593-6_18

제9장 해결중심치료

우리는 우리가 선택한 질문들과 해결언어의 신중한 사용을 통해 해결 방향에 대한 내담자의 지각에 영향을 주고자 한다. 내담자는 이러한 질문들에 대해 고찰하면서 그들의 상황을 새로운 관점으로 생각해 보게 된다.

– O'Hanlon & Weiner-Davis, 1989, p. 80

들어가며

해결중심치료는 거의 최초이자 가장 유명한 강점기반치료로서, 내담자들이 원하는 결과로 나아가도록 돕는 긍정적이고 적극적인 접근이다. 다음의 세 갈래의 치료는 차이점보다 유사점이 더 많다.

- **해결중심 단기치료(SFBT)**: 밀워키 단기치료센터의 Steve de Shazer와 Insoo Berg가 개발한 이 치료 방법은 현재 문제나 과거에 대한 논의를 최소로 하고, 미래에 초점을 맞춘다. 개입은 해결 방향을 향한 작은 단계들을 목표로 삼는다.
- **해결지향적 치료**: 이 치료(O'Hanlon & Weiner-Davis, 1989)와 관련 접근법인 **가능성치료**(O'Hanlon & Beadle, 1999)는 Bill O'Hanlon과 동료들이 Erickson 최면치료에 사용되는 언어적 기법들을 더욱 직접적으로 가져와서 유사 미래 지향성을 포함하기 위해 개발하였다. 해결지향적 치료는 잠재적인 해결 방법을 찾기 위해 해결중심 단기치료에 비해 과거와 현재에서 도출한 개입을 더 많이 사용한다.

- **해결지향적 에릭슨 최면치료:** 해결중심치료와 해결지향적 치료 모두 Milton Erickson의 작업에서 영감을 얻었다. 그의 강점지향적 최면치료는 최면치료 중 가장 인기 있는 현대적 접근이다.

이 치료들 간에 공통점이 많기 때문에 이 장에서는 해결중심치료라는 일반적 용어로 해결중심치료와 해결지향적 치료를 함께 설명한다. 그다음으로 Erickson의 최면치료를 논의한다.

해결중심치료

◎ 요약하기: 당신이 알아야 할 최소한의 것

해결중심치료들은 팔로 알토(Palo Alto)의 MRI(Mental Research Institute)의 연구, Milton Erickson의 단기치료 및 최면 연구(de Shazer, 1985, 1988, 1994; O'Hanlon & Weiner-Davis, 1989)로부터 발달한 단기치료 접근들이다. 최초이자 선도적인 '강점기반'치료인 해결중심치료는 내담자를 존중함과 동시에 효과도 있어서 내담자, 보험 회사 그리고 지역 정신건강센터에서 점차 인기를 얻고 있다. 이름에서 알 수 있듯이, 해결중심치료자들은 문제에 대해 얘기하는 것에 최소한의 시간을 쓰고, 그 대신에 내담자가 해결책을 실행에 옮기도록 하는 데 집중한다. 해결중심치료자들은 '해결사'가 되기보다는 내담자들이 자신들의 경험과 가치를 바탕으로 한 잠재적 해결책들을 마음속에 그려 보도록 함께 작업한다. 일단 내담자가 자신이 원하는 결과를 선택하면, 치료자들은 내담자가 이 목표를 실현할 수 있는 작고 점진적인 단계들을 찾아내도록 돕는다. 치료자들은 문제들을 해결하거나 해결책을 제시하지 않는다. 대신 내담자가 문제 해결에 대한 포부를 키우고 실생활에서 실행에 옮길 계획을 세울 수 있도록 돕는다.

◎ 해결중심치료에 대한 공통된 신화

해결중심치료자들은 회기에서 실제로 일어나는 일에 대해 다른 접근들에 비해 훨씬 더 많은 신화와 오해에 시달린다. 따라서 진행하기에 앞서 이러한 것들을 바로잡아 보자.

신화: 해결중심치료자들은 해결책을 제시한다

진실: 해결중심치료자들은 내담자들에게 논리적인 해결책을 제안하지 않는다(O'Hanlon & Beadle, 1999). 치료자의 도움으로 해결책을 찾아내고, 문제에 대한 예외 상황과 이미 잘되고 있는 것에 대한 내용과 잠재적 해결책들을 생각하는 데 도움이 되는 내담자의 자원을 파악하는 사람은 바로 내담자 자신이다. 일단 명확하고 행동적인 목표를 찾고 나면, 치료자들은 내담자들이 이 방향으로 작은 단계부터 조금씩 밟아 갈 수 있도록 협력한다.

신화: 해결중심치료자들은 문제에 대해서 결코 이야기하지 않는다

진실: 해결중심치료자들은 초능력자가 아니다. 그러므로 모든 치료자가 그러하듯 문제에 대해 이야기할 시간이 필요하다. 그러나 SFBT 치료자들은 특히 대부분의 다른 치료자에 비해 문제에 대해 이야기하는 데 더 적은 시간을 보낸다(De Jong & Berg, 2002). 해결중심치료자들은 문제 그리고 해결책에 대해 얼마나 자주, 얼마나 많이 이야기를 할지 결정할 때 내담자가 주도하도록 한다. 신화를 잠식시킬 근거를 덧붙이자면, 예외 질문과 같은 대표적 기법은 해결책을 찾기 위한 한 부분으로 문제에 대해 이야기하도록 되어 있다.

신화: 해결중심치료자들은 과거에 대해 결코 이야기하지 않는다

진실: 다시 말하지만 해결중심치료자들은 초능력자가 아니며, 실제로 과거에 대한 이야기를 바탕으로 하는 기법이 많이 있다. 그러나 그들이 과거에 대해 말할 때에는 문제뿐만 아니라 내담자가 지닌 강점들에 초점을 둔다(Bertolino & O'Hanlon, 2002). 과거에 무엇이 효과적이었고, 무엇이 효과가 없었는지에 대해 이야기하는 것은 해결책을 찾는 가장 중요한 수단 중 하나이다. 과거는 해결책의 수립을 촉진하는 방식으로 이야기가 진행된다.

신화: 감정을 논의하지 않는다

진실: 감정은 어떤 치료에서도 피할 수 없다. 그러나 해결중심치료자들은 인본주의 치료에서 가정하는 것처럼 감정 경험 그 자체로 치유력을 지닌다고 보지는 않는다(Lipchik, 2002). 대신에 감정은 효과가 있는 것과 없는 것, 내담자가 가고자 하는 곳에 대한 단서로 쓰일 수 있다.

◎ 핵심 내용: 중요한 기여점

당신이 이 장에서 기억할 것이 있다면, 그것은 다음과 같다.

■ 내담자 강점 평가하기

내담자 강점 평가하기는 해결중심치료의 핵심적인 활동 중 하나이다(Bertolino & O'Hanlon, 2002; De Jong & Berg, 2002; O'Hanlon & Weiner-Davis, 1989). 강점들은 개인의 삶에서의 자원들(개인적 · 관계적 · 경제적 · 사회적 · 영적)을 포함하며, 가족의 지지, 긍정적인 관계, 종교적 믿음을 포함할 수도 있다. 대부분의 치료자는 강점을 파악하는 것의 어려움을 **과소평가한다**. 사실, 대체로 내담자의 강점을 파악하는 것은 병리를 진단하는 것보다 더 힘들다. 내담자들은 자신들이 고치고 싶은 문제들을 잔뜩 생각하고 치료실에 오므로 자신의 병리에 대해서는 말할 준비가 충분히 되어 있기 때문이다. 놀랍게도 많은 내담자, 특히 우울하거나 불안한 경향이 있는 내담자들(대개 외래 환자의 경우)은 그들의 삶에서 문제가 없는 부분을 찾아내는 데 굉장한 어려움을 느낀다. 이 장 마지막의 사례연구의 Suzie와 Jorge처럼 오랫동안 부딪히며 다투어 온 많은 부부는 배우자의 긍정적인 특성, 결혼생활에서의 행복했던 시간, 그리고 가장 절망적인 경우는 애초에 그들이 왜 만나게 되었는지를 생각해 내기 어려워한다. 그러므로 치료자들은 강점을 제대로 평가하기 위해서 종종 미묘한 질문들을 하고, 모호한 단서들에 주의를 기울여야 한다.

해결중심치료자들은 두 가지 방식, ① 강점, 취미, 삶에서 잘 되어 가고 있는 영역에 대해 직접 질문하기, ② 문제의 예외 상황 및 간과된 강점 영역에 주의 깊게 귀 기울이기(Bertolino & O'Hanlon, 2002; De Jong & Berg, 2002)로 강점을 평가한다. 더 나아가서, 나는 한 맥락에서의 강점이 또 다른 맥락에서는 약점이 될 가능성이 있다는 것과 그 반대로 한 영역의 약점이 다른 영역의 강점이 될 수도 있다는 것을 발견했다(제13장의 내담자 강점 참조). 그러므로 만일 내담자가 자신의 강점을 찾기 힘들어하고 약점이나 문제들을 더 쉽게 말한다면, 잘 훈련된 해결중심치료자의 귀는 '약점'이 곧 강점이 되는 잠재적 영역들을 찾을 수 있을 것이다. 예를 들어, 관계적 맥락에서 비판적이거나, 불안하거나, 부정적인 사람은 일반적으로 일과 과제에 있어 세밀하고 꼼꼼하다. 이러한 통찰은 내담자들이 그들의 목표를 향해 나아가는 길을 발견하는 데 유용할 수 있다. 해결중심치료자들은 정신건강 분야에서 더 나은 임상적 성과를 촉진하기 위해 내담자들의 강점을 발견하고 활용하는 것을 강조하는 큰 움직임의 선두에 있어 왔다(Bertolino & O'Hanlon, 2002). 점점 지역 정신건강센터와 보험회사들은 초기 접수 평가의 일부로 강점에 대한 평가들을 요구하고 있다. 성공적인 강점 평가의 핵심은 아무리 내담자들의 상황이 끔찍하고 심각해 보일지라도 모든 내담자에게는 중요하고 의미 있는 강점이 있다는 확고한 믿음을 갖는 것이다. 대개 치료자들은 내담자의 최악의 모습을 보고 있는 것임을 기억하는 것이 도움이 된다. 그러므로 설령 지금 이 순간 내담자의 강점을 찾아내지 못한다 해도 강점은 의심할 여지없이 내담자들에게 존재한다. 따라서 해결중심치료자들은 모든 사람이 강점과 자원을 가지고 있다고 주장하며, 내담자의 목표 성취를 위해 그들의 강점을 발견하고 활용하도록 도와주는 것을 치료자의 임무로 삼는다.

◎ 들리는 소문에 의하면: 관련된 사람들의 이야기

■ 배후에서 영감을 준 사람: Milton Erickson

Milton Erickson은 Bill O'Hanlon의 해결지향적 치료와 Steve de Shazer의 해결중심 단기치료에 영감을 주었다. 정신과 의사로서 의학 훈련을 받은 Erickson은 단기적이고, 신속하며, 창의적인 개입을 하는 것으로 잘 알려진 치료계의 거장이었다(Erickson & Keeney, 2006; Haley, 1993; O'Hanlon & Martin, 1992). Erickson은 특정 이론을 따르기보다는 각 환자의 독특한 이야기를 열린 마음으로 들으면서 예리하게 관찰하는 것을 중시했다. 그는 내담자의 강점과 잠재된 능력을 떠올려 주기 위해 가벼운 최면 작업을 자주 활용했다(Haley, 1993; O'Hanlon & Martin, 1992). 대부분의 치료자가 과거에 초점을 맞추던 시기에 Erickson은 내담자에게 문제가 없었던 시기를 떠올리면서 현재와 미래에 집중하라고 하였다. 일부에서는 그의 작업을 세밀하게 연구하기도 했지만, Erickson 치료에 대해 단일한 정의나 합의는 없었다. 그의 최면 작업의 영향은 **기적 질문**과 **예언 기법**과 같은 개입에서 명백히 드러나는데, 이 개입들은 시간에 대한 가상적 방향과 변화가 일어날 것이라는 암묵적 가정에 의존한다.

■ 해결중심 단기치료: 밀워키 단기가족치료센터

Steve de Shazer

Steve de Shazer는 이 분야에서 매우 세심한 지도자였다. Jay Haley, Paul Watzlawick, John Weakland 그리고 Virginia Satir와 같은 대가와 함께 MRI에서 초기 연구를 한 이후로 최근에 Steve de Shazer는 그의 아내 Insoo Kim Berg와 함께 해결중심 단기치료를 개발했다. "그는 최소주의 철학과 변화의 과정에 대해 일상의 불가피하고 역동적인 삶의 일부로 보는 시각으로 알려져 있는 인습 타파적이고 창의적인 천재였다. 또한 그는 문제의 해결책으로 치료 초점을 바꿔서 내담자가 치료에 오게 만든 문제의 해결책을 자세히 설명해 보도록 내담자에게 요청함으로써 전통적인 심리치료 면담을 뒤바꾼 것으로 유명하다."(Trepper, Dolan, McCollum, & Nelson, 2006, p. 133) De Shazer는 해결중심 작업에 대한 많은 철학적 및 이론적 기반을 쌓으면서 다작하는 작가였다(de Shazer, 1985, 1988, 1994; de Shazer & Dolan, 2007). 그의 초기 연구는 Milton Erickson의 최면 작업(de Shazer, 1985, 1988)에서 영향을 받았고, 그의 후기 연구는 언어를 인생이라는 직물에 불가분하게 엮여 있는 것으로 보았던 Ludwig Wittgenstein(de Shazer & Dolan, 2007)의 영향을 받았다. de Shazer는 Berg와 함께 해결중심 단기치료학회와 밀워키 단기가족치료센터를 설립하여 2005년(de Shazer)과 2007년(Berg) 그들이 세상을 떠날 때까지 치료자들을 훈련시켰다.

Insoo Kim Berg

따뜻하고 활기 넘치는 사람이었던 Insoo Kim Berg는 남편인 de Shazer와 함께 밀워키 단기가족치료센터와 해결중심 단기치료협회를 공동 설립한 SFBT의 열정적인 개발자이자 선도적인 전문가였다(Dolan, 2007). 그녀는 음주 문제(Berg & Miller, 1992), 약물 남용(Berg & Reuss, 1997), 가족기반 서비스(Berg, 1994), 아동 보호 서비스를 받는 가족(Berg & Kelly, 2000), 아동(Berg & Steiner, 2003), 그리고 개인 코칭(Berg & Szabo, 2005)에 대한 해결중심 접근을 개발하면서 SFBT의 발전을 촉진한 뛰어난 임상가였다.

Scott Miller

원래 밀워키 단기가족치료센터에서 de Shazer와 Berg에게 훈련받은 Scott Miller는 그의 동료들 Barry Duncan과 Mark Hubble와 함께 공통 요인 접근(제2장 참조; Miller, Duncan, & Hubble, 1997)과 내담자 중심, 성과(근거)에 기반한 치료(제17장 참조)의 강력한 지지자이다.

Yvonne Dolan

Yvonne Dolan은 밀워키 단기가족치료센터에서 de Shazer, Berg와 함께 연구하고 작업했으며, 성적 학대와 트라우마 치료에 전문가였다(Dolan, 1991, 2000).

Linda Metcalf

Linda Metcalf는 해결중심 학교상담(Metcalf, 2008), 해결중심 아동집단(Metcalf, 2007), 해결중심 양육(Metcalf, 1998), 해결중심 교육(Metcalf, 2003) 등 해결중심치료를 학교상담 장면에 적용한다.

■ 해결지향적 치료

Bill O'Hanlon

과거 Milton Erickson의 학생이었던 Bill O'Hanlon은 해결지향적 치료와 가능성치료를 포함하는 해결지향적, 강점기반치료에서 열정적이고 인기 있는 지도자이다(O'Hanlon & Beadle, 1999; O'Hanlon & Weiner-Davis, 1989). 저술이 많고 쉽게 접할 수 있는 작가이자 연설자인 O'Hanlon은 언어의 중요성을 강조하며, 변화를 일으키기 위해 언어를 미묘하게 바꾼다. 그의 연구는 내담자의 상황에 영향을 주는 광범위한 맥락적 주제들에 주의를 기울이면서, 문제를 해결하는 것뿐만 아니라 내담자의 관점을 변화시키는 것을 목표로 삼는다(Bertolino & O'Hanlon, 2002). 그는 내담자들과 일반 대중을 위한 저서들(O'Hanlon, 2000, 2005, 2006), 해결지향적 부부치료(Hudson & O'Hanlon, 1991), 성적 학대 치료를 위한 해결지향적 접근(O'Hanlon & Bertolino, 2002), 해결지향적 최면치료(O'Hanlon & Martin, 1992), 아동 및 청소년을 대상으로 한 해결지향적 치료(Bertolino & O'Hanlon, 1998), 그리고 치료에서의 영성(O'Hanlon, 2006)을 포함한 광범위한 주제에 관한 저술활동을 하였다.

Michelle Weiner-Davis

Michelle Weiner-Davis는 『이혼 깨부수기(Divorce busting, 국내 번역서명 『부부의 심리학』)』(Weiner-Davis, 1992)라 칭하는 이혼 관련 작업에 관한 매우 성공적인 해결지향적 접근을 개발했다. 그녀는 이혼을 막고자 하는 부부를 위해 단기적인 해결지향적 자조 접근을 사용한다.

■ 협동적 강점기반치료

Matthew Selekman

Matthew Selekman은 해결지향적 치료와 체계 이론에서의 그의 연구를 기반으로 아동, 청소년, 가족 및 자해 청소년과 함께 작업하기 위해 협동적 강점기반치료들을 개발해 왔다(Selekman, 1997, 2005, 2006).

■ 해결중심학회

SFBT는 미국, 유럽, 라틴 아메리카, 아시아에 영향을 주고 있다.

- **유럽단기치료학회(European Brief Therapy Association)**: 1994년에 설립된 유럽단기치료학회는 수년간 de Shazer, Berg와 긴밀하게 연구해 온 유럽 내 단기치료 전문가들의 연결망 역할을 한다. 그들은 단기치료 연구 프로젝트를 지원하고, 매년 유럽과 전 세계에서 온 치료자들이 모이는 연차대회를 연다.
- **해결중심 단기치료학회(Solution-Focused Brief Thrapy Association: SFBTA)**: 2001년에 Steve de Shazer와 Terry Trepper는 북아메리카의 SFBT 전문가와 연구자들을 모아서 SFBTA를 조직하기 시작했다. SFBTA는 Thorana Nelson, Eric McColllum, Terry Trepper, Yvonne Dolan 등의 역동적인 리더십하에 SFBT 활동을 더욱 발전시키고 재정비하기 위해 일하는 전문가, 교육자 그리고 연구자들의 적극적이고 참여적인 단체이다.

◎ 큰 그림 그리기: 상담 및 심리치료의 방향

■ 해결책을 실행하기 위한 작은 단계들

넓게 보자면 해결중심치료자들은 (문제, 예외 상황, 원하는 결과들에 대해 이야기함으로써) 내담자들이 선호하는 해결책을 발견하도록 돕고, 매주 이러한 전반적 방향으로 작고 적극적인 단계들을 밟아나가도록 내담자와 작업한다(O'Hanlon & Weiner-Davis, 1989). 경우에 따라서, 이것은 주로 1~10회기로 짧게 이뤄지는 매우 시간 제한적인 접근으로, 해결중심치료자들은 단독회기 치료의 가능성을 지지한다. 성적 학대나 알코올 의존 치료와 같은 복잡한 사례에서는 치료가 몇 년씩 걸리기도 한다(O'Hanlon & Bertlino, 2002).

◎ 관계 형성하기: 치료적 관계

■ 선(禪)의 관점: 초심자 자세

O'Hanlon과 Weiner-Davis(1989)는 관계를 형성할 때 고전적 선(禪)에서 이야기하는 "초심자의 자세에서는 많은 가능성이 있지만, 전문가의 자세에는 가능성이 적다."(p. 8)라는 의미에서 초심자 자세의 개념을 사용한다. 초심자 자세를 갖는다고 가정하는 것은 각 내담자의 이야기를 마치 처음 듣는 것처럼, 당신의 개인적 혹은 전문적 지식을 빈칸에 채워 넣지 않으면서 귀 기울이는 것이다. 대부분의 치료자는 이렇게 하는 것이 얼마나 어려운지를 과소평가한다. 내담자가 '우울하다'고 이야기하기 시작할 때, 대부분의 치료자는 내담자가 진단 매뉴얼을 알고 전문가들이 사용하는 맥락에서 그 용어를 사용하는 것이라며 경솔하게 가정하면서, 그들이 유용한 진단적 정보를 얻은 것이라고 믿는다. 반면 해결지향적 치료자들은 대화에서 초심자의 자세를 가지고 **이 사람이 자신만의 독특한**

우울감을 어떻게 경험하는지에 대해 궁금해한다. 만일 당신이 질문하는 습관을 가지고 있다면, 당신은 모든 우울감이 놀랍도록 '독특한' 것을 알게 될 것이다. 그래서 해결지향적 치료자들은 들을 때 아무런 가정을 하지 않고 내담자의 독특한 경험과 이해에 대해 좀 더 들으려고 질문한다.

■ 내담자의 핵심 단어를 반복하기

해결중심치료자들은 **내담자의 단어 선택**에 세심하게 주의를 기울이며, 가능할 때마다 그들의 핵심 단어들을 반복한다(De Jong & Berg, 2002). 예를 들어, 치료자는 내담자에게 우울증이나 환각과 같은 정신의학적 용어를 사용하여 경험을 설명하라고 가르치기보다는 '기분이 울적하다' 또는 '정신병(정신질환)'과 같은 내담자만의 언어를 사용하기를 선호한다. 내담자의 언어를 사용하는 것은 종종 문제를 좀 더 해결하기 쉽게 해 주고 큰 희망을 불러일으킨다. 많은 사람에게 '시시한 결말' 혹은 '옛날의 내 모습 되찾기'는 정신의학적으로 정의된 문제인 '주요 우울장애, 단일 에피소드, 가벼운 정도'를 치료하는 것보다 더 성취 가능한 목표이다.

■ Carl Rogers의 반전: 언어 전달하기

O'Hanlon과 Beadle(1999)는 해결지향적 치료자들이 내담자와 라포를 형성하면서 감정 반영을 비롯한 반영을 어떻게 사용하는지 설명한다. 이 접근법은 Carl Rogers의 내담자 중심 치료와 같은 인본주의 접근과 비슷하지만 반전이 있다. 해결지향적 반영은 시간, 맥락 또는 관계적인 한계에 대해 반영함으로써 어려운 감정, 행동 또는 사고에 **한계를 해제한다**. 이러한 반영 기법들은 일반적으로 세 가지 형식이 있다.

① **만성적 상태나 특성으로 보는 것이 아닌 과거 시제를 사용:** 치료자들은 내담자의 진술을 과거시제로 반영해 준다. "당신은 어제 기분이 가라앉았군요."

② **포괄적이 아닌 부분적:** 치료자들은 내담자의 포괄적 진술을 부분적 진술로 반영해 준다. "당신의 배우자는 가끔/종종(항상 그러는 것이 아니라) 당신을 화나게 하는군요."

③ **변치 않는 진실이 아닌 지각:** 치료자들은 내담자의 '진실' 혹은 '현실'이라는 주장을 **지각**으로 반영해 준다. "나는 누구와도 만나지 못할 거예요."라는 말에 치료자들은 "지금 당장은 관심 있는 사람이 아무도 없는 것 같다고 여기는군요."라고 말할 수 있다.

예를 들어, 한 내담자가 그녀의 남자친구가 '아무 이유 없이' 그녀에게 얼마나 화를 냈는지에 대해 말하고 있다고 가정해 보자. 내담자 중심의 반영이라면 "당신은 이해받지 못한다고 느끼는군요."(내담자의 표현되지 않은 감정에 대해 현재에 초점을 둔 진술문)가 될 수 있을 것이다. 반면, 한계를 정하기 위한 해결중심의 반전은 "당신은 **지난 토요일에 남자친구로부터** 이해받지 못한다고 느꼈군요."가 될 것이다. 해결지향적 반전은, ① 문제를 더욱 해결 가능한 방식으로 정의하고, ② 희망을 만들기 위해서 제한된 시간과 관계적 맥락을 강조한다. O'Hanlon과 Beadle(1999)는 이 과정을 '언어 전달하기'

라고 부른다. 이 기법은 내담자와 치료자가 원하는 결과로 나아가도록 돕는다.

■ 낙관주의와 희망

희망은 시골길과도 같다. 처음엔 길이 없었지만, 많은 사람이 걸으면서 점차 그곳은 곧 길이 된다.

– Lin Yutang

낙관주의와 희망은 해결중심치료들에서 아주 잘 느낄 수 있다(Miller, Duncan, & Hubble, 1996, 1997). 해결중심치료자들은 모든 내담자에 대해 변화는 필연적이고, 어떤 형태로든 개선은 항상 가능하다고 가정한다(O'Hanlon & Weiner-Davis, 1989). 그들의 낙관주의와 희망은 그냥 나온 것이 아니라 사람이란 무엇을 의미하는지, 그리고 사람은 어떻게 학습하는지에 대한 이론인 존재론과 인식론에서 비롯된 것이다. 변화는 항상 일어나기 때문에 기분, 관계, 감정, 행동은 끊임없이 변한다. 변화는 필연적이다(Walter & Peller, 1992). 그들은 그 변화가 긍정적일 것이라는 희망을 가지고 있는데, 그 이유는 내담자들은 개선되기 위해 치료에 오고, 90% 이상의 내담자가 심리치료에서 긍정적인 결과를 보고하기 때문이다(Miller et al., 1997). 치료 초기에는 동기와 추진력을 형성하기 위해 희망을 불어넣는다(Bertolino & O'Hanlon, 2002). 이 장 마지막의 사례연구에 제시된 상황에서 아내는 관계에 있어 희망이 거의 없다. 그러므로 치료자는 치료 초기에 의식적으로 희망을 불어넣으려고 노력해야 한다.

■ 해결책과 가능성에 대한 가정

치료적 관계에 있어 미묘하지만 필수적인 요소로, 해결중심치료자들은 모든 내담자를 회복력이 있고, 현재의 문제에 대한 해결책을 실행에 옮길 수 있는 능력이 있다고 본다(Franklin, Trepper, McCollum, de Jong, Korman, Gingerich, & Franklin, 2012). 이 가정은 어떤 면에서는 철학적이지만 치료자의 단어 선택, 설명 그리고 동사 시제를 통해 실현된다. '두 사람이 더 사이가 좋아질 때' 혹은 '당신의 트라우마가 회복된다면' 내담자가 충분히 변화할 수 있다는 이 믿음은 내담자가 스스로를 믿도록 고무시키며, 개입들을 이 접근의 작업으로 연관지어 주는 핵심요소이다.

◎ 조망하기: 사례개념화와 평가

■ 강점과 자원

강점과 자원 평가하기는 앞의 '핵심 내용'과 제13장에서 다룬다.

■ 예외 상황과 '효과적인 것'

해결중심치료자들은 내담자들이 이야기할 때 예외 상황 및 효과적이었던 것이 드러나는 예시에 귀 기울인다(de Shazer, 1985, 1988; O'Hanlon & Weiner-Davis, 1989). 만일 당신이 자세히 듣는다면, 대부분의 내담자는 예외 상황과 효과적이었던 예시를 자연스럽게 내놓을 것이다. "수학 수업에서는 그의 ADHD 문제가 덜합니다." 또는 "그의 의붓형이 숙제를 도와줄 때는 큰 문제가 없는 것 같아요." 이러한 예외 상황들은 효과적인 것, 그래서 내담자가 더 자주 해야 할 것에 대한 단서를 제공한다.

해결중심치료자들은 두 가지 방식, ① 자발적인 설명에 귀 기울임으로써 간접적으로, ② 질문을 함으로써 직접적으로 예외 상황과 효과적인 것의 설명들을 찾아낸다. 그들은 의학적 모델의 치료자들이 진단적 증상에 귀 기울이듯 주의 깊게 예외 상황에 귀 기울인다. 그리고 이러한 예외 상황들을 이용하여 내담자들이 그들의 삶에서 선호하는 해결책들을 실행에 옮기도록 돕고 효과적인 것에 대한 정보를 더 모으기 위해 예외 질문들을 한다.

대다수의 내담자는 이러한 질문들을 통해 예외 상황을 발견할 수 있다. 그에 내포된 가정은 문제는 **강도**에서 다양하다는 것이다. 문제가 **덜 심각**할 때는 예외 상황으로 간주되며 일반적으로 효과적인 것에 대한 단서를 제공한다(de Shazer, 1985; O'Hanlon & Weiner-Davis, 1989). 특히 거의 매일 거의 하루 종일 경험되는 우울증과 같은 진단이 있을 때, 치료자들은 예외 상황들을 찾아내기 위해 증상의 부재보다는 강도의 변화에 초점을 맞출 필요가 있다. 이 장의 사례연구와 같은 부부의 경우, 치료자는 부부가 싸우지 않을 때, '사이가 좋을 때' 혹은 자녀, 업무, 확대가족 기타 등등에 관련된 상황이 잘 진행될 때에 귀 기울인다.

예외 질문의 예시들

- 문제가 덜 발생하거나 덜 심각한 때가 있나요?
- 당신이 문제가 발생할 거라고 예상했지만 그렇지 않았을 때가 있나요?
- 상황을 조금 더 수월하게 해 주는 사람이 있나요?
- 문제가 그리 심하지 않은 장소나 시간이 있나요?

■ 내담자 동기: 방문자형, 불평형, 고객형

Steve de Shazer(1988)는 변화에 대한 내담자의 동기를 세 가지 범주로 평가하였다. 방문자형, 불평형, 고객형이 그것이다.

- **방문자형**은 불만을 가지고 있지는 않지만, 다른 사람들은 일반적으로 그들에 대해 불만을 가지고 있다. 방문자형은 주로 법원, 부모, 배우자 등의 외부 사람에 의해 치료에 오게 된다.
- **불평형**은 문제를 알고 있지만 치료나 다른 사람이 변화를 만들어 주기를 기대한다. 그들은 전문가에게 그들의 문제를 고쳐 달라고 하려고 방문한다.
- **고객형**은 문제를 알고 있고 해결을 위한 조치를 취하고 싶어 한다.

>>> 내담자 동기

	방문자형	불평형	고객형
동기	낮음	중간 이상	높음
문제 혹은 해결의 출처	외부인(배우자, 부모, 법원)은 내담자에게 문제가 있다고 생각함.	문제가 주로 외부 요인이나 사람과 관련됨. 치료자 혹은 다른 사람이 해결의 출처가 되어 주길 기대함.	자신은 문제의 일부이고 해결에 적극적으로 참여함.
누가 변화해야 하는지에 대한 관점	아무런 문제가 없다는 것을 외부인이 믿어야 함.	외부인이 그것을 변화시키거나 고쳐야 함.	상황을 바로잡기 위해 자기 자신이 조치를 취해야 함.
치료적 동맹 구축하기	치료자는 내담자가 문제를 인식하고 변화를 위해 기꺼이 고객형이 되고자 하는 영역을 확인함.	치료자는 내담자가 차이를 만들 수 있는 구체적인 경우를 파악하면서 상황에 대한 내담자의 관점을 존중함.	치료자는 내담자의 변화에 대한 준비성을 칭찬하면서 함께 참여함.
개입의 초점	동맹 맺기. 내담자의 관점 이해하기. 변화에 대한 외부의 요구를 '문제'라고 구조화하기.	관찰지향적 과제. 예: 한 주 동안 예외 상황 찾아내기 (Selekman, 1997)	재구조화하기. 효과가 없는 것을 파악하기. 행동지향적 과제들.
실행에 대한 준비	내담자가 조금이나마 문제가 있다는 것을 믿게 되고, 변화에 대한 동기부여가 될 때까지, 삶에서 적극적인 변화를 만들 준비가 되지 않음.	내담자의 행동이 차이를 만들 수 있다는 생각을 수용하기 전까지 실행할 준비가 되지 않음.	변화를 만들 행동을 할 준비가 되어 있음.

내담자의 동기를 평가하는 것은 진행 방법뿐 아니라 내담자를 참여시키는 방법을 아는 데도 도움이 된다. 많은 초심자가 단지 치료 회기에 참여했다는 이유만으로 모든 내담자에 대해 상황을 개선하기 위한 행동을 할 준비가 되어 있는 고객형이라고 가정한다. 그러나 이는 종종 그렇지가 않다. 사람들은 복합적인 감정들과 동기 수준으로 치료에 온다. 일반적으로, 법적 관리를 받는 대부분의 내담자는 '방문형'이며 치료자는 의뢰인의 상담 주제에 대해 작업하면서 동시에 내담자의 상담 주제에 대해 교감할 방법을 찾아야 한다. 아동, 청소년, 심지어 부부 중 한 사람의 경우에도 동일한 역동이 일어난다. 불평형의 경우 치료자는 내담자의 실행 의지를 높이기 위해 내담자가 차이를 만드는 데 기여할 수 있는 방법을 찾거나 문제에 대한 관점을 변화시키도록 도와야 한다. 이 장 마지막의 사례연구에서 Suzie는 남편이 문제라고 보는 불평형이며, Jorge는 지금껏 문제가 있다고 생각해 본 적이 없는 방문형이다. 그래서 치료자는 각자가 상황을 어떻게 바라보는지를 존중하고 그에 따라 동기를 부여하기 위해 치료 계획을 조정할 필요가 있을 것이다.

◎ 변화를 겨냥하기: 목표 설정

■ 목표 언어: 긍정적이고 구체적으로

해결중심치료자들은 그들의 목표를 긍정적이고, 관찰 가능한 해결중심 용어로 기술한다(De Jong & Berg, 2002; Franklin). 긍정적인 목표 설명들은 의학적 모델이나 인지행동치료에서처럼 증상을 감소시키는 데 집중하기보다는 내담자가 **하고자 하는 것**을 강조한다. 관찰 가능한 설명은 원하는 변화에 대한 명확하고 구체적인 행동 지표들을 포함한다.

>>> 관찰 가능한 목표와 관찰 불가능한 목표 예시

긍정적이고, 관찰 가능한 목표들	부정적이고(증상 감소), 관찰 불가능한 목표들
즐거운 활동 시간, 사회적 상호작용, 미래에 대한 희망 늘리기	우울증 줄이기
부부가 정서적으로 친밀하게 대화하는 빈도 늘리기	부부 갈등 줄이기
협동과 친사회적 활동 늘리기	저항 줄이기

당신은 단순히 왼쪽 칸을 읽는 것이 오른쪽 칸보다 더욱 희망적이고 임상적 변화를 위한 큰 방향을 제공하는 것을 눈치챘을 수도 있다. 긍정적이고 관찰 가능한 목표들은 치료자와 내담자가 끊임없이 목표를 상기하게 해 주고 해결중심적 · 해결지향적 관점을 강화한다. (이 장 뒤에서 논의되는) 척도 질문들과 같은 많은 해결중심 기법은 내담자들이 매주 목표 진행 상황을 측정할 수 있도록 한다. 그래서 신중하게 다듬은 목표 언어는 해결중심치료의 성공에 있어 특히 중요하다.

해결중심 목표는 다음의 특징이 있다(Bertolino & O'Hanlon, 2002; De Jong & Berg, 2002).

- **내담자에게 의미 있다:** 목표들은 내담자에게 개인적으로 중요해야 한다.
- **상호작용적이다:** 목표는 일반적인 감정을 반영하기보다는('기분이 나아지기'), 다른 사람과의 상호작용이 어떻게 변화할지를 설명해야 한다.
- **상황적이다:** 목표들은 포괄적인 용어보다는 상황적 용어('직장에서 기분이 개선됨')로 기술된다.
- **작은 단계들:** 목표는 단기적이고 파악 가능한 작은 단계들이어야 한다.
- **내담자의 명확한 역할:** 목표는 다른 사람들보다는 내담자의 명확한 역할을 확인해야 한다.
- **현실적이다:** 목표는 이 시점에서 이 내담자에게 현실적이어야 한다.
- **합법적이고 윤리적이다:** 목표는 합법적이고 내담자, 치료자 그리고 전문가 윤리를 준수해야 한다.

■ 기적과 해결책을 만들어내는 질문들

해결중심치료자들은 치료 초기에 해결책을 만들고 목표를 찾아내는 데 도움이 되는 몇 가지 관련 질문을 사용한다. 기적 질문(de Shazer, 1988), 수정 구슬 질문(de Shazer, 1985), 마법지팡이 질문(Selekman, 1997) 그리고 타임머신 질문(Bertolino & O'Hanlon, 2002)들과 같은 질문이 성공적으로 전달되면 문제가 없는 미래를 상상하도록 돕고, 희망과 동기를 불러일으킨다. 제대로 전달되지 못하면 상당히 어색해질 수 있다.

해결책을 만들어 내는 질문 예시

- 기적 질문: "당신이 오늘 밤 집에 갔는데 밤사이에 기적이 일어났다고 상상해 보세요. 당신이 여기에 와서 답을 찾고자 했던 모든 문제가 기적적으로 해결되었어요. 그러나 당신은 일어났을 때 기적이 일어났다는 것을 모릅니다. 달라졌다는 것을 무엇을 통해 당신이 처음 알아차릴 수 있을까요? 기적이 일어났다는 첫 번째 단서는 무엇일까요?"
- 수정 구슬 질문: "나는 수정 구슬을 가지고 있는데, 그 구슬로 당신이 여기에 와서 답을 찾고 싶던 문제가 이미 다 해결된 미래의 모습을 들여다 볼 수 있다고 상상해 보세요. 내가 당신에게 건네주고 당신은 그 안을 들여다봅니다. 뭐가 보이나요?"
- 마법지팡이 질문: "내가 마법지팡이를 가지고 있다고 상상해 보세요(혹은 내가 가진 이 마법지팡이가 실제로 작동된다고 상상해 보세요). 당신이 떠난 후에 내가 이 마법지팡이를 흔들어서, 당신이 여기에 가져온 문제들이 밤사이에 다 해결되었어요. 당신은 당연히 문제가 해결되었다는 것을 모릅니다. 당신이 아침에 일어났을 때, 뭔가 달라졌다는 것을 알 수 있는 첫 번째 단서는 무엇일까요? 당신은 어떻게 이전과 다르게 행동할까요? 다른 사람들은 어떻게 다르게 행동할까요?"
- 타임머신 질문: "내가 타임머신을 가지고 있고 당신이 내게 말해 준 문제가 모두 해결된 미래의 시점으로 당신을 데려갈 수 있다고 상상해 보세요. 당신이 타임머신으로 걸어들어 갔다고 상상해 보세요. 어디에 다다르게 되나요? 당신과 함께 있는 사람은 누구인가요? 무슨 일이 일어나고 있나요? 당신의 삶이 어떻게 바뀌었나요? 당신의 문제가 어떻게 사라졌나요?"

이러한 해결을 만들어 내는 질문들 중 하나를 성공적으로 전달하는 것은 보기보다 훨씬 어렵다. 당신이 상상하다시피, 만약 제대로 하지 못하면 이러한 질문들은 완전히 실패하여 바닥을 칠 것이다. 이러한 굴욕적인 상황을 피하기 위해서 de Shazer 등(2007, pp. 42-43)은 기적 질문을 성공적으로 전달하기 위한 일곱 가지 단계를 설명한다.

① **내담자 동의 얻기(#1 고개를 끄덕일 때까지 기다리기)**: 첫 번째이자 가장 중요한 단계는 내담자가 전형적이지 않은 대화에 기꺼이 참여하도록 하기 위해 그들의 마음가짐을 바꿈으로써 내담자를 준비시키는 것이다. 치료자는 "제가 이상한 질문을 해도 괜찮을까요?" 혹은 "제가 다소 특이한 질문을 해도 응해 주시겠습니까?"라고 물어봄으로써 내담자들이 마음의 틀을 바꾸도록 신호를 보내며, 그렇게 하여 그들은 좀 더 기발하고 창의적인 대화에 보다 쉽게 들어올 수 있다. 치

료자들은 내담자가 "예"라고 말하거나 동의하여 고개를 끄덕일 때까지 기다린다.

② **초기 설정을 내담자에 맞게 변경하기(#2 고개를 끄덕일 때까지 기다리기)**: 내담자가 특이한 질문에 동의하고 나면, 질문 전달을 시작하되, 내담자가 이야기에 충분히 참여하고 기적을 더 잘 상상할 수 있도록 내담자의 일상 속 수많은 사소한 세부 정보를 포함하여 질문에 변화를 준다. 예를 들어, 당신은 "우리가 여기서 이야기를 한 이후에 대해 상상해 봅시다. 당신은 차를 몰고 귀가합니다. 당신은 평소처럼 가족들을 위해 저녁을 준비합니다. 당신은 평소처럼 설거지를 합니다. 그리고 당신은 평소처럼 아이들의 숙제를 확인합니다."라고 말할 수 있다. **내담자가 고개를 끄덕이기 시작할 때까지 이와 같은 이야기를 계속한다.**

③ **기적을 준비하기(#3 고개를 끄덕일 때까지 기다리기)**: 일단 내담자가 고개를 끄덕이고 나면, 계속해서 "당신은 아이들을 잠자리에 들게 하고, 아마도 남은 집안일을 하거나 텔레비전을 보다가 마침내 침대에 가서 잠이 듭니다."의 지점까지, 치료자는 내담자에게 오로지 일상적인 하루에 대해 상상하도록 요청할 뿐인 것 같지만 이것은 매우 중요하다. 내담자는 정신적으로 치료실을 떠나서, 기적이 일어나는 장소인 집에 있다고 생생하게 상상할 필요가 있다. **기적으로 가기 전에 확실한 고개 끄덕임 혹은 "예."를 기다려라.**

④ **기적을 소개하기(멈추기를 기다리기)**: "그리고 밤사이에…… 당신이 자는 동안에…… 기적이 일어납니다." 잠시 멈추라. 멈추고 반응(미소 짓거나, 눈썹을 올리거나, 웃거나 의문스러워하는 모습)을 기다려라. Insoo Kim Berg는 내담자를 응시하며 미소 짓는 것을 추천하는데, de Shazer는 멈춤이 너무 길어지면, 내담자가 "저는 기적을 믿지 않아요."라고 답할 가능성이 있으므로 이때 시간을 너무 오래 끌지 말라고 덧붙인다.

⑤ **기적이라는 용어를 구체적이고 명확하게 정의하기**: "그리고 이것은 그냥 기적이 아니에요. 이 기적은 **당신을 여기로 오게끔 한 문제**를 오늘 갑자기 사라지게 만들어요……."(이 시점에서 당신의 손가락을 튕겨 딱 소리를 내면 세련미를 더해 준다.) 기적 질문을 할 때 치료자가 하는 가장 흔한 실수는 질문에서 '당신을 여기로 오게끔 한 문제'라는 말을 생략하는 것이다. 기적에서 이 '제한'이 없다면, 내담자들은 모호하고 상관없는 목표들을 탐구하는 데 많은 시간을 보낼 것이고, 치료자는 후에 이 정보를 얻기 위해 따라오는 질문들을 함으로써 많은 추가 및 정정 작업을 해야 할 것이다.

⑥ **신비주의를 더하기(#4 고개를 끄덕이기, 선택적)**: "그러나 기적은 당신이 자는 동안 일어났기 때문에, 당신은 기적이 일어났다는 사실을 모를 거예요." 만약 잘 전달됐다면, 대부분의 내담자는 이 시점에서 고개를 끄덕이거나, 허공을 응시하고, 그 말에 대해 생각하고 있는 듯이 행동하기 시작한다.

⑦ **무엇이 달라지는지 질문하기**: "그래서 당신은 밤사이에 기적이 일어난 후 아침에 일어납니다. 당신을 여기 오게끔 한 문제들이 '팟!' 하고 갑자기 사라졌어요. 당신이 일어난 후에 가장 처음으로 알게 되는 것은 무엇일까요? 문제가 사라졌음을 깨닫게 해 주는 작은 변화에는 어떤 것이 있을까요?" 이 시점에서, 많은 내담자는 그들의 답변을 생각하는 시간을 갖는데, 종종 조용해

지고 낮은 숨소리만 들리게 된다. 이때 치료자들은 조용하고 참을성 있게 내담자의 반응을 기다려야 한다.

일단 내담자가 무엇이 달라지는지 말하기 시작하면, 치료자는 내담자와 다른 사람들의 행동 변화에 대해 질문함으로써 답변에 집중하도록 돕는다. 전형적인 해결중심 방식에서 치료자는 내담자가 **하지 않고 있는 것**이 아니라, **하고 있는 것**에 관심이 있다. 예를 들면, 내담자가 "나는 이제 우울하지 않을 거예요."라고 말한다면, 치료자는 "그럼 대신에 무엇을 할 것인가요?"라고 반응한다. 내담자가 한 가지 새로운 행동을 찾아내면, 치료자는 좀 더 질문한다. "또 무엇이 달라질까요?" 치료자는 목표와 명확한 변화 방향을 설정하는 데 유용할 수 있는 몇 가지(세 개 이상) 구체적인 기적 행동을 찾아낼 때까지 계속한다. 이 장 마지막의 사례연구에서 치료자는 Marcella가 성적 학대를 '극복'하는 것이 부모와의 관계나 소아과 의사가 되고자 하는 그녀의 꿈을 비롯하여 그녀에게 어떨 것 같아 보이는지를 확인하기 위해 기적 질문을 사용한다. 이 장 마지막의 사례연구에서 치료자는 결혼생활에 희망이 없다고 느끼는 Suzie가 상황이 얼마나 개선될 수 있을지에 대한 현실적인 통찰을 가지고, 그에 따라 변화하도록 동기화하기 위해 기적 질문을 사용한다.

■ 작은 단계들: 척도 질문

척도 질문과 기적 척도

만약 내가 내담자와의 상담에서 처음부터 끝까지 하나의 기법만 쓸 수 있다면, 척도 질문은 후보 목록의 가장 위에 있을 것이다. 왜냐하면 가장 다양한 목적으로 사용할 수 있고 포괄적인 개입들 중 하나이기 때문이다. 치료자들은, ① 강점과 해결책을 평가하고, ② 목표를 설정하며, ③ 숙제를 계획하고, ④ 경과를 측정하며, ⑤ 안전 계획으로 위기를 관리하는 데(제14장의 안전을 위한 척도 참조) 척도 질문을 사용할 수 있다. 척도 질문은 첫 회기에 사용될 수 있고, 마지막까지 매주 재사용될 수 있다. 현대의 기적인 수많은 다기능성 제품, 그러니까 컨디셔너 겸용 샴푸, 보습 및 자외선 차단 기능성 파운데이션, 차량 세척 및 왁스 겸용 세제처럼 이 기법은 향후 몇 년간 당신과 함께할 기법 중 하나가 될 것이다.

이름에서 알 수 있듯, **척도 질문**은 내담자들에게 자신의 목표를 정의하고 그 경과를 척도를 사용하여 매겨 보라고 하는 것이다. 대개는 10점 척도이지만 때로는 퍼센트 혹은 더 짧고 비수치화된 양식이 아동에게 사용된다(Bertolino, 2010; de Shazer, 1994; O'Hanlon & Weiner-Davis, 1989; Selekman, 1997). de Shazer와 Dolan(2007)은 0이 '당신의 상황이 최악일 때'보다는 '당신이 도움을 구하기로 결정했을 때'를 나타내게 하라고 제안한다. 0이 '최악의 상황'을 의미한다면, 이것은 수십 년 전을 나타낼 수 있고 사람마다 제각각의 의미를 지닐 수 있다. 대신에, '당신이 도움을 요청하기로 결정했을 때'부터 척도화하면, 치료의 시작부터 끝까지 경과를 측정하기 위한 더 명확한 체계를 제공한다. 그들은 이것을 '**기적 척도**'라고 말하고, 기적 질문에 뒤이어 사용한다(다음의 사례개념화 참조). 또 다른 사람들은 0이나 1을 최악의 상황을 나타내는 데 사용한다(Bertolino, 2010).

척도화의 두 가지 접근

⊙ 기적 척도: 치료 초기부터의 개선 정도를 측정함.

당신이 도움을 구하기로 결정했을 때 기적 상황

0-----1-----2-----3-----4-----5-----6-----7-----8-----9-----10

⊙ 최악에서 해결까지 척도: 일반적인 경과를 측정함.

최악의 상황 해결

0-----1-----2-----3-----4-----5-----6-----7-----8-----9-----10

척도 질문은 치료 과정 초기에 대체로 기적 질문이 사용될 때 의미 있는 장기 목표를 찾아내도록 돕기 위해 사용될 수 있다(다음 참조).

장기 목표 설정을 위한 척도 질문(해결책을 파악하고 목표를 설정하기)

만일 당신의 상황을 1부터 10까지의 척도상에 둔다면, 이때 0은 당신이 도움을 요청하기로 결정했을 때(혹은 최악의 상황)의 위치이고 10은 당신이 원하는 곳입니다. 상황이 10에 있다면 당신이 (무엇을 하지 않을지가 아니라) 무엇을 할지 나에게 설명해 줄 수 있나요? 오늘은 몇에 있나요? 0일 때에는 무슨 일이 일어났고, 당신은 무엇을 했나요?

내담자가 대답할 때, 치료자는 내담자가 명확하고 행동적인 그림을 그리도록 도우면서 10에서는 삶이 어떨지에 대한 명확하고 구체적인 설명에 귀를 기울인다. 내담자는 무엇을 하는가? 다른 사람은 무엇을 하는가? 하루가 어떻게 흘러가는가? 일단 10일 때의 시나리오에 대해 명확히 기술하고 나면, 치료자는 오늘은 몇 점에 있는지를 물어보고 현재 상황에 대한 행동 설명을 얻을 수 있다. 내담자가 도움을 구하기로 결정하거나 최악인 상황일 때(0 혹은 1)에 관한 명확한 설명 또한 유용한 평가 정보가 될 수 있다. 일단 큰 그림이 평가되면, 똑같은 척도로 **효과적인** 것을 찾아내는 데 사용할 수 있다.

효과적인 것을 평가하는 척도 질문

만약 당신이 도움을 구하기로 결정했을 때는 0에 있고, 당신이 여기 가져온 문제가 해결되었을 경우에 10에 있다고 한다면, 오늘 당신은 몇에 있나요? (만일 0보다 크다면) 당신은 0이 아니라 3에 있다고 이야기하는데, 당신은 무엇을 하고 있었죠? 혹은 당신에게 무슨 일이 일어나고 있나요? 당신은 어떻게 0에서 3까지 왔나요?

이러한 일련의 질문은 구체적인 개입을 개발하기에 앞서 평가해야 할 효과적인 것, 예외 상황, 잠재적 해결책을 찾아내는 데 도움이 된다. 이 질문들에 대한 내담자의 대답이 막힐 때에는 중요한 타인이라면 내담자를 척도상에서 몇으로 평가할지를 질문하는 것이 도움이 된다. 내담자가 이번 주에 몇에 있는지, 내담자가 상담을 받기로 결정했을 때는 몇에 있었는지, 그리고 내담자가 몇에 있기를 원하는지를 탐색하고 나면, 이제 다음 단계를 확인하기 위해 척도를 사용할 때이다.

매주 개입과 과제를 고안하기 위한 척도 질문

0~10의 척도상에서 10이 당신이 원하는 목표라면, 당신은 이번 주에 몇에 있나요? (내담자가 대답하며 3으로 평정함.) 당신이 이번 주에 3이라고 한다면, 당신의 삶에서 어떤 변화가 있었다면 한 단계 높은 4라고 말했을까요? (내담자가 비관적이거나 더 작은 목표를 유지해야 한다면 반 단계만 높임.)

이것은 쉽게 답할 수 있는 질문이 아니다. 종종 내담자들은 다음 단계가 실제로는 4인데도 성급하게 8이나 9 혹은 10이라고 말한다. 이런 경우에는 치료자들은 내담자가 조금 더 현실적인 기대를 가지도록 도와줄 필요가 있다. 또 다른 경우에 내담자들은 "모르겠어요."라고 말하는데, 이럴 때 치료자들은 내담자가 목표를 향한 작은 단계들을 찾아낼 수 있도록 인내, 침묵 그리고 격려를 연습해야 하며, 이는 치료의 매우 중요한 부분이다. 어떤 의미 있는 방식으로든 이 질문에 답할 수 있는 유일한 사람은 치료자가 아니라 내담자이다. 기억하라, 치료자는 해결사가 아니다.

일단 다음 단계에 대해 명확하게 기술하고 나면, 이 정보는 내담자가 다음 주까지 척도에서 한 단계 올라가기 위해 할 수 있는 구체적이고 작은 과제들을 찾아내는 데 사용된다. 일반적으로, ① 현실적이고 의미 있으며, ② 내담자가 시도하려는 동기를 유발하는 실제적 단계들을 충분히 구체화하기 위해서는 한 회기 전체가 필요하다. 효과적인 개입을 위해 치료자와 내담자는 내담자의 동기, 의지, 일정, 일정의 변동성, 타인의 반응 등을 고려한 아주 작은 단계들을 개발할 필요가 있다. 치료자는 이러한 것들을 협의하는 방법을 찾기 위해 내담자과 작업하면서 유용한 자원뿐 아니라 잠재적 장애물과 위험에도 귀 기울일 수 있는 질문들을 한다. 이와 더불어, 내담자와 치료자는 내담자가 그들의 목표로 나아가는 데 도움이 될 것이라고 믿는 구체적인 숙제들을 개발하는 작업을 함께한다.

예를 들어, 만일 내담자가 처음에 "4였다면 저는 덜 불안했을 거예요."라고 말한다면, 치료자는 "당신은 어떤 방법으로 당신이 덜 불안하다는 것을 알 수 있나요?" "당신은 어떤 것을 다르게 행동할까요?" "당신의 하루가 어떻게 달라질까요?" "당신의 어떤 변화를 다른 사람들이 눈치챌까요?"와 같은 후속 질문들을 할 필요가 있다. 이러한 질문들은 내담자가 한 주 동안 수행할 한두 개의 구체적이고 작은 단계를 찾아낼 수 있게 해 준다. 예를 들어, '친구를 초대한다' '백화점에 혼자 간다' '재밌는 영화를 본다' 등이 있다. 특히 과정 초기에서 그 단계들은 내담자가 쉽게 성취할 수 있겠다고 여길 정도로 작아야 한다.

경과를 측정하기 위한 척도 질문

지난 주에 당신이 3에 있다고 했는데, 이번 주에는 몇에 있는 것 같나요, 그 이유는 무엇인가요? (만일 좋아졌다면) 당신은 척도에서 올라갈 수 있도록 무엇을 했나요? (제자리걸음이거나 안 좋아졌다면) 무슨 일로 인해 제자리에 머물렀나요(혹은 안 좋아졌나요)?

그다음 주에 치료자는 내담자들이 자신의 목표에 다가서는 데 숙제가 도움이 되었는지를 점검한다. 만약 그렇다면, 무엇이 도움을 주었고 어떻게 더 할 수 있는지를 탐색한다. 만약 내담자가 개선되지 않았다고 보고하거나 더 나빠졌다고 보고한다면(숙제를 했든 하지 않았든 간에), 치료자는 낙담하지 않고 그저 되돌아가서, ① 해결책이 의미 있는 것으로 평가되고 구체적으로 파악되었는지 여부와 ② 과제가 충분히 작고 구체적이며 동기를 유발하는지를 신중하게 평가한다. 이 척도는 상담과정의 처음부터 끝까지 경과를 측정하는 데 사용될 수 있다. 이 장 마지막의 사례연구에서 Suzie의 문제들은 수년 동안 만들어진 것이고 그녀가 회의적이며 망설이고 있기 때문에, 치료자는 변화를 향한 매우 작은 단계들을 밟기로 계획한다.

■ 달라진 한 가지: 내담자가 만들어 내는 변화

처음에는 '누군가를 매일 방문하기'보다는 '한 친구에게 연락하기'와 같이 사소한 한 가지를 다르게 하는 것이 중요하다(de Shazer, 1985, 1988; O'Hanlon, 2000; O'Hanlon & Weiner-Davis, 1989). 마찬가지로, '이번 주 매일 아침에 운동하기' 같은 목표보다는 '이번 주 중 하루는 아침에 운동하기' 같은 목표가 변화를 만들어 내고 동기를 부여할 가능성이 높다. 대부분의 경우 이러한 한 가지 작은 변화는 치료자의 처방(혹은 치료자와 함께 만든 해결책조차)이 아닌 내담자 자신의 동기로부터 고무된 연이은 변화의 시작이 된다. 치료에서 만들어진 생각들은 '최선의' '유일한' 혹은 '올바른' 해결책이 아니라 내담자가 자신에게 효과적인 것을 찾아내도록 자극할 활동들로 간주된다.

◎ 행동하기: 개입

■ 해결중심 개입의 원리

de Shazer 등(2007, p. 2)에 따르면, 치료자들이 작업의 길잡이로 삼을 수 있는 해결중심 개입의 기본 원리는 다음과 같다.

- **깨지지 않았다면, 고치지 말라:** 개입의 영역을 결정하는 데 치료 이론을 사용하지 말 것.
- **효과적이라면, 좀 더 해 보라:** 지금 효과가 있는 일들을 쌓고 확대할 것.
- **효과적이지 않다면, 다른 것을 해 보라:** 좋은 생각이더라도 효과가 없으면 다른 해결책을 찾을 것.
- **작은 단계들이 큰 변화를 불러올 수 있다:** 작고 실행 가능한 변화들부터 시작할 것. 이것들은 대체로

순조롭고 빠르게 더 많은 변화를 이끌어 낸다.

- **해결책이 반드시 문제와 관련되어 있는 것은 아니다:** 문제가 왜 있는지를 이해하는 데 초점을 맞추지 말고 성장하는 데 집중할 것.
- **해결책 개발을 위한 언어는 문제 설명에 필요한 언어와는 다르다:** 문제 말하기는 부정적이고 과거 중심적이다. 해결책 말하기는 희망적이고 긍정적이며 미래 중심적이다.
- **문제가 모든 시간에 발생하는 것은 아니다:** 활용할 수 있는 예외 상황들은 언제든 존재한다. 가장 작은 예외 상황조차도 잠재적 해결책을 찾아내는 데 유용하게 쓰일 수 있다.
- **미래는 창조되며 협의가능하다:** 미래를 설계하는 데 있어 중요한 역할을 하는 사람은 내담자이다.

■ 첫 회기 과제의 정석

이름이 말해 주듯이, 첫 회기 과제의 정석(de Shazer, 1985)은 전형적으로 첫 회기에서 내담자의 주제와 상관없이 치료 과정에 대한 희망과 변화의 동기를 불러일으키기 위해 모든 내담자에게 사용된다.

■ 첫 회기 과제의 정석에 대한 예시

- **첫 회기 과제의 정석:** "당신의 '가족, 삶, 결혼생활, 관계 중'(택 1)에서 지속적으로 일어나기를 원하는 일이 지금부터 다음 상담 때까지 일어나는지를 관찰해서 다음 시간에 설명해 줄 수 있으면 좋겠습니다."(de Shazer, 1985, p. 137)
- **다른 말로 바꿔 소개하기:** "우리가 치료를 시작하면서, 많은 것이 바뀌게 될 거예요. 하지만 나는 당신의 삶과 관계들에서 바꾸고 싶지 않은 것도 많을 거라고 생각합니다. 다음 주까지 당신(여러분 개개인)이 삶과 관계에서 치료로 인해 바뀌지 않았으면 하는 것들의 목록을 작성해 오면 좋겠어요. 바로 지금 효과가 있는 큰 것들뿐만 아니라 작은 것들에도 주의를 기울여 생각해 보세요."

이러한 지시사항은 내담자가 효과적인 것에 주의를 기울이도록 자극하고, 그들의 강점과 자원을 찾아내며, 그들의 변화할 수 있는 능력에 대한 희망을 불러일으키도록 돕는다.

■ 매주 과제 설정을 위한 척도 질문

척도 질문은 매주의 과제 및 숙제를 정하는 것과 목표를 설정(앞의 논의 참조)하는 데 사용된다(O'Hanlon & Weiner-Davis, 1989). 내담자가 척도 점수를 높일 수 있는 행동을 찾아내고 나면 치료자는 이러한 행동을 실행에 옮기기 위해 필요한 작은 변화를 만들어 낼 구체적인 활동과 행동을 찾아내는 작업을 내담자와 함께한다. 이 개입은 매주 내담자가 그들의 목표를 향해 단계적으로 나아가게 할 과제를 정하는 데 사용될 수 있다. 만약 내담자가 부여된 과제를 따르지 않는다면, 치료자들은 다음의 질문을 하면서 재평가해야 한다. ① 내가 불평형에게 고객형만큼 변화에 대한 동기를 가질 거라고 기대하고 있는가? ② 과제가 너무 큰가 혹은 더 작은 단계로 나눠질 수 있나? ③ 적임자가 참여하는가? ④ 실제로 내담자가 실행에 옮기고 변화로 나아갈 수 있도록 동기를 부여하는 것은 무엇인가?

■ 가정하는 질문하기와 미래 해결을 가정하기

미래의 변화를 가정하는 질문과 대화는 내담자들이 문제가 없는 미래를 그려 보고, 희망과 동기를 불러일으키는 데 도움을 준다(O'Hanlon & Beadle, 1999; O'Hanlon & Weiner-Davis, 1989). 해결중심치료자들은 모든 것이 변화한다는 관찰에 기초하여 변화를 가정한다. 내담자들의 상황은 변하지 않을 수 없다. 변화는 피할 수 없고, 대부분의 내담자가 치료에서 이점을 얻어 간다는 것을 깨달으면서 치료자들은 확신을 가지고 다음과 같은 가정하는 질문을 할 수 있다.

- 우리가 이 문제를 해결하고 나면 당신은 어떤 다른 행동들을 할까요?
- 우리가 이 문제를 해결하고 나면 당신은 다루고 싶은 다른 걱정거리가 있나요?
- 문제가 해결되었을 때 당신이 축하하기 위해 처음으로 할 일 중 하나는 무엇인가요?

이러한 종류의 질문들은 이 장 마지막의 Suzie와 Jorge 사례처럼 한 명 이상의 당사자가 절망감을 느낄 때 매우 도움이 될 수 있다.

■ 활용

de Shazer(1988)는 Milton Erickson의 최면치료를 바탕으로 내담자가 해결책을 찾고 실행에 옮기도록 돕기 위해 활용 기법을 사용하였다. **활용**(Utilization)은 해결의 방향으로 이끌 의미 있는 행동과 계획들을 개발하기 위해 내담자가 보여 주는 강점, 흥미, 성향 또는 습관 등을 사용하고 강화할 방법을 찾는다는 뜻이다. 예를 들어, 만약 내담자가 친구를 사귀는 것과 친밀한 관계를 맺는 것에 어려움을 느끼지만 애완동물을 많이 키운다면, 치료자는 내담자가 사람들과의 접촉을 늘리도록 하기 위해 아마도 내담자에게 공공장소에서 개를 산책시키거나, 강아지 장애물 경기 수업에 참여하거나, 혹은 애완동물 보호소에 자원봉사하게 하는 등 내담자의 동물에 대한 흥미를 활용할 것이다.

■ 대처 질문

대처 질문은 특히 내담자가 압도되었다고 느낄 때 희망, 의지, 동기를 불러일으킨다(De Jong & Berg, 2002; de Shazer & Dolan, 2007). 내담자가 개선되지 않거나, 급성 위기에 놓여 있다고 말하거나, 절망감을 느낄 때 대처 질문들이 사용된다. 대처 질문들은 내담자가 현재나 과거의 어려운 상황들에 어떻게 대처해 왔는지를 생각해 내도록 안내한다.

대처 질문 예시

- "힘들겠네요. 이 정도에 이르기까지 이것에 대해 어떻게 대처해 왔나요?"(de Shazer & Dolan, 2007, p. 10)
- "이 문제가 더 나빠지는 것을 어떻게 예방해 왔나요?"(p. 10)

■ 칭찬과 격려

해결중심치료자들은 내담자에게 동기를 부여하고 강점을 강조하기 위해 칭찬과 격려를 사용한다. 칭찬의 핵심은 내담자가 **자신이 세운 목표들**을 향해 나아갈 **때에만** 칭찬하거나 **문제와 관련 있는 구체적인 강점들**을 칭찬하는 것이다. 이것은 매우 중요하므로 나는 당신이 잊어버리지 않도록 거듭 말하고 특별한 글상자에 담을 것이다.

치료적 칭찬

⊙ 칭찬의 규칙

내담자가 자신이 세운 목표들을 향해 나아갈 때에만 칭찬하거나, 문제와 관련 있는 구체적인 강점들을 칭찬하라. 그 사람 자체가 아닌 그들의 개선을 칭찬하라.

⊙ 예시

- 치료적 칭찬
  - "와우! 당신은 이번 주에 목표를 향해 제대로 전진했어요."
- 더 나은 치료적 칭찬
  - "저는 감동받았습니다. 당신이 지난주에 우리가 만든 계획표를 따랐을 뿐만 아니라, 당신의 아들과의 관계를 개선하기 위해서 당신만의 추가적인 전략들(주말에 그의 친구와의 나들이 준비하기)을 스스로 찾아내기까지 했어요."(목표를 향한 특정 행동을 칭찬함)
- 좋지 않은 치료적 칭찬
  - "저는 당신이 살아온 삶을 존경합니다."(너무 개인적이고, 문제와 분명하게 관련되어 있지 않음. 당신이 내담자에게 아부하는 것처럼 들림)
  - "당신은 정말로 대단한 엄마예요."(구체적이지 않음. 돌봄 기술을 포괄적으로 평가함. 내담자가 엄마로서의 자신의 행동과 수행을 평가하는 것을 막음)

치료자가 내담자의 목표나 강점이 아닌 다른 것을 칭찬한다면, 그들은 내담자 또는 내담자의 삶에 대해 비록 긍정적인 판단이기는 해도 판단하는 상황을 만들게 되는 것이다. 칭찬은 내담자들에게 '잘 보이려고' 쓰여서는 안 된다(De Jong & Berg, 2002). 칭찬은 내담자가 스스로 세운 목표들로 나아가는 과정을 강화하는 데 쓰여야 하고, 외부의 권위적 대상으로부터 인정받으려 하기보다는 내담자 스스로가 자신을 인정하도록 격려하는 방식으로 제시되어야 한다. 내담자들이 목표를 세우고 그것을 향해 나아갈 수 있다면 그들의 **자기효능감**("나는 이것을 할 수 있다.")이 더 커지며, 이는 행복에 대해 자존감보다 더 좋은 예측변인이다(Seligman, 2004).

◎ 구체적인 문제에 대한 개입

■ 부부치료와 이혼 깨부수기

해결지향적 부부치료는 부정적이고, 관계에서 갈등을 겪고, 특히 위기에 놓이거나 이혼을 고려하는 부부들에게 강점과 희망에 대해 강조하는 점이 잘 맞아서 인기가 있다(Hudson & O'Hanlon, 1991; Weiner-Davis, 1992). 이러한 해결지향적 부부치료에는 몇 가지 독특한 개입이 있다.

■ 비디오토크

비디오토크는 경험을 세 수준으로 구분하는 것을 토대로 한다. 이 수준으로는 사실, 이야기 그리고 경험이 있다(Hudson & O'Hanlon, 1991). **사실**은 행동하고 말한 것에 대한 행동적 설명으로, 부부가 상호작용하는 동안 비디오테이프에 녹화된다. **이야기**는 한 개인이 행동 및 말과 관련지어 생각하는 해석과 의미이다. **경험**은 각 개인이 지닌 내적 사고와 감정들이다. 부부들이 어려움을 겪을 때, 치료자는 각자가 상황을 어떻게 해석하는지에 대한 이해를 높이기 위해 사실을 이야기와 경험으로부터 분리시킴으로써 그 차이들을 자세히 살펴보도록 도울 수 있다. 내담자들은 기존의 해석(예: "그녀가 잔소리해요." 혹은 "그는 냉담해요.") 대신 비디오토크(예: "그녀가 저에게 세 번 요구했어요." 혹은 "그가 저녁 식사 후에 내게 아무 말도 없이 공부하러 갔어요.")를 사용하도록 격려된다. 행동에 대한 해석과 행동을 분리하기 위해 비디오토크를 사용함으로써, 부부는 상대방에게 덜 방어적이고, 서로를 더 잘 이해하기 위한 대화에 참여할 수 있으며, 미래의 갈등을 줄이는 의미 있는 방법을 찾아낸다.

■ 불평에서 요청으로

해결지향적 치료자들은 내담자들이 그들이 원치 않는 것을 말하기보다는 원하는 것을 요청하라고, 혹은 불평에서 요청으로 바꾸라고 격려한다(O'Hanlon & Hudson, 1991; Weiner-Davis, 1992). 예를 들어, 배우자는 "당신은 이제 로맨틱한 것을 하지 않잖아요."(포괄적이고 과잉일반화한 불평)라고 불평하기보다는 "나는 우리의 관계에 로맨스가 있으면 정말 즐거울 것 같아요."와 같은 요청으로 바꿔 말하는 것을 배우게 될 것이다. 이러한 요청들은 행동적이고 구체적이어야 한다. 그러므로 이 예에서 구체적인 행동적 요청을 추가할 필요가 있다. "나는 주말 동안 나가서 저녁 식사하고, 영화를 보고, 해질녘 해변을 산책했으면 좋겠어요."라든지 "우리가 외출하기 전 서로에게 키스를 해 주거나, 작은 사랑의 메모를 남기거나, 서로에게 메시지를 보냈던 때로 돌아간다면 좋을 것 같아요." 등이 포함된다.

■ 성적 학대 및 트라우마 치료

Yvonne Dolan(1991)과 Bill O'Hanlon과 Bob Bertolino(2002)는 어릴 적 성적 학대를 당한 아동 및 성인 피해자들에게 해결중심치료를 사용한다. 해결중심 접근은 피해자의 탄력성을 강조하는 낙관주의적이고 희망적인 입장을 취한다는 점에서 성적 학대 치료에 대한 전통적인 접근들과 차별화된다. 이러한 내담자들이 힘든 트라우마에서 살아남았다는 점을 고려하여 해결지향적 치료자들은 현재 문제를 해결하는 데 도움이 되는 새로운 방식으로 이러한 강점을 활용한다. 이 접근은 다음과 같은 몇 가지 차별적 특성을 지니고 있다.

■ 피해자들의 의지를 존중하기

해결중심치료자들은 전통적 치료자들에 비해 훨씬 더 피해자의 의지를 존중하여, 내담자에게 자신의 학대 이야기를 할지 여부와 치료의 속도를 결정하도록 한다(Dolan, 1991; O'Hanlon & Bertolino, 2002). 많은 치료자는 피해자가 치료자와 학대 이야기를 자세히 나누지 않는다면 치유될 수 없다고 주장하지만, 해결중심치료자들은 이에 쉽게 동의하지 않는다. 그보다 그들은 그 이야기를 한다면 언제, 어떻게 그리고 누구와 하는 것이 가장 좋은지를 확인하는 작업을 내담자와 함께한다. 치료자들은 충분히 피해자의 의지를 존중함으로써 학대로 인해 잃어버린 자율성을 되찾아 피해자가 삶의 사적인 측면에 대한 완전한 자율성을 다시 얻는 관계를 형성한다. 피해자와의 상담에 있어, 더욱 지시적인 역할을 하는 치료자들은 내담자가 준비되기도 전에 치료라는 이름으로 그들의 성생활 일부를 드러내라고 압박함으로써 침해당하고 상처가 반복되는 느낌을 주고 의도치 않게 학대 패턴을 되풀이할 수도 있다.

■ 회복 척도: 강점과 역량에 집중하기

Dolan(1991)은 내담자의 삶에서 학대의 영향을 받지 않은 영역들을 확인하여 내담자의 삶과 자아 전체가 영향을 받았다는 느낌을 줄이기 위해 해결중심 회복 척도를 사용한다. 이 영역들에서의 성공 전략은 학대의 영향을 받은 영역들을 다루기 위해 사용된다.

■ 3-D 모델: 분열(Dissociate), 단절(Disown), 평가절하(Devalue)

O'Hanlon과 Bertolino(2002)는 3-D 모델을 사용하여 학대와 트라우마의 후유증을 개념화하는데, 이는 학대가 사람들로 하여금 자기의 측면들을 분열하고, 단절하며, 평가절하하게 만들고, 그 결과 그들은 억제 경험(예: 성적 반응 결여, 기억 결핍, 분노의 결여)이나 침입경험(예: 플래시백, 성적 강박, 격노)을 하게 하는 증상을 발달시킨다. 치료의 목표는 사람들을 이러한 단절된 부분과 다시 연결시키는 것이다. O'Hanlon과 Bertolino(2002)는 성적 학대와 관련된 많은 증상은 일종의 **부정적 최면 상태**처럼 그 경험을 통제할 수 없을 것처럼 느껴지며, 단지 자기의 일부분만 관여한다는 점에 주목한다. 해결지향적 치료자들은 내담자가 학대로 인해 단절된 자기의 평가절하된 측면들을 재평가하고 받아들일 수 있도록 격려하기 위해 **관대하고, 인정해 주며, 포괄적인 언어**를 사용한다.

■ 구조적 질문

Dolan(1991)은 내담자의 독특한 해결책에 대한 세부사항을 밝혀내기 위해 구조적 질문을 사용한다.

- 상황이 더 나아졌다는, 즉 현재 삶에서 이것(성적 학대)이 영향을 덜 미치고 있다는 첫 번째(가장 작은) 신호는 무엇일까요?
- 이것(성적 학대 트라우마)이 당신 삶에서 문제가 덜 될 때, 당신은 어떻게 다르게 행동할까요?
- 당신은 시간을 어떻게 다르게 쓰게 될까요?
- 과거를 생각하는 대신에, 어떤 할 일에 대해 생각하게 될까요?
- 앞의 일이 어느 정도(작더라도) 일어난 적이 있나요? 그때는 어떻게 다른가요? 이러한 차이들은 어떤 도움이 되나요?
- 앞의 치유적 변화가 당신의 삶에 오랜 기간(수일, 수주, 수개월, 수년) 동안 나타난다면 어떤 차이를 만들까요?
- 당신의 중요한 타인은 상황이 나아졌다는 첫 번째 신호를 뭐라고 이야기할 것 같나요? 당신의 중요한 타인이 처음으로 알아차릴 것은 무엇일까요?
- 당신의 주변인(친구 또는 상사, 중요한 타인 등)은 당신이 더 많이 치유되었다는 것을 무엇으로 알아차릴까요?
- 당신이 찾아낸 이 치유적 변화들은 당신 가족의 미래 세대에게 어떤 차이를 만들어 낼까요? (pp. 37-38)

■ 비디오토크(행동 용어)

피해자들은 학대와 트라우마의 특징인 강렬한 감정 때문에 종종 그들의 현재 삶에서 학대로 인한 지금의 영향을 밝히는 데 어려움이 있다. O'Hanlon과 Bertolino(2002)은 연쇄적 사건, 선행사건, 결과, 변하지 않는 행동, 반복되는 행동, 신체 반응 등을 포함하여, 피해자들이 트라우마 경험을 재생성하는 특정 행동 및 행동 패턴을 발견하도록 돕기 위해 앞서 언급한 **비디오토크**를 사용한다. 이것은 연속적인 사건, 선행사건, 결과, 변하지 않는 행동, 반복적인 행동, 신체 반응들을 포함한다. 이러한 반복적 패턴들이 밝혀지고 나면, 치료자들은 내담자가 그 순환을 끊고 새로운 반응들을 위한 공간을 만들기 위해 맥락의 한 부분을 바꾸기도 하고, 만일 내담자가 그 증상에 대해 어느 정도 통제할 수 있다고 느낀다면 새롭고 대안적인 해결책 도출 행동들을 찾아내도록 돕는다.

◎ 조합하기: 사례개념화와 치료 계획 양식

■ 이론 특정 사례개념화의 영역

- **강점과 자원:** 다음의 영역에서 개인적 및 관계적 강점들을 확인할 것.
  - 개인적: 강점, 탄력성 그리고 자원의 영역. 현재 대처 기술.
  - 관계적: 관계와 가족의 강점.
  - 공동체: 친구, 지역사회 지원, 업무 장면, 종교 가입 등.
  - 다양성: 지지 집단, 공동체, 자원 등.

- 예외 상황
  - 문제가 덜 문제시되는 때의 빈도, 장소, 관계, 맥락 등을 확인할 것.
  - 상황을 조금이라도 나아지게 만드는 것처럼 보이는 행동을 확인할 것.
- 기적 질문
  - 만일 기적이 일어난다면 내담자는 어떻게 행동할 것인지(행동하지 않는 것이 아닌) 행동적으로 설명할 것.
- 내담자 동기화
  - 변화에 대한 고객형
  - 불평형
  - 방문자형

성적 학대 트라우마를 지닌 개인을 위한 치료 계획 양식

▣ 해결중심 개인치료 초기 단계

❖ 초기 단계 치료적 과업

1. 효과적인 치료적 관계 발전시키기. 다양성 주의: 문화, 성별 및 기타 유형의 관계 구축 및 정서 표현 방식들을 존중하는 데 어떻게 익숙해질지 설명할 것.
   a. '초심자의 자세'를 가지고 강점에 귀 기울이면서 협력적인 관계를 발전시키고, 희망과 낙관주의를 불러일으킬 것.

2. 개인적, 체계적 및 광범위한 문화적 역동 평가하기. 다양성 주의: 문화적 · 사회경제적 · 성적 지향, 성별 그리고 기타 관련 규범에 근거하여 평가를 어떻게 조정할지 설명할 것.
   a. 해결책을 긍정적인 용어로 구체적이고 행동적으로 정의하기 위해 기적 질문을 사용할 것.
   b. 삶의 모든 영역에서 학대의 영향력에 대한 예외 상황들, 트라우마 증상이 덜 심각해지는 시기, 트라우마에 영향받지 않는 삶의 영역들, 강점과 자원, 지지적 관계, 내담자의 동기 수준을 확인할 것.
   c. 강점과 자원이 영역들을 확인하기 위해 회복 척도를 사용할 것.

3. 치료 목표를 정의하고 치료 목표에 대한 내담자 동의 얻기. 다양성 주의: 내담자의 문화, 종교 그리고 다른 가치 체계로부터의 가치들과 부합되도록 목표를 어떻게 수정할지 설명할 것.
   a. 초기에 작고, 합리적인 목표를 찾아내기 위해 척도 질문을 할 것.
   b. 장기 목표를 찾아내기 위한 해결책을 만들어 내는 질문들.

4. 의뢰 필요성, 위기 문제, 부수적 연락처, 그리고 다른 내담자 욕구를 확인하기.
   a. 의뢰/자원/연락: 지지적일 수 있는 내담자의 가족과 공동체의 자원과 내담자를 연결할 것. 필요에 따라 부수적 연락처로 연락할 것.

❖ 초기 단계 내담자 목표

1. 플래시백, 해리, 과각성을 줄이기 위해 학대를 기억할 때 통제감과 안전감 증가시키기.
   a. 삶에서 효과적이고, 압도될 때 사용할 수 있는 기존 영역들을 확인하기 위한 첫 회기 과제의 정석

b. 감정과 기억이 압도될 때를 위한 안전 계획을 세우는 안전척도(제14장 참조).
c. 내담자가 어떻게 대처해 왔고, 이러한 능력을 어떻게 확장시킬지를 탐색하는 대처 질문.

▣ 해결중심 개인치료 작업 단계

❖ 작업 단계 치료적 과업

1. 작업 동맹의 질 점검하기. 다양성 주의: 치료자가 은연중에 내담자의 문화적 배경과 일치하지 않는 표현이 섞인 개입을 할 때 이를 알 수 있는 내담자 반응에 어떻게 주의를 기울일지 설명할 것.
   a. 개입 평가: 내담자의 관계 경험을 평가하기 위한 회기 평가 척도.
2. 내담자 경과 점검하기. 다양성 주의: 경과를 평가할 때 문화, 성별, 사회 계층 및 기타 다양성 요소에 어떻게 주의를 기울일지 설명할 것.
   a. 개입 평가: 매주의 경과를 측정하기 위한 성과 평가 척도와 척도 질문.

❖ 작업 단계 내담자 목표

1. 과각성과 해리를 줄이기 위해서 친구, 가족, 집에 대한 내담자의 안전감 증가시키기.
   a. 안전한 관계에서 신뢰감과 개방성을 높이기 위한 작은 단계들을 찾아내기 위한 척도 질문.
   b. 더욱 신뢰할 만한 관계의 특징이 될 구체적인 행동들을 내담자가 찾아내도록 돕는 구조적 질문.
2. 피해의식, 절망감, 수치심을 줄이기 위해 내담자의 의지와 생존의식을 증가시키고 학대와 관련된 자기비난을 감소시키기.
   a. 내담자가 단절되고 평가절하된 자신의 부분들과 다시 연결될 수 있도록 돕는 관대하고 인정해 주는 포괄적인 언어.
   b. 학대의 영향력의 한계를 설정하기 위해 내담자가 현재의 경험과 과거를 분리하도록 돕는 언어 전달하기.
   c. 의지를 높이고 자기비난을 줄이기 위해 가해자를 피하고, 학대를 멈추고, 도움을 요청하고, 대처하려는 시도를 포함하는 방식으로 학대에 대해 다시 이야기할 수 있게 해 주는 예외 상황과 대처 질문.
3. 트라우마에 대한 신체 증상, 성적 문제, 신체 이미지 문제, 섭식 문제를 줄이기 위해 내담자와 그녀의 신체 및 성생활의 긍정적인 연결감 증가시키기.
   a. 내담자가 자신의 신체 및 성생활과의 긍정적인 연관성을 찾도록 돕는 예외 질문.
   b. 내담자가 몸과의 건강한 관계로 돌아갈 것으로 가정하고, 그러기 위한 전략들을 찾아내는 가정하는 질문.

▣ 해결중심 개인상담 종결 단계

❖ 종결 단계 치료적 과업

1. 추후관리 계획을 세우고, 개선을 유지하기. 다양성 주의: 치료 종결 이후 그들을 지지해 줄 그들이 속한 공동체 자원과 어떻게 접촉할지 설명할 것.
   a. 그들이 미래의 문제와 퇴행에 어떻게 대처할지를 확인하는 대처 질문.

❖ 종결 단계 내담자 목표

1. 절망감과 우울한 분위기를 줄이기 위해 내담자의 의지와 통제감을 증가시키고(즐길 수 있는 활동을

명시해서) 참여도를 높이기.
a. 자신의 삶에서 의지를 다시 불러일으키기 위해 작고 실행 가능한 단계들을 찾아내는 척도 질문.
b. 의지를 향한 단계를 밟아 나가는 내담자의 시도에 대한 치료적 칭찬.

2. 고립감, 과각성, 극도의 취약성을 줄이기 위해 내담자가 만족스러운 친밀한 관계를 맺는 능력 증가시키기.
   a. 친밀한 관계를 형성하거나 개선하기 위한 작은 단계들을 찾아내는 척도 질문.
   b. 내담자가 현재보다는 트라우마를 기반으로 하여 배우자의 행동을 해석하는 패턴을 확인하도록 돕는 비디오토크.

부부/가족 갈등을 겪는 개인들을 위한 치료 계획 양식

▣ 해결중심 부부/가족치료 초기 단계

❖ 초기 단계 치료적 과업

1. 효과적인 치료적 관계 발전시키기. 다양성 주의: 문화, 성별 및 기타 유형의 관계 구축 및 정서 표현 방식들을 존중하는 데 어떻게 익숙해질지 설명할 것.
   a. '초심자의 자세'을 가지고 강점에 귀 기울이면서 모든 구성원과 협력적인 관계를 발전시키고, 희망과 낙관주의를 불러일으킬 것.

2. 개인적, 체계적 및 광범위한 문화적 역동 평가하기. 다양성 주의: 문화적 · 사회경제적 · 성적 지향, 성별 그리고 기타 관련 규범에 근거하여 평가를 어떻게 조정할지 설명할 것.
   a. 해결책을 긍정적인 용어로 구체적이고 행동적으로 정의하기 위해 각 개인에게 기적 질문을 사용할 것.
   b. 삶의 모든 영역에서 학대의 영향력에 대한 예외 상황들, 트라우마 증상이 덜 심각해지는 시기, 트라우마에 영향받지 않는 삶의 영역들, 강점과 자원, 지지적 관계, 내담자의 동기 수준을 확인할 것.

3. 치료 목표를 정의하고 치료 목표에 대한 내담자 동의 얻기. 다양성 주의: 내담자의 문화, 종교 그리고 다른 가치 체계로부터의 가치들과 부합되도록 목표를 어떻게 수정할지 설명할 것.
   a. 초기에 각 개인이 맡은 과업/역할에서 작고, 합리적인 목표를 찾아내기 위해 척도 질문을 할 것.
   b. 장기 목표를 찾아내기 위한 해결책을 만들어 내는 질문.

4. 의뢰 필요성, 위기 문제, 부수적 정보제공자 연락, 그리고 다른 내담자 욕구를 확인하기.
   a. 의뢰/자원/연락: 공동체의 지지적 자원과 부부/가족을 연결할 것. 필요에 따라 부수적 정보제공자를 만들 것.

❖ 초기 단계에서의 내담자 목표

1. 갈등을 줄이기 위해 공유하고 즐길 수 있는 활동 참여 증가시키기.
   a. 관계에서 효과적인 기존 영역들을 찾아내기 위한 첫 회기 과제의 정석.
   b. 더 만족스러운 관계의 영역들을 확인하고, 이러한 활동을 증가시키거나 확대하는 숙제를 찾아

내기 위한 예외 질문.

▣ 해결중심 부부/가족치료 작업 단계

❖ 작업 단계 치료적 과업

1. 작업 동맹의 질 점검하기. 다양성 주의: 치료자가 은연중에 내담자의 문화적 배경과 일치하지 않는 표현이 섞인 개입을 할 때 이를 알 수 있는 내담자 반응에 어떻게 주의를 기울일지 설명할 것.
   a. 개입 평가: 내담자의 관계 경험을 평가하기 위한 회기 평가 척도.

2. 내담자 경과 점검하기. 다양성 주의: 경과를 평가할 때 문화, 성별, 사회 계층 및 기타 다양성 요소에 어떻게 주의를 기울일지 설명할 것.
   a. 개입 평가: 매주의 경과를 측정하기 위한 성과 평가 척도와 척도 질문.

❖ 작업 단계 내담자 목표

1. 갈등을 줄이기 위해 부부/가족 사이에 만족스러운 의사소통 증가시키기.
   a. 해석과 행동을 분리시키고, 각 개인이 서로를 더 잘 이해하도록 돕는 비디오토크.
   b. 내담자들이 서로에게 불평하기에서 긍정적이고 행동적인 요청하기로 바꾸도록 제안할 것.

2. 갈등을 줄이기 위해 긍정적인 부부/가족 상호작용과 관계 패턴들을 증가시키기.
   a. 각 구성원들에 대한 지시의 (각기 다른) 작은 단계들을 찾아내기 위한 척도 질문.
   b. 다른 구성원이 '항상' 그런 식이라는 의식을 줄이기 위한 언어 전달하기.
   c. 원하는 해결책을 향한 작은 단계들을 격려하기 위한 치료적 칭찬.

3. (부부의 경우) 갈등을 줄이고 친밀감을 높이기 위해 서로 즐길 수 있는 신체적 및 성적 친밀감 증가시키기.
   a. 두 사람 모두가 만족해 온 친밀한 삶의 영역들을 돕는 예외 질문.
   b. 원하는 변화를 이루기 위해 각자가 취할 수 있는 작고 구체적인 단계들을 찾아내기 위한 척도 질문.

▣ 해결중심 부부/가족치료 종결 단계

❖ 종결 단계 치료적 과업

1. 추후관리 계획을 세우고, 개선을 유지하기. 다양성 주의: 치료 종결 이후 그들을 지지해 줄 그들이 속한 공동체 자원과 어떻게 접촉할지 설명할 것.
   a. 그들이 미래의 문제와 퇴행에 어떻게 대처할지를 확인하는 대처 질문.

❖ 종결 단계 내담자 목표

1. 갈등을 줄이고 친밀감을 높이기 위해 공유된 정체감과 유대감 증가시키기.
   a. 자신의 삶에서 의지를 다시 불러일으키기 위해 작고 실행가능한 단계들을 찾아내는 척도 질문.
   b. 의지를 향한 단계를 밟아 나가는 내담자의 시도에 대한 칭찬.

해결지향적 Erickson식 최면치료

Erickson식 최면치료 또는 자연주의적 최면으로도 알려진 해결지향적 최면치료는 내담자의 문제를 해결하기 위해 그들의 강점과 자원들을 떠올리게 하는 것을 목표로 하는 독특한 형태의 최면치료이다(Erickson & Keeney, 2006; Lankton, Matthew, 1991; O'Hanlon & Martin, 1992). 명칭에서 알 수 있듯이, 해결지향적 Erickson식 최면치료는 해결중심과 해결지향적 치료에 앞서 Milton Erickson의 연구에서 비롯되었다. 많은 해결중심 전제와 기법은 최면과 치료에 대한 Erickson의 접근법으로부터 직접적으로 발달하였고, 또한 Lankton 등(1991)은 이 접근이 어떻게 부부 및 가족과 작업하기 위한 통합적 접근으로 사용될 수 있는지 설명하였다.

◎ 전통적 최면치료와의 차이

해결지향적 최면치료는 두 가지 중요한 방식에서 전통적인 최면치료와 차이가 있다(O'Hanlon & Martin, 1992).

- **위계적이지 않고 허용적임**: 전통적 최면치료는 위계적이어서 치료자가 이끌어 가는("당신은 이제 졸릴 것입니다.") 반면, 해결지향적 최면치료는 허용적이다("당신은 눈을 감기를 원할 수도 있고 뜨고 있기를 원할 수도 있습니다.").
- **내담자의 타고난 자원을 일깨움**: 전통적 최면치료에서는 내담자가 최면 상태에 들어가면 치료자들은 내담자를 효과적으로 '재프로그래밍'한다. 해결지향적 치료에서 치료자는 치유를 위해 내담자의 타고난 자원을 '일깨우거나' 자극하려 하면서 그 자연스러운 발생 과정을 돕는 산파 역할을 한다.

◎ 큰 그림 그리기: 상담 및 심리치료의 방향

Erickson식 치료는 내담자가 이미 가지고 있는 자원과 강점들을 일깨우기 위해 내담자를 최면 상태로 들어가도록 유도한다. 이때, 최면 상태에 대한 분명한 소개를 할 수도 있고 하지 않을 수도 있다. Erickson은 내담자가 자신의 문제를 해결하게 해 줄 잠재적 능력을 활성화하기 위해 이야기, 비유, 지시를 사용하는 것으로 알려져 있다(O'Hanlon & Martin, 1992). Richard Bandler, John Grinder, Jay Haley, Bill O'Hanlon, Ernest Rossi, 그리고 Jeffrey Zeig를 포함한 그의 제자들이 그의 연구를 발전시켜 왔으며, Milton H. Erickson 재단은 그의 접근을 계속 훈련시키고 있다.

◎ 행동하기: 개입

■ 허용

내담자를 최면 상태에 들어가도록 유도할 때, Erickson식 치료자들은 내담자들이 뭔가를 해야 한다는 압력 없이 그들이 경험하고 있는 것은 뭐든지 생각하고, 경험하며, 느끼도록 **허용**한다 (O'Hanlon & Martin, 1992). 내담자들은 의심하고, 잡념이 생기며, 집중력을 잃고, 주의를 분산시키는 생각을 품고, 다른 생각이나 느낌들을 수용하는 것이 대놓고 허락된다.

■ 가정

내담자들을 최면 상태로 유도하는 Erickson식 치료자들은 특정 질문과 의견들을 내담자에게 전달함으로써 내담자들이 최면 상태로 들어올 것이라고 **가정한다**(O'Hanlon & Martin, 1992). 예를 들면, "예전에 최면 상태에 빠져 본 적이 있나요?" " 당신은 최면에 들어갈 때 눈을 뜰지 감을지를 선택할 수 있습니다." "최면 상태에 너무 빨리 들어가지 마세요."(p. 18)라고 말한다.

■ 분리하기

치료자는 내담자가 으레 한 가지라고 여기는 것을 두 가지로 분리할 수도 있는데, 예를 들면 의식적 마음과 무의식적 마음, 혹은 좌뇌와 우뇌 등이다(O'Hanlon & Martin, 1992). 일반적으로, 문제로 가득 찬 사고와 감정은 개인이 최면 과정을 신뢰하게 해 주는 의식적 마음과 무의식에 대한 긍정적인 사고에 기인한 것이다. 예를 들어, 치료자는 의심과 불안이 무의식적 마음에 대한 신뢰와 의식적 마음 때문에 생긴다고 여길 수도 있다. "당신의 의식적 마음은 설령 최면이 가능하다 한들 무의식적 마음은 무엇을 하는지 정확히 알고 있지 않은가 하고 의심할 수도 있어요."

■ 문제의 수준 vs 해결책의 수준

Erickson은 훈련되지 않은 눈으로 내담자의 이야기를 보면 종종 문제와 전혀 상관없는 주제와 화제에 대해 이야기하는 것처럼 보일 수 있다고 했다. 예를 들어, 야뇨증을 가진 아이와 상담할 때, 그는 주호소 문제에 대해서는 전혀 이야기하지 않은 채 회기 전체를 야구, 소화력 등 언뜻 관련 없어 보이는 주제에 대해 이야기하면서 보낼 수도 있다(O'Hanlon & Martin, 1992). Erickson은 문제 수준(예: 근육 통제 결여)에 대해 평가한 다음, 그 문제를 해결할 것 같은 해결책의 수준(예: 근육 통제)(O'Hanlon & Martin, 1992)을 찾아본다. 마찬가지로, 만약 한 개인의 우울감이 비관주의의 특징을 지닌다면, 그는 내담자가 희망과 낙관을 가지고 있는 영역을 찾을 것이다. 만일 그 내담자의 우울이 최근의 실패와 관련된다면, 그는 실재적인 것이든 잠재적인 것이든 성취감을 불러일으킬 방법을 찾을 것이다. 그러므로 Erickson은 글자 그대로의 문제를 해결하려 하기보다는 그 사람의 삶 속 다른 어떤 영역에서든 해결책의 수준을 일깨우는 데 집중하는 것을 중시하며 대화와 최면을 통해 해결책을 일깨우는 데 초점을 맞춘다.

해결책의 수준을 찾아내는 활동은 모든 강점이 동등하게 형성되지는 않는다는 점을 강조하기 때문에 강점을 평가할 때 특히 유용한 개념이다. Erickson은 **주호소 문제와 관련된 해결책과 동등한 수준에 있는 강점을 찾아내는 것**이 가장 중요하다는 사실을 부각시킨다. 그러므로 만약 아이가 집에서 부모의 요구를 따르기 어려워한다면, 치료자들은 축구팀에서 활동하는 것이든, 수업 시간에 집중하는 것이든, 친구와 보드게임을 하는 것이든 내담자가 규칙을 따를 수 있는 다른 상황들에 대해 주의 깊게 귀 기울여야 한다.

다문화적 접근: 다양성에 대한 고려

◎ 민족적 · 인종적 · 문화적 다양성

해결중심치료는 내담자 목표들을 미리 정의하는 데 건강 이론을 사용하지 않기 때문에(O'Hanlon & Weiner Davis, 1989) 광범위한 대상과 가치 체계에 적용될 수 있다. 이 치료는 북미, 남미, 유럽, 중동, 아시아, 호주의 다양한 대상에게 널리 사용된다(Gingerich & Patterson, 2007). 또한 이민자, 아프리카계 미국인, 히스패닉, 사우디아라비아인, 중국인, 한국인을 포함한 다양한 내담자와 학교, 교도소, 병원, 사업, 대학과 같은 넓은 범위의 맥락에 대해 연구되어 왔다(Gingerich & Patterson, 2007). 다양한 내담자과 작업할 때, 해결중심치료자들은 그들의 독특한 정서적 · 인지적 · 사회적 자원을 평가하며, 이는 종종 다양성의 문제와 관련이 있다.

Corcoran(2000)에 따르면, 해결중심치료가 다양한 사람에게 대체로 잘 맞는 몇 가지 이유는 다음과 같다.

- **맥락에 맞게 고려되는 행동**: 맥락에 따른 행동에 대한 해결중심 관점은 소외된 대상의 문제 행동에 대해 좀 더 공정하게 이해할 수 있게 해 준다.
- **내담자가 만들어 내는 행동적 목표**: 해결중심치료의 목표설정 과정은 그 목표가 내담자의 언어로 설정되고, 구체적이고 행동적이며, 대체로 단기적이기 때문에 다양한 인종 집단에게 잘 맞는다.
- **정서보다는 행동에 집중**: 정서보다 행동에 집중하는 것은 다양한 소수인종 집단에게 더 편안하고, 가치 일관적이다.
- **미래 지향성**: 과거에 대한 이해보다는 미래의 문제 해결에 초점을 맞추는 것은 다양한 소수인종에게 통한다.

■ 아시아계 미국인 내담자

몇몇 치료자는 아시아인과 아시아계 미국인들에게 해결중심치료를 사용하는 것에 대해 탐구해 왔다. Hsu와 Wang(2011)은 해결중심이 긍정적 재해석(체면을 잃지 않음), 관계에 기반한 관점, 실용적인 해결책의 강조 때문에 아시아인 내담자에게 매우 적합하다고 설명한다. 아시아인 내담자와의 작업에서 고려할 점은 다음과 같다.

- **효도**: 몇몇 치료자는 내담자가 웃어른에게 순종하고 존경하는 일반적인 아시아인의 가치인 효도 주제에 대해 다루도록 돕기 위해 해결중심치료를 사용해 왔다(Lee & Mjelde-Mossey, 2004: Hsu & Wang, 2011). 해결중심 접근은 각 세대의 관점을 긍정적 용어로 재구성하도록 돕는데, 그러면 각 세대의 좋은 의도가 더 잘 이해된다.
- **형식과 내용**: 대부분의 아시아 사회는 내용(**무엇**이 행해졌는지) 못지않게 형식(**어떻게** 행해졌는지)을 중요시한다(Berg & Jaya, 1993). 이것은 가족 구성원들은 문제를 풀기 위해 무엇을 했는지 못지않게 누군가가 문제에 어떻게 접근했는지에 대해 더 신경을 쓴다는 의미일 수 있다.
- **실용적인 해결책**: 아시아 문화들은 일반적으로 감정에 대한 극적인 표현을 지양하는데, 이것은 종종 감정과 원인에 대한 탐색보다는 실용적인 해결에 집중하는 치료적 접근을 선호하는 것을 뜻한다.
- **체면치레**: 해결중심치료는 근본적 원인을 밝히기보다는 '지금부터 어떻게 할 것인지'에 대해 집중하면서 더 쉽게 아시아인 내담자의 체면을 지키게 해 준다는 점에서 독특하다. 아시아 문화는 죄책감이 아닌 수치심을 기반으로 하며, 따라서 긍정적 재구성과 칭찬은 이러한 대상에게 특히 효과적이다(Berg & Jaya, 1993).
- **단기 치료**: 사생활 보호를 원하는 아시아인 가족들에게 치료는 주로 마지막 수단이기 때문에, 해결중심치료의 단기적 접근이 잘 맞는다(Berg & Jaya, 1993).

◎ 성 정체성 다양성

해결중심치료들은 미리 정의된 건강 이론이 없고 내담자가 정의한 목표에 초점을 두기 때문에 동성애자, 양성애자, 트랜스젠더 내담자와 작업할 때 적합할 수 있다. 그러나 내담자의 성 정체성이 문제나 해결책의 일부라고 언급되지 않았기 때문에, 상담사가 이러한 주제들에 민감하려면 내담자의 주호소 문제에서 이 주제의 역할에 대해 추측하기보다는 '초심자의 자세'로 물어보아야 한다. 해결중심치료와 이 대상들에 관해 구체적으로 기술된 자료는 거의 없다. 그러나 배우자의 커밍아웃에 적응하는 것을 돕기 위해 이 접근이 사용되어 왔다. Treyger, Ehlers, Zajicek 그리고 Trepper(2008)는 남편이 스스로를 동성애자라고 말한 여성의 사례에 적합함을 발견했다. 이 접근은 지지적이고 병리화하지 않는 환경에서 그 상황에 대한 내담자 자신만의 해결책을 찾아내도록 돕는데 사용되었다. 그들은 Buxton(2004)의 배우자가 동성애자 혹은 양성애자라는 사실에 적응하는 7단계 모델을 사용했다. 이 단계들에는 혼란/불신, 현실 직면과 인정, 수용, 체념, 치유, 재구성과 재조명, 전환이 있다. Treyger 등(2008)의 내담자는 판단되지 않고 이야기한 점, (가족들과 친구들로부터 이미 충분히 받은) 조언을 듣지 않은 점, 긍정적인 피드백과 칭찬을 받은 점, 경과를 구체적으로 측정하기 위한 척도 질문이 이 접근에서 가장 도움이 되었던 부분들이라고 보고했다.

연구와 증거기반

해결중심치료들은 경험적 지지의 토대를 꾸준히 쌓고 있다. 잘 통제된 임상실험 연구들에 대한 최근의 두 가지 메타분석(Stams, Dekovic, Buist, & De Vries, 2006; Kim, 2008)에 따르면, 해결중심 단기치료가 중간 정도의 효과 크기를 가지며 일반적으로 다른 접근들과 동일한 성과를 보이지만, 일반적으로 시간이 적게 걸리기 때문에 비용도 적게 들었다(Gingerich, Kim, Stams, & MacDonald, 2012). 증거기반이 축적되면서 증거가 늘어남에 따라, 청소년 사법 및 비행 예방 연구소(Office of Juvenile Justice and Delinquency prevention)는 해결중심치료를 증거기반 활동으로 인정받기 위한 토대를 마련하고 있는 유망한 활동으로 인식하고 있다(Kim, Smock, Trepper, McCollum, & Franklin, 2010).

대부분의 연구는 해결중심 단기치료에 대해 수행되었고, 이것은 1986년 문헌에 처음으로 설명되었으며, 1993년에 처음으로 통제된 연구가 수행되었고, 통틀어 48개의 출판된 연구와 두 개의 메타분석 리뷰가 이루어졌다(Gingerich et al., 2012). 무선 표집, 치료 정확도 측정, 표준화된 결과 측정을 비롯하여 연구의 질은 꾸준히 개선되고 있다. 연구자들은 가정 폭력 범죄자, 부부, 조현병 환자, 아동학대, 문제 청소년, 학교 장면, 양육, 알코올, 위탁 양육을 포함한 광범위한 임상적 대상과 문제들에 대한 해결중심 단기치료의 효과성을 연구해 왔다(Franklin, Trepper, Gingerich, & McCollum, 2012). 해결중심 단기치료의 과정에 대한 연구는 가정하는 질문, 기적 질문, 첫 회기 과제, 척도 질문 그리고 해결책 말하기는 그들의 의도된 치료 효과를 달성하는 것으로 밝혀졌으며, 그 모델은 일반적으로 내담자에게 희망과 낙관을 불어넣는다고 제안한다(McKeel, 2012).

현재, 해결중심 단기치료에 대한 양적 연구는 표준화된 치료 매뉴얼의 확장(Trepper et al., 2012)과 개선된 충성도와 정확도 측정도구의 개발을 통해서 임상실험 연구들을 다듬고 개선하는 데 초점을 두고 있다(Lehman & Patton, 2012). 이와 더불어 회기 내 치료적 동맹과 성과 측정 및 협력적 개입으로서의 내담자 경과에 관한 과정 연구가 이뤄지고 있다(Duncan, Miller, & Sparks, 2004; Gillaspy & Murphy, 2012; Miller, Duncan, Brown, Sparks, & Claud, 2003). 마지막으로 심리치료 연구의 가장 최근 동향은 해결중심 단기치료와 같은 증거기반 임상적 접근의 기저를 이루는 변화 기제에 대한 검토이다. 실험실 실험들은 해결중심 단기치료의 토대가 되는 몇 가지 주요 이론적 가정에 대한 근거들을 제공해 왔다. 예를 들어, 실험실에서 협동과 공동 구성은 유의하게 좋은 결과를 낳았다(Bavelas, 2012). 또한 미시분석 연구는 개념화와 질문들이 주로 부정적인 내담자 중심 치료자와 인지행동치료자들에 비해 해결중심치료자의 개념화와 질문들이 압도적으로 긍정적임을 보여 주었다(Tomori & Bavelas, 2007; Korman, Bavelas, & De Jong, 2011; Smock, Froerer & Bavelas, 2011). 또한 '긍정적인 말'은 더 긍정적인 말로 이어지고, '부정적인 말'은 더 부정적인 말로 이어진다는 것도 보여 주었다(Smock et al., 2011). 따라서 "……(전략) 치료자가 긍정적인 말을 사용하는 것은 전 회기를 긍정적으로 같이 만드는 데 기여하는 것으로 보이는 반면, 부정적인 말은 그 반대가 될 것이다"(Bavelas, 2012, p. 159). 이 연구 분야는 언젠가는 해결중심 단기치료의 정확한 변화기제와 이 접근이 다른 임상적 모델들과 어떻게 다른지에 대한 이해를 개선해 줄 것이다.

온라인 자료

Milton H. Erickson 재단

www.erickson-foundation.org

해결중심 단기치료학회(Solution-Focused Brief Therapy Asociation)

www.sfbta.org

해결지향적 치료(Solution-Oriented Possibility Therapy)

www.billohanlon.com

『이혼 깨부수기(Divorce Busting)』

www.divorcebusting.com

유럽단기치료학회(European Brief Therapy Association)

www.ebta.nu

해결중심치료 사례연구: 이혼

Suzie와 Jorge Nunez는 그들이 함께해 온 10년의 결혼생활을 유지하기 위해 치료를 찾았다. Suzie는 Jorge가 이기적이고 도와주지 않아서 '진절머리가 난다'고 보고한다. 그는 지역의 렌터카 사업장의 매니저이고, 그녀는 보험회사에서 비서로 일하며, 두 자녀(6세 Silvia와 3세 Albert)의 주 양육자이다. Jorge는 자신이 좋은 부양자이고, 그녀에게 잘 대해 줬다고 여기고 있기 때문에 Suzie가 떠나려 한다는 말을 듣고 충격을 받았다. 그들은 지난 3년간 더 많이 다투고 성관계 횟수는 줄어들었다.

해결중심치료자 Lilly는 이 부부의 면담을 기반으로 다음의 임상 자료를 작성하였다.

체계적 이론을 사용한 사례개념화

개인, 부부, 가족 내담자용

치료자: Lilly Ricard, MFT Trainee　　내담자/사례 #: 1301　　날짜: 09/11/14

기호
AF = 성인 여성, AM = 성인 남성, CF = 여아, CM = 남아
Ex. = 설명, Hx = 이력, NA = 해당사항 없음

1. 내담자 & 중요한 타인에 대한 소개

* 치료 과정에 참여하는 내담자
나이, 인종, 직업/학년, 그 외 관련 사항

* AF: 32(IP), 백인, 보험회사의 접수 담당자

* AM: 34(IP), 칠레계 미국인(부모가 이민 왔음), 렌터카 사업장의 매니저

* CF: 6세, 1학년, Dessert Sands 초등학교

* CM: 3세, 어린이집

2. 주호소 문제

* 문제에 대한 내담자의 설명

AF32: AM34가 이기적이고 육아와 집안일을 돕지 않는다고 생각함. 그가 자신을 정서적으로 지지해 주거나 감사해하지 않는다고 느낌.

AM34: AF32가 그에게 비현실적인 기대와 완벽주의적인 집안일에 대한 기준을 가지고 있다고 생각함.

CF6: 해당 사항 없음.

CM3: 해당 사항 없음.

문제에 대한 확대가족의 설명: AF32의 가족은 AM34를 요구가 많은 남편으로 봄. AM34의 가족은 AF32를 요구가 많은 아내로 봄.

광범위한 체계의 문제 설명: 의뢰인, 교사, 친척, 법적 체계 등의 문제에 대한 설명
AF와 AM: 대체로 그들의 친구들이 각각 자신의 입장을 지지한다고 말함.

3. 배경 정보

트라우마/학대 이력(현재와 과거): 보고된 바 없음.

약물 사용/남용(현재와 과거; 본인, 원가족, 중요한 타인): 보고된 바 없음.

촉발 사건(최근 삶의 변화, 초기 증상, 스트레스 요인 등): 둘째 아이를 가진 것을 둘 다 기뻐했지만, 아이가 태어난 이후로 AF32가 AM34에게 육아를 더 도와주기를 원하면서 부부간에 긴장감이 높아졌음. 성관계와 친밀한 행동의 빈도가 줄어듦. 둘째 아이가 태어난 직후 AM34가 매니저로 승진하여 양가 가족 곁을 떠나게 되면서 부부는 현재 양가 부모님과 가까이 살지 않음.

(다음)

관련된 배경 이력(가족 이력, 관련 주제, 이전 상담 경험, 의학/정신건강 이력 등): 부부는 대학에서 만났고 양가 부모님의 확실한 동의를 얻지 못한 채 결혼했음. 양가 가족들은 두 사람의 문화적 차이를 염려하였음. 그러나 그들은 정열적인 유대감이 있어서 "일단 한번 해 보자."고 결정하였음. AF32의 가족 중에는 독립적인 직장 여성들이 많은 반면, AM34의 집안 여자들은 주로 집에서 아이를 양육하였음. 이전 치료 이력은 보고된 바 없음.

4. 내담자/가족 강점과 다양성

강점과 자원

개인적: AF32는 밝고, 자기 생각을 분명히 표현하며, 그녀의 아이들에게 헌신적임. AM34는 결혼생활에 많은 투자를 하고 있고, 그들 관계를 개선하기 위해서라면 뭐든지 할 의향이 있음. 그는 자신의 가족을 부양하는 것을 즐거워함.

관계적/사회적: 부부는 관계 초기에는 강하고 정열적인 유대감이 있었다고 보고함. 둘 다 원가족과 건강한 관계를 맺고 있고, 형제자매와의 관계도 친밀함. 둘 다 부모님의 헌신적인 사랑을 받았음. 그들은 아이들을 돌보는 데 도움이 되는 이웃들이 있음.

영적: AM34는 천주교인으로 자랐고, 이 전통에서 아버지와 남편으로서의 영감을 얻음. AF32는 덜 종교적이지만 요가 훈련에 정기적으로 참여하면서 안정을 찾음.

다양성: 자원과 한계

연령, 성별, 성적 지향, 문화적 배경, 사회경제적 지위, 종교, 지역사회, 언어, 가족 배경, 가족 구성, 능력 등을 기반으로 내담자가 활용할 수 있는 잠재적인 자원과 한계를 확인할 것.

고유한 자원: 둘 다 그들의 가족들과 강한 유대감을 가지고 있음. AM은 헌신적인 아버지이고, AF는 강한 독립심과 목적의식을 가지고 있음.

잠재적 한계: 원가족과 가까이 살지 않음.

5. 가족 구조

가족생활주기 단계(해당 사항에 모두 체크할 것)

☐ 미혼 ☐ 기혼 ☒ 어린 자녀를 둔 가족 ☐ 청소년 자녀를 둔 가족

☐ 이혼 ☐ 혼합 가족 ☐ 자녀가 독립함 ☐ 노년기

이 단계들 중 하나에서 발달 과업을 완수하면서 힘든 점 설명하기: 부부는 아이를 갖는 것, 특히 자녀 양육 과업의 분담과 관련하여 적응하는 데 상당한 어려움이 있음.

부부/가족이 친밀함과 거리를 조절하는 전형적인 방식: AF와 AM은 자신의 양육 관련 가치와 기준을 상대방이 받아들이게 하려고 애씀.

경계

부부(AF/AM): ☒ 밀착된 ☐ 명확한 ☐ 단절된 ☐ NA

설명: AF32는 AM34가 그녀와 동일하게 양육 부담을 느끼고, 그녀와 같은 가치와 기준을 갖기를

(다음)

원함. AM34는 AF32가 다른 욕구와 기대들을 가지고 있다는 것을 받아들이고 이해하는 데 큰 어려움이 있다는 점에서 밀착을 경험함.

부모 AF & 자녀: ☒ 밀착된 ☐ 명확한 ☐ 단절된 ☐ NA

설명: ______

부모 AM & 자녀: ☒ 밀착된 ☐ 명확한 ☐ 단절된 ☐ NA

설명: ______

형제자매: ☐ 밀착된 ☒ 명확한 ☐ 단절된 ☐ NA

설명: ______

확대가족: ☐ 밀착된 ☒ 명확한 ☐ 단절된 ☐ NA

설명: 둘 다 원가족과 친밀함.

친구/동료: ☐ 밀착된 ☒ 명확한 ☐ 분열된 ☐ NA

설명: ______

삼각관계/연합

☒ 세대 간 연합: AM34가 자녀에게 벌을 주려 할 때 AF32는 종종 자녀 편을 듦.

☐ 원가족과의 연합: ______

☐ 그 외 연합: ______

부모와 자녀 간 위계: ☐ NA

AF: ☐ 효과적인 ☒ 불충분한(허용적인) ☐ 과도한(독재적인) ☐ 일관성 없는

AM: ☐ 효과적인 ☐ 불충분한(허용적인) ☒ 과도한(독재적인) ☐ 일관성 없는

설명: 좋은/나쁜 부모의 이분법이 형성됨.

AF와 AM의 상호보완적 패턴

☒ 추격자/철수자 ☒ 과잉/과소 기능자 ☐ 감정적/논리적 ☐ 좋은/나쁜 부모

☐ 기타: ______

설명: AF32는 AM34에게 부모로서 더 많이 함께하기를 요구함. AM34는 참여하지 않음. AF32는 집안일에서 과잉 기능함. AM34는 과소 기능함.

Satir의 의사소통 유형: 스트레스 상황에서 주로 사용하는 유형을 기술할 것.

AF: ☐ 일치형 ☐ 회유형 ☒ 비난형 ☐ 초이성형 ☐ 산만형

AM: ☐ 일치형 ☒ 회유형 ☐ 비난형 ☐ 초이성형 ☐ 산만형

CF6: ☐ 일치형 ☐ 회유형 ☒ 비난형 ☐ 초이성형 ☐ 산만형

CM3: ☐ 일치형 ☐ 회유형 ☒ 비난형 ☐ 초이성형 ☐ 산만형

설명: ______

Gattman의 이혼 지표

비난: ☒ AF ☐ AM

설명: AF32는 자주 거칠게 AM34를 비난함.

자기변명: ☒ AF ☒ AM

설명: 둘 다 집안일에 대한 자신의 접근을 옹호함.

(다음)

경멸: ☒ AF ☐ AM

설명: AF32는 종종 AM34를 무시함. 그의 관점을 중요시하지 않음.

담쌓기: ☐ AF ☐ AM

설명:

화해 시도 실패: ☒ AF ☐ AM

설명: AF32는 AM34의 화해 시도를 받아들이려 하지 않음.

영향을 수용하지 않음: ☐ AF ☒ AM

설명: AM34는 싸움을 멈추려고 말로는 AF32의 영향을 수용함(변화를 약속함). 하지만 절대 지키지 않음.

격한 시작: ☒ AF ☐ AM

설명: AF32는 '당신은 항상' 혹은 '당신은 절대'라는 말로 비난을 시작함.

6. 상호작용 패턴

문제 상호작용 패턴(A ⇆ B)

긴장의 시작: AM34은 AF32의 요구/기대만큼 일조하거나 돕지 않음.

갈등/증상 확대: AF32는 화가 나서 AM34에게 그가 그녀를 얼마나 돕지 않았는지 이야기함. AM34는 몰랐다며 항의함.

'정상'으로 회복/항상성: 결국 AM34는 미안하다고, 고치겠다고 말함. AF32는 평소로 돌아올 때까지 몇 시간에서 며칠 동안 냉담함.

현재 문제에 대해 가정된 항상성 기능: 증상은 연결을 유지하고, 독립성/거리감을 형성하고, 영향력을 만들고, 연결을 재구축하고, 혹은 한편으로 가족 내에서 균형감을 형성하도록 돕는 데 어떤 역할을 하는가?

부부는 그들의 결혼생활에 자녀가 더해지는 것에 적응하지 못했고, 각자는 이 의무를 공유함에 있어 자신의 원가족과 문화에서 비롯된 서로 다른 기대들을 지니고 있음. 부부간에 있었던 원래의 열정은 현재 그들의 '열정적인' 싸움으로 표현됨.

7. 세대 간 & 애착 패턴

다음을 비롯한 모든 관련 정보가 포함된 가계도를 구성할 것.

- 나이, 출생/사망일
- 이름
- 관계 패턴
- 직업
- 병력
- 정신 질환
- 학대 이력

또한 회기에서 자주 논의되는 사람들에 대한 2~3개의 형용사를 포함할 것(이는 성격 및 관계적 패턴

(다음)

을 묘사해야 함. 예: 조용한, 가족을 돌보는 사람, 정서적으로 거리가 있는, 완벽주의자, 무력한 등). 가계도는 반드시 보고에 첨부되어야 함. 중요한 결과를 다음에 요약할 것.

가족 강점: AM34의 부모님은 갈등이 적고 전통적인 관계였음. AF32의 부모님은 갈등이 있었음에도 불구하고 함께 있었고 상당히 행복했음.

약물/알코올 남용: ☒ NA ☐ 이력: ______

성적/신체적/정서적 학대: ☒ NA ☐ 이력: ______

부모/자녀 관계: ☐ NA ☒ 이력: AF32 가족의 여자들은 자녀들과 친밀함.

신체적/정신적 장애: ☐ NA ☒ 이력: ______

현재 문제에 대한 이력 삽화: ☐ NA ☒ 이력: AF32의 부모님은 비슷한 문제로 갈등이 있었음.

애착 유형: 각 내담자의 가장 일반적인 애착 유형을 설명할 것

AF: ☐ 안정 ☐ 불안 ☐ 회피 ☒ 불안/회피

설명: ______

AM: ☐ 안정 ☒ 불안 ☐ 회피 ☐ 불안/회피

설명: ______

CF/CM: ☒ 안정 ☐ 불안 ☐ 회피 ☐ 불안/회피

설명: ______

CF/CM: ☒ 안정 ☐ 불안 ☐ 회피 ☐ 불안/회피

설명: ______

8. 해결중심 평가

시도했지만 효과적이지 않았던 해결책

1. AM34에게 도와달라거나 특정한 일을 해달라고 반복적으로 요구한 AF32.
2. 그 순간에는 그녀를 달래지만 요청에 따르지 않는 AM34. 싸움이 끝난 뒤의 '로맨틱한' 주말.

예외 상황과 독특한 결과(효과적이었던 해결책들): 문제가 덜 문제되었을 때의 시간, 장소, 관계, 맥락 등, 상황을 조금이라도 개선하는 행동들.

1. 큰 싸움 이후에, AM34는 AF32가 원하는 것을 더 많이 함.
2. AM34는 아이들에게 스포츠를 가르치거나, 아기방에 페인트칠을 하거나, 카시트를 설치하는 일과 같은 활동적이고 '남자다운' 양육 과제를 하고 싶어 함.

기적 질문 답변: 만약 그 문제가 밤사이에 해결된다면, 내담자는 다음날 무엇을 다르게 하겠는가?(Y를 하지 않는다는 방식이 아닌 X를 한다는 방식으로 설명할 것)

1. AF: AM이 아이들 등교 준비를 도와주고, 저녁준비와 숙제를 도와준다. 두 사람은 다시 데이트를 한다.
2. AM: AF가 좋은 기분으로 일어나고, 그가 집에 돌아오면 포옹/키스로 맞이한다. 그리고 그가 자녀들에게 제한을 정할 때 그를 지지해 준다.

(다음)

9. 포스트모던과 문화적 담론 개념화

이야기, 지배적 담론, 다양성

문제의 정의에 영향을 미치는 지배적인 담론

문화, 인종, 사회경제적 지위, 종교 등: 주요 문화적 담론이 문제와 가능한 해결책을 인지하는 데 어떤 영향을 미치는가?

AF32와 AM34는 양육과 배우자의 역할에 관하여 서로 다른 문화적 기대를 가지고 있음. AM34는 비교적 부유한 남미 가족 출신이고, AF32는 북유럽 중산층 가족 배경임. AF32의 관점에서 AM34는 일상 육아에 좀 더 동참해야 함. AF32는 그녀도 직장생활을 하기 때문에 일의 양을 더 동등하게 분담해야 한다고 생각함.

성별, 성적 지향 등: 성별/성적 지향 담론이 문제와 가능한 해결책을 인지하는 데 어떤 영향을 미치는가?

AM34는 전통적인 성역할을 고수함. AF32는 좀 더 평등한 역할을 원함.

맥락, 가족, 지역사회, 학교, 기타 사회적 담론: 다른 중요한 담론이 문제와 가능한 해결책을 인지하는 데 어떤 영향을 미치는가?

부부는 매우 현대적인 가족 구조와 매우 전통적인 가족 구조가 똑같이 많은 미국 남서부 지역에 살고 있음. 그래서 두 사람 모두 각자 자신이 옳다고 믿는 방식으로 하고 있는 다른 부부들을 지목할 수 있음.

정체성/자기 이야기: 그 문제는 각 가족 구성원의 정체성을 어떻게 형성하였는가?

AF32는 자신의 모든 에너지를 자녀를 기르는 것에 쏟고 있기 때문에 남편과 자녀를 위한 희생자처럼 느낌. AF32의 끊임없는 비난은 AM34로 하여금 점점 더 남자답게 느끼지 못하게 함.

국소적/선호하는 담론: 내담자가 선호하는 정체성 이야기 및 문제에 관한 이야기는 무엇인가? 문제에 대해 선호되는 국소적(대안적인) 담론이 있는가?

AF32가 선호하는 담론은 평등한 결혼생활임. AM34는 이에 개념적으로는 반대하지 않음. AM34는 집안의 존경받는 가장으로 느끼기를 원하고 그의 아내에게 사랑받는다고 느끼기를 원함. 며느리/사위가 자녀에게 '탐탁지 않다'는 양가 가족들의 담론이 부부에게 압박감을 더함.

10. 내담자 관점

동의하는 영역: 내담자들이 말한 것에 근거하여, 이 평가의 어떤 부분에 대해 그들이 동의하는가 혹은 동의할 것 같은가?

내담자들은 대부분의 사항들, 특히 '부부 역동'에 대해 동의함.

동의하지 않는 영역: 그들이 어떤 부분에 대해 동의하지 않는가 혹은 동의하지 않을 것 같은가? 이유는?

AF32는 업무 분담에 있어서 어느 만큼이 문화적 차이이고 어느 만큼이 성격에 따른 것인지 확신하지 못함.

당신은 동의할 것 같지 않은 영역을 어떻게 존중하면서 작업할 계획인가?

개방형 질문을 사용하여 문화 및 성별 역동을 탐색하여 내담자가 이 역동이 잠재적 해결책을 찾아내는 데 유용한지를 판단할 수 있게 할 것.

(다음)

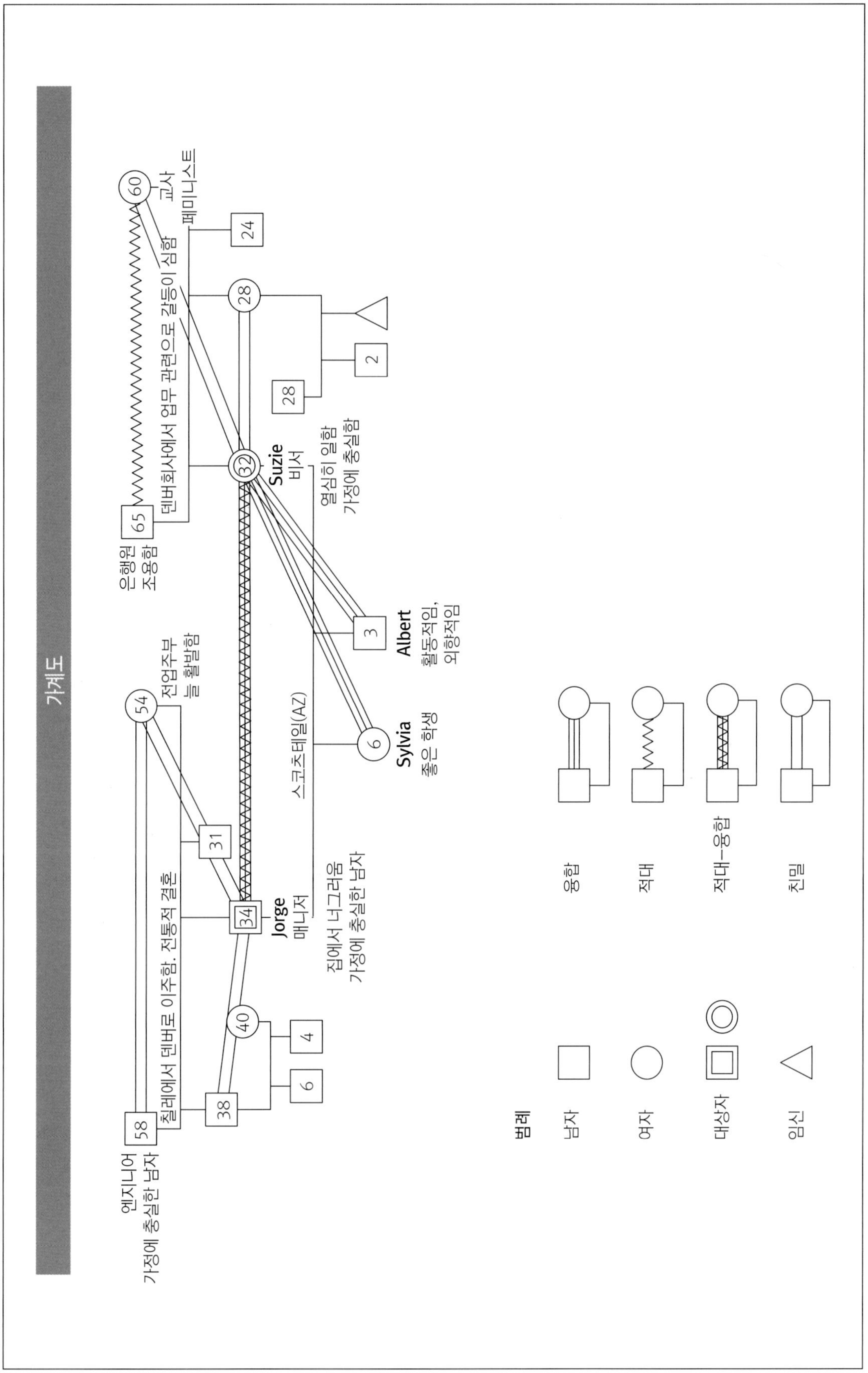

가계도

엔지니어
가정에 충실한 남자
58
54
칠레에서 덴버로 이주함. 전통적 결혼
전업주부
늘 활발함
38
40
31
6
4
34
Jorge
매니저
집에서 너그러움
가정에 충실한 남자
스코츠테일(AZ)
은행원
조용함
65
60
덴버회사에서 업무 관련으로 갈등이 심함
교사
페미니스트
32
Suzie
비서
열심히 일함
가정에 충실함
28
24
28
2
6
Sylvia
좋은 학생
3
Albert
활동적임,
외향적임

범례

남자
여자
대상자
임신
융합
적대
적대–융합
친밀

임상 평가

<table>
<tr><td>내담자 ID #: (이름을 쓰지 말 것):
1301</td><td>인종
AF: 백인, AM: 칠레계 미국인</td><td>주요 언어
☒ 영어 ☒ 스페인어
☐ 기타: ______</td></tr>
<tr><td colspan="3">참여자/중요한 타인을 모두 기록할 것: 확인된 환자(IP)는 [★], 참여할 중요한 타인은 [✔], 참여하지 않을 중요한 타인은 [X] 표시할 것.</td></tr>
<tr><td colspan="2">성인: 나이: 직업/고용주
[★] AM*: 34, 렌터카 사업장 매니저
[★] AF: 32, 보험 회사 비서
[ ] AF/M #2: ______</td><td>아동: 나이: 학교/학년
[✔] CM: 3, 어린이집
[✔] CF: 1학년
[ ] CF/M __: ______</td></tr>
</table>

현재 문제

		아동에 대해 기록
☐ 우울증/절망	☒ 부부 문제	☐ 학업 실패/성적 하락
☐ 불안/걱정	☒ 부모/자녀 갈등	☐ 무단결석/가출
☒ 분노 문제	☐ 배우자 폭력/학대	☐ 또래와의 싸움
☐ 상실/비애	☐ 이혼 적응	☐ 과잉행동
☐ 자살 사고/시도	☐ 재혼 적응	☐ 유뇨/유분증
☐ 성적 학대/강간	☒ 성적 취향/친밀감 문제	☐ 아동 학대/방임
☐ 알코올/약물 사용	☒ 주요 삶의 변화	☐ 고립/철회
☐ 섭식 문제/장애	☐ 법적 문제/보호 관찰	☐ 기타: ______
☐ 직업 문제/실직	☐ 기타: ______	

IP의 정신 상태(AF)

대인관계 문제	☐ NA	☒ 갈등 ☒ 밀착 ☐ 고립/회피 ☐ 정서적 단절 ☐ 사회 기술 부족 ☒ 부부 문제 ☐ 또래 문제 ☐ 업무상 문제 ☐ 지나치게 수줍음 ☐ 이기적 ☐ 관계 구축/유지 어려움 ☐ 기타: ______
기분	☐ NA	☒ 우울/슬픔 ☒ 절망감 ☐ 두려움 ☐ 불안 ☒ 분노 ☒ 짜증 ☐ 조증 ☐ 기타: ______
정서	☐ NA	☐ 위축된 ☐ 무딘 ☐ 생기 없는 ☐ 불안정한 ☒ 극적인 ☐ 기타: ______
수면	☐ NA	☐ 수면과다증 ☒ 불면증 ☐ 수면 방해 ☐ 악몽 ☐ 기타: ______
식사	☐ NA	☒ 증가 ☐ 감소 ☐ 식욕 감퇴 ☐ 폭식 ☐ 하제 사용 ☐ 신체 이미지 ☐ 기타: ______
불안 증상	☐ NA	☒ 만성 근심 ☐ 공황발작 ☐ 해리 ☐ 공포증 ☐ 강박사고 ☐ 강박행동 ☐ 기타: ______

(다음)

* 약어: AF: 성인 여성, AM: 성인 남성, CF#: 여자아이와 나이(예: CF12), CM#: 남자아이와 나이, Hx: 병력, Cl: 내담자.

트라우마 증상	☒ NA	☐ 급성 ☐ 만성적 ☐ 과각성 ☐ 꿈/악몽 ☐ 해리 ☐ 정서적 마비 ☐ 기타:
정신병적 증상	☒ NA	☐ 환각 ☐ 망상 ☐ 편집증 ☐ 연상 이완 ☐ 기타:
지각 운동/언어 능력	☐ NA	☐ 에너지 부족 ☐ 활동적/과잉행동 ☒ 불안한 ☐ 부주의한 ☐ 충동적인 ☐ 병적 수다 ☐ 말이 느린 ☐ 기타:
사고	☐ NA	☐ 집중력/주의력 저하 ☐ 부정 ☐ 자기 비난 ☒ 타인 비난 ☒ 반추 ☐ 부적절한 ☐ 비논리적인 ☐ 경직된 ☐ 낮은 통찰력 ☐ 의사결정능력 손상 ☐ 혼란스러운 ☐ 느린 처리 ☐ 기타:
사회 법률	☒ NA	☐ 규칙 무시 ☐ 반항 ☐ 도벽 ☐ 거짓말 ☐ 울화 행동 ☐ 체포/수감 ☐ 싸움을 일으킴 ☐ 기타:
기타 증상	☒ NA	

IP 진단(AF)

진단을 내릴 때 고려되는 환경적 요인: ☐ 나이 ☒ 성별 ☒ 가족 역동 ☒ 문화 ☒ 언어 ☒ 종교
☐ 경제 ☒ 이민 ☐ 성적 지향 ☐ 트라우마 ☐ 이중 진단/동반질환 ☐ 중독 ☐ 인지 능력
☐ 기타:

확인된 요인들의 영향력: 자녀가 생기는 것에 적응하느라 어려운 시간을 보내고 있는 부부. 각자가 문화적으로 영향을 받은 성역할을 기반으로 상대방에게 서로 다른 성역할 기대를 가지고 있음.

축 I 주 진단: 309.28 불안과 우울의 혼합된 기분이 동반된 적응장애, 만성. 부수적 진단: V61.10: 배우자와의 관계 문제. 축 II: V71.09 없음. 축 III: 보고된 바 없음. 축 IV ☒ 주요 지지 집단과의 문제: 부모 ☒ 사회 환경/학교 관련 문제: 이사, 새로운 학교 ☐ 교육적 문제: 새로운 학교 ☐ 직업 문제 ☐ 주거 문제 ☐ 경제 문제 ☐ 건강관리서비스 이용 문제 ☐ 법률 체계와의 상호작용 관련 문제 ☐ 기타 심리사회적 문제 축 V GAF: 60 GARF: 55	축 I 진단의 DSM 증상을 열거할 것(각 증상의 빈도와 지속 기간 포함). 내담자는 축 I의 주 진단의 5개 진단기준 중 5개를 충족함. 1. 스트레스 요인: 둘째 아이의 출생, 부부는 여전히 변화에 적응하지 못함. 2. 슬픔/무력감을 느끼는 기간. 거의 매일. 3. 과민성과 미숙한 충동 조절 기간. 주 1~2회. 4. AM과의 지속되는 갈등. 5. 지속되는 걱정: 거의 매일. 6. 기분/불안장애 진단을 충족하지 않음: 애도가 아님.

(다음)

<table>
<tr><td>의학적 원인은 배제되었는가?
☒ 네 ☐ 아니요 ☐ 진행 중
환자가 정신과적/의학적 평가가 의뢰된 적이 있는가?
☒ 네 ☐ 아니요
환자가 의뢰에 동의하였는가?
☐ 네 ☐ 아니요 ☒ NA 검사 전
평가에 사용된 심리측정 도구 혹은 자문을 열거할 것:
☐ 없음 또는 상담 성과 평가 척도</td><td>약물치료(정신 의학 & 의학)
복용량/복용 시작 날짜
1. Celexa/40mg 09/9/1(치료 시작 전)
2. ________/______mg ______
3. ________/______mg ______
진단에 대한 내담자의 반응
☒ 동의 ☐ 다소 동의 ☐ 동의하지 않음
☐ 다음의 이유로 알리지 않음:
____________</td></tr>
</table>

IP의 정신 상태(AM)		
대인관계 문제	☐ NA	☒ 갈등 ☒ 밀착 ☐ 고립/회피 ☐ 정서적 단절 ☐ 사회 기술 부족 ☒ 부부 문제 ☐ 또래 문제 ☐ 업무상 문제 ☐ 지나치게 수줍음 ☐ 이기적 ☐ 관계 구축/유지 어려움 ☐ 기타: ____
기분	☐ NA	☒ 우울/슬픔 ☐ 절망감 ☐ 두려움 ☐ 불안 ☒ 분노 ☒ 짜증 ☐ 조증 ☐ 기타: ____
정서	☐ NA	☒ 위축된 ☐ 무딘 ☐ 생기 없는 ☐ 불안정한 ☐ 극적인 ☐ 기타: ____
수면	☐ NA	☐ 수면과다증 ☐ 불면증 ☒ 수면 방해 ☐ 악몽 ☐ 기타: ____
식사	☒ NA	☐ 증가 ☐ 감소 ☐ 식욕 감퇴 ☐ 폭식 ☐ 하제 사용 ☐ 신체 이미지 ☐ 기타: ____
불안 증상	☒ NA	☐ 만성 근심 ☐ 공황발작 ☐ 해리 ☐ 공포증 ☐ 강박사고 ☐ 강박행동 ☐ 기타: ____
트라우마 증상	☒ NA	☐ 급성 ☐ 만성적 ☐ 과각성 ☐ 꿈/악몽 ☐ 해리 ☐ 정서적 마비 ☐ 기타: ____
정신병적 증상	☒ NA	☐ 환각 ☐ 망상 ☐ 편집증 ☐ 연상 이완 ☐ 기타: ____
지각 운동/언어 능력	☐ NA	☐ 에너지 부족 ☐ 활동적/과잉행동 ☐ 불안한 ☐ 부주의한 ☒ 충동적인 ☒ 병적 수다 ☐ 말이 느린 ☐ 기타: ____
사고	☐ NA	☐ 집중력/주의력 저하 ☒ 부정 ☐ 자기 비난 ☒ 타인 비난 ☐ 반추 ☐ 부적절한 ☐ 비논리적인 ☐ 경직된 ☒ 낮은 통찰력 ☐ 의사결정능력 손상 ☐ 혼란스러운 ☐ 느린 처리 ☐ 기타: ____
사회 법률	☒ NA	☐ 규칙 무시 ☐ 반항 ☐ 도벽 ☐ 거짓말 ☐ 울화 행동 ☐ 체포/수감 ☐ 싸움을 일으킴 ☐ 기타: ____
기타 증상	☒ NA	

(다음)

IP 진단(AM)

진단을 내릴 때 고려되는 환경적 요인: ☐ 나이 ☒ 성별 ☒ 가족 역동 ☒ 문화 ☒ 언어 ☒ 종교
☐ 경제 ☒ 이민 ☐ 성적 지향 ☐ 트라우마 ☐ 이중 진단/동반질환 ☐ 중독 ☐ 인지 능력
☐ 기타: ______

확인된 요인들의 영향력: 자녀가 생기는 것에 적응하느라 어려운 시간을 보내고 있는 부부. 각자가 문화적으로 영향을 받은 성역할을 기반으로 상대방에게 서로 다른 성역할 기대를 가지고 있음.

축 I
주 진단: 309.28 우울 기분이 동반된 적응장애
부수적 진단: V61.10: 배우자와의 관계 문제
축 II: V71.09 없음
축 III: 보고된 바 없음
축 IV
☒ 주요 지지 집단과의 문제: 부모
☒ 사회 환경/학교 관련 문제: 이사, 새로운 학교
☐ 교육적 문제: 새로운 학교
☐ 직업 문제
☐ 주거 문제
☐ 경제 문제
☐ 건강관리서비스 이용 문제
☐ 법률 체계와의 상호작용 관련 문제
☐ 기타 심리사회적 문제
축 V
GAF: 60
GARF: 55
의학적 원인은 배제되었는가?
☒ 네 ☐ 아니요 ☐ 진행 중
환자가 정신과적/의학적 평가가 의뢰된 적이 있는가?
☒ 네 ☐ 아니요
환자가 의뢰에 동의하였는가?
☐ 네 ☐ 아니요 ☒ NA: 검사 전
평가에 사용된 심리측정 도구 혹은 자문을 열거할 것
☐ 없음 또는 상담 평가 평가 척도

축 I 진단의 DSM 증상을 열거할 것(각 증상의 빈도와 지속기간 포함). 내담자는 축 I의 주 진단의 5개 진단기준 중 5개를 충족함.

1. 촉발요인: 둘째 아이 출산 이후로 AF가 점점 더 그와 함께하는 것을 불행해함. 부부는 여전히 변화에 적응하지 못함.
2. 다툼에 따른 슬픔/절망의 기간: 거의 매일.
3. 과민성과 미숙한 충동 조절 기간: 매주 1~4일.
4. AF과의 지속되는 갈등.
5. 기분/불안장애 진단을 충족하지 않음: 애도가 아님.

약물 (정신 의학 & 의학)
복용량/복용 시작 날짜
☒ 처방 기록 없음
1. ______ / ______ mg; ______
2. ______ / ______ mg; ______
3. ______ / ______ mg; ______

진단에 대한 내담자의 반응:
☒ 동의 ☐ 다소 동의 ☐ 동의하지 않음
☐ 다음의 이유로 알리지 않음
______

의학적 필요성(해당되는 것에 모두 체크할 것)
☐ 심각한 손상 ☒ 심각한 손상 가능성 ☐ 발달 지체 가능성
손상 영역: ☒ 일상 활동 ☒ 사회적 관계 ☒ 건강 ☒ 직장/학교 ☒ 거주 형태
☐ 기타: ______

위험 평가

자살 경향	살인 경향
☒ 징후 없음	☒ 징후 없음
☒ 부정	☒ 부정
☐ 적극적인 사고	☐ 적극적인 사고

(다음)

☐ 소극적인 사고
☐ 계획 없는 의도
☐ 수단 있는 의도
☐ 과거 자살 사고
☐ 과거 자살 시도
☐ 자살한 가족/동료 이력

약물 사용 경험
알코올 남용
☒ 징후 없음
☒ 부정
☐ 과거
☐ 현재
빈도/양: ______

약물
☒ 징후 없음
☒ 부정
☐ 과거
☐ 현재
약물: ______
빈도/양: ______
☐ 가족/중요한 타인의 약물 남용

☐ 소극적인 사고
☐ 수단이 없는 의도
☐ 수단이 있는 의도
☐ 과거 살인 사고
☐ 과거 폭력 사용
☐ 폭행/행패 이력
☐ 동물 학대

성적 & 신체적 학대와 기타 위험 요인
☐ 현재 학대 이력이 있는 아동
 ☐ 성적 ☐ 신체적 ☐ 정서적 ☐ 방임
☐ 아동기 학대 이력이 있는 성인
 ☐ 성적 ☐ 신체적 ☐ 정서적 ☐ 방임
☐ 성인기에 학대/폭행 경험이 있는 성인
 ☐ 성적 ☐ 신체적 ☐ 현재
☐ 학대를 가한 이력
 ☐ 성적 ☐ 신체적
☐ 노인/보살핌이 필요한 성인 학대/방임
☐ 거식증/폭식증/기타 섭식장애
☐ 자상 또는 기타 자해
 ☐ 현재
 ☐ 과거 방법: ______
 ☐ 범죄/법적 이력: ______
 ☒ 보고된 바 없음

안전 지표: ☒ 강력한 지지를 제공하는 최소 한 명의 외부인 ☒ 자신/타인을 해치지 않을 이유와 살아야 할 구체적인 이유를 언급할 수 있음 ☐ 희망적임 ☒ 미래의 목표가 있음 ☐ 위험한 물건들을 처분할 의사가 있음 ☐ 상황을 악화시키는 사람들과의 접촉을 줄일 의지가 있음 ☐ 안전 계획과 안전 개입을 이행할 의지가 있음 ☐ 자해하거나 타인을 해치는 것의 대안들을 개발함 ☐ 안전이 유지된 기간: ______ ☐ 기타: ______

안전 계획 요소: ☒ NA ☐ 해치지 않겠다는 구두 계약 ☐ 해치지 않겠다는 서면 계약 ☐ 비상연락망 ☐ 위기 상담사/기관 연락처 ☐ 약물치료 관리 ☐ 위기 시에 친구들/지지적인 사람들과 연락하기 위한 구체적인 계획 ☐ 위기 시에 갈 장소에 대한 구체적인 계획 ☐ 위기 단계에 도달하기 전에 위험을 줄이기 위한 구체적인 자기진정 과제(예: 일기쓰기, 운동 등) ☐ 스트레스 요인을 줄이기 위한 구체적인 매일/주간 활동 ☐ 기타: ______

메모: 법적/윤리적 행동: ☒ NA ______

사례 관리

날짜
첫 번째 방문: 09/11/1
마지막 방문: 09/11/14
회기 빈도
☒ 주 1회 ☐ 격주
☐기타: ______
예상 치료 기간: 3개월

양식:
☐ 성인 개인
☐ 아동 개인
☒ 부부
☐ 가족
☐ 집단
______

내담자가 다른 곳에서 정신건강 또는 기타 의학적 치료를 받고 있는가?
☒ 아니요
☐ 네: ______

만약 아동/청소년이라면: 가족이 참여하는가?
☐ 네 ☐ 아니요

(다음)

환자 의뢰 및 전문가 연락

사회복지사에게 연락한 적이 있는가?

☐ 네 ☒ 아니요: ______________________________ ☐ NA

내담자가 의학적 평가에 의뢰된 적이 있는가?

☒ 네 ☐ 필요 없음

내담자가 정신의학적 평가에 의뢰된 적이 있는가?

☐ 네(내담자가 동의함) ☐ 네(내담자가 동의하지 않음) ☒ 불필요

의료진 또는 다른 전문가와 만난 적이 있는가?

☒ 네 ☐ 아니요 ☐ NA

내담자가 복지 서비스에 의뢰되었는가?

☐ 직업/훈련 ☐ 복지/식품/주거 ☐ 피해자 지원 ☐ 법적 지원 ☐ 의료

☐ 기타: ______________________________ ☒ NA

치료와 관련하여 예상되는 범죄/법률 절차

☐ 아니요 ☒ 네: 이혼 가능성

내담자가 집단 또는 기타 지원 서비스에 의뢰된 적이 있는가?

☐ 네 ☐ 아니요 ☒ 추천받지 않음

내담자의 사회적 지지 연결망

☒ 지지적인 가족 ☐ 지지적인 배우자 ☒ 친구들 ☐ 종교적/영적 단체 ☐ 지지적인 직장/사회적 집단

☐ 기타: ______________________________

치료가 지지체계 내 타인(부모, 아동, 형제자매, 중요한 타인 등)에게 가져올 것으로 예상되는 효과

부부의 문제가 다뤄지지 않으면 자녀의 행동에 영향을 줄 가능성이 있음.

성공적이기 위해 내담자에게 그 밖에 필요한 것이 있는가?

____

내담자의 희망: 낮음 1---AF-------5---AM------10 높음

예상 결과 및 예후

☒ 정상적인 기능으로 회복.

☐ 개선을 예상하지만, 정상적인 기능보다 덜할 것으로 예상.

☐ 현재의 상태를 유지/악화 예방.

진단/내담자 관점에 대한 평가

평가 방법은 내담자의 필요에 따라 어떻게 조정되었는가?

부부가 편안하게 느끼는 발투와 언어를 사용하였음. 각 개인의 관점을 공유하도록 하였음.

나이, 문화, 능력 수준, 기타 다양성 문제는 다음과 같이 조정되었음.

각자가 자신의 문화/성별 기대를 말로 표현할 수 있도록 기회를 제공하였음.

체계적/가족 역동은 다음과 같은 방식으로 고려되었음.

각자에게 스스로를 대변할 수 있게 하여 과잉/과소 기능의 역동을 다룸. AM에게 약속을 다시 잡는 과제를 부여함.

(다음)

이 평가와 관련하여 실제적이거나 잠재적인 내담자-치료자 동의/비동의 영역을 설명할 것.
부부는 상황을 문화적/성별적 차이보다는 성격 차이로 여기는 것으로 보임.

상담사 서명	자격/수련 등급	날짜
지도감독자 서명	자격	날짜

치료 계획

이름: Lilly Ricard, MFT 수련생　　날짜: 09/11/14
사례/내담자: #1301　　이론: 해결중심치료

▣ 치료 초기 단계

❖ 초기 단계 치료적 과업

1. 효과적인 치료적 관계 발전시키기. 다양성 주의: AM과 관계 맺기 위해 그의 가장으로서의 역할을 존중할 것. AF와 관계 맺기 위해 그녀의 역할과 독립적인 관점을 존중할 것.
   관계 구축 접근/개입
   a. 모든 구성원과 협력적인 관계를 발전시킬 것, '초심자의 자세'를 가지고 강점에 귀 기울이면서 희망과 낙관주의를 고취시킬 것.

2. 개인적, 체계적 및 광범위한 문화적 역동 평가하기. 다양성 주의: 부부의 다민족 가치와 배경에 주의를 기울일 것.
   평가 전략
   a. 긍정적인 용어로 해결책을 구체적이고 행동적으로 정의하기 위해 각 개인에게 기적 질문을 사용할 것.
   b. 갈등의 예외 상황, 친밀한 시기, 갈등의 영향을 받지 않는 삶의 영역들, 강점과 자원, 지지적 관계, 내담자의 동기 수준을 확인할 것.

3. 치료 목표를 정의하고 치료 목표에 대한 내담자 동의 얻기. 다양성 주의: 두 사람 모두 동의할 수 있는 목표인지를 확인할 것.
   a. 해결에 대한 행동적인 설명을 찾아내기 위해 타임머신 질문을 사용할 것.
   b. 작은 단계들로 나누기 위해 척도 질문들을 사용할 것.

4. 의뢰 필요성, 위기 문제, 부수적 연락처, 기타 내담자 욕구를 확인하기.
   a. 의뢰/자원/연락: 부부가 관계에 집중할 수 있도록 사회적 지지와 육아 지원을 확인할 것.

(다음)

❖ 초기 단계 내담자 목표

1. 다툼/비난을 줄이기 위해 데이트할 때와 '관계가 좋았던 기간'에 부부에게 효과적이었던 활동들 증가시키기.

   측정: 매주 1회 이하의 가벼운 '다툼' 에피소드를 보이며 □ 4주 ☒ 4개월 동안 긍정적인 영향을 주는 활동을 지속할 수 있음.

   a. 데이트할 때 '효과적이었던 것'을 확인하고 부부가 이 방향으로 나아가기 시작하도록 척도 질문을 사용할 것.

   b. 무엇이 효과적인지 확인하기 위한 첫 회기 과제의 정석.

▣ 치료 작업 단계

❖ 작업 단계 치료적 과업

1. 목표를 향한 경과 점검하기. 다양성 주의: 경과에 관한 AF32와 AM34의 관점이 둘 다 평가되었는지 확인할 것.

   a. 개입 평가: 경과를 측정하기 위해 상담 성과 평가 척도를 사용할 것.

   b. 개입 평가: 경과를 측정하기 위해 척도 질문을 사용할 것.

2. 치료가 진행됨에 따라 치료적 동맹의 질 점검하기. 다양성 주의: 특히 성별 및 문화적 주제에 대해 논의하면서 두 사람 모두와 관계를 유지할 것.

   a. 개입 평가: 동맹을 철저히 측정하기 위해 회기 평가 척도를 사용할 것.

❖ 작업 단계 내담자 목표

1. 부부싸움과 자녀와의 삼각화를 줄이기 위해 기적 질문에서 묘사된 협력적 공동 육아 늘리기.

   측정: 매주 1회 이하의 가벼운 '육아 관련 다툼' 에피소드를 보이며 □ 3주 ☒ 3개월 동안 육아 업무 분담에 대한 합의를 유지할 수 있음.

   a. 배우자의 행동에 대한 기대와 관련한 문화적, 성별, 원가족 쟁점을 확인하면서, 기대를 행동적으로 파악하기 위해 기적 질문을 사용할 것.

   b. AM34가 자녀를 돌보는 역할을 즉시 증가시킬 수 있고 AF32가 AM34에 대해 자녀들과 삼각화하는 것을 줄일 수 있도록 목표들을 작고 쉽게 달성되는 단계들로 나누기 위해 척도 질문을 사용할 것.

2. 절망감과 짜증을 줄이기 위해 기적 질문에서 묘사된 부부 사이의 정서적 친밀 행동과 성적 유대감을 증가시키기.

   측정: 2회 이하의 가벼운 '2주 이상 대화 단절 혹은 성행위 회피'의 에피소드를 보이며 □ 3주 ☒ 3개월 동안 정서적 및 성적 친밀감을 유지할 수 있음.

   a. 비난을 줄이고 긍정적인 영향을 주는 의사소통과 효과적인 요청의 의사소통을 늘리기 위해 비디오토크를 사용할 것.

   b. 개입: 다시 가까워지려는 부부를 위해서 '데이트'에 전념하는 시간을 만들 것.

3. 다툼(증상)을 줄이기 위해 결혼생활과 가정에서 각자의 역할(이론적 용어를 사용하면 개인적/관계적 역동)에 대한 부부의 합의를 증가시키기.

(다음)

측정: □ 2주 ☒ 2개월 동안 1회 이하로 협력적 상호작용을 지속할 수 있음.

a. 이상적인 동반자 관계의 행동적 설명을 개발하기 위해 비디오토크를 사용할 것.

b. 바람직한 관계를 실현하고 유지하기 위해 부부가 매주 작은 단계를 밟아나가도록 돕는 데 척도 질문을 사용할 것.

▣ 치료 종결 단계

❖ 종결 단계 치료적 과업

1. 추후관리 계획을 세우고 개선을 유지하기. 다양성 주의: 지역공동체와 확대가족 내에서 얻을 수 있는 지지를 고려할 것.

   a. 퇴행을 예방하기 위해 '주의할' 행동과 실행 계획을 세우는 데 척도를 사용할 것.

❖ 종결 단계 내담자 목표

1. 절망, 갈등, 짜증을 줄이기 위해 부모로서 그리고 부부로서의 연대감 높이기.

   측정: 2회 이하의 가벼운 '갈등' 에피소드를 보이며 □ 2주 ☒ 2개월 동안 긍정적인 상호작용을 지속할 수 있음.

   a. 만족스러운 부모 및 부부관계에 대한 행동적 설명을 찾아내기 위해 수정 구슬 질문을 사용할 것.

   b. 이 목표로 나아가는 작은 단계들을 찾아내기 위해 척도 질문을 사용할 것.

▣ 내담자 관점

내담자와 함께 치료 계획을 검토하였는가? ☒ 네 □ 아니요

아니라면 설명할 것: ______________________________

내담자가 동의하는 영역과 우려사항을 묘사할 것: AF는 AM보다는 덜 낙관적이기는 해도 결혼생활이 잘 되도록 만들기 위해 노력할 의향이 있음. 그녀는 자녀들을 위해서이기도 하고, 초기에는 그들의 관계가 좋았었기 때문에 그러고 싶어 함.

치료자 서명, 수련생 지위	날짜	지도감독자 서명, 자격	날짜

경과 기록

내담자 경과 기록 #1301

날짜: 09/12/4 시간: 4:00 오전/오후 회기 길이: ☒ 50분 또는 ☐ ______

참가자: ☒ AM ☒ AF ☐ CM ☐ CF ☐ ______

청구번호: ☐ 90791 (평가) ☐ 90834 (치료-45 분) ☒ 90847(가족)

☐ 기타 ______

증상	지난 방문 이후 지속 기간/빈도	경과: 퇴행----------초기 상태------------목표
1. 갈등	지난주 동안 중간 정도의 싸움 2회	-5------1---------X---5------------10
2. 짜증/분노 (두 사람 모두)	가벼움-중간 정도. 싸운 날에 더 나빠짐	-5------1-------X-----5------------10
4. 절망감(AF)	가벼움, 싸운 날	-5------1---------X---5------------10

설명: 한 번은 자녀 문제로, 한 번은 확대가족 관련하여 다툼. 전형적인 싸움 패턴 끝에 약간 더 빨리 회복함. AF는 AM이 집에서 아이들 관련하여 '약간' 더 도움이 된다고 보고함. 부부는 '데이트' 때 좋은 밤을 보냈음.

개입/HW: 지난주 동안 4에서 5로 어떻게 올라갔는지 확인하기 위해 척도 질문을 사용하였음. 각자에게 맞는 구체적인 과제를 찾아냈고, 실행 계획을 세웠음. 부부가 이번 주에 다툼을 다룬 방식에서 작은 개선을 찾아내기 위해 예외 질문을 사용하였음.

내담자 반응/피드백: AM은 칭찬과 예외 상황에 매우 즉각적으로 반응함. AF는 개선의 신호를 받아들이기를 더 주저하지만, 그렇게 할 수는 있고, 집에서는 개선된 것이 보인다고 보고함.

계획

☒ 다음 회기: 한 주 동안의 과제를 점검함. 변화를 위한 다음의 작은 단계를 확인함.

☐ 계획 수정: ______

다음 회기: 날짜: 09/12/11 시간: 4:00 am/pm

위기 문제: ☒ 자살/살인/학대/위기를 부정함 ☐ 위기가 평가됨/다루어짐

______

______, ______ ______

치료자 서명 자격/수련생 지위 날짜

(다음)

사례 자문/지도감독 기록: AF의 비관주의와 희망 사이에서 균형을 유지하라고 권한 슈퍼바이저에게 개선되었다고 보고하였음.

부수적 정보제공자 연락: 날짜: ______ 시간: ______ 이름: ______________

기록: ______________________________

☐ 서면 공개 파일: ☐ 발송 ☐ 수령 ☐ 법원 서류 ☐ 기타: ______________

______________________________, ______________ ______________

치료자 서명 자격/수련생 지위 날짜

______________________________, ______________ ______________

지도감독자 서명 자격 날짜

참고문헌

*기호는 추천 입문서를 나타냄

Bavelas, J. B. (2012). Connecting the lab to the therapy room: Microanalysis, co-construction, and solution-focused brief therapy. In Cynthia Franklin, Terry S. Trepper, Wallace J. Gingerich, and Eric E. McCollum(Eds.), *Solution-focused brief therapy: A handbook of evidence-based practice* (144-164). London: Oxford University Press.

Berg, I. K. (1994). *Family based services: A sohition-focused approach*. New York: Norton.

Berg, I. K., & Jaya, A.(1993). Different and same: Family therapy with Asian-American families. *Journal of Marital and Family Therapy, 19,* 31-38.

Berg, I. K., & Kelly, S.(2000). *Building solutions in child protective services*. New York: Norton.

Berg, I. K., & Miller, S.(1992). *Working with the problem drinker: A Solution-focused apprpoach*. New York: Norton.

Berg, I. K., & Reuss, N. H. (1997). *Solutions step by step: A substance abuse treatment manual*. New York: Norton.

Berg, I. K., & Steiner, T. (2003). *Children's solution work*. New York: Norton.

Berg, I. K., & Szabo, P. (2005).*Brief coaching for last solutions*. New York: Norton.

Bertolino, B., & O'Hanlon, B. (1998). *Therapy with troubled teenagers: Rewriting young lives in progress*. New York: Wiley.

*Bertolino, B., & O'Hanlon, B. (2002). *Collaborative, competency-based counseling and therapy*. New York: Allyn & Bacon.

Buxton, A. P. (2004). Paths and pitfalls: How heterosexual spouses cope when their husbands or wives come out. *Journal of Couple and Relationship Therapy, 3,* 95-109.

Corcoran, J. (2000). Solution-focused family therapy with ethnic minority clients. *Crisis Intervention & Time-Limited Treatment, 6*(1), 5-12.

*De Jong, P., & Berg, I. K. (2002). *Interviewing for, solutions* (2nd ed.). New York: Brooks/Cole.

*de Shazer, S. (1985). *Keys to solution in brief therapy*. New York: Norton.

*de Shazer, S. (1988). *Clues: Investigating solutions in brief therapy*. New York: Norton.

de Shazer, S. (1994). *Words were originally magic*. New York: Norton.

*de Shazer, S., & Dolan, Y. (with H. Korman, T. Trepper, E. E. McCollum, & I. K. Berg). (2007). *More than miracles: The state of the art of solution-focused brief therapy* New York: Haworth.

*Dolan, Y. (1991). *Resolving sexual abuse: Solution-focused therapy and Ericksonian hypnosis for survivors*. New York: Norton.

Dolan, Y. (2000). *One small step: Moving beyond trauma and therapy into a life of joy*. New York: Excel Press.

Dolan, Y. (2007). Tribute to Insoo Kim Berg. *Journal of Marital and Family Therapy, 33,* 129-131.

Duncan, B., Miller, S. D., & Sparks, J. A. (2004). *The heroic client: A revolutionary way to improve effectiveness through client-directed, outcome-informed therapy*. New York: Jossey-Bass.

Erickson, B. A., & Keeney, B. (Eds.). (2006). *Milton Erickson, M.D.: An American healer*. Sedona, AZ: Leete Island Books.

Franklin, C., Trepper, T. S., Gingerich, W. J., & McCollum, E. E. (Eds.). (2012). *Solution-focused brief therapy: A handbook of evidence-based practice*. New York: Oxford University Press.

Gillaspy, A., & Murphy, J. J. (2012). Incorporating outcome and session rating scales in solution-focused brief therapy. In C. Franklin, T. S. Trepper, W. J. Gingerich, & E. E. McCollum (Eds.), *Solution-focused, brief therapy: A handbook of evidence-based practice* (pp. 73-94). New York: Oxford University Press.

Gingerich, W. J., & Patterson, L. (2007). The 2007 SFBT effectiveness project. Retrieved March 20, 2008 from http://gingerich.net/SFBT/2007_review.htm

Gingerich, W. J., Kim, J. S., Stams, G. J. J. M., & MacDonald, A. J. (2012). Solution-fucused brief therapy outcome research. In C. Franklin, T. S. Trepper, W. J. Gingerich, & E. E. McCollum (Eds.), *Solution-focused brief therapy: A handbook of evidence-based practice* (pp. 95-111). New York: Oxford University Press.

Haley, J. (1993). *Uncommon therapy: The psychiatric techniques of Milton H. Erikson, M.D.* New York: Norton.

Hsu, W., & Wang, C. C. (2011). Integrating Asian clients' filial piety beliefs into solution-focused brief therapy. *International Journal for the Advancement of Counselling, 33*(4), 322-334. doi:10.1007/sl0447-011-9133-5

Hudson, P. O., O'Hanlon, W. H. (1991). *Rewriting love stories: Brief marital therapy.* New York: Norton.

Kim, J. S., Smock, S., Trepper, T. S, McCollum, E. E., & Franklin, C. (2010). Is solution-focused brief therapy evidence based? *Families in Society, 91,* 300-306. doi: 10.1606/1044-3894.4009

Korman, H., Bavelas, J. B.., & De Jong. P. (2012). Microanalysis of formulations, Part II: Comparing solution-focused brief therapy, cognitive-behavioral therapy, and motivational interviewing. Manuscript submitted for publication.

Lankton, S. R., Lankton, C. H., & Matthews, W. J. (1991). Ericksonian family therapy. In A. S. Gurman, D. P. Kniskern (Eds.), *Handbook of family therapy, Vol. 2* (pp. 239-283). Philadelphia, PA US: Brunner/Mazel.

Lee, M., & Mjelde-Mossey, L. (2004). Cultural dissonance among generations: A solution-focused approach with East Asian elders and their families. *Journal of Marital and Family Therapy, 30*(4), 497-513.

Lehmann, P., & Patton, J. D. (2012). The development of a solution-focused fidelity instrument: A pilot study. In C. Franklin, T. S. Trepper, W. J. Gingerich, & E. E. McCollum(Eds.), *Solution-focused brief therapy: A handbook of evidence-based practice* (pp. 39-54). New York: Oxford University Press.

Lipchik, E. (2002). *Beyond technique in solution-focused thempy: Working with emotions and the therapeutic relationship.* New York: Guilford.

McKeel, J. (2012). What works in solution-focused brief therapy: A review of change process research. In C. Franklin, T. S. Trepper, W. J. Gingerich, & E. E. McCollum (Eds.), *Solution-focused brief therapy: A handbook of evidence-based practice* (pp. 130-143). New York: Oxford University Press.

Metcalf, L. (1998). *Parenting towards solutions.* Paramus, NJ: Prentice Hall.

Metcalf, L. (2003). *Teaching towards solutions* (2nd ed.). Wales, UK: Crown House Publishing.

Metcalf, L. (2007). *Solution-focused group therapy.* New York: Free Press.

Metcalf, L. (2008). *Counseling towards solutions: A practical solution-focused program for working with students, teachers, and parents* (2nd ed.). New York: Jossey-Bass.

Miller, S. D., Duncan, B. L., & Huddle, M. A. (1997). *Escape from Babel: Towards a unifying language for psychotherapy practice*. New York: Norton.

Miller, S. D., Duncan, B. L., & Hubble, M. (Eds.). (1996). *Handbook of solution-focused brief therapy.* San Francisco: Jossey-Bass.

Miller, S. D., Duncan, B. L., Brown, J., Sparks, J. A., & Claud, D. A. (2003). The Outcome Rating Scale: A preliminary study of the reliability, validity, and feasibility of a brief visual analog measure. *Journal of Brief Therapy, 2*, 91-100.

O'Hanlon, B. (2000). *Do one thing different: Ten simple ways to change your life.* New York: Harper.

O'Hanlon, B. (2005). *Thriving through crisis: Turn tragedy and trauma into growth and change.* New York: Penguin/Perigee.

O'Hanlon, B. (2006). *Pathways to spirituality: Connection, wholeness, and possibility for therapist and client.* New York: Norton Professional.

*O'Hanlon, B., & Beadle, S. (1999). *A guide to Possibility Land: Possibility therapy methods.* Omaha, NE: Possibility Press.

O'Hanlon, B., Bertolino, B. (2002). *Even from a broken web: Brief and respectful solution-oriented therapy for resolving sexual abuse.* New York: Norton.

O'Hanlon, W. H., & Martin, M. (1992). *Solution-oriented, hypnosis: An Ericksonian approach.* New York: Norton.

*O'Hanlon, W. H., & Weiner-Davis, M. (1989). *In search of solutions: A new direction in psychotherapy.* New York: Norton.

*Selekman, M. D. (1997). *Solution-focused therapy with children: Harnessing family strengths for systemic change.* New York: Guilford.

Selekman, M. (2005). *Pathways to change: Brief therapy with difficult adolescents.* New York: Guilford.

*Selekman, M. (2006). *Working with self-harming adolescents: A collaborative, strength-oriented therapy approach.* New York: Norton.

Seligman, M. (2004). *Authentic happiness.* New York: Free Press.

Smock, S., Froerer, A., & Balvelas, J. B. (2012). Microanalysis of positive and negative content in Solution-Focused Brief Therapy and Cognitive-Behavioral Therapy Expert Sessions. Manuscript submitted for publication.

Stams, G., Dekovic, M., Buist, K., & de Vries, L. (2006). Effectiviteit van oplossingsgerichte korte therapie: Een meta-analyse. *Gedragstherapie, 39*(2), 81-94.

Tomori, C., & Bavelas, J. B. (2007). Using microanalysis of communication of communication to compare solution-focused and client-centered therapies. *Journal of Family Psychotherapy, 18*, 25—43.

Trepper, T. S., Dolan, Y., McCollum, E. E., & Nelson, T. (2006). Steve de Shazer and the future of Solution-Focused Therapy. *Journal of Marital and Family Therapy,32,* 133-140.

Trepper, T. S., McCollum, E. E., de Jong, P., Korman, H., Gingerich, W. J., & Franklin, C. (2012). Solution-focused brief therapy treatment manual. In C. Franklin, T. S. Trepper, W. J. Gingerich, & E. E. McCollum (Eds.), *Solution-focused, brief therapy: A handbook of evidence-based practice* (pp. 20-38). New York: Oxford University Press.

Treyger, S., Ehlers, N., Zajicek, L., & Trepper, T. (2008). Helping spouses cope with partners coming out: A solution-focused approach. *American Journal of Family Therapy, 36*(1), 30-47.

doi:10.1080/01926180601057549

Walter, J. L., & Peller, J. E. (1992). *Becoming solution-focused in brief therapy*. New York: Brunner/Mazel.

Weiner-Davis, M. (1992). *Divorce busting*. New York: Summit Books.

제10장
협동치료와 이야기치료

이러한 유형의 귀 기울이기, 들어 주기, 반응하기를 하려면 치료자가 타인의 주관적 현실, 신념, 경험 등의 이념적 바탕에 대한 개방성이 특징인 진솔한 자세와 태도로 치료 영역에 들어갈 필요가 있다. 이 경청하는 자세와 태도는 내담자가 하는 말을 존중하고, 내담자가 하는 말에 대한 겸허함을 보이며, 내담자가 하는 말이 들을 가치가 있다고 믿는 것이다. 이는 질문을 던지고, 의견을 말하고, 생각을 확장하고, 궁금해하고, 개인적인 생각을 공유하는 등 내담자가 한 말에 대해 능동적으로 상호작용하고 반응함으로써 가장 잘 실현된다. 이러한 방식에 관심을 가지면 치료자는 언급된 것을 명확히 하고, 그에 대한 오해를 방지하며, 언급되지 않은 것에 대해 좀 더 알 수 있게 된다.

– Anderson, 1997, p. 153

들어가며

가장 최근에 개발된 가족치료들은 '포스트모던 치료'로 불리며, 크게 두 가지의 동향으로 분류될 수 있다.

- 텍사스의 Harry Goolishian과 Harlene Anderson(1988, 1992; Anderson, 1993, 1995, 1997; Goolishian & Anderson, 1987)와 노르웨이의 Tom Andersen(1991, 1992)이 개발한 **협동치료**.
- 호주와 뉴질랜드에서 Michael White과 David Epston(1990)이 개발한 **이야기치료**.

이 두 가지 접근은 제3장에서 설명한 여러 사회구성주의 전제를 공유하며, 각 접근은 내담자와 함께 새로운 의미를 공동 구성한다. 포스트모던 치료자들은 해결중심치료자(제9장)들처럼 긍정적으로 내담자의 강점과 능력에 중점을 둔다. 협동치료와 이야기치료는 많은 유사점이 있긴 하지만, 특히 철학적 토대, 치료자의 자세, 개입의 역할, 정치적 주제에 대한 강조 등 상당한 면에서 차이가 있다. 대체로 이야기치료자들은 내담자들이 선호하는 이야기를 실현하도록 돕기 위해 잘 정립된 일련의 질문들과 전략을 지니고 있는 반면, 협동치료자들은 구조화된 기법을 피하며, 그 대신 독특한 관계의 과정과 대화 과정을 촉진하고자 포스트모던과 사회구성주의 가정을 활용한다. 다음의 표는 이 두 치료 간의 차이점을 요약했다.

>>> 협동치료와 이야기치료

	협동치료	이야기치료
주요 철학적 토대	포스트모더니즘, 사회구성주의, 해석학(해석의 학문)	Foucault의 철학적 글쓰기, 비판 이론, 사회구성주의
치료적 관계	더욱 촉진적인 치료자, 대화 과정을 촉진함	더욱 적극적인 치료자 '공동 편집자' '공동 집필자'
치료적 과정	개입 없음, 치료자는 특정한 과정들을 촉진하는 데 중점을 둠	구조화된 개입
정치와 사회정의	정치적 주제가 내담자에 대한 잠정적인 고려사항으로 제기됨	사회정의 주제가 치료 대화에서 자주 포함됨

협동치료와 반영 팀

◎ 요약하기: 당신이 알아야 할 최소한의 것

포스트모던과 사회구성주의 원리들을 적용한 협동치료는 치료자와 내담자가 함께 내담자의 문제와 기능에 관한 새롭고 더욱 유용한 이해를 공동 탐색하고, 공동 창출하는 쌍방향의 대화 과정이다. 치료자들은 미리 짜 놓은 기법을 지양하며, 치료의 **과정**과 내담자의 호소 문제를 탐색하고 나누는 **방식**에 초점을 맞춘다. 치료자들은 내담자들이 그들의 생활 사건들을 해석하는 방식에 귀 기울인 다음 내담자의 이야기가 어떻게 '어우러지는지'를 더 잘 이해하기 위해 질문을 하고 의견을 나눈다. 치료자가 내담자의 관점에서 가치와 내적 논리를 이해하고자, 즉 내담자의 세계관으로 내담자를 이해하려고 노력하기 때문에 이러한 질문과 의견은 대화에서 자연스럽게 생겨난다. 이 과정이 전개되면서, 내담자는 공동 질문이나 공유된 질문, 즉 상황이 어떻게 되어 왔고 앞으로 어떤 방향으로 나아가는 것이 최선일지에 관한 수수께끼를 치료자와 함께 풀어 나가면서, 치료자의 궁금증에 대해 함께 나누자는 제안을 받는다. 치료자와 내담자가 공유된 질문에 참여하여 질문을 던지고 서로의 관점을 조심스럽게 공유하면서, 내담자의 상황에 관한 대안적인 관점과 미래의 선택사항들이 생겨난

다. 이러한 과정은 내담자가 그들의 상황을 색다르게 보는 기회를 제공하고, 그들로 하여금 새로운 해석을 하고 신선한 아이디어를 발전시키게 한다. 치료자들은 이러한 의미 부여 과정의 내용을 통제하거나 지시하려 하지 않는다. 대신 치료자들은 이러한 새로운 생각들을 가지고 무엇을 할 것인지를 결정하는 내담자의 능력을 존중한다(예: 치료자들은 내담자의 주체성을 존중한다).

이 과정이 여전히 모호하게 느껴질 수 있으니 예시를 제공하는 것이 좋겠다. 만약 내담자가 '우울'하다고 말한다면, 협동치료자들은 구체적이고 진단적인 정보에 귀 기울이기보다는 내담자의 독특한 우울 경험에 잘 알지 못한다는 것을 깊이 깨닫고, 내담자가 어떻게 자신의 경험을 이렇게 이해하게 되었는지 대해 진심으로 궁금해한다. 치료자는 질문을 미리 정해 두지 않고, 내담자를 더 잘 이해하고자 하는 진솔한 마음으로부터 생겨나는 질문을 던진다. 예를 들면, "그녀는 어떤 일 때문에 혹은 아무것도 아닌 일로 자주 울까? 삶이 우울해지고 어떤 것에도 흥미가 없어졌나? 그녀는 상심했나? 그녀는 실패했다고 느낄까?" 등이다. 독특한 우울의 이야기는 우울을 호소하는 사람의 수만큼 많다. 치료자가 내담자의 관점을 탐색함에 따라, 내담자는 자신의 우울증에 관한 궁금증을 함께 나누도록 초대된다. 각각의 새로운 이해는 대안적인 행동, 생각, 감정에 영향을 미치며, 내담자가 그녀의 초기 문제를 다루거나 해결할 방법을 찾을 때까지 다양한 수준으로 경험을 변화시킨다.

◎ 핵심 내용: 중요한 기여점

당신이 이 장에서 기억할 것이 있다면, 그것은 다음과 같다.

■ 알지 못함과 앎

아마도 협동치료에서 가장 흔히 오해되는 개념 중 하나인(Anderson, 2005) '알지 못함'의 개념은 1988년 Goolishian과 Anderson에 의해 처음 소개되었다. 알지 못함의 자세는 언뜻 보면 모순적인 것처럼 느껴진다. 치료자같이 돈 받고 일하는 전문가가 어떻게 '알지 못할' 수 있는가? 이건 그들이 보수를 받는 일이지 않은가? 대학원에서 배운 것으로는 뭘 하는가? 등과 같이 **알지 못함**은 치료자가 그들이 안다고 여기는 것과 내담자에게 이러한 앎(전문지식, 사실 등)을 전해 주는 의도에 대해 생각하는 방식을 의미한다. 분명 협동치료자들은 Anderson이 '선지(先知, pre-knowing)'라 칭한 특정 유형의 앎을 지양하고 있다(Anderson, 1997, 2007). 영어로는 흔히 추정하기(assuming)라고 불린다. 이는 당신이 충분한 근거 없이 간극을 메울 수 있다고 믿거나 충분한 정보를 갖고 있다고 믿는 것이다. 협동치료자들은 포스트모던 사회구성주의의 인식론을 토대로 '정신증' '조증' 혹은 '성적 학대'와 같이 겉보기에 유사한 경험을 지닌 내담자들도 자신의 상황에 대해 독자적인 이해를 가진다고 주장한다(Anderson, 1997). **각 내담자들의 이해는 중요한 타인, 지인, 전문가 그리고 낯선 사람들과의 대화뿐만 아니라 언론 또는 문학에서의 더 거대한 사회적 담론과 이야기를 통해 발달되어 왔다.** 치료자들은 내담자의 삶을 더 잘 이해하기 위한 과정에 참여함으로써 내담자들과 나란히 내담자에 대해 알기로 선택한다(Anderson, 1993, 2007). 치료자들은 내담자의 지식이 치료자의 지식과 동등하게 타당하다고 본다.

이러한 알지 못함, 추정하지 않음의 자세는 치료자로 하여금 표면적으로는 너무 뻔해 보이거나 사소해 보이는 질문들을 하도록 요구한다. "당신은 어머니를 잃어 슬프다고 말합니다. 그녀의 상실의 어떤 측면들이 당신을 가장 깊이 힘들게 하는지 말해 줄 수 있을까요?" 혹은 "당신이 일상에서 그 슬픔을 어떻게 경험하는지 말해 주세요."와 같이 내담자가 문제에 대한 지각을 낳는 생각, 경험, 영향력들을 탐색하기 시작하면, 이전에는 아무에게도 말하지 않았던 것들을 이야기하는 자신의 말을 종종 듣게 된다. 이러한 생각들을 처음으로 소리 내어 말하는 것을 들으면서, 필연적으로 상황에 대한 그들의 관점이 때로는 미묘하게, 때로는 극적으로 변화한다. 이와 같은 새로운 관점들은 문제와 관련된 새로운 행동과 정체성에 영향을 준다(예: 그녀의 어머니를 완전히 별개의 사람으로 봄으로써, 내담자는 그녀가 어머니의 삶의 일부분이었음을 깨닫게 될 수도 있다).

◎ 들리는 소문에 의하면: 관련된 사람들의 이야기

Harlene Anderson과 Harry Goolishian

Harlene Anderson과 Harry Goolishian은 갤버스턴(Galveston)에 있는 텍사스 대학교 의학(University of Texas Medical Branch)에서 동료들과 함께 협동치료를 개발했고, 이후에 휴스턴 갤버스턴 연구소(Houston Galveston Institute)를 설립했다(Anderson, 1997; Anderson, 2005, 2007). 그들의 협동 접근은 갤버스턴 집단이 개발한 '다중영향치료(multiple impact therapy)'로 불리는 초기 모델에 기반을 두고 있으며, 이 초기 모델은 입원한 청소년과 그들의 가족, 그리고 더욱 광범위한 사회적 체계와 함께 작업하는 다학제적 접근이다. 해석학, 사회 구성, 포스트모던 가정 그리고 관련 사회 및 자연과학 이론에 대한 그들의 관심은 처음에는 MRI(Mental Research Institute)의 아이디어에 관한 호기심에서 자극을 받았지만, 갤버스턴에서의 작업에서는 내담자의 언어를 전략적 도구로 활용하기 위해 배우려 하기보다는 내담자가 말하고 있는 것에 차별적으로 귀 기울이기 시작하였다. 그들은 가족 전체가 아니라 가족 **구성원 개인**이 자신만의 언어를 지니고 있어서 독특한 의미를 지닌 단어와 구절을 사용함에 주목했다.

이러한 관심은 자연스레 포스트모던 사상과 사회구성 이론, 그리고 Ludvig Wittgenstein, Mikhail Bahtin, Ken Gergen, John Shotter 등의 이론가들의 작업(제3장 참조)으로 이어졌다. 결과적으로, Anderson과 Goolishian은 관계에서 의미의 구성에 중점을 두면서, 포스트모던 관점에서 그들의 작업을 개념화하기 시작하였다. 그들은 또한 Tom Andersen과 서로 영향을 주고받는 관계를 맺었으며, 수년간 그들의 치료는 협동언어체계(collaborative language systems; Anderson, 1997)로 불렸다가 최근에는 협동치료(collaborative therapy)로 알려지게 되었다(Anderson & Gehart, 2007).

1991년, Goolishian의 사망 이후, Anderson과 동료들은 휴스턴 갤버스턴 연구소에서 이 국제적으로 활용된 접근을 지속적으로 발전시켰다. Ken Gergen(제3장 참조), Harlene Anderson, Sheila McNamee, 그리고 다른 학자들은 Taos 연구소를 구축하는 데 힘을 모았다. Taos 연구소는 교육, 경영, 상담, 치료, 의학 및 기타 전문분야에서 활동하는 협동 전문가들의 조직이다. Anderson은 협동

치료에 대한 가정들이 치료체계를 넘어선 함의를 지닌다는 사실을 발견하면서, 현재 그녀의 연구를 '협동작업(collaborative practices)'이라고 칭한다.

Tom Andersen

Harlene Anderson과 친한 친구 그 이상은 아닌(Andersen은 'e'를 사용하고 Anderson은 'o'를 사용한다.) Tom Andersen은 노르웨이의 정신과 의사로, 점잖은 태도와 내담자 사생활에 대한 존중, 그리고 명쾌한 치료적 개념화로 가장 잘 기억되는 인물이다. 원래 밀라노 팀과 함께 일방경을 활용하여, 연구해 왔던 Andersen은 팀-내담자 위계를 감소시키고 전략적이기보다는 대화적인 과정을 마련하는 포스트모던 감수성을 활용하여, 관찰 팀의 체계적 작업을 완전히 바꾸어 놓았다. **적절하면서도 특이한 의견뿐만 아니라 내적 및 외적 대화에 대한 그의 설명은 기법을 사용하지 않고, 치료적 대화를 촉진하는 데 활용될 수 있는 실용적인 개념들을 협동치료자들에게 제공한다.**

Lynn Hoffman

예리한 이론적 통찰력과 넓은 식견으로 유명한 Lynn Hoffman은 Virginia Satir, Jay Harley, Paul Watzlawick, Salvador Minuchin, Dick Auserwald, Gianfranco Cecchin, Luigi Boscolo, Tom Andersen, Harlene Anderson 그리고 Peggy Penn과 같은 가족치료에서 가장 영향력 있는 수많은 사상가들과 긴밀하게 작업해 왔다. 그녀의 첫 저서인 『가족치료의 기초(Foundations of Family Therapy)』(Hoffman, 1981)는 활용할 수 있는 체계적 가족치료를 가장 종합적으로 개괄한다. 그녀는 Satir 책의 편집자로 일했던 MRI에서 가족치료에 관해 배우기 시작했다. 그녀는 그들의 사상에 매우 영감을 받아서 체계적 가족치료 훈련을 받으면서 사회복지사로서의 경력을 쌓아 나갔다. 그녀는 밀라노 팀의 조력자 역할을 하였고, 더 나아가 Peggy Penn과 함께 이 모델의 추후 개발을 도왔다(Boscolo, Cecchin, Hoffman, & Penn, 1987). 나중에 Hoffman은 점차 포스트모던, 협동 접근에 매료되었다(Hoffman, 1990, 1993, 2001). 그녀는 『가족치료: 초기 역사(Family Therapy: An Intimate History)』에서 그녀의 주목할 만한 행보를 상세히 기술하였는데, 이는 가족치료 이론에 대해 배우고 싶지만 이 책과 같은 교과서보다 좀 더 핵심적이고 재미있는 것을 선호하는 나의 제자들이 즐겨 읽는 책이다. Hoffman은 현재 인간 체계에서 근간이 되는 이론의 개념을 탐색하고 있다.

Peggy Penn

애커만 연구소의 선임 훈련 감독자이자 시인이기도 한(Penn, 2002) Peggy Penn은 협동치료에서 글쓰기를 활용하는 독특한 접근을 발전시켜 왔다(Penn, 2001; Penn & Frankfurt, 1994; Penn & Sheinberg, 1991). Hoffman과 같이 Penn은 체계적 치료, 특히 밀라노 접근으로 훈련을 받기 시작했지만(Boscolo et al., 1987), 그 이후로 그녀의 작업은 포스트모던 접근 쪽으로 발전해 왔다. 그녀는 내담자가 여러 가지 목소리 및 관점과 만나도록 돕기 위해 치료에서 다양한 형태의 글쓰기를 활용한다.

Jaakko Seikkula

심리학자 Jaakko Seikkula와 동료들(Haarakangas, Seikkula, Alakare, & Aaltonen, 2007)은 핀란드의 라플란드(Lapland) 지역에서 정신증 증상을 보이는 환자들과의 작업을 위해 열린 대화(open dialogue) 접근을 개발하고 연구했다. 20년간의 연구 결과, 그들의 병원에 더는 만성적 정신증 사례가 없고, 정신증 증상을 보이는 환자들은 약물치료의 필요성이 줄어들었으며, 직장에 복귀하는 사례가 늘어났다. Seikkula의 연구는 포스트모던 치료에 관한 최고의 경험적 증거들을 제공한다(이 장 후반의 임상적 주목 부분 참조).

휴스턴 갤버스턴 연구소

원래 Harlene Anderson, Harry Goolishian과 동료들이 설립한 휴스턴 갤버스턴 연구소는 협동치료를 위한 최고의 훈련 기관으로서 자리매김하고 있으며, 지역의 아동보호시설, 학교, 트라우마 생존자들을 위한 서비스를 제공한다. 현재 연구소장으로 재직 중인 Sue Levin은 주로 배우자에게 학대당하는 여성을 대상으로 한 연구를 진행한다. 부소장으로 재직 중인 Saliha Bava는 현재 트라우마(Bava, Levin, & Tinaz, 2002), 질적 연구(Gehart, Terragona, & Bava, 2007), 그리고 혁신적 수행(transformative performance)에 관해 연구하고 있다.

■ 엘리시온 집단(Grupo Campos Eliseos): 협동치료

멕시코 시티의 훈련 기관

멕시코 시티(Mexico City)에 위치해 있고, 휴스턴 갤버스턴 연구소와 긴밀히 작업하는 엘리시온 집단(Grupo Campos Eliseos)에서는 이중 언어 구사가 가능한 교수진들이 지역의 가족, 학교, 병원을 대상으로 협동치료의 훈련과 치료 및 상담 서비스를 제공한다. 교수진과 공동설립자는 Sylvia London, Margarita Terragona, Irma Rodriguez-Jazcilevich, 그리고 Elena Pernandex이다.

Klaus Deissler: 마르부르크 연구소

Klaus Deissler와 동료들은 독일 마르부르크(Marburg)에 있는 마르부르크 연구소에서 협동치료와 협동 경영 컨설팅에 관한 4년제 대학원 훈련 과정을 개설하였으며, 유럽의 기업, 학군 그리고 정신병원과 긴밀히 협력한다.

◎ 큰 그림 그리기: 상담 및 심리치료의 방향

협동치료자들은 치료 단계나 회기의 진행 방법에 대한 개요를 설정하지 않는다. 그 대신 그들은 단일한 지침을 활용한다. 이 지침은 주제와 참여자에 상관없이 협동관계와 생산적이고 쌍방향적인 대화를 촉진하는 것이다. 요약하면, 그들은 "대화가 계속 진행되도록 한다". 대화를 촉진하기 위한 핵심은 혼자서만 길게 말하지 않는 것이다.

■ 독백 피하기와 치료적 교착

Harry Goolishian은 치료자로서 해야 하는 것보다 하지 말아야 하는 것을 파악하기가 더 쉽다고 말했다. 이 논리를 확장하여 협동치료는 협동적인 대화가 아닌 것, 즉 독백을 파악하는 것으로 이해하면 쉽다. 독백은 타인과의 대화가 될 수도 있고, 자기 자신이나 상상 속 타인과의 침묵의 대화가 될 수도 있다. 두 사람 간에 나누는 독백 대화에서 각 개인은 상대방에게 자신의 생각을 납득시키려 한다. 이에 현실에서 일종의 싸움이 일어난다. 이러한 대화에서 참여자들은 오직 그들의 다음 방어를 계획하기 위해서 오랫동안 듣는다. 그들은 진정한 궁금증을 가지고 타인을 이해하려고 하지 않으며, 혹은 새로운 이해를 위한 시도를 하지 않는다. 침묵의 대화에서 독백은 동일한 진술, 의견 또는 생각이 끊임없이 그 사람의 사고를 점령해 버려서 새로운 진술, 의견, 생각이나 궁금증이 들어갈 공간이 없고, 다른 생각들이 차단될 때 발생한다.

치료에서 독백 대화는 **치료적 교착**을 야기하며, 이 지점에서 치료적 논의는 더 유용한 의미나 이해를 만들어 내지 않게 된다. 무엇보다도 독백 대화를 확인하는 것은 꽤나 쉽다. 긴장감이 생겨나고 특정 부분에 대해 상대방을 납득시키려는 것이 대화의 과제가 되기 때문이다. 또한 치료자들은 내담자를 '저항적이다' 등의 비난조로 설명하게 될 수도 있다. 치료자와 내담자 간이든 치료실 내의 어떤 두 사람의 사이든, 이러한 일이 생길 때 치료자의 임무는 부드럽게 그 대화를 생각에 대한 대화적 교류로 되돌리는 것이다. 치료자들은 궁금함의 자세로 되돌아감으로써 이 임무를 완수할 수 있다. 궁금함의 자세란 내담자의 관점을 더 잘 이해하기 위해 질문하거나 혹시 내담자가 보기에 치료자가 완전히 이해하지 못하고 있다고 여겨지는 부분이 있는지를 확인하기 위해 질문하는 것이다. 그러나 타인과 대화를 다시 함께하기 위해 치료자들은 동시에 내적인 대화 상태여야 한다. 간단히 말하자면, 협동치료자들의 주된 임무는 내담자 체계의 구성원들 간이든 혹은 치료자와 내담자 간이든 치료실에서의 대화를 '독백 싸움'으로 만들지 않는 것이다. 이야기가 대화식으로 진행되는 한 변화와 전환은 필연적이다.

◎ 관계 형성하기: 치료적 관계

■ 철학적 자세

협동치료자들은 치료자의 위치를 철학적 자세, 즉 타인과 관계 맺는 특정한 방식으로 개념화한다. 이 자세는 내담자의 역할과 기능으로부터 주의를 환기시켜서 내담자라는 그 사람 자체에 중점을 둠으로써 회기에서 치료자가 말하고, 생각하고, 행동하며, 반응하는 방식에 영향을 미친다. 본질적으로 철학적 자세는 협동 접근에 영향을 준 포스트모던과 사회적 구성주의자들의 내담자를 전문가로 본다는 점과 대화의 전환적 과정에 가치를 둔다는 점 등의 견해를 성실하게 구현하는 것이다.

■ 대화적 동반자: '동행(Withness)'

협동치료에서 치료적 관계는 내담자와 함께하는 과정인 대화적 파트너십으로 가장 잘 묘사된다(Anderson, 1997). 때로는 '동행(withness)'이라고도 불리는 이러한 관계 방식(Hoffman, 2007)에서 대화적 동반자들은 서로에 대한 상호적인 이해를 통해 서로 '접촉하고' 서로의 마음을 움직인다. 또한 동행은 내담자의 변화 과정에서 불편하거나, 예측 불가능하거나, 무서울 수도 있을 롤러코스터를 기꺼이 함께 탄다는 뜻이다(Anderson, 1993). 이는 여정이 이끄는 곳이 어디든지 내담자와 나란히 걷겠다는 약속이다.

■ 궁금증: 알지 못함의 기술(The Art of Not Knowing)

협동치료적 자세의 전형적인 특징(Anderson, 1995, 1997)인 궁금증은 내담자의 독특한 삶의 경험과 그 경험에서 만들어진 의미에 대한 치료자의 진솔한 관심을 일컫는다. 이러한 궁금증은 사회구성주의 인식론(지식, 그리고 우리가 알고 있는 것을 어떻게 아는지에 대한 가정, 제3장 참조)에 의해 촉발되었으며, **사람은 자신이 관련된 관계 및 대화의 연결망으로부터 특유한 현실을 구성한다고 가정한다.** 그러므로 누구라도 결혼, 양육, 우울증, 정신증 혹은 불안을 동일하게 경험할 수는 없다. 예를 들어, 이 장 마지막의 사례연구에서 치료자는 기존 연구 결과나 다른 청소년들을 통해 알게 된 것들을 기반으로 섣불리 추측하기보다는 15세 Ashley의 우울증과 자해에 대한 독특한 경험을 이해하는 데 초점을 맞춘다.

■ 내담자와 치료자의 전문성

1992년에, Anderson과 Goolishian은 "내담자가 전문가이다."라는 급진적인 제안을 하였다. 가끔은 치료자가 치료적 과정에서 어떠한 의견도 내지 않고 아무런 역할도 하지 않는다는 의미로 오해되기도 하지만, '전문가로서의 내담자'의 개념은 치료자가 내담자의 생각, 신념, 견해를 진정으로 소중히 여기는 데 중점을 둔다는 의미이다. 치료자들은 내담자 삶의 깊이와 복잡성에 관해 매우 제한적인 정보만을 가지며, 결코 내담자가 가진 모든 역사와 '내부자적' 관점을 얻을 수는 없다. 그러므로 '전문가로서의 내담자'의 개념은 치료 과정이 어떻게 진행되는지를 설명하는 것보다 내담자를 더욱 존중하는 의미인 것이다.

그러나 치료 회기 동안, 치료자들은 효과적이고 존중하는 대화적 소통이 이루어지게끔 할 책임이 있기 때문에 또 다른 전문성을 갖는다. 그들은 내담자의 변화를 돕기 위해 대화의 내용, 방향성 혹은 대화의 결과물을 언급하기보다는 대화의 생산적인 특성에 의지한다.

일반적으로(항상 부정확한), 초기에는 내담자가 **내용**의 영역(이야기되어야 할 것들)에서 더욱 전문성을 지니고, 치료자가 **과정**의 영역(그것들이 이야기되는 방식)에서 더욱 전문성을 지닌다고 생각하는 것이 도움이 될 수도 있겠지만, 이 협동 과정에서는 치료자와 내담자 모두가 내용과 과정에 대한 의견을 갖는다. 만약 협동치료자가 보기에 내담자가 내용의 중요한 영역을 다루지 않는 것 같다면, 치료자는 위계적이지 않은 방식으로 문제를 언급할 것이다. "당신이 과거에 대해 말하고 싶어 하지 않는 것은 알지만, 나는 당신의 현재 결혼생활에 어린 시절의 학대 경험이 어떻게 영향을 미치고 있는지를 탐색하는 시간을 갖는 것이 과연 가치 없는 일인지 의문스러워요."와 같은 언급은 내담자가 자유롭게 승낙하거나 거부할 수 있다고 느끼는 방식으로 전달되며, 치료자는 내담자의 의사를 존중한다. 예를 들어, 이 장 마지막의 사례연구에서 치료자는 동성애자 파트너와 함께 살기로 한 Ashely 어머니의 결정이 Ashely가 보고한 우울감에 영향을 미치고 있는지 의심스럽다 하더라도, 비록 치료자가 Ashely로 하여금 이러한 연결성을 숙고해 보도록 제안해 볼 수는 있겠지만, 내담자가 그것을 유용한 대화 방법이라고 여기지 않는다면 치료자는 그 주제를 강요해서는 안된다.

반대로, 치료자 또한 치료적 과정에 대한 내담자의 피드백에 개방되어 있으며, 내담자는 누가 치료에 함께 참여할지, 속도 조절, 과제나 제안의 유형, 질문 유형 등을 포함하여, 어떤 과정이 그들에게 가장 효과적일지에 대한 의견을 낼 수 있다. 치료자는 내담자의 요청을 치료 방법에 대한 명령이라도 되는 것처럼 반드시 수용하는 것은 아니지만, 그 요청과 요청의 기저에 있는 욕구를 주의 깊게 고려하며, 그것을 다룰 최선의 방법을 찾기 위해 작업한다. 이러한 밀고 당기는 대화는 치료자가 유용한 소통 방식을 찾기 위해 내담자와 나란히 함께 작업하는 진솔한 파트너십이다. Anderson(1997)은 내담자의 피드백에 대한 이러한 끊임없는 개방성에 대해 '일상적인 연습의 일부로서의 연구'라고 말한다. 치료자는 피드백을 치료 과정에 대한 미세한 조정을 위해 활용함으로써 치료적 교착 가능성을 감소시키고, 치료가 각 내담자의 독특한 요구에 맞춰져 있는지를 확인한다.

■ 일상적인 보통의 언어: 민주적인 관계

협동치료자들은 내담자의 언어와 더욱 일치되고, 위계적이기보다는 민주적이며, 자연스럽고 실제적인 방식으로 귀 기울여 듣고 말한다(Andersen, 1991; Anderson, 2007). 물론 치료자들은 내담자가 유용하다고 느끼는 대화적 과정을 촉진할 책임이 있긴 하지만, 리더십이나 전문가의 위치에서 그 과업에 접근하지는 않는다. 그보다는 내담자가 치료자와 함께 최선의 진행 방법을 탐색할 수 있게 해 주는 일상 언어와 편안한 표현, 그리고 기꺼이 배우려는 자세를 이용하여 보다 겸손한 태도를 취한다.

■ 내적 대화와 외적 대화

Tom Andersen은 대화를 내적 대화(Inner talk)와 외적 대화(Outer talk)를 모두 포함하는 것으로 개념화했다(Andersen, 2007). 대화에서 우리는 치료 참여자들 간에 언어적으로 언급되는 **외적 대화**를 가장 빠르게 인식한다. 또한 Andersen은 또 다른 대화가 진행되고 있음을 알아차렸는데, 이는 대화에 참여하는 동안 각 개인의 내면에서 이루어지는 생각과 대화로, 일명 **내적 대화**이다. 그러므로 만약 치료자가 한 사람의 내담자와 작업하고 있다면 적어도, ① 내담자의 내적 대화, ② 치료자의 내적 대화, ③ 외적 대화의 세 대화가 동시에 이뤄진다. 치료자는 이 대화 각각을 위한 공간과 시간을 마련해야 한다.

Andersen(2007)이 지적했듯이 내담자들이 말을 할 때, 그들은 치료자에게뿐만 아니라 더 중요하게는 그들 자신에게 말하고 있는 것이다. 종종 내담자는 상담에서 처음으로 무언가에 대해 소리 내어 말하게 되며, 내담자들은 치료자에게 말하고 있는 자기 자신으로부터 들은 것의 영향력이나 예상치 못한 내용에 대해 되돌아볼 시간이 필요할 수 있다. Andersen은 치료자가 내용기반치료에서 흔히 하듯이 내담자에게 내적 대화를 공유하도록 강요해서는 안 된다고 강력하게 충고한다. 따라서 내담자가 그녀의 성적 학대나 어려운 관계에 대해 말하고 싶어 하지 않는다면, 치료자는 이 주제에 관해 강요하지 않고 내담자가 준비되었을 때 언제든지 말할 수 있도록 기회를 열어 두어야 한다. 대부분의 치료자와 달리, Andersen은 상담 회기에서조차도 내담자의 사생활과 자율성을 대변하였다. 이는 내담자가 자신의 삶을 가장 효과적인 방식으로 다룰 능력을 가지고 있다는 그의 변함없는 신념을 반영한다.

Andersen은 치료자가 내담자와의 외적 대화를 추적하는 것뿐만 아니라 그들 자신의 내적 대화(내담자 및 외적 대화에 대한 그들의 사고, 감정, 반응들)도 탐색해 나가도록 격려한다. 치료자의 내적 대화는 치료적 관계를 촉진할 수 있는 다양한 형태의 정보를 제공한다. 내담자에 대한 치료자의 반응은 다른 사람들이 내담자와 관계를 어떻게 맺는지에 관한 정보를 제공할 수도 있고, 혹은 치료자가 전문 지식보다는 개인사나 개인적 주제들을 바탕으로 내담자에게 반응하고 있음을 나타낼 수도 있다. 치료자의 내적 대화는 외적 대화를 촉진할 수 있을 통찰력, 견해, 은유를 포함할 수도 있다(Anderson, 1997). 침묵의 독백에 관한 Andersen의 생각과 마찬가지로, 치료자의 내적 대화가 외적 대화로부터 방해를 받을 때, 치료자는 내담자와 함께 그 주제를 꺼냄으로써 대화가 유용한 방향으로 진행될 수 있다면, 그렇게 하도록 권장된다. 예를 들어, 한 내담자가 계속해서 하룻밤의 우연한 섹스에 대해 알코올의 역할을 축소해서 이야기를 할 때, 치료자는 매 사건마다 알코올이 영향을 미친다는 것을 알고 내담자와의 관계를 위협하지 않으면서, 내담자가 자신의 의견을 이야기하도록 언어적 · 비언어적으로 허용하는 동시에 대화과정에서 자신이 관철하는 바를 **매우 부드럽게** 꺼내 놓을 수 있다(예: "지난번 대화를 통해 당신이 여기에 어떠한 연관성도 없다고 생각한다는 것을 알았지만, 나는 당신이 밤새 유흥을 즐기는 것과 나중에 후회하는 관계를 맺는 것 사이의 연관성을 계속 주시하고 있다는 것을 말해 두고 싶습니다. 당신이 알코올을 주 원인으로 보지 않는다면, 알코올의 부수적인 역할은 뭘까요?"). 핵심은 방어보다는 궁금증을 야기하는 방식의 관점을 제공하는 것이다.

◎ 조망하기: 사례개념화와 평가

협동치료의 사례개념화는 두 가지 핵심 질문을 하는 것을 포함한다.

- 문제에 관해 말하고 있는 사람은 누구인가?
- 각 개인은 문제를 어떻게 이해하는가?

치료자들은 누가 **문제-관리 체계**(problem-organizing system) 내에 있는지, 혹은 누가 누구와 무엇에 관해 대화하는지를 평가함으로써 첫 번째 질문에 답한다. 두 번째 질문은 내담자의 세계관을 이해하기 위해 치료자의 철학적 자세를 활용하며 접근한다.

■ 말하고 있는 사람은 누구인가? 문제-관리, 문제-해소 체계

Anderson과 Goolishian(1988, 1992)은 초기에 치료적 체계를 문제에 대한 인식을 구성하는 언어적 체계(linguistic systems)로 개념화하였다. 누군가가 문제, 쟁점 혹은 고충을 인식했기 때문에 치료자와 내담자는 함께 협력한다. 내담자가 항상 문제(problem)라는 단어를 드러내어 사용하는 것은 아니다. Anderson과 Goolishian은 이러한 체계를 문제-관리(problem-organizing), 문제-해소 체계(problem-dissolving systems)라고 칭했다. '문제-관리'라고 일컫는 이유는 누군가 문제를 인식한 이후에만 이 체계가 생성되기 때문이다. 치료자, 내담자 그리고 제3의 관계자를 포함하는 참여자들이 더 논의할 문제가 없어지면 체계가 사라진다는 점에서 '문제-해소' 체계이다. 게다가, 해소(dissolving)는 해결책을 찾는 기존의 방식으로 문제가 '해결(solved)'되는 것이 아니라는 개념과 관련된다. 그보다는 치료자들의 이해는 대화를 통해 발전하며 새로운 사고, 감정 그리고 행동을 가능하게 한다. 끝으로, 내담자는 문제가 해결되지는 않았지만 해소되었다고 느낄 수도 있다. 예를 들어, 내담자가 상담 초기에 최근에 경험한 결별 때문에 스트레스를 받는다고 보고한다면 문제는 해결되지 않지만, 내담자는 상황을 다르게 해석하게 되며 그에 따라 다르게 행동하고 느끼게 된다.

문제에 관해 이야기하는 모든 사람은 문제-관리, 문제-해소 체계의 일부가 된다는 것을 아는 협동치료자들은 다음과 같은 질문을 한다.

문제에 관한 질문

- 상담 회기 안팎에서 문제에 대해 이야기하는 사람은 누구인가?
- 각자는 그것을 어떻게 정의하는가?
- 각자는 그것에 관해 무엇을 해야 한다고 생각하는가?

대화를 통해 문제에 대한 이해가 변화하고 발전함에 따라, 치료자는 계속해서 회기 밖에서 문제에 대해 이야기할 때 누가 참여하는지를 평가하고, 관점들을 조정하려 하거나 '진실'을 규명하려 하지 않고 모든 관점이 들리도록 격려하면서, 문제에 관한 다양한 관점에 대해 알아본다. 내담자와 치료자가 다양한 서로 상반된 관점을 끊임없이 공기 중에 머무를 수 있게 하면, 새롭고 더욱 유용한 관점들을 가장 잘 만들어 낼 수 있다. 따라서 이 장 마지막의 사례연구와 같이 치료자는 대상자(identified patient)인 청소년의 관점뿐만 아니라 그녀의 형제자매, 어머니, 어머니의 여자친구, 교사, 학교 상담사 그리고 친구들의 관점까지 이해하려고 애쓴다.

■ 철학적 자세: 사회구성주의적 조망

언급한 바와 같이, 치료에서 협동치료자들의 주요한 도구는 기법이나 개입이 아니라 조망 체계,

즉 그들의 철학적 자세이다(Anderson, 1997). 협동치료자들은 사회구성주의, 포스트모던 관점을 가지고 작업하는데, 이 관점은 우리의 현실이 언어와 관계를 통해 구성된다고 주장한다. 사회구성주의는 정체성과 의미를 고정된 것으로 여기지 않으며, 우리가 '좋은 사람이 되고' '행복해지며' '성공하고' '보살핌 받으며' '의미 있는 삶을 살고' '훌륭해진다'는 것이 어떤 의미인지를 스스로에게 말하는 방식을 통해 우리의 개인적 정체성과 사회적 현실을 끊임없이 수정하고 재해석하는 과정에 있다고 설명한다. 이러한 이야기들은 대면하든 미디어를 통해서든 간에 친구들과의 대화, 보도 기사들, 소설 작품들, 어떤 견해의 교환을 통해 형성된다. 치료자는 내담자가 얼마나 '부정확하거나' '이상한지'를 보여 주는 데 열중하기보다는 내담자에 대해 궁금해하고 내담자가 삶의 사건들에 관한 의미를 어떻게 구성하는지에 중점을 둔다.

■ 내담자의 세계관 평가하기

궁금증은 협동치료자들이 내담자의 세계관, 즉 생활 사건을 해석하는 그들의 체계를 더욱 잘 이해하는 데 초점을 둔다는 뜻이다. 그들은 '오류'나 '문제의 근원'을 찾지 않으며, 해안가 웅덩이를 처음 탐험하는 아이처럼 조심스럽고도 비판단적인 호기심을 가지고 내담자에게 다가가, 매혹적인 새로운 세계에서 흥미진진한 창조물들을 망가뜨리지 않도록 조심한다(Anderson, 1997; Hoffman, 2007). 치료자는 내담자의 세계, 소망, 문제 그리고 증상들을 이해하게 해 주는 내적 논리를 찾는다. 예를 들어, "만약 한 여성이 자신의 결혼이 실패했다고 느끼고 있다면, 그녀는 처음에 어떻게 이러한 생각을 하게 되었을까? 그녀는 어떻게 반응했는가? 그녀는 배우자와 그녀 자신의 행동 변화에 대해 어떻게 이해하였는가? 그녀가 한 인간으로서 그녀에 관해 말하기 두려워하는 것은 무엇인가? 그녀는 무슨 일이 일어났다고 생각하고 있고, 여기서 그녀가 선택권이 있다고 여기는 것에는 무엇이 있는가? 그녀의 결혼이 현재까지 지속된 이유는 무엇이며, 어떻게 하면 처음처럼 혹은 더 나아지도록 되돌릴 수 있을까?"와 같다. 이러한 질문들은 치료자의 치료 도구 가방 안에 들어 있던 것이 아니라, 어느 지점에서든 대화에 알맞은 반응일 것이다. 따라서 협동치료에서의 '평가'란 대화를 통해 일어나는 지속적인 '공동 평가(co-assessment)'이다. 이 장 마지막의 사례연구에서 치료자는 진솔한 알지 못함의 궁금증을 가지고, Ashely가 그녀의 슬픈 감정을 어떻게 경험하고 이해하는지, 그녀에게 자해가 얼마나 '효과적이었는지', 어머니의 대인관계가 그녀에게 무엇을 의미하는지, 그녀가 자신의 형제들을 어떻게 바라보는지에 관해 질문한다.

◎ 변화를 겨냥하기: 목표 설정

■ 자기 주체성

다른 포스트모던 접근과 마찬가지로 협동치료자들은 모든 치료자를 진부한 방식으로 이끄는 건강에 대한 사전 정의된 모델을 가지고 있지 않다. 대신 종합적인 목표는 내담자들의 삶에 대한 주체의식을 높이는 것으로, 이는 그들이 유능하며 의미 있는 행동을 취할 수 있다는 느낌을 말한다. Anderson(1997)은 주체

성은 모든 사람이 타고 났으며, 내담자 '권한 부여(empowerment)'라는 개념에서 시사하는 것처럼 다른 사람에 의해서 주어지는 것이 아니라 오직 자기 자신에 의해서 접근할 수 있다고 믿는다. 협동치료자들은 내담자들에게 주체성이 생길 기회를 극대화하는 과정에 참여하는 것이 자신들의 역할이라고 여긴다.

■ 전환

협동치료자들은 치료의 결과물을 '변화'로 개념화하기보다는 그 과정을 '전환'으로 개념화하면서, 다른 측면들이 추가되거나 또는 약화되는 동안 '원래'의 측면 중 일부는 그대로 유지된다는 점을 강조한다. 치료에서 내담자가 스스로에게 자신이 누구라고 말하는지, 즉 자아정체성에 대한 내담자의 이야기는 대화 과정을 통해 전환되며, 의미, 타인과 관계 맺기, 미래의 행동에 대한 새로운 가능성을 열어 준다. 이러한 전환 과정은 치료자가 지시하거나 통제하는 것이 아니라, 내담자가 견해, 생각, 소망을 공유하는 그들 자신, 치료자, 주변 사람들에게 귀 기울임으로써 내담자의 내면으로부터 일어난다.

대화를 통한 전환의 과정은 본질적으로 그리고 필연적으로 상호적이다. 치료자가 대화적 의사소통에 참여할 때, 그들 자신도 변화될 수 있다는 위험을 가지게 된다. 왜냐하면 내담자를 변화하도록 하는 그 동일한 대화적 과정은 치료자 역시 전환하게 하는 맥락을 형성하기 때문이다. 이 전환은 내담자의 전환처럼 즉각적이거나 극적이지는 않을 수 있지만, 치료자는 내담자로부터 삶을 이해하고 살아내는 또 다른 방식을 배우게 되므로 치료자의 세계관은 필연적으로 발전하고 변화한다.

■ 협동 목표 설정하기

이름에서 알 수 있듯이, 치료 목표는 전문용어가 아닌 내담자의 일상 언어를 사용하면서 내담자와 함께 협력하여 구성한다. 협동치료에서 목표는 의미와 이해의 변화에 따라 지속적으로 발전한다. 목표의 발전은 '덜 싸우기'에서 '긍정적인 대화 늘려 가기'로 발전해 나가거나 혹은 극적으로 '학교 수행에 중점을 두기'에서 '부모와의 정서적 유대감에 중점을 두기'로 발전하는 식으로 점진적으로 이루어진다. 치료자는 미리 정해진 일련의 목표를 모든 내담자에게 적용하지 않는다. 그보다는 각 내담자와 개인적으로 목표에 대해 협의한다.

- 주호소 문제를 다루는 중기 목표 예시
  - 서로를 '이해'할 수 있는 대화의 빈도를 늘림으로써 부부 사이의 다툼을 줄이기
  - 자녀들 간 '화합'의 시간을 늘리기
  - 점검하지 않아도 자녀들 스스로 숙제를 할 수 있는 횟수 늘리기
  - 오랜 친구 및 가족과 다시 연락함으로써 사회적 관계망을 확장하기

• **주체성과 정체성 이야기를 겨냥한 후기 목표 예시**
 - 직장 동료들과의 관계에서 주체의식과 적극성 기르기
 - 시간과 힘이 소모될 때 우선순위를 정할 수 있는 능력과 어머니로서의 주체의식 기르기
 - 의견의 개성과 차이를 허용하면서 동시에 강한 유대감을 유지하는 가족 정체성 이야기를 개발하기
 - 과거의 그림자에 머물지 않고 과거의 어려움을 존중하는 정체감을 발달시키기

◎ 행동하기: 개입

■ 대화적 질문: 문답 속에서 얻는 이해

대화적 질문은 전문적인 이론으로부터 나온 것이 아니라, 묻고 답하는 와중에 자연스럽게 도출되는 질문들이다(Anderson, 1997). 이 질문은 준비되거나 미리 계획된 것이 아니라, 내담자가 하고 있는 말로부터 논리적으로 생겨나며, 치료자의 궁금함과 내담자를 더 이해하려는 욕구에서 생성된다. 예를 들어, 내담자가 집안일을 돕지 않는 남편에게 불만을 느낀다면, 치료자는 해결중심치료(제9장)의 기적 질문, 이야기치료(다음 본문 참조)의 외재화 질문 또는 체계적 접근의 체계적 상호작용 질문처럼 치료적 혹은 이론적으로 알려진 질문을 하기보다는, "당신은 어떤 집안일에서 도움을 원하시나요?" "항상 이런 식이었나요?"와 같이 그 순간에 대화로부터 논리적으로 이어지는 질문들을 던진다.

치료자는 내담자가 선호하는 언어와 표현들을 이용하면서, 치료자와 내담자 모두가 내담자의 상황을 더 잘 이해하도록 도와주는 대화적 질문을 한다. 치료 과정에 관한 연구에서, 내담자는 진정한 궁금증에서 나온 질문들은 평가나 개입을 위해 전문적 지침에서 도출된 '조건적'이거나 '유도적'인 질문을 받는 것과는 상당히 다르게 다가온다고 보고했다(Anderson, 1997). 이 장 마지막의 사례연구에서 치료자가 내담자에게 어떻게 그리고 왜 자해를 하는지 설명해 달라고 요청했을 때, 치료자는 Ashley 본인이 그녀의 행동에 부여하는 의미와 이유에 대해서 진정으로 궁금해한다.

■ '적당히 색다른' 견해 만들기

가장 고상하면서도 실용적인 치료 개념 중 하나인 **적당히 색다른 견해**는 치료자가 내담자에게 차이를 만드는 반영을 제공할 수 있게 해 준다. 반영 팀에 관한 연구를 바탕으로 Tom Andersen(1991, 1995)은 치료자가 '너무 일반적'이거나 '너무 특이한' 질문과 의견은 피하는 것이 좋다고 보았다. **너무 일반적인** 견해는 본질적으로 내담자의 세계관을 반영하되, 새로운 이해나 변화를 만들어 낼 가능성을 제공하지 못한다. 즉, 내담자의 현재 관점에 동의하거나 그대로 반영하는 것은 변화를 촉진하기가 어렵다. 그리고 **너무 특이한** 견해는 너무 달라서 새로운 의미를 개발하는 데 유용하지 않다. 일부 내담자는 '저항적'이 되거나, 해명을 하거나, 견해나 제안을 거절함으로써 견해가 너무 특이하다는 즉각적인 신호를 보낸다. 다른 내담자들은 회기 내에서 의견이 너무 특이하다고 말을 하진 않지

만 이후에 그 견해에 따르지 않으며, 심지어 치료자와 치료 과정에 대한 신뢰를 잃을 수도 있다.

적당히 색다른 견해는 내담자의 세계관과 분명히 잘 맞으면서 동시에 호기심을 불러일으키고 이해하기 쉬운 새로운 관점을 제공하는 견해이다. 예를 들어, 내담자가 이전 직업보다 더 광범위해진 새로운 직업에 압도당하는 느낌을 받을 경우, 치료자는 "당신의 새로운 작업은 이전 작업에서 굳이 필요하지 않았던 멀티태스킹과 우선순위를 정하는 기술을 요구하는 것 같네요."라고 말하며 적당히 색다른 반응을 할 수도 있으며, 이러한 반응은 내담자의 현재 경험을 이야기하면서 동시에 살짝 다른 관점을 제공한다. 이러한 견해는 안전하고 실행해 볼 법하게 친숙하면서도 신선한 관점을 제공할 수 있을 만큼 충분히 다르기 때문에 내담자의 관심을 사로잡는다.

■ 멈춤을 위한 경청

적당히 색다른 견해, 제안 또는 질문을 들을 때, 내담자들은 대부분 일단 멈추고 현재 관점과 새로운 관점을 통합할 시간을 가져야 한다. 치료자는 이러한 순간에 내담자가 내적 대화를 할 시간을 허락하는 것이 가장 중요하다. 때때로 내담자는 "나는 그것에 대해 생각을 좀 해 봐야겠어요." 또는 "나는 그것에 대해 그런 방식으로 생각해 본 적이 없어요."라고 말한다. 내담자의 초기반응은 "모르겠어요."일 수도 있겠지만, 잠깐 동안 새로운 생각을 되새겨 보고 난 뒤에는 내담자는 보통 이전에 해 본 적 없던 생각과 의견을 반영하는 반응을 보이기 시작한다.

■ 어디까지 갈 것인가?

어느 정도로 색다른 것이 적당히 색다른 것인가? 여기서 문제는 각 내담자가 각자 다른 수준의 색다름을 필요로 한다는 것이다. 달리 말하면, 각 내담자가 새로운 생각을 생성하기에 유용하다고 느끼는 차이의 수준은 서로 다르다. 나는 청소년, 법적 의무로 온 내담자, 또는 치료에 확신이 없는 누군가와 처음 작업할 때, 그들이 나를 신뢰하기 전까지는 적당히 색다른 견해는 유의미한 차이를 만들 수 없다는 것을 종종 발견한다. 또한 정서적으로 혼란스러운 내담자일수록 매우 특이한 견해는 도움이 되지 않는다. 다른 내담자들은 치료 과정에서 종종 사회적으로 무례하다 싶은 매우 직접적인 방법으로 자신과 상당히 다른 견해를 제공해 주기를 요구하고 선호한다. 나의 경우, 특히 남성 내담자들은 내게 "내가 잘못했다고 생각하면 그냥 나에게 말해 줘요." 또는 "그냥 직접적으로 말해 주세요. 사탕발림하지 말아요. 나는 치료자들이 그러는 거 싫어요."라고 말하는 경우도 있었다. 따라서 '적당히 색다른'이란 내담자가 선호하는 의사소통 방식과 치료적 관계의 특성에 따라 달라진다. 협동치료자들은 다양한 범위의 적당히 색다른 견해를 전달하기 위해 자신의 의사소통 기술을 세밀하게 조정하며, 그 견해들이 유용했는지를 평가하기 위해 내담자 반응들을 주의 깊게 관찰한다.

■ 공동 수수께끼 질문과 과정: 새로운 의미에 대해 의논해 보기

앞서 언급한 바와 같이, 협동치료자가 내담자의 삶에 관해 함께 궁금증을 가져 보도록 내담자를 초대하는 과정을 '공동 수수께끼'라고 한다. Anderson은 치료자의 궁금증은 전염성이 있어서, 내담자가 자연스럽게 그 속으로 이끌리게 된다고 제안한다. 그에 따라, 치료자의 일방적 질문에서 시작한 것이 공동의 것으로 변화하게 된다. 내담자가 치료자와 함께 의미를 만들어 가는 과정에 합류하면, 대화의 속도가 느려지고 대화를 멈출 때가 많아지며, 탐구적이면서도 희망적인 분위기가 대화에 감돌게 된다. 종종 내담자에게 눈에 보이는 변화가 생기는데, 몸의 자세가 부드러워지고, 머리가 한쪽으로 기울기도 하며, 더 천천히 혹은 더 재빨리 움직인다(Andersen, 2007). 상담사와 내담자가 서로의 기여에 대해 진솔하게 받아들이고, 되돌아볼 수 있는 쌍방향적 문답식 대화를 상담사가 성공적으로 만들어 냈을 때에만 공동 수수께끼가 일어날 수 있다.

예를 들어, 10년째 정신증적 삽화가 나타나지 않고 있는 내담자가 또 다른 정신증적 삽화를 갖게 되면 어쩌나 매일 두려워하며 살고 있고, 그녀의 질환이 삶을 살아 나아갈 수 없게 가로막는다고 말한다면, 다음과 같은 질문으로 공동 수수께끼 과정이 촉발될 수 있다. "흥미롭군요. 당신은 10년간 에피소드가 없었고, 환각이 요즘은 당신을 괴롭히지 않는다고 말했어요. 그러나 지금 시점에서는 환각이 발생할까 봐 염려하는 것이 오히려 문제인 것 같아요. 당신은 이 문제가 원래 가지고 있던 문제의 일부라고 생각하나요, 아니면 그 문제를 해결한 뒤에 만들어진 새로운 문제라고 생각하나요?" 이 사례의 경우, 새로운 특성이 강조된다. 내담자는 '그것에 대해 의논해 보면서', 만약 새롭게 생겨나는 견해가 있다면 그것은 살펴보고, 그 견해들에 따르도록 초대된다. 치료자는 걱정이 새로운 문제임을 조심스럽게 주장하기보다는, 내담자가 그 견해를 어떻게 이해하는지에 귀 기울이고 내담자의 생각을 계속해서 따라면서 대화로부터 발전된 새로운 생각에 대해 의논한다. 치료자는 항상 내담자가 논의되고 있는 것에 대해 어떻게 이해하고 있는지에 대해 가장 궁금해 한다.

■ 공개하기: 내적 대화 공유하기

'공개하기'에서 치료자는 두 가지 잠재적 이유로 자신의 내적 대화를 공유한다. 이는, ① 중요한 주제들에 관하여 치료에 영향을 미치는 그들의 생각을 솔직하게 공유함으로써 내담자를 존중하기 위해, ② 대화에서 그들의 개인적인 생각을 제시함으로써 독백 대화를 방지하기 위해(Anderson, 1997, 2005)가 포함된다. 치료자가 자신의 관점을 공개했을 때, 그들은 전문적인 지식을 논의할 때조차도 매우 조심스러워하며 내담자의 관점을 압도하지 않도록 주의한다(Anderson, 2007). 치료자가 그들의 생각을 공개하면 내담자에 대한 독백적 관점에 빠져드는 것을 방지하고, 치료자를 위해서도 뭔가 다른 상황을 만들어 준다.

공개하기는 일반적으로 두 가지 상황에서 일어난다. ① 내담자나 외부 기관이나 전문가(법원, 정신과 의사 등)와 전문적인 정보에 대해 의사소통하는 경우, ② 치료자의 가치, 목표, 목적이 내담자와 상당한 차이가 있는 경우이다.

■ 전문적인 의사소통에 따라 공개하기

협동치료자는 진단 내리기, 사회복지사와 소통하기, 법원에 보고서 제출하기 등 전문적인 업무를 처리할 때마다 내담자와 그에 관해 직접 의논함으로써 그들의 생각, 근거, 의도를 '공개한다'. 치료자가 다른 전문가와의 향후 대화에서 무엇을 노출할 것인지 공개적으로 논의하고 지난 대화에서 있었던 일을 요약하여 전달하는 것은, 내담자가 전문가들의 실제 생각을 알게 되는 것이 내담자에게 '해로울' 수도 있다는 명목상의 이유로 전문가들 간의 소통을 내담자에게 비밀로 하는 전통적인 절차에 위배된다. 하지만 내담자가 화가 나는 것은 보통 누가 봐도 '해롭다'.

극히 대조적으로, 협동치료자들은 전문가들 간 대화의 베일을 벗기고 이러한 대화 내용에 관해 내담자와 정직하고 직접적인 대화에 임하는 것에 있어 선구자 역할을 해 왔다. 이러한 대화는 항상 쉽지만은 않다. 가령, 치료자가 내담자에게 (일반적으로 사회복지사나 법원에서 자세히 설명하는) x, y, z가 발생하기 전까지는 아동 보호 서비스를 통한 통합을 추천할 수 없다는 것을 말해야 할 때처럼 말이다. 과거에는 부모는 이것을 법원 또는 사회복지사로부터 알게 되었지만, 협동치료에서는 치료자는 시작부터 솔직하게 대화하여, 바라는 추천을 받기 위해 보여 줘야 할 행동 유형을 명확히 제시한 다음 이 목표에 도달하기 위해 내담자와 전력을 다해 의욕적으로 작업한다.

대부분의 내담자는 치료자의 정직함과 성실성을 대단히 존중하며, 필요한 변화를 이루려는 동기의 증가로 응답한다. 치료자와 내담자는 그 과정에서 끊임없이 진행 상황이나 혹은 진행이 잘 되지 않는 부분에 대해 논의해 왔기 때문에 내담자는 바라던 통보를 받지 못하더라도 충분히 이해한다. 법원의 명령으로 온 내담자와 작업할 때, 협동치료자인 St. George와 Wulff(1998)는 내담자에게 그들의 진행 경과에 대해 법원에 보낼 임상적 제언이 포함된 문서의 초안 작성을 돕도록 하고, 이 문서를 그들의 경과와 목표에 대해 논의하는 데 활용한다.

마찬가지로, 이 장 마지막의 사례연구에서와 같은 청소년과 작업할 때, 특히 내담자가 자해를 멈출 동기가 높지 않을 경우 치료자는 청소년의 안전과 의도보다 더 심하게 다칠 가능성에 대한 염려를 '공개'할 수도 있다. 내담자에 대한 엄격한 요구사항 없이 내담자의 안전에 관한 치료자의 염려에 대해 다루는 논의를 하자고 하면, 내담자와 치료자는 치료자의 안전에 대한 우려도 다루면서, 동시에 내담자에게 의미 있는 계획을 세우기 위해 협력할 수 있다.

■ 가치와 목표에서의 상당한 차이에 따라 공개하기

협동치료자들이 자신의 의견을 공개하는 또 다른 상황은 가치와 목표에 상당한 차이가 있어서 대화에서 치료자가 적극적인 참여자로서 진행하기 힘들 때이다. 예를 들어, 나는 최근에 한 청소년과 진행한 작업에서, 그는 누군가가 자신에게 도전장을 내밀어서 공원에서 싸우기로 했는데 상대방이 "무기를 갖고 오거나 친구를 데려오면 안 돼."라고 말했다고 했다. 그 청소년은 자신이 나타나지 않으면, 학교에 있는 더 많은 아이가 자기를 괴롭힐 것이고 그와 같은 사건이 더 많이 발생할 것이라고 믿었다. 나는 그의 요점을 이해했지만, 동시에 그가 심하게 다칠 위험이 있다고 보았고 이 염려를 '공개하기'로 결심했다. 나는 그에게 상대방이 친구와 함께 오거나 무기를 가져올 수도 있고, 법적인 문제가 생길 수도 있는 등의 나의 염려에 대해 함께 탐색해 보자고 청했다. 나는 그의 입장에서 특정한 행동을 취하도록 요구하지 않고 진지한 염려로부터 나온 위험 목록을 제시하였다. 그 후 그에게 내가 생각하는 위험들을 어떻게 다룰지에 대해 물어보았다. 대화가 끝날 무렵 우리는 나의 염려와 그의 두려움이 다뤄지는 지점에 도달하였고, 우리는 둘 다 그가 선택한 대처 행동, 즉 그날 공원에 나가지 않고, 그의 사회적 연결망을 찾아보기로 한 것에 흡족했다.

■ 글쓰기에서 다양한 의견과 접촉하기

Peggy Penn과 동료들(Penn, 2001; Penn & Frankfurt, 1994; Penn & Sheinberg, 1991)은 대안적 관점을 생성하고, 꺼낼 수 없었던 내면의 소리와 현재 치료적 대화에 참여하지 않는 중요한 사람들의 의견을 위한 공간을 만들고자 다양한 형태의 글쓰기(편지, 시, 일기 등)를 사용하여 다양하고 대안적인 의견들과 접촉한다. Penn과 Frankfurt(1994)는 "글쓰기는 우리의 지각과 반응을 둔화시키고, 이 지각과 반응이 두터워지고 점진적으로 쌓일 수 있는 공간을 만들어 준다."(p. 229)는 사실을 발견했다. 그들은 또한 증인들(치료자, 가족, 타인 등)에게 편지를 소리 내어 읽어 주는 수행적인 측면들이 뭔가 일어나게 만든다는 것도 발견했다. Penn의 글쓰기는 경험적 치료에서처럼 억압된 감정을 표현하거나, 과거 상황에 대한 해결책을 가져다주거나, 이와 유사한 임상적 목표를 달성하려는 의미의 글쓰기와는 의도가 다르다. Penn의 글쓰기는 대안적인 이해 가능성을 만들기 위해 다른 의견을 대화로 초대한다. 나아가 글쓰기는 주체성을 촉진한다. "우리가 상황에 의해 행동되는 것이 아니라, 우리 스스로 행동한다는 것을 결정한다."(Penn, 2001, p. 49) 내담자는 다음과 같은 글쓰기를 하도록 요청된다.

- 자신의 측면들, 새로 생기고 있는 자기, 미래의 자기, 과거의 자기로부터 자기 자신에게 보내는 편지
- 현재, 과거 또는 미래의 중요한 타인으로부터 자신에게 보내는 편지
- 이전에 비밀로 해 두던 의견이나 관점으로 말하는 (생존하거나 사망한) 중요한 타인으로부터 중요한 타인에게 보내는 편지
- 대개 표현되지 않았고 치료에서 드러나고 있는 자기의 부분들로 말하는 편지나 일기 종류
- 세상이나 일반 대중에게 보내는 편지
- 그 사람의 삶을 다양한 관점으로 설명하는 다중 의견의 일대기
- 다른 방법으로는 쉽게 표현되지 않는 내면의 소리와 관점을 표현한 시

◎ 반영 팀과 반영 과정

Tom Andersen이 밀라노 연구소에서 훈련을 받을 때, 초기 가족치료의 면담에서 선호되던 방식인 소규모의 치료자 팀이 일방경을 사용하여 가족과 이야기하는 치료자를 관찰하였다. 거리로 인한

불편감뿐만 아니라 포스트모던 사고의 영향(Andersen, 1995)을 받아 Andersen과 동료들은 그 과정을 더 민주적으로 만들고자 가족들이 거울 뒤에서 팀의 대화를 듣도록 하는 아이디어를 생각해 냈다. 따라서 반영 팀은 연습을 시작했다. 최초의 반영 팀에서는 일방경을 역전하여 방 하나에서만 소리가 들린다면 가족과 팀이 말 그대로 방을 바꾸거나 가족방의 불을 끄고 팀방의 불을 켰다. 몇 년 뒤에는 상담사와 내담자 가족이 대화하는 방에 반영 팀도 함께 있되 따로 떨어져 앉았다. 수년에 걸쳐, 이 훈련은 팀의 유무에 관계없이 내담자와 대화하는 데 사용되는 반영의 일반적인 **과정**으로 발전해 왔다.

협동 반영 팀의 기본 개념은 대화의 다양한 가닥을 밝혀내서 내담자가 어떤 가닥에 공감하고, 어떤 가닥에 공감하지 않을지를 선택하도록 하는 것이다. 이것은 비공개 팀의 대화와는 대조되는데, 비공개 팀은 대화를 종합하여 내담자에게 무엇을 들려주는 것이 중요할지를 선택한다. 협동 반영 팀은 내담자에게 적합한 어떤 설명에 합의하지 않으려 하고, **다양하고 상반된 관점**을 그대로 계속 남겨 두면서, 새로운 의미와 관점의 개발을 촉진한다. 팀은 긍정적이건 부정적이건 어떤 식으로든 내담자에 대해 평가하거나 판단하는 말을 하지 않는다. 대신 그들은 이른바 반영, 관찰, 질문 혹은 명백히 그 사람이 그들에게 말한 바 있는 견해(예: "내가 듣기로는, ……인 건지 궁금했어요.")를 제시하는 데 초점을 맞춘다.

■ 반영(Reflecting) 팀의 일반 지침

Andersen(1991, 1995)이 제공한 팀의 지침은 다음과 같다.

- **내담자가 허락할 경우에만 사용할 것:** 치료자는 회기가 시작되기 전에 팀의 합류에 대한 내담자의 허락을 받아야 한다. 치료자가 내담자와 강한 라포를 형성하고 반영 과정이 얼마나 효과적인지를 자신 있게 설명한다면 대부분의 내담자는 맞장구를 친다.
- **귀 기울이거나 귀 기울이지 않을 권한을 내담자에게 줄 것:** Andersen은 내담자에게 귀 기울이거나 귀 기울이지 않을 명백한 권한을 준다. 나는 내담자에게 앞으로 듣게 될 견해 중 일부는 마음을 깊이 울리는 견해들일 것이고, 일부 견해는 내담자의 경험과 딱 맞지 않는다고 느껴질 수 있다고 말해 주는 것이 도움이 된다고 생각하며, 내담자에게는 '마음을 울리는' 견해들에 중점을 두라고 권한다.
- **깨달은 것이 아니라 보거나 들은 것에 대해 언급할 것:** 팀 구성원들은 대화 속의 특정 사건이나 진술에 대해 언급한 후 그것에 대해 '의문스러워' 하거나 '알고 싶어'해야 한다. 의문을 갖거나 궁금해하는 표현은 새로운 관점을 생성하는 데 도움이 되도록 적당히 색달라야 한다.
- **탐구적이고, 추론적이며, 잠정적인 관점으로 말할 것:** 팀 구성원들은 의견이나 해석을 제시하지 않고 '궁금해하는' 질문을 사용하거나("~인지 궁금해요.") 잠정적인 관점("제가 이야기 전체를 충분히 알진 못하지만, ~지도 모르겠어요.")을 사용한다. 만약에 팀 구성원이 강한 의견을 제시한다면, 다른 팀 구성원은 대화를 시작하고 다양한 관점을 끌어들이기 위해 "대화 속에서 보고 들은 것들

중에 어떤 부분이 그렇게 생각하게 만들었나요?"라고 질문할 수도 있다.

- **들은 것은 모두 언급하되 본 것을 모두 언급하지는 말 것:** 가족 구성원이 뭔가를 숨기려 한다면, 그들에게 그들이 생각하고 느끼는 모든 것을 **말하지 않을 권리**를 준다. Andersen은 "고해성사와 치료를 혼동하지 말라."라고 경고했다. 정신역동과 인본주의 전통과는 달리, Andersen은 내담자가 감정을 숨기고 싶어 하거나 뭔가를 말하고 싶어 하지 않는 경우, 내담자에게는 그럴 자유가 있다고 분명히 말했다. 그는 내담자의 사생활 보호에 대한 보기 드문 옹호자로, 내담자가 준비가 되면 공유할 거라고 믿었다. 만약 내담자가 불안해하거나 눈물을 삼키는 것을 치료자가 발견한다면, 치료자는 그것에 대해 언급하지 않고 내담자가 준비되었을 때 이러한 감정들을 말할 수 있도록 한다.
- **팀과 가족을 분리할 것:** 팀과 가족은 같은 방에 있을 수 있지만, 서로 대화를 나눠서는 안 된다. Andersen은 팀과 내담자 간의 물리적 공간과 이 둘 사이의 직접적인 대화가 없음으로써 중요한 심리적 공간이 만들어진다고 믿었는데, 이후 연구 결과들은 그의 견해를 지지하였다(Sells, Smith, Coe, & Yoshioka, 1994). 이 공간은 모든 참여자가 자기 자신의 내적 대화에 초점을 두도록 이끌며, 새로운 생각과 아이디어를 보다 쉽게 자극한다.
- **적당히 색다른 것에 귀 기울일 것: 너무 평범하거나 너무 특이해서는 안 된다.** 유용한 반영을 찾아내기 위해 Andersen은 자문했다. "지금 하려는 것이 적당히 색다른가, 아니면 너무 특이한가?"(Andersen, 1995, p. 21).
- **질문할 것: "오늘 이 회기를 어떻게 활용하고 싶나요?"** 이 질문은 어떤 회기에서든 시작하면서 할 수 있는 질문이지만 팀이 참여할 때는 특히 중요하다. 만약 내담자가 반영 팀에 대해 불안해한다면, 치료자는 "당신이 여기에서 팀과 함께 다루고 싶지 않은 특정한 주제가 있나요?"라고 덧붙일 수 있다.

■ 반영 과정(Reflecting Process)과 관련된 사항

시간이 지남에 따라, 반영 팀의 개념은 다양한 반영 과정으로 개발되었다.

- **다중 반영:** 2~4명의 치료자 팀은 다른 방에서 일방경을 사용하거나 같은 방에서 별도의 공간에 앉아서 치료자와 내담자의 대화를 관찰한다.
- **단일 반영자:** 한 명의 팀원만이 참여 가능한 경우, 내담자가 듣는 동안 치료자는 몸을 돌려 이 반영자와 반영 대화를 나눌 수도 있다.
- **외부 반영자 없이 가족과 작업하기:** 어떤 외부의 팀원도 참여할 수 없을 때, 치료자는 다른 가족들이 경청하는 동안 한 가족 구성원과 대화하기로 할 수도 있다.
- **외부 반영자 없이 개인과 작업하기:** 치료자가 개인 내담자와 작업하는 경우, 현재 참석하지 않은 누군가(부모, 친구, 배우자, 개인적으로 중요시하는 유명인 등)의 관점으로 주제들에 대해 이야기함으로써 반영 과정을 만들어 낼 수 있다.

- **어린 아동:** 아동과 함께 작업할 때, 반영은 놀이 매체를 포함할 수 있다. 개인 아동과 작업하는 한 명의 치료자는 손가락 인형이나 다른 매체를 통해 반영 팀을 만들 수 있다.

■ '마치 ~처럼' 반영

Anderson(1997)이 개발한 '마치~처럼' 반영 과정은 팀 구성원이나 다른 증인들을 대화에 참여시켜서 그들이 '마치' 내담자, 가족 구성원, 친구, 직장 상사, 교사, 학교 관계자, 의학 전문가, 보호관찰 담당자 등을 포함한 문제관리체계의 사람들 중 누군가(예: 문제에 관해 이야기하는 사람)인 것처럼 말하거나 반영하도록 하는 것이다. 이 과정은 내담자나 사례 담당 수련생에게 사용될 수 있다.

◎ 조합하기: 사례개념화와 치료 계획 양식

■ 이론 특정 사례개념화의 영역

- **문제에 관해 말하는 사람은 누구인가:** 문제에 관한 다양한 정의
  - 문제에 관한 내담자의 정의
  - 문제에 관한 확대가족의 정의
  - 광범위한 체계의 정의(학교, 직장, 친구 등)
- **문제에 관한 사회적 구성 개념**
  - 문제와 관련된 내담자의 중요한 의미와 구성 개념을 설명할 것(예: 사랑, 우울, 가족 구성원의 의무 등에 대한 구성 개념).
- **내담자의 세계관**
  - 내담자의 세계관, 내적 대화, 문제에 대한 기술, 그것과 관련된 그들의 삶/관계적 환경을 설명할 것.
- **지배적인 담론**
  - 문화, 민족, 사회경제적 지위, 종교 등: 무엇을 문제와 가능한 해결책으로 지각하는지에 주요 문화적 담론들이 어떻게 영향을 미치는가?
  - 성별, 성적 지향 등: 무엇을 문제와 가능한 해결책으로 지각하는지에 성별/성적 지향 담론들이 어떻게 영향을 미치는가?
  - 맥락, 가족, 지역사회, 학교 및 기타 사회적 담론: 무엇을 문제와 가능한 해결책이라고 지각하는지에 다른 중요한 담론이 어떻게 영향을 미치는가?
- **특정/대안적 이야기**
  - 정체성/자기 진술: 문제는 각 가족 구성원의 정체성을 어떻게 형성해 왔는가?
  - 특정한 또는 선호하는 담론: 내담자가 선호하는 정체성 이야기 혹은 문제에 관한 이야기는 무엇인가? 선호하는 문제에 대한 특정한(대안적인) 담론이 있는가?

우울/불안을 겪는 개인을 위한 치료 계획 양식

▣ 협동 개인치료의 초기 단계

❖ 초기 단계 치료적 과업

1. 효과적인 치료적 관계 발전시키기. 다양성 주의: 문화, 성별 및 기타 유형의 관계 구축 및 정서 표현 방식들을 존중하는 데 어떻게 익숙해질지 설명할 것.
   a. 내담자의 전문성을 존중하는 협동 관계를 내담자와 형성할 것.
   b. 내담자에게 편안한 일상적이고 평범한 언어를 사용할 것.

2. 개인적, 체계적 및 광범위한 문화적 역동 평가하기. 다양성 주의: 문화적 · 사회경제적 · 성적 지향, 성별 그리고 기타 관련 규범에 근거하여 평가를 어떻게 조정할지 설명할 것.
   a. 문제에 관하여 이야기하는 사람이 누구인지 파악하고, 각자가 문제를 어떻게 설명하고 구성하는지 물어볼 것.
   b. 내담자가 사는 현실을 구성하기 위해 사용하는 개인적 의미와 해석에 귀 기울이면서, 문제와 직접 관련된 주제에 관한 내담자의 세계관과 중요시하는/흥미 있는 다른 영역을 평가할 것.

3. 치료 목표를 정의하고 치료 목표에 대한 내담자 동의 얻기. 다양성 주의: 내담자의 문화, 종교 그리고 다른 가치 체계로부터의 가치들과 부합되도록 목표를 어떻게 수정할지 설명할 것.
   a. 내담자의 가치관과 언어를 사용하면서 내담자와 협동하여 목표를 확인할 것.
   b. 목표에 대한 치료자의 생각들은 뭐든지 잠정적으로 소개할 것.

4. 의뢰 필요성, 위기 문제, 부수적 연락처, 그리고 다른 내담자 욕구를 확인하기.
   a. 의뢰/자원/연락: 내담자의 개인적 공동체에서 지지적이거나 유용할 수 있는 자원을 파악할 것. 필요하다면 부수적 연락처로 연락할 것.

❖ 초기 단계 내담자 목표

1. 우울한 기분/불안(혹은 특정 위기 행동)을 줄이기 위해 내담자의 주체의식을 높이고, '특정 위기 증상 혹은 내담자가 우선시하는 다른 주제'를 스스로 관리해 나갈 수 있는 대안들을 찾기.
   a. 위기 행동과 연관된 의미를 전환하고 현실적이고 대안적인 반응을 찾기 위한 대화적 질문을 할 것.
   b. 시작하기에 가장 적합한 지점과 확인된 주제에 접근하는 최선의 방법에 관한 공동 수수께끼에 초대할 것.

▣ 협동 개인치료의 작업 단계

❖ 작업 단계 치료적 과업

1. 작업 동맹의 질 점검하기. 다양성 주의: 치료자가 은연중에 내담자의 문화적 배경과 일치하지 않는 표현이 섞인 개입을 할 때 이를 알 수 있는 내담자 반응에 어떻게 주의를 기울일지 설명할 것.
   a. 회기들에서 내담자나 치료자의 독백이나 대화적 교류에서의 또 다른 실패가 있는지 점검할 것.
   b. 치료적 관계에서 치료자가 문제를 인지한다면 공개할 것.
   c. 회기 평가 척도를 실시할 것.

2. 내담자 경과 점검하기. 다양성 주의: 경과를 평가할 때 문화, 성별, 사회 계층 및 기타 다양성 요소에 어떻게 주의를 기울일지 설명할 것.
   a. 회기들에서 새로운 행동으로 변환되는 새로운 의미들을 내담자가 만들어 내고 있다는 증거가 있는지 점검할 것.
   b. 경과에 대해 치료자가 염려된다면 공개할 것.
   c. 상담 성과 평가 척도를 실시할 것.

❖ 작업 단계 내담자 목표

1. 절망감을 줄이기 위해 새로운 행동의 가능성을 찾아내는 문제 기술/구성의 유동성 증가시키기.
   a. 새로운 의미를 만들어 내기 위해 적당히 색다른 견해를 사용할 것.
   b. 새로운 설명과 이해를 만들어 내기 위해 반영 팀/과정을 이용할 것.
   c. 다양한 의견과 관점에 접근하기 위해 여러 가지 글쓰기 선택사항을 제안할 것.

2. 우울/불안을 줄이기 위해 (내담자가 찾아낸 증상 관련 요인을 명시할 것)에 대한 내담자 반응 가능성을 높이기.
   a. 좀 더 바람직한 결과를 얻게 될 대안적인 반응을 고려하도록 공동 수수께끼에 참여시킬 것.
   b. 의미와 가능성들을 확장할 수 있도록 대화적 질문과 알지 못함 질문을 할 것.

3. 우울/불안을 줄이기 위해 (내담자가 찾아낸 증상 관련 요인을 명시할 것)에 대한 내담자 반응의 효과성 높이기.
   a. 새로운 반응 가능성을 만들어 내기 위해 적당히 색다른 질문을 할 것.
   b. 가능성의 관점을 확장하기 위해 반영 팀/과정을 사용할 것.

▣ 협동 개인치료 종결 단계

❖ 종결 단계 치료적 과업

1. 추후관리 계획을 세우고, 개선을 유지하기. 다양성 주의: 치료 종결 이후 그들을 지지해 줄 그들이 속한 공동체 자원과 어떻게 접촉할지 설명할 것.
   a. 내담자에게 잠재적 퇴행이나 미래 문제를 파악하도록 하고, 관리 가능성에 대해 논의할 것.

❖ 종결 단계 내담자 목표

1. 우울을 줄이고 안녕감을 높이기 위해 '우울/불안 관련 삶의 영역'에서 개인적 주체의식 높이기.
   a. 의미와 가능성에 대한 내담자의 구성 개념을 탐색하기 위해 알지 못함 질문을 할 것.
   b. 다양한 의견과 관점에 접근하기 위해 글쓰기를 사용할 것.

2. 우울을 줄이고 안녕감을 높이기 위해 내담자가 수용되는 느낌과 생산적인 대화가 있는 관계를 늘리기.
   a. 관계적 연결망과 지지적인 관계의 가능성을 탐색하기 위해 협동 질문을 사용할 것.
   b. 관계적 지지망을 구축하는 최선의 방법을 찾기 위해 공동 수수께끼에 초대할 것.

부부/가족 갈등에 대한 치료 계획 양식

▣ 협동 부부/가족치료 초기 단계

❖ 초기 단계 치료적 과업

1. 효과적인 치료적 관계 발전시키기. 다양성 주의: 문화, 성별 및 기타 유형의 관계 구축 및 정서 표현 방식들을 존중하는 데 어떻게 익숙해질지 설명할 것.
   a. 체계의 구성원 각자의 전문성을 존중하는 협동 관계를 각 구성원과 형성할 것.
   b. 내담자에게 편안한 일상적이고 평범한 언어를 사용할 것.

2. 개인적, 체계적 및 광범위한 문화적 역동 평가하기. 다양성 주의: 문화적 · 사회경제적 · 성적 지향, 성별 그리고 기타 관련 규범에 근거하여 평가를 어떻게 조정할지 설명할 것.
   a. (회기의 안팎에서) 문제에 관하여 이야기하는 사람이 누구인지 파악하고, 각자가 문제를 어떻게 설명하고 구성하는지 물어볼 것. 두 사람이 유사한 정의를 내린다면 미묘한 차이를 찾아볼 것.
   b. 내담자가 사는 현실을 구성하기 위해 사용하는 개인적 의미와 해석에 귀 기울이면서, 문제와 직접 관련된 주제에 관한 각 내담자의 세계관과 중요시하는/흥미 있는 다른 영역을 평가할 것.

3. 치료 목표를 정의하고 치료 목표에 대한 내담자 동의 얻기. 다양성 주의: 내담자의 문화, 종교 그리고 다른 가치 체계로부터의 가치들과 부합되도록 목표를 어떻게 수정할지 설명할 것.
   a. 내담자의 가치관과 언어를 사용하면서 협동하여 모든 사람이 동의하는 목표를 찾을 것.
   b. 목표에 대한 치료자의 생각들은 뭐든지 잠정적으로 소개할 것.

4. 의뢰 필요성, 위기 문제, 부수적 연락처 그리고 다른 내담자 욕구를 확인하기.
   a. 의뢰/자원/연락: 부부/가족의 개인적 공동체에서 지지적이거나 유용할 수 있는 자원을 파악할 것. 필요하다면 부수적 연락처로 연락할 것.

❖ 초기 단계 내담자 목표

1. 갈등을 줄이기 위해 새로운 행동의 가능성을 찾아내는 문제 기술/구성의 유동성 증가시키기.
   a. 각 개인의 의미와 해석을 탐색하기 위해 대화적 질문을 사용할 것.
   b. 새로운 의미를 만들어 내기 위해 적당히 색다른 견해를 사용할 것.
   c. 새로운 설명과 이해를 만들어 내기 위해 반영 팀/과정을 이용할 것.

▣ 협동 부부/가족치료의 작업 단계

❖ 작업 단계 치료적 과업

1. 작업 동맹의 질 점검하기. 다양성 주의: 치료자가 은연중에 내담자의 문화적 배경과 일치하지 않는 표현이 섞인 개입을 할 때 이를 알 수 있는 내담자 반응에 어떻게 주의를 기울일지 설명할 것.
   a. 회기들에서 내담자나 치료자의 독백이나 대화적 교류에서의 또 다른 실패가 있는지 점검할 것.
   b. 치료적 관계에서 치료자가 문제를 인지한다면 공개할 것.
   c. 회기 평가 척도를 실시할 것.

2. 내담자 경과 점검하기. 다양성 주의: 경과를 평가할 때 문화, 성별, 사회 계층 및 기타 다양성 요소에 어떻게 주의를 기울일지 설명할 것.
   a. 회기들에서 새로운 행동으로 옮겨지는 새로운 의미들을 내담자들이 만들어 내고 있는지 점검할 것.
   b. 경과에 대해 치료자가 염려된다면 공개할 것.
   c. 상담 성과 평가 척도를 실시할 것.

❖ 작업 단계 내담자 목표

1. 갈등을 줄이기 위해 부부/가족이 일상생활에서 문제를 다루는 생산적인 대화에 참여하는 능력 기르기.
   a. 갈등 상호작용을 특징짓는 관계적 역동을 탐색하는 대화적 질문을 하고 대안적 가능성을 탐색할 것.
   b. 각 개인의 관점이 포함된/고려된 방식으로 부부/가족이 소통할 수 있는 방법에 대해 공동 수수께끼를 사용하기.

2. 갈등을 줄이기 위해 부부/가족이 관계 속의 다양한 현실에 대해 존중하는 능력 기르기.
   a. 의미와 가능성들을 확장할 수 있도록 대화적 질문과 알지 못함의 질문을 하기.
   b. 상황에 대한 관점을 확장하기 위해 반영 팀/과정들을 사용하기.

▣ 협동 부부/가족치료 종결 단계

❖ 종결 단계 치료적 과업

1. 추후관리 계획을 세우고, 개선을 유지하기. 다양성 주의: 치료 종결 이후 그들을 지지해 줄 그들이 속한 공동체 자원과 어떻게 접촉할지 설명할 것.
   a. 내담자에게 잠재적 퇴행이나 미래 문제를 파악하도록 하고, 관리 가능성에 대해 논의할 것.

❖ 종결 단계 내담자 목표

1. 갈등을 줄이고 관계 만족도를 높이기 위해 함께 나눈 관계적 이야기의 응집력을 높이기.
   a. 의미와 가능성에 대한 내담자의 구성 개념을 탐색하기 위해 알지 못함 질문을 할 것.
   b. 다양한 의견과 관점에 접근하기 위해 글쓰기를 사용할 것.

2. 갈등을 줄이고 안녕감을 높이기 위해 관계 유지와 관련된 개인적 주체의식 높이기.
   a. 개선에 대한 각 개인의 기여도를 이야기하도록 돕기 위해 협동 질문을 할 것.
   b. 새로운 주체의식을 형성하는 최선의 방법을 찾기 위해 공동 수수께끼에 초대할 것.

◎ 임상적 주목: 정신증에 대한 증거기반 접근인 열린 대화

Anderson과 Goolishian, Andersen, Jaakko Seikkula(2002)가 설명하는 협동 접근을 사용하여, 핀란드에서 그의 동료들(Haarakangas et al., 2007)은 정신증 및 다른 심각한 장애 환자와의 작업에서 열린 대화 접근을 개발하였다. 그들은 20년간의 연구에서 첫 삽화 정신증 환자의 83%가 직장으로 복귀했고, 2년 이상 치료받은 환자 중 77%는 정신증 증상이 사라지는 것을 포함한 인상적인 결과를 보고한다. 일반적인 치료와 비교할 때, 열린 대화 요법을 받은 환자들은 더욱 자주 가족과 만났고, 입원 기간이 더 짧았으며, 약물복용이 감소하였고, 정신증 증상은 더욱 감소하였다.

이 접근은 협동 대화 및 반영 활동과 함께 다음의 내용들을 포함한다.

- **즉각적인 개입**: 처음 전화한 지 24시간 내에 정신증 증상을 겪는 사람, 그 사람의 삶에서 중요한 인물, 여러 전문가 치료 팀(정신증의 경우, 흔히 정신과의사, 심리치료자, 간호사가 팀을 이룸)이 협동대화를 사용하여 상황에 대해 논의하기 위해 만난다.
- **사회연결망과 지지체계**: 내담자의 삶에서 중요한 사람들과 다른 지지체계들은 치료 과정의 모든 단계에 참여하도록 요청된다.
- **유연성과 기동성**: 치료는 때로는 치료 팀이 내담자의 집에서 만나고, 때로는 치료 장면에서 만나는 등 어떤 방식이 가장 유용한지에 따라 내담자 및 내담자의 상황에 특별히 맞춰진다.
- **팀워크와 책임**: 치료 팀은 내담자 요구를 바탕으로 형성되며, 모든 팀 구성원은 치료 과정의 질에 대해 책임이 있다.
- **심리적 연속성**: 팀 구성원들은 치료 단계와 상관없이 치료하는 내내 일관되게 유지한다.
- **불확실성에 대한 인내**: 팀은 치료 계획서를 적용하기보다는 각 상황이 어떻게 전개될지, 그리고 어떤 치료가 필요하게 될지를 지켜볼 시간을 갖는다.
- **대화**: 치료 팀들의 만남에서 초점은 새로운 의미와 가능성을 촉진하는 열린 대화를 확립하는 것이다. 이 과정에서는 모든 참여자가 해야 할 말을 하도록 안전감을 심어 줄 필요가 있다.

◎ 치료실 밖으로

협동치료는 세상에서 말하고 존재하는 방법이기 때문에, 협동 대화 과정은 교육, 연구, 경영 컨설팅을 포함한 수많은 다른 맥락에 적용되어 왔다.

■ 교육 및 교육학

초, 중등학교와 대학에서 교육적인 교육학을 개념화하는 한 가지 방법으로 협동 활동이 사용되어 왔다(Anderson, 1997; Gehart, 2007b; London & Rodriguez Jazcilevich, 2007; McNamee, 2007). 교육자들은 사회구성주의 인식론을 이용하여 개인 과정보다는 공동 학습 과정으로 보이는 학습 과정에서 학생들의 호기심과 주체의식을 일으키기 위해 관계적인 협동 활동들을 사용한다. 학생들은 학습 경험을 계획하는 데 참여하고, 다양한 관점과 마주하며, 모든 동급생의 학습에 기여하도록 초대된다.

■ 연구

치료 환경에서 사용되는 동일한 협동 과정이 연구 장면에서 내담자 의견에 접촉하기 위해 사용된다(Gehart, Tarragona, & Bava, 2007). 이러한 형태의 연구 조사는 주로 질적인 면담 연구에서 사용되며, 데이터를 참여자와 공동으로 구성하는 것이라고 보는데, 이는 참여자가 자신의 경험에 대해 알기 위해 연구자가 무엇을 중요하게 여기는지를 확인하는 것뿐 아니라 연구자가 참여자의 의도와 의미를 공정하게 반영했는지를 확인하기 위해 결과물의 최종 발표에 대해 피드백을 제공함에 있어 적극적인 역할을 한다는 뜻이다. 치료자들과 마찬가지로 연구자들은 미리 세워둔 가설을 검증하기보다는 참여자들의 경험에 대해 좀 더 알고 싶어 하면서 궁금해하는 알지 못함의 자세로 내담자에게 접근한다.

■ 경영 컨설팅

협동 대화와 반영 활동은 경영 컨설팅과 다른 광범위한 체계에도 사용되어 왔다(Anderson, 1997; Deissler, 2007). 자문가는 궁금함의 자세로 체계에 접근하며 그 속에서 그들이 무엇을 효과적이라고 보고 무엇을 효과적이지 않다고 보는지, 무엇에 가장 가치를 두는지, 그들이 바라는 바가 무엇인지를 알기 위한 시간을 보낸다. 치료 과정과 매우 흡사하게, 자문가는 구성원들이 예전에는 듣고 말할 수 없던 것들에 대해 듣고 말할 수 있는 쌍방향 대화를 촉진한다. 새로운 대화와 이해의 장을 형성하는 데 다양한 반영 과정이 사용된다.

이야기치료

◎ 요약하기: 당신이 알아야 할 최소한의 것

호주와 뉴질랜드의 Michael White와 David Epston이 개발한 이야기치료는 우리가 가용한 지배적인 담론들을 이용하여 생활 사건들의 의미를 '이야기'하고 창조해 낸다는 전제에 기초하고 있다. 이러한 담론에는 우리가 어떻게 살아야 하는가와 관련한 폭넓은 사회의 이야기, 사회문화적 활동, 가정, 기대 등이 있다. 사람들은 그들의 개인적인 삶이 이러한 지배적인 사회의 담론 및 기대에 맞지 않을 때, '문제'를 경험한다. 이야기치료의 과정은 개인이 자기 자신과 자신의 인생에 대해 어떻게 평가하는지에 영향을 주는 가정들을 비판적으로 검토하면서 **문제로부터 사람을 분리시키는 것**을 포함한다. 이러한 과정을 통해, 내담자는 일상생활에서 보고, 행동하고, 상호작용하는 대안적인 방식을 찾게 된다. 이야기치료자들은 모든 사람이 자원이 풍부하고 강점을 지닌다고 가정하고, '사람들'

을 문제가 있다고 여기기보다는, 유용하지 않거나 해로운 사회문화적 활동들이 사람들에게 책임을 지운 것을 문제라고 본다.

◎ 핵심 내용: 중요한 기여점

당신이 이 장에서 기억할 것이 있다면, 그것은 다음과 같다.

■ 억압을 이해하기: 지배적 담론 vs 국소적 담론

이야기치료는 문제들이 어떻게 형성되고 해결되는지에 관한 핵심적인 개념화에 사회적 및 문화적 주제를 통합시킨 몇 안 되는 심리치료 이론 중 하나이다. 이야기치료자들은 철학자 Michel Foucault가 **지배적 담론**이라 칭한 것에서 대체로 구성되는 사회문화적 맥락과 문제가 동떨어져 존재하는 것이 아니라고 주장한다(Foucault, 1972, 1980; White, 1995; White & Epston, 1990). 지배적 담론은 결혼한 사람들이 어떻게 행동해야 하는지, 행복이란 어떤 모습인지, 어떻게 하면 성공할 수 있는지 등의 사회적 행동을 조직화하는 데 사용되는 인생의 방향성에 관해 문화적으로 형성된 이야기들이다. 이러한 지배적 담론은 거대한 문화적 집단에서부터 개인, 부부와 가족에 이르기까지 모든 수준에서 사회 집단을 구조화한다. 이것은 우리가 우리의 삶을 살고 평가하는 방식의 토대가 되면서도 우리가 그 영향력이나 근원을 거의 인식하지 못하기 때문에 '지배적'이라고 묘사된다.

Foucault는 지배적 담론을 **국소적 담론**과 대비시키는데, 국소적 담론은 우리의 머리, 우리의 가까운 관계, 그리고 소외된(비주류의) 공동체에서 생겨난다. 국소적 담론은 '좋은 것' '그래야만 하는 것'이 지배적 담론과는 다르다. 대표적인 예를 들자면, 여성은 관계에 가치를 두는 반면 남성은 보통 업무 장면에서의 성과를 중요시한다는 것이다. 두 가지 담론 모두 지향하는 가치가 있지만, 남성의 담론은 일반적으로 여성의 담론을 넘어선 특권을 가지며, 따라서 남성의 담론은 지배적 담론으로, 여성의 담론은 국소적 담론으로 간주된다. 이야기치료자들은 국소적 담론과 지배적 담론의 유동적인 상호작용과 무엇이 '좋고' 가치 있는지에 관한 서로 다른 이야기들이 우리의 사회적 관계망 속에서 어떻게 충돌하면서 문제와 어려움을 야기하는지에 대해 면밀히 다룬다. 이야기치료자들은 이러한 수준의 사회적 상호작용을 다루면서 내담자로 하여금 이렇게 서로 다른 담론이 내담자의 삶에 어떻게 영향을 미치는지를 깨닫도록 돕는다. 이러한 깨달음은 그들의 노력 속에서 내담자의 주체의식을 높여 주며, 내담자가 자신의 문제를 더욱 성공적으로 해결하는 방법을 찾게 해 준다.

◎ 들리는 소문에 의하면: 관련된 사람들의 이야기

Michael White

이야기치료의 선구자이며 문제의 외재화 과정에 관해 처음으로 기술한 Michael White는 호주 애들레이드(Adelaide)에서 이야기치료에 관한 훈련을 제공하고, 저서와 소식지를 발행하는 덜위치

(Dulwich) 센터에 근거지를 두었다. 그는 David Epston과 함께 이야기치료에 관한 첫 번째 저서인 『이야기 심리치료 방법론: 치유를 위한 서술적 방법론(Narrative Means to Therapeutic Ends)』(White & Epston, 1990)을 집필하였다. 그가 마지막으로 출판한 『이야기치료의 지도(Maps of Narrative Practice)』(White, 2007)는 그가 2008년에 사망하기 전 그의 후기 작업에 대해 기술되어 있다.

David Epston

뉴질랜드의 오클랜드 출신 David Epston은 Michael White와 긴밀하게 협력하여 이야기치료의 기본적인 체계를 발전시켰다. 그의 작업은 내담자에 대한 독특한 지지 자료들을 만들 것을 강조하였다. 예를 들면, 생성되는 이야기들을 확고히 하기 위해 내담자에게 편지쓰기 또는 내담자들이 서로를 지지할 수 있는 관심집단이나 동맹 개발하기 등이 있다.

Jill Freedman과 Gene Combs

미국에 근거지를 둔 Jill Freedman과 Gene Combs 부부(1996)는 현실에 대한 사회적 구성 개념을 강조하는 이야기 접근을 개발했고, 나아가 치료적 개입의 개념화를 위한 이야기 은유를 개발했다. 그들은 일리노이에 있는 Evanston 가족치료 센터의 공동 설립자이다.

Gerald Monk과 John Winslade

뉴질랜드에서 작업을 시작한 Gerald Monk와 John Winslade는 현재 미국에서 작업하면서 학교상담, 다문화상담, 중재 그리고 자문에 대한 이야기 접근들을 개발해 왔다(Monk, Winslade, Crocket, & Epston, 1997; Monk, Winslade, & Sinclair, 2008; Winslade & Monk, 2000, 2007, 2008).

◎ 큰 그림 그리기: 상담 및 심리치료의 방향

■ 치료 단계

이야기치료의 과정은 내담자가 그들의 삶에서 문제의 역할에 대해 재정의함으로써 문제를 바라보고, 상호작용하며, 반응하는 새로운 방식을 찾도록 돕는 것이다(White, 2007). 이야기치료 관점에서 사람들은 문제가 아니며, 문제 자체가 문제라고 본다. 전문가들 간의 편차가 있기는 하지만, 이야기치료는 대략 다음의 단계를 포함한다(Freedman & Combs, 1996; White & Epston, 1990).

- **그 사람과 만나기**: 취미, 가치, 일상생활의 단면들에 대해 알아봄으로써 그들의 문제들로부터 분리된 그 사람에 대해 알아가기.
- **경청하기**: 지배적 담론의 영향력에 대해 귀 기울이고, 문제가 없는 시간들을 파악하기.
- **문제로부터 개인을 분리하기**: 떠오르는 삶의 이야기와 새로운 정체성의 공간을 만들기 위해 그들의 문제를 외재화하고 문제로부터 개인을 분리하기.

- **우선시된 이야기들을 실연하기:** 삶의 전반에서 문제의 부정적인 영향들을 줄일 수 있도록 문제와 관계 맺는 새로운 방식들을 알아보기.
- **확고히 하기:** 개인의 삶 속에서 중요한 타인들에 의해 증명되어 오면서 우선시된 이야기들과 정체성을 강화하기.

■ 두터운 묘사의 사용

이야기치료 과정은 개인의 정체성과 인생이야기를 잘라 내고 줄이기보다는 두텁고 풍부하게 하는 것이다. 이야기치료자들은 문제 이야기를 문제가 없는 것으로 바꾸기보다는 내담자가 치료를 시작하면서 가져온 문제로 가득 찬 묘사에 정체성의 새로운 가닥을 더한다. 특정한 어느 날, 무한한 사건들이 그날과 우리가 누구인지에 대한 설명 속에서 이야기될 수 있다. 사람들이 문제들을 경험하기 시작하면, 그들은 문제 이야기와 맞아 떨어지는 사건들에만 주목하는 경향이 있다. 예를 들어, 만약 그들이 절망감을 느끼고 있다면, 하루 종일 일이 뜻대로 되지 않는 경우만 주목하고 좋은 일이 일어나더라도 크게 중요시하지 않는다. 비슷한 예로, 부부가 싸우기 시작하면 자신의 입장을 확증하는 상대방의 행동에만 주목하기 시작하고 다른 사건들은 무시하거나 잊어버린다. 이야기치료에서 치료자는 내담자가 사건에 대해 더욱 균형 잡히고 풍부하고 감사하는 묘사를 할 수 있도록 돕는데, 이것은 내담자가 더욱 성공적이고 즐거운 삶을 구축할 수 있게 해 준다.

◎ 관계 형성하기: 치료적 관계

■ 문제를 떠나서 내담자와 만나기

이야기치료자들은 일반적으로 '문제를 떠난', 즉 일상적인 사람으로서의 내담자를 만나면서 첫 회기를 시작한다(Freedman & Combs, 1996). 치료자들은 내담자의 일상생활과 친숙해지기 위해 다음과 같은 질문들을 한다.

문제를 떠나 내담자를 만나기 위한 질문들

- 여가시간에는 뭘 하시나요? 취미가 있나요?
- 이곳 생활에서 좋은 점은 어떤 게 있나요? 싫은 점은?
- 당신의 친구와 가족들에 대해 말해 줄 수 있나요?
- 삶에서 당신에게 중요한 것은 무엇인가요?
- 평일은 일반적으로 어떤가요? 주말은 어떤가요?

이러한 질문들에 대한 대답은 일상적인 사람으로서의 내담자가 스스로를 보는 방식과 거의 비슷하게 이야기치료자가 내담자에 대해 알 수 있게 해 준다.

■ 문제로부터 사람을 분리하기: 문제 그 자체가 문제이다.

이야기치료에서의 모토는 "문제 그 자체가 문제이다. 사람이 문제가 아니다."(Winslade & Monk, 1999, p. 2)이다. 치료자가 일단 문제로부터 떠나서 내담자에 대해 알고 한 사람으로서의 내담자가 어떤 사람인지를 명확히 이해하게 되면, 그들은 별도의 정체성을 유지한 채로 비슷한 방식으로 문제와 '만나기' 시작한다. 우울, 불안, 부부 갈등, ADHD, 저항, 외로움 또는 분열 등 무엇이건 간에 문제는 내담자라는 사람에게 내재된 것이 아니라 분리된 개체나 상황으로 간주된다. 치료자들은 정중하고 사회적이며 '알아가는 중'이라는 태도를 유지한다.

문제와 '만나기' 위한 질문들

- 문제가 당신의 삶에 처음 들어온 건 언제였나요?
- 그때 당신에게 무슨 일이 일어나고 있었나요?
- 문제에 대한 당신의 첫 인상은 어땠나요? 문제에 대한 인상이 어떻게 바뀌었나요?
- 그 문제와 당신의 관계는 시간이 지나면서 어떻게 변해왔나요?
- 문제에 영향을 받은 다른 사람이 있다면 누구인가요?

이야기치료자들은 문제에 대해 적대적인 태도(허점을 찌르거나, 이겨 보려 하거나, 쫓아내기를 원함.)(White, 2007)나 더욱 온정적인 태도(문제의 메시지나 관심사를 이해하고 싶어 함; Gehart & McCollum, 2007)를 취할 수 있다.

■ 낙관주의와 희망

이야기치료자들은 문제 자체를 문제로 보고, 사람을 사람 그 자체로 보기 때문에, 그들은 내담자에 대해 깊고 변함없는 낙관주의와 희망을 가진다(Monk et al., 1997; Winslade & Monk, 1999). 그들의 희망과 낙관주의는 사탕발림의 순진한 소망이 아니라 문제가 언어, 관계, 사회적 담론들을 통해 어떻게 생겨난 것인지에 대한 이해와 그들의 접근이 차이를 만들 수 있다는 자신감으로부터 생겨난 것이다. 더욱이 문제로부터 개인을 분리함으로써 그들은 희망과 낙관주의를 강화하는 내담자 안의 '가장 좋은 것들'과 신속하게 교감한다.

■ 공동 저자와 공동 편집자로서의 치료자

의미를 구성하는 합동 과정에 치료자와 내담자가 함께 참여한다는 것을 강조하기 위해 치료자의 역할은 종종 공동 저자나 공동 편집자로 묘사된다(Freedman & Combs, 1996; Monk et al., 1997; White, 1995; White & Epston, 1990). 치료자는 '더 나은 이야기'를 제시하려 하기보다는 더욱 유용한 이야기를 만들어 내고자 내담자와 나란히 작업한다. 비록 조언의 질과 수준이 매우 다양하지만, 이야기치료자들은 내담자 삶의 사회정치적인 측면에 집중하는 경향이 있다. 일부 이야기치료자들은 모든 내담자의 부당함에 대한 광범위한 사회문화적 주제들에 대해 어떠한 태도를 취해야 한다고 주장하지만 모든 이야기치료자가 이 주장을 공유하는 것은 아니다(Monk & Gehart, 2003).

■ 취재기자로서의 치료자

White(2007)는 후기 작업에서 취재기자처럼 문제를 대하는 것에 대해 설명하고 있다.

> 대화들을 외재화하는 동안 사용되는 질문의 형태는 독자적인 추적 보도와도 같다. 추적 보도의 주 목표는 힘과 특권의 남용과 관련한 부패에 대해 폭로하는 것이다. 취재기자들이 정치적으로 중립적이지는 않지만, 그들의 조사 활동이 그들을 문제 해결, 개선, 또는 간접적인 힘겨루기에 참여하게 하는 것은 아니며, 그들의 활동들은 보통 비교적 '침착한' 참여라는 인상을 준다(pp. 27-28).

따라서 치료자는 문제를 바로잡으려고 달려들기보다는, 문제의 근원을 탐색함에 따라 내담자가 큰 맥락에 대해 더 잘 이해하도록 영감을 주기 위해 차분하면서도 탐구적인 자세를 취한다.

◎ 조망하기: 사례개념화와 평가

■ 문제로 가득 찬 이야기

내담자가 이야기하는 동안 이야기치료자들은 문제로 가득 찬 이야기에 귀를 기울이는데(Freedman & Combs, 1996; White & Epston, 1990), 그 이야기에서 '문제'는 주연을 하고 내담자는 조연, 대개는 희생자 역할을 맡는다. 치료자들은 개인적인 수준(건강, 감정, 사고, 신념, 정체성, 신앙심)과 관계적인 수준(중요한 타인, 부모, 친구, 동료, 교사와의 관계)에서 문제가 내담자에게 어떻게 영향을 미치고 있는지, 그리고 문제가 이 중요한 타인 각자에게 개인적 수준에서 어떻게 영향을 미치는지를 다룬다. 내담자의 문제로 가득 찬 이야기를 들으면서, 치료자들은 문제가 덜 문제시되고 사람이 효과적인 주체가 되는 대안적 결말과 복선에 가만히 귀 기울이는데, 이것들은 독특한 결과라고 불린다.

■ 독특한 결과와 반짝이는 사건

독특한 결과(White & Epston, 1990) 또는 반짝이는 사건(Freedman & Combs, 1996)은 문제로 가득 찬 이야기가 전형적인 방식으로 끝나지 않았던 이야기나 복선이다. 가령 자녀가 부모의 요구에 기꺼이 순응하고, 살짝만 건드려도 폭발하던 부부가 잠재적 다툼을 멈출 수 있고, 청소년이 자해하기보다는 친구에게 도움을 청하기로 하는 것이다. 이런 이야기들은 극적인 결말이나 특별히 관심을 끌 만한 결과가 없기 때문에 종종 주목받지 못하고 지나치며, 따라서 내담자나 다른 사람들의 마음속에서 '이야기'되지 않는다. 이러한 독특한 결과들은 내담자가 선호하는 삶을 만들어 내고, 자기 자신과 타인의 정체성에 대해 좀 더 풍부하고도 정확한 설명을 하도록 돕는 데 사용된다.

■ 지배적 문화 및 성별 담론('핵심 내용'도 참조할 것)

앞서 논의한 바와 같이, 이야기치료자들은 문제의 발달과 지각에 영향을 미치는 지배적인 문화 및 성별 주제들에 귀 기울인다(Monk et al., 1997; Whith & Epston, 1990). 모든 담론의 목표는 특정 문화 내에서 사회적 상호작용을 구성하는 '좋은 것'과 '가치 있는 것'을 인정하게 해 주는 것이다. 모든 문화는 근본적으로 일련의 지배적 담론, 즉 한 집단의 사람이 의미 있게 상호작용하도록 해 주는 사회적 규칙과 가치이다(제3장 참조).

지배적 담론은 삶이란 '어떠해야 하는지'에 대한 사회적 이야기들이다. 예를 들어, 행복하고 좋은 사람이 되려면 당신은 결혼을 하고, 고소득의 안정적인 직업을 가지고, 아이를 낳고, 좋은 차를 갖고, 집을 사고, 아이들의 학교에서 자원봉사를 해야 한다. 당신이 행복에 대한 이 비전을 따르든 저항하든, 심지어 사회적이거나 신체적 한계 때문에 이 게임에 참여하지 않든 간에, 이 비전과 관련된 문제가 발생할 수 있다. 내담자와 작업하는 동안 이야기치료자들은 문제에 대한 지각에 가장 직접적으로 영향을 주는 지배적 담론에 가만히 귀 기울인다. 이에 대응하여, 그들은 국소적 또는 대안적 담론에 대해 질문한다.

■ 국소적 및 대안적 담론: 내담자 돌보기

언어와 의미

국소적 및 대안적 담론은 지배적 담론에 순응하지 않는 담론이다(White & Epston, 1990). 예를 들면, 아이를 갖지 않기로 한 부부, 동성 관계, 전통을 지키고 싶어 하는 이민 가족, 영어가 제2언어인 사람들, 청소년 하위문화 등이다. 국소적 담론은 지배적 담론에서 묘사하는 것과는 다른 '좋은 것' '그래야 하는 것' 그리고 윤리적 '가치'를 제시한다. 예를 들어, 청소년들은 기존의 성인문화와는 다른 미적 기준, 성적 규범, 어휘, 또래 규칙이 있는 하위문화를 만들어 왔다. 청소년 문화는 치료자가 청소년의 세계관과 가치를 이해하기 위해 활용할 수 있는 대안적 담론을 나타내며, 이 대안적 담론과 지배적 담론이 잘 공존할 수 있는 방법을 청소년과 함께 탐험하는 데 활용할 수도 있다. 따라서 국소적 담론은 자기를 바라보는 새로운 방법을 생성하기 위한 자원과 문제를 둘러싼 타인과 대화하고 상호작용하기 위한 자원을 제공한다.

◎ 변화를 겨냥하기: 목표 설정

■ 선호하는 현실과 정체성

포스트모던 접근과 마찬가지로, 이야기치료는 모든 내담자에게 적용 가능한 미리 정의된 목표를 포함하지 않는다. 대신 이야기치료에서의 목표 설정은 각 내담자에 따라 고유하다. 넓은 의미에서, 이야기치료의 목표는 내담자가 선호하는 현실과 정체성을 실현하도록 돕는 것이다(Freedman & Combs, 1996). 대개의 경우, 선호하는 이야기를 실현하면 내담자의 주체의식, 즉 내담자가 자신의 삶의 방향을 좌우한다는 느낌이 커진다. 선호하는 현실을 알아볼 때, 치료자들은 지배적 문화의 가치를 단순히 적용하지 않고, 국소적 지식을 고려하여 신중하게 반영한 목표를 개발하는 작업을 내담자와 함께한다. 내담자는 종종 이러한 국소적 지식들을 포함시키고, 지배적 담론의 영향력을 줄이기 위해 그들이 선호하는 현실을 재정의한다. 예를 들어, 한 부부는 그들의 연애시절로 돌아간 것 같은 상황을 원하면서 치료를 시작할 수도 있지만, 치료 과정을 진행해 나가면서 그들이 개인으로서 그리고 부부로서 삶의 새로운 시기에 진입하고 있기 때문에 예전과는 다른 뭔가를 원하고 필요로 한다는 것을 깨닫는다.

따라서 제안된 선호하는 현실의 의미와 영향력뿐만 아니라, 지배적 담론과 국소적 담론의 영향을 고려한 이후에 신중하고도 의식적으로 '선호하는' 현실과 정체성을 정의하는 것이 중요하다. 대개 이 과정은 "문제가 사라지면 좋겠어요."부터 시작하여 "나의/우리의 삶에서 아름답고/의미 있고/멋진 뭔가를 만들고 싶어요."로 이어지는 점진적인 변화이다. 치료자는 내담자 삶의 어느 부분에서 아이디어가 나왔고, 어느 부분에 영향을 미치게 될지를 고찰해 보도록 돕기 위해 내담자가 공동 편집자로서 선호하는 현실과 행동을 주도적으로 정의하도록 해 준다.

■ 중간 단계 목표

중간 단계 목표들은 즉각적인 증상과 주호소 문제들에 대한 것이다. 몇 가지 예시는 다음과 같다.

- "배우자와의 문제 해결 대화들에서 주체의식을 높이기."
- "'자신감 있고, 사회적인' 자기를 활용하여 친구와 상호작용할 기회를 늘리기."
- "어머니와 아버지가 아이들의 반항에 대해 반응하여 화를 내는 횟수를 줄이기."
- "거식증의 먹지 않으려는 목적에 대응하여 저항하는 경우를 늘리기."

■ 후기 단계 목표들

후기 단계 목표들은 개인적 정체성, 관계적 정체성 그리고 확장된 공동체에 대한 것이다.

- **개인적 정체성:** "체형보다는 의미 있는 활동, 관계 그리고 가치에서 얻은 자기가치감에서 비롯된 개인적 정체감을 확고히 하기."
- **관계적 정체성:** "가족들의 친밀감과 충실함을 유지하는 동시에 차이를 더 많이 표현할 수 있게 하는 가족 정체성 이야기를 발달시키기."
- **확장된 공동체:** "선호하는 '외향적인' 정체성을 사회적 관계와 맥락으로 확장하기."

◎ 행동하기: 개입

■ 외재화: 개인으로부터 문제를 분리하기

이야기치료의 대표적 기법인 외재화는 문제로부터 사람을 개념적으로, 언어적으로 분리하는 것이다(Freedman & Combs, 1997; White & Epston, 1990). 외재화가 성공적이기 위해서는 사람과 문제는 별개라는 신념이 확고해야 한다. 따라서 외재화에 대한 **태도**가 외재화의 효과성에 핵심적인 역할을 한다(Freedman & Combs, 1996). 외재화는 단일 회기의 개입이 아니라 문제와의 관계에 대한 내담자의 지각을 문제를 '가지고 있는 것'에서 자기의 외부에 있는 것으로 바라보는 것으로 변화시키는 체계적이고 점진적으로 전개되는 과정이다. 치료자들은 문제를 외적인 다른 것으로 이름을 붙임으로써, 또는 서술적 형용사를 명사로 바꿈으로써(예: '우울한 내담자'에서 '우울과 관계 맺고 있는'으로, 또는 '갈등이 있는 부부'에서 '갈등과 관계 맺고 있는'으로 바꾸기) 외재화할 수 있다. 다른 때에는 내담자는 그들 자신이나 관계의 '측면들(두려워하는 내 안의 작은 소녀 또는 우리 관계의 경쟁적인 면)'에 대해 이야기함으로써 더 잘 반응을 하곤 한다.

외재화가 효과적이기 위해서는 내담자에게 억지로 강요되어서는 안 되며, 대화중에 나오거나 상황에 대해 생각해 볼 수 있는 한 가지 방식으로 소개되어야 한다. 대부분의 경우, 사람과 문제의 영향을 도식화하기(다음 부분 참조) 같은 기법들은 문제를 외재화하기 위한 자연스럽고 편안한 과정으로 이끌어 준다. 대안적으로, 치료자들은 내담자에게 대화가 가능하다면 문제를 그들 자신으로부터 분리된 뭔가로 부를 의향이 있는지를 물어볼 수 있다. 만약 내담자가 이미 문제에 이름을 붙였고 문제를 일종의 외부 개체나 자신의 매우 분리된 부분으로 개념화한다면, 치료자들은 내담자가 시작한 외재화 과정을 토대로 삼으면 된다.

■ 상대적 영향력 질문: 문제와 사람의 영향을 도식화하기

상대적 영향력 질문하기는 외재화를 위한 첫 번째 세부 방법이다(White & Epston, 1990). 치료 초기에 사용되는 이 방법은 평가와 개입의 역할을 동시에 하며 이것은 두 가지 부분으로 구성되어 있다. ① 문제의 영향을 도식화하기, ② 개인의 영향력을 도식화하기가 그것이다.

■ 문제의 영향을 도식화하기

문제의 영향을 도식화할 때, 치료자들은 문제가 내담자와 중요한 타인들의 삶에 어떻게 영향을 미쳐 왔는지에 대해 알아보며, 종종 내담자가 일반적으로 그것을 어떻게 생각하는지를 넘어서 문제의 범위를 확장한다. 따라서 내담자가 그 후에 기분이 상하지는 않았는지를 확인하기 위해 **사람의 영향을 도식화하기** 질문이 뒤따르는 것이 중요하다.

문제의 영향을 도식화하기 위한 질문들

문제는 어떠한 영향을 미쳤는가?

- 신체적 · 정서적 · 심리적 수준에서 내담자에게?
- 내담자의 정체성 이야기와 자신의 가치 및 자신이 누구인지에 대해 자기 자신에게 말하는 것에?
- 배우자, 자녀, 부모님 등 내담자의 친밀한 관계들에?
- 우정, 사회적 집단, 직장 및 학교 동료 등 내담자 삶의 다른 관계들에?
- 내담자 삶에서 중요한 사람들의 건강, 정체성, 정서, 다른 관계들에?(예: 부모는 자녀의 문제에 당황하여 친구들로부터 어떻게 자녀를 떼어놓을까)

■ 개인의 영향을 도식화하기

개인의 영향을 도식화하기는 외재화 과정을 더욱 노골적으로 시작한다. 이 질문 단계는 문제의 영향 도식화하기 직후에 이뤄져야 하며, 첫 번째 질문들의 논리를 바꿔서 개인이 문제의 삶에 어떤 영향을 미쳤는지 확인한다.

개인의 영향을 도식화하기 위한 질문들

그 사람은 언제

- 자신의 기분이나 스스로에 대해 사람으로서 얼마나 가치를 두는지에 문제가 영향을 미치지 못하게 했는가?
- 삶에서 특별하거나 일상적인 관계를 즐기는 데 문제가 개입하지 못하도록 만들었는가?
- 문제가 직장이나 학교생활을 방해하지 못하게 했는가?
- 문제가 시작됐을 때 휘말리지 않도록 막을 수 있었는가?

White와 Epston(1990)은 외재화가 다음의 유용한 효과가 있다고 보고한다.

- 가족 구성원들 간의 비생산적인 갈등과 비난을 줄여 줌.
- 사람들이 문제에 대해 영향력을 가졌던 때를 강조함으로써, 그 문제와 관련된 실패감을 감소시킴.
- 문제에 대항하고 그 영향력을 줄이려는 노력에 사람들이 협력하도록 함.
- 문제의 영향력을 감소시키기 위한 새로운 기회를 찾아냄.
- 문제와의 상호작용에 대한 더 가볍고 덜 괴로운 접근을 촉진함.
- 문제에 대해 반복적인 독백 대신 상호작용적인 대화를 증가시킴.

■ 외재화 대화: 입장진술지도

White(2007)는 최근에 개발한 대화의 외재화 촉진 과정을 '입장진술지도'라고 묘사한다. 이 지도는 네 가지 범주의 질문을 포함하는데, 이는 문제와 내담자의 관계를 변화시키고 새로운 행동의 가능성을 열기 위해 회기 내 그리고 회기들 사이에 여러 차례 사용된다.

■ 질문 범주 1: 경험에 근접한 정의를 협의하기

White는 전문가적 혹은 포괄적인 단어(예: '진단')보다는 내담자의 언어(경험에 근접한 언어)를 사용하여 문제를 정의하는 것부터 시작한다. 그러므로 '우울함'에 비해 '기분이 울적함'이 낫다.

■ 질문 범주 2: 영향을 도식화하기

White의 초기 연구(White & Epston, 1990)와 마찬가지로, 문제의 영향을 도식화하는 것은 문제가 내담자의 삶의 다양한 영역에 어떠한 영향을 미쳐 왔는지를 확인하는 것이다. 집, 직장, 학교 그리고 사회적 상황들과 가족, 친구, 자기 자신과의 관계 그리고 내담자의 정체성과 미래 가능성 등을 포함한다.

■ 질문 범주 3: 영향을 평가하기

문제의 영향을 확인하고 난 후, 치료자는 내담자에게 이 영향들에 대해 평가해 보도록 요청한다(White, 2007, p. 44).

- 이러한 활동들은 당신에게 괜찮나요?
- 이러한 발전에 대해 당신은 어떻게 느끼나요?
- 이 결과에 대해 당신은 어떤 입장을 가지고 있나요?
- 발전이 긍정적인가요, 아니면 부정적인가요? 혹은 둘 다인가요, 어느 쪽도 아닌가요, 중간인가요?

■ 질문 범주 4: 평가를 정당화하기

마지막 단계에서 치료자는 내담자가 상황을 어떻게 그리고 왜 그런 방식으로 평가했는지 질문한다(White, 2007, p. 48).

- 왜 이것이 당신에게 괜찮은가요? 혹은 왜 괜찮지 않은가요?
- 이 발전에 대해 왜 이렇게 느끼나요?
- 이 발전에 대해 왜 이런 입장을 취하나요?

이러한 '왜' 질문들은 내담자가 도덕적 판단보다는 자신에게 무엇이 중요한지에 대한 의견을 말할 수 있는 분위기에서 해야 한다. 이 질문들은 무엇이 내담자를 동기화하고, 내담자가 자신의 정체성과 미래를 어떻게 형성하기를 원하는지에 관한 대화를 할 수 있게 한다.

■ 외재화 은유

이러한 네 가지 범주를 사용하여 외재화할 때, White(2007, p. 32)는 문제와 관련된 다양한 은유를 적용한다.

- 문제를 중단하기
- 문제에 대항하기
- 문제의 요구를 거부하기
- 문제의 영향력을 빼앗기
- 문제를 교육시키기
- 문제에서 벗어나기
- 문제로부터 영역을 회복하거나 되찾기
- 문제의 유혹을 거부하기
- 문제의 주장이 틀렸음을 입증하기
- 문제의 편익을 사양하기
- 문제로부터 그들의 삶을 도로 가져오기
- 문제를 길들이기
- 문제를 활용하기
- 문제를 약화시키기

■ 일반화와 이원론적 사고 피하기

White(2007)는 문제가 모두 나쁘다는 식으로 문제를 일반화하는 설명을 피하는데, 왜냐하면 그러한 설명은 내담자를 무력하게 하거나 문제의 광범위한 맥락을 흐리게 하는 이원론적이고 양자택일적인 사고를 촉진하기 때문이다.

◎ 외재화 질문

이야기치료자들은 내담자가 문제와 다른 관계를 맺도록 돕기 위해 외재화 질문을 사용한다(Freedman & Combs, 1996). 대부분의 경우, 이 질문들은 형용사(예: 우울한, 불안한, 화난 등)를 명사[예: 우울(Depression), 불안(Anxiety), 화(Anger) 등. 대문자는 문제가 별개의 개체로 간주됨을 강조하기 위해 사용됨.]로 변형시킨다. 외재화 질문은 사람이 문제로부터 분리되어 있으며, 문제와 서로 영향을 미치는 쌍방향적 관계를 맺고 있다고 간주한다.

외재화의 해방 효과를 경험하기 위해 Freedman과 Combs(1996, pp. 49-50)는 다음의 두 가지 질문 세트를 만들었다. 하나는 전형적으로 널리 쓰이는 치료적 질문이고, 다른 하나는 외재화 질문이다. 이를 연습하려면, 당신 혹은 다른 사람들이 문제가 된다고 여기는 특성이나 특질을 주로 형용사로 선택하고, 그것을 다음의 질문 속 X로 대체해 보라. 그다음 그 특성의 명사 형태를 찾고, 그것을 다음의 질문 속 Y로 대체해 보라(예: X=우울한/Y=우울, X= 비난적인/Y=비난, X=화난/Y=화).

>>> 전형적 vs 외재화 질문

전형적 질문(문제 설명을 X라는 형용사로 삽입함)	외재화 질문(문제 설명을 Y라는 명사로 삽입함)
언제 처음으로 X가/나요?	무엇이 당신을 Y에 취약하게 만들어서 Y이/가 당신을 지배할 수 있게 하나요?
무엇에 대해 가장 X가/나요?	어떤 상황에서 Y이/가 커지나요?
주로 어떤 일들이 일어날 때 X가/나요?	어떤 일이 일어났을 때 Y이/가 커지나요?
X지 않았다면 하지 않았을 텐데 X기 때문에 하는 일에는 어떤 것이 있나요?	당신이 더 나은 판단을 못 하도록 Y이/가 어떻게 괴롭혔나요?
X는 것에서 오는 최근의 어려움에는 어떤 것이 있나요?	Y이/가 당신의 삶과 관계에 어떤 영향을 미치나요?
X는 것이 당신의 삶과 관계에 어떤 결과를 낳나요?	Y은/는 어떻게 당신이 현재 겪고 있는 어려움을 유발했나요?
당신이 X할 때 당신의 자아상은 어떻게 다른가요?	당신이 당신의 자원을 알아차리지 못하도록 Y이/가 막나요? 아니면 당신은 Y을/를 뚫고 자원들을 볼 수 있나요?
어느 날 아침 기적이 일어나서 더는 X지 않는다면, 당신의 삶이 구체적으로 어떻게 달라질까요?	Y을/를 이겨낼 수 있었던 적이 있나요? Y이/가 커질 수도 있었지만 당신이 문제가 되지 않게 막을 수 있었던 적이 있나요?

■ 문제 해체: 해체적 경청과 질문

이야기치료자들은 내담자가 지배적 담론의 영향을 추적하도록 돕고 어떤 담론이 자신의 삶에 영향을 미치게 할지를 좀 더 의식적으로 선택할 수 있는 역량을 강화하기 위해, Jacques Derrida의 철학적인 업적으로부터 영감을 얻어 해체적 경청과 질문을 사용한다(Freedman & Combs, 1996). 해체적 경청에서 치료자들은 내담자의 이해 속 '빈틈'에 귀 기울이고, 내담자에게 세부 내용을 채우도록 요청하거나 내담자 이야기의 모호한 부분에 대해 설명하도록 한다. 예를 들어, 친구들이 연락하겠다고 하고선 연락하지 않아서 거부당한 느낌이 든다고 내담자가 보고한다면, 치료자는 '거부당한' 느낌을 유발하는 의미에 귀 기울인다.

해체적 질문들은 지배적 · 국소적 담론의 영향을 파악하여, 이야기가 어떻게 형성되어 왔는지 살펴보기 위해 내담자들이 그들의 이야기를 더 꺼내 놓도록 돕는다. 외재화 대화에 흔히 사용되는 이 질문들은 내담자로 하여금 다음의 항목을 파악하게 함으로써 문제적 신념, 활동, 감정, 태도에 집중한다.

- **이력**: 문제적 신념, 활동, 감정, 태도와의 관계에 관한 이력. "언제 어디서 그 문제와 처음 마주했나요?"
- **맥락**: 문제적 신념, 활동, 감정, 태도에 관한 상황적 영향. "그것이 언제 가장 잘 나타나나요?"

- **영향**: 문제적 신념, 활동, 감정, 태도의 영향 또는 결과. "당신과 당신의 관계에 이것이 영향을 미치나요?"
- **연관성**: 다른 신념, 활동, 감정, 태도와의 연관성. "이 문제를 악화시킬 다른 문제가 있나요?"
- **전략**: 문제적 신념, 활동, 감정, 태도의 전략과 전술. "그것은 어떤 식으로 당신에게 영향을 미치나요?"

■ 행동과 정체성 혹은 의식의 조망에서 도식화하기

행동과 정체성(White, 2007) 혹은 의식(Freedman & Combs, 1996)의 조망에서 문제를 도식화하는 것은 Jerome Bruner(1986)의 이야기 이론에 근거하였으며, 원하는 변화를 촉진하기 위해 독특한 결과들을 활용하는 구체적인 기법이다. 행동과 정체성의 조망에서 도식화하기는 일반적으로 다음의 과정을 포함한다.

① **독특한 결과를 확인하기**: 치료자들은 문제가 될 수도 있었지만 그러지 않았던 때에 대해 귀 기울이고 질문한다.

② **독특한 결과를 선호하는지 확인하기**: 치료자들은 추측하기보다는 내담자에게 독특한 결과가 선호하는 결과인지를 질문한다. "당신이 하고 싶거나 더 자주 일어나기를 원하는 일이 바로 이것인가요?"

③ **행동의 조망에서 도식화하기**: 우선 치료자는 행동의 조망에서 독특한 결과를 도식화하는 것부터 시작하여 어떤 행동이 누구에 의해 어떤 순서로 행해졌는지를 파악한다. 치료자는 구체적인 세부사항에 관해 질문함으로써 이를 진행한다. "당신은 처음에 무엇을 했나요? 상대방은 어떻게 반응했나요? 그다음에 당신은 무엇을 했나요?"와 같이 치료자는 내담자와 관련된 타인들의 행동에 대한 단계적인 그림이 나올 때까지 다음의 세부 정보를 모으면서 조심스럽게 사건들을 연결해 나간다.
- 중요한 사건들
- 사건을 둘러싼 정황
- 사건의 순서
- 사건의 시간
- 전반적인 구성

④ **정체성 혹은 의식의 조망에서 도식화하기**: 독특한 결과 동안 무슨 일이 일어났는지에 대한 명확한 그림을 얻고 나면, 치료자들은 정체성의 조망에서 도식화하기 시작한다. 이 도식화 단계는 성공적인 결과와 연관된 구성을 탄탄하게 함으로써, 내담자의 개인적 정체성과 선호하는 결과의 연결을 직접 강화한다. 정체성의 조망에서 도식화하는 것은 독특한 결과의 심리학적 및 관계적 함의에 초점을 맞춘다. 다음의 예시 질문은 영향력의 다양한 영역을 다룬다.
- "당신은 이것이 한 사람으로서의 당신과 당신의 관계에 대해 무엇을 나타낸다고 생각하세요?"

- “이 행동 뒤에 숨겨진 당신의 의도는 무엇이었나요?”
- “여기서 당신의 행동에 대해 어떤 점에 가장 가치를 두시나요?”
- “당신이 이것에서 오히려 배우거나 깨달은 것이 있다면 무엇인가요?”
- “당신이 인생, 신, 의지, 삶의 목적을 바라보는 방식을 이것이 변화시키나요?”
- “당신이 문제를 바라보는 방식에 이것이 영향을 미치나요?”

■ 의도적 상태 질문 vs 내적 상태 질문

White(2007)는 내적 상태 질문(개인이 어떻게 느끼고 생각했는지에 대한 질문: “무엇을 느꼈나요?”)에 비해 의도적 상태 질문(주어진 상황에서 개인의 의도에 대한 질문: “당신의 의도는 무엇이었나요?”)을 특별히 여겼는데, 왜냐하면 의도적 상태 질문이 개인의 주체의식을 높여 주는 반면, 내적 상태 질문은 개인의 주체의식을 약화시키고, 소외감을 키우며, 다양성을 방해할 수 있기 때문이다.

■ 비계설정 대화

Vygotsky의 근접발달 영역의 개념을 기반으로 하여 White(2007)는 내담자를 친숙한 것에서 새로운 것으로 이동시키기 위해 비계설정 대화를 사용한다. Vygotsky는 발달심리학자로, 학습은 관계적이므로 어른들은 아동이 새로운 정보와 상호작용하도록 돕는 방식으로 아동의 학습을 구조화해야 한다고 강조하였다. 근접발달 영역은 아이들이 독립적으로 할 수 있는 것과 다른 사람들과 협력해서 할 수 있는 것 사이의 거리이다. 비계설정(scaffolding)은 White가 이러한 학습 영역 전반에 걸친 다섯 가지 점진적인 이동을 설명하기 위해 내담자와 함께 개발한 용어이다.

- **낮은 수준의 거리두기 과업**: 이 과업은 독특한 결과를 특징짓는다. 이 과업들은 내담자로부터 낮은 수준의 거리에 있기 때문에(내담자에게 친숙한 것에 매우 가까움), 내담자가 과거에 알아차리지 못한 채 지나간 사건들에 의미를 부여하도록 격려한다(예: “긴장 상태임에도 싸우지 않게 될 때가 있나요?”).
- **중간 수준의 거리두기 과업**: 이 과업은 독특한 결과를 일련의 연관성들과 관련짓는다. 이 과업들은 다른 독특한 결과와의 비교와 대조를 유도하면서 더 큰 ‘새로움’을 불어넣는다(예: “어젯밤의 ‘효과적인 문제 해결 대화’는 지난주에 설명했던 것과 비슷한가요, 아니면 다른가요?”).
- **중상 수준의 거리두기 과업**: 이 과업은 일련의 연관성들을 되짚어 본다. 이 과업들은 다른 과업들과의 차이점과 유사점에 대해 되돌아보고, 평가하고, 그로부터 배우도록 격려한다(예: “효과적인 문제 해결의 예를 되돌아보았을 때, 뭔가 논쟁을 피하는 데 효과적인 것이 있나요?”).
- **높은 수준의 거리두기 과업**: 이 과업은 추상적인 배움과 깨달음을 촉진한다. 이 과업들은 내담자로 하여금 즉각적인 경험으로부터 높은 수준의 거리를 갖도록 요구하며, 삶과 정체성에 대한 추상적인 개념화를 촉진한다(예: “이러한 효과적인 문제 해결 대화가 한 인간으로서의 당신과 당신의 관계에 대해 뭐라고 하나요?”).

• **매우 높은 수준의 거리두기 과업**: 이것은 행동 계획이다. 이 과업들은 내담자로 하여금 삶과 정체성에 대해 새롭게 개발한 개념을 실현할 방법을 찾아낼 수 있도록 즉각적인 경험으로부터 높은 수준의 거리두기를 돕는다(예: "이러한 생각들을 미래의 행동으로 어떻게 옮길지에 대해 생각해 본 적이 있나요?").

대화가 진행되는 동안 치료자들은 다양한 수준의 거리두기 과업을 오가며 점진적으로 더 높은 수준의 행동계획으로 이동한다.

■ 허락 질문

이야기치료자들은 치료적 관계의 민주성을 강조하고 내담자가 치료자와 대화할 때 분명하고도 강력한 주체의식을 유지하도록 하기 위해 허락 질문을 사용한다. 허락 질문은 단순히 치료자가 질문을 하기 위한 허락을 구하려고 사용한다. 이는 치료자는 내담자를 돕는 데 필요하다고 알려진 정보를 모으기 위해서라면 원하는 어떤 질문이든 할 수 있다는 일반적인 가정에 위배된다. 치료자들은 정중한 대화 소재에 대한 일반적인 사회적 규범의 적용을 받지 않으며, 성, 과거 학대, 관계 문제, 죽음, 두려움 그리고 약함과 같은 터부시된 주제를 터놓고 가져올 수 있다. 많은 내담자는 이런 소재에 대해 이야기하는 것을 불편해하면서도 이러한 질문에 대답해야 할 것 같은 압박감을 느낀다. 이야기치료자들은 금기시되고 어려운 주제와 관련된 힘의 역동에 민감하며, 따라서 일반적으로 금기시되거나 치료자가 보기에 특정 내담자를 불편하게 만들 것 같은 질문을 하기 전에 내담자의 허락을 구한다. 예를 들어, "당신의 성생활에 대해 몇 가지 질문을 해도 될까요?"라고 말할 수 있다.

이와 더불어 허락 질문은 논의되고 있는 것이 무엇인지, 그리고 대화가 내담자에게 의미 있고 편안한지를 확인하기 위한 면담 중에 사용된다. 예를 들어, 회기를 시작할 때 종종 치료자는 시간을 어떻게 쓸지에 대해 간단히 설명하고, 내담자에게 특정한 주제 혹은 관련된 질문들을 해도 될지에 대한 의견과 허락을 구한다. 이와 유사하게, 가족치료에서 치료자가 다른 사람들보다 한 사람에게 더 많은 질문을 하고 있음을 깨달을 때, 회기 진행에 모두가 만족하는지를 확인하기 위해 잠시 멈추고 계속해도 될지 허락을 구한다.

■ 견해의 위치 정하기

허락 질문처럼 **견해의 위치 정하기**는 치료자의 견해가 내담자의 견해보다 '더 중요한' 혹은 '더 타당한' 진실로 받아들여지지 않는다는 사실을 확인함으로써 더욱 민주적인 치료적 관계를 유지하고 내담자의 주체성을 강화하기 위해 사용된다(Zimmerman & Dickerson, 1996). 지배적 담론과 국소적 담론 간의 구별을 기반으로 하여, 이야기치료자는 치료자의 견해가 종종 내담자가 말하는 것보다 더 타당하다고 간주된다는 것을 잘 알고 있다. 따라서 치료자는 그들의 관점의 출처를 밝힘으로써 견해의 위치를 정하며, 그들의 견해가 수많은 관점 중 하나일 뿐임을 강조한다. 치료자 견해의 출처와 맥락이 밝혀지면, 내담자는 그 견해에 과도한 특권을 줄 가능성이 줄어든다.

>>> 견해의 위치 정하기 예시

위치를 정하지 않는 치료자 견해	치료자 견해의 위치 정하기
나는 당신이 ……하는 경향이 있다는 걸 알았어요.	내가 농장에서 자라서, 내 관심은 물론 …… 쪽으로 끌리네요.
연구결과들에서는 ……라고 나와요.	……이라고 제안하는 이론을 개발한(혹은 연구를 수행한) 치료자가 있어요. 당신에게도 맞는 것 같나요?
나는 당신이 ……하기를 제안해요.	당신이 제안을 해 달라고 한다면, 저는 말보다는 행동이 더 생산적이라고 믿는 사람으로서의 제 생각만을 말해 줄 수 있는데…….

■ 이야기 반영 팀 활동

반영 팀을 활용한 Tom Andersen의 협동 활동을 기반으로(이전의 논의 참조), 이야기치료자는 그들의 작업을 지원하는 유사한 활동들을 개발했다. Freedman과 Combs(1996)는 Andersen의 기본 틀을 사용하여 팀에게 세 가지 주요 과제를 할당한다.

① 이야기의 세부 내용을 면밀히 들여다보고 철저히 이해할 것.
② 지배적인 문제로 가득 찬 이야기에 부합되지 않는 사건들과 차이점에 귀 기울일 것.
③ 문제로 가득 찬 묘사를 지지하는 신념, 의견 또는 맥락에 주목할 것.

이와 함께 그들은 팀에게 다음의 지침을 제안한다.

① 반영 과정 동안 반영 팀 구성원은 독백보다는 의견을 교환하는 대화에 참여한다.
② 팀 구성원들은 면담을 관찰하는 동안 서로 이야기해서는 안 된다.
③ 견해는 잠정적인 방식으로 제시해야 한다(예: "아마도" "~할 수도 있다." "~일 수도 있다.").
④ 견해는 방에서 실제로 일어난 일을 기반으로 한다(예: "어느 순간, 엄마가 매우 조용해졌어요. 그 순간 엄마에게 무슨 일이 일어났는지 궁금해요.").
⑤ 적절한 경우에는 견해가 화자의 개인적 경험에서 나온다(예: "내가 교사라서 이 ……에 중점을 두는 유일한 사람이었던 것 같네요.").
⑥ 모든 가족 구성원은 어떤 식으로든 답변을 받아야 한다.
⑦ 반영은 짧아야 한다.

■ 회원 재구성 대화

White(2007)는 내담자가 자신의 삶을 일관되고 정돈된 방식으로 이해할 수 있도록 개인적 정체성에 대한 다양한 시각을 개발하기 위해 회원 재구성 대화를 사용한다. 이 대화에서 내담자는 단일한 핵심자기 속에서가 아니라 삶의 연관성에 근거를 둔 정체감을 발달시킨다. 삶의 연관성은 내담자의 과거, 현재, 예상된 미래의 중요한 사람들과 정체성의 '회원'을 포함한다. 이 대화에서 내담자는 구성원이 누구인지 파악하고, 각 구성원의 영향을 평가하고, 그들의 회원자격을 높일지 낮출지 박탈할지를 결정한다(예: 고등학교 때 자신을 괴롭히던 사람의 놀림소리가 여전히 내담자 머릿속에 계속 떠올라서 그 사람의 회원자격을 박탈함). 회원 재구성 과정은 다음의 요소를 포함한다.

- 내담자의 삶에 대한 다른 사람의 기여도 파악하기.
- 그 다른 사람은 내담자의 정체성을 어떻게 바라볼지 설명하기.
- 내담자는 그 다른 사람의 삶에 어떠한 영향을 끼쳤을지 생각하기.
- 내담자의 정체성에 대한 함의를 구체화하기(예: "나는 공정성을 중요시하는 사람이에요.").

■ 동맹

새로운 이야기와 새로운 정체성을 확고히 하기 위해 이야기치료자들은 특정 영역에서의 성취를 의미하는 멤버십인 동맹(또는 클럽, 위원회, 팀)을 형성해 왔다. 동맹은 물론 일부의 경우 직접 만나거나 인터넷으로 상호작용하기도 하지만(반거식증/반폭식증 연합, www.narrativetherapy.com), 대개의 경우는 공통 관심사를 지닌 가상의 공동체[예: 어린이가 회원가입 자격을 얻는 기분 관리자(Temper Tamer's) 클럽]이다.

■ 정의 예식

정의 예식은 치료를 종결할 때 새로 생겨난 선호하는 이야기와 정체성을 확고히 하는 데 주로 사용되며, 중요한 타인을 새로운 이야기의 증인으로 초대하는 것을 포함한다. 이 예식에는 3단계가 있다.

① **첫 진술**: 내담자는 초대된 증인이 듣는 가운데 새로운 정체성 이야기를 강조하면서 자신의 인생 이야기를 한다.

② **재진술**: 증인들은 번갈아 가며 그들의 관점에서 이야기를 재진술한다. 그들은 조언하기, 판단하기, 이론화하기를 자제하도록 요청받음으로써 그 과정을 준비하고, 그들의 견해를 **위치 정하기** 하도록 요청받는다.

③ **재진술의 재진술**: 내담자는 증인이 이야기한 관점들을 통합하면서 이야기를 재진술한다.

■ 편지와 자격증

이야기 편지는 선호하는 이야기와 정체성을 개발하고 확고히 하는 데 사용된다(White & Epston, 1990). 치료자는 사례 기록을 하는 대신 한 회기를 마치고, 내담자의 새로운 이야기에 대한 상세한 편지를 쓸 수 있다(그들이 특정 양식을 요구하는 업무 환경에서 일하지 않는 한). 이야기 편지는 회기에서 이야기 생성을 강화하는 데 사용되는 것과 동일한 기법을 사용한다. 이야기 편지에는 다음의 기능이 있다.

- **내담자 주체성 강조하기:** 편지는 능동적인 자세를 갖는 작은 단계들을 포함하며 내담자 삶에서의 주체성을 강조한다.
- **관찰자 입장 취하기:** 치료자는 내담자가 만드는 변화를 관찰하고, 가능하면 언제든 구체적이고 명확한 예시를 드는 역할을 한다.
- **시간 요소 강조하기:** 새로운 이야기를 구성하는 데 시간 요소가 사용된다. 시간 요소에는 내담자가 어디에서 시작했고, 현재 어디에 있으며, 어디로 가려 하는지 등이 포함된다.
- **언어의 다의성 격려하기:** 단일의 해석을 제안하기보다는 다양한 의미를 받아들이도록 권장한다.

편지는 치료 초기에 내담자를 참여시키고, 치료하는 동안에 이야기 생성과 새로운 선호하는 행동을 강화하며, 치료 종결기에 변화 과정을 이야기함으로써 개선점을 공고히 하기 위해 사용될 수 있다.

■ 편지 견본

White와 Epston(1990, pp. 109-110)은 다음과 같은 편지 견본을 제시한다.

> Rick과 Harriet에게,
> 가장 좋은 생각은 사건이 일어난 이후에 떠오르곤 한다는 사실을 당신들은 잘 알고 있을 겁니다. 그래서 제가 종종 면담이 끝난 뒤 가장 중요한 질문을 생각해 낸다는 사실은 당신들에게 그리 놀랍지 않을 겁니다.
> 어쨌든, 저는 지난 만남 이후 제게 떠오른 몇 가지 중요한 질문을 부부와 나눠야겠다고 생각했습니다.
> Rick, 당신은 딸 Helen이 자신에 대해 판단을 내려 달라는 요청을 어떻게 해서 거절했나요? 이것이 그녀로 하여금 스스로 판단 내리게끔 하는 효과가 있을지 모른다는 생각을 어떻게 하게 되었나요? 이것이 그녀를 더 책임감 있게 하는 데 도움이 될 수 있다고 생각하나요?
> Harriet, 당신은 Helen이 자신을 믿어 달라는 요청을 어떻게 해서 거절했나요? 그리고 이것이 그녀가 스스로를 더 신뢰하게끔 하는 효과가 있을지 모른다는 생각을 어떻게 하게 되었나요? 이것이 그녀로 하여금 자신의 삶을 더 잘 돌보도록 돕는 효과를 줄 수도 있다고 생각하나요?
> 자신의 인생을 대신 살아 달라는 Helen의 요청(예: 의사결정하기, 문제 해결하기, 어떤 일 처리하기를 통해 그녀의 인생을 책임지는 것)을 과거에는 어쩔 수 없이 받아들인 것이었는데 이제는 이렇게 줄어든 것은 당신들에게 무엇을 생각하게 하나요?
> 덧붙이자면, 우리의 지난 만남 이후에 어떤 생각이 들었나요? M.W

■ 자격증

자격증은 아동들에 대해 그들이 만든 변화를 인정해 주고, '기분 관리자' '협동적인 아이' 등의 새로운 '평판'을 강화하기 위해 사용된다.

기분 관리자 자격증

__________는
아래와 같이 스스로 개발한 기분 다루는 기법들을 사용하여 집과 학교에서 2개월간 성질부리는 문제 없이 지내면서 기분을 능숙하게 다루는 관리자임을 입증하였으므로 이 자격증을 수여함.

1. 혼란스러울 때 도움 요청하기
2. '성질'이 나타날 기미가 보일 때 심호흡을 세 번 하기
3. 부드러운 말로 화와 좌절감에 대해 이야기하기

수여일자: ____________________
증인: ____________(치료자)
____________(부모)
____________(교사)

◎ 구체적인 문제에 대한 개입

■ 아동

수많은 이야기치료자가 아동과 작업하기 위한 개입들을 개발해 왔다(Freeman, Epston, & Lobovits, 1997; Smith & Nylund, 2000; Vetere & Dowling, 2005; White & Morgan, 2006). 외재화 과정은 아동에게 더 자연스럽게 다가오는데, 이는 아마도 만화와 아동 문학작품에서 자주 나오기 때문일 것이다(예: 만화 캐릭터의 어깨 위의 악마와 천사). 외재화는 놀이치료와 미술치료에 잘 적용된다. 외재화된 문제들(예: 성질, 슬픔, 분노)은 미술 매체(그림 그리기, 점토 빚기, 색칠하기)에서 잘 묘사될 수 있고, 또는 인형을 통해 표현될 수 있다. 아동들은 외재화된 문제와 더불어 독특한 결과와 선호하는 이야기를 그리거나 표현하기를 즐긴다. 이 과정은 종종 새로운 행동에 대한 적응을 앞당긴다.

■ 가정 폭력

이야기치료자들은 가해자 대상의 표준화된 치료법에 대한 독특하고 유망한 대안을 개발했다(Augusta-Scott & Dankwort, 2002; Jenkins, 1990). 남성들이 힘과 통제력을 얻기 위해 폭력을 사용한다는 여성주의기반의 Duluth 모델(Pence & Paymar, 1993; 제12장 참조)과는 달리, 이야기 접근은 내담자가 살아온 현실에서부터 작업하며, 이 현실은 폭력을 통해서 통제력을 다시 얻으려고 애쓰게 만드는 무기력감을 흔히 포함한다(Augusta-Scott & Dankwort, 2002).

Jenkins(1990)는 치료자들이 폭력의 책임을 떠맡지 말라고 충고하는데, 이는 치료자들이 그 사람의 설명에 도전하고, 폭력적인 행동을 멈출 방법에 대해 조언하고, 폭력에 대한 강력한 반대 의견을

제시하고, 혹은 그의 부인을 깨트리려 시도할 때 무심코 떠맡게 되는데, 이 모두는 폭력에 대한 일반적인 치료자 반응이다. 그 대신 Jenkins는 내담자로 하여금 폭력성에 대해 온전히 책임을 지고 폭력을 그만두도록 요구하는 9단계 모델을 사용한다. 이 과정을 통해 치료자는 폭력성을 용납하지도 그에 대해 공격하지도 않은 채 지지적인 태도를 유지하면서, 9단계 모델의 과정을 촉진하는 데 초점을 맞춘다.

■ 가정 폭력 가해자와의 작업을 위한 Jenkins의 9단계 모델

① 폭력성에 대해 다뤄 보자고 요청하기.
② 비폭력적인 관계에 대해 찬성 의견을 말해 보자고 요청하기.
③ 관계에 도움이 되고자 했던 그의 그릇된 노력들을 검토해 보자고 요청하기.
④ 시간에 따른 관계의 추이를 파악하도록 요청하기.
⑤ 억제하는 것들을 외재화하도록 요청하기(메모: 그는 책임을 축소할 가능성을 막으려고 분노와 폭력성을 외재화하지 않으려 한다).
⑥ 억제하는 것들에 도전하기 위해 거부할 수 없는 요청을 하기.
⑦ 새로운 행동을 취할 준비가 되어 있는지 생각해 보도록 요청하기.
⑧ 새로운 행동을 계획하도록 돕기.
⑨ 새로운 행동을 발견하도록 돕기. (Jenkins, 1990, p. 63)

이 과정을 통해서 치료자는 지배적 담론, 특히 폭력에 기여하는 가부장적 담론을 파악한다. 내담자가 좀 더 효과적으로 관계 맺는 방법을 개발하도록 돕기 위해 이 담론은 해체되고 외재화된다. 이야기 접근은 치료적 관계 내에서 가혹함과 비판의 폭력적인 패턴을 반복하지 않도록 조심하며, 대신에 내담자가 실행하고 싶은 존중, 인내, 경계선의 모범이 된다.

◎ 조합하기: 사례개념화와 치료 계획 양식

■ 이론 특정 사례개념화의 영역

- **문제에서 벗어나서 그 사람을 만나기:** 문제로부터 벗어난 그 사람/사람들에 대해 묘사할 것. 취미, 흥미, 직업 등
- **문제로 가득 찬 이야기:** 문제가 관련 사람들에게, ① 개인적 수준(감정적인, 행동적인, 정체성 이야기 등), ② 관계적 수준(특정한 관계에서 다툼과 거리), ③ 광범위한 삶의 상황(직장, 학교 등)에서 어떻게 영향을 주는지 설명할 것.
- **독특한 결과/반짝이는 사건:** 설명할 것은 다음과 같다.
  - 시간, 맥락, 관계 등. 문제가 덜 문제시되거나 더는 문제가 아닐 때.

- 문제에 대한 사람의 영향: 문제를 덜 문제시되게 만드는 행동.

- 지배적 담론
  - 문화, 민족, 사회경제적 지위(SES), 종교 등: 무엇을 문제와 가능한 해결책으로 지각하는지에 주요 문화적 담론들이 어떻게 영향을 미치는가?
  - 성별, 성적 지향 등: 무엇을 문제와 가능한 해결책으로 지각하는지에 성별/성적 지향 담론들이 어떻게 영향을 미치는가?
  - 맥락, 가족, 지역사회, 학교, 기타 사회적 담론: 무엇을 문제와 가능한 해결책이라고 지각되는 것에 기타 중요한 담론은 어떻게 영향을 미치는가?
- 국소적/대안적 이야기
  - 정체성/자기 이야기: 문제는 각 가족 구성원의 정체성을 어떻게 형성해 왔는가?
  - 국소적 또는 선호적 담론: 내담자가 선호하는 정체성 이야기 및 문제에 관한 이야기는 무엇인가? 문제에 대해 선호되는 국소적(대안적인) 담론이 있는가?

우울/불안을 겪는 개인을 위한 치료 계획 양식

▣ 이야기 개인치료 초기 단계

❖ 초기 단계 치료적 과업

1. 효과적인 치료적 관계 발전시키기. 다양성 주의: 문화, 성별 및 기타 유형의 관계 구축 및 정서 표현 방식들을 존중하는 데 어떻게 익숙해질지 설명할 것.
   a. 문제 이외의 정체성에 대해 질문하면서 문제로부터 벗어나 그 사람을 만날 것.
   b. 희망적이고 긍정적인 자세로 공동저자/취재기자처럼 내담자와 관계 맺을 것.

2. 개인적, 체계적 및 광범위한 문화적 역동 평가하기. 다양성 주의: 문화적 · 사회경제적 · 성적 지향, 성별 그리고 기타 관련 규범에 근거하여 평가를 어떻게 조정할지 설명할 것.
   a. 우울(불안)의 영향과 우울에 대한 사람의 영향을 도식화하기 위해 상대적 영향 질문을 할 것. 독특한 결과를 파악할 것.
   b. 우울(불안)을 지지하는 지배적 담론과 우울과의 관계를 변화시킬 원천이 될 수 있을 국소적이고 대안적인 담론을 파악할 것.

3. 치료 목표를 정의하고 치료 목표에 대한 내담자 동의 얻기. 다양성 주의: 내담자의 문화, 종교 그리고 다른 가치 체계로부터의 가치들과 부합되도록 목표를 어떻게 수정할지 설명할 것.
   a. 내담자의 선호하는 이야기와 정체성을 확인할 것.

4. 의뢰 필요성, 위기 문제, 부수적 연락처, 그리고 다른 내담자 욕구를 확인하기.
   a. 의뢰/자원/연락: 선호하는 현실을 지지할 수 있을 내담자의 개인적 공동체의 자원을 확인할 것. 필요에 따라 부수적 연락처로 연락할 것.

❖ 초기 단계 내담자 목표

1. 우울한 기분과 불안의 심각성을 줄이기 위해 우울(불안 혹은 위기 증상)에 대한 내담자의 영향 증가시키기.
   a. 현재 개인이 미치는 영향의 영역과 이러한 영향을 확장할 수 있는 가능성을 확인하기 위해 우울을 외재화할 것.
   b. 사람에 대한 우울의 영향을 줄일 수 있는 새로운 가능성을 확인하기 위해 행동과 의식의 조망에서 독특한 결과를 도식화할 것.

▣ 이야기 개인치료 작업 단계

❖ 작업 단계 치료적 과업

1. 작업 동맹의 질 점검하기. 다양성 주의: 치료자가 은연중에 내담자의 문화적 배경과 일치하지 않는 표현이 섞인 개입을 할 때 이를 알 수 있는 내담자 반응에 어떻게 주의를 기울일지 설명할 것.
   a. 관계 내에서 내담자의 안정감과 주체성을 향상하기 위해 허락 질문과 견해의 위치 정하기를 할 것.
   b. 회기 평가 척도를 실시할 것.

2. 내담자 경과 점검하기. 다양성 주의: 경과를 평가할 때 문화, 성별, 사회 계층 및 기타 다양성 요소에 어떻게 주의를 기울일지 설명할 것.
   a. 내담자가 새로운 행동으로 옮겨질 새로운 의미를 만들어 내는지 확인하기 위해 회기를 점검할 것.
   b. 성과 평가 척도를 실시할 것.

❖ 작업 단계 내담자 목표

1. 우울한 기분/불안을 줄이기 위해 우울(불안)과 지배적 담론의 영향 감소시키기.
   a. 문제로부터 내담자를 분리하기 위해 외재화 질문을 할 것.
   b. 내담자를 우울로부터 분리하고 대안적 정체성을 강화하기 위해 행동과 의식의 조망에서 우울증 vs 독특한 결과를 도식화할 것.

2. 우울한 기분/불안을 줄이기 위해 우울(불안)과의 새로운 관계를 개발하여 주체의식 높이기.
   a. 우울(불안)과의 관계를 정의하기 위해 외재화 은유를 제시할 것.
   b. 우울의 효과를 평가하고 우울과의 새로운 관계로 이끌기 위해 입장진술지도를 사용할 것.

3. 우울한 기분/불안을 줄이기 위해 선호하는 정체성을 지지하는 행동을 증가시키기.
   a. 내담자를 사색에서 행동으로 이동시키기 위해 비계설정 대화를 사용할 것.
   b. 행동의 효과를 평가하고, 어디서 그리고 어떻게 조정할지 확인하기 위해 입장진술지도를 사용할 것.

▣ 이야기 개인치료 종결 단계

❖ 종결 단계 치료적 과업

1. 추후관리 계획을 세우고, 개선을 유지하기. 다양성 주의: 치료 종결 이후 그들을 지지해 줄 그들이 속한 공동체 자원과 어떻게 접촉할지 설명할 것.

a. 행동과 의식의 조망에서 잠재적 퇴행을 도식화하고 대안적 행동을 확인할 것.
b. 우울을 극복하는 이야기를 확고히 하기 위해 치료자로부터 또는 내담자가 선호하는 자기로부터 미래에 퇴행을 겪고 있는 자기에게 편지를 쓸 것.

❖ 종결 단계 내담자 목표

1. 우울한 기분을 줄이고 안녕감을 높이기 위해 (일/학교, 관계, 기타 인생에서 중요한 영역들을 명시할 것) 선호하는 정체성의 영향을 증가시키고 확대하기.
   a. 내담자를 사색에서 행동으로 이동시키기 위해 비계설정 대화를 사용할 것.
   b. 행동의 효과를 평가하고, 어디서 그리고 어떻게 조정할지 확인하기 위해 입장진술지도를 사용할 것.

2. 우울을 줄이고 안녕감을 높이기 위해 선호하는 정체성의 내담자를 지지하는 관계의 수를 늘리기.
   a. 내담자가 선호하는 정체성을 지지하는 친구와 가족의 연결망을 확장하기 위해 정의예식을 주최할 것.
   b. 내담자가 우울(불안)에 압도당하는 것에서, 이를 대처/진정(혹은 선호하는 은유)시킬 수 있는 여정을 문서화하기 위해 치료자가 보내는 치료적 편지를 사용할 것.
   c. 새롭게 실행되는 정체성의 내담자를 지지하기 위해 이야기 반영 팀을 사용할 것.

부부/가족 갈등에 대한 치료 계획 양식

▣ 이야기 부부/가족치료 초기 단계

❖ 초기 단계 치료적 과업

1. 효과적인 치료적 관계 발전시키기. 다양성 주의: 문화, 성별 및 기타 유형의 관계 구축 및 정서 표현 방식들을 존중하는 데 어떻게 익숙해질지 설명할 것.
   a. 문제 이외의 정체성에 대해 질문하면서 문제로부터 벗어나 사람들을 만날 것.
   b. 희망적이고 긍정적인 자세로 공동저자/취재기자처럼 부부/가족과 관계 맺을 것.

2. 개인적, 체계적 및 광범위한 문화적 역동 평가하기. 다양성 주의: 문화적 · 사회경제적 · 성적 지향, 성별 그리고 기타 관련 규범에 근거하여 평가를 어떻게 조정할지 설명할 것.
   a. 갈등의 영향과 갈등에 대한 사람의 영향을 도식화하기 위해 상대적 영향 질문을 할 것. 독특한 결과를 파악할 것.
   b. 갈등을 지지하는 지배적 담론과 갈등과의 관계를 변화시킬 원천이 될 수 있을 국소적이고 대안적인 담론을 파악할 것.
   c. 가능하다면 부부/가족이 단결하여 맞설 수 있는 공동의 적을 외재화할 것.

3. 치료 목표를 정의하고 치료 목표에 대한 내담자 동의 얻기. 다양성 주의: 내담자의 문화, 종교 그리고 다른 가치 체계로부터의 가치들과 부합되도록 목표를 어떻게 수정할지 설명할 것.

a. 부부/가족의 선호하는 관계적 및 정체성 이야기를 확인할 것.

4. 의뢰 필요성, 위기 문제, 부수적 연락처 그리고 다른 내담자 욕구를 확인하기.
   a. 의뢰/자원/연락: 선호하는 현실을 지지할 수 있을 부부/가족의 개인적 공동체 자원을 확인할 것. 필요에 따라 부수적 연락처로 연락할 것.

❖ 초기 단계 내담자 목표

1. 갈등을 줄이기 위해 '외재화된 문제(분노, 스트레스, 갈등 등)'의 빈도와 심각성에 미치는 부부/가족의 영향을 증가시키기.
   a. 현재 각 개인이 미치는 영향의 영역과 이러한 영향을 확장할 가능성을 확인하기 위해 '문제'를 외재화할 것.
   b. '외재화된 문제'의 영향을 줄일 수 있는 새로운 가능성을 확인하기 위해 행동과 의식의 조망에서 독특한 결과를 도식화할 것.

▣ 이야기 부부/가족치료 작업 단계

❖ 작업 단계 치료적 과업

1. 작업 동맹의 질 점검하기. 다양성 주의: 치료자가 내담자의 문화적 배경과 일치하지 않는 감정 표현을 사용했음을 나타내는 개입에 대한 내담자 반응에 어떻게 유의할지 설명할 것.
   a. 관계 내에서 내담자의 안정감과 주체성을 향상하기 위해 허락 질문과 견해의 위치 정하기를 할 것.
   b. 회기 평가 척도를 실시할 것.

2. 내담자 경과 점검하기. 다양성 주의: 경과를 평가할 때 문화, 성별, 사회 계층 및 기타 다양성 요소에 어떻게 주의를 기울일지 설명할 것.
   a. 내담자가 새로운 행동으로 옮겨질 새로운 의미를 만들어 내는지 확인하기 위해 회기를 점검할 것.
   b. 성과 평가 척도를 실시할 것.

❖ 작업 단계 내담자 목표

1. 갈등과 관계에 대한 절망감을 줄이기 위해 '외재화된 문제'와 지배적 담론의 영향 감소시키기.
   a. 문제로부터 내담자들을 분리하기 위해 외재화 질문을 할 것.
   b. 내담자들을 '외재화된 문제'로부터 분리하고 대안적 정체성을 강화하기 위해 행동과 의식의 조망에서 갈등 vs 독특한 결과를 도식화할 것.

2. 갈등을 줄이고 희망을 높이기 위해 '외재화된 문제'와의 새로운 관계를 개발하여 각 개인의 주체의식 높이기.
   a. '외재화된 문제'와의 관계를 정의하기 위해 외재화 은유를 제시할 것.
   b. '외재화된 문제'의 효과를 평가하고 이와의 새로운 관계로 이끌기 위해 입장진술지도를 사용할 것.

3. 갈등을 줄이기 위해 선호하는 관계적 정체성을 지지하는 행동을 증가시키기.

a. 내담자를 사색에서 행동으로 이동시키기 위해 비계설정 대화를 사용할 것.
b. 행동의 효과를 평가하고, 어디서 그리고 어떻게 조정할지 확인하기 위해 입장진술지도를 사용할 것.

▣ 이야기 부부/가족치료 종결 단계

❖ 종결 단계 치료적 과업

1. 추후관리 계획을 세우고, 개선을 유지하기. **다양성 주의: 치료 종결 이후 그들을 지지해 줄 그들이 속한 공동체 자원과 어떻게 접촉할지 설명할 것.**
   a. 행동과 의식의 조망에서 잠재적 퇴행을 도식화하고 대안적 행동을 확인할 것. 잠재적 비난을 다룰 것.
   b. '외재화된 문제'를 극복하는 이야기를 확고히 하기 위해 치료자로부터 또는 내담자가 선호하는 자기로부터 미래에 퇴행을 겪고 있는 자기에게 편지를 쓸 것.

❖ 종결 단계 내담자 목표

1. 갈등을 줄이고 관계적 만족도를 높이기 위해 선호하는 부부/가족 정체성 이야기를 늘리고 두텁게 하기.
   a. 내담자를 사색에서 행동으로 이동시키기 위해 비계설정 대화를 사용할 것.
   b. 새로운 이야기를 확고히 하기 위해 행동과 의식의 조망에서 특별한 결과를 도식화할 것.

2. 갈등을 줄이고 단결력을 높이기 위해 부부/가족의 선호하는 정체성을 지지하는 외부관계 늘리기.
   a. 내담자가 선호하는 정체성을 지지하는 친구, 가족, 학교 관계자의 연결망을 확장하기 위해 정의 예식을 주최할 것.
   b. '외재화된 문제'의 영향 아래 싸우는 것에서 문제의 영향에 단결하여 대항하고 그들의 관계/가족을 재정의하게 되는 여정을 문서화하기 위해 치료자가 보내는 치료적 편지를 쓸 것.
   c. 새롭게 실행되는 정체성의 부부/가족을 지지하기 위해 이야기 반영 팀을 도입할 것.

다문화적 접근: 다양성에 대한 고려

혹시나 눈치채지 못했을까 싶어 말하자면, 포스트모던 치료들은 이 책에서 다룬 다른 어떤 접근보다도 가장 본질적 수준의 방법으로 문화적 주제에 대한 고려사항을 통합한다. 따라서 많은 사람이 이 치료들을 다양한 대상을 위한 본질적인 접근이라고 간주할 것이다. 다양성에 대한 질문과 사회, 규범, 언어 사용이 개인에게 어떻게 영향을 주는지에 대한 광범위한 질문은 이 치료들이 소외된 집단의 내담자에게 특히 잘 맞도록 해 주는 포스트모던 철학적 문헌을 안내하는 전제라고 할 수 있다(더 깊이 알고 싶다면, Monk et al., 2008을 참조할 것). 대부분의 정신건강 치료와는 달리 이야기치료는 억압에 대한 사회적 주제들을 치료적 개입의 중심에 두며, 다수의 이야기치료자는 사회

적 정의의 적극적인 운동가이다(Jordan, 1997, 2010; Zimmerman & Dickerson, 1996). 협동치료는 문제가 무엇인지(문제의 정의가 지속적으로 변화할 것이라는 것을 잘 알고 있지만, 그 순간의 문제가 무엇인지), 그리고 최선의 해결책은 무엇인지를 결정하기 위해 내담자 및 중요한 타인과 긴밀히 작업하면서 국소적 담론에 더 관심을 갖는다. 이 치료는 내담자의 문화적 가치와 신념이 치료 과정의 핵심적인 부분임을 알게 해 주는 국소적 지식에 중점을 둔다. 이야기치료와 협동치료 모두 국제적인 뿌리를 두고 있으며, 세계의 수많은 나라에서 행해지고 있다. 이 장을 마무리하는 사례연구에서는 엄마가 여자친구와 그 아들에게로 이사를 한 이후로 자해를 시작한 청소년에게 포스트모던 치료를 사용한다.

◎ 북미 원주민, 캐나다 원주민 그리고 호주 원주민에 대한 적용

이야기치료 접근은 캐나다, 호주, 뉴질랜드, 미국의 원주민 문화에 널리 사용되고 연구되어 왔다. 한 연구에서 와이오밍(Wyoming)의 북미 원주민들과 작업한 상담사들은 이 문화에 가장 적합해 보이는 대화와 치료 활동을 찾아냈으며, 이것들은 모두 이야기치료 활동을 나타내고 있다(Lee, 1997). 이 치료자들이 얻은 관찰에는 다음과 같은 것이 포함된다.

- **미묘한 눈 맞춤**: 북미 원주민은 대체로 눈 맞춤을 지속하지 않으며, 치료자는 내담자의 리드에 따라야 한다.
- **적극적 경청**: 치료자는 언어적 및 비언어적 피드백을 사용하여 내담자의 의미가 이해되고 있다는 신호를 줘야 한다.
- **미묘한 감정 표현**: 북미 원주민은 강하거나 개방적인 감정 표현을 쉽게 하지 않는 편이며, 치료자는 이를 존중하여 감정 표현을 강요하지 않아야 한다.
- **영성**: 영성은 북미 원주민에게 매우 중요시되며, 치료자는 이에 대해 정중히 다루고 이 관습을 치료적 작업에 통합할 방법을 찾아야 한다.
- **관계적 자기**: 북미 원주민은 자신의 정체성이 가족이나 부족과 엮여있다고 여기면서, 관계 속에서 자신의 정체성을 구성하는 경향이 있다.
- **가정방문**: 가정방문을 하는 치료자는 북미 원주민에게 대체로 환대받으며, 편안함, 친숙함, 시간 유연성의 맥락에서 도움이 된다고 여겨진다.
- **부드럽고 사려 깊은 자세**: 치료자는 차분하고, 사려 깊으며, 직면하지 않고, 갈등하지 않는 치료적 자세를 묘사한다.
- **예술, 스토리텔링 그리고 은유**: 예술, 그리기, 스토리텔링, 은유의 사용은 특히 유용한 개입으로 밝혀졌다.

캐나다 매니토바(Manitoba)에서 진행된 다른 연구에서는 원주민 치유자와 내담자를 대상으로 감정, 인식, 행동을 변화시키는 데 무엇이 도움이 된다고 믿는지에 대해 인터뷰하였다(McCabe, 2007). 이 연구는 앞의 작업의 많은 부분과 함께 추가적으로 다음을 포함했다.

- **격식과 의식**: 격식과 의식은 치유 과정에서 매우 효과적인 동반자이며 과정 전반에서 사용된다.
- **영적 인도**: 전통적인 영적 신념을 가진 북미 원주민은 대부분 치유 과정을 인도하는 창조자의 성령을 믿는다.
- **자기수용**: 대부분의 경우, 특히 큰 소외의 맥락에서 내담자 정체성의 자기수용에 관한 주제가 된다.
- **일상의 가르침**: 일상 속 기회들을 찾아보면, 회기에서 배운 것을 적용하는 데 도움이 된다.
- **공감**: 치유자가 공감을 표현하면 치료 과정에 도움이 된다.
- **역할 모델링**: 치유자는 생활방식, 행동, 태도에 있어 내담자의 역할 모델이 된다.

이야기치료자들은 북미 및 호주 원주민 내담자의 욕구를 존중하고, 그에 민감하게 반응하는 치료적 맥락을 형성하기 위해 원주민의 의식, 격식, 영적 신념 그리고 문화적 이야기를 쉽게 사용하며, 종종 광범위한 치료적 대화 속에 부족의 원로, 지도자, 치유자들을 초대한다. 특히 문제로부터 사람을 분리하고 문제로부터 벗어나, 그 사람과 만나는 것이 유용할 수 있다. 또한 치료자들은 치료적 관계에서 내담자의 의사표현과 자율성을 높이고, 더욱 존중하는 치유 맥락을 형성하도록 돕기 위해 **견해의 위치 정하기**와 **견해의 허락받기**를 사용할 수 있다.

◎ 히스패닉계 청소년

이야기치료는 우울증, 고위험 행동, 약물 남용을 지닌 히스패닉계 아동 및 청소년에게도 사용되어 왔다(Malgady & Constantino, 2010). 이 대상에 대한 독특한 적용에는 다음이 포함된다.

- **콩트 치료**: 푸에르토리코 설화인 콩트는 행동화, 자존감, 불안 등의 문제에 대해 적응적인 반응 모델을 제공하기 위해 주제와 교훈을 전달하는 데 사용된다. 이 치료는 백인 문화의 가치와 전통적 푸에르토리코 가치를 포함하기 위해 이야기를 각색했다.
- **히어로/히로인 치료**: 한부모 가정에서 자라는 아동이 많기 때문에, 치료자들은 청소년기에 흔히 경험하는 두 문화 및 세대 간 갈등을 확인하고, 서로를 이어 주도록 돕기 위해 아동에게 남자 및 여자 푸에르토리코 영웅을 찾아보도록 했다.
- **테마스(Temas) 스토리텔링 치료**: 치료자들은 주제통각검사(TAT)에서 히스패닉 문화적 요소(전통 음식, 놀이, 가족 장면, 이웃)를 나타내는 그림을 선택했다. 그런 다음 아동 집단에게 그 카드를 이용하여, 이야기를 만들어 내도록 했다. 각 집단 구성원들은 집단에서 만든 이야기와 관련된 개인적인 경험을 공유하도록 초대되었다. 치료자는 적응적이고 선호하는 이야기들을 강화하

였고, 부적응적인 반응에 대한 대안을 찾도록 도왔다. 마지막으로, 집단은 선호하는 행동과 반응을 연습하기 위해 수업에서 이야기를 극화하였다.

◎ 다민족 및 다인종 내담자

다민족 및 다인종 내담자와 작업하는 수많은 연구자 및 임상가는 민족 및 인종 정체성을 개발하는 데 이야기 관점을 사용할 것을 제안한다(Edwards & Pedrotti, 2004; Laszloffy, 2005; McGill, 1992; Milan & Keiley, 2000; Rockquenmore & Laszloffy, 2003). 혼혈 및 다민족 개인 및 가족들에게 있어 인종, 문화, 민족성을 결정하기란 때로는 어려운 일인데, 왜냐하면 그들의 일상에 영향을 미치는 인종주의와 차별에 관한 사회적 압력 때문이다(Gibbs & Hines, 1992; Miller & Rotheam-Borus, 1994; Phinney, 1990, 1992).

이러한 어려운 경험들의 결과로 다민족/다인종 내담자는 자존감, 고립, 우울감 그리고 스트레스로 곤경을 겪었을 수도 있다(Gibbs, 1987). 이러한 사회적으로 구성된 어려움은, ① 혼혈과 다민족 개인이 자신을 어떻게 정의하는가와 대중이 이 개인을 어떻게 정의하기로 결정하는지 간의 갈등(Edwards & Pedrotti, 2004; Herring, 1995; Rockquemore & Laszloffy, 2003), ② 개인이 한 가지의 인종이나 민족 정체성만을 선택해야 한다는 메시지에 직면하면서 겪는 강제선택 딜레마(Edwards & Pedrotti, 2004), ③ 역할 모델은 대개 사회적으로 단일 인종 범주로 분류되기 때문에 다인종이나 다민족 정체성을 이해하도록 돕는 역할모델의 결여(Wardle, 1987), ④ 동일 인종 또래를 찾기 어려움(Collins, 2000; Gibbs, 1998; Gibbs & Hines, 1992; Renn, 2003), ⑤ 부모와 자녀의 지각이 통일되지 않을 때 메시지의 충돌로 인해 야기될 수 있는 분열된 자아감, 낮은 자존감, 이해받지 못하고 소외된 느낌(Gillem et al., 2001; Rockquemore & Laszloffy, 2003; Rosenblatt et al., 1995), ⑥ 사회적 주류 집단과 소수 집단으로부터의 거부 경험에 대한 민감성(Basu, 2007; Poston, 1990; Toor, 1996) 등을 비롯해 다민족 및 다인종 문헌에서 언급되어 온 임상적 문제를 야기할 수 있다.

이야기 접근의 사용은 다인종과 다민족 내담자의 역량을 강화할 수 있고, 그들의 풍부한 문화적 경험에 내재된 독특한 강점을 이용할 수 있게 해 준다(Edwards & Pedrotti, 2004). Rockquemore과 Laszloffy(2003)는 자신의 다인종 혹은 다민족 정체성의 한 가지 이상의 측면으로 고심하고 있을 혼혈 개인에게는 이야기치료(White & Epston, 1990)를 사용하는 접근의 개요를 설명한다.

치료자들은 다인종 또는 다민족 내담자와 작업할 때 9단계 또는 전략을 포함하는 Rockquemore과 Laszloffy(2003, p. 122)의 관계적 이야기 접근을 사용할 수 있다.

① 내담자가 그들의 이야기를 하도록 요청하기.
② 문제를 외재화하기.
③ 독특한 결과와 억눌린 이야기를 탐색하기.
④ 궁금증을 표현하기.

⑤ 그 사람의 인생을 재저작하기.
⑥ 치료적 대화를 확장하기.
⑦ 증인을 맡은 청중에게 새로운 이야기를 말하기.
⑧ 자기 타당성을 강화하기.
⑨ 저항 전략을 개발하기.

치료의 첫 번째 단계는 내담자로 하여금 자신의 인생에 대한 이야기를 하고, 그들의 주호소 문제를 정의하도록 요청하는 것이다(Rockquemore & Laszloffy, 2003; White & Epston, 1990). 치료자가 내담자의 문제에 대해 가정하는 것이 아니라 내담자가 자신의 문제를 그들의 가족과 사회적인 맥락 속에서 고려해 보도록 요청하는 것이 매우 중요하다. 내담자의 관점에서 문제를 이해하는 것은 치료자로 하여금 다인종/다민족인 것 또는 다인종/다민족 가족의 일부라는 것이 본질적으로 문제가 많다고 가정하지 않도록 해 준다. 두 번째 단계는 내담자가 문제를 외재화(O'Hanlon, 1994)하여 그들의 문제를 본질적인 것이 아닌 그들의 외부에 존재하는 문제로 보도록 돕는 것이다. 가족 간 차별, 머리색이나 피부색 등의 신체적 특징에 대한 고민, 또래로부터의 소외감 등의 문제에 대해서는 치료자가 내담자로 하여금 자신의 인종 또는 민족적 유산 또는 인종/민족이 다른 가족으로부터 내담자의 문제를 분리하고 문제를 만드는 사회적 메시지의 영향력을 명확히 하는 작업을 하는 것이 특히 중요하다.

치료자와 내담자가 내담자의 이야기를 더 깊이 탐색함에 따라 세 번째 단계에서는 치료자가 독특한 결과를 평가하는데, 이는 치료자가 내담자의 다인종 또는 다민족으로서의 긍정적인 경험을 비롯하여, 강점과 개인적 자원을 강조할 수 있게 해 준다. 치료자가 강조한 독특한 결과는 내담자의 선호하는 경험을 나타내는 것이어야 한다. 독특한 결과의 예로는 내담자가 다인종 또는 다민족 정체성을 부정하는 지배적 담론에도 불구하고 자신의 다인종 또는 다민족 정체성을 공언했을 때, 또는 특이하거나 곱슬곱슬한 머리카락은 받아들일 수 없다는 또래의 메시지에도 불구하고 혼혈 머리의 가치를 인정했을 때이다. Rockquenmore와 Laszloffy가 제안한 네 번째 단계에서의 진정한 궁금증은 내담자로 하여금 지배적 담론과 자신이 선호하는 존재 방식을 자신의 삶 속에서 통합하게 해 줄 질문을 질문자가 할 수 있게 한다. 이것이 바로 다인종 또는 다민족 내담자와의 치료적 관계에서 다섯 번째 단계로, **삶의 재저작하기**라고 부른다.

Rockquemore와 Laszloffy(2003)가 다인종 내담자와의 이야기치료 과정에서 찾아낸 여섯 번째 단계는 가족 구성원, 가까운 친구, 중요한 타인과의 관계를 통합하기 위해 치료를 확장하는 것이다. 이 단계에서 내담자 삶에서의 다른 사람들은 그들의 이야기를 공유할 수 있다. 이 부분은 다인종 또는 다민족 내담자가 자신의 이야기를 공유하는 것에 주로 초점을 맞출 수도 있고, 가족 구성원과 다른 사람들이 그들의 개인적인 문제와 공유된 문제로 가득 찬 이야기를 검토하고 협상할 수 있는 관계적 치료가 되도록 확장할 수도 있다. 치료의 일곱 번째 단계에서는 타당화와 '증언하기'를 허용하는 방식으로 내담자가 다른 사람들에게 자신이 선호하는 존재 방식을 보여 주는 자신의 새롭게 재

저작된 이야기를 한다(White & Epston, 1990). 자신이 다른 사람과의 관계 속에서 구성된다는 신념과 관련하여, 재저작된 이야기를 공유하는 과정은 처음에는 내담자에게 갈등의 원인이 되었을 수도 있을 '다른 타당성'을 제시한다(Rockquemore & Laszloffy, 2003, p. 123). 다인종 또는 다민족 내담자에 대한 치료의 여덟 번째 단계에서 치료자는 내담자와 함께 다인종/다민족적 정체성이 받아들여지지 않을 수 있는 미래 상황에서 자신의 역량을 강화하고, 내적 강점을 활용하기 위한 작업을 해야 한다. 마지막으로, 내담자들이 선택한 인종 혹은 민족 정체성을 지속적으로 무효화시킬 계속되는 지배적 담론과 대면할 준비를 하도록 하는 것이 중요하다. 종종 이것은 확대 지원 체계를 필요로 하는데, 가족 구성원이나 또래, 또는 다인종/다민족 문제에 헌신적인 집단이 이에 해당될 수 있다. 궁극적인 목표는 내담자가 갖가지 상황 속에서도 개인적으로, 그리고 삶에서 중요한 타인들의 지지와 함께 자신의 개인적인 인종 또는 민족 정체성을 유지하는 능력이다.

◎ 성 정체성 다양성

포스트모던 치료는 종종 동성애자, 트랜스젠더, 성 정체성을 모색 중인(GLBTQ) 내담자와 작업할 때 선택되는 이론인데, 왜냐하면 이 치료들은 GLBTQ 내담자를 가장 고통스럽게 하는 이성애주의적 담론을 해체하도록 돕기 때문이다. 대부분의 치료자는 GLBTQ 내담자와 작업할 때, 엄격한 알지 못함의 자세보다는 그 주제에 관한 전문지식을 가지고 옹호하는 자세를 취하기를 권한다(Aducci & Baptist, 2001; Perez, 1998). 이와 함께 많은 GLBTQ 내담자는 그들 자신과 그들의 관계에 관한 긍정적인 꼬리표와 정체성 이야기를 구성하도록 돕는 치료적 대화로부터 도움을 얻는다(Perez, 1998). 게다가 치료자는 주호소 문제가 내담자의 일반적인 생활이나 관계 상황에 기인한 정도에 비해 얼마나 직접 성 정체성에 기인하였는지를 확인하는 것이 중요하다(Aducci & Baptist, 2011).

이야기치료자는 이성애주의적 담론과 그들만의 삶의 경험 간의 충돌로 곤란을 겪는 GLBTQ 내담자에게 사용할 수 있는 특정한 접근을 개발했다. Yarhouse(2008)는 이야기 성 정체성 치료에 대해 한편으로는 GLBT라는 확인에 내재된 강점을 지지하는 동성애 지지치료(gay-affirmative therapy)와 다른 한편으로 내담자로 하여금 자신의 성 정체성을 이성애로 바꾸도록 돕기 위해 고안되어 논란의 여지가 매우 많은 (그래서 캘리포니아에서는 심각한 해를 끼칠 가능성으로 인해 성소수자에게 근본적으로 금지된) 접근인 재정향 치료(reorientation therapy)의 절충안이라고 설명한다. 반면, 이야기치료의 원리를 기반으로 하는 이야기 성 정체성 치료는 내담자로 하여금 그들의 개인적 신념과 행동이 일치되는 삶을 추구하도록 돕는데, 그 과정은 내담자의 성 정체성을 구성하면서도 혼란시키는 지배적 담론을 해체하는 데 중점을 둔다. 성 정체성으로 고통받는 내담자를 돕기 위해 고안된 이 접근은, 특히 강력한 반동성애 메시지를 보내는 종교적 및 문화적 배경을 지닌 내담자에게 적절하다.

표준적인 이야기치료 활동을 바탕으로 치료자는 내담자로 하여금 문제와 관련된 이야기를 확인한 다음, 내담자 삶의 경험과 가치에 더 일치되는 잠재적 반대 이야기를 찾아내도록 돕는다. 이 접근에서 내담자는 자신이 원하는 대로 자신의 삶을 정의하는 가치와 목적을 결정한다. 그 접근은

6단계로 이루어져 있으며, 이 과정이 유동적이기는 하지만 그럼에도 치료자가 치료를 개념화하는 데 유용할 수 있다.

① **내담자가 성 정체성 고민을 표현하기**: 처음에는 내담자가 성 정체성에 대한 고민을 표현한다. 이 고민들은 그들의 삶에서 성적 매력에 관한 경험이 뭔가 잘못되고, 부도덕하거나, 어떤 식으로든 문제가 된다고 믿는 외적(종교, 문화, 가족) 또는 내적(개인적 가치) 소리들과 관련될 수 있다.

② **지배적 이야기 도식화하기**: 다음 단계는 지배적 담론과 그것의 원래 의미 및 미묘한 함축적 의미를 탐색하는 것이다. 치료자들이 지배적 담론을 도식화하기 위해 할 수 있는 질문들은 다음과 같다.

- "동성애자임을 알게 되는 것에 대해 당신이 자라면서 받았던 메시지에는 어떤 것들이 있었나요?" (Yarhouse, 2008, p. 205)
- "당신이 동성애자임을 의미하는 동성에 대한 감정이 당신에게 주는 메시지는 어땠나요?" (Yarhouse, 2008, p. 205)
- "당신은 동성애의 이 관점들에 대해 어떻게 반응했나요?"

③ **선호하는 이야기 확인하기**: 다음 단계에서 내담자는 동성애에 관한 개인적 삶의 경험을 되돌아본다. 대개 이를 설명하기 위해 사용되는 은유는 '발견'이다. 즉, 자신의 진짜 자기에 관해 이미 존재하던 사실을 발견하는 것이다. 다른 경우에 은유는 일종의 '통합'이다. 즉, 동성애 경험을 자기 정체성의 다른 측면들과 통합하는 것이다. 그 사람이 동성애자 정체성을 가정하지 않기로 하고, 대신 단지 특정 요소들로 통합하기로 선택할 경우에는 통합의 은유가 더 보편적이다.

④ **예외/새로운 반대 이야기를 인정하기**: 그다음, 치료자는 내담자로 하여금 반대 이야기가 생겨날 공간을 만들어 낼 지배적 담론의 예외를 찾아내도록 돕는다. 이 과정을 촉진하기 위해 치료자가 사용할 수 있는 질문들은 다음과 같다.

- 당신이 처음 자기 자신에 대해 생각했을 때에 비해 당신의 성 정체성을 어떤 방식으로 다르게 이해하고 있나요?(Yarhouse, 2008, p. 206)
- 당신이 어릴 적에 배웠던 동성애의 의미에 의문을 던져 본 적이 있나요?
- 동성애에 대한 당신의 개인적 경험은 동성애자들은 어떠할 것이라고 지금껏 당신이 들어 왔던 메시지와 어떤 방식으로 다른가요?

⑤ **정체성과 일치하는 태도, 활동, 자원을 강조하기**: 반대 이야기가 생겨남에 따라 치료자는 내담자가 선호하는 정체성과 일치하는 태도, 활동, 자원에 귀 기울이고 강조한다.

- 당신의 성 정체성에 대해 받았던 메시지에 어떤 방식으로 도전하고 싶은가요?(Yarhouse, 2008, p. 207)
- 당신이 이미 조금이라도 당신의 선호하는 가치와 정체성에 따라 살고 있는 방식에는 어떤 것이 있나요?

- 당신의 선호하는 정체성과 가치를 더 지지해 줄 수 있을 관계, 활동, 공동체에는 어떤 것이 있을까요?

⑥ **해결/조화**: 마침내 내담자는 자신의 삶의 경험, 영적 신념, 문화적 가치에 맞는 선호하는 성 정체성에 따라 살 수 있다. 치료자들이 이 과정을 촉진하기 위해 사용할 수 있는 질문들은 다음과 같다.

- 앞으로 몇 달간 당신의 성 정체성과 종교적 또는 영적 정체성 간의 관계에 대해 당신은 어떻게 생각하나요?(Yarhouse, 2008, p. 208)
- 내년에 당신이 당신의 성 정체성에 대해 어떤 방식으로 설명할지를 조금 말해 줄 수 있나요?(Yarhouse, 2008, p. 208)

연구와 증거기반

이야기치료자와 협동치료자는 그들의 철학적 기반과 일관되게, 그들의 치료적 접근에 대해 양적 연구보다는 질적 연구를 더 많이 수행하였다(Anderson, 1997; Gehart et al., 2007). 포스트모던 치료의 질적 연구는 성공적인 치료에 대해 연구자가 정의한 측정치보다는 내담자의 경험을 강조하면서 치료와 내담자 삶에서 치료의 효과성에 대한 내담자의 실제 경험에 중점을 두었다(Andersen, 1997; Gehart & Lyle, 1999; Levitt & Rennie, 2004; London, Ruiz, Gargollo, & M.C., 1998). 주목할 만한 예외로, 핀란드 정신과 의사인 Jaakko Seikkula(2002)와 그의 팀(Haarakangas et al., 2007)은 20년 이상 정신증 환자 및 다른 심각한 질환을 진단받은 환자들과 작업하면서 그들의 열린 대화 접근을 연구하기 위해 질적 방법과 양적 방법을 사용하여 모델의 효과성에 대한 상당한 증거를 생성해 냈다('임상적 주목' 논의 참조). 그들은 2년 안에 대부분의 내담자가 정상 기능을 회복하면서 만성 정신증 사례를 거의 뿌리 뽑았다고 보고한다. 그들의 작업은 심각한 정신건강 문제를 치료하기 위한 회복지향적 접근에 대한 모범적인 증거기반 접근이다.

최근 몇 년간 이야기치료에 대한 성과 연구가 증가하고 있다. 예를 들어, 호주의 한 연구는 주요 우울장애치료에서 이야기치료의 효과성을 검토하였고, 내담자의 74%가 믿을 만한 호전을 보이면서 다른 접근들과 견줄 만한 효과를 보였다(Vromans & Schweitzer, 2011). 호주의 다른 연구에서 섭식장애와 우울증을 겪는 여성들이 10주간 이야기치료 집단에 참여한 결과, 자기 비판이 줄어들었고 일상 활동에 변화를 보였다(Weber, Davis, & McPhie, 2006). 이야기치료에 대한 과정 연구는, 특히 내담자로 하여금 자신의 문제를 재개념화하고 새로운 경험을 조성하게 해 주는 독특한 결과가 긍정적 성과와 관련됨을 보여 준다(Matos, Santos, Goncalves, & Martins, 2009).

포스트모던 치료의 가정과 전제는 정신 의학, 더 구체적으로는 대인 간 신경생물학(interpersonal neurobiology)과 같은 예측하지 못한 곳에서도 지지를 얻고 있다(Beaudoin & Zimmerman, 2011; Gehart, 2012; Siegel, 2012). 포스트모던 치료자들처럼 Siegel은 스토리텔링이 인간이 삶을 이해하는 방식이라고 제안한다.

> 우리는 스토리텔링의 산물이며, 스토리는 우리를 서로 묶어 주는 사회적 매개체이다. 이야기의 구조와 기능을 이해하는 것은 이야기가 인간으로서의 존재 의미를 이해하는 치료이기 때문이다(pp. 31-32).

Siegel은 어린 시절 인간이 어떻게 스토리에서 태어나고, 문화적 의미를 띠며, 청소년기와 성인기에 의미를 계속해서 재구성함에 따라 인간 문화가 진화하는지를 설명한다. 이러한 이야기들은 삶에 반응하는 개인의 선택지를 제한하거나 확장한다. Siegel은 이 이야기들로부터 거리를 두고 검토하는 **반영**이 내담자로 하여금 자신이 누구이고, 자신의 인생이 무엇인지에 관한 제한된 스토리에서 자기 자신을 해방시키게 해 준다고 제안한다. 이와 동일한 과정이 포스트모던 치료에서 강조된다.

Siegel(2012)은 사람이 어떻게 변화하는지를 설명하면서, **하향식(top-down) 처리**에 비해 **상향식(bottom-up) 처리**의 중요성을 강조한다. 상향식 처리는 무슨 일이 일어나는지에 관한 새로운 이해, 범주, 스토리를 생성해 내기 위해 전전두엽의 아래쪽 3개 층을 사용하여 경험을 처리하는 것을 말한다. 반면 하향식 처리는 삶의 경험을 기존의 범주로 분류하기 위해 전전두엽의 위쪽 3개 층을 사용하는 것이다. 두 형태의 처리가 모두 중요하지만, 문제와 관련하여 '꼼짝할 수 없다'고 느끼는 대부분의 사람은 하향식 처리에서 막히며, 그들의 상황과 상황의 변화 가능성을 바라보는 방식을 변화시키지 못한다. 포스트모던 치료자들의 알지 못함의 자세는 상향식 처리를 촉진함에 있어 훌륭한 접근이다. 사실 협동치료 과정 전체가 상향식 처리를 확장하는 접근이라고 볼 수 있다(Gehart, 2012).

이와 더불어 Siegel(2012)은 트라우마의 해결을 통합적인 이야기를 만들어 내는 과정으로 설명하는데, 이는 이야기치료에서 줄거리를 두텁게 하는 것과 유사하다. 외상 경험은 해마와 암묵 기억으로 부호화되지 않은 외현(서술) 기억을 압도한다. 따라서 외상 기억은 과거에서 왔다는 느낌이 들지 않는 암묵 기억에 주로 부호화되며, 종종 지금-여기에서 발생하고 있는 분열된 청각 시각, 감각 경험인 것처럼 경험된다(예: 플래시백). 이러한 단편적인 기억들은 신경 상태들이 통합된 건강한 상태로 들어가는 뇌의 능력을 손상시키면서 혼란스럽고 경직된 패턴을 형성한다. Siegel은 트라우마 치료가 근본적으로 암묵 기억을 논리 정연한 이야기 속에 합치는 것이며, 이는 치료자와 함께 '대인 간 조율'에 들어감으로써 가장 쉽게 달성할 수 있다고 제안한다. 그는 두 가지 마음이 혼입될 때 동시에 내담자가 논리 정연한 이야기 속에 외상 기억을 합칠 수 있을 만큼 오랫동안 외상 기억을 다루도록 돕기 위해 치료자의 통합된 신경 상태를 '빌릴' 수 있다고 제안한다. 통합된 외현적 외상 이야기의 재형성 과정을 거치고 나면 내담자는 통합된 신경 상태에 머무르면서 동시에 외상을 회상할 수 있다(예: 외상을 회상할 때 증상이 나타나지 않음).

마지막으로, Beaudoin과 Zimmerman(2011)은 포스트모던 기법이 내담자로 하여금 자신의 인생 경험을 '표현'할 수 있게 해 주고, 불안 중심의 변연계로부터 차분하고, 이성 중심의 전전두엽으로 내담자가 이동하도록 돕기 전에는 한 번도 입 밖에 낸 적 없는 일들을 말할 수 있게 해 준다는 점에 주목한다. 스트레스 기반의 경험들에 이름을 붙이고 표현하도록 함으로써, 내담자들은 변연계의 점화를 줄일 수 있으며, 의식적인 선택과 반응을 할 수 있게 된다. 게다가 선호하는 현실에 대한 치료적 대화는 내담자의 선호하는 정체성과 관련 행동을 지지하는 신경 연결을 강화한다. 특히 선호하는 현실에 대한 정서주입 설명은 우뇌 반구와 우세하게 연관된 새로운 정체성 이야기를 확고히 하는 데 도움이 된다. 이러한 정서주입 설명은 정서뿐 아니라 이미지, 냄새, 촉각 경험과 같은 감각 경험을 포함한다.

온라인 자료

Harlene Anderson

www.harleneanderson.org

폭식/거식 반대 연대(Anti-Anorexia/Anti-Bulimia League)

www.narrativeapproaches.com/antianorexia%20folder/anti_anorexia_index.htm

덜위치 센터: Michael White의 이야기치료(Dulwich Centre: Michael White's Narrative Therapy)

www.dulwichcenter.com

에반슨 가족치료 센터: 자유와 콥스의 이야기치료(Evanston Family Therapy Center: Freedman and Combs' Narrative Therapy)

www.narrativetherapychicago.com

멕시코 협동치료(Grupo Campos Elíseos: Collaborative Therapy, Mexico City)

www.grupocamposeliseos.com

휴스턴 갤버스턴 연구소: 협동치료(Houston Galveston Institute: Collaborative Therapy)

www.talkhgi.com

마르부르크 연구소: 독일 협동치료(Marburg Institute: Collaborative Therapy, Germany)

www.mics.de

이야기치료 접근(Narrative Approaches)

www.narrativeapproaches.com

타오스 연구소: 치료, 컨설테이션, 교육, 비즈니스에서의 실천(Taos Institute: Collaborative Practices in Therapy, Consultation, Education, Business)

www.taosinstitute.net

예일타운 가족치료: 캐나다 이야기치료(Yaletown Family Therapy: Narrative Therapy, Canada)

www.yaletownfamilytherapy.com

포스트모던 사례연구: 자해, 우울, 동성애자 혼합 가족

Christie와 Suzanne은 Christie의 15세 딸 Ashley가 점점 더 우울해하고, 괴로움을 덜기 위해 자해를 시작하여 치료에 데려왔다. Ashley는 항상 '예민한' 아이였고 고등학교에서 지내는 데 어려움을 겪었다. Suzanne과 8세인 그녀의 아들 Matt는 약 1년 전 이사를 왔으며, 그들은 과도기가 대체로 잘 지나갔다고 보고한다. Ashley에게는 아버지의 재혼으로 생긴 이복 남동생이 있고, 이들은 5시간 정도 떨어진 곳에 살며 휴가 때만 만난다. Ashley는 어머니와 다른 여성과의 관계에 대해 본인은 "아무렇지도 않다"고 말하며, 아버지를 만나는 빈도에 대해서도 "괜찮다"고 말한다. Christie와 그녀의 어머니(Ashley의 할머니)는 우울증 치료를 받아 왔다. 이와 더불어, Christie는 어린 시절 그녀의 오빠에게 성적 학대를 당했으며, 이 오빠의 아들은 Ashley가 6세 때 그녀를 한 차례 성추행했다. Ashley는 미술과 작곡에 대단한 열정을 갖고 있다.

가족과 만난 뒤 포스트모던 합동 가족치료자는 다음과 같이 사례개념화하였다.

체계적 이론을 사용한 사례개념화

개인, 부부, 가족 내담자용

치료자: Roxana Gilbert 내담자/사례 #: 1420 날짜: 08/10/4

기호
AF = 성인 여성, AM = 성인 남성, CF = 여아, CM = 남아
Ex. = 설명, Hx = 이력, NA = 해당 사항 없음

1. 내담자 & 중요한 타인 소개

* 치료 과정에 참여하는 내담자를 나타냄

나이, 인종, 직업/학년, 그 외 관련 사항.

* AF: 47, 고등학교 음악 교사, 독일계 미국인, 최근 AF40과 결혼함.

* AF: 40, 회계 담당자, 아일랜드계 미국인, 최근 AF47과 결혼함.

* CF: 15(IP) (AF47의 딸), 10학년, 미술과 음악에 재능 있음.

CM: 8(AF40의 아들), 3학년, 스포츠

AM: CF15의 아버지, 고등학교 수학 교사, 재혼하여 한 명의 자녀를 둠.

2. 주호소 문제

문제에 대한 내담자의 설명

AF47: CF15의 우울에 대해 큰 고등학교에서 부끄러움을 타고 예민해진 것과 관련되었다고 봄. 그녀

(다음)

는 자신과 어머니의 우울과 6세 때 경험한 성적 학대를 관련지음.

AF40: CF15의 우울은 자신과 어머니와의 관계를 받아들이지 않는 것과 관련되어 있다고 걱정함. 그녀는 죄책감을 느끼지만, 이것이 한 요인이라고 생각하지 않는 AF47에게 실망하기도 함.

CF15: 자신의 우울이 학교에서 친구가 없어서 생긴 것으로 생각함. 집과 학교에서 자기 자리가 없다고 느낌.

CM8: CF15가 왜 우는지 잘은 모르겠지만 본인 탓은 아니기를 바람.

문제에 대한 확대가족의 설명: AF47의 어머니는 어머니의 관계에 대한 스트레스가 CF15를 곤란하게 만들고 학교에서 친구를 사귀기 어렵게 만들었을 수도 있다고 생각함.

더 넓은 체계의 문제 설명: 의뢰인, 교사, 친척, 법적 체계 등의 문제에 대한 설명
CF15의 아버지(AM): 그녀의 우울과 자해에 대해 인식하지 못했었지만, 그녀의 어머니가 다른 여성 및 CF15와 함께 사는 것이 '건강하지 않다'고 생각함.
영어 교사: CF15의 멘토, CF15가 그저 고등학생으로는 '너무 성숙한' 사려 깊은 여자아이라고 생각함.
친한 친구: CF15가 고등학교에서 더 많은 친구가 필요하다고 생각함.

3. 배경 정보

트라우마/학대 이력(현재와 과거): CF15는 6세 때 그녀의 사촌에게 성적 학대(1회)를 당했음. 사촌의 아버지는 어릴 때 그녀의 어머니를 성적으로 학대했음. CF15는 그 당시 학대에 대해 치료받았음.

약물 사용/남용(현재와 과거: 본인, 원가족, 중요한 타인): 보고된 바 없음.

촉발 사건(최근 삶의 변화, 초기 증상, 스트레스 요인 등): AF40과 CM8은 15개월 전에 이사 왔음. CF15는 1년 반 전에 고등학교에 입학했고 중학교 때 친한 친구는 다른 고등학교로 갔음. 그녀는 미술 수업을 듣고 연극 준비에 공을 들임. 그녀는 학교에 친구가 두 명쯤 있지만 주말에 만나는 옛 친구와 가장 친함. 그녀는 가을에 학교에서 어떤 남학생에게 반했지만 그는 현재 다른 사람과 만나고 있음. 그녀는 종종 점심시간과 금요일 밤을 혼자 보냄.

관련된 배경 이력(가족 이력, 관련 주제, 이전 상담 경험, 의학/정신건강 이력 등): CF15는 3세 때 부모님이 이혼한 이후 계속 어머니와 함께 살았음. 그녀의 어머니는 그녀가 키우기 수월한 아이였다고 보고함. CF15의 아버지는 이사를 갔고 그녀는 휴가 때 아버지와 만나 왔음. AF47은 7년 전부터 여성과 만나기 시작했으며, AF40과는 현재 3년째 사귀고 있음.

4. 내담자/가족 강점과 다양성

강점과 자원
개인적: CF15는 똑똑하고, 예술적이고, 음악에 소질이 있음. 그녀는 올바른 의사결정을 하며 성실한 학생임. AF47은 밝고 헌신적이고 세심한 어머니임. AF40과 CM8은 긍정적이고 집에 활기를 가져옴.

관계/사회적: CF15에게는 중학교 때부터 가장 친한 지지적인 친구와 훌륭한 멘토인 영어 선생님이 있음. 그녀의 아버지는 그녀가 방문할 때 지지적임. 대체로 가족이 서로 잘 지냄.

(다음)

영적: AF47은 "모든 일에는 이유가 있다."라고 굳게 믿으며 강한 비종교적 영성이 있음.

다양성: 자원과 한계

연령, 성별, 성적 지향, 문화적 배경, 사회경제적 지위, 종교, 지역사회, 언어, 가족 배경, 가족 구성, 능력 등을 기반으로 내담자가 활용할 수 있는 잠재적인 자원과 한계를 확인할 것.

고유한 자원: AF47과 AF40은 동성애자 공동체를 통해 강한 사회적 및 전문적 네트워크를 가지고 있음. 그들은 육아 의무를 잘 분담함.

잠재적 한계: 비전형적인 가족으로서, 모든 구성원은 다른 사람들로부터 괴롭힘당하거나 질문을 받았던 경험을 보고함.

5. 가족 구조

가족생활주기 단계(해당 사항에 모두 체크할 것)

☐ 미혼 ☐ 기혼 ☐ 어린 자녀를 둔 가족 ☒ 청소년 자녀를 둔 가족

☒ 이혼 ☒ 혼합 가족 ☐ 자녀가 독립함 ☐ 노년기

이 단계들 중 하나에서 발달 과업을 완수하면서 힘든 점 설명하기: CF15는 집에서 협조적이지만 성공적인 사회적 삶을 영위하거나 개인적 정체성 발달을 시작할 수 없었음.

커플/가족이 친밀함과 거리를 조절하는 전형적인 방식: 커플과 가족은 서로를 정서적으로 잘 이해하는 편이며, 이는 지지를 형성하기도 하지만 약간의 반응성도 나타남.

경계

커플(AF47/AF40): ☐ 밀착된 ☐ 명확한 ☐ 단절된 ☐ NA

설명: AF47과 AF40은 약간 밀착되어 있고, 상대방의 감정과 반응에 매우 민감함.

부모 AF47 & 자녀: ☐ 밀착된 ☐ 명확한 ☐ 단절된 ☐ NA

설명: CF15와 AF47은 모녀지간이라기보다는 자매처럼 '너무 가까움'.

부모 AM & 자녀: ☐ 밀착된 ☐ 명확한 ☐ 단절된 ☐ NA

설명: AM은 CF15의 삶에서 정서적으로 분리되어 있지만, 그에게 마음을 터놓으면 매우 지지적임.

형제자매: ☐ 밀착된 ☐ 명확한 ☐ 단절된 ☐ NA

설명: CF15는 이복 남동생 및 CM8과 소원한 관계임.

확대가족: ☐ 밀착된 ☐ 명확한 ☐ 단절된 ☐ NA

설명: AF47은 어머니와 지지적인 관계라고 보고함.

친구/동료: ☐ 밀착된 ☐ 명확한 ☐ 단절된 ☐ NA

설명: ____________________

삼각관계/연합

☒ 세대 간 연합: 적대적이지는 않지만 AF47/CF15는 항상 AM에 맞서 한 팀이 됨.

☐ 원가족과의 연합:

☐ 그 외 연합: ____________________

(다음)

부모와 자녀 간 위계: ☐ NA

AF47: ☒ 효과적인 ☐ 불충분한(허용적인) ☐ 과도한(독재적인) ☐ 일관성 없는

AF40: ☒ 효과적인 ☐ 불충분한(허용적인) ☐ 과도한(독재적인) ☐ 일관성 없는

설명: CF는 어른에게 매우 순응적임.

AF40과 AF47의 상호보완적 패턴

☒ 추격자/철수자 ☐ 과잉/과소 기능자 ☐ 감정적/논리적 ☐ 좋은/나쁜 부모

☐ 기타:

설명: AF40은 일반적으로 '너무 괴로워하고' 걱정에 빠져 있는 AF47에게 계속 뭐라고 함. AF40은 '논리적이고 긍정적인' 사람이고, AF47은 '감정적이며 걱정하는' 사람임.

Satir의 의사소통 유형: 스트레스 상황에서 주로 사용하는 유형을 기술할 것.

AF47: ☐ 일치형 ☒ 회유형 ☐ 비난형 ☐ 초이성형 ☐ 산만형

AF40: ☐ 일치형 ☐ 회유형 ☒ 비난형 ☐ 초이성형 ☐ 산만형

CF15: ☐ 일치형 ☒ 회유형 ☐ 비난형 ☐ 초이성형 ☐ 산만형

CM8: ☐ 일치형 ☒ 회유형 ☐ 비난형 ☐ 초이성형 ☐ 산만형

설명:

Gottman의 이혼 지표

비난: ☒ AF47 ☐ AF40

설명: 문제를 야기하는 경향이 있음.

자기변명: ☒ AF47 ☒ AF40

설명:

경멸: ☐ AF47 ☐ AF40

설명:

담쌓기: ☐ AF47 ☒ AF40

설명: 거절당했다고 느낄 때.

회복 시도 실패: ☐ AF47 ☐ AF40

설명:

영향을 수용하지 않음: ☐ AF47 ☐ AF40

설명:

격한 시작: ☒ AF47 ☐ AF40

설명: 문제를 거칠게 제기하는 경향이 있음.

6. 상호작용 패턴

문제 상호작용 패턴(A ⇆ B)

긴장의 시작: AF47은 CF15에게 주말에 친구를 만나라고 제안함.

갈등/증상 확대: CF15는 그녀의 어머니가 도와주려고 노력하는 것을 알지만, 속으로는 더욱 무가치감을 느낌. 저녁식사에서 AF47과 AF40이 함께 있는 것을 보면 기분이 더 나빠짐. 자기 자리가 없는 것처

(다음)

럼 느낌. 울거나 늦은 밤에 자해함.
'정상'으로 회복/항상성: AF47가 CF15의 눈물과 자해 상처를 보면 AF47은 CF15를 돕기 위해 모든 것을 내려놓음. CF15는 기분이 나아지기 시작함.

현재 문제에 대해 가정된 항상성 기능: 증상은 연결을 유지하고, 독립성/거리감을 형성하고, 영향력을 만들고, 연결을 재구축하고 혹은 한편으로 가족 내에서 균형감을 형성하도록 돕는 데 어떤 역할을 하는가?
AF40이 이사 오기 전, CF15와 AF47은 '가장 친한 친구'였고, CF15는 AF47의 세상의 중심이었음. CF15는 혼란스러운 AF47의 동성애 관계에 적응해야 했을 뿐 아니라 자녀 역할로 돌아가는 데 적응해야 했음. 그녀는 새로운 학교에서 친구를 사귀기가 어려워서 그녀 생활에 외로움이 더해졌음. 우울과 자해는 괴로움을 다루는 데 도움이 될 뿐 아니라 어머니와의 유대감을 지속하는 데 도움이 됨.

7. 세대 간 & 애착 패턴

다음을 비롯한 모든 관련 정보가 포함된 가계도를 구성할 것.

- 나이, 출생/사망일
- 이름
- 관계 패턴
- 직업
- 병력
- 정신 질환
- 학대 이력

또한 회기에서 자주 논의되는 사람들에 대한 2~3개의 형용사를 포함할 것(이는 성격 및 관계적 패턴을 묘사해야 함. 예: 조용한, 가족을 돌보는 사람, 정서적으로 거리가 있는, 완벽주의자, 무력한 등). 가계도는 반드시 보고에 첨부되어야 함. 중요한 결과를 다음에 요약할 것.

가족 강점: 학대를 알았을 때 AF47은 CF15를 보호했음. AF47의 부모님은 AF40을 완전히 수용한 것은 아니지만 AF40이 이사 왔다고 해서 관계를 끊지도 않음.
약물/알코올 남용: ☒ N/A, ☐ 이력:
성적/신체적/정서적 학대: ☐ N/A, ☒ 이력: CF15와 사촌; AF47과 오빠(사촌의 아버지)
부모/자녀 관계: ☐ NA, ☐ 이력: AF47의 친밀한 모녀 관계
신체적/정신적 장애: ☐ N/A, ☒ 이력: AF47, 그녀의 어머니, CF15는 우울증이 있음.
현재 문제의 이력 삽화: ☐ N/A, ☒ 이력: AF47도 우울증이 있고, 성적 학대를 당했음.

애착 유형: 각 내담자의 가장 일반적인 애착 유형을 설명할 것.
AF47: ☐ 안정 ☐ 불안 ☐ 회피 ☒ 불안/회피
설명: AF47은 주로 회피적이지만 CF15가 AF47의 관심을 필요로 할 때, AF47은 모든 것을 내려놓고 CF15를 보살핌.
AF40: ☐ 안정 ☒ 불안 ☐ 회피 ☐ 불안/회피

(다음)

설명: ______

CF15: ☐ 안정 ☒ 불안 ☐ 회피 ☐ 불안/회피

설명: ______

CM8: ☒ 안정 ☐ 불안 ☐ 회피 ☐ 불안/회피

설명: ______

AM: ☐ 안정 ☐ 불안 ☒ 회피 ☐ 불안/회피

설명: ______

8. 해결중심 평가

시도했지만 효과적이지 않았던 해결책들

1. CF15를 달래려 하는 AF47. 모든 게 다 잘될 거라고 말하면서 '그녀를 북돋으려' 함.

예외 상황과 독특한 결과(효과적이었던 해결책들): 문제가 덜 문제되었을 때의 시간, 장소, 관계, 맥락 등, 상황을 조금이라도 개선하는 행동들

1. CF15는 친한 친구와 함께 있거나 학교 친구들과 시간을 보낼 때 덜 우울함.
2. CF15는 어머니가 자신과 함께 시간을 보낼 때 덜 우울함.

기적 질문 답변: 만약 그 문제가 밤사이에 해결된다면, 내담자는 다음 날 무엇을 다르게 하겠는가?(Y를 하지 않는다는 방식이 아닌 X를 한다는 방식으로 설명할 것)

1. CF15는 학교에 소속감을 느끼게 해주는 친구가 한 명 이상 있을 것이다.
2. 가족 전체가 정기적으로 만나는 공동체/친구 집단이 하나 이상 있을 것이다.
3. AF47이 덧붙임: CF15는 그녀가 열정과 흥미를 느끼는 활동을 할 것이다.

9. 포스트모던과 문화적 담론 개념화

이야기, 지배적 담론, 다양성

문제의 정의에 영향을 미치는 지배적 담론

문화, 인종, 사회경제적 지위, 종교 등: 주요 문화적 담론이 문제와 가능한 해결책을 인식하는 데 어떤 영향을 미치는가?

CF15는 겉으로는 '정상'이지만, 내적으로는 '비정상'이라고 느낌.

성별, 성적 지향 등: 성별/성적 지향 담론이 문제와 가능한 해결책을 인식하는 데 어떤 영향을 미치는가?

AF47이 이성애자에서 동성애자로 바꾼 것은 CF15가 성장함에 따라 점진적으로 일어난 변화였다는 점에서 CF15에게 '정상'처럼 느껴졌지만, 지금 그녀는 본인의 성적 끌림을 느끼고 이에 대해 더 잘 이해하게 되면서 혼란스럽고 당황스러워함. CF15와 AF47은 모두 여성 대 여성의 관계에서 안정감을 느낌.

맥락, 가족, 지역사회, 학교, 기타 사회적 담론: 다른 중요한 담론이 문제와 가능한 해결책을 지각되는 데 어떤 영향을 미치는가? CF15는 그녀의 심사숙고하는 경향이 그리 중요시되지 않는 환경인 고등학교에 '잘 맞는' 방식을 찾으려 하고 있음.

(다음)

정체성/자기 이야기: 그 문제는 각 가족 구성원의 정체성을 어떻게 형성하였는가?

고등학교에 입학하고 AF40이 이사 온 이후로 CF15는 모든 사회적 세상에서 점점 소외된다고 느끼고 있음. "어디에도 내 자리가 없는 것 같아요." "아무도 나를 원하지 않아요." AF47은 그녀가 마침내 커밍아웃하여 그녀의 참 자기를 표현하고 있다고 느끼며, 이것이 그녀의 자녀에게는 상처가 된다고 여김.

국소적/선호하는 담론: 내담자가 선호하는 정체성 이야기 및 문제에 관한 이야기는 무엇인가? 문제에 대해 선호되는 국소적(대안적인) 담론이 있는가?

AF47은 CF15가 '나이에 비해 성숙'하고 다른 아이들처럼 '피상적이거나' '비판적이지' 않아서 잘 맞지 않는다고 설명함. AF47은 항상 CF15를 자녀가 아닌 친구로 여겨 왔음. 가족들은 동성 관계 때문에 계속해서 차별을 경험함. '다름'의 효과는 가족 구성원 모두에게 영향을 미침.

10. 내담자 관점

동의하는 영역: 내담자들이 말한 것에 근거하여, 이 평가의 어떤 부분에 대해 그들이 동의하는가, 혹은 동의할 것 같은가?

그들은 선뜻 AF40의 이사와 CF15의 학교 변화가 CF15의 우울과 관련한 스트레스 요인이라고 설명함.

동의하지 않는 영역: 그들이 어떤 부분에 대해 동의하지 않는가, 혹은 동의하지 않을 것 같은가? 이유는?

AF47은 CF15와의 친밀도 수준은 적절하다고 여기며, CF15가 나이에 비해 성숙하기 때문에 친구처럼 대하는 것도 괜찮았다고 생각함.

당신은 동의할 것 같지 않은 영역을 어떻게 존중하면서 작업할 계획인가?

원인을 찾으려 하거나 책임을 전가하는 것을 피하고, 대신에 가족으로 하여금 CF15에게 더 효과적일 수 있는 또 다른 관계 맺는 방법을 생각해 보도록 할 것.

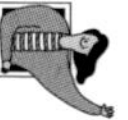

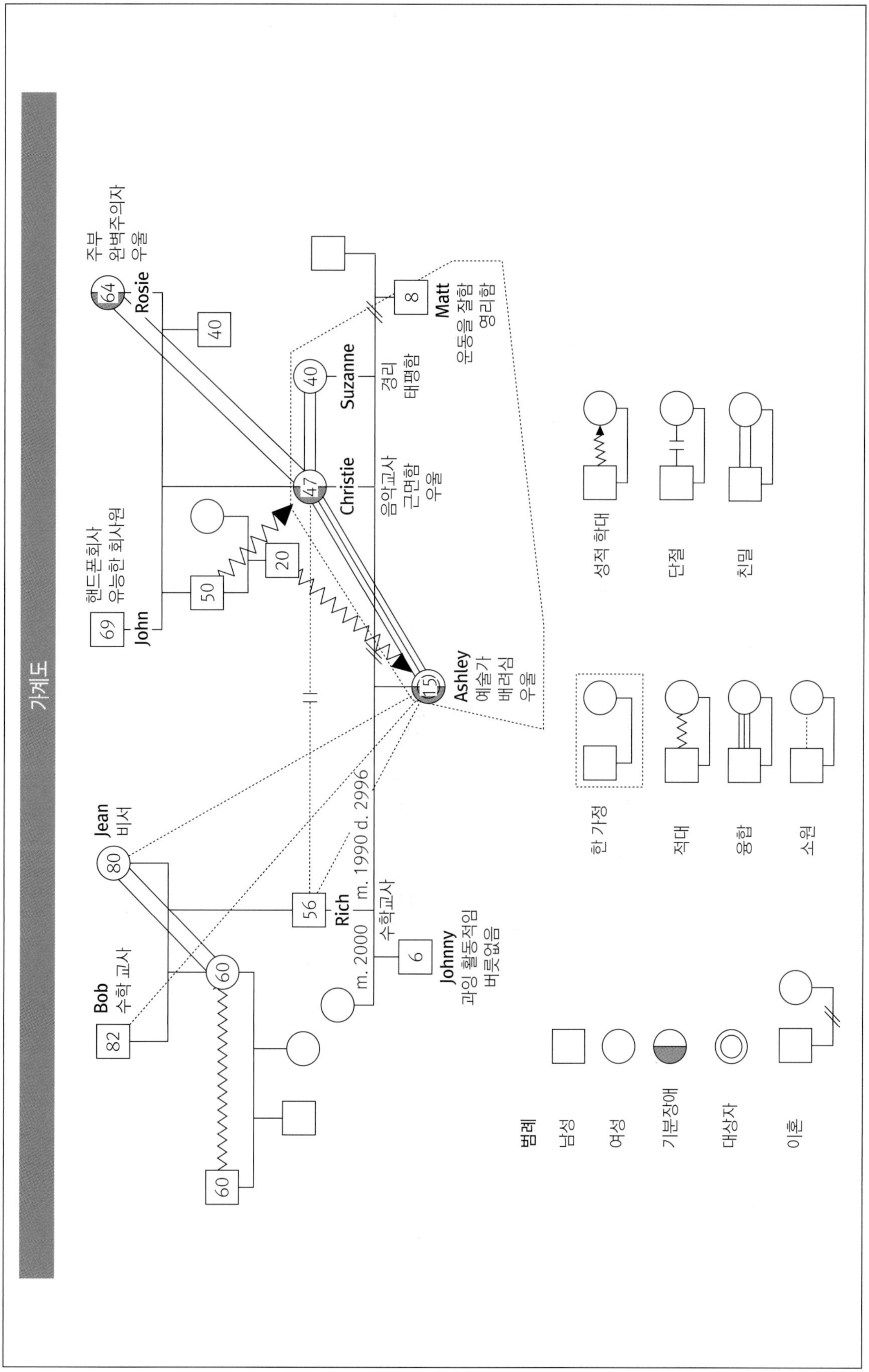

가계도

82 Bob
수학 교사

80 Jean
비서

60

60

56 Rich
m. 2000
m. 1990 d. 2996
수학교사

6 Johnny
과잉 활동적임
버릇없음

69 John
핸드폰회사
유능한 회사원

64 Rosie
주부
완벽주의자
우울

50

20

40

47 Christie
음악교사
근면함
우울

40 Suzanne
경리
태평함

15 Ashley
예술가
배려심
우울

8 Matt
운동을 잘함
영리함

범례

남성

여성

기분장애

대상자

이혼

한 가정

적대

융합

소원

성적 학대

단절

친밀

임상 평가

내담자 ID #: (이름을 쓰지 말 것):: 1420	인종 백인	주요 언어 ☒ 영어 ☐ 스페인어 ☐ 기타: ______

참여자/중요한 타인을 모두 기록할 것: 확인된 환자(IP)는 [★], 참여할 중요한 타인은 [✔], 참여하지 않을 중요한 타인은 [X] 표시할 것.

성인: 나이: 직업/고용주	아동: 나이: 학교/학년
[✔] AF*: 47, 고등학교 음악교사, 독일계 미국인, 최근에 AF40과 결혼함. [✔] AF: 40, 회계 담당자, 아일랜드계 미국인, 최근에 AF47과 결혼함. [★] AF/M #2: AM, CF15의 아버지, 고등학교 수학 교사.	[✔] CM 8(AF40의 아들), 3학년, 스포츠. [★] CF 15(AF47의 딸), 10학년, 예술적, 음악에 소질 있음. [ ] CF/M ______

주호소 문제

		자녀에 대해 기록
☒ 우울증/절망	☐ 부부 문제	☒ 학업 실패/성적 하락
☐ 불안/걱정	☐ 부모/자녀 갈등	☐ 무단결석/가출
☐ 분노 문제	☐ 배우자 폭력/학대	☐ 또래와의 싸움
☒ 상실/비애	☐ 이혼 적응	☐ 과잉행동
☐ 자살 사고/시도	☒ 재혼 적응	☐ 유뇨/유분증
☐ 성적 학대/강간	☐ 성적 취향/친밀감 문제	☒ 아동 학대/방임
☐ 알코올/약물 사용	☒ 주요 삶의 변화	☒ 고립/철회
☐ 섭식 문제/장애	☐ 법적 문제/보호 관찰	☐ 기타: ______
☐ 직업 문제/실직	☒ 기타: ______	

IP의 정신 상태

대인관계 문제	☐ NA	☐ 갈등 ☒ 밀착 ☒ 고립/회피 ☐ 정서적 단절 ☒ 사회 기술 부족 ☐ 부부 문제 ☐ 또래 문제 ☐ 업무상 문제 ☒ 지나치게 수줍음 ☐ 이기적 ☒ 관계 구축/유지 어려움 ☐ 기타: ______
기분	☐ NA	☒ 우울/슬픔 ☒ 절망감 ☐ 두려움 ☐ 불안 ☐ 분노 ☐ 짜증 ☐ 조증 ☐ 기타: ______
정서	☐ NA	☒ 위축된 ☐ 무딘 ☐ 생기 없는 ☐ 불안정한 ☐ 극적인 ☐ 기타: ______
수면	☐ NA	☒ 수면과다증 ☐ 불면증 ☐ 수면 방해 ☐ 악몽 ☐ 기타: ______
식사	☐ NA	☒ 증가 ☐ 감소 ☐ 식욕감퇴 ☐ 폭식 ☐ 하제 사용 ☐ 신체 이미지 ☐ 기타: ______
불안 증상	☐ NA	☒ 만성 근심 ☐ 공황발작 ☐ 해리 ☐ 공포증 ☐ 강박사고 ☐ 강박행동 ☐ 기타: ______

(다음)

* 약어: AF: 성인 여성, AM: 성인 남성, CF#: 여자아이와 나이(예: CF12), CM#: 남자아이와 나이, Hx: 이력, CL: 내담자.

트라우마 증상	☐ NA	☐ 급성 ☒ 만성적 ☐ 과각성 ☐ 꿈/악몽 ☐ 해리 ☒ 정서적 마비 ☐ 기타: ______
정신병적 증상	☒ NA	☐ 환각 ☐ 망상 ☐ 편집증 ☐ 연상 이완 ☐ 기타: ______
지각 운동/언어 능력	☐ NA	☒ 에너지 부족 ☐ 활동적/과잉행동 ☐ 불안한 ☐ 부주의한 ☐ 충동적인 ☐ 병적 수다 ☐ 말이 느린 ☐ 기타: ______
사고	☐ NA	☒ 집중력/주의력 저하 ☐ 부정 ☒ 자기 비난 ☐ 타인 비난 ☒ 반추 ☐ 부적절한 ☐ 비논리적인 ☐ 경직된 ☐ 낮은 통찰력 ☐ 의사결정능력 손상 ☐ 혼란스러운 ☐ 느린 처리 ☐ 기타: ______
사회 법률	☒ NA	☐ 규칙 무시 ☐ 반항 ☐ 도벽 ☐ 거짓말 ☐ 울화 행동 ☐ 체포/수감 ☐ 싸움을 일으킴 ☐ 기타: ______
기타 증상	☒ NA	

IP 진단

진단을 내릴 때 고려되는 환경적 요인: ☒ 나이 ☒ 성별 ☒ 가족 역동 ☐ 문화 ☐ 언어 ☐ 종교 ☐ 경제 ☐ 이민 ☒ 성적 지향 ☒ 트라우마 ☐ 이중 진단/동반질환 ☐ 중독 ☐ 인지 능력
☐ 기타: ______

확인된 요인들의 영향력: 연령에 적합한 언어를 사용하였음. 기분과 적응을 진단할 때 어머니의 성적 취향 변화를 포함하여 성별 및 최근 가족 변화를 고려하였음.

축 I
주 진단: 296.32 주요 우울장애, 재발성, 중등도
부수적 진단: 995.53 자녀의 성적 학대
축 II: V71.09 없음
축 III: 보고된 바 없음
축 IV
☒ 주요 지지 집단과의 문제: 부모
☐ 사회 환경/학교 관련 문제: 이사, 새로운 학교
☐ 교육적 문제: 새로운 학교
☐ 직업 문제
☐ 주거 문제
☐ 경제 문제
☐ 건강관리서비스 이용 문제
☐ 법률 체계와의 상호작용 관련 문제
☒ 기타 심리사회적 문제 또래관계
축 V
GAF: 55
GARF: 60

축 I 진단의 DSM 증상을 열거할 것(각 증상의 빈도와 지속 기간 포함). 내담자는 축 I의 주 진단의 9개 진단기준 중 5개를 충족함.

1. 우울한 기분, 거의 매일, 지난 6달간.
2. 흥미 상실, 거의 매일.
3. 과다 수면, 특히 주말.
4. 무가치감을 느낌, 거의 매일.
5. 집중력 저하, 특히 학교에서.
6. 최근 6개월간 조증이나 혼재삽화 없음.

(다음)

<table>
<tr><td>의학적 원인은 배제되었는가?
☒ 네 ☐ 아니요 ☐ 진행 중
환자가 정신과적/의학적 평가가 의뢰된 적이 있는가?
☒ 네 ☐ 아니요
환자가 의뢰에 동의하였는가?
☒ 네 ☐ 아니요 ☐ NA
평가에 사용된 심리측정 도구 혹은 자문을 열거할 것
☒ 없음 또는 ______</td><td>약물 (정신 의학 & 의학)
복용량/복용 시작 날짜
1. Zoloft/50mg 08/10/4
2. ______/______mg ______
3. ______/______mg ______
진단에 대한 내담자의 반응
☒ 동의 ☐ 다소 동의 ☐ 동의하지 않음
☐ 다음의 이유로 알리지 않음
______</td></tr>
<tr><td colspan="2">의학적 필요성(해당되는 것에 모두 체크할 것)
☒ 심각한 손상 ☒ 심각한 손상 가능성 ☒ 발달 지체 가능성
손상 영역: ☒ 일상 활동 ☒ 사회적 관계 ☒ 건강 ☒ 직장/학교 ☐ 거주 형태
☐ 기타: ______</td></tr>
<tr><td colspan="2">위험 평가</td></tr>
<tr><td>자살 경향
☐ 징후 없음
☐ 부정
☐ 적극적인 사고
☒ 소극적인 사고
☐ 계획 없는 의도
☐ 수단 있는 의도
☐ 과거 자살 사고
☐ 과거 자살 시도
☐ 자살한 가족/동료 이력

약물 사용 경험
알코올 남용
☒ 징후 없음
☒ 부정
☐ 과거
☐ 현재
빈도/양: ______

약물
☒ 징후 없음
☒ 부정
☐ 과거
☐ 현재
약물: ______
빈도/양: ______
☐ 가족/중요한 타인의 약물 남용</td><td>살인 경향
☒ 징후 없음
☒ 부정
☐ 적극적인 사고
☐ 소극적인 사고
☐ 수단이 없는 의도
☐ 수단이 있는 의도
☐ 과거 살인 사고
☐ 과거 폭력 사용
☐ 폭행/행패 이력
☐ 동물 학대

성적 · 신체적 학대와 기타 위험 요인
☒ 현재 학대 이력이 있는 아동
  ☒ 성적 ☐ 신체적 ☐ 정서적 ☐ 방임
☐ 아동기 학대 이력이 있는 성인
  ☐ 성적 ☐ 신체적 ☐ 정서적 ☐ 방임
☐ 성인기에 학대/폭행 경험이 있는 성인
  ☐ 성적 ☐ 신체적 ☐ 현재
☐ 학대를 가한 이력
  ☐ 성적 ☐ 신체적
☐ 노인/보살핌이 필요한 성인 학대/방임
☐ 거식증/폭식증/기타 섭식장애
☒ 자상 또는 기타 자해
  ☒ 현재
  ☐ 과거 방법: 면도칼
  ☐ 범죄/법적 이력: ______
  ☐ 보고된 바 없음</td></tr>
</table>

(다음)

안전 지표: ☒ 강력한 지지를 제공하는 최소 한 명의 외부인 ☒ 자신/타인을 해치지 않을 이유와 살아야 할 구체적인 이유를 언급할 수 있음 ☐ 희망적임 ☒ 미래의 목표가 있음 ☒ 위험한 물건들을 처분할 의사가 있음 ☐ 상황을 악화시키는 사람들과의 접촉을 줄일 의지가 있음 ☒ 안전 계획과 안전 개입을 이행할 의지가 있음 ☐ 자해하거나 타인을 해치는 것의 대안들을 개발함 ☒ 안전이 유지된 기간: 1개월 ☐ 기타: ______

안전 계획 요소: ☒ 해치지 않겠다는 구두 계약 ☒ 해치지 않겠다는 서면 계약 ☒ 비상연락망 ☒ 위기 상담사/기관 연락처 ☒ 약물치료 관리 ☒ 위기 시에 친구들/지지적인 사람들과 연락하기 위한 구체적인 계획 ☐ 위기 시에 갈 장소에 대한 구체적인 계획 ☐ 위기 단계에 도달하기 전에 위험을 줄이기 위한 구체적인 자기진정 과제(예: 일기쓰기, 운동 등) ☒ 스트레스 요인을 줄이기 위한 구체적인 매일/주간 활동 ☐ 기타: ______

메모: 법적/윤리적 조치: ☐ NA CPS에 과거 학대를 보고함, Riley West, 4:00pm 08/10/4

사례 관리

날짜	양식	내담자가 다른 곳에서 정신건강 또는 기타 의학적 치료를 받고 있는가?
첫 번째 방문: 08/10/4 마지막 방문: 08/10/11 회기 빈도: ☒ 주 1회 ☐ 격주 ☐ 기타: ______ 예상 치료 기간: ______	☐ 성인 개인 ☒ 아동 개인 ☐ 부부 ☒ 가족 ☐ 집단 ______	☒ 아니요 ☐ 네: ______ 만약 아동/청소년이라면: 가족이 참여하는가? ☒ 네 ☐ 아니요

환자 의뢰 및 전문가 연락

사회복지사에게 연락한 적이 있는가?
☒ 네 ☐ 아니요
설명: ______ ☐ NA

내담자가 의학적 평가에 의뢰된 적이 있는가?
☒ 네 ☐ 필요 없음

내담자가 정신의학적 평가에 의뢰된 적이 있는가?
☒ 네(내담자가 동의함) ☐ 네(내담자가 동의하지 않음) ☐ 불필요

의료진 또는 다른 전문가와 만난 적이 있는가?
☒ 네 ☐ 아니요 ☐ NA

내담자가 복지/법률 서비스에 의뢰되었는가?
☐ 직업/훈련 ☐ 복지/식품/주거 ☒ 피해자 지원 ☐ 법적 지원 ☐ 의료
☐ 기타: ______ ☐ NA

치료와 관련하여 예상되는 범죄/법률 절차가 있는가?
☒ 아니요 ☐ 네: 이혼 가능성

내담자가 집단 또는 기타 지원 서비스에 의뢰된 적이 있는가?
☒ 네 ☐ 아니요 ☐ 추천받지 않음

내담자의 사회적 지지 연결망
☒ 지지적인 가족 ☐ 지지적인 배우자 ☒ 친구들 ☐ 종교적/영적 단체 ☐ 지지적인 직장/사회적 집단
☐ 기타: ______

(다음)

치료가 지지체계 내 타인(부모, 아동, 형제자매, 중요한 타인 등)에게 가져올 것으로 예상되는 효과
딸을 더 잘 보호하지 못했다는 죄책감에 시달리는 어머니.

성공적이기 위해 내담자에게 그 밖에 필요한 것이 있는가?
어머니에게 개인치료가 필요할 수 있음.

내담자의 희망: 낮음 1-----X-----5---------10 높음

예상 결과 및 예후
☒ 정상적인 기능으로 회복.
☐ 개선을 예상하지만, 정상적인 기능보다 덜할 것으로 예상.
☐ 현재의 상태를 유지/악화 예방.

진단/내담자 관점에 대한 평가
평가 방법은 내담자의 필요에 따라 어떻게 조정되었는가?
연령과 성별에 적합한 언어를 사용하였음. 특히 재학대 평가에서 안정감을 형성하였음.

나이, 문화, 능력 수준, 기타 다양성 문제는 다음과 같이 조정되었음.
어머니의 성적 취향을 존중하는 태도로 다루었음. CF와 관계 맺기 위해 유머를 사용하였음.

체계적/가족 역동은 다음과 같은 방식으로 고려되었음.
AF40에게 관심 있다면 참여해 달라고 초대하였음. AM에게도 계속 참여해 달라고 연락하였음.

이 평가와 관련하여 실제적이거나 잠재적인 내담자-치료자 동의/비동의 영역을 설명할 것.
AF47은 약물치료가 CF에게 도움이 되는 것 같고 여전히 자해를 하고 있기 때문에 약물치료를 원함. 확인된 비동의 영역은 없음.

______________________, ______________ ______________
상담사 서명 자격/수련 등급 날짜

______________________, ______________ ______________
지도감독자 서명 자격 날짜

치료 계획

이름: Roxana Gilbert　　　　날짜: 08/10/4
사례/내담자: #:1420　　　　이론: 협동치료

▣ 치료 초기 단계

❖ 초기 단계 치료적 과업

1. 효과적인 치료적 관계 발전시키기. 다양성 주의: 외상을 고려한 안정감과 성적 취향 주제를 논의하기 위한 정중하고 수용적인 공간 형성에 중점을 둘 것.
   관계 구축 접근/개입
   a. 각 구성원과 대화적 관계를 형성할 수 있도록 궁금함의 자세와 일상 언어를 사용할 것. 모든 의견과 관점들을 허용할 것. CF15가 안전감을 느낄 수 있도록 충분히 천천히 진행할 것.

2. 개인적, 체계적 및 광범위한 문화적 역동 평가하기. 다양성 주의: 비전형적 가족이 된다는 것의 스트레스와 영향을 고려할 것.
   a. 평가 전략: 우울의 영향과 우울에 대한 사람의 영향을 도식화하기 위해 상대적 영향 질문을 사용할 것. 독특한 결과를 파악할 것.
   b. 특히 동성 관계와 관련하여 우울을 지지하는 지배적 담론과 우울과의 관계를 변화시킬 자원이 될 국소적이고 대안적인 담론을 확인할 것.

3. 치료 목표를 정의하고 치료 목표에 대한 내담자 동의 얻기. 다양성 주의: CF15와 부모 모두가 목표에 동의하는지 확인할 것.
   a. 선호하는 만남 방식(개인 vs 가족)에 대해 질문하고, 가장 중요하게 여기는 영역을 확인할 것.

4. 의뢰 필요성, 위기 문제, 부수적 연락처, 기타 내담자 욕구를 확인하기.
   a. 의뢰/자원/연락: 약물치료 가능성에 대해 논의할 것. 장단점, 가족의 관점과 가치에 대해 논의할 것.

❖ 초기 단계 내담자 목표

1. CF15의 자해를 줄이기 위해 우울에 관련된 주체의식을 높이고 기분과 정서를 관리하는 능력 기르기.
   측정: 0회 이하의 가벼운 '자해' 에피소드를 보이며 ☒ 4주 ☐ 4개월 동안 안전감을 지속할 수 있음.
   a. 안전 척도를 사용하여 안전 계획을 세울 것. 레벨7과 대안적 계획을 확인하는 데 CF15와 AF47을 참여시킬 것.
   b. 친한 친구 및 새로운 학교 친구들과의 사회적 유대감을 높이기 위한 방법을 확인하는 데 대화적 질문과 공동 수수께끼를 사용할 것.

▣ 치료 작업 단계

❖ 작업 단계 치료적 과업

1. 목표를 향한 경과 점검하기. 다양성 주의: CF15에게 단독으로 질문하는 것을 포함하여 각 개인의 관점을

(다음)

말하도록 요청할 것.

a. 회기들에서 안정감이 보장되는지와 새로운 행동으로 옮겨지는 새로운 의미들을 내담자가 만들어 내고 있는지 점검할 것.

b. 상담 성과 평가 척도를 실시할 것.

2. 치료가 진행됨에 따라 치료적 동맹의 질 점검하기. 다양성 주의: 가족이 존중받고 있다고 느끼는지 그리고 그들의 가족 형태를 치료가 지지하는 것처럼 느끼는지를 확인할 것.

a. 관계 내에서 내담자의 안정감과 주체의식을 높이기 위한 허락 질문과 견해의 위치 정하기.

b. 회기 평가 척도를 실시할 것.

❖ 작업 단계 내담자 목표

1. CF15의 사회적 철수와 외로움을 줄이기 위해 집과 학교에서의 소속감 높이기.

측정: 2회 이하의 가벼운 '철수' 에피소드를 보이며 ☒ 8주 ☐ 8개월 동안 소속감을 지속할 수 있음.

a. CF15와 각 가족 구성원들 간의 유대감을 비롯하여 모든 가족 구성원이 가족의 유대감에 대해 어떻게 생각하는지를 공유해 달라고 요청하여, 가족 유대감에 대한 새로운 이해가 생겨날 수 있도록 할 것.

b. CF15가 친구들과의 관계를 새로운 방식으로 바라보고 잠재적 행동 단계를 모색하도록 행동과 의식의 조망에서 문제와 독특한 결과를 도식화할 것.

2. 우울한 기분과 절망감을 줄이기 위해 관계와 생활 활동들에서 CF15의 주체의식 높이기.

측정: 1회 이하의 '우울한 기분' 에피소드를 보이며 ☒ 2주 ☐ 2개월 동안 주체성을 지속할 수 있음.

a. CF15가 현재의 정체성 이야기와 선호하는 정체성 이야기를 확인하도록 돕기 위해 편지쓰기를 통해 다양한 의견과 접촉할 것.

b. CF15가 자신이 선호하는 자기를 향해 취할 조치의 작은 단계들을 파악하기 위한 공동 수수께끼.

■ 치료 종결 단계

❖ 종결 단계 치료적 과업

1. 추후관리 계획을 세우고 개선을 유지하기. 다양성 주의: 지역 동성애 여성 공동체 내에서 가능한 지지를 확인할 것.

a. 장기적 안전계획을 세우고, 초기의 '경고 사인'과 이에 대한 대처 방법을 확인할 것.

b. 내담자의 경과를 기록하고 우울 극복 이야기를 확고히 하기 위한 치료자의 편지.

❖ 종결 단계 내담자 목표

1. 안녕감을 높이기 위해 CF가 선호하는 개인 정체성과 가족 정체성 이야기를 늘리고 두텁게 하기.

a. CF15와 가족을 생각에서 행동으로 옮겨 가도록 하는 비계설정 대화.

b. 새로운 이야기를 확고히 하기 위해 행동과 의식의 조망에서 독특한 결과를 도식화할 것.

2. 소외감을 줄이기 위해 가족이 선호하는 정체성을 지지하는 외부 관계 늘리기.

a. 내담자의 선호하는 정체성을 지지하는 친구, 가족, 학교 직원의 연결망을 확장하는 정의예식.

(다음)

b. CF와 가족치유의 여정을 문서화하는 치료자의 치료적 편지.
c. 새롭게 정해진 정체성의 커플/가족을 지지하는 이야기 반영 팀.

■ **내담자 관점**

내담자와 함께 치료 계획을 검토하였는가: ☒ 네 ☐ 아니요
아니라면 설명할 것: ____________________

내담자가 동의하는 영역과 우려사항을 묘사할 것: 내담자들은 처음 몇 주간은 가족회기로 시작하여 이후에 CF의 개인회기와 가족회기를 섞어서 진행하기를 원함.

치료자 서명, 수련생 지위 날짜 지도감독자 서명, 자격 날짜

경과 기록

내담자 경과 기록 #1420
날짜: 08/10/11 시간: 1:00 am/pm 회기 길이: ☒ 50분 ☐ 기타: ____분
참가자: ☐ AM ☒ AF47 ☐ CM ☒ CF ☐ 기타: ____________
청구번호: ☐ 90791(평가) ☐ 90834(치료-45분) ☒ 90847(가족)
☐ 기타: ____________________

증상	지난 방문 이후 지속 기간/빈도	경과: 퇴행----------초기 상태------------목표
1. 자해	팔을 긁음(피나지 않음)	-5-------1-------5----x-----10
2. 우울한 기분	가벼운 정도, 거의 매일	-5-------1-------5----x-----10
3. 철수	중간 정도, 거의 매일	-5-------1-------5----x-----10

설명: CF는 지난 주 첫 회기 이후 더 큰 희망을 보고함. 안전 계획 때문에 '자해'는 안 했지만, 긁기는 했음. 우울한 기분이 지속되지만 약간 더 희망이 생겼다고 보고함. 지난 회기 이후 어머니와 더 가까워진 느낌을 보고하지만 과다수면과 사회적 철수가 지속됨.

개입/HW: 안전 척도를 사용하여 구체적인 안전 계획을 세웠음. 7단계의 신호와 이 지점에서 기분을 관리하는 전략(남자친구에게 전화하기, 엄마에게 이야기하기, 음악 연주, 달리기)을 확인하였음. CF는 자신의 계획을 쉽게 만들어 냈고 AF47에게 공개했으며, AF47은 지지적이었음.

(다음)

내담자 반응/피드백: CF는 현재 감정을 설명할 때에는 망설이는 것 같았지만 행동 변화에 대한 의지가 있어 보였고, 악순환을 막을 방법을 찾을 때에는 활기가 있었음.

계획

☒ 다음 회기: 안전 계획을 점검함. 함께 다음 목표와 단계를 확인함.

☐ 계획 수정: ____________________

다음 회기: 날짜: 08/10/18 시간:2:00 am/pm

위기 문제: ☐ 자살/살인/학대/위기를 부정함 ☒ 위기가 평가됨/다루어짐

자해는 부인하지만(증거 없음) 피가 나지 않는 긁기를 인정함. 안전한 계획을 세웠고, CF가 흔쾌히 계획에 동의했으며 기꺼이 AF47을 동참시킴.

____________________, ____________________ ____________________

치료자 서명 자격/수련생 지위 날짜

사례 자문/지도감독 기록: 슈퍼바이저가 안전계획을 검토하였음.

부수적 정보제공자 연락: 날짜: 08/10/12 시간: 5:00 이름: Dr.Lee

기록: 약물치료, 진단(296.32), 안전계획 관련해서 정신과의사와 상의함.

☒ 서면 공개 파일: ☒ 발송 ☐ 수령 ☐ 법원 서류 ☐ 기타: ____________________

____________________, ____________________ ____________________

치료자 서명 자격/수련생 지위 날짜

____________________, ____________________ ____________________

지도감독자 서명 자격 날짜

참고문헌

*기호는 추천 입문서를 나타냄

Aducci, C. J., & Baptist, J. A. (2011). A collaborative-affirmative approach to supervisory practice. *Journal of Feminist Family Therapy: An International Forum, 23*(2), 88-102. doi:10.1080/08952833.2011.574536

*Andersen, T. (1991). *The reflecting team: Dialogues and dialogues about the dialogues*. New York: Norton.

Andersen, T. (1992). Relationship, language and pre-understanding in the reflecting process. *Australian and New Zealand Journal of Family Therapy, 13*(2), 87-91.

Andersen, T. (1995). Reflecting processes; acts of informing and forming: You can borrow my eyes, but you must not take them away from me! In S. Friedman (Ed.), *The reflecting team in action: Collaborative practice in family therapy* (pp. 11-37). New York: Guilford.

Andersen, T. (1997). Researching client-therapist relationships: A collaborative study for informing therapy. *Journal of Systemic Therapies, 16*(2), 125-133.

*Andersen, T. (2007). Human participating: Human "being" is the step for human "becoming" in the next step. In H. Anderson & D. Gehart (Eds.), *Collaborative therapy: Relationships and conversations that make a difference* (pp. 81-97). New York: Brunner/Routledge.

Anderson, H. (1993). On a roller coaster: A collaborative language systems approach to therapy. In S. Friedman (Ed.), *The new language of change* (pp. 323-344). New York: Guilford.

Anderson, H. (1995). Collaborative Language systems: Toward a postmodern therapy. In R. Mikesell, D. D. Lusterman, & S. McDaniel (Eds.), *Family psychology and systems therapy*(pp. 27-44). Washington, DC: American Psychological Association.

*Anderson, H. (1997). *Conversations, language, and possibilities: A postmodern approach to therapy*. New York: Basic Books.

Anderson, H. (2005). Myths about "not Knowing." *Family Process, 44*, 497-504.

Anderson, H. (2007). Historical influences. In H. Anderson & D. Hehart (Eds.), *Collaborative therapy: Relationships and conversations that make a difference* (pp. 21-31). New York: Brunner/Routledge.

*Anderson, H., & Hehart, D. (2007). (Eds.), *Collaborative therapy: Relationships and conversations that make a difference* (pp. 21-31). New York: Brunner/Routledge.

Anderson, H., & Goolishian, H. (1988). Human systems as linguistic systems: Preliminary and evolving ideas about the implications for clinical theory. *Family Process, 27*, 157-163.

*Anderson, H., & Goolishian, H. (1992). The client is the expert: A not-knowing approach to therapy. In S. McNamee & K. J. Gergen (Eds.), *Therapy as social construction* (pp. 25-39). Newbury Park, CA: Sage.

Augusta-Scott, T., & Dankwort, J. (2002). Partner abuse group intervention: Lessons from education and narrative therapy approaches. *Journal of Interpersonal Violence, 17*, 783-805.

Basu, A. M. (2007). *Negotiating social contexts: Identities of biracial college women*. Charlotte, NC: Information Age.

Bava, S., Levin, S., & Tinaz, D. (2002). A polyvocal response to trauma in a postmodern learning community. *Journal of Systemic Therapies, 21*(2), 104–113.

Beaudoin, M. N., & Zimmerman, J. (2011). Narrative therapy and interpersonal neurobiology: Revisiting classic practices, developing new emphases. *Journal of Systemic Therapies, 30*, 1–13.

Boscolo, L., Cecchin, G., Hoffman, L., & Penn, P. (1987). *Milan systemic family therapy*. New York: Basic Books.

Bruner, Jerome. (1986). *Actual minds, possible worlds*. Cambridge, MA: Harvard University Press.

Carey, M., & Russell, S. (2011). Pedagogy shaped by culture: Teaching narrative approaches to Australian Aboriginal health workers. *Journal of Systemic Therapies, 30*(3), 26–41. doi:10.1521/jsyt.2011.30.3.26

Collins, J. F. (2000). Biracial Japanese American identity: An evolving process. *Cultural Diversity and Ethnic Minority Psychology, 6*, 115–133.

Deissler, K. (2007). Dialoguesin a psychiatric service in Cuba. In H. Anderson & D. Gehart (Eds.), *Collaborative therapy: Relationships and conversations that make a difference* (pp. 291–309). New York: Brunner/Routledge.

Edwards, L. M., & Pedrotti, J. T. (2004). Utilizing strengths of our cultures: Therapy with biracial women and girls. *Women and Therapy, 27*, 33–43.

Foucault, M. (1972). *The archeology of knowledge* (A. Sheridan-Smith, trans.). New York: Harper & Row.

Foucault, M. (1980). *Power/knowledge: Selected interviews and other writings*. New York: pantheon Books.

*Freedman, J., & Combs, G. (1996). *Narrative therapy: The social construction of preferred realities*. New York: Norton.

*Freedman, J., Epston, D., & Lobovits, D. (1997). *Playful approaches to serious problems*. New York: Norton.

Gehart, D. (2007a). Creating space for children's voices: A collaborative and playful approach to working with children and families. In H. Anderson & D. Gehart (Eds.), *Collaborative therapy: Relationships and conversations that make a difference* (pp. 183–197). New York: Brunner/Routledge.

Gehart, D. (2007b). Process-as-content: Teaching postmodern therapy in a university context. *Journal of Systemic Therapies, 18*, 39–56.

Gehart, D. (2012). *Mindfulness and acceptance in couple and family therapy*. New York: Springer.

Gehart. D. R., & Lyle, R. R. (1999). Client and therapist perspectives of change in collaborative language systems: An interpretive ethnography. *Journal of Systemic Therapy, 18*(4), 78–97.

Gehart, D., & McCollum, E. (2007). Engaging suffering: Towards a mindful re-visioning of marriage and family therapy practice. *Journal of Marital and Family Therapy, 33*, 214–226.

Gehart, D., Tarragona, M., & Bava, S. (2007). A collaborative approach to inquiry. In H. Anderson & D. Gehart (Eds.), *Collaborative therapy: Relationships and conversations that make a difference* (pp. 367–390). New York: Brunner/Routledge.

Gibbs, J. T. (1998). Biracial adolescents. In J. T. Gibbs, L. N. Huang & Associates (Eds.), *Children of color: Psychological interventions with culturally diverse youth* (pp. 305–332). San Francisco: Jossey-Bass.

Gibbs, J. T., & Hines, A. M. (1992). Negotiating ethnic identity: Issues for Black-White Biracial adolescents. In M. P. P. Root (Ed.), *Racially mixed people in America* (pp. 223–238). Newbury Park, CA: Sage.

Gillem, A. R., Cohn, L. R., & Throne, C, (2001). Black identity in Biracial Black/White people: A comparison of Jacqueline who refuses to be exclusively Black and Adolphus who wishes he were. *Cultural Diversity and Ethnic Minority Psychology, 7*, 182–196.

Goolishian, H., & Anderson, H. (1987). Language systems and therapy: An evolving idea. *Psychotherapy, 24*(3S), 529–538.

Haarakangas, K., Seikkula, J., Alakare, B., & Aaltonen, J. (2007). Open dialogue: An approach to psychotherapeutic treatment of psychosis in Northern Finland. In H. Anderson & D. Gehart (Eds.), *Collaborative therapy: Relationships and conversations that make a difference* (pp. 221–233). New York: Brunner/Routledge.

Herring, R. (1995). Developing Biracial ethnic identity: A review of the increasing dilemma. *Journal of Multicultural Counseling and Development, 23*, 29–39.

*Hoffman, L. (1981). *Foundations of family therapy: A conceptual framework for systems change.* New York: Basic Books.

Hoffman, L. (1990). Constructing realities: An art of lenses. *Family Process, 29*, 1–12.

Hoffman, L. (1993). *Exchanging voices: A collaborative approach to family therapy.* London: Karnac Books.

*Hoffman, L. (2001). *Family therapy: An intimate history.* New York: Norton.

Hoffman, L. (2007). The art of "withness": A bright new edge. In H. Anderson & D. Gehart (Eds.), *Collaborative therapy: Relationships and conversations that make a difference* (pp. 63–79). New York: Brunner/Routledge.

Jenkins, A. (1990). *Invitations to responsibility: The therapeutic engagement of men who are violent and abusive.* Adelaide, Australia: Dulwich Centre Publications.

Laszloffy, T. A. (2005, March/April). Multiracial families. *Family Therapy Magazine, 4*, 38–43.

Lee, S. (1997). Communication styles of Wind River Native American clients and the therapeutic approaches of their clinicians. *Smith College Studies in Social Work, 68*(1), 57–81. doi:10.1080/00377319709517516

Levin, S. (2007). Hearing the unheard: Advice to professionals from women who have been battered. In H. Anderson & D. Gehart (Eds.), *Collaborative therapy: Relationships and conversations that make a difference* (pp. 109–128). New York: Brunner/Routledge.

Levitt, H., & Rennie, D. L. (2004). Narrative activity: Clients' and therapist' intentions in the process of narration. In L. Angus & J. McLeod (Eds.), *The handbook of narrative and psychotherapy: Practice, Theory, and research* (pp. 299–313). Thousand oaks, CA: Sage.

London, S., & Rodriguez-Jazcilevich, I. (2007). The development of a collaborative learning and therapy community in an educational setting: From alienation to invitation. In H. Anderson & D. Gehart (Eds.), *Collaborative therapy: Relationships and conversations that make a difference* (pp. 235–250). New York: Brunner/Routledge.

London, S., Ruiz, G., Gargollo, M., & M. C. (1998). Clients' voices: A collection of clients' accounts. *Journal of Systemic Therapies, 17*(4), 61–71.

Malgady, R. G., & Costantino, G. (2010). Treating Hispanic children and adolescents using narrative therapy. In J. R. Weisz & A. E. Kazdin (Eds.), *Evidence-based psychotherapies for children and adolescents* (2nd ed.) (pp. 391–400). New York: Guilford Press.

Matos, M., Santos, A., Gonçalves, M., & Martins, C. (2009). Innovative moments and change in narrative therapy. *Psychotherapy Research, 19*(1), 68–80. doi:10.1080/10503300802430657

McCabe, G. H. (2007). The healing path: A culture and community-derived indigenous therapy model. *Psychotherapy: Theory, Research, Practice, Training, 44*(2), 148-160.doi:10.1037/0033-3204.44.2.148

McGill, D. W. (1992). The cultural story in multicultural family therapy. *The Journal of Contemporary Human Services, 73*, 339-349.

McNamee, S, (2007). Relational practices in education: Teaching as conversation. In H. Anderson & D. Gehart (Eds.), *Collaborative therapy: Relationships and conversations that make a difference* (pp. 313-336). New York: Brunner/Routledge.

Milan, S., & Keiley, M. K. (2000). Biracial youth and families in therapy: Issues and interventions. *Journal of Marital and Family Therapy, 26*, 305-315.

Miller, R. L., & Rotheram-Borus, M. J. (1994). Growing up Biracial in the United States. In E. P. Salett & D. R. Koslow (Eds.), *Race, ethnicity, and self: Identity in multicultural perspective* (pp. 143-169). Washington, DC: National Multicultural Institute.

Monk, G., & Gehart, D. R. (2003). Conversational partner or socio-political activist: Distinguishing the position of the therapist in collaborative and narrative therapies. *Family Process, 42*, 19-30.

Monk, G., Winslade, J., Crocket, K., & Epston, D. (1997). *Narrative therapy in practice: The archaeology of hope*. San Francisco: Jossey-Bass.

Monk, G., Winslade, J., & Sinclair, S. (2008). *New horizons in multicultural counseling*. Thousand Oaks, CA: Sage.

O'Hanlon, B. (1994). The third wave. *Family Therapy Networker, 18*, 1-10.

Pence, E., & Paymar, M. (1993). *Education groups for men who batter: The Duluth Model*. New York: Springer.

Penn, P. (2001). Chronic illness: Trauma, Language, and writing: Breaking the silence. *Family Process, 40*, 33-52.

Penn, P. (2002). *So close*. Fort Lee, NJ: Cavankerry.

Penn, P., & Frankfurt, M. (1994). Creating a participant text: Writing, multiple voices, narrative multiplicity. *Family Process, 33*, 217-231.

Penn, P., & Sheinberg, M. (1991). Stories and conversations. *Journal of Systemic Therapies, 10*(3-4), 30-37.

Perez, P. J. (1996). Tailoring a collaborative, constructionist approach for the treatment of same-sex couples. *The Family Journal, 4*(1), 73-81. doi:10.1177/1066480796041016

Phinney, J. S. (1990). Ethnic identity in adolescents and adults: Review of research. *Psychological Bulletin, 108*, 499-514.

Phinney, J. S. (1992). The multigroup ethnic identity measure: A new scale for use with diverse groups. *Journal of Adolescent Research, 7*, 156-176.

Poston, W. S. C. (1990). The Biracial identity development model: A needed addition. *Journal of Counseling and Development, 69*, 152-155.

Renn, K. A. (2003). Understanding the identities of mixed-race college students through a development ecology lens. *Journal of College Student Development, 44*, 383-403.

Rockquemore, K. A., & Laszloffy, T. A. (2003). Multiple realities: A relational narrative approach in therapy with Black-White mixed-raced clients. *Family Relations, 52*, 119-128.

Root, M. P. P. (Ed.). (1996). *The multiracial experience: Racial borders as the new frontier*. Thousand

Oaks, CA: Sage.

Rosenblatt, P. C., Karis, T. A., & Powell, R. D. (1995). *Multiracial couples: Black and White voices.* Thousand Oaks, CA: Sage.

Seikkula, J. (2002). Open dialogues with good and poor outcomes for psychotic crises: Examples from families with violence. *Journal of Marital and Family Therapy, 28*(3), 263-274.

Sells, S., Smith, T., Coe, M., & Yoshioka, M. (1994). An ethnigraphy of couple and therapist experiences in reflecting team practice. *Journal of Marital and Family Therapy, 20*, 247-266.

Siegel, D. (2012). *Pocket guide to interpersonal neurobiology.* New York: Norton.

Smith, C., & Nylund, D. (2000). *Narrative therapy with children and adolescents.* New York: Guilford.

St. George, S., & Wulff, D. (1988). Integrating the client's voice within case reports. *Journal of Systemic Therapies, 17*(4), 3-13.

Vetere, A., & Dowling, E. (2005). *Narrative therapies with children and their families: A practitioner's guide to concept and approaches.* New York: Routledge.

Vromans, L. P., & Schweitzer, R. D. (2011). Narrative Therapy for adults with major depressive disorder: Improved symptom and interpersonal outcomes. *Psychotherapy Research, 21*(1), 4-15. doi:10.1080/10503301003591792

Wardle, F. (1987). Are you sensitive to interracial children's special identity needs? *Young Children, 42*, 53-59.

Weber, M., Davis, K., & McPhie, L. (2006). Narrative therapy, eating disorders and groups: Enhancing outcomes in rural NSW. *Australian Social Work, 59*(4), 391-405. doi:10.1080/03124070600985970

Winslade, J., & Monk, G. (1999). *Narrative counseling in schools: Powerful and brief*(1st ed.). Thousand Oaks, CA: Corwin Press.

Winslade, J., & Monk, G. (2000). *Narrative mediation.* San Francisco: Jossey-Bass.

Winslade, J., & Monk, G. (2007). *Narrative counseling in schools: Powerful and brief* (2nd ed.). Thousand Oaks, CA: Corwin Press.

Winslade, J., & Monk, G. (2008). *Practicing narrative mediation: Loosening the grip of conflict.* San Francisco: Jossey-Bass.

White, M. (1995). *Re-authoring lives: Interviews and essays.* Adelaide, Australia: Dulwich Centre Publications.

*White, M. (2007). *Maps of narrative practice.* New York: Norton.

*White, M., & Epston, D. (1990). *Narrative means to therapeutic ends.* New York: Norton.

White, M., & Morgan, A. (2006). *Narrative therapy with children and their families.* Adelaide, Australia: Dulwich Centre Publications.

Yarhouse, M. A. (2008). Narrative sexual identity therapy. *American Journal of Family Therapy, 36*(3), 196-210. doi:10.1080/01926180701236498

Zimmerman, J. L., & Dickerson, V. C. (1996). *If problems talked: Narrative therapy in action.* New York: Guilford.

제11장 증거기반의 부부 및 가족 치료

행동변화란 치료자 입장에서는 일반적 원칙을 받아들이고, 이 원칙을 특정 가족과 연결 짓는 엄청난 창의성을 요구하는 치료적 활동이다.

– Sexton, 2011, p. 5/13

들어가며

체계적 부부 및 가족 치료는 높이 평가받는 여러 증거기반치료(Evidence-Based Treatment: EBTs)(이는 당신이 제2장에서 보았던 것으로 특정 대상을 위해 매뉴얼화된 치료임.)들을 포함한 탄탄하고도 충분한 증거기반을 가지고 있다. 대부분의 가족치료 학파는 최소 한 가지의 관련 증거기반치료를 가지고 있으며, 체계적 및 구조적 접근이 가장 잘 알려져 있다. 이 장에서는 가족치료에서 가장 널리 활용되는 두 가지 증거기반치료인 정서적 가족치료(Emotionally Family Therapy)와 기능적 가족치료(Functional Family Therapy)를 살펴본다. 선택할 만한 이론이 많음에도 이 두 이론을 선택한 주된 이유는 애초에 대형 기관이나 집단 장면을 위해 고안된 일부 접근과는 달리 두 이론은 접근에 대해 사설 활동이나 기관 장면에서 활용할 수 있는 방식으로 명료하게 설명하는 치료자 친화적(therapist-friendly)인 문헌들이 있기 때문이다. 하지만 이론들에 대해 구체적으로 살펴보기에 앞서, 증거기반치료에 대한 몇 가지 신화를 깨는 것이 좋겠다.

증거기반치료에 관한 신화

신화: 증거의 시대에서, 우리는 이제 이론을 필요로 하지 않는다

진실: 증거기반치료는 일반적으로 단일 이론을 더욱 엄격하게 고수하거나 소수의 전통적인 치료 이론을 조심스럽게 통합할 것을 요구한다. 증거기반 접근으로 작업하는 것은 종종 더 많은 이론에 대한 더 큰 역량을 필요로 한다.

신화: 부부 및 가족 치료 이론과 연구는 분리 가능하다

진실: 가족치료 이론과 연구는 항상 동전의 양면이었고, 앞으로도 그럴 것이다. 원래 부부 및 가족 치료(MFT) 이론들은 팔로 알토(Palo Alto)의 MRI와 같은 곳에서 세심한 관찰 연구를 통해 발전되었다. 한편, 사실상 현장의 모든 연구는 어떤 형태로든 이론에 기반을 둔다. 두 작업은 함께 시너지를 만들어 내며, 이 둘 중 하나를 떼어 내면 다른 하나는 맥락에서 벗어나게 된다(탈맥락화는 부부 및 가족 치료에서 중대한 잘못으로 간주된다. 이 농담이 이해되지 않는다면 제3장을 복습하라).

신화: 증거기반치료는 융통성이 없고 기계적이다

진실: 증거기반치료의 초심자들이 갖는 가장 일반적인 두려움 중 하나는 이 치료들이 융통성이 없고 치료자에게서 창의성, 자유 그리고 자기표현을 앗아 간다는 점이다(Sexton & van Dam, 2010). 이 책에 있는 여타의 이론과 마찬가지로, 증거기반치료는 구조화된 요소들과 (어떤 이론이라도 의미 있게 해 주는) 유연한 영역을 가지고 있다. 융통성이 없다는 평판은 기관에서 증거기반치료가 직원들에게 얼마나 '강요되는지'에 관해 더 적절하다. 하지만 이러한 경우에 융통성이 없는 것은 기관이지 이론이 아니다. 일부 영역에서 증거기반치료는 전통적인 접근들보다 훨씬 더 유연하다. 예를 들어, 정서중심치료(EFT)에서는 부정적인 상호작용 주기의 추적과 평가에 있어 다른 부부 및 가족 치료 접근들보다 훨씬 유연하다. 전략적 인지행동 가족치료(CBFT), 해결중심치료(SBT) 혹은 이야기치료와 같은 접근들은 상호작용 주기를 추적하기 위해서 훨씬 제한적인 접근을 취한다.

신화: 증거기반치료를 사용하려면 내가 개인적으로 선호하는 이론을 포기해야 한다

진실: 수년간 치료자들과 작업해 본 결과 내게는 함께 공유할 비밀이 있다. 바로 당신은 한 사람의 지식기반을 덜어 낼 수는 없으며, 단지 거기에 추가하는 것만이 가능하다는 것이다. 즉, 증거기반치료에서 치료자는 자신의 개인적 스타일과 철학에 특정 유형의 문제를 다루는 특수한 접근을 추가하기 위해 증거기반치료를 가져온다. 더욱이 그 접근이 효과적이려면, 각 치료자는 증거기반치료를 자신의 스타일에 통합하여 자연스럽게 어우러지도록 해야 한다.

신화: 연구자들은 무엇이 연구를 구성하는지를 합의했다

진실: 제2장에서 논의된 것처럼, 연구자들은 적어도 두 진영으로 나뉘는데, 특정 증거기반치료를 중요시하는 쪽과 공통 요인에 중점을 두는 쪽이다. 증거기반치료 쪽에서는 임상 시험이야말로 현장의 주된 초점이 되어야 할 '의미 있는' 연구라고 주장한다. 반면, 공통 요인을 지지하는 사람들은 접근들 사이의 유사성이 차이점보다 성과에 대해 더 많은 것을 설명해 준다고 제안하는 연구를 강조한다. 학문적 논쟁이 계속되면서 우리는 양측 모두 옳음을 깨닫게 될 것이다.

신화: 인지행동치료가 유일한 증거기반치료이며, 이것은 모든 장애를 위해 쓰일 수 있다

진실: CBT는 오랜 연구 역사와 대체로 쉽게 운용 가능한 치료 계획 덕분에 광범위한 임상적 관심사에 대한 증거기반치료로 인정받으면서 강력한 증거기반을 가지고 있다. 그렇긴 해도 대체로 CBT가 특별한 효과를 보이지 않는 품행장애나 부부 문제 등의 영역에서는 체계적 가족치료들이 CBT에 버금가는 증거기반의 강점을 갖추고 있다.

신화: '표준 실무' = 최신 실무

진실: 전문가들은 표준 실무가 최신 과학으로부터 대체로 17~20년 정도 뒤처져 있다고 추정한다(Institutes of Medicine, 2001; Slomski, 2010). 이는 당신이 현장에서 표준 실무에 따라 업무를 수행한다면 아마 최신 기술로부터 18.5(통계란 정말 멋지지 않은가)년 정도 뒤떨어진다는 뜻이다. 이 사실은 현장 외부에 있는 사람들에게 증거기반치료에 대한 큰 흥미를 불러일으켰다. 당신이라면 당신의 가장 소중한 관계의 사람을 최신 지식 기반에서 20년이나 뒤쳐진 누군가의 손에 맡겨 두고 싶겠는가?

정서중심치료

◎ 요약하기: 당신이 알아야 할 최소한의 것

정서중심치료(Emotionally Focused Therapy: EFT)는 현장에서 가장 철저하게 연구된 접근 중 하나이며, 부부와 가족을 대상으로 경험적으로 검증된 치료이다(Johnson, 2004). 이것은 증거기반치료로 더할 나위 없으며, 독립적인 실험에서 임상적으로 검증된 효과적인 치료이다(매우 자세한 정의는 제2장 참조; Furrow & Bradley, 2011; Lebow, Cahmbers, Christensen, & Johnson, 2012). Sue Johnson과 Les Greenberg(1985, 1994)는 개인적 및 체계적 이론들을 통합하고 효과적인 부부치료에서 무엇이 효과를 내는지 주의 깊게 관찰하여 모델을 개발했다. EFT는, ① 애착 이론, ② 경험적 이론(특히 Carl Rogers의 인간중심치료), ③ 체계 이론(특히 체계적-구조적 치료, 제4장 및 제5장 참조; Johnson, 2004)의 통합을 사용한다. 정서중심치료자들은 대인 간(부부와 가족) 체계 과정과 정신내적 체계(개인) 과정을 모두 포함한 정서체계에 초점을 둔다. 치료 첫 단계에서 치료자는 부부의 행동 상호작용 패턴을 확인할 뿐만 아니라(다른 체계적 치료자들과 마찬가지로), 문제적 행동 상호작용을 촉발하는 지각, 정서 그리고 근본적인 애착 욕구(신뢰할 수 있는 관계에 대한 욕구)를 확인한다. 치료 중간 단계에서 치료자는 부부로 하여금 그들의 상호작용을 근본적으로 재구성함으로써 각 배우자가 상대방에 대해 안정감과 유대감을 경험할 수 있도록(즉, 애착욕구를 충족하도록) 돕는다. 치료 마지막 단계에서 치료자는 부부가 새로운 패턴을 확고히 하도록 돕는다. 이 접근은 대체로 단기간(약 8~12회기)에 70~73%의 부부가 문제를 해결하고 고통에서 벗어나며, 정식 훈련을 받은 EFT 치료자가 12회기를 진행했을 때, 86%가 상당한 개선을 보인다(Johnson, Hunsley, Greenberg, & Schindler, 1999). 대부분의 연구는 부부를 대상으로 수행되긴 했지만, 동일한 원리와 기법이 가족치료에서도 활용될 수 있다(Johnson, 2004).

◎ 핵심 내용: 중요한 기여점

당신이 이 장에서 기억할 것이 있다면, 그것은 다음과 같다.

■ 애착과 성인기 사랑

Sue Johnson(2004, 2008)의 정서중심 부부치료는 새로운 패러다임을 기반으로 성인기 애정 관계를 이해한다. 전제는 기본적으로 다음과 같다. **"인간은 유아기와 초기 아동기뿐만 아니라, 생애 전반에 걸쳐 안정 애착 관계에 대한 욕구를 갖는다."** 몇십 년 전에는 이 주장이 널리 수용되지 않았지만, 현재는 강력한 증거기반을 가지고 있으며, 21세기 부부 및 가족 치료의 방향을 근본적으로 바꿔 줄 것으로 보인다(Furrow & Bradley, 2011). 독자들이여, 이것은 놀라운 소식이다. 당신은 이 부분에서 형광펜을 꺼내고 싶어질지도 모른다.

인간과 영장류의 영아에 대한 Bowlby(1988)의 애착 연구는 양육자와 아동 간의 안전하고 보살피는 관계에 대한 생리적·정서적 및 생존적 욕구를 밝혀냈고, 이는 인간 과학에서 오랫동안 수용되어 왔다. 하지만 이 욕구는 흔히 시간이 흐름에 따라 사라지며, 성인은 이론적으로 이러한 안전한 관계가 없어도 심리적 및 신체적으로 건강할 수 있다고 믿었다. 최신 의학 연구는 안정 애착이 신체 건강에 영향을 미친다는 주장을 지지할 뿐 아니라 구체적인 상관관계를 밝혀 왔는데, 회피 애착 유형은 통증 관련 호소와 상관이 있고, 불안 애착 유형은 심혈관 질환과 상관이 있는 한편, 안정 애착은 어떠한 특정 건강 질환과도 상관이 없었다(Mc Williams, & Bailey, 2010). 불안정한 애착은 오랫동안 높은 비율의 정신병리와 상관을 보이고 있다(Mason, Platts, & Tyson, 2005). 추가 연구에서는 안정적인 애착이 형성된 성인이 불안정한 애착 유형을 지닌 성인들보다 신체적 고통을 더 잘 이겨 낼 수 있는 것으로 나타났다(Meredith, Strong, & Feeney, 2006). 신경학 연구에서는 인간이 정서적 자기 조절을 위해 안정적인 관계를 필요로 한다고 제안한다(Siegel, 2010).

Sue Johnson의 연구는 부부가 친밀한 관계에서 안정 애착을 발달시키도록 돕는 가장 종합적인 접근을 제공하면서 성인 애착 이론을 치료에 적용하는 데 앞장서 왔다. 성인 애착 이론은 친밀한 부부 및 가족 관계와 관련된 영문 모를 행동(예: 사람들은 어떻게 가장 사랑한다고 주장하는 사람들을 종종 홀대하게 되는가?)의 많은 부분을 설명해 준다. 문제는 애착 관계에서 긴장이 발생하면 사람들은 상대방이 편안함과 안전의 주요 원천이면서 동시에 가장 위협적인 대상이 되는 역설에 갇힌다는 것이다(Johnson, 2008). 이 역설은 치료자가 부부 및 가족 관계에서 종종 마주하는 극단적인 행동의 많은 부분을 설명하는 데 큰 도움이 된다.

Johnson(2004)은 Bowlby(1988)의 애착 이론을 성인기의 사랑을 개념화하는 데 사용하면서 이 이론의 열 가지 원리를 찾아내었는데, 이를 풀어쓰면 다음과 같다(pp. 25-32).

① **애착은 선천적인 원동력이다**: 타인과 관계 맺고자 하는 욕구는 모든 인간의 고유한 생리적 욕구이다. 이는 어떤 내담자라도 자신의 삶에서 적어도 하나의 안정적 관계를 갖기 전에는 치료자의 작업이 끝나지 않음을 의미한다.

② **안정적인 의존은 자율성을 보완한다**: 완전한 독립이나 과잉 의존은 모두 불가능하며, 오로지 효과적이거나 비효과적인 의존만이 가능하다. 따라서 치료에서 치료자의 목표는 내담자로 하여금 그들의 삶에서 중요한 타인에게 효과적으로 의존(혹은 원한다면 상호의존)하도록 돕는 것이다.

③ **애착은 필수적인 안전한 피난처를 제공한다**: 안정 애착은 삶의 스트레스에 대한 완충제를 제공하며, 스트레스의 심리적 및 생리적 영향을 어느 정도 감소시킨다.

④ **애착은 안전기반을 제공한다**: 아동들처럼 성인도 긍정적인 심리 건강 및 성장과 관련되는 탐색, 혁신, 개방성을 마음껏 경험해도 좋은 안전기반을 필요로 한다.

⑤ **정서적 접근성과 민감성은 유대감을 형성한다**: 정서적으로 접근 가능하고 민감해짐으로써 안정 애착이 형성되며, 따라서 이것이 EFT 작업 단계에서 강조된다.

⑥ **두려움과 불확실성은 애착 욕구를 활성화한다**: 위협을 받을 때, 사람은 평소와 달리 편안함과 유대감에 대한 강한 정서적 욕구를 경험한다. 부부와 가족에게서 종종 관찰되는 파괴적인 패턴을 촉발하는 것이 바로 이 욕구이다.

⑦ **분리 과정의 고통은 예측 가능하다**: 만약 애착 욕구가 충족되지 않는다면, 그 사람은 분노, 매달리기, 우울, 절망 등의 예측 가능한 반응을 경험한다. 이 고통은 가장 중요한 생존 욕구로 경험되며, 그 결과 종종 사랑이라는 이름으로 자행되는 극단적이고 잔인한 행동을 정당화하는 것은 아니지만 설명하는 데 도움이 된다.

⑧ **불안정한 애착 유형은 한정되어 있다**: 안전한 관계가 더는 안전하다고 느껴지지 않을 때, 그 사람은 안전한 관계가 위협당하는 트라우마에 맞서 자기 자신을 방어하기 위해 세 가지 전형적인 패턴 중에 하나를 사용할 것이다.

- **불안 및 과잉행동**: 욕구가 충족되지 않으면 그 사람은 불안해하고, 집요하게 유대감을 추구하며 매달리거나, 공격적이거나, 비난하거나, 비판적일 수 있다.
- **회피**: 욕구가 충족되지 않으면 그 사람은 종종 관련 없는 과업이나 주의를 분산시키는 다른 일에 집중하면서 애착 욕구를 억누르고, 대신 정서적 및 신체적으로 철수한다.

- **불안과 회피의 복합**: 이 유형에서 그 사람은 친밀함을 추구하다가 친밀함이 주어지면 이를 회피한다.

⑨ **애착은 자신 및 타인에 대한 작동 모델(working model)과 관련된다**: 사람들은 자기 자신과 타인을 사랑스럽고, 가치 있고, 유능하다고 정의하기 위해 그리고 애착 관계에서 무엇을 기대할 수 있고 어떻게 참여하는지에 관한 내적 모델을 개발하기 위해 애착의 특성을 활용한다.

⑩ **소외와 상실은 본질적으로 정신적 외상을 초래한다**: 관계에서 소외와 상실은 본질적으로 공황 상태의 생존 반응을 촉발할 수 있는 외상적인 경험이다. 독방 감금은 보편적인 고문 형태이다.

◎ 들리는 소문에 의하면: 관련된 사람들의 이야기

Susan Johnson

Sue Johnson은 Les Greenberg와 함께 1980년대에 정서중심치료를 개발하기 시작했다. 그들은 무엇이 효과적이고 무엇이 효과적이지 않은지에 대한 그들의 연구와 관찰 결과를 기반으로 그들의 방법을 개선함으로써 이 접근을 개발했다. 특히 Johnson은 이 모델을 부부 및 가족에게 적용하면서 이에 관한 연구와 개발을 지속해 왔고, 또한 전 세계에 걸쳐 국제적으로 가르친다. 그녀는 외상 경험 생존자를 위한 부부치료(Johnson, 2005), 우울 그리고 만성 질환을 겪는 자녀를 둔 부부(Johnson, 2004)를 포함한 많은 주제의 치료에 정서중심치료를 적용해 왔다. 그녀는 또한 동료들과 함께 부부들을 위한 자기계발서(Johnson, 2008)와 EFT를 배우는 사람들을 위한 상세한 워크북을 만들었다(Johnson, Bradley, Furrow, Lee, Palmer, Tilley, & Woolley, 2005).

Les Greenberg

Les Greenberg는 토론토에 있는 요크 대학교(York University) 교수이자 요크 대학교 심리치료 연구 클리닉(York University Psychotherapy Research Clinic)의 책임자로 있으면서 Sue Johnson과 함께 EFT를 공동 개발하였다. 그는 국제적으로 교육하며, 그가 정서중심치료라 부르는 모델의 버전을 계속해서 연구하고 개정한다. 최근에 『정서중심부부치료: 정서 · 사랑 · 힘의 역동(Emotion Focused Couple Therapy: The Dynamics of Emotion, Love, and Power)』(Greenberg & Goldman, 2008)라는 책을 저술하긴 했지만, 그는 주로 이 접근을 개인에게 적용하는 데 중점을 두었다.

◎ 큰 그림 그리기: 상담 및 심리치료의 방향

EFT 치료 과정은 치료의 경과를 묘사하는 9단계로 이루어진 3과정으로 명확히 구조화되어 있다(이는 치료 안내 부분에 나옴; Johnson, 2004). 하지만 당신이 단계별로 진행하면 성공할 것이라는 그림의 떡 같은 환상을 갖기 전에 당신을 단념시키고, 이 절차들이 완벽히 선형적이지 않으며 대부분의 내담자는 전진과 퇴행을 번갈아가며 반복한다는 사실을 말해 주고자 한다. 애석하게도 증거기반치료조차 계획에 따라 완벽하게 진행되지 않는다. 따라서 각 절차들은 치료자가 매우 분명한 치료 계획을 세우고, 치료 과정을 안내하며, 진전과 퇴행을 추적하도록 돕는 데 주로 도움이 된다(내게 쓰는 메모: 그러므로 이것은 가장 기록하기 쉬운 치료 계획이다).

- **과정 1**: 부정적 주기의 점진적인 감소
  - 1단계: 동맹을 형성하고 애착 갈등에서의 마찰을 설명하기
  - 2단계: 부정적 상호작용의 주기를 확인하기
  - 3단계: 알지 못했던 감정들 및 잠재된 상호작용의 입장과 접촉하기
  - 4단계: 부정적 주기와 애착 욕구의 맥락에서 그 주기를 공동의 적으로 두고 문제를 재구성하기
- **과정 2**: 상호작용 패턴 변화 및 연대 형성
  - 5단계: 인정하지 않는 애착 욕구 및 자기의 측면들을 발견하고, 이를 관계적 상호작용에 통합하도록 돕기
  - 6단계: 새로운 연쇄적 상호작용에 따라 배우자의 경험을 수용하도록 돕기
  - 7단계: 정서적 접촉과 애착 유대를 강화하는 동시에 욕구와 바람에 대한 직접적 표현을 격려하기

    (주의: 5~7단계는 주로 철수한 배우자에 초점을 맞춰서 먼저 진행되고, 그다음 요구적인 배우자에 초점을 맞춰서 동일한 단계가 반복된다.)
- **과정 3**: 강화 및 통합
  - 8단계: 오래된 문제에 새로운 해결을 도모하기
  - 9단계: 애착의 새로운 역할과 새로운 주기를 강화하기

당신이 이 목록을 대충 훑어보았다면, 좀 더 자세히 설명해 보도록 하겠다. 치료의 첫 번째 과정은, ① 어려운 감정을 탐색하는 데 필요한 강한 치료적 관계를 형성하기와 ② 애착 이론을 활용하여 명확하게 사례개념화하기를 다룬다. 이 과정의 마지막 단계에서, 치료자는 부부가 부부/가족 갈등에 대해 (많은 이가 대화의 초기에 그렇듯, 배우자가 무섭고 끔찍한 사람이 되었다고 여기기보다는) 관계 맺으려는 시도의 실패라고 여길 수 있는 방식으로 그들의 부정적인 상호작용 주기를 재구조화하고(제4장과 제5장 참조), 외재화(제10장 참조)하도록 도울 것이다.

치료의 두 번째 과정에서는 치료 과정이 심화되고 EFT 치료자가 주도한다. 이 과정에서 치료자는 정서적으로 가장 철수한(withdraw) 배우자부터 시작하여 그 사람이 자신의 충족되지 않은 애착 욕구를 확인하고, 인정하며, 상대방에게 직접적으로 표현하도록 돕는다. 이 전략은 앞서 '핵심'에서 설명된 성인 애착에 대한 Johnson의 이론의 두 번째 과정으로, 단언컨대 그녀의 두 번째로 중요한 기여이다. 이러한 흐름은 급진적인 것인데, 왜냐하면 대체로 철수하는 배우자는 불만이 거의 없어서, 치료자는 대부분 불만을 터트리는 형태로 유대감을 추구하는 추격자(쫓는 자, pursuer)에게 결국 초점

을 맞추게 되기 때문이다(여기서 사례개념화를 위한 힌트: 철수하는 배우자가 이혼의 위험에 처하지 않은 이상, 대체로 치료자를 찾은 배우자는 추격자임). 하지만 부부가 일단 나아지면(과정 1), Johnson은 철수하는 배우자부터 시작하는데, 왜냐하면 철수하는 배우자가 다시 관계를 시작하면 추격자는 어떤 식으로건 추구해 왔던 유대감을 얻게 되므로 비난보다는 상대가 쉽게 수락하게끔 욕구 충족을 요청하기가 쉬워지기 때문이다. 따라서 이 과정에서 치료자는 먼저 철수하는 배우자와 함께 충족되지 않은 애착 욕구를 확인하고 표현하는 작업을 한 다음, 추격자와 동일한 작업을 한다. 치료자는 각 파트너가 유대감을 위한 노력에 효과적으로 반응하는 방법을 배우도록 돕는다. 흥미롭게도 주로 추격자의 불평을 가라앉히기가 더 어려운데, 왜냐하면 철수하는 배우자에게 다가가고 거절당한 고통스러운 과거력이 있기 때문이다(Furrow, Ruderman, & Wooley, 2011).

부부들이 (대체로 훨씬 나은 결과를 가져오는) 새로운 안정적인 관계 패턴을 활용하여 예전 문제들을 헤쳐 나가는 방법을 배우므로 세 번째 과정은 더 희망적이다. 이것이 동화가 아니라 현실이라서, 부부들은 상대방과 관계 맺는 방법을 서로 다르게 배우기 때문에 흔히 그 과정에서 몇 가지 장애물이 있다. EFT 치료자들은 과거의 패턴이 다시 나타나도 놀라지 않는다. 치료자는 상황이 어떻게 되어 가고 있는지를 부부가 확인하고 다시 관계를 맺도록 도우며, 이는 안전감을 형성한다.

과정 및 단계들과 더불어 Johnson(2004)은 세 가지의 주요 치료적 과업을 제시한다.

- **과업1**: 동맹을 형성하고 유지하기
- **과업2**: 정서(가장 핵심적인 애착 정서)를 평가하고 공식화하기
- **과업3**: 상호작용을 재구조화하기

만약 당신이 앞서 제10장을 읽는 동안 깨어 있었다면, 아마도 첫 번째 치료적 과업은 친숙할 것이다(보라, 당신은 거의 전문가이다). 하지만 두 번째는 부부 혹은 가족의 상호작용 주기가 애착 욕구의 맥락에서 개념화된다는 점에서 EFT 특유의 치료적 과업이다. 마지막으로 (대부분의 행동이 일어나는) 마지막 과업은 부부가 주로 경험적인 수단을 통해 상대방과 관계 맺는 방식을 변화시키는 방법을 배움으로써 강한 안정감과 애정을 확실히 형성할 수 있도록 돕는 것이다.

◎ 관계 형성하기: 치료적 관계

■ 공감적 조율

이름이 말해 주듯, 정서중심치료는 정서에 초점을 맞춘다. 따라서 깊이 공감하고 조율하는 치료자의 능력은 필수적이다. 이것이 없다면 치료는 효과적이지 않을 것이다. EFT에서 치료자는 각 배우자의 정서적 세계와 만나려는 목적을 가지고 배우자의 정서에 맞춰 준다(Johnson, 2004). 공감적 조율은 내담자에게 귀 기울이기, 그들이 말한 것과 치료자의 개인적 경험을 연결 짓기, 그런 다음 내담자의 주관적인 관점에 머무르기를 요구한다. 이와 같은 조율은 내담자의 정서적 상태를 인지하

고 비언어적 의사소통을 통해 이것을 반영해 줄 때 주로 비언어적인 수준에서 더 많이 일어난다(예: 부드러운 목소리, 고개 끄덕이기). 이때 치료자가 어떤 수단을 사용하건 간에 **내담자**가 깊이 경청되고 이해받는다고 느끼는 것과 치료실에서 정서적 안정감을 경험하는 것이 중요하다. 각 배우자와 치료자의 **공감적 조율**은 상대방과 관계 맺는 것에 대한 롤 모델의 역할을 한다.

■ 공감의 표현: RISSSC

만약 당신에게 Sue Johnson이 치료하는 장면을 볼 기회가 주어진다면, 당신은 아마 그녀가 다른 사람들과는 약간 다르게 이야기한다는 사실을 알아차릴 것이다. 중요한 지점에서 그녀는 눈에 띄게 천천히 진행하고, 같은 말을 반복하며, 단어나 심상을 명확하게 강조할 것이다. 예상하겠지만, 이렇게 하는 데는 목적이 있다. Johnson(2004)은 내담자의 정서적 현실에 대한 이해를 표현하기 위해 다음과 같은 기법(RISSSC)으로 공감하는 독특한 접근을 간략히 설명하고 있다.

- **반복(Repeat)**: 내담자가 말하는 핵심 단어와 표현을 반복하기.
- **심상(Images)**: 추상적인 단어로는 담아낼 수 없는 방식으로 정서를 포착하기 위해 심상을 활용하기.
- **단순함(Simple)**: 단순한 단어와 구절을 사용하기.
- **느림(Slow)**: 정서적 경험을 드러낼 수 있도록 느린 속도를 유지하기.
- **부드러움(Soft)**: 마음을 진정시키고 더 깊이 경험하고 위험을 감수하도록 격려하기 위해 부드러운 목소리를 사용하기.
- **내담자의 단어(Clients' Words)**: 내담자의 단어와 표현을 인정해 주는 맥락으로 사용하기.

EFT 훈련 매뉴얼(Jonhson et al., 2005)에 있는 RISSSC의 예는 다음과 같다.

- "노발대발하고 낙담했군요. 맞나요? 그래서 그것은 당신들 사이에서 어떤 역할을 했나요?" (p. 166)
- "당신에게 중요한 시간이었던 것 같네요. ……그래서 당신은 그를 필요로 했고요."(p. 167)
- "당신의 일생이 그러했군요. 당신이 귀하고 중요한 존재라는 메시지는 단 한 번도 받은 적이 없고, 당신에게 뭔가 문제가 있는 게 아닐까 싶고."(p. 168)

■ 진실성

진실성은 치료자가 충동적이거나 개인정보를 자주 노출하지 않으면서도 진실하고 정서적으로 내담자와 함께하는 것을 요구한다(Johnson, 2004). 치료자들은 겸손하며 실수와 오해를 인정할 수 있다. 그렇게 했을 때 내담자들은 치료자와 자신의 관계를 진정한 인간적인 만남으로 경험한다.

■ 수용

치료자들은 인간 본성에 대한 긍정적인 관점, 인간의 투쟁에 대한 수용, 그리고 우리가 사랑하는 사람들과 안정적인 관계를 형성하는 것이 얼마나 힘들 수 있는지에 대한 겸손한 인정을 바탕으로 비판단적 자세를 유지한다(Johnson, 2004). 수용은 내담자를 그들 자체로 존중하고 소중히 여기며, 그들의 충만한 인간성을 인정하는 것이다. 만약 당신이 이 부분에서 고개를 끄덕이며 수긍한다면, 이것이 이론으로 아는 것에 비해 실전에서는 훨씬 도전적임을 알아야 한다(당신이 이 사실을 여기에서 처음으로 들었음을 기억하라).

■ 자기개방

드물게 사용되는 자기개방은 라포를 형성하거나 내담자 반응의 타당성을 강화할 수 있다(Johnson, 2004). 하지만 치료자는 부부의 정서적 과정에 초점을 유지하기 위해 자기개방을 최소한으로 해야 한다.

■ 동맹에 대한 지속적인 점검

치료자는 치료의 모든 단계에 걸쳐 강한 정서적 유대감과 안전감이 지속되는지를 확인하기 위해 각 배우자와의 치료적 동맹을 계속해서 점검한다(Johnson et al., 2005). 부부치료에서 공감을 표현할 때, 특히 치료자가 한 배우자에 대한 이해를 표현함에 따라 다른 상대 배우자와의 동맹이 약화되기가 쉽다. 그 순간에 치료자는 이해를 하기 위해 편을 드는 것처럼 보일 수 있기 때문이다. 따라서 치료자는 두 배우자 사이에서 초점의 균형을 유지할 필요가 있다. 치료자는 동맹을 언어적(치료에 대한 경험에 관해 직접 질문하기) 및 비언어적(방어, 살펴보기 등의 신호를 확인하기)으로 점검한다.

■ 체계에 동참하기

치료자는 각 개인을 수용하는 것처럼 관계 또한 그 자체로 수용하면서 각 개인뿐만 아니라 하나의 체계로서의 관계와도 동맹을 맺어야 한다. 체계에 동참하는 것은 관계 패턴(예: 괴롭힘/철회, 요구/거리두기, 비난/방어)을 확인하는 데 그치지 않고 부부에게 이를 다시 반영해 주어 그들이 그들의 관계를 더 잘 이해할 수 있도록 하는 것이다.

■ 치료자의 역할

Johnson(2004)에 따르면, 치료자는 다음과 같다.

- 부부가 그들의 정서적 경험을 재처리하도록 돕는 과정 자문가(process consultant)
- 부부가 그들의 관계 움직임을 재구조화하도록 돕는 연출가(choreographer)
- 치료적 동맹을 따르고 이끄는 협력자(collaborator)

반면, 치료자는 다음과 같은 사람이 아니다.

- 의사소통 기술을 지도하는 코치
- 과거나 미래에 대한 '통찰력을 지닌 현명한 창조자'
- 역설 혹은 문제에 대한 처방을 활용하는 전략가

◎ 조망하기: 사례개념화와 평가

■ 정신내적 및 대인 간 문제

다른 경험적 가족치료자들(제6장)과 마찬가지로, EFT 치료자는 정신내적 및 대인 간 문제를 모두 다룬다.

- **정신내적**: 개인이 자신의 경험들, 특히 그들의 핵심적인 애착지향적 정서 반응들을 어떻게 처리하는가.
- **대인 간**: 배우자들은 자신의 상호작용을 패턴과 주기로 어떻게 조직하는가.

■ 1차적 정서와 2차적 정서

정서중심치료자들은 초점을 맞춰야 할 정서를 어떻게 알까? 내담자가 집중할 만한 가치가 있다고 말하는 정서가 따로 있는 것일까? 이러한 질문들에 대한 답은 다양하다. 우선 정서중심치료자들은 1차적 정서와 2차적 정서를 구분한다.

- **1차적 정서**: 1차적 정서는 주어진 상황에 대한 초기 반응이다. 이것은 전형적으로 애착 공포와 욕구(주로 버려진, 외로운, 무력한, 사랑받지 못하는, 환영받지 못하는, 부적절한 느낌 등의 보다 부드럽고 취약한 정서)를 나타낸다.
- **2차적 정서**: 2차적 정서는 실제 상황에 대해서가 아니라 1차적 정서에 대한 정서이다. 예를 들어, 만약에 주어진 상황이 비판적인 말이라면 1차적 정서는 아마도 부적절감이겠지만, 2차적 정서는 부적절감에 대한 분노일 것이다. 2차적 정서는 종종 분노, 좌절, 철수의 형태를 취한다. 이 정서들은 종종 그 사람이 1차적 정서와 관련된 취약한 느낌을 피하게 해 준다. 그 감정들이 탐색되어야 그 속에 숨은 1차적 정서를 찾아낼 수 있다.

치료의 초기 단계에서 치료자는 두드러진 2차적 정서에 집중한다. 왜냐하면 이 정서는 전형적으로 부부가 초기에 나타내는 것이고, 대부분 이 정서만 의식할 수 있기 때문이다. 치료가 진행됨에 따라, 치료자는 자신의 배우자가 더 이상 성적 흥미를 표현하지 않는 것에 대한 분노에 깔려 있는 상처와 같은 2차적 정서에 깔린 1차적 정서에 대한 각 배우자의 인식을 일깨우기 시작한다. 치료의 작업 단계는 1차적 정서에 주로 초점을 맞춘다.

■ 부정적 상호작용 주기: 추격/철수

다른 체계적 치료자들(복습을 위해 제4장 참조)과 유사하게, 치료자의 첫 번째 과업 중 하나는 EFT에서 전형적으로 추격/철수 패턴으로 개념화되는 부부 혹은 가족의 부정적 상호작용 주기를 확인하는 것이다(Johnson et al., 2005). 추격자는 자신이 관계에서 경험하는 분리와 거리감에 항의하며, 이는 불안 애착 유형을 보여 준다. 반면 철수자는 관계에서 안전감이 부족하다고 지각하여 스스로를 보호하기 위해 종종 비판과 거절의 형태로 거리감을 형성하며, 이는 전형적인 회피 애착 유형이다. 물론 추격자가 (종종 잔소리하기, 비난하기, 친밀함을 요구하기를 통해) 가까워지려고 애쓸수록, 철수자는 안전감을 형성하기 위해 거리를 둘 필요가 있다고 느낀다. 추격자는 전형적으로 상처받고, 외롭고, 반겨지지 않는 느낌과 같은 기저 정서를 표현하는 반면, 철수자는 전형적으로 거절당하고, 부적절하고, 판단당하는 느낌을 보고한다.

부부들은 전형적으로 네 가지의 기본적인 추격/철수 패턴 중 하나를 나타낸다(Johnson et al., 2005).

- **추격/철수**: 이 형태는 가장 일반적인 형태로 관계를 추구하는 배우자와 철수하는 배우자를 쉽게 식별할 수 있다. 대부분의 경우 여성이 추격자이고, 남성이 철수자이다. 일부 경우에는 거리를 두려는 남성이 성관계를 요구하면서도 다른 형태의 관계로부터는 거리를 둔다. 이것은 여전히 추격/철수 패턴으로 고려된다.
- **철수/철수**: 어떤 부부는 두 명의 철수자처럼 보인다. 하지만 이 경우에는 전형적으로 소진된 추격자가 있으며, 이는 관계 맺기의 반복된 실패로 관계 맺으려는 노력을 포기한 추격자이다(Furrow, Ruderman, & Woolley, 2011). 일반적으로 이런 부부는 관계가 더 많이 손상되었기 때문에 예후가 덜 긍정적이다. 이런 부부는 종종 거리감이 둔해지고 포용하기를 거부한다.
- **공격/공격**: 이 패턴에는 전형적으로 추격하는 배우자에게 화가 났을 때 가끔 돌아서서 (주로 비판의 형태로) 분노를 터트리고, 싸우는 철수자가 있다. 하지만 싸운 뒤에 철수자는 대체로 철수하는 입장으로 되돌아간다.
- **복합 형태**: 외상 생존자 부부들을 종종 둘 다 높은 수준의 불안과 회피를 보이는 복잡하고 다양한 패턴을 나타낸다.

회기에서는 치료 초기에 부부에게 전형적인 부정적 상호작용 주기를 특징짓는 행동과 2차적 정서를 설명하도록 요청함으로써 추격/철수 패턴을 추적한다. 치료자는 그 주기에서 각 배우자의 내적 정서 경험에 대해 질문하고, 각 배우자의 설명을 상대방의 경험과 연결하면서 그 과정의 진행을 늦춘다. 이 과정에서 치료자는 부부가 더 많은 1차적 애착 정서를 확인하고 인정하는 방향으로 나아가도록 노력한다.

■ 애착 이력

EFT 치료자들은 내담자의 주 양육자와의 관계와 청소년기 및 성인기의 친밀한 관계에서의 애착 이력을 평가한다. 치료자들은 평가를 위해 이 관계들의 특징에 대해 질문한다. 애착 관계의 특성을 평가하기 위해서, EFT 치료자들은 약어로 ARE를 활용한다. "당신은 만나기 쉽고(Accessible), 호응해 주며(Responsive), 집중해 주면서(Engaged) 내 곁에 있는가?"(Johnson, 2008)

애착 이력을 평가하는 질문

- 당신 부모의 관계를 설명해 보세요. 두 분은 서로 가까웠나요? 두 분은 서로에게 애정을 자주 표현했나요? 싸우기도 했나요, 만약 그렇다면, 어떻게 싸웠나요? 두 분은 대체로 가족 내에서 조화와 안전을 회복하는 방식으로 갈등을 해결할 수 있었나요?
- 당신이 어릴 때, 편안함과 보살핌을 위해 누구에게 의지했나요? 이 사람은 확실한 편안함을 주었나요?
- 당신의 부모 및 아동기 주 양육자와의 관계를 설명해 보세요. 당신은 자신이 사랑받고 있음을 어떻게 알았나요? 당신은 신체적으로 그리고 정서적으로 안전하다고 느꼈나요? 갈등이나 실망을 어떻게 다뤘나요? 그것은 어떻게 해결되었나요? 학대나 외상사건이 있었나요?
- 당신의 성인기에서 중요한 애정 관계에 대해 설명해 보세요. 당신은 안전하고, 보살핌과 배려를 받는다고 느꼈나요? 큰 배신이나 다른 외상사건이 있었나요?
- 당신이 배우자를 더 가깝게 느꼈을 때 관계의 초기 단계를 설명해 보세요. 서로에게 다가가기 얼마나 쉬웠나요? 당신은 어떻게 호응해 주었나요? 당신은 상대방에게 어떻게 집중해 주었나요?(Furrow, Ruderman, & Woolley, 2011)

■ 애착 손상

치료자는 애착 이력과 함께 부부의 관계에서 발생했을 애착 손상도 평가한다. 애착 손상은 부부 관계에서의 신뢰에 대한 배반, 포기, 위반의 구체적인 유형이다(Furrow, Ruderman, & Woolley, 2011). 애착 손상은 한 배우자가 높은 욕구와 취약성(예: 임신, 상실, 위기, 불륜 등)을 느끼는 상황에서 상대 배우자는 필요한 지지와 보살핌을 제공하는 데 실패할 때 발생한다. 이 손상은 손상된 부분에 대해 안전하지 않은 관계라고 관계를 근본적으로 재정의한다. 그 사람은 여전히 관계 내에 남아 있지만, 스스로를 보호하기 위해 그 사람의 관계 맺는 특성이 달라진다.

EFT 과정이 효과적이려면 치료자는 반드시 애착 손상을 확인하고 직접적으로 다뤄야 한다. 따라서 치료자는 애착 손상을 평가하고 치료할 필요가 있다(5~7단계 활용). 때로는 애착 손상의 확인이 특히 개인 평가 회기(초기 평가 회기 참조)에서 다음과 같이 즉각적으로 이뤄질 수 있다. "당신의 관계에서 너무도 고통스러워서 외상으로 느껴질 수도 있을, 그로 인해 관계가 근본적으로 불안하게 느껴졌다고 여기는 사건이 있었나요?" 하지만 대개의 경우 치료자는 막다른 골목에서 애착 손상과 마주하게 되는데, 그 이유는 치료가 교착상태에 빠지기 때문이다. 그리고 더 깊이 탐색하면 종종 치료자는 심지어 그 애착 손상이 이전에 논의된 적이 있지만 중요성이 감춰진 채 지나쳤다는 것을 알게 된다.

■ 초기 평가 회기

EFT 치료자들은 부부가 EFT에 적합한지 결정하기 위해 어느 정도 구조화된 초기 회기를 여러 차례 갖는다(Furrow, Ruderman, & Woolley, 2011). 전형적으로 평가 회기의 일정은 다음과 같다. 부부가 동참하는 회기를 한 번 가진 다음, 각 배우자와의 개인 회기를 진행하고, 그다음 정기적으로 동참하는 회기들을 진행한다. 부부가 동참하는 회기에서 치료자는 다음을 평가한다.

- 문제와 강점에 대한 지각
- 부정적 및 긍정적 의사소통 주기
- 관계 이력과 주요 사건
- 각 배우자의 간략한 애착 이력
- 회기에서 관찰된 상호작용
- 폭력, 학대, 기타 금기사항에 대한 점검
- 예후 지표 평가: 반응성 수준, 애착 강도, 개방성(치료자에 대한 반응)

개인 회기에서 치료자는 각 배우자에 대해 다음을 평가한다.

- 관계에 대한 헌신
- 신체적 및 정서적 안전감
- 잠재적, 현재, 과거 외도
- 외상사건 이력
- 자세한 애착 이력

■ EFT 금기사항

모든 부부 혹은 가족이 EFT에 적합한 것은 아니기 때문에 초기 사례개념화 과정은 이것이 적절한 접근인지 아닌지에 대한 확인을 포함한다. EFT의 공통적인 금기사항(EFT를 사용하지 않는 이유)은 다음을 포함한다(Johnson et al., 2005).

- **관계와 치료에 대한 서로 다른 주제:** 한 사람은 결혼하기를 원하고 상대방은 싱글로 남기를 원하는 경우, 혹은 한 배우자가 외도 중인 경우 등.
- **별거 중인 부부:** 한 배우자가 정서적으로 그 관계에서 멀어진 것이 확실할 때.
- **폭력적인 관계:** 신체적 · 성적 · 정서적 폭력을 겪는 부부. 종종 상대방을 두려워하는 배우자에게서 더 미묘한 형태의 폭력이 확인됨.
- **치료되지 않은 중독:** 알코올 및 약물 중독이 있다고 해서 EFT를 못 하는 것은 아니지만, 당사자 모두가 맑은 정신으로 치료에 참석할 수 있는 경우에만 진행하기로 결정해야 함. 한 명 이상의

당사자가 약물 남용 문제가 있다면, EFT 치료자는 약물 남용 치료를 위해 그 사람을 외부에 의뢰하는 동시에, 약물이 상호작용 주기에 어떠한 영향을 미치는지에 관한 EFT 과정에 초점을 맞춤.

◎ 변화를 겨냥하기: 목표 설정

EFT의 주요 목표는 간단하고 명확하며, 종종 거친 모험이 되기도 하는 일관된 방향성을 부부치료자에게 제공한다(Furrow, Ruderman, & Woolley, 2011).

- 양쪽 배우자와 안정 애착을 형성함.
- 각 배우자를 보살피고 지지하는 새로운 의사소통 패턴을 발전시킴.
- 특히 애착 욕구와 관련된 정서의 직접적인 표현을 증가시킴.

◎ 행동하기: 개입

■ 치료 단계별 개입

EFT 치료자들이 사용하는 개입이 몇 가지 있는데, 그중에서도 치료의 특정 단계마다 더욱 흔히 사용되는 개입이 있다. 개입은 다음과 같이 나뉘는 경향이 있다.

- 주기를 확인하고 단계적으로 감소시키기 위한 초기 단계 개입
  - 타당화하기
  - 정서를 반영하기
  - 주기를 추적하기(사례개념화 참조)
  - 환기적 반응
  - 공감적 추론
- 상호작용을 재구조화하기 위한 작업 단계 개입
  - 환기적 반응
  - 공감적 추론
  - 고조시키기
  - 재구성하기
  - 상호작용의 재구조화(실행)
- 종결 단계 개입
  - 타당화하기
  - 환기적 반응

- 재구성하기
- 상호작용의 재구조화(실행)

■ 타당화하기

이는 일종의 위엄 있는 인정을 의미하는 것이 아니며, 내담자의 정서가 '옳고' '예상된 바'라기보다는(이러한 암시는 상대 배우자와의 동맹을 약화시킬 수 있음.) 치료자가 내담자의 정서 경험을 이해할 수 있고 이해했다는 점을 전하기 위해 타당화가 사용된다. 치료자는 각 배우자의 행동에 숨겨진 논리와 정서를 명확히 하도록 도우면서 배우자 자신의 경험과 정서 반응을 할 만한 자격이 있다는 점을 전달하려고 타당화를 사용한다. "처음에 당신은 그가 당신과 함께 시간을 보내고 싶어 하지 않는 것 같아서 매우 슬펐지만, 조금 지나고 나서는 화가 나서 그에게 당신과 함께 시간을 보내자고 강요하려 하는군요."

■ 1차적 및 2차적 정서를 반영하기

EFT 치료자들은 가슴 아픈 정서를 다루고 이러한 정서에 대한 깊은 이해와 수용을 내담자에게 다시 반영해 준다(Johnson, 2004; Johnson et al., 2005). 반영의 목표는 내담자들이 자신의 1차적(애착에 기반한) 정서와 2차적 정서 모두를 충분히 경험하도록 돕는 것이다. 2차적 정서를 반영하는 것은 내담자들이 부정적 상호작용 주기에서 느끼고 있는 것을 알아차리도록 돕는 것이다(예: "그래서 당신이 멈추고 자리를 떠날 때는 그녀의 실망과 분노를 볼 때이군요. 그것은 감당하기에는 너무 크고요."). 치료가 진행됨에 따라, 반영은 충족되지 못한 애착 욕구와 관련된 1차적 정서를 강조해야 한다(예: "당신이 한 이야기에서 내가 들은 것은 그녀가 화가 났을 때 당신은 숨어야겠다고 느끼기도 하지만, 그녀가 당신을 더는 사랑하지 않거나 존중하지 않을까 봐 두려워지기 시작한다는 것입니다.").

■ 상호작용 패턴과 주기를 추적하기

치료자들은 부부가 그들 관계의 본질을 더 잘 이해하도록 돕기 위해서 다른 체계적 치료자들과 비슷한 방법을 사용하여 상호작용의 패턴과 주기를 추적한 다음 이러한 패턴을 반영해 준다(Johnson, 2004). 예를 들어, 그들은 공통적인 추격/철수 그리고 비난/방어 패턴을 찾고, 각 부부의 독특한 연쇄적 상호작용에 주의를 기울인다. 뿐만 아니라, 치료가 진행됨에 따라 치료자는 비슷한 방식으로 긍정적 상호작용 주기를 추적하고 새로운 상호작용 주기를 강화하도록 돕는다.

■ 환기적 반응: 반영과 질문

치료자는 피상적인 문제를 건너뛰고 표현되지 않은 정서와 욕구를 확인하기 위해 반영 또는 질문 형태로 표현되는 환기적 반응을 사용한다(Johnson, 2004). 환기적 반응은 추론에 근거하기 때문에, 치료자는 내담자가 정정하거나 바꿔 말하도록 하면서 조심스럽게 제시한다. "나는 당신이 자리를 떠나는 이유 중 일부가 당신이 친밀감과 유대감을 몹시 원하기 때문이라고 생각해요. 만약 당신이 거절당한다면, 당신은 엄청난 충격을 받을 테니까요."

■ 공감적 추론 및 해석

때때로 EFT 치료자들은 주로 방어기제, 애착 갈망, 애착 두려움을 다루면서 공감적 추론 또는 해석을 제시할 것이다(Johnson, 2004). 이 과정은 치료자가 정서적 경험을 심화시키는 데 목적을 둔다는 점에서 환기적 반응과 유사하지만, 공감적 추론과 해석은 단지 표면 아래의 정서를 건드리는 것이 아니라 새로운 의미의 생성에 더 결정적으로 관여한다. 종종 치료자는 2차적 정서와 1차적 정서를 서로 연결한다. "그래서 당신이 그와 싸울 때, 표면적으로 당신은 화나 있고 확신에 찬 것처럼 보여요. 하지만 내면에는 전혀 다른 뭔가가 일어나고 있는 것 같아요. 내면에서 당신은 그의 사랑을 받을 만큼 자신이 충분히 괜찮고 가치 있는지를 확신하지 못하는 슬프고 외로운 작은 소녀처럼 느끼는 것 같아요. 여기에서 어떤 일이 일어나고 있는 걸까요?" 치료 후반부에 두려움 혹은 분노로 가려진 애착 욕구를 강조함으로써 애착을 심어 주기 위해 추론이 활용된다.

■ 고조시키기

고조시키기는 부부의 부정적 주기를 유지하는 데 결정적인 역할을 하는 핵심 정서와 상호작용을 '고조시키기' 위해 반복, 은유, 심상 그리고 실연을 활용하는 것이다(Johnson, 2004). 예를 들어, 치료자는 강한 표현(예: "배신감을 느껴요.")을 반복하기, 몸을 앞으로 숙이거나 목소리 낮추기와 같은 비언어적 표현 사용하기, 심상과 은유 사용하기, 내담자에게 반응을 재연해 보도록 지시하기 등을 통해 고조시킬 수 있다. 또한 치료자는 내담자에게 마음 아픈 순간을 반복하도록 요청할 수도 있다. "당신이 그녀를 필요로 한다고 다시 말해 볼 수 있나요? 그녀를 바라보며 다시 그렇게 이야기할 수 있나요?" 솔직해져 보자. 맥락을 벗어나면 이것들은 가짜이고 거짓처럼 보일 수 있다. 하지만 적절한 맥락과 적절한 순간에는 이것들이 부부치료에서 일어나는 복잡하고도 종종 고통스러운 감정들을 탐색하는 데 필요한 것일 수 있다.

■ 비언어적 의사소통에 주의를 기울이기

비언어적 의사소통은 종종 1차적 정서에 대한 단서를 제공한다. EFT 치료자들은 표현되지 않은 1차적인 정서에 대한 비언어적 신호를 면밀히 점검한다. 여기에는 다음이 포함될 수 있다.

- 목소리 톤의 변화
- 신체 반응
- 표정과 시선
- 장난, 농담, 웃음
- 한숨
- 침묵

- 심호흡
- 입을 꾹 다물기(Furrow, Ruderman, & Woolley, 2011)

■ 주기와 애착 욕구의 맥락에서 재구조화

EFT 치료자들은 각 배우자의 행동에 대해 부정적 주기 맥락에서의 재구조화와 애착 욕구 맥락에서의 재구조화를 균형 있게 사용한다. Johnson의 체계적 관점과 일관되게, 부부가 그 주기를 공동의 적으로 보게 해 주고 각 배우자가 자신이 부정적 주기에 어떻게 기여하는지를 알도록 돕는 것을 강조하기 위해 문제는 관계의 광범위한 맥락에서 재구조화된다(Johnson, 2004). 예를 들어, 한 배우자의 분노와 상대방의 침묵은 각 반응이 어떻게 방어기제의 역할을 했지만 부정적 주기를 유지하는 데 기여했는지를 보기 위해 재구조화될 수 있다. 연대감을 높이기 위해 부정적 상호작용 주기는 항상 부부의 공동의 적으로 구조화된다.

유사하게, 재구조화는 내담자로 하여금 2차적 정서에서 1차적 정서로 옮겨 가도록 돕는 데 사용된다. 예를 들면, "겉으로 보이는 것은 당신의 차디찬 침묵과 거리감이 전부에요. 하지만 내면에서 당신은 겁에 질렸지요. 안절부절못하고 있어요. 당신이 그녀를 또 실망시킨 것 같고, 그 생각을 견딜 수 없기 때문에요."와 같이 사용할 수 있다.

■ 실연, 재구성, 연출

치료자는 구조적 치료와 마찬가지로 부부로 하여금 그들의 현재 위치를 실연하도록 요청함으로써 그들의 잠재된 정서를 충분히 경험하도록 도울 수 있다(Johnson, 2004). 그다음 치료자는 아마도 한 배우자에게 새로운 정서적 통찰을 상대방과 직접 공유하도록 요청하거나 혹은 정서적 강도를 증가시키기 위해 부부의 물리적 위치를 재설정함으로써 덜 속박하고 더 수용하는 상호작용으로 재정향하거나 '연출한다'. 치료자는 주로 치료 후반부에 각 배우자의 요구를 연출하기 위해서, 그리고 관계를 안전하고 안정적이라고 재정의하는 새로운 유대 경험으로 이끌어 줄 새로운 긍정적 반응을 형성하기 위해서 실연을 사용한다.

새로운 상호작용 연출을 위한 일반적인 길잡이

- "여기에서 어떤 일이 일어났지요? 다시 되돌아가서 여러분 각자의 마음속에서 어떤 일이 일어났는지 볼까요?"
- "그녀(그) 쪽으로 돌아서서 지금 바로 그에게 그것을 말해 볼까요?"
- "그(그녀) 쪽으로 돌아서서 지금 바로 당신이 말한 원하는 것에 대해 요청해 볼까요?"

■ 정서 완화

EFT의 대표적 기법인 정서 완화는 정서적 유대감을 형성하고, 상호작용 위치를 변화시키고 관계를 안전하고 친밀하다고 재정의하기 위해 사용된다. 예전에는 비난하고 비판적이던 배우자가 다시 접촉이 쉬워진 상대방에게 자신의 애착 욕구와 갈망을 충족시켜 달라고 정서적으로 취약한 위치에서 요청할 때 정서 완화가 발생한다(Bradley & Furrow, 2004; Johnson, 2004). 비판적인 배우자가 자신의 태도와 말들을 부드럽게 할수록, 취약하거나 불안한 상대방의 정서적 반응성과 방어가 줄어든다. 치료자는 갈등 영역을 논의할 때 배우자들로 하여금 상처와 실망을 포함하여 잠재된 애착기반 두려움을 표현하도록 격려함으로써 완화를 촉진할 수 있다. 전형적으로 이것은 특히 긴장감이 있는 영역에서 거절에 대한 두려움과 같은 애착 주제를 강조함으로써 이뤄진다. 예를 들어, 아내가 남편에 대해 그녀 및 자녀들과 충분한 시간을 함께 보내지 않는다고 불평한다면, 정서중심치료자는 그녀로 하여금 불평에 잠재된 유기불안이나 거절당한 느낌을 분명히 표현하도록 하여 그녀의 분노 및 좌절감보다는 취약성과 두려움을 드러내도록 돕는다. 그녀가 **취약성의 부드러운 정서**를 표현하고 남편에게 직접 편안함과 유대감을 요청할 때, 더 생산적이고 치유적인 대화가 주로 생겨나며, 이는 새로운 유대감을 형성하는 사건을 만들어 낸다. Bradley와 Furrow(2004)는 이러한 도전 과정을 통해 단계별로 치료자를 안내하도록 돕고자 불평을 완화하는 데에 적용할 수 있는 작은 이론을 개발해 왔다.

■ 새로운 경험에서 새로운 반응으로

한 배우자가 정서적 경험을 탐색하도록 도운 다음 치료자는 상대 배우자가 이 경험을 사용하여, 새로운 방식으로 반응할 수 있도록 하면서 각 배우자가 자기 자신과 상대방을 더 잘 이해할 수 있는 긍정적 상호작용 주기를 만들어 낸다. "그의 회피가 무관심 때문이 아니라 거절에 대한 두려움 때문이라는 말을 들을 때 당신에게 어떤 일이 일어나나요?"(Johnson, 2004)

◎ 조합하기: 사례개념화 및 치료 계획 양식

■ 이론 특정 사례개념화의 영역

- **부정적 상호작용 주기**: 주기 또는 다음에 제시된 네 가지 유형 중 하나를 활용해 누가, 무엇을 하는지에 대해 묘사한다.
  - 추격/철수
  - 철수/철수
  - 공격/공격
  - 복합 주기
- **1차적 정서와 2차적 정서**: 부정적 의사소통 주기와 관련된 각 개인의 1차적 정서와 2차적 정서를 설명할 것.
- **애착 이력**: 현재 애착 패턴을 포함하여 각 개인의 애착 이력에서의 주요 사건을 설명할 것.
- **애착 손상**: 현재 관계에서 알려진 모든 애착 손상을 설명할 것.

- EFT 금기사항
  - 관계와 치료에 대한 서로 다른 주제
  - 별거 중인 부부
  - 폭력적 관계
  - 치료되지 않은 중독

부부를 위한 EFT 치료 계획 양식

관계적 어려움이나 갈등을 겪는 부부를 위해 EFT 치료자들은 부부가 치료를 개념화하고 이끌도록 돕기 위해 다음의 치료 계획을 활용할 수 있다.

▣ 치료 초기 단계: 부부를 위한 EFT

❖ 초기 단계 치료적 과업

1. 양쪽 배우자 모두와 효과적인 동맹 형성하기. **다양성 주의: 문화, 성별, 기타 정서 표현 방식을 존중하기 위해 공감의 표현을 조정할 것.**
   관계 구축 접근/개입
   a. 치료 과정을 위해 안전한 정서적 맥락을 형성하는 데 공감조율, RISSSC, 진실성을 사용할 것.

2. 개인적, 체계적 그리고 광범위한 문화적 역동 평가하기. **다양성 주의: 문화적 · 사회경제적 · 성적 지향, 성별 그리고 기타 관련 규범에 근거하여 평가를 조정할 것.**
   평가 전략
   a. 추격자/철수자 역할을 포함하여 부정적 상호작용 주기를 확인할 것.
   b. 주기를 특징짓는 2차적 정서와 1차적(애착) 정서를 확인할 것.
   c. 외상 사건의 이력과 함께, 애착 손상을 포함한 애착 이력을 평가할 것.

3. 치료 목표를 정의하고 치료 목표에 대한 내담자 동의 얻기. **다양성 주의: 내담자의 문화, 종교 그리고 다른 가치 체계로부터의 가치들과 부합되도록 목표를 수정할 것.**
   a. 부정적 의사소통 주기를 공동의 적으로 두고, 그 주기의 맥락에서 문제를 재구성할 것.

4. 의뢰 필요성, 위기 문제, 부수적 연락처 그리고 다른 내담자 욕구를 확인하기.
   a. 약물 남용, 외상 사건, 폭력, 주제의 불일치, 기타 금기사항들을 배제하면서 EFT가 부부에게 적절한지 평가할 것.

❖ 초기 단계 내담자 목표

1. 갈등과 절망감을 줄이기 위해 부정적 의사소통 주기와 이를 촉발하는 1차적 정서에 대한 부부의 인식 높이기.
   a. 2차적 정서와 1차적 정서를 확인하기 위해 타당화, 정서 반영하기, 환기적 반응, 공감적 추론을 사용할 것.

b. 우선 2차적 정서와 관련하여, 그다음에는 1차적 정서를 확인하면서 부정적 상호작용 주기를 추적할 것.

c. 부정적인 상호작용 주기와 애착 욕구의 맥락에서 재구조화할 것.

▣ 치료 작업 단계: 부부를 위한 EFT

❖ 작업 단계 치료적 과업

1. 양쪽 배우자와의 작업 동맹의 질 점검하기. 다양성 주의: 치료자의 접근이 가족의 문화적으로 영향 받은 의미 체계와 관련되지 않음을 나타내는 개입에 대한 가족의 반응에 유의할 것.

   a. 개입 평가: 회기에서 내담자의 정서적 안정감과 함께 비언어적 의사소통에 유의할 것.

2. 내담자 경과 점검하기. 다양성 주의: 경과를 평가할 때 문화, 성별, 사회 계층 및 기타 다양성 요소에 유의할 것.

   a. 개입 평가: 주별 경과 노트의 EFT 단계들을 통해 부부의 경과를 추적할 것.

❖ 작업 단계 내담자 목표

1. 갈등/회피를 줄이기 위해 철수된 배우자의 참여와 정서적 표현을 증가시키기.

   a. 애착 욕구의 확인과 표현을 촉진하기 위해 공감, 타당화, 추론을 사용할 것.

   b. 욕구에 대한 직접적인 의사소통, 배우자의 수용, 새로운 연쇄적 의사소통을 가능케 하기 위해 실연을 사용할 것.

2. 갈등을 줄이기 위해 추격하는 배우자의 비난을 감소시키고, 추격자의 애착 정서 표현을 증가시키기.

   a. 비난하는 위치의 완화를 촉진하기 위해, 추격자의 1차적 정서를 고조시킬 것.

   b. 배우자의 수용을 격려하고, 새로운 연쇄적 상호작용을 촉진하기 위해 실연을 사용할 것.

3. 갈등, 우울한 기분, 불안을 줄이기 위해 양쪽 배우자가 심지어 긴장의 순간에도 관계적 안전감과 유대감을 형성하는 방식으로 상대방에게 반응하는 능력을 증진시키기.

   a. 각 배우자로 하여금 자신의 반응이 상대 배우자에게 어떤 영향을 미치는지 보도록 돕기 위한 상호작용 주기 추적과 공감적 추론.

   b. 배우자로 하여금 상대방이 다가올 때 지지적인 방식으로 반응할 뿐만 아니라 1차적 정서적 욕구를 좀 더 직접적으로 표현하도록 돕는 실연을 사용할 것.

▣ 치료 종결 단계: 부부를 위한 EFT

❖ 종결 단계 치료적 과업

1. 추후관리 계획을 세우고, 개선을 유지하기. 다양성 주의: 치료 종결 이후 그들을 지지해 줄 그들이 속한 공동체의 자원과 접촉할 것.

   a. 부부가 잠재적인 퇴행에 대비하도록 돕기 위해서, 부정적 상호작용 주기뿐만 아니라 긍정적 상호작용 주기도 추적할 것.

❖ 종결 단계 내담자 목표

1. 갈등과 절망감을 줄이기 위해 새로운 스트레스 요인에 효과적으로 대응하는 부부의 능력을 증가시키기.
   a. 긍정적인 변화를 강화하기 위해 긍정적 상호작용 주기를 추적할 것.
   b. 애착 욕구의 맥락에서 긍정적 및 부정적 상호작용 주기를 둘 다 재구조화할 것.

2. 갈등, 우울, 불안을 줄이기 위해 상대방에게 안정된 유대감을 확고히 하는 방식으로 한결같이 반응하는 부부의 능력을 증가시키기.
   a. 정서적 욕구에 대한 직접적인 표현을 촉진하기 위해 실연을 사용할 것.
   b. 새로운 경험에서 새로운 반응으로의 변화를 촉진할 것.

가족을 위한 EFT 치료 계획 양식

EFT는 갈등을 다루는 가족을 돕기 위해서도 활용될 수 있다.

▣ 치료 초기 단계: 가족을 위한 EFT

❖ 초기 단계 치료적 과업

1. 모든 가족 구성원과 작업 동맹 발전시키기. 다양성 주의: 문화, 성별, 기타 정서 표현 방식을 존중하기 위해 공감의 표현을 조정할 것. 만약 어린 자녀가 참여한다면, 친해지기 위해 놀이와 미술을 활용할 것.
   관계 구축 방법/개입
   a. 치료 과정을 위해 안전한 정서적 맥락을 형성하는 데 공감 조율, RISSSC, 진실성을 사용할 것.

2. 개인적, 체계적 그리고 광범위한 문화적 역동 평가하기. 다양성 주의: 문화적 · 사회경제적 · 성적 지향, 성별 그리고 기타 관련 규범에 근거하여 평가를 조정할 것.
   평가 전략
   a. 동맹, 경계, 지배성, 갈등 해결 전략을 포함하여 부정적 상호작용 주기를 확인할 것.
   b. 각 구성원의 2차적 정서와 1차적(애착) 정서를 확인할 것.
   c. 가족 구성원 모두에 대해 외상 사건의 이력과 함께, 애착 손상을 포함한 애착 이력을 평가할 것.

3. 치료 목표를 정의하고 치료 목표에 대한 내담자 동의 얻기. 다양성 주의: 내담자의 문화, 종교 그리고 다른 가치 체계로부터의 가치들과 부합되도록 목표를 수정할 것.
   a. 부정적 의사소통 주기를 가족 공동의 적으로 두고 그 주기의 맥락에서 문제를 재구성하고, 확인된 환자를 향한 비난을 감소시킬 것.

4. 의뢰 필요성, 위기 문제, 부수적 연락처 그리고 다른 내담자 욕구를 확인하기.
   a. 약물 남용, 외상 사건, 폭력, 주제의 불일치, 기타 금기사항들을 배제하면서 EFT가 가족에게 적절한지 평가할 것.

❖ 초기 단계 내담자 목표

1. 갈등과 절망감을 줄이기 위해 부정적 의사소통 주기와 이를 촉발하는 1차적 정서에 대한 부부의 인식 높이기.
   a. 2차적 정서와 1차적 정서를 확인하기 위해 타당화, 정서 반영하기, 환기적 반응, 공감적 추론을 사용할 것.
   b. 우선 2차적 정서와 관련하여, 그다음에는 1차적 정서를 확인하면서 부정적 상호작용 주기를 추적할 것.
   c. 부정적 상호작용 주기와 애착 욕구의 맥락에서 재구조화할 것.

▣ 치료 작업 단계: 가족을 위한 EFT

❖ 작업 단계 치료적 과업

1. 가족 구성원들과의 작업 동맹의 질 점검하기. 다양성 주의: 치료자가 가족의 문화적 배경과 일치하지 않는 정서 표현을 사용함을 나타내는 개입에 대한 가족의 반응에 유의할 것.
   a. 개입 평가: 회기에서 가족 구성원의 정서적 안정감과 함께 비언어적 의사소통에 유의할 것.

2. 내담자 경과 점검하기. 다양성 주의: 경과를 평가할 때 문화, 성별, 사회 계층 및 기타 다양성 요소에 유의할 것.
   a. 개입 평가: 주별 경과 노트의 EFT 단계들을 통해 부부의 경과를 추적할 것.

❖ 작업 단계 내담자 목표

1. (가족 하위체계일 수 있는) 갈등/회피를 줄이기 위해 철수된 가족 구성원의 참여와 정서적 표현을 증가시키기.
   a. 애착 욕구의 확인과 표현을 촉진하기 위해 공감, 타당화, 추론을 사용할 것.
   b. 욕구에 대한 직접적인 의사소통, 배우자의 수용, 새로운 연쇄적 의사소통을 가능케 하기 위해 실연을 사용할 것.

2. (가족 하위체계일 수 있는) 갈등을 줄이기 위해 추격하는 가족 구성원의 비난을 감소시키고, 추격자의 애착 정서 표현을 증가시키기.
   a. 비난하는 위치의 완화를 촉진하기 위해, 추격자의 1차적 정서를 고조시킬 것.
   b. 배우자의 수용을 격려하고, 새로운 연쇄적 상호작용을 촉진하기 위해 실연을 사용할 것.

3. 갈등, 우울한 기분, 불안을 줄이기 위해 가족 구성원들이 심지어 갈등의 순간에도 관계적 안전감과 유대감을 형성하는 방식으로 상대방에게 반응하는 능력을 증진시키기.
   a. 각 가족 구성원으로 하여금 자신의 반응이 다른 구성원들에게 어떤 영향을 미치는지 보도록 돕기 위한 상호작용 주기 추적과 공감적 추론.
   b. 가족 구성원들로 하여금 다른 구성원들이 다가올 때 지지적인 방식으로 반응할 뿐만 아니라 일차적 정서적 욕구를 좀 더 직접적으로 표현하도록 돕는 실연.

▣ 치료의 종결 단계: 가족을 위한 EFT

❖ 종결 단계 치료적 과업

1. 추후관리 계획을 세우고, 개선을 유지하기. 다양성 주의: 치료 종결 이후 그들을 지지해 줄 그들이 속한 공동체의 자원과 접촉할 것.
   a. 가족이 잠재적인 퇴행에 대비하도록 돕기 위해서, 부정적 상호작용 주기뿐만 아니라 긍정적 상호작용 주기도 추적할 것.

❖ 종결 단계 내담자 목표

1. 갈등과 절망감을 줄이기 위해 새로운 스트레스 요인에 효과적으로 대응하는 가족의 능력을 증가시키기
   a. 긍정적인 변화를 강화하기 위해 긍정적 상호작용 주기를 추적할 것.
   b. 애착 욕구의 맥락에서 긍정적 및 부정적 상호작용 주기를 둘 다 재구조화할 것.
2. 갈등, 우울, 불안을 줄이기 위해 상대방에게 안정된 유대감을 확고히 하는 방식으로 한결같이 반응하는 가족의 능력을 증가시키기.
   a. 정서적 욕구에 대한 직접적인 표현을 촉진하기 위해 실연을 사용할 것.
   b. 새로운 경험에서 새로운 반응으로의 변화를 촉진할 것.

정서중심치료의 다문화적 접근: 다양성에 대한 고려

◎ 민족적 · 인종적 · 문화적 다양성

EFT는 다양한 민족의 부부에 대해 연구되어 왔으며(Liu & Wittenborn, 2011), 특히 라틴계 내담자들과의 작업에 적합했다(Parra-Cardona, Córdova, Holtrop, Escobar-Chew, & Horsford, 2009). 게다가 애착은 1967년부터 비교문화 연구가 이뤄져 왔고, 애착욕구는 모든 이론에서 정상적이고 보편적이라는 것이 일반적 합의이다. 따라서 이 이론은 다양한 내담자에게 일관적으로 적용할 수 있는 요소를 가지고 있다. Liu와 Wittenborn(2011)은 EFT 치료자들이 다양한 내담자와 함께 효과적으로 작업하기 위해 그들의 개입을 조정하고 맞출 필요가 있다고 강조한다. 몸을 앞쪽으로 기울임으로써 정서를 고조시키는 것과 같은 특징적인 비언어적 개입의 상당수는 내담자의 문화적 배경에 따라 부적절하거나 선을 넘는 것으로 해석될 수 있다. 게다가 문화적 규범은 EFT의 핵심 초점인 정서 표현에 대해 일반적으로 매우 구체적인 규칙을 지니고 있으며, 따라서 EFT 치료자들이 효과적이려면 이러한 규범을 이해할 필요가 있다. 다양한 내담자와 작업을 할 때, EFT 치료자들은 정서에 대해 사회적으로 구성된 의미를 인식해야 할 뿐만 아니라, 정서 표현 및 애착 행동과 연관된 구체적인 문화적 의미와 기능을 확인할 필요가 있다. 마지막으로, EFT 치료자들은 그들이 의도한 의미를 다양한 내

담자에게 명확하게 전달하고 있는지 확인하기 위해 이러한 문화적 의미를 유념하여 감정을 반영하기 위한 단어와 비유를 선택해야 한다.

◎ 성 정체성 다양성

EFT를 사용하여 동성애자, 양성애자, 트랜스젠더(GLBT) 커플과 함께 작업을 할 때에는 이 커플들이 안정 애착을 형성하기 어렵게 만드는 독특한 스트레스와 환경에 주목할 필요가 있다(Zuccarini & Karos, 2011). Zuccarini와 Karos(2011)는 EFT가 어떻게 GLBT 커플의 욕구에 민감하게 조정될 수 있는지에 관해 설명한다. 일반적인 과정은 여전히 동일하지만, 치료자가 주의해야 하는 수많은 예측 가능한 문제가 있다. 첫 번째 과정에서 치료자들은 커플의 형성과 그들의 대체로 복잡한 상호작용 주기에 미치는 성 정체성 관련 스트레스의 영향력을 고려할 필요가 있다. "GL(게이-레즈비언) 정체성과 관련된 부정적 정서 경험과 애착은 성적 취향의 수용을 방해하고, GL 관계에서의 모든 안전한 정서적 관여를 심각하게 약화시킨다."(p. 320), 게다가 동성애에 대해 차별적인 사회에서의 생활이 미치는 영향뿐만 아니라 커밍아웃하는 과정은 종종 중요한 외상 사건과 의미 있는 관계에서의 배신을 수반한다. 이러한 충격적인 배신의 영향력은 종종 한 개인의 안전한 관계를 형성하는 능력에 영향을 미친다. 게다가 커플의 부정적 상호작용 주기를 평가할 때, 치료자는 동성애에 대해 차별적인 환경에서 생활하는 스트레스와 관계에서의 거절이 사회에서 계속되는 거절로 인해 얼마나 악화되는지에 대해 고려할 필요가 있다.

두 번째 과정은 철수자의 재참여와 추격자의 완화에 관한 표준 과정이지만, GLBT 부부와 함께 하는 치료자는 성적 취향으로 인해 겪어 온 다양하고도 복잡한 외상 사건을 탐색해야 하며, 이러한 외상 사건은 안정적인 애착 유대를 형성할 수 있을 만큼 취약해지기로 각오하는 것을 어렵게 만든다. 이러한 과거 외상 사건을 탐색하는 것은 두 파트너가 서로에 대한 연민과 상대방을 신뢰하기에 충분한 안전감을 느끼도록 도울 수 있다. 세 번째 과정에서 치료자들은 각 파트너가 쉽게 사라지지 않는 정체성 문제들을 다루고 성소수자로 지내는 것과 관련된 만성적인 스트레스를 다루도록 도와야만 한다.

정서중심치료의 증거기반

25년 이상 연구된 EFT는 현재 경험적으로 입증된 두 가지의 부부치료 중 하나이다(다른 하나는 통합적 행동 부부 치료; Lebow, Chambers, Christensen, & Johnson, 2012). EFT는 전체 부부 중 90%가 유의하게 호전되고, 10~12회기에 대체로 70~73%의 회복률을 보인다(Johnson, Hunsley, Greenberg, & Schindler, 2012). 하지만 부부의 고충을 완화하기 위해 종종 12회기 이상의 치료 과정이 요구된다(Johnson & Wittenborn, 2012). 추적 연구들은 외상 사건 생존자 및 만성질환을 앓는 자녀를 둔 부모와 같이 치료가 어려운 부부에게도 결과가 안정적인 경향을 보여 준다(Clotheir, Manion, Gordon-Walker, & Johnson, 2002). 게다가 3개의 연구는 성적 학대 생존자와 그들의 부모를 대상으로 EFT를 검증하였고, 참여자 중 최소 절반이 결혼생활 적응 및 외상 증상에서 임상적으로 유의미하게 호전되었다(Johnson & Wittenborn, 2012).

연구자들은 또한 EFT의 변화 과정에서 효과가 있는 구성 요소로, ① 과정 2의 핵심적인 회기에서 정서의 깊이, ② 부부가 자신의 애착 욕구를 표현할 수 있고 상대방에게 호응해 줄 수 있는 새로운 상호작용 촉진하기, ③ 치료적 관계의 질, 특히 내담자가 지각한 치료의 초점과 과제의 적절성을 연구해 왔다(Johnson & Wittenborn, 2012; Lebow et al., 2012). 이에 더하여 연구자들은 EFT의 영향력을 조절하는 요인들을 밝혀 왔다. 놀랍게도 부부가 가진 고충의 초기 수준은 회기에서의 참여 수준이나 이성애 부부 중 남성 배우자의 신뢰 수준만큼 중요하지는 않은 것 같다. 또한 한 연구는 EFT를 활용하여 관계 내에서의 애착 손상을 치료하는 것을 고려했고, 부부 중 거의 3분의 2가 이러한 손상을 간단한 개입으로 해결했으며, 이러한 결과는 3년의 추적 연구에서도 안정적이었다(Johnson & Wittenborn, 2012). 또한 높은 수준의 타당성을 충족시키기 위해 EFT는 이론의 창시자와 친분이 없는 독립된 연구자들에 의해 연구되어 왔다. 이렇게 수행된 두 연구에서는 심지어 제한적인 지도감독을 받은 초보 치료자도 성공적인 EFT 회기를 진행하는 방법을 습득할 수 있음을 보여 주었다(Johnson & Wittenborn, 2012)

기능적 가족치료

◎ 요약하기: 당신이 알아야 할 최소한의 것

품행장애와 비행을 다루기 위한 경험적으로 입증된 가족치료법인 기능적 가족치료(Functional Family Therapy: FFT)는 40년 넘게 연구되어 왔다(Alexander & Parsons, 1982; Alexander & Sexton, 2002; Sexton & Alexander, 2000). 이 접근은 전략적 · 인지적 · 행동적 개입의 조합을 활용하여 인지 이론, 체계 이론, 학습 이론을 통합한다. FFT에서 모든 행동은 체계 내에서 특정 기능을 돕는 적응적인 것으로, 다음의 두 가지 기본 기능을 성취하기 위한 시도로 간주된다.

- **관계적 유대감**: 친밀과 독립의 상대적인 균형.
- **관계적 위계**: 영향력과 통제력을 지닌 사람을 규정하기.

치료자의 주요 과업은 문제 행동이 어떻게 관계를 유지하고 위계를 규정하는지, 즉 문제 행동의 기능을 확인한 다음, 동일한 기본 기능(유대감, 영향력, 독립성 등)을 성취하는 더욱 효과적인 행동을 찾는 것이다. 개입은 가족을 치료로 이끈 부정적인 결과를 낳지 않고도 희망하는 목표나 기능을 성취하는 것을 목표로 둔다. 이 접근은 심각한 행동 문제가 있는 자녀를 둔 가족에 대한 평가 및 효과적 개입을 위한 논리적인 접근을 치료자에게 제시한다.

◎ 핵심 내용: 중요한 기여점

당신이 이 장에서 기억할 것이 있다면, 그것은 다음과 같다.

■ 다중체계 및 가족 중심

문제를 일으키는 청소년들을 위한 다른 증거기반치료와 유사하게, FFT는 치료 과정에서 개인, 가족, 동료, 지역사회 체계 역동을 다룬다는 의미인 다중체계 중심(multisystemic focus)을 사용한다(Alexander & Parsons, 1982; Sexton, 2011). 게다가 이러한 복합적인 체계에 영향을 미치기 위해 선호되는 치료 단위는 청소년 개인이 아닌 가족이라는 증거가 상당히 명확하다. 연구를 통해 강한 가족 유대가 청소년을 문제에서 벗어나게 해 주는 가장 핵심적인 보호 요인임을 발견해 왔다. 뿐만 아니라, 최근 연구에서는 문제를 일으키는 청소년의 집단치료가 사실상 반사회적 행동을 감소시키기보다는 오히려 증가시키는 것으로 나타났다(Lebow, 2006). 만약 당신이 당신 지역의 청소년 사법부를 살펴본다면, 당신은 문제를 겪는 많은 청소년이 청소년의 분노 조절 혹은 청소년 약물 남용 수업을 들을 법적 의무가 있음을 발견할 것이다. 이러한 집단 수업은 문제를 개선하기보다는 악화시킬 가능성이 있다. 이와 같은 발견은 치료자로 하여금 언제 상식적인 해결책이 소용없는지를 파악하도록 돕는 연구의 중요성을 강조한다.

FFT에서 치료자는 변화를 가져오기 위해 청소년의 학교, 보호관찰관, 또래, 지역사회, 확대가족, 직계가족과 함께 작업한다. 이는 이러한 체계 내의 사람들에 대한 직접적인 개입이나 청소년과 가족이 그들과 다르게 상호작용하도록 도움으로써, 더 큰 체계에 간접적으로 영향을 미치는 것을 수반할 수 있다(예: 학교와 부모 간 의사소통을 증가시키면 교사, 상담사, 행정 담당자가 청소년을 어떻게 바라보고 그래서 어떻게 상호작용하는지가 변화할 수 있으며, 그로 말미암아 연이은 긍정적인 변화를 촉발할 수도 있다).

◎ 들리는 소문에 의하면: 관련된 사람들의 이야기

James Alexander

James Alexander는 1960년대에 유타(Utah) 대학교에서 근무하면서 Bruce Parsons와 함께 FFT를 개발했다(Sexton, 2011). Alexander는 강한 체계적 이론의 배경을 가지고 있었고, 이를 자신의 이론을 구축하는 데 사용하였으며, 그의 이론은 원래 청소년 사법 체계에 있는 청소년을 돕기 위해 개발되었다.

Bruce Parsons

Bruce Parsons는 대학원생으로 시작하여 1960년대에 FFT를 발전시키기 위해 James Alexander와 함께 연구했다.

Thomas Sexton

Thomas Sexton(2011)은 FFT의 잘 알려진 전문가이자 지지자이며, 이 접근이 일반적인 외래 임상 장면에서 어떻게 활용될 수 있는지를 설명한 교과서를 저술하였다.

◎ 큰 그림 그리기: 상담 및 심리치료의 방향

■ 초기 단계: 참여와 동기부여

첫 번째 단계에서 치료자는, ① 모든 가족 구성원과 관계를 발전시키고, ② 문제 행동의 기능을 평가하는 것을 목표로 한다(Alexander & Sexton, 2002; Sexton, 2011). 이 단계에서 치료자는 분노, 불만, 절망감을 줄이기 위해 작업한다. 치료자는 부모가 문제의 책임을 자녀의 부정적인 특성(예: 게으름 혹은 무책임함)으로 돌리는 경향을 줄이고, 이러한 특성을 부정적인 동기를 탓하지 않는 표현으로 대체하여 나타내기 위해 인지적 기법을 활용함으로써 변화할 수 있는 환경을 조성한다(예: 자유를 실험하기, 정체성 탐색하기).

■ 중기 단계: 행동 변화

중기 단계에서 치료자는 가족 구성원들의 인지적 틀, 태도, 기대, 낙인, 신념을 수정함으로써 그들의 행동이 어떻게 상호 관련되어 있는지를 확인하는 데 목표를 둔다(Alexander & Sexton, 2000). 특히 치료자들은 양육 기술, 부정적 성향, 비난에 초점을 맞춰서 행동이 타인에게 미치는 영향력에 대한 견해를 말하기, 감정 · 생각 · 행동의 상호 관련성을 설명하기, 해석을 제시하기, 부정적인 상호작용을 중지하기, 비난하지 않는 말로 행동을 재명명하기, 증상 제거 시 나타날 영향에 대해 논의하기, 증상의 맥락을 변화시키기 그리고 한 사람 혹은 문제로부터 다른 것으로 초점을 옮기기 등의 개입을 한다.

일단 치료자가 가족의 인지적 틀을 변화시키면, 치료자는 양육 훈련, 문제 해결, 갈등 해소 그리고 의사소통 기술과 같은 대인관계와 관련되고 실용적인 기술을 개발하는 데 초점을 맞춘다. 어린 아동의 경우에는 양육 훈련이 강조되며, 조작적 조건형성 원리를 이용한 전통적인 행동 양육개입에 따른다. 문제 해결과 갈등 해소는 부모와 청소년이 그들의 갈등을 다루도록 도울 때 선호된다. 의사소통 기술 훈련은 간결함, 단순명쾌함 그리고 적극적 경청을 독려하는 전통적인 행동 기법을 기반으로 한다.

■ 후기 단계: 일반화

이 단계의 초점은 변화를 가족이 상호작용하는 더 큰 사회적 체계로 일반화하는 것이다(Alexander & Sexton, 2002). 이제 치료자는 가족들로 하여금 정신건강 및 청소년 사법기관 등의 지역사회 체계와 긍정적인 관계를 발전시키고 강한 사회적 연결망을 구축하도록 독려하기 위해 사회복지사 같은 역할을 한다.

◎ 관계 형성하기: 치료적 관계

■ 가족 구성원들 간 동맹 그리고 치료자와의 동맹

FFT에서 치료자는 가족과의 동맹을 발전시키며, 또한 가족 구성원들 간에 동맹 의식을 발전시키도록 돕는다(Alexander & Sexton, 2002; Sexton, 2011). 이러한 동맹은 이해받는 느낌과 타인을 신뢰하는 것을 포함하는 개인적인 유대감으로 간주된다. 동맹을 특별히 치료적으로 만들어 주는 것은 치료 과정에서의 목표와 과제에 대한 추가적인 동의이다. 전형적인 가족 접근인 FFT에서 동맹은 모든 가족 구성원이 안전하고 이해받는다고 느끼며 치료의 방향에 대해 동의함을 의미한다. 가족 구성원들은 치료자뿐만 아니라 서로와 '한마음 한뜻'이라고 느낀다.

■ 동기부여와 참여

만약 치료자가 가족 내 그리고 치료자와의 동맹을 형성하는 데 성공한다면, 이것은 전형적으로 치료적 성공의 미묘하지만 필수적인 요소인 동기부여를 낳는다(Alexander & Sexton, 2002; Sexton, 2011). 달리 말하면, 강한 치료적 동맹에 기대하는 성과는 내담자로 하여금 변화를 위해 필요한 행동을 하려는 동기를 부여하는 것이다. 일부 가족 구성원은 치료에 들어서면서 어느 정도 변화의 동기를 가질 수도 있겠지만, 종종 치료자가 가족 내의 다른 사람을 바로잡기 위해서 뭔가 해 줬으면 하는 무언의 (때로는 드러내어 말하는) 소망이 있다. 그러므로 치료자는 강한 동맹을 통해 모든 가족 구성원들이 어떻게 자신이 해결책의 일부분이 될 수 있는지를 깨닫고 기꺼이 그렇게 하려는 마음이 들도록 돕는다.

참여는 모든 가족 구성원이 회기에 적극적으로 참여하게끔 하는 것이다. 치료자는 유머 활용하기, 존중을 표현하기, 진심으로 이해하려 하기 그리고 치료실에 치료적 기운을 가져오기를 통해 참여를 촉진한다. 게다가 치료자는 각 개인이 가치 있고 존중받는 느낌을 갖게 해 주는 무비판과 강점 기반 관점을 대화에 가져옴으로써 가족 참여를 독려한다.

■ 의무적으로 참여하는 내담자와 저항적인 내담자

FFT는 비행 청소년을 대상으로 하기 때문에, 대부분 법원이나 학교와 같은 외부의 제3자에 의해 의무적으로 참여하거나, 치료에 저항적인 구성원(때로는 부모, 때로는 자녀, 때로는 둘 모두; Alexander & Sexton, 2002)이 적어도 한 명씩 포함되어 있다. 게다가 그들 중 대부분은 학교, 재판 및 기타 체계에서의 어려움과 불공정한 처우뿐만 아니라 여러 고통스러운 경험을 겪어 왔다. 따라서 FFT 치료자들은 내담자가 경계하고, 절망하고, 불평하고, 저항하고, 부정적이거나, 유리하지 않다고 느끼면서 치료에 오는 것을 예상해야 한다(Sexton, 2011).

FFT 치료자의 체계적 관점은 가족에게 종종 다른 전문가 및 체계와 관련된 경험에서 벗어난 신선한 변화로 경험된다. 이 체계적 관점은 가족 중 어느 구성원이라도 비난하는 것을 멈추게 하며, 대신에 그들이 더 큰 그림을 보도록, 그리고 외부 체계뿐 아니라 모든 구성원이 어떻게 문제에 기여하고 문제를 지속시키는지를 깨닫도록 독려한다. 이러한 새로운 관점은 상황이 달라질 수 있고, 가족이 의미 있는 변화를 만들어 내는 행동을 취할 수 있다는 희망을 불러일으킨다.

■ 존중과 협력의 정신

FFT에서 미묘하지만 특별히 중요한 요소는 전형적으로 체계에서 잘 대우받지 못했던 청소년 및 가족과 함께하는 작업에서 보이는 치료자의 태도이다(Sexton, 2011). 종종 치료자를 만나기 오래전부터 비행 청소년은 실패자 및 왕따로 낙인 찍혀 왔으며 그 부모들도 비슷한 눈총을 받아 왔다. 그러므로 치료자는 가족들의 경험을 소중히 하고 그들의 입장에서 비롯된 이야기를 공유할 수 있는 공간을 마련하면서, 특히 존중하는 태도로 이들 가족에게 관여하도록 유의할 필요가 있다. 이는 치료적 과정에서 진실한 협력적 관계에 기꺼이 임하려는 의지뿐만 아니라 내담자로부터 배우려는 개방성과 인내심을 요구한다.

■ 신뢰할 수 있는 조력자

FFT 치료자들은 가족의 관점에서 신뢰감을 갖는 것의 중요성에 유의한다. 신뢰감이란 미래의 성과를 약속하면서 생겨나는 것이 아니라 치료자가 치료실에서 보이는 말과 행동을 통해 생겨나며, 이는 첫 회기부터 시작된다. 치료자들은 그들이 가족의 상황을 이해하며 가족을 중재하고 도와줄 효과적인 방법을 가지고 있음을 보여 주어야 한다. 이것은 공통 요인인 희망 형성하기와 밀접한 관련이 있다.

◎ 조망하기: 사례개념화와 평가

■ 관계적 기능: 응집력

다른 체계적 치료자들과 마찬가지로, 가족을 평가할 때 FFT는 문제 행동의 관계적 기능을 확인한다(Sexton, 2011; Sexton & Alexander, 2000). 일반적으로 FFT 치료자들은 행동이 가질 수 있는 두 가지의 중요한 관계적 기능인, ① 관계적 유대감과 ② 관계적 위계에 초점을 맞춘다.

■ 관계적 유대감

관계 패턴은 가족들이 상호의존(유대감)과 독립성(자율성)의 균형을 맞추도록 돕는다. 일반적으로 가족들이 이 균형을 맞출 수 있는 세 가지 방법이 있다. 어느 하나가 다른 것보다 반드시 더 나은 것은 아니며, 각 가족의 선호는 문화적 규범에 의해 크게 영향을 받는다.

- **높은 독립성**: 높은 독립성을 중요시하는 가족들은 자율성과 독립성을 지지하지만 거리감과 단절의 위험 또한 있을 수 있다.
- **높은 상호의존**: 높은 상호의존을 중요시하는 가족들은 친밀함과 유대감을 즐기지만 밀착과 의존의 위험이 있을 수 있다.
- **중간 지점**: 이러한 가족들은 독립성과 상호의존 간의 균형을 맞추기 위해 노력한다.

■ 관계적 위계

관계적 위계는 관계에서의 관계적 통제와 영향을 설명한다. 가족을 분류하는 세 가지 일반적인 패턴이 있다.

- **부모는 상위/청소년은 하위**: 부모-자녀 관계는 부모가 더 많은 권력을 가지고 자녀는 권력을 덜 갖는 전통적인 위계를 가질 수 있다. 물론 이것은 작은 권력 차이부터 극심한 권력 차이까지 다양한 범위로 나타날 수 있다.
- **청소년은 상위/부모는 하위**: 일부 가족에서는 권력 위계가 뒤바뀌고 청소년이 부모보다 결과에 대해 더 많은 영향력을 가진다. 대개 이것은 적절한 방식이 아니다.
- **대칭적**: 일부 가족은 부모와 자녀 모두가 비슷한 수준의 권력을 갖는 강한 민주적 구조를 가진다.

■ 기능이 아니라 표현을 변화시키기

만약 당신이 치료자의 임무는 가족들로 하여금 앞에 열거된 범주 목록 중 다른 범주에서 벗어나 일부 범주에 속하도록 돕는 것이라고 생각하면서 따라 읽어 왔다면, 당신은 매우 놀랄 것이다. FFT 치료자들은 모든 가족이 같은 방식을 갖도록 돕거나, 혹은 어떤 '최적'의 형태의 기능을 갖추려고 노력하지 않는다. 그것은 아마 가족의 문화적 및 개별적 차이와 욕구를 존중하지 않는 일일 것이다. 그보다 목표는 가족들이 같은 기능에 대해 더 좋은 표현을 찾아내도록 돕는 것이다. 예를 들어, 만약 부모가 위계를 유지하기 위해 언어적 및 신체적으로 폭력적인 방법을 사용한다면, 기능적 가족치료자는 이런 부모로 하여금 폭력적이지 않으면서 위계를 유지하는 새로운 방법을 배우도록 도울 것이다. 유사하게 기능적 가족치료자는 자녀에게 과잉 기능하는 부모들이 자녀의 적절한 행동에 따라 유대감과 애정을 표현하는 방법을 찾도록 도울 것이다.

관계적 기능 평가

따라서 질문은 바로 이것이다. 그 증상은 어떤 기능을 돕는가?

- 독립성 혹은 상호의존성을 형성하는 것?
- 위계를 형성하거나 권력을 분배하는 것?

다음 질문은 이것이다.

- 가족은 더욱 효과적인 관계적 상호작용을 하면서 유사한 기능을 어떻게 성취할 수 있을까?

이 질문들에 답할 수 있다면 당신은 성공적인 계획을 세울 수 있다.

■ 위험요인과 보호요인

FFT 치료자들은 문제를 일으킨 청소년에 관하여 알려진 다양한 위험요인과 보호요인을 신속하게 파악한다. 이 중 일부는 다음을 포함한다(Sexton & Alexander, 2000; Sexton, 2011).

- 청소년 개인과 부모의 위험요인
  - 폭력의 가해 및 피해 이력
  - 초기 공격 행동 및 전반적인 행동 통제 어려움의 이력
  - 약물, 알코올, 담배 사용/남용
  - ADHD 혹은 기타 사회적 · 인지적 정보처리 결함을 포함한 정서 및 심리 관련 진단
  - 낮은 지능
  - 반사회적 신념 혹은 태도
- 가족 위험요인
  - 부모에 의한 상호 애착과 보살핌의 부족
  - 비효과적 양육
  - 혼란스러운 가정 환경
  - 양육자와의 의미 있는 유대 관계의 부족
  - 약물을 남용하거나, 범죄를 저지르거나, 정신장애를 진단받은 양육자
- 또래/학교 위험요인
  - 범죄 조직 연루를 포함하여 다른 문제를 일으키는 청소년과 어울림
  - 또래들로부터의 잦은 사회적 거부
  - 관습적인 활동에 대한 참여 부족
  - 낮은 학업 수행: 학교에 거의 전념하지 않음
- 지역사회 위험요인
  - 감소된 경제적 기회: 빈곤한 주민의 높은 밀집도

- 높은 단기 체류와 낮은 지역사회 참여
- 높은 가족 붕괴

• 보호요인

- 자녀와 가족 간의 강한 유대감
- 자녀의 삶에 대한 부모의 관여
- 자녀의 경제적 · 정서적 · 인지적 · 사회적 욕구를 충족시키는 지지적인 양육
- 명확한 한계 설정과 일관성 있는 훈육

■ 다중체계적 평가

기능적 가족치료에서는 문제를 일으킨 청소년들을 그들이 살고 있는 다양한 체계로부터 분리하여 평가하지 않는다. 고로 이는 일종의 생태학적 접근이다(Alexander & Parsons, 1982; Sexton, 2011; Sexton & Alexander, 2000). FFT 치료자들은 사람을 가족, 이웃, 학교, 또래, 직장, 복지 기관, 문화적 집단, 종교 등과 같은 다양한 외적 체계와 끊임없이 상호작용하는 내적 체계(생리적, 인지적, 정서적, 행동적 등)로 구성된 것으로 본다. 내담자의 행동은 이러한 각 체계들에서 맡은 기능의 맥락에서 평가된다. 예를 들어, 청소년이나 부모의 잘못된 선택은 고립된 개인의 문제로 여겨지기보다는 그들이 속한 다양한 체계 속에서 특정한 의미와 효과를 갖는 것으로 간주된다. 유사하게, 이러한 체계들의 상호연계는 또한 탄력성과 지지의 잠재적 및 실질적 원천이다. 치료자들은 다양한 체계에서의 개발되지 않은 자원, 잠재적인 자원, 부정적인 영향을 모두 염두에 두며, 이를 치료의 방향을 알아내기 위해 활용한다. 다양한 체계의 영향력을 파악하는 것은 치료자들이 어디에서 누구에게 치료를 할지를 알 수 있게 해 준다.

■ 지역사회와 문화

가족을 평가할 때, FFT 치료자들은 가족의 문화 및 지역사회 환경에 세심한 주의를 기울인다(Sexton & Alexander, 2000). 민족적 및 종교적 규범에 영향을 받는 문화적 기대는 가족 내에서의 상호작용 패턴, 가족이 감정을 표현하고 역할을 구성하는 방식, 그 역할이 어떻게 보이고 느껴지는지, 양육 방식 등에 기여한다(Sexton, 2011, pp. 2-13). 지역사회 환경은 가족의 지역 공동체를 가리키며, 이는 환경을 구성하는 문화의 영향을 받지만 환경에 대한 고유한 표현이며, 종종 지역 및 기타 사회적 영향과 결합된다.

비행 청소년과 작업할 때 문화와 지역사회는 특히 중요하다. 소수 민족은 청소년 인구의 약 3분의 1 정도이지만, 소년원과 교정기관 인구의 3분의 2를 차지한다(Sexton, 2011). 게다가 유색 인종 청소년은 더 자주 체포되고, 소년원에서 더 많은 시간을 보내며, 긴 형량을 받는 경향이 있다. 따라서 소수 민족 비행 청소년과 백인 비행 청소년은 매우 다른 맥락을 가지고 치료에 참여하게 되며, 치료 과정은 이러한 서로 다른 경험에 민감해야 한다.

고려해야 할 문화적 및 지역사회 질문

- **문화적 배경:** 가족의 문화적 배경에는 어떤 것이 있는가? 구성원들은 어떤 방식으로 이 배경과 동일시하는가? 어떤 방식으로 동일시하지 않는가?
- **문화 및 가족 규범:** 가족의 문화에서 가족 구조, 위계, 역할, 정서 표현에 대한 규범에는 어떤 것이 있는가? 가족은 이 규범들을 어떤 방식으로 받아들이는가? 어떤 방식으로 받아들이지 않는가? 이 규범은 가족이 속한 지역 공동체의 규범과 비교하면 어떠한가?
- **지역 공동체:** 가족은 그들의 지역 공동체와 어떻게 어울리는가? 지역사회 내의 의미 있고 지지적인 집단들과 관계를 맺는가? 이 지역사회에서 가족의 문제는 어떻게 여겨지는가? 도움받을 만한 지원인력이 있는가?
- **사회경제적 맥락:** 가족의 사회경제적 지위는 지역사회에서 가족의 역할에 어떻게 영향을 미치며, 가족 구성원들이 경험하는 문제에 어떻게 기여하는가?
- **치료를 조정하기:** 가족의 문화적 및 지역사회 환경, 가치, 규범을 존중하기 위해 치료 과정은 어떻게 조정되어야 하는가? 어떤 방식의 치료적 관계, 목표, 평가, 개입이 가장 유용할 것인가?

■ 강점과 회복탄력성

FFT 치료자들은 내담자의 문제(절반 정도 빈 잔, glass half empty)를 보는 것과 강점(절반 정도 채워진 잔, glass half full)을 보는 것 사이에서 건강한 균형을 이루려고 노력한다(Sexton, 2011). 문제를 일으킨 청소년과 작업할 때에는 그들의 문제가 종종 범죄 영역에 해당되고, 특히 그들 자신뿐만 아니라 타인에게도 해를 입히기 때문에 이러한 균형은 어려울 수 있다. 따라서 그 청소년을 '나쁘다' 혹은 '반사회적'이라고 낙인찍거나, 이 모든 것을 '큰 실수'라고 단순하게 생각해 버리는 오류를 범하기 쉽다. 대신에 치료자는 초반에 좋은 점을 발견하기 어려움에도 불구하고, 나쁜 점과 좋은 점을 동시에 인정하는 더욱 불편한 위치를 찾아야 하는 도전을 받는다.

문제를 일으킨 청소년과 부모에 대해 공통적으로 평가되는 강점들

- 한 명 이상의 가족 구성원 간의 애정으로 다져진 유대감.
- 보살펴 주고 신뢰할 수 있는 확대가족 구성원 혹은 지역사회 구성원.
- 최소 한 명의 친사회적인 친구.
- 의미 있는 취미, 흥미, 능력.
- 학년을 통과함.
- 직업이 있음.
- 학교나 가정에서 사회적으로 잘 해냈던 이력.

◎ 변화를 겨냥하기: 목표 설정

■ 초기 단계: 참여

- 목표
  ① 가족 내 위험요인 감소시키기
  ② 가족의 비난과 부정성 감소시키기
  ③ 가족 동맹과 문제에 대한 가족 중심적 관점 증가시키기

■ 작업 단계: 행동 변화

- 목표
  ① 가족에게 적절한 행동 역량(예: 양육, 의사소통, 문제 해결) 증진하기
  ② 이 역량들을 가족의 관계적 기능에 맞추기

■ 종결 단계: 일반화

- 목표
  ① 맥락 내에서 보호요인을 증진하기
  ② 일반화하기
  ③ 성과를 지지하고 유지하기

◎ 행동하기: 개입

■ 가족 중심적 문제 기술을 발전시키기

초기 회기에서 FFT 치료자는 가족들로 하여금 문제에 대해 비난 중심적 정의에서 가족 중심적 정의로 바꾸도록 돕는다. 이 가족 중심적 정의는 이해, 동맹, 동기를 형성하도록 돕는다. 치료자는 각 가족 구성원에게 문제, 문제의 원인, 문제가 그들에게 어떻게 영향을 미치는지에 대해 설명하도록 요청하면서 시작한다(Sexton, 2011). 이를 바탕으로 치료자는 관계적 패턴과 가족 구조를 파악할 뿐 아니라, 비난, 문제 귀인, 정서를 확인할 수 있다.

그다음, 치료자는 가족 구성원들이 겉보기에는 개인적인 그들의 행동이 어떻게 더 큰 가족 상호작용 패턴의 일부가 되는지를 확인하기 위해 재구조화를 활용한다. 예를 들어, 한 청소년은 그의 부모의 싸움에 휘말리는 것을 피하려고 집 밖에서 늦게까지 머무를 수도 있다.

■ 문제의 연쇄 과정을 확인하기

전략적 및 행동 가족치료(제4장과 제8장)와 유사하게, FFT 치료자들은 현재 문제를 둘러싼 관계적 연쇄 과정을 파악한다. 이것의 핵심은 다음과 같다.

- 문제 이전에 (모든 가족 구성원들로부터) 어떤 행동이 나왔는가?
- 문제 이후에 (모든 가족 구성원들로부터) 어떤 행동이 나오는가?

치료자들은 현재 문제에 대한 가족들의 묘사를 통해서뿐만 아니라 회기 내에서의 상호작용을 관찰함으로써 종종 이를 간접적으로 평가할 수 있다. 이에 더하여 치료자들은 때때로 문제의 연쇄 과정을 더욱 면밀히 평가하기 위해 이에 대해 직접적으로 물어본다.

■ 관계적 재구성

FFT의 초기 단계에서 치료자는 가족들로 하여금 문제에 대한 해석과 의미를 변화시키도록 돕는데, 이 과정은 인지적 재구조화로 알려져 있다. 치료자들은 가족으로 하여금 문제가 얼마나 관계적인지를 깨닫도록 돕기 위해 문제에 대해 다른 가족 구성원을 탓하는 것에서 벗어나도록 돕는다. 모든 사람은 문제 행동을 유지하는 데 일조한다(Sexton, 2011). 따라서 악의적이고 부정적인 귀인을 줄이고 이해와 희망을 증가시키기 위해 문제는 관계적으로 재구성된다.

FFT 치료자들은 관계적 재구성의 세 단계 과정을 사용한다(Alexander & Sexton, 2002; Sexton, 2011).

① **인정**: 각 개인의 초기 입장, 관점, 이해, 감정을 인정한다. "당신은 정말 화가 났군요."와 같은 인정 진술은 치료자가 그 중요성을 이해하고 지지하고 있는 것을 보여 주지만, 꼭 내담자가 진술한 내용일 필요는 없다. 치료자는 일반화와 정상화하는 언급을 피하는 대신, 내담자의 개인적 경험에 초점을 맞춘다.

② **재귀인**: 다음 단계에서 치료자는 문제 행동에 대한 재귀인을 제시하는데, 이는 대체로 세 가지 형태 중 하나를 취한다.
- 문제 행동에 대한 대안적 설명(예: "아마도 그는 정말로 실패자가 되는 느낌을 피하기 위해 몰두하고 있는 것 같아요.").
- 문제에 대한 대안적인 구성 개념을 의미하는 비유(예: "아마도 그의 약물 사용은 자신의 ADHD를 '자가 치료'하는 그만의 방식인 것 같아요.").
- 모든 것이 겉보기와 같지는 않음을 암시하는 유머(예: "아마도 그의 약물 사용은 그의 조상과 소통하고 가족 전통에 순응하지 않는 사람에 대한 존중을 나타내는 그만의 방식인 것 같아요.").

재구성이 성공하려면 책임의 개념을 반드시 포함해야 한다. 문제 행동은 고의적이었지만, 그 동기는 겉보기처럼 악의적이지는 않았다.

③ **재구성의 영향을 평가하고 이를 발전시키기**: 마지막으로, 치료자는 이것이 가족에게 의미 있고 유용한지, 즉 '적합성'을 평가하기 위해 가족의 반응을 경청한다. 치료자는 내담자와 함께 종종 재구성을 수정함으로써 각 가족 구성원의 세계관과 더 잘 맞도록 하는 작업을 한다. 목표는 문제 행동에 대해 서로 동의할 수 있는, 아니면 최소한 이치에 맞는 대안적 설명을 찾는 것이다. 재구성 과정은 가족이 가능한 한 설명을 더 미세하게 조정함에 따라 상담 내내 지속될 수 있다.

◎ 유기적인 주제 만들기

재구성의 산물인 유기적인 주제는 긍정적이지만 잘못 판단한 의도에 의해 문제 행동이 어떻게 동기화되는지를 설명하기 위해 사용된다(Sexton, 2011). 이 주제들은 가족 구성원들이 상대방에 대해 더 긍정적인 특성들로 재귀인하도록 돕는다. 주제들은 가족과 치료자가 함께 정할 때 가장 유용하다. 일반적인 주제들은 다음과 같다.

- 분노는 상처를 의미한다.
- 분노는 상실을 의미한다.
- 방어적인 행동은 정서적인 유대를 의미한다.
- 불평은 중요성과 동일하다.
- 고통은 경청을 방해한다.
- 차이는 두려울 수 있다.
- 보호는 종종 타인에 대한 차단을 수반한다. (Sexton, 2011, pp. 4-23)

이러한 유기적인 주제들은 상대방에 대한 연민이 없다면 더 나은 이해를 이끌어 내면서 어느 누구도 비난하지 않은 채로 문제의 근원을 설명하도록 돕는다. 이상적으로, 이 주제는 상호적으로 발전되기 때문에 모든 가족 구성원이 동시에 지지받는다고 느끼게 하여 모두에게 의미가 있다. 대부분 이러한 주제는 가족으로 하여금 세부사항에 빠져들기보다는 사랑받고, 안전하며, 소중히 여겨지는 느낌과 같은 큰 그림에 초점을 맞추도록 돕는다.

■ 회기를 구조화하기 위한 중단하기와 전환하기

가족들이 자기 패배적인 패턴을 시작하거나 악화시킬 때, FFT 치료자들은 회기를 구조화하도록 돕기 위해 대화를 중단하거나 전환하려고 적극적으로 개입한다(Sexton, 2011). 예를 들어, 한 부모가 자녀를 질책하기 시작한다면 치료자는 도움이 안 되는 꾸짖음을 멈추기 위해 신속하게 개입할 것이다. "저는 당신이 당신 아들의 행동으로 인해 매우 좌절했음을 알 수 있어요. 이것이 당신에게 어떠한 영향을 주고 있는지 설명해 주시겠어요?" 이러한 평가는 위험해질 수 있을 상호작용을 멈추고 치료가 순조롭게 진행되도록 한다. 덧붙여 FFT 치료자들은 가족들로 하여금 방향을 재설정하도록 돕기 위해 코칭("……을 해 보면 어떨까요?"), 지시("잠깐만요, 문제 해결 단계를 활용하세요."), 모델링을 활용한다.

■ 과정 언급

FFT 치료자들은 가족으로 하여금 치료실 내에서의 즉각적인 상호작용에 주의를 기울이도록 하기 위해 전환하기의 특정 형태인 과정 언급을 활용한다. 이 언급은 두 가지 기능이 있는데, ① 문제 행동 패턴을 중단시키고, ② 가족이 패턴에 대해 더 의식적으로 깨닫게 되도록 돕는다. 과정 언급은 행동의 연쇄적 패턴 혹은 행동의 기능에 초점을 맞출 수 있다. 예를 들면, "당신은 그가 요청을 다 하기도 전에 그가 무슨 말을 할지를 추측해서 불쑥 끼어들어 대답한 것을 알고 있나요?" 혹은 "침묵과 쳐다보기를 거부하는 방식이 곧 당신이 관계에서의 권력을 유지하는 방식이라는 것을 알고 있나요?"라고 할 수 있다.

■ 부모 기술 훈련

기능적 가족치료자들은 청소년 문제 행동에 대한 위험요인 및 보호요인과 관련된 양육 행동에 관해 부모가 현재의 과학적인 문헌을 바탕으로 더욱 효과적일 수 있도록 돕는다(Sexton, 2011). 예를 들어, 지지적이면서도 도전적인 양육은 권위주의적인 양육보다 더 나은 학업 수행과 사회 적응을 예측한다. 게다가 지속적인 강화를 동반한 명확한 기대는 오랫동안 더 적은 정서 및 행동 문제와 관련되어 왔다. 어린 아동에게는 부모 훈련이 더 효과적일 수 있는 반면, Sexton(2011)과 동료들은 청소년의 경우 가족치료에서 가족의 관계적 연쇄 과정을 변화시키도록 도움으로써 양육 전략이 가장 잘 학습된다는 것을 발견했다.

부모와 함께 작업할 때, FFT는 다음의 세 가지 영역에 초점을 맞춘다.

- **명확한 기대와 규칙**: 서로 동의하고 발달적으로 적절한 행동 기대를 구체적이고 명확하게 설정하기. 일부 경우에 규칙을 명시한 계약서를 작성하고 모든 참여자의 서명을 받는데, 이는 청소년으로 하여금 과정에 적극 동참하고 있다고 느끼게 할 수 있다.
- **적극적인 점검과 지도감독**: 자신의 자녀를 점검함에 있어 부모들이 적극적인 역할을 하도록 돕는 것으로, 이는 다음의 질문에 답함으로써 요약된다. "청소년과 함께 있는 사람은 누구인가? 청소년은 어디에 있는가? 청소년은 무엇을 하고 있는가? 청소년은 언제 귀가할 것인가?"(Sexton, 2011, pp. 5-14)
- **행동계획의 일관성과 강행**: 문제를 일으키는 청소년을 둔 대부분의 부모는 하룻밤 사이에 나무랄 데 없는 모범적인 행동으로 바뀌게 되기를 희망하지만, FFT 치료자는 결과물이 청소년에게는 어린 아동에게만큼 효과적이지는 않다는 점을 인식하고 있다. 하지만 부모와 청소년이 합리적인 조건에 대해 협상하도록 하는 과정은 유익할 것이다(Sexton, 2011). 만약 결과물들이 소용이 있다면, FFT 치료자들은 이것을 간소화하고, 화내지 않으면서 수행하며, 문제 행동과 직접 연결 지을 것(예: 피해에 대한 경제적 책임지기 혹은 사과의 편지 쓰기)을 추천한다.

■ 상호적 문제 해결

FFT에서 양육 기술의 하위 집합인 문제 해결은 문제가 어떻게 해결될지를 부모가 좌우하게 하지 않고 관계를 강화하는 방식으로 부모와 자녀가 관심 주제를 다루기 위해 서로 협력하도록 돕는 것이다(Sexton, 2011). 문제 해결의 전형적인 과정은 다음을 포함한다.

- **문제를 확인하기:** 문제를 관계적인 맥락(모든 사람이 책임을 공유한다.)과 구체적이고 행동적인 맥락(예: 고함지르기, 음주 운전하기 등)에서 정의한다.
- **희망하는 성과를 확인하기:** 들리는 것처럼 간단하게, 구체적이고 행동적인 맥락에서 희망하는 성과를 확인하는 것은 문제를 일으킨 청소년을 둔 가족에게 특히 중요하다. 이 논의만으로도 일부 주제의 해결을 도울 수 있다(예: 어느 누구도 악담하거나, 목소리를 높이거나, 상대방을 모욕하지 않으며 모든 사람이 합리적인 해결책을 찾는 가운데 기대에 관해 상대적으로 차분하게 논의하도록 하는 것).
- **목표를 성취하는 방법에 동의하기:** 그다음 가족은 문제의 해결을 돕는 각자의 역할을 확인한다. 이는 서면계약이나 동의서 작성을 수반할 수도 있다.
- **잠재적인 장애물 확인하기:** 대부분의 경우, 계획을 실행에 옮기려 하기 전에 잠재적인 장애물과 장벽을 확인하는 것이 도움이 된다.
- **결과에 대한 재평가:** 마지막으로, 책임을 형성하고 다음 단계를 결정하기 위해 목표가 평가된다.

■ 갈등 관리

일부 가족은 성공적인 문제 해결을 어렵게 만드는 고통스러운 이력이나 경직된 패턴을 가지고 있다. 이러한 경우, 치료자들은 그들로 하여금 이러한 과거의 상처와 힘들었던 일들을 넘기도록 도울 필요가 있다. 갈등 관리는 고통스러운 주제를 '해결'하지는 못할 수도 있지만, 대신 치료자는 어려운 상호작용을 감내하도록 돕기 위해 사용한다. 갈등을 감내하기 위해 공통적으로 활용되는 몇 가지 전략은 다음을 포함한다.

- **구체적인 주제에 초점을 유지하기:** 치료자는 가족들이 미해결된 과거의 주제를 가져오지 않고 구체적인 현재 주제에 초점을 유지하게 한다.
- **회유적인 마음가짐과 대화하려는 의지를 갖기:** 치료자는 갈등을 줄이는 데 도움이 되는 정서적인 분위기를 형성한다.
- **현재를 지향하며 머무르기:** 치료자는 매우 가변적인 주제들을 바로 해결하려 하거나 그것들을 '시연하기(rehearsing)'하기보다는 갈등을 줄이는 것에 초점을 유지한다.

만약 한 명 이상의 가족 구성원이 하나의 주제에서 막힌다면, 치료자는 그 과정이 진전되도록 돕기 위해 다음의 질문을 활용할 수도 있다.

- 당신이 염려하고 있는 문제는 정확히 무엇인가요?
- 정확히 무엇이 당신을 만족시켜 줄까요?
- 당신에게 그 목표는 얼마나 중요한가요?
- 당신은 문제 해결을 통해 당신이 원하는 것을 얻으려고 노력해 왔나요?
- 당신이 원하는 것을 얻기 위해 어느 정도의 갈등을 감수하고자 하나요?(Sexton, 2011, pp. 5-18)

■ 의사소통 기술 형성하기

FFT에서 가족의 의사소통 기술은 종종 가족들이 그들의 염려를 해결하도록 돕는 것의 일부로 다뤄지지만, 그 자체가 목표가 되지는 않는다. 이것은 문제 해결과 양육 등의 다른 결말을 위한 수단이다. FFT 치료자가 가족으로 하여금 그들의 상호작용을 재구조화하도록 도울 때, 가족의 의사소통을 돕기 위해 다음의 주제 중 하나 이상에 중점을 둘 수 있다.

- **책임**: 각 개인은 자신의 말과 의사소통에 대한 책임이 있고, 다른 사람을 대변하여 이야기하는 것을 지양한다(예: "이 집에서는" 혹은 "아이들은 ……해야 한다."라고 말하지 않기).
- **단순명쾌함**: 가족들은 자신의 의견을 의도한 수신인에게 직접 전달하고, 제3자의 의견은 지양하도록 독려된다(예: "이 집에서는 그 누구도……" 혹은 "그녀는 결코…… 하지 않아요.").
- **간결함**: 듣는 사람의 이해를 확실히 하기 위해 메시지는 간결해야 한다.
- **구체적이고 명확함**: 가족들은 일반화(예: "당신은 결코…… 하지 않아요.")와 광범위한 진술(예: "좋은 결정을 내려요.")을 피하고 행동에 대해 매우 구체적으로 요청하도록 지도받는다.
- **일관성**: 가족 구성원들이 서로 어울리고 일관되는 언어적 메시지와 비언어적 메시지를 갖도록 돕기(예: 당신이 모든 것이 괜찮다고 이야기할 때 화난 것처럼 들리지 않도록 하기)
- **적극적 경청**: 치료자들은 가족 구성원들이 그들에게 적절한 방식으로 호응해 주는 경청자가 되는 방법을 배우도록 돕는다(예: 당신이 상대방의 메시지를 듣고 있다는 신호로 고개를 끄덕임. 수년간 부모와 의사소통하지 않았던 청소년에게는 이것이 큰 발전임을 기억하라).

■ 가족에게 적합하도록 맞추기

FFT에서 치료자는 그들의 내담자에 대해 현실적인 목표를 유지한다. 그들은 자신의 내담자들이 어떤 이상적인 '완벽한 가족'의 방식으로 의사소통하고 상호작용하기를 기대하지 않는다. 대신 치료자들은 가족의 현재 상호작용을 현실적으로 수정하도록 돕기 위해 더 좋은 성과를 낼 수 있게 해 줄 이상적인 형태의 의사소통, 양육, 갈등 관리를 활용한다. 예를 들어, 많은 치료자는 소리 지르기를 '건강하지 않은' 것으로 간주하며, 신속하게 '소리 지르기'를 변화시킬 대상으로 삼는다. 하지만 FFT에서 치료자는 변화가 필요한지 여부와 어떻게 변화시켜야 할지를 결정하기 전에, 우선 가족 내에서 소리 지르기가 어떤 기능을 하는지, 이것이 어떻게 친밀감과 거리감을 형성하고, 위계를 결정하는지를 평가한다. 핵심은 특정 가족에게 적합한 새로운 행동 기술을 소개하는 것이다.

- **문제 연쇄 과정에 맞추기**: 문제 상호작용의 연쇄 과정을 목표대상으로 삼을 때, 치료자는 새로운 행동을 안내하기에 (이상적이기보다는) 가장 편안한 지점을 찾는다.
- **관계적 기능에 맞추기**: 치료자는 관계적 기능(상호의존, 독립, 위계)의 근본적인 특성을 변화시키려하기보다는 가족들이 동일한 관계적 기능을 유지하는 더 효과적인 방법을 찾도록 돕는다(예: 갈등을 피하기보다는 문제를 해결하기 위한 상대적으로 짧고 구조화된 접근을 사용하기. 친밀감을

표현하기 위해 부모가 끊임없이 질문들을 퍼붓게 하기보다는 가족이 유대감을 느끼도록 서로가 즐거운 활동을 찾기).

- **유기적인 주제와 맞추기**: 일관성과 연속성을 형성하기 위해 개입은 치료 초기에 확인된 유기적인 주제로 되돌아가 연결된다.

◎ 조합하기: 사례개념화와 치료 계획 양식

■ 이론 특정 사례개념화의 영역

- **관계적 유대감**: 관계적 유대감에 대해 가족이 선호하는 접근을 설명할 것.
  - 높은 독립성
  - 높은 상호의존
  - 중간 지점
- **관계적 위계**: 가족의 현재 위계를 설명할 것.
  - 부모 상위/청소년 하위
  - 청소년 상위/부모 하위
  - 대칭적
- **증상의 관계적 기능**: 그 증상은 어떤 기능을 돕는가?
  - 독립성 혹은 상호의존성을 형성하는 것?
  - 위계를 형성하거나 권력을 분배하는 것?
  - 가족은 더욱 효과적인 관계적 상호작용을 하면서 유사한 기능을 어떻게 성취할 수 있을까?

■ 위험요인과 보호요인

- **청소년 개인과 부모의 위험요인**
  - 폭력의 가해 및 피해 이력
  - 초기 공격 행동 및 전반적인 행동 통제 어려움의 이력
  - 약물, 알코올, 담배 사용/남용
  - ADHD 혹은 기타 사회적 · 인지적 정보처리 결함을 포함한 정서 및 심리 관련 진단
  - 낮은 지능
  - 반사회적 신념 혹은 태도
- **가족 위험요인**
  - 부모에 의한 상호 애착과 보살핌의 부족
  - 비효과적 양육
  - 혼란스러운 가정 환경
  - 양육자와의 의미 있는 유대 관계의 부족

  - 약물을 남용하거나, 범죄를 저지르거나, 정신장애를 진단받은 양육자
- 또래/학교 위험요인
  - 범죄 조직 연루를 포함하여 다른 문제를 일으키는 청소년과 어울림
  - 또래들로부터의 잦은 사회적 거부
  - 관습적인 활동에 대한 참여 부족
  - 낮은 학업 수행: 학교에 거의 전념하지 않음
- 지역사회 위험요인
  - 감소된 경제적 기회, 빈곤한 주민의 높은 밀집도
  - 높은 단기 체류와 낮은 지역사회 참여
  - 높은 가족 붕괴
- 보호요인
  - 자녀와 가족 간의 강한 유대감
  - 자녀의 삶에 대한 부모의 관여
  - 자녀의 경제적 · 정서적 · 인지적 · 사회적 욕구를 충족시키는 지지적인 양육
  - 명확한 한계 설정과 일관성 있는 훈육
- **다중체계적 평가**: 이웃, 학교, 또래, 직장, 사회복지기관, 문화적 집단, 종교 등과 같은 다른 사회적 체계에서 증상을 보이는 행동의 기능을 설명할 것.
- 문화 그리고 지역사회
  - 문화적 배경: 가족의 문화적 배경에는 어떤 것이 있는가? 구성원들은 어떤 방식으로 이 배경과 동일시하는가? 어떤 방식으로 동일시하지 않는가?
  - 문화 및 가족 규범: 가족의 문화에서 가족 구조, 위계, 역할, 정서 표현에 대한 규범에는 어떤 것이 있는가? 가족은 이 규범들을 어떤 방식으로 받아들이는가? 어떤 방식으로 받아들이지 않는가? 이 규범들은 가족이 속한 지역 공동체의 규범들과 비교하면 어떠한가?
  - 지역 공동체: 가족은 그들의 지역 공동체와 어떻게 어울리는가? 지역사회 내의 의미 있고 지지적인 집단들과 관계를 맺는가? 이 지역사회에서 가족의 문제는 어떻게 여겨지는가? 도움 받을 만한 지원인력이 있는가?
  - 사회경제적 맥락: 가족의 사회경제적 지위는 지역사회에서 가족의 역할에 어떻게 영향을 미치며, 가족 구성원들이 경험하는 문제에 어떻게 기여하는가?
  - 치료를 조정하기: 가족의 문화적 및 지역사회 환경, 가치, 규범을 존중하기 위해 치료 과정은 어떻게 조정되어야 하는가? 어떤 방식의 치료적 관계, 목표, 평가, 개입이 가장 유용할 것인가?
- **강점과 회복탄력성**: 개인과 가족의 강점과 회복탄력성의 형태를 설명할 것.

가족을 위한 치료 계획 양식

다음은 품행 문제를 지닌 청소년을 둔 가족의 치료 계획을 세우도록 돕기 위해 활용할 수 있는 치료 계획 양식이다.

▣ FFT 치료 초기 단계

❖ 초기 단계 치료적 과업

1. 치료에 대한 가족의 참여와 동기를 형성하기. 다양성 주의: 참여와 동기 부여 전략을 문화적 · 사회경제적 · 법적 지위, 연령, 성별 및 기타 다양성 요인에 맞게 조정할 것. 또한 품행 문제로 인한 사회적 소외감을 다룰 것.

   관계 구축 접근/개입

   a. 안전한 환경을 형성하기 위해, 각 가족 구성원에게 정중하고 협력적인 태도를 보여줄 것.

   b. 신뢰할만한 조력자로 자리매김함으로써 동기를 만들어낼 것.

2. 개인적, 체계적 및 광범위한 문화적 역동 평가하기. 다양성 주의: 가족체계적 상호작용 패턴에 영향을 미칠 수 있는 문화적 · 사회경제적 · 성적 지향, 성별, 연령 및 기타 다양성 요인에 유의할 것.

   평가 전략

   a. 관계적 유대감(독립성과 상호의존 간의 균형)과 관계적 위계를 포함한 관계적 기능을 평가할 것.

   b. 강점과 회복탄력성뿐만 아니라 위험요인과 보호요인을 평가할 것.

   c. 다양한 체계(학교, 또래, 확대가족, 지역사회, 사회복지기관, 문화 집단 등)이 가족 문제 및 회복탄력성과 어떻게 만나는지 평가할 것.

   d. 가족 갈등을 특징짓는 유기적인 주제를 확인할 것.

3. 치료 목표를 정의하고 치료 목표에 대한 내담자 동의 얻기. 다양성 주의: 목표가 가족의 문화, 사회경제, 종교, 지역사회 기타 다양성의 맥락의 틀 속에서 적절하고 의미 있는지 확인할 것.

   a. 모든 가족 구성원에게 신뢰를 줄 수 있는 가족 중심적 문제 기술을 개발할 것.

4. 의뢰 필요성, 위기 문제, 부수적 연락처 그리고 다른 내담자 욕구를 확인하기.

   주의: 문제를 일으킨 청소년의 경우, 이는 종종 보호관찰관, 학교 상담사, 정신과 의사 등을 포함한다. 또한 현재 연구는 품행장애를 지닌 청소년에 대한 집단치료를 지지하지 않으므로, 집단치료가 포함되어서는 안 된다.

   a. 의뢰/자원/연락: 사회복지사, 학교 상담사, 보호관찰관, 주치의 등과 연락할 것.

❖ 초기 단계 내담자 목표: 고통스러운 증상 감소시키기

1. 가족 내의 갈등을 줄이기 위해 가족 내의 비난을 감소시키고 가족 내의 동맹을 증가시키기.

   a. 가족 내의 비난을 줄이기 위해 역동에서 각 가족 구성원의 역할을 포함하여 문제 연쇄 과정을 확인할 것.

   b. 가족 내의 비난을 줄이고 변화에 대한 동기와 가족 동맹 의식을 증가시키기 위해 관계적 맥락

에서 문제와 상호작용을 재구성하고 유기적인 주제를 확인할 것.

▣ FFT 치료의 작업 단계

❖ 작업 단계 치료적 과업

1. 작업 동맹의 질 점검하기. 다양성 주의: 개입이 문화적으로 적절한지 확인하기 위해 개입에 대한 내담자 반응을 점검할 것.
   a. 개입 평가: 개입에 대한 비언어적 반응을 점검하고 각 개인의 동기와 참여에 대해 지속적으로 평가할 것.
2. 가족 경과 점검하기. 다양성 주의: 경과 평가가 다양성 요소들에 유의하고 있는지 확인할 것.
   a. 개입 평가: 보호요인의 증가와 위험요인의 감소를 평가할 것.

❖ 작업 단계 내담자 목표

1. 가족 내의 갈등을 줄이고 문제 상호작용 연쇄 과정을 개선하기 위해 가족의 관계적 역량(예: 양육, 의사소통, 문제 해결)을 증가시키기.
   a. 가족의 문제 연쇄 과정, 관계적 기능, 유기적인 주제들에 맞춘 부모 훈련이나 상호적 문제 해결.
   b. 가족의 문제 연쇄 과정, 관계적 기능, 유기적인 주제들에 맞춘 갈등 관리나 의사소통 기술 훈련.
2. 갈등과 품행 문제를 줄이기 위해 관계적 기능에 대한 표현을 변화시키기.
   a. 자기-파괴적인 패턴을 중단시키고 가족에게 더욱 기능적인 상호작용을 코치하거나 지시할 것.
   b. 가족의 상호작용 패턴에 대한 자각을 높이기 위해 과정 언급을 사용할 것.
   c. 가족의 문제 연쇄 과정, 관계적 기능, 유기적인 주제들에 맞춘 갈등관리, 부모 훈련, 문제 해결, 의사소통 기술 훈련.
3. 품행 문제의 빈도를 줄이기 위해 청소년 및 가족의 보호 요인을 증가시키기.
   a. 또래, 학교, 사회복지, 지역사회 등 다른 체계의 자원을 확인하고 활용할 것.
   b. 청소년과 가족이 그들만의 강점 및 자원과 접촉하도록 돕는 유기적인 주제를 구축할 것.

▣ FFT 치료 종결 단계

❖ 종결 단계 치료적 과업

1. 추후관리 계획을 세우고, 개선을 유지하기. 다양성 주의: 특히 민족 집단, 종교, 성적 취향, 지지 집단, 이웃 등 다양한 지역사회 내에서 제공되는 자원과 연계할 것.
   a. 다양한 공동체/체계 내에서의 지지적인 요소들과 연계하는 방법을 확인할 것.
   b. 미래의 고위험 상황들을 다루기 위한 전략을 확인할 것.

❖ 종결 단계 내담자 목표

1. 갈등과 품행 문제를 줄이기 위해 (외부 체계를 명시할 것, 학교, 또래, 확대가족 등)과의 긍정적인 상호작용을 증가시키기.
   a. 가족 이외의 사람들과의 관계를 개선하기 위해 습득한 문제 해결, 갈등 관리 그리고 의사소통

기술을 일반화할 것.

b. 정서적 지지, 정보, 실질적 도움을 주는 출처를 포함하여 지역사회에서 지지를 제공하는 잠재적 출처를 확인할 것.

2. 갈등을 줄이기 위해, 가족의 자기효능감과 가족 내의 동맹을 증진시키기.
   a. 새로운 도전들이 생겨나면 그에 성공적으로 대응하도록 가족을 지도하기.
   b. 새롭고 기능적인 패턴을 강화하기 위한 과정 언급

기능적 가족치료의 다문화적 접근: 다양성에 대한 고려사항

◎ 민족적 · 인종적 · 문화적 다양성

FFT는 민족적으로 다양한 집단에 널리 사용되어 온 접근이지만 이들 집단에 대해 폭넓게 연구된 것은 아니다(Hennegler & Sheidow, 2012; Sexton, 2011). 다양한 집단을 비교하며 FFT의 효과성을 검증한 플로리다를 중심으로 수행된 대규모의 연구에서 재범, 처치 후 범죄 심각성, 프로그램 성공률과 관련하여 유의한 차이는 발견되지 않았다(Durham, 2010). 이 접근의 관계적 기능에 대한 관점에 내재되어 있는 것은 가족 구조의 광범위한 다양성에 대한 존중이며, 이는 문화적으로 다양한 가족 유형에 적용될 수 있다. 치료자는 가족 기능이 더욱 위계적이거나 민주적인 가족 구조를 형성하거나 가족 구성원 간에 더 많은 상호의존이나 독립을 허용하거나에 상관없이 문제가 되는 교류의 관계적 기능을 인정하고, 가족이 이러한 기능에 적합한 더 효과적인 방법을 찾도록 도움으로써 문화를 존중한다. 따라서 치료자는 가족들이 집단주의 가치체계와 개인주의 가치체계를 모두 존중하도록 허용하면서 가족의 문화적 규범을 토대로 목표를 조정한다. 물론 이민 가족은 세대 간 가치관에 상당한 차이가 있는 것으로 보이며 서로 항상 쉽게 연결될 수는 없지만, FFT는 의미 있는 공통점을 만들어 내도록 돕는 많은 전략을 가지고 있다.

다양한 인구를 대상으로 한 FFT에 관한 연구는 다양한 가족에게 FFT를 활용하는 치료자에게 임상적 가치가 있는 지침을 제공한다. 예를 들어, 한 연구에서는 히스패닉 청소년들이 히스패닉 치료자와 함께 작업을 할 때 더 좋은 결과를 나타냈지만, 백인 청소년의 경우 민족의 일치가 결과에 영향을 주지 않았다(Flicker, Waldron, Turner, Brody, & Hops, 2008). 이 연구는 백인 치료자의 문화적 역량의 중요성과 가능하다면 다양한 내담자에 대해서는 민족의 일치에 유의할 필요성을 강조한다. 향후 연구에서는 민족적으로 다양한 가족을 위한 시행 권고사항을 개선할 것으로 보인다.

◎ 성 정체성 다양성

FFT와 동성애자, 양성애자, 트랜스젠더, 성 정체성을 모색 중인(GLBTQ) 청소년이나 가족에 관해 구체적으로 기술된 문헌은 거의 없다. 하지만, 한 사례연구는 동성애자 남성과 작업할 때 FFT 원리를 활용하는 것을 고려하였다(Datchi-Phillips, 2011). Datchi-Phillips는 FFT와 일반적인 가족체계 원리를 활용하면서 원가족, 현재 관계, GLBTQ 공동체, 학교, 직장, 이웃, 종교 공동체 등을 포함하여 GLBTQ 내담자가 속한 다양한 체계를 평가할 것을 추천한다. 각 체계는 내담자의 성적 취향에 대해 독특한 반응을 보일 것이다. 게다가 가족의 유기적인 주제는 GLBTQ 개인이 그들만의 갈등 중 일부를 이해하고 객관화하는 데에 유용할 것이다. Datchi-Phillips는 또한 GLBTQ라고 밝힌 사람들은 종종 그들의 원가족으로부터 충분히 수용되지 못하며, 따라서 그들만의 '가족'을 형성해야만 한다고 강조한다. 필요하다면 이 '가족 구성원들'도 치료에 참여해야만 한다. 게다가 청소년의 문제를 덜 비난받고 더 희망적인 방식으로 재구성하면서, 개인의 외견상의 '병리'는 가족 및 기타 사회적 환경의 연결망 내에서 고려되어야 한다.

기능적 가족치료의 증거기반

FFT는 40여 년 전 첫 번째 효과성 검사를 했던 최초의 증거기반치료 중 하나였다(Baldwin, Christian, Berkeljon, & Shadish, 2012; Henggeler & Sheidow, 2012). 세계적으로 활용되는 FFT는 청소년 품행 문제에 관해 널리 인정받는 네 가지 가족치료 중 하나이며, 다른 치료 형태나 기존 치료보다 중간 정도로 뛰어난 것으로 여겨진다(Baldwin et al., 2012). 수년간 FFT는 연구 분야에서 수차례의 '최초'이자 획기적인 시험을 하면서 선두에 있었다. 예를 들어, Alexander와 Parsons(1973)의 연구는 청소년 사법 체계에서 좋은 결과를 보여 주는 초기의 임상 시험 중 하나였다. 게다가 FFT는 최초로 연구 중인 이론과 직접적으로 관련이 없는 독립적인 연구자들에 의해 효과성 연구가 수행되었다(그 덕분에 편향이 줄어들었다; Henggeler & Sheidow, 2012). 또한 그들은 FFT를 현실 장면으로 옮겨 올 수 있는지를 검증하기 위해 가장 대규모의 실험 중 하나를 수행했다(Sexton & Turner, 2010). 더욱이, 청소년 재범 및 재발 비율은 치료자의 모델에 대한 충성도와 상관이 있었다(Sexton & Turner, 2011). 요약하면, FFT는 품행장애 및 약물 남용 청소년 치료의 강력한 증거기반을 가지고 있다. 바라건대 추후 연구에서는 특히 다양한 가족에 대한 적용을 개선해야 할 것이다.

인터넷 참고자료

정서중심치료(Emotionally Focused Therapy): 캐나다, Sue Johnson

www.eft.ca

정서중심치료(Emotionally Focused Therapy): 캘리포니아, 샌디에고
www.sdeft.us
정서중심치료(Emotionally Focused Therapy): LA와 휴스턴
www.theeftzone.com
정서중심치료(Emotion-Focused Therapy): 캐나다, Les Greenberg
www.emotionfocusedtherapy.com
기능적 가족치료(Functional Family Therapy)
www.functionalfamilytherapy.com
FFT에 관한 청소년 법에 관한 국가 출간물(National Juvenile Justice Publication on FFT)
www.ncjrs.gov/pdffiles1/ojjdp/184743.pdf

정서중심치료 사례연구: 동성애자 커플 간 신뢰 형성하기

Tyler와 Antonio는 상담을 위해 함께 방문했다. Tyler는 33세의 동성애자로, 마케팅 대행사의 부대표이며, 에이즈 바이러스는 음성이고, 백인 남성이다. Antonio는 28세의 동성애자로, 에이즈 바이러스는 음성이고, 낮에는 소매업을 하고 일주일 중 이틀 밤은 동성애자 댄스 클럽에서 스트립댄서를 하는 멕시코계 미국인이다. 9개월 전 그들은 함께 일부일처의 연인 관계가 되기로 결정했고, 3개월 전 Antonio는 Tyler의 아파트로 이사했다. Tyler는 Antonio에게 'Antonio의 삶을 함께 공유하기'를 그리고 '그의 재능을 최대한 활용하기'를 원했다. 그는 '밤마다 그의 속옷에 아무렇게나 돈을 집어넣는 음탕한 게이들'을 위해 춤을 추는 Antonio를 신뢰하지 않는다고 말한다. 게다가 그는 춤을 추는 것이 그들의 관계에 도움이 되지 않는다고 말한다. 한편, Antonio는 자신이 Tyler를 얼마나 사랑하는지를 그가 알지 못하며, 자신은 춤이 좋아서 추는 것이고, 이것은 '그 안에 있는 멕시코 혈통' 때문이라고 이야기한다. 또한 Antonio는 Tyler가 하루 종일 바쁘고, 늦게까지 일을 하기 때문에 이것은 문제가 되지 않는다고 이야기한다. 두 사람은 모두 맨 처음 그들이 주말에 함께 여행을 하고, 서로 더 많은 시간을 보냈을 때 관계가 좋았다고 말한다. 하지만 현재 그들은 일주일에 두세 번씩 싸우기 시작했고, 이 다툼은 Antonio가 클럽에서 춤을 추다가 새벽 4시에 집에 돌아올 때 고함을 지르면서 악화된다. Tyler는 그의 지난 관계에서 그와 전 애인은 3년을 함께했지만 자신의 전 애인이 성관계를 하기 위해 비밀스럽게 온라인으로 남자를 만나며 늦은 시간까지 집에 돌아오지 않았기 때문에 관계가 끝났다고 이야기한다. 2년 동안 Tyler의 파트너는 변하기로 약속했으나, 여전히 Tyler는 그의 전화기와 온라인 이력을 점검하면서 그가 다른 남자들을 만나고 있음을 계속 알아냈다. Tyler에게는 에이즈로 죽은 친구들이 있고, 에이즈 바이러스에 감염되지 않기를 원한다. Tyler의 염려는 이 관계가 그의 지난 관계와 같은 방향으로 가는 것이다. Antonio는 Tyler가 끊임없이 잔소리를 하고 미덥지가 않아서, Tyler가 자신을 밀어내려 한다고 말한다.

체계적 이론을 사용한 사례개념화

개인, 부부, 가족 내담자용

치료자: Jonathan Howard 내담자/사례 #: 1173 날짜: 12/7/6

기호
AF = 성인 여성, AM = 성인 남성, CF = 여아, CM = 남아
Ex. = 설명, Hx = 이력, NA = 해당 사항 없음

1. 내담자 & 중요한 타인에 대한 소개

* 치료 과정에 참여하는 내담자를 나타냄
나이, 인종, 직업/학년, 그 외 관련 사항
* AM: 28, 동성애자, 멕시코계 미국인, 옷가게 영업사원, 게이 바의 스트립 댄서, 에이즈 바이러스 음성
* AM: 33, 동성애자, 유대인, 마케팅 대행사의 부대표, 에이즈 바이러스 음성

2. 주호소 문제

문제에 대한 내담자의 설명

AM28: AM33은 그에 대해 너무 비판적이며, AM33은 자신의 일과 결혼했고, 그들은 예전처럼 즐겁지 않다고 진술함.

AM33: 그는 AM28이 자신의 진로 가능성을 깨닫지 못하고 있다고 진술하며 그가 더 좋은 직업을 갖기를 원함. 그는 사귀는 동안 AM28이 속옷 차림으로 춤을 추는 것은 적절하지 않다고 진술함.

문제에 대한 확대가족의 설명: AM28의 가족은 종교적 신념 때문에 동성애 관계에 대해 단호하게 반대함. AM28은 가족들이 그와 의절할까 두려워서 가족에게 동성애자임을 밝히지 않고 있음. AM33은 대학생 때 가족에게 동성애자임을 밝혔지만, 가족들은 그의 성적 취향에 대해 이야기하고 싶지 않고, 질문하고 싶지도 않다고 말하며, 그의 사생활에 대한 어느 정보도 누설하지 말라고 요청해 왔음.

더 넓은 체계의 문제 설명: 의뢰인, 교사, 친척, 법적 체계 등의 문제에 대한 설명
AM28의 친구들: AM33이 춤추는 것을 너무 심각하게 받아들이며, 이완하는 방법을 배울 필요가 있다고 생각함.

3. 배경 정보

트라우마/학대 이력(현재와 과거): AM28은 16세에 멕시코에서 남자 사촌에게 성추행을 당했음. 그는 학대에 대한 치료를 전혀 받지 못했음.

약물 사용/남용(현재와 과거: 본인, 원가족, 중요한 타인): AM28은 자신은 일주일에 2번 춤을 추는 동안 바의 손님들이 주는 칵테일을 2~4회 마신다고 진술함. AM28은 부친은 알코올 중독이며, 금주하려고 두 번 시도했지만 성공하지 못했다고 진술함. AM33은 자신이 일주일에 2번 2~3잔의 맥주를 마신다고 진술함. AM33의 가족은 약물 남용에 대한 이력이 없음.

(다음)

촉발사건(최근 삶의 변화, 초기 증상, 스트레스 요인 등): 2주 전, AM28은 게이 바에서 일주일에 하룻밤이 아닌 이틀 밤을 춤추기 시작했음. AM28은 3개월 전 AM33의 아파트로 이사했음.

관련된 배경 이력(가족 이력, 관련 주제, 이전 상담 경험, 의학/정신건강 이력 등): AM33은 2년 전 옛 남자친구와의 관계에서 부정을 알게 된 이후 전 남자친구와 함께 커플 상담에 참여하였음. AM33은 자신의 전 남자친구가 온라인상에서 남자를 만나지 않기로 4번 약속했음에도 AM33은 휴대 전화 이력과 온라인 활동을 점검하여 '그를 잡아냄'.

4. 내담자/가족 강점과 다양성

강점과 자원

개인적: AM33은 AM28이 매우 창의적이고 그들의 아파트를 멋지게 보이도록 꾸미는 안목이 있다고 진술함. AM28은 춤을 출 때 살아 있음과 즐거움을 느낀다고 말함. AM33은 강한 직업 윤리를 가지고 있고, 자신의 전문적 성취에 자부심을 느낌.

관계/사회적: AM33과 AM28은 그들은 예술 공연, 영화 상영 그리고 사회적 모임과 같은 동성애자 센터 행사에 가는 것을 즐긴다고 말함.

영적: AM33은 자신은 종교와 관련해서는 양가감정을 지니고 있다고 진술하지만, 스스로 영적인 사람이며, 특히 자연에 둘러싸여 있을 때 그러하다고 말함. AM28은 자신은 교회 안에서 성장하는 것을 좋아했지만 이젠 환영받는다는 느낌이 들지 않는다고 말함.

다양성: 자원과 한계

연령, 성별, 성적 지향, 문화적 배경, 사회경제적 지위, 종교, 지역사회, 언어, 가족 배경, 가족 구성, 능력 등을 기반으로 내담자가 활용할 수 있는 잠재적인 자원과 한계를 확인할 것.

고유한 자원: 그들은 동성애자 센터에서 지지를 얻어 왔음. AM28은 스페인어를 능숙하게 쓰고 읽음.

잠재적 한계: AM33과 AM28은 둘 다 그들의 성적 취향 때문에 자신의 원가족으로부터 거부당한 것처럼 느껴 왔음. AM28은 그의 부모가 동성애자를 매우 싫어하는 이유가 바로 종교이기 때문에 종교를 거부한다고 진술함.

5. 가족 구조

가족생활주기 단계(해당 사항에 모두 체크할 것)

☐ 미혼 ☒ 기혼 ☐ 어린 자녀를 둔 가족 ☐ 청소년 자녀를 둔 가족

☐ 이혼 ☐ 혼합 가족 ☐ 자녀가 독립함 ☐ 노년기

이 단계들 중 하나에서 발달 과업을 완수하면서 힘든 점 설명하기: 그 커플은 독신 성인들에서 일부일처 관계로 전환하고 있음.

커플/가족이 친밀함과 거리를 조절하는 전형적인 방식: AM28과 AM33은 처음 데이트를 시작할 때 모든 시간을 함께 보냈음. 함께 살게 된 이후로 AM33은 일을 더 많이 하고 있고 AM28은 클럽에서 스트립 댄

(다음)

스를 추는 날을 늘렸음. 하지만 AM28은 AM33이 걱정하고 있음을 자신이 알고 있기 때문에, AM33이 질투할 때를 좋아한다고 인정함.

경계

커플(AM28/AM33): ☒ 밀착된 ☐ 명확한 ☐ 단절된 ☐ NA

설명: AM28과 AM33은 대립적으로 밀착된 것처럼 보이며, 각자는 상대방이 자신과 같은 방식으로 생각하고 느끼기를 원함. 최근에 그들은 자주 만나지 못하고 있지만, 하루에 20-30분 서로 문자를 주고받는다고 보고함.

형제자매: ☐ 밀착된 ☐ 명확한 ☒ 단절된 ☐ NA

설명: AM28은 4명의 형제자매가 있지만, 그가 자신이 동성애자라는 비밀을 밝히지 않았기 때문에 그들이 매우 소원하다고 보고함.

확대가족: ☐ 밀착된 ☐ 명확한 ☒ 단절된 ☐ NA

설명: AM28과 AM33은 둘 다 성적 취향 때문에 그들의 원가족과 단절되었다고 보고함. AM28은 여전히 자신의 어머니와 일주일에 한 번 연락하지만 어머니에게 AM33은 그냥 룸메이트라고 이야기한다고 말함.

친구/동료: ☐ 밀착된 ☐ 명확한 ☒ 단절된 ☐ NA

설명: AM28과 AM33은 둘 다 자주 연락하는 친구가 없음.

삼각관계/연합

☐ 세대 간 연합: ________

☒ 원가족과의 연합: AM28과 어머니는 AM28 아버지의 알코올 중독에 맞서 연합함.

☐ 그 외 연합: ________

부모와 자녀 간 위계: ☒ NA

AM28: ☐ 효과적 ☐ 불충분한(허용적) ☐ 과도한(독재적) ☐ 일관성 없는

AM33: ☐ 효과적 ☐ 불충분한(허용적) ☐ 과도한(독재적) ☐ 일관성 없는

설명: ________

AM28과 AM33의 상호보완적 패턴:

☒ 추격자/철수자 ☐ 과잉/과소 기능자 ☐ 감정적/논리적 ☐ 좋은/나쁜 부모

☐ 기타: ________

설명: AM33은 AM28에게 더 많은 유대감과 헌신을 요구하지만, 그들이 더 친밀해짐에 따라 AM28은 춤추기나 음주를 통해 거리를 두기 시작함.

Satir의 의사소통 유형: 스트레스 상황에서 주로 사용하는 유형을 기술할 것.

AF28: ☐ 일치형 ☒ 회유형 ☐ 비난형 ☐ 초이성형 ☐ 산만형

AM33: ☐ 일치형 ☐ 회유형 ☒ 비난형 ☐ 초이성형 ☐ 산만형

설명: AM33이 위협을 느낄 때, 그는 AM28과 언어적으로 대립하는 경향이 있음. 반면 AM28은 자신이 생각하기에 AM33이 듣고 싶어 하는 것을 AM33에게 말하려고 노력함.

(다음)

Gottman의 이혼 지표

비난: ☐ AM28 ☒ AM33

설명: 춤추기와 직업에 대해 AM28을 비판함.

자기변명: ☐ AM28 ☐ AM33

설명: N/A

경멸: ☐ AM28 ☐ AM33

설명: N/A

담쌓기: ☒ AF28 ☐ AM33

설명: AM28은 싸움이 시작될 때 클럽에 가기 위해 집을 떠남. AM33은 갈등을 피하기 위해서 직장 업무를 함.

회복 시도 실패: ☐ AF28 ☐ AM33

설명: N/A

영향을 수용하지 않음: ☐ AF28 ☐ AM33

설명: N/A

격한 시작: ☐ AF28 ☒ AM33

설명: AM33은 종종 냉혹한 비난으로 싸움을 시작함.

6. 상호작용 패턴

문제 상호작용 패턴(A⇆B)

긴장의 시작: AM33은 AM28이 바에서 일하고 있을 때 문자를 보내고 답장을 받지 못함.

갈등/증상 확대: AM33은 다시 문자를 보내고, 음성메시지를 남기고, AM28이 답을 하지 않아서 더욱 불안해짐. AM28이 집에 왔을 때, AM33은 화가 나고, 부적절한 행동에 대해 AM28을 비난함. AM28은 화가 나고 철수함. AM33은 분노하고, 적절한 직업을 갖지 않는 것과 관계에 신경 쓰지 않는 점을 비난함.

'정상'으로 회복/항상성: AM33은 자신이 얼마나 AM28을 사랑하는지 이야기하고 AM28이 그의 잠재력에 도달하기를 원함. AM28은 자신이 얼마나 AM33을 사랑하는지 이야기하고 문자 혹은 메시지에 답장하지 않은 점에 대해 사과함.

현재 문제에 대해 가정된 항상성 기능: 증상은 연결을 유지하고, 독립성/거리감을 형성하며, 영향력을 만들고, 연결을 재구축하며, 혹은 한편으로 가족 내에서 균형감을 형성하도록 돕는 데 어떤 역할을 하는가?

다툼은 유대감을 회복하고 두 사람이 경험하는 불안 애착 감정을 감소시키는 역할을 함. AM28은 관계가 진지해짐에 따라 더 깊어지는 친밀감이 두려워서 거리를 둠.

7. 세대 간 & 애착 패턴

다음을 비롯한 모든 관련 정보가 포함된 가계도를 구성할 것.

- 나이, 출생/사망일
- 이름
- 관계 패턴

(다음)

- 직업
- 병력
- 정신 질환
- 학대 이력

또한 회기에서 자주 논의되는 사람들에 대한 2~3개의 형용사를 포함할 것(이는 성격 및 관계적 패턴을 묘사해야 함. 예: 조용한, 가족을 돌보는 사람, 정서적으로 거리가 있는, 완벽주의자, 무력한 등). 가계도는 반드시 보고에 첨부되어야 함. 중요한 결과를 아래에 요약할 것.

가족 강점: AM28은 자신의 가족에 대해 따뜻하고 재미를 추구한다고 설명함. AM33은 전문직과 고위층 집안 출신임.

약물/알코올 남용: ☐ N/A ☒ 이력: AM28의 부친은 알코올 의존임.

성적/신체적/정서적 학대: ☐ N/A ☒ 이력: AM28의 사촌은 그를 성적으로 학대했음.

부모/자녀 관계: ☐ NA ☒ 이력: AM28은 모친과의 관계가 밀착되어 있음. AM33은 부모님과의 관계가 단절됨.

신체적/정신적 장애: ☒ N/A ☐ 이력: __________

현재 문제의 이력 삽화: ☒ N/A ☐ 이력: __________

애착 유형: 각 내담자의 가장 일반적인 애착 유형을 설명할 것.

AM28: ☐ 안정 ☐ 불안 ☒ 회피 ☐ 불안/회피

설명: 관계가 진지해짐에 따라, AM28은 거리를 두는 결정을 함. 싸우고 난 뒤 그는 종종 클럽으로 달아남. 그는 AM33이 자신을 떠날까 봐, 그리고 자신이 괜찮은 사람이 아닐까 봐 두렵다고 보고함.

AM33: ☐ 안정 ☒ 불안 ☐ 회피 ☐ 불안/회피

설명: AM28에게 유대감과 헌신을 요구함.

8. 해결중심 평가

시도했지만 효과적이지 않았던 해결책들

1. AM28에게 '성장' 해야 한다고 말하면서 직업을 바꾸기를 기대하는 AM33.
2. AM28은 AM33이 마음을 쓴다는 것을 알기 위해서 그가 질투하도록 만들고 싶어 함. 이러한 부정적인 관심은 궁극적으로 갈등을 증가시킴.

예외 상황과 독특한 결과(효과적이었던 해결책들): 문제가 덜 문제되었을 때의 시간, 장소, 관계, 맥락 등, 상황을 조금이라도 개선하는 행동들.

1. 휴가에서 두 사람 모두 서로 잘 지냈다고 보고함.
2. 두 사람은 그들이 밤에 집에서 마사지를 하기로 할 때 유대감을 느낀다고 보고함.
3. 두 사람은 동성애자 센터에서의 활동을 즐기고, 이 행사들에서는 질투 문제를 보고하지 않음.

기적 질문 답변: 만약 그 문제가 밤사이에 해결된다면, 내담자는 다음 날 무엇을 다르게 하겠는가?(Y를 하지 않는다는 방식이 아닌 X를 한다는 방식으로 설명할 것)

(다음)

1. AM28은 AM33이 자신의 춤을 지지하고 자신을 더 신뢰할 것이며, AM28은 AM33에게 자신을 더 믿을 수 있는 이유를 줄 거라고 진술함.
2. AM33은 AM28이 더 전문적인 직업을 가짐으로써 아파트에 관해 책임감을 가지고 도울 것이며, 경제적으로 더 많이 기여할 것이라고 보고함.
3. 두 사람은 그들이 처음 데이트를 시작했을 때처럼, 커플로서 더 많은 시간을 함께 보낼 것이라고 보고함.

9. 포스트모던과 문화적 담론 개념화

이야기, 지배적 담론, 다양성

문제의 정의에 영향을 미치는 지배적 담론

문화, 인종, 사회경제적 지위, 종교 등: 주요 문화적 담론이 문제와 가능한 해결책을 인지하는 데 어떤 영향을 미치는가?

AM28은 멕시코계 미국인 대가족 출신이며, 그들은 물질적 성공보다는 가족의 행복을 더 중요시한다고 보고함. AM33은 중산층 유대교 가정 출신이며, 행복을 성취하기 위한 방법으로써 사업의 성공에 가치를 둠. 이 커플은 그들의 사회경제적 계층에 대한 비전을 공유하지 않음.

성별, 성적 지향 등: 성별/성적 지향 담론이 문제와 가능한 해결책을 인지하는 데 어떤 영향을 미치는가?

커플이 동성애자 센터에 참여하는 것과 아마도 게이 클럽에 가는 것은 두 사람이 동성애자로서의 자신의 정체성에 대해 더 편안해지도록 도울 것으로 보임. 외도에 대한 AM33의 두려움은 HIV 감염 가능성 때문에 특히 절박함. 게다가 그들의 부모와 사회의 많은 요소로부터 수용되지 못하는 동성애자로서, 그들은 점차 늘어나는 거절과 소외 이력으로 인해 안정적 애착을 형성하는 데에 큰 어려움을 겪을 것으로 보임.

맥락, 가족, 지역사회, 학교, 기타 사회적 담론: 다른 중요한 담론이 문제와 가능한 해결책을 인지하는 데 어떤 영향을 미치는가?

AM28은 가족의 가톨릭 신념으로 인해 거부당할 거라고 예상하기 때문에 자신의 가족에게 동성애자임을 밝히지 않았음. AM33은 그의 가족에게 동성애자임을 밝혔고, 가족들은 이에 무시하는 방식으로 대응함. 가족이 아들의 성적 취향을 받아들여 주지 않는다는 사실은 관계에서 두 사람이 안전감을 느끼기 어렵게 함.

정체성/자기 이야기: 그 문제는 각 가족 구성원의 정체성을 어떻게 형성하였는가?

AM28가 지닌 가족으로부터의 수용 결핍은 클럽에서 춤추기와 자신을 '무조건적으로' 사랑해 주는 남자친구를 사귀는 것을 통해 수용을 얻게끔 만드는 것으로 보임. 반면 AM33은 그의 직업에서 최선을 다하려고 노력함으로써 스스로를 입증하려 하며, 똑같이 성공하여 그의 부모님이 인정해 줄 만한 남자친구를 원함.

국소적/선호하는 담론: 내담자가 선호하는 정체성 이야기 및 문제에 관한 이야기는 무엇인가? 문제에 대해 선호되는 국소적(대안적인) 담론이 있는가?

AM33과 AM28은 모두 자신의 성적 취향을 더욱 편하게 느끼길 원하며, 동성애자가 되는 것에 대해 내

(다음)

재된 사회적 스트레스를 완화해 주면서 각자가 소중히 여겨지고 자신감을 되찾게 해 주는 안전하고 지지적인 관계를 형성하기 원함.

10. 내담자 관점

동의하는 영역: 내담자들이 말한 것에 근거하여, 이 평가의 어떤 부분에 대해 그들이 동의하는가, 혹은 동의할 것 같은가?

AM28과 AM33은 AM28이 이사 오기 전에 상황이 더 좋았었고, 그들이 서로를 진심으로 사랑함을 인정함.

동의하지 않는 영역: 그들이 어떤 부분에 대해 동의하지 않는가, 혹은 동의하지 않을 것 같은가? 이유는?

커플은 평가에 동의하겠지만, 아마 애착 패턴에 대해 가장 놀랄 것임.

당신은 동의할 것 같지 않은 영역을 어떻게 존중하면서 작업할 계획인가?

문화적 차이를 탐색하기, 성 정체성과 관련된 스트레스를 둘러싼 1차적 감정을 확인하기. 관계 내에서 그들이 원하는 것을 각자가 결정한다는 점을 인정하기.

(다음)

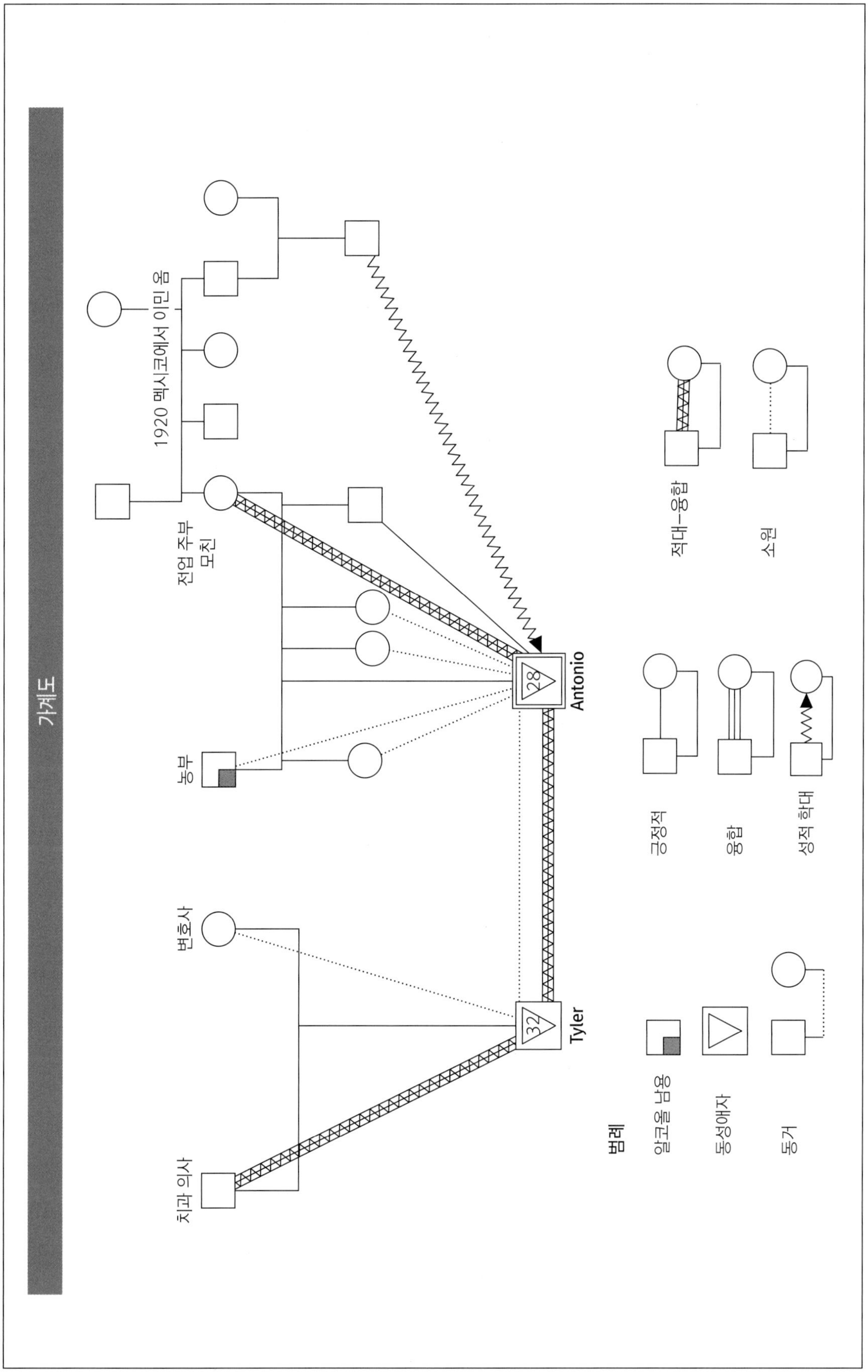

가계도

치과 의사
변호사
농부
전업 주부
모친
1920 멕시코에서 이민 옴
32
Tyler
28
Antonio

범례

알코올 남용
동성애자
동거
긍정적
융합
성적 학대
적대-융합
소원

임상 평가

내담자 ID #: (이름을 쓰지 말 것):	인종	주요 언어
1406	AM28 멕시코계 미국인 AM33 백인/유대인	☒ 영어 ☐ 스페인어 ☐ 기타: ______

참여자/중요한 타인을 모두 기록할 것: 확인된 환자(IP)는 [★], 참여할 중요한 타인은 [✔], 참여하지 않을 중요한 타인은 [X] 표시할 것.

성인: 연령: 직업/고용주	아동: 나이: 학교/학년
[★] AM: 28: 옷 가게 영업사원. 게이 클럽의 스트립 댄서	[ ] CM__: ______
[★] AM: 33: 마케팅 대행사 부대표	[ ] CF__: ______
[ ] AF/M #2: ______	[ ] CF/M__: ______

주호소 문제

		자녀에 대해 기록
☐ 우울증/절망	☒ 부부 문제	☐ 학업 실패/성적 하락
☒ 불안/걱정	☐ 부모/자녀 갈등	☐ 무단결석/가출
☒ 분노 문제	☐ 배우자 폭력/학대	☐ 또래와의 싸움
☐ 상실/비애	☐ 이혼 적응	☐ 과잉행동
☐ 자살 사고/시도	☐ 재혼 적응	☐ 유뇨/유분증
☐ 성적 학대/강간	☒ 성적 취향/친밀감 문제	☐ 아동 학대/방임
☐ 알코올/약물 사용	☐ 주요 삶의 변화	☐ 고립/철회
☐ 섭식 문제/장애	☐ 법적 문제/보호 관찰	☐ 기타: ______
☐ 직업 문제/실직	☐ 기타: ______	

IP(AM28)의 정신 상태

대인관계 문제	☐ NA	☒ 갈등 ☒ 밀착 ☐ 고립/회피 ☐ 정서적 단절 ☐ 사회 기술 부족 ☐ 부부 문제 ☐ 또래 문제 ☐ 업무상 문제 ☐ 지나치게 수줍음 ☐ 이기적 ☐ 관계 구축/유지 어려움 ☐ 기타: ______
기분	☐ NA	☐ 우울/슬픔 ☐ 절망감 ☒ 두려움 ☐ 불안 ☒ 분노 ☒ 짜증 ☐ 조증 ☐ 기타: ______
정서	☐ NA	☒ 위축된 ☐ 무딘 ☐ 생기 없는 ☐ 불안정한 ☐ 극적인 ☐ 기타: ______
수면	☐ NA	☐ 수면과다증 ☒ 불면증 ☐ 수면 방해 ☐ 악몽 ☐ 기타: ______
식사	☐ NA	☒ 증가 ☐ 감소 ☐ 식욕감퇴 ☐ 폭식 ☐ 하제 사용 ☐ 신체 이미지 ☐ 기타: ______
불안 증상	☐ NA	☒ 만성 근심 ☐ 공황발작 ☐ 해리 ☐ 공포증 ☐ 강박사고 ☐ 강박행동 ☐ 기타: ______
트라우마 증상	☒ NA	☐ 급성 ☐ 만성적 ☐ 과각성 ☐ 꿈/악몽 ☐ 해리 ☐ 정서적 마비 ☐ 기타: ______
정신병적 증상	☒ NA	☐ 환각 ☐ 망상 ☐ 편집증 ☐ 연상 이완 ☐ 기타: ______

(다음)

지각 운동/언어 능력	☐ NA	☐ 에너지 부족 ☐ 활동적/과잉행동 ☐ 불안한 ☒ 부주의한 ☐ 충동적인 ☐ 병적 수다 ☐ 말이 느린 ☐ 기타: ______
사고	☐ NA	☐ 집중력/주의력 저하 ☐ 부정 ☒ 자기 비난 ☐ 타인 비난 ☐ 반추 ☐ 부적절한 ☐ 비논리적인 ☐ 경직된 ☐ 낮은 통찰력 ☐ 의사결정능력 손상 ☐ 혼란스러운 ☐ 느린 처리 ☐ 기타: ______
사회 법률	☒ NA	☐ 규칙 무시 ☐ 반항 ☐ 도벽 ☐ 거짓말 ☐ 울화 행동 ☐ 체포/수감 ☐ 싸움을 일으킴 ☐ 기타: ______
기타 증상	☒ NA	

IP(AM28) 진단

진단을 내릴 때 고려되는 환경적 요인: ☐ 나이 ☐ 성별 ☐ 가족 역동 ☒ 문화 ☐ 언어 ☐ 종교 ☒ 경제 ☐ 이민 ☒ 성적 지향 ☐ 트라우마 ☐ 이중 진단/동반질환 ☐ 중독 ☐ 인지 능력
☐ 기타: ______

확인된 요인들의 영향력: 커플은 서로 다른 문화적 가치를 가지고 있으며, 두 사람 모두 성 정체성과 자신의 원가족에 대해 고민하고 있음. AM28은 AM33보다 돈을 적게 벌며, 이 점은 파트너 관계 문제를 가중시킬 수 있음.

축 I
주 진단: 309.28 혼합된 기분을 동반한 적응장애, 불안과 우울 기분, 급성.
부수적 진단: V61.10 파트너 관계 문제.
축 II: V71.09 없음.
축 III: 보고된 바 없음.
축 IV
☒ 주요 지지 집단/사회 환경과의 문제
☐ 직업 문제
☐ 학교/교육관련 문제
☐ 경제 문제
☐ 주거 문제
☐ 건강관리서비스 이용 문제
☐ 법률 체계와의 상호작용 관련 문제
☐ 기타 심리사회적 문제
축 V
GAF: 현재 55 작년 70
GARF: 현재 60 작년 80
의학적 원인은 배제되었는가?
☒ 네 ☐ 아니요 ☐ 진행 중
환자가 정신과적/의학적 평가가 의뢰된 적이 있는가?
☐ 네 ☒ 아니요

축 I 진단의 DSM 증상을 열거할 것(각 증상의 빈도와 지속 기간 포함). 내담자는 축 I의 주 진단의 5개 진단기준 중 5개를 충족함.

1. 확인 가능한 스트레스 요인: 3개월 전에 함께 살기 시작함.
2. 주 3일 절망 혹은 불안의 고통스러운 감정이 나타남.
3. 축 I의 다른 진단기준을 충족하지 않음.
4. 함께 살기 시작한 이후로 AM33과의 갈등이 계속 됨.
5. 사별 경험 없음.
6. ______

약물치료(정신 의학 & 의학)
복용량/복용 시작 날짜
1. N/A
2. ______ / ______ mg ______
3. ______ / ______ mg ______

진단에 대한 내담자의 반응
☒ 동의 ☐ 다소 동의 ☐ 동의하지 않음
☐ 다음의 이유로 알리지 않음
______

(다음)

환자가 의뢰에 동의하였는가? ☐ 네 ☐ 아니요 ☒ NA 평가에 사용된 심리측정 도구 혹은 자문을 열거할 것 ☐ 없음 또는 약물 남용/의존을 배제하기 위한 CAGE 평가		
IP(AM33)의 정신 상태		
대인관계 문제	☐ NA	☒ 갈등 ☒ 밀착 ☐ 고립/회피 ☐ 정서적 단절 ☐ 사회 기술 부족 ☐ 부부 문제 ☐ 또래 문제 ☐ 업무상 문제 ☐ 지나치게 수줍음 ☐ 이기적 ☐ 관계 구축/유지 어려움 ☐ 기타:
기분	☐ NA	☒ 우울/슬픔 ☐ 절망감 ☐ 두려움 ☐ 불안 ☒ 분노 ☒ 짜증 ☐ 조증 ☐ 기타:
정서	☐ NA	☒ 위축된 ☐ 무딘 ☐ 생기 없는 ☐ 불안정한 ☐ 극적인 ☐ 기타:
수면	☐ NA	☐ 수면과다증 ☒ 불면증 ☐ 수면 방해 ☐ 악몽 ☐ 기타:
식사	☐ NA	☐ 증가 ☒ 감소 ☐ 식욕감퇴 ☐ 폭식 ☐ 하제 사용 ☐ 신체 이미지 ☐ 기타:
불안 증상	☐ NA	☒ 만성 근심 ☐ 공황발작 ☐ 해리 ☐ 공포증 ☐ 강박사고 ☐ 강박행동 ☐ 기타:
트라우마 증상	☒ NA	☐ 급성 ☐ 만성적 ☐ 과각성 ☐ 꿈/악몽 ☐ 해리 ☐ 정서적 마비 ☐ 기타:
정신병적 증상	☒ NA	☐ 환각 ☐ 망상 ☐ 편집증 ☐ 연상 이완 ☐ 기타:
운동 활동/말하기	☐ NA	☐ 에너지 부족 ☐ 활동적/과잉행동 ☐ 불안한 ☒ 부주의한 ☐ 충동적인 ☐ 병적 수다 ☐ 말이 느린 ☐ 기타:
사고	☐ NA	☐ 집중력/주의력 저하 ☐ 부정 ☐ 자기 비난 ☒ 타인 비난 ☐ 반추 ☐ 부적절한 ☐ 비논리적인 ☐ 경직된 ☐ 낮은 통찰력 ☐ 의사결정능력 손상 ☐ 혼란스러운 ☐ 느린 처리 ☐ 기타:
사회 법률	☒ NA	☐ 규칙 무시 ☐ 반항 ☐ 도벽 ☐ 거짓말 ☐ 울화 행동 ☐ 체포/수감 ☐ 싸움을 일으킴 ☐ 기타:
기타 증상	☒ NA	
IP(AM33) 진단		
진단을 내릴 때 고려되는 환경적 요인: ☐ 나이 ☐ 성별 ☐ 가족 역동 ☐ 문화 ☐ 언어 ☐ 종교 ☒ 경제 ☐ 이민 ☒ 성적 지향 ☐ 트라우마 ☐ 이중 진단/동반질환 ☐ 중독 ☐ 인지 능력 ☐ 기타:		

(다음)

확인된 요인들의 영향력: 커플은 서로 다른 문화적 가치를 가지고 있으며, 두 사람 모두 성 정체성과 자신의 원가족에 대해 고민하고 있음. AM28은 AM33보다 돈을 적게 벌며, 이 점은 파트너 관계 문제를 가중시킬 수 있음.

축 I

주 진단: 309.28 혼합된 기분을 동반한 적응장애, 불안과 우울 기분, 급성.

부수적 진단: V61.10 파트너 관계 문제.

축 II V71.09 없음.

축 III 보고된 바 없음.

축 IV

☐ 주요 지지 집단/사회 환경과의 문제
☐ 직업 문제
☐ 학교/교육 관련 문제
☐ 경제 문제
☐ 주거 문제
☐ 건강관리서비스 이용 문제
☐ 법률 체계와의 상호작용 관련 문제
☐ 기타 심리사회적 문제

축 V

GAF: 현재 60 작년 75

GARF: 현재 50 작년 80

의학적 원인은 배제되었는가?

☒ 네 ☐ 아니요 ☐ 진행 중

환자가 정신과적/의학적 평가가 의뢰된 적이 있는가?

☐ 네 ☒ 아니요

환자가 의뢰에 동의하였는가?

☐ 네 ☐ 아니요 ☒ NA

평가에 사용된 심리측정 도구 혹은 자문을 열거할 것.

☐ 없음 또는 ______

축 I 진단의 DSM 증상을 열거할 것(각 증상의 빈도와 지속 기간 포함). 내담자는 축 I의 주 진단의 5개 진단기준 중 5개를 충족함.

1. 확인 가능한 스트레스 요인: 3개월 전에 함께 살기 시작함.
2. 주 4~5일 절망 혹은 불안의 고통스러운 감정이 나타남.
3. 축 I의 다른 진단기준을 충족하지 않음.
4. 함께 살기 시작한 이후로 AM28과의 갈등이 계속 됨.
5. 사별 경험 없음.
6. ______

약물치료(정신 의학 & 의학)

복용량/복용 시작 날짜

1. N/A
2. ______ / ______ mg ______
3. ______ / ______ mg ______

진단에 대한 내담자의 반응

☒ 동의 ☐ 다소 동의 ☐ 동의하지 않음

☐ 다음의 이유로 알리지 않음

______

의학적 필요성(해당되는 것에 모두 체크할 것)

☐ 심각한 손상 ☒ 심각한 손상 가능성 ☐ 발달 지체 가능성

손상 영역: ☐ 일상 활동 ☒ 사회적 관계 ☒ 건강 ☒ 직장/학교 ☒ 거주 형태

☐ 기타: ______

위험 평가

자살 경향	살인 경향
☒ 징후 없음	☒ 징후 없음
☐ 부정	☐ 부정
☐ 적극적인 사고	☐ 적극적인 사고
☐ 소극적인 사고	☐ 소극적인 사고
☐ 계획 없는 의도	☐ 수단이 없는 의도
☐ 수단 있는 의도	☐ 수단이 있는 의도
☐ 과거 자살 사고	☐ 과거 살인 사고

(다음)

<table>
<tr><td>

☐ 과거 자살 시도
☐ 자살한 가족/동료 이력

약물 사용 경험
알코올 남용
☒ 징후 없음
☐ 부정
☐ 과거
☐ 현재
빈도/양: ______

약물
☒ 징후 없음
☐ 부정
☐ 과거
☐ 현재
약물: ______
빈도/양: ______
☐ 가족/중요한 타인의 약물 남용

</td><td>

☐ 과거 폭력 사용
☐ 폭행/행패 이력
☐ 동물 학대

성적 · 신체적 학대와 기타 위험 요인
☐ 현재 학대 이력이 있는 아동
　☐ 성적 ☐ 신체적 ☐ 정서적 ☐ 방임
☒ 아동기 학대 이력이 있는 성인
　☒ 성적 ☐ 신체적 ☐ 정서적 ☐ 방임
☐ 성인기에 학대/폭행 경험이 있는 성인
　☐ 성적 ☐ 신체적 ☐ 현재
☐ 학대를 가한 이력
　☐ 성적 ☐ 신체적
☐ 노인/보살핌이 필요한 성인 학대/방임
☐ 거식증/폭식증/기타 섭식장애
☐ 자상 또는 기타 자해
　☐ 현재
　☐ 과거 방법: ______
　☐ 범죄/법적 이력: ______
　☐ 보고된 바 없음

</td></tr>
<tr><td colspan="2">

안전 지표: ☒ 강력한 지지를 제공하는 최소 한 명의 외부인 ☒ 자신/타인을 해치지 않을 이유와 살아야 할 구체적인 이유를 언급할 수 있음 ☐ 희망적임 ☐ 미래의 목표가 있음 ☐ 위험한 물건들을 처분할 의사가 있음 ☐ 상황을 악화시키는 사람들과의 접촉을 줄일 의지가 있음 ☐ 안전 계획과 안전 개입을 이행할 의지가 있음 ☐ 자해하거나 타인을 해치는 것의 대안들을 개발함 ☐ 안전이 유지된 기간: ______ ☐ 기타: ______

안전 계획 요소: ☐ 해치지 않겠다는 구두 계약 ☐ 해치지 않겠다는 서면 계약 ☒ 비상연락망 ☒ 위기 상담사/기관 연락처 ☐ 약물치료 관리 ☐ 위기 시에 친구들/지지적인 사람들과 연락하기 위한 구체적인 계획 ☐ 위기 시에 갈 장소에 대한 구체적인 계획 ☐ 위기 단계에 도달하기 전에 위험을 줄이기 위한 구체적인 자기진정 과제 (예: 일기 쓰기, 운동 등) ☐ 스트레스 요인을 줄이기 위한 구체적인 매일/주간 활동 ☐ 기타: ______

</td></tr>
<tr><td colspan="2">메모: 법적/윤리적 조치: ☒ NA ______</td></tr>
</table>

<table>
<tr><th colspan="3">사례 관리</th></tr>
<tr><td>

날짜
첫 번째 방문: 12/6/28
마지막 방문: 12/7/6
회기 빈도
☒ 주 1회 ☐ 격주
☐ 기타: ______
예상 치료 기간: 5개월

</td><td>

양식
☐ 성인 개인
☐ 아동 개인
☒ 부부
☐ 가족
☐ 집단
______

</td><td>

내담자가 다른 곳에서 정신건강 또는 기타 의학적 치료를 받고 있는가?
☒ 아니요
☐ 네: ______

만약 아동/청소년이라면: 가족이 참여하는가?
☐ 네 ☐ 아니요

</td></tr>
<tr><td colspan="3">

환자 의뢰 및 전문가 연락
사회복지사에게 연락한 적이 있는가?
☐ 네 ☐ 아니요
　설명: ______ ☐ NA

</td></tr>
</table>

(다음)

내담자가 의학적 평가에 의뢰된 적이 있는가?
☐ 네 ☒ 필요 없음

내담자가 정신의학적 평가에 의뢰된 적이 있는가?
☐ 네(내담자가 동의함) ☐ 네(내담자가 동의하지 않음) ☒ NA

의료진 또는 다른 전문가와 만난 적이 있는가?
☐ 네 ☐ 아니요 ☐ NA

내담자가 복지 서비스에 의뢰되었는가?
☐ 직업/훈련 ☐ 복지/식품/주거 ☐ 피해자 지원 ☐ 법적 지원 ☐ 의료
☐ 기타: ______ ☒ NA

치료와 관련하여 예상되는 범죄/법률 절차가 있는가?
☐ 아니요 ☒ 네: ______

내담자가 집단 또는 기타 지원 서비스에 의뢰된 적이 있는가?
☐ 네 ☒ 아니요 ☐ 추천받지 않음

내담자의 사회적 지지 연결망이 있는가?
☐ 지지적인 가족 ☐ 지지적인 배우자 ☒ 친구들 ☐ 종교적/영적 단체 ☒ 지지적인 직장/사회적 집단
☐ 기타: ______

치료가 지지체계 내 타인(부모, 아동, 형제자매, 중요한 타인 등)에게 가져올 것으로 예상되는 효과
만약 AM28이 가족에게 동성애자임을 밝힌다면, 그들의 지지를 잃을 수도 있음.

성공적이기 위해 내담자에게 그 밖에 필요한 것이 있는가?
______

내담자의 희망: 낮음 1----(AM33)-5----(AM28)-----10 높음

예상 결과 및 예후
☒ 정상적인 기능으로 회복.
☐ 개선을 예상하지만, 정상적인 기능보다 덜할 것으로 예상.
☐ 현재의 상태를 유지/악화 예방.

진단/내담자 관점에 대한 평가
평가 방법은 나이, 문화, 능력 수준, 기타 다양성 주제를 포함하여 내담자의 필요에 따라 어떻게 조정되었는가?
문화적 다양성과 성적 취향의 주제를 고려하여 적절한 언어를 사용하였음.

이 평가와 관련하여 실제적이거나 잠재적인 내담자-치료자 동의/비동의 영역을 설명할 것.
AM33과 AM28은 초기 평가에 동의하였음. AM28은 오래전에 일어난 일이라며 16세 때의 성적 학대를 말하고 싶어 하지 않았지만, 관계 문제와 관련된 정서가 치료 중에 나타날 것이고 이를 배제하지 않는 것이 중요하다고 제안하자 그가 동의했음.

______, ______ ______
치료자 서명 자격/수련 등급 날짜

______, ______ ______
지도감독자 서명 자격 날짜

치료 계획

이름: Jonathan Howard 날짜: 12/7/6

사례/내담자: 1173 이론: 정서중심치료

▣ 치료의 초기 단계

❖ 초기 단계 치료적 과업

1. 효과적인 치료적 관계 발전시키기. 다양성 주의: 각 배우자의 문화를 존중하기 위해 공감의 표현을 조정할 것. 성정체성과 관련된 스트레스를 존중하고 유념할 것.
   관계 구축 접근/개입
   a. 안전한 정서적 환경을 만들기 위해 공감적 조율, RISSSC, 진실성을 활용할 것.

2. 개인적, 체계적 및 광범위한 문화적 역동 평가하기. 다양성 주의: 성 정체성 스트레스, 사회경제적 차이, 문화적/종교적 주제의 영향을 평가하고 고려할 것.
   평가 전략
   a. 추격자/거리 두는 역할을 포함하여, 부정적 상호작용 주기를 확인할 것.
   b. 주기를 특징짓는 2차적 정서와 1차적 정서를 확인할 것.
   c. 외상 사건 이력뿐만 아니라 애착 손상을 포함한 애착 이력을 평가할 것.

3. 치료 목표를 정의하고 치료 목표에 대한 내담자 동의 얻기. 다양성 주의: 목표의 전제가 커플의 개인적 가치와 부합하는지 확인하기 위하여 이에 대해 상세히 논의할 것.
   a. 부정적 상호작용 주기를 공동의 적으로 삼으면서 이 주기의 맥락에서 문제를 재구성할 것.

4. 의뢰 필요성, 위기 문제, 부수적 연락처, 기타 내담자 욕구를 확인하기. 메모: 외상 사건 이력과 약물 사용을 다룰 것.
   a. 의뢰/자원/연락: 커플 상담 이전에 AM28이 약물 남용 상담을 받을 필요가 있는지 결정할 것. 가정 폭력을 배제할 것.

❖ 초기 단계 내담자 목표

1. 각 개인이 경험을 맥락화하면서 생겨나는 갈등, 절망감, 부정적 정서, 방어 전략을 줄이기 위해 그들의 부정적 상호작용 주기, 이 주기를 촉발하는 1차적 정서, 각자가 자신의 동성애자 정체성을 형성하는 동안 처리되지 못한 정서와 자기방어 전략에 어떻게 영향을 받는지에 대한 AM28과 AM33의 인식을 증가시키기.
   측정: 부정적인 상호작용 주기 동안 1회 이하의 가벼운 '신체적으로 떠남 혹은 일에 파묻힘' 에피소드를 보이며 □ 2주 ☒ 2개월 동안 안정감을 유지할 수 있음.
   a. 동성애 차별적 문화의 사회적 맥락에서 살아남기 위해 사용되는 타당화, 정서 반영, 반응과 자기방어전략 인정해 주기, 2차적 정서와 1차적 정서를 확인하는 공감적 추론.
   b. 2차적인 정서와 관련하여, 그다음에는 1차적 정서를 확인하면서 부정적 상호작용 주기를 추적할 것.

(다음)

c. 부정적 상호작용 주기와 애착 욕구의 맥락에서 재구성할 것.

■ 치료 작업 단계

❖ 작업 단계 치료적 과업

1. 작업 동맹의 질 점검하기. 다양성 주의: 각 개인의 문화적 가치, 직업적 가치, 성 정체성 스트레스에서의 차이에 유의할 것.
   a. 개입 평가: 주간 경과 노트에서 EFT 단계별로 커플의 경과를 추적할 것.

2. 내담자 경과 점검하기. 다양성 주의: 개입이 성적 취향 혹은 문화적 배경과 일치하지 않음을 나타내는 두 사람 모두의 개입에 대한 반응 혹은 정서적 반영에 유의할 것.
   a. 개입 평가: 회기에서 커플의 정서적 안정감뿐만 아니라 비언어적 의사소통에도 유의할 것.

❖ 작업 단계 내담자 목표

1. 갈등 중에 집을 떠나는 것을 줄이기 위해 AM33을 향한 AM28의 약속과 정서적 표현
   측정: 1개 이하의 가벼운 '갈등 중에 집 떠나기' 에피소드를 보이며 □ 2주 ☒ 2개월 동안 정서 표현을 지속할 수 있음.
   a. AM28의 애착 욕구에 대한 확인과 표현을 촉진하기 위해 공감, 타당화, 공감적 추론을 사용할 것.
   b. AM28의 욕구에 대한 직접적인 의사소통, AM33의 수용, 새로운 의사소통 연쇄 과정이 가능하도록 실연을 활용할 것.

2. 갈등과 회피를 줄이기 위해 AM28의 직업과 진로에 대한 AM33의 비난을 감소시키기.
   측정: 1개 이하의 가벼운 'AM33의 가치와 희망을 AM28에게 불어넣기' 에피소드를 보이며 □ 1주 ☒ 1개월 동안 AM28의 직업 선택에 대한 언급을 지속하여 삼갈 수 있음.
   a. 비난하는 태도의 완화를 촉진하기 위해 AM33의 1차적 정서를 고조시킬 것.
   b. AM28의 수용을 도모하고, 새로운 상호작용 연쇄 과정을 촉진하기 위해 실연을 활용할 것.

3. 갈등, 애착 불안, 우울한 기분, 불안을 줄이기 위해, 심지어 긴장의 순간에도 서로에게 관계적 안정감과 유대감을 형성하는 방식으로 반응하는 AM28과 AM33의 능력을 기르기.
   측정: 2개 이하의 가벼운 '상대방 비난하기' 에피소드를 보이며 □ 1주 ☒ 1개월 동안 1차적 정서 욕구의 표현을 지속할 수 있음.
   a. 각 파트너가 자신의 반응이 어떻게 상대방에게 영향을 미치는지 그리고 그중 일부가 어떻게 성 정체성 관련 스트레스와 연관되는지를 깨닫도록 돕는 상호작용 주기 추적하기와 공감적 추론.
   b. AM28과 AM33이 1차적 정서 욕구를 더 직접적으로 표현하고 상대방이 다가올 때 지지적이고 공감적인 방식으로 반응하도록 돕는 실연.

■ 치료 종결 단계

❖ 종결 단계 치료적 과업

1. 추후관리 계획을 세우고 개선을 유지하기. 다양성 주의: 추가적인 지원을 위해 지역사회 내의 동성애자 자원, 특히 이중 문화 경험을 포함하는 자원을 탐색할 것.

(다음)

a. AM28과 AM33이 잠재적인 퇴행에 대비하도록 돕기 위해 부정적 상호작용 주기뿐만 아니라 긍정적 상호작용 주기도 추적할 것.

❖ 종결 단계 내담자 목표

1. (갈등, 성 정체성 관련 스트레스, 절망감을 줄이기 위해) 새로운 스트레스 원인에 대해 효과적으로 대응하는 AM28과 AM33의 능력을 기르기.

측정: 2회 이하의 가벼운 '부정적인 감정으로 상대방을 비난하기' 에피소드를 보이며 ☐ 1주 ☒ 1개월 동안 효과적인 의사소통과 1차적 정서의 공유를 지속할 수 있음.

a. 긍정적인 변화를 강화하기 위해 긍정적 상호작용 주기를 추적할 것.

b. 애착 욕구의 맥락에서 긍정적 및 부정적 상호작용 주기를 모두 재구성할 것.

■ 내담자 관점

내담자와 함께 치료 계획을 검토하였는가: ☒ 네 ☐ 아니요

아니라면 설명할 것: ____________________

내담자가 동의하는 영역과 우려사항을 묘사할 것: AM33은 치료를 시작하는 것에 대해 흥분되며, 그들이 더 나은 의사소통을 할 수 있으리라는 희망이 있다고 진술함. AM28은 그의 사생활을 타인과 공유하는 것이 꺼려지지만, 관계에 관심이 있으므로 한 번 시도해 보고 싶다고 진술함.

치료자 서명, 수련생 지위   날짜   지도감독자 서명, 자격   날짜

경과 기록

내담자 경과 기록(V1.0) #1406

날짜: 12/7/28   시간: 10:00 오전/오후   회기 길이: ☒ 50분 혹은 ☐ ____________

참가자: ☒ AM28 ☒ AM33 ____________

청구번호: ☐ 90791(평가) ☐ 90834(치료-45분) ☒ 90847(가족)

☐ 기타 ____________________

증상	지난 방문 이후 지속 기간/빈도	경과: 퇴행-----------초기 상태-------------목표
1. 갈등	가벼운 다툼 1회	-5----------1-------X---5---------------10
2. 비난	가벼움, 2~3회 사건	-5----------1-----X-----5---------------10
3. 불신	가벼움, AM28이 춤을 춘 날	-5----------1-------X---5---------------10

(다음)

설명: AM33은 AM28이 바에서 춤을 추는 것에 대해 비난했고, 이것은 싸움으로 변했음. 하지만 둘 다 서로에 대한 비난이 감소했다고 묘사했고, AM33은 이번에는 AM28의 외도에 대해 그리 걱정하지 않았다고 인정했음.

개입/HW: EFT 과정1, 단계 2~3: AM33이 분노의 2차적 정서와 자신은 혼자가 될 것이고, 동성애자 세계에서 늙어갈 것이라는 두려움의 1차적 정서를 확인하면서 부정적 상호작용 주기를 추적하였음. AM28이 AM33에게 지지적인 공감적 방식으로 반응하도록 하는 실연을 활용하였음. AM33에게 충분히 괜찮은 존재가 되지 못하는 것에 대한 AM28의 두려움을 확인하면서 싸울 때의 2차적 정서와 1차적 정서를 추적하였음.

내담자 반응/피드백: 두 사람 모두 상대방으로부터 더 많이 이해받는 느낌이 들고 상대방의 입장을 더 잘 이해한다고 보고하였음. 두 사람은 매우 수용적이며, 실연에 기꺼이 참여함.

계획

☒ 다음 회기: 2~3단계를 확고히 하고, 주기를 재구성하는 4단계로 진행함.

☐ 계획 수정: ______

다음 회기: 날짜: 12/8/4 시간: 10:00 오전/오후

위기 문제: ☒ 자살/살인/학대/위기를 부정함 ☐ 위기가 평가됨/다루어짐

______

______, ______ ______

치료자 서명 자격/수련 상태 날짜

사례 자문/지도감독 기록: 지도감독자는 테이프를 검토했고, 다음 주 회기에서 주기를 재구성하는 것에 대한 조언을 제공하였음.

부수적 정보제공자 연락: 날짜:______ 시간:______ 이름: ______

기록: ______

☐ 서면 공개 파일: ☐ 발송 ☐ 수령 ☐ 법원 서류 ☐ 기타: ______

______, ______ ______

치료자 서명 자격/수련 상태 날짜

______, ______ ______

지도감독자 서명 자격 날짜

참고문헌

Alexander, K. F., & Parsons, B. V. (1973). Short-term behavioral intervention with delinquent families: Impact on family process and recidivism. *Journal of Abnormal Psychology, 81*(3), 219-225. doi:10.1037/h0034537

*Alexander, J., & Parsons, B. V. (1982). *Functional family therapy*. Belmont, CA: Brooks/Cole.

Alexander, J., & Sexton, T. L. (2002). Functional family therapy (FFT) as an integrative, mature clinical model for treating high risk, acting out youth. In J. Lebow (Ed.), *Comprehensive handbook of psychotherapy, Vol IV: Integrative/Eclectic* (pp. 111-132). New York, NY: Wiley.

Baldwin, S., Christian, S., Berkeljon, A., & Shadish, W. (2012). The effects of family therapies for adolescent delinquency and substance abuse: a meta-analysis. *Journal of Marital and Family Therapy, 38*, 281-304.

Bowlby, J. (1988). *A secure base: Parent-child attachment and healthy human development*. London: Routledge.

Bradley, B., & Furrow, J. L. (2004). Toward a mini-theory of the blamer softening event: Tracking the moment-by-moment process. *Journal of Marital and Family Therapy, 30*, 233-246.

Clotheir, P., Manion, I., Gordon-Walker, J., & Johnson, S. M. (2002). Emotionally focused interventions for couples with chronically ill children: A two-year follow-up. *Journal of Marital and Family Therapy, 28*, 391-399.

Datchi-Phillips, C. (2011). Family systems (the relational contexts of individual symptoms). In C. Silverstein (Ed.), *The initial psychotherapy interview: A gay man seeks treatment* (pp. 249-264). Amsterdam Netherlands: Elsevier. doi:10.1016/B978-0-12-385146-8.00012-2

Dunham, J. (2010). Examining the effectiveness of functional family therapy across diverse client ethnic groups. *Dissertation Abstracts International Section A, 70*(12-A), pp. 45-86.

Flicker, S. M., Waldron, H., Turner, C. W., Brody, J. L., & Hops, H. (2008). Ethnic matching and treatment outcome with Hispanic and Anglo substance-abusing adolescents in family therapy. *Journal of Family Psychology, 22*(3), 439-47. doi:10.1037/0893-3200.22.3.439

Furrow, J. L., & Bradley, B. (2011). Emotionally focused couple therapy: Making the case for effective couple therapy. In J. L. Furrow, S. M. Johnson, & B. A. Bradley (Eds.), *The emotionally focused casebook: New directions in treating couples* (pp. 3-29). New York: Routledge/Taylor & Francis Group.

Furrow, J., Ruderman, L., & Woolley, S. (2011). Emotionally focused therapy four-day externship. Santa Barbara, CA. September 7-10.

Greenberg, L. S., & Goldman, R. N. (2008). *Emotionally-focused couple therapy: The dynamics of emotion, love, and power.* Washington, DC: American Psychological Association.

Henggeler, S., & Sheidow, A. (2012). Empirically supported family-based treatments for conduct disorder and delinquency in adolescents. *Journal of Marital and Family Therapy, 38*, 30-58.

Institute of Medicine (2001). *Crossing the quality chasm: A new health system for the 21st century.* Washington DC: National Academy Press.

*Johnson, S. M. (2005). *The practice of emotionally focused marital therapy: Creating connection* (2nd ed.). New York, NY: Brunner/Routledge.

Johnson, S. M. (2005). *Emotionally focused couple therapy with trauma survivors: Strengthening attachment bonds*. New York, NY: Guilford.

Johnson, S. (2008). *Hold me tight: Seven conversations for a lifetime of love*. New York, NY: Little, Brown, and Co.

Johnson, S. M., Bradley, B., Furrow, J., Lee, A., Palmer, G., Tilley, D., & Woolley, S. (2005). *Becoming an emotionally focused couple therapist: a workbook*. New York, NY: Brunner/Routledge.

Johnson, S. M., & Greenberg, L. S. (1985). The differential effects of experiential and problem solving interventions in resolving marital conflicts. *Journal of Consulting and Clinical Psychology, 53*, 175-184.

Johnson, S. M., & Greenberg, L. S. (Eds.). (1994). *The heart of the matter: Perspectives on emotion in marital therapy*. New York, NY: Brunner/Mazel.

Johnson, S. M., & Wittenborn, A. K. (2012). New research findings on emotionally focused therapy: Introduction to special section. *Journal of Marital and Family Therapy*. doi:10.1111/j.1752-0606.2012.00292.x

Johnson, S. M., Hunsley, J., Greenberg, L. S., & Schindler, D. (1999). Emotionally focused couples therapy: Status and challenges. *Clinical Psychology: Science and Practice, 6*, 67-79.

Lebow, J. (2006). *Research for the psychotherapist: From science to practice*. New York, NY: Routledge.

Lebow, J., Chambers, A., Christensen, A., & Johnson, S. (2012). Research on the treatment of couple distress. *Journal of Marital and Family Therapy, 38*, 145-168.

Liu, T., & Wittenborn, A. (2011). Emotionally focused therapy with culturally diverse couples. In J. L. Furrow, S. M. Johnson, & B. A. Bradley (Eds.), *The emotionally focused casebook: New directions in treating couples* (pp. 295-316). New York: Routledge/Taylor & Francis Group.

Mason, O., Platts, H., & Tyson, M. (2005). Early maladaptive schemas and adult attachment in a UK clinical population. *Psychology And Psychotherapy: Theory, Research And Practice, 78*(4), 549-564.

Mc Williams, L. A., & Bailey, S. (2010). Associations between adult attachment ratings and health conditions: Evidence from the National Comorbidity Survey Replication. *Health Psychology, 29*(4), 446-453. doi:10.1037/a0020061

Meredith, P. J., Strong, J., & Feeney, J. A. (2006). The relationship of adult attachment to emotion, catastrophizing, control, threshold and tolerance, in experimentally-induced pain. *Pain, 120*(1-2), 44-52. doi:10.1016/j.pain.2005.10.008

Parra-Cardora, J., Córdova, D. r., Holtrop, K., Escobar-Chew, A., & Horsford, S. (2009). Culturally informed emotionally focused therapy with Latino/a immigrant couples. In M. Rastogi, & V. Thomas (Eds.), *Multicultural Couple Therapy* (pp. 345-368). Thousand Oaks, CA US: Sage Publications. Inc.

*Sexton, T. L. (2011). *Functional family therapy in clinical practice: An evidence-based treatment model for working with troubled adolescents*. New York, NY: Routledge.

Sexton, T. L., & Alexander, J. F. (2000, December). Functional family therapy. *Juvenile Justice Bulletin,* U. S. Department of Justice, NCJ 184743.

Sexton, T., & Turner, C. W. (2010). The effectiveness of functional family therapy for youth with behavioral problems in a community practice setting. *Journal of Family Psychology, 24*(3), 339-348. doi:10.1037/a0019406

Sexton, T., & Turner, C. W. (2011). The effectiveness of functional family therapy for youth with behavioral problems in a community practice setting. *Couple and Family Psychology: Research and Practice, 1*(S), 3–15.

Sexton, T. L., & van Dam, A. E. (2010). Creativity within the structure: Clinical expertise and evidence-based treatments. *Journal of Contemporary Psychotherapy, 40*(3), 175–180. doi:10.1007/s10879-010-9144-2

Siegel, D. J. (2010). *The mindful therapist: A clinician's guide to mindsight and neural integration*. New York, NY: Norton.

Slomski, A. (2010). Evidence-based medicine: Burden of proof. *Proto Magazine: Massachusetts General Hospital, 5*, 22–27.

Zuccarini, D., & Karos, L. (2011). Emotionally focused therapy for gay and lesbian couples: Strong identities, strong bonds. In J. L. Furrow, S. M. Johnson, & B. A. Bradley (Eds.), *The emotionally focused casebook: New directions in treating couples* (pp. 317–342). NY: Routledge/Taylor & Francis Group.

제12장
부부 및 가족을 위한 증거기반 집단치료

둘 이상의 자녀를 둔 대부분의 부모는 둘째 아이를 가지면 일이 두 배가 되는 것이 아니라 네 배로 늘어난다고 주장한다. 이것은 내담자의 경우도 마찬가지라고 할 수 있다. 두 명(예: 부부) 또는 세 명(예: 가족)의 내담자를 치료실에 들이는 것은 상황의 복잡성을 기하급수적으로 증가시킨다. 치료자가 한 번의 치료 회기에서 다수의 부부와 가족을 포함할 때 상황은 급격히 악화된다. 따라서 이 장에서는 증거기반의 부부 및 가족을 위한 집단치료의 기본적인 개요를 제공하며, 이를 통해 치료자가 무엇을 해야 하고, 무엇이 가장 효과적인지를 알려 주고자 한다.

들어가며

이 장의 첫 부분에서는 혹시 당신이 집단치료 교과서를 대충 읽었거나 아직 집단치료 수업을 듣지 않았거나 또는 들을 필요가 없을 경우에 알고 있으면 유익한 일반적인 집단치료에 대하여 간략한 개요를 제공한다. 만약 당신이 집단 수업에서 A를 받았다면, 이 부분을 생략하고 넘어가도 좋다. 이 장의 남은 부분에서는 다음의 일반적인 내담자 호소 문제를 다루기 위한 증거기반 집단치료 모델에 초점을 맞춘다.

- 심각한 정신 질환
- 배우자 학대 및 가정 폭력
- 부부 관계 향상
- 부모 훈련

집단 유형에 관한 간략한 개요

집단은 **내용**(제공된 정보)과 **과정**(정서적 처리) 중 어느 것을 상대적으로 강조하는지를 바탕으로 세 가지의 일반적인 범주로 분류될 수 있다. 이는 심리교육 집단, 과정 집단, 복합 집단이 포함된다.

◎ 심리교육 집단 또는 '강의'

종종 '강의'로 불리는 심리교육 집단은 내용 중심적이고 교육적이며, "사람들이 잘 알고 있었다면, 더 잘했을(예: 행동하거나 느꼈을) 것이다."라는 인지행동적인 가정에 뿌리를 둔다. 부부와 가족 관계 영역에서 연구는 특히 다음 문제에 관하여 심리교육 집단을 지지해 왔다.

- 심각한 정신 질환을 진단받은 구성원을 둔 가족(McFarlane, Dixon, Lukens, & Luckstead, 2002; Luckstead, McFarlane, Downing, & Dixon, 2012)
- 가정 폭력(Stith, Rosen, & McCollum, 2002; Stith, McCollum, Amanor Boadu, & Smith, 2012)
- 부부 관계 향상(예: 괴로움을 호소하지 않는 부부; Halford, Markman, Stanley, & Kline, 2002; Markman & Rhoades, 2012)
- 부모 훈련(Kaslow, Broth, Smith, & Collins, 2012; Northey, Wells, Silverman, & Bailey, 2002)

◎ 과정 집단

이름에서 알 수 있듯이, 과정 집단은 내용보다는 대인 간 발생하는 과정에 초점을 맞춘다. 과정 집단은 주로 개인으로 구성되지만, 부부와 가족을 포함하는 경우가 점점 늘고 있다. 과정 집단은 문제적 대인관계 패턴에 대해 직면하고 통찰을 높이기와 같은 경험적 혹은 정신역동적 개인치료 형태에서 잡는 목표들을 면밀하게 다룬다. 집단은 종종 과거 혹은 현재의 부부 및 가족 관계를 더 잘 이해하기 위한 토론의 장으로 활용된다. 또한 과정 집단은 종종 개인치료의 대안으로 사용되거나, 애도, 이혼, 상실, 학대를 다루는 내담자들에게 사용된다.

Yalom(1970/1985)의 과정 집단을 효과적이게 만드는 열한 가지 요소는 다음과 같다.

- **희망을 불어넣기(Instillation of Hope)**: 타인과의 만남과 상호작용을 통해 미래에 대한 희망을 얻는 것.
- **보편성(Universality)**: 삶에서 괴로움과 고난을 겪는 이가 자기 혼자가 아님을 깨닫는 것.
- **정보 전달(Imparting Information)**: 집단이 촉진되면서 치료자가 공유하는 정보를 통해 도움을 얻는 것.

- **이타주의**(Altruism): 개인적 이득을 요구하지 않으면서 타인과 주고받는 방법을 배우는 것.
- **초기 가족의 교정적 재현**(The Corrective Recapitulation of the Primary Family Group): 원가족 문제를 헤쳐 나가 새로운 방식으로 대응할 기회를 제공하는 것.
- **사회화 기술 개발**(Development of Socializing Techniques): 타인과 친밀하게 상호작용함으로써 사회 기술을 향상하는 것.
- **모방 행동**(Imitative Behavior): 집단에서 역할 모델을 선택한 후 본받는 것.
- **대인 간 학습**(Interpersonal Learning): 집단 맥락에서 전이 문제에 대한 통찰을 얻고 이를 극복하는 것.
- **집단 응집력**(Group Cohesiveness): 갈등과 차이를 극복하기 위해, 치료자와 집단을 전체로서 이해하는 것.
- **정화**(Catharsis): 중요한 정서의 경험과 표현이 인지적 학습과 결합되면 긍정적 성과를 예측함.
- **실존적 요인들**(Existential Factors): 죽음과 상실의 필연성, 자신의 삶을 책임질 필요성, 고통의 불가피성과 같은 실존적 진실을 인정하는 것.

◎ 복합 집단

복합적 심리교육의 과정 집단은 일반적으로 몇 가지 심리교육적인 지시를 포함하지만, 집단 구성원들로 하여금 내용과 관련된 그들의 사고, 감정, 내적인 과정을 공유할 시간을 남겨 둬서 구성원들로 하여금 더 개인적이고 깊은 수준에서 문제를 다룰 수 있도록 한다. 아동 학대 및 가정 폭력의 피해자들의 경우 이러한 집단이 특히 일반적이고, 학대 가해자에 대한 복합 집단도 점차 증가하고 있다.

일반적인 집단 지침

◎ 인원수

집단의 성공 비결 중 하나는 집단에 들어올 수 있는 인원수이다. 일반적으로 과정 집단은 아동의 경우 4명, 청소년 및 성인의 경우는 8명으로 제한된다. 복합적 심리교육의 과정 집단은 더 많은 인원으로 진행할 수 있지만, 한 집단에 12명을 초과하면 과정 요소는 대체로 상당히 약화된다. 과정 요소를 포함하지 않는 심리교육 집단은 15~30명의 성인을 대상으로 할 때 성공적으로 진행할 수 있다.

>>> 집단 내 인원수

	심리교육 집단	복합 집단	과정 집단
성인 및 청소년	성인 2~30명	성인 3~12명	성인 3~8명
초등학생 아동	아동 2~4명	아동 2~4명	아동 2~4명
중학생 아동	아동 2~6명	아동 2~6명	아동 2~-6명
부부 및 가족	2~10쌍 부부 또는 가족	2~7쌍 부부 또는 가족	3~4쌍 부부 또는 가족

◎ 개방형 집단 vs 폐쇄형 집단

개방형 집단은 언제든 참여할 수 있는 집단이고, 폐쇄형 집단은 집단이 시작되면 새로운 구성원이 '들어올 수 없는' 집단이다.

- **개방형 집단:** 개방형 집단의 주된 장점은 내담자들이 참여하기 위해 기다리지 않아도 된다는 점이다. 일단 신청하면 그들의 동기가 절정에 있을 때 바로 시작할 수 있다. 개방형 집단은 모든 심리교육적 요소가 순서와 상관없이 받아들여질 수 있어야 하는데, 만약 당신이 지난 주에 익힌 기술을 기반으로 쌓아 나가고 싶다면 이는 때로 어려울 수 있다.
- **폐쇄형 집단:** 대부분의 과정 집단과 법정 의무 심리교육 집단은 폐쇄형 집단이다. 폐쇄형은 과정 집단이 기능하는 데 필요한 친밀감과 신뢰를 주고, 의무로 참여한 집단의 경우 집단 진행자가 개인 구성원의 경과를 점검할 수 있는 일관성 있고 심도 깊은 커리큘럼 개발을 가능케 한다.

◎ 집단 선택: 당신의 집단에 누구를 넣을 것인가

집단 리더라면 누구나 알고 있다시피, 과정 지향적 집단뿐만 아니라 심리교육 집단에서도 집단에 누가 참여하는지가 성공의 결정적 요인이다. 과정 집단과 복합 집단의 경우 대부분의 치료자는 잠재적 집단 구성원이 집단에 적합한지를 확인하기 위해 심사를 한다. 집단 진행자들은 집단에 따라 몇 가지 다른 요소를 살펴본다.

- **현재 문제:** 성적 학대나 상실 등의 현재 문제를 중심으로 집단이 구성될 때, 집단 진행자는 잠재적 구성원들이 동일한 일반적 주제를 다루고 있는지를 확인하는 심사를 한다.
- **문제 해결의 수준:** 특정한 주제를 중심으로 집단이 구성된다면, 진행자는 참여자의 문제 해결 수준이 어느 정도인지, 그리하여 그들이 서로 의미 있게 상호작용할 수 있을 정도로 회복과 치유의 과정에 근접해 있는지를 평가하고 싶을 수 있다. 이는 외상사건 희생자들(예: 성적 학대, 국가적 재난에서의 회복, 상실, 가정 폭력) 또는 약물 중독 회복(예: 사용 중인 사람 vs 약물과 술을 완전히

끊은 사람) 관련 작업에서 특히 중요하다. 대안적으로, 일부 진행자는 구성원들이 서로에게 배울 수 있도록 집단에서 문제 해결의 스펙트럼을 가지기를 선호하며, 이 경우에는 집단이 그러한 차이를 수용할 수 있게 구성되어야 한다.

- **중요한 기여를 하는 능력**: 대부분의 진행자는 개인이 중요한 기여를 하는 능력에 대해 심사하며, 이는 일반적으로 타인을 지배하거나 적대적인 상호작용을 만들지 않으면서 적극적으로 참여할 수 있는 능력으로 정의된다. 치료자들은 집단 장면에서 타인과 이야기 나누고 적극적으로 관여하는 능력도 고려한다. 타인과 관계를 맺을 수 없는 내담자들은 과정 집단을 위한 좋은 대상이라고 볼 수 없다.

◎ 집단 규칙

치료자들은 집단 상황에 따라 참여자들이 집단회기의 안팎에서 상호작용하는 방식에 관한 규칙들을 만들 수 있다.

- **비밀 유지**: 대부분의 경우 참여자들은 집단 구성원이 되는 조건으로 집단 내 다른 구성원의 비밀을 유지하는 데 서면 동의를 해야 한다. 비밀 유지에 관하여 집단 참여자들이 치료자와 동일한 법적 기준을 적용받을 수는 없겠지만, 공식적이고 문서화된 절차는 이 주제의 심각성에 대한 구성원들의 인식을 높인다.
- **상호 존중**: 대부분의 집단 지도자는 구성원들이 다른 집단원이나 집단 지도자를 존중하며 이야기하도록 논의를 조정하며, 만약 갈등이 통제할 수 없을 수준이 될 때는 종종 직접적으로 개입한다. 그러나 더 전통적인 정신역동 및 경험적 과정 집단에서는 진행자가 특정 갈등을 중단시키지 않으며, 대신 구성원들이 그들의 문제를 함께 극복해 나감으로써 성장하도록 격려한다.
- **시간 엄수와 출석**: 종종 집단은 시간 엄수와 출석에 관한 규칙이 있으며, 법정 의무인 치료의 경우 특히 그렇다. 경우에 따라 구성원이 정시를 넘어서 도착했다면, 그들은 그 집단회기의 참여가 허용되지 않는다. 이와 유사하게, 만약 집단에 정규 활동 과정이 있다면 너무 많은 회기에 결석한 구성원은 집단을 계속하지 못할 수도 있다.

증거기반 부부 및 가족 집단

◎ 심각한 정신 질환을 위한 심리교육 다가구 집단

가족 심리교육은 조현병, 양극성 장애, 아동기 기분장애 치료의 일부로 사용되어 왔다(Luckstead et al., 2012). 수많은 통제된 임상 연구는 조현병 진단을 받은 환자의 가족들이 심리교육을 받으면 정신증 증상의 재발과 재입원하는 일이 줄어듦을 증명해 왔다(McFarlane et al., 2002). 이러한 환자들의 재발률은 대략 15%로, 개인치료와 약물치료를 병행하는 사람들이나 약물치료만 받는 사람들(재발률이 30~40%로 추정됨.)의 비율보다 절반가량 낮았다. 몇몇 비교 연구에서는 다가구 집단이 동일한 심리교육을 받은 단일가족회기에 비해 더 효과적이며, 집단을 형성하는 것이 비용 대비 효율뿐만 아니라 전반적으로 더 효과적임을 보여 준다. 다가구집단은 단일가족회기보다 낮은 재발률과 높은 취업률로 이어졌는데, 아마도 집단 장면이 제공하는 강화된 지지 때문일 것이다. 현재 조현병 환자를 둔 가족에 대한 증거기반 활동으로 가족 심리교육을 고려할 만한 증거는 충분하다(Luckstead et al., 2012; McFarlane et al., 2002).

미국 약물 남용 및 정신건강 서비스 관리국(The U.S. Substance Abuse and Mental Health Services Administration: SAMHSA)은 다가구 심리교육 집단에 대해 다음과 같은 특징이 있다고 설명한다(Luckstead et al., 2012).

- 조현병 진단을 받은 사람의 가족 구성원은 정보, 지원, 지지를 필요로 한다고 가정함.
- 친척들이 정신 질환을 지닌 사용자에게 행동하는 방식은 개인의 안녕감과 임상적 성과에 영향을 미친다고 가정함.
- 정보, 인지, 행동, 문제 해결, 정서, 대처, 상담의 요소들을 결합함.
- 정신건강 전문가들이 만들고 주도함.
- 진단받은 개인에 대한 임상적 치료 계획의 일부로 제공됨.
- 진단받은 개인의 성과뿐 아니라 다뤄진 가족 구성원의 성과를 개선하는 것에도 초점을 맞춤.
- 최소한 다음의 내용들을 포함함.
  - 질환, 약물치료, 치료 관리
  - 의료 서비스 접근 문제
  - 사업들 간 협조
  - 모든 관련 당사자의 기대, 정서 경험, 고충에 대한 관심
  - 가족 의사소통의 개선
  - 구조화된 문제 해결 지침
  - 사회적 지지 연결망의 확장
  - 명확한 위기 계획
- 일부 교차진단 프로그램(cross-diagnosis programs)이 개발되고 있긴 하지만, 일반적으로 진단이 특정적임.

연구에서는 조현병 진단을 받은 구성원을 둔 가족들에게 정신역동과 통찰중심 치료법을 권장하지 않는다.

조현병으로 진단받은 구성원을 둔 가족들을 위한 다가구 집단의 **심리교육 커리큘럼**은 일반적으로

다음과 같은 내용을 포함한다.

- 질환, 예후, 심리치료와 약물치료에 대한 교육
- 질환과 관련된 생물학적 · 심리학적 · 사회적 요인들
- 재발 가능성을 높이는 것들 중 가정에서의 강한 정서 표현의 역할에 관한 교육(Hooley, Rosen, & Richters, 1995)
- 사회적 소외 및 낙인 가능성
- 가족의 경제적 및 심리적 부담
- 가족을 지지하는 강력한 사회적 연결망 개발의 중요성
- 문제 해결 기술

다가구 집단의 **과정** 측면은 다음을 포함한다.

- 상호 협력과 지지에 대한 토론의 장을 만들기
- 가족의 경험을 정상화하기
- 낙인 찍힌 느낌 감소시키기
- 다른 가족들이 어떻게 대처해 왔는지를 살펴봄으로써 희망을 불어넣기
- 집단 맥락 밖에서 서로와 교제하기

가족들이 이러한 집단에 참여하면 환자와 가족은 사회적 문제와 임상 관리 문제가 줄어들며, 2차 스트레스(환자의 입원으로 야기되는 스트레스)가 감소하고, 취업률이 늘어나며, 재발과 재입원은 감소한다. 지난 10년간 미국 외의 나라들, 주로 아시아와 유럽에서 여러 연구가 진행되어 왔으며, 그중 일부는 미국에서와 유사한 긍정적인 결과들을 보여 주었고, 일부는 유의미한 변화를 보이지 않았다. 따라서 문화적 적응과 적용 가능성에 관한 더 많은 탐구가 필요하다(Luckstead et al., 2012).

집단에 관한 대부분의 연구가 조현병과 분열정동장애에 관해 이뤄져 왔지만, 일부 연구는 아래에 제시된 장애들을 포함한 심각한 정신건강장애 치료의 요소 중 하나로 다가구 심리교육 집단을 활용해 왔다.

- 양극성 장애
- 이중 진단(예: 약물 남용과 축 I 진단)
- 강박장애
- 우울증
- 참전 용사들의 외상후 스트레스 장애
- 알츠하이머병

- 청소년의 자살 사고
- 선천성 기형
- 지적 결손
- 소아 성추행자와 소아 성애자
- 경계선성격장애

◎ 배우자 학대에 대한 집단

아동, 여성 그리고 가족에게 많은 신체적·정서적인 영향을 미치며 광범위하고 치료하기 어려운 현상인 배우자의 신체적 학대는 점차 주 및 지방이 의무화한 개입의 표적이 되고 있다. 오늘날 대부분의 주는 가정 폭력의 일종인 배우자 학대의 경우 치료를 의무화한다. 치료는 대개 성별에 근거한 집단치료의 형태로 진행된다(예: 남성 가해자나 여성 가해자를 위한 집단과 남성이나 여성 피해자를 위한 집단; Stith et al., 2012; Stith, Rosen, & McCollum, 2002). 하지만 신중하게 고안된 부부기반 접근은 폭력 가능성을 높이는 증거가 없고, 전통적 성별기반 집단과 견줄 만한 성과를 낸다는 초기 연구 결과를 바탕으로 점차 대안적 접근으로 연구되고 있다(Stith, McCollum, Rosen, & Locke, 2002; Stith, Rosen, & McCollum, 2002).

■ 배우자 학대에 대한 전통적인 성별기반 집단

배우자 학대에 대한 전통적인 성별기반 집단은 Lenore Walker(1979)의 연구에 근거를 두고 있으며, 둘루스 모델(Duluth Model)[1]과 밀접하게 연관되어 있다(Pence & Paymar, 1993). 이러한 모델은 여성주의에 근거를 둔 심리교육적 인지행동 집단으로 형사사법 체계에서 널리 활용된다. Lenore Walker은 학대 관계의 역동을 설명하기 위해 **폭력의 주기**(cycle of violence)을 사용했다. 그 주기는 세 가지 단계로 이루어져 있다. 여기에는 허니문(honey-moon), 긴장 형성(tension building), 행동화(acting out)가 포함된다.

- **허니문 단계**: 가해자가 계속해서 피해자에게 용서를 구하고, 폭력을 멈추겠다고 약속하며, 돌아와 달라고 간청하는 단계이다.

---

1) 1980년대 초 미네소타의 Duluth에 의해 발전된 둘루스 모델은 미국, 캐나다, 영국 등에서 남성 가해자에 대한 중재 및 치료 접근법으로 가해자의 책임성, 피해자의 안전을 강화하고 가정 폭력 근절을 위해 공동체의 노력을 강조한다. 둘루스 모델의 원칙은 다음과 같다. 첫째, 지역공동체와 주 정부는 피해자 안전에 대한 책임성을 높이는 데 헌신한다. 둘째, 폭력에 대한 핵심적 철학에 기반한 '개입'의 정책, 전략을 공동체의 의무로서 공유한다. 셋째, 개입의 방식은 피해자의 안전과 가해자의 책임성에 대한 인식 속에서 이루어진다. 넷째, 개별 행위자들의 행위는 개입 전략과 공통의 목적을 지지하거나 약화시키는 것 중의 하나임을 이해한다. 다섯째, 안전, 학대, 위험과 위기, 책임성이 무엇인지에 대한 개념을 공유한다. 여섯째, 이러한 정책과 실행 단계들의 구성에서 폭력을 경험한 여성의 목소리에 우선권을 부여한다. 이러한 가치기반 위에서 지역공동체는 하나의 '의무'로서 가정 폭력에 대한 책임과 실천의지를 공유한다. 또한 이는 911, 법적 강제, 개인적 지지와 지원센터들, 감옥, 보호관찰소, 검사, 법원, 남성들을 위한 비폭력 프로그램, 회복적 사법의 강제와 순환이라는 제도적 장치들을 통하여 유기적으로 운영되고 있다(역자 주).

- **긴장 현성 단계**: 피해자는 종종 긴장 형성 단계를 '살얼음판을 걷는' 상태로 묘사한다. 이 기간에 갈등과 긴장이 생기고 피해자는 가해자를 '폭발시키는' 행동을 피하려고 노력한다.
- **행동화 또는 폭발 단계**: 마지막 단계의 특징은 신체적 폭력 삽화이다. 이 삽화 이후에는 가해자가 허니문 단계에서 관계를 회복하려고 다시 애쓰므로 주기가 반복된다.

폭력적인 관계의 초기에는 아마도 가벼운 폭력 삽화(예: 누르기, 밀치기, 물건을 던지기, 뺨 때리기)를 1년에 한두 번 보이면서 주기가 대체로 느리게 순환한다. 시간이 지나면서, 폭력 삽화의 빈도와 그 심각성이 증가한다.

폭력의 주기 이외에도 둘루스 모델은 가해자가 그들의 배우자에 대한 통제를 유지하기 위한 수단을 묘사하기 위해 **힘과 통제의 바퀴**(wheel of power and control) 개념을 활용한다. 힘과 통제의 바퀴에서 바퀴살에 해당하는 여덟 가지 요인은 다음과 같다.

- 강요와 위협
- 협박
- 정서적 학대
- 소외
- 축소하기, 부인하기 그리고 비난하기
- 자녀를 이용하기
- 경제적인 학대
- 남성의 특권

■ 둘루스 모델에 대한 비평

둘루스 모델이 가해자를 치료하는 데 가장 빈번하게 사용되는 모델 중 하나이긴 하지만, Dutton과 Corvo(2006, 2007)는 여러 연구 문헌에서 이 모델의 중대한 약점을 찾아내었음에 주목한다.

- **빈약한 성과**: 가해자 개입 집단의 효과성에 대한 연구는 참여자의 40%만이 비폭력적인 모습을 유지하면서 높은 재범률을 보여 준다. 이에 비해, 치료받지 않은 가해자가 비폭력적인 모습을 유지하는 확률은 35%로, 전형적인 가해자 개입 프로그램들이 재범에 거의 영향을 미치지 않음을 나타낸다(Stith et al., 2012).
- **치료적 동맹에 대한 경시**: 둘루스 모델에 대한 주된 비판 중 하나는 내담자와의 지지적인 치료적 동맹을 얻는 데 실패하며, 대신 종종 내담자에 대해 적대적이고 비난하는 태도로 대한다는 점이다.
- **근거 없는 성 편견**: 성별기반의 여성주의적인 관점은 발생률 통계자료에 의해 지지받지 못하며, 이는 성별보다는 성격이 배우자 폭력을 예측한다는 사실을 나타낸다.

- **근거 없는 힘의 강조:** 둘루스 모델은 배우자 폭력을 힘과 남성 특권의 주제로 설명한다. 그러나 연구는 폭력과 가부장적인 특권 사이에 확실한 상관이 없음을 보여 준다.
- **근거 없는 분노 경시:** 배우자 폭력이 분노가 아니라 힘과 관련이 있다는 둘루스 모델의 입장과 대조적으로, 연구는 구타하는 남자가 구타하지 않는 남자보다 유의하게 높은 수준의 분노와 적개심을 가지고 있음을 보여 준다.
- **양방향성 폭력의 무시:** 둘루스 모델은 폭력이 일방적이라는 가정에 근거하고 있는 반면, 국가 차원의 설문조사에 따르면 대부분의 가정 폭력은 두 배우자가 모두 폭력적으로 행동하는 양방향성이다. 그렇기는 하지만 남성은 여성보다 배우자에게 심각한 손상을 입힐 가능성이 훨씬 높다.
- **힘과 통제에 대한 근거 없는 가정들:** 둘루스 모델은 배우자 폭력이 남성의 힘과 통제에 대한 욕망 때문이라고 주장하는 반면, 연구는 관계에서 양성이 모두 권력과 통제를 두고 똑같이 경쟁함을 보여 준다.

이와 같이 둘루스 모델은 가장 대중적인 치료 모델임에도 불구하고, 여러 연구 문헌은 이 모델의 이론적 가정이나 효과성을 지지하지 않는다.

■ 배우자 학대의 합동치료

둘루스 모델의 한계 때문에 치료자와 연구자들은 부부합동치료(Stith, McCollum, Resen, & Locke, 2002), 이야기치료(Jenkins, 1990) 그리고 해결중심치료(Lipchik & Kubiki, 1996; Milner & Singleton, 2008; Stith, McCollum, Rosen, & Locke, 2002)를 포함한 다른 치료 모델을 탐색해 왔다. 이 중에서도 부부합동치료가 가장 잘 연구되어 왔다(Stith et al., 2012).

최근까지 부부치료는 가정 폭력을 치료하는 데 '부적절하다'고 여겨졌는데, 모든 폭력적 관계에서는 힘과 통제, 우월성을 얻기 위한 중요한 투쟁이 있다고 주로 가정하기 때문이다. 그러나 앞서 언급된 것처럼 이 가정을 지지하는 연구는 거의 없으며(Dutton & Corvo, 2006, 2007), 새로운 접근에 대한 관심과 투자가 늘어나고 있다(Stith et al., 2012).

최근 수행된 연구는 가해자에 여러 유형이 있음을 보여 준다(Holtzworth- Munroe & Stuart, 1994). 주로, ① 가정 내에서만 폭력적인 사람, ② 우울증이나 경계선성격장애와 같은 심각한 병리를 지닌 사람, ③ 일반적으로 폭력적이고 반사회적 특성을 지닌 사람이 있다. 합동부부치료는 이 중에서 뚜렷한 정신병리가 없이 가족만 구타하는 유형을 위해 고안되었다. 가족만 구타하는 경미한 사례에 대해 부부합동치료를 사용하는 것에 관해 다음과 같은 논거가 있다(Stith, Rosen, & McCollum, 2002).

- 부부치료에 참여하는 모든 부부 가운데 무려 67% 정도가 폭력 이력을 가지고 있는 것으로 추정된다. 치료자는 폭력을 발견하기 전에 다른 주제들로 부부치료를 시작할 수도 있다. 폭력 사실이 드러났다는 이유로 치료를 중단하면 부부가 더는 치료실을 찾지 않기로 선택하는 결과를

낳을 수 있다.

- 통계에 따르면 학대당한 아내 중 50~70%가 별거를 하거나 보호센터에 갔다가 학대하는 배우자에게 되돌아간다. 합동부부치료는 이러한 부부들에게 그들의 관계를 안전하게 논의하기 위한 몇 안 되는 토론의 장을 제공한다.
- 폭력적인 관계의 대부분은 양쪽 당사자가 모두 폭력행동을 보이는 양방향성을 가지고 있다. 한 배우자에 의한 폭력의 중단은 다른 배우자에 의한 폭력의 중단에 매우 의존하기 때문에, 양쪽 당사자 모두가 폭력을 점차 줄이는 합동치료는 양방향적인 폭력을 줄일 가능성이 더 높다.

■ 부부합동치료

부부와 합동으로 작업하는 몇 가지 접근이 개발되어 왔다. 대부분은 부부 단독회기와 다중부부집단이 결합된다(Stith, Rosen, & McCollum, 2002). 배우자 폭력에 대한 부부합동치료의 공통된 특징들은 다음을 포함한다.

- 부부가 다중부부 집단회기 또는 부부치료 회기에 참여해야 할지를 결정하기 위해 각 배우자는 신중하게 심사된다. 한쪽 또는 양쪽 배우자 모두에게 심각한 결함이 있는 부부들은 제외된다. 더욱이 개인적인 심사 인터뷰에서 두 배우자 모두는 부부치료를 선호하며 그들의 배우자와 회기에서 자유롭게 이야기하는 것을 두려워하지 않는다고 진술해야만 한다.
- 주된 목표는 결혼이나 관계를 지키는 것이 아니라 폭력과 정서적 학대를 줄이는 것이다.
- 배우자들은 자신의 폭력에 대한 책임을 지도록 촉구된다.
- 기술 형성 요소는 한 사람이 화났을 때 알아차리기, 자기와 타인의 긴장을 완화하는 방법을 알기 그리고 타임아웃을 가지기를 강조한다.
- 프로그램의 효과는 폭력의 감소나 제거로 측정된다.

■ 부부합동치료의 효과

연구가 비교적 최근에 시작되긴 했지만, 배우자 폭력에 관한 몇 가지 형태의 부부합동치료와 다중부부 집단치료는 전통적인 성별기반 모델보다 신체적 폭력을 줄이는 데 더 효과적인 것으로 보인다(Stith et al., 2012). 특히 남성의 경우, 다중부부 집단은 단일부부 회기보다 더 긍정적인 성과를 보였다. 신중하게 고안된 합동 프로그램에 대한 연구에서, 가해자가 따로 치료를 받는 경우와 비교하여 가정폭력에 대한 부부합동치료를 받는 여성이 더 많이 학대당한다는 증거는 없었다. 그러므로 사려 깊게 접근된다면, 부부합동치료가 폭력 사건을 증가시키는 일은 없을 것이다(Stith et al., 2012). 또한 가해자에게 약물 남용의 문제가 있는 경우 부부합동치료를 사용하는 것은 폭력을 줄이는 데 개인치료보다 우수하다(Stith et al., 2012).

◎ 관계 강화 프로그램

다중부부 집단회기의 가장 대중적인 형태 중 하나인 관계 강화 프로그램은 현재 갈등이 없지만 관계의 질을 개선하고 싶어 하는 부부를 위한 예방적인 개입이다(Halford et al., 2002; Markman & Rhoades, 2012). 이 프로그램은 전형적으로 인지행동치료에 기반을 둔 다중부부 심리교육 집단으로 제공된다. 이 집단들은 강의, 설명, 시청각 프로그램, 실습, 토론을 포함한다. 눈여겨볼 만한 몇 가지 프로그램은 다음과 같다.

- 관계 강화(Relationship Enhancement: RE; Guerney, 1987)
- 예방 및 관계 강화 프로그램(Prevention and Relationship Enhancement Program: PREP; Markman, Stanley, & Blumberg, 2001)
- 미네소타 부부 의사소통 프로그램(Minnesota Couples Communication Program: MCCP; Miller, Nunnally, & Wackman, 1976)
- 친밀한 관계 기술의 실제적 적용(Practical Application of Intimate Relationship Skills: PAIRS) (DeMaria & Hannah, 2002)

이 모든 프로그램은 긍정적인 의사소통, 갈등 관리 그리고 긍정적인 애정표현을 촉진한다. 커리큘럼의 변형은 다음과 같다.

- (PREP에서 강조되는) 파괴적인 갈등 예방하기
- (RE에서 강조되는) 배우자에 대한 공감 발달시키기
- (MCCP와 RE에서 강조되는) 갈등 관리에 대한 강조
- (PREP에서 강조되는) 헌신, 존경, 사랑 그리고 우정

■ 다중부부 관계 강화 프로그램의 효과성

이러한 프로그램에 대한 연구 문헌에서 대부분의 부부는 높은 만족감을 보고하며, 의사소통에서의 기술 훈련을 가장 유용한 개입으로 평가한다(Halford et al., 2002; Markman & Rhoades, 2012). 메타 분석들은 추후 조사에서 의사소통의 효과크기를 (표준 편차가 통제집단과 거의 절반 정도 차이나는) .44로 보고하는데, 그들이 애초에 괴로운 상태가 아니었다는 점을 고려했을 때 이는 인상적인 결과이며, 보다 엄격하게 설계된 연구들에서는 더 강력한 결과를 보인다(Markman & Rhoades, 2012). 게다가 기술기반 관계 강화는 프로그램 완료됨에 따라 관계 기술들의 유의한 증가를 가져온다. 프로그램 완수 직후 관계 만족도의 연구 결과는 차도 없음부터 중간 정도의 개선에 이르기까지 다양하게 나타난다. 그러나 이 프로그램의 장기적인 효과성에 대한 연구는 제한적이며, 이러한 연구는 4~8회기 동안 만나고, 연인, 약혼관계, 신혼부부를 대상으로 한 기술기반 집단에 대해서만 수행되

었다. 이러한 장기적인 연구들은 다음과 같은 점을 지적한다.

- 집단에서 배운 관계 기술들은 몇 년 동안 유지되지만, 5~10년 안에 차츰 줄어들기 시작한다.
- PREP 참여자들은 집단과정 이후 2~5년 간 강화된 관계 만족도와 기능을 보고하였다.
- PREP 참여자들은 참여하지 않았던 사람들보다 5년의 후속연구에서 더 적은 폭력 사건을 보고하였다.
- 만족도 증가와 이혼율 감소 등의 확실한 효과는 4~5년차에서 명백해지는 것 같은데, 이는 PREP에 참여했던 부부와 강화 프로그램 없이 결혼생활을 시작한 부부 사이의 차이는 몇 년이 지나야 알 수 있다는 의미이다.
- 더 오래되고 더 힘들어하는 부부를 포함한 어느 연구에서는 PREP가 효과적이지 않았는데, 이는 관계 초기에 효과적인 강화 프로그램이 정착된 부부나 더 힘들어하는 부부에게는 동일한 효과가 나타나지 않을 수도 있음을 나타낸다.

■ 지침

연구 문헌에 대한 리뷰를 바탕으로, Halford 등(2002)은 관계 강화에서 가장 좋은 활동으로 다음을 제안한다.

- **위험요인과 보호요인 평가하기:** 치료자는 부부를 관계 강화 집단에 들이기 전에 높은 스트레스 및 이혼과 관련한 위험요인, 즉 그들 부모의 이혼, 나이, 이전 결혼, 배우자와 서로 알고 지낸 기간, 동거 이력 그리고 재혼자녀의 유무 등을 심사해야 한다. 이와 더불어 치료자들은 명확한 의사소통과 현실적인 관계 기대 등의 보호요인과 강점도 고려해야 한다.
- **고위험 부부에게 참석을 독려하기:** 관계 강화는 관계 초기의 고위험 부부에게 유익할 가능성이 더 높은데, 왜냐하면 그들은 자신의 스트레스 요인을 관리하는 더 나은 기술을 필요로 할 가능성이 높기 때문이다.
- **관계적 공격성을 평가하고 교육하기:** 부부 관계 초기에는 신체적 및 언어적 공격성이 높은 비율로 발생하기 때문에, 공격성 및 그것을 더 잘 다룰 수 있는 방법에 대한 교육은 부부로 하여금 적대적이고 위험한 행동을 줄이도록 준비시켜 준다.
- **변화 지점에서 관계 교육 제공하기:** 부부들은 관계의 시작뿐만 아니라 자녀의 탄생, 이사, 중대 질병, 실직 등의 수많은 삶의 지점과 발달적인 과도기에서 관계 강화를 통해 도움을 받을 수 있다.
- **관계 문제를 조기에 표현하도록 촉진하기:** 오래된 고통은 부부치료에 대한 안 좋은 반응을 예측하기 때문에, 부부는 관계가 더 악화되도록 두지 말고 가벼운 고통이 나타나는 대로 바로 다룰 수 있도록 격려되어야 한다.
- **특별한 욕구가 있는 부부에게 내용을 맞추기:** 프로그램 개선은 주요한 정신건강 진단, 알코올 또는 약물 남용, 재혼가족 주제 등의 부부의 특별한 욕구에 맞춰서 조정될 필요가 있다.

- **증거기반 관계 교육 프로그램의 접근성을 높이기:** 프로그램은 제공하는 형식을 주중, 주말, 온라인 등으로 늘려서 더 접근성 있게 만들 수 있다.

■ 부모 훈련

제8장에서 다룬 부모 훈련은 다양한 아동기 문제 치료에 효과를 보이는 인지행동적 개입이다. 그것은 반항장애(Oppositional Defiant Disorder: ODD)에 적합한 치료이며, 주의력결핍 과잉행동장애(Attention Deficit/Hyperactivity Disorder: ADHD)를 지닌 아동의 기능을 정상화하게 해 주는 유일한 치료이다(Northey et al., 2002). 부모 훈련은 개별 가족들과 다가구 집단 모두에서 효과성을 입증해 왔다(DeRosier & Gilliom, 2007; van den Hoofdakker, van der Veen-Mulders & Sytema, 2007).

부모 훈련 집단 커리큘럼은 개별 가족의 부모 훈련과 유사한 요소를 포함한다(제8장 참조).

- 원하는 행동을 형성하기 위해 정적 강화를 독려하기
- 가능할 때마다 자연스럽고 논리적인 처벌을 사용하기
- 그들의 자녀에게 귀 기울이고 이해를 전달하는 부모의 능력을 개선하기
- 부모들의 '나' 진술문 활용을 증가시키기
- 적절할 때 협상에서 자녀에게 다양한 선택지를 제공하기
- 자녀들이 그들의 정서를 확인하고, 표현하고, 적절하게 관리하도록 돕기 위한 정서 코칭에서 부모 훈련하기
- 자녀를 동기부여하기 위한 조건부 계약과 점수제
- 부정적인 행동을 줄이기 위해 타임아웃과 기타 처벌을 활용하는 방법 훈련하기

요약

부부와 가족을 위한 집단치료는 조현병, 양극성 장애, 가정 폭력, ADHD, ODD를 포함한 여러 일반적인 임상적 문제에 효과적인 증거기반 접근으로 인정받고 있다. 대부분의 부부 및 가족 집단 심리치료의 증거기반 형태는 인지행동 접근과 가족체계 접근을 통합한 심리교육 집단이다. 초심자들은 진행하고자 하는 집단의 심화 훈련을 받고, 가능하다면 '요령을 익히기' 위해 집단의 보조 진행을 해 볼 것을 강력히 권한다.

심리교육 집단은 다른 형태의 치료들에 비해 고유한 기술을 요구한다.

- 개인이나 가족이 아닌 전체 집단과 라포를 형성하는 능력
- 공개연설 기술
- 교육과정 설계에 대한 이해

• 영상자료와 유인물을 만들기 위한 전문 기술
• 매력적인 집단 활동을 선택하고 고안하는 창의성
• 관련 없는 사람들 간의 갈등을 다루는 능력

부부와 가족 집단의 진행을 배우는 것은 처음에는 도전적이긴 하지만, 그 사람의 임상적 업무에 참신한 다양성을 더해 주고 더 나아가 전문적 성장을 위한 수많은 기회를 제공한다.

온라인 자료

미네소타 부부 의사소통 프로그램(Minnesota Couple Communication Program: MCCP)
www.couplecommunicatio.com

관계 강화 프로그램(Relationship Enhancement Program: RE)
www.nire.org

친밀한 관계 기술의 실제적 적용(Practical Application of Intimate Relationship Skill: PAIRS)
www.pairs.com

예방과 관계 강화 프로그램(Prevention and Relationship Enhancement Program: PREP)
www.prepinc.com

SAMHSA 가족 심리교육 도구세트(SAMHSA Family Psychoeducation Toolkit)
http://store.samhsa.gov/product/Family-Psychoeducation-Evidence-Based-Practices-EBP-KIT/SMA09-4423

참고문헌

DeMaria, R., & Hannah, M. (2002). *Building intimate relationship: Bridging treatment, education and enrichment through the PAIRS Program*. New York: Brunner/Routlege.

DeRosier, M. E., & Gilliom, M. (2007). Effectiveness of a parent training program for improving children's social behavior. *Journal of Child and Family Studies, 16*, 660-670.

Dutton, D. G., & Corvo, C. (2006). Transforming a flawed policy: A call to revive psychology and science in domestic violence research and practice. *Aggression and Violent Behavior, 11*, 457-483.

Dutton, D. G., & Corvo, C. (2007). The Duluth Model: A data-impervious paradigm and a failed strategy. *Aggression and Violent Behavior, 12*, 658-667.

Guerney, B. G. (1987). *Relationship enhancement manual*. Bethesda, MD: Ideal.

Halford, W. K., Markman, H. J., Stanley, S., & Kline, G. H. (2002). Relationship enhancement. In D. Sprenkle (Ed.), *Effectiveness research in marriage and family therapy* (pp. 191-222). Alexandria, VA: American Association for Marriage and Family Therapy.

Holtzworth-Munroe, A., & Stuart, G. L. (1994). Typologies of male batterers: Three subtypes and the differences among them. *Psychological Bulletin, 116*, 476-497.

Hooley, J. M., Rosen, L. R., & Richters, J. E. (1995). Expressed emotion: Toward clarification of a critical construct. In G. A. Miller (Ed.), *The behavioral high-risk paradigm in psychopathology* (pp. 88-120). New York: Springer Verlag.

Jenkins, A. (1990). *Invitations to responsibility: The therapeutic engagement of men who are violent and abusive*. Adelaide, Australia: Dulwich Centre Publications.

Kaslow, N., Broth, M., Smith, C., & Collins, M. (2012). Family-based interventions for child and adolescent disorder. *Journal of Marital and Family Therapy, 38*, 82-100.

Lipchik, E., & Kubicki, A. (1996). Solution-focused domestic violence views: Bridges toward a new reality in couples therapy. In S. D. Miller, M. A. Hubble, & B. L. Duncan (Eds.), *Handbook of solution-focused brief therapy* (pp. 65-97). San Francisco: Jossey-Bass.

Luckstead, A., McFarlane, W., Downing, D., & Dixon, L. (2012). Recent developments in family psychoeducation as an evidence-based practice. *Journal of Marital and Family Therapy, 38*, 101-121.

Markman, H., & Rhoades, G. (2012). Relationship education research: Current status and future directions. *Journal of Marital and Family Therapy, 38*, 169-200.

Markman, H., Stanley, S., & Blumberg, S. (2001). *Fighting for your marriage*. San Francisco: John Wiley.

McFarlane, W. R., Dixon, L., Lukens, E., & Luckstead, A. (2002). Severe mental illness. In D. Sprenkle (Ed.), *Effectiveness research in marriage and family therapy* (pp. 255-288). Alexandria, VA: American Association for Marriage and Family Therapy.

Miller, S. L., Nunnally, E. W., & Wackman, D. B. (1976). A communication training program for couples. *Social Casework, 57*, 9-18.

Milner, J., & Singleton, T. (2008). Domestic violence: Solution-focused practice with men and women who are violent. *Journal of Family Therapy, 30*(1), 29-53.

Northey, W. F., Wells, K. C., Silverman, W. K., & Bailey, C. E. (2002). Childhood behavioral and emotional disorders. In D. Sprenkle (Ed.), *Effectiveness research in marriage and family therapy* (pp. 89-122). Alexandria, VA: American Association for Marriage and Family Therapy.

Pence, E., & Paymar, M. (1993). *Education groups for men who batter: The Duluth Model*. New York: Springer.

Stith, S. M., McCollum, E. E., Rosen, K. H., & Locke, L. D. (2002). Multicouple group treatment for domestic violence. In F. Kaslow (Ed.), *Comprehensive textbook of psychotherapy* (vol. 4). New York: Wiley.

Stith, S. McCollum, E. Amanor-Boadu, Y., & Smith, D. (2012). Systemic perspectives on intimate partner violence treatment. *Journal of Marital and Family Therapy, 38*, 220-240.

Stith, S. M., Rosen, K. H., & McCollum, E. E. (2002). Domestic violence. In D. Sprenkle (Ed.), *Effectiveness research in marriage and family therapy* (pp. 223-254). Alexandria VA: American Association for Marriage and Family Therapy.

van den Hoofdakker, B. J., van der Veen-Mulders, L., & Sytema, S. (2007). Effectiveness of behaviorlal parent training for children with ADHD in routine clinical practice: A randomized controlled study. *Journal of the American Academy of Child and Adolescent Psychiatry, 46*, 1263-1271.

Walker, Lenore E. (1979). *The battered woman*. New York: Harper & Row.

Yalom, I. D. (1970/1985). *The theory and practice of group psychotherapy* (3rd ed.). New York: Basic Books.

Part

3

임상적 사례 문서화

제13장
사례개념화

1단계: 영역을 도식화하기

치료자 훈련에서 첫 내담자를 만나는 일이자 치료적 '순수성'을 잃는 일인 '첫 회기'만큼 흥미진진하면서도 강한 공포감이 드는 순간은 드물다. 우리는 "당신에게 이 시간이 유익했나요?" "내가 잘한 것이 맞나요?" "내가 괜찮았나요?"와 같이 이어질 질문을 알고 있다. 회기를 진행하기 전에, 예상 가능한 다른 질문이 있다. "내가 뭐라고 말해야 하죠?" "내가 무엇을 해야 하나요?" "내가 만약에 X를 기억하지 못하면 어쩌죠?" 비록 논리적일지라도, 이러한 질문은 초심자들이 곧장 길을 잃거나 원래의 목적에서 벗어나게 만들 수 있다. 치료의 첫 번째 단계가 영역을 도식화하는 것인 이유가 바로 이것이다. 좋은 지도를 만들기 위해, 치료자들은 듣는 동안 어디에 관심을 집중해야 할지를 알기 위해 조망의 기술을 습득해야 한다.

치료의 핵심, 즉 위대한 치료자에게서 보이는 탁월함은 항상 조망에 있다. 초심자들이 그들의 슈퍼바이저에게 해야 할 가장 유용한 질문은 "**내가 이 내담자와 이야기할 때 무엇을 알아차리고 귀 기울여야 하나요?**"이다. 감사하게도, 이것은 해야 할 말을 암기하려고 노력하는 것보다 훨씬 쉽다. 평범한 치료자와 숙련된 치료자를 구별하는 특별한 능력은 상대방이 말할 때 그 사람이 무엇에 주의를 기울이는가에 있다. 근본적으로, 당신의 조망이 초점을 맞추는 방법을 알게 될수록 더 나은 치료자가 될 것이다. 나는 위대한 치료자들이 그들의 경력을 쌓는 내내 지속적으로 개발하고 개선하는 기술이 바로 그것이라고 생각한다. 따라서 그것을 단시간 내에 습득하려는 계획을 세워서는 안 된다.

사례개념화는 치료적 조망의 기술에 대한 전문용어이다. 비록 이것이 때로 평가라고 불리기도 하지만, 평가는 두 가지 서로 다른 치료적 과업, 즉 개인과 가족 역동을 평가하는 사례개념화 접근(이 장에서 다룸.)을 의미할 수도, 증상학을 평가하는 진단적 접근(제14장 임상 평가에서 다룸.)을 의미할 수도 있기 때문에 신중하게 사용해야 할 용어이다. 혼란을 줄이기 위해, 나는 이론에 근거한 평가를 **사례개념화**로, 진단적인 평가는 **임상 평가**로 부른다.

이론은 치료자에게 내담자의 문제를 볼 수 있는 독특한 렌즈를 제공한다. 정교한 지도처럼 이론은 문제를 광범위하고 종합적인 맥락 속에 위치시킴으로써 치료자로 하여금 조각들이 어떻게 서로 맞춰지는지를 볼 수 있게 하고, 복잡한 상황에서 빠져나갈 수 있는 최적의 경로에 대한 단서들을 제공한다.

◎ 사례개념화와 조망의 기술

사례개념화는 치료자로 하여금 내담자들을 도울 수 있는 새로운 관점을 기르도록 하는 데 도움이 된다. 예를 들어, Ron과 Suzie는 수개월간 다퉈왔다. 그들은 치료자가 어떻게든 그들의 차이를 해결하도록 도울 수 있기를 희망하면서 치료자를 찾는다. 치료를 시작하면서 그들은 각자 생각한다. "나는 치료자가 나의 배우자로 하여금 무엇을 잘못하고 있는지 깨닫게 해 주고, 배우자에게 그것을 고치라고 해 줄 수 있으면 좋겠어. 나 역시 문제가 있는 것은 알지만, 내 배우자가 바뀌기만 하면 내가 변하는 것은 훨씬 쉬울 게 틀림없어." 그들은 이 생각과 그들 이야기의 덜 호의적인 버전을 가족과 친구들에게 얘기했지만 아직 Ron이나 Suzie가 중요한 변화를 하도록 도울 수 있는 사람은 아무도 없었다. 그렇다면 어떤 것이 치료자를 이 이야기를 들은 가족, 친구들, 미용사와 구별되게 하는 것일까? 치료자는 부부의 문제에 '정답'을 제공할 수 있는 특별한 지식을 가진 것일까? 아니면 치료자는 이 분쟁에 대해서 단순히 사회적으로 인정된 심판 역할을 하는 것일까? 또는 치료자가 다른 뭔가를 더 하는 것일까?

일부 치료자는 자신을 '교육자' 또는 '중재자'로 정의하지만, 대부분의 치료자는 자신의 역할에 대해 교육이나 중재보다는 훨씬 더 미묘한 차이를 만드는 변형적인 대인 관계 과정을 통해 변화를 촉진하는 것으로 정의한다. 치료자들은 상황을 새롭고 유용한 방식으로 바라보는 능력에서 친구, 교육자, 중재자와는 다소 다르다. 이러한 새로운 관점들로부터 예전 배우자와의 사이에서 또는 가족과 친구들과의 대화에서 일어나지 않았던 개입의 가능성이 생겨난다.

사례개념화의 개요

치료자의 경험이 많아질수록, 사례개념화는 내담자들이 말하는 동안 주로 치료자의 머릿속에서 일어난다. 이는 종종 치료자들이 단계를 쫓아가는 데 어려움을 겪을 정도로 매우 빠르게 일어난다. 그러나 초심자들은 더욱 천천히 진행해야만 한다. 새로운 댄스 스텝을 배우는 것과 유사하게, 새로운 움직임들은 손과 발이 어디로 가야 하는지에 대한 구체적인 설명과 함께 작은 부분으로 나뉠 필요가 있다. 무용수들은 '자연스러워'질 때까지 연습을 하면서 더 빠르고 부드럽게 작은 부분을 서로 맞출 수 있다. 이것이 우리가 여기서 사례개념화를 가지고 하려는 것들이다. 자, 체계적인 사례개념화의 구성 요소들을 확인하는 것으로 시작해 보자.

1. 내담자에 대한 소개
2. 주호소 문제
3. 배경 정보
4. 내담자/가족 강점과 다양성
5. 가족 구조
6. 상호작용 패턴
7. 세대 간 및 애착 패턴
8. 해결중심 평가
9. 포스트모던과 문화적 담론 개념화
10. 내담자 관점

사례개념화의 작성 양식은 이 장의 마지막 부분과 온라인(www.cengage.com; www.masteringcompetencies.com)에 포함되어 있다. 다음 문단에서 당신은 각 부분의 작성에 관한 설명을 보게 될 것이다. 사례개념화 작성 방법에 대한 예시들은 이 책의 '제2부'에서 각 이론적 장의 마지막에서 볼 수 있다.

내담자와 중요한 타인에 대한 소개

1. 내담자와 중요한 타인에 대한 소개

*치료 과정에 참여하는 내담자를 나타냄

나이, 인종, 직업/학년, 그 외 관련 사항

AF/AM: ______________________________

AF/AM: ______________________________

CF/CM: ______________________________

CF/CM: ______________________________

사례개념화는, ① 내담자가 누구인지(개인, 부부, 가족)와 ② 치료와 관련하여 가장 중요한 인구학적 특징을 파악하는 것에서 시작한다. 공통적인 인구학적 정보는 다음과 같다.

- 나이
- 인종
- 성별

- 성적 취향/에이즈 여부
- 현재 직업/직위 또는 학교의 학년

나는 비밀 표기법을 활용하여 가족 구성원들을 추적하기 쉽게 해 주는 약어의 조합을 사용한다.

- AF: 성인 여성
- AM: 성인 남성
- CF: 여아
- CM: 남아

대가족과 동성 커플의 구성원들을 구별하기 위해 나는 각 약어 뒤에 나이를 덧붙인다(AF36, CM8). 이것은 슈퍼바이저나 지도자가 당신의 기록을 이해할 때 특히 도움이 될 수 있다.

주호소 문제

주호소 문제는 모든 관계 당사자(내담자, 가족, 친구들, 학교, 직장, 법적 체계, 사회)가 그 문제를 어떻게 정의하고 있는지에 대한 설명이다.

종종 초심자, 심지어 숙련된 치료자들도 이 설명이 간단하고 명확한 일이라고 생각한다. 그렇게 생각할 순 있지만, 이것은 대부분 놀라울 정도로 복잡하다. Anderson(1997)과 Goolishian 등(Anderson & Gehart, 2006)은 협동치료(제10장)라고도 불리는 그들의 협동언어체계 접근에서 주호소 문제를 개념화하는 독특한 방식을 개발했다. 이 포스트모던 접근은 문제에 대해 이야기하는 각 개인이 문제가 있다는 관점이나 생각을 만들어 내는 일련의 관계들, 즙 문제 생성 체계의 일부라고 주

2. 주호소 문제

문제에 대한 내담자의 설명

AF/AM: ______________________

AF/AM: ______________________

CF/CM: ______________________

CF/CM: ______________________

문제에 대한 확대가족의 설명(들): ______________________

광범위한 체계의 문제 설명: 의뢰인, 교사, 친척, 법적 체계 등의 문제에 대한 설명

__________ : ______________________

__________ : ______________________

장한다. 관련된 각 개인은 문제에 대해 서로 다른 정의를 내린다. 그 차이가 때로는 경미하고 때로는 분명하다. 예를 들어, 부모가 자녀를 치료에 데리고 왔을 때, 어머니, 아버지, 형제자매, 조부모, 가족, 교사, 학교 상담사, 의사, 친구들은 진짜 문제가 무엇인지에 대해 서로 다른 다양한 의견을 가지고 있다. 어머니는 ADHD와 같은 의학적 문제라고 생각할 수도 있고, 아버지는 아내의 관대함과 관련이 있다고 여길 수도 있으며, 교사는 잘못된 양육이 문제라고 말할 수도 있고, 자녀는 사실 아무런 문제가 없다고 생각할 수도 있다.

역사적으로 치료자들은 이처럼 다양한 관계자의 상반되는 의견과 설명을 거의 반영하지 않고, 공식적인 진단(ADHD, 우울증 등)이든 다른 정신건강 범주(양육 스타일 형태, 방어 기제, 가족 역동 등)이든 간에 자신의 이론적 세계관에 따라 문제를 정의하기 위해 빠르게 움직였다. 어떤 면에서는 이것이 유용하긴 하지만, 치료자가 문제에 대한 가족들의 대안적 설명에 개방적일수록 더 적응적이고 창의적일 수 있다. 그들은 각 개인의 관점을 존중하고, 그 관점을 치료 전반에서 참고하면서 각 관계자들과 더욱 강한 라포를 형성할 수 있다. 더 나아가 문제에 대한 다양한 정의를 염두에 두면 치료자들은 치료가 부진하거나 상태가 개선되지 않을 때 더 나은 기동성을 얻게 된다.

주호소 문제에 관한 설명은 다음을 포함해야 한다.

① 각 내담자가 언급하는 상담을 찾거나 의뢰된 이유
② 의뢰인(교사, 의사, 정신과의사 등)으로부터의 어떤 정보와 문제에 관한 설명
③ 문제와 가족(해당되는 경우)에 대한 간략한 이력
④ 시도된 해결책과 이러한 시도들의 결과에 관한 설명
⑤ 상황과 연관될 수 있는 기타 문제 관련 정보

배경 정보

3. 배경 정보

트라우마/학대 이력(현재와 과거): ______________________

약물 사용/남용(현재와 과거; 본인, 원가족, 중요한 타인): ______________________

촉발 사건(최근 삶의 변화, 초기 증상, 스트레스 요인 등): ______________________

관련된 배경 이력(가족 이력, 관련 주제, 이전 상담 경험, 의학/정신건강 이력 등): ______________________

다음 단계는 문제에 대한 배경 정보를 얻는 것이다. 전통적으로 치료자들은 다음과 같은 정보를 포함시켜 왔다.

- 성적 학대, 신체적 폭력, 폭행, 국가적 재난 등을 포함한 외상 사건 및 학대 이력

- 현재 또는 과거의 약물 사용 및 남용
- 촉발 사건: 문제와 연관될 수 있는 최근 사건, 초기 증상의 발현, 최근 스트레스 요인 등
- 건강 상태 및 약물치료, 이전 상담 경험, 의학적 문제 등과 같은 관련된 배경 이력

이러한 배경 정보들은 종종 사례의 '사실'로 간주된다. 그러나 가족치료자들이 지속적으로 경고해 왔듯이, 우리가 그 사실들을 묘사하는 방식은 전혀 다른 차이를 만들어 낸다(Anderson, 1997; O'Hanlon & Weiner-Davis, 1989; Watzlawick, Weakland, & Fisch, 1974). 예를 들어, 당신이 내담자에 대해 "최근에 10종 학력경시대회에서 상을 탔다."라는 말로 시작하는 것과 "그녀의 어머니가 최근에 알코올 중독자인 그녀의 아버지와 이혼했다."라는 말로 시작하는 것은 치료자로서의 당신과 평가 보고서를 읽는 다른 누군가에게 같은 내담자에 대한 매우 다른 두 가지의 이미지를 그리게 한다. 따라서 이것이 보고서에서 당신이 전문가로서의 어떤 편견도 넣지 않은 '사실적인' 부분인 것처럼 보여도, 사실 치료자들은 미묘한 단어 선택, 정보 나열 순서 그리고 특정 세부사항에 대한 강조를 통해 자신의 편견을 강요한다.

치료적 관계와 희망의 중요성에 대한 연구를 바탕으로 나는 치료자와 내담자를 포함하여, 이 보고서를 읽는 누구라도 내담자에 대한 긍정적인 인상과 내담자 회복에 대한 희망을 가질 수 있도록 치료자들이 배경 정보 부분을 작성하기를 추천한다. 이 두 요인들은 치료의 성과에 영향을 미친다.

강점과 다양성 자원

4. 내담자/가족 강점과 다양성 자원

강점과 자원

개인적: ______

관계적/사회적: ______

영적: ______

다양성: 자원과 한계

연령, 성별, 성적 지향, 문화적 배경, 사회경제적 지위, 종교, 지역사회, 언어, 가족 배경, 가족 구성, 능력 등을 기반으로 내담자가 활용할 수 있는 잠재적인 자원과 한계를 확인할 것.

고유한 자원: ______

잠재적 한계: ______

내담자 강점과 자원은 최우선으로 평가되어야 하는 것들이다. 이것은 내가 어렵게 깨달은 교훈이다. 체계적 평가에 대해 가르치기 시작했을 때, 나는 내담자 강점 부분을 가장 마지막 부분

에 넣었다. 그렇게 하는 것이 역사상 나중에 개발된 해결중심 및 포스트모던 접근(제9장과 제10장)(Anderson, 1997; de Shazer, 1988; White & Epston, 1990)과 연관되기 때문이다. 그러던 중 나는 주호소 문제, 이력 그리고 문제적 가족 역동에 관해 읽은 후 종종 그 사례에 대해 상당한 절망감을 느끼고 있음을 발견했다. 그럴 때 종종 마지막의 강점 부분을 읽고 나면, 나는 바로 기운을 차리고, 내담자와 그들의 미래에 관해 희망과 깊은 존중, 심지어 흥분을 느끼는 자신을 발견하곤 했다. 그 이후 나는 강점 평가부터 시작하기로 결정했다. 이것이 체계적 관점에서든 포스트모던 관점에서든 간에 치료자에게 더 재치 있는 마음가짐을 심어 준다고 믿는다.

최근의 연구는 내담자의 강점과 자원을 파악하는 것의 중요성을 지지한다. **공통 요인 모델**(제2장에서 논의됨; Lambert & Ogles, 2004; Miller, Duncan, & Hubble, 1997)을 개발한 연구자들은 성과의 40%는 증상의 심각성, 자원에 대한 접촉, 지지 체계와 같은 내담자 요인에 기인하는 것으로 추정하며, 남은 요인에는 치료적 관계(30%), 치료자의 개입(15%), 내담자의 희망 의식(15%)이 포함된다. 자원 평가는 내담자 요인(40%)에 영향을 미치고, 치료적 관계(30%)를 강화하며, 희망(15%)을 심어 주므로 4개의 공통 요인 중 3개를 이끌어 낸다. 따라서 강점 평가의 장점은 아무리 말해도 지나치지 않다.

내담자 강점과 자원의 전 영역을 개념화하기 위해 치료자들은 몇 가지 수준에서 강점을 포함할 수 있다.

- 개인적 강점
- 관계적/사회적 강점과 자원
- 영적 강점

◎ 개인적 강점

개인적 강점과 자원에 대해서 평가할 때, 치료자들은 강점의 두 가지 일반적인 범주인 능력과 개인적 특성을 검토하면서 시작할 수 있다.

- **능력**: 일상생활에서 내담자는 어디서, 어떻게 기능하는가? 그들은 어떻게 회기에 참여하는가? 그들은 직업 · 취미 · 관계를 지속할 수 있는가? 그들은 현재 혹은 과거에 특별한 재능을 가졌는가? 당신이 보려고만 하면, 특히 현재나 미래뿐만 아니라 과거까지 고려한다면, 심지어 내담자의 가장 '역기능적'인 면에서조차도 다양한 능력을 찾아내게 될 것이다.

  내담자의 능력에 이름을 붙이면 머지않아 그 문제를 다루리라는 희망 의식과 자신감을 증가시킬 수 있다. 나는 이것이 특히 아동에게 도움이 된다는 것을 발견했다. 만약 한 아동이 학교에서 학업적인 문제를 가지고 있다면 가족, 교사, 아동 자신은 그 아동이 가라테(karate), 축구 또는 피아노와 같은 학업 외의 활동에서 탁월하다는 점을 알아차리지 못할 수도 있다. 종종 이러한 성취 영역에 주목하면 모든 관계자가 상황을 개선할 수 있다는 희망을 찾기가 더 쉬워진다.

능력을 확인하는 것은 내담자나 치료자에게 현재의 문제를 해결할 방법에 관한 창의적인 생각들도 제공할 수 있다. 예를 들어, 글 쓰는 것을 싫어하지만 종종 음악이 얼마나 자신에게 영감을 주는지에 대해 이야기하는 알코올 중독 회복기의 여자를 만났을 때, 이러한 강점들을 활용하여 우리는 맑은 정신을 유지하고 재발 방지에 도움을 주는 애창곡들로 특별한 '맑은 정신 믹스'를 만드는 아이디어를 생각해 냈고, 이 활동은 그녀에게 깊은 의미와 영감을 주었다.

- **개인적 특성**: 아이러니하게도 주호소 문제는 개인적 특성을 찾아내기에 가장 좋은 곳이다. 내담자가 치료자에게 보여 주려고 가져오는 것은 보통 강점의 이면이다. 예를 들어, 만약 어떤 사람이 너무 걱정이 많다고 호소한다면, 그 사람은 그만큼 근면하고 생산적인 일꾼일 가능성이 높다. 배우자나 자녀와 다투는 사람들은 보통 자기 의견을 잘 말하는 경향이 있고, 일반적으로 다투고 있는 그 관계에 관심을 쏟는다. 사실상 모든 사례에서 양면성이 존재한다. 각각의 골칫거리는 그 속에 다른 맥락에서의 강점을 담고 있다. 역으로, 한 맥락에서의 강점은 종종 다른 맥락에서 문제가 될 수 있다. 다음은 흔한 문제와 그와 관련된 강점의 목록이다.

>>> 문제 및 관련 강점

문제	관련 강점
우울	• 타인이 무엇을 생각하고 느끼는지 알아차림. • 타인과 친해지거나 유대감을 원함. • 꿈과 희망을 지님. • 꿈을 이루기 위해 실행에 옮길 용기가 있음. • 자신/타인에 대해 현실적으로 평가함(최근 연구에 의하면 Seligmen, 2004).
불안	• 세부사항에 집중함. • 잘 해내고 싶어 함. • 조심스럽고 사려 깊게 행동함. • 미래의 계획을 세우고 잠재적인 장애물을 예상할 수 있음.
말다툼	• 자기주장이나 신념을 펼칠 수 있음. • 불의에 맞서 싸움. • 관계가 유지되기를 원함. • 자신/타인에 대해 더 나아지리라는 희망을 가지고 있음.
분노	• 감정과 생각들에 민감함. • 불의에 저항함. • 공정함을 믿음. • 자신의 경계와 경계를 넘어서는 순간을 감지할 수 있음.
혼란스러움	• 타인의 욕구에 대해 염려함. • 사려 깊음. • 큰 그림을 볼 수 있음. • 목표를 설정하고 추구함.

강점을 파악하는 것은 치료자의 조망 기술에 크게 의존한다. 숙련된 치료자는 문제를 인식하는 동시에 주호소 문제의 이면에 존재하는 강점을 볼 수 있다.

■ 관계적 혹은 사회적 강점과 자원

가족, 친구, 전문가, 교사, 직장동료, 직장 상사, 이웃, 교인, 판매상을 비롯한 한 사람의 삶 속의 수많은 타인은 내담자를 물리적 · 정서적 · 영적 방식으로 돕는 사회적 지지망의 일부일 수 있다.

- **물리적** 지지는 심부름하기, 아이들 데려오기, 집안일하기를 도와줄 수 있는 사람을 포함한다.
- **정서적** 지지는 귀 기울여 주거나 관계적 문제의 해결을 돕는 형태를 취할 수도 있다.
- **공동체적** 지지는 모든 공동체에서 제공하는 우정과 수용이 포함되며 문화, 성적 취향, 언어, 종교 또는 이와 유사한 요인으로 인해 소외감을 느낄 수 있는 사람을 위한 형태로 존재한다. 이러한 공동체들은 사회적 소외의 고통으로부터 대처함에 있어 매우 중요하다.

지지가 있다는 사실에 그저 이름을 붙이고, 인정하고, 감사해하는 것만으로도 즉각적으로 내담자의 희망 의식을 높이고 외로움을 줄일 수 있다.

◎ 영적 자원

점차 가족치료자들은 내담자의 영적 자원이 그들의 문제를 다루는 데 어떻게 사용될 수 있는지에 대해 인식해 나가고 있다(Walsh, 2003). 이러한 이유로 치료자들은 개신교, 천주교, 유대교, 이슬람교, 뉴에이지 종교, 원시 종교 등을 비롯하여 그들 지역사회의 주요 종교적 전통과 친숙해져야 한다.

영성은 사람이 세계, 인생, 신과의 관계를 개념화하는 방식(또는 그 사람은 자기보다 더 큰 존재를 도대체 어떻게 구조화하는지)으로 정의할 수 있다. 모든 사람은 일종의 영성이나 세계가 어떻게 작동되는지에 대한 신념을 가지고 있다. Bateson(1972, 1979/2002)과 Gergen(1999)을 참조하라.

영성

'삶을 어떻게 살아야 하는지'에 관한 규칙들은 치료자가 효과적인 치료 계획을 세우기 위해 알고 싶어 하는 전부인, ① 그 사람은 무엇을 문제라고 지각하는지, ② 그 사람은 그것에 대해서 어떻게 느끼는지, ③ 그 사람이 믿는 것이 그것과 관련해서 '현실적으로' 일어날 수 있는지에 영향을 준다.

영성 평가를 위한 질문들

치료자들은 전통적이든 전통적이지 않든 간에 내담자의 영성을 평가하기 위해 다음의 질문 중 일부를 사용할 수 있다.

- 세상을 계획하는 신이나 일종의 영적 존재가 있다고 믿는가? 만약 그렇다면, 그 존재 혹은 힘이 통제하는 일에는 어떤 것이 있는가?
- 만약 신이 없다면, 세계가 작동하는 원리는 무엇인가? 왜 이런저런 일들이 일어나는가? 아니면 삶은 전적으로 우연인가?
- 인간 존재의 목적이나 의미는 무엇인가? 이러한 이해는 그 사람이 삶에 어떻게 접근해야 하는지에 어떤 영향을 주는가?
- 다른 사람에게 친절해야 할 이유가 있나? 자기 자신에게는 어떤가?
- 삶에 접근하는 이상적인 방식과 현실적인 방식에는 어떤 것이 있는가?
- 왜 '착한' 사람들에게 '나쁜' 일이 발생하는가?
- 모든 일에는 이유가 있다고 믿는가? 만약 그렇다면 그 이유는 무엇인가?
- 어떤 식으로든 영적 지지, 영감, 지침을 제공하는 종교 단체나 영적인 교제 집단에 속해 있는가?

이러한 질문들에 대한 대답을 가지고 치료자들은 대화와 개입을 발전시키는 데 사용할 수 있고, 내담자에게 잘 맞으며 깊은 의미가 있는 내담자 세계의 지도를 만들어 낼 수 있다. 내담자의 '삶의 지도'를 정확하게 이해하는 것은 내담자에게 변화하려는 동기를 부여하는 논리와 행동이 무엇인지를 보여 주면서 치료자에게 귀중한 자원을 제공한다. 종종 전통적인 종교적 배경을 지녔거나 뉴에이지 집단에 속한 많은 내담자는 "모든 일에는 이유가 있다."라고 믿는다. 이러한 유형의 내담자들은 어려운 상황에서 그들이 어떻게 느끼고, 생각하며, 반응하는지를 근본적이고도 신속하게 전환하는 데 그들의 신념을 사용할 수 있을 것이다. 예를 들어, 최근 예상치 못한 해고를 당한 후 우울감을 느끼던 한 내담자는 그 상황에 대해 여러 해 동안 미뤄 왔던 오래된 직업적 꿈을 추구해야 한다는 신의 계시라고 여기기 시작하면서 순식간에 기분이 나아졌다. 이 신념은 내담자로 하여금 긍정적인 방향으로 움직이기 시작하는 데 에너지와 희망을 사용하게 했다.

◎ 다양성 자원과 한계

내담자와 가족의 강점에 더하여 모든 내담자는 인종, 민족성, 연령, 성별, 성적 취향, 사회경제적 지위, 교육 수준, 능력, 종교, 언어 등을 포함한 다양성 경험으로부터 나오는 특정한 자원들과 한계를 지닌다. 따라서 치료자들은 이 또한 평가할 수 있다.

다양성에 기인하는 일반적인 자원은 다음과 같다.

- 내담자의 상황을 이해하는 사람들의 강력한 지지망
- 공동체 의식과 유대감
- 목적과 방향성에 대한 의식
- 문제 해결을 위한 자원
- 편안함을 제공하는 신념

- 친밀한 관계 외부에 있는 사람들과의 관계
- 사회복지 사업에의 접근성

일반적인 한계는 다음을 포함한다.

- 소외, 타인과 만나기 어려움
- 괴롭힘 및 차별 경험
- 기회를 찾기 어려움
- 기관들과 소통하기 어려움
- 사회복지 사업에 접근하기 어려움
- 충분한 재정적 자원, 주거, 법률자문 등의 부족

가족 구조

이 평가는 개인, 부부, 가족에게 적용할 수 있다. 여기 나온 접근들은 가족치료의 주요 이론에서 도출된 것이다. 체계적(초기 가족치료들) 작업 및 포스트모던(후기 가족치료 형태들) 작업 모두와 일관되게, 이것은 문제에 대한 완전한 '모두/그리고'의 관점(Keeney, 1983)과 풍부하고 다양한 서술(Anderson, 1997)을 생성하는 여러 서술어를 사용한다.

5. 가족 구조

가족생활주기 단계(해당 사항에 모두 체크할 것)

☐ 미혼 ☐ 기혼 ☐ 어린 자녀를 둔 가족 ☐ 청소년 자녀를 둔 가족

☐ 이혼 ☐ 혼합 가족 ☐ 자녀가 독립함 ☐ 노년기

이 단계들 중 하나에서 발달 과업을 완수하면서 힘든 점 설명하기: ______________________

____

커플/가족이 친밀함과 거리를 조절하는 전형적인 방식: ______________________

____

경계

커플(A/A): ☐ 밀착된 ☐ 명확한 ☐ 단절된 ☐ NA

설명: ______________________

부모A & 자녀: ☐ 밀착된 ☐ 명확한 ☐ 단절된 ☐ NA

설명: ______________________

(다음)

부모B & 자녀: ☐ 밀착된 ☐ 명확한 ☐ 단절된 ☐ NA

설명: ____________________

형제자매: ☐ 밀착된 ☐ 명확한 ☐ 단절된 ☐ NA

설명: ____________________

확대가족: ☐ 밀착된 ☐ 명확한 ☐ 단절된 ☐ NA

설명: ____________________

친구/동료/타인: ☐ 밀착된 ☐ 명확한 ☐ 단절된 ☐ NA

설명: ____________________

삼각관계/연합

☐ 세대 간 연합: ____________________

☐ 원가족과의 연합: ____________________

☐ 그 외 연합: ____________________

부모와 자녀 간 위계: ☐ NA

AF/AM: ☐ 효과적 ☐ 불충분한(허용적) ☐ 과도한(독재적) ☐ 일관성 없는

AM/AF: ☐ 효과적 ☐ 불충분한(허용적) ☐ 과도한(독재적) ☐ 일관성 없는

설명: ____________________

________과 ________의 상호보완적 패턴

☐ 추격자/철수자 ☐ 과잉/과소 기능자 ☐ 감정적/논리적 ☐ 좋은/나쁜 부모

☐ 기타: ________

설명: ____________________

Satir의 의사소통 유형: 스트레스 상황에서 주로 사용하는 유형을 기술할 것.

AF: ☐ 일치형 ☐ 회유형 ☐ 비난형 ☐ 초이성형 ☐ 산만형

AM: ☐ 일치형 ☐ 회유형 ☐ 비난형 ☐ 초이성형 ☐ 산만형

CF: ☐ 일치형 ☐ 회유형 ☐ 비난형 ☐ 초이성형 ☐ 산만형

CM: ☐ 일치형 ☐ 회유형 ☐ 비난형 ☐ 초이성형 ☐ 산만형

설명: ____________________

Gottman의 이혼 지표

비난: ☐ AF/M ☐ AM/F

설명: ____________________

자기변명: ☐ AF/M ☐ AM/F

설명: ____________________

경멸: ☐ AF/M ☐ AM/F

설명: ____________________

담쌓기: ☐ AF/M ☐ AM/F

설명: ____________________

(다음)

회복 시도 실패: ☐ AF/M ☐ AM/F
설명: ______________________________
영향을 수용하지 않음: ☐ AF/M ☐ AM/F
설명: ______________________________
격한 시작: ☐ AF/M ☐ AM/F
설명: ______________________________

◎ 가족생활주기 단계

가족 구조의 평가는 종종 가족생활주기에서 내담자 또는 가족의 단계를 파악하는 것으로 시작한다. 생활주기의 각 단계는 서로 다른 발달 과업들을 수반하며, 종종 독립과 상호의존의 균형 조정이 요구된다(Carter & McGoldrick, 1999). 예를 들어, 독신 성인의 단계는 높은 수준의 독립성을 수반하는 반면, 약혼한 커플 단계는 좀 더 많은 상호의존을 요구하며, 어린 자녀를 둔 가족 단계는 더욱 높은 수준의 상호의존을 필요로 한다. 종종 주호소 문제는 한 단계에서 다음 단계로 이행하는 사람으로서 요구되는 변화와 매우 밀접하게 연결되어 있다. 이혼 또는 혼합 가족의 경우, 개인은 사실상 하나 이상의 단계와 관련된 도전을 겪고 있을 수도 있다. 그 예로, 약혼 관계를 맺으려고 하는 동시에 청소년 자녀를 양육하는 것은 훨씬 더 복잡한 발달적 난제를 만들어 낸다. 단계들은 다음과 같다.

- **독립한 독신 성인**: 스스로 정서적 및 경제적 책임을 받아들임.
- **약혼 관계**: 새로운 체계에 헌신함. 가족과 친구들과의 경계를 조정함.
- **어린 자녀를 둔 가족**: 자녀를 위한 공간을 만들기 위해 결혼생활을 조정함. 자녀 양육 과업에 참여함. 부모와 조부모의 경계를 조정함.
- **청소년 자녀를 둔 가족**: 청소년들에게 자유와 책임감을 길러 주기 위해 부모의 경계를 조정함. 결혼생활과 직장생활에 다시 집중함.
- **이혼**: 가족생활주기의 중단으로 일반적으로 대부분의 구성원이 독립 의식을 강화할 필요가 있음. 부모들도 새로운 형태의 상호의존을 형성하게 됨(예: 커플이 아닌 채로 공동 양육).
- **혼합 가족**: 일반적으로 서로 다른 가족생활주기 단계에 놓인 둘 이상의 가족체계가 얽혀야 하는 복잡한 독립과 상호의존의 균형을 수반한다. 독립과 상호의존의 욕구에 대한 명확한 논의가 이 어려운 전환기를 다루는 데 도움이 되며, 이는 대체로 수년이 걸림(Visher & Visher, 1979).
- **자녀가 독립함**: 부부 하위체계를 재조정함. 자녀와 성인 대 성인의 관계를 발전시킴. 연로한 부모에 대처함.
- **노년기 가족**: 세대 간 역할 변화를 받아들임. 능력 상실에 대처함. 중간 세대가 더욱 중요한 역할을 함. 노인의 지혜를 위한 공간을 만들어 냄.

◎ 경계: 친밀함과 거리감 조절하기

흔히 구조적 가족치료(제5장)와 연관된 **경계**는 대인 간 친밀함과 거리감을 조율하는 규칙이다(Minuchin, 1974). 경계들은 가족 안에서 **내부적**으로 존재하고, 핵가족 외의 사람들과 **외부적**으로 존재한다. 이러한 규칙들은 일반적으로 두 사람이 지속적으로 상호작용함에 따라 암묵적으로 나타나는데, 각 규칙은 사람들이 언제, 어디서, 어떻게 다른 사람과 관계 맺기를 선호하는지를 보여 준다. 부부의 경우 이 규칙은 매우 복잡하며 추적하기 어렵다. 경계는 명확할 수도 있고, 느슨하거나, 경직될 수도 있다. 모든 경계는 문화에 의해 크게 영향을 받는다.

- **명확한 경계와 문화적 차이**: 분명한 경계들은 부부나 가족들의 친밀함(동질감)과 구별(개별성) 간의 건강한 균형을 조율할 수 있는 다양한 방식을 나타낸다. 문화적인 요소들은 어느 정도의 친밀함 또는 분리가 선호되는지를 결정한다. 집단주의 문화들은 더 큰 수준의 친밀함을 지향하는 경향이 있는 반면, 개인주의 문화들은 독립성을 더 중요시하는 경향이 있다. 경계가 명확한지 여부를 알기 위한 최선의 방법은 개인, 부부 혹은 가족들에게서 증상이 나타나는지를 알아내는 것이다. 만약 증상이 나타난다면, 경계는 아마도 지나치게 느슨하거나 경직되어 있을 것이다. 치료를 찾는 대부분의 사람은 가족생활주기에서의 요구가 변화함에 따라 한 맥락에서 효과적이었던 경계들이 더는 효과적이지 않은 지점에 다다르게 된다. 관계가 시간이라는 시험대를 견뎌 내려면 부부와 가족들은 각 구성원의 발달하는 욕구에 적응하기 위해 끊임없이 그들의 경계를 조율해야만 한다. 부부가 이러한 규칙들을 더 유연하게 조율할수록, 삶의 전환기와 시련들에 더 성공적으로 적응할 수 있을 것이다.
- **느슨한 경계와 밀착된 관계**: 부부나 가족들이 서로의 개성을 희생해 가면서 친근함을 지나치게 강조할 때, 그들의 경계는 느슨해지고 관계는 밀착된다(주의: 엄밀히 말하자면 경계가 밀착되는 것이 아니다. 경계는 느슨해진다). 이러한 관계에서 한 명 이상의 구성원은 숨이 막히거나, 자유를 빼앗기거나, 충분히 배려받지 못한다고 느낄지도 모른다. 종종 이러한 관계 속에서 사람들은 다른 사람이 그들에게 동의 혹은 동조하지 않을 때마다 위협을 느끼며, 결국 상대방이 그들에게 동의하도록 설득하기 위해 치열한 힘겨루기를 하게 된다. 느슨한 경계를 가진 부부들은 또한 그들의 자녀, 원가족, 친구들과도 느슨한 경계를 가질 수도 있으며, 그 결과 이러한 주변인들이 배우자 중 한 명 혹은 둘 모두의 삶에 지나치게 관여하는 결과를 낳는다(예: 부모, 친구, 자녀가 부부 싸움에 관여하게 됨).
- **경직된 경계와 단절된 관계**: 부부나 가족들이 친근함보다 독립성을 선호할 때, 그들의 경계는 경직되고 관계가 단절될 수 있다. 이러한 관계에서 한 개인은 다른 사람들이 그들에게 영향을 미치는 것을 허락하지 않을 수도 있고, 종종 관계보다 직업이나 외적 흥미를 더 중요시하며, 최소한의 정서적 유대만을 가지게 된다. 그런 부부들은 서로 일정 거리를 유지하는 형태를 보일 것이며 자녀, 가족, 혹은 외적 애정상대(예: 정서적이나 신체적 외도)와 느슨한 경계를 가짐으

로써 보상을 할 수도 있다. 종종 정확하게 평가하기 어려운 경직된 경계의 주요 지표는 그들이 개인적으로 문제를 만들어 내는지, 아니면 부부/가족에 대한 문제를 만들어 내는지의 여부이다.

경계를 평가하는 질문들

다음은 개인, 부부 또는 가족과 함께 작업하는 동안 경계를 평가하기 위해 생각해 볼 수 있는 몇 가지 질문의 예시이다.

⦿ 부부관계의 경계 평가하기

- 부부가 그들의 부모나 원가족과의 관계로부터 구분되는 명확한 경계를 가지고 있는가?
- 부부가 자녀에 대해 이야기하지 않은 채 단독으로 시간을 보내는가?
- 부부가 적극적인 성관계와 로맨틱한 생활을 보고하는가?
- 부부는 부모의 역할을 제외하고도 여전히 유대감을 느끼는가?

⦿ 부부, 가족 및 사회적 관계의 경계 평가하기

- 의견차가 있을 때 한 명 이상의 사람들이 불안이나 좌절을 느끼는가?
- 다른 사람이 문제에 대해 다른 의견이나 관점을 가질 경우 누군가는 상처받거나 분노하는가?
- 그들이 말할 때 '우리' 혹은 '나' 라는 단어를 자주 사용하는가? 균형이 있는가?
- 각 개인은 가족 및 부부관계와 분리된 개인적인 친구와 활동을 가지고 있는가?
- 외부 관계와 비교해 부부/가족에게 얼마나 많은 에너지를 쏟는가?
- 각 개인의 스케줄에서 우선순위는 무엇인가? 자녀? 일? 개인적 활동? 부부시간? 친구들?

◎ 삼각관계와 연합

대부분의 체계적 가족치료 접근에서는 문제 체계를 파악한다. 삼각관계(kerr & Bowen, 1988), 은밀한 연합(Minuchin & Fishman, 1981) 그리고 세대 간 연합(Minuchin & Fishman, 1981)은 모두 유사한 과정을 나타낸다. 두 사람 사이에서의 긴장은 원래의 양자 관계를 안정화하기 위해 제3자(또는 제4자, '사각관계'; Whitaker & Keith, 1981)를 끌어들임으로써 해소된다. 많은 치료자는 삼각화 과정에서 무생물이나 다른 과정들을 잠재적인 '제3자'로 포함한다. 이러한 상황에서 음주, 약물 사용, 일, 취미와 같은 것들이 양자관계의 긴장을 다루기 위해 사용되는데, 이는 한 명 이상의 배우자가 관계를 희생하면서 내적 스트레스를 완화하도록 돕는 데 사용되는 것들이다.

치료자들은 몇 가지 방법으로 삼각관계와 문제적 하위체계를 평가한다.

- 내담자들은 그들의 긴장에서 또 다른 존재가 한몫을 한다고 명시적으로 설명한다. 이 경우에 내담자들은 과정에 대해 어느 정도 인식하고 있다.
- 내담자들이 문제나 갈등 상황을 묘사할 때, 또 다른 사람은 배우자 중 한 사람의 절친한 친구의

역할을 하거나 편을 든다(예: 한 사람은 상대방에 맞서 자신의 편을 들어 주는 친구나 가족 구성원이 있음).

- 주요 양자관계의 욕구가 충족되지 못하고 나면, 그 사람은 충족되지 못한 것을 또 다른 사람에게서 찾는다(예: 한 어머니가 남편보다 아이들로부터 정서적 친밀함을 추구함).
- 치료가 뚜렷한 이유 없이 '막힐' 때에는, 흔히 한 명 이상의 구성원이 중요한 주제를 해소하지 못하도록 방해하는 삼각관계가 작업에 있는 것이다(예: 불륜, 약물 남용, 치료에서 정한 약속을 약화시키는 친구 등).

평가 과정 초기에 삼각관계를 파악하는 것은 치료자들로 하여금 복잡한 가족 역동에서 더 성공적이고 신속하게 개입할 수 있게 해 준다.

◎ 자녀와 부모 간 위계

자녀와 부모 관계 평가에서 핵심 영역은 구조적 가족 개념(제5장 참조)인 위계이다. 부모의 위계를 평가할 때, 치료자들은 스스로에게 질문해야 한다. 부모와 자녀의 위계질서가 발달적 및 문화적으로 적절한가? 만약 위계가 적절하다면, 대개 자녀에게 행동 문제가 거의 없을 것이다. 만약 자녀가 증상을 보이거나 부모와 자녀 관계에 문제가 있다면, 대개 위계 구조에서 어떤 문제가 있어서 가족의 현재 사회문화적 맥락에서 주어진 부모 위계가 과도하거나(독재적) 불충분한(허용적) 것이다. 이민 가족들의 경우에는 보통 부모 위계에 대한 두 가지 서로 다른 문화적 규범(전통적 문화 환경과 현재 문화 환경)을 가지고 있기 때문에, 독재적 위계와 허용적 위계 사이에서 균형을 찾는 데 어려움을 겪는다.

위계 평가는 치료자들이 어디서, 어떻게 개입할지를 말해 주기 때문에 매우 중요하다. 만약 치료자들이 증상만을 평가한다면, 부적절한 개입을 하게 될 수도 있다. 예를 들어, ADD(주의집중력장애)로 진단된 아동이 과잉행동, 반항성, 부모의 지시에 따르지 않음과 같은 유사한 증상을 보일지라도, 이 동일한 증상들은 부모 위계가 서로 극적으로 다른 가족 구조, 즉 위계가 너무 과도할 때에도 발생할 수 있고, 위계가 지나치게 부족할 때에도 발생할 수 있다. 부모의 위계가 지나치게 경직되어 있을 때 치료자들은 부모로 하여금 자녀와 강력한 개인적 관계를 발전시키고 발달적 및 문화적으로 적절한 기대치를 설정하도록 하는 작업을 한다. 만약 충분한 부모 위계가 없다면, 치료자들은 부모가 좀 더 일관되게 반응하고 한계와 규칙들을 설정하도록 돕는다. 따라서 동일한 증상들이 전혀 다른 개입을 필요로 할 수 있다.

부모의 위계를 개념화할 때 부모 체계 내에서 역할의 균형을 고려하는 것도 도움이 될 수 있다. Raser(1999)는 양육 관계가 비즈니스 역할(규칙을 정하기, 사회화하기)과 개인적 역할(따뜻함, 즐거움, 보살핌, 놀이)로 구성된다고 설명하는데, 비즈니스 역할은 주로 효율적인 위계와 관련되고, 개인적 역할은 안정적 애착과 관련된 것이다(다음의 애착 패턴 참조). 전형적으로 부모들은 각자가 더 잘하는 부분이 있기 마련인데, 이것이 부모들 사이에서 문제적인 양극화를 초래하게 된다. 이상적인 부모는 각자 스스로 비즈니스 역할과 개인적 역할의 균형을 유지할 수 있고, 친밀한 정서적 유대를 유지하는 동시에 효율적인 위계질서를 설정할 수 있다. 이러한 단일 차원을 단독으로 평가하는 것은 치료자들에게 치료에 대한 예리한 관점을 제공해 줄 수 있으며 종종 신속한 개선을 가져오기도 한다.

◎ 상호보완적 패턴

상호보완적 패턴들은 어느 정도는 대부분의 관계, 특히 결혼한 지 오래된 관계에서 나타난다. 이 경우에 **상호보완성**은 각 개인이 상반되는 역할이나 상호보완적 역할을 기능적인 수준부터 문제적인 수준에 이르기까지 맡는 것을 의미한다. 예를 들어, 내향성/외향성의 상호보완적인 관계는 균형을 잃은 문제적 관계에서뿐만 아니라 균형 있고 잘 기능하는 관계에도 존재할 수 있다. 그 차이는 패턴의 경직성에 있다. 종종 문제가 되는 상호보완적 역할의 고전적 사례는 추격자/철수자, 감정적/논리적, 과잉/과소 기능자, 친구 같은/엄격한 부모 등이 있다. Gottman(1999)은 그가 연구했던 대다수의 결혼 사례에서 여성의 추격(요구)과 남성의 철수 패턴들이 어느 정도 존재했음을 보여 주었다. 하지만 불행한 결혼생활에서는 이 패턴들이 과장되고 타고난 성격 특성인 것처럼 여겨지기 시작한다. 이러한 패턴의 평가는 치료자들이 부부의 상호작용에 개입하는 데 도움이 된다. 대부분의 경우 부부들은 관계에 대한 그들의 불만에서 그들의 상호보완적 역할을 손쉽게 파악한다. "그는 아이들에게 너무 엄격해." "그녀는 항상 감정적으로 과민반응을 보여." "나는 늘 그걸 해야만 해." "그녀는 성관계를 전혀 원하지 않아." 이렇듯 상대방에 대한 광범위하고 전반적인 설명은 그럴듯한 문제적 상호보완적 패턴들을 시사한다.

◎ Satir의 의사소통 유형

Virginia Satir(제6장; Satir et al., 1991)는 5개의 의사소통 자세를 바탕으로 의사소통 유형(회유형, 비난형, 초이성형, 산만형, 일치형)을 평가하는 접근을 개발했으며, 일치형이 건강한 의사소통의 모델로 알려져 왔다. 다른 네 가지 의사소통 유형은 생존 유형으로, 사람들은 어린 시절 화가 난 부모님, 친구의 압력, 거절에 대한 두려움과 같은 어려운 상황에 직면했을 때 이 유형들을 처음으로 발전시킨다. 자기 자신의 욕구와 소망, 다른 사람들의 욕구와 소망 그리고 무엇이 상황에 적절한지를 능숙하게 균형 잡는 정서적 및 인지적 능력이 없는 아동은 이 중 한두 가지 부분에 집중하고 나머지는 간과한다. 예를 들어, 회유형인 아동은 아마도 부모나 친구들을 달래 줌으로써 사람들이 자신에게 화내지 않도록 할 수 있고 자신이 가장 원하는 것인 수용을 얻을 수 있다는 사실을 재빨리 학습할 것이다. 반대로 비난형으로 대처하는 아동은 자신의 권리를 위해 항상 싸워서 어른들로부터 원하는 것을 얻어 낼 가능성이 높다고 학습할 수 있다. 초이성형인 아동은 아마도 자신이나 다른 사람들이 어떻게 느끼든 간에 집이나 학교, 교회, 사회 등의 상황적인 규칙들을 따를 때 항상 자신의 세상이 체계적이고 안정적이라는 점을 알 수 있다. 마지막으로, 산만형인 아동은 농담을 하거나 주제를 바꾸고 약간 '특이'해짐으로써 자신에게 문제가 되지 않을 정도로 충분히 사람들을 즐겁게 해 주거나 주의를 분산시켜서 동의를 얻을 수 있다고 학습할 수 있다. 불행히도 생존 유형들은 장기적으로 불균형적이며 효과적이지 못하다. 다음의 표는 서로 다른 유형이 자기, 타인, 상황의 세 가지 요소를 어떻게 지각하는지를 보여 준다.

>>> Satir의 의사소통 유형

유형	인식하는 것	무시하는 것
일치형	자기, 타인, 상황	없음
회유형	타인, 상황	자기
비난형	자기, 상황	타인
초이성형	상황	자기, 타인
산만형	없음	자기, 타인, 상황

이 의사소통 유형들에 익숙하지 못한 사람에게는 이 유형들이 처음에는 지나치게 단순하고 중요한 임상적 장점이 없는 것처럼 보일 수도 있다. 하지만 이 유형을 평가하는 간단한 과정은 치료자들에게 회기 동안 내담자들과 소통하는 최선책과 개입 방식에 대한 훌륭한 정보를 제공한다. 다음은 임상적 함의이다.

- **회유형**: 회유형인 사람들과 작업할 때, 치료자들은 회유형에게는 상당히 괴롭고 두려운 방식인 내담자가 의견을 말하고 입장을 정하도록 요청하는 다지선다형 질문과 개방형 서술과 같이 덜 지시적인 치료 방법을 사용하면 더욱 성공적이다. 치료자들은 회유형을 추구하는 내담자들에게 의견(혹은 심지어 그들이 의견을 가지고 있다는 가벼운 힌트조차도)을 제시하거나 너무 많은 개인적 정보를 제공하는 것을 삼가야 한다. 내담자들은 종종 이런 유형의 정보를 활용하여 치료자의 인정을 얻기 위해 자신의 어떤 부분을 숨기고 어떤 부분을 내세울지를 알아차린다. 결코 회유형인 사람들을 과소평가해서는 안 된다. 그들은 사람들을 기쁘게 하는 데 능숙하며, 치료가 얼마나 진전되는지에 대해 치료자의 기분을 좋게 해 주려고 주기적으로 거짓말을 한다(Gehart & Lyle, 2001). 내담자들이 주기적이고 개방적으로 치료자에게 이의를 제기할 때 비로소 회유형 내담자들과의 라포가 완전히 형성된다.
- **비난형**: 비난형을 자주 사용하는 사람들과 작업할 때, 치료자들은 타인의 생각과 감정에 대한 내담자의 의식을 높이려고 노력하며 내담자가 타인을 존중하는 방식으로 자신의 개인적 관점을 소통하는 방법을 배울 수 있도록 돕는다. 종종 치료자가 비난형 내담자에게 직접적이고 대담하게 직면할 때 더 효과적이다. 예상과는 달리 이러한 접근은 대체로 비난형인 사람과의 치

료적 관계를 강화한다. 비난형인 사람은 대부분 그들에게 숙련된 기술인 마음을 정직하고 직접적으로 말하지 않는 '겁쟁이('회유한다'고 여김)' 치료자들을 존중하지 않는다. 그들은 일반적으로 상류사회에서 용인하는 것보다 솔직하고 직접적인 소통을 선호한다.

- **초이성형**: 초이성형인 내담자들과 작업할 때, 논리와 규칙이 우선시된다. 효과적으로 의사소통하기 위해 치료자들은 이 내담자들이 의미를 부여하고 그들의 행동을 특징짓는 데 활용하는 맥락을 파악하고 참조해야 하는데, 이 맥락은 지각된 사회적 규칙, 종교적 규범, 전문적 예상, 또는 심지어 삶에 대한 개인의 독특한 규칙일 수도 있다. 목표는 내담자들이 자기 자신과 타인의 내적 가치와 주관적 실재를 중요시하도록 돕는 것이다.
- **산만형**: 산만형은 치료자들이 의지할 수 있는 자기, 타인, 상황에 대해 미리 준비된 힌트가 없기 때문에 치료자에게 독특한 난제를 줄 수 있다. 치료자들은 내담자가 처한 현실과 연결되는 독특한 고정 장치를 찾아낼 필요가 있다. 간혹, 첫 번째 단계는 치료적 관계를 최대한 안전한 지점으로 만들어서 주의가 분산될 필요성이 줄어들도록 해 준다. 치료가 진행될수록, 치료자들은 내담자가 맥락의 요구를 인정하는 것 이외에도 자신과 타인의 감정과 생각을 알아차리는 능력을 기르는 작업을 한다. 산만형은 다른 의사소통 유형에 비해 진전이 매우 더딜 것이다.

◎ Gottman의 이혼 지표

John Gottman(제8장 참조; Gottman, 1999)은 부부들과 그들의 의사소통 패턴을 30년 넘게 연구해 왔다. 그 경험은 그에게 다섯 가지 주요 변수('묵시록이 네 기수'인 비난, 자기변명, 경멸, 담쌓기와 효과적인 개선 시도)를 평가함으로서 97.5%의 정확도로 이혼을 예측할 수 있는 능력을 보여 주었다. 그의 광범위한 연구는 치료자들에게 부부의 기능을 평가하는 독특한 체계를 제공한다.

■ 묵시록의 네 기수

Gottman의 이혼지표에 대한 연구에서, 그는 부정적인 상호작용이 동등하게 결혼생활에 유해한 것은 아니라고 보았다(예: 분노의 표현). 네 가지 특정한 상호작용은 이혼을 예측함에 있어 다른 것에 비해 더 중요했다. 그는 이것들에 '묵시록의 네 기수'라고 이름 붙였다. 이 네 가지 요소의 존재는 이혼을 85%의 정확도로 예측한다.

- **비난**: 단일한 특정 사건에 대한 불만을 말하지 않고 배우자가 뭔가 전반적으로 잘못되었다고 암시하는 진술(예: '항상' 혹은 '결코'와 같은 진술, 타인의 성격에 대한 포괄적인 묘사)을 한다.
- **자기변명**: 배우자로부터 지각된 공격이나 비판을 피하고자 하는 진술이나 행동을 한다. "나는 결백해."
- **경멸**: 배우자에게 조롱, 경멸적인 얼굴 표정을 수반하며 배우자보다 자신을 더 높은 수준에 두는 진술이나 몸짓을 한다. 이것은 네 요소 중에서 가장 해로우며 사실상 행복한 결혼관계에서

는 나타나지 않는다. 경멸은 이혼에 대한 최고의 단일 예측요인이다.

- **담쌓기**: 듣는 사람이 물리적으로 방을 나가거나 대화를 거부하는 등 상호작용에서 물러나는 행동을 한다.

치료자들은 내담자가 하는 말, 회기에서의 상호작용, 서면 평가 등을 통해 네 요소를 평가한다 (Gottman, 1999). 네 요소의 출현이 경보음을 울리게 해서는 안 된다. 행복한 결혼생활을 하고 있는 부부도 자주 비난, 자기변명, 담쌓기를 한다. 하지만 이러한 행동의 빈도는 불행한 부부들과 다른데, 그들은 상호작용을 성공적으로 개선할 능력을 가지고 있기 때문이다. 그러므로 치료자들은 출현뿐만 아니라 빈도를 평가할 필요가 있다. 성공적인 부부들은 갈등이 있을 때 부정적인 상호작용과 긍정적인 상호작용의 비율을 1:5로 유지한다. 이혼을 앞둔 부부들은 부정적 상호작용에 비해 긍정적 상호작용의 비율이 5보다 적을 것이며 종종 1:1에 가깝거나 심지어 긍정적 상호작용보다 부정적 상호작용이 더 많을 것이다. 다음은 치료자들이 빈도를 평가해야 할 상호작용이다.

- **회복 시도의 실패**: 회복 시도는 갈등을 줄이기 위해 어느 배우자 쪽에서건 언어적 · 비언어적 시도를 하는 것이다. 이는 유머, 사과, 감동, 타협을 포함한다. 회복 시도의 '실패'는 한쪽이 그러한 시도를 해도 상대방은 이를 거절하고 갈등적인 상호작용을 지속했다는 뜻이다. 불행한 부부는 자주 회복 시도를 하고 더 자주 거절당한다.
- **영향에 대한 거부**: 간혹 한 배우자는 상대방의 영향(예: 제안, 조언)을 거부한다. 남편이 아내의 영향을 거부하는 경우 80%의 정도로 이혼이 예측된다. 아내가 남편의 영향을 거부하는 경우에는 그렇지 않다.
- **격한 시작**: 이 표현은 문제가 되는 사안이 어떻게 발생하는지를 나타내며, 긍정적 정서를 동반하면 부드러운 시작이고 부정적 정서를 동반하면 격한 시작이다. 아내의 격한 시작은 결혼생활의 불안정성 및 높은 이혼율과 관련이 있다. 남편의 격한 시작은 그렇지 않다.

부부와 작업할 때, 치료자들은 고통의 정도를 확인하고, 최선의 접근 방법을 결정하기 위해 Gottman의 이혼지표를 마음에 새길 수 있다.

문제 상호작용 패턴

6. 상호작용 패턴

문제 상호작용 패턴(A ⇆ B)

긴장의 시작: ______________________________

갈등/증상 확대: ______________________________

'정상'으로 회복/항상성: ______________________________

현재 문제에 대해 가정된 항상성 기능: 증상은 연결을 유지하고, 독립성/거리감을 형성하고, 영향력을 만들고, 연결을 재구축하고, 혹은 한편으로 가족 내에서 균형감을 형성하도록 돕는 데 어떤 역할을 하는가?

____

____

가족치료의 특징 중 하나는 주호소 문제를 둘러싼 가족의 상호작용 패턴을 평가하는 능력이다. 솔직히 말해서, 나는 가족 구조를 평가하기 전에 상호작용 패턴 평가부터 하는 것을 선호하지만, 대부분의 학생은 구조를 파악하기가 좀 더 쉬워서 이 순서를 선호할 것이다. 치료자가 편한 순서대로 하면 된다.

이 능력은 MRI(Mental Reseach Institute) 접근(제4장 참조; Watzlawick et al., 1974), 전략적 치료(Haley, 1976), 그리고 밀라노 접근(제4장 참조; Selvini Palazzoli, Boscolo, Sesshin, & Prata, 1978)의 핵심이고, Satir의 의사소통 유형(제6장 참조; Satir, Banmen, Gerber, & Gomori, 1991)과 Whitaker의 상징적 경험주의(제6장 참조; Whitaker & Bumberry, 1988)에서 눈에 띄게 등장한다. 상호작용 평가에서 치료자들은 상호간의 관계 패턴, 즉 사람 A가 사람 B에게 어떻게 반응하며 그 반대는 어떠한지를 추적한다. 가족이나 큰 집단에서는 한 명 이상의 사람(사람 C, D, E 등)이 관여하기 때문에 패턴들은 꽤 복잡해질 수 있다. 내담자가 개인적인 증상을 보고하든 관계 문제를 보고하든 간에 치료자는 그 행동이 항상 더 큰 체계 내에 포함되어 있으며, 그 증상이 체계의 항상성 또는 정상성을 유지하는 데 도움이 된다(설령 체계의 구성원들이 그 행동을 정상으로 여기지 않는다 하더라도)는 사실을 다룬다. 나는 기본적인 3단계를 통해 문제 상호작용의 추적에 대해 고려해 보는 것이 가장 유용하다고 생각한다.

문제 상호작용 패턴의 3단계

- **긴장의 시작:** 긴장의 고조나 문제의 시작을 알리는 행동은 무엇인가? 여기에서 상황은 어떻게 전개되는가? 각 개인은 긴장의 고조에 어떻게 반응하고 대처하나?
- **갈등/증상 확대:** 문제가 완전히 발생하였을 때 어떤 일이 일어나는가?(이는 가족의 갈등이 될 수도 있고 개인의 우울 삽화가 될 수도 있음.) 여기서 초점은 관련된 각 개인의 행동과 반응이며, 심지어 불안, 우울, 정신증과 같은 '개인적' 문제의 경우에도 마찬가지이다.

- **'정상'으로 회복/항상성:** 종종 가장 강조되는 부분으로, 상호작용 주기는 결국 '정상' 또는 항상성으로 돌아간다. '정상'으로 돌아가기 위해 각 개인은 무엇을 하는가?

치료자는 일련의 질문을 사용하여 이 패턴들을 평가할 수 있는데, 우선 문제의 출현을 파악한 다음, '정상성' 또는 항상성을 다시 얻을 때까지 상대방에 대한 각 개인의 정서적 및 행동적 반응을 추적한다. 그 과정은 다음과 같다.

상호작용 패턴 평가하기

내담자는 어떻게 문제가 시작되는지 설명한다.

예시: 어머니는 학교로부터 그녀의 아들이 낙제했다는 전화를 받는다.

치료자는 어머니의 다음 행동과 아들의 반응에 대해 질문한다.

예시: 어머니는 아들을 훈계하고 강도 높게 처벌한다. 아이는 반박하며 그녀의 행동에 대해 불공평하다고 말한다. 어머니는 "아버지한테 말할 때까지 기다려."라고 말했다.

치료자는 그들이 정상으로 돌아갈 때까지 각자가 상대방에게 어떻게 반응하는지에 관해서 상호작용을 계속해서 추적한다.

예시: 어머니는 불공평하다는 아들의 비난에 더 많은 처벌을 주는 것으로 반응한다.

치료자는 가족체계 내의 중요한 타인들이 문제 상황에 대해 어떻게 반응하는지에 대해서도 질문한다.

예시: 아빠는 어떻게 참여했나요? 이 일이 발생하는 동안 여동생은 무엇을 하나요? 이 일은 부부 관계에 어떤 영향을 주나요?

치료자는 모든 가족이 확실히 '정상'으로 돌아갈 때까지 상호작용 패턴 평가를 계속한다.

◎ 체계적 가설

가족 구조와 상호작용 패턴들을 평가하고 나면 치료자들은 문제에 대한 효과적인 가설을 세우는데, 증상은 가족의 항상성 유지에 잠재적 역할을 할 수도 있다(제4장 참조; Selvini Palazolli et al., 1978). 고전적인 예시는 자녀의 증상(예: 짜증, 도망, 낙제, 섭식장애)이, ① 부부로 하여금 협조하고 힘을 합치며 함께 머무르게 만드는 공동의 문제를 만들어 내거나, ② 약화된 결혼생활로부터 부모 중 한 사람이나 두 사람 모두의 주의를 분산시킨다는 것이다. 분명 자녀는 "에이, 나는 엄마와 아빠가 함께하도록 만들기 위해 반항할 거야."라고는 거의 생각하지 않으며, 부모도 "나는 한심한 결혼생활로부터 기분을 전환하기 위해 아이에게 과도하게 집중할 거야."라고 생각하지 않는다. 증상은 누가 의식적으로 계획을 세우지 않아도 균형감을 유지하려는 체계적 욕구나 '빈틈'을 메우기 위해 자연스럽게 발생한다.

가설을 세우는 데 다음의 전략을 사용할 수 있다.

- **내담자 언어와 비유:** MRI 팀은 종종 내담자의 언어를 사용하여 전체적인 항상성 패턴을 설명했다

(Watzlawick et al., 1974). 예를 들어, 만약 가족 구성원들이 스포츠를 좋아한다면, 그들은 사람 B가 공격(추격)할 때 사람 A가 방어(철수)해야 하는 게임의 비유를 사용하여 상호작용 패턴을 설명할 것이다.

- **긍정적 함축:** 밀라노 팀은 가족에서 증상이 지니는 긍정적이고 유용한 효과를 강조하기 위한 규칙으로 긍정적 함축을 개발했다(Selvini Palazzoli et al., 1978). 예를 들어, 치료자는 어머니에게 보살펴야 할 누군가를 제공함으로써 어머니가 쓸모 있는 존재라고 느끼게 해 주려고 자신의 개인적 성공을 희생한 자녀를 칭찬할 것이다.
- **사랑과 힘:** 전략적 치료자들은 사랑과 힘에 관한 가설을 세웠다. 예를 들어, 그들은 무기력해 보이는 사람의 역할(예: 우울, 불평, 성적 무관심 등)은 다른 수단으로는 얻을 수 없는 힘(다른 사람의 행동에 영향을 줌으로써)을 그 사람에게 주는 숨겨진 측면이 있다고 가정한다.

◎ 세대 간 패턴

7. 세대 간 & 애착 패턴

다음을 비롯한 모든 관련 정보가 포함된 가계도를 구성할 것.

- 나이, 출생/사망일
- 이름
- 관계 패턴
- 직업
- 병력
- 정신 질환
- 학대 이력

또한 회기에서 자주 논의되는 사람들에 대한 2~3개의 형용사를 포함할 것(이는 성격 및 관계적 패턴을 묘사해야 함. 예시: 조용한, 가족을 돌보는 사람, 정서적으로 거리가 있는, 완벽주의자, 무력한 등). 가계도는 반드시 보고에 첨부되어야 함. 중요한 결과를 아래에 요약할 것.

가족 강점: ______________________________

약물/알코올 남용: ☐ N/A ☐ 이력: ______________________________

성적/신체적/정서적 학대: ☐ N/A ☐ 이력: ______________________________

부모/자녀 관계: ☐ NA ☐ 이력: ______________________________

신체적/정신적 장애: ☐ N/A ☐ 이력: ______________________________

현재 문제의 이력 삽화: ☐ N/A ☐ 이력: ______________________________

(다음)

애착 유형: 각 내담자의 가장 일반적인 애착 유형을 설명할 것
AF/AM: □ 안정 □ 불안 □ 회피 □ 불안/회피
설명: ______
AF/AM: □ 안정 □ 불안 □ 회피 □ 불안/회피
설명: ______
CF/CM: □ 안정 □ 불안 □ 회피 □ 불안/회피
설명: ______
CF/CM: □ 안정 □ 불안 □ 회피 □ 불안/회피
설명: ______

세대 간 패턴의 평가는 이 패턴들의 시각적 도식을 제공하는 가계도를 사용하면 가장 쉽다(McGoldrick, Gerson, & Perry, 2008). 전통적인 세대 간 평가 도구인 가계도(제7장 참조; McGoldrick et al., 2008)는 다른 모델들과 함께 사용되기 위해서 개정되기도 했고(Hardy & Laszloffy, 1995; Kuehl, 1995; Rubalcava & Waldman, 2004), 가족 역동을 개념화하기 위해서 모든 치료자가 자주 사용한다.

치료자들은 수많은 세대 간 패턴을 도식화하는 종합적인 가계도를 만들 수도 있고, 주호소 문제와 관련된 패턴과 세대를 거슬러 가족 구성원들이 유사한 문제에 어떻게 대처해 왔는지(예: 다른 부부들은 부부 갈등에 어떻게 대처해 왔는가?)를 강조하는 문제특정 가계도를 만들 수도 있다. 가계도 사용에 관한 종합적인 안내에 관해서는 McGoldrick 등(2008)을 참고하라. 다음의 그림은 가족치료자들이 가계도를 만들 때 공통적으로 사용하는 기호를 나타낸다.

이와 더불어 다음의 패턴과 정보는 가계도에 자주 포함된다.

- 가족 강점과 자원
- 약물 및 음주의 남용과 의존
- 성적 · 신체적 · 정서적 학대
- 개인적 특성 및 가족 역할, 상호보완적 역할(예: 골칫덩어리, 반항아, 과잉/과소 성취자 등)
- 신체적 및 정신적 건강 문제(예: 당뇨, 암, 우울증, 정신증 등)
- 동일 인물 또는 다른 세대와 가족 구성원들이 이 문제를 어떻게 다뤄 왔는지에 관한 주호소 문제의 배경 이력

이와 더불어 세대 간 패턴을 고려할 때, 치료자들은 애착 유형도 평가해야 하는데, 그것은 주로 정신역동(제7장)과 정서중심치료 접근(제11장)의 핵심이다. 애착은 다른 사람으로부터 유대감, 따뜻함, 정서적 안정감, 보살핌을 받고자 하는 기본적인 인간 욕구를 설명한다. 연구 장면에서 애착 패턴을 분류한 여러 체계가 있긴 하지만, Sue Johnson(2004)의 연구는 부부 및 가족 치료에서는 다음의 네 가지 범주면 대체로 충분하다고 말한다.

- **안정**: 애착욕구들이 충족되지 않을 때, 개인은 일반적으로 충분한 대처 수준을 유지할 수 있고 건설적인 방법을 통해 재결합을 추구할 수 있다.
- **불안과 과잉행동**: 애착욕구들이 충족되지 않을 때, 개인은 간절히 매달리고, 집요하게 유대감을 추구하며, 공격적 · 비난적 · 비판적이 될 수 있다.
- **회피**: 애착욕구들이 충족되지 않을 때, 개인은 애착의 욕구를 억압하는 대신 업무나 다른 곳으로 주의를 돌린다.
- **불안과 회피의 복합**: 이 유형에서 애착욕구들이 충족되지 않을 때, 개인은 친밀함을 추구하다가 친밀함이 제공되면 이를 회피한다. 이것은 간혹 외상 이력과 관련이 있다.

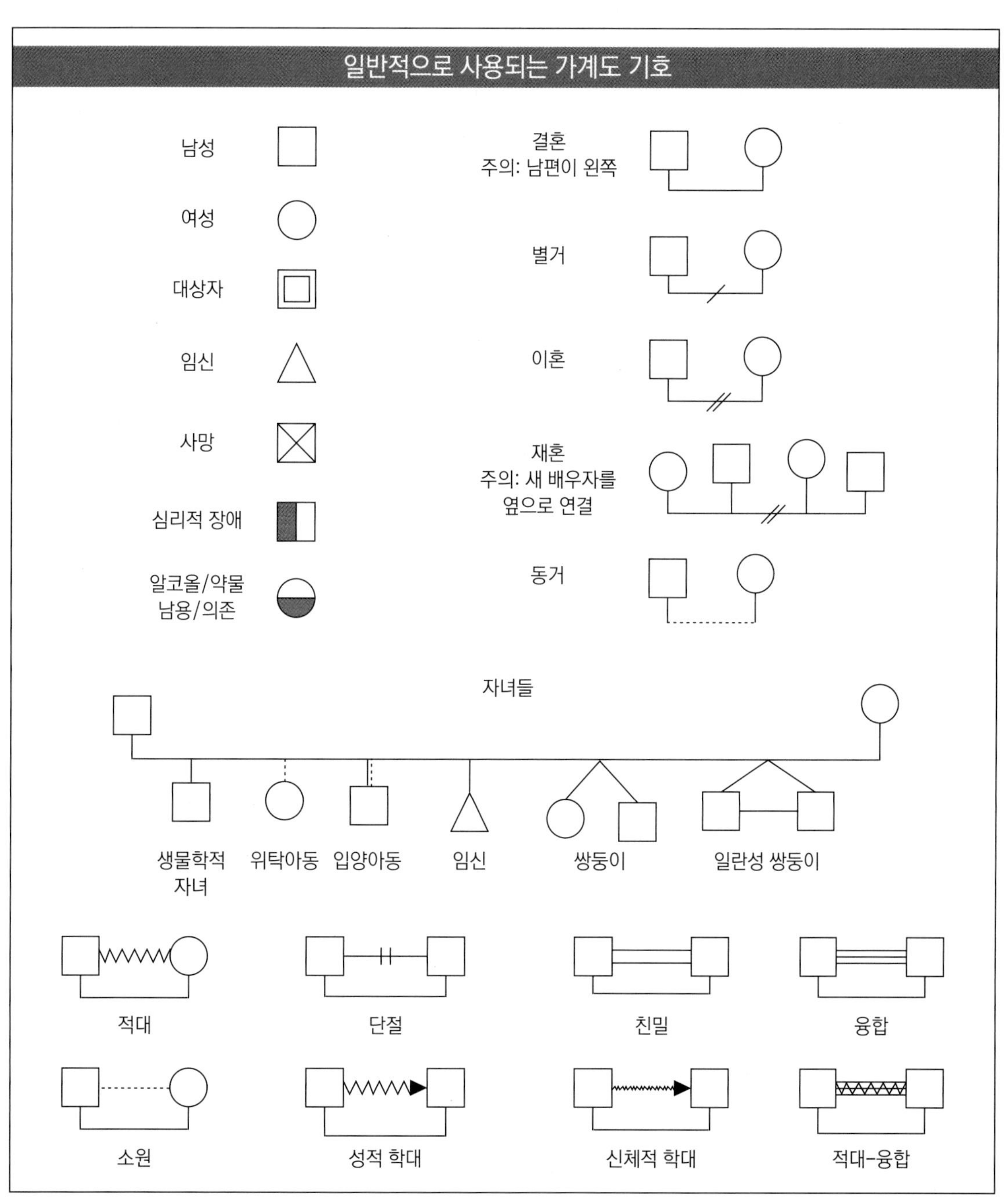

해결중심 평가

8. 해결중심 평가

시도했지만 효과적이지 않았던 해결책들

1. ______
2. ______
3. ______

예외 상황과 독특한 결과(효과적이었던 해결책들): 문제가 덜 문제시되었을 때의 시간, 장소, 관계, 맥락 등 상황을 조금이라도 개선하는 행동들

1. ______
2. ______
3. ______

기적 질문 답변: 만약 그 문제가 밤사이에 해결된다면, 내담자는 다음 날 무엇을 다르게 하겠는가? (Y를 하지 않는다는 방식이 아닌 X를 한다는 방식으로 설명할 것)

1. ______
2. ______
3. ______

◎ 효과적이지 않았던 이전의 해결책

해결책들을 평가할 때 치료자는 효과적이었던 해결책과 그렇지 않았던 해결책을 평가해야 한다. MRI 집단(Waltzlawick et al., 1974)과 인지행동치료자(Baucom & Epstein, 1990)들은 효과가 없었던 해결책들을 평가하는 것으로 잘 알려져 있다. 물론 개입할 때 이 해결책을 서로 다른 방식으로 활용하지만 말이다. 대부분의 내담자의 경우, 대체로 실패한 이전의 해결책들을 평가하기가 쉽다.

효과적이지 않았던 해결책을 평가하기 위한 질문들

치료자는 간단명료한 질문을 하며 평가를 시작할 수 있다.
"이 문제를 해결하기 위해 당신은 어떤 것을 시도해 보았나요?"

대부분의 내담자는 효과적이지 않았던 일을 나열하는 방식으로 대답한다. 기억을 좀 더 상기시켜 줄 필요가 있다면, 치료자는 다음과 같이 질문할 수도 있다.
"저는 당신이 스스로 이 문제를 해결하려고(이 주제를 다루려고) 노력해 왔겠지만 몇 가지 일들은 기대했던 것만큼 성공적이지 못했을 거라고 짐작해요. 어떤 일들이 노력해 봐도 효과적이지 않던가요?"

◎ 예외 상황과 독특한 결과: 효과적이었던 이전의 해결책들

해결중심치료자들(de Shazer, 1988; O'Hanlon & Weiner-Davis, 1989)은 과거에 효과적이었던 해결책들을 평가하는데, 이 과정은 이야기치료(Freedom & Combs, 1996; White & Epston, 1990)에서 지배적 문제 이야기 가운데 독특한 결과를 찾아내는 것과 유사하다. 과거의 해결책과 독특한 결과는 평가하기가 어려운데, 왜냐하면 대부분의 내담자는 문제가 문제시되지 않는 때와 그들이 상황의 악화를 어떻게 막아냈는지에 대한 인식이 부족하기 때문이다. 치료자는 다음과 같은 질문을 할 수 있다.

해결책과 독특한 결과를 평가하기 위한 질문들

- 문제가 지금보다 악화되지 않게 해 준 것은 무엇인가요?
- 당신이 시도했던 해결책 중에 잠시라도 효과적이었거나 상황을 약간이라도 나아지게 해 준 해결책이 있나요?
- 문제가 덜 문제시되거나 아예 문제되지 않는 때와 장소가 있나요?
- 당신은 문제를 덜 문제시하거나 덜 심각해지도록 반응할 수 있었던 적이 있나요?
- 이 문제가 모든 장소와 모든 사람에게 일어나나요? 아니면 특정 맥락에서는 더 나아지나요?

이런 질문들은 일반적으로 내담자들이 더 많이 생각하고 성찰하도록 유도하며, 치료자들에게 더 많은 후속 질문을 할 수 있다. 내담자의 대답은 치료에서 최선의 진행 및 개입방식에 대해 매우 유용한 실마리를 제공한다.

◎ 기적 질문 답변

해결중심치료자들은 내담자가 선호하는 해결책이나 결과를 평가하기 위해 기적 질문(de Shazer, 1988)이나 그와 유사한 수정 구슬 질문(de Shazer, 1985), 마술봉 질문(Selekman, 1997)과 타임머신 질문(Bertolino & O'hanlon, 2002) 등을 사용한다(이 질문을 성공적으로 하는 정확한 방법에 대한 자세한 논의는 제9장을 참조할 것. 생각보다 어려움). 이 질문들에 대한 답변은 치료의 목표를 설정하는 데 매우 도움이 된다.

기적 질문

"당신이 밤에 집으로 돌아가고 한밤중에 기적이 일어났다고 상상해 보세요. 당신이 이곳에 와서 해결하고자 했던 모든 문제가 기적적으로 해결되었어요. 하지만 다음 날 깨어났을 때 당신은 기적이 일어났다는 사실을 알지 못해요. 당신은 뭔가 달라졌다는 사실을 어떤 것들을 통해 처음으로 알아차릴 수 있을까요? 기적이 일어났다는 첫 번째 단서는 무엇일까요?"

그러고 나서 치료자는 내담자가 무엇을 하고 있을지에 대해 행동 묘사를 하도록 돕는다. 이때 내담자가 자신 혹은 타인이 하지 '않을' 일들을 이야기하거나 자신이 느낄 감정에 대해 묘사할 경우, 치료자는 부드럽게 후속 질문을 해야 한다. 치료자는 내담자가 그들의 기적 시나리오에서 실제로 행동하고 있는 것에 대한 생생한 이미지를 얻으려고 노력한다. 그러면 이것들은 구체적인 치료 목표를 설정하는 데 사용된다.

◎ 이야기와 사회적 담론

9. 포스트모던과 문화적 담론 개념화

이야기, 지배적 담론, 다양성

문제의 정의에 영향을 미치는 지배적인 담론

문화, 인종, 사회경제적 지위, 종교 등: 주요 문화적 담론들이 문제와 가능한 해결책을 인지하는 데 어떤 영향을 미치는가?

성별, 성적 지향 등: 성별/성적 지향 담론들이 문제와 가능한 해결책을 인지하는지에 어떤 영향을 미치는가?

맥락, 가족, 지역사회, 학교, 기타 사회적 담론: 다른 중요한 담론들이 문제와 가능한 해결책을 인지되는 것에 어떻게 영향을 미치는가?

정체성/자기 이야기: 그 문제는 각 가족 구성원의 정체성을 어떻게 형성하였는가?

국소적/선호하는 담론: 내담자가 선호하는 정체성 이야기 및 문제에 관한 이야기는 무엇인가? 문제에 대해 선호되는 국소적(대안적인) 담론이 있는가?

이야기와 사회적 담론은 내담자의 문제가 발생하는 광범위한 맥락의 윤곽을 보여 준다. 이는 지배적 담론, 정체성 이야기, 국소적 및 선호하는 담론으로 나뉠 수 있다.

■ 지배적 담론

내담자의 문제가 속해 있는 사회의 지배적 담론을 평가하는 것은 내담자의 상황에 대한 새롭고 넓은 관점을 만들어 낸다(Freedman & Combs, 1996; White & Epston, 1990). 나는 이러한 넓은 시각을 가짐으로써 내담자에게 더 정서적으로 맞춰 줄 수 있고, 더 창의적으로 작업할 수 있어 보다 큰 자유와 가능성을 느낄 수 있다고 생각한다. 예를 들어, 내담자가 보고하는 '불안'에 대해 내담자로 하여금 동성애자로서 무력감을 느끼게 하는 더 큰 담론의 일부라고 여긴다면, 나는 내담자의 불안을 더 넓은 사회적 담론의 일부로 보기 시작한다. 또한 지배적 담론에 대한 이 내담자의 '믿음'이나 영향력, 신뢰가 어떻게 약화될 수 있는지를 깨닫고, 무엇이 '정상적인' 성적 행동이고 무엇이 아닌지에 대한 새로운 이야기를 생성해 낸다. '정상적인' 성적 행동과 그렇지 않은 행동을 구체적으로 정의하는 것의 어려움에 대해 논의함으로써 내담자와 나는 내담자가 경험해 온 진실들을 탐색할 수 있다. 우리는 내담자의 정체성과 불안을 이해하는 새로운 방식을 내담자에게 제시하는 탐색 과정에 동참한다.

내담자의 삶에 영향을 미치는 공통적인 지배적 담론 혹은 광범위한 이야기는 다음을 포함한다.

- 문화, 인종, 민족, 이민자
- 성별, 성적 취향, 성적 선호
- 원가족 경험(예: 알코올 중독, 성적 학대, 입양 등)
- 이혼, 죽음, 중요한 관계의 상실 등에 관한 이야기
- 재산, 가난, 권력, 명성
- 시골, 도시, 지방 담론
- 건강, 질병, 신체 이미지 등

■ 정체성 이야기

내담자가 치료에 올 때 문제 담론은 보통 내담자가 자신이 누군지에 관하여 하는 이야기인 정체성 이야기의 중요한 일부를 차지하고 있다. 예를 들어, 학교생활에서 문제를 겪는 아동은 "난 멍청해."라고 생각하기 시작할 수도 있다. 그의 엄마 또한 자녀의 학업 성적 때문에 "나는 엄마로서 실패했다."라고 느낄지도 모른다. 분명 이러한 개인의 가치나 능력에 대한 전반적인 부정적 판단은 치료에서 다뤄져야 한다. 치료 과정 초기에 이것들을 평가한다면 치료자가 각 개인에게 어떻게 관여하고 동기를 부여할지 이해하는 데 도움이 된다.

■ 국소적 및 선호하는 담론

국소적 담론은 사회의 지배적 수준이 아닌 국소적 수준에서 발생하는 이야기들이다(Anderson, 1997). 이러한 이야기들은 흔히 개인적 신념과 독특한 해석을 전제로 만들어지며 지배적 담론과 모순되거나 그것을 상당히 수정한다. 국소적 담론이 이론적으로는 문제에 기여할 가능성도 있지만

(예: 지배적 담론의 억제된 버전을 취함), 보통은 문제를 다룰 동기, 에너지 그리고 희망의 중요한 원천이 된다. 대개 국소적 담론은 타인의 반감이 예상되어 내담자가 숨겨 왔거나 수치스러워하는 '개인적 진실'이다. 그것은 특정 종교나 성적 관행에 관한 선호와 같이 일반적인 하위 문화적 가치일 수도 있고, 아니면 모든 것을 처분하고 세계여행을 떠나고 싶은 소망과 같이 한 개인의 고유한 것일 수도 있다. 국소적 담론은 이야기치료에서 말하는 '**선호하는 담론**'의 원천으로 작용하는데(Freedman & Combs, 1996), 선호하는 담론은 이야기치료의 목표가 되는 개인의 삶과 정체성의 다양한 모습을 뜻한다.

내담자 관점

마지막으로, 치료자는 사례개념화에 대해 내담자가 동의하는 영역과 동의하지 않는 영역을 되돌아보아야 한다. 보통 사례개념화 전체를 내담자에게 넘겨주는 것은 임상적으로 적절하지 않지만, 핵심적인 결과들에 대해 논의하는 것은 적절하다. 내담자의 관점에서 볼 때 어떤 설명이 정확하고, 어떤 설명은 정확하지 않은가? 내담자가 이를 듣고 놀랄까? 만약 내담자와 치료자의 관점이 상당히 불일치한다면, 치료자는 이 차이를 어떻게 다룰 것인지 고려해야 하며, 평가가 정확하지 않을 가능성을 지속적으로 열어 놓아야 한다.

10. 내담자 관점

동의하는 영역: 내담자들이 말한 것에 근거하여, 이 평가의 어떤 부분에 대해 그들이 동의하는가, 혹은 동의할 것 같은가?

____

____

동의하지 않는 영역: 그들이 어떤 부분에 대해 동의하지 않는가, 혹은 동의하지 않을 것 같은가? 이유는?

____

____

당신은 동의할 것 같지 않은 영역을 어떻게 존중하면서 작업할 계획인가?

____

____

내담자 관점을 고려하는 것은 내담자가 치료자와 나이, 문화적 배경, 성별, 성적 취향, 사회경제적 지위가 다를 때 특히 중요하다. 이러한 경우 치료자는 내담자가 처한 맥락을 충분히 이해하기 어려울 수 있는데, 반대로 많은 치료자가 그들과 유사한 내담자에 대해 훨씬 더 어려움을 겪는다. 왜냐하면 치료자들이 실제보다 더 많이 알고 있다고 가정하거나 상황에 대한 해결책을 이미 알고 있

다고 생각하기 때문이다. 내담자가 치료자와 유사하건 다르건 간에, 치료자들은 치료에 대해 개념화할 때 그들의 관점을 신중하게 고려해야 한다.

사례개념화, 다양성, 동일성

만약 당신이 사례개념화에 대해 드디어 어느 정도 이해했다고 느끼기 시작했다면, 이를 비틀거나 두 가지의 개념(다양성과 동일성)을 섞어 보도록 하자. 일반적으로 사례개념화와 평가에 동반되는 문제는 불행히도 '명확한 경계' '건강한 위계' 혹은 '명확한 의사소통'에 대해 한 개인을 측정할 수 있는 객관적인 기준이 없다는 것이다. 건강하고 정서적으로 연결된 경계들은 멕시코계 미국인 가정과 아시아계 미국인 가정에서 꽤 다르게 나타난다. 사실 멕시코계 미국인 가정에서 문제가 되는 경계(예: 냉정함, 단절됨)은 아시아계 미국인 가정의 문제적 경계(예: 지나친 개입)에 비해 더 건강한 경계(예: 침착하게 존중함)처럼 보일 수도 있다. 따라서 치료자들은 평가를 할 때 단순히 행동의 객관적인 묘사에만 의지할 수는 없다. 치료자는 지역 이웃 문화, 학교 상황, 성적 취향 하위문화, 종교적 공동체뿐 아니라 하나 이상의 민족 규범 등을 포함하는 광범위한 문화적 규범을 고려해야 한다. 물론 당신은 문화적 주제에 관한 수업을 수강할 것이고 다양성 존중을 요구하는 전문가 윤리 규범을 읽겠지만, 의미 있는 문화적 감수성을 키우기 위해서는 다양한 가족과 작업하고 그들로부터 배우려는 의지가 필요하다. 이는 평생의 여정이 될 것이다.

역설적으로, 나는 요즘 수련 중인 초심자들이 가끔 그들과 같은 문화권 출신 내담자의 다양성을 받아들이는 데 가장 어려움을 느낀다는 것을 발견했다. 내담자가 우리와 유사할수록 우리는 우리의 가치와 행동규범을 내담자가 공유할 것이라는 기대를 더 많이 갖게 되고, 차이에 대한 인내심은 더 줄어든다. 예를 들어, 중산층의 백인 치료자는 종종 중산층의 백인 내담자에게 감정 표현, 결혼 준비, 확대가족, 그리고 부모-자녀 관계와 관련하여 특정한 가치를 가질 거라고 지레 예상하고 특정한 가치체계, 말하자면 치료자 자신의 가치체계를 성급하게 권한다. 따라서 당신 자신과 아주 유사한 사람과 작업하든 완전히 다른 사람과 작업하든 간에, 당신은 항상 내담자의 광범위한 사회문화적 맥락과 규범을 고려하면서 천천히 평가하고 사정해야 한다. 개념화와 평가에 뛰어난 치료자들은 깊은 겸손과 끊임없이 배우려는 자세를 가지고 이 과제들에 접근한다.

온라인 자료

세대 간 지도 만들기(Genoware, Inc.: Genogram Maker)

www. genogram.org

체계적 이론을 사용한 사례개념화

개인, 부부, 가족 내담자용

치료자: ____________ 내담자/사례 #: ____________ 날짜: ____________

기호

AF = 성인 여성, AM = 성인 남성, CF = 여아, CM = 남아

Ex. = 설명, Hx = 이력, NA = 해당 사항 없음

1. 내담자 & 중요한 타인에 대한 소개

* 치료 과정에 참여하는 내담자를 나타냄

나이, 인종, 직업/학년, 그 외 관련 사항

AF/AM: ____________

AF/AM: ____________

CF/CM: ____________

CF/CM: ____________

____: ____________

____: ____________

2. 주호소 문제

문제에 대한 내담자의 설명

AF/AM: ____________

AF/AM: ____________

CF/CM: ____________

CF/CM: ____________

문제에 대한 확대가족의 설명: ____________

더 넓은 체계의 문제 설명: 의뢰인, 교사, 친척, 법적 체계 등의 문제에 대한 설명

____: ____________

____: ____________

3. 배경 정보

트라우마/학대 이력(현재와 과거): ____________

____

약물 사용/남용(현재와 과거, 본인, 원가족, 중요한 타인): ____________

____

촉발 사건(최근 삶의 변화, 초기 증상, 스트레스 요인 등): ____________

____

(다음)

관련된 배경 이력(가족 이력, 관련 주제, 이전 상담 경험, 의학/정신건강 이력 등): ______________________

____

4. 내담자/가족 강점과 다양성 자원

강점과 자원

개인적: ____

관계적/사회적: ____

영적: ____

다양성: 자원과 한계

연령, 성별, 성적 지향, 문화적 배경, 사회경제적 지위, 종교, 지역사회, 언어, 가족 배경, 가족 구성, 능력 등을 기반으로 내담자가 활용할 수 있는 잠재적인 자원과 한계를 확인할 것.

고유한 자원: ____

잠재적 한계: ____

5. 가족 구조

가족생활주기 단계(해당 사항에 모두 체크할 것)

☐ 미혼 ☐ 기혼 ☐ 어린 자녀를 둔 가족 ☐ 청소년 자녀를 둔 가족

☐ 이혼 ☐ 혼합 가족 ☐ 자녀가 독립함 ☐ 노년기

이 단계들 중 하나에서 발달 과업을 완수하면서 힘든 점 설명하기: ______________________

____

부부/가족이 친밀함과 거리를 조절하는 전형적인 방식: ______________________

____

경계

커플(A/A): ☐ 밀착된 ☐ 명확한 ☐ 단절된 ☐ NA

설명: ____

부모 A & 자녀: ☐ 밀착된 ☐ 명확한 ☐ 단절된 ☐ NA

설명: ____

부모 B & 자녀: ☐ 밀착된 ☐ 명확한 ☐ 단절된 ☐ NA

설명: ____

형제자매: ☐ 밀착된 ☐ 명확한 ☐ 단절된 ☐ NA

설명: ____

확대가족: ☐ 밀착된 ☐ 명확한 ☐ 단절된 ☐ NA

설명: ____

(다음)

친구/동료/타인: ☐ 밀착된 ☐ 명확한 ☐ 단절된 ☐ NA

설명: ______________________________

삼각관계/연합

☐ 세대 간 연합: ______________________________

☐ 원가족과의 연합: ______________________________

☐ 그 외 연합: ______________________________

부모와 자녀 간 위계: ☐ NA

AF/AM: ☐ 효과적 ☐ 불충분한(허용적) ☐ 과도한(독재적) ☐ 일관성 없는

AM/AF: ☐ 효과적 ☐ 불충분한(허용적) ☐ 과도한(독재적) ☐ 일관성 없는

설명: ______________________________

__________ 과 __________ 의 상호보완적 패턴

☐ 추격자/철수자 ☐ 과잉/과소 기능자 ☐ 감정적/논리적 ☐ 좋은/나쁜 부모

☐ 기타: ______________________________

설명: ______________________________

Satir의 의사소통 유형: 스트레스 상황에서 주로 사용하는 유형을 설명할 것.

AF: ☐ 일치형 ☐ 회유형 ☐ 비난형 ☐ 초이성형 ☐ 산만형

AM: ☐ 일치형 ☐ 회유형 ☐ 비난형 ☐ 초이성형 ☐ 산만형

CF: ☐ 일치형 ☐ 회유형 ☐ 비난형 ☐ 초이성형 ☐ 산만형

CM: ☐ 일치형 ☐ 회유형 ☐ 비난형 ☐ 초이성형 ☐ 산만형

설명: ______________________________

Gottman의 이혼 지표

비난: ☐ AF/M ☐ AM/F

설명: ______________________________

자기변명: ☐ AF/M ☐ AM/F

설명: ______________________________

경멸: ☐ AF/M ☐ AM/F

설명: ______________________________

담쌓기: ☐ AF/M ☐ AM/F

설명: ______________________________

화해 시도 실패: ☐ AF/M ☐ AM/F

설명: ______________________________

영향을 수용하지 않음: ☐ AF/M ☐ AM/F

설명: ______________________________

격한 시작: ☐ AF/M ☐ AM/F

설명: ______________________________

(다음)

6. 상호작용 패턴

문제 상호작용 패턴(A ⇆ B)

긴장의 시작: ___

갈등/증상 확대: ___

'정상'으로 회복/항상성: ___

현재 문제에 대해 가정된 항상성 기능: 증상은 연결을 유지하고, 독립성/거리감을 형성하고, 영향력을 만들고, 연결을 재구축하고, 혹은 한편으로 가족 내에서 균형감을 형성하도록 돕는 데 어떤 역할을 하는가?

___

___

7. 세대 간 & 애착 패턴

다음을 비롯한 모든 관련 정보가 포함된 가계도를 구성할 것.

- 나이, 출생/사망일
- 이름
- 관계 패턴
- 직업
- 병력
- 정신 질환
- 학대 이력

또한 회기에서 자주 논의되는 사람들에 대한 2~3개의 형용사를 포함할 것(이는 성격 및 관계적 패턴을 묘사해야 함. 예: 조용한, 가족을 돌보는 사람, 정서적으로 거리가 있는, 완벽주의자, 무력한 등). 가계도는 반드시 보고에 첨부되어야 함. 중요한 결과를 다음에 요약할 것.

가족 강점: ___

약물/알코올 남용: ☐ N/A ☐ 이력: ___

성적/신체적/정서적 학대: ☐ N/A ☐ 이력: ___

부모/자녀 관계: ☐ NA ☐ 이력: ___

신체적/정신적 장애: ☐ N/A ☐ 이력: ___

현재 문제의 이력 삽화: ☐ N/A ☐ 이력: ___

애착 유형: 각 내담자의 가장 일반적인 애착 유형을 설명할 것.

AF/AM: ☐ 안정 ☐ 불안 ☐ 회피 ☐ 불안/회피

설명: ___

AF/AM: ☐ 안정 ☐ 불안 ☐ 회피 ☐ 불안/회피

설명: ___

(다음)

CF/CM: ☐ 안정 ☐ 불안 ☐ 회피 ☐ 불안/회피

설명: ______________________________

CF/CM: ☐ 안정 ☐ 불안 ☐ 회피 ☐ 불안/회피

설명: ______________________________

8. 해결중심 평가

시도했지만 효과적이지 않았던 해결책들

1. ______________________________
2. ______________________________
3. ______________________________

예외 상황과 독특한 결과(효과적이었던 해결책들): 문제가 덜 문제시되었을 때의 시간, 장소, 관계, 맥락 등, 상황을 조금이라도 개선하는 행동들

1. ______________________________
2. ______________________________
3. ______________________________

기적 질문 답변: 만약 그 문제가 밤사이에 해결된다면, 내담자는 다음 날 무엇을 다르게 하겠는가? (Y를 하지 않는다는 방식이 아닌 X를 한다는 방식으로 설명할 것)

1. ______________________________
2. ______________________________
3. ______________________________

9. 포스트모던과 문화적 담론 개념화

이야기, 지배적 담론, 다양성

문제의 정의에 영향을 미치는 지배적 담론

문화, 인종, 사회경제적 지위, 종교 등: 주요 문화적 담론이 문제와 가능한 해결책을 인지하는 데 어떤 영향을 미치는가?

____

____

성별, 성적 지향 등: 성별/성적 지향 담론이 문제와 가능한 해결책을 인지하는 데 어떤 영향을 미치는가?

____

____

맥락, 가족, 지역사회, 학교, 기타 사회적 담론: 다른 중요한 담론이 문제와 가능한 해결책을 인지하는 데 어떤 영향을 미치는가?

____

____

(다음)

정체성/자기 이야기: 그 문제는 각 가족 구성원의 정체성을 어떻게 형성하였는가?

국소적/선호하는 담론: 내담자가 선호하는 정체성 이야기 및 문제에 관한 이야기는 무엇인가? 문제에 대해 선호되는 국소적(대안적인) 담론이 있는가?

10. 내담자 관점

동의하는 영역: 내담자들이 말한 것에 근거하여, 이 평가의 어떤 부분에 대해 그들이 동의하는가, 혹은 동의할 것 같은가?

동의하지 않는 영역: 그들이 어떤 부분에 대해 동의하지 않는가, 혹은 동의하지 않을 것 같은가? 이유는?

당신은 동의할 것 같지 않은 영역을 어떻게 존중하면서 작업할 계획인가?

참고문헌

Andercon, H. (1997). *Conversations, language, and possibilities.* New York: Basic.

Andercon, H., & Gehart, D. R. (Eds.). (2006). *Collaborative therapy: Relationships and conversations that make a difference.* New York: Brunner-Routledge.

Bateson, G. (1972). *Steps to an ecology of mind.* New York: Ballantine.

Bateson, G. (1979/2002). *Mind and nature: A necessary unity.* Cresskill, Nj: Hampton.

Baucom, D. H., & Epstein, N. (1990). *Cognitive-behavioral marital therapy.* New York: Brunner/Mazel.

Bertolino, B., & O'Hanlon, B. (2002). *Collaborative, competency-based counseling and therapy.* New York: Allyn & Bacon.

Carter, B., & McGoldrick, M. (1999). *The expanded family life cycle: Individuals, families, and social perspectives* (3rd ed.). New York: Allyn & Bacon.

de Shazer, J., & Combs, G. (1988). *Clues: Investigating solutions in brief therapy.* New York: Norton.

Freedman, J., & Combs, G. (1996). *Narrative therapy: The social construction of preferred realities.* New York: Norton.

Gehart, D. R., & Lyle, R. R. (2001). Client experience of gender in therapeutic relationships: An interpretive ethnography. *Family Process, 40*, 443-458.

Gergen, K. J. (1999). *An invitation to social construction.* Thousand Oaks, CA: sage.

Gottman, J. M. (1999). *The marriage clinic: A scientifically based marital therapy.* New York: Norton.

Haley, J. (1976). *Problem-solving therapy: New strategies for effective family therapy.* San Francisco: Jossey-Bass.

Hardy, K. V., & Laszloffy, T. A.(1995). The cultural genogram: Key to training culturally competent family therapists. *Journal of Marital and Family Therapy, 21*, 227-237.

Johnson, S. M. (2004). *The practice of emotionally focused marital therapy: Creating connection* (2nd ed.). New York: Brunner/Routledge.

Keeney, B. P. (1983). *Aesthetics of change.* New York: Guilford.

Kerr, M., & Bowen, M. (1988). *Family evaluation.* New York: Norton.

Kuehl, B. P. (1995). The solution-oriented genogram: A collaborative approach. *Journal of Marital and Family Therapy, 21*, 239-250.

Lambert, M. J., & Ogles, B. M. (2004). The efficacy and effectiveness of psychotherapy. In M. J. Lambert(Ed.), *Bergin and Garfield's handbook of Psychotherapy and behavior change* (5th ed., pp. 139-193). New York: Wiley.

McGoldrick, M., Gerson, R., & Petry, S. (2008). *Genograms: Assessment and intervention* (3rd ed.). New York: Norton.

Miller, S. D., Duncan, B. L., & Hubble, M. (1997). *Escape from Babel: Toward a unifying language for psychotherapy practice.* New York: Norton.

Minuchin, S.(1974). *Families and family therapy.* Cambridge, MA: Harvard University Press.

Minuchin, S., & Fishman, H. C. (1981). *Family therapy techniques.* Cambridge, MA: Harvard University Press.

O'Hanlon, W. H., & Weiner-Davis, M. (1989). *In search of solutions: A new direction in psychotherapy.* New York: Norton.

Raser, J. (1999). *Raising children you can live with: A guide for frustrated parents* (2nd ed.). Houston: Bayou.

Rubalcava, L. A., & Waldman, K. M. (2004). Working with intercultural couples: An intersubjective-constructivist perspective. *Progress in Self Psychology, 20*, 127-149.

Satir, V., Banmen, J., Gerber, J., & Gomori, M. (1991). *The Satir model: Family therapy and beyond.* Palo Alto, CA: Science and Behavior Books.

Selekman, M. D. (1997). *Soiution-focused therapy with children: Harnessing family strength for systemic change.* New York: Guilford.

Seligman, M. (2004). *Authentic happiness: Using the new positive psychology to realize your potential for lasting fulfillment.* New York: Free Press.

Selvini Paalazzoli, M., Boscolo, L., Cecchin, G., & Prata, G. (1978). *Paradox and counter-paradox.* New York: Jason Aronson.

Vishor, E., & Visher, J. (1979). *Stepfamilies: A guide to working with stepparents and stepchildren.* New York: Brunner/Mazel.

Walsh, F. (Ed.). (2003). *Spiritual resources in family therapy.* New York: Guilford.

Watzlawick. P., Weakland, J., & Fisch, R. (1974). *Change: Principles of problem formation and problem resolution.* New York: Norton.

Whitaker, C. A., & Bumberry, W. M. (1988). *Dancing with the family: A Symbolic experiential approach.* New York: Brunner/Mazel.

Whitaker, C. A., & Keith, D. V. (1981). Symbolic-experiential family therapy. In A. S. Gurman & D. P. Kniskern (Eds.), *Handbook of family therapy* (pp. 187-224). New York: Brunner/Mazel.

White, M., & Epston, D. (1990). *Narrative means to therapeutic ends.* New York: Norton.

제14장
임상 평가

2단계: 오아시스와 장애물 확인하기

사례개념화를 작성하고 나면 당신은 문제에 관련된 '큰 그림'을 잘 이해하게 되고, 내담자와 치료 여정을 시작할 준비가 되었다고 느낄 것이다. 하지만 그 전에 당신이 장애물을 피하고 쉴 곳을 파악하도록 도와주는 또 다른 유형의 평가인 임상 평가가 남아 있다. 임상 평가는 내담자의 심리역동 및 건강한 역동에 더 초점을 맞추며, 당신이 여정을 시작하면서 내담자와 더욱 효과적으로 파트너가 될 수 있는 방법에 대해 잘 이해할 수 있게 해 준다. 보통은 평가에서 사례개념화로부터 방향을 근본적으로 바꾸게 하는 정보를 얻지 못할 수도 있지만, 가끔은 그런 정보를 얻기도 하며, 그럴 때 당신은 질문하는 데 시간을 쓴 것에 감사하게 될 것이다.

임상 평가 개요

심리학, 정신의학, 정신간호, 상담, 가족치료, 사회복지를 비롯한 모든 정신건강 분야의 전문가는 임상 평가와 관련하여 공통된 기준을 공유한다.

- 내담자 안전 점검
- 치료자의 업무 범위 이외의 의료적 치료를 정당화하는 의학적 및 정신의학적 상태 점검
- 정신 상태 검사 시행과 진단
- 필요한 사회복지 서비스 의뢰를 포함하는 사례 관리

이러한 기본적인 기술은 모든 정신건강 전문가에게 요구되지만, 일반적으로 치료자들은 이 업무를 어떻게 수행할지, 즉 구조화 또는 반구조화 면접 방법, 서면 또는 구두 평가, 표준화된 또는 본래의 도구를 사용할지를 선택하는 데 있어 상당히 자유롭다. 가장 좋은 방법은 임상 장면과 내담자의 특성에 따라 다르다. 표준 업무로 간주된다 해도, 치료자들은 임상 평가와 진단에는 이점과 잠재적인 불이익이 있음을 유념해야 한다.

◎ 임상 평가와 진단의 이점

임상 평가와 진단은 치료자들이, ① 잠재적인 치료 과정을 파악하고, ② 내담자와 대중의 안전을 지키는 최선의 방법을 정하며, ③ 의뢰나 부가 서비스의 필요성을 결정하도록 돕는다. 일부 내담자의 경우, 이를 통해 진단이 유용하며 심지어 해방감을 주기까지 한다. 예를 들어, 대다수의 성적 학대 생존자는 그들이 경험하는 과민반응, 악몽, 플래시백 등의 증상이 외상후 스트레스 장애라는 증후군의 일부라는 사실을 들으면 안도한다. 그리고 이러한 상태는 좋은 예후를 낳는다. 이와 유사하게, 학습장애와 주의력결핍장애를 구별하는 것은 부모와 교사에게 도움이 될 수 있다. 대부분의 경우에 진단은 치료의 개념화에서 유용한 첫 단계이다.

◎ 임상 평가와 진단의 잠재적 위험

임상 평가와 진단의 안전성과 치료적 이점은 분명하다. 그렇다면 그것들은 어떻게 위험해질 수 있을까? 인생 대부분의 일이 그러하듯, 이 절차들은 양날의 검이다. 가장 분명한 어려움 중 하나는 사실상 객관적인 임상 정신건강 평가가 불가능하다는 것이다. 항상 방해가 되는 것이 한 가지 있는데, 바로 치료자이다!

■ 피할 수 없는 문화적 관점

각 치료자는 내담자를 고유한 관점을 통해 바라본다. 치료자로서 당신의 관점은 당신의 문화, 가치, 역사, 신념, 규범이다. 이것들은 일반적으로 우리가 누구인지를 말해 주는 것들이며, 단순히 당신 자신에 대해 '중립적'이라고 말하면서 없애 버릴 수는 없다. 사실상 대부분의 가족 모델은 중립성과 객관성이 불가능하다는 전제를 바탕으로 한다. 예를 들어, MRI와 밀라노 치료를 사용하는 체계 지향적 치료자들은 치료적 체계를 관찰자(치료자)와 관찰 대상(내담자)의 역동을 뜻하는 2차 사이버네틱 체계로 개념화한다(Keeney, 1983). 치료자들은 그들이 관찰하려고 하는 체계의 일부이기 때문에, 체계의 행동에 중요한 영향을 미친다. 더욱이 치료자들이 내담자를 묘사하기 위해 사용하는 말들은 모두 내담자의 세계관이나 인식론/존재론이 아니라 치료자의 그것에서 비롯된다. 내담자에 대한 치료자의 묘사는 내담자보다는 **치료자**에 대한 것들을 더 많이 보여 준다. 임상 평가는 치료자와 광범위한 정신건강 문화에서 관심을 집중할 만큼 '좋고' '건강하고' '소중한' 것이라며 가치를 두는 것이 무엇인지를 보여 준다.

또한 포스트모던 가족치료자들은 치료 장면에 가져오는 치료자의 관점을 예리하게 자각한다. 치료자와 내담자가 이야기를 나눌 때 두 개의 '의미의 범위' 또는 세계관들이 만난다(Gadamer, 1975). 치료자는 그들의 문화, 신념, 개성, 역사 또는 훈련받은 이론에서 벗어날 수도 없고 중립적이고 공정할 수도 없으므로 항상 그들이 서 있는 자리, 그들의 특정한 의미의 범위에서 내담자를 해석해야만 한다. 예를 들어, 보수적인 시골지역에서 자란 치료자는 도시지역 청소년의 이야기에 대하여 다양성이 있는 도시지역에 사는 치료자와는 전혀 다른 해석을 할 것이며, 이 경우 한쪽의 해석이 다른 쪽의 해석보다 반드시 '정확한' 것은 아니다. 치료자가 이런 유형의 내담자와 반복적으로 마주하면서 더 많은 편견을 가지게 될 수 있으므로, 도시 치료자의 '근접성'이 더 큰 정확성을 보장하는 것은 아니기 때문이다. 시골 출신 치료자는 자신이 타인을 해석하는 위치인 의미의 범위를 얼마나 자각하는가에 따라 더욱 '객관적'일 수도 있고 더 편향될 수도 있다.

따라서 자신의 관점과 의미의 범위를 자각하는 치료자의 능력은 타인을 더 명확하고 덜 편향되게 이해하는 능력을 높여 준다. 치료자가 되는 여정을 시작할 때, 모든 사람은 자신이 타인을 바라보는 관점에 대한 자각이 매우 제한적이다. 훈련의 목표 중 일부는 치료자로 하여금 그들이 세상을 바라보는 관점을 알 수 있도록 일깨워 주는 것이다.

또한 훈련은 초심자들에게 건강과 정상성에 관한 이론의 형태를 지닌 완전히 새로운 관점들을 제공한다. 이것은 문제가 될 수도 있는데, 특히 문화적이거나 성적인, 또는 기타 소수자처럼 다른 '규범'을 가진 사람과 작업할 때 그러하다. 내담자는 정확성에 대한 피드백을 거의 주지 않기 때문에, 치료자가 자신의 관점에 대해 예리하게 자각하지 못한다면 임상 평가는 현장에서 가장 위험한 부분 중 하나가 될 수 있다.

물론, 치료 과정 중에 치료 기법의 부적절함은 대개 즉각적으로 분명하게 드러나는데, 왜냐하면 치료자를 기쁘게 해 주려는 내담자를 제외하고는 내담자가 참여를 거부하거나 어떤 식으로든 그 의견이 마음에 들지 않는다는 신호를 보낼 것이기 때문이다. 마찬가지로 한 사람의 사례개념화가 정확하지 않다면, 내담자가 개선되지 않거나 아니면 개념화를 다듬는 데 도움이 될 새로운 정보가 나올 것이다. 사례개념화는 가족과의 상호작용을 통해 얻는 피드백을 모으고, 이 정보를 바탕으로 가설을 다듬는 가설 설정 과정이다. 그러나 임상 평가를 하면 과정을 시작하기가 더 쉽다.

가족, 문화, 사회적 지위, 기타 변인들도 '진실'이 무엇인지를 결정한다. 만약 치료자가 진실을 정확하게 판단할 수 있다고 가정하는 의학적 모델을 따른다면, 그들은 지속적으로 질문하고 진단과 정신 상태 보고서를 수정할 가능성이 적다. 이 모델은 정상 행동과 비정상 행동을 구별하기가 쉽다는 가정에 근거하는데, 이는 신체 영역에 비해 심리적 영역에서 더 어려운 일이다. 예를 들어, 음주, 수다, 호들갑 떨기, 먹기, 걱정하기, 귀신 보기와 같은 행동들은 그 사람의 가족, 문화, 사회적 지위에 따라 서로 다른 의미와 규범을 가진다. 따라서 치료자가 정신건강에 대한 명확한 규범을 가지고 시작하는 것 같아도, 내담자의 광범위한 사회적 맥락에 충분히 주의를 기울이지 못하면 정상이 끝나고 비정상이 시작되는 지점이 훨씬 덜 명확해진다.

진단명 이해하기

대부분의 치료 환경에서 치료자들이 진단을 해야 하지만, 대부분의 경우 진단은 치료의 개념화나 치료자와 내담자의 관계에서 가장 유용한 수단이 아닐 수도 있다. 체계적 치료와 포스트모던 치료 모두에서 진단은 치료를 진행하는 데 있어 가장 유용한 개념으로 간주되지 않는다. 더 분명하게 말하면 진단과 정신과적 처방은 문제에 대한 여러 설명 중 하나이다.

◎ 진단에 대한 체계적 관점

체계적 관점에서 진단은 한 사람이 자신의 현재 관계망에서 균형을 유지하기 위해 취하는 행동을 설명한다. 다른 상황이 주어지면 그 사람은 다른 행동, 사고, 감정을 가질 가능성이 있다. 따라서 진단은 전통적인 의학 모델에서처럼 질병이나 타고난 개인적 현상으로 간주되지 않는다. 이는 신경학적인 변화가 발생하지 않는다거나 약물이 불필요하다는 의미가 아니다. 생리학은 상호의존적이고 상호 강화하는 체계에서 환경과 상호작용한다. 우울증이 체계의 균형을 유지하는 한 부분일 때, 우울한 사람은 우울증의 신경학적 증상을 발달시킬 가능성이 높다.

◎ 진단에 대한 포스트모던 관점

포스트모던 치료자들은 진단에 대해 회의적이다. 왜냐하면 진단은 내담자들이 자신들의 강점, 회복탄력성, 역량을 감추기 위해 자신의 정체성에 영향을 미치는 꼬리표가 되기 때문이다(Gergen, Anderson, & Hoffman, 1996). 내담자들이 일단 진단명을 받으면 이 관점을 통해 미래 행동과 사건들을 해석하고 자기 충족적 예언을 만들어 내는 경향이 있다. 예를 들어, 한 아동이 ADHD 진단을 받으면 부모, 교사, 아동은 아이의 과잉행동과 주의력결핍에 대해서만 초점을 맞추고, 동생을 잘 가르치거나 음악적 재능이 있거나 가족을 배려하는 사실과 같이 진단명의 예외가 되는 아동의 정체성 요소를 놓치는 협소한 시야를 갖는 경향이 있다.

◎ 진단에 대한 일반적인 가족치료 접근

정신건강 진단에 관한 포스트모던 관점과 체계적 관점 간에는 어느 정도 차이가 있긴 하지만, 진단이 치료자가 내담자를 효과적으로 치료하는 데 가장 적은 도움이 되는 부분을 강조할 수 있다는 점에서 대체로 의견이 일치한다. 치료자가 정신의학적 증상과 분류 코드에 중점을 두면, 가족치료와 밀접하게 연관된 모델을 사용하여 변화를 일으킬 가능성은 적다. 그러나 가족치료자들이 진단과 의학 모델을 완전히 피해야 한다는 의미는 아니다. 대신 그들은 진단에 대해 가족치료자들이 '여러 의견 중 하나'라고 말하는 적절한 자리를 찾아야 한다.

체계적 접근으로 작업하든 포스트모던 접근으로 작업하든 간에 대부분의 가족치료자는 문제에 대한 다양한 설명을 중요시한다. 예를 들어, 밀라노와 MRI 체계적 접근에서는 가족 역동에 대한 가설을 세우기 위해 문제에 대한 각 가족 구성원의 묘사를 활용한다(Selvini Palazzoli, Boscolo, Cecchin, & Prata, 1978; Watzlawick, Weakland, & Fisch, 1974). 유사하게 협동치료에서는 새로운 가능성과 이해의 생성을 촉진하기 위해 문제에 대한 다양하고 상반되는 묘사가 공존하도록 허용한다(Anderson, 1997). 따라서 각각의 문제 묘사는 관계망과 사회적 담론에 따라 달라지는 수많은 '진실' 중 하나로 간주되며, 각각이 독립된 진실은 아니다. 예를 들어, 한 사람이 일정한 시기에 한 명 이상의 문제에 대한 묘사를 근거로 주요 우울장애의 진단기준을 충족할지라도 그 진단은 전통적인 의학에서 존재할 것 같은 고정되거나 본질적인 진실을 말하는 것이 아니다. 대신 가족치료자들은 그 사람으로 하여금 이 진단을 받게 한 증상, 감정, 행동이 그 사람의 관계에서 생성한 의미를 바탕으로 변화시켜야 할 대상임을 인정한다.

또한 진단의 중요성은 항상 다른 관점보다 더 중요하게 고려되는 것이 아니라 내담자마다 다양하다. 진단은 대화에서 하나의 의견이며, 내담자와 치료자가 마음껏 의문을 품고 시도해 보면서 개선할 수 있는 하나의 설명이다. 치료자, 외부 전문가, 내담자는 대화에서 의학 연구와 지식을 말할 수도 있지만, 그들은 결코 이 의학지식을 지지하거나 지지하지 않을 수 있는 내담자나 치료자의 의견과 독특한 경험을 감추는 데 사용하지 않는다. 일부 경우에는 치료 초기에 잘 맞는 진단이 순식간에 그 의미를 잃는다. 다른 경우에 내담자는 목표, 희망, 꿈과 함께 앞으로 나아가기 위하여 진단적 설명을 활용한다. 치료자의 과제는 치료자의 철학을 바탕으로 동일한 진단명을 고집하지 않고, 회기에서 진단을 광범위하게 활용하는 가능성을 허용하는 데 유연해지는 것이다.

◎ 동등한 진단과 동등하지 않은 진단

Paul Wellstone과 Pete Domenici의 「정신건강 동등성 및 중독 형평성 법안(Paul Wellstone and Pete Domenici Mental Health Parity and Addiction Equity Act)」은 2008년 경제 안정화 법안의 일부로 통과되었다. 이 법안은 보험회사에게 정신건강 및 약물 남용 장애에 대해 다른 생리학적 장애와 동일한 방식으로 보상할 것을 요구하며, 이는 그들이 정신과적 문제를 건강보험의 일부로 다뤄야 한다는 의미이다. 이 법안이 통과되기 전에는 약 30개 주에 정신건강 동등성 법이 있었다. 2008년에 통과된 연방법보다 더 포괄적인 경향이 있는 이 법들은 동등한 진단과 동등하지 않은 진단을 구분한다. 내담자가 동등한 정신건강 진단법으로 진단되면, 의료 보험은 생리학적 장애와 동일하게 보상해야 한다. 이는 회기 수는 보건기구의 방침에 따른 활동이므로 인위적으로 제한될 수 없으며, 공동 지급은 생리학적 진단의 경우와 동일하게 이뤄져야 한다는 의미이다. 일반적으로 동등한 진단은 심각한 정신건강장애를 포함하며 보험사 공동 지급 및 보상이 적용되려면 축 I의 주 진단을 받아야 한다. 이러한 심각한 장애는 주로 다음을 포함한다.

- 거식증 및 폭식증
- 양극성 장애
- 주요 우울장애
- 강박장애
- 공황장애
- 전반적 발달장애
- 조현정동장애
- 조현병
- 아동기 정신건강장애(적응장애 포함)

◎ 회복 모델과 진단

국제적인 운동인 회복 모델은 정부재정지원 기관이 진단과 정신 질환을 어떻게 바라보는지를 빠르게 조정하고 있다(Fisher & Chamberlin, 2004; Gehart, 2012a, 2012b; Onken, Craig, Ridgway, Ralph, & Cook, 2007; Repper & Perkins, 2006). 1930년대의 소비자 자조(self-help)에 기원을 두고 있는 회복운동은 1990년대의 재활 및 약물 남용 전문가와 2000년 이후의 정신건강 정책 입안자의 관심을 사로잡았으며, 대부분의 제1세계 국가에서 정식으로 채택되었다. 미국에서는 2002년 정신건강에 관한 새로운 자유 연대(New Freedom Commission on Mental Health)가 회복의 패러다임을 사용한 국가정신건강 체계의 전환을 제안하였고, 2004년에는 미국 보건복지부가 전국적 회복 캠페인을 시작했다(Fisher & Chamberlin, 2004; U.S. Department of Health and Human Services, 2004). 2008년 캘리포니아 부부 및 가족 치료(Marriage and Family Thrapy: MFT) 자격위원회는 가족치료자들이 오늘날의 공중정신보건 체계에서 일하도록 준비시키기 위해 부부 및 가족 치료 교육 과정에 회복 모델을 포함하게끔 개정하였다. 그렇다면 회복 모델은 무엇이고 왜 이렇게 인기가 많을까?

1990년대 세계보건기구는 놀라운 결과를 보여 준 심각한 정신질환 회복에 관한 국가 간 연구 결과를 발표하였다. 심각한 정신질환(예: 조현병, 양극성 장애, 약물 남용)으로 진단받은 환자의 28%는 완전히 회복하였고, 52%는 사회 복귀(예: 직장에 복귀할 수 있거나, 만족스러운 가족 관계를 맺고 있고, 교도소를 드나들지 않는 등)를 보고하였다(Ralph, 2000). 이와 유사하게 Jaakko Seikkula(2002)와 그의 동료들(Haarakangas, Seikkula, Alakare, & Aaltonen, 2007)은 정신증적 증상이 있는 내담자를 치료하기 위해 회복 모델과 유사한 원리의 협동치료 접근인 열린 대화 접근법을 사용하여 더 놀라운 결과를 보여 주었다. 초발 정신증 환자의 83%는 직장으로 복귀하였고, 77%는 2년간의 치료 후에 어떠한 정신증적 증상도 남아 있지 않았다. 이러한 결과는 심각한 정신병의 유전적이고 생물학적인 성향은 의미 있는 회복을 불가능하게 한다는 의학적 모델의 가정에 부합되지 않는다. 따라서 회복 모델은 단순히 정신건강 진단과 관련한 증상을 줄이는 것이 아니라 내담자를 풍성하고 의미 있는 삶으로 이끌도록 돕는 것이며, 가족치료에 동조하는 관점이자 병리학을 강조하는 의학적 모델과 가족

치료 간의 불편한 관계를 상기시키는 관점이다.

미국 보건복지부(2004)는 회복을 '정신건강 문제를 지닌 사람이 자신의 모든 잠재력을 발휘하려고 노력하면서 스스로의 선택으로 지역사회에서 의미 있는 삶을 살 수 있게 하는 치유와 전환의 여정'으로 정의한다(p. 2). 회복 모델은 의학 모델보다 장애의 사회적 모델을 사용한다. 따라서 회복 모델은 진단명을 중요하게 여기지 않고 가족치료 접근의 특징인 심리사회적 기능을 강조한다. 정신건강 회복에 관한 국가 합의문(National Consensus Statement on Mental Health Recovery)은 회복의 열 가지 근본 요소를 포함한다(U. S. Department of Health and Human Services, 2004).

- **자기 지시**: 소비자(내담자)는 자신의 치료와 회복 경로에 대한 선택권이 있다.
- **개별화 및 인간 중심**: 회복 경로는 개인의 독특한 강점, 회복탄력성, 선호, 경험, 문화적 배경을 바탕으로 개별화된다.
- **역량 강화**: 소비자들은 다양한 선택사항 중에서 선택하면서 의사결정에 참여할 권한이 있으며, 전문적 관계는 의사결정과 적극성을 촉진한다.
- **총체적**: 회복은 마음, 신체, 영성, 지역사회 등 인생의 모든 측면을 포함한다.
- **비선형**: 회복은 단계적인 과정이 아니라 성장과 퇴행을 포함하는 발달 과정이다.
- **강점기반**: 회복은 강점, 회복탄력성, 능력을 중요시하며 이를 구축하는 데 중점을 둔다.
- **동료 지지**: 소비자들은 회복을 추구하면서 다른 소비자들과 관계 맺도록 권장된다.
- **존중**: 회복하기 위해서는 소비자들이 전문가, 지역사회, 기타 체계들로부터의 존중을 경험해야 한다.
- **책임감**: 소비자들은 개인적으로 본인의 회복과 자기 관리에 대한 책임이 있다.
- **희망**: 회복은 자신에 대한 신념과 어려움을 감내할 의지를 필요로 한다.

이러한 요소들은 많은 가족치료 이론에서 주도적인 역할을 하며, 특히 해결중심치료들(내담자 강점, 역량 강화, 희망을 강조하는 치료), 협동치료('내담자를 전문가로' 바라보는 개별화되고 내담자 지시적인 치료), 이야기치료(사람을 문제와 분리된 것으로 보며, 사회적 낙인, 동료 지지를 다루는 치료)와 같은 포스트모던 접근들(제9장과 제10장)이 그러하다. 전문가 역할은 줄이고 내담자들이 의미 있는 삶을 살아가도록 돕기 위해 내담자의 강점을 활용하는 회복운동 접근은 심각한 정신질환을 진단받은 내담자와 작업하는 여러 가족치료 접근과 잘 맞는다. 진단은 여전히 나름의 역할이 있지만, 가족치료 모델과 회복 모델은 둘 다 진단이 치료에서 가장 유용한 원동력은 아니라고 가정한다. 그보다는 질 높은 삶에 대한 내담자의 동기가 치료 과정을 이끈다고 말한다.

임상 평가에 대한 가족치료 접근

◎ 진단적 면담과 정신 상태 검사

정식 임상 환경에서는 치료자들이 주로 정신 상태 검사(MSE)로 불리는 구조화된 면접을 실시하도록 요청받는다. 의학 모델에 근거하여 이 검사들은 대부분의 가족치료에서 보이는 것보다 위계적이고 거리를 두는 치료적 관계를 요구한다. 이러한 변화는 내담자와 치료자 모두에게 혼란을 주며 공감적이거나 평등한 치료적 관계를 요구하는 이후의 개입을 방해할 수 있다. 이상적으로, 가족치료자들은 치료 기간에 사용하고자 하는 유형의 치료적 동맹을 보호하는 정신 상태 검사를 수행하기 위한 전략을 개발한다.

◎ 임상 평가에 대한 가족치료 접근

가족치료 방법의 수많은 사례개념화 기법은 비판단적이고 공감적인 강력한 치료적 동맹을 보호하는 동시에 임상 평가를 제공한다. 대체로 임상 평가를 하는 두 가지 접근으로 체계적 접근과 포스트모던 접근이 있다.

◎ MSE에 대한 체계적 접근

내담자의 정신 상태를 평가하고 진단을 내리는 체계적 접근은 두 가지 체계적 기법을 결합하여 사용한다. ① 문제 평가(Watzlawick, Weakland, & Fisch, 1974)와 ② 순환적 질문(Selvini Palazzoli, Boscolo, Cecchin, & Prata, 1978)이 포함된다.

제4장에서 소개한 것처럼, **체계적 문제 평가**는 체계가 정상 혹은 항상성을 회복할 때까지 초기 항상성에서부터 증상의 단계적 확대(긍정적 피드백 고리)의 상호작용을 추적하는 것이다. 이 평가는 다음을 설명한다.

① 초기 항상성(문제가 발생하기 전에 무슨 일이 있었는가)
② 체계에서 문제 확대를 시작하는 촉발사건
③ 첫 번째 사람의 행동 반응
④ 첫 번째 사람에 대한 두 번째(그리고 추가적인) 사람의 행동 반응
⑤ 두 번째 사람에 대한 첫 번째 사람의 반응
⑥ 증상이 사라지고 '정상성' 또는 '항상성'이 어느 정도 회복될 때까지 사람들 사이에서 일어나 주고받는 상호작용

치료자들은 주기의 각 단계에서 각 개인의 증상에 대해 질문하기 위해 **순환 질문**을 변형하여 사용할 수 있다.

체계적 임상 평가 질문

- 사건들 주기의 각 단계 동안 당신의 기분을 묘사해 보세요. 각 단계에서 다른 사람의 기분을 묘사해 보세요. 둘을 비교하면 어떤가요?
- 이 주기가 당신의 수면이나 식사 패턴에 영향을 주나요? '정상'인 때와 비교했을 때 어떤가요?
- 이 주기 동안 당신은 공황을 느끼거나, 타인이 보지 않는 것들을 보거나, 자기 자신이나 상황과 분리되었다고 느끼거나, 반복적인 행동이나 생각을 하는 것 같은 특이한 사고 또는 경험을 하나요? 이러한 종류의 일들이 문제적 사건의 주기 이외에서도 발생하나요?
- 상황이 통제를 벗어났다고 느낄 때 당신은 기분을 조절하려고 알코올, 약물, 또는 다른 것들을 사용해 본 적이 있나요? 그 밖에 다른 것이 있나요?
- 언제라도 당신 자신 또는 다른 사람들을 상처 입히는 생각을 한 적 있나요? 과거에 이런 생각을 한 적이 있나요? 사건이 확대되는 동안에 그러한 감정이 더 강해지거나 약해지나요?
- 감정을 조절하기 위해 자신에게 신체적 고통을 가한 적 있나요? 그런 생각을 해 본 적 있나요? 이러한 생각은 언제 가장 강해지고 언제 가장 약해지나요?
- 당신 또는 이 주기에 연관된 다른 사람이 신체적 폭력 또는 정서적 학대를 가한 적이 있나요? 당신이 묘사하는 문제적 주기 동안 그것이 더 악화되거나 더 나아지나요?
- 어린 시절 성적 · 신체적 · 정서적 학대나 방치를 당한 적이 있나요? 당신은 이 경험들이 현재의 문제적 행동 주기에 영향을 미친다고 생각하나요?
- 당신은 성인이 되어 신체적 또는 성적 폭력이나 학대를 경험한 적이 있나요? 당신은 이 경험들이 현재의 문제적 행동 주기에 영향을 미친다고 생각하나요?
- 당신이 묘사하는 문제적 주기에 영향을 미칠 수 있는 의학적 또는 신체적 문제가 있나요?

■ MSE의 포스트모던 접근

포스트모던 관점에서 정신 상태 검사는 문제에 대한 내담자의 설명과 지각을 존중하는 것을 포함한다. 이야기치료자들은 정신 상태 검사에 대한 정보를 얻고 진단을 내리기 위해 문제와 사람의 영향에 대해 도식화하는 기법(White & Epston, 1990, 제10장 참조)을 쉽게 적용할 수 있다. 문제의 영향을 도식화하기는 다음과 같다.

① 개인적 · 관계적 · 사회적 · 영적 기능의 영역에서 **사람에 대한 문제**의 영향을 도식화하기.
② 개인적 · 관계적 · 사회적 · 영적 기능의 영역에서 **문제에 대한 사람**의 영향을 도식화하기.

치료자들은 다음과 같은 질문을 통해 진단에 필요한 정보를 수집할 수 있다.

임상 평가에 대한 포스트모던 접근

⦿ 문제의 영향 도식화하기

- 그 문제가 당신과 그 문제에 관계된 다른 사람들에게 어떠한 영향을 미치나요? 다음에서 변화가 있나요?
  - 기분
  - 식사와 수면
  - 공황, 걱정, 강박적 사고
  - 다른 사람들이 보거나 듣지 못하는 것을 보거나 들음
  - 음주 또는 약물 사용
  - 자신 또는 타인을 해치는 사고
  - 손목 긋기 또는 기타 자해 행동
- 자신 또는 타인의 폭력 행동
- 그 상황에 영향을 미칠만한 아동기 또는 성인기의 성적·신체적·정서적 학대 이력이 있나요?
- 그 문제는 당신의 집, 직장, 학교, 확대가족, 사회적 모임에서의 관계에 어떠한 영향을 미치나요?
- 그 문제는 당신의 사회적 활동 참여에 어떠한 영향을 미치나요?
- 그 문제는 당신의 영적 생활 또는 신념에 어떠한 영향을 미치나요?

⦿ 사람의 영향 도식화하기

- 당신은 문제의 수명에 어떠한 영향을 미칠 수 있었나요? 즉, 당신이 방금 말한 일이 악화되지 않도록 어떻게 막을 수 있었나요?
- 그 문제가 당신의 기분, 사고, 식사, 수면, 음주, 또는 기타 기능 영역을 완전히 바꾸지 못하도록 할 수 있었던 적이 있나요?
- 문제로부터 영향을 받지 않도록 당신의 관계를 보호할 수 있었던 적이 있나요?
- 문제가 있음에도 당신의 정상적인 사회생활을 지속할 수 있었던 적이 있나요?
- 문제의 존재와 함께 영성을 유지할 수 있었던 방법이 있나요?

◎ 서면 평가 선택사항

회기 중 대화를 사용하는 것 외에도 치료자들은 서면으로 추가적인 정보를 얻을 수 있다. 서면 평가에는 두 가지 일반적인 형태가 있다.

① 정식 평가 도구(예: Beck 우울 척도, 증상 척도)

② 약식 평가 및 내담자의 자기 보고 이력(예: 접수양식)

■ 정식 서면 평가

정식 서면 평가는 치료자들이 내담자의 기능에 대한 더 객관적인 평가를 얻을 수 있도록 표준화되었다. 이 도구들은 연구를 통해 신중하게 개발되었기 때문에 대체로 간이 평가보다 더 정확한 것으로 간주된다. 특히 정식 서면 평가는 다음과 같은 상황에서 유용하다.

- 내담자가 더 심각하거나 다양한 증상을 보임.
- 치료자가 차별적인 진단을 내려야 함.
- 내담자가 기대만큼 치료에 반응하지 않음.
- 내담자가 정식 서면 평가 도구의 인구 통계학적 특성에 부합됨(대부분은 다양한 인구에 대한 규준이 불충분함).

■ 장점과 단점

이러한 종류의 평가의 장점과 단점은 다음 표에 제시되어 있다.

>>> 정식 평가의 장점과 단점

장점	단점
• 약식 척도보다 더 정확할 가능성이 높음. • 객관적인 방식으로 정보를 얻을 수 있음. • 전국 규준과 비교할 수 있음. • 심각한 병리에 유용함.	• 비쌈. 대부분 각 검사 당 비용과 실시 시간이 요구됨. • 더욱 많은 시간을 필요로 함. • 개선된 결과와 명확하게 연결되지 않음. • 대개의 경우 간이 평가와 진단을 바꾸지 못함. • 치료자의 이론적 지지와 부합되지 않거나 지지하지 않을 수 있음.

■ 정식 평가 선택사항

치료자들은 정식 임상 평가에 대해 수백 가지의 선택사항을 가지고 있다. 비용 문제 때문에 대부분은 고용 현장에서 제공되는 검사만 사용한다. 좀 더 일반적인 평가들은 다음을 포함한다.

- **미네소타 다면적 인성 검사(MMPI-2)**: MMPI는 중등도부터 심각한 병리를 진단하는 데 가장 많이 사용되는 임상 평가 도구이다. 이 검사는 567개의 네/아니요 문항으로 구성되어 있으며, 작성하는 데 1~2시간 정도 소요된다. 성인 버전과 청소년 버전이 있다. MMPI는 병원 장면과 범죄심리학에서 가장 많이 사용된다. www.pearsonassessments.com에서 더 많은 정보를 얻을 수 있다.
- **Beck 우울 척도(BDI) 및 관련 척도**: BDI는 13세 이상인 내담자의 우울 수준을 평가하며, 21개의 문항으로 이루어진 자기 평가 척도이다. 이 검사는 실시하기에 빠르고 쉽기 때문에 자주 사용되는 검사 중 하나이다. 또한 Beck은 불안, 자살경향성, 절망, 강박증을 평가하는 유사한 척도를 개발했다. www.harcourtassessment.com에서 더 많은 정보를 얻을 수 있다.
- **미시간 알코올 중독 선별 검사(MAST)**: MAST는 음주 문제를 선별하는 자기 보고식 도구로 22개의 문항으로 이루어졌다. Beck과 마찬가지로 평가 도구는 실시하기에 빠르고 쉽다. 이 검사는 다양한 웹사이트에서 무료로 다운받을 수 있다(간단하게 구글에서 Michigan Alcoholic Screening Test를 검색해 볼 것).

- **상담 성과 질문지(Outcome Questionnaire)**: 상담 성과 질문지는 10개, 30개, 45개의 문항으로 이루어진 성인 버전과 청소년 버전이 있다. 긴 문항 버전은 보다 자세한 정신건강 증상 평가를 제공한다. 이 검사는 간결하여 외래환자 장면에서 많이 쓰인다. 더 많은 정보를 www.pearsonassessments.com에서 얻을 수 있다.
- **간이정신진단검사(Symptom Checklist 90)**: 간이정신진단검사는 정신건강 증상 및 강도(경미한, 중간, 심각한)를 평가하는 90개의 문항으로 이루어져 있다. 이 검사는 13세 이상의 사람들을 위해 만들어졌으며 작성하는 데 12~15분 정도 소요된다. 더 많은 정보는 www.pearsonassessment.com에서 얻을 수 있다.

■ 약식 서면 평가: '접수양식'

사실상 모든 전문적 치료 장면에서 내담자들은 내담자 정보 양식(이 장 마지막의 예시 참조)과 같은 서면 평가를 작성하도록 요청받는다. 이 양식들은 표준화되지 않았기 때문에 약식으로 간주된다. 그렇지만 일부 내담자는 회기에서 드러내지 않았던 정보를 이 양식에 드러낸다(Gottman, 1999). 그 반대일 수도 있으며, 서면에서 덜 드러날 수도 있다. 무엇을 더 안전하게 느끼는지는 내담자마다 다르다. 가능하면 이 양식들은 내담자가 꼼꼼히 읽고 정보를 모아서 양식을 작성할 시간을 가지도록, 첫 회기 시작 전 웹사이트나 메일을 통해 내담자가 이용할 수 있어야 한다. 특히 약물치료와 복용량과 같은 구체적인 정보를 내담자가 제공해야 할 경우에는 집에서 양식을 작성해 올 때 치료자들에게 정확한 정보를 줄 가능성이 더 높다.

■ 장점과 단점

정식 평가처럼 약식 평가도 장점과 단점이 있다.

>>> 약식 평가의 장점과 단점

장점	단점
• 저렴함. • 소요시간이 짧음. • 대부분의 외래 환자 사례에서 효과적인 치료로 충분함. • 표준화된 도구에 비해 다양한 내담자들에게 적합할 가능성이 높음. • 치료자의 치료적 접근에 쉽게 적용할 수 있음.	• 전국적 규준이 없음. • 치료자의 기술에 따라 효과가 크게 좌우됨. • 미묘한 임상적 주제를 포착하기 어려움. • 정확도가 내담자의 정직함과 기억에 의존함.

■ 공통 정보

약식 평가는 주로 다음과 같은 정보를 수집한다.

- 이름, 주소, 휴대 전화 번호, 생년월일, 직업, 학년/학교

- 증상과 호소 문제 목록
- 치료 목표와 사회적/개인적 자원 목록
- 개인과 가족의 이전 심리치료 경험
- 개인과 가족의 자살 및 살인 사고 이력
- 개인과 가족의 질병과 약물치료 목록
- 개인과 가족의 가정 폭력 및 폭행을 포함한 성적·신체적·정서적 학대 이력
- 개인과 가족의 알코올과 약물 사용 이력
- 개인과 가족의 법적, 직장, 기타 사회적 문제

■ 임상 평가 양식 예시

이 장에서 임상 평가는 대부분의 외래 환자 임상 평가에서 공통되는 내용을 포함한다. 내담자 정보, 주호소 문제, 정신 상태, 진단(약물치료 정보 포함), 위험 평가, 사례 관리(예후 포함) 그리고 평가에 대한 평가가 있다. 다음은 임상 평가 양식의 예시이다.

임상 평가

<table>
<tr><td>내담자 ID #: (이름을 쓰지 말 것):</td><td>인종</td><td>주요 언어
☐ 영어 ☐ 스페인어
☐ 기타: ______</td></tr>
<tr><td colspan="3">참여자/중요한 타인을 모두 기록할 것: 확인된 환자(IP)는 [★], 참여할 중요한 타인은 [✔], 참여하지 않을 중요한 타인은 [X] 표시할 것.</td></tr>
<tr><td colspan="2">성인: 나이, 직업/고용주
[ ] AM*:
[ ] AF:
[ ] AF/M #2: ________</td><td>아동: 나이, 학교/학년
[ ] CM__: ________
[ ] CF__: ________
[ ] CF/M#2: ________</td></tr>
<tr><td colspan="3">주호소 문제</td></tr>
<tr><td>☐ 우울증/절망
☐ 불안/걱정
☐ 분노 문제
☐ 상실/비애
☐ 자살 사고/시도
☐ 성적 학대/강간
☐ 알코올/약물 사용
☐ 섭식 문제/장애
☐ 직업 문제/실직</td><td>☐ 부부 문제
☐ 부모/자녀 갈등
☐ 배우자 폭력/학대
☐ 이혼 적응
☐ 재혼 적응
☐ 성적 취향/친밀감 문제
☐ 주요 삶의 변화
☐ 법적 문제/보호 관찰
☐ 기타: ______</td><td>아동에 대해 기록
☐ 학업 실패/성적 하락
☐ 무단결석/가출
☐ 또래와의 싸움
☐ 과잉행동
☐ 유뇨/유분증
☐ 아동 학대/방임
☐ 고립/철회
☐ 기타: ______</td></tr>
</table>

(다음)

* 약어: AF: 성인 여성, AM: 성인 남성, CF#: 여자아이와 나이(예: CF12), CM#: 남자아이와 나이, Dx: 진단, IP: 확인된 환자, Hx: 이력, GAF: 전반적 기능 평가, GARF: 전반적 관계 기능 평가, NA: 해당 없음.

IP의 정신 상태		
대인관계 문제	☐ NA	☐ 갈등 ☐ 밀착 ☐ 고립/회피 ☐ 정서적 단절 ☐ 사회 기술 부족 ☐ 부부 문제 ☐ 또래 문제 ☐ 업무상 문제 ☐ 지나치게 수줍음 ☐ 이기적 ☐ 관계 구축/유지 어려움 ☐ 기타: ______
기분	☐ NA	☐ 우울/슬픔 ☐ 절망감 ☐ 두려움 ☐ 불안 ☐ 분노 ☐ 짜증 ☐ 조증 ☐ 기타: ______
정동	☐ NA	☐ 위축된 ☐ 무딘 ☐ 생기 없는 ☐ 불안정한 ☐ 극적인 ☐ 기타: ______
수면	☐ NA	☐ 수면과다증 ☐ 불면증 ☐ 수면 방해 ☐ 악몽 ☐ 기타: ______
섭식	☐ NA	☐ 증가 ☐ 감소 ☐ 식욕감퇴 ☐ 폭식 ☐ 하제 사용 ☐ 신체 이미지 ☐ 기타: ______
불안 증상	☐ NA	☐ 만성 근심 ☐ 공황발작 ☐ 해리 ☐ 공포증 ☐ 강박사고 ☐ 강박행동 ☐ 기타: ______
트라우마 증상	☐ NA	☐ 급성 ☐ 만성 ☐ 과각성 ☐ 꿈/악몽 ☐ 해리 ☐ 정서적 마비 ☐ 기타: ______
정신증적 증상	☐ NA	☐ 환각 ☐ 망상 ☐ 편집증 ☐ 연상 이완 ☐ 기타: ______
운동 활동/말하기	☐ NA	☐ 에너지 부족 ☐ 활동적/과잉행동 ☐ 불안한 ☐ 부주의한 ☐ 충동적인 ☐ 병적 수다 ☐ 말이 느린 ☐ 기타: ______
사고	☐ NA	☐ 집중력/주의력 저하 ☐ 부정 ☐ 자기 비난 ☐ 타인 비난 ☐ 반추 ☐ 부적절한 ☐ 비논리적인 ☐ 경직된 ☐ 낮은 통찰력 ☐ 의사결정능력 손상 ☐ 혼란스러운 ☐ 느린 처리 ☐ 기타: ______
사회 법률	☐ NA	☐ 규칙 무시 ☐ 반항 ☐ 도벽 ☐ 거짓말 ☐ 울화 행동 ☐ 체포/수감 ☐ 싸움을 일으킴 ☐ 기타: ______
기타 증상	☐ NA	

IP에 대한 진단
진단을 내릴 때 고려되는 환경적 요인: ☐ 나이 ☐ 성별 ☐ 가족 역동 ☐ 문화 ☐ 언어 ☐ 종교 ☐ 경제 ☐ 이민 ☐ 성적 취향 ☐ 트라우마 ☐ 이중 진단/동반질환 ☐ 중독 ☐ 인지 능력 ☐ 기타: ______ 확인된 요인들의 영향력: ______

(다음)

<table>
<tr><td>
축 I
주 진단: ____________
부수적 진단: ____________
축 II: ____________
축 III: ____________
축 IV
☐ 주요 지지 집단/사회 환경과의 문제
☐ 직업 문제
☐ 학교/교육 관련 문제
☐ 경제 문제
☐ 주거 문제
☐ 건강관리서비스 이용 문제
☐ 법률 체계와의 상호작용 관련 문제
☐ 기타 심리사회적 문제
축 V
GAF: ____________
GARF: ____________
의학적 원인은 배제되었는가?
☐ 네 ☐ 아니요 ☐ 진행 중
환자가 정신과적/의학적 평가가 의뢰된 적이 있는가?
☐ 네 ☐ 아니요
환자가 의뢰에 동의하였는가?
☐ 네 ☐ 아니요 ☐ NA
평가에 사용된 심리측정 도구 혹은 자문을 열거할 것
☐ 없음 또는 ____________
</td><td>
축 I 진단의 DSM 증상을 열거할 것(각 증상의 빈도와 지속 기간 포함). 내담자는 축 I의 주 진단의 5개 진단기준 중 5개를 충족함.
1. ____________
2. ____________
3. ____________
4. ____________
5. ____________
6. ____________

약물치료(정신 의학 & 의학)
복용량/복용 시작 날짜
☐ 처방받지 않음
1. ________ / ______ mg ______
2. ________ / ______ mg ______
3. ________ / ______ mg ______

진단에 대한 내담자의 반응
☐ 동의 ☐ 다소 동의 ☐ 동의하지 않음
☐ 다음의 이유로 알리지 않음:
____
____
</td></tr>
<tr><td colspan="2">
의학적 필요성(해당되는 것에 모두 체크할 것)
☐ 심각한 손상 ☐ 심각한 손상 가능성 ☐ 발달 지체 가능성

손상 영역: ☐ 일상 활동 ☐ 사회적 관계 ☐ 건강 ☐ 직장/학교 ☐ 거주 형태
☐ 기타: ____________
</td></tr>
<tr><td colspan="2">위험 평가</td></tr>
<tr><td>
자살 경향
☐ 징후 없음
☐ 부정
☐ 적극적인 사고
☐ 소극적인 사고
☐ 계획 없는 의도
☐ 수단 있는 의도
☐ 과거 자살 사고
☐ 과거 자살 시도
☐ 자살한 가족/동료 이력
</td><td>
살인 경향
☐ 징후 없음
☐ 부정
☐ 적극적인 사고
☐ 소극적인 사고
☐ 수단 없는 의도
☐ 수단 있는 의도
☐ 과거 살인 사고
☐ 과거 폭력
☐ 폭행/행패 이력
☐ 동물 학대
</td></tr>
</table>

(다음)

약물 사용 경험	성적 · 신체적 학대와 기타 위험 요인
알코올 남용 ☐ 징후 없음 ☐ 부정 ☐ 과거 ☐ 현재 빈도/양: ______ 약물 ☐ 징후 없음 ☐ 부정 ☐ 과거 ☐ 현재 약물: ______ 빈도/양: ______ ☐ 가족/중요한 타인의 약물 남용	☐ 현재 학대 이력이 있는 아동 ☐ 성적 ☐ 신체적 ☐ 정서적 ☐ 방임 ☐ 아동기 학대 이력이 있는 성인 ☐ 성적 ☐ 신체적 ☐ 정서적 ☐ 방임 ☐ 성인기에 학대/폭행 경험이 있는 성인 ☐ 성적 ☐ 신체적 ☐ 현재 ☐ 학대를 가한 이력 ☐ 성적 ☐ 신체적 ☐ 노인/보살핌이 필요한 성인 학대/방임 ☐ 거식증/폭식증/기타 섭식장애 ☐ 자상 또는 기타 자해 ☐ 현재 ☐ 과거 방법: ______ ☐ 범죄/법적 이력: ______ ☐ 보고된 바 없음

안전 지표: ☐ 강력한 지지를 제공하는 최소 한 명의 외부인 ☐ 자신/타인을 해치지 않을 이유와 살아야 할 구체적인 이유를 언급할 수 있음 ☐ 희망적임 ☐ 미래의 목표가 있음 ☐ 위험한 물건들을 처분할 의사가 있음 ☐ 상황을 악화시키는 사람들과의 접촉을 줄일 의지가 있음 ☐ 안전 계획과 안전 개입을 이행할 의지가 있음 ☐ 자해하거나 타인을 해치는 것의 대안들을 개발함 ☐ 안전이 유지된 기간: ______ ☐ 기타: ______

안전 계획 요소: ☐ 해치지 않겠다는 구두 계약 ☐ 해치지 않겠다는 서면 계약 ☐ 비상연락망 ☐ 위기 상담사/기관 연락처 ☐ 약물치료 관리 ☐ 위기 시에 친구들/지지적인 사람들과 연락하기 위한 구체적인 계획 ☐ 위기 시에 갈 장소에 대한 구체적인 계획 ☐ 위기 단계에 도달하기 전에 위험을 줄이기 위한 구체적인 자기진정 과제 (예: 일기 쓰기, 운동 등) ☐ 스트레스 요인을 줄이기 위한 구체적인 매일/주간 활동 ☐ 기타: ______

메모: 법적/윤리적 조치: ☐ NA ______

사례 관리

날짜	양식	내담자가 다른 곳에서 정신건강 또는 기타 의학적 치료를 받고 있는가?
첫 방문: ______ 마지막 방문: ______ 회기 빈도 ☐ 주 1회 ☐ 격주 ☐ 기타: ______ 예상 치료 기간: ______	☐ 성인 개인 ☐ 아동 개인 ☐ 부부 ☐ 가족 ☐ 집단 ______	☐ 아니요 ☐ 네: ______ 아동/청소년의 경우: 가족이 참여하는가? ☐ 네 ☐ 아니요

환자 의뢰 및 전문가 연락

사회복지사와 연락한 적이 있는가?

☐ 네 ☐ 아니요

설명: ______ ☐ NA

내담자가 의학적 평가에 의뢰된 적이 있는가?

☐ 네 ☐ 필요 없음

(다음)

내담자가 정신의학적 평가에 의뢰된 적이 있는가?
☐ 네(내담자가 동의함) ☐ 네(내담자가 동의하지 않음) ☐ NA

의료진 또는 다른 전문가와 만난 적이 있는가?
☐ 네 ☐ 아니요 ☐ NA

내담자가 복지/법률 서비스에 의뢰되었는가?
☐ 직업/훈련 ☐ 복지/식품/주거 ☐ 피해자 지원 ☐ 법적 지원 ☐ 의료
☐ 기타: ________________________________ ☐ NA

치료와 관련하여 예상되는 범죄/법률 절차가 있는가?
☐ 아니요 ☐ 네: ___

내담자가 집단 또는 기타 지원 서비스에 의뢰된 적이 있는가?
☐ 네 ☐ 아니요 ☐ 추천받지 않음

내담자의 사회적 지지 연결망
☐ 지지적인 가족 ☐ 지지적인 배우자 ☐ 친구들 ☐ 종교적/영적 단체 ☐ 지지적인 직장/사회적 집단
☐ 기타: ________________________________

치료가 지지체계 내 타인(부모, 아동, 형제자매, 중요한 타인, 등)에게 가져올 것으로 예상되는 효과

____

성공적이기 위해 내담자에게 그 밖에 필요한 것이 있는가?

____

내담자의 희망: 낮음 1-----------------10 높음

예상 결과 및 예후
☐ 정상적인 기능으로 회복.
☐ 개선을 예상하지만, 정상적인 기능보다 덜할 것으로 예상.
☐ 현재 상태 유지/악화 예방.

진단/내담자 관점에 대한 평가
평가 방법은 내담자의 필요에 따라 어떻게 조정되었는가?

____

나이, 문화, 능력 수준, 기타 다양성 주제에 다음과 같이 맞추었음.

____

체계적/가족 역동은 다음의 방식으로 고려되었음.

____

이 평가와 관련하여 실제적이거나 잠재적인 내담자-치료자 동의/비동의 영역을 설명할 것.

____

◎ 임상 평가 작성하기

■ 정보 확인

일반적으로 내담자의 비밀을 최대한 지키기 위해 이름 대신 내담자 번호가 사용된다. 약어는 내담자와 중요한 타인을 나타내는 데 사용된다.

- AF: 성인 여성
- AM: 성인 남성
- CF: 여아
- CM: 남아

이러한 약어 뒤에 각 개인의 나이를 붙일 수 있다. 다른 중요한 식별 정보는 직업, 학년/학교, 인종, 언어이다. 이것들은 내담자에 대한 기본적인 소개를 제공한다.

■ 주호소 문제

주호소 문제들은 내담자가 치료를 찾은 주요 이유(예: 자녀의 행동문제)뿐만 아니라 그들이 무심코 말할 수도 있는 2차적 문제(예: 결혼생활 갈등)를 포함하여 내담자들이 치료를 시작할 때 초기 문제라고 알고 있는 것들을 말한다. 주호소 문제의 목록은 내담자와 가족들의 현재 어려움에 대해 간략한 개요를 제공한다.

■ 정신 상태 검사

정신 상태 검사는 진단을 뒷받침하는 내담자의 정신건강 기능의 포괄적인 개요를 만드는 데 사용된다. 가족치료자들을 위해 고안된 정신 상태 검사는 '자격증을 지닌 가족치료자에게 법적으로 허용된' 업무 범위에 관심을 집중하기 위해 대인관계 주제로 시작한다. 치료자들은 사람들의 대인관계 기능을 돕도록 법적으로 허용된다. 가족치료자들은 자신의 업무 범위 내에서 작업을 진행하기 위해, 이 범주의 무언가를 항상 포함시켜야 한다. 이 장의 마지막 부분은 정신 상태 검사에서 사용되는 일반적인 용어를 정의한다.

■ 진단

이 책이 진단 과정 전체를 가르칠 수는 없지만, 이 부분은 진단 과정이 생소한 사람에게는 과정에 대해 소개하고 이미 익숙한 사람들에게는 리뷰를 제공하기 위해 포함되었다.

■ 다축 체계

정신건강 전문가들은 진단을 위해 다축 체계를 사용한다.

- **축 I:** 발달장애와 학습장애를 포함하여 치료의 초점이 되는 임상장애. 주 진단에 부차적 진단이 추가될 수 있음.
- **축 II:** 성격장애, 방어기제, 지적 결손을 포함한 근본적이거나 만연한 질환.
- **축 III:** 의학적 상태 및 장애('내담자 보고' 또는 다른 의학 전문가에 의해 진단된 경우 표시).
- **축 IV:** 질환 및 그 치료에 기여할 수 있는 심리사회적 스트레스 요인과 환경 조건.
  - 경제 또는 주거 문제.
  - 건강관리 평가 문제.
  - 법적 상황.
  - 사회, 학교, 직장 문제.
- **축 V:** 전반적 기능 평가(GAF) 점수는 0부터 100점으로 기능 수준을 나타냄.
  - 70 이상: 건강한 정신건강을 나타내는 높은 점수로 적응적으로 대처함을 나타냄.
  - 60~69: 경미한 증상은 대부분 제3의 이해관계자는 의료비용을 환급받는 조건으로 내담자의 기능 수준 69 이하를 요구함(힌트: 내담자가 외래 치료를 시작하면 치료자들은 대체로 이것보다 낮게 진단함).
  - 50~59: 중간 정도 증상.
  - 40~49: 심각한 증상.
  - 39 이하: 일반적으로 입원과 집중 치료가 요구되는 중대한 손상.

■ GARF: 전반적 관계 기능 평가

축 V에서 전문가들은 관계 기능을 평가하기 위해 가족치료자들이 일반적으로 사용하는 GARF 척도와 같은 기능지표를 기록할 수도 있는데, 이것은 GAF 점수와 상관이 있을 수도 없을 수도 있다. 『정신질환의 진단 및 통계 편람(DSM)』에는 GARF 및 심리사회적 기능에 관한 다른 척도에 대한 자세한 설명이 포함되어 있다(American Psychiatric Association, 1994).

■ 맥락적 요인

진단을 내리기 전에 치료자들은 나이, 인종, 가족 역동, 언어, 종교, 경제적 문제, 성적 취향, 외상 이력, 중독, 인지 능력과 같은 맥락적 요인들을 고려해야 한다. 예를 들어, 감정 표현을 중요시하는 문화 출신이면서 외상 이력이 있는 여성은 성격장애 자체보다는 문화적 의사소통의 한 기능으로서 연극성 특성을 보일 것이다. 이 증상들은 대체로 외상이 치료되면서 사라진다. 이러한 주제들을 고려하면 진단의 정확성이 높아진다.

■ 진단하기

진단을 내릴 때 임상가들은 『정신질환의 진단 및 통계 편람(DSM)』을 참고한다. 각 진단은 진단기준의 정해진 개수를 충족시켜야 하며, 이 진단기준은 정신 상태 검사에 반영되어야 한다. 그리고 의학적 원인, 외상, 약물 남용은 배제되어야 한다. 진단에 따라 치료자들은 약물치료를 위한 평가를 의뢰하기 원할 수도 있다. 주로 이러한 의뢰를 하게 되는 증상을 지닌 진단에는 우울, 불안, 조증, 정신증, 외상, 병적 섭식, 알코올 및 약물 남용, 수면장애를 포함한다.

■ 의학적 필요성

대부분 제3의 이해관계자는 치료자의 상태가 의학적 필요성이 있는 진단기준을 충족시킨다거나, 기능의 중대한 손상이 있다거나, 중대한 손상의 가능성이 높다거나, 아동기 발달 정지 가능성이 있다는 내용을 문서화할 것을 요구한다. 손상 영역은 다음을 포함할 수 있다.

- 일상 활동(예: 침대에서 일어나기, 스스로 식사를 챙겨 먹기, 집안일)
- 대인관계(예: 만족스러운 결혼생활 유지하기, 우정)
- 건강(예: 신체 건강 유지하기)
- 직장과 학교(예: 직장생활을 유지할 수 있음, 학교 과제 완수하기)
- 주거환경(예: 살 곳 마련하기)

■ 위험 관리

치료자들은 임상 평가에서 내담자의 자살, 살인, 약물 남용(과거, 현재 또는 타인에 의한 것) 가능성들과 성적 및 신체적 학대 이력을 포함한 위기와 위험을 평가한다. 이 영역들에서 내담자가 문제 가능성의 지표를 하나라도 가지고 있다면, 치료자들은 안전 지표를 평가하고 안전 계획을 수립하며 취해진 법적 조치를 문서화해야 한다.

■ 자살 경향성과 살인 경향성

우울과 타인에 대한 적대감을 보이는 내담자들의 경우 자살 및 살인 의도를 평가해야 한다. 각 주마다 치료자가 내담자, 대중, 재산을 위험으로부터 보호하기 위한 조치를 취할 수 있는 시기와 방법을 결정하는 각기 다른 법률이 있다. 대부분의 경우 치료자는 자기 자신이나 타인을 살해할 명확한 계획과 의도가 있는 내담자를 보호하기 위해 어떤 식으로든 조치를 취해야 한다. 명확한 계획이나 의도가 없더라도 치료자는 상황이 악화될 경우 안전계획을 수립할 윤리적 의무가 있다. 다음은 위험 수준의 다양한 지표이다.

- **징후 없음**: 위험에 대한 언어적 · 비언어적 · 상황적 징후가 없음.
- **부정**: 내담자가 자살/살인 의도에 대한 질문에 부정함.
- **소극적 사고**: 내담자는 '죽고 싶다'거나 '타인을 없애버리고 싶다'고 말하지만 자살이나 살인에 대한 계획이나 의지는 부정함.
- **적극적 사고**: 내담자가 자살이나 살인에 대해 고려함.

- **시도:** 내담자가 어떤 시점에 자살이나 살인을 시도하였음. 중요한 위험 요인임.
- **가족 이력:** 가족의 자살 이력은 또 하나의 중요한 위험 요인임.

■ 약물 남용

치료자는 알코올 및 약물 남용을 평가하기 위해 구두나 서면의 자기보고뿐 아니라 MAST(이전 논의 참조)와 같은 지필 검사를 사용할 수 있다. 이러한 문제들은 치료 초기에 완전히 드러나지 않기 때문에 치료자는 치료 기간 내내, 특히 내담자가 개선되지 않을 때 약물 및 알코올 사용에 대해 정기적으로 자주 물어봐야 한다.

■ 아동 학대

대부분의 주에서 일반적으로 네 가지의 아동 학대 유형이 「아동학대법」에 명시되어 있다.

- **성적 학대:** 성인 또는 다른 미성년자에 의해 미성년자에게 행해지는 부적절한 성적 접촉. 합의될 수도 있고 아닐 수도 있음(주법으로 정해짐).
- **신체적 학대:** 밀치기, 때리기, 발로 차기, 그 외에도 손이나 물건, 다른 수단으로 신체에 해를 가하는 것(예: 폐쇄된 공간에 아이를 가두는 것). 대부분의 주에서는 다양한 형태의 엉덩이 때리기도 포함함.
- **정서적 학대:** 죽음의 공포, 신체적 위협, 심한 거부와 비난 등의 심각한 심리적 고통을 가하는 것.
- **방치:** 충분한 음식, 옷, 주거지, 치료 약과 같은 기본적인 신체적 필요사항을 제공하지 않는 것.

대부분의 주에서 정서적 학대를 제외한 모든 형태의 아동 학대에 대해 국가 기관(예: 아동보호기관, 보안관, 경찰서)에 아동 학대 신고를 할 법적 의무가 있다.

■ 노인 및 보살핌이 필요한 성인 학대

대부분의 주에서는 노인과 보살핌이 필요한 성인의 학대 및 방치 신고에 관한 법률이 있으며, 이 법률에는 아동 학대 범주와 함께한 사람의 재산, 금전, 연금의 불법 및 무단 사용을 의미하는 재정적 학대 범주가 포함된다.

■ 기타 위험 요인

- **거식증, 폭식증 및 기타 섭식장애:** 섭식장애는 가장 위험한 정신건강장애 중 하나. 거식증은 정신건강진단 중 가장 높은 치사율로 자주 언급됨. 이 장애들은 대개 의학전문가와의 협력이 요구됨.
- **자상 및 자해:** 자상, 화상, 기타 형태의 자해는 정서적 고통을 대처하기 위해 사용됨. 치료자는

자살 의향이 있는지 혹은 자해가 정서적 고통을 줄이는 것과 같은 다른 목적을 가지고 계획되는지를 판단하기 위해 내담자를 면담해야 함.

- **범죄 또는 법적 이력**: 범죄나 법적 이력은 위해나 위험 가능성을 평가하는 데 도움이 됨.

■ 안전 지표

위험 평가와 함께 치료자들은 안전 가능성에 대해서도 평가해야 한다. 내담자를 안전하게 지켜주는 요인에는 어떤 것이 있는가? 이 두 가지 가능성의 균형은 치료자로 하여금 전반적인 위기 수준을 판단할 수 있게 해 준다. 다음의 지표들은 안전을 시사한다.

안전 지표

- 최소 한 명의 지지적인 외부인.
- 살아야 할 이유나 다른 사람을 해치지 않을 이유를 말할 수 있음(예: "내 아이들 때문에 난 그럴 수가 없어요.").
- 희망: 미래에 대한 목표.
- 위험한 물건들(예: 총기)을 처분할 의사가 있음.
- 상황을 악화시키는 사람과의 접촉을 줄이는 데 동의함.
- 안전 계획에 동의하고 자해나 타인을 해치는 것의 대안을 계획함.

■ 안전 계획

소극적 자살사고, 자상 이력, 학대 이력과 같은 잠재적 위험이 확인되는 모든 상황에 대해 안전 계획이 수립되어야 한다. 이 계획들은 다음의 구성 요소와 내담자의 고유한 요소를 결합하여 내담자 각자의 요구에 맞추어져야 한다.

안전 계획 요소

- 자신이나 타인을 해치지 않는다는 구두 또는 서면 동의나 계약.
- 지역 핫라인, 지지적인 친구, 치료자의 비상 연락처 등이 포함된 비상 연락망.
- 위험 가능성을 줄이기 위해 약물 처방하는 의학 전문가와 협력하기.
- 위기가 발생한다면 누구에게 연락하고 무엇을 할지에 대한 구체적인 행동 계획.
- 위기 전단계의 낮은 스트레스 수준일 때 스스로를 진정시킬 과제(예: 일기쓰기, 운동) 확인하기.
- 전반적인 스트레스 수준과 위기 촉발 사건을 줄이기 위한 구체적인 매일/주간 활동.

■ 안전 척도

나는 심각한 우울증, 자살 사고, 자해, 섭식장애, 약물 남용, 폭력을 감당하고 있는 내담자의 위기 상황을 안정화하도록 돕기 위해 해결지향적 척도 질문(O'Hanlon & Weiner-Davis, 1989)을 변형한 안전 척도를 개발하였다. 나는 화이트보드를 사용하여 내담자들에게 정서적으로나 행동적으로 상황

이 좋을 때는 '1'로, 중립적이거나 괜찮을 때에는 '5'로, 위험한 행동의 위기에는 '10'으로 정의하게 한다. 그런 다음, 나는 내담자에게 척도의 각 점수(시간이 제한적일 때에는 5점부터 9점까지)에서의 감정과 행동을 설명하도록 하면서 비교적 조치를 취할 수 있는 점수(일반적으로 7점)를 찾는다. 그 후에 우리는 내담자가 7에 도달할 때 무엇을 하고, 누구에게 연락할지 등의 할 일에 관한 현실적인 안전 계획을 수립한다. 만약 내담자가 안전 계획을 마련하고 나서 위험 행동을 한다면, 척도의 더 낮은 수준에서 조치를 취하도록 계획이 수정되어야 한다. 대부분의 내담자에게 이것은 위기 행동에 접근하는 것을 예방하기에 충분히 구체적이고 현실적이다.

이 기법에는 다음 양식을 사용할 수 있다.

>>> 안전 척도 양식

	행동과 조치	사고와 감정
10: 위기/위험 행동 발생		
9		
8		
7		
6		
5: 행동/감정 괜찮음		
4		
3		
2		
1: 기분 좋음		

- 내가 안전계획을 수월하게 실행에 옮길 수 있을 만큼 충분한 통제력이 있다고 느끼는 점수: ________
- 내가 #________점에 도달했다는 다섯 가지 위험 경고.
- 내가 #________점에 도달할 때 할 수 있는 다섯 가지 일.

■ 치료를 위한 합의

자살 관련 사례에서 Rudd, Mandrusiak와 Joiner(2006)는 표준 관행이긴 하지만, 경험적으로 지지받지 못하는 해를 가하지 않겠다는 계약 대신 치료에 동의한다는 약속을 얻을 것을 추천했다. 해를 가하지 않겠다는 계약에서 내담자는 자신을 해하지 않는다는 것과 자해 위험을 느낄 때 비상서비스에 연락하는 것에 동의한다. 반면 치료에 대한 약속은 내담자와 치료자 간의 동의이며, 이때 내담자는 치료 과정에 전념하는 데 동의한다. 약속은 세 가지 요소를 수반한다.

① 치료에서 치료자와 내담자 모두의 역할, 의무, 기대를 확인한다.

② 내담자는 자살사고와 계획을 포함하여 치료의 모든 측면에 대해 개방적으로 소통할 것을 약속한다.

③ 내담자는 치료에 대한 약속을 이행하는 내담자의 능력을 위협하는 위기 순간에 서로 동의한 긴급 자원을 사용할 것을 약속한다.

Rudd 등(2006)은 치료에 대한 약속을 얻는 것은 각 개인의 책임을 분명히 표현하고, 개방적인 의사소통을 격려하면서 내담자와 치료자 모두에게 더 희망적이며 치료적으로 유용한 틀이기 때문에, 해를 가하지 않는다는 계약보다 더 유용한 임상적 개입을 제공한다고 믿는다. 자살하지 않음을 강조하는 것이 아니라 심리치료에 의미 있게 참여하는 데 중점을 둔다.

■ 사례 관리

사례 관리는 성공적인 치료 결과를 보장하는 데 필요한 자원과 서비스를 고려한 종합적인 치료 계획을 세우기 위해 내담자와 협력하는 협동 과정이다. 정신건강 서비스를 제공하는 치료자들은 표준 관행의 일부로 내담자의 주호소 문제들을 어떻게 다룰지에 대한 계획을 자세하게 설명한 치료 계획(제15장 참조)을 세워야 한다. 이에 더하여 그들은 다른 전문가, 내담자의 지지자와 함께 협력하기 위해 '치료실 바깥을 생각'할 필요가 있으며, 내담자가 필요한 자원을 파악하고 접촉하도록 돕는다.

일반적인 사례 관리 활동

- 내담자의 사회복지사와 연락하고 협력하기.
- 의학적 원인 및 상태 악화를 배제하기 위해 의학적 평가에 내담자를 의뢰하기.
- 진단 및 정신과 약물의 처방을 위해 내담자를 정신의학적 평가에 의뢰하기.
- 정신건강 치료에 관하여 치료한 의사와 연락하기.
- 직업 훈련, 복지, 주거, 피해자 서비스, 법적 지원 등의 사회적 서비스에 내담자를 연계하기.
- 법/범죄 서비스(예: 양육권 사정)에 내담자를 연계하기.
- 집단 상담이나 심리교육 강좌(예: 양육 강좌)에 내담자 의뢰하기.
- 내담자가 종교 집단, 친구, 가족 등의 새로운 또는 기존의 사회적 지원과 관계를 맺도록 돕기.
- 치료가 체계의 중요한 타인에게 미치는 효과를 고려하기(예: 약물의존 치료가 가족에게 미치는 효과).
- 치료가 성공적이기 위한 내담자의 독특한 필요 수단들을 확인하기(예: 교통편, 안전한 연습 공간, 컴퓨터).

■ 평가에 대한 평가

임상 평가의 마지막 부분은 치료자가 내담자의 다양성 요인, 가족체계에 대한 치료의 효과, 내담자와 치료자가 동의한 영역과 동의하지 않은 영역을 포함하여 내담자의 고유한 필요에 맞게 평가를 어떻게 조정했는지를 되돌아보도록 한다. 이러한 요인을 고려하는 것은 치료자로 하여금 성공 가능성이 높은 계획을 세우도록 도우며 잠재적 위험의 확인에도 도움이 된다.

다른 전문가와 소통하기

◎ DSM-ese

아마도 정신건강 분야에 대한 가족치료의 가장 독특한 기여는 내담자의 언어로 말하는 것을 익힌다는 개념일 것이다. 의사소통 이론에 뿌리를 둔 가족치료자들은 처음부터 청중이 받아들일 수 있는 방식으로 메시지를 전달하는 것의 중요성을 강조해 왔다. 이러한 통찰은 내담자에게 적용되었고, 나중에는 치료자가 서로 다른 배경, 연령대 및 사회계급 출신의 다양한 내담자와 함께 작업할 수 있도록 돕는 데 적용되었다. 게다가 이 분야가 공식적인 정신건강 서비스에 융화됨에 따라 점차 의학 전문가 및 정신건강 전문가들과 이야기 나누는 방법을 익히는 것도 중요해졌다. 그러므로 가족치료자들은 내담자의 치료와 관련된 더 큰 체계와 효과적으로 협력하기 위해 다른 전문가들의 언어로 말하는 법을 배워야 한다.

환자의 치료와 관련된 의사나 정신과 의사에게 이야기할 때, 치료자는 그들의 언어나 'DSM-ese'로 말할 필요가 있다. 설령 이 언어가 치료자가 사례를 개념화할 때 사용하는 언어가 아니라 하더라도 말이다. 이것은 마치 외국어를 배우는 것과 같다. 처음에는 치료자가 머릿속으로 한 언어에서 다른 언어로 서투른 번역을 해야 한다. 시간이 흐르고 훈련이 되면, 그들은 점점 더 복잡한 생각을 표현하면서 외국어로 생각하고 더 유창하게 말하는 것을 배운다. 여느 외국어와 마찬가지로 '해외로 나가고' 외국어를 사용하는 환경에서 지내면서 시간을 보내는 것이 종종 도움이 된다. 여기에는 입원환자, 주의를 많이 기울여야 하는 외래환자, 지방 정신건강 서비스, 기타 유사한 장면 등이 있다.

DSM-ese는 DSM-IV-TR(정신장애 진단 및 통계 편람 4판)이라는 사전에 실린 용어를 선호하는 사람들의 전문 언어이다. 배우는 것이 어렵지는 않지만 대부분의 치료자에게는 너무 건조하고 지루해 보일 수 있다. 만약 당신이 따뜻하고 보송보송한 느낌을 좋아한다면, 당신은 영어나 역사 수업보다는 수학과 과학 수업을 연상시키는 기분으로 태도를 바꿔야 할 것이다. DSM-ese로 말하는 법을 빨리 배우기 위해서는 다음의 네 가지 원리만 기억하라.

① **DSM 증상 언어 사용하기:** DSM-ese는 내담자 증상에 대해 일상적 언어로 된 설명을 사용하기보다는 진단을 내리는 데 토대가 되도록 증상을 설명한다.
- 공황발작('신경쇠약' 대신)
- 우울한 기분('낙담' 대신)
- 성마름('열 받음' 대신)

② **행동 묘사 사용하기:** 행동 묘사를 사용하여 증상을 더 자세히 설명할 수 있다면, 행동 묘사가 추가되어야 한다.
- 배우자에게 소리침('화가 남' 대신).

- 취미에 흥미를 잃음('더 이상 관심 없음' 대신).
- 15분 후 과제에 대한 집중력이 떨어짐('주의를 기울이지 않음' 대신).

③ 증상의 기간 포함하기

- 3개월간의 우울한 기분.
- 3일간의 경조증 삽화.
- 14세 이후로 환청을 보고함.

④ 증상의 빈도 포함하기

- 지난 1년간 매주 3~4회의 울화 행동.
- 지난 3년간 1~2개월마다 폭력성 분출.
- 지난 6개월간 매주 2회의 폭식과 구토.

그저 빈도와 기간이 포함된 증상과 행동 묘사를 사용함으로써 치료자들은 신속하게 DSM-ese를 유창하게 말하고 다른 전문가와의 의사소통을 개선할 수 있다. 다음의 포괄적인 증상 및 정신건강 용어 목록은 임상 평가의 언어를 배우기에 좋은 출발 지점을 제공한다.

정신 상태 용어

■ 대인관계 주제

- **갈등**: 한 명 이상의 사람과 빈번한 다툼과 갈등.
- **밀착**: 한 명 이상의 사람들과의 경계가 느슨하여 독립성의 중요성을 허용하지 않음(예: 상대방이 항상 괜찮다고 느끼기를 원함. 중요한 타인과의 다름을 감내하지 못함. 쉽게 상처받거나 쉽게 거절당했다고 느낌).
- **고립/회피**: 어려운 감정을 처리하기 위해 사회적 접촉을 피함. 철저하게 자신을 고립시키거나 소외감을 느낀다고 보고함. 사회적 접촉이 거의 없다고 보고함.
- **정서적 단절**: 내담자들은 관계 속에 있지만 그들의 인생에서 한 명 이상의 중요한 사람들과 의미 있는 정서적 유대감이 부족함.

■ 일반적인 기분 묘사

- **기분 vs 정동**: 기분은 사람이 내적 느낌을 보고하는 방식임. 정동은 정서의 외적 표현임.
- **우울함**: 슬프고 불행한 느낌. '울적한' '가라앉는'.
- **절망감**: 좋은 미래의 가능성이 없다는 느낌.
- **두려움**: 특정한 부정적 사건이 일어날까 봐 염려함.
- **불안**: 불특정하거나 모호한 사건이 일어날 것에 대한 일반화된 걱정.

- **분노**: 특정 사건에 대해 분개하거나 부당하다고 느낌.
- **성급함**: 특정한 분노 대상이 없이 일반화된 분노 또는 감정의 동요, 분노 반응이 쉽게 촉발됨.
- **조증**: 의기양양, 도취감, 성마름의 비정상적으로 활기찬 감정.

■ 일반적인 정동 묘사

- **위축되거나 제한된**: 정서 표현이 억제되지만 정서가 명백함.
- **무디거나 둔한**: 정서 표현이 극도로 억제됨. 정서 반응이 거의 없음.
- **단조로운**: 정신증 및 심각한 병리와 연관됨. 정서 표현이 사실상 존재하지 않음.
- **불안정한**: 기분이 자주 순식간에 확 바뀜.
- **극적인**: 정서 표현이 일반적으로 심하게 과장됨.

■ 일반적인 수면 묘사

- **과다수면**: 평소보다 많이 자는 것.
- **불면증**: 잠들기 어렵거나 수면을 유지하기 어려워서 평소의 수면량을 확보하지 못함.
- **수면 방해**: 악몽, 야경증, 기타 문제로 인해 수면이 방해됨.
- **악몽**: 꿈꾸는 사람을 위협하는 꿈. REM 수면 시 발생함.
- **야경증**: 꿈의 내용이 없이 수면 중에 전반적인 공황 또는 공포를 경험함. 소리 지르거나 겁에 질려하지만 야경증이 있는 동안에는 대체로 깨어나지 못함. REM이 아닌 비 REM 수면 시 발생함.

■ 일반적인 섭식 묘사

- **식욕부진**: 거식증의 특징인 제한된 섭식.
- **폭식**: 통제되지 않은 과식 삽화.
- **배출**: 폭식 삽화에 뒤이어 구토, 과도한 운동, 금식, 완하제 남용으로 몸에서 음식을 없애려는 시도.
- **신체상 왜곡**: 신체상, 특히 체중과 관련된 상이 타인의 지각 및 의학적 체중기준과 극도로 불일치함.

■ 일반적인 불안 묘사

여기서 **불안**은 근심, 긴장, 신체적 증상을 만들어 내는 위험, 문제, 불행에 대해 예상하는 것이다.

- **만성 근심**: 예상되는 문제를 곱씹는 특정 형태의 불안.
- **공황발작**: 숨 가쁨, 두근거림, 통제감 상실, 파멸감이 특징으로 하는 극심한 불안 또는 공포를 느끼는 불연속적 기간. 예상치 못할 수도 있고 상황적으로 밀접하게 관련될 수도 있음.
- **분열**: 의식, 기억, 정체성, 지각의 통합이 붕괴됨. 갑자기 발생할 수도 있고 점차적으로 발생할

수도 있음.

- **공포증**: 구체적인 대상이나 상황에 대한 지속적이고 비합리적인 공포.
- **강박사고**: 상당한 고통을 초래하는 침입적이고 반복적인 사고, 충동, 심상.
- **강박행동**: 고통을 줄이기 위해 수행하는 반복적인 행동이나 정신 활동(숫자 세기, 기도하기 등). 일반적으로 이러한 활동들은 스트레스와 실제로 관련 없음.

■ 일반적인 정신증적 묘사

- **환각**: 외적 자극제가 없는 감각지각(시각, 청각, 촉각, 후각, 미각). 지각은 실제로 경험됨.
- **망상**: 외적 현실에 대한 부적절한 추론에 근거한 잘못된 신념으로, 견고한 반대 증거에도 불구하고 완고하게 주장함. 기이할(문화적으로 타당하지 않다고 간주되는) 수도 있고 기이하지 않을 수도 있음.
- **편집증**: 확증된 증거가 거의 없이 괴롭힘당한다거나 학대당하고 있다고 느낌. 망상보다 덜 심각함.
- **연상 이완**: 대화 주제로부터의 잦은 탈선이 특징인 사고장애. 단어나 구절의 '이완된' 연결에 의해 촉발되는 사고의 비약.

■ 일반적인 운동 활동 묘사

- **힘없는**: 움직임이나 움직임 속 활력이 거의 없음.
- **안절부절못함**: 정서적 및 신체적 불편과 연관된 과도한 움직임.
- **동요하는**: 내적 긴장 또는 좌절과 연관된 과도한 활동.
- **과잉행동**: 손장난이나 돌아다니는 것과 같은 과도한 운동 활동. 긴장이나 불편과 반드시 연관된 것은 아님.

■ 일반적인 사고 묘사

- **집중력 또는 주의력 저하**: 발달 수준에서 기대되는 주의력을 유지하지 못함.
- **부정**: 그 상황에서 대부분의 타인이 문제라고 인정하는 명백한 문제를 인식하지 못하거나 인정하기를 거부함.
- **자기 비난**: 개인의 통제를 벗어난 일이나 타인에게 더 큰 책임이 있는 일에 대해 자신의 탓으로 돌리는 경향.
- **타인 비난**: 주로 자신에게 책임이 있는 일에 대해 타인을 탓하는 경향.
- **통찰력 있는**: 지속적으로 통찰력 있는 행동을 할 수는 없다 하더라도 개인의 행동이나 감정에 대한 통찰을 조리 있게 설명할 수 있음.
- **낮은 통찰력**: 개인의 사고, 감정, 동기를 알아차리는 데 매우 큰 어려움이 있음.
- **손상된 의사결정 능력**: 자신과 타인에게 부정적인 결과를 야기하는 의사결정 패턴.

- **혼란스러운**: 원래의 주제와 거의 관련 없거나 관련이 막연한 주제로 대화를 바꾸는 언급을 하는 경향. 전형적으로 어려운 주제를 다룰 때 발생함.

온라인 자료

Beck의 우울 척도(BDI)와 관련 척도

http://www.pearsonassessments.com

미시간 알코올 중독 선별검사(MAST)

일부 웹사이트에서 무료 다운로드 가능: Google "Michigan Acoholic Screening Test"

미네소타 다면적 인성 검사(MMPI-2)

www.pearsonassessments.com

미국 보건복지부의 「회복에 관한 국가 동의 선언문」

www.mentalgealth.samhsa.gov/publications/allpubs/sma05-4129

성과 질문지의 추가정보

www.oqmeasures.com

간이정신 진단검사

www.pearsonassessments.com

내담자 정보 양식 샘플

상담 센터에 오신 것을 환영합니다. 우리는 당신에게 우수하고 효율적인 상담 서비스를 제공하고자 합니다. 잠시 시간을 내어 이 양식을 작성해 주시기 바랍니다. 이 정보는 우리가 당신의 상황을 더 잘 이해하고, 당신의 삶이 정상으로 회복되도록 돕는 최선책을 알 수 있도록 도와줄 것입니다(참고: 이 정보는 비밀 유지가 되며 당신의 서면 동의 없이는 누구에게도 공개되지 않을 것입니다).

오늘 날짜(접수 날짜): ____________

원하는 상담 서비스 유형(적용되는 것은 모두 체크)
☐ 성인 개인 ☐ 아동 개인 ☐ 부부/커플 ☐ 가족

소개해 준 곳: ☐ 학교 ☐ 다른 내담자 ☐ 광고 ☐ 친구/친척 ☐ 법원/보호관찰 ☐ 본인 스스로 ☐ 기타

작성자 이름: ________________________________

주소: ________________________________

(다음)

도시: ______________________________ 우편번호: ____________

집 전화: ______________ 메시지: ☐ 자동응답기 수신 ☐ 다른 거주자 수신 ☐ 수신 거부

휴대 전화: ______________ 메시지: ☐ 자동응답기 수신 ☐ 수신 거부

직장 전화: ______________ 메시지: ☐ 수신 ☐ 수신 거부

자료/정보를 우편으로 받아보시겠습니까? ☐ 네 ☐ 아니요

2차 가정(해당하는 경우)

이름: ______________________________

주소: ______________________________

도시: ______________________________ 우편번호: ____________

집 전화: ______________ 메시지: ☐ 자동응답기 수신 ☐ 다른 거주자 수신 ☐ 수신 거부

휴대 전화: ______________ 메시지: ☐ 자동응답기 수신 ☐ 수신 거부

직장 전화: ______________ 메시지: ☐ 수신 ☐ 수신 거부

자료/정보를 우편으로 받아보시겠습니까? ☐ 네 ☐ 아니요

1차 가정에 거주하는 구성원 이름(상담에 참여하는 사람들은 체크): C=백인, L-C=라틴계/맥시코계, AfA=아프리카계 미국인, AsA=아시아계 미국인, NA=북미 원주민, O=기타

☑	성, 이름	관계	생년월일	회사/학교 & 직급	인종
✓		본인			C/L-C/AfA/AsA/NA/O
					C/L-C/AfA/AsA/NA/O
					C/L-C/AfA/AsA/NA/O
					C/L-C/AfA/AsA/NA/O
추가적 가족 구성원/2차 가정(Second Household)/출가한 자녀					
					C/L-C/AfA/AsA/NA/O
					C/L-C/AfA/AsA/NA/O
					C/L-C/AfA/AsA/NA/O
					C/L-C/AfA/AsA/NA/O

스트레스 원인: 이곳에 오게 된 주된 문제는 무엇입니까?

1. ______________________________

2. ______________________________

3. ______________________________

(다음)

이 문제들에 관해 상담사가 알아야 할 가장 중요한 것은 무엇입니까?

개인과 가족의 강점과 자원

당신과 당신의 가족들이 가지고 있는 강점을 적어 주십시오(다음 표에 이름 기입).

강점/자원	본인			
치료받을 의지가 있다.				
친구 및 가족들과 잘 지낸다.				
목표를 설정하고 노력한다.				
최소 한 명의 친한 친구 또는 지지해 주는 사람이 있다.				
실망감을 비교적 잘 다스린다.				
분노를 생산적으로 관리한다.				
대체로 삶을 즐기며 좋아하는 활동이 있다.				
대체로 자기 자신과 본인의 결정에 만족한다.				
스트레스에 대처하는 활동 또는 영적 수행이 있다.				

당신/당신의 가족을 지지하는 사람, 활동, 집단, 취미를 나열해 주십시오.

힘든 점: 가족 구성원들 중 누구라도 다음의 항목들로 힘들어하고 있습니까?

✓ 해당 사항 모두 체크, ◯ 주요 관심사에 동그라미 표시

☐ 부모/자녀 갈등
☐ 부부 문제
☐ 분노 문제
☐ 우울/절망
☐ 불안/걱정
☐ 의사소통 문제
☐ 이혼 적응
☐ 재혼 적응
☐ 직업 문제/실직

☐ 배우자 폭력/학대
☐ 성적 학대/강간
☐ 알코올/약물 문제
☐ 상실/애도
☐ 법적 문제
☐ 섭식 문제
☐ 성적 취향/친밀감 문제
☐ 자살 사고/시도
☐ 삶의 주요 변화

자녀에 대해 작성

☐ 학업 실패
☐ 무단결석/가출
☐ 또래와의 싸움
☐ 과잉행동
☐ 유뇨/유분증
☐ 고립/철수
☐ 아동 학대/방치
☐ 기타: ________

(다음)

가족 배경에 대해 알려 주시기 바랍니다.

추정된 연간 가계 소득
(재무 정보는 상담료 지급이 가능한 외부 재정 지원을 알아보는 데 사용됩니다.)
☐ $10,000 이하 ☐ $10,000-$19,999 ☐ $20,000-$29,999 ☐ $30,000-$39,999
☐ $40,000-$49,999 ☐ $50,000-59,999 ☐ $60,000-$69,999 ☐ $70,000 이상

종교: ☐ 가톨릭 ☐ 개신교: ______ ☐ 유대교 ☐ 모르몬교 ☐ 여호와의 증인 ☐ 불교 ☐ 무슬림
☐ 기타: ______________
당신/당신 가족에게 종교의 중요성: ☐ 중요하지 않음 ☐ 다소 중요함 ☐ 매우 중요함

고국: ☐ 미국 ☐ 멕시코 ☐ 태국 ☐ 라오스 ☐ 중국 ☐ 기타: ______________
부모님의 고국: ☐ 미국 ☐ 멕시코 ☐ 태국 ☐ 라오스 ☐ 중국 ☐ 기타: ______________

모국어: ☐ 영어 ☐ 스페인어 ☐ 몽골어 ☐ 라오스어 ☐ 중국어 ☐ 기타: ______________
제2언어: ☐ 영어 ☐ 스페인어 ☐ 몽골어 ☐ 라오스어 ☐ 중국어 ☐ 기타: ______________

정신건강 및 사회적 이력
가족 중에 이전에 치료받은 경험이 있거나 현재 치료 중인 구성원이 있습니까?
☐ 아니요 ☐ 네, 네에 응답한 경우 작성

이름	문제/질환 유형	치료 날짜(해당될 경우)

가족 중에 정서적 어려움(우울, 불안 등)이나 자살 사고/시도를 겪은 구성원이 있습니까?
☐ 아니요 ☐ 네, 네에 응답한 경우 작성

이름	문제/증상 유형	치료 날짜(해당될 경우)

가족 중에 아동 학대(신체적 · 성적 · 정서적 · 방치), 가정 폭력, 강간 또는 기타 폭력 행위의 피해자 또는 가해자였던 구성원이 있습니까?
☐ 아니요 ☐ 네, 네에 응답한 경우 작성

이름	학대/트라우마 설명

(다음)

가족 중에 알코올 또는 다른 약물 문제를 지닌/지녔던 구성원이 있습니까?
☐ 아니요 ☐ 네, 네에 응답한 경우 작성

이름 학대/트라우마 설명

가족 중에 법률 제도(보호관찰, 가석방, 구치소, 교도소, 음주운전)에 연루된 구성원이 있습니까?
☐ 아니요 ☐ 네, 네에 응답한 경우 표시

이름 이유 결과

병력

가족 중에 질병 또는 장애로 치료 중인 구성원이 있습니까?

이름 질환 약물

현재 가족 구성원들을 치료하는 의사를 나열해 주십시오: ____________________

당신의 상담 목표는 무엇입니까?

1. ____________________
2. ____________________
3. ____________________

양식 작성에 시간을 내 주셔서 감사합니다! 이 정보는 우리가 당신의 상황을 더 잘 이해하는 데 도움을 줄 것이며 당신의 목표에 가능한 한 빨리 도달하도록 도와줄 것입니다.

참고문헌

American Psychiatric Association. (1994). *Diagnostic and statistical manual for mental disorders* (4th ed., text rev.). Washington, DC: Author.

Anderson, H. (1997). *Conversations, language, and possibilities*. New York: Basic Books.

Fisher, D. B., & Chamberlin, J. (2004, March). Consumer-directed transformation to a recovery-based mental health system. Downloaded August 16, 2008 from www.mentalhealth.samhsa.gov/publications/allpubs/NMH05-0193/default.asp

Gadamer, H. (1975). *Truth and method*. New York: Seabury.

Gehart, D. (2012a). The mental health recovery movement and family therapy, part I: Consumer-lead reform of services to persons diagnosed with severe mental illness. *Journal of Marital and Family Therapy, 38*, 429-442.

Gehart, D. (2012b). The mental health recovery movement and family therapy, part II: A collaborative, appreciative approach for supporting mental health recovery. *Journal of Marital and Family Therapy, 38*, 443-457.

Gergen, K., Anderson, H., & Hoffman, L. (1996). Is diagnosis a disaster? A constructionist trialogue. In F. Kaslow (Ed.), *Relational diagnosis*. New York: Wiley.

Gottman, J. M. (1999). *The marriage clinic: A scientifically based marital therapy*. New York: Norton.

Haarakangas, K., Seikkula, J., Alakare, B., & Aaltonen, J. (2007). Open dialogue: An approach to psychotherapuetic treatment of psychosis in Northern Finland. In H. Anderson & D. Gerhart (Eds.), *Collaborative therapy: Relationships and conversations that make a difference* (pp. 221-233). New York: Brunner/Routledge.

Keeney, B. P. (1983). *Aesthetics of change*. New York: Guilford.

O'Hanlon, W. H., & Weiner-Davis, M. (1989). *In search of solutions: A new direction in psychotherapy*. New York: Norton.

Onken, S. J., Craig, C., Ridgway, P., Ralph, R. O., & Cook, J. A. (2007). An analysis of the definitions and elements of recovery: A review of the literature. *Psychiatric Rehabilitation Journal, 31*, 9-22.

Ralph, R. (2000). *Review of the recovery literature: Synthesis of a sample recovery literature 2000*. National Association for State Mental health Program Directors. Downloaded September 2, 2008 from www.bbs.cca.gov/pdf/mhsa/resource/recovery/recovery_oriented_resources.pdf

Ramon, S., Healy, B., & Renouf, N. (2007). Recovery from mental illness as an emergent concept and practice. *Australia and the UK International Journal of Social Psychiatry, 53*(2), 108-122.

Repper, J., & Perkins, R. (2006). *Social inclusion and recovery: A model for mental health practice*. Oxford, UK: Bailliere Tindall.

Rudd, M. D., Mandrusiak, M., & Joiner, T. D., Jr. (2006). The case against no-suicide contracts: Commitment to Treatment Statement as a practice alternative. *Journal of Clinical Psychology in Session, 62*, 243-251.

Seikkula, J. (2002). Open dialogues with good and poor outcomes for psychotic crises: Examples from families with violence. *Journal of Marital and Family Therapy, 28*(3), 263-274.

Selvini Palazzoli, M., Boscolo, L., Cecchin, G., & Prata, G. (1978). *Paradox and counterparadox*. New York: Jason Aronson.

U.S. Department of health and Human Services. (2004). National consensus statement on mental health recovery. Downloaded August 26, 2008 from www.mentalhealth.sanhsa.gov/publications/allpubs/sma05-4129

Watzlawick, P., Weakland, J., & Fisch, R. (1974). *Change: Principles of problem formation and problem resolution*. New York: Norton.

White, M., & Epston, D. (1990). *Narrative means to therapeutic ends*. New York: Norton.

제15장 치료 계획

치료+계획=?

나의 새로운 수련 장소에서의 첫 날이었다. 오리엔테이션 동안, 나의 슈퍼바이저는 우리가 작성해야 할 임상적 서류 작업, 그러니까 접수양식, 평가 그리고 치료 계획을 검토했다. 나는 접수와 평가 정보를 수집하는 것에 대해서는 진단 수업에서 배웠지만, 치료 계획을 실제로 본 적은 한 번도 없었다. 모든 대학원생이 의존하는 정교한 어원학적 기술들을 사용하여(치료+계획) 나는 이 문서가 내담자를 치료하는 방법에 대한 나의 계획을 어떻게든 설명할 거라고 추론했다. 하지만 어떻게?

대부분의 인턴처럼 나는 질문하는 게 너무 부끄러웠고 그래서 나의 무지를 비밀로 했다. 나는 내가 샘플을 찾을 수 있다면 아마도 아는 척할 수 있고, 존경받는 내 슈퍼바이저의 눈에 무지해 보일 위험은 피할 수 있을 것이라고 확신했다. 다행히도, 나는 이전 인턴들이 처리한 불가사의한 사건을 배정받았다. 그래서 나는 내가 할 수 있는 한 많은 파일을 모았고, 인턴들에게 주어진 빛이 잘 들어오지 않고 구석지고 불편하지만 평범한 좌석을 찾아 암호를 해독하려고 애썼다. 그것이 내가 치료 계획 세우는 방법을 익힌 은밀하고도 창피한 방식이다. 다행히도 당신은 이 책을 손에 넣었기 때문에 한때는 비밀스러웠던 이 기술을 더 품위 있고 허리가 아플 일 없이 배울 기회를 얻었다.

혹시 당신이 놓칠까 봐 하는 말인데, 이 이야기의 교훈은 당신의 슈퍼바이저(그들이 얼마나 명석해 보이는지와 상관없이)에게 이야기하고 바보 같은 질문을 하는 것을 두려워하지 말라는 것이다. 장담하는데 내가 치료 계획을 배우는 데 가장 힘들었던 점은 공부하느라 의자에 오래 앉아 있는 것이 아니었다.

3단계: 경로 선택하기

사례개념화와 임상 평가를 작성하고 나면 당신은 이 두 가지 문서에서 파악한 문제들을 다룰 계획을 세울 준비가 되었다. 치료 계획은 재미있고 희망과 꿈으로 가득 차 있다. 계획을 만들어 내면서 당신은 엄청난 자유를 가지지만, 그와 동시에 책임의 무게를 지게 된다. 어느 내담자에 대해서든지 수많은 좋은 계획이 세워질 수 있기 때문에, 당신은 어떤 이론과 기법이 특정 내담자, 특정 문제, 특정한 치료자와 내담자 관계와 가장 잘 맞는지를 선택해야 한다. 치료자로서 당신은 효과적인 처리 과정으로 이끌고, 내담자에게 도움이 될 가능성이 가장 높은 계획을 선택할 책임이 있다. 이 계획은 임상적 경험, 최근 연구 그리고 업무 규준을 바탕으로 해야 한다.

정신건강 치료 계획의 약력

부부 및 가족 치료 분야에서 치료 계획의 역사는 비교적 짧다. 전통적인 이론가들은 치료 계획에 대해 이야기하거나 쓰지 않았다. 사실 만약 당신이 문헌을 찾아보려고 해도 관리의료 기업이나 지방의 정신건강 기관에서 지급을 위해 인정되는 양식을 찾지 못할 것이다. 치료 계획에 대해 승인된 접근이 가족치료 분야나 심지어 더 넓게는 정신건강 영역으로부터 온 것이 아니라면, 이것은 어디에서 왔을까? 정답은 의료 분야이다.

◎ 증상기반치료 계획

대부분의 부부 및 가족 치료자가 보험사와 같은 제3자의 지급을 받기 위해, 그리고 21세기에서 치료의 표준 관행을 지키기 위해 작성해야 하는 치료 계획의 형태는 의료 모델에서 유래하였다. Jongsma와 그의 동료들(Dattilio & Jongsma, 2000; Jongsma, Peterson, & Bruce, 2006; Jongsma, Peterson, McInnis, & Bruce, 2006; O'Leary, Heyman, & Jongsma, 1998)은 가장 포괄적인 모델들을 개발해 왔다. 증상기반치료 계획이라고 불리는 이 문서들은 오직 내담자의 의학적인 증상에만 초점을 맞춘다. 치료 계획에 대한 대부분의 출판물은 유사한 증상기반 모델을 사용한다(Johnson, 2004; Wiger, 2005). 하지만 이러한 계획들이 의학계에 적절하다고 해서 치료자의 치료 개념화를 가장 유용한 방식으로 돕는 것은 아니다.

예를 들어, 만약 한 부모가 떼를 쓰는 아이를 치료에 데려왔다고 하자. 치료자가 사례에 대한 철저한 개념화 없이 주호소 문제를 바탕으로 계획을 세우고(예: 자녀의 울화 행동을 주 1회 이하로 줄이기), 울화 행동을 직접적으로 다루는 쪽으로 진행한다면, 치료가 성공할 가능성은 줄어들 것이다. 체계적 평가는 전형적으로 결혼생활이나 양육 주제가 주호소 문제에 기여하고 있음을 보여 줄 것이고, 결혼생활의 긴장감을 목표 대상으로 하는 부부치료가 실제로 아동의 울화 행동을 줄이는 최선책일 수도 있다. 증상기반치료 계획의 위험은 치료자가 이론을 충분히 활용하지 않고, 증상에 초점을 맞추며, 더 큰 그림을 가늠하는 것을 잊어버린다는 것이다. 단언컨대, 좋은 치료자는 이렇게 하지 않을 것이다. 그러나 오늘날의 업무 현실은, ① 과도한 사례 수, ② 첫 회기가 끝날 때까지 진단과 치료 계획을 완료하라는 압박, ③ 고도로 구조화된 서류 작업과 지급체계를 포함한다. 이와 같은 것들이 치료자로 하여금 좋은 작업을 하기 어렵게 만든다. 그러므로 증상기반치료 계획이 편리하긴 하지만, 오늘날의 업무 환경에서 최선의 선택은 아닐 수도 있다.

◎ 이론기반치료 계획

Gehart와 Tuttle(2003)이 설명한 이론기반치료 계획은 증상 모델이 제시하는 것보다 더 임상적으로 적절한 치료 계획을 만들기 위해 이론을 활용한다. Berman(1997)은 전통적인 심리치료와 유사한 접근을 개발했다. 두 모델 모두 임상 이론의 영향을 받은 목표를 포함한다. 그러나 나는 두 모델이 동일한 언어를 사용하기 때문에 새로운 수련생이 이론기반 목표와 개입에 대해 혼동하는 것을 발견했다. 더욱이 이 두 체계의 언어가 근본적으로 다르기 때문에, 진단적 문제와 임상적 증상들을 이러한 이론기반 계획에서 다루기란 대부분의 학생에게는 어려운 일이다. 해결책은 이론기반치료 계획과 증상기반치료 계획의 장점을 끌어오고 측정의 요소를 추가한 '임상 치료 계획'이라 불리는 새로운 '모두/그리고(both/and)' 모델을 개발하는 것이었다.

임상 치료 계획

임상 치료 계획은 치료에 대한 간단하고 포괄적인 개요를 제공한다. 이 계획은 다음과 같은 부분들을 포함한다.

- **소개**: 치료받는 사람은 누구인지, 약물치료가 사용되고 있는지 그리고 내담자의 요구에 민감한 계획을 세우면서 고려되는 맥락적 요인은 어떤 것이 있는지를 정의함.
- **치료적 과업**: 치료자가 치료의 초기 단계, 작업 단계, 종결 단계에서 수행해야 하는 치료 과업을 설명함. 이러한 과업들은 윤리적 및 법적 요구조건뿐만 아니라 이론의 영향을 받음.
- **내담자 목표**: 각 내담자에게 고유한 목표는 무엇인지, 치료의 결과로 어떤 행동, 생각, 감정 또는 상호작용이 증가하거나 감소할지 판단함. 내담자 목표는 주호소 문제에 대한 평가로부터 나오며 이론별 언어로 기술됨.
- **개입**: 각 목표에 대해 목표달성을 위한 2~3개의 개입을 치료자가 선택한 이론을 사용하여 설명함.

- **내담자 관점:** 계획의 개요에 대해 내담자가 동의하는 영역과 우려하는 영역을 설명함.

기본적인 견본은 다음과 같다.

치료 계획

이름: 날짜:
사례/내담자: 이론:

▣ 치료의 초기 단계

❖ 초기 단계 치료적 과업

1. 효과적인 치료적 관계 발전시키기. 다양성 주의: 문화, 성별 및 기타 유형의 관계 구축 및 정서 표현 방식들을 존중하도록 어떻게 조정할지 설명할 것.
   관계 구축 접근/개입
   a. ______
2. 개인적, 체계적 및 광범위한 문화적 역동 평가하기. 다양성 주의: 문화적 · 사회경제적 · 성적 취향, 성별, 기타 관련 규범에 근거하여 평가를 어떻게 조정할지 설명할 것.
   평가 전략
   a. ______
   b. ______
3. 치료 목표를 정의하고 치료 목표에 대한 내담자 동의 얻기. 다양성 주의: 내담자의 문화, 종교, 기타 가치 체계로부터의 가치들과 부합되도록 목표를 어떻게 수정할지 설명할 것.
   a. ______
4. 의뢰 필요성, 위기 문제, 부수적 연락처 그리고 다른 내담자 욕구를 확인하기.
   a. 의뢰/자원/연락: ______

❖ 초기 단계 내담자 목표: 위기 관리. 고통스러운 증상 감소

1. ______ (증상)을 줄이기 위해 ______ (이론의 용어를 사용한 개인적/관계적 역동)을 ☐ 증가(시키기) ☐ 감소(시키기)
   측정: ☐ __주 ☐ __개월 동안 ______을 지속할 수 있음.
   a. ______
   b. ______

▣ 치료 작업 단계

❖ 작업 단계의 치료적 과업

1. 작업 동맹의 질 점검하기. 다양성 주의: 치료자가 은연중에 내담자의 문화적 배경과 일치하지 않는 표현이

(다음)

섞인 개입을 할 때, 이를 알 수 있는 내담자 반응에 어떻게 주의를 기울일지 설명할 것.

a. 개입 평가: ____________________

2. 내담자 경과 점검하기. 다양성 주의: 경과를 평가할 때 문화, 성별, 사회 계층 및 기타 다양성 요소에 어떻게 유의할지 설명할 것.

   a. 개입 평가: ____________________

❖ **작업 단계 내담자 목표**(2~3가지 목표). 이론적 언어를 사용하여 개인적 및 관계적 역동에 목표를 둠(예: 친밀감에 대한 회피 줄이기, 정서에 대한 자각 높이기, 주체성 높이기 등).

측정: □ __주 □ __개월 동안 ____________을 지속할 수 있음.

1. ____________(증상)을 줄이기 위해 ____________________(이론의 용어를 사용한 개인적/관계적 역동)을 □ 증가(시키기) □ 감소(시키기)

   측정: □ __주 □ __개월 동안 ____________을 지속할 수 있음.

   a. ____________________
   b. ____________________

2. ____________(증상)을 줄이기 위해 ____________________(이론의 용어를 사용한 개인적/관계적 역동)을 □ 증가(시키기) □ 감소(시키기)

   측정: □ __주 □ __개월 동안 ____________을 지속할 수 있음.

   a. ____________________
   b. ____________________

3. ____________(증상)을 줄이기 위해 ____________________(이론의 용어를 사용한 개인적/관계적 역동)을 □ 증가(시키기) □ 감소(시키기)

   측정: □ __주 □ __개월 동안 ____________을 지속할 수 있음.

   a. ____________________
   b. ____________________

▣ 치료 종결 단계

❖ **종결 단계 치료적 과업**

1. 추후관리 계획을 세우고, 개선을 유지하기. 다양성 주의: 치료 종결 이후 그들을 지지해 줄 그들이 속한 공동체의 자원과 어떻게 접촉할지 설명할 것.

   a. ____________________

❖ **종결 단계 내담자 목표(1~2가지 목표):** 건강과 정상성에 대한 이론적 정의에 따라 결정함.

1. ____________(증상)을 줄이기 위해 ____________________(이론의 용어를 사용한 개인적/관계적 역동)을 □ 증가(시키기) □ 감소(시키기)

   측정: □ __주 □ __개월 동안 ____________을 지속할 수 있음.

   a. ____________________

(다음)

b. ____

2. ____________ (증상)을 줄이기 위해 ______________ (이론의 용어를 사용한 개인적/관계적 역동)을 ☐ 증가(시키기) ☐ 감소(시키기)
측정: ☐ __주 ☐ __개월 동안 ______________ 을 지속할 수 있음.
a. ____
b. ____

■ **내담자 관점**

내담자와 함께 치료 계획을 검토하였는가? ☐ 네 ☐ 아니요
아니라면 설명할 것 ____

내담자가 동의하는 영역과 우려사항을 묘사할 것: ______________________
____
____

______________	______________	______________	______________
치료자 서명, 수련생 지위	날짜	지도감독자 서명, 자격	날짜

유용한 치료적 과업 작성하기

치료적 과업은 적당한 표현을 찾기 어렵지만 계획의 보조바퀴인 셈인데, 이는 주로 신입 치료자들이 경력 초기에 그들의 과업을 충분히 개념화하도록 돕기 위해 포함된다는 뜻이다(또한 대부분의 선임 치료자도 기초 역량을 상기시켜 주는 혜택을 얻기도 함). 그러나 일반적으로 당신이 보험회사나 제3의 이해관계자에게 보내는 계획에는 이것이 포함되지 않을 것이다. 즉, 당신의 수행에 대한 어떤 법적이나 윤리적인 의문들이 있다면 뭐든지 문서화하는 것이 훌륭한 일이다.

내가 광고의 진실을 믿는 것처럼, 치료적 과업들은 가장 정형화되어 있기 때문에 대체로 치료적 계획 중에서 만들어 내기에 가장 쉬운 부분이다. 각 이론은 치료적 관계 형성하기와 같은 치료적 과업에의 접근 방법을 설명하기 위해 저마다의 언어와 개입을 가지고 있으며, 좋은 계획은 이러한 차이점들을 반영해야 한다. 예를 들어, Bowen의 세대 간 치료를 활용하는 치료자는 내담자에게 비반응적으로 머무르는 것을 강조하는 반면, 경험적 가족치료를 활용하는 치료자는 치료적 관계를 형성하기 위해 더 정서적으로 관여하는 접근을 한다. 게다가 치료 과업은 치료자들이 다양성 문제를 다루기 위해 자신의 접근을 조정해야 하는 핵심적인 지점 중 하나이다. 이를테면 당신이 이것을 어떻게 실행할지를 보여 주는 지점이 있다.

◎ 초기 단계

당연하게도 치료자들은 치료의 초기 단계에서 가장 많은 과업을 가지는데, 이는 치료의 기초를 형성하는 때이기 때문이다. 사실상 모든 이론은 치료의 초기에 앞서 제시된 양식에서 나타난 바와 같이 네 가지 치료적 과업을 포함한다.

- 치료적 관계 형성하기
- 개인, 가족, 사회적 역동 평가하기
- 치료 목표 세우기
- 사례 관리: 의학/정신의학적 평가에 의뢰하기, 필요한 지역사회 자원과 접촉하기, 약물 남용, 폭력, 의학적 문제 배제하기

각 이론적인 접근이 이러한 네 가지 과업을 수행하는 서로 다른 방식을 가지고 있긴 하지만, 이론들을 관통하는 유사점은 치료자들이 이 치료 초기 단계를 개념화하기 수월하도록 만들어 준다. 치료 중에 문제가 발생한다면, 치료자들은 이 네 가지 초기 과업 중 한 가지가 다시 다뤄질 필요가 있음을 확신할 수 있다.

◎ 작업 단계

작업 단계에서의 주요 과업은 계속 진행시켜 나가는 것으로, 이는 두 가지 과업으로 옮겨진다.

- 작업 동맹 점검하기
- 내담자 경과 점검하기

치료가 진행됨에 따라, 치료자들은 치료가 효과적인지 여부를 평가할 필요가 있다. 작업 동맹은 여전히 견고한가? 확인된 목표와 관련하여 내담자가 진전을 보이는가? 그렇지 않다면 이유는 무엇이며, 내담자의 목표들을 성취하기 위해서는 어떻게 치료를 조정할 수 있을까? 가족치료자들은 대부분 '저항'을 진전이 없는 것에 대한 타당한 이유로 거론하지 않는다. Steve de Shazer(1984)는 분명히 진전이 없는 것을 암시하는 '저항의 죽음'이 내담자의 책임일 수는 없다고 말했다. 만약 초기의 개입이 효과가 없더라도 치료자가 내담자나 자기 자신을 비난할 필요는 없으며, 대신에 그저 무엇이 효과가 있는지를 알아내는 데 집중해야 한다. 이와 유사하게 체계적 치료자들은 내담자들이 진전을 보이지 않는다면, 치료자가 아직 유용한 작업 가설을 개발하지 못했거나 그것을 내담자에게 유용하게 전달할 방법을 찾지 못한 것이라고 지속적으로 권고해 왔다(Selvini Palazzoli, Boscolo, Cecchin, & Prata, 1978; Watzlawick, Weakland, & Fisch, 1974). 체계적 접근에서, '실패한' 개입 각각은

치료자에게 무엇이 효과적이지 않은지를 말해 줌으로써 무엇이 효과적일지에 대한 단서를 제공한다. 제16장에서는 치료적 동맹과 경과를 모두 점검하기 위한 구체적인 측정 방법을 검토한다.

◎ 종결 단계

간단히 말해서 종결 단계의 주된 과업은 내담자의 삶에서 치료자 자신을 필요 없게 만드는 것이다. 이 치료 단계 동안 치료자들은 내담자와 함께 추후관리 계획을 세우는 작업을 하는데 이는, ① 내담자들이 이뤄 낸 변화를 가능하게 한 것이 무엇인지, ② 내담자들은 그들의 성공을 어떻게 지속해 나갈지, ③ 내담자가 자신의 삶에서 다가올 다음 도전을 어떻게 다룰지를 확인하는 것을 포함한다. 각 치료적 모델은 이것을 수행하는 서로 다른 방법을 가지지만, 대부분의 치료적 상황에서 유용한 이 과업에 대한 일관적인 논리뿐만 아니라 이론을 초월하는 일관성이 있다. 이 단계가 잘 실행되면, 내담자들은 그들의 삶에서 계속 발생할 불가피한 문제를 더 잘 다룰 수 있다고 느끼면서 치료를 끝낼 수 있다. MRI 치료자인 John Weakland는, "내담자들은 똑같은 빌어먹을 문제들을 거듭 경험하면서 치료에 온다. 삶에서 빌어먹을 문제가 하나씩 차례로 생기면 치료는 성공이다."(Gehart & McCollum, 2007, p. 214에서 인용)라고 말한 바 있다.

◎ 다양성과 치료 과업

또한 당신은 각각의 치료적 과업에서 문화, 민족, 인종, 성적 취향, 성별 지향, 종교, 언어, 능력, 연령, 성별 등과 같은 다양성 주제를 어떻게 다룰지에 주목해야 한다. 예를 들어, 당신은 거의 모든 내담자에 대해 나이, 민족 또는 성별과 같은 일정 형태의 다양성에 관한 당신의 관계 방식을 약간 또는 상당히 조정할 필요가 있을 것이다. 이와 유사하게 어떤 기능 평가를 하더라도 항상 다양성 변인을 고려해야 한다.

치료 과업에서 다양성이 다루어지는 예시는 다음과 같다.

- 청소년 및 남성에게 유머 활용하기.
- 전문가와 공식적이고 정중한 관계 맺기를 선호하는 민족 배경의 이민자나 내담자와는 공식적이고 정중한 관계 방식[라틴계 내담자에 대한 존중(respecto)].
- 히스패닉/라틴계 내담자들에게 개성주의(personalismo) 활용하기.
- 영성 및 종교적 신념과 자원을 포함하기.
- 확대가족/부족 체계가 주요 체계인 문화적 배경을 가진 내담자와 작업할 때 확대가족 또는 부족 구성원을 좀 더 포함하기.
- 과거의 탐색을 중요시하지 않는 내담자에게 현재 중심, 문제 중심 접근 사용하기.
- 아시아계 내담자가 수치스러운 논의를 피하게 하는 개입, 평가, 질문들을 활용하기.

- 문화적으로 적절한 자원과 사람들을 치료에 포함하기.
- 동성애자, 양성애자, 트랜스젠더인 내담자의 경우 선택 가족 평가하기.
- 평가에서 사회적 소외와 차별에 대한 스트레스를 확인하기.

유용한 내담자 목표 작성하기

나는 당신에게 솔직해지겠다. 좋은 내담자 목표를 쓰는 것은 어려운 과업이다. 비결은 오로지 철저한 사례개념화와 임상 평가를 수행한 후에만 작성될 수 있다는 것이다.

유용한 내담자 목표를 작성하기 위한 준비 단계

1단계: 철저한 사례개념화(제13장)와 임상 평가(제14장) 작성하기.
2단계: 치료 초기에 다루어야 할 위기나 긴급 문제 파악하기.
3단계: 사례개념화와 임상 평가로부터 2~3가지 주제 파악하기.
4단계: 선택한 이론의 장기적인 이론적 목표 확인하기.
5단계: 목표 작성 활동지를 작성하기 위해 앞의 단계들을 활용하기.

◎ 기본 단계

■ 1단계: 사례개념화와 임상 평가

치료자들은 철저한 평가를 수행하기 위해 제13장과 제14장의 양식을 사용해야 한다. 사례개념화는 가장 중요하고 어려운 단계이며, 대부분의 초심자가 건너뛰고 싶어 하는 일이다. 그 이유는 사례개념화가 상당히 성찰적이고 비판적인 사고를 요구하며 정형화되어 있지 않기 때문이다. 내담자의 실제 상황에 이론적 개념을 적용하기 위해서는 시간이 좀 필요할 것이다. 당신은 고군분투할 것이다. 대개는 교과서처럼 명확하지는 않을 것이다(고통스러운 진실이지만 인생에서 정해진 것은 없다). 하지만 그러한 고투 속에서 당신은 이론을 사용하는 방법을 실제적으로 배움으로써 유능한 치료자가 될 것이다. 임상 평가는 일반적으로 약간 더 간단하다. 따라서 이를 수행할, 그리고 노력할 가치가 있음을 깨달을 시간을 많이 확보하라. 당신은 자격시험 준비를 정식으로 시작했다. 당신이 지금 습득하는 것이 무엇이건 간에, 일단 당신이 학교를 벗어나면 학습하는 데 비용을 지급할 필요가 없을 것이다.

■ 2단계: 위기 또는 긴급한 문제

임상 평가에서 치료자는 다음과 같은 위기 주제를 확인해야 한다.

- 자살 또는 살인 위협
- 잠재적, 현재 또는 과거의 아동, 보살핌이 필요한 성인, 노인 학대
- 현재 또는 과거의 가정 폭력 또는 사회적 폭력
- 알코올 혹은 약물 남용 문제
- 치료에 영향을 미칠 수 있는 약물치료 또는 다른 의학적 문제에 대한 평가 필요성
- 즉각적인 주의가 필요한 섭식장애, 자해, 기타 위험 증상들
- 외래 치료를 통해 안정될 필요가 있는 심각한 우울, 정신증 또는 공황 삽화 또는 기타 심각한 증상들

만약 이러한 문제 중 하나라도 확인된다면, 이것들은 초기 내담자 목표 부분에서 다루어져야 한다. 그렇지 않으면 치료자는 주호소 문제와 관련된 초기 단계 목표를 포함할 수 있다.

■ 3단계: 사례개념화와 임상 평가로부터 나온 주제들

이러한 두 가지 평가를 완료한 뒤, 치료자는 한 걸음 물러나서 다음의 질문을 한다.

- 사례개념화에서 나타난 2~3개의 핵심 패턴은 무엇인가?
- 이 핵심 패턴들은 임상 평가와 어떻게 부합되는가?
- 내가 사용하고자 하는 이론은 무엇이며, 그 이론은 이 핵심 주제를 어떻게 설명할 것인가?

■ 4단계: 장기 목표

구조적 치료(제5장), 경험적 치료(제6장), Bowen의 세대 간 치료(제7장)와 같은 일부 이론은 명확한 대인 간 경계, 분화, 자아실현과 같은 이론적으로 정의된 장기 목표들을 가지고 있다. 이러한 치료적 모델을 사용할 때, 치료자들은 더 큰 목표들을 마음에 담기 시작하며 종결 단계 목표에 대해 내담자를 준비시키기 위한 중간 단계의 목표들을 고안한다.

■ 5단계: 목표 작성 활동지 작성하기

나는 이것을 미화하지 않겠다. 유용한 내담자 목표를 작성하는 것은 어려운 과업으로, 치료 계획 작성에서 가장 어려운 부분이자 가장 의미 있는 부분이기도 하다. 비결은 오로지 철저한 사례개념화와 임상 평가를 수행한 후에만 작성될 수 있다는 것이다. 다음의 목표 작성 활동지는 당신이 다음을 함께 연결 짓도록 도울 것이다.

- 내담자의 보고된 문제
- 사례개념화에서 파악된 문제적 관계 역동
- (임상 평가에서 나타난) 정신병리적 또는 관계적 증상

단언하는데, 어떤 상황이 주어지더라도 당신은 이 세 가지를 모두 갖춘 2~4개의 핵심 역동을 찾을 수 있어야 한다. 때로는 시간이 좀 걸리지만, 당신이 이것을 해 내기만 하면, 남은 일은 모두 식은 죽 먹기처럼 쉽다.

목표 작성 활동지

❖ 주호소 문제

이것은 문제 역동을 파악하도록 돕기 위해 활용된다. 내담자가 문제라고 말하는 것은 무엇인가? 내담자의 단어와 표현을 가능한 한 많이 사용하라.

1. ____________________
2. ____________________
3. ____________________

❖ 체계적 역동

당신의 목표를 작성하는 데 활용된다. 각 이론 장의 '조망하기: 사례개념화' 부분에 기초하여 사례개념화를 개발하라. 사례개념화로부터 2~4개의 가장 두드러지는 문제적 관계 역동이나 담론을 파악하라. 이는 내담자의 주호소 문제에 기여할 가능성이 가장 높은 역동들이다. 일부 경우에 당신은 특정 역동들이 서로 겹치거나 관련된다는 점을 알아차릴 것이다. 이러한 상황에서, 이 겹치는 역동들을 다음에 하나의 요점으로 요약해 보라.

1. ____________________
2. ____________________
3. ____________________

❖ 증상

임상 평가를 통해 2~4개의 가장 두드러지는 심리적 증상 또는 문제들을 파악하라(예: 우울, 불안, 약물 사용, 사랑하는 사람과의 갈등, 고립, 흥미 상실, 환각 등). 이를 다음에 나열하라.

1. ____________________
2. ____________________
3. ____________________

❖ 종합하기

이것은 당신을 정직하게 해 준다. 모든 조각은 서로 잘 맞는가?

주호소 문제	역동	증상
1.		
2.		
3.		

주의: 만약 당신이 어떤 이유에서든 선택한 역동과 관련되지 않은 것 같은 증상을 택했다면, 당신의 사례개념화를 재검토하라. 조각들은 서로 잘 맞아야 한다.

(다음)

❖ 증거기반 활동(선택사항)

이론과 기법을 결정하도록 돕는다. ① 내담자의 주호소 문제, ② 진단, ③ 개인의 인구학적/다양성 요인들, ④ 당신이 의도한 치료 접근에 관련된 연구 문헌을 검토하기 위해 PsycINFO 또는 유사한 검색 엔진을 활용하라. 핵심적인 개입, 기법 또는 지침을 다음에 서술하라.

1. ______________________________
2. ______________________________
3. ______________________________

내담자의 욕구와 함께 가장 두드러지는 역동과 증거기반을 바탕으로, 당신은 이 사례에 어떤 이론이나 기법을 활용할 계획인가?

____

____

____

◎ 목표 작성 과정

당신이 앞의 단계들을 완수했다면 목표 작성은 훨씬 수월해진다. 그러나 각 내담자가 고유하기 때문에 모든 상황에 대한 명확한 규칙은 없다. 그렇다고 해도 목표 작성은 세 가지 기본 구성 요소를 가지고 있다.

유용한 목표를 작성하기 위한 지침

1. 선택한 이론의 핵심 개념 또는 평가 영역으로 시작하기. 무엇이 변화될지(이는 사례개념화에서 나옴.)에 관해 선택한 이론의 언어를 사용한 설명에 '증가시키기' 혹은 '감소시키기'를 붙이는 것으로 시작하라.
2. 증상과 연결하기: 개인적 또는 관계적 역동을 변화시킴으로써 어떤 증상이 다루어질지(이는 임상 평가에서 나옴)를 설명하라.
3. 내담자 이름 사용하기: 이름(또는 동등한 비밀 표기법)을 사용하면 이것이 정형화된 목표가 아니라 고유한 목표라는 점을 보장한다.

내담자 목표의 구조

[증상/행동을] + '줄이기/늘리기 위해' + [개인적/사회적 역동] + '증가/감소시키기'

파트 A (앞부분: [증상/행동을] + '줄이기/늘리기 위해')

파트 B (뒷부분: [개인적/사회적 역동] + '증가/감소시키기')

파트 A는 선택한 이론에 부합되는 명확한 치료 초점을 치료자에게 제공한다. 파트 B는 증상의 변화와 A에서 언급된 치료 초점을 명확하게 연결한다. 예를 들면 다음과 같다.

- 일주일간 CF의 울화 행동 빈도를 줄이기 위해, AF와 CF 간 부모 위계의 효과성을 **증가시키기**(구조적 치료).
- AF의 절망감과 AM의 짜증을 줄이기 위해, AF와 AM 간의 추격자/철수자 패턴을 **감소시키고 중단하기**(체계적 치료).
- 긍정적인 기분인 기간을 늘리기 위해, 사회적 상호작용과 음악 및 스포츠 활동에의 재참여 빈도 증가시키기(해결중심치료).

각 파트는 서로 다른 기능을 가진다. 파트 A는 치료자들이 치료를 개념화하는 데 가장 유용하다. 파트 B는 의학적 모델의 평가를 요구하는 제3의 이해관계자에게 가장 유용하다. 치료자들이 A와 B를 모두 다루는 목표를 작성하면, 그들은 제3의 이해관계자의 요구에 부응하는 동시에 자신들이 선호하는 방식으로 작업하기 위한 최대의 자유와 융통성을 스스로에게 허용하게 된다.

◎ 측정 가능한 목표 작성하기

대부분 제3의 이해관계자는 '측정 가능'한 목표를 요구하는데, 이는 내담자와 치료자가 목표가 달성된 때를 어떤 식으로든 알아차릴 거라는 뜻이다. 목표를 '증가시키기/감소시키기'로 시작하는 것은 이러한 노력을 돕는다. 게다가 제3의 이해관계자는 목표가 충족되었는지를 판단할 기준이 무엇인지 치료자가 명시하기를 원한다. 이러한 요구를 만족시키기 위해, 당신은 다음을 사용할 수도 있다.

측정: □ __주 □ __개월 동안 ______________________을 지속할 수 있음.

예시

- □ 2주 □ 2개월 동안 **긍정적인 기분**을 지속할 수 있음.
- □ 2주 □ 2개월 동안 **긍정적인 관계적 상호작용**을 지속할 수 있음.
- □ 6주 □ 6개월 동안 **술에 취하지 않은 상태**를 지속할 수 있음.
- □ 4주 □ 4개월 동안 **평점 C학점**을 지속할 수 있음.

■ 초기 단계 내담자 목표

치료 초기 단계 동안(대부분의 경우 1회기부터 3회기까지) 내담자 목표는 대체로 자살 및 살인 사고, 심각한 우울 또는 공황 삽화, 그리고 섭식 및 수면 패턴 문제와 같은 위기 증상 안정화하기, 아동, 보살핌이 필요한 성인, 노인 학대 문제를 관리하기, 약물 및 알코올 남용 문제 다루기, 자해 행동 멈추기를 포함한다.

위기 문제의 정상화 이외에도 일부 이론들은 초기 단계에서 다뤄야 하는 특정한 임상적 목표들을 가지고 있다. 예를 들어, 해결중심치료자들은 첫 회기에 내담자의 희망 수준을 높이는 것뿐만 아니라 원하는 행동을 향한 작고 측정 가능한 목표를 설정함으로써 임상 증상에 관한 작업을 시작한다 (O'Hanlon & Weiner-Davis, 1989).

■ 작업 단계 내담자 목표

작업 단계 목표는 내담자들을 치료로 이끈 증상과 문제를 만들어 내거나 유지하는 역동을 다룬다. 이것들은 제3의 이해관계자에게 가장 흥미 있는 목표이다. 좋은 작업 단계 목표를 작성하는 비결은 개념화에 사용된 이론적 언어로 목표를 구조화하고, 그 언어를 정신병리 증상들과 연결 짓는 것이다. 이론적 언어를 사용하면 약물을 처방하는 사람들에게 맞추어진 언어가 아니라 치료자들이 선호하는 사례개념화의 언어를 사용하면서 치료를 알기 쉽게 문서화하게 해 준다.

예를 들어, 내담자가 우울증 진단을 받았을 때, 많은 치료자는 '우울한 기분 감소'와 같은 목표를 포함한다. 우리 자신을 속이지 말자. 이런 목표를 떠올리는 데 석사 학위나 수천 시간의 수련이 필요한 것은 아니다. 이러한 의학적 모델의 증상기반 목표는 치료자가 실제로 무엇을 할지에 관한 단서를 제공하지 않는다. 게다가 사례에 대한 모든 문서는 매주 내담자의 우울 수준에 대한 점검을 필요로 할 것이다. 대조적으로, 임상적 내담자 목표는 우울의 감소를 이끌 이론적 개념화를 다루어야 한다. 예를 들면 다음과 같다.

- **구조적 치료**: 우울한 기분 삽화를 줄이기 위해 아동과의 밀착성을 감소시키고 부모 위계를 증가시키기.
- **Satir의 의사소통 접근**: 일치적 의사소통과 긍정적 기분을 증가시키기 위해 결혼생활과 직장에서 회유적인 행동을 감소시키기.
- **이야기치료**: 자율성을 높이고 우울한 기분을 줄이기 위해 자기가치에 대한 가족 및 사회적 평가의 영향력을 감소시키기.

이러한 각각의 목표는 내담자의 우울한 기분을 다루고 명확한 임상적 개념화와 방향감각을 제공하면서 '우울한 기분 감소시키기'라는 의학적 목표보다 치료자들에게 훨씬 유용하다.

■ 종결 단계 내담자 목표

종결 단계 내담자 목표는, ① 내담자가 치료에 가져오는 더 크고 광범위한 문제를 다루고, ② 내담자를 치료자의 이론적인 관점에 따라 정의되는 더 좋은 '건강'을 향해 움직이게 한다. 전자 유형의 예로 내담자들은 한 가지 문제, 아마도 부부 불화를 호소하다가 치료 후반에 양육 문제를 다루기를 원할 수도 있다. 유사하게, 내담자들은 종종 우울 혹은 불안을 호소하다가 후반 단계에서 관계 문제나 원가족과의 미해결된 문제를 다루기를 원할 수도 있다. 한 부부는 작업 단계에서 다루어지는 갈등이나 성적 고민과 같은 여러 긴급한 주제를 호소하다가, 이후 단계에서 그들의 정체성과 관계적 합의를 다시 정의하는 것과 같은 보다 포괄적인 주제들을 검토하고 싶을 수도 있다.

내담자 목표의 두 번째 유형은 치료자의 의제에 따라 움직인다. Bowen의 세대 간, 인본주의, 구조적 치료와 같은 일부 접근은 치료자가 달성하려고 노력하는 명확하게 정의된 건강 이론을 가지고 있다. 체계적 및 해결중심치료와 같은 다른 접근은 덜 명확하게 정의된 장기 목표와 이론을 가지고 있다. 종결 단계 목표들은 종종 내담자가 말로 표현하지 않았을 수도 있는 의제 항목을 포함한다. 예를 들어, Bowen의 세대 간 치료 이론에 내포된 장기 목표인 분화는 내담자가 표현하기에는 너무 이론적이다.

유용한 개입 작성하기

치료 계획의 마지막 요소는 각 치료적 과업이나 내담자 목표를 지지하는 개입을 포함하는 것이다. 일단 치료를 개념화하고 치료적 과업과 내담자 목표가 확인되면 유용한 개입을 파악하는 것은 대체로 쉬운 편이다. 개입은 치료자가 선택한 이론에서 나와야 하며, 내담자에게 특화되어야 한다. 다음의 요점은 개입을 작성하기 위한 지침이다.

개입 작성을 위한 지침

- **선택한 이론의 특정한 개입을 사용하기**: 개입은 명백히 치료적 과업과 내담자 목표를 개념화하는 데 사용된 이론으로부터 나와야 한다. 만약 다른 이론에서 나온 개입이 통합된다면, 수정사항들을 명확하게 상술해야 한다. 예를 들어, 가계도가 해결중심치료에서 적용될 수 있다(Kuehl, 1995).
- **내담자에게 특화된 개입 만들기**: 목표를 가능한 구체적이고 명확히 세우기 위해 비밀 표기법(예: 성인 여성은 AF, 성인 남성은 AM)을 사용하라. 예를 들어, "AF의 추격 패턴과 AM의 철수 경향성을 조각하기".
- **가능한 정확한 언어를 포함하기**: 치료자들은 개입을 적용할 때 가능한 한 정확한 질문 또는 언어를 사용해야 한다. 예를 들어, "1~10의 척도에서, 현재 당신의 결혼생활에 대한 만족도를 어떻게 평가하시겠어요?".

내담자 관점

마지막으로, 치료자들은 '이 계획에 대해 나의 내담자는 어떻게 생각하는지'에 대해 스스로 자문해야 하며 내담자에게 물어보면 더 좋다.

- 이 일들이 내담자가 변화시키기를 원하는 것들인가?

- 이 개입과 활동들이 나의 내담자가 기꺼이 시도할 만한 것들인가?
- 목표와 개입이 내담자의 성격, 문화적 배경, 나이, 성별, 가치관, 교육 수준, 인지 수준, 생활양식에 '적합'한가?
- 문제의 원인에 대해 내담자와 내가 서로 다른 의견을 가지는 영역들이 있는가?
- 우리는 내담자가 시작하기 원하는 지점에서 시작할 것인가, 아니면 당장 가장 고통스러운 지점에서 시작할 것인가?
- 내담자는 계획을 이해하는가?

내담자의 관점을 고려하는 것은 효과적인 계획을 고안하는 데 결정적이다. 치료자들은 내담자와 직접 계획을 의논하고, 목표, 변화 전략, 결과들에 대한 이해를 공유하는지를 확인해야 한다. 많은 기관은 내담자의 동의를 확인하기 위해 치료 계획에 내담자의 서명을 받는 방향으로 변화해 왔다. 그러나 너무 많은 전문용어에 내담자가 압도되는 것을 피하기 위해, 치료자는 아마도 치료 계획 중에 내담자 목표만 포함해야 할 것이다.

계획이 차이를 만드는가

물론 치료가 계획대로 진행되는 일은 드물다. 삶이란 그런 것이다. 새로운 문제가 생겨나고, 기존의 문제들은 그 중요성을 잃으며, 새로운 스트레스 요인이 상황을 변화시킨다. 하지만 이것이 계획을 쓸모없게 만들지는 않는다. 치료 계획은 다양한 방식으로 치료자에게 도움을 준다.

- 계획은 치료자들이 어떤 역동이 어떻게 변화되어야 하는지 충분히 생각하도록 돕는다.
- 계획은 치료자들에게 내담자 상황에 대한 정확한 이해를 제공함으로써 신속하고 능숙하게 새로운 위기 문제나 스트레스 요인들을 다룰 수 있도록 돕는다.
- 계획은 치료자들에게 자신감과 명확한 사고를 제공하며, 이는 새로운 문제에 쉽게 대응하게 해 준다.
- 계획은 치료자로 하여금 이론과 자신의 이론이 임상 증상과 어떻게 관련되는지에 대한 이해에 머무르게 한다.

이 모든 것이 말하고자 하는 것은 치료가 계획대로 진행되지 않을 때 놀라는 대신 "그럴 수 있지" 하며 예상하라는 것이다. 그리고 당신이 치료 계획을 세우느라 들인 시간은 당신이 계획하지 않았던 상황과 마주했을 때 훨씬 잘 대응하게 해 준다는 점을 명심하라.

온라인 자료

Arthur Jongsma 박사의 증상기반치료 계획서

www.jongsma.com

이론기반의 치료 계획서

www.cengage.com/brookscole

참고문헌

Berman, P. S. (1997). *Case conceptualization and treatment planning*. Thousand Oaks, CA: Sage.

Datillio, F. M., & Jongsma, A. E. (2000). *The family therapy treatment planner.* New York: Wiley.

de Shazer, S. (1984). The death of resistance. *Family Process, 23*, 11-17.

Gehart, D., & McCollum, E. (2007). Engaging suffering: Towards a mindful re-visioning of marriage and family therapy practice. *Journal of Marital and Family Therapy, 33*, 214-226.

Gehart, D. R., & Tuttle, A. R. (2003). *Theory-based treatment planning for marriage and family therapists: Integrating theory and practice*. Pacific Grove, CA: Brooks/Cole.

Johnson, S. L. (2004). *Therapist's guide to clinical intervention: The 1-2-3's of treatment planning* (2nd ed.). San Diego, CA: Academic Press.

Jongsma, A. E., Peterson, L. M., & Bruce, T. J. (2006). *The complete adult psychotherapy treatment planner* (4th ed.). New York: Wiley.

Jongsma, A. E., Peterson, L. M., McInnis, W. P., & Bruce, T. J. (2006). *The child psychotherapy treatment planner* (4th ed.). New York: Wiley.

Kuehl, B. P. (1995). The solution-oriented genogram: A collaborative approach. *Journal of Marital and Family Therapy, 21*, 239-250.

O'Hanlon, W. H., & Weiner-Davis, M. (1989). *In search of solutions: A new direction in psychotherapy.* New York: Norton.

O'Leary, K. D., Heyman, R. E., & Jongsma, A. E. (1998). *The couples psychotherapy treatment planner.* New York: Wiley.

Selvini Palazzoli, M., Boscolo, L., Cecchin, G., & Prata, G. (1978). *Paradox and counter paradox*. New York: Jason Aronson.

Watzlawick, P., Weakland, J., & Fisch, R. (1974). *Change: Principles of problem formation and problem resolution*. New York: Norton.

Wiger, D. E. (2005). *The Psychotherapy documentation primer* (2nd ed.) New York: Wiley.

제16장
치료 경과 평가

4단계: 경과 평가하기

비평가들은 수많은 영역에서 치료자들을 괴롭힌다. 우리는 사람들을 긴 의자에 눕도록 하고 "그 일로 인해 당신은 어떻게 느끼나요?"라는 질문을 반복하며 옴팔로스켑시스(omphaloskepsis, 자기 응시에 대한 전문용어)를 장려하고 종종 내담자들보다 더 무분별한 생활을 한다. 이러한 비난들 중에는 진실이 존재할 수도 있고 그렇지 않을 수도 있다. 하지만 치료자들이 진지하게 고려해야 할 질문이 하나 있다. 내가 차이를 만드는가?

보험사, 주 입법자 그리고 다른 제3의 이해관계자는 치료자들에게 경과를 평가할 것을 점점 더 요구한다(Lambert & Hawkins, 2004). 이것은 다른 의료 직종에서의 평가와 비교할 때 특히 어려운 과업이다. 그에 비해 수술이 성공적이었는지, 물리치료가 효과적이었는지, 또는 약물치료의 약효가 있는지를 판단하는 것은 비교적 쉽다. 이것들은 타당한 수준의 신뢰도로 측정될 수 있는 물리적인 것이기 때문이다. 그러나 치료자들이 우울증이 나아졌는지, 불안이나 걱정이 줄어들었는지를 측정하도록 요구받는다면 측정은 까다로워진다. 우리가 사람의 마음이나 심리를 X-ray로 찍고 기분의 수준을 객관적으로 측정할 수 있다면 도움이 될지도 모른다. 우리가 사람의 감정과 행동들에 기여하는 모든 요소(관계의 좋고 나쁨, 직업 스트레스, 신문기사 헤드라인, 신체 질병, 날씨를 포함한)를 통제할 수 있다면 우리가 도움을 주고 있는지 여부를 더 명확히 이해할 수 있을 것이다. 우리가 가진 성격, 이력, 기분에 대한 편견을 제외할 수 있다면 이 또한 우리에게 더 분명한 그림을 제공해 줄 것이다. 하지만 이러한 요소들을 정확히 찾아내기 어렵기 때문에 치료자들은 측정 과정에서 보다 더 창의적이고 세심할 필요가 있다.

측정의 미묘함 때문에, 유능한 치료의 4단계인 내담자 경과를 측정하는 것은 전략과 사고를 요구한다. 치료자들은 경과 측정하기에 관한 일반적인 두 가지 선택사항을 갖는다. ① 경과에 대한 내담자와 치료자의 주관적 보고인 비표준화 측정, ② 특정 심리적 변인을 추적하는 표준화된 측정이 그것이다.

비표준화 평가

비표준화된 경과 평가는 내담자나 치료자가 단순히 말이나 글로 표현한 설명이다. 평가는 내담자에 관해 작성된 문서(내담자 '파일')에 포함되어야만 한다. 제3의 이해관계자는 내담자 경과에 대한 치료자의 설명과 함께 내담자가 한 평가를 점점 더 요구하고 있다. 많은 보험사는 치료가 적절하고 효과적인지 평가하기 위해 치료자로 하여금 치료 계획과 평가를 작성하도록 하는 것에서 내담자에게 경과 체크리스트를 작성하도록 하는 것으로 변화해 왔다. 일부 연구는 기능 수준에 대한 내담자 자신의 평가가 유용하다고 제안하고 있지만, 이러한 자기 보고는 일반적으로 표준화된 측정보다 신뢰도가 낮은 것으로 간주된다.

◎ 장점과 단점

비표준화 평가에는 장단점이 있다.

■ 비표준화 평가의 장점

- 재정적 비용이 최소화된다.
- 모든 회기에서 시행할 수 있다.
- 내담자와 치료자의 관점을 포함하는 것은 더 좋은 타당도를 만들어 낸다.
- 다양한 내담자에게 쉽게 적용된다.
- 매주 사용하면 무엇이 효과적이지 않은지에 대한 피드백을 제공하므로 치료자는 치료 계획을 조정할 수 있다.

■ 비표준화 평가의 단점

- 표준화된 평가만큼 신뢰할 수 있거나 타당하지 않다.
- 정보 제공을 도와줄 부모가 없다면 아동에게 사용하기가 어렵다(하지만 이는 표준화된 도구에서 더 큰 문제가 되기도 함).
- 심각한 병리를 지닌 사람이나 회기 사이의 사건을 정확하게 회상할 수 없는 사람들에게는 사용하기 어렵다.
- 특정한 부부 또는 가족의 경우, 다른 구성원들의 언급에 의해 영향을 받지 않은 평가를 얻기 위

해 데이터를 서면으로 수집하여야 한다.

◎ 전략

이러한 정보를 수집하기 위한 몇 가지 쉬운 방법이 있다.

- 내담자에게 지난 만남 이후 자신의 경과를 평가하도록 요청해 보라. 치료자는 구체적인 증상의 변화 또는 목표에 대한 진전에 대해 물어볼 수 있다(당신은 얼마나 자주 우울했나요? 얼마나 자주 공황발작이 발생했나요? 얼마나 자주 폭식을 했나요?).
- 해결중심 척도 질문들을 사용하여 내담자들에게 자신들의 변화를 점수 매기도록 요청해 보라(제9장; Berg & de Shazer, 1993).

치료자들은, ① 구술 방식(구문이나 문장을 이용)이나, ② 척도를 사용함으로써 내담자의 경과 평가와 치료자의 경과 평가 모두를 문서화할 수 있다.

■ 구술 설명의 예시

- 내담자는 한 주 동안 우울 삽화의 증가를 보고한다(예: 7일 중 5일).
- 내담자는 한 주 동안 갈등의 감소를 보고한다(예: 단 한 번의 심한 다툼).
- 내담자는 지난 주 동안 수면 문제에 변화가 없음을 보고한다(예: 잠 드는 데 1~2시간 소요).

■ 척도의 예시

내담자 보고: 개선____________ 변화 없음____________ 악화____________

치료자 관찰: 개선____________ 변화 없음____________ 악화____________

해결중심 척도: 이번 주 = ______ (1 = 최악의 상황, 10 = 목표 성취)

표준화된 평가

표준화된 경과 평가는 일반적으로 비표준화 평가보다 더 정확한 것으로 간주된다. 이러한 평가는 내담자나 중요한 타인들에 의해 작성되는 수기 또는 전자 설문지를 포함한다. 이 평가들은 신뢰도와 타당도가 검증되어 치료자들이 더 조심스럽게 변화를 추적하고 개인 내담자를 집단 규범과 비교할 수 있게 해 준다. 이는 내담자가 비교 집단(예: 기능 수준, 문화, 나이)과 비슷할 때 가장 의미 있다.

이러한 평가의 공통된 문제점은 개인마다 점수를 해석하기 곤란하게 만드는 고유의 참조 틀과 상황이 있다는 점이다. 일반적으로 의뢰인 층이 다양할수록 정확한 점수 해석이 어려워진다. 예를 들어, 한때 나의 수련생이 어떤 중국 이민자와 함께 훈련 작업을 한 적이 있었는데(회기는 중국어로 진행되었음), 그녀는 초기 증상과 3개월 뒤 학기 말의 증상을 수집하기 위해 표준화된 도구를 사용했다. 내담자는 상당히 개선되어 보였지만, 그 검사 도구는 그녀가 **악화**되었다고 나타냈다. 그 학생이 내담자에게 상황이 나빠졌는지를 좀 더 알아보았을 때, 내담자는 초기에 자신이 치료자를 믿지 않았고 특정 문제를 인정하는 것이 불편해서 증상에 대한 보고를 축소했다고 진술했다. 그녀가 치료자와 좋은 라포를 형성하고 나서야 그녀는 질문에 더 정확하게 답할 수 있다고 느꼈고, 이는 체면에 대한 그녀의 문화적 가치와 일관된다. 이 이야기의 교훈은 표준화된 양식은 오직 저자가 의도한 대로 내담자가 질문에 답함으로써 '원칙을 지킬' 수 있을 경우에만 효과가 있다는 점이다. 분명 치료자들은 표준화된 양식들을 해석하고자 할 때 주의를 기울여야 하며, 결과가 예상치 못한 경우 내담자와 논의해야 한다.

◎ 장점과 단점

비표준화 평가와 마찬가지로, 표준화된 평가도 장점과 단점을 모두 가진다.

■ 표준화된 평가의 장점

- 더 신뢰할 수 있고 타당하다고 간주된다.
- 치료자는 내담자 간 비교를 더 잘할 수 있다.
- 치료자는 시간의 흐름에 따른 비교를 더 잘할 수 있다.

■ 표준화된 평가의 단점

- 대부분의 표준화된 양식은 구입해야 한다. 일부는 도구를 한 번 실시할 때마다 비용을 요구하여 순식간에 많은 비용이 들 수 있다.
- 치료자에게 더 많은 시간, 준비, 자원을 요구할 수 있다(예: 컴퓨터, 복사).
- 내담자에게 더 많은 시간을 요구하며, 동기를 부여하는 이유가 없다면 내담자들은 시간을 들이기 망설일 수도 있다.
- 모든 검사가 다양한 인구에 대해 표준화되어 있거나, 내담자의 주 언어로 이용 가능한 것은 아니다.

◎ 치료적 관계에 미치는 영향

질문지를 활용하는 것은 치료자를 더 위계적인 위치에 놓기 때문에 항상 치료적 관계에 영향을 미친다. 그러므로 치료자들은 이러한 척도를 사용할 때, 공식적인 평가들을 어떻게 제시할지와 내담자들이 치료적 관계를 이해하도록 어떻게 도울지에 대해 심사숙고할 필요가 있다.

표준화된 경과 평가의 실제적 선택사항

학자, 이론가 그리고 연구자에 의해 묘사된 이상적인 세계(또는 당신의 관점에 따라서는 강박적인 공상)에서 치료자들은 치료의 과정 동안 규칙적인 간격으로 내담자로 하여금 가장 신뢰할 수 있고 타당한 평가들을 작성하게 할 것이다. 이론상으로 이것은 훌륭하다. 즉, 당신이 신뢰도와 타당도가 일반적으로 평가 도구의 **길이**와 관련이 있다는 사실(Lambert & Hawkins, 2004; Miller, Duncan, Brown, Sparks, & Claud, 2003)을 고려하기 전까지 말이다. 그리고 지역사회 기관과 개인 영업 등 전형적인 임상 장면에서 일하는 사람들의 경우, 현실은 내담자도 임상가도 너무 긴 질문지를 작성하는 것을 좋아하지 않는다. 대부분의 내담자와 치료자가 짧고 즐거운 것을 선호하는 것이 현실이다. 다행히도, 치료자들은 점점 더 간결한 선택권을 가지고 있다.

◎ 일상 실무에서 표준화된 척도의 지침

다음은 일상적인 실무에서 표준화된 척도를 사용하기 위한 지침들이다.

- **첫 회기**: 대부분의 변화가 치료 초기에 일어난다는 증거가 있기 때문에, 증상과 기능에 대한 초기 측정은 첫 회기에 이루어져야 한다(Lambert & Hawkins, 2004).
- **5분 이내**: Lambert와 Hawkins(2004)는 작성하는 데 5분 이상 소요되지 않는 도구를 추천한다.
- **규칙적인(매주 또는 매월) 간격**: 조사 연구에서는 사전 검사와 사후 검사가 간단하긴 하지만, 내담자가 치료를 끝내겠다는 의도를 알리지 않고 그만둘 수도 있고, 사후 검사를 작성하려고 되돌아오는 데 동의하는 일도 드물기 때문에 '사후'를 정의하기는 어렵다. 그러므로 치료자들은 임상 장면에서 내담자의 경과를 측정하기 위한 규칙적인 간격을 정해야 한다. 도구와 장면에 따라, 주 1회나 월 1회 또는 분기별 평가가 적절할 수 있다.
- **회기 전**: 내담자가 귀가하려고 서두르는 회기 말미보다는 회기에 앞서 내담자에게 질문지를 작성하도록 요청하는 것이 훨씬 더 성공적이라는 점을 깨닫기까지는 그리 많은 시간이 걸리지 않는다. 회기에 앞서 사용되었을 때, 질문지는 회기에서 다룰 주제를 정하는 데 도움이 된다.
- **측정을 구조화하기**: 측정이 치료에 도움이 된다는 메시지를 치료자가 전달한다면, 대부분의 내담자는 치료 성과를 향상하기 위해 5분을 기꺼이 쓸 것이다. Lambert와 Hawkins(2004)는 이를 의사들이 매번 진료를 시작할 때 혈압이나 바이탈 사인을 측정하는 것과 비교해 보라고 추천한다. 이 정보는 의사 또는 치료자가 내담자에게 더 도움이 되도록 돕는다.

◎ 초단축형 척도

부부 및 가족 치료자들은 작성하는 데 1분 정도밖에 안 걸리는 초단축형 도구, 또는 작성하는 데 10분 이내로 걸리는 단축형 도구로 임상적 및 관계적 기능을 모두 측정하는 몇 가지 선택지를 가지고 있다. 초단축형 척도에는 상담 성과 평가 척도(Outcome Rating Scale: ORS)와 회기 평가 척도(Session Rating Scale: SRS)가 포함된다. 이 척도들은 비용 효율성, 간결성, 간편한 실시, 임상적 적절성 때문에 인기를 얻고 있다(Campbell & Hemsely, 2009).

■ 상담 성과 평가 척도(Outcome Rating Scale: ORS)

Miller 등(2003)은 45개의 질문조차도 너무 많다고 불평하는 내담자와 상담사에게 응하여 상담 성과 질문지(Outcome Questionnaire: OQ, 다음 단축 척도에서 논의됨)의 초단축형 버전인 상담 성과 평가 척도를 개발했다. 이는 임상가를 위해 임상가들에 의해 고안되었고, 상담 성과 척도들 중 가장 임상가 친화적이다. ORS는 단 4개 시각유사 척도로 구성되어 있고 작성하는 데 1분도 채 걸리지 않아서 매주 사용하기에 이상적이고 매우 경제적이다. 이것은 인터넷에서 무료로 사용할 수 있어서 복사 비용만 있으면 된다. 이 척도는 네 가지 기능 영역을 측정한다.

- 개인적(개인적 안녕)
- 대인 간(가족 및 친밀한 관계)
- 사회적(직장, 학교, 친구관계)
- 전체(전반적인 행복감)

아동을 위한 두 가지 버전도 이용할 수 있다. 성인용과 유사한 척도가 포함된 아동용 상담 성과 평가 척도(Child Outcome Rating Scale)와 유아가 느끼는 감정을 측정하기 위해 행복한 얼굴, 무표정한 얼굴, 불행한 얼굴을 사용하는 유아용 상담 성과 평가 척도(Young Child Outcome Rating Scale)(Duncan, Miller, Sparks, Claud, Reynolds, Brown, & Johnson, 2003)가 있다. 채점은 간단하다. 10cm의 척도에서 내담자가 얼마나 멀리에 평정했는지를 측정하기 위해 눈금자가 사용되고, 잠재적 문제를 다루기 위해 표준 점수가 사용된다.

ORS는 높은 내적 일치도(0.93) 및 검사-재검사 신뢰도(0.84), OQ-45.2와 중간 정도의 동시 타당도(0.59; Miller et al., 2003)를 가지고 있다. 초단축형 양식을 감안할 때, OQ-45.2와 같은 다른 상담 성과 척도만큼 민감하지는 않지만, 평소 전문가의 주요 목적인 임상 장면에서의 변화를 측정하기에는 충분히 민감하다. ORS의 가장 큰 강점은 실제 실무 현장에서 규칙적이고 지속적으로 사용하기에 편리하다는 것이다. 치료자들이 결과 측정을 위해 ORS와 OQ-45.2 중 한 가지를 사용하도록 훈련받을 때, 1년 후에도 OQ-45.2 45문항을 사용하는 사람은 겨우 25%였던 것에 비해, ORS의 경우 86%가 여전히 사용하여(Miller et al., 2003) 극적인 차이를 보였다.

상담 성과 평가 척도 (Outcome Rating Scale: ORS)

성명 ________________ 나이: ______ (만 세) 성별: ________

회기 # ________ 날짜: ________________

다음 설문에 응답하는 사람은 누구인가요? 본인 ________________ 타인 ________________

타인이 응답한다면, 이 사람과 어떤 관계인가요? ________________________________

오늘을 포함하여 지난 한 주를 돌아보면서, 다음에 제시된 생활 영역에서 당신이 어떻게 지냈는지를 직선에 표시해 보세요. 왼쪽에 표시할수록 잘 지내지 못한 것을 의미하고, 오른쪽에 표시할수록 잘 지냈다는 것을 의미합니다. 만약 다른 사람을 위하여 이 설문에 응답하고 있다면, 대상이 되는 사람이 어떻게 지냈는지를 귀하의 생각에 따라 응답해 주시기 바랍니다.

개인적으로

(개인적인 안녕감)

I-------------------------------------I

가까운 대인관계에서

(가족, 친한 사람과의 관계)

I-------------------------------------I

사회생활으로

(직장, 학교, 교우관계)

I-------------------------------------I

전반적으로

(전반적인 안녕감)

I-------------------------------------I

International Center for Clinical Excellence

www.scottdmiller.com

■ 회기 평가 척도(Session Rating Scale: SRS)

또한 Duncan 등(2003)이 개발한 회기 평가 척도 3.0버전(SRS V3.0)은 일반적으로 ORS와 함께 사용된다. ORS가 회기가 시작할 때 주어지는 반면, SRS는 긍정적인 성과의 가장 좋은 예측변인 중 하나로 지속적으로 밝혀진 치료적 동맹을 측정하기 위해 회기 마지막에 사용된다(Orlinsky, Rønnestad, & Willutzki, 2004). 동맹에 대한 내담자의 평정은 치료자의 평정보다 성과에 대한 더 좋은 예측변인이다(Batchelor & Hovath, 1999). Whipple, Lambert, Vermeersch, Smart, Nielsen 그리고 Hawkins(2003)에 의해 수행된 연구에서, 동맹과 성과 정보를 모두 얻은 치료자는 그렇지 않은 치료자보다 임상적으로 유의미한 변화를 성취할 가능성이 2배 높았다.

ORS와 마찬가지로 SRS도 단 4개의 유사 척도로 구성된다.

- **관계**: 내담자는 잘 들어 주고, 이해받으며, 존중받는다고 느끼는가?
- **목표와 주제**: 내담자는 회기가 자신이 작업하기 원했던 것에 집중되었다고 느끼는가?
- **접근 또는 방법**: 치료자의 접근은 적절했는가?
- **전체**: 회기는 내담자에게 유용했는가(적절했는가)?

ORS와 마찬가지로, SRS 역시 아동을 위한 두 가지 버전을 이용할 수 있다. 성인용과 유사한 척도를 포함한 아동용 회기 평가 척도(Child Session Rating Scale: CSRS)와 유아가 느끼는 감정을 측정하기 위해 행복한 얼굴, 무표정한 얼굴, 불행한 얼굴을 사용하는 유아용 회기 평정 척도(Young Child Session Rating Scale: YCSRS; Duncan et al., 2003)가 있다. 채점은 간단하다. 10cm의 척도에서 내담자가 얼마나 멀리에 평정했는지를 측정하기 위해 눈금자가 사용되고, 잠재적 문제를 다루기 위해 기준 점수가 사용된다. 연구는 이 도구의 기준 점수가 매우 높은 것으로 확인해 왔으며, 이는 내담자가 동맹에 가벼운 문제라도 있다고 지적하기 시작하면 치료자들은 긍정적인 성과를 보장하기 위해 이 문제들을 즉시 다룰 필요가 있음을 의미한다. 이 척도는 강한 동맹을 형성하고 싶어 하는 초심자에게 특히 유용할 수 있다.

SRS는 다른 동맹 척도들과 견줄 만한 높은 내적 일치도(0.88)와 0.64의 검사-재검사 신뢰도를 가지고 있다(Duncan et al., 2003). 유사한 척도들과 비교했을 때 이 척도의 동시 타당도는 0.48로, 이는 유사한 구성 개념이 측정되고 있다는 증거를 제공한다. SRS의 가장 큰 장점은 ORS와 마찬가지로 편리함과 사용자 친화적이라는 점이다. 임상가의 단 29%만이 12문항의 작업 동맹 척도(Working Alliance Inventory)를 사용하는 데 비해, SRS를 소개받은 임상가의 96%는 SRS를 사용한다.

◎ 단축형 척도

단축형 척도는 작성하는 데 10분도 채 걸리지 않는 평가 도구이다. 흔히 볼 수 있는 두 가지 척도는 상담 성과 질문지(Outcome Questionnaire: OQ)와 증상 체크리스트(Symptom Check List: SCL)이다.

회기 평가 척도(Session Rating Scale: SRS)(V3.0)

성명 ____________ 나이: ____(만 세)

ID # ____________ 성별: ____________

회기 # ________ 날짜: ____________

각 영역의 직선에서 오늘 상담에 대한 당신의 경험에 해당한다고 생각되는 가장 적절한 지점에 ✓표를 하시기 바랍니다.

관계

상담자가 내 이야기를 잘 들어 주지 않았고, 나를 이해하지 못했으며, 존중하지 않았다고 느꼈다.	I----------------------------I	상담자가 내 이야기를 잘 들어 주었고, 나를 이해했으며, 존중했다고 느꼈다

목표와 주제

내가 다루거나 이야기하고 싶었던 것에 대해 다루지 않았고 이야기하지 않았다.	I----------------------------I	내가 다루거나 이야기하고 싶은 것에 대해 다루고 이야기했다.

상담 방식이나 방법

상담자의 상담 방식이 나와 잘 맞지 않았다.	I----------------------------I	상담자의 상담 방식이 나와 잘 맞았다.

전반적으로

오늘 상담에서 뭔가 아쉬운 것이 있다.	I----------------------------I	오늘 상담은 전반적으로 나와 잘 맞았다.

International Center for Clinical Excellence

www.scottdmiller.com

Translated by Sungsik Ahn and colleagues at Soongsil University Counseling Center (sungsik.ahn@ssu.ac.kr)

■ 상담 성과 질문지

상담 성과 질문지(OQ-45.2)는 임상 장면에서 성과를 측정하기 위해 고안되었다(Lambert, Hansen, Umphress, Lunnen, Okiishi, Burlingame, Huefner, & Reisinger, 1996). 이 질문지는 총 45문항이며, 작성하는 데 5분 이내의 시간이 소요되고, 3개의 하위척도를 포함한다.

① 증상의 고통(임상적, 정신건강 증상)
② 대인관계
③ 사회적 역할 수행

이 도구는 부모가 작성할 수 있는 청소년용 상담 성과 질문지(Youth Outcome Questionnaire: YOQ)와 12~18세 청소년을 위한 청소년용 자기보고식 상담 성과 질문지(Youth Outcome Questionnaire Self-Report: YOQ-SR) 등 청소년 버전도 있다. OQ와 YOQ의 경우 더 단축된 단일 척도(전체 점수만 있음)인 30문항 버전을 이용할 수 있고, OQ는 10문항 버전도 이용할 수 있다. 이 척도들은 잦은 측정에 더 실용적인 단축된 버전으로 실시, 채점, 해석에 알맞고 수월하다.

OQ-45.2는 좋은 검사-재검사 신뢰도(0.66~0.86)와 내적 일치도(0.7~0.9)를 가지고 있다(Lambert & Hawkins, 2004). 이것의 사소한 약점은 하위척도 간 상관이 높다는 것인데, 이는 하위척도가 고유한 구성 요소를 측정하지 않을 수도 있다는 의미이다. 이 도구의 신뢰도와 타당도에 대한 대다수의 연구는 요약 점수로 수행되어 왔고, 임상가들은 이 점수를 경과에 대한 기본 측정치로 활용하도록 장려된다(Lambert & Hawkins, 2004). 이 질문지에 사용된 몇 가지 질문 견본은 다음과 같다.

상담 성과 질문지의 질문 견본

	전혀	드물게	때때로	자주	거의 항상
1. 나는 다른 사람과 잘 지낸다.	☐	☐	☐	☐	☐
2. 나는 빨리 피곤해진다.	☐	☐	☐	☐	☐
3. 나는 어떤 일에도 흥미를 느끼지 못한다.	☐	☐	☐	☐	☐
4. 나는 직장/학교에서 스트레스를 받는다.	☐	☐	☐	☐	☐
5. 나는 어떤 일에 대해 나 자신을 비난한다.	☐	☐	☐	☐	☐
6. 나는 짜증이 난다.	☐	☐	☐	☐	☐
……(중략)……					
18. 나는 외롭다.	☐	☐	☐	☐	☐
19. 나는 자주 싸운다.	☐	☐	☐	☐	☐
20. 나는 사랑받고 있고 필요한 사람이라고 느낀다.	☐	☐	☐	☐	☐
21. 나는 나의 여가시간을 즐긴다.	☐	☐	☐	☐	☐
22. 나는 집중하기가 어렵다.	☐	☐	☐	☐	☐
23. 나는 미래에 대해 희망이 없다.	☐	☐	☐	☐	☐
24. 나는 나 자신을 좋아한다.	☐	☐	☐	☐	☐

Michael J. Lambert(Ph. D)와 Gary M. Burlingame(Ph. D)에 의해 개발됨. 더 많은 정보를 원한다면 OQ 평가 LLC Ⓒ Copyright, 2005.

■ 증상 체크리스트와 간이정신진단검사

증상 체크리스트(Symptom Check List: SCL-90-R)는 정신건강 증상과 증상의 강도(경도, 중등도, 고도)를 측정하는 90문항의 검사이다. 이 검사는 13세 이상의 개인을 위해 고안되었으며, 작성하는 데 12~15분이 소요된다. 간이정신진단검사(Brief Symptom Inventory: BSI)는 SCL을 기반으로 하지만, 이름이 말해 주듯이 더 간단하다. BSI는 53문항이며 13세 이상의 개인들을 위해 고안되었고, 작성하는 데 8~10분이 소요된다. 두 검사 모두 9개의 증상 하위척도와 3개의 전체 지수를 가지고 있다.

- **하위척도**
  - 신체화
  - 강박증
  - 대인 민감성
  - 우울
  - 불안
  - 적대감
  - 공포
  - 편집증적 사고
  - 정신증적 경향성
- **전체 지수**
  - 전반적 심각도 지수: 전반적인 심리적 고통
  - 양성 증상 불편 지수(Positive Symptom Distress Index: PSDI): 증상의 강도
  - 양성 증상 합(Positive Symptom Total: PST): 자기 보고된 증상의 수

전반적인 고통 점수와 관련된 초단축형 6문항과 10문항 버전도 개발되었으며(Rosen, Drescher, Moos, Finney, Murphy, & Gusman, 2000), 이는 일상 실무에서 더 편리한 선택지이다. SCL-90-R의 검사-재검사 신뢰도는 온라인 버전의 경우 0.63~0.86 범위이고 수기 버전으로는 0.68~0.84로 좋은 편이다(Derogatis & Fitzpatrick, 2004; Vallejo, Jordǎn, Dǐaz, Comeche, & Ortega, 2007). 내적 일치도 계수 또한 0.70~0.90의 범위로 좋다.

결과에 대한 최종 판단

치료자들은 내담자의 경과에 대해 과거보다 면밀하고 정확하게 평가하고 있다. 평가는 추가 서류 작업과 시간을 필요로 하긴 하지만, 오늘날의 실무 환경에 쉽게 통합되는 빠르고 효과적인 선택지가 많다. 치료자의 태도는 평가 체계의 성공과 유용성에 결정적인 요소이다. 치료자들이 이것을 믿

는다면, 그들은 내담자와 이에 대해 소통할 것이고, 평가는 내담자의 목표 성취를 돕는 독특한 자원이 될 것이다. 치료자들이 평가를 부담스럽거나 불필요한 것으로 본다면, 평가는 그 누구에게도 거의 사용되지 않는 생명력 없는 관습적인 과업이 되고 만다.

온라인 자료

상담 성과 평가 척도(ORS)와 회기 평가 척도(SRC)

scottdmiller.com 또는 heartandsoulofchange.com (무료 다운로드)

상담 성과 질문지 45

www.oqmeasures.com (구매용)

증상 체크리스트 90

www.pearsonassessments.com/tests/scl90r.htm (구매용)

참고문헌

Batchelor, A., & Horvath, A. (1999). The therapeutic relationship. In M. A. Hubble, B. L. Duncan, & S. D. Miller (Eds.), *The heart and soul of change* (pp. 133-178). Washington, DC: APA Press.

Breg, I., & de Shazer, S. (1993). Making numbers talk: Language in therapy. In S. Friedman (Ed.), *The new language of change: Constructive collaborative in psychotherapy.* New York: Guilford.

Campbell, A., & Hemsley, S. (2009). Outcome Rating Scale and Session Rating Scale in psychological practice: Clinical utility of ultra-brief measures. *Clinical Psychologist, 13*(1), 1-9. doi:10.1080/13284200802676391

Derogatis, L. R., & Fitzpatrick, M. (2004). The SCL-90-R, the Brief Symptom Inventory, and the BSI-81. In M. E. Murish (Ed.), *The use of psychological testing for treatment planning and outcome.* New York: Routledge.

Duncan, B. L., Miller, S. D., Sparks, J. A., Claud, D. A., Reynolds, L. R., Brown, J., & Johnson, L. D. (2003). Session Rating Scale: Preliminary psychometrics of a "working" alliance scale. *Journal of Brief Therapy, 3*, 3-12.

Lambert, M. J., Hansen, N. B., Umphress, V. J., Lunnen, K., Okiishi, J., Burlingame, G. M., Huefner, J. C., & Reisinger, C. W. (1996). *Administration and scoring manual for the Outcome Questionnaire(OQ-45.2).* Wilmington, DE: American Professional Credentialing Services.

Lambert, M. J., Hawkins, E. J. (2004). Measuring outcome in professional practice: Considerations in selecting and using brief outcome instruments. *Professional psychology: Research and Practice, 35*, 492-499.

Miller, S. D., Duncan, B. L., Brown, J., Sparks, J. A., & Claud, D. A. (2003). The Outcome Rating Scale: A preliminary study of the reliability, validity, and feasibility of a brief visual analog measure. *Journal of Brief Therapy, 2*, 91-100.

Orlinsky, D. E., Rønnestad, M. H., & Willutzki, U. (2004). Fifty years of process-outcome research: Continuity and change. In M. J. Lambert (Ed.), *Bergin and Garfield's handbook of psychotherapy and behavior change* (5th ed., pp. 307–393). New York: Wiley.

Rosen, C. S., Drescher, K. D., Moos, R. H., Finney, J. W., Murphy, R. T., & Gusman, F. (2000). Six- and ten-item indexes of psychological distress based on the Symptom Checklist-90. *Assessment, 7*, 103–111.

Vallejo, M. A., Jordán, C. M., Díaz, M. I., Comeche, M. I., & Ortega, J. (2007). Psychological assessment via the Internet: A reliability and validity study of online (vs paper-and-pencil) versions of the General Health Questionnaire-28 (GHQ-28) and the Symptoms Check-List-90-Revised (SCL-90-R). *Journal of Medical Internet Research, 10*, 2.

Whipple, J. L., Lambert, M. J., Vermeersch, D. A., Smart, D. W., Nielsen, S. L., & Hawkins, E. J. (2003). Improving the effects of psychotherapy: The use of early identification of treatment and problem strategies in routine practice. *Journal of Counseling Psychology, 50*, 59–68.

제17장
문서화하기: 경과 기록

5단계: 문서화하기와 공개하지 않은 고백

여기 많은 이를 놀라게 할 사실이 있다. 오늘날 활동하는 대다수의 치료자는 실제 내담자와 수행하는 회기를 다른 전문가에게 관찰하도록 한 적이 없다(Jordan, 1999). 보통은 생생한 슈퍼비전보다는 무슨 말을 했고, 어떤 일이 있었으며, 무엇을 했는지를 슈퍼바이저에게 보고하는 사례 자문을 받는다(Jordan, 1999). 이해관계에 놓인 외부인, 특히 제3의 이해관계자는 치료자들이 어떻게 훈련받는지를 알면 알수록 비공개적으로 어떤 일이 일어나는지를 더욱 궁금해하기 시작한다. 의료비가 계속 증가함에 따라, 점점 더 제3의 이해관계자는 치료자들이 하고 있는 일과 그것이 변화를 만들어 내는지에 대해 알려 줄 것을 요구한다.

다행스럽게도, 제3의 이해관계자는 상담실을 도청하거나 스파이를 고용하지 않고, 비공개된 치료 회기에서 어떤 일이 일어나는지를 추적하기 위한 가장 실용적인 수단으로 사례 혹은 경과 기록 양식에 상세히 기록한 증거 문서를 남기도록 요청하기로 결정했으며, 이는 유능한 치료의 마지막 단계이기도 하다. 경과 기록은 치료자들이 법적 및 윤리적 지침을 따르는 전문적인 치료를 제공하고 있음을 보여 주는 주된 도구이다. 기록해 두지 않는다면 치료자의 의견, 슈퍼바이저의 판단, 심지어 "정말 도움이 되는 회기였어요!"라는 내담자의 열정적인 감탄사조차 제3의 이해관계자에게는 큰 의미가 없다. 경과 기록으로 문서화된 정보는 치료가 표준 관행을 준수하고 있는지를 결정할 때 정식으로 인정되는 것이다. 게다가 사례 기록은 상황이 안 좋아질 때 매우 중요하다. 직업적으로 경과 기록을 보관하는 것은 소송과 항의에 대응해 치료자들을 보호하는 주요 수단이다.

그러나 당신이 대부분의 지역사회 및 공공 정신건강기관을 찾아간다면, 당신은 서류 업무에 대해 "너무 많아." 그리고 "시간 낭비야."와 같은 불평을 하게 될 것이다. 그것은 어느 정도는 사실이다.

하지만 치료자들이 투덜대서는 안 되는 임상 문서가 있다면 그것은 바로 경과 기록이다. 이는 치료자를 가장 잘 보호해 주는 자료이며, 최근에 제정된 법 덕분에 그 내용에 무엇이 들어가야 하는지도 예전에 비해 명확해졌다.

서로 다른 두 존재: 경과 기록 vs 심리치료 기록

2003년, 미국 보건복지부는 「의료정보보호법(Health Insurance Portability and Accountability Act: HIPAA)」(USDHHS, 2003)에서 약술된 새로운 의료 문서화 지침을 집행하기 시작했다. 의료보험담보범위의 통산제도와 같은 다른 의료 서비스 문제들을 해결함에 따라, HIPAA 규정은 의료 문서화에 대한 새로운 개인정보기준을 포함하게 되었다. 치료자들에게 가장 중요한 것, 그리고 수년간 업무를 수행해 온 사람들을 깜짝 놀라게 한 것은 임상 문서를 경과 기록과 **심리치료 기록**의 두 가지로 새롭게 구분한 것이었다(Halloway, 2003). 예전에 두 가지 기록을 보관하는 것은 당신이 정보에 대한 요청을 어떻게 처리하는지에 따라 비윤리와 불법 사이의 어딘가에 있다고 보았다. 그러나 환자의 사생활을 보호하기 위해 새로운 HIPAA 규정은 서로 다른 두 가지 문서를 보관하는 업무를 승인했다.

경과 기록과 심리치료 기록

- **경과 기록:** 이는 다른 의료 전문가, 내담자(서면 통지 요구), 소환장에 대한 대응으로 공유되는 정식 의료 기록으로 '공식' 의료 파일이다. 제3의 이해관계자는 일반적으로 이 기록의 내용에 대해 세부적인 요구 사항을 가지고 있다.
- **심리치료 기록:** 치료자(또는 작성자)의 자산이 되며, 만약 (별개의 물리적 파일에) 별도로 보관된다면, 공식 의료 파일과 구분되어 보관된다. 이러한 기록은 개인적인 인상, 환자에 대한 분석, 가설 등이 포함될 수 있다. 그것들은 (만약 별도로 보관된다면) HIPAA 규정하에 많은 보호를 받으며, 외부의 제3자에게 공개되는 일이 드물다. 이 기록의 목적은 치료자가 내담자의 경과에 대해 깊이 생각하고, 계획하며, 성찰하도록 돕는 데 있으므로 어떤 정보가 들어가야 한다는 기준은 없다.

경과 기록

심리치료 기록은 개별적이고 사적으로 보관되며 지침이 거의 없기 때문에, 치료자의 주된 관심사는 공식 의료 파일을 구성하는 경과 기록에 있다. 경과 기록은 다른 전문가, 법원, 다른 관계자들에게 공유될 가능성이 있기 때문에 HIPAA 규정은 심리치료자들이 경과 기록에서 잠재적으로 피해를 줄 수 있는 정보를 최소화하도록 장려한다. 목표는 **치료에 대한 전문가 규준을 따르는 능숙한 치료를 문서화하는 동시에 내담자의 사생활 보호를 최대화하는 것이다.** 제3의 이해관계자는 이름, 대화 주제, 내담자의 삶에 대한 개인적인 내용이나 치료적 대화보다는, ① 증상의 빈도와 지속 기간, ② 이러한 증상들을 치료하기 위해 사용한 구체적인 개입들에 대한 상세한 정보를 선호한다. 이와 같은 기록은 불륜에 대한 환상, 세부적인 가족 상호작용 그리고 친구와 동료의 이름과 같은 잠재적으로 피해를 줄 수 있는 정보를 포함하지 않음으로써 내담자의 사생활 보호를 향상한다.

사적 정보를 최소화하는 일반적 원칙에서 가장 두드러지는 예외사항은 **위기 상황**이다. 자살 경향성, 자해, 학대, 살인 경향성이 있는 내담자를 안정시킬 때, 치료자들은 안전 평가, 안전 계획(계획의 일부가 되는 사람의 이름과 역할 포함), 안전을 확보하고 법적인 규정을 준수하고자 취해진 구체적인 행동에 대한 상세한 정보를 포함해야 한다. 위기 상황을 안정시킬 때, 치료자는 이러한 고위험의 법적 상황에서 신중하고 전문적인 치료를 문서화함으로써 추가적인 '보호수단'을 얻으며, 다른 의료 전문가들에게도 내담자 치료에 필요한 정보를 제공한다.

◎ 경과 기록 구성 요소

HIPAA 지침과 제3의 이해관계자는 경과 기록에 포함되는 것에 대한 지침을 제공하며, 그 결과 현장에서 일관성을 증대시킨다. 이러한 공통된 구성 요소들은 다음과 같다.

- (내담자 비밀 보장을 위해)이름이 아닌 내담자 사례 번호
- 날짜, 시간 그리고 회기 길이
- 회기에 참석한 사람
- 제공자의 전문가 자격 또는 학위와 함께 (약식이 아닌) 원본 서명
- 증상(빈도 및 기간 포함)의 개선이나 악화를 포함한 내담자 경과
- 사용된 개입과 내담자 반응
- 미래 회기에 대한 계획, 치료 계획의 변경
- 위기 문제에 대한 평가 및 어떻게 다뤘는지에 대한 설명

◎ 경과 기록 선택사항

경과 기록의 필수 구성 요소에 대해서는 대체로 누구나 동의한다. 하지만 여느 구성 요소 목록처럼 요소를 조합하는 방법에는 여러 가지가 있다. 이는 경과 기록을 작성하는 방법에는 1개 이상의 정답이 있다는 뜻이다. 많은 치료자는 새로운 기준에 따라 기존의 HIPAA 양식을 조정함으로써 HIPAA를 준수하는 쪽을 선택한다. 다른 치료자들은 직접 만들거나 기관에서 개발한 양식을 사용한다. 누군가는 HIPAA 규정이 경과 기록 양식을 통일했다고 추측할 수도 있겠지만, 내가 매년 지역 기관들을 방문해 보면 당신이 사는 동네 베스킨라빈스의 아이스크림 종류보다 더 많은 유형의 경과 기록이 존재하는 것 같다. 가장 널리 알려진 것은 DAP와 SOAP 기록이다.

■ DAP 기록

초기에 관리된 치료 요구사항에 대응하여 개발된 DAP(자료, 평가, 계획) 기록은 경과 기록의 비교적 널리 알려진 양식 중 하나이다(Wiger, 2005). 이는 다음과 같다.

- **자료(Data)**: 회기에서 일어난 일, 개입, 임상적 관찰, 검사 결과, 증상 진단, 스트레스 요인 등이다.
- **평가(Assessment)**: 증상 평가, 최근 회기 및 치료의 전반적인 과정의 성과, 충족된 치료 계획 목표 및 목적, 추가적인 작업이 필요한 영역, 진전된 영역 등이다.
- **계획(Plan)**: 숙제, 다음 회기에서의 개입, 다음 회기의 시점, 치료 계획의 변화 등이다. 일부 치료자들은 진전되었을 경우 P를 사용하면서 나타난 모든 진전을 강조한다.

일반적인 개요가 있긴 하지만 DAP 기록은 수많은 방식으로 해석될 수 있고, 각 전문가나 기관은 종종 각 부분에서 서로 다른 정보를 강조하는 독특한 양식을 개발한다.

■ SOAP 기록

경과 기록을 위해 널리 사용되는 또 다른 양식은 SOAP(주관적 관찰, 객관적 관찰, 평가, 계획) 기록이다(Wiger, 2005). 일반의사, 지압사 그리고 작업 치료자들을 포함한 많은 의료 전문가가 이 양식을 사용한다. SOAP 기록은 원래 신체 질환의 치료를 문서화하기 위해 고안되었기 때문에, 정신건강에 적용하면 종종 어색하다. 따라서 DAP 기록의 경우처럼 각 부분의 해석은 전문가와 기관에 따라 상당히 다양할 수 있다. SOAP 기록은 다음을 포함한다.

- **주관적 관찰(Subjective Observation)**: 내담자의 이야기 또는 보고된 증상에 대한 설명이다. 일부 정신건강 전문가들은 내담자가 회기에 가져온 문제와 고민들을 나타내면서, '상황(Situation)'을 의미하는 S를 적용해 왔다.
- **객관적 관찰(Objective Observation)**: 치료자의 관찰, 검사 결과, 신체검진 결과, 바이탈 사인 등이다.
- **평가(Assessment)**: 증상 요약, 평가, 진단 차별적 진단 고려사항 등이다.
- **계획(Plan)**: 내담자에게 제공되는 지시와 약물치료를 포함하여, 나열된 증상의 치료 계획이다.

경과 기록을 위한 다목적 HIPAA 양식

불행히도 DAP와 SOAP 기록 중 어느 것도 초심자에게는 딱히 도움이 되지 않을지도 모른다. 다음 양식은 개인 보험과 공공 기관의 가장 공통된 요구사항은 다루기 위해 모방하기 쉬운 양식으로 개발되었다.

경과 기록

내담자 경과 기록 # ____________

날짜: ____________ 시간: ____:____ 오전/오후 회기 길이: □ 45~50분 혹은 □ ____________

참가자: □ AM □ AF □ CM □ CF □ ____________________

청구번호: □ 90791(평가) □ 90834(치료-45분)(통찰-50분) □ 90847(가족)

□ 기타 코드 ____

증상	지난 방문 이후 지속 기간/빈도	경과: 퇴행----------초기 상태----------목표
1.		-5----------1----------5----------10
2.		-5----------1----------5----------10
3.		-5----------1----------5----------10

설명: ____

____

____

개입/HW: ____

____

____

내담자 반응/피드백: ____

____

____

계획

□ 다음 회기: ____

□ 계획 수정: ____

다음 회기: 날짜: ____________ 시간: ____:____ 오전/오후

위기 문제: □ 자살/살인/학대/위기를 부정함 □ 위기가 평가됨/다루어짐

____

______________________________, ____________________ ____________________

치료자 서명 자격/수련 등급 날짜

(다음)

사례 자문/지도감독 기록: ______________________________

____

부수적 정보제공자 연락: 날짜: ________ 시간: ________ 이름: ______________

기록: ______________________________

☐ 서면 공개 파일: ☐ 발송 ☐ 수령 ☐ 법원 서류 ☐ 기타: ______________

______________________, ______________ ______________

치료자 서명 자격/수련생 지위 날짜

______________________, ______________ ______________

지도감독자 서명 자격 날짜

◎ 경과 기록 양식 작성하기

■ 내담자 번호

비밀을 보장하기 위해 절대로 파일명이나 경과 기록에 내담자의 이름을 써서는 안 된다. 만약 카페에서 기록이 바인더 밖으로 우연히 빠져나오더라도(실제로 이런 일이 있었다.) 내담자를 식별하는 것이 불가능해야 한다. 보다 엄격하게는 기록이 절대로 건물 밖으로 벗어나서는 안 되며, 치료자들은 내담자를 만난 후에 경과 기록을 작성할 때까지 그 건물을 벗어나서는 안 된다.

■ 날짜, 시간, 회기 길이

각 기록은 회기 날짜, 회기가 시작된 시간, 회기의 길이로 시작해야 한다.

■ 참석자

치료에 한 명 이상의 사람이 있을 수도 있으므로, 치료자들은 누가 거기에 있는지를 나타내야 한다. 나는 다음의 기호 체계(앞서 제13장에서 인용)를 추천한다.

- AF(Adult Female): 성인 여성
- AM(Adult Male): 성인 남성
- CF#(Child Female): 여아+연령(예: CF8 = 8세 소녀)
- CM#(Child Male): 남아+연령(예: CM8 = 8세 소년)

이 약어들이 기록 전반에 사용된다면, 기록을 읽는 슈퍼바이저는 이름을 사용하지 않고도 누가 누구인지 알 수 있다.

■ CPT 코드

보험 회사들은 어떤 유형의 서비스가 제공되었는지를 확인하기 위해 미국의학협회에서 정하고 개정해 온 CPT(Current Procedural Teminology) 코드를 사용한다. 2013년 1월 1일부터 치료자들을 위한 새로운 CPT 코드가 발행되었다.

- 90791: 정신의학적 진단 평가(대체로 첫 회기에 사용)
- 90832: 심리치료, 환자 및 가족 구성원과 30분
- 90834: 심리치료, 환자 및 가족 구성원과 45분(45~50분 회기의 기준으로 사용)
- 90837: 심리치료, 환자 및 가족 구성원과 60분
- 90845: 정신분석
- 90846: 가족 심리치료, 45~50분
- 90847: 가족 심리치료, 환자가 참석한 심리치료와 합동 심리치료, 45~50분
- 90849: 다가구 집단 심리치료
- 90853: (다세대 집단과는 다른) 집단치료
- 90839: 위기 심리치료, 처음 60분. 30분 추가될 때마다 90840을 사용
- 90785: 평가 및 심리치료 코드와 함께 사용되는 상호 복합성 코드: 90791, 90832, 90834, 90837, 90839

대부분의 국가에서 정신건강 기관은 고유한 청구번호를 보유하고 있다. 이러한 번호들이 같은 주 내에서도 표준화되지 않긴 했지만, 일반적으로 CPT 코드와 유사한 범주를 사용한다.

■ 증상과 경과

치료자들은 매주 증상의 지속 기간, 빈도, 심각성을 기록한다. 몇 가지 예시는 다음과 같다.

- "내담자는 거의 매일(또는 일주일 중 5일)에 가벼운 우울한 기분을 보고함."
- "내담자는 지난 주 1회의 중등도 수준의 공황발작을 보고함."
- "내담자는 부모님과의 갈등 감소를 보고함. 지난 주 말다툼 2회."

경과와 퇴행을 시각적으로 추적하기 위해 1~10점 척도도 사용할 수 있다.

■ 개입

경과 기록은 치료 계획에서 파악한 문제들을 내담자가 다루도록 돕기 위해 치료자가 어떤 개입을 사용했는지를 명확히 확인해야 한다. 이때 이론에 특화된 언어를 사용하는 것이 가장 좋다.

- "다음 주 동안 우울을 줄이기 위한 단계를 파악하는 데 해결중심 척도를 사용하였음."
- "갈등에 대한 대안을 연습하기 위해 실연을 사용하였음."
- "가족 음주 패턴과 관련된 통찰을 높이기 위해 가계도를 만들었음."

치료자들은 다음과 같은 문장을 피해야 한다.

- "업무 스트레스에 대해 논의했음." (치료적 개입이 아님.)
- "두려움에 대해 이야기했음." (이것으로 당신을 바텐더나 미용사와 어떻게 구분할 수 있는가?)

■ 내담자 반응

시간이 지날수록 더 치료자들은 내담자들이 치료에 대해 어떻게 반응했는지, 즉 무엇이 효과적이고 무엇은 효과적이지 않았는지를 기록한다.

- "내담자는 업무 관련 주제를 재구조화하는 데 수용적임. 관계 관련 패턴의 재구조화에는 덜 수용적임."
- "내담자는 실연에 적극 참여하였음. 낙관주의는 집에서 효과적일 수 있음."
- "내담자는 마음챙김 훈련에 대한 열정을 표현했음."

■ 계획

이 부분은 다음 회기의 주제나 치료 계획의 수정에 대한 생각을 설명한다. 예를 들면 다음과 같다.

- "다음 회기에 부모를 데리고 올 것임."
- "일기 과제를 점검함."
- "자해 평가를 계속함."

■ 위기 문제

치료자들은 회기에서 등장한 모든 위기 주제와 앞선 회기 이후 점검한 모든 주제를 문서화한다. 자해나 자살사고와 같은 위기 주제가 있었다면 치료자들은 이 주제를 이후의 회기에서 점검했음을 서면으로 계속 기록해야 한다. 위기 문제가 감지되었다면 치료자들은, ① 결론을 지지하기 위해 사용된 평가 과정 및 자료, ② 내담자나 대중의 안전을 확보하기 위해 취한 구체적인 행동을 명확하게

기술해야 한다. 위기 상황을 문서화하는 것은 일반적인 경과나 개입을 문서화하는 것보다 훨씬 더 상세하고 구체적인 정보를 요구한다. 여기 몇 가지 예시가 있다.

- 내담자가 가정에서 아동 학대로 의심되는 보고를 했음. 아동이 한 차례 이상 벨트로 맞았다고 보고했음. 오후 7:15에 CPS에 전화하여 보고함. Christine K가 처리함. 전체 보고는 파일로 정리하였음.
- 내담자는 수동적 자살 사고를 보고했음. "죽고 싶어요." 계획이나 의도는 부인했음. "아이들 때문에 절대 죽지 못할 거예요." 연락할 3명의 이름을 확인하는 안전 계획을 세웠음. 치료자에 대한 비상 연락망을 검토했음.
- 내담자는 이번 주에 자해를 2회 했다고 보고했음. 7수준에서 대안 행동을 개발하기 위해 안전 척도를 사용하는 데 내담자가 동의하여 안전 계획을 세웠음. 내담자는 계획에 선뜻 동의했음.
- 내담자는 이번 주에 자해를 부정했음. 손목에 새로운 상처가 없음.

■ 자문과 슈퍼비전

슈퍼비전, 동료 자문 또는 (변호사로부터) 법적 자문을 구할 때, 치료자들은 권고사항이나 정보, 특히 윤리적 및 법적 주제와 관련된 정보를 기록해야 한다.

■ 부차적 연락

당신이 교사, 의사, 정신과 의사, 사회복지사, 부모 등과 같은 다른 전문가 또는 내담자와 관련된 가족 구성원과 접촉할 때마다, 정보의 공개가 파일에 정리된다는 사실을 염두에 두면서 그 연락에 대해 기록할 필요가 있다.

■ 서명

마지막으로 치료자들은, ① 경과 기록에 (머리글자가 아닌) 자필로 서명을 하고, ② 자신의 자격 등급을 명시해야 한다. 만약 치료자가 자격증이 없다면, 일반적으로 슈퍼바이저도 경과 기록에 서명한다.

경과 기록을 위한 시간과 장소

경과 기록을 작성하기에 적합한 시간은 단순하다. 회기 직후, 치료자들이 45~50분 동안 회기를 진행하기 때문에, 경과 기록은 회기 사이에 10~15분 동안 작성할 수 있다. 이것이 가능하지 않다면, 치료자들은 일과가 끝나고 퇴근하기 전에 경과 기록을 작성해야 한다. 하루나 이틀 뒤에 회기를 동일한 수준으로 자세히 기억하기는 어렵기 때문에, 당신의 기억력이 아무리 좋다 해도 뭔가 윤리적으로 애매한 영역에 놓이게 된다. 장담컨대, 내가 한두 번 그것을 시도해 봤을 때는 효과적이지 않았다. 그러므로 나는 당신의 '종교적 관습'의 범주에 매일의 경과 기록을 집어넣기를 추천한다. 그것들은 영원한 저주나 윤리위원회의 분노와 같은 그 이상의 두려움 덕분에 매번 제시간에 하게 된다.

이에 더하여, 경과 기록을 위한 장소는 하나밖에 없다. 바로 잠긴 파일 보관함이다. 모든 의학 전문가들과 마찬가지로, 치료자들은 당장 사용하지 않을 때에는 경과 기록과 내담자 파일들을 안전하게 잠가서, 경우에 따라서는 이중 잠금으로(예: 잠긴 방 안에 있는 잠긴 파일 보관함 속) 보관하도록 요구된다. 전자 파일은 HIPAA 정책에 명시된 높은 수준의 컴퓨터 보안을 요구한다(USDHHS, 2003). 게다가 휴대 전화 메시지 패드나 달력과 같은 **내담자 정보를 알 수 있는 그 어떤 종이 조각도** 사용되지 않을 때에는 잠겨 있어야 한다. 대부분의 주에서 치료자들은 성년(성인기)이 되기 이전의 기록을 7년 간 보관해야만 하며, 이 기간이 지나면 그 기록들은 폐기(예: 분쇄)될 것이다. 이러한 안전성 요구사항의 긍정적인 면은 그 덕분에 당신의 책상이 깔끔하게 유지되고, 분쇄하는 의식 행동이 억눌린 스트레스와 좌절감을 발산하는 데 치료적인 이득을 가져온다는 점이다.

기록에 대한 최종 기록

경과 기록은 임상 자료의 핵심으로 공개되지 않은 곳에서 일어나는 일에 대한 가장 명확한 기록을 제공하기 때문에, 여러모로 우리가 생산하는 가장 중요한 자료이며 동시에 우리가 적절하고 필수적인 의료 서비스를 제공하면서 전문가답게 수행했다는 사실을 기록한 유일한 장이다. 그 기록들은 서류가 공개되거나 호출하는 외부인들이 살펴볼 가능성이 가장 높기 때문에, 우리는 이 기록들이 내담자의 사생활뿐 아니라 우리를 보호하는지를 확인해야 한다. 경과 기록 작성 기술은 숙달해야 할 가장 중요한 임상 기술 중 하나이다. 다행히도 우리는 훈련할 기회가 충분하다.

온라인 자료

HIPAA 지침

www.hhs.gov/ocr/hipaa

미국의학협회의 CPT 청구번호

www.ama-assn.org

참고문헌

Halloway, J. D. (2003). More protections for patients and psychologists under HIPAA. *Monitor on Psychology, 34*(2), 22.

Jordan, K. (1999). Live supervision for beginning therapists in practicum: Crucial for quality counseling and avoiding litigation. *Family Therapy, 26*(2), 81-86.

U.S. Department of Health and Human Services (USDHHS). (2003). *Summary of HIPAA privacy rule.* Washington, DC.: Author. Retrieved December 2, 2007, from www.hhs.gov/ocr/hipaa

Wiger, D. E. (2005). *The psychotherapy documentation primer* (2nd ed.). New York: Wiley.

맺음말

여기에서 어디로 가야할까

당신은 그저 21세기 가족치료 실제의 실용적이고 이론적인 측면에 대해 쭉 훑어보았을 뿐이다. 당신은 현장실습에서 수행할 것으로 기대될 임상 기술들(사례개념화, 임상 평가, 치료 계획, 임상 평가, 사례 기록)에 대해 소개받았다. 또한 새로운 증거 기반 모델을 포함하여 가족치료 현장에서 가장 인정받는 치료 모델을 소개받았다. 자, 여기에서 어디로 갈 것인가? 역량 습득의 다음 단계는 임상 실무의 실제로 들어가는 것이며, 그곳에서 당신은 말한 것을 실행하는 방법을 배울 것이다.

시작하기: 슈퍼바이저와 작업하기

만약 당신이 현장실습을 벌써 시작했다면, 당신은 당신의 슈퍼바이저가 의미 있는 역량 습득의 열쇠라는 것을 이미 알고 있을 것이다. 당신이 이 책의 지식을 행동으로 옮길 수 있도록 도와주는 사람은 당신의 교수가 아니라 슈퍼바이저이다. 그러므로 슈퍼비전을 잘 '활용하는' 방법을 배우는 것이 중요하다.

◎ 현실적인 기대

아마도 하지 말아야 할 것부터 시작하는 것이 가장 쉬울 것이다. 이는 당신의 슈퍼바이저가 전지전능하기를 기대하지 말 것, 달리 말하면 슈퍼바이저를 신으로 여기지 말라는 것이다. 흔한 오해인데, 새로 시작하는 수련생들은 간혹 그들의 슈퍼바이저가 이 직업의 모든 측면, 즉 모든 이론, 기법, 법률, 윤리 규준, 진단, 의뢰 가능성, 연구 방법에 능통할 것으로 기대하지만 이는 불가능하다. 적어도 나는 그러한 사람을 한 번도 만난 적이 없다. 그보다는 당신이 각 슈퍼바이저에게 배울 만한 뭔가가 있다는 태도를 가지고 접근하는 편이 유용하다. 그 뭔가는 진단이 될 수도 있고, 특정 이론, 사례 기록, 법과 윤리, 집단 작업이 될 수도 있다. 모든 슈퍼바이저는 배울 가치가 있는 무언가를 지니고 있다. 나의 수련생 중 다수는 그들의 슈퍼바이저에 대해 더 현실적인 기대를 가지고 접근했을 때, 슈퍼바이저에 대한 실망감이 줄어들 뿐 아니라 훈련의 처음 몇 년 동안 습득할 것에 대해 좀 더 현실적인 기대를 가질 수 있다는 사실을 깨달았다.

◎ 당신이 필요로 하는 것을 요청하기

만약 왠지 당신의 슈퍼바이저가 특정한 영역(아마도 치료 계획, 진단, 특정 이론)에서 당신에게 도움을 주지 않는다고 여긴다면, 당신이 직접 원하는 것을 요청하는 것이 도움이 될 수 있다. 대부분의 슈퍼바이저는 슈퍼비전 과정에서 기꺼이 그러한 요청을 다루어 준다. 만약 그렇지 않더라도, 당신에게 좀 더 학습할 기회를 제공할 슈퍼바이저가 훨씬 많다는 사실을 명심하라.

심화훈련 받기

새롭게 시작하는 수련생들이 가지기 쉬운 또 다른 오해는 그들이 석사 학위나 자격증을 받으면 학업 훈련이 끝난다는 생각이다. 석사 학위는 자격증 준비에 필요한 최소한의 훈련이며, 자격증은 당신이 직접적인 슈퍼비전이 없어도 누군가에게 해를 끼치지는 않을 거라는 주정부의 판단을 증명해 줄 뿐이다. 이는 정말로 낮은 기준이다. 유능한 치료자가 되기 위해, 당신은 최소 5년에서 10년의 학위 후 전문가 훈련을 필요로 한다. 가장 중요한 것은 당신의 소진을 예방하는 데 필요한 지식과 기술의 토대를 제공하기 위해서도 이 정도 수준의 훈련이 필요하다는 것이다. 숙련된 치료자가 되는 것은 장기 프로젝트이며 석사 학위와 자격증은 이 과정의 첫 걸음일 뿐이다.

심화 훈련의 가장 큰 장애물은 시간과 돈이다. 당신이 졸업하고 학자금 대출을 갚기 시작할 때, 학회와 워크숍 비용을 감당하기는 어려울 것이다. 그것들은 단기간이라 해도 비싸다. 그러나 그것은 투자이다. 심화 훈련에 투자하는 것은 당신의 미래에 대한 투자이며 당신의 업무활동을 확장할 새로운 기회를 열어 준다. 주와 국가에서 하는 학회, 특정 접근이나 대상을 전문으로 하는 기관에서 제공하는 심층적인 훈련이 있고, 양질의 온라인 프로그램이 점차 늘고 있다. 당신이 파산할 만큼은 아니지만, 독립적이고 창의적인 전문가로서 충분히 발전한다는 측면에서 어느 정도의 시간과 돈을 들일 필요가 있다. 나는 훈련에 투자하고 후회하는 사람을 한 번도 만난 적이 없다. 나는 당신이 학교에 있으면서 '학생' 할인을 받는 동안 가능한 한 많은 훈련을 받기를 추천한다. 당신이 졸업하고 나면 이것은 할인 가격처럼 보일 것이다.

소속되기: 전문가 조직

거의 모든 전문가는 전문가 조직에 소속된다. 하지만 21세기의 치료자들에게 회원자격은 고용과 임금을 얻는 능력 즉, 생존의 문제이다. 왜냐하면 부부 및 가족 상담사 자격증을 위한 **미국 부부 및 가족 치료 학회**(American Association for Marriage and Family Therapy), 상담치료자 자격증을 위한 **미국 상담학회**(American Counseling Association), 사회복지사들을 위한 **전국 사회복지사협회**(the National Association of Social Workers), 심리학자들을 위한 **미국 심리학회**(American Psychological Association)와 같은 전국적인 전문가 조직들은 자격증 소지자가 직장을 구하고 보상받을 수 있도록 의회, 주 입법부, 제3의 이해관계자에게 영향력을 행사하는 사람들이다. 구성원을 대표하여 활동하는 이러한 조직이 없다면, 치료자들은 오늘날의 시장에서 살아남을 수 없을 것이다. 그래서 당신이 취득하고자 하는 자격증에 맞춰 가입하는 것이 중요하며, 회원가입은 항상 학생일 때 가장 저렴하다.

급여를 보장하는 사소하지 않은 문제 외에도, 이 조직들은 최고의 훈련과 인맥을 형성할 기회를 어느 정도 제공한다. 전국적인 회의와 훈련에 참석하는 것은 당신이 전문직의 최첨단을 걷게 해 준다. 또한 대부분의 조직은 당신이 핵심 멤버가 되는 주 단위와 지역의 분회를 가지고 있다. 지역 분회는 당신이 이제 막 시작하여 직장을 구하고 있건 현장에서 수년간 일해 왔고 자신을 시장에 내놓거나 누군가를 고용하고자 할 때, 종종 좋은 인맥을 형성할 수 있는 근거지가 된다. 모든 조직은 이사회와 분과위원회에 참석할 기회를 제공하며, 그곳에서 당신은 전문성의 미래 방향을 결정할 수도 있다. 또한 전문가 조직들은 무료 법률 자문을 제공한다. 당신이 변호사를 고용해야만 했던 적이 있다면 변호사와 한 번의 통화로 3년 치의 연회비가 들어간다는 것을 알 것이다. 마지막으로, 전문가 조직들은 모든 일이 일어나는 곳이다. 그러니 소속되어서 기회를 놓치지 말라!

자기 슈퍼비전

당신의 슈퍼바이저와 심화 훈련으로부터 얻은 지식에 의지하는 것 외에도, 스스로를 돕는 방법을 배우는 것은 여전히 유용하다. 베테랑 치료자이건 신참이건 간에 사례개념화 작성 방법을 배우는 것의 가장 흥미로운 부분 중 하나는 다음 슈퍼비전 회기까지 기다리거나 수수료를 지불할 필요 없이 당신 자신이 그 순간의 깨달음에서 스스로에게 뛰어난 슈퍼비전을 제공하는 것이다. 당신은 자신에게 사례를 차근차근 보여 주고 치료에 집중하는 데 활용할 수 있는 핵심 주제와 역동을 파악하기 위해 사례개념화 양식을 사용할 수 있다. 이것은 당신이 무엇을 해야 할지 모를 때 가장 유용할 뿐 아니라, 새로운 사례나 작은 변화만 보이면서 장기간 보아 온 사례에도 유용하다. 들리는 만큼 간단한 이 훈련은 종종 나의 수련생과 내가 더욱 효과적인 진행 방법들을 찾아내도록 도와주었으며, 우리가 한 모든 것이 스스로에게 던진 질문의 답이 되었다.

마치며

나는 가족치료에 대한 이 소개가 당신에게 개인과 그들의 문제를 더 큰 관계적 및 사회적 맥락의 부분으로 바라보는 가족치료 이론들을 사용하여 개인, 부부, 가족과 함께 창의적이고 희망적으로 작업하도록 영감을 주기를 희망한다. 나는 가족치료 이론들이 모든 형태의 고통과 삶의 역경을 겪는 사람들을 돕기 위해 매우 풍성한 토대를 제공한다는 사실을 당신이 깨달으리라 믿는다. 가장 중요한 것은 이러한 생각의 깊이와 인간애가 이 책의 페이지에서 당신과 내담자의 작업으로 전달되고, 당신이 각 상호작용을 통해서 그들의 존재를 최선으로 이끄는 형언할 수 없는 부분에 맞닿으면서 당신에게도 최선의 결과를 주는 것이다.

부록 A

가족치료의 핵심 역량

미국 부부 및 가족 치료 협회(www.aamft.org)는 다양한 제3의 이해관계자뿐만 아니라 활동 중인 치료자들의 조언을 얻어 종합적인 핵심 역량을 개발하였다. 이 역량은 전문가들이 각자 공부해야 하는 지식과 기술(예: 자격증을 취득하기 위해)을 나타내며, 새로운 치료자를 훈련시키는 대학과 슈퍼바이저들이 활용하기도 한다. 이 역량 중 다수는 본문에 수록된 임상 양식에서 다루었다.

■ **핵심 역량 읽는 방법**

- **번호**: 각 역량은 세 부분의 숫자로 식별된다.
  첫 번째 숫자: 범주 1~6
  두 번째 숫자: 하위범주 1~5
  세 번째 숫자: 하위범주 내의 구체적인 역량
- **하위범주**: 두 번째 열은 하위범주를 나타낸다. 개념적 · 지각적 · 실행적 · 평가적 · 전문적.
- **역량**: 세 번째 열은 구체적인 역량 또는 기술이다.
- **양식**: 마지막 열은 **완벽한 결혼과 가족의 핵심 역량 평가 체계**(The complete Marriage and Family Core Compentencies Assessment System; Gehart, 2007)에서 역량이 측정되는 양식 또는 과제를 식별한다. 역량은 하나 이상의 양식들로 평가될 수도 있고, 1회 이상 측정될 수도 있다. 평가 도구의 수는 (2)와 같이 괄호 안에 표기한다. 이 책에는 8개의 양식 중 4개만 포함되어 있다. 이것들은 다음과 같이 축약된다.
  CC = 사례개념화(Case Conceptualization; 제12장)
  CA = 임상 평가(Clinical Assessment; 제13장)
  TP = 치료 계획(Treatment Plan; 제14장)
  PN = 경과 기록(Progress Notes; 제16장)
- (이 책에 포함되지 않은) 다른 역량들은 다음의 양식으로 측정된다.
  PD = 전문적 발달 계획(Professional Development Plan)
  LI = 실제 면담(Live Interview)
  LE = 실제 면담 평가(Live Interview Evaluation)
  RP = 연구 제안(Research Proposal)
- **굵은 글씨체의 역량**: 굵은 글씨체는 이 역량을 이 책에 포함된 양식으로 가르치고 측정한다는 의미이다.

>>> 범주1: 치료 승인

번호	하위범주	역량	양식
1.1.1	개념적	부부 및 가족 치료 실무의 근거가 되는 체계의 개념, 이론, 기법을 이해한다.	CC(10)
1.1.2	개념적	개인, 부부, 커플, 가족, 집단 심리치료의 이론과 기법들을 이해한다.	TP
1.1.3	개념적	행동 의료 전달 체계, 제공된 서비스에 그 체계가 미치는 영향력, 그리고 그 체계에서의 장애물과 불균형을 이해한다.	TP
1.1.4	개념적	개인, 부부, 커플, 가족, 집단 심리치료의 위험요인과 이로운 점을 이해한다.	TP
1.2.1	지각적	맥락적 및 체계적 역동(예: 성별, 나이, 사회경제적 지위, 문화/인종/민족, 성적 취향, 영성, 종교, 더 큰 체계, 사회적 맥락)을 인식한다.	CC
1.2.2	지각적	내담자의 삶과 관련된 건강 상태, 정신 상태, 다른 치료, 다른 체계(예: 법원, 사회적 서비스)를 고려한다.	CA
1.2.3	지각적	전문적 사정, 평가 또는 치료의 의뢰를 시사하는 문제들을 인식한다.	CA
1.3.1	실행적	개인, 가족, 지역사회, 문화적 및 맥락적 요소들에 균형 잡힌 관심을 기울이면서 접수 정보를 수집하고 검토한다.	CA
1.3.2	실행적	누가 치료에 참석해야 할지와 어떤 구성(예: 개인, 부부, 가족, 가족 외 정보원)이어야 할지를 결정한다.	CA (2) TP
1.3.3	실행적	치료에서 필요한 모든 참석자의 치료적 관여를 촉진한다.	TP LI
1.3.4	실행적	사생활 보호, 비밀보장 정책, 내담자 또는 법적 후견인에 대한 치료 의무를 포함하여 각 당사자의 실무 환경 규칙, 비용, 권리, 책임을 설명한다.	LI
1.3.5	실행적	책임이 있는 모든 사람으로부터 치료에 대한 동의를 얻는다.	LI
1.3.6	실행적	내담자와 적절하고 생산적인 치료 동맹을 형성하고 유지한다.	TP LI
1.3.7	실행적	치료적 과정 내내 내담자 피드백을 요청하고 활용한다.	PN LI
1.3.8	실행적	의뢰 기관, 내담자의 치료와 관련된 다른 전문가들, 지급인들과의 협력적인 작업 관계를 구축하고 유지한다.	PN
1.3.9	실행적	개인, 부부, 가족, 집단과의 회기 상호작용을 관리한다.	LI
1.4.1	평가적	실무와 역량의 전문적 범위 내에서 치료의 적절성에 관해 사례를 평가한다.	TP
1.5.1	전문적	취약한 대상(예: 미성년자)과의 작업을 위한 법적 요구사항과 제한점을 이해한다.	LI
1.5.2	전문적	시기적절하고 관련 법률과 정책에 부합되도록 사례 기록을 작성한다.	PN
1.5.3	전문적	수수료, 지급 금액, 기록 보관, 비밀보장에 대한 정책을 개발, 수립, 유지한다.	CA PN(2) LI

>>> 범주2: 임상 평가와 진단

번호	하위범주	역량	양식
2.1.1	개념적	인간 발달, 성생활, 성별 발달, 정신 병리학, 정신 약리학, 부부 과정, 가족 발달 및 과정(예: 가족, 관계적, 체계 역동)의 원리를 이해한다.	CC CA
2.1.2	개념적	역학, 병인론, 현상학, 효과적인 치료, 진행, 예후를 포함하여 주요 행동 건강장애를 이해한다.	CA (2)
2.1.3	개념적	동반장애(예: 물질 남용과 정신건강, 심장 질환과 우울)를 겪는 사람에 대한 임상적 요구와 함의를 이해한다.	TP
2.1.4	개념적	주호소 문제, 실무 환경, 문화적 맥락에 적절한 개인, 부부, 커플, 가족 평가 도구를 파악한다.	TP RP
2.1.5	개념적	정신건강장애, 약물사용장애, 관계적 기능에 대한 평가와 진단에 관한 최근 모델을 이해한다.	CA
2.1.6	개념적	특히 서로 다른 문화적 · 경제적 · 민족적 집단이라서 갖는 평가와 진단 모델의 강점과 제한점을 이해한다.	CA RP
2.1.7	개념적	신뢰도와 타당도의 개념, 이 개념들과 평가 도구 간의 관계, 그리고 이 개념들이 치료적 의사결정에 어떠한 영향을 미치는지 이해한다.	RP
2.2.1	지각적	변화 과정에서 각 내담자의 참여를 평가한다.	LI
2.2.2	지각적	내담자 보고, 내담자 행동 관찰, 내담자 관계 패턴, 다른 전문가의 보고, 검사 절차의 결과, 평가 과정을 이끌기 위한 내담자와의 상호작용을 체계적으로 통합한다.	CC
2.2.3	지각적	관계 패턴, 이 패턴과 주호소 문제 간의 관련성, 내담자 체계에 대한 치료 외적 요인의 영향에 관한 가설을 세운다.	TP LI
2.2.4	지각적	치료가 치료 외적 관계에 미치는 영향력을 고려한다.	CA
2.2.5	지각적	정서적/대인 간 증상을 유발하거나 악화시킬 수 있는 신체적/기질적 문제들을 고려한다.	CA
2.3.1	실행적	내담자의 행동적 및 관계적 건강 문제들을 체계적이고 맥락적으로 진단하고 평가한다.	CA
2.3.2	실행적	아동, 청소년, 성인, 장애인 등의 내담자들에게 평가를 제공하고 발달적으로 적절한 서비스를 연계한다.	TP (2) LI
2.3.3	실행적	효과적이고 체계적인 면담 기법과 전략을 적용한다.	TP LI
2.3.4	실행적	평가 도구를 실시하고 그 결과를 해석한다.	CA RP
2.3.5	실행적	약물 남용, 아동과 노인 학대, 가정 폭력, 신체적 폭행, 자살 가능성, 자기와 타인에 대한 위험성에 대한 적절한 안전 계획을 검토하고 개발한다.	CA PN LI
2.3.6	실행적	가계도 또는 다른 평가 도구를 사용하여 가족력과 역동을 평가한다.	CC (2)
2.3.7	실행적	내담자 문제의 맥락을 이해하기 위해서 적절하고 정확한 생물심리사회적 이력을 밝혀낸다.	CC (3) LI
2.3.8	실행적	내담자의 강점, 회복탄력성, 자원을 파악한다.	CC (2)
2.3.9	실행적	치료적 체계 내의 각 구성원의 관점에서 주호소 문제를 설명한다.	CC (2) LI

2.4.1	평가적	평가 방법이 내담자의 필요에 적절한지 평가한다.	CA LE
2.4.2	평가적	문제와 치료적 과정을 체계적으로 바라보는 능력을 평가한다.	CA LE
2.4.3	평가적	행동 건강과 관계적 진단의 정확성과 문화적 적절성을 평가한다.	CA LE
2.4.4	평가적	치료적 목표와 진단에 대한 치료자와 내담자의 동의를 평가한다.	CA LE
2.5.1	전문적	자문과 슈퍼비전을 효과적으로 활용한다.	PN LI

>>> 범주3: 치료 계획과 사례 관리

번호	하위범주	역량	양식
3.1.1	개념적	주호소 문제들에 가장 효과적인 모델, 양식, 기법이 무엇인지 안다.	TP
3.1.2	개념적	제3의 이해관계자에게 비용을 청구할 때 초래되는 법적 책임, 보상을 위해 필요한 코드, 그것을 정확하게 사용하는 방법을 이해한다.	PN
3.1.3	개념적	향정신성 및 기타 약물들이 내담자 및 치료 과정에 미치는 영향력을 이해한다.	CA
3.1.4	개념적	회복 지향적 행동 건강 서비스(예: 자조 집단, 12단계 프로그램, 동료 서비스, 고용 지원)을 이해한다.	TP LI
3.2.1	지각적	내담자 피드백, 평가, 맥락적 정보, 진단을 치료 목표 및 계획과 통합한다.	TP PN LI
3.3.1	실행적	내담자가 제공하는 정보를 바탕으로 체계적 관점을 활용하여 내담자와 함께 측정 가능한 성과, 치료 목표, 치료 계획, 추후 계획을 세운다.	TP
3.3.2	실행적	치료 목표들의 우선순위를 정한다.	TP
3.3.3	실행적	회기를 어떻게 수행할지에 대한 명확한 계획을 수립한다.	TP (2)
3.3.4	실행적	내담자의 욕구를 충족시키고 체계적 변화를 촉진하기 위해 치료를 구조화한다.	TP
3.3.5	실행적	치료 목표들을 향한 치료의 진행을 관리한다.	TP
3.3.6	실행적	위험, 위기, 응급 상황을 관리한다.	TP CA LI
3.3.7	실행적	참석하지 못한 가족 구성원, 기타 중요한 사람들, 전문가들을 포함한 다른 이해당사자들과 협력적으로 작업한다.	PN
3.3.8	실행적	치료의 복잡한 체계들을 다루는 동시에 내담자가 필요로 하는 치료를 받도록 돕는다.	TP LI
3.3.9	실행적	종결 및 추후관리의 계획을 세운다.	TP
3.4.1	평가적	치료 목표들을 향한 회기별 경과를 평가한다.	PN
3.4.2	평가적	치료 목표들과 계획에 수정이 요구되는 상황을 인식한다.	PN
3.4.3	평가적	위험 수준과 위험, 위기, 응급 상황의 관리를 평가한다.	CA TP LI
3.4.4	평가적	회기 과정이 실무 환경의 정책과 절차를 준수하는지 평가한다.	LE
3.4.5	전문적	내담자 및 치료 과정, 특히 치료적 행동, 내담자와의 관계, 절차를 설명하는 과정 및 결과들에 대한 개인적 반응들을 점검한다.	LE
3.5.1	전문적	내담자가 지역사회 내에서 양질의 치료, 적절한 자원, 서비스를 받을 수 있도록 지지한다.	TP LI

3.5.2	전문적	사례와 관련된 법의학적, 법적 진행 과정에 참여한다.	CA
3.5.3	전문적	실무 환경 정책, 전문가 규준, 주/지방법에 따라 계획서 및 기타 사례 문서를 작성한다.	TP PD (2) LE (2) RP (2)
3.5.4	전문적	치료 회기들과 다른 전문가 회의에서 시간 관리 기술을 활용한다.	LI

>>> 범주4: 치료적 개입들

번호	하위범주	역량	양식
4.1.1	개념적	증거기반치료와 문화적으로 민감한 접근들을 포함하여 개인적 및 체계적 치료 모델들과 그 적용의 다양성을 이해한다.	TP LE
4.1.2	개념적	가족 역기능, 발병, 혹은 문화적 결손에 대한 가정을 담고 있는 모델에 관련된 위험성을 포함하여, 특정 치료 모델의 강점, 한계, 금기사항을 인식한다.	TP LE
4.2.1	지각적	서로 다른 기법들이 치료 과정에 어떠한 영향을 줄 수 있는지 인식한다.	TP (2)
4.2.2	지각적	내용 문제와 과정 문제 간의 차이, 치료에서 이것들의 역할, 이것이 치료적 성과에 미칠 잠재적 영향력을 구별한다.	TP LI
4.3.1	실행적	치료 양식과 기법들을 내담자의 욕구, 목적, 가치에 맞춘다.	TP LI
4.3.2	실행적	내담자들의 특정한 요구(예: 성별, 나이, 사회경제적 지위, 문화/인종/민족, 성적 취향, 장애, 개인 이력, 내담자에 관한 더 큰 체계의 문제)에 민감한 방식으로 개입을 제공한다.	PN LI
4.3.3	실행적	문제와 반복되는 상호작용 패턴을 재구조화한다.	TP (2) LI
4.3.4	실행적	상담실에서 관계적 질문과 반영적 언급을 한다.	TP (2) LI
4.3.5	실행적	적절하다면 치료 과정에 각 가족 구성원을 참여시킨다.	TP (2) LI
4.3.6	실행적	내담자가 문제의 해결책을 개발하고 통합하도록 돕는다.	TP (2) PN LI
4.3.7	실행적	모든 참여자의 안전을 강화하기 위해 강렬하고 혼란스러운 상황을 진정시킨다.	LI
4.3.8	실행적	내담자와 그들의 관계적 체계가 서로 효과적인 관계를 맺고 더 큰 체계와도 효과적으로 관계 맺을 수 있도록 역량을 강화한다.	TP (2) LI
4.3.9	실행적	심각한 정신 질환이나 다른 장애를 지닌 가족 구성원을 둔 가족에게 심리교육을 제공한다.	TP (2) LI
4.3.10	실행적	효과가 없는 개입들은 치료 목표에 더 부합되도록 수정한다.	PN LI
4.3.11	실행적	치료 목표들이 달성되기 시작하면 건설적인 종결을 향해 나아간다.	TP
4.3.12	실행적	슈퍼바이저/팀의 의사소통을 치료에 통합한다.	PN LI

4.4.1	평가적	치료 모델, 변화 이론, 문화적 및 맥락적 적절성, 치료 계획의 목표와의 일관성, 적합성에 대해 개입들을 평가한다.	TP LE (2)
4.4.2	평가적	효과적으로 개입을 제공하는 능력을 평가한다.	PN LE
4.4.3	평가적	치료가 진행됨에 따라 치료 성과를 평가한다.	PN LE
4.4.4	평가적	개입에 대한 내담자의 반응 또는 대응을 평가한다.	PN LI LE
4.4.5	평가적	치료를 지속하거나, 의뢰하거나, 종결할 필요성에 관해 내담자의 성과를 평가한다.	TP PN LE
4.4.6	평가적	치료 진행 과정에 대한 반응(예: 전이, 원가족, 현재 스트레스 수준, 최근 생활, 문화적 맥락)과 이 반응이 효과적인 개입 및 임상적 성과에 미치는 영향력을 평가한다.	LE
4.5.1	전문적	다양한 관점(예: 내담자들, 팀, 슈퍼바이저, 이 사례에 관련된 다른 분야의 전문가들)을 존중한다.	PN LI
4.5.2	전문적	적절한 경계를 설정하고, 삼각관계의 문제를 관리하고, 협력적인 작업 관계를 발달시킨다.	LI
4.5.3	전문적	치료적 목표와 계획, 평가 정보, 내담자의 맥락과 역동에 대한 체계적 이해와 관련된 개입의 근거를 명확하게 제시한다.	TP LE

>>> 범주5: 법적 문제, 윤리, 규준들

번호	하위범주	역량	양식
5.1.1	개념적	부부 및 가족 치료의 실제에 적용하는 주, 연방, 지방 정부의 법과 규정들을 안다.	CA LI
5.1.2	개념적	부부 및 가족 치료의 실제에 적용하는 전문가 윤리와 실무 규준을 안다.	CA LI
5.1.3	개념적	실무 장면의 정책과 절차를 안다.	LI
5.1.4	개념적	윤리적 의사결정을 내리는 과정을 이해한다.	CA PN LE
5.2.1	지각적	윤리, 법, 전문적인 법적 책임, 실무 규정이 적용되는 상황을 인식한다.	CA PN LI
5.2.2	지각적	실무 장면에서의 윤리적 딜레마를 인식한다.	PN LE
5.2.3	지각적	법적 자문이 필요한 상황을 인식한다.	PN LE
5.2.4	지각적	임상 슈퍼비전이나 자문이 필요한 상황을 인식한다.	PN LI
5.3.1	실행적	윤리, 법, 규정, 전문가 규준에 관한 주제들을 점검한다.	PN LI
5.3.2	실행적	내담자의 비밀을 보장하고 관련 법률 및 규정들을 준수하기 위해 실무의 규준과 일관되는 정책, 절차, 양식을 개발하고 평가한다.	CA
5.3.3	실행적	내담자 및 법적 후견인에게 의무 보고의 범위와 비밀보장의 한계를 안내한다.	LI
5.3.4	실행적	자해, 자살, 학대 또는 폭력 가능성을 보이는 내담자의 경우 안전 계획을 세운다.	CA PN LI

5.3.5	실행적	윤리적 및 법적 딜레마가 발생할 때 적절한 행동을 취한다.	CA PN LI
5.3.6	실행적	법에 의해 주어진 적절한 권리에 관한 정보를 알려 준다.	CA PN LI
5.3.7	실행적	실무와 역량에 대해 지정된 범위 내에서 활동한다.	TP
5.3.8	실행적	효과적인 임상 실무와 관련된 진보적인 지식과 이론을 얻는다.	PD
5.3.9	실행적	자격과 전문 면허를 취득한다.	PD (2)
5.3.10	실행적	전문적 역량을 유지하기 위해서 개인 프로그램을 수행한다.	PD (3)
5.4.1	평가적	윤리, 법적 문제, 실무 규준과 관련된 활동들을 평가한다.	LE
5.4.2	평가적	치료 과정에 악영향을 주거나 위법행위에 취약하게 만들지 않는지 확인하기 위해 태도, 개인적 행복, 개인적 주제 그리고 개인적 문제를 점검한다.	PD
5.5.1	전문적	시기적절하고 정확한 문서들로 내담자 기록을 보존한다.	PN
5.5.2	전문적	개인적 주제, 태도, 신념이 임상 작업에 부정적인 영향을 미치려 한다면 동료나 슈퍼바이저에게 자문을 구한다.	PN PD
5.5.3	전문적	자기 슈퍼비전, 동료 간 자문, 전문 서적 읽기, 지속적 교육 활동을 통한 전문성 개발을 추구한다.	PD
5.5.4	전문적	전문가 윤리, 관련 법규와 정책에 따라 내담자들과 제3의 이해관계자에게 비용을 청구하고, 적용 서비스에 대해서만 보상을 요구한다.	PN

>>> 범주6: 연구 및 프로그램 평가

번호	하위범주	역량	양식
6.1.1	개념적	기존의 부부치료에 관한 문헌, 연구, 그리고 증거기반 실무를 안다.	TP RP
6.1.2	개념적	부부치료와 정신건강 서비스에 관한 양적 및 질적 연구와 프로그램 평가 방법론을 이해한다.	RP
6.1.3	개념적	임상 연구와 프로그램 평가의 수행에 수반되는 법적 · 윤리적 · 맥락적 주제를 이해한다.	RP
6.2.1	지각적	치료자와 내담자가 임상 연구에 참여할 기회를 인식한다.	RP
6.3.1	실행적	최근 부부치료와 기타 전문적 문헌을 읽는다.	PD (2)
6.3.2	실행적	임상 실무에 영향을 미치는 부부치료와 기타 연구를 활용한다.	CC TP
6.3.3	실행적	전문적인 연구를 비평하고, 문헌에 있는 조사 연구와 프로그램 평가의 질을 평가한다.	RP
6.3.4	실행적	임상 실무와 기법의 효과성을 판단한다.	LE RP
6.4.1	평가적	최근 임상 문헌의 지식과 그 적용에 대해 평가한다.	PD RP
6.5.1	전문적	새로운 지식의 발달에 기여한다.	PD

주: 핵심 역량들은 AAMFT (미국 부부 및 가족치료 협회)의 허가로 재구성되었다.

부록 B

CACREP(상담 및 교육 관련 프로그램 인준위원회) 역량기반 규준

당신은 석사과정 학생들을 위한 부부 및 가족 상담에서 새로운 CACREP 역량기반 규준을 다음에서 보게 될 것이다. 학생들은 졸업하기 전에 이러한 역량들을 증명할 수 있어야 한다. CACREP 프로그램의 교수진은 masteringcompetencies.com에서 이 역량 및 다른 모든 CACREP 전문 영역과 관련된 채점 항목을 내려받을 수 있다.

◎ 결혼, 부부 및 가족 상담

결혼, 부부 및 가족 상담사로 일하려고 준비하고 있는 학생은 관계와 가족의 맥락에서 광범위한 문제를 다루기 위해 필요한 지식, 기술, 실무 경험을 갖출 것으로 기대된다. 게다가 'CACREP 2009 규준'의 Section II. F에 명시된 공통 핵심 교육과정을 경험하는 것 외에도, 프로그램들은 다음의 내용을 학생이 학습했다는 증빙자료를 제시해야 한다.

■ 기초

• 지식

① 결혼, 부부 및 가족 상담의 역사, 철학, 동향을 안다.

② 결혼, 부부 및 가족 상담의 실제와 관련된 윤리적 및 법적 고려사항을 이해한다.

③ 다양한 실무 현장에서, 그리고 다른 조력하는 전문가들과의 관계에서 결혼, 부부 및 가족 상담사의 역할과 기능을 안다.

④ 결혼, 부부 및 가족 상담의 실무와 관련된 전문가 조직, 준비 규준, 자격증에 대해 안다.

⑤ 결혼, 부부 및 가족 상담의 다양한 모델과 이론을 이해한다.

⑥ 가족발달과 생애 주기, 가족 사회학, 가족 현상학, 현대 가족, 가족 복지, 가족과 문화, 노령화 및 가족 문제, 가정 폭력을 비롯한 가족 관련 관심사를 이해한다.

⑦ 위기, 재난, 기타 외상을 유발하는 사건들이 결혼, 부부, 가족, 가정에 미치는 영향력을 이해한다.

• **기술과 실제**

① 결혼, 부부 및 가족 상담에서 윤리적 및 법적 규준을 적용하고 준수하는 능력을 입증한다.

② 부부 또는 가족의 주호소 문제에 적합한 모델이나 기법을 선택하는 능력을 입증한다.

■ 상담, 예방 그리고 개입

• **지식**

① 결혼, 부부 및 가족의 생애 주기 역동, 건강한 가족 기능, 가족 구조, 다문화 사회에서의 원가족과 세대 간 영향력에 관한 주제를 이해한다.

② 구체적인 문제(예: 중독 행동들, 가정 폭력, 자살 위험, 이민)와 가족 기능을 강화할 수 있는 개입을 인식한다.

③ 인간의 성생활(예: 성별, 성적 기능, 성적 취향)과 그것이 가족 및 부부 기능에 미치는 영향력을 이해한다.

④ 실무에 관한 인정, 보상, 권리를 포함하여 결혼, 부부 및 가족 상담의 실무와 관련된 전문적인 주제를 이해한다.

• **기술과 실제**

① 개인, 부부, 가족 및 기타 체계와 작업할 때 혼전 상담, 양육 기술 훈련, 관계 강화와 같은 예방적이고 발달적이며 건강한 접근을 사용한다.

② 결혼, 부부 및 가족 상담에서 문제들을 개념화하기 위해 체계 이론을 사용한다.

③ 치료, 계획, 개입 전략을 이행하기 위해 체계 이론들을 사용한다.

④ 자살 위험의 평가 및 관리 절차를 활용하는 능력을 입증한다.

⑤ 비밀보장의 책임, 임상 실무와 연구에 대한 법적 책임 및 의무, 가족법, 기록 보관, 보상, 실무의 사무적 측면을 충실히 지킨다.

⑥ 결혼, 부부 및 가족 상담사로서의 자신의 한계를 인지하고, 적절한 시기에 슈퍼비전을 받거나 내담자를 의뢰하는 능력을 입증한다.

■ 다양성과 지지

• **지식**

① 다문화 사회에서의 삶이 부부와 가족에게 어떠한 영향을 주는지 이해한다.

② 다문화 및 다양한 가족체계(예: 과도기의 가족, 맞벌이 부부, 혼합 가족, 동성애 부부)와의 작업과 관련된 사회적 동향과 치료 주제를 인식한다.

③ 다양한 가족체계와의 작업에 효과적인 이론, 접근, 전략, 기법이 기술된 최근 문헌을 이해한다.

④ 인종 차별, 차별, 성차별, 권력, 특권 그리고 억압이 치료자 자신의 삶과 내담자들의 삶에 미치는 영향력을 이해한다.

⑤ 지역, 주, 국가의 정책, 프로그램, 서비스가 다양한 가족체계에 미치는 영향력을 이해한다.

• **기술과 실제**

① 다문화 사회에서 내담자들에게 효과적인 서비스를 제공하는 능력을 입증한다.

② 적절한 의뢰를 하기 위해 지역사회 자원과 관련된 정보를 관리한다.

③ 부부와 가족의 독특한 요구에 대해 공평하고 반응적인 정책, 프로그램, 서비스를 지지한다.

④ 다양한 부부 및 가족에게 문화적으로 적합하도록 상담 체계, 이론, 기법, 개입을 수정하는 능력을 입증한다.

■ 평가

• **지식**

① 진단적 면담, 정신진단 상태 검사, 증상 목록, 심리교육적 및 성격 평가를 포함하여, 체계 관점의 평가와 사례개념화의 원리와 모델을 안다.

② 다문화 사회에서 내담자의 요구에 적절한 결혼, 부부 및 가족 평가 도구와 기법을 이해한다.

③ 중독, 트라우마, 정신약물학, 신체 및 정신건강, 건강관리, 질병이 결혼, 부부 및 가족 기능에 미치는 영향력을 이해한다.

• **기술과 실제**

① 개인, 부부, 가족과의 작업에서 면담, 평가, 사례관리에 체계 관점의 기술들을 적용한다.

② 가족 기능을 평가하기 위해 체계 평가 모델과 절차를 사용한다.

③ 가족체계의 어떤 구성원이 치료에 참여해야 할지를 결정한다.

■ 연구와 평가

• **지식**

① 결혼, 부부 및 가족 상담의 실제와 관련된 연구를 비판적으로 평가하는 방법을 이해한다.

② 결혼, 부부 및 가족 상담의 실제에 적절한 프로그램 평가 모델을 안다.

③ 증거기반치료와 결혼, 부부 및 가족 상담에서 상담 성과를 평가하기 위한 기본 전략을 안다.

• **기술과 실제**

① 결혼, 부부 및 가족 상담의 실제를 개발하기 위해 관련 연구 결과를 적용한다.

② 결혼, 부부 및 가족 상담 프로그램, 개입, 치료들에 대한 측정 가능한 성과를 개발한다.
③ 결혼, 부부 및 가족 상담 개입과 프로그램들의 효과를 높이기 위해 데이터를 분석하고 사용한다.

찾아보기

인명

인명

Diane R. Gehart 박사는 노스리지의 캘리포니아 주립대학교(California State University) 부부 및 가족 치료와 상담 프로그램 교수이다. 그녀는 20년 가까이 현장에서 일하고, 가르치고, 지도감독을 해 왔으며 다음의 저서를 저술 · 편집했다.

Mindfulness and Acceptance in Couple and Family Therapy
Collaborative Therapy: Relationship and Conversations that Make a Difference (공동편집)
Theory and Treatment Planning in Counseling and Psychotherapy
The Complete MFT Core Competency Assessment System
The Complete Counseling Assessment System
Theory-based Treatment Planning for Marriage and Family Therapist (공동저자)

그녀는 포스트모던 치료, 마음챙김, 정신건강회복, 성적 학대 치료, 성별 주제, 아동 및 청소년, 내담자 옹호, 질적 연구, 상담사와 부부 및 가족 치료 교육에 대해 광범위하게 저술했다. 그녀는 미국, 캐나다, 유럽, 멕시코 등에서 국제적으로 전문가와 일반 대중에게 워크숍을 열고 강연을 하고 있다. 그녀의 업적들은 BBC, 미국 공영라디오, Oprah의 『O 매거진』, 『Ladies Home Journal』을 비롯하여 전 세계 신문, 라디오 쇼, TV에 소개되었다. 그녀는 세 개의 국제대학원 훈련기관, 휴스턴 갤버스턴 연구소, 타오스 연구소 그리고 독일의 협동 연구를 위한 마르부르크 연구소의 부교수이다. 이와 더불어 주 및 전국 전문가 조직에서 활발하게 활동하는 지도자이다. 그녀는 캘리포니아주의 사우전드 오크스에서 부부, 가족, 여성문제, 외상, 삶의 과도기, 치료가 어려운 사례들을 전문으로 하는 개인 상담소를 운영한다. 그녀는 가족과 함께 시간을 보내기, 하이킹, 수영, 요가, 살사 댄스, 명상, 모든 형태의 다크 초콜릿을 음미하는 것을 즐긴다. www.dianegehart.com에서 그녀의 업적에 대해 더욱 많이 알 수 있다.

역자 소개

〈대표 역자〉

이동훈(Lee, DongHun)

미국 플로리다 대학교(University of Florida) 박사

한국상담심리학회 상담심리사 1급, 한국상담학회 전문상담사 수련감독급

전 성균관대학교 카운슬링센터장
　전국대학상담센터 협의회 회장
　한국상담학회 대학상담학회 회장
　한국청소년상담원 상담교수

현 성균관대학교 사범대학 교육학과 교수(상담심리교육전공 주임)
　성균관대학교 외상심리건강연구소 소장
　한국상담심리학회 공공정책 및 위기지원위원장
　행정안전부 중앙재난심리회복지원단 자문위원
　법무부 법무보호위원

〈공동 역자〉

김지윤(Kim, JiYun)

성균관대학교 박사(상담심리교육)

한국상담학회 전문상담사 1급

현 협성대학교 웨슬리창의융합대학 교수

강민수(Khang, MinSoo)

미국 조지 워싱턴 대학교(George Washington University) 박사과정(상담심리)

현 성균관대학교 외상심리건강연구소 연구원

양모현(Yang, MoHyun)

성균관대학교 박사과정(상담심리교육)

임상심리학회 임상심리전문가/임상심리사 2급

이화정(Lee, HwaJung)

성균관대학교 석사졸업, 박사과정(상담심리교육)

청소년상담사 2급

김예진(Kim, YeJin)
성균관대학교 석사졸업, 박사과정(상담심리교육)
임상심리사/청소년상담사 2급

신지영(Shin, JiYoung)
성균관대학교 석사졸업(상담심리교육)
한국상담심리학회 상담심리사/임상심리사/청소년상담사 2급
현 성균관대학교 외상심리건강연구소 연구원

서현정(Suh, HyunJung)
성균관대학교 석사졸업(상담심리교육)
현 성균관대학교 외상심리건강연구소 연구원

양하나(Yang, HaNa)
성균관대학교 석사졸업(상담심리교육)
청소년상담사 2급
현 성균관대학교 외상심리건강연구소 연구원

정보영(Jung, BoYoung)
성균관대학교 석사졸업(상담심리교육)
한국상담심리학회 상담심리사/임상심리사/청소년상담사 2급
현 성균관대학교 외상심리건강연구소 연구원

조은정(Jo, EunJeung)
성균관대학교 석사졸업(상담심리교육)
한국상담심리학회 상담심리사/청소년상담사 2급
현 성균관대학교 외상심리건강연구소 연구원

최수정(Choi, SuJung)
성균관대학교 석사졸업(상담심리교육)
사회복지사 1급, 한국상담심리학회 상담심리사/청소년상담사 2급
현 성균관대학교 외상심리건강연구소 연구원

양순정(Yang, SoonJeong)
성균관대학교 석사졸업
한국상담학회 전문상담사 1급

가족상담 및 심리치료 사례개념화(원서 2판)

이론 및 임상사례 기반의 실제적 접근

Mastering Competencies in Family Therapy (2nd ed.)

2021년 8월 10일 1판 1쇄 인쇄
2021년 8월 20일 1판 1쇄 발행

지은이 • Diane Gehart
옮긴이 • 이동훈 · 김지윤 · 강민수 · 양모현 · 이화정 · 김예진
신지영 · 서현정 · 양하나 · 정보영 · 조은정 · 최수정 · 양순정
펴낸이 • 김진환
펴낸곳 • (주) 학지사
04031 서울특별시 마포구 양화로 15길 20 마인드월드빌딩
대표전화 • 02)330-5114 팩스 • 02)324-2345
등록번호 • 제313-2006-000265호

홈페이지 • http://www.hakjisa.co.kr
페이스북 • https://www.facebook.com/hakjisa

ISBN 978-89-997-2470-1 93180

정가 32,000원

역자와의 협약으로 인지는 생략합니다.
파본은 구입처에서 교환해 드립니다.